大学入試シリーズ

147

九州大学

理系－前期日程

経済〈経済工〉・理・医・歯・薬・工・芸術工・農学部

教学社

はしがき

2021年度の大学入試は，世界的な新型コロナウイルスの感染拡大の状況下で実施され，多くの大学で試験範囲や選抜方法の一部が変更されるなどの影響が見られました。また，従来のセンター試験に代わる「大学入学共通テスト」の導入も重なり，多くの受験生にとって，不確定要素の多い，先行き不安な状況での大学入試となりました。こうした状況から，比較的早期に結果が決まる，総合型選抜・学校推薦型選抜への志望度が高まり，感染への不安から大都市圏への進学を忌避して，地元志向がより強くなるなどの傾向も見られました。

また，2020年に大学に入学した人も，入学当初は対面での授業が実施されず，オンライン授業が中心となりました。一人で黙々と課題をこなし，クラブやサークルなどの課外活動も制限されて，友だちも十分に作れないといった状況も見られました。一方で，オンライン・ツールの浸透や拡大によって，海外の人たちなど，これまで以上に幅広い人たちと交流できるようになりました。また，一人の時間が増えたことで，周りに流されずより真剣に勉学に打ち込め，自分自身を見つめ直す機会が増えたといった，肯定的な意見も聞かれるようになりました。

社会の大きな変革期に差し掛かっており，不透明な状況はまだまだ続くように見えますが，こうした状況に柔軟に適応しつつも，自分自身がこの先どのように生きていくのか，将来何を成し遂げたいのかを，腰を据えてじっくりと考える時間や期間を大切にしてほしいと思います。大学に進学することは，幅広い見識を得る上で，貴重な選択肢であると言えます。

どのような境遇にあっても，その経験を意義あるものにするかどうかは自分次第です。いろいろと試行錯誤をする中で，当初は考えてもいなかったような道が拓けることもあります。また，たとえすぐには実を結ばなかったとしても，新しいことに挑戦した経験が，後々の人生で支えになることもあります。この困難な状況の中で，幾多の試練や難題を乗り越えて，栄冠を勝ち取られることを心より願っています。

編者しるす

本書刊行に際して

各大学や学部・学科の教育理念や教育内容を踏まえて，入学者にどのような能力を求め，入学者をどのように受け入れるのかを定めた方針が，「アドミッション・ポリシー」と言われるものです。この「アドミッション・ポリシー」を特に色濃く表したものが，各大学の過去の入試問題（過去問）であると言えます。創刊 60 年を超える「赤本」は，ますます高まる過去問の重要性に配慮しつつ，受験生の皆様や進路指導にあたられる先生方に，正確で役立つ資料提供を行ってまいります。

本書刊行に際しまして，資料をご提供いただいた大学関係者各位，本書への掲載許可をいただいた著作権者の皆様，各科目の執筆にあたられた先生方に，心より御礼を申し上げます。

「赤本」は，大学によって掲載内容が異なります。受験される試験日程・科目の掲載の有無や収載年数については，目次や問題編冒頭の科目欄でご確認ください。著作権上の理由やその他編集上の都合により，問題や解答の一部を割愛している場合があります。また，試験科目は変更される場合がありますので，あらかじめご了承ください。

なお，指定校推薦入試，社会人入試，編入学試験，帰国生入試などの特別入試，英語以外の外国語科目，商業・工業科目は，原則として掲載しておりません。

●お問い合わせについて

本書は当社編集部の責任のもと独自に作成したものです。本書の内容についてのお問い合わせは，赤本ウェブサイトの「お問い合わせ」より，必要事項をご入力の上ご連絡ください。電話でのお問い合わせは受け付けておりません。

なお，受験指導など，本書掲載内容以外の事柄に関しては，お答えしかねます。また，ご質問の内容によってはお時間をいただく場合がありますので，あらかじめご了承ください。

お問い合わせ先　http://akahon.net/

赤本の使い方

赤本は入試直前に解くものだと思っていませんか？　それだけでは赤本を十分に活用できているとはいえません。志望校合格のための，赤本の効果的な活用法を紹介します。

赤本を使う前に

大学入試では，大学や学部ごとに出題形式や頻出分野が異なります。志望校の傾向を知っておくと，試験本番に落ち着いて臨めるだけでなく，傾向に即した効果的な対策を立てることができます。つまり，早めに赤本を活用することが肝心なのです。

3ステップの赤本活用法

志望校が決まったら，本格的な受験勉強のスタートです。赤本をパートナーにして，次の3ステップで着実に志望校合格を目指しましょう。

STEP 1　過去問を解き，傾向をつかむ

志望校の傾向を知る一番の方法は，実際の過去問に当たることです。問題を解いて，解答方法や，試験時間に対する問題量，問題のレベルなどを体感してみましょう。さらに，赤本の「傾向と対策」には，解答をご執筆の先生方による詳しい傾向分析が載っています。必ず目を通してください。

合格者の声

志望校を決定してすぐ最新1年分の問題を解き，時間や難易度を肌で感じてから今後の学習方針を決めました。まだ十分に実力がついていなくても，自分で問題を解いてみることで発見することはたくさんあります。　（Hさん／国立大合格）

STEP 2　自分の実力を知り，対策を立てる

過去問を解くことで，今の自分に足りない力や苦手な分野などが見えてくるはずです。本番で合格点を取るためには，こうした弱点をなくしていくのが近道です。過去問を指針にして，何をどんな方法で強化すればよいかを考え，具体的な学習計画を立てましょう。「傾向と対策」のアドバイスも参考にしてください。学習が進んだら，過去問を再び解いて学習の成果を確認するとともに，学習計画を修正していきましょう。

合格者の声

解き終えた後，大問ごとに感想を書き出してみると志望校との距離感がつかめます。しばらくしてから解き直す際にも，その時の感想を見ることで自分の成長を実感することができ，やる気につながります。　（T さん／国立大合格）

STEP 3　実戦演習を重ねる

実力がついてきたら，試験時間に合わせて実戦演習を行うことが有効です。その際，大問ごとの時間配分や解く順番など，本番で実力を最大限に発揮するための作戦を考えておきましょう。問題を解き終えたら，答え合わせをするだけでなく，足りない知識を補強したり，よりよい解き方を研究したりするなどして，さらなる実力アップを図ってください。繰り返し解いて出題形式に慣れることも大切です。

合格者の声

望ましい時間配分は人によって違うので，演習を重ねて，どの時間配分だとやりやすいか研究するべき。　（O さん／私立大合格）

目　次

解　答　編

▶問題編は別冊

2021年度

※解答用紙は赤本ウェブサイト（akahon.net）に掲載しています。

2020年度

※解答用紙は赤本ウェブサイト（akahon.net）に掲載しています。

2019年度

※解答用紙は赤本ウェブサイト（akahon.net）に掲載しています。

2018年度

※解答用紙は赤本ウェブサイト（akahon.net）に掲載しています。

2017年度

※解答用紙は赤本ウェブサイト（akahon.net）に掲載しています。

University Guide

大学情報

大学の基本情報

沿革

1903（明治 36）	京都帝国大学福岡医科大学設置
1911（明治 44）	九州帝国大学を設置し，工科大学開設。京都帝国大学福岡医科大学を九州帝国大学医科大学とする
1919（大正 8）	農学部設置。また，九州帝国大学医科大学が医学部に，九州帝国大学工科大学が工学部になる
1924（大正 13）	法文学部設置
1939（昭和 14）	理学部設置
1947（昭和 22）	九州大学に改称
1949（昭和 24）	新制九州大学設置。法文学部廃止。法学部・経済学部・文学部・教育学部設置
1964（昭和 39）	薬学部設置
1967（昭和 42）	歯学部設置
2003（平成 15）	九州芸術工科大学と統合し，芸術工学部を設置
2004（平成 16）	国立大学法人九州大学となる
2018（平成 30）	共創学部設置

シンボル

九州大学のシンボルの歴史は 1949 年にさかのぼります。同年，学生バッチの図案公募が行われ，70 人の学生から 153 点の応募がありました。このなかから松を図案化したものが選ばれ 1950 年から使用されることになりました。応募作品の題材は，松を図案化したものが多かったのですが，これは当時大学周辺，病院地区から箱崎地区まで一面に松原が広がっていたことによります。現在のデザインは，この伝統的なシンボルをより使いやすく，より現代にマッチしたかたちにリデザインしたものです。

学部・学科の構成

大　学

共創学部　伊都キャンパス

文学部　伊都キャンパス

人文学科（哲学コース〈哲学・哲学史，倫理学，インド哲学史，中国哲学史，美学・美術史〉，歴史学コース〈日本史学，東洋史学，朝鮮史学，考古学，西洋史学，イスラム文明学〉，文学コース〈国語学・国文学，中国文学，英語学・英文学，独文学，仏文学〉，人間科学コース〈言語学・応用言語学，地理学，心理学，社会学・地域福祉社会学，比較宗教学〉）

＊上記コースとは別に国際コースが設置されている。1年次から全学教育にプラスする形で独自の課程を履修し，2年次からは上記4コース21専門分野のいずれかに所属する。

教育学部　伊都キャンパス

（教育学系〈国際教育文化コース，教育社会計画コース〉，教育心理学系〈人間行動コース，心理臨床コース〉）

＊上記コースとは別に国際コースが設置されている。2年次より国際コースのカリキュラムを履修する。

法学部　伊都キャンパス

経済学部　伊都キャンパス

経済・経営学科

経済工学科

理学部　伊都キャンパス

物理学科（物理学コース，情報理学コース）

化学科

地球惑星科学科

数学科

生物学科

＊各学科に国際理学コースが設定されている。

医学部　1年：伊都キャンパス／2年以降：病院キャンパス

医学科［6年制］

生命科学科［4年制］

保健学科［4年制］（看護学専攻，放射線技術科学専攻，検査技術科学専攻）

歯学部　1年：伊都キャンパス／2年以降：病院キャンパス

歯学科［6年制］

薬学部　1年：伊都キャンパス／2年以降：病院キャンパス

創薬科学科［4年制］

臨床薬学科［6年制］

工学部　伊都キャンパス

電気情報工学科（計算機工学コース，電子通信工学コース，電気電子工学コース）

材料工学科

応用化学科（機能物質科学コース，分子生命工学コース）

化学工学科

融合基礎工学科（物質材料コース，機械電気コース）

機械工学科

航空宇宙工学科

量子物理工学科

船舶海洋工学科

地球資源システム工学科

土木工学科

建築学科

芸術工学部　1年：伊都キャンパス／2年以降：大橋キャンパス

芸術工学科（環境設計コース，インダストリアルデザインコース，未来構想デザインコース，メディアデザインコース，音響設計コース）

農学部　伊都キャンパス

生物資源環境学科（生物資源生産科学コース〈農学，生物生産環境工学，生物生産システム工学，農政経済学〉，応用生物科学コース〈応用生命化学，食糧化学工学〉，地球森林科学コース〈森林機能制御学，森林機能開発学，生物材料機能学〉，動物生産科学コース〈水産科学，アニマルサイエンス〉）

＊上記コースとは別に国際コース（10月入学）が設置されている。

(備考)学科・コース・学系・専攻等に分属する年次はそれぞれで異なる。

大学院

人文科学府 / 地球社会統合科学府 / 人間環境学府 / 法学府 / 法務学府（法科大学院） / 経済学府 / 理学府 / 数理学府 / システム生命科学府 / 医学系学府 / 歯学府 / 薬学府 / 工学府 / 芸術工学府 / システム情報科学府 / 総合理工学府 / 生物資源環境科学府 / 統合新領域学府

大学所在地

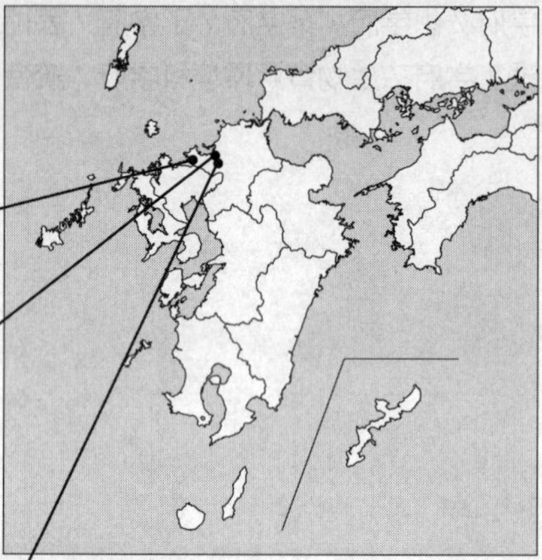

伊都キャンパス

病院キャンパス

大橋キャンパス

伊都キャンパス　〒 819-0395　福岡市西区元岡 744

病院キャンパス　〒 812-8582　福岡市東区馬出 3-1-1

大橋キャンパス　〒 815-8540　福岡市南区塩原 4-9-1

入試データ

- 工学部は 2021 年 4 月に学科の改組が行われた。
- 芸術工学部は 2020 年 4 月に学科の改組が行われた。
- 共創学部は 2018 年設置。

入試状況（志願者数・競争率など）

- 競争率は受験者数÷合格者数で算出。

2021 年度 入試状況

一般入試

（　）内は女子内数

学部・学科等			募集人員	志願者数	受験者数	合格者数	競争率
共創		前期	65	223(119)	210(111)	70(31)	3.0
文		前期	119	274(138)	263(129)	126(61)	2.1
		後期	22	190(95)	90(47)	30(17)	3.0
教育		前期	36	133(83)	130(82)	42(29)	3.1
法		前期	146	400(146)	394(143)	153(61)	2.6
		後期	33	269(91)	122(48)	46(13)	2.7
経済	経済・経営	前期	93	251(61)	238(56)	95(16)	2.5
		後期	26	342(75)	145(32)	38(13)	3.8
	経済工	前期	66	228(37)	222(35)	71(9)	3.1
		後期	19	201(19)	116(9)	23(2)	5.0
理	物理	前期	42	92(4)	84(3)	48(0)	1.8
		後期	6	45(0)	12(0)	6(0)	2.0
	化	前期	46	124(33)	114(30)	52(13)	2.2
		後期	8	103(18)	53(9)	10(0)	5.3
	地球惑星科	前期	32	97(23)	91(20)	35(5)	2.6
		後期	6	45(7)	23(3)	8(1)	2.9
	数	前期	43	122(6)	115(6)	50(1)	2.3
	生物	前期	34	109(34)	99(30)	37(7)	2.7
		後期	7	62(17)	26(7)	9(2)	2.9

（表つづく）

学部・学科等				募集人員	志願者数	受験者数	合格者数	競争率
医		医	前期	110	276(64)	260(60)	112(26)	2.3
		生命科	前期	12	31(16)	29(15)	13(6)	2.2
	保健	看護学	前期	58	142(132)	127(119)	64(61)	2.0
		放射線	前期	27	88(46)	80(42)	29(14)	2.8
		検査技術	前期	27	69(50)	62(43)	29(20)	2.1
歯			前期	45	139(56)	117(46)	46(18)	2.5
薬		創薬科	前期	45	109(32)	104(31)	48(12)	2.2
			後期	4	63(28)	24(15)	4(3)	6.0
		臨床薬	前期	26	103(58)	101(57)	27(13)	3.7
			後期	4	53(33)	22(16)	4(3)	5.5
工		Ⅰ群	前期	98	274(15)	271(15)	109(5)	2.5
			後期	17	153(9)	62(4)	19(0)	3.3
		Ⅱ群	前期	123	246(35)	237(32)	133(19)	1.8
			後期	21	166(29)	65(12)	22(1)	3.0
		Ⅲ群	前期	146	308(18)	293(15)	158(7)	1.9
			後期	25	220(14)	78(4)	26(1)	3.0
		Ⅳ群	前期	92	139(17)	133(16)	97(11)	1.4
			後期	16	99(17)	46(8)	21(1)	2.2
		Ⅴ群	前期	46	94(23)	89(21)	46(10)	1.9
		Ⅵ群	前期	124	314(29)	308(27)	126(13)	2.4
			後期	23	233(30)	96(11)	24(3)	4.0
芸術工		環境設計	前期	24	72(24)	66(21)	26(7)	2.5
		インダストリアルデザイン	前期	20	65(32)	50(20)	22(6)	2.3
		未来構想デザイン	前期	10	34(11)	31(9)	12(3)	2.6
		メディアデザイン	前期	21	72(26)	57(17)	22(6)	2.6
		音響設計	前期	26	83(29)	78(25)	29(6)	2.7
		学科一括	前期	20	107(39)	102(38)	21(9)	4.9
農			前期	170	357(155)	332(143)	177(66)	1.9
			後期	22	210(97)	78(35)	29(12)	2.7
合計				2,551	7,629(2,170)	5,945(1,717)	2,444(643)	—

（備考）

- 前期日程および後期日程の募集人員には，帰国子女入試（教育・農学部を除く）および私費外国人留学生入試（教育学部を除く）の募集人員（若干名）を含む。
- 共創学部・教育学部・理（数学）学部・医学部・歯学部・芸術工学部では後期日程は実施していない。
- 合格者数には追加合格者を含まない。

2020年度 入試状況

一般入試

(　)内は女子内数

学部・学科等			募集人員	志願者数	受験者数	合格者数	競争率
共創		前期	65	195(　93)	180(　85)	70(37)	2.6
文		前期	119	295(　152)	287(　145)	126(69)	2.3
		後期	22	190(　90)	91(　37)	25(12)	3.6
教育		前期	36	89(　57)	88(　56)	39(25)	2.3
法		前期	146	426(　169)	414(　164)	154(58)	2.7
		後期	33	295(　105)	107(　43)	45(15)	2.4
経済	経済・経営	前期	110	255(　55)	252(　55)	114(25)	2.2
		後期	31	300(　65)	142(　31)	34(　8)	4.2
	経済工	前期	66	221(　37)	216(　36)	71(13)	3.0
		後期	19	114(　10)	51(　6)	24(　4)	2.1
理	物理	前期	42	106(　8)	99(　8)	45(　4)	2.2
		後期	6	54(　4)	22(　3)	7(　1)	3.1
	化	前期	46	93(　22)	84(　18)	53(　9)	1.6
		後期	8	80(　15)	30(　9)	10(　2)	3.0
	地球惑星科	前期	32	89(　15)	81(　13)	39(　4)	2.1
		後期	6	50(　12)	16(　3)	6(　1)	2.7
	数	前期	43	119(　14)	112(　12)	49(　6)	2.3
	生物	前期	34	81(　24)	74(　22)	35(10)	2.1
		後期	7	42(　13)	9(　3)	8(　2)	1.1
医	医	前期	110	271(　59)	255(　55)	111(20)	2.3
	生命科	前期	12	60(　32)	51(　24)	14(　6)	3.6
	保健 看護学	前期	59	121(　110)	108(　99)	62(57)	1.7
	保健 放射線	前期	27	74(　32)	71(　30)	29(14)	2.4
	保健 検査技術	前期	27	67(　49)	62(　45)	29(22)	2.1
歯		前期	45	116(　52)	99(　47)	46(23)	2.2
薬	創薬科	前期	45	95(　22)	88(　19)	50(　8)	1.8
		後期	4	31(　10)	10(　3)	4(　2)	2.5
	臨床薬	前期	26	94(　45)	88(　42)	27(11)	3.3
		後期	4	42(　21)	21(　11)	5(　4)	4.2

(表つづく)

学部・学科等			募集人員	志願者数	受験者数	合格者数	競争率
工	建築	前期	52	128(　21)	124(　20)	54(　7)	2.3
		後期	6	60(　17)	32(　8)	6(　1)	5.3
	電気情報工	前期	130	336(　15)	328(　14)	139(　5)	2.4
		後期	23	200(　12)	81(　5)	23(　1)	3.5
	物質科学工	前期	139	230(　37)	225(　37)	148(19)	1.5
		後期	24	140(　20)	51(　8)	24(　2)	2.1
	地球環境工	前期	123	231(　34)	228(　34)	131(11)	1.7
		後期	22	175(　26)	91(　16)	27(　5)	3.4
	エネルギー科	前期	81	115(　10)	113(　10)	85(　7)	1.3
		後期	14	69(　3)	30(　3)	14(　1)	2.1
	機械航空工	前期	140	321(　17)	314(　17)	151(　6)	2.1
		後期	24	191(　15)	78(　6)	24(　1)	3.3
芸術工	環境設計	前期	24	72(　24)	68(　21)	26(11)	2.6
	インダストリアルデザイン	前期	25	73(　23)	60(　18)	27(　7)	2.2
	未来構想デザイン	前期	15	51(　20)	42(　15)	18(　6)	2.3
	メディアデザイン	前期	21	85(　40)	73(　34)	21(　9)	3.5
	音響設計	前期	26	87(　24)	82(　23)	28(　8)	2.9
	学科一括	前期	20	58(　18)	56(　16)	22(　2)	2.5
農		前期	172	360(134)	335(119)	182(65)	1.8
		後期	24	194(　67)	60(　18)	29(10)	2.1
合計			2,335	7,241(1,969)	5,679(1,566)	2,510(656)	—

(備考)
- 前期日程および後期日程の募集人員には，帰国子女入試（教育・農学部を除く）および私費外国人留学生入試（教育学部を除く）の募集人員（若干名）を含む。
- 共創学部・教育学部・理（数学）学部・医学部・歯学部・芸術工学部では後期日程は実施していない。
- 合格者数には追加合格者を含まない。

2019 年度　入試状況

一般入試

（　）内は女子内数

学部・学科等			募集人員	志願者数	受験者数	合格者数	競争率
共創		前期	65	210(94)	195(87)	69(29)	2.8
文		前期	119	310(177)	299(170)	128(65)	2.3
		後期	22	224(106)	113(54)	22(11)	5.1
教育		前期	36	123(63)	119(61)	42(23)	2.8
法		前期	146	310(121)	302(118)	154(60)	2.0
		後期	33	278(92)	113(34)	43(14)	2.6
経済	経済・経営	前期	110	288(66)	286(66)	113(26)	2.5
		後期	31	272(51)	145(33)	34(8)	4.3
	経済工	前期	66	185(35)	180(33)	71(14)	2.5
		後期	19	139(15)	71(6)	24(0)	3.0
理	物理	前期	42	119(7)	112(7)	45(2)	2.5
		後期	6	60(3)	30(2)	9(0)	3.3
	化	前期	46	124(33)	115(31)	49(15)	2.3
		後期	8	100(10)	48(4)	11(1)	4.4
	地球惑星科	前期	32	85(25)	82(24)	36(9)	2.3
		後期	6	34(6)	12(1)	8(1)	1.5
	数	前期	43	106(9)	98(9)	47(4)	2.1
	生物	前期	34	95(29)	90(27)	36(10)	2.5
		後期	7	43(12)	19(8)	10(4)	1.9
医	医	前期	111	356(77)	342(74)	112(24)	3.1
	生命科	前期	12	30(14)	29(13)	14(7)	2.1
	保健　看護学	前期	59	134(128)	122(116)	67(64)	1.8
	保健　放射線	前期	27	74(33)	70(32)	28(15)	2.5
	保健　検査技術	前期	27	67(51)	61(48)	29(23)	2.1
歯		前期	45	181(71)	160(64)	47(16)	3.4
薬	創薬科	前期	45	84(28)	79(25)	49(15)	1.6
		後期	4	45(19)	14(5)	4(2)	3.5
	臨床薬	前期	26	64(31)	61(30)	27(11)	2.3
		後期	4	48(30)	23(15)	4(3)	5.8

（表つづく）

学部・学科等			募集人員	志願者数	受験者数	合格者数	競争率
工	建築	前期	52	133(26)	130(24)	55(7)	2.4
		後期	6	63(15)	28(11)	6(5)	4.7
	電気情報工	前期	130	393(19)	386(17)	136(7)	2.8
		後期	23	192(10)	73(2)	23(0)	3.2
	物質科学工	前期	139	219(40)	215(39)	144(21)	1.5
		後期	24	143(22)	56(10)	24(2)	2.3
	地球環境工	前期	123	212(25)	208(23)	130(17)	1.6
		後期	22	134(23)	54(11)	27(7)	2.0
	エネルギー科	前期	81	115(8)	112(8)	87(6)	1.3
		後期	14	185(19)	84(9)	15(3)	5.6
	機械航空工	前期	140	365(27)	362(27)	148(7)	2.4
		後期	24	209(16)	82(6)	24(1)	3.4
芸術工	環境設計	前期	28	66(22)	59(18)	29(10)	2.0
	工業設計	前期	30	121(46)	105(40)	31(13)	3.4
	画像設計	前期	18	75(34)	62(27)	21(7)	3.0
	音響設計	前期	31	103(34)	99(31)	33(9)	3.0
	芸術情報設計	前期	29	83(27)	73(24)	29(7)	2.5
農		前期	172	409(174)	390(159)	181(78)	2.2
		後期	24	140(66)	51(25)	29(12)	1.8
合計			2,341	7,548(2,089)	6,019(1,708)	2,504(695)	—

(備考)
- 前期日程および後期日程の募集人員には，帰国子女入試（共創・教育・農学部を除く）および私費外国人留学生入試（共創・教育学部を除く）の募集人員（若干名）を含む。
- 共創学部・教育学部・理（数学）学部・医学部・歯学部・芸術工学部では後期日程は実施していない。
- 合格者数には追加合格者を含まない。

2018 年度 入試状況

一般入試

（　）内は女子内数

学部・学科等				募集人員	志願者数	受験者数	合格者数	競争率
共創			前期	65	204(107)	193	69(32)	2.8
文			前期	119	308(169)	301	127(63)	2.4
			後期	22	189(97)	99	26(18)	3.8
教育			前期	36	92(59)	91	40(22)	2.3
法			前期	146	437(172)	427	162(62)	2.6
			後期	33	307(85)	130	50(13)	2.6
経済	経済・経営		前期	110	273(79)	272	114(32)	2.4
			後期	31	319(68)	179	35(10)	5.1
	経済工		前期	66	199(43)	195	72(13)	2.7
			後期	19	103(13)	52	22(1)	2.4
理	物理		前期	42	94(9)	87	45(2)	1.9
			後期	6	73(6)	28	7(0)	4.0
	化		前期	46	125(43)	116	52(13)	2.2
			後期	8	89(14)	37	11(3)	3.4
	地球惑星科		前期	32	91(18)	85	36(8)	2.4
			後期	6	50(11)	20	7(1)	2.9
	数		前期	43	83(12)	74	47(8)	1.6
	生物		前期	34	82(32)	75	37(13)	2.0
			後期	7	26(10)	14	9(4)	1.6
医	医		前期	111	326(80)	315	112(23)	2.8
	生命科		前期	12	32(17)	32	14(9)	2.3
	保健	看護学	前期	59	187(172)	176	70(66)	2.5
		放射線	前期	27	72(26)	68	28(8)	2.4
		検査技術	前期	27	91(54)	85	30(17)	2.8
歯			前期	45	98(43)	86	47(19)	1.8
薬	創薬科		前期	45	101(43)	96	49(20)	2.0
			後期	4	41(16)	14	4(3)	3.5
	臨床薬		前期	26	79(37)	75	27(8)	2.8
			後期	4	45(27)	21	5(4)	4.2

（表つづく）

学部・学科等			募集人員	志願者数	受験者数	合格者数	競争率
工	建　　　築	前期	52	141(　37)	141	55(12)	2.6
		後期	6	57(　23)	26	6(　3)	4.3
	電気情報工	前期	130	354(　15)	350	131(　5)	2.7
		後期	23	220(　8)	91	23(　0)	4.0
	物質科学工	前期	139	257(　44)	249	141(22)	1.8
		後期	24	126(　18)	60	24(　8)	2.5
	地球環境工	前期	123	221(　26)	218	127(11)	1.7
		後期	22	185(　25)	91	27(　2)	3.4
	エネルギー科	前期	81	108(　4)	107	82(　2)	1.3
		後期	14	84(　2)	32	14(　0)	2.3
	機械航空工	前期	140	349(　23)	347	145(13)	2.4
		後期	24	257(　18)	97	24(　1)	4.0
芸術工	環境設計	前期	28	95(　35)	87	28(10)	3.1
	工業設計	前期	30	100(　38)	87	31(10)	2.8
	画像設計	前期	18	78(　38)	67	18(　8)	3.7
	音響設計	前期	31	90(　32)	84	33(　8)	2.5
	芸術情報設計	前期	29	104(　33)	100	29(　6)	3.4
農		前期	172	375(171)	351	180(77)	2.0
		後期	24	308(128)	139	31(12)	4.5
合　　　計			2,341	7,725(2,280)	6,167	2,503(705)	―

（備考）

- 前期日程および後期日程の募集人員には，帰国子女入試（共創・農学部を除く）および私費外国人留学生入試（共創学部を除く）の募集人員（若干名）を含む。
- 共創学部・教育学部・理（数学）学部・医学部・歯学部・芸術工学部では後期日程は実施していない。
- 合格者数には追加合格者を含まない。

2017年度 入試状況

一般入試

（　）内は女子内数

学部・学科等				募集人員	志願者数	受験者数	合格者数	競争率
文			前期	134	318(187)	314	144(84)	2.2
			後期	25	221(115)	109	32(16)	3.4
教育			前期	39	111(64)	111	42(18)	2.6
法			前期	154	393(165)	384	166(62)	2.3
			後期	35	238(86)	98	48(16)	2.0
経済	経済・経営		前期	116	327(89)	322	119(28)	2.7
			後期	33	380(80)	210	45(9)	4.7
	経済工		前期	69	204(51)	198	74(17)	2.7
			後期	20	167(33)	89	29(5)	3.1
理	物理		前期	42	100(8)	94	45(2)	2.1
			後期	6	56(4)	13	8(0)	1.6
	化		前期	46	94(35)	84	51(15)	1.6
			後期	10	111(16)	37	11(0)	3.4
	地球惑星科		前期	29	79(16)	69	33(5)	2.1
			後期	10	51(11)	19	12(1)	1.6
	数		前期	36	92(11)	82	40(5)	2.1
			後期	9	105(13)	41	11(0)	3.7
	生物		前期	34	101(32)	97	38(10)	2.6
			後期	9	76(30)	31	9(4)	3.4
医	医		前期	111	342(85)	332	112(20)	3.0
	生命科		前期	12	28(16)	26	15(8)	1.7
	保健	看護学	前期	59	135(125)	120	69(63)	1.7
		放射線	前期	27	67(30)	64	28(10)	2.3
		検査技術	前期	27	47(37)	42	31(24)	1.4
歯			前期	42	165(70)	150	42(14)	3.6
			後期	3	59(26)	25	3(3)	8.3
薬	創薬科		前期	45	94(34)	88	47(15)	1.9
			後期	4	48(12)	15	4(1)	3.8
	臨床薬		前期	26	76(44)	72	27(12)	2.7
			後期	4	51(29)	27	4(2)	6.8

（表つづく）

学部・学科等			募集人員	志願者数	受験者数	合格者数	競争率
工	建築	前期	53	147(29)	145	54(8)	2.7
		後期	6	60(10)	26	6(1)	4.3
	電気情報工	前期	133	352(16)	346	134(4)	2.6
		後期	24	240(4)	88	24(0)	3.7
	物質科学工	前期	142	338(67)	328	146(27)	2.2
		後期	25	162(27)	74	25(2)	3.0
	地球環境工	前期	127	176(14)	175	135(12)	1.3
		後期	22	149(20)	67	22(3)	3.0
	エネルギー科	前期	83	160(10)	157	85(2)	1.8
		後期	15	183(16)	82	15(1)	5.5
	機械航空工	前期	143	409(28)	401	150(9)	2.7
		後期	25	232(18)	86	25(2)	3.4
芸術工	環境設計	前期	29	82(41)	73	30(13)	2.4
	工業設計	前期	32	88(23)	73	33(4)	2.2
	画像設計	前期	19	63(27)	50	21(6)	2.4
	音響設計	前期	32	107(36)	101	34(8)	3.0
	芸術情報設計	前期	31	84(24)	75	31(3)	2.4
農		前期	180	411(184)	387	187(74)	2.1
		後期	28	166(71)	57	33(16)	1.7
合計			2,365	7,945(2,219)	6,154	2,529(664)	—

（備考）

- 前期日程および後期日程の募集人員には，帰国子女入試および私費外国人留学生入試の募集人員（若干名）を含む。
- 教育学部・医学部・芸術工学部では後期日程は実施していない。
- 合格者数には追加合格者を含まない。

合格者最低点（一般入試）

- 募集人員 10 人未満の学部・学科等については，最低点は開示されていない。
- 追加合格者を除く。

学部・学科等				満点	2021 年度	2020 年度	2019 年度	2018 年度	2017 年度
					最低点	最低点	最低点	最低点	最低点
共創			前期	1,500	989.00	956.60	982.40	1011.6	
文			前期	750	464.25	469.15	473.45	495.1	476.25
			後期	＊	382.50	443.55	457.70	429.95	398.5
教育			前期	1,050	701.00	658.20	682.00	721.9	694.5
法			前期	900	547.50	554.25	553.15	610.25	572.7
			後期	600	461.00	442.45	455.80	433.7	437.8
経済	経済・経営		前期	1,050	695.75	685.75	701.35	737.25	717.1
			後期	500	375.50	372.00	375.80	377	369.6
	経済工		前期	1,200	624.75	641.90	690.75	679	730.7
			後期	580	399.00	306.00	440.40	326.12	344.8
理	物理		前期	1,150	658.00	696.70	703.80	709	752
			後期	500	—	—	—	—	—
	化		前期	1,150	660.00	641.30	714.90	677.2	729.6
			後期	＊	—	—	—	—	862.9
	地球惑星科		前期	1,150	647.50	660.90	699.30	668.6	725.8
			後期	400	—	—	—	—	326.7
	数		前期	1,150	684.50	664.10	699.20	653.9	763.7
			後期	550**					—
	生物		前期	1,150	650.50	633.90	688.80	649.8	707.7
			後期	400	—	—	—	—	—
医	医		前期	1,150	824.00	879.70	880.90	872.9	891.4
	生命科		前期	1,250	754.50	766.90	751.30	761.5	786.8
	保健	看護学	前期	850	520.50	506.90	543.90	552.3	496.6
		放射線	前期	1,150	606.00	629.30	658.50	663.1	694.5
		検査技術	前期	1,150	582.50	631.40	681.20	663	617.6
歯			前期	1,150	633.50	633.70	728.00	630.7	769
			後期	700**					—

（表つづく）

学部・学科等			満点	2021 年度	2020 年度	2019 年度	2018 年度	2017 年度
				最低点	最低点	最低点	最低点	最低点
薬	創薬科	前期	1,150	670.00	695.00	714.10	747.3	773.5
		後期	750	—	—	—	—	—
	臨床薬	前期	1,150	760.50	776.90	756.20	776.9	833.3
		後期	750	—	—	—	—	—
工※	Ⅰ群	前期	1,150	695.00				
		後期	700	531.50				
	Ⅱ群	前期	1,150	655.00				
		後期	700	470.00				
	Ⅲ群	前期	1,150	658.00				
		後期	700	516.00				
	Ⅳ群	前期	1,150	646.00				
		後期	700	439.50				
	Ⅴ群	前期	1,150	682.50				
	Ⅵ群	前期	1,150	658.50				
		後期	700	514.50				
芸術工※	環境設計	前期	1,250	684.25	713.00			
	インダストリアルデザイン	前期	1,250	674.50	734.40			
	未来構想デザイン	前期	1,250	651.00	702.55			
	メディアデザイン	前期	1,250	747.75	780.95			
	音響設計	前期	1,250	748.50	797.80			
	学科一括	前期	1,250	718.50	729.60			
農		前期	1,200	656.75	663.10	732.85	690.5	745.6
		後期	800	631.50	582.75	594.30	630.65	577.7

＊文学部後期日程：2017〜2020 年度は 575 点，2021 年度は 525 点，理学部化学科後期日程：2017〜2020 年度は 1,100 点，2021 年度は 1,300 点。

＊＊2017 年度の満点。2018 年度以降は後期日程の実施なし。

※2017〜2020 年度の工学部，2017〜2019 年度の芸術工学部については次表参照。

【工学部：2017〜2020 年度】

学　科		満点	2020 年度	2019 年度	2018 年度	2017 年度
			最低点	最低点	最低点	最低点
建　築	前期	1,150	703.60	741.70	737	758.8
	後期	700	—	—	—	—
電気情報工	前期	1,150	699.80	757.00	724.7	749.4
	後期	700	563.20	540.00	554.7	547.7
物質科学工	前期	1,150	666.50	716.50	701	745.7
	後期	700	513.40	516.10	516.2	537
地球環境工	前期	1,150	664.90	711.90	696	736.3
	後期	700	528.10	498.90	515.3	518.3
エネルギー科	前期	1,150	661.80	712.10	697.7	745.9
	後期	700	498.40	533.00	503.7	527.6
機械航空工	前期	1,150	687.20	744.80	745.2	795.2
	後期	700	573.10	555.60	559.7	569.6

【芸術工学部：2017〜2019 年度】

学　科		満点	2019 年度	2018 年度	2017 年度
			最低点	最低点	最低点
環境設計	前期	1,200	739.90	716.4	745.4
工業設計	前期	1,200	742.10	702.3	731.6
画像設計	前期	1,200	730.90	719.6	741.7
音響設計	前期	1,200	783.90	802.1	819.3
芸術情報設計	前期	1,200	728.90	721.5	721

募集要項（出願書類）の入手方法

すべての学部入試（一般選抜・総合型選抜・学校推薦型選抜・国際コース入試・国際入試・帰国子女入試・私費外国人留学生入試）は，インターネット出願です。

なお，インターネット出願の詳細については，九州大学 Web サイトでご確認ください。

問い合わせ先

〒 819-0395　福岡市西区元岡 744

（一般入試）九州大学　学務部入試課入試第一係

TEL　(092)802-2004

九州大学 Web サイト　https://www.kyushu-u.ac.jp/

在学生メッセージ

大学ってどんなところ？　大学生活ってどんな感じ？
ちょっと気になることを，在学生に聞いてみました。

2020年度 入学者

2020年度に入学した大学1年生に，オンライン授業や健康管理などの大学生活についてお聞きしました。

（注）2020年11月時点でのアンケートです。各大学の新型コロナウイルス感染防止対策については，時期によって変更がありますことをご了承ください。

大学生になったと実感！

学問の幅が広がったと実感しています。大学では，高校まではなかった教科の授業を多く受けることができます。私は心理学や教育学の授業を受けましたが，高校までに学ばなかった内容ばかりで，物事の新たな見方をもたらしてくれたように思います。また，課題の多くが高校までの問題演習からレポート形式に変わり，自分で資料を読んで論理的な文章を書く機会が増えました。

オンライン授業に必要なもの

パソコンとWi-Fiは早めに揃えました。オンライン授業の期間は教科書の申込みや時間割作成などすべてオンラインで行うため，インターネット環境は必須です。また，リアルタイムの授業だとイヤホンがあるとハウリングが防げて便利です。マイクやウェブカメラなどは必要に応じて揃えればよいと思います。家のWi-Fiが弱い学生は，大学の空き教室を使って授業を受けることができます。また，図書館の本や資料の一部をパソコンで閲覧できるようになっているので，家にいながら調べ物をすることができます。他にも，多くの授業で使った資料が公開されているので，復習がしやすいです。

――メッセージを書いてくれた先輩
《文学部》J. M. さん

オンライン授業でよかったこと

私は受けていなかったのですが，とある芸術学入門の授業では，リアルタイムでの授業中に学生が SNS を利用して，思ったこと考えたことをハッシュタグをつけてつぶやき共有する，ということが行われていました。学生同士顔を合わせることができない中，同時に様々な意見を見ることができて面白いと思いました。

キャンパスでしたいこと

オンライン授業の期間は，今まで思い描いていたような大学生活が送れなかったので，キャンパスに行ったら，普通の大学生らしいことがしたいと思います。友達と一緒に学食に行ったり，図書館で勉強したり，サークルに参加したりしたいです。

健康維持のために

コロナ対策としては，必要以上の外出を控えることが一番だと思います。私は，前期の間は週 1，2 回の買い出し以外はほとんど家にいました。ただ部屋に一人だと気分が暗くなることもあるので，早起きして散歩に行ったり，買い出しのついでに近所を歩いたりしていました。気分転換になり健康維持にもつながって，一石二鳥です。

大学の学びで困ったこと＆対処法

授業でわからなかった箇所を先生に直接聞きに行くことができなくて困りましたが，友達に聞いたり，授業後に先生にメールを送って質問したりすることで解決することができました。また，履修登録や課題の提出などすべてがオンラインで行われたため，自分から情報を集めないといけなくて大変でしたが，SNS のアカウントを作って同級生や先輩とつながってからは，大学の情報が手に入りやすくなりました。

～2019 年度 入学者

2019 年度以前のアンケートに基づくものです。新型コロナウイルス感染症が拡大する前のキャンパスライフとしてご参考にしてください。

うちの大学・学生はこんな感じです

九州大学は個性豊かな人が本当に多く，その個性をしっかり生かすことができる雰囲気があります。皆がただ違う，というわけではなく，それぞれがこれまで自分がしてきたこと，挑戦してきたことをしっかりとその人のアイデンティティにしている感じがします。たくさん海外に行ったり，毎日スポーツに打ち込んだりと，専攻以外のことにも注力する人が多いです。また，新しくできた伊都キャンパスは少しアクセスしづらいものの，新築な感じが最高にいいです。一番新しい文系地区は本当にきれいなので毎日快適です。（松尾さん）

スケールの大きな大学です。まず，メインキャンパスである伊都キャンパスは非常に広大で，単一キャンパスとしては日本一の大きさです。初めて訪れたときはその大きさに驚くと思います。また，学生の数も非常に多く，在籍する学生数だけで 2 万人近くおり，様々な専攻の学部生・大学院生がいます。研究拠点としての役割も大きく，様々な分野の研究者も在籍しています。大学の雰囲気としては，各々がのんびりとやりたいことをやっている，という感じです。研究室や図書館にこもりっきりで勉強や研究に打ち込む人，部活やサークルの活動にほとんどの時間を費やす人，アルバイトをずっとしている人など様々です。（S. N. さん）

最寄り駅から徒歩で 1 時間程度，キャンパスは東西に長すぎる，大学周辺に遊べるスポットがないなど，不便な点は多いですが，自然が豊かなので学習に集中するにはとても適している環境だと思います。大学周辺は九州大学の学生ばかり住んでおり，夜もとても静かです。ただ，自然が豊かすぎるせいでイノシシがよくキャンパス内に出没しているようです。また，九州大学

——メッセージを書いてくれた先輩方——

《教育学部》松尾侑飛さん　《法学部》S. N. さん／濱田康輝さん
《経済学部》M. K. さん

の学生は話しやすい人ばかりです。学部内には 50 人くらいずつのクラスが作られており，いくつかの講義をクラス単位で受けたりするので，すぐに友達もできます。（濱田さん）

九州大学は新しく伊都キャンパスができ，きれいで大きなキャンパスで生活ができます。特に，中央図書館は収蔵能力 350 万冊の国内最大規模の図書館で，放課後などに利用していますが，きれいで自習机（充電コンセントも完備）もたくさんあるので，非常に集中して取り組めます。テスト前は先輩から入手した過去問などをクラスのグループラインに回して，テスト勉強に励んでいます。やるときはしっかりやる，楽しむときはしっかり楽しむ，九州大学の学生にはそのような人がとても多いと思います。また，留学生が非常に多く，いろんな国の友達ができます。（M. K. さん）

入学してやっぱりよかった

環境が非常にいいことです。都会の喧騒から距離を置き，豊かな自然に囲まれながら送るキャンパスライフは非常に快適です。また，食堂や生協が充実しており，日常生活において困ることは非常に少ないです。学習においても，多くの授業で教授の方々の熱心な講義を聴くことができ，自分の視野が拡張されることを実感します。自分の気力や計画性があれば，様々なことを学べる環境が整えられていることが，やはり一番の魅力であると思います。（松尾さん）

九州大学のほとんどの学生が通う伊都キャンパスは，2018 年に全ての施設が完成したばかりなので，どの施設も新しいです。きれいな建物や机という環境で学習することができます。また，食堂の数も豊富なので，毎日違った食堂で昼食をとることができます。キャンパスは広くて移動が大変ですが，毎日いい運動になっています（笑）。周りの人もいい人ばかりで，楽しいキャンパスライフを送れています。福岡は住むにはとてもいい場所で，休日に街に出れば，生活や遊びに困ることもありません。（濱田さん）

これは想像していなかった…

天神や博多といった都会と少し距離があることです。九大の最寄り駅から天神まで 30 分はかかります。また，九大から最寄り駅まで徒歩で 1 時間程度かかるので，自転車やバスを利用しなければつらいです。九大のキャンパス自体が本当に大きいので，サークル活動などをする際に，構内を運行するバス（無料）を利用して 15 分程度かけて移動する必要があるのも大変です。また，昼休みの食堂は長蛇の列ができるので，少し面倒な思いをします。早め早めの行動をしないと自分のスケジュールが狂うので注意する必要があります。（松尾さん）

　単位を取ることが思いのほか大変，ということです。自分が大学生になる前は，「大学生は授業を適当かつ楽に受けて単位だけ取って，ずっと遊んでいる」という勝手なイメージを抱いていましたが，単位を取るには，授業への出席はもちろんのこと，毎週多くの課題をこなしたうえで，学期末にはハードな試験勉強やレポート作成をしなければなりません。単位を取るということは自分が思っていたよりもはるかに大変なことである，と日々感じています。（S. N. さん）

　想像と違ったと思ったことは，「基幹教育」という仕組みです。九州大学に入学した 1 年生は全員，伊都キャンパスで基幹教育を受けます。基幹教育では言語科目や高校の体育のような健康・スポーツ科目，地理学や心理学などの文系科目，化学や物理などの理系科目を幅広く学びます。文系科目や理系科目などはたくさんある講義の中から自分の好みで選ぶことができます。しかし，ほとんどの学部において専門的な教育は 2 年生から始まるので，1 年生の間は基幹教育しか受けることができず，つまらなく感じるかもしれません。また，大学では単位を取れなかったら，すぐに留年になると思っていましたが，法学部では 4 年生までは無条件で進級できます。しかし，卒業するために必要な単位数は決まっているので注意が必要です。（濱田さん）

　伊都キャンパスは非常にきれいで大きなキャンパスなのですが…覚悟はしていましたが，交通の便が非常に悪いです。まず，伊都キャンパスは最寄り駅から徒歩で約 1 時間のところにあり，キャンパスに向かうには必ず最寄り駅からバスに乗る必要があります。そして，キャンパス付近には何もありません。スーパーもありません。そのため，多くの学生はスーパーやイオン，ドン・キホーテなどがある学研都市や周船寺周辺に住んでいます。学研都市や周船寺から自転車で通学したり（自転車だと 20～30 分），バスで通学したりしています。原付バイクで通学する学生も多いです。空きコマができたときは，ほかの大学の学生だったら，大学から出て外で遊ぶのかもしれませんが，九大生はもっぱら食堂でお話ししています。放課後遊ぶなら，友達の家でお話しすることが多いです。（M. K. さん）

「これ」頑張ってます

今，自分が熱中しているのはサークル活動です。ある球技のサークルに入っているのですが，今は週 3 回以上のペースでその競技に取り組んでいます。時間割の組み方やアルバイトのシフトなども工夫して，多くの時間を費やせるようにし，毎月のように大会にも参加しています。サークルで仲良くなった人たちとプライベートでも多く遊ぶようになりました。専攻分野の勉強やアルバイトとのバランスを取りながらも，現在はサークル中心の生活を送っている，といえると思います（笑）。（S. N. さん）

サークル活動とアルバイトに打ち込んでいます。まず，サークルの新歓は極力たくさん回るべきです。入学式の日に，たくさんチラシを受け取ると思いますが，私は新歓日をスケジュール帳に書いてたくさん回りました。タダでご飯を食べられるし，新歓を通して他学部の友達もできます。私は軽音部に所属していますが，2 ～ 3 カ月に 1 回くらいのペースでライブがあり，それに向けてバンドメンバーで練習するのが非常に楽しいです。未経験だったので，はじめは不安もあったし，受け入れられるかどうか怖かったけれど，先輩も同級生も優しいです。また，大学に入ってから塾講師，コンビニ，コールセンターなど様々なアルバイトを経験しました。特に塾は受験で学んだことがそのまま生かせるのでおすすめです。（M. K. さん）

大学生になると「ここ」が変わる

高校は時間割があり，多くの高校では制服があり，服装の規定などもあると思いますが，大学は時間割も自分で決め，服装の規定などはもちろんありません。全て自由です。私が高校生のときは，よくいろいろな人が「大学は自由。高校生は全て時間割が決められていて，逆にそちらのほうが楽だった」と言っていました。しかし，私は断然大学のほうが楽です。自由には責任が伴いますが，責任をもてるなら断然自由のほうが自分の時間も有効に使えると考えるからです。（M. K. さん）

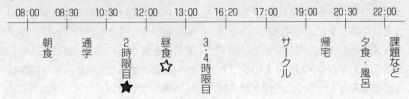

大学生の日常生活

《S. N. さんのとある１日》

08:00	08:30	10:30	12:00	13:00	16:20	17:00	19:00	20:30	22:00
朝食	通学	2時限目★	昼食☆	3・4時限目		サークル	帰宅	夕食・風呂	課題など

★自分は家が遠く，通学に時間がかかるので，できるだけ遅い時間の授業を取るようにしています。また，必修が少ないので，なるべくサークルやアルバイトに支障がでないように時間割を組んでいます。

☆主に学食を利用していますが，曜日や時間によっては大混雑します。その場合は別のお店に行ったり，買って食べたりするなどして対処しています。

《濱田さんのとある１日》

07:30	08:20	08:40	12:00	13:00	16:20	16:40	20:30	21:00	23:00	24:00
朝食	通学	1・2時限目	昼食★	3・4時限目☆	帰宅	アルバイト	夕食	自由時間（課題など）	予習・準備	

★昼食は学食でとります。学食はたくさんあり，食堂によってメニューも大きく変わってきます。その日の気分によって，食堂やメニューを選んでいます。また，おいしいパン屋さんもあります。

☆講義と講義の間は 20 分しかなく，次の講義の教室が離れているときには，ダッシュして向かいます。

オススメ・お気に入りスポット

中央図書館

2018 年の秋にオープンしたばかりで，とにかくきれいです。蔵書も豊富で広く，勉強場所として最適だと思います。ただし，キャンパスが広いためセンターゾーンやウエストゾーンから

少し遠くなっていることが難点でしょうか。（S. N. さん）

非常に大きくきれいな図書館です。1～4階まであり，下の階にいくにつれて静かなエリアになっていきます。4階には学生同士が話し合いながら勉強できるスポットもあります。（M. K. さん）

亭亭舎

木造で，畳のしかれたシェアスペースのような場所です。木の香りがよく，友人たちと空きコマの際などはここでたまります。すごく居心地がいいので，うとうとして寝てしまうこともしばしば…。（松尾さん）

嚶鳴天空広場

センターゾーンにあり，基幹教育を受ける1年生が空きコマや授業前後など多くの時間を過ごすスポットです。自習だけではなくグループワークを行うこともできます。1年生のときは通い詰めることになるでしょう。（S. N. さん）

総合体育館

昼休みや平日の空き時間は一般学生に開放されており，バスケやバドミントン，水泳やテニスといった様々なスポーツを行うことができます。身体を動かして運動不足を解消しましょう！（S. N. さん）

童夢カフェ

キャンパス内に2か所あるカフェです。毎日おいしいパンが安く買えたり，500円でパン食べ放題もあります。季節に合ったパンやキャラクターのパンもあり，おしゃれでかわいいです。（濱田さん）

キャンパス循環バス

伊都キャンパスはあまりにも広いので，キャンパス内を循環しているバスに無料で乗れます。これを使わずにキャンパスの端から端まで歩くのは，ものすごくきついと思います。（濱田さん）

Qasis（クアシス）

食堂の一つです。九大には様々な食堂がありますが，もっともお気に入りです。日替わりパスタが非常においしく，いつも食べています。おすすめは，鮭とキノコのレモンクリームパスタです。（M. K. さん）

部室棟（課外活動施設Ⅰ）

体育館の横に部室棟と呼ばれる建物があります。ここでいつもバンド練が行われています。個人練で使うことも多いです。私の所属サークルでは，部室の予約はネットで行えます。（M. K. さん）

大学のあんなこと，こんなこと

九大は豊かな自然に囲まれているので，まれにタヌキやイノシシが出没することがあります。イノシシは危ないので怖いです…。年に１回ある九大祭は様々な団体が飲食物の販売やパフォーマンスをします。どれもクオリティが高く，非常に充実したものになっています。（松尾さん）

九州大学のミスターコンテストは非常に面白いです。ほかの大学と比べて多種多様だと感じます。（M. K. さん）

合格体験記

みごと合格を手にした先輩に，入試突破のためのカギを伺いました。入試までの限られた時間を有効に活用するために，ぜひ役立ててください。

（注）ここでの内容は，先輩が受験された当時のものです。2022 年度入試では当てはまらないこともありますのでご注意ください。

アドバイスをお寄せいただいた先輩

D. Y. さん　工学部
前期日程 2021 年度合格，福岡県出身

現役時に 1 人で勉強していたので，最後まで自分の弱点に気付ききれませんでした。浪人して，塾の先生や友達と勉強の計画を立てることがとても重要だと感じました。

その他の合格大学　同志社大（理工），立命館大（生命科〈共通テスト利用〉）

M. H. さん　農学部
前期日程 2021 年度合格，広島県出身

自分の現状（どこの分野が得意で，どこの分野が苦手など）を把握し，苦手分野を後回しにしないこと。

その他の合格大学　安田女子大（薬〈共通テスト利用〉）

河合光太郎さん　芸術工学部（芸術工学科）
前期日程 2021 年度合格，金沢泉丘高校（石川）卒

もし，受験生になってから始めようという人がいたら，周りもさらに勉強してくるので，スマホ，テレビを見る時間を 0 秒にするつもりで頑張ってください。逆に言えば，不意に行きたい大学が見つかった人も，通学，食事，風呂の時間などを勉強にあてるとまだまだ可能性はあります！

天ヶ瀬慶亮さん　工学部（機械航空工学科）
前期日程 2020 年度合格，川内高校（鹿児島）卒

合格のポイントは，日々の継続的な学習です。私は１つの解き方や考え方をマスターするのに，解き直しが必要でした。しかし，解き直す分，１問あたりにかかる時間が長くなるので，広い範囲をカバーするために勉強時間の確保が重要となりました。そのため，毎日勉強に向き合いました。これにより，知識や解法が確実なものになるだけでなく，試験前日・当日に自分を落ち着かせてくれる，心の拠り所もできます。苦しい場面もあると思いますが，どうにかペンを持って１問でも解いてみてください。

その他の合格大学　立命館大（理工），東京理科大（理工〈センター利用〉）

Y. T. さん　工学部（物質科学工学科）
前期日程 2020 年度合格，山口県出身

合格の最大のポイントは，最後まで「あきらめなかったこと」だと思う。受験生は様々なことに苦慮するため，受験勉強に真摯に向き合わないとすぐに成績が低下するが，私は大学での生活に意欲を見出し続けたことで，見事合格できた。

その他の合格大学　関西大（化学生命工〈センター利用〉），同志社大（理工）

R. M. さん　農学部（生物資源環境学科）
前期日程 2020 年度合格，福岡県出身

基礎をとにかく早く固めることが大切です。基礎をきちんと身につけてから，問題演習や過去問演習をすることで，成績の伸びが大きくなります。

その他の合格大学　明治大（農〈センター利用〉），東京理科大（理工）

入試なんでもQ＆A

受験生のみなさんからよく寄せられる，入試に関する疑問・質問に答えていただきました。

Q 「赤本」の効果的な使い方を教えてください。

A　高校のすべての学習範囲が終わってから，一度自分の実力を測るために解いてみました。早めに一度解いておくことで苦手教科などがわかり大まかな勉強の指針が立つので，これは必要だと感じました。その後は共通テスト後4日に一度のペースで解き，見えた課題をあとの3日で克服する，を繰り返しました。毎日のように解く人もいるかもしれませんが，見えた弱点を克服していかないと問題の傾向に慣れるだけになってしまい，赤本の使い道として少しもったいないと感じます。一度やって弱点を克服を繰り返す，このやり方をおすすめします！　（河合さん／芸術工）

A　夏頃に，最新1年分の過去問を，本番の試験時間を大問数で割った時間配分で時間を計って解いてみて，自分の立ち位置を把握するところから始めました。みなさんにも，時間を計って赤本の問題を解くことをおすすめします。緊張感と時間的制約のある中で，自分がどこまで解き進めることができるのかが明確になるからです。また，解答編の各大問の冒頭に，実施日，解答に要した時間，解けた問題と解けなかった問題を記入した付箋を貼るのもいいと感じました。同じ問題を日をおいて再度解く場合，以前の自分との比較を一目で行うことができます。　（天ヶ瀬さん／工）

A　私が赤本の中で特に読み込んでいたのは，「傾向と対策」のところだ。ここには，九大の過去の出題内容や頻出分野，クセなどが的確にまとめてあるため，それを指標として対策を立てていた。具体的には，数学：近年，出題内容がかなり固定されている，物理：基礎から発展まで出題範囲が広く，力学は難問が多い，化学：隔年で高分子の出題内容が入れ替わっている，等の情報を指標としていた。また，勉強のやる気が起きないときは，大学情報の欄を見て，大学生活の雰囲気を自分で想像していた。

（Y. T. さん／工）

Q　1年間の学習スケジュールはどのようなものでしたか？

A　高校3年生の7月までは，それまでの復習と新しく習う分野の学習をしていた。8月以降は朝の5時くらいに起きて勉強し，帰ってきてからは日によっては勉強しないこともあった。夏休みはできるだけ多くの問題に触れようと思い，量重視の勉強をしていた。12月の下旬くらいまで共通テスト対策と並行して二次試験対策もしていた。そこから共通テストまではマーク式問題をひたすら解いた。さらにそこから二次試験まではさまざまな大学の過去問を解いた。　(M. H. さん／農)

A　4～6月は英単語や英文法，古文単語，数学の公式を覚えるといった基礎固めに時間を費やし，とにかく基礎問題の演習を中心に行った。7，8月はそれまでに解いた基礎問題の復習を中心に行い，模試の復習なども同時に行った。また，志望大学の過去問なども見て，問題の傾向を研究し，英語長文を毎朝1問ずつ解くことで，読解スピードを上げる特訓をした。9，10月は少しレベルの上がった問題演習をして，二次試験の対策を中心に行った。11月の終わりまでに，解けなかった問題を中心に復習をし，模試の問題なども活用して，苦手を克服するようにした。そして，12月の中頃から，センターの過去問などを解いて，センター対策を始めた。このとき，センター対策だけでなく，二次試験の問題にも1日に3時間程度かけることで，二次力を落とさないように心がけた。センターが終わったあとは，それまでに解いてきた問題をもう一度解き，問題の流れを掴む練習もした。　(R. M. さん／農)

Q　共通テストと個別試験（二次試験）とでは，それぞれの対策の仕方や勉強の時間配分をどのようにしましたか？

A　二次試験の方が配点が大きいので，10月までは9割は二次試験の勉強をしていました。そうはいっても共通テストもとても重要で，共通テストで点を取れているかいないかで，共通テストが終わってから二次試験までの1カ月程の勉強に対するモチベーションが大きく左右されます。なので11・12月は9割共通テストの勉強をしていました。テスト直前は気持ちが浮ついて，勉強に集中できないことが多々あるので，計画に余裕をもたせるといいと思います。　(D. Y. さん／工)

Q どのように学習計画を立て，受験勉強を進めていましたか？

A 私は，必ず翌日の学習計画を立ててから寝るようにしていました。また，計画は厳しすぎると，諦めてしまったりその日に消化できなかったりするので，最初は計画を立ててそれを消化し切ることを目標にして，勉強に臨んでいました。日ごとに目標を立てていると，頻繁に最終的な目標から逸れていくことがあるので，日ごとの計画だけでなく，月ごとの計画を大雑把でいいので立てておくと，正しい方針で学習できると思います。

（D. Y. さん／工）

Q 学校外での学習はどのようにしていましたか？

A 塾には行っておらず，授業以外では学校の教室や図書室などで勉強していました。気分転換として学校内で色々なところで勉強していました。勉強場所を変えるのにかける時間がもったいないので１日１，２度しか変えませんでしたが。学校で勉強すると周りにもたくさん同じように勉強する人がいるのでやる気が続きサボりにくくなります。夜は家で勉強しましたが，ここでもやる気の持続のために静かなときはリビング，基本は自分の部屋で，飽きてきたら椅子をバランスボールに変えるなどを気分転換にしていました。

（河合さん／芸術工）

Q 九州大学を攻略する上で，特に重要な科目は何ですか？

A 数学です。得点差が非常につきやすい科目です。誘導のない問題が出題されるようになったので，問題文から何を求めたり示したりしなくてはならないのかという目的を読み取り，その目的のためにどんな操作が必要であるかを把握することが大切です。有効な方針が立たないと，かなりの点数を失ってしまいます。対策としては，「なぜその解法を選択するに至ったのか」という根拠を，自ら答案を書く際も，解答・解説を見る際にも意識して，問題演習に取り組むのがいいと思われます。

（天ヶ瀬さん／工）

Q 苦手な科目はどのように克服しましたか？

A 私は物理が苦手で，勉強してもほとんど成績が上がらず，頭の中も知識がばらばらで，とうてい二次試験を解けるレベルではなかった。しかし，放課後に，学校の先生に授業でわからなかったところを質問したり，基礎的な参考書を繰り返し読み込んだりして物理と真摯に向き合ったことで，最終的に二次試験の物理が解けるようになり，結果として物理を武器にして受験を迎えることができた。受験を通して感じたことは，理解するための熱意と努力があれば，受験に必要な知識は絶対に理解できるようになるということと，それまで試行錯誤した過程は必ずその後の人生において生きてくるということだ。　（Y. T. さん／工）

Q 模試の上手な活用法を教えてください。

A ただ模試を解くだけでなく，終わったあとは１週間のうちに復習をし，わからなかったことは先生にすぐ質問をしに行っていました。加えて，しばらく経ったあとにもう一度問題を見て，復習をしていました。また，間違った問題をもう一度間違えないように，１冊のノートに間違った問題をまとめて，解法だけでなく，なぜ間違ったかも分析して書いていました。その問題を解くにあたって必要な公式なども書きました。そして，そのノートを次の模試や本番の試験の前に見ていました。　（R. M. さん／農）

Q 試験当日の試験場の雰囲気はどのようなものでしたか？
緊張のほぐし方，交通事情，注意点等があれば教えてください。

A 試験は九州大学伊都キャンパスで受けたのですが，30分前にしか教室に入室できず，それまでは空調の効いていない廊下で待たされました。そのため，寒さ対策は十分にする必要があります。また，福岡市中心部からも遠いので，時間に余裕を持って行く必要があり，下見もするべきだと思います。試験当日の過ごし方としては，私は緊張するとすぐに肩が痛くなったり，頭が痛くなったりするので，試験の合間に肩を回したり，首を回したり，ストレッチをしたりして，コリをほぐしていました。

（R. M. さん／農）

Q 普段の生活の中で気をつけていたことを教えてください。

A 睡眠時間に気を使っていた。本当は7時間30分は寝たかったが，そうすると自由時間を削って勉強しないといけなくなるので，7時間睡眠にしていた。私の場合，睡眠時間が7時間以下になると授業中に眠たくなってしまうので，最低限は必ず眠るようにしていた。また，学校の後は疲れており，全然勉強に手がつかないので，朝に勉強するようにしていた。日によって異なるが夜の9時か10時に寝て，朝の4時か5時に起きて約2時間くらい勉強していた。（M. H. さん／農）

Q 受験生へアドバイスをお願いします。

A 1，2年生の頃から積み重ねをせず3年生になり今から逆転しようという人に言います。3年生になるとみんな勉強します。出だしに大きな差があるのに追いついたり追い越すためには人と同じでは到底不可能です。もし本気で追い上げる気があるのであれば，まずスマホはスクリーンタイムで使用時間を制限するなどではなくスマホ自体にロックをかけて親などに預かってもらった方がいいと思います。また，登校中や食事中などのスキマ時間を暗記にあてるなど，スキマ時間は無駄にしないようにしたらいいと思います。正直言ってかなり精神的にもきついと思うので，しっかり1，2年生から積み重ねをすることをおすすめします。

（河合さん／芸術工）

A みなさんにとって，大学受験は一種の「壁」に思えるだろうか？私も昔はそのように思え，その「壁」を乗り越えるために一生懸命努力した。しかし，受験直前となった2月のある日，私は受験が「壁」ではなく「扉」であるように思えたのだ。それからは，大学受験への抵抗感が一切なくなり，自分の持てる力を素直に発揮できればいい，と思えた。そのため，受験ではほとんど緊張することなく淡々と解答できて，最終的には第一志望学科に合格できた。みなさんも大学受験が「壁」ではなく「扉」と思えるくらい懸命に努力し，その「扉」の向こう側の世界に入り込んでほしい。（Y. T. さん／工）

科目別攻略アドバイス

みごと入試を突破された先輩に，独自の攻略法やおすすめの参考書・問題集を科目ごとに紹介していただきました。

英語

単語は毎日しないと，日々衰えていくと思います。また，英作文は練習すればある程度取れるので，しっかり対策するべきだと思います。

（D. Y. さん／工）

英単語をたくさん覚え，速読が必要となるので毎日英文を読む。

（河合さん／芸術工）

おすすめ参考書　『システム英単語』（駿台文庫）

数学

自分の力だけで解答を紡いでいくには，確固たる解法をストックしておくことがポイントです。試験時間は限られているので，「知っている」というのは非常に大きなアドバンテージになります。「なぜその解法をとるのか」という根拠も明らかにして，頭に入れておきましょう。

（天ヶ瀬さん／工）

おすすめ参考書　『九大の理系数学 15 カ年』（教学社）

教科書で基礎を固めて，「青チャート」（数研出版）の重要問題やエクササイズレベルの問題を演習すれば九大の要求する数学力は身につくため，問題を踏破するつもりで取り組もう。また，試験時間に対して質と量は比較的余裕があり，じっくり解答を考えられる。普段から問題に対し，腰を据えて取り組む姿勢が重要だろう。

（Y. T. さん／工）

おすすめ参考書　『やさしい理系数学』（河合出版）

物理

どれだけ問題に慣れるかが鍵だと思う。　（M. H. さん／農）

おすすめ参考書　『実戦 物理重要問題集 物理基礎・物理』（数研出版）

問題を何度も繰り返し基本事象の「原理」をすべて理解する。
（河合さん／芸術工）

おすすめ参考書　『良問の風　物理』『名問の森　物理』（ともに河合出版）

化学

無機，有機の知識分野を確実なものに仕上げることがポイントです。計算問題の方針をマスターすると同時に，貴重な得点源となる知識問題に自信を持って解答できる状態に仕上げることで，結果として思考力を要する問題にあてる時間を確保することができます。
（天ヶ瀬さん／工）

おすすめ参考書　『実戦 化学重要問題集 化学基礎・化学』（数研出版）

生物

論述が多いので，過去問や他大学の論述問題を用いて十分に対策する必要があります。学校や塾の先生に自分の答案を見てもらうのも効果的だと思います。　（R. M. さん／農）

おすすめ参考書　『実戦 生物重要問題集 生物基礎・生物』（数研出版）

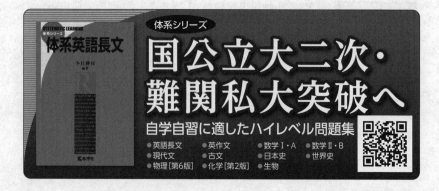

Trend & Steps

傾向と対策

（注）「傾向と対策」で示している，出題科目・出題範囲・試験時間等については，2021 年度までに実施された入試の内容に基づいています。2022 年度入試の選抜方法については，各大学が発表する学生募集要項等を必ずご確認ください。

また，新型コロナウイルスの感染拡大の状況によっては，募集時期や選抜方法が変更される可能性もあります。各大学のホームページで最新の情報をご確認ください。

＊　　＊　　＊

2022 年度入試では，芸術工学部芸術工学科未来構想デザインコースにおいて「物理」が必須でなくなり，「物理」「化学」「生物」から２科目選択となる予定（本書編集時点）。

英　語

年度	番号	項　目	内　容
	〔1〕	読　解	内容説明，要約（120 字）
	〔2〕	読　解	内容説明
2021	〔3〕	読　解	内容説明
	〔4〕	英 作 文	テーマ英作文（100 語）
	〔5〕	英 作 文	表の読み取り（70 語）
	〔1〕	読　解	内容説明，英文和訳，同意表現，内容真偽
	〔2〕	読　解	内容説明，内容真偽，英文和訳
2020	〔3〕	読　解	内容説明，要約，内容真偽
	〔4〕	英 作 文	意見論述（100 語）
	〔5〕	英 作 文	和文英訳
	〔1〕	読　解	内容説明，欠文挿入箇所
	〔2〕	読　解	英文和訳，内容説明
2019	〔3〕	読　解	内容説明，内容真偽，同意表現
	〔4〕	英 作 文	要約（100 語）＋意見論述（50 語）
	〔5〕	英 作 文	和文英訳
	〔1〕	読　解	内容説明（80 字他），同意表現，空所補充
	〔2〕	読　解	同意表現，英文和訳，内容説明，内容真偽
2018	〔3〕	読　解	空所補充，内容説明，英文和訳
	〔4〕	英 作 文	テーマ英作文（100 語）
	〔5〕	英 作 文	和文英訳

	〔1〕	読　　解	内容説明（200字），英文和訳，同意表現，空所補充
	〔2〕	読　　解	内容説明，同意表現，内容真偽
2017	〔3〕	読　　解	英文和訳，内容説明，同意表現，段落の主題
	〔4〕	英 作 文	テーマ英作文（100語）
	〔5〕	英 作 文	和文英訳

(注)　文系と共通。

▶読解英文の主題

年度	番号	主　　題	語　数
	〔1〕	イナゴの被害と対策の難しさ	約710語
2021	〔2〕	グーグルから始まった監視資本主義	約520語
	〔3〕	2匹の猫の保護ボランティア	約500語
	〔1〕	アイデアを生み出すブレーンストーミング	約610語
2020	〔2〕	2019年5月18日のブルームーン	約500語
	〔3〕	筆記体は学校で指導すべきか？	約530語
	〔1〕	平均余命の男女格差の縮小	約530語
2019	〔2〕	小説を初めて書いたことで学んだ二つの教訓	約780語
	〔3〕	子供の脳によい読み聞かせとは	約660語
	〔1〕	続行すべき火星探索	約570語
2018	〔2〕	睡眠不足のもたらす悪影響とその対処法	約530語
	〔3〕	日本独自の安全確認方法である「指さし確認」	約500語
	〔1〕	学際的研究における問題解決型学習の問題点	約750語
2017	〔2〕	フェイスブック社によるドローンを利用したネット接続の試み	約900語
	〔3〕	生物と生態系の相互作用	約420語

傾向　読解・英作文の2本立て 記述式中心で，総合的英語力をみる

1　出題形式は？

＜問題構成＞　2017年度以降は大問数5題で，読解3題，英作文2題となっている。試験時間は120分。

＜解答形式＞　記述式が中心だが，読解問題では一部に選択式の問題がみられることが多い。内容説明・英文和訳・英作文など，本格的な記述力を問う設問が中心。説明問題には，字数制限が付されている場合もある。

2　出題内容はどうか？

【１】 読解問題

例年３題出題されている。読解英文は比較的平易なもので，特別難解な語彙や構文はほとんどみられない。文化・社会・医学・科学などに関する論説文や随筆から物語的なものまで，内容は多岐にわたる。

設問内容は，内容説明と英文和訳が中心だが，空所補充や内容真偽，同意表現なども出題されている。しかし，2021 年度は英文和訳が出題されず，内容説明と要約のみのシンプルな出題だった。また，2019 年度は欠文挿入箇所を指摘させる設問もみられた。部分部分を正確に把握する力に加えて，英文全体の内容把握力も含めた総合的な英語力が問われる。なお，2017・2019・2020 年度〔３〕，2018 年度〔２〕〔３〕，2021 年度は，すべての設問が英文であった。

【２】 英作文問題

例年，和文英訳とテーマ英作文または意見論述が出題されていたが，2021 年度は和文英訳が出題されず，代わりに表の読み取りが出題された。また，2019 年度は要約と意見論述の融合問題が出題された。

①和文英訳

与えられた日本文の下線部を英訳する形式である。小問数は２問で，下線部はだいたい１，２文程度である。問題文はこなれた日本語である場合が多く，英語で表現するには工夫を要する。

②テーマ英作文・意見論述・要約

書くべきテーマが英語で与えられる場合と，まとまった英文を読んでそれに対する意見を述べる場合とがある。テーマは，身近なものも多いが，2017 年度「外国人観光客の日本体験を改善するには」，2018 年度「介護を必要とする高齢者を支えるために日本社会ができること」といったものも出題されている。なお，2019 年度は，英語による要約と意見論述の融合問題という新傾向の出題がみられた。語数は，2017・2018・2020・2021 年度は 100 語程度，2019 年度は要約が 100 語程度，意見論述が 50 語程度となっている。いずれにしてもかなり多いので，英文を書くことに慣れておく必要があるだろう。また，英語力に加えて豊かな発想力・構成力が問われる年度もある。

③資料読み取り

2021年度に和文英訳に代わり新たに出題された資料読み取り問題は，表にまとめられた「アメリカの大学への留学生数の変化」の傾向を英語でまとめるものであった。語数は70語程度。今後も出題される可能性があるので要注意である。

3 難易度は？

読解問題は内容・設問ともにオーソドックスなものがほとんどで，標準的な内容である。しかし，英作文問題は，文法・語彙力に加えて表現力やセンスも要求される高度なものである。全体としては，やや高いレベルの出題といえる。

読解問題3題と英作文問題2題を120分で解くには，スピードが問題になってくる。時間配分としては，読解各25分，和文英訳等10〜15分，テーマ英作文等20〜25分，見直し10分というところだろうか。

対策

1 読解問題

【1】 語彙力

語彙力強化のためには，まず長文読解など日頃の学習の中で出合う単語を確実に覚えていくことが第一である。辞書を引く際には，派生語やイディオムにも目を通すなどして，知識を増やしておきたい。市販の単語集や熟語集は，知識の整理・確認に使用するとよい。

【2】 速読力

読解英文の分量は，1題1題はそれほど多いものではないが，大問数が多いので，時間的に余裕があるとはいえない。一読して素早く内容をつかむ練習は不可欠である。教科書や問題集などを利用して，標準レベルのさまざまな分野の英文を，正確にしかも短時間で読み取る訓練をすること。指示語や代名詞の内容が問われることも多いので，平素から指示語が何を指しているか，また文の構造がしっかり理解できているかを確認しながら読み進める習慣をつけておこう。

【3】 表現力

内容説明・英文和訳など，記述式の問題が中心なので，しっかりした国語力が求められる。日頃から積極的な読書を心がけ，国語力の充実に努めること。わかっているつもりでも，実際に書いてみるときちんとした日本語になっていないということもよくある。過去問や問題集を利用して，答案を書く練習を積んでおこう。その際，書いたものは必ず読み返し，解答例と比較対照するなどして，よりこなれた日本語になるよう工夫してみよう。『九大の英語 15 カ年』（教学社）などを利用するのもよい。

2 英作文問題

【1】 基本例文の暗記

まず，教科書を利用してしっかりした基礎を築くことから始めよう。英作文や英文法の教科書の基本例文の中から，重要な文法事項や慣用表現を含む文を抜き出して徹底的に暗記すること。基本例文のマスターは，長い英文を書くときの骨格となるものである。また，読解の練習などを通じて，良質の英文に数多く触れ，使いこなせる表現を増やしておくことも大切である。

【2】 和文英訳対策

問題文はかなりこなれた日本語なので，英訳しやすいように分解・分析して組み立て直す必要がある。深い思考力と表現力が問われるので，問題集や過去問を利用して何度も練習しよう。書いた英文は，できれば学校や塾の先生に添削してもらうとよい。

【3】 テーマ英作文・意見論述・要約・資料読み取り対策

ある程度の長さの英文を書かなければならないので，まずは上記の対策を通じて英語で文章を書くということに慣れておく必要がある。慣れたら 100 語程度での要約に挑戦しよう。次に，身近な出来事や，新聞のニュースなどからテーマを選び，自分の意見や経験についてまとまった内容の英文を作ってみる。その際，できるだけ易しい表現で書くように努めること。そのほうが読み手にとっても理解しやすく，説得力のある文が書けるものである。資料の読み取りや説明についても，実際に書いてみるのが一番の訓練になる。そのなかで，表に限らずいろいろな資料に対して使える汎用性の高い表現を身につけておきたい。このような練習を繰り返し行うことにより，英語で自己表現をすることが習慣化し，どのようなテーマであっても短時間で的確な英文が書ける力がついてくるのである。

数　学

年度		番号	項目	内容
2021	経済（経済工）・理・医（保健〈看護学〉を除く）・歯・薬・工・芸術工・農	〔1〕	ベクトル	xy 平面，yz 平面，zx 平面に接する球
		〔2〕	複素数平面	複素数平面における2次方程式の虚数解が表す図形
		〔3〕	微・積分法	回転体の体積　⇨図示
		〔4〕	複素数平面	条件を満たす複素数平面上の点　⇨証明
		〔5〕	整数の性質	${}_n\mathrm{C}_k$ が素数となる自然数（n, k）の組　⇨証明
	医（保健〈看護学〉）	〔1〕	図形と方程式	円が直線から切り取る線分の長さの最大値
		〔2〕	2次関数	不等式が常に成り立つ条件の図示　⇨図示
		〔3〕	積分法	放物線と接線で囲まれる図形の面積
		〔4〕	数列	数列の和と一般項・数学的帰納法
2020	経済（経済工）・理・医（保健〈看護学〉を除く）・歯・薬・工・芸術工・農	〔1〕	微・積分法	曲線に接する直線が存在するための条件
		〔2〕	高次方程式	条件を満たす4次方程式の解
		〔3〕	ベクトル	四面体の4つの頂点をすべて通る球の半径
		〔4〕	確率	4個のサイコロの目の積に関する確率
		〔5〕	微・積分法	立体の体積
	医（保健〈看護学〉）	〔1〕	微・積分法	2つの放物線で囲まれた図形の面積の最大値
		〔2〕	ベクトル	正四面体の断面積の最大値
		〔3〕	高次方程式	条件を満たす3次方程式の解
		〔4〕	＜経済（経済工）・理・医（保健〈看護学〉を除く）・歯・薬・工・芸術工・農学部＞〔4〕に同じ	
2019	経済（経済工）・理・医（保健〈看護学〉を除く）・歯・薬・工・芸術工・農	〔1〕	積分法	定積分の値の最小値の極限
		〔2〕	式と証明	恒等式に関する条件を満たす整式　⇨証明
		〔3〕	複素数平面，確率	複素数平面で点が単位円上にある確率
		〔4〕	極限	帰納的に定義される点の座標の極限
		〔5〕	複素数平面	複素数平面における軌跡　⇨図示
	医（保健〈看護学〉）	〔1〕	対数関数，確率	10個の3と8でつくった積が8桁になる確率
		〔2〕	微分法	極大値から極小値を引いた差が $4\|k\|^3$ となるときの k の値
		〔3〕	ベクトル	四面体の体積の最大値
		〔4〕	＜経済（経済工）・理・医（保健〈看護学〉を除く）・歯・薬・工・芸術工・農学部＞〔2〕に同じ	

2018	経済（経済工）・理・医（保健〈看護学〉を除く）・歯・薬・工・芸術工・農	〔1〕	式と曲線	空間における点の軌跡
		〔2〕	微・積分法	円や楕円で囲まれた部分の面積と回転体の体積
		〔3〕	確率	カードの数字の積を4で割った余りに関する確率
		〔4〕	整数の性質	3次方程式の整数解，有理数解　⇨証明
		〔5〕	複素数平面	複素数に関する方程式
	医（保健〈看護学〉）	〔1〕	積分法	曲線と x 軸で囲まれた部分の面積の最小値
		〔2〕	整数の性質	2進数を7で割ったときの余り
		〔3〕	ベクトル	図形におけるベクトルの内積に関する最小値　⇨証明
		〔4〕	確率	3つの部品についての良品・不良品に関する条件付き確率
2017	経済（経済工）・理・医（保健〈看護学〉を除く）・歯・薬・工・芸術工・農	〔1〕	微・積分法	三角関数の曲線で囲まれた図形の面積
		〔2〕	ベクトル	空間において1つの線分に垂直な2直線がなす角
		〔3〕	数列	等差数列の項の積が 7^{45} の倍数となるための数列の項数
		〔4〕	確率	袋の中の玉を取り出す確率の漸化式
		〔5〕	複素数平面	複素数平面における点が円や三角形の内部に含まれる条件
	医（保健〈看護学〉）	〔1〕	微・積分法	2つの放物線とその共通接線で囲まれた図形の面積
		〔2〕	図形と方程式	平面上の点の座標に対応する数が無理数であることの証明　⇨証明
		〔3〕	確率	さいころで3以上の目を出してゲームに勝つ確率
		〔4〕	整数の性質	条件を満たす最大公約数

（注）　医（保健〈看護学〉）学部は文系と共通。

傾向　小問での誘導がついた標準レベルの良問が出題

1　出題形式は？

＜問題構成＞　医（保健〈看護学〉）学部以外：大問数は5題で，試験時間は150分である。

医（保健〈看護学〉）学部：大問数は4題で，試験時間は120分である。

＜解答形式＞　全問記述式である。

＜解答用紙＞　1題につきＢ４判大1枚で，ほぼ全面に記入できる。

＜計算スペース＞　問題冊子（Ｂ５判）の見開き左側に問題が記載されていて，右側は下書き用紙となっている。ほかにも下書き用紙のページがあり，十分に計算できるスペースがある。

2　出題内容はどうか？

出題範囲は，医（保健〈看護学〉）学部以外の学部が「数学Ⅰ・Ⅱ・Ⅲ・A・B（数列，ベクトル）」，医（保健〈看護学〉）学部は「数学Ⅰ・Ⅱ・A・B（数列，ベクトル）」である。

＜頻出項目＞

微・積分法，確率，ベクトルが頻出である。これに加えて近年整数の性質，医（保健〈看護学〉）学部以外では複素数平面もよく出題されており，2021 年度には〔2〕〔4〕で 2 題出題されている。

＜問題の内容＞

例年，問題には小問が設定されていることが多く，その小問の巧みな誘導で最終的な結論に導かれているというタイプの問題が多いことが特徴であったが，2018・2019 年度と医（保健〈看護学〉）学部以外では 5 題中 3 題で，2020 年度は 5 題中 1 題で小問が設定されていなかった。しかし，2021 年度ではすべて小問が設定される形式が久しぶりに復活した。また，証明問題が複数の大問で出題されていた年度もあったが，ここ数年は減り，2020 年度は出題がなかった。しかし，医（保健〈看護学〉）学部以外では 2021 年度は 5 題中 2 題で証明問題が出題されている。さらに「用語を定義してそれについて問う問題」が〔4〕で「平均値の性質をもつ」ことについての問題として久しぶりに出題されている。これは以前はよく出題されていた形式の問題である。

3　難易度は？

難度の高い問題が出題された年度もあったが，近年はおおむね標準レベルの問題中心に落ち着いている。2021 年度は難化傾向にあったとはいうものの，極端な難問は出題されていない。いずれの学部も単純に計算すると 1 題あたり 30 分で解くことになる。最初によく見極めて，解きやすい問題から手早く解いていくことが大切である。

対　策

❶ 目標はやや高めに設定

2021 年度と 2020 年度とを比較すると，医（保健〈看護学〉）学部以外では，明らかに難化している。よって，過去問をよく研究し，できる範囲で少しレベルを高めに設定して日々の学習に取り組もう。解答・解説が詳しく丁寧な問題集で演習することで，典型的な解法を身につけていくとよいだろう。問題集はひととおり解いて終わりとするのではなく，何度も繰り返し復習するようにしよう。「解けない」問題を自力で「解ける」ようにすることが大切であると肝に銘じておこう。公式や定理は演習の中で生きた形で理解していきたい。単に暗記しただけでは的確に適用できないものである。

❷ 小問による誘導にうまく乗って解答の流れをつかむ訓練

九州大学の問題は小問による誘導が施されていることが多く，問題により程度の差はあるが，小問が巧みに配置されて最終的な結論に結びつけられている。2018・2019 年度は少なかったものの，2021 年度は全問小問の誘導がついている。解答に詰まったときに，小問による誘導から解答の流れを考えてみることで方針が立つこともある。たとえば「上の設問でなぜこのようなことが問われていたのか」「次の設問でなぜそのようなことが問われるのか」などと考えてみる。普段から小問をただ一つ一つ個別に処理していくのではなく，大問全体を見渡し，その中での各小問の役割を意識しながら問題演習に取り組もう。

❸ 計算力の強化

かなりの計算力を要する問題が出題される年度もある。普段から答えを出すまで粘り強く計算する習慣をつけておきたい。基本的には問題を解いていく中で速く正確に計算することを強く意識しながら取り組めばよいが，計算問題集を利用してみるのもよいだろう。『数Ⅲ（極限，級数，微分，積分）試験に出る計算演習』（河合出版）は，基本からかなりレベルの高い計算問題までを扱っているのでおすすめである。

❹ 論理的にしっかりとした答案を作成する訓練

証明問題もよく出題される。また，解答スペースが十分あることなどからも，大学が論理的にしっかりした答案を要求していることがうかがえる。論理的な思考は短期間で身につくものではない。普段からの学習姿勢が大切である。「論理的な誤りはないか」「例外事項を落としていないか」「もっと簡単に示す方法はないか」など，常に解答の筋道に気を配る習慣をつけたい。このような態度は証明問題以外に対しても同様に必要である。学校の先生に答案の添削を受けたり，添削教材を利用するのもよいだろう。

5 図を描いて考える習慣を

一見，数式だけで解く問題のようでも，それを図形的な問題に置き換えてみることで問題の核心がみえてくることは多い。方程式の実数解をグラフと x 軸との共有点の x 座標と対応づけることなどがよい例である。図を参考にして考えれば，案外たやすく解法の糸口や適切な発想が浮かんでくることもあるし，応用が効くような形で解き進めていくこともできる。2019・2021 年度には図示問題も出題されているので，普段から，題意に沿った的確な図を描いて考える練習をしておきたい。

6 過去問の研究

まずは早い段階で本書の過去問に挑戦してみて，最終的に自分がどのレベルに達する必要があるのかを確認してほしい。過去問は最新のものから解いて過去に遡っていくことをすすめる。初めは解けなくてもよいし，解答時間を長めに設定し無理のない範囲で演習してもかまわない。その過程で内容・レベルを体感しよう。赤本の過去問を入試直前の模擬試験代わりにとっておく受験生がいるが，入試直前に最新の傾向がわかっても手遅れである。「解けなくてもいい」ことを前提に，早い段階で過去問に触れていってほしい。そこで得られたことを日々の学習に活かしていこう。『九大の理系数学 15 カ年』（教学社）は分野別に編集されてレベルも明記されており，解答・解説もかなり詳しくわかりやすく書かれている。学習者に応じたいろいろな利用の仕方が考えられるので，効果的に利用してほしい。教学社のホームページでは解答用紙がダウンロードできる。実物大にプリントして演習に活用するとよい。

物　理

年度	番号	項　目	内　容
2021	〔１〕	力　学	ばねにつけられた２球の衝突と単振動　⇨描図
	〔２〕	電磁気	コンデンサーの充電，磁場内での荷電粒子の運動（25・30字）　⇨描図・論述
	〔３〕	熱力学	断熱変化と定圧変化の熱サイクル　⇨描図
2020	〔１〕	力　学	台に積み重ねられた物体の等速度運動と単振動　⇨描図
	〔２〕	電磁気	平行平板コンデンサーへの誘電体の挿入と極板の移動　⇨描図
	〔３〕	波　動	ヤングの実験のレポート作成　⇨論述
2019	〔１〕	力　学	減速する自転車の力および力のモーメントのつりあい　⇨描図
	〔２〕	電磁気	コイルに生じる誘導起電力　⇨描図・論述
	〔３〕	熱力学	熱サイクル，熱効率　⇨描図
2018	〔１〕	力　学	水平運動する台上の振り子
	〔２〕	電磁気	落下する正方形導体ループにおける電磁誘導
	〔３〕	波　動	斜めに動く音源によるドップラー効果，音波の屈折　⇨描図
2017	〔１〕	力　学	２物体の衝突と放物運動
	〔２〕	電磁気	磁場をかけた場合の水素原子の構造
	〔３〕	波動，原子	平面鏡による光の反射，光の波動性と粒子性

傾向　力学，電磁気中心の出題 計算問題を中心に，描図・論述問題にも注意

1　出題形式は？

＜問題構成＞　大問数は例年３題となっており，試験時間は理科２科目で150分。試験時間に対して適当な量であるが，時間的余裕はないといってよいだろう。

＜解答形式＞　文字式による計算問題が主であり，その結果のみを求める（解答用紙には答えだけを記入する）問題が大半を占めている。ただし，2019年度〔２〕問３，2020年度〔３〕問２(3)，2021年度〔２〕問１(4)，問２(3)のような論述問題も出題されており，過去には導出過程の記述を求める問題もみられた。描図問題は，2017年度を除いて毎年，グラフ

作成問題を中心に出題されている。

＜解答用紙＞　Ｂ４判大の用紙１枚が大問１題に対応している。

2　出題内容はどうか？

出題範囲は「物理基礎，物理」である。

＜頻出項目＞

例年３題中２題は，力学と電磁気の分野からの出題である。もう１題は，例年は熱力学または波動からの出題であるが，2017 年度は原子からの出題があり，波動との融合問題であった。力学では，運動方程式，エネルギー保存則，運動量保存則の三本柱を中心として，円運動や単振動を含んだ力学全般にわたった総合問題になっている場合が多い。電磁気からは電磁誘導，電磁場中での荷電粒子の運動，抵抗とコンデンサーとコイルを含んだ回路の問題などがよく出題されている。

＜問題の内容＞

すべての分野にわたって，基本問題から応用問題まで幅広い内容と難易度の出題であるから，典型的な問題を中心に，幅広く学習しておく必要がある。標準的な問題が多いが，普段あまり見慣れない問題や，難度の高い問題も含まれ，題意の正確な把握と理解が要求される。また，煩雑な計算が含まれる問題もあり，計算力も必要である。描図問題も，教科書程度の基本的な問題から，物理的な意味を正しく理解していなければならない問題，考察力を要する問題など多岐にわたっている。

3　難易度は？

標準的な出題がほとんどだが，力学および電磁気を中心にして，かなり難度の高い出題や，数学的な計算力が要求される出題もみられる。平素の学習では，典型的な標準問題が確実に解けるように訓練し，さらに，与えられた条件のもとでの受け身の学習ではなく，常に問題解決のために何が必要かを自問しながら学習をしていく必要がある。

単純に考えると１題あたり 25 分で解くことになるが，もう１つの科目とのかねあいや問題の難易度，解きやすさなどをよく判断して，時間配分に気をつける必要がある。

対策

1 典型的な問題の幅広い学習を

標準的な問題も多いが，表面的な理解で公式を適用するだけの学習では対処できない問題もよく出題されている。教科書で扱われている程度の事項はきちんと学習し，公式を導く過程や物理量の定義などの本質的な理解を図ることがまず大切である。

2 応用力・思考力の養成を

基本事項の徹底を図るためには，まずは，教科書傍用や標準的な問題集を完全にこなすのがよいだろう。その上で，応用力や思考力を養うために，本書や定評のある問題集に取り組むのがよいが，いたずらに数をこなすのではなく，問題の背景や計算結果のもつ意味を考えてみるなど，一歩踏み込んで掘り下げるような勉強も必要である。また，別の解法を考えるような練習もしておくとよい。未経験の問題に対処するための柔軟な思考力やセンスを養うには，こういう積み重ねが大切である。

3 計算力の養成を

煩雑な計算を要する問題も含まれている。問題演習に際しては，面倒がらずに，計算過程を示しながらきちんと計算することも大切である。迅速かつ誤りのない計算をする力は，日頃の学習の積み重ねで身につくものである。また，近似計算が出題されることもあるので，手際よく処理できるように慣れておく必要がある。

4 描図・論述問題の準備を

グラフを描いたり作図をする問題は慣れていないと案外難しい。教科書にあるような作図は自分でひととおりこなし，グラフを描く練習もしておきたい。また，2019・2020・2021 年度に出題のあった論述問題にも留意しておきたい。考察理由を簡潔な文章に書き表すような練習を普段からしておくとよい。自分の言葉で説明を試みることによって，より理解が深まる効果も期待できる。

化　学

年度	番号	項　目	内　　容
2021	〔1〕	理　論	アンモニア生成の反応速度と化学平衡，圧平衡定数と平衡移動　⇨計算
	〔2〕	無機・理論	14 族元素の単体と化合物の構造と性質，その反応　⇨計算
	〔3〕	有機・理論	合成繊維，合成樹脂の原料と性質，開環重合，生分解性樹脂　⇨計算
	〔4〕	有機・理論	アルケンの反応と構造決定，鏡像異性体の立体構造，オゾン分解　⇨計算
2020	〔1〕	理　論	平衡の移動と平衡定数，活性化エネルギーとアレニウスの式　⇨計算
	〔2〕	理　論	マンガン乾電池とアルカリマンガン乾電池の反応と電極の変化　⇨計算
	〔3〕	無機・理論	ハロゲンの単体とその化合物の性質，ヨウ素の結晶構造　⇨計算
	〔4〕	有機・理論	C_6H_{10} の脂肪族炭化水素の酸化開裂反応，立体異性体　⇨計算
	〔5〕	有機・理論	アミノ酸の鏡像異性体と構造異性体，テトラペプチドの構造　⇨計算
2019	〔1〕	理　論	希薄溶液の性質，非電解質と電解質の浸透圧，凝固点降下　⇨計算
	〔2〕	理　論	水性ガス反応の平衡移動，濃度平衡定数と圧平衡定数　⇨計算
	〔3〕	無機・理論	ナトリウム・アルミニウム・鉄の製法と性質，$NaCl$ の結晶格子　⇨計算
	〔4〕	有機・理論	芳香族化合物 C_9H_8 とその誘導体の反応と構造式　⇨計算
	〔5〕	有機・理論	単糖類の鎖状構造と環状構造，再生繊維と半合成繊維　⇨計算
2018	〔1〕	理　論	水の特性，同位体と分子量，電子式，電離平衡，酸化還元反応　⇨計算
	〔2〕	理　論	反応熱の算出，反応速度，圧平衡定数，平衡移動と分圧　⇨計算
	〔3〕	有機・理論	油脂とセッケンの性質，けん化価，エステル交換反応，異性体　⇨計算
	〔4〕	有　機	アセチレンとベンゼンの反応，クメン法，フェノールとサリチル酸
	〔5〕	有　機	イオン交換樹脂の合成，アミノ酸の反応と構造，ジペプチド

2017	〔1〕	理論・無機	アルミニウムの製法と反応，亜鉛の性質と ZnS の結晶格子　⇨計算
	〔2〕	理　　論	蒸気圧降下と沸点上昇，溶解度積，溶解度と凝固点降下　⇨計算
	〔3〕	無機・理論	アンモニアの分子構造と性質，製法，緩衝溶液の pH　⇨計算
	〔4〕	有機・理論	アルケン C_3H_6，C_5H_{10} の反応と生成物の構造式　⇨計算
	〔5〕	有機・理論	セルロースの構造と酵素の反応，アルコール発酵と燃焼熱　⇨計算

傾向　理論・有機中心の出題 読解力，計算力，応用力で差がつく

1　出題形式は？

＜問題構成＞　例年大問５題の出題となっていたが，2021 年度は４題の出題であった。試験時間は理科２科目で 150 分。

＜解答形式＞　記述式が中心である。物質名や化学式，反応式，構造式などの記述に加えて，計算問題も出題されている。計算問題は解答欄に結果のみを書かせる形式が多いが，2018 年度は導出の過程を書かせる設問が出題された。2019 年度は文字式の解答が多く，2021 年度も文字式の一部を選択肢から選ぶ設問が出題された。数値計算では有効数字も指定される。また，選択式で文章の正誤判断をするもの，語群から正しい語句や文章を選ぶものも出題されている。過去には描図問題が出題されたこともある。

＜解答用紙＞　各大問ごとにＢ４判大１枚で，計算問題の解答欄には必要に応じて単位が記入されている。

2　出題内容はどうか？

出題範囲は「化学基礎，化学」である。

「化学基礎」の理論分野からの出題が少ないが，基本的には理論と有機中心の出題である。無機は理論と絡めて出題されることが多い。年度によって出題分野や出題内容に変化があるので，化学の全分野にわたって精密な学習を積み重ねておくことが大切である。

また，無機・有機分野の大問でも計算力や思考力・応用力を要求される設問が出題される。さらに，教科書の「応用」や「考察」「参考」といった応用的な部分からの出題も目立つ。

3 難易度は？

例年，思考力や応用力の必要な設問が目立つ。基本的な内容も多く出題されており，標準問題から発展問題まで出題範囲は幅広い。また，問題文の説明をよく理解しないと解答しにくい設問が多く，問題演習の量と思考力，および計算力で差がつきやすい内容である。漏れのない総合的な学力をつけておく必要がある。大問5題であれば大問1題あたり約15分で解くことになり，試験時間は余裕があるとはいえない。大問により難易度に幅があるので，時間配分と解く順序に注意が必要である。

対 策

1 理 論

全体的には理論分野の比重が大きく，無機や有機分野の大問でも，理論分野の設問が組み合わされることが多い。基礎から応用まで幅広く出題されるので，化学の全範囲にわたって漏れのない学力をつけておくことがまずは重要である。

原子の構造と物質量，熱化学，酸・塩基と塩，中和反応とpH，酸化還元と電池・電気分解などについて標準問題を数多く解き，基礎力を固めよう。特に〔1〕でよく出題される電子配置や化学結合に関する基礎知識はしっかり固めて，応用できる力を養っておくことが必要である。化学平衡の内容は例年さまざまな形で出題されているので，類題での演習を積んでおく必要がある。気体や溶液の濃度，反応速度等に関する文字式や定数および単位の取り扱いなど，高校生にはあまりなじみのない発展的な内容でも，問題の誘導に従って慎重に解き進めれば解答できるものも多いので，粘り強く取り組む姿勢も大切である。新傾向の設問や，思考力・応用力の必要な設問に対応するため，本書の過去問などレベルの高い問題に取り組み，研究をしておくのが有効である。

2 有 機

例年後半の大問は有機分野からの出題であることが多く，全体の得点を決める大きな要素である。有機分野は比較的出題パターンが限られていて対応しやすい場合もあるので，早い時期にこの分野を確実な得点源にできれば，その後の対応が楽になる。

脂肪族・芳香族ともに代表的な化合物の性質や反応を系統的にまとめ，反応名や構造式，化学反応式を細かなところまで確実に書けるようにしておきたい。基礎力をつけたら，問題演習を重ねて知識の定着と深化を図ることが大切である。例年出題されている元素分析と化合物の構造決定に関しては，取りこぼしは許されない。しっかり演習し，異性体の立体構造等の思考力重視の問題まで十分慣れておけば，高得点がねらえる。

さらに，天然高分子・合成高分子ともに，教科書レベルの化合物の構造，単量体と重合の仕方などに関する知識は確実にしておかなければならない。

3　無　機

単独の大問として出題されることは少なく，年度によって出題傾向の変化が大きい。いずれも理論分野が組み合わされた総合問題ではあるが，通常の授業ではあまり深く学習しないところまで含めて，無機物質の性質と反応に関する正確で幅広い知識が必要である。教科書レベルの化学式や反応式は，細かなところまで確実に書けるようにしておく必要がある。ある程度の暗記は必要であるが，化合物の性質を原子の電子配置と周期表の原理，イオン化エネルギーや電気陰性度などの理論とあわせて系統的に理解しておけば，応用力もつく。この分野の定番である気体の製法と性質，金属イオンの反応と錯イオンの構造や性質，ハーバー・ボッシュ法やアンモニアソーダ法などの工業的製法に関する内容については，計算問題も含めて確実に得点できるようにしておこう。

4　実験考察問題対策

実験考察力や思考力は簡単には身につかないが，高得点を得るために，まず，教科書の探究活動などに目を通し，できるものは自分自身で実験を行ってみることから始めるとよい。代表的な実験内容である気体の分子量測定，中和滴定，電池と電気分解，気体の製法，金属イオンの反応，有機化合物の合成，検出と分離などに関しては，代表的な実験を，実験の目的・装置・操作方法・結果などに分けて整理しておくことが望まれる。実験リポートなどを活用して実験方法や実験結果の意味をよく理解しておくことも応用力を向上させることにつながる。試薬の保管方法や調製方法等も実際に確かめておくことが有効である。

5 計算・描図・論述問題対策

計算力で差がつくことも多いので，意識して計算力を高めておこう。計算力をつけるには，普段から電卓に頼らず自力で最後まで計算することが大切である。問題集や過去問で多くの計算問題に当たり，さまざまな定数や単位の取り扱いに慣れておく必要がある。有効数字の扱いに注意することも忘れないでおこう。

過去にはグラフを描かせる問題や，論述問題が出題されたこともあり，自分で実際に書く練習を重ねることが大切である。論述問題では化学用語を正確に用いることと，設問意図に合った解答を書くことを心がけよう。

生物

年度	番号	項目	内容
	〔1〕	植物の反応	光受容体のはたらき，種子の発芽（40字3問） ⇨論述
	〔2〕	体内環境	ホルモンのはたらき，血糖濃度の調節（40字，50字2問他） ⇨論述
2021	〔3〕	生殖・発生	発生のしくみ，キメラマウス（30字，40字2問，60字） ⇨論述・描図・計算
	〔4〕	遺伝情報	遺伝子発現の調節，調節タンパク質のはたらき（30・40・50字） ⇨論述
	〔5〕	生態	個体群間の相互作用，外来生物（20字2問，30字2問，60字） ⇨論述
	〔1〕	植物の反応	気孔の開閉とガス交換（60・80字，使用語句指定：70字） ⇨論述
	〔2〕	動物の反応	ヒトの神経系，シナプス後電位（30字） ⇨論述
2020	〔3〕	生殖・発生	減数分裂，染色体の不分離，伴性遺伝（使用語句指定：50・80字） ⇨論述
	〔4〕	遺伝情報	PCR法と遺伝子組換え（30・80字） ⇨論述
	〔5〕	生態	植生の遷移，標識再捕法，血縁度（使用語句指定：60字，他） ⇨論述・計算
	〔1〕	代謝	C_3植物・C_4植物・CAM植物の光合成経路（20字，使用語句指定：120字） ⇨論述
	〔2〕	体内環境	免疫，抗体遺伝子の再構成，MHC（使用語句指定：80字） ⇨論述
2019	〔3〕	細胞	細胞周期とDNAの複製 ⇨計算
	〔4〕	遺伝情報	遺伝子発現の調節，RNAの合成と分解（30字2問） ⇨論述
	〔5〕	生態	生物多様性，近交弱勢，遺伝子汚染（40字，使用語句指定：70字） ⇨論述
	〔1〕	生殖・発生	重複受精と胚乳の遺伝（使用語句指定：80・100字） ⇨論述
	〔2〕	生殖・発生，動物の反応	動物の発生と神経（30字2問） ⇨論述
2018	〔3〕	細胞	膜タンパク質のはたらきと細胞接着（40・100字） ⇨論述
	〔4〕	遺伝情報，進化・系統	遺伝子多型と集団遺伝（50字） ⇨論述・計算
	〔5〕	進化・系統	生物の進化と系統分類（使用語句指定：100字） ⇨論述

2017	〔1〕	代謝，進化・系統	電子伝達系のしくみと共生説（25字2問，30字）	⇨論述
	〔2〕	体内環境	免疫のしくみとABO式血液型（50・70字）	⇨論述
	〔3〕	生殖・発生，遺伝情報	アポトーシスのしくみと遺伝子の働き（40字）	⇨論述
	〔4〕	細胞，代謝	生体膜とタンパク質の輸送（60・100字）	⇨論述
	〔5〕	進化・系統	生物の系統分類と進化（60字）	⇨論述

傾向　正確な知識，柔軟な思考，的確な論述力が要求される

1　出題形式は？

＜問題構成＞　大問5題の出題となっている。試験時間は理科2科目で150分。

＜解答形式＞　選択・記述・論述・計算とバラエティーに富む。

多くの大問に空所補充などで生物用語を答えさせる設問があり，正確な知識が要求される。一方で，与えられた資料をもとに計算させたり，グラフや表を読み取らせたり，実験結果を考察させたりと，思考力を要する問題も頻出である。

論述問題は必出で，字数指定のあるものが多いが，長い文を書く困難さよりも，限られた字数内にいかに漏れなくポイントを網羅できるかという点に難しさがある問題が多い。

＜解答用紙＞　B4判大の用紙1枚が大問1題にほぼ対応している。字数指定のある論述問題では解答欄にマス目が入っている。

2　出題内容はどうか？

出題範囲は「生物基礎，生物」である。

幅広い分野から出題されているが，考察力を要する設問が目立つ。以下に頻出分野を挙げる。

＜頻出分野＞

①遺伝情報

例年1題は必ず出題されている最頻出分野である。定石的な問題も出題されるが，センチュウのアポトーシスに関わる遺伝子の働き（2017年度），遺伝子多型と集団遺伝（2018年度）のように，通常とは若干視点の異なる，取り組みにくい問題も目立つ。

②体内環境，動物の反応

興奮の伝導，視覚・筋収縮など神経調節に関連した出題が目立つ。続いて免疫や腎臓を絡ませた体液の恒常性からの出題が多い。定石的な問題（2019 年度〔２〕，2020 年度〔２〕，2021 年度〔２〕など）のほか，内容を深く考えさせる問題や少し視点の異なった問題が多いことも特徴的である。

③代謝，細胞

光合成，呼吸，酵素などがよく出題される。光合成については定石的な問題（2019 年度〔１〕など）のほか，生態や植物の反応の分野と絡めて出題されることもある。また，細胞内での物質輸送，浸透圧，ナトリウムポンプ，細胞の成分（水・タンパク質）などが植物生理や代謝，腎臓と融合させて出題されている。細胞周期と DNA 量についての出題（2019 年度〔３〕など）もある。他分野の大問中で小問としてこれらの知識を問われることもあるので注意したい。

④生殖・発生

生殖細胞形成および発生のしくみからの出題（2020 年度〔３〕，2021 年度〔３〕など）が目立つ。誘導物質と受容タンパク質，iPS 細胞，アポトーシスなど，より高度な題材が出題されるようになった。

⑤生態，進化・系統

「生態」では，2019 年度の生物多様性，2020 年度の個体群などの出題がみられる。2021 年度では個体群と生物多様性の融合問題が出題された。計算問題にも注意したい。また，「進化・系統」では 2017・2018 年度の生物の系統分類のように単独で出題されるほか，発生・遺伝・生態など他分野との融合の形で出題されることも多い。生物の総合的学力を問われることが多いので，細部の項目まで確実にしておきたい。

3　難易度は？

各大問ごとに基礎から応用までがバランスよく配置されているが，全問を通してみると標準レベルであるといえる。ただ，かなりの思考力や詳細な知識を要する設問が出されることもあり，さらに，計算や論述など出題形式が多様であるため，知識・考察力・論述力など高い実力をもっていないと十分には対応しきれない。１科目あたり約 75 分で５題を解くので，１題 15 分程度しかない。知識問題を手早く解いて，論述問題に時間を割きたい。

対策

1 知識の増強

知識問題の占める割合が小さくないので，最低ラインの得点確保のために，漏れのない知識の定着は欠かせない。まずは，教科書を中心に生物用語，模式図などを理解しながら確実に覚えたい。さらに，参考書や用語集などで，知識をよりきめ細かく肉付けしていくとよい。なお，各分野の諸事項は個々に記憶するだけでなく，分子レベルや進化・系統の視点などからも総合的にとらえられるようにしておきたい。

2 問題演習

知識の定着を確認するためには，教科書傍用問題集などによる問題演習は欠かせない。その上で，ややレベルの高い問題集でさらに考察力や総合力を養成するとよい。その際，同じ問題集を何度も繰り返し使うことで，知識の定着を図ることが大切である。

3 論述力の養成

必出の論述問題に対処するためには，短時間にポイントを押さえた論述ができるだけの文章力を身につける必要がある。そのためには日頃から，教科書巻末の索引にある主な生物用語の内容を 50～100 字程度でまとめたり，サブノートを自分の納得のいく言葉で作ることで，まとまりのある自分の文章を数多く蓄えていくことが重要となろう。必ず自力で書いてみてから解答例と引き合わせて，比較検討するとよい。できれば，学校の先生に添削してもらうとなおよい。

4 実験・観察

実験考察問題だけでなく，過去には実験処理の目的のような探究活動的設問も出題されたことがある。教科書で取り扱われている実験・観察は，すべて材料・器具・薬品・実験法とその留意点を整理しておくとともに，仮説に対する考え方，結果の処理法や考察にも目を配り，仮説がどのように検証されているのかを自分なりに理解しておく必要がある。

地 学

年度	番号	項 目	内 容
2021	〔1〕	地球，鉱物	地震波速度と地球内部の構造 ⇨計算
	〔2〕	地 史	過去の地球大気中の酸素量と生命（使用語句指定：60字） ⇨論述
	〔3〕	大気，海洋	対流圏の循環（40・100字） ⇨論述
	〔4〕	宇 宙	太陽の内部構造と太陽活動（100字） ⇨論述
2020	〔1〕	地 球	地球の形状と重力（30・80字） ⇨論述
	〔2〕	地質，岩石	ルートマップ，付加体（60・100字） ⇨論述
	〔3〕	大気，海洋	エルニーニョ現象（30字） ⇨論述
	〔4〕	宇 宙	銀河系と宇宙の膨張（使用語句指定：120字） ⇨計算・論述
2019	〔1〕	地 質	地質図と鉱物（25・30字） ⇨論述・計算
	〔2〕	地 球	プレートの運動（50・100字） ⇨論述
	〔3〕	大 気	中緯度地域の風（50字他） ⇨論述・計算
	〔4〕	宇 宙	彗星（60字） ⇨計算・論述
2018	〔1〕	地 質	地球の歴史（使用語句指定：120字，120字） ⇨論述
	〔2〕	地 球	地球の層構造（40字，50字2問，70字2問） ⇨論述
	〔3〕	海 洋	亜熱帯環流（40字） ⇨描図・論述
	〔4〕	宇 宙	恒星の進化 ⇨計算・論述
2017	〔1〕	地 球	地球内部の構造（50・60字，使用語句指定：100字） ⇨論述
	〔2〕	地 史	中生代から新生代のできごと（50字2問） ⇨論述
	〔3〕	大気，海洋	太陽放射，地球放射と熱輸送（120字） ⇨描図・論述
	〔4〕	大気，海洋	炭素の循環（50・60字） ⇨計算・論述
	〔5〕	宇 宙	恒星の明るさ ⇨計算

傾向　論述問題が頻出，計算・描図問題も！ 地球・宇宙・大気分野は最頻出

1 出題形式は？

＜問題構成＞　2017 年度までは大問 5 題であったが，2018 年度以降は大問 4 題の出題となっている。試験時間は理科 2 科目 150 分である。

＜解答形式＞　選択式と記述式の併用であるが，記述式の割合が大きい。選択式では，語句や数値，正文・誤文の選択問題が出題されている。記述式では，用語・数値の記述のほか，論述問題の出題が多いのが大きな特徴である。論述問題では字数が指定されていることが多く，30〜120 字程度のものが中心となっている。総論述量は，2017 年度 540 字，2018 年度 560 字，2019 年度 315 字，2020 年度 420 字，2021 年度 300 字となっている。500 字程度は書くつもりで準備しておくべきだろう。また，計算問題も毎年出題され，描図問題も頻出である。地質断面図やさまざまなグラフなどの読み取りも出題されるので，要注意である。

＜解答用紙＞　大問 1 題につきＢ４判大の解答用紙が 1 枚用意されており，各小問ごとに解答欄が設けられている。字数指定のある論述問題では，解答欄にマス目がある。なお，計算問題はほとんどの場合で計算過程の記述が求められているが，2021 年度は答えのみの記述であった。

2 出題内容はどうか？

出題範囲は「地学基礎，地学」である。

過去の出題傾向からみると，**地球，宇宙，大気分野は最頻出**，海洋，**地質・地史分野は頻出傾向**である。過去には地質断面図の描図問題が出題されている。岩石と鉱物，大気と海洋，地質と地史は相互に関連づけて出題されることが多い。岩石・鉱物分野では，固溶体・組成式など化学の知識が問われることもある。

計算問題は，例年数問程度出題されている。なかには，やや難しいものも含まれているので，教科書の参考欄に載っている内容もしっかりと学習しておくべきである。

3 難易度は？

空所補充・記述問題で基礎的な地学用語の知識を問うものから出発して，それらに関連して理由を説明する論述問題が課されるという形式が多い。幅広い確実な基礎力をベースに，考察力・表現力を身につけてお

かないと十分対応できない。単純に計算すると，4題の場合1題あたり20分弱で解くことになる。年度によっては計算問題に時間を要するものがあったり，物理や化学の知識を要する難問が出題されたりすることもあるので，時間配分に注意が必要である。全体としては，標準～やや難のレベルである。

対策

1 基礎力の充実

基礎力を確実にするには，教科書・参考書の図や写真・グラフなどをよく見て視覚を通じて理解することをすすめる。また，簡単な計算問題を解いて，さまざまな現象や法則を数量的に把握することも理解を深める上で効果的である。さらに，教科書のサブノートを作り，地学用語とその用法に慣れておこう。これは論述対策にもなる。特に，地質時代区分表（絶対年代も）や岩石分類表は完全に暗記しておくこと。

2 論述・計算・描図問題対策

教科書傍用程度の易しい問題集を1冊仕上げて，地学用語とその用法に慣れてから，本書の過去問や本シリーズの他大学の論述問題で論述練習をしておこう。最初は字数にこだわらず自由に論述し，これを手直しして制限字数に収めるというやり方で練習するのも一つの方法である。その文章が解答例の文章と同じでなくてもよい。論旨が首尾一貫していることが大切である。

計算問題も頻出である。対数計算・指数計算やラジアン（弧度法），対数グラフなど，慣れを要する計算やグラフが出題されることがあるため，必ず練習しておくこと。比熱・遠心力・万有引力などの物理公式の使い方や，化学の知識を要する計算は，本書の過去問で演習し，徹底的に研究しておきたい。難しい計算もあるので，受験本番までに計算問題集を1冊仕上げることも一つの目標になるだろう。

また，図・グラフを用いた問題の対策として，平素から図やグラフを丹念に読む習慣を身につけたいものである。

3 分野別対策

地球分野は，重力・地震波・プレートテクトニクスを中心に理解しておこう。火山とマグマについても頻出である。物理法則を用いる計算も練習しておきたい。

宇宙・大気・海洋分野も頻出である。宇宙分野は特にケプラーの3法則，HR図，ハッブルの法則，銀河系の構造についてしっかり理解しておきたい。大気と海洋分野では，エルニーニョ現象，高層天気図などについても学習を深めておいてほしい。

地質・地史，岩石・鉱物分野は，相互に関連づけて理解することが必要であろう。これに関連して地質時代区分表は示準化石や絶対年代，火成岩分類表は鉱物組成や化学組成の特徴を覚えてしまうぐらいまで使いこなそう。また，付加体の具体的な地質構造も重要であるから，プレートテクトニクスの視点に立ってきちんと理解しておきたい。

国　語

▶経済(経済工)学部

年度	番号	種　類	類別	内　　　　　　　容	出　　典
2021	〔1〕	現代文	評論	内容説明	「宮沢賢治 デクノボーの叡知」 今福龍太
	〔2〕	現代文	評論	内容説明，指示内容	「対面的」 大浦康介
2020	〔1〕	現代文	評論	内容説明	「国語の教科書」 吉本隆明
	〔2〕	現代文	評論	内容説明（70字他）	「傍らにあること」 池上哲司
2019	〔1〕	現代文	評論	内容説明	「人が人に教えるとは」上田薫
	〔2〕	現代文	評論	内容説明	「〈私〉の存在の比類なさ」 永井均
2018	〔1〕	現代文	評論	内容説明 選択：内容説明	「死ぬことと生きること」 土門拳
	〔2〕	現代文	評論	箇所指摘，内容説明	「読書と社会科学」 内田義彦
2017	〔1〕	現代文	評論	内容説明（50字他），書き取り	「ヒトらしさとは何か」 北原靖子
	〔2〕	現代文	評論	表現効果，内容説明，書き取り	「女の男性論」 大庭みな子

傾　向　記述・論述に対応できる読解力と表現力を

1　出題形式は？

＜問題構成＞　現代文（評論）2題の出題で，試験時間は80分。文系の教育・法・経済（経済・経営）学部の〔1〕〔2〕と同一問題である（〔1〕は文学部とも同一問題)。

＜解答形式＞　記述式を原則とするが，2018年度は〔1〕で1問だけ選択式が出題されている。

＜解答用紙＞　1題につきB4判大の解答用紙1枚で，必要な枠やマス目が与えられている。枠の場合の字数は特に制限はないが，１行は縦約17cm で，字数にして 20～30 字程度が標準と考えられる。

2　出題内容はどうか？

本文：例年，すべて評論である。これまでの出題は，人間・社会・文化・言語など，さまざまな領域にわたっており，レベルが高いだけでなく，ユニークな論旨のものが目立つ。読解には論理的な正確さとともに，柔軟な感性が要求される。問題文の長さは１題 2000～4000 字程度で，国公立大の二次試験としては標準的な長さである。

設問：論理的な読解力を問う説明問題が中心であり，解答量も多い。したがって，読解力とともに表現力がカギとなる。まず設問の趣旨を出題者の意図どおり正確に受け止め，次いで説明すべき内容を適切な字数で過不足なく論述することが必要となる。字数指定がない場合，自分の判断で解答の量を決めるのも，論述力の一要素である。なお，2017 年度まで出題されていた漢字の書き取りは，2018 年度以降出題されていない。

3　難易度は？

大問数は２題で少ないが，問題文の読解にかなり時間を要し，記述・論述の解答量が多いので，難度は相当に高い。時間配分としては，１題 40 分を目安に取り組みたい。

対　策

1　記述力・論述力の鍛練

読解力と文章表現力を総合した力が記述力である。それに自ら思考し判断する力を加えたものが，論述力といえよう。選択式の場合に比べて実力がそのまま解答に反映されるから，平生の鍛練が不可欠である。論述対策として，過去問や問題集での演習，模擬試験の見直しなどあらゆる機会をとらえて，思考・判断の力を鍛えよう。論旨の核心を押さえ，解答の方向を決め，内容を組み立てるなどのプラン作りと，それを具体的に文章化する練習をしよう。必ず下書きをして推敲し，解答の内容と表現を客観的な態度で点検する訓練が必要である。

2 幅広い読書

評論特有のさまざまな表現法，論旨展開の形式，抽象的な用語などに慣れるために，評論を読む習慣を身につけよう。評論は取っつきにくいもの・わかりにくいものと敬遠していては，いつまでも評論の世界に入っていけない。評論に親しんで，思想の世界の奥深さや，議論・主張・説得の技法に興味をもつようになれば，読解力は自然に向上するものである。出題傾向に即して，現代の社会や文化をテーマとする評論を中心に，読書の対象を選んでみよう。各種の新書・叢書の中で，興味・関心のもてるものから始めるとよい。簡単なメモ程度でもよいから読書ノートを作って，読み取った内容・読後の感想・批評などを記録していくと，自分の読書履歴が客観的に見渡せて，達成感とともに新たな意欲も湧くであろう。

2021年度

解答編

解答編

英語

1 **解答** Q1. •数百億匹の巨大な群れを形成し，いったん群生相に入ると，1世代のイナゴが3カ月ごとに20倍に増えるという特徴。

•渡り性の越境害虫で，風に乗って縦横無尽に移動し，24時間で100キロメートル以上も移動できるという特徴。

•大食いでえり好みせず，1平方キロメートルの群れで1日当たり35,000人分の食物を消費するという特徴。

Q2. 数百種いるバッタの中のほんの一握りの特別な種類のバッタで，成長過程において並外れた変異能力をもっているもの。

Q3. 環境条件に応じて，自分自身の脳・色・体の大きさを劇的に変化させる能力。

Q4. イナゴ被害の国々の多くは，すでにさまざまな危機に苦しんでいるが，現金不足，競合する優先事項，他の国内課題により，長期的害虫戦略の実行が困難である。また，イナゴの数は増減するため，中長期的なインフラ構築も難しく，多くの政府が対応を急いでいる。(120字以内)

◆全　訳◆

≪イナゴの被害と対策の難しさ≫

イナゴは，少なくとも紀元前3200年の古代エジプトのファラオの時代から存在しており，世界で最も弱い地域の一部を破壊し，数十億匹に増殖しその後姿を消すなど，不規則な増減を繰り返した。これらの略奪者の2020年版がそのまま敵意を抱いている場合には，サバクトビバッタは世界人口の10％の暮らしに脅威を与える可能性があると国連食糧農業機関（FAO）は述べている。

イナゴとは正確には何なのかについては多くの混乱がありうる。しかし，簡単な答えは，イナゴとは非常に特別な種類のバッタだということであると，アリゾナ州立大学のグローバル・ローカスト・イニシアチブのリック=オーバーソンは説明している。オーバーソンが説明しているように，バッタには数百の種があるが，「それらのほんの一握りが，我々がイナゴと見なしているものである」。これは疑問を提起する。イナゴをイナゴたらしめているのは何か？と。オーバーソンによれば，それはイナゴがもっている強大な力に帰着し，その力のおかげでイナゴは成長過程において並外れた変異を経験することができるのだ。

大体の場合，イナゴは「孤独相」で存在している——つまり，独立した生活を送り，緑色でかなり目立たない。孤独相であるタイミングはさまざまで，変異はかなり不規則だが，何年もの間，イナゴはこのように生きることができる——単独で，時機が来るのを待つのである。しかし，環境条件が適切になると——通常は降雨や湿気が多いときだが——劇的なことが起こる。「イナゴは数が増え，そして増えるにつれて，周囲に互いを感じるのだ」とオーバーソンは言う。これは生物学者が，イナゴの「群生相」つまり社会期と呼んでいるものだ。

この生き物は目覚ましい変化を遂げる。「彼らは自分自身を変える。彼らの脳が変化し，色が変化し，体の大きさが変化する」とオーバーソンは言う。環境条件に応じてこのように劇的に変化する能力は，表現型の可塑性と呼ばれる。科学者は，なぜイナゴが時間の経過とともにその特質を発達させたのかを確信できてはいないが，多くは，イナゴが通常，気まぐれで過酷な環境にすんでいるからだと考えている。

群れは数百億匹の飛んでいる虫の巨大な塊である。それらは，3 分の 1 平方マイルから 100 平方マイル以上に及ぶ範囲にわたり，4000 万匹から 8000 万匹のイナゴが 0.5 平方マイルに詰め込まれている。彼らは，サッカー場や小都市ほどの大きさの暗い雲を形成して，牧草地をブルドーザーのように強引に進んでいく。いったん群生相に入ると，1 世代のイナゴは 3 カ月ごとに 20 倍に増えることができる。したがって，急増するときイナゴは指数関数的に増殖し，状況はすぐに手に負えなくなるのだ。

イナゴは渡り性の越境害虫だ。風に乗って，食べたいものが見つかるまで帯状の土地を縦横無尽に横断する。彼らは特に，アフリカ全土に広く植えられている穀物が大好物だ。「彼らは強力な長距離飛行家であるため，24 時間で 100 キロメートル以上も容易に移動できる」とオーバーソンは述べている。「彼らは数日のうちに簡単に国々を越えて移動することができる。これは，イナゴに対処するために国々と諸機関の間で必要とされる協調的な取り組みにおけるその他の主要な課題の一つとなっている」

イナゴはまた大食漢である。体重が約２グラム（１オンスの何分の１ほど）のサバクトビバッタの成虫は，毎日ほぼ自分の体重分を消費する能力がある。そして，彼らはまったくえり好みしない。FAO によると，わずか１平方キロメートルの群れ――繰り返しになるが，約３分の１平方マイルである――は，１日に 35,000 人が食べるのと同じ量の食物を消費する可能性があるのだ。

さらに悪いことに，最悪のイナゴの蔓延に見舞われた国々の多くは，すでに長引く危機に苦しんでいる――不況から回復途上で，自然災害と戦いつつ，紛争そして今やコロナウイルスの発生に疲れ果てている。個々の国では，現金の不足，競合する優先事項，および国内の課題により，長期的な害虫対処戦略を実行することが困難になっている。イナゴの数は増減するため――ケニアなど，70 年も蔓延していないような――国々が，発生に積極的に対処するための中長期的なインフラを構築することは困難である，とオーバーソンは言う。そのため，今や多くの政府が解決策を見出そうと対応を急いでいる。

2020 年に発生した他のすべての世界的な緊急事態を考慮すると，援助の資源は不足している。農薬の配達が遅れている。しかし，FAO の上級イナゴ予報官であるキース=クレスマンは，必要な資金が調達できると期待している。FAO は，この取り組みに必要と予想される３億ドルの半分をすでに調達しているのである。

◀解　説▶

▶ Q1.「下線部(1)について，『イナゴ』のどんな３つの特徴が大きな脅威となっているのか。本文の例を使って日本語で答えなさい」

第５～７段にそれぞれ述べられているイナゴの特性（大群を形成する点，長距離飛行する点，大食漢である点）を解答欄のスペースを考慮してまとめる。「本文の例を使って」とあるので，本文中の具体的な数値にも触れておくのがよいだろう。

▶ Q2.「第２パラグラフの情報に基づいて，『イナゴ』とは何であるかを日本語で説明しなさい」

第 2 段第 2・3 文（The simple answer, … we consider locusts.”），同段最終文（According to Overson, …）に説明されている（特別な種類のバッタであること，数百種いるバッタのほんの一握りであること，成長過程において並外れた変異能力をもつこと）ので，これらを解答欄のスペースを考慮してまとめる。

▶ Q3.「下線部(2)について，イナゴにはどのような『表現型の可塑性』があるか？　本文の例を使って日本語で答えなさい」

下線部を含む文には The ability to change dramatically like this「このように劇的に変化する能力」が phenotypic plasticity「表現型の可塑性」と呼ばれているとあり，like this「このように」とは直前の文（Their brain changes, …）に述べられている内容である。

▶ Q4.「第 8 パラグラフ（「さらに悪いことに，…」）を日本語で要約しなさい。（数字，英字，句読点を含めて，120 字まで）」

該当のパラグラフの各文を要約すると，〔第 1 文〕最悪のイナゴ被害に見舞われた国々の多くは，すでに長引く危機――不況，自然災害，紛争，コロナウイルス――に苦しんでいる，〔第 2 文〕現金の不足，競合する優先事項，他の国内課題により，長期的な害虫戦略の実行が困難になっている，〔第 3 文〕イナゴの数は増減するため，中長期的なインフラを構築することは困難である，〔第 4 文〕多くの政府が解決策を見出そうと対応を急いでいる，となる。これらを，具体例を省き表現を圧縮して，制限字数内にまとめる。

●語句・構文●

（第 1 段）locust「イナゴ」　be around「存在している，存続している」　pharaoh「ファラオ，古代エジプト王」　highs and lows「増減，高低」　marauder「略奪者，襲撃者」　on the warpath「敵意を抱いて，けんか腰で」　the United Nations Food and Agriculture Organization（FAO）「国連食糧農業機関」　pose a threat to～「～を脅かす，～に脅威を及ぼす」　livelihood「暮らし，生活」

（第 2 段）grasshopper「バッタ」　a small handful of～「ごく一握りの～」　raise a question「疑問を呈する，問題を提起する」　according to～「～によれば，～に言わせると」　come down to～「～に帰着する，結局～になる」　go through～「～を経験する」　switch「変異，転換」

(第3段) most of the time「大体の場合，ほとんど常に」 solitary phase「孤独相」 unremarkable「人の注意を引かない，目立たない」 vary「変化する，さまざまにわたる」 shift「変異，変化」 bide *one's* time「チャンスが来るのを待つ，時間を稼ぐ」 moisture「水蒸気，湿気」 as they do so「そうするにつれて」 do so＝increase in numbers gregarious phase「群生相」

(第4段) undergo「～を経験する，被る」 transformation「変化，変異」 in response to～「～に応えて，反応して」 phenotypic「表現型の」 plasticity「可塑性，柔軟性」 trait「特徴，形質」 over time「時間をかけて，時間とともに」 temperamental「気まぐれな，予測できない」 harsh「厳しい，過酷な」

(第5段) swarm「昆虫の群れ」 enormous「桁違いな規模の」 bug「昆虫」 range from *A* to *B*「*A* から *B* まで変わる，*A* から *B* まで多岐にわたる」 square「平方，二乗」 pastureland「放牧地」 once S V「いったんSがVすると」 twentyfold「20倍に」 every three months「3カ月ごとに（＝every third month)」 boom「急増する」 exponentially「指数関数的に」 get out of hand「手に負えなくなる，抑制できなくなる」

(第6段) migratory「渡りを行う」 transboundary「国境を越える，越境の」 pest「害虫」 crisscross「縦横に動く」 swath「帯状の場所」 cereal grain「穀物」 ～plus「(数詞の後に置いて)～以上の」 note「～と言及する，指摘する」 a matter of～「およそ～，せいぜい～」 challenge「課題」 coordinated effort「協調的努力，組織的な取り組み」

(第7段) greedy「欲深い，貪欲な」 a fraction of～「～の何分の一，わずか～」 ounce「オンス（1オンス＝約28グラム)」 picky「えり好みする」 as much food as would be eaten の2番目の as は疑似関係代名詞。

(第8段) making matters worse「状況をさらに悪化させることに（＝even worse / to make matters worse / what is worse)」 slam「～をたたく」 infestation「蔓延，横行」 suffer from～「～に苦しむ，悩まされる」 protracted「長引く，長期化する」 recession「不景気，不況」 natural disaster「自然災害，天災」 racked「疲れ果てて」 outbreak

「突発，発生」 priority「優先事項」 mount「〜を開始する，実行する」 long-range「長期の」 strategy「戦略」 intermediate and long-term「中長期的な」 infrastructure「インフラ，基盤」 address「〜に対処する，取り組む」 proactively「前向きに，積極的に，先取りして」 scramble to *do*「〜することを急ぐ，〜する対応を急ぐ」 come up with 〜「〜を思いつく，見つけ出す」

（第 9 段） considering「〜を考慮すれば」 emergency「緊急事態」 stretched thin「引き伸ばされて薄くなっている」 pesticide「殺虫剤」 delay「〜を遅らせる」 forecasting officer「予報官」 fund「資金」 materialize「〜を実体化する，実現する」 raise「（資金など）を集める」

2 解答

Q1. 検索内容の数やパターン，言葉遣い，ユーザーのクリックパターンなど，検索から収集したデータを使って検索結果を改善し，ユーザー向けの新サービスを追加する。そしてより多くのユーザーをひきつけ，検索エンジンの一層の改善をはかるというサイクル。

Q2. 収集したデータを使用して，ユーザーの特徴や興味に応じてユーザー自身のプロファイルを作成することによって，広告を検索内容に合わせる代わりに，個々のユーザーに合わせることができるようになったこと。

Q3. ジーメール，グーグルマップ，アンドロイドオペレーティングシステム，ユーチューブ，グーグルホーム，さらには自動運転車等の一見無関係なサービスは，グーグルがオンラインとオフライン両方のユーザーデータの「供給ルート」を拡大する手段であるということ。

Q4. 監視の範囲は，ユーザーの行動の範囲やパターンなどの情報を集める自動運転車のように，サービスが現実世界へと移行したことで拡大し，監視の深さは，ユーザーの声の調子などから性格や気分，感情に関するデータを集めるグーグルホームのように，サービスが個人の生活の内部に入り込んだことで増した。

◆全　訳◆

≪グーグルから始まった監視資本主義≫

ハーバードビジネススクールの教授であるショシャナ=ズボフによると，監視資本主義は，あるアメリカの企業，グーグルの見事な発見と大胆で恥知らずな主張に端を発している。

1998 年に法人化して，グーグルはすぐにインターネット検索を支配するようになった。しかし，グーグルは当初，広告に焦点を合わせておらず，収益性への明確な道筋はもっていなかった。グーグルがまさにもっていたものは，まったく新たな洞察力であった。つまり，検索から得られたデータ——検索内容の数やパターン，言葉遣い，人々のクリックパターンなど——を使用して，グーグルの検索結果を改善し，ユーザー向けの新しいサービスを追加することができたのだ。これにより，より多くのユーザーがひきつけられ，それが今度は，学習と拡大の繰り返しサイクルで検索エンジンをさらに改善するのだ。

グーグルの商業的ブレークスルーは，2002 年に実現した。このときグーグルは，収集したデータを使用して，ユーザーの特徴や興味に応じてユーザー自身のプロファイルを作成できることがわかったのだ。それでこの会社は，広告を検索内容に合わせる代わりに，広告を個々のユーザーに合わせることができたのだ。正確かつ効率的に個人に狙いを定めて広告を打つことは，広告の至高の目標である。ユーザーはグーグルの顧客になるのではなく原料の供給者になり，この供給者からグーグルは，彼女が「行動の余剰」と呼ぶものを引き出したのだ，とズボフは主張している。その余剰分は，グーグルがユーザーサービスを改善するのに必要とするもの以上のデータで構成されている。

人工知能における同社の素晴らしい手腕とともに，グーグルの膨大なデータフローにより，ズボフが監視業界の真の基盤と見なすもの——つまりユーザーが「今，すぐに，そして後で」することを予想する「予測製品」——を生み出すことができたのだ。人々が何を買うかを予測することは広告の鍵だが，行動予測は，保険，雇用決定，政治運動などの他の目的にも明らかな価値がある。

ズボフの分析は，グーグルが提供する一見無関係なサービス，その多様なベンチャー事業，および多くの買収を理解するのに役立つ。ジーメール，グーグルマップ，アンドロイドのオペレーティングシステム，ユーチューブ，グーグルホーム，さらには自動運転車——これらのサービスやその他の数十のサービスはすべて，同社のオンラインとオフライン両方のユーザーデータの「供給ルート」を拡大する方法である，とズボフは主張する。

これらのデータを取得する許可を求めることは，同社の運営スタイルの一部とはなっていない。たとえば，同社がさまざまな場所の写真を表示するマッピングサービスの機能であるストリートビューを開発していたとき，同社は最初に地元の許可を求めることなく，先行してさまざまな国の街路や家の画像を記録し，反対意見が発生したときにそれを退けていたのだ。監視ビジネスでは，社会生活の無防備な領域は格好の的なのだ。

この拡大のパターンは，業界の根底にある論理を反映している。人工知能と監視収益の競争では，膨大かつ多様なデータストリームを取得できる企業に利があるのだ。最高レベルで監視資本主義に従事している他の企業――アマゾン，フェイスブック，マイクロソフト，そして大手電気通信会社など――も，同じ拡大の要求に直面している。着実に，業界は（仮想から現実の世界に移行することによって）監視の範囲と（個人の生活の内部に入り，個人の性格，気分，感情に関するデータを蓄積することによって）監視の深さの両方を拡大してきたのである。

◀解　説▶

▶ Q1.「下線部(1)について，『学習と拡大の繰り返しサイクル』とはどういう意味かを日本語で説明しなさい」

第2段第3文のコロン（：）以下～最終文の下線部(1)の直前まで（the data it … its search engine）に説明されている。ほぼ全訳する形で臨めばよい。

▶ Q2.「下線部(2)について，2002年にグーグルでどんな『ブレークスルー』が起こったかを日本語で説明しなさい」

下線部の後続部分～直後の文（when it saw … with individual users.）に述べられている。ほぼ全訳する形で臨めばよい。

▶ Q3.「下線部(3)に関して，ズボフの分析は『グーグルが提供する一見無関係なサービス』をどのように説明しているか？　日本語で答えなさい」

後続する第2文（Gmail, Google Maps, …）に述べられている。ほぼ全訳する形で臨めばよい。

▶ Q4.「下線部(4)について，監視の『範囲』と『深さ』は時間の経過とともにどのように拡大してきたか？　本文に述べられているサービス，およびそのサービスが収集可能なデータの具体例を挙げて日本語で説明しなさい」
監視の「範囲」の拡大に関しては，かっこの中で「仮想から現実の世界に移行することによって」と述べられている。この「仮想の世界」とは，たとえばグーグルの起業時の検索サービスのように，サービスがコンピュータ上だけで完結することを指し，「現実の世界」とは，第５段第２文（Gmail, Google Maps, …）に挙げられた例のように，サービスがコンピュータの外の実世界を扱うことを指している。監視の「深さ」の拡大に関しては，同様にかっこの中で「個人の生活の内部に入り込むこと，個人の性格，気分，感情に関するデータを蓄積することによって」と述べられている。それぞれのかっこ内の内容に合致するようなサービスの具体例を挙げることが求められているが，そのサービスは本文中に挙げられているものでなければならないので注意。一方，「そのサービスが収集可能なデータ」の具体例については，本文に明示されていないため自分で考えなければならない。〔解答〕では，自動運転車とグーグルホームを例に，それが収集していると考えうるデータとしてユーザーの行動範囲やパターン，声の調子を挙げた。以上のように，監視の「範囲」と「深さ」の拡大の仕方を，サービスと収集データの具体例を挙げながらまとめるのだが，コンパクトに収めるとなるとかなり手間取るだろう。

●語句・構文●

（第１段）surveillance capitalism「監視資本主義（個人データの営利目的での商品化を中心とした経済システム）」 originate with ～「～に端を発する，～から起こる」 bold「大胆な，冒険的な」 shameless「恥知らずな，厚かましい」
（第２段）incorporate「～を法人組織にする」 dominate「～を支配する，～で優位に立つ」 initially「当初は」 focus on ～「～に焦点を合わせる，重点的に取り組む」 advertising「広告，宣伝行為」 profitability「利益性，採算性」 what it did have「それが確かに持っていたもの」 did have は had の強意形。derive *A* from *B*「*B* から *A* を引き出す」 in turn「今度は，同様に」 expansion「拡大，発展」
（第３段）breakthrough「ブレークスルー，飛躍的進歩」 profile「～のプロファイルを作成する，概略を描く」 instead of ～「～の代わりに」 match *A* with *B*「*A* を *B* に適合させる」 target *A* to *B*「*A* を *B* に向け

る，*B*を*A*の目標に定める」 precisely「正確に」 efficiently「効率的に」 Holy Grail「聖杯，至高の目標」 rather than〜「〜よりはむしろ」 raw-material「原料，原材料」 surplus「超過分，余剰」 consist of〜「〜から成る，〜で構成される」 above and beyond「〜を超えて，〜のほかに」

（第4段） together with〜「〜とともに」 formidable「畏敬の念を起こさせるほどの，素晴らしい」 artificial intelligence「人工知能」 enormous「膨大な」 flow of data「データフロー，データの流れ」 what Zuboff sees as the true basis of the surveillance industryと“prediction products”は同格でcreateの目的語になっている。anticipate「〜を予想する，予期する」 predict「〜を予測する」 key to〜「〜の鍵，生命線」 as well「その上，〜も（また）」 insurance「保険」 hiring decision「雇用決定」 political campaign「政治運動」

（第5段） make sense of〜「〜を理解する，説明する」 seemingly「一見したところ，外見的には」 unrelated「関係のない」 diverse「多様な」 venture「ベンチャー企業，冒険的事業」 acquisition「買収」 these and dozens of other services…はSVCの第2文型でare all ways of expanding…とつながっている。dozens of〜「数十の〜，多くの〜」 ask for〜「〜を求める」 permission「許可，許諾」 for instance「（具体的な論拠を示すために用いて）たとえば」 location「場所，位置」 go ahead「先行する，前進する」 local「地元の，その土地の」 fight off〜「〜を退ける，撃退する」 opposition「反対」 undefended「無防備な，擁護されていない」 fair game「（攻撃などの）格好の的」

（第6段） reflect「〜を反映する」 underlying「基礎になる，根本的な」 revenue「収益，収入」 stream「流れ」 engaged in〜「〜に従事している」 telecommunication「遠隔通信，電気通信」 expansionary「拡大性の」 step by step「一歩一歩，着実に」 expand「拡大する，展開する」 scope「範囲」 migrate「移住する，移行する」 interior「内部」 accumulate「〜を積み重ねる，蓄積する」 personality「性格，人格」 mood「気分」 emotion「情緒，感情」

3 **解答** Q1. Miriam moved into a rent-controlled apartment complex with her husband Roy after the last of their children left home. However, Roy died nearly six years ago.

Q2. Luther and Lulabell were twelve-year-old sibling Maine Coon mixes, the largest cats in the shelter. Luther was fuzzy black with a brown undercoat, and shy enough to retreat to the carpet-covered hidey-hole, while Lulabell was a fuzzy orange love.

Q3. After her husband passed away, she threw herself into volunteering at the shelter reserved for special needs cats and began to bond with and take care of Luther and Lulabell, who had been brought to the shelter six months ago.

Q4. Because the rent-controlled apartment complex she'd moved into didn't allow pets and she didn't want to break the rules.

◆全　訳◆

≪２匹の猫の保護ボランティア≫

とんでもなく忙しい休日でも，時に人は猫を抱きしめる時間を作る必要があった。

ミリアムは，特別支援猫のために確保された保護施設である猫のコロニールームの真ん中にある，あまり快適ではない肘掛け椅子に座っていた。ルラベルは彼女の膝の上で丸まって眠り，ルーサーは彼女の足元で眠っていた。古いバネとぺちゃんこになったクッションがついた椅子は，この保護施設に寄贈されたものだった。それは，猫のおもちゃや爪とぎ棒，そして，誰かが部屋に来るたびにルーサーが引きこもる，カーペットで覆われた隠れ穴も同じだった。ただし，ミリアムは別だった。ミリアムが訪ねてきたとき，ルーサーとルラベルは彼女にくっついて寝たがったのだ。

ルーサーとルラベルはきょうだいだった。彼らは６カ月前，最初で唯一の飼い主が介護を受けるようになったときに，保護施設に連れて来られた。２匹にとって幸運なことに，保護施設は彼らの保護に有効期限を設けていなかったが，状況の変化は 12 歳の猫たちには衝撃だった。２匹のうち恥ずかしがり屋の方のルーサーに安全な隠れ穴を離れさせるために万策を尽くすのにミリアムはほぼ１カ月かかった。

２匹の猫は厳密には特別支援ではなかった。ルーサーとルラベルはメイン・クーンの雑種だった。つまり，彼らは保護施設で最大の猫のうちの2匹だった。ルラベルは縮れ毛のオレンジ色の愛らしい猫で，ルーサーは縮れ毛の黒色で，下毛は茶色だった。彼らの両方は1つのおりには収まらなかっただろう，しかし，このペアを引き離すとすれば，それは残酷だっただろう。彼らをより若い，より縄張り意識の強い猫と一緒に入れるとすれば，ルーサーがどれほど恥ずかしがり屋であるかを考えると，同じく残酷なことだっただろう。それで，保護施設を担当する女性は，怪我から回復中の猫や，投薬治療や特別な食事療法が必要な猫と空間を共有した方が彼らにはいいだろうと考えた。

保護施設に時間を提供していた若い獣医であるフィッシャー博士は，一度ならずミリアムに彼ら2匹を引き取るべきだと言った。「彼らは明らかにあなたと仲良くなっているわ」と彼女はいつも言った。「そして，あなたも彼らと親密な絆を結んでいる」

ミリアムはそうできればと望んだが，子どもたちの最後の一人が家を出た後に夫と一緒に引っ越した賃貸の集合住宅はペットを許可していなかった。ロイが亡くなってもう6年近くになっていたが，彼がいないその場所はいまだ広すぎて空っぽに思えた。ルラベルとルーサーがいればこの状況の助けとなっただろうが，ルールはルールだった。

ロイが亡くなった後，ミリアムはあまり考えずにボランティアに身を投じた。彼女は図書館で小さな子どもたちに物語の本を読み聞かせたり，フードバンクへの寄付を分類したり，地元のスターバックスで出会った他の年配の女性のグループと一緒にホームレスのためにマフラーを編んだりしたが，彼女が一番好きだった活動はその保護施設で時を過ごすことであった。彼女は，完璧なペットを見つけたときに人の顔に浮かぶ「表情」を目にするのが大好きだった。出会ったその場での愛とつながりのその瞬間――一目惚れ，とフィッシャー博士は呼び，そしてミリアムはそうだろうと思った。彼女とロイはそんなふうに恋に落ちたのではなかった。彼らには，強固な友情があり，それが生涯にわたる愛情のある結びつきへと発展したのだった。

◀解　説▶

▶ Q1.「本文に基づくと，ミリアムの家族はどうなったか？　英語で答えなさい」

第６段第１・２文（Miriam wished she … empty without him.）に述べられている。ミリアムの家族に起きた出来事は，子どもたちの最後の一人が家を出たこと，その後にミリアムは夫と一緒に賃貸の集合住宅に引っ越したこと，夫が亡くなってもう６年近くになっていることの３点である。なるべく本文中の表現を借用してまとめるとよい。

▶ Q2.「本文に基づいて，ルーサーとルラベルの両方を英語で説明しなさい」

第２～４段に述べられているが，簡潔にうまくまとめなければならない。書くべきポイントは，ルーサーとルラベルは 12 歳のきょうだいでメイン・クーンの雑種であること，ルーサーは茶色の下毛をもつ縮れ毛の黒色で，ミリアム以外の人が部屋に来ると隠れ穴に引きこもるほど恥ずかしがり屋であること，ルラベルは縮れ毛のオレンジ色で愛らしいこと，である。

▶ Q3.「本文に基づくと，ミリアムはルーサーとルラベルにどのようにして関わるようになったか？　英語で答えなさい」

第３段第２文（They'd been brought …）でルーサーとルラベルが保護施設にやってきたことについて述べられ，第７段第１文（After Roy passed …）や同段第２文後半（but the work …）からはミリアムが夫の死後保護施設でボランティアをしていたことがわかる。ミリアムと２匹の猫の仲が良い様子は第２段や第５段に述べられている。ポイントは，夫の死後ミリアムが打ち込んでいた特別支援猫のための保護施設でのボランティア活動で，６カ月前にこの避難所に連れて来られたルーサーとルラベルと仲良くなって世話をするようになった，という点である。

▶ Q4.「本文に基づくと，ミリアムがルーサーとルラベルを引き取れなかったのはなぜか？　英語で答えなさい」

第６段第１文（Miriam wished she …）に，住んでいた集合住宅の規則でペットが飼えなかったことが述べられているので，この部分をまとめる。同段最終文（Lulabell and Luther …）を参考に，ミリアムがそのルールを破りたくなかったことを含めてもよいだろう。なお，“why” に対する答えなので，“Because” で書き始めることを忘れないように。

●語句・構文●

（第１段）crazy「すごく，非常に」　hug「～を抱きしめる」

（第２段）shelter「避難所，保護施設」　reserved for ～「～に確保されている」 special needs「特別支援」 curl up「丸まって横になる，縮こまる」 lap「膝」 flatten「～を平らにする」 donate「～を寄付する，寄贈する」 scratching post「爪とぎ棒」 hidey-hole「隠れ穴，潜伏場所」 retreat「引きこもる，後退する」 Except Miriam.「ミリアムは除いて」は直前の anyone に対する例外を述べている。

（第 3 段） assisted care「介護」 expiration date「有効期限，満了日」 charge「保護，管理」 the shyest of the two「2 匹のうち恥ずかしがり屋の方」は文法的には比較級の shyer が正しいが，カジュアルな表現ではこのように最上級が用いられることがある。

（第 4 段） Maine Coon「メイン・クーン（米国メイン州原産の長毛の猫の種）」 mix「雑種」 fuzzy「縮れ毛の，柔毛で覆われた」 undercoat「下毛」 fit in～「～にうまく入る，なじむ」 cruel「残酷な，むごい」 territorial「縄張り意識が強い」 considering「～を考慮すれば」 in charge of～「～を担当して」 charge に the がつくと「～に預けられている」と意味が逆転するので要注意。better off *doing*「～する方がよい」 share space with～「～と空間を共有する」 cats recovering from injuries「怪我から回復中の猫（=cats which were recovering from injuries）」 medication「投薬治療」 diet「食事療法」

（第 5 段） vet「獣医（=veterinarian）」 on more than one occasion「一度ならずも，複数回」 bond with～「～と仲良くなる，親密な絆を結ぶ」

（第 6 段） she could（adopt them）と（　）内を補うとよい。rent-controlled「賃貸の」 apartment complex「アパート，集合住宅」 Lulabell and Luther would have helped with that の that は the place still seemed too large and empty without him を指す指示代名詞である。

（第 7 段） pass away「亡くなる，他界する」 story-time「読み聞かせの時間の」 sort「～を分類する」 That moment of instant love and connection—love at first sight, Dr. Fischer called it「出会ったその場での愛とつながりのその瞬間——一目惚れ，フィッシャー博士はそれをそう呼んだ」 it は That moment of instant love and connection を受ける人称代名詞で，このような表現技法を“左方転移（left dislocation）”という。fall in love「恋に落ちる」 that way「そんなふうに（=in that way）」 solid「堅固な，信頼できる」

4 **解答例** ＜解答例 1＞ One of the benefits of online education is that you can save commute time to school. You can make use of that saved time for doing household chores like cleaning, washing, and cooking, and enjoying other activities such as hobbies and volunteer activities. Meanwhile, one of the disadvantages of online education is that it is not possible to interact with other students face to face. Students, especially new students, hardly get a chance to make friends and foster a sense of solidarity and empathy with others that should be formed through group activities in the classroom. (約 100 語)

＜解答例 2＞ Online classes have the advantage of being able to respond flexibly even in the event of a disaster. As you can see from the experience of the novel coronavirus, it is difficult to continue regular classes when something unexpected happens. By contrast, online lessons can be continued as long as the Internet environment is in place. However, online education has its own disadvantages. It is difficult to concentrate on learning at home due to various temptations such as video games, TV, social networking sites, and comic books. These temptations can also diminish the motivation to learn. (約 100 語)

◀解　説▶

〔問題英文の全訳〕

「以下の指示を読み，英語で 1 段落の文章を書きなさい。2020 年には，学校や大学の多くの学生がオンライン教育を体験した。約 100 語の英単語を使って，まとまりのある 1 段落で，オンライン教育の利点 1 つと欠点 1 つを紹介し，説明しなさい」

オンライン教育の利点としては，通学時間が節約でき，その時間を他の活動に有効利用できること，他の生徒を気にすることなく自宅で授業に集中できること，災害時にもインターネット環境さえ整っていれば授業を継続することができること，コロナ禍を視野に入れると，教室や通学時の公共交通機関でのいわゆる三密状態を避けることで感染防止に役立つこと，などが挙げられる。

一方，オンライン教育の欠点としては，自宅ではゲーム・テレビ等の誘惑があって集中しづらくモチベーションの維持が難しいこと，他者との生の交流ができず孤独感に苛まれること，特に新 1 年生にとっては友人を作るきっかけがつかめないこと，サークル・クラブ活動を通して形成されるはずの他人との連帯意識・共感を醸成しにくくなること，ネット環境の違いによる家庭間の格差が生じること，生徒の理解度が測りにくく一方通行の授業になりがちであること，などが挙げられる。

なお，語数制限の 100 語程度とは 95～105 語が理想的だが，若干の増減は許容されるだろう。

〔解答例 1 の全訳〕

オンライン教育の利点の一つは，通学時間を節約できることである。その浮いた時間を利用して，掃除や洗濯，料理などの家事をしたり，趣味やボランティア活動など他の活動を楽しんだりできる。一方，オンライン教育の欠点の一つは，他の生徒と直接ふれあうことができないことである。生徒，特に新入生は，友達を作ったり，教室でのグループ活動を通じて形成されるべき他者との連帯感や共感を育んだりする機会がほとんどないのだ。

〔解答例 2 の全訳〕

オンライン授業には，災害が発生した場合でも柔軟に対応できるという利点がある。新型コロナウイルスの経験からわかるように，予期しないことが起こったときに通常の授業を続けることは困難だ。対照的に，インターネット環境が整っている限り，オンライン授業は継続できる。しかしながら，オンライン教育にはそれ自体の欠点がある。ビデオゲーム，テレビ，SNS，漫画本などのさまざまな誘惑のために，家で学習に集中することは困難なのだ。こういった誘惑のせいで学習意欲が減じるおそれもある。

5 解答例

＜解答例 1＞ The international students at universities in the United States from Canada increased slightly in number from 26,514 to 27,240 between 2001 and 2014. The difference is only 3 %. During the same time span, those from China drastically increased from 63,211 to 304,040 by as much as 381 %. By contrast, over the same period, those from Japan decreased sharply from 46,810 to 19,064 by 59%. (約 70 語)

<解答例 2> The number of international students from Canada at universities in the United States remained much the same, around 27,000, between 2001 and 2014. Surprisingly enough, the number of Chinese students over the same period remarkably increased from 63,211 to 304,040, indicating almost a fivefold growth. By contrast, the number of Japanese students during the same time span reduced sharply to 19,064, which is only 41% of 46,810 students in 2001. (約 70 語)

◀解　説▶

〔問題英文の全訳〕

「指示を読み，英語で解答を書きなさい。下の表は，米国の大学での留学生の登録状況の変化を示している。

出身地	2001 年（学生数）	2014 年（学生数）	変化（%）（2001～2014 年）
カナダ	26,514	27,240	3%
中国	63,211	304,040	381%
日本	46,810	19,064	−59%

約 70 語の英単語を使って，2001 年から 2014 年までの 3 カ国の登録状況の異なった傾向を要約しなさい」

問題文に表の説明があるので，表が何を表しているかの説明は不要。「3 カ国の登録状況の傾向」をすぐに書き出せばよい。

資料の読み取り問題対策としては，具体的数値をどのように取り入れるかに工夫が必要である。本問では，着目の仕方は 2 つあり，学生数自体の変化とその変化の割合である。国別では，カナダは微増にとどまり，ほぼ変化が見られない。中国は約 4 倍増と急増している。日本は約 6 割減と激減している。また，これらを表現する際には，「～の数は…である」や「～の割合は…% である」といった同じ表現の繰り返しを避けるために，「～倍になる」，「～% 増加〔減少〕する」，「～% を占める」，「第～位である」等の表現も交えるとメリハリのある解答を書くことができる。

なお，語数制限の 70 語程度とは 66～74 語が理想的だが，若干の増減は許容されるだろう。

〔解答例1の全訳〕

カナダからの米国の大学への留学生は，2001年から2014年の間に26,514人から27,240人にわずかに増加した。その差はわずか3％である。同じ期間に，中国からの留学生は63,211人から304,040人へと381％も急増した。これとは対照的に，同じ期間に，日本からの留学生は46,810人から19,064人へと59％激減した。

〔解答例2の全訳〕

カナダからの米国の大学への留学生の数は，2001年から2014年までほぼ同じで27,000人前後だった。驚くべきことに，同期間の中国人留学生は，63,211人から304,040人へと著しく増加し，ほぼ5倍となった。これとは対照的に，同期間の日本人留学生は19,064人へと急減し，これは2001年の46,810人の41％にすぎない。

❖講 評

2020年度と同様，全体は5題構成で，読解が3題，英作文が2題であった。しかし，2020年度まで定番だった内容真偽問題や和文英訳問題が姿を消した。また，英作文の配点が例年は60点程度であったのが80点に引き上げられた。なお，英語による要約問題は出題されなかった。

読解問題の1・3は標準的なレベル，2はやや難しいレベルの英文である。2020年度と比較すると，この3題での英文量はやや増加した（約1640語から約1730語）。この3題での設問数は全部で12問だが，すべてが記述式の設問で，内容説明問題11問と日本語での要約問題（120字以内）1問という問題構成であった。下線部和訳問題がまったく出題されないというのはこれまでにないことである。なお，説明問題には該当箇所を探り当てた上で情報を取捨選択する記述力が必要となるし，要約問題ではさらに高度な日本語運用能力も問われている。

4・5は英作文問題で，2題とも難易度は標準レベルの出題。4は「オンライン教育の長所と短所」を1つずつ論じるという問題で，時事的で身近なテーマのため比較的書きやすかったのではないか。5は「米国の大学での国別の留学生数の変化」を示した表から読み取れる傾向をまとめる問題で，統計資料を扱うための表現を普段から身につけておけば楽に書ける。テーマ英作文は普段から書き慣れていないと差がつきやすいので，日頃から英文日記をつけるなどの地道な対策を行っておくことが望まれる。

数学

◀経済（経済工）・理・医（保健〈看護学〉を除く）・歯・薬・工・芸術工・農学部▶

1

◇発想◇　(1)　四面体 OABC に内接する球の中心を点Dとおく。この球の半径を r （$r>0$） とおくと，球が xy 平面，yz 平面，zx 平面のすべてと接することから

$$[\text{点Dと } xy \text{ 平面の距離}]=[\text{点Dと } yz \text{ 平面の距離}]$$
$$=[\text{点Dと } zx \text{ 平面の距離}]=[\text{球の半径 } r]$$

よって，点Dの座標は （r, r, r） と表せる。この球が平面 ABC とも接するための条件を求めよう。

(2)　(2)でも球が xy 平面，yz 平面，zx 平面のすべてと接することから，球の中心は(1)と同じく，点 （R, R, R） とおくことができる。ここまでは(1)の考え方がそのまま使える。(1)では球と平面 ABC は接していたが，(2)では交わることになる。ここが(1)と異なる点。しかし，(1)で求めた球の中心と平面 ABC の距離はそのまま利用できる。それをもとにして，この球が平面 ABC と交わるための条件を求めよう。

解答　(1)　四面体 OABC に内接する球の中心を点Dとおく。この球の半径を r （$r>0$） とおくと，球が xy 平面，yz 平面，zx 平面のすべてと接するための条件は

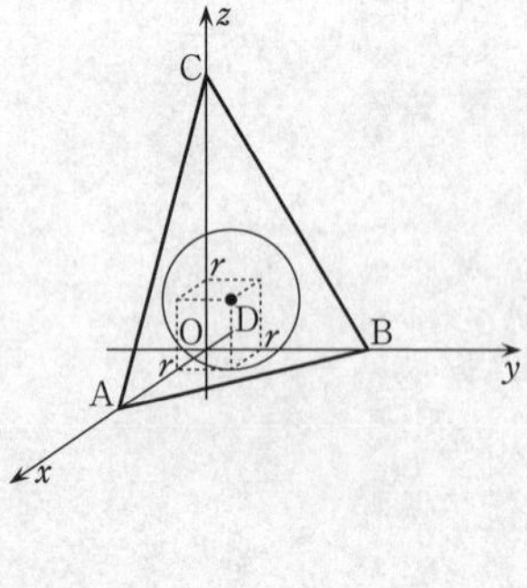

$$[\text{点Dと } xy \text{ 平面の距離}]$$
$$=[\text{点Dと } yz \text{ 平面の距離}]$$
$$=[\text{点Dと } zx \text{ 平面の距離}]$$
$$=[\text{球の半径 } r]$$

が成り立つことであり，このとき点Dの座標は （r, r, r） と表せる。

点D （r, r, r） と平面 ABC の距離が r になることから r を求める。点D

から平面 ABC に垂線を下ろして，平面 ABC との交点を点Hとおくと

$$[\text{点Dと平面ABCの距離}] = \mathrm{DH}$$

点Hは平面 ABC 上の点であるから

$$\overrightarrow{\mathrm{CH}} = s\overrightarrow{\mathrm{CA}} + t\overrightarrow{\mathrm{CB}} \quad (s,\ t \text{ は実数})$$

と表せるので

$$\begin{aligned}\overrightarrow{\mathrm{DH}} &= \overrightarrow{\mathrm{DC}} + \overrightarrow{\mathrm{CH}} \\ &= \overrightarrow{\mathrm{DC}} + s\overrightarrow{\mathrm{CA}} + t\overrightarrow{\mathrm{CB}} \quad \cdots\cdots①\end{aligned}$$

$\overrightarrow{\mathrm{DH}} \perp$ 平面 ABC より

$$\begin{cases}\overrightarrow{\mathrm{DH}} \perp \overrightarrow{\mathrm{CA}} \\ \overrightarrow{\mathrm{DH}} \perp \overrightarrow{\mathrm{CB}}\end{cases}$$

よって

$$\begin{cases}\overrightarrow{\mathrm{DH}} \cdot \overrightarrow{\mathrm{CA}} = 0 \\ \overrightarrow{\mathrm{DH}} \cdot \overrightarrow{\mathrm{CB}} = 0\end{cases}$$

が成り立つ。①より

$$\begin{cases}(\overrightarrow{\mathrm{DC}} + s\overrightarrow{\mathrm{CA}} + t\overrightarrow{\mathrm{CB}}) \cdot \overrightarrow{\mathrm{CA}} = 0 \\ (\overrightarrow{\mathrm{DC}} + s\overrightarrow{\mathrm{CA}} + t\overrightarrow{\mathrm{CB}}) \cdot \overrightarrow{\mathrm{CB}} = 0\end{cases}$$

すなわち

$$\begin{cases}\overrightarrow{\mathrm{DC}} \cdot \overrightarrow{\mathrm{CA}} + s|\overrightarrow{\mathrm{CA}}|^2 + t\overrightarrow{\mathrm{CA}} \cdot \overrightarrow{\mathrm{CB}} = 0 \\ \overrightarrow{\mathrm{DC}} \cdot \overrightarrow{\mathrm{CB}} + s\overrightarrow{\mathrm{CA}} \cdot \overrightarrow{\mathrm{CB}} + t|\overrightarrow{\mathrm{CB}}|^2 = 0\end{cases} \quad \cdots\cdots②$$

ここで

$$\begin{cases}\overrightarrow{\mathrm{CA}} = \overrightarrow{\mathrm{OA}} - \overrightarrow{\mathrm{OC}} = (1,\ 0,\ -2) \\ \overrightarrow{\mathrm{CB}} = \overrightarrow{\mathrm{OB}} - \overrightarrow{\mathrm{OC}} = (0,\ 1,\ -2) \\ \overrightarrow{\mathrm{DC}} = \overrightarrow{\mathrm{OC}} - \overrightarrow{\mathrm{OD}} = (-r,\ -r,\ 2-r)\end{cases}$$

だから

$$\begin{cases}\overrightarrow{\mathrm{DC}} \cdot \overrightarrow{\mathrm{CA}} = r-4 \\ \overrightarrow{\mathrm{DC}} \cdot \overrightarrow{\mathrm{CB}} = r-4 \\ \overrightarrow{\mathrm{CA}} \cdot \overrightarrow{\mathrm{CB}} = 4 \\ |\overrightarrow{\mathrm{CA}}|^2 = 5 \\ |\overrightarrow{\mathrm{CB}}|^2 = 5\end{cases}$$

よって，これらを②に代入して

$$\begin{cases}(r-4) + 5s + 4t = 0 \\ (r-4) + 4s + 5t = 0\end{cases}$$

$\therefore\quad s=t=\dfrac{-r+4}{9}$

①に代入して

$$\overrightarrow{\mathrm{DH}}=(-r,\ -r,\ 2-r)+\frac{-r+4}{9}(1,\ 0,\ -2)+\frac{-r+4}{9}(0,\ 1,\ -2)$$

$$=\left(-\frac{5}{9}r+\frac{2}{9}\right)(2,\ 2,\ 1)$$

この $\overrightarrow{\mathrm{DH}}$ について

$$|\overrightarrow{\mathrm{DH}}|=r$$

であることから

$$3\left|-\frac{5}{9}r+\frac{2}{9}\right|=r$$

$$|-5r+2|=3r$$

両辺は 0 以上なので，両辺を 2 乗すると

$$25r^2-20r+4=9r^2$$

$$4r^2-5r+1=0$$

$$(4r-1)(r-1)=0$$

$\therefore\quad r=\dfrac{1}{4},\ 1$

$0<r<1$ なので　　$r=\dfrac{1}{4}$

よって，四面体 OABC に内接する球の中心の座標は

$$\left(\frac{1}{4},\ \frac{1}{4},\ \frac{1}{4}\right)\quad\cdots\cdots(\text{答})$$

別解　(1)　四面体 OABC に内接する球の中心を点Dとおく。この球の半径を r $(r>0)$ とおくと，球が xy 平面，yz 平面，zx 平面のすべてと接するための条件は

[点Dと xy 平面の距離]

＝[点Dと yz 平面の距離]

＝[点Dと zx 平面の距離]

＝[球の半径 r]

が成り立つことであり，このとき点Dの座標は $(r,\ r,\ r)$ と表せる。

四面体 OABC の体積に注目する。

［四面体 OABC の体積］＝［四面体 DOAB の体積］＋［四面体 DOBC の体積］＋［四面体 DOCA の体積］＋［四面体 DABC の体積］

と表せて

$$
\left\{
\begin{aligned}
&[\text{四面体OABCの体積}]=\frac{1}{3}\triangle \mathrm{OAB}\cdot \mathrm{OC}\\
&\qquad=\frac{1}{3}\cdot\frac{1}{2}\cdot 1\cdot 1\cdot 2=\frac{1}{3}\\
&[\text{四面体DOABの体積}]=\frac{1}{3}\triangle \mathrm{OAB}\cdot r\\
&\qquad=\frac{1}{3}\cdot\frac{1}{2}\cdot 1\cdot 1\cdot r=\frac{1}{6}r\\
&[\text{四面体DOBCの体積}]=\frac{1}{3}\triangle \mathrm{OBC}\cdot r\\
&\qquad=\frac{1}{3}\cdot\frac{1}{2}\cdot 1\cdot 2\cdot r=\frac{1}{3}r\\
&[\text{四面体DOCAの体積}]=\frac{1}{3}\triangle \mathrm{OCA}\cdot r\\
&\qquad=\frac{1}{3}\cdot\frac{1}{2}\cdot 1\cdot 2\cdot r=\frac{1}{3}r\\
&[\text{四面体DABCの体積}]=\frac{1}{3}\triangle \mathrm{ABC}\cdot r\\
&\qquad=\frac{1}{3}\cdot\frac{1}{2}\cdot\sqrt{2}\cdot\frac{3}{\sqrt{2}}\cdot r=\frac{1}{2}r
\end{aligned}
\right.
$$

（DOAB から DABC まで）それぞれの底面に対して球の半径 r は高さに当たる

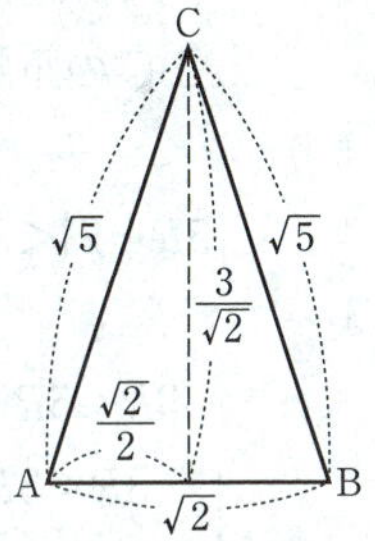

よって

$$\frac{1}{3}=\frac{1}{6}r+\frac{1}{3}r+\frac{1}{3}r+\frac{1}{2}r$$

が成り立つので

$$\frac{4}{3}r=\frac{1}{3}\qquad \therefore\quad r=\frac{1}{4}$$

したがって，四面体 OABC に内接する球の中心の座標は

$$\left(\frac{1}{4},\ \frac{1}{4},\ \frac{1}{4}\right)$$

参考　平面 ABC の方程式は

$$\frac{x}{1}+\frac{y}{1}+\frac{z}{2}=1 \text{ つまり } 2x+2y+z-2=0$$

点と直線の
距離の応用
↓
点と平面の距離と
平面の方程式を使うと
マジで楽!!

と表すことができて，点Dと平面 ABC の距離は

$$\frac{|2r+2r+r-2|}{\sqrt{2^2+2^2+1^2}}=\frac{|5r-2|}{3}$$

となる。これを別の手法で求めたものが〔解答〕の解法である。

教科書の中には発展的な内容の扱いとして説明されているものもあるので，確認しておくとよい。平面の方程式を直接利用すると〔解答〕の解法と比較して，計算処理はかなり簡単に済む。

(2)　xy 平面，yz 平面，zx 平面のすべてと接する球の中心を点Eとおく。この球の半径を R $(R>0)$ とおくと

　[点Eと xy 平面の距離]＝[点Eと yz 平面の距離]

　＝[点Eと zx 平面の距離]＝[球の半径 R]

が成り立ち，点Eの座標は $(R,\ R,\ R)$ と表せる。

この球が平面 ABC と交わるための条件は

　[球の中心Eと平面 ABC の距離]＜[球の半径 R]

が成り立つことであり

$$\left|-\frac{5}{3}R+\frac{2}{3}\right|<R$$

　((1)で求めた球の中心と平面 ABC の距離を利用した)

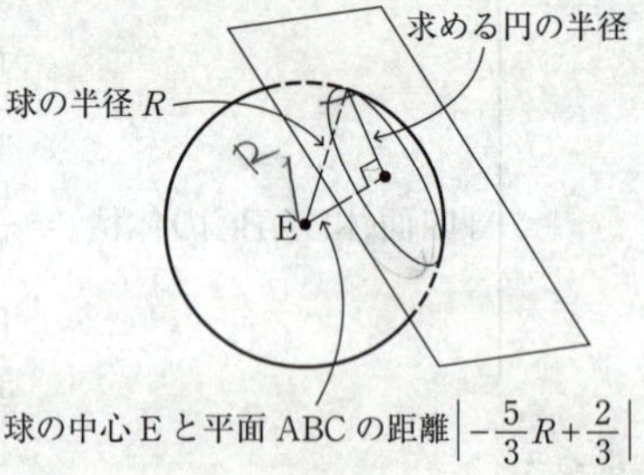

より

$$|5R-2|<3R$$

よって

$$-3R<5R-2<3R$$

$$\begin{cases}-3R<5R-2\\ 5R-2<3R\end{cases}$$

$$\therefore\ \frac{1}{4}<R<1$$

三平方の定理の発想!!

このときに，求める円の半径は

$$\sqrt{R^2-\left(-\frac{5}{3}R+\frac{2}{3}\right)^2}=\sqrt{-\frac{16}{9}R^2+\frac{20}{9}R-\frac{4}{9}}$$

$$=\sqrt{-\frac{16}{9}\left(R-\frac{5}{8}\right)^2+\frac{1}{4}}$$

よって，$\frac{1}{4}<R<1$ における円の半径の最大値は，$R=\frac{5}{8}$ のときの $\sqrt{\frac{1}{4}}=\frac{1}{2}$ であるから，円の面積の最大値は

$$\pi\left(\frac{1}{2}\right)^2=\frac{\pi}{4} \quad \cdots\cdots(\text{答})$$

◀解　説▶

≪xy 平面，yz 平面，zx 平面に接する球≫

▶(1)〔別解〕の解法が〔解答〕の解法よりもやさしいと思われるが，(2)にもつながる解法としては，〔解答〕のように球の中心と平面 ABC の距離を求めておく解法の方が，一貫性があってよいと思われる。

〔別解〕は平面図形で三角形の内接円の半径を求める際に使われる手法の立体図形への応用であり，よく用いられる。◀医（保健〈看護学〉）学部▶の 1 はこの問題の平面図形版である。解答してみるとよい。

▶(2) (1)で球の中心と平面 ABC の距離を求めているので，まずは球と平面 ABC が共有点をもつための条件を求めよう。球の半径 R の取り得る値の範囲が求められる。次に，球の半径，球の中心と平面 ABC の距離，求める円の半径との関係を直角三角形に注目することで三平方の定理に落とし込んで，円の半径を R で表すという手順である。大学以降の数学で「球と平面が交わる」と言われれば，「(接する場合も含めて）共有点をもつ」と捉えるのが一般的である。しかし，高校数学で「球と平面が交わる」と言われれば「接する場合は除いて交わる」と捉えることが多い。つまり，接点と交点とは別物でありその総称が共有点であるという立場である。入試問題では，出題側が一般的な「交わる」の定義で出題してきているのに対して，受験生側が高校数学の定義で解答しようとするので，そこにずれが生じる場合がある。本問の解答プロセスにおいても，R の範囲の不等号は等号を含むか含まないかは受験生にすると気になるところではあるが，解答における重要度からするとたいしたことではなく，どちらにしていても問題はない。

2

◇発想◇ (1) x の 2 次方程式(*)が実数解をもたないための条件は(*)の判別式が負の値をとることである。

(2) 複素数平面上の 3 点 A(α)，B(β)，O(0) を通る円の中心

を C (γ) とするとき，OC＝AC＝BC が成り立つ。点 A，B にはどのような関係があるだろうか。x の 2 次方程式(＊)の各項の係数は実数であるから，(＊)は共役な複素数を解にもつ。よって，2 つの解 α，β には，$\alpha=\overline{\beta}$，$\beta=\overline{\alpha}$ の関係が成り立つ。つまり，点 A，B は実軸に関して対称な点となり，AC＝BC は成り立つので，OC＝AC から α と γ に関する条件を表してみよう。

(3) まずは，三角形 OAC が直角三角形になるのは，どの角が直角の場合なのかを考えよう。それがわかれば，図示してみよう。ここでも(2)でわかった点 A，B が実軸に関して対称な点であることを忘れずに。

解答 (1) 2 次方程式(＊)が実数解をもたないための条件は

[(＊)の判別式]＜0

が成り立つことであるから

$$\{-(2\cos\theta)\}^2-1\cdot\frac{1}{\tan\theta}<0$$

$$4\cos^2\theta-\frac{1}{\tan\theta}<0$$

$0<\theta<\dfrac{\pi}{4}$ の範囲では正の値をとる $\tan\theta$ を両辺にかけると

$$4\sin\theta\cos\theta-1<0$$

$$\sin 2\theta<\frac{1}{2} \quad \cdots\cdots ①$$

$0<2\theta<\dfrac{\pi}{2}$ の範囲で①を満たすのは　$0<2\theta<\dfrac{\pi}{6}$

よって　$0<\theta<\dfrac{\pi}{12}$　……(答)

(2) x の 2 次方程式(＊)の 2 つの虚数解を α，β とすると，x の 2 次方程式(＊)の各項の係数は実数であるから，共役な複素数を解にもつことより，β は α の共役な複素数である。よって，A (α)，B (β) は実軸に関して対称な点であり，このとき，3 点 A，B，O を通る円の中心 C は

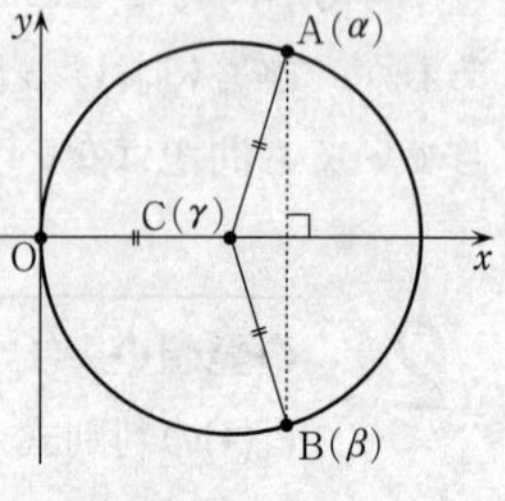

線分 AB の垂直二等分線，つまり実軸上に存在する。

対称性より AC＝BC なので，OC＝AC となる条件を求める。

$$|\gamma|=|\alpha-\gamma|$$

両辺を 2 乗して

$$|\gamma|^2=|\alpha-\gamma|^2$$

$$\gamma\overline{\gamma}=(\alpha-\gamma)\overline{(\alpha-\gamma)}$$

γ は実数なので

$$\gamma^2=(\alpha-\gamma)(\overline{\alpha}-\gamma)$$

$$\gamma^2=\alpha\overline{\alpha}-(\alpha+\overline{\alpha})\gamma+\gamma^2$$

$$(\alpha+\overline{\alpha})\gamma-\alpha\overline{\alpha}=0 \quad \cdots\cdots ②$$

ここで，α，β は(＊)の 2 つの解なので，解と係数の関係より

$$\begin{cases}\alpha+\beta=4\cos\theta \\ \alpha\beta=\dfrac{1}{\tan\theta}\end{cases}$$

が成り立ち，β が α の共役な複素数 $\overline{\alpha}$ であることから

$$\begin{cases}\alpha+\overline{\alpha}=4\cos\theta \\ \alpha\cdot\overline{\alpha}=\dfrac{1}{\tan\theta}\end{cases}$$

と表せることを用いると，②より

$$4\gamma\cos\theta-\frac{1}{\tan\theta}=0$$

$$\cos\theta\left(4\gamma-\frac{1}{\sin\theta}\right)=0$$

$0<\theta<\dfrac{\pi}{12}$ の範囲では $\cos\theta>0$ であるから

$$4\gamma-\frac{1}{\sin\theta}=0$$

$$\therefore\quad \gamma=\frac{1}{4\sin\theta} \quad \cdots\cdots(答)$$

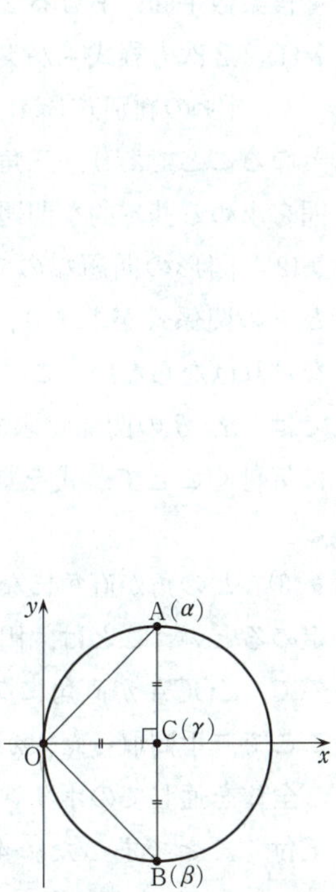

(3)　点 O，A，C を(2)のように定めるとき，三角形 OAC が直角三角形になるのは，右図のような場合である。

このとき線分 AB の中点 C (γ) は

$$\gamma=\frac{\alpha+\beta}{2}=\frac{4\cos\theta}{2}=2\cos\theta$$

一方で，(2)においては，$\gamma=\dfrac{1}{4\sin\theta}$ でもあるから，$2\cos\theta=\dfrac{1}{4\sin\theta}$ より

$$8\sin\theta\cos\theta=1$$

両辺を $\cos^2\theta$（>0）で割って

$$8\cdot\frac{\sin\theta}{\cos\theta}=\frac{1}{\cos^2\theta}$$

$$8\tan\theta=\tan^2\theta+1$$

$$\tan^2\theta-8\tan\theta+1=0$$

$$\therefore\quad \tan\theta=4\pm\sqrt{15}$$

このうち，$0<\theta<\dfrac{\pi}{12}<\dfrac{\pi}{4}$ より $0<\tan\theta<1$ を満たすものは

$$\tan\theta=4-\sqrt{15}\quad\cdots\cdots(\text{答})$$

◀解　説▶

≪複素数平面における 2 次方程式の虚数解が表す図形≫

▶(1)　2 次方程式(*)が実数解をもたないための条件は

[(*)の判別式]<0

となることであり，三角関数に関する不等式を解いて θ の取り得る値の範囲を求める基本的な問題である。

▶(2)　図形の問題なので，必ず図を描いて考えること。OC＝AC より α と γ の関係式が求まり，θ を γ を用いて表そうと思えば，α，$\overline{\alpha}$ を消去しなければならない。ここで，(*)における解と係数の関係を用いるが，これでは，α，β の関係が求まるに留まる。β が α の共役な複素数であることに気付くことで，式を整理することができ，α，$\overline{\alpha}$ を消去することができる。

▶(3)　どの角が直角になるのかを検討しよう。点O，A，Cを(2)のように定めるということは，円の中心がCで円周上にO，Aがあるということなので，∠OCA が直角になる場合に限られる。条件をうまく $\tan\theta$ で表そう。ここで，手間取った人がいるかもしれない。

全体を通してのポイントは，点A，Bが実軸に関して対称であることに気付くことであった。4 でも，似たような状況に出くわすが，具体的に

$\alpha=1-i$，$\beta=1+i$ や $\alpha=\dfrac{1-i}{\sqrt{2}}$，$\beta=\dfrac{1+i}{\sqrt{2}}$ と与えられており，それらが表す点が実軸に関して対称だと誰もがわかるが，本問では(＊)の 2 つの虚数解が α，β であるということなので，係数が実数である 2 次方程式が共役な複素数を解にもつことを知っていて，点A，Bが実軸に関して対称であることに気付かなければならない。

3

◆発想◆　(1)「すべての実数 t に対して」とあるので，t について考えるために t 軸を横軸にとることにすると，t の関数を扱うことになるので，$y\leqq e^t-xt$ を $e^t-xt-y\geqq 0$ と変形し，$f(t)=e^t-xt-y$ とおいて，$f(t)\geqq 0$ が成り立つ条件を求めればよく，図形的には，$u=f(t)$ のグラフが t 軸上または t 軸よりも上側にあるような条件を求める。$f(t)$ を t で微分して $f'(t)$ を求め，$f(t)$ の増減を調べて，グラフを描こう。わかりにくければ，〔参考〕にこれのもとになる考え方を記したので，参照されたい。

(2)　(1)で条件(＊)を満たす点 $(x,\ y)$ 全体の集合が図示できれば，集合 S はその一部分なので，それを x 軸の周りに 1 回転させてできる回転体の体積は容易に定積分で表すことができる。対数を含む関数の部分積分法の手法を確認しておくこと。

解答　(1)　$y\leqq e^t-xt$ を $e^t-xt-y\geqq 0$ と変形して，$f(t)=e^t-xt-y$ とおく。

点 $(X,\ Y)$ が条件(＊)を満たすためには，すべての実数 t に対して，$f(t)=e^t-Xt-Y\geqq 0$ が成り立つことである。X について，次の 3 つの場合に分けて考える。

(ア)　$X<0$ のとき $f'(t)=e^t-X>0$ となるので，$f(t)$ は単調に増加する。

$$\lim_{t\to-\infty}f(t)=\lim_{t\to-\infty}(e^t-Xt-Y)=-\infty$$

となり，$f(t)<0$ となる t の範囲が存在することになるので，条件(＊)を満たさない。

よって，$X<0$ のとき，条件(＊)を満たす点 $(X,\ Y)$ は存在しない。

(イ)　$X=0$ のとき $f(t)=e^t-Y$ であり，$f'(t)=e^t>0$ となるので，$f(t)$ は単調に増加する。

$$\lim_{t\to-\infty} f(t) = -Y$$

求める条件は　$-Y \geqq 0$ つまり $Y \leqq 0$

よって，$X=0$ のとき，条件(*)を満たす点 $(X,\ Y)$ は直線 $x=0$ の $y \leqq 0$ の部分に存在する。

(ウ)　$X>0$ のとき $f'(t)=e^t-X$ について，

$f'(t)=0$ とすると，$e^t-X=0$ より　$t=\log X$

よって，$f(t)$ の増減は右のようになる。

t	$\cdots$	$\log X$	$\cdots$
$f'(t)$	$-$	0	$+$
$f(t)$	↘	極小	↗

$$f(\log X) = e^{\log X} - X\log X - Y$$
$$= X - X\log X - Y$$

求める条件は

$$X - X\log X - Y \geqq 0$$

となることであり

$$Y \leqq X - X\log X$$

よって，$X>0$ のとき，条件(*)を満たす点 $(X,\ Y)$ は $y \leqq x - x\log x$ を満たす領域つまり曲線 $y=x-x\log x$ を含めて下側に存在する。

(ア)，(イ)，(ウ)で求める領域はわかったが，ここからは，$y=x-x\log x$ のグラフを描くために，増減を調べる。

$$y' = 1 - \log x - x\cdot\frac{1}{x} = -\log x$$

$y'=0$ のとき　$x=1$

よって，$x>0$ における $y=x-x\log x$ の増減は右のようになる。

x	(0)	$\cdots$	1	$\cdots$
y'		$+$	0	$-$
y		↗	1	↘

また

$$\lim_{x\to+0} y = \lim_{x\to+0}(x - x\log x) = 0 - 0 = 0$$

$$\lim_{x\to\infty} y = \lim_{x\to\infty} x(1-\log x) = -\infty$$

(ア)，(イ)，(ウ)より，条件(*)を満たす点 $(x,\ y)$ 全体の集合は右図の網かけ部分のようになる（境界線を含む）。

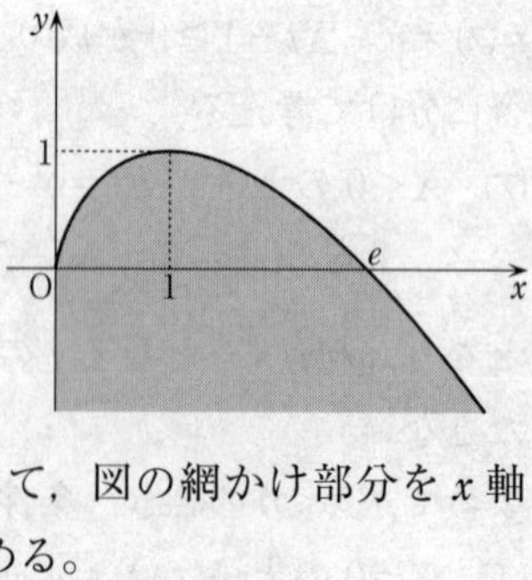

(2)　集合 S は次図の網かけ部分である。よって，図の網かけ部分を x 軸の周りに1回転させてできる立体の体積を求める。

求める体積は

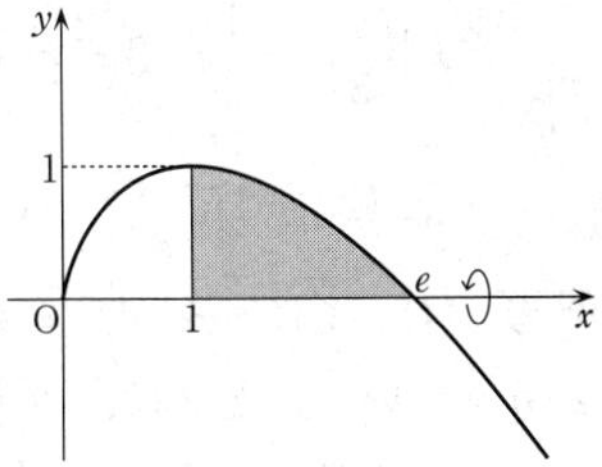

$$\int_1^e \pi y^2 dx$$

$$=\int_1^e \pi(x-x\log x)^2 dx$$

$$=\pi\int_1^e \{x^2-2x^2\log x+x^2(\log x)^2\}dx$$

$$=\pi\left\{\int_1^e x^2dx-2\int_1^e x^2\log x dx+\int_1^e x^2(\log x)^2dx\right\}$$

ここで

$$\int_1^e x^2dx=\left[\frac{1}{3}x^3\right]_1^e=\frac{1}{3}e^3-\frac{1}{3}$$

$$\int_1^e x^2\log x dx=\int_1^e \left(\frac{1}{3}x^3\right)'\log x dx$$

$$=\left[\frac{1}{3}x^3\log x\right]_1^e-\int_1^e \frac{1}{3}x^3\cdot\frac{1}{x}dx$$

$$=\frac{1}{3}e^3-\frac{1}{3}\int_1^e x^2dx$$

$$=\frac{1}{3}e^3-\frac{1}{3}\left[\frac{1}{3}x^3\right]_1^e$$

$$=\frac{1}{3}e^3-\frac{1}{9}(e^3-1)$$

$$=\frac{2}{9}e^3+\frac{1}{9}\quad\cdots\cdots①$$

$$\int_1^e x^2(\log x)^2dx=\int_1^e \left(\frac{1}{3}x^3\right)'(\log x)^2dx$$

$$=\left[\frac{1}{3}x^3(\log x)^2\right]_1^e-\int_1^e \frac{1}{3}x^3\cdot 2(\log x)\cdot\frac{1}{x}dx$$

$$=\frac{1}{3}e^3-\frac{2}{3}\int_1^e x^2\log x dx$$

$$=\frac{1}{3}e^3-\frac{2}{3}\left(\frac{2}{9}e^3+\frac{1}{9}\right)\quad(\because\ ①)$$

$$=\frac{5}{27}e^3-\frac{2}{27}$$

よって，求める体積は

$$\pi\left\{\left(\frac{1}{3}e^3-\frac{1}{3}\right)-2\left(\frac{2}{9}e^3+\frac{1}{9}\right)+\left(\frac{5}{27}e^3-\frac{2}{27}\right)\right\}$$

$$=\frac{\pi}{27}(2e^3-17)\quad\cdots\cdots(\text{答})$$

参考　(1)　条件(*)を満たすかどうかというのは，具体的な点で考えるとわかりやすい。たとえば，点 (1, 2) は条件(*)を満たすだろうか。つまり，すべての実数 t に対して

$$2\leqq e^t-t$$

が成り立つかということであり，それは

$$e^t-t-2\geqq 0\quad(x,\ y\text{が定まると左辺は}\ t\ \text{の関数}\ f(t)\ \text{と表せる})$$

が成り立つかということである。これは，$t=1$ のときに，$e-1-2<2.8-3=-0.2<0$ であることから，成り立たない。よって，点 (1, 2) は条件(*)を満たす点 $(x,\ y)$ 全体の集合には含まれないということである。点 (2, −1) は条件(*)を満たすだろうか。つまり，すべての実数 t に対して

$$-1\leqq e^t-2t$$

が成り立つかということであり，それは

$$e^t-2t+1\geqq 0\quad(x,\ y\text{が定まると左辺は}\ t\ \text{の関数}\ f(t)\ \text{と表せる})$$

が成り立つかということである。

上の点 (1, 2) のときのように条件(*)を満たさない t がすぐにわからないので，微分して増減を調べてみることにする。

$$f(t)=e^t-2t+1$$

とおいて

$$f'(t)=e^t-2$$

$f'(t)=0$ のとき，$e^t-2=0$ より　　$t=\log 2$

$$f(\log 2)=e^{\log 2}-2\log 2+1=3-\log 4$$

$$=\log e^3-\log 4\geqq 0\quad(\because\ \ 3>e>2)$$

t	$\cdots$	$\log 2$	$\cdots$
$f'(t)$	$-$	0	$+$
$f(t)$	↘	極小	↗

よって，点 (2, −1) は条件(*)を満たす点 $(x,\ y)$ 全体の集合に含まれるということである。

次に，点 (1, 2), (2, −1) の代わりに一般的な $(X,\ Y)$ に置き換えてみる。条件(*)を満たす点 $(X,\ Y)$ とは，すべての実数 t に対して

$$e^t-Xt-Y\geqq 0\quad(x,\ y\text{が定まると左辺は}\ t\ \text{の関数}\ f(t)\ \text{と表せる})$$

を満たす点のことであり，本問は $f(t)=e^t-Xt-Y$ とおいたときに，常に $f(t)\geqq 0$ が成り立つ点 $(X,\ Y)$ が満たす条件を求めて，それを図示するということである。

◀解　説▶

≪回転体の体積≫

▶(1)　不等式が常に成り立つための条件を求める問題である。よって，t の関数 $f(t)$ が常に0以上であるための条件を求める問題であるとして捉える。t 軸を横軸にとり，グラフで考える。仕組みは〔参考〕に記したような考え方に基づいている。方針が立たないときには，このように具体的な点を例にして，それが(*)を満たすかどうか調べながらどのような経路をたどっていくのかを考え，それを一般化して点 $(X,\ Y)$ について考えてみるとよい。実際に，点 $(X,\ Y)$ と大文字でおき直して解き進めてもよいが，$(x,\ y)$ のままで表す解法も多いようで，どちらでもよいだろう。

▶(2)　回転体の体積を定積分で表して求めることになる。対数の関わる積分の仕方は覚えておくこと。部分積分法で計算していく。特段ややこしい計算でもないので，丁寧に計算し正解にこぎつけたい。

4

◆発想◆　$\alpha,\ \beta,\ \gamma$ が表す点をそれぞれA，B，Cとおく。

(1)　$n=2$ のときに，$a_0,\ a_1,\ a_2$ に対して

$$f(x)=\sum_{k=0}^{2}a_kx^k=a_2x^2+a_1x+a_0$$

$$f'(x)=\sum_{k=1}^{2}ka_kx^{k-1}=2a_2x+a_1$$

となる。どのような $\alpha,\ \beta,\ f(x)$ も平均値の性質をもつとは，どのような $\alpha,\ \beta$ に対しても，$\dfrac{f(\beta)-f(\alpha)}{\beta-\alpha}=f'(\gamma)$ を満たす γ が線分 AB 上に存在することである。これ以降も線分 AB 上に点 $\mathrm{C}(\gamma)$ が存在するということを強く意識しておくこと。

(2)　点 $\mathrm{C}(\gamma)$ が線分 AB 上にあるという条件は後回し。まずは，$\dfrac{f(\beta)-f(\alpha)}{\beta-\alpha}=f'(\gamma)$ の計算から解き進めていこう。その後，そこで得られた点 $\mathrm{C}(\gamma)$ が線分 AB 上にあることから，$a,\ b,\ c$ に

関する条件を求めよう。C (γ) が線分 AB 上にあるとき，γ の実部は 1 となることに注意しよう。

(3)　背理法で証明しよう。α，β に対して，平均値の性質をもつ γ が存在すると仮定し，矛盾が生じることを示そう。矛盾点として得られた点 C (γ) が線分 AB 上に存在しないことにもっていくとよい。

(1)，(2)，(3) ともに，α，β に対して，γ を求めて，その点 C (γ) が線分 AB 上の点であるという検証をするという 2 段構えの方針で解答するとわかりやすい。

解答　α，β，γ が表す点をそれぞれ A，B，C とおく。

(1)　$n=2$ のときに，a_0，a_1，a_2 について，$f(x)$，$f'(x)$ は次のようになる。

$$\begin{cases} f(x)=\displaystyle\sum_{k=0}^{2}a_kx^k=a_2x^2+a_1x+a_0 \\ f'(x)=\displaystyle\sum_{k=1}^{2}ka_kx^{k-1}=2a_2x+a_1 \end{cases}$$

このとき

$$\begin{aligned}\frac{f(\beta)-f(\alpha)}{\beta-\alpha}&=\frac{(a_2\beta^2+a_1\beta+a_0)-(a_2\alpha^2+a_1\alpha+a_0)}{\beta-\alpha}\\&=\frac{a_2(\beta^2-\alpha^2)+a_1(\beta-\alpha)}{\beta-\alpha}\\&=a_2(\beta+\alpha)+a_1\end{aligned}$$

また，$f'(\gamma)=2a_2\gamma+a_1$ であるから

$$\frac{f(\beta)-f(\alpha)}{\beta-\alpha}=f'(\gamma)\quad\cdots\cdots①$$

$$a_2(\beta+\alpha)+a_1=2a_2\gamma+a_1$$

$$a_2(\beta+\alpha)=2a_2\gamma$$

a_2 は 0 ではないので，両辺を $2a_2$ で割って

$$\gamma=\frac{\alpha+\beta}{2}$$

よって，α，β に対して，$\gamma=\dfrac{\alpha+\beta}{2}$ をとると①は成り立つ。そして，この C (γ) は $\gamma=\dfrac{\alpha+\beta}{2}$ より線分 AB の中点であり，A (α)，B (β) を両端とす

る線分 AB 上にある中点 C(γ) は必ず存在し，α，β に対して，条件を満たす γ が必ず存在するので，$n=2$ のとき，どのような α，β，$f(x)$ も平均値の性質をもつ。　(証明終)

(2)　$\alpha=1-i$，$\beta=1+i$，$f(x)=x^3+ax^2+bx+c$ のとき

$$\begin{aligned}\frac{f(\beta)-f(\alpha)}{\beta-\alpha}&=\frac{(\beta^3+a\beta^2+b\beta+c)-(\alpha^3+a\alpha^2+b\alpha+c)}{\beta-\alpha}\\&=\frac{(\beta^3-\alpha^3)+a(\beta^2-\alpha^2)+b(\beta-\alpha)}{\beta-\alpha}\\&=\frac{(\beta-\alpha)(\beta^2+\beta\alpha+\alpha^2)+a(\beta-\alpha)(\beta+\alpha)+b(\beta-\alpha)}{\beta-\alpha}\\&=(\beta^2+\beta\alpha+\alpha^2)+a(\beta+\alpha)+b\\&=(\beta+\alpha)^2-\beta\alpha+a(\beta+\alpha)+b\end{aligned}$$

ここで，$\beta+\alpha=(1+i)+(1-i)=2$，$\beta\alpha=(1+i)(1-i)=1-i^2=1-(-1)=2$ であるから

$$\frac{f(\beta)-f(\alpha)}{\beta-\alpha}=2^2-2+a\cdot2+b=2a+b+2\quad\cdots\cdots②$$

また，$f'(x)=3x^2+2ax+b$ より $f'(\gamma)=3\gamma^2+2a\gamma+b$（……③）であるから，②・③より，平均値の性質をもつための条件は，点 A(α)，B(β) を両端とする線分 AB 上の点 C(γ) に対して

$$2a+b+2=3\gamma^2+2a\gamma+b$$

つまり　$3\gamma^2+2a\gamma-2a-2=0$　……④

が成り立つことであり，これを解くと

$$\gamma=\frac{-a\pm\sqrt{a^2-3(-2a-2)}}{3}=\frac{-a\pm\sqrt{a^2+6a+6}}{3}$$

となる。よって，α，β に対してこのような γ をとると①は成り立つ。線分 AB 上の点 C(γ) の実部は 1 であるから，γ が実数のとき，$\gamma=1$ であるが，④が $1=0$ となり成り立たないので，$\gamma\neq1$ である。よって，γ は虚数であり

$$\gamma=-\frac{a}{3}\pm\frac{1}{3}\sqrt{-a^2-6a-6}\,i\quad\cdots\cdots⑤$$

$$\left(\begin{array}{l}\sqrt{a^2+6a+6}=\sqrt{-a^2-6a-6}\,i\text{ と変形した。}\\ -\dfrac{a}{3}\text{ が実部，}\ \pm\dfrac{1}{3}\sqrt{-a^2-6a-6}\text{ が虚部。}\end{array}\right)$$

となる。γ の実部が 1 であるから，$-\dfrac{a}{3}=1$ より

$$a=-3$$

⑤に代入して

$$\gamma=1\pm\frac{\sqrt{3}}{3}i$$

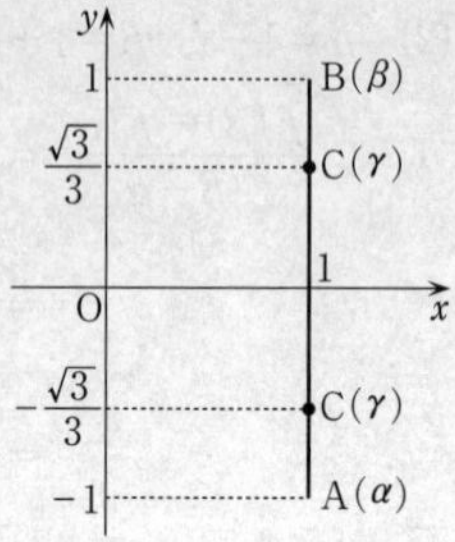

となり，虚部は $\pm\dfrac{\sqrt{3}}{3}$ である。α の虚部は -1，β の虚部は 1 である。$\pm\dfrac{\sqrt{3}}{3}$ は $-1<-\dfrac{\sqrt{3}}{3}<\dfrac{\sqrt{3}}{3}<1$ を満たすので，点 C(γ) は線分 AB 上の点である。

したがって，実数 a，b，c に関する必要十分条件は，$a=-3$，b，c は任意の実数の定数である。　……(答)

(3)　α，β は

$$\begin{cases}\alpha=\dfrac{1-i}{\sqrt{2}}=\dfrac{1}{\sqrt{2}}-\dfrac{1}{\sqrt{2}}i=\cos\left(-\dfrac{\pi}{4}\right)+i\sin\left(-\dfrac{\pi}{4}\right)\\ \beta=\dfrac{1+i}{\sqrt{2}}=\dfrac{1}{\sqrt{2}}+\dfrac{1}{\sqrt{2}}i=\cos\dfrac{\pi}{4}+i\sin\dfrac{\pi}{4}\end{cases}\quad\cdots\cdots⑥$$

と極形式で表せて，ド・モアブルの定理より

$$\begin{cases}\alpha^7=\cos\left(-\dfrac{7}{4}\pi\right)+i\sin\left(-\dfrac{7}{4}\pi\right)=\cos\dfrac{\pi}{4}+i\sin\dfrac{\pi}{4}=\beta\\ \beta^7=\cos\dfrac{7}{4}\pi+i\sin\dfrac{7}{4}\pi=\cos\left(-\dfrac{\pi}{4}\right)+i\sin\left(-\dfrac{\pi}{4}\right)=\alpha\end{cases}$$

よって

$$\begin{aligned}\frac{f(\beta)-f(\alpha)}{\beta-\alpha}&=\frac{\beta^7-\alpha^7}{\beta-\alpha}\\&=\frac{\alpha-\beta}{\beta-\alpha}\\&=-1\end{aligned}$$

$f(x)=x^7$ より $f'(x)=7x^6$ となるので　　$f'(\gamma)=7\gamma^6$

α，β，$f(x)=x^7$ が平均値の性質をもつと仮定すると，$7\gamma^6=-1$ より

$$\gamma^6 = -\frac{1}{7}$$

$$\gamma^6 = \frac{1}{7}\cdot(-1)$$

を満たす点 C (γ) が線分 AB 上に存在する。極形式で表すと

$$\gamma^6 = \frac{1}{7}\{\cos(\pi + 2k\pi) + i\sin(\pi + 2k\pi)\} \quad (k：整数)$$

ド・モアブルの定理より

$$\gamma = \left(\frac{1}{7}\right)^{\frac{1}{6}}\left\{\cos\left(\frac{\pi}{6} + \frac{k}{3}\pi\right) + i\sin\left(\frac{\pi}{6} + \frac{k}{3}\pi\right)\right\} \quad (k：整数)$$

ここで，γ の値を知るには，k は $k=0$, 1, 2, 3, 4, 5 のときを考えれば十分で，それぞれの k の値に対して，実部の値は次の通りである。

$$\begin{cases} k=0\ のとき & \dfrac{\sqrt{3}}{2}\left(\dfrac{1}{7}\right)^{\frac{1}{6}} \\ k=1\ のとき & 0 \\ k=2\ のとき & -\dfrac{\sqrt{3}}{2}\left(\dfrac{1}{7}\right)^{\frac{1}{6}} \\ k=3\ のとき & -\dfrac{\sqrt{3}}{2}\left(\dfrac{1}{7}\right)^{\frac{1}{6}} \\ k=4\ のとき & 0 \\ k=5\ のとき & \dfrac{\sqrt{3}}{2}\left(\dfrac{1}{7}\right)^{\frac{1}{6}} \end{cases}$$

平均値の性質をもつときの点 C (γ) は線分 AB 上にある必要があるが，そのための実部の値は，⑥より $\dfrac{1}{\sqrt{2}}$ であり，いずれとも一致しない。よって，条件を満たす γ は存在しないので，$\alpha = \dfrac{1-i}{\sqrt{2}}$，$\beta = \dfrac{1+i}{\sqrt{2}}$，$f(x) = x^7$ は，平均値の性質をもたない。　　　　（証明終）

参考　本問のように，A (α)，B (β) が x 軸に関して対称なとき，C (γ) が線分 AB 上に存在するかどうかは，実部に注目して，まず，α，β の実部と一致しているかを調べて，実部が一致するなら，次に虚部に注目して，A，B の虚部の間にとれているかと 2 段階で確認すればよい。

◀解　説▶

≪条件を満たす複素数平面上の点≫

▶(1)　具体的な n の値が 2 のときの検証である。このときの $f(\alpha)$, $f(\beta)$, $f'(\gamma)$ に対して，$\dfrac{f(\beta)-f(\alpha)}{\beta-\alpha}=f'(\gamma)$ の条件式をつくり，α, β に対して条件を満たす γ が必ずとれることを示そう。それが，どのような α, β, $f(x)$ も平均値の性質をもつということである。

▶(2)　$\alpha=1-i$, $\beta=1+i$, $f(x)=x^3+ax^2+bx+c$ が平均値の性質をもつための条件式を立て，α, β に対して条件を満たす複素数 γ を求めよう。C(γ) は線分 AB 上の点である。条件を満たす γ が存在することを，「条件式が成り立つ」かつ「C(γ) が線分 AB 上に存在する」の 2 点でおさえる。

▶(3)　背理法で，$\alpha=\dfrac{1-i}{\sqrt{2}}$, $\beta=\dfrac{1+i}{\sqrt{2}}$, $f(x)=x^7$ は平均値の性質をもたないことを証明する。つまり，この α, β に対して平均値の性質をもつ γ が存在するとして矛盾が生じることを示す。〔解答〕の解法のようにまず，条件式を満たす γ を求めて，C(γ) が線分 AB 上の点でないことを示せばよい。

5

◇発想◇　(1)　${}_n\mathrm{C}_k$ を ${}_n\mathrm{C}_k=\dfrac{n(n-1)(n-2)\cdots(n-k+1)}{k!}$ と変形，さらに，これを

$$n\cdot\frac{n-1}{k}\cdot\frac{n-2}{k-1}\cdot\cdots\cdot\frac{n-k+1}{2}$$

と積の形に細かく分数に分ける。これで，${}_n\mathrm{C}_k$ が n よりも大きくなることが証明できる形になった。

(2)　p を素数とし，$k\leqq n$ を満たす自然数の組 $(n,\ k)$ で，${}_n\mathrm{C}_k=p$ となるものを求めるのであるが，すぐに見つけることができるのは，${}_p\mathrm{C}_1=p$ の場合。これより ${}_p\mathrm{C}_{p-1}=p$ の場合である。これ以外の場合があるかどうか調べてみよう。これを $k=1$, $n-1$ のときに $n=p$ と設定した場合であるとみよう。k の値に対して ${}_n\mathrm{C}_k=p$ を満たすような n がとれるかどうかを調べていくと

いう手順で解き進めてみよう。また，(1)で証明したことも必ず利用する場面があるはずなので，(1)の誘導をどこで使うかも意識しよう。

解答 (1) 自然数 n，k が $2 \leqq k \leqq n-2$ を満たすとき

$$ {}_n\mathrm{C}_k = \frac{n(n-1)(n-2)\cdots(n-k+1)}{k!} $$
$$ = n \cdot \frac{n-1}{k} \cdot \frac{n-2}{k-1} \cdot \frac{n-3}{k-2} \cdot \cdots\cdot \frac{n-k+1}{2} $$

ここで　$k \leqq n-2 < n-1$

よって　$k < n-1$　……①

①の両辺を正の k で割って　$1 < \dfrac{n-1}{k}$

①の両辺から，1を引いて　$k-1 < n-2$

両辺を正の $k-1$ で割って　$1 < \dfrac{n-2}{k-1}$

①の両辺から，2を引いて　$k-2 < n-3$

両辺を正の $k-2$ で割って　$1 < \dfrac{n-3}{k-2}$

①の両辺から，$k-2$ を引いて　$k-(k-2) < n-1-(k-2)$

つまり　$2 < n-k+1$

両辺を正の2で割って　$1 < \dfrac{n-k+1}{2}$

よって

$$ {}_n\mathrm{C}_k = n \cdot \frac{n-1}{k} \cdot \frac{n-2}{k-1} \cdot \frac{n-3}{k-2} \cdot \cdots\cdot \frac{n-k+1}{2} > n \cdot 1 \cdot 1 \cdot 1 \cdot \cdots \cdot 1 = n $$

したがって

${}_n\mathrm{C}_k > n$　　　（証明終）

(2) (ア) $k=n$ のとき ${}_n\mathrm{C}_n = 1$ となるので，${}_n\mathrm{C}_k = p$ を満たす $(n,\ k)$ は存在しない。（1は素数ではない）

(イ) $k=1$ のとき，${}_n\mathrm{C}_1 = p$ となる n の値は p であるから　$(n,\ k) = (p,\ 1)$

(ウ) $k=n-1$ のとき，${}_n\mathrm{C}_{n-1} = {}_n\mathrm{C}_1 = p$ となる n の値は p であるから

$(n,\ k) = (p,\ p-1)$

(エ) $2 \leqq k \leqq n-2$ のとき ${}_n\mathrm{C}_k=p$ と表されるとする。

$$\frac{n!}{k!(n-k)!}=p$$

$$n!=p\cdot k!(n-k)!$$

よって，$n!$ は p の倍数である。

一方で，(1)より ${}_n\mathrm{C}_k>n$ であるから，$p>n$ となり，素数 p よりも小さい n について $n!$ の因数の中には素数 p は存在しないので，$n!$ は p の倍数ではなく，p の倍数であることに矛盾する。

よって，$k \leqq n$ を満たす自然数の組（n，k）で ${}_n\mathrm{C}_k=p$ となるものは存在しない。

(ア)〜(エ)より求める（n，k）の組は

$(n,\ k)=(p,\ 1)$，$(p,\ p-1)$　……(答)

◀解　説▶

≪${}_n\mathrm{C}_k$ が素数となる自然数（n，k）の組≫

▶(1)　${}_n\mathrm{C}_k=\dfrac{n(n-1)(n-2)\cdots(n-k+1)}{k!}$ をうまく分数の積に変形して n よりも大きくなることを証明する問題である。

$\dfrac{n}{k}\cdot\dfrac{n-1}{k-1}\cdot\dfrac{n-2}{k-2}\cdot\cdots\cdot\dfrac{n-k+2}{2}\cdot\dfrac{n-k+1}{1}$ と変形したくなるかも知れないが，「n よりも大きくなる」ことを証明する問題で，分子に単体の n があるので，それを他と組み合わせないで，$n\cdot\dfrac{n-1}{k}\cdot\dfrac{n-2}{k-1}\cdot\cdots\cdot\dfrac{n-(k-1)}{2}\cdot\dfrac{1}{1}$ のように分数の積に変形し，$\dfrac{n-1}{k}$，$\dfrac{n-2}{k-1}$，…，$\dfrac{n-(k-1)}{2}$ のそれぞれについて大きさを考察する。

▶(2)　(1)で自然数 n，k が $2 \leqq k \leqq n-2$ を満たすとき，${}_n\mathrm{C}_k>n$ であることを証明したので，これをどのタイミングで利用するのかを意識しながら解いていこう。場合分けしたときの(エ)の場合がそれに当たる。よって，$k=1$，$n-1$，n の場合は別の場合分けで考えてみることになる。このように，(1)の誘導も意識すると，場合分けの仕方も見えてくる。

❖講　評

2021 年度も例年同様に大問 5 題が出題された。試験時間は 150 分であり，じっくりと考えて答案を作成するのには十分な時間が設けられている。質，量のバランスがとれ，受験生の学力を的確に見極めることのできる問題である。

1　四面体と xy 平面，yz 平面，zx 平面に接する球の関わりに関する問題である。解法はいろいろと考えられる。解法によって難易度の評価はかなり変わってくるおもしろい問題である。

2　複素数平面における 2 次方程式の虚数解が表す図形に関するやや難しめのレベルの問題である。

3　常に不等式が成り立つための条件を xy 平面に図示して，それについての回転体の体積を求めるやや易しめから標準レベルの問題である。5 題中最も解答しやすい問題である。確実に解答したい。

4　関数に関する平均値の定理を複素数平面の 3 点における条件に焼き直して「平均値の性質」と名付け，それを満たすための条件を求める論証問題である。九州大学ではかつては，このように問題文の中で用語を定義して，それに対しての条件についての論証をする問題がよく出題されていたが，久しぶりの出題である。やや難しめのレベルである。

5　条件を満たす自然数の組 $(n,\ k)$ を求める問題である。(2)の解き進めていく過程が少しややこしい，難しめのレベルの問題である。

◀医(保健〈看護学〉)学部▶

1

◇発想◇　(1)　解法は複数あるが，まずは次のように解答してみよう。

三角形OABに内接する円の半径を r (>0) とおく。x 軸と y 軸と線分ABに接することより，円の中心の座標を $(r,\ r)$ とおくことができる。この点と線分ABとの距離も r であることから，関係式を立てよう。

(2)　(1)と同様に考えて，三角形OABに内接する円は x 軸と y 軸に接していることから，円の中心の座標をどのようにおけばよいのかを考えよう。それに加えて，直線ABと異なる2つの交点をもつための条件は，[円の中心と直線の距離]<[円の半径] が成り立つことである。これより r のとり得る値の範囲を求めよう。線分PQの長さを表すところでは，直線ABに円の中心から垂線を下ろして，そこにできる直角三角形において，三平方の定理を利用すればよい。

解答　(1)　三角形OABに内接する円と x 軸との接点をC，y 軸との接点をD，直線ABとの接点をE，円の中心をFとおく。

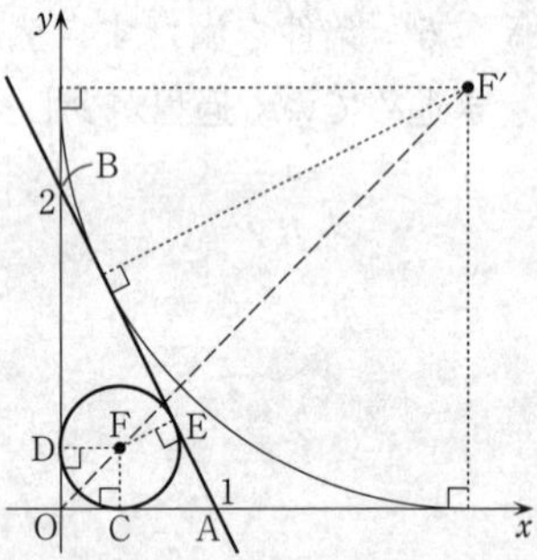

$$\mathrm{FC}=\mathrm{FD}=r\ (\text{円の半径})\quad (>0)$$

とおくと，円の中心が第1象限にあることから，点Fの座標は $(r,\ r)$ と表される。FE$=r$ でもあるので，点Fと直線 $y=-2x+2$，つまり $2x+y-2=0$ との距離が r であるから

$$\frac{|2r+r-2|}{\sqrt{2^2+1^2}}=r$$

$$\frac{|3r-2|}{\sqrt{5}}=r$$

$$|3r-2|=\sqrt{5}\,r$$

両辺は正なので，両辺を 2 乗して

$$9r^2-12r+4=5r^2$$

$$r^2-3r+1=0$$

$$\therefore\quad r=\frac{3\pm\sqrt{5}}{2}$$

図より $0<r<1$ なので，求める円の中心は，$\mathrm{F}'\left(\dfrac{3+\sqrt{5}}{2},\ \dfrac{3+\sqrt{5}}{2}\right)$ ではなく，$\mathrm{F}\left(\dfrac{3-\sqrt{5}}{2},\ \dfrac{3-\sqrt{5}}{2}\right)$ である。よって，三角形 OAB に内接する円の中心の座標は　$\left(\dfrac{3-\sqrt{5}}{2},\ \dfrac{3-\sqrt{5}}{2}\right)$ ……(答)

参考　〈三角形の内接円の半径の求め方〉

三角形 ABC の内接円の中心を点 I，半径を r とおく。三角形 ABC の面積に注目して

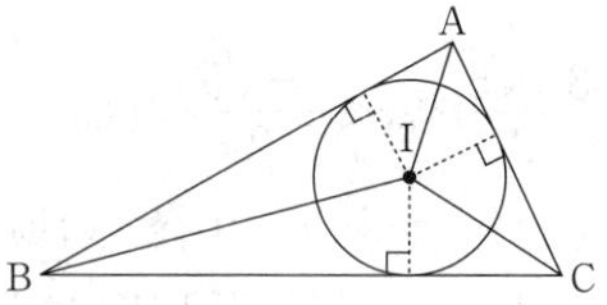

$$\triangle\mathrm{ABC}=\triangle\mathrm{IAB}+\triangle\mathrm{IBC}+\triangle\mathrm{ICA}$$

$$=\frac{1}{2}\mathrm{AB}\cdot r+\frac{1}{2}\mathrm{BC}\cdot r+\frac{1}{2}\mathrm{CA}\cdot r$$

別法で三角形 ABC の面積を求めることで，r の 1 次方程式がつくれ，それを解くことで r を求めることができる。

別解　三角形 OAB に内接する円と x 軸との接点を C，y 軸との接点を D，直線 AB との接点を E，円の中心を F とおく。

$$\mathrm{FC}=\mathrm{FD}=r\ \text{(円の半径)}\quad(>0)$$

とおくと，円の中心が第 1 象限にあることから，点 F の座標は $(r,\ r)$ と表される。$\mathrm{FE}=r$ でもあり，$\mathrm{AB}=\sqrt{1^2+2^2}=\sqrt{5}$ である。三角形 OAB の面積に注目して

$$\triangle\mathrm{OAB}=\triangle\mathrm{FOA}+\triangle\mathrm{FAB}+\triangle\mathrm{FBO}$$

が成り立つ。

$$\triangle\mathrm{OAB}=\frac{1}{2}\mathrm{OA}\cdot\mathrm{OB}=\frac{1}{2}\cdot1\cdot2=1$$

$$\triangle\mathrm{FOA}+\triangle\mathrm{FAB}+\triangle\mathrm{FBO}=\frac{1}{2}\cdot1\cdot r+\frac{1}{2}\cdot\sqrt{5}\cdot r+\frac{1}{2}\cdot2\cdot r=\frac{1}{2}(3+\sqrt{5})\,r$$

よって

$$\frac{1}{2}(3+\sqrt{5})\,r=1$$

$$\therefore\quad r=\frac{2}{3+\sqrt{5}}=\frac{3-\sqrt{5}}{2}$$

したがって　　$\mathrm{F}\left(\dfrac{3-\sqrt{5}}{2},\ \dfrac{3-\sqrt{5}}{2}\right)$

よって，三角形 OAB に内接する円の中心の座標は　　$\left(\dfrac{3-\sqrt{5}}{2},\ \dfrac{3-\sqrt{5}}{2}\right)$

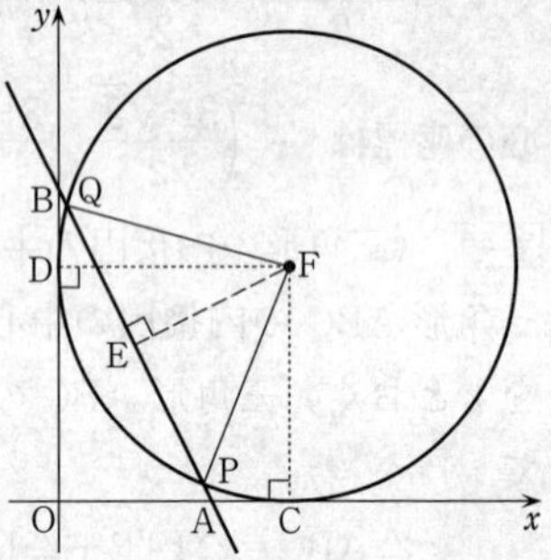

(2)　中心が第1象限にあり，x 軸と y 軸の両方に接し，直線 AB と異なる2つの交点をもつような円が存在するのは，(1)の線分 FF′ の両端を除く部分 $\left(\text{直線}\ y=x\ \text{の}\ \dfrac{3-\sqrt{5}}{2}<x<\dfrac{3+\sqrt{5}}{2}\ \text{の部分}\right)$ に円の中心 $(r,\ r)$ があり，半径 r の場合である。

このとき，三角形 FPQ は FP＝FQ の二等辺三角形であり，点Fから線分 PQ に垂線 FE を下ろしたとき，点Eは線分 PQ の中点であるから，直角三角形 FEP において，三平方の定理より

$$\begin{aligned}
\mathrm{PQ}&=2\mathrm{PE}\\
&=2\sqrt{\mathrm{PF}^2-\mathrm{EF}^2}\\
&=2\sqrt{r^2-\left(\frac{|3r-2|}{\sqrt{5}}\right)^2}\\
&=2\sqrt{r^2-\frac{1}{5}(9r^2-12r+4)}\\
&=2\sqrt{-\frac{4}{5}r^2+\frac{12}{5}r-\frac{4}{5}}\\
&=2\sqrt{-\frac{4}{5}\left(r-\frac{3}{2}\right)^2+1}
\end{aligned}$$

ここで，$f(r)=-\dfrac{4}{5}\left(r-\dfrac{3}{2}\right)^2+1\ \left(\dfrac{3-\sqrt{5}}{2}<r<\dfrac{3+\sqrt{5}}{2}\right)$ とおくと，$f(r)$ の最大値は $f\left(\dfrac{3}{2}\right)=1$ であり，このときに PQ も最大になる。

よって，線分 PQ の長さの最大値は　　2　……(答)

◀解　説▶

≪円が直線から切り取る線分の長さの最大値≫

▶(1)　三角形 OAB に内接する円が x 軸と y 軸と線分 AB に接していることから，円の半径を r （>0）とおくと，中心の座標が （r, r） とおける。この点と線分 AB との距離も半径 r と一致することから，r の方程式を得て解く。これは本問のように x 軸と y 軸の両方に接しているという特別な条件を利用した解法である。

また，三角形の外接円の半径は正弦定理を利用する，三角形の内接円の半径は内心をもとに三角形を三分割し三角形の面積を表す，が鉄則であるから（本問は内接円の中心の座標を求めるのであるが），それに忠実に従えば，〔参考〕を利用して〔別解〕のように解答することができる。これも典型的なアプローチの仕方の一つである。どちらの解法も身につけておくとよいだろう。

▶(2)　中心が第 1 象限にあり，x 軸と y 軸の両方に接することから，円の中心の座標を （r, r） とおくことができる。直線 AB と異なる 2 つの交点をもつための条件は

　　[円の中心と直線の距離]＜[円の半径]

が成り立つことである。〔解答〕では，(1)で求めた点 F，F′ の座標から，x 軸と y 軸の両方に接し，直線 AB と異なる 2 つの交点をもつときの円の中心がどこにあるのかを知ることができるので，線分 PQ の長さの最大値を求めるときの定義域がわかる。

円が直線から切り取る線分の長さを求める問題は典型問題なので解答した経験があるだろう。円の中心から直線に垂線を下ろし，そこにできる直角三角形に注目する。

2　◇発想◇　(1)　数式として扱って考えるのではなく，グラフ化して図形的に考察する。独立変数 x，従属変数 y，定数 t の 3 つの文字の関わりを考える。次がポイントである。「すべての実数 t に対して」とあるので，t について考えるために，t 軸を横軸にとる。すると t の関数を扱うことになるので，$y \geqq xt-2t^2$ を

$2t^2-xt+y\geqq 0$ と変形し，$f(t)=2t^2-xt+y$ とおく。次に図形で考えるとどのように解釈すればよいのかを考える。求めるものは，$u=f(t)$ のグラフが t 軸上または t 軸よりも上側にあることであり，[$f(t)$ の最小値]$\geqq 0$ となる条件である。

(2)　方針は(1)と同じ。(1)はすべての実数 t に対して $y\geqq xt-2t^2$ が成り立つことが条件であるが，(2)では $|t|\leqq 1$，つまり $-1\leqq t\leqq 1$ の範囲に限られる。この範囲で，[$f(t)$ の最小値]$\geqq 0$ となる条件を求めよう。$f(t)$ の最小値を求める問題に帰着されるということは，$-1\leqq t\leqq 1$ の範囲と $u=f(t)$ の軸 $t=\dfrac{x}{4}$ との位置関係で場合分けすることになる。

解答　(1)　$y\geqq xt-2t^2$ を $2t^2-xt+y\geqq 0$ と変形し，$f(t)=2t^2-xt+y$ とおくと

$$f(t)=2\left(t-\frac{x}{4}\right)^2+y-\frac{x^2}{8}$$

$u=f(t)$ のグラフは，頂点の座標が $\left(\dfrac{x}{4},\ y-\dfrac{x^2}{8}\right)$，軸の方程式が $t=\dfrac{x}{4}$ の下に凸の放物線である。

すべての実数 t に対して $y\geqq xt-2t^2$，つまり $2t^2-xt+y\geqq 0$ が成り立つための条件は，$u=f(t)$ のグラフが t 軸上または t 軸よりも上側にあることであり

　　[頂点の u 座標]$\geqq 0$

が成り立つことであるから

$$y-\frac{x^2}{8}\geqq 0$$

$$y\geqq\frac{x^2}{8}$$

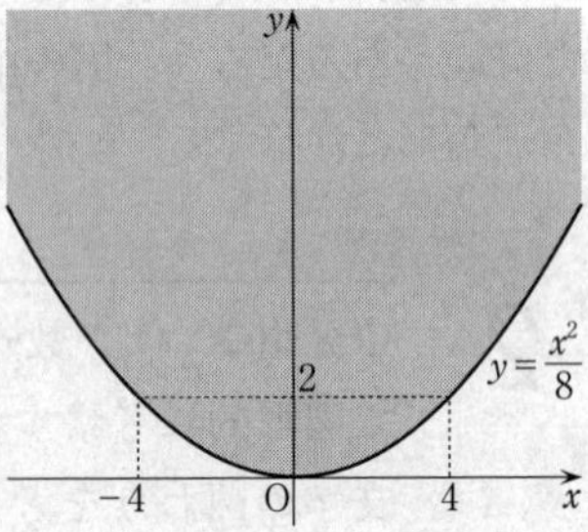

よって，求める点 $(x,\ y)$ 全体の集合は右図の網かけ部分のようになる（境界線を含む）。

(2)　$|t|\leqq 1$，つまり $-1\leqq t\leqq 1$ である t に対して $y\geqq xt-2t^2$，つまり $2t^2-xt+y\geqq 0$ が成り立つための条件は，$-1\leqq t\leqq 1$ の範囲で，$u=f(t)$ の

グラフが t 軸上または t 軸よりも上側にあることであり，軸 $t=\frac{x}{4}$ の位置と定義域 $-1 \leqq t \leqq 1$ との関係において，次の 3 つに場合分けする。

(ア) $\frac{x}{4}<-1$ つまり $x<-4$ のとき

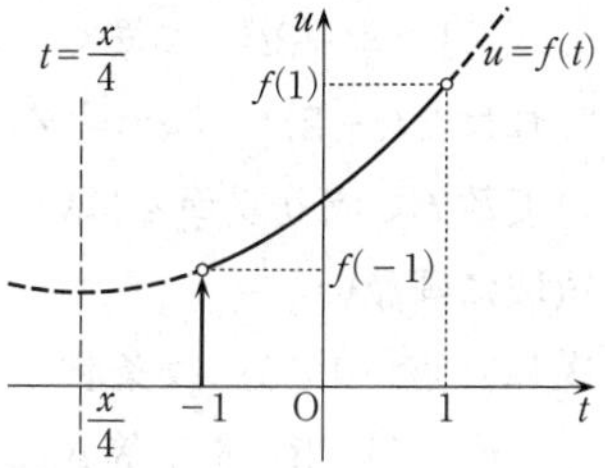

求める条件は，$f(-1) \geqq 0$ が成り立つことであり

$$x+y+2 \geqq 0$$

$$y \geqq -x-2$$

(イ) $-1 \leqq \frac{x}{4} \leqq 1$ つまり $-4 \leqq x \leqq 4$ のとき

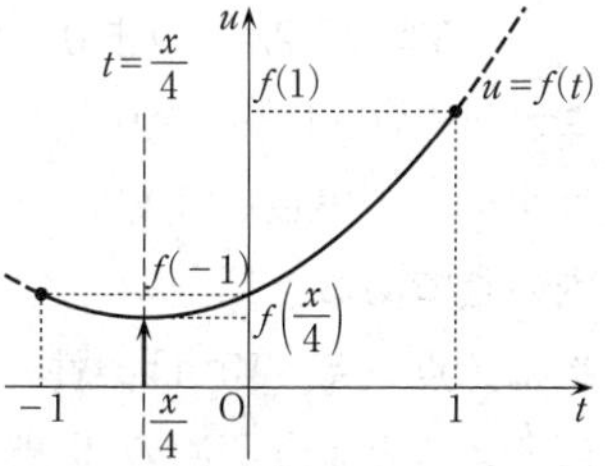

求める条件は，$f\left(\frac{x}{4}\right) \geqq 0$ が成り立つことであり

$$y-\frac{x^2}{8} \geqq 0$$

$$y \geqq \frac{x^2}{8}$$

(ウ) $1<\frac{x}{4}$ つまり $4<x$ のとき

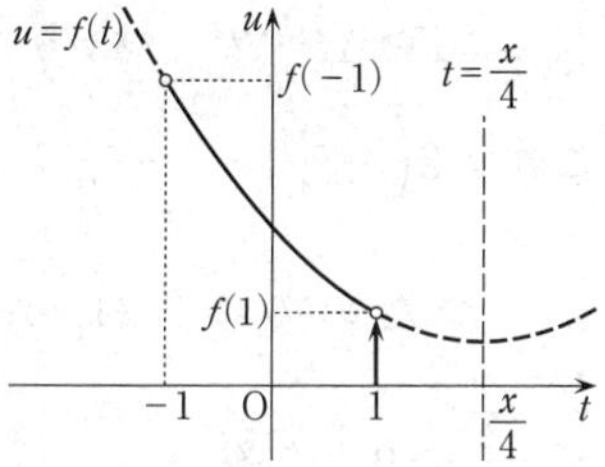

求める条件は，$f(1) \geqq 0$ が成り立つことであり

$$-x+y+2 \geqq 0$$

$$y \geqq x-2$$

(ア)〜(ウ)より，求める点 $(x,\ y)$ 全体の集合は下図の網かけ部分のようになる（境界線を含む）。

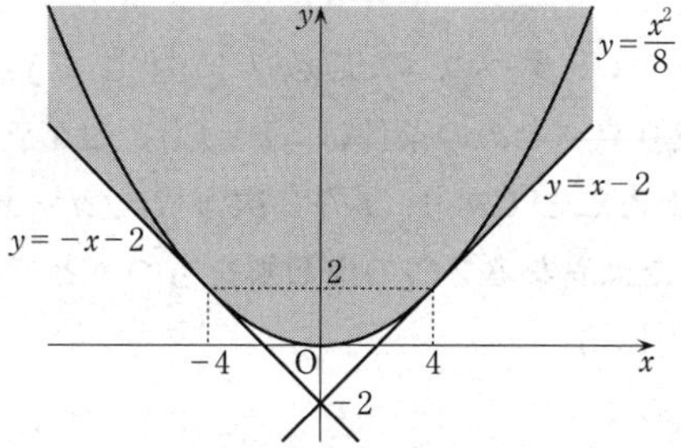

参考　＜その１＞　(1)の考え方について根本から丁寧に述べておく。
たとえば，点 (8, 1) は条件Aを満たす領域内の点かどうかの考察を次のようにしてみよう。$(x,\ y)=(8,\ 1)$ を不等式に代入してみると

$$1\geqq 8t-2t^2 \quad つまり \quad 2t^2-8t+1\geqq 0$$

これは $2(t-2)^2-7\geqq 0$ となり，たとえば，$t=2$ では成り立たず，すべての実数 t で成り立つとはいえない。よって，点 (8, 1) は条件Aを満たす領域にはない。

次に，点 (4, 5) は条件Aを満たす領域内の点かどうかを考える。
$(x,\ y)=(4,\ 5)$ を不等式に代入してみると

$$5\geqq 4t-2t^2 \quad つまり \quad 2t^2-4t+5\geqq 0$$

これは $2(t-1)^2+3\geqq 0$ となり，この左辺は３以上の値をとるので，これはすべての実数 t で成り立つ。よって，点 (4, 5) は条件Aを満たす領域内の点である。

次に，点 $(X,\ Y)$ は条件Aを満たす領域内の点かどうかを上と同じように考えてみよう。次の〔別解〕のようになる。

別解　(1)　すべての実数 t に対して，点 $(X,\ Y)$ が $y\geqq xt-2t^2$ を満たす領域にあるための条件は

$$Y\geqq Xt-2t^2 \quad つまり \quad 2t^2-Xt+Y\geqq 0$$

これは $2\left(t-\dfrac{X}{4}\right)^2+Y-\dfrac{X^2}{8}\geqq 0$ となり，これが，すべての実数 t に対して成り立つための条件は，左辺が $Y-\dfrac{X^2}{8}$ 以上の値をとることから，

$Y-\dfrac{X^2}{8}\geqq 0$ となる。

よって，条件Aを満たす点 $(X,\ Y)$ は領域 $y\geqq\dfrac{x^2}{8}$ に存在する。

参考　＜その２＞　(1)　すべての実数 t に対して $y\geqq xt-2t^2$，つまり $2t^2-xt+y\geqq 0$ が成り立つための条件は，$u=f(t)$ のグラフが t 軸上または t 軸よりも上側にあることであり，t の２次方程式 $2t^2-xt+y=0$ (……①) が重解をもつ，または異なる２つの虚数解をもつことであるから

　　[①の判別式]$\leqq 0$

が成り立つことであり

$$(-x)^2-4\cdot 2\cdot y \leqq 0$$

$$y \geqq \frac{x^2}{8}$$

このように解答してもよいが，(2)では軸の位置を求めなければならず，その際に平方完成をする必要があるので，頂点の座標も求めることになる。それであれば，一貫性をもった解答にするために，(1)で〔解答〕のように解き進めれば(2)につながる。

参考　＜その3＞　(2)　たとえば，点 (4，5) について，条件Bを満たす領域内の点かどうかを〔参考その1〕と同じように考えてみよう。このとき $2\left(t-\frac{x}{4}\right)^2+y-\frac{x^2}{8} \geqq 0$，つまり $2(t-1)^2+3 \geqq 0$ は $-1 \leqq t \leqq 1$ の範囲で

$$[2(t-1)^2+3 \text{ の } -1 \leqq t \leqq 1 \text{ における最小値}]=3$$

であるから成り立つ。よって，点 (4，5) は条件Bを満たす領域内の点である。

次に，点 $(X，Y)$ は条件Bを満たす領域内の点かどうかを〔別解〕と同じように考えてみよう。

$2\left(t-\frac{X}{4}\right)^2+Y-\frac{X^2}{8} \geqq 0$ が，$-1 \leqq t \leqq 1$ の範囲で成り立つかどうかを考察することになる。それは

$$\left[2\left(t-\frac{X}{4}\right)^2+Y-\frac{X^2}{8} \text{ の } -1 \leqq t \leqq 1 \text{ における最小値}\right] \geqq 0$$

が成り立つことである。

◀解　説▶

≪不等式が常に成り立つ条件の図示≫

▶(1)　数式としての「すべての実数 t に対して，$y \geqq xt-2t^2$ が成り立つ」ということをどのようにとらえるかがポイントになる問題である。変数，定数の立場を入れ換えて t の関数 $f(t)$ を定義する。〔参考その1〕のように具体的な点について考察してみれば，どのような処理をするべきかは見えてくる。理由がわからず解法を暗記するような学習法ではなく，このように背景を理解して，納得した上で解答していこう。ここで得られた考え方を前面に出すと，〔解答〕と基本的には同じ解法ではあるが，〔別解〕のようになり，イメージはかなり変わる。自分にとって解答しやすいスタイル

で解答しよう。(1)だけだと，〔参考その２〕のような解法もよいが，(2)も続けて解答することを考えると，〔解答〕のようにすれば要領よく解答できてよいと思う。

▶(2)　(1)との違いは，$-1 \leqq t \leqq 1$ の範囲のすべての実数 t で成り立てばよいということである。(1)と同じく〔参考その３〕の考えをもとにして，(1)の〔別解〕を参考に解答の表現の仕方を変えてみてもよい。

3　◇発想◇　(1)　２つの図形の方程式から y を消去して x の２次方程式をつくる。この方程式の解は，共有点の x 座標である。接するための条件は，重解をもつことである。

(2)　まずは，放物線 C と直線 l を描いて，面積を求めるのはどのような領域なのかを確認してみよう。

解答　(1)　$\begin{cases} y=-x^2-2ax-a^3+10a \\ y=8x+6 \end{cases}$

より y を消去して

$$8x+6=-x^2-2ax-a^3+10a$$

$$x^2+2(a+4)x+a^3-10a+6=0 \quad \cdots\cdots①$$

放物線 C と直線 l が接するための条件は

[①の判別式]$=0$

となることであり

$$(a+4)^2-1\cdot(a^3-10a+6)=0$$

$$a^3-a^2-18a-10=0$$

$$(a-5)(a^2+4a+2)=0$$

$$\therefore \quad a=5, \quad -2\pm\sqrt{2}$$

a は正の実数であるから　　$a=5$　……(答)

別解　(①を求めるところまでは〔解答〕と同じ。)

$y=-x^2-2ax-a^3+10a$ より　　$y'=-2x-2a$

点 $(t, \ -t^2-2at-a^3+10a)$ における接線の傾きが８となるのは

$$-2t-2a=8$$

$$t=-a-4$$

①は $x=t$ のときに

$$t^2+2(a+4)t+a^3-10a+6=0$$

が成り立ち，$t=-a-4$ を代入すると

$$(-a-4)^2+2(a+4)(-a-4)+a^3-10a+6=0$$

$$a^3-a^2-18a-10=0$$

$$(a-5)(a^2+4a+2)=0$$

$$\therefore\quad a=5,\ -2\pm\sqrt{2}$$

a は正の実数であるから　　$a=5$

(2)　a が(1)で求めた値の5であるとき

$$C:y=-x^2-10x-75$$

①は $x^2+18x+81=0$ となるので

$$(x+9)^2=0$$

$$\therefore\quad x=-9$$

これが接点の x 座標である。

求めるものは右図の網かけ部分の面積である。求める面積は

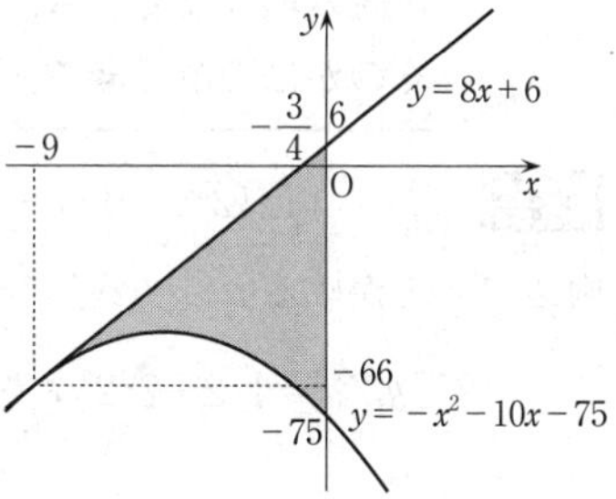

$$\int_{-9}^{0}\{(8x+6)-(-x^2-10x-75)\}dx$$

$$=\int_{-9}^{0}(x^2+18x+81)dx$$

$$=\int_{-9}^{0}(x+9)^2dx$$

$$=\left[\frac{1}{3}(x+9)^3\right]_{-9}^{0}$$

$$=243\quad\cdots\cdots(\text{答})$$

◀解　説▶

≪放物線と接線で囲まれる図形の面積≫

▶(1)　C，l の方程式から y を消去してできた x の2次方程式の実数解は，2つのグラフの共有点の x 座標である。このことから，2点で交わるための条件は異なる2つの実数解をもつこと，接するための条件は重解をもつこと，共有点をもたないための条件は異なる2つの虚数解をもつこと，と対応する。a が正の実数である条件を落とさないようにしよう。

▶(2)　定積分の式を立てて，面積を求めよう。基本的な問題であるが，要領よく計算できるようにしよう。

4

◇発想◇ (1) $\sum_{k=1}^{n} k2^{k-1}$ は一般項が［等差数列］×［等比数列］でできている数列の和であり，本問はそれを求める典型的な問題である。

$$\sum_{k=1}^{n} k2^{k-1} = 1\cdot 1 + 2\cdot 2 + 3\cdot 2^2 + 4\cdot 2^3 + \cdots + n\cdot 2^{n-1}$$

の両辺に等比数列の公比2をかけた等式をつくって，辺々を引いてみると，和を求めることができる形の式が出てくる。

(2) 問題の構成上，(1)の結果を使うと考えられる。どのように利用できる場面がやってくるのかも予想しながら解6答しよう。

直接，漸化式から一般項を求める方法を知っている場合にはそれに従えばよい。わからない場合にはとりあえず，$n=1$，2，…と実験的に調べてみよう。規則性に気がつけばよいし，規則性が読み取れなくても，どのような仕組みで数列の項が定まっていくのかは理解できる。

解答 (1) $\sum_{k=1}^{n} k2^{k-1} = 1\cdot 1 + 2\cdot 2 + 3\cdot 2^2 + 4\cdot 2^3 + \cdots + n\cdot 2^{n-1}$ ……①

両辺に2をかけると

$$2\sum_{k=1}^{n} k2^{k-1} = 1\cdot 2 + 2\cdot 2^2 + 3\cdot 2^3 + 4\cdot 2^4 + \cdots + n\cdot 2^n \quad \cdots\cdots②$$

①－②より

$$-\sum_{k=1}^{n} k2^{k-1}$$

$$= 1 + 2 + 2^2 + 2^3 + \cdots + 2^{n-1} - n\cdot 2^n$$

＝［初項1，公比2の等比数列の初項から第n項までの和］$-n\cdot 2^n$

$$= \frac{1(2^n - 1)}{2-1} - n\cdot 2^n$$

$$= (1-n)2^n - 1$$

したがって

$$\sum_{k=1}^{n} k2^{k-1} = (n-1)2^n + 1 \quad \cdots\cdots(答)$$

(2) $a_1 = 2$

$n=1$ のとき $a_2 = 1 + \frac{1}{2}\sum_{k=1}^{1}(2-k)a_k = 1 + \frac{1}{2}a_1 = 1 + \frac{1}{2}\cdot 2 = 2$

$n=2$ のとき　$a_3=1+\frac{1}{2}\sum_{k=1}^{2}(3-k)a_k=1+\frac{1}{2}(2a_1+a_2)$

$$=1+\frac{1}{2}(2\cdot2+2)=4$$

$n=3$ のとき　$a_4=1+\frac{1}{2}\sum_{k=1}^{3}(4-k)a_k=1+\frac{1}{2}(3a_1+2a_2+a_3)$

$$=1+\frac{1}{2}(3\cdot2+2\cdot2+4)=8$$

これより，$n\geqq2$ において，$a_n=2^{n-1}$ と推測できる。

2 以上のすべての自然数に対して

$$a_n=2^{n-1}\quad\cdots\cdots③$$

が成り立つことを数学的帰納法で証明する。

[Ⅰ] $n=2$ のとき

$a_2=2^{2-1}=2^1=2$ となり成り立つ。

[Ⅱ] $n=2,\ 3,\ \cdots,\ l$ のとき

③が成り立つ，つまり

$$a_2=2,\ a_3=2^2,\ \cdots,\ a_l=2^{l-1}$$

であると仮定する。このとき

$$a_{l+1}=1+\frac{1}{2}\sum_{k=1}^{l}(l+1-k)a_k$$

$$=1+\frac{1}{2}\left\{(l+1)\sum_{k=1}^{l}a_k-\sum_{k=1}^{l}ka_k\right\}$$

ここで

$$(l+1)\sum_{k=1}^{l}a_k=(l+1)(a_1+a_2+a_3+\cdots+a_l)$$

$$=(l+1)(2+2^1+2^2+\cdots+2^{l-1})$$

$$=(l+1)\{(1+1)+2^1+2^2+\cdots+2^{l-1}\}$$

$$=(l+1)(1+2^1+2^2+\cdots+2^{l-1})+(l+1)$$

$$\sum_{k=1}^{l}ka_k=1a_1+2a_2+3a_3+\cdots+la_l$$

$$=1\cdot2+2\cdot2^1+3\cdot2^2+\cdots+l2^{l-1}$$

$$=1(1+2^0)+2\cdot2^1+3\cdot2^2+\cdots+l2^{l-1}$$

$$=1\cdot2^0+2\cdot2^1+3\cdot2^2+\cdots+l2^{l-1}+1$$

$$=\sum_{k=1}^{l}k2^{k-1}+1$$

よって

$$a_{l+1}=1+\frac{1}{2}\left\{(l+1)(1+2+2^2+\cdots+2^{l-1})+(l+1)-\left(\sum_{k=1}^{l}k2^{k-1}+1\right)\right\}$$

(1)の結果を利用すると

$$a_{l+1}=1+\frac{1}{2}\left\{(l+1)\cdot\frac{2^l-1}{2-1}+(l+1)-(l-1)2^l-1-1\right\}$$
$$=2^l$$

よって，$a_{l+1}=2^l$ となるので，③は $n=l+1$ のときにも成り立つ。

［Ⅰ］，［Ⅱ］より，すべての 2 以上の自然数 n に対して，$a_n=2^{n-1}$ が成り立つ。したがって

$$a_n=\begin{cases}2 & (n=1\text{ のとき})\\ 2^{n-1} & (n\geqq 2\text{ のとき})\end{cases}\quad\cdots\cdots(\text{答})$$

◀解　説▶

≪数列の和と一般項，数学的帰納法≫

▶(1)　数列の一般項が［等差数列］×［等比数列］の形で表される数列の和を求める典型的な問題である。等比数列の公比をかけて，辺々を引く。これは試験場で一生懸命に考えたら見つけることができるという類いの解法ではない。仕組みを理解し，覚えておこう。

▶(2)　一般項を求める手法がわかっている漸化式であれば，それに従って解き進めていけばよいが，わからなければ，$n=1,\ 2,\ 3,\ \cdots$ の場合について具体的に計算してみよう。思わぬ発見があることもある。予想が立てば，数学的帰納法で証明することを考えればよい。

(1)の計算結果をどのように利用することになるかを予想しながら，解答しよう。ある程度道筋が見えてきたら，それが利用できるような形に変形していく。a_1 だけが規則性にのっとらないので，規則性のある $n=2,\ 3,\ \cdots$ の $a_2,\ a_3,\ \cdots$ とは分離して計算することを意識すること。

❖講　評

2021 年度も例年同様に大問 4 題が出題された。試験時間は 120 分であり，じっくりと考えて答案を作成するのには十分な時間が設けられている。質，量のバランスがとれ，受験生の学力を的確に見極めることのできる問題である。

1　(1)三角形に内接する円の中心の座標を求める問題である。(2)円が直線から切り取る線分の長さの最大値を求める問題である。どちらも基本的な問題であり，きちんと解き切りたい問題である。

2　不等式が常に成り立つ条件を xy 平面上の点として図示する問題である。問題集で解答したことがあるであろう，やや易しめのレベルの問題である。

3　放物線と直線が接する条件を求めて，放物線と直線と y 軸とで囲まれた図形の面積を求める基本レベルの問題である。

4　一般項を直接求めずに，実験してみると，規則性を見つけることができる。数列の和を含む漸化式から一般項を求める標準レベルの問題である。

例年とおおむね同傾向，同レベルの出題であったが，あえていうと，やや易化しているのではないだろうか。

物理

1

解答　問１．(1)　k_1s_1

(2)　s_1 の大きさ：$\dfrac{k_2}{k_1+k_2}D$　s_2 の大きさ：$\dfrac{k_1}{k_1+k_2}D$

問２．(1)　$D+d$　(2)　$\sqrt{\dfrac{k_1}{m_1}d(2D+d)}$　(3)　$m_1V_0=m_1V_1+m_2V_2$

(4)　$e=-\dfrac{V_1-V_2}{V_0}$　$\left(\text{または, } e=\dfrac{V_2-V_1}{V_0}\right)$

(5)　$V_1=\dfrac{m_1-em_2}{m_1+m_2}V_0$　$V_2=\dfrac{(1+e)m_1}{m_1+m_2}V_0$　(6)　$V_2\sqrt{\dfrac{m_2}{k_2}}$　(7)　$\dfrac{\pi}{2}\sqrt{\dfrac{m_2}{k_2}}$

(8)

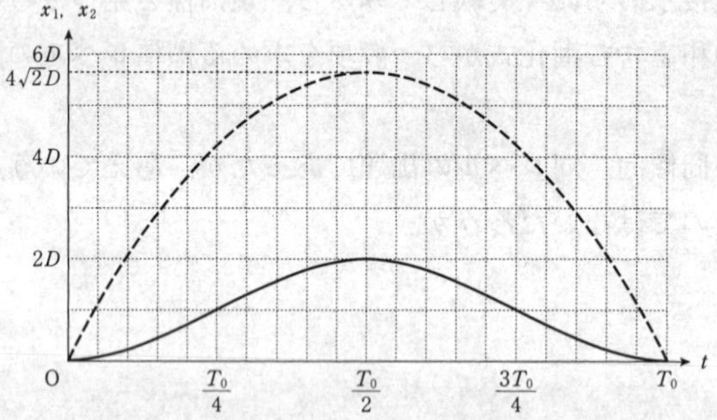

◀解　説▶

≪ばねにつけられた２球の衝突と単振動≫

▶問１．(1)　小球１が小球２を押す力の大きさを f とする。作用・反作用の関係より，小球２が小球１を押す力の大きさも f であり，ばね１が小球１を押す力の大きさは k_1s_1，ばね２が小球２を押す力の大きさは k_2s_2 であるから，力のつりあいの式は，右向きを正として

小球１：$k_1s_1-f=0$　　∴　$f=k_1s_1$

小球２：$f-k_2s_2=0$

(2)　(1)の２式より f を消去すると

$k_1s_1=k_2s_2$

ばねの縮みの和が，壁を移動させた距離 D であるから

$$s_1+s_2=D$$

連立して解くと

$$s_1=\frac{k_2}{k_1+k_2}D,\quad s_2=\frac{k_1}{k_1+k_2}D$$

▶問2．(1)　ばね2は，水平方向に力がはたらかないので自然の長さになっている。よって，ばね1の縮みを X_0 とすると

$$X_0=D+d$$

(2)　小球1が小球2と衝突する直前のばね1の縮みは D である。小球1について，力学的エネルギー保存則より

$$\frac{1}{2}k_1(D+d)^2=\frac{1}{2}k_1D^2+\frac{1}{2}m_1V_0{}^2$$

$$\therefore\quad V_0=\sqrt{\frac{k_1}{m_1}d(2D+d)}\quad\cdots\cdots①$$

(3)　小球1と小球2が衝突する瞬間，小球1はばね1が D だけ縮んだ位置にあるから，ばね1は小球1を大きさ k_1D の力で押している。小球2はばね2が自然の長さの位置にあるから，ばね2が小球2を押す力は0である。

小球1と小球2の間で互いに押す力の大きさの平均値を F，衝突していた時間を Δt（実際にはきわめて短い）とする。時間 Δt の間に小球1と小球2は動かないとすると，ばね1が小球1を押す力の大きさ k_1D は一定である。

運動量と力積の関係より

小球1について：$m_1V_1-m_1V_0=k_1D\cdot\Delta t-F\cdot\Delta t$

小球2について：$m_2V_2-0=F\cdot\Delta t$

和をとると

$$(m_1V_1+m_2V_2)-m_1V_0=k_1D\cdot\Delta t$$

ここで，衝突時間がきわめて短いので $\Delta t\fallingdotseq 0$ と考えることができ，$k_1D\cdot\Delta t\fallingdotseq 0$ となる。よって

$$(m_1V_1+m_2V_2)-m_1V_0=0$$

$$\therefore\quad m_1V_0=m_1V_1+m_2V_2\quad\cdots\cdots②$$

これより，運動量保存則が成り立っている。

(4)　反発係数 e の定義は

$$e=\frac{\text{衝突直後に，小球 2 が小球 1 から遠ざかる速さ}}{\text{衝突直前に，小球 1 が小球 2 に近づく速さ}}$$

$$=\frac{V_2-V_1}{V_0-0}$$

この関係を，次のように表すことも多い。

$$e=-\frac{\text{衝突直後の（小球 1 の速さ − 小球 2 の速さ）}}{\text{衝突直前の（小球 1 の速さ − 小球 2 の速さ）}}$$

$$=-\frac{V_1-V_2}{V_0-0}\quad\cdots\cdots③$$

(5)　②・③を連立して解くと

$$V_1=\frac{m_1-em_2}{m_1+m_2}V_0\quad\cdots\cdots④$$

$$V_2=\frac{(1+e)m_1}{m_1+m_2}V_0\quad\cdots\cdots⑤$$

(6)　小球 2 の最大変位を X_2 とする。衝突後の小球 2 の水平方向の運動は，ばね 2 からの弾性力だけを受けた運動であるから単振動である。

小球 2 は，衝突点すなわち静止していた自然の長さの位置 $x_2=0$ から初速度 V_2 で右向きに動き始め，変位が最大となる位置 $x_2=X_2$ で一旦静止し，左向きに折り返す。このとき，はじめに静止していた位置は，力のつりあいの位置で振動の中心であり，最大変位で一旦静止した位置は振動の右端である。

小球 2 について，力学的エネルギー保存則より

$$\frac{1}{2}m_2V_2{}^2=\frac{1}{2}k_2X_2{}^2$$

$$\therefore\quad X_2=V_2\sqrt{\frac{m_2}{k_2}}\quad\cdots\cdots⑥$$

(7)　小球 2 の単振動の周期を T_2 とすると

$$T_2=2\pi\sqrt{\frac{m_2}{k_2}}\quad\cdots\cdots⑦$$

衝突位置（振動の中心）から，最大変位の位置（振動の右端）に達するまでの時間は，単振動の周期 T_2 の $\frac{1}{4}$ であるから，その時間 t_2 は

$$t_2=\frac{1}{4}T_2=\frac{\pi}{2}\sqrt{\frac{m_2}{k_2}}$$

(8)　問題文の条件のうち

$$m_1=m_2,\ e=1$$

は，質量が等しい 2 物体が弾性衝突をすることを表し，この衝突では速度が交換される。したがって

$$V_1=0$$

$$V_2=V_0$$

となる。実際に，④・⑤に条件を代入して計算すると

$$V_1=\frac{m_1-em_2}{m_1+m_2}V_0=\frac{m_0-1\times m_0}{m_0+m_0}V_0=0$$

$$V_2=\frac{(1+e)\,m_1}{m_1+m_2}V_0=\frac{(1+1)\,m_0}{m_0+m_0}V_0=V_0$$

(i)　小球 1 について

衝突後の小球 1 は，(6)・(7)の小球 2 の場合と同様に，ばね 1 からの弾性力を受けて単振動をする。その周期を T_1 とすると

$$T_1=2\pi\sqrt{\frac{m_1}{k_1}}=2\pi\sqrt{\frac{m_0}{4k_0}}=\pi\sqrt{\frac{m_0}{k_0}}=T_0$$

すなわち，小球 1 の単振動の周期は，小球 2 の単振動の周期の $\frac{1}{2}$ になる。

小球 1 の振動の中心は，力のつりあいの位置で自然の長さの位置であるから，$x_1=D$ である。

$t=0$ で $x_1=0$ の衝突点は，自然の長さから D だけ縮んだ位置であり，ここから初速度 0 で動き始めるから，$x_1=0$ は振動の左端である。よって，振幅は D となり，振動の右端は $x_1=2D$ である。

周期が T_0 であるから，位置 x_1 と時刻 t の関係は，次のようになる。

$$x_1=-D\cos\frac{2\pi}{T_0}t+D$$

(ii)　小球 2 について

$t=0$ で $x_2=0$ の衝突点は，(6)・(7)より，振動の中心である。小球 2 の最大変位（振動の右端）X_2 は，①・⑥より

$$X_2=V_2\sqrt{\frac{m_2}{k_2}}=V_0\sqrt{\frac{m_2}{k_2}}=\sqrt{\frac{k_1}{m_1}d\,(2D+d)}\times\sqrt{\frac{m_2}{k_2}}$$

$$=\sqrt{\frac{4k_0}{m_0}2D(2D+2D)}\times\sqrt{\frac{m_0}{k_0}}=4\sqrt{2}D$$

よって，振幅は $4\sqrt{2}D$ となる。周期 T_2 は，⑦より

$$T_2=2\pi\sqrt{\frac{m_2}{k_2}}=2\pi\sqrt{\frac{m_0}{k_0}}=2T_0$$

であるから，$t=\frac{T_0}{2}$ で振動の右端の $x_2=4\sqrt{2}D$ で折り返し，$t=T_0$ で $x=0$ に戻ってくる。

よって，位置 x_2 と時刻 t の関係は，次のようになる。

$$x_2=4\sqrt{2}D\sin\frac{\pi}{T_0}t$$

$t=T_0$ で，小球1と小球2はともに最初の衝突点 $x=0$ に戻ってきて再び衝突し，その後も周期的な運動を繰り返す。

仮に，2回目の衝突がなく，小球1と小球2が単振動を続けたとすると，次図のような運動をすることになる。ここで，$0\leqq t\leqq T_0$ の実線で描かれた部分が，本問の答である。

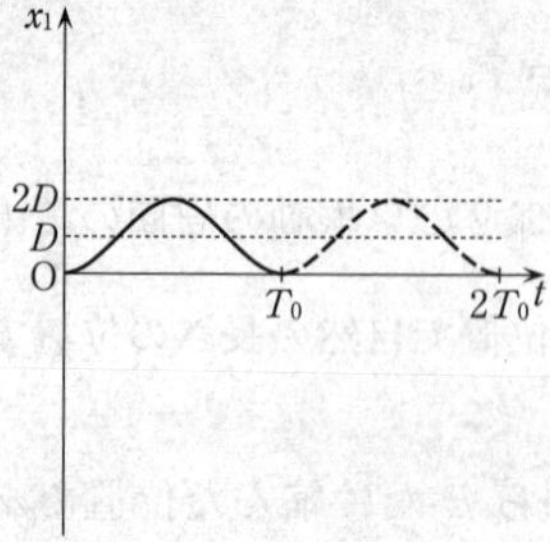

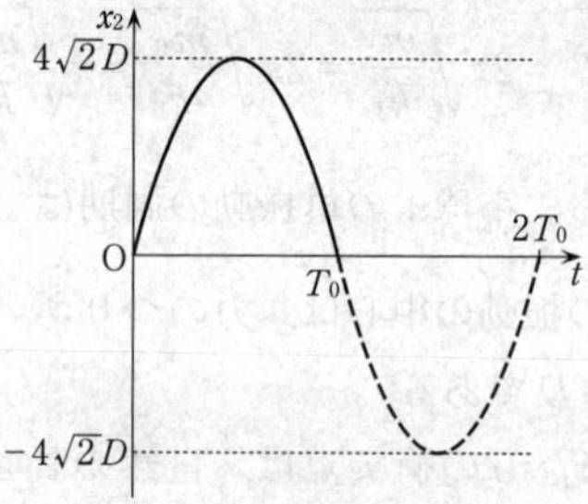

2 解答

問1．(1)　抵抗の両端にかかる電圧：V

(2)　$Q=\frac{\varepsilon_0 SV}{d}$　$U=\frac{\varepsilon_0 SV^2}{2d}$　(3)　$W=QV$

(4)　抵抗を流れる電流によるジュール熱として消費された。(25字以内)

(5)

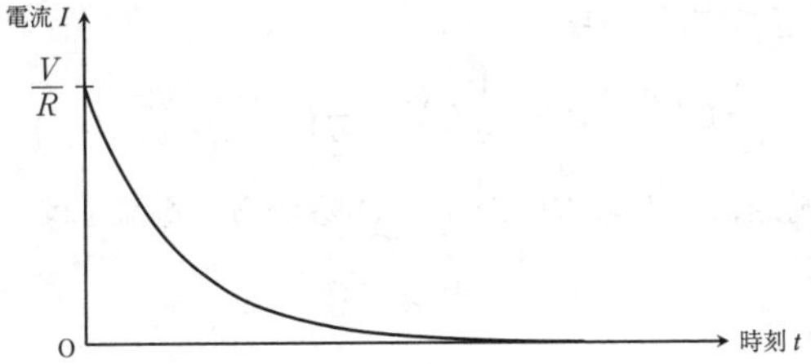

問 2．(1)　$v=\sqrt{\frac{qV}{M}}$　(2)　表から裏

(3)　ローレンツ力は常に速度と垂直で，仕事をしないので，等速円運動の向心力となる。(30 字程度)

(4)　$Y=\frac{2Mv}{qB}$　(5)—(b)・(f)

◀解　説▶

≪コンデンサーの充電，磁場内での荷電粒子の運動≫

▶問 1．(1)　スイッチを閉じた直後では，コンデンサーに電荷は蓄えられていないので，コンデンサーの極板間にかかる電圧は 0 である。よって，抵抗の両端にかかる電圧は V となる。

(2)　コンデンサーの電気容量を C とすると

$$C=\frac{\varepsilon_0 S}{d}$$

十分に時間が経過してコンデンサーが充電されれば，回路に電流が流れなくなるので，抵抗の両端にかかる電圧は 0 となり，コンデンサーの極板間にかかる電圧は V である。よって

$$Q=CV=\frac{\varepsilon_0 SV}{d}$$

$$U=\frac{1}{2}CV^2=\frac{\varepsilon_0 SV^2}{2d}$$

(3)　極板①に蓄えられた電気量 Q は，電池の起電力によって極板②から運ばれたものであり，その結果，極板②には $-Q$ の電気量が現れている。この間，電池は常に起電力 V で電荷を運ぶ仕事をしたから

$$W=QV$$

(4)　抵抗で消費されたジュール熱を W_R とすると，回路におけるエネルギーと仕事の関係より，「供給した仕事 W＝蓄えられたエネルギー U＋消

費されたエネルギー W_R」であるから

$$W_R = W - U = QV - \frac{1}{2}CV^2 = CV^2 - \frac{1}{2}CV^2 = \frac{1}{2}CV^2$$

(5)　$t=0$ では，抵抗の両端にかかる電圧が V であるから，電流 I は

$$I = \frac{V}{R}$$

参考　任意の時刻における電流値を具体的に計算する。

時刻 t において，コンデンサーに蓄えられている電気量が q，抵抗に流れる電流が i のとき，この回路のキルヒホッフの第二法則より

$$V = Ri + \frac{q}{C}$$

q と i との関係は，q が増加 $\left(\frac{dq}{dt} > 0\right)$ するとき i が正であるから

$$i = \frac{dq}{dt}$$

これらの式より

$$\frac{dq}{dt} = -\frac{1}{RC}q + \frac{V}{R}$$

書き換えて，変数分離すると

$$\frac{dq}{dt} = \frac{1}{RC}(CV - q) \qquad \therefore \quad \int \frac{dq}{CV - q} = \int \frac{dt}{RC}$$

この一般解は

$$-\log(CV - q) = \frac{t}{RC} + \mathrm{Const.} \quad (\mathrm{Const.}\ は積分定数)$$

初期条件は $t=0$ で $q=0$ であるから，これを代入すると

$$\mathrm{Const.} = -\log(CV)$$

ゆえに

$$-\log(CV - q) = \frac{t}{RC} - \log(CV) \qquad \therefore \quad CV - q = CV \cdot e^{-\frac{t}{RC}}$$

よって

$$q = CV\left(1 - e^{-\frac{t}{RC}}\right)$$

したがって，電流 i は

$$i = \frac{dq}{dt} = \frac{V}{R}e^{-\frac{t}{RC}}$$

▶問２．(1)　コンデンサーの極板間には一様電場が生じているから，点Aと極板②の間の電位差は $\frac{1}{2}V$ である。荷電粒子の運動エネルギーの変化は電場からされた仕事に等しいから

$$\frac{1}{2}Mv^2-0=q\cdot\frac{1}{2}V$$

$$\therefore\quad v=\sqrt{\frac{qV}{M}}\quad\cdots\cdots①$$

(2)　電流の向き・磁場の向き・ローレンツ力の向きの関係は，フレミングの左手の法則による。

(3)　荷電粒子が磁場から受けるローレンツ力の向きは，荷電粒子の速度の向きと常に垂直方向であるから，ローレンツ力は円運動の向心力となる。また，ローレンツ力は仕事をしないから運動エネルギーは変化しない，すなわち，荷電粒子の速さは変化しない。よって，荷電粒子の運動は，等速円運動となる。

(4)　荷電粒子の一様磁場内での等速円運動の半径を r とすると，円運動の運動方程式より

$$M\frac{v^2}{r}=qvB\qquad\therefore\quad r=\frac{Mv}{qB}$$

よって，荷電粒子Pが検出される位置 Y は

$$y=Y=2r=\frac{2Mv}{qB}\quad\cdots\cdots②$$

(5)　①・②より

$$y=Y=\frac{2Mv}{qB}=\frac{2M}{qB}\times\sqrt{\frac{qV}{M}}=\frac{2}{B}\sqrt{\frac{MV}{q}}$$

荷電粒子の質量と電荷を変えて，$y=2Y$ であるためには，質量 M の係数と電荷 q の係数の比が 4：1 であればよい。すなわち

質量 $4M$，電荷 q の組み合わせか，質量 $8M$，電荷 $2q$ の組み合わせであり

$$y=\frac{2}{B}\sqrt{\frac{4MV}{q}}=\frac{2}{B}\sqrt{\frac{8MV}{2q}}=2\times\frac{2}{B}\sqrt{\frac{MV}{q}}=2Y$$

3 解答

(1)　$\dfrac{T_{\mathrm{B}}}{T_{\mathrm{A}}}=G^{\frac{2}{5}}$　$\dfrac{T_{\mathrm{C}}}{T_{\mathrm{A}}}=G$　$\dfrac{T_{\mathrm{D}}}{T_{\mathrm{A}}}=G^{\frac{3}{5}}$

(2)　$\dfrac{Q_{\mathrm{BC}}}{RT_{\mathrm{A}}}=\dfrac{5}{2}\left(G-G^{\frac{2}{5}}\right)$　(3)　$\dfrac{W_{\mathrm{CD}}}{RT_{\mathrm{A}}}=\dfrac{3}{2}\left(G-G^{\frac{3}{5}}\right)$　(4)　$\dfrac{Q_{\mathrm{DA}}}{RT_{\mathrm{A}}}=\dfrac{5}{2}\left(G^{\frac{3}{5}}-1\right)$

(5)

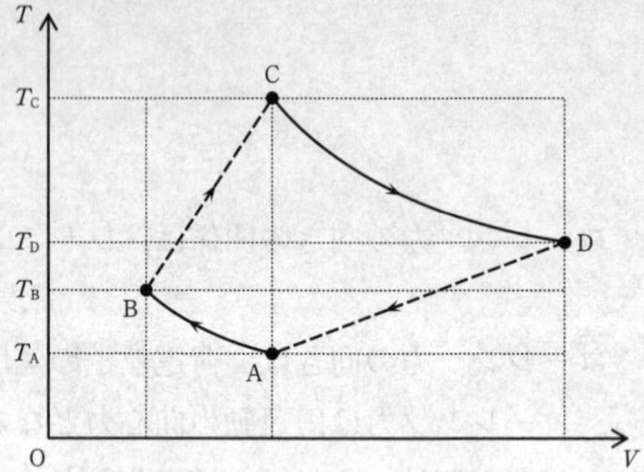

(6)　ア．$\dfrac{Q_{\mathrm{DA}}}{Q_{\mathrm{BC}}}$　イ，$T_{\mathrm{D}}-T_{\mathrm{A}}$　ウ．$T_{\mathrm{C}}-T_{\mathrm{B}}$　a．$-\dfrac{2}{5}$　エ．$T_{\mathrm{B}}-T_{\mathrm{A}}$

b．$-\dfrac{3}{5}$

◀解　説▶

≪断熱変化と定圧変化の熱サイクル≫

(1)　過程A→Bは断熱変化であるから，問題文の式を用いて

$$T_{\mathrm{A}}p_{\mathrm{A}}^{-\frac{2}{5}}=T_{\mathrm{B}}p_{\mathrm{B}}^{-\frac{2}{5}}$$

$$\therefore\quad \frac{T_{\mathrm{B}}}{T_{\mathrm{A}}}=\left(\frac{p_{\mathrm{A}}}{p_{\mathrm{B}}}\right)^{-\frac{2}{5}}=\left(\frac{p_{\mathrm{B}}}{p_{\mathrm{A}}}\right)^{\frac{2}{5}}=G^{\frac{2}{5}}$$

状態Aと状態Cは体積が等しいから，ボイル・シャルルの法則より

$$\frac{p_{\mathrm{A}}}{T_{\mathrm{A}}}=\frac{p_{\mathrm{B}}}{T_{\mathrm{C}}}$$

$$\therefore\quad \frac{T_{\mathrm{C}}}{T_{\mathrm{A}}}=\frac{p_{\mathrm{B}}}{p_{\mathrm{A}}}=G$$

過程C→Dは断熱変化であるから，問題文の式を用いて

$$T_{\mathrm{C}}p_{\mathrm{B}}^{-\frac{2}{5}}=T_{\mathrm{D}}p_{\mathrm{A}}^{-\frac{2}{5}}$$

$$\therefore\quad \frac{T_{\mathrm{D}}}{T_{\mathrm{C}}}=\left(\frac{p_{\mathrm{B}}}{p_{\mathrm{A}}}\right)^{-\frac{2}{5}}=G^{-\frac{2}{5}}$$

よって

$$\frac{T_D}{T_A}=\frac{T_C}{T_A}\times\frac{T_D}{T_C}=G\times G^{-\frac{2}{5}}=G^{\frac{3}{5}}$$

(2)　過程 B→C は定圧変化であるから，物質量が 1 mol であることと，単原子分子理想気体の定圧モル比熱 $\frac{5}{2}R$ を用いて

$$Q_{BC}=1\cdot\frac{5}{2}R(T_C-T_B)$$

よって

$$\frac{Q_{BC}}{RT_A}=\frac{\frac{5}{2}R(T_C-T_B)}{RT_A}=\frac{5}{2}\left(\frac{T_C}{T_A}-\frac{T_B}{T_A}\right)$$

$$=\frac{5}{2}(G-G^{\frac{2}{5}})$$

別解　過程 B→C において，気体の内部エネルギーの増加を ΔU_{BC} とすると，単原子分子理想気体の定積モル比熱 $\frac{3}{2}R$ を用いて

$$\Delta U_{BC}=1\cdot\frac{3}{2}R(T_C-T_B)$$

気体が外部へした仕事を W_{BC} とし，状態 B，C の体積をそれぞれ V_B，V_C とすると，理想気体の状態方程式 $p_BV_B=RT_B$，$p_BV_C=RT_C$ を用いて

$$W_{BC}=p_B(V_C-V_B)=R(T_C-T_B)$$

よって，熱力学第一法則より

$$Q_{BC}=\Delta U_{BC}+W_{BC}$$

$$=\frac{3}{2}R(T_C-T_B)+R(T_C-T_B)=\frac{5}{2}R(T_C-T_B)$$

(3)　過程 C→D において，気体の内部エネルギーの増加を ΔU_{CD} とすると，単原子分子理想気体の定積モル比熱 $\frac{3}{2}R$ を用いて

$$\Delta U_{CD}=1\cdot\frac{3}{2}R(T_D-T_C)$$

過程 C→D は断熱変化であるから，熱力学第一法則より

$$0=\Delta U_{CD}+W_{CD}$$

$$\therefore\quad W_{CD}=-\Delta U_{CD}$$

$$=-\frac{3}{2}R\left(T_{\mathrm{D}}-T_{\mathrm{C}}\right)=\frac{3}{2}R\left(T_{\mathrm{C}}-T_{\mathrm{D}}\right)$$

よって

$$\frac{W_{\mathrm{CD}}}{RT_{\mathrm{A}}}=\frac{\frac{3}{2}R\left(T_{\mathrm{C}}-T_{\mathrm{D}}\right)}{RT_{\mathrm{A}}}=\frac{3}{2}\left(\frac{T_{\mathrm{C}}}{T_{\mathrm{A}}}-\frac{T_{\mathrm{D}}}{T_{\mathrm{A}}}\right)=\frac{3}{2}\left(G-G^{\frac{3}{5}}\right)$$

(4)　過程D→Aは定圧変化であるから(2)と同様であるが，Q_{DA} が気体が外部に放出した熱量であることに注意すると

$$Q_{\mathrm{DA}}=-1\cdot\frac{5}{2}R\left(T_{\mathrm{A}}-T_{\mathrm{D}}\right)=\frac{5}{2}R\left(T_{\mathrm{D}}-T_{\mathrm{A}}\right)$$

よって

$$\frac{Q_{\mathrm{DA}}}{RT_{\mathrm{A}}}=\frac{\frac{5}{2}R\left(T_{\mathrm{D}}-T_{\mathrm{A}}\right)}{RT_{\mathrm{A}}}=\frac{5}{2}\left(\frac{T_{\mathrm{D}}}{T_{\mathrm{A}}}-1\right)=\frac{5}{2}\left(G^{\frac{3}{5}}-1\right)$$

(5)　過程A→B，過程C→Dの断熱変化は，問題文の式より，一定値を k とおくと

$$Tp^{-\frac{2}{5}}=k$$

理想気体の状態方程式より

$$pV=RT$$

p を消去すると

$$T\left(\frac{RT}{V}\right)^{-\frac{2}{5}}=T^{\frac{3}{5}}V^{\frac{2}{5}}R^{-\frac{2}{5}}=k$$

$$\therefore\quad T^{\frac{3}{5}}V^{\frac{2}{5}}=kR^{\frac{2}{5}}$$

R も一定値であるから，改めて定数を K とおくと

$$TV^{\frac{2}{3}}=\left(kR^{\frac{2}{5}}\right)^{\frac{5}{3}}=K$$

よって，断熱変化の T-V グラフは下に凸の曲線である。

過程B→C，過程D→Aの定圧変化は，理想気体の状態方程式より

$$pV=RT$$

$$\therefore\quad T=\frac{p}{R}V$$

p，R は一定値であるから，この定数を K' とおくと

$$T=K'V$$

よって，定圧変化の T-V グラフは原点を通る直線である。

(6)　1サイクルの間に気体が外部にした仕事を W_{all} とする。

1サイクルで，気体がもとの状態に戻れば，温度ももとの温度に戻るので，1サイクルでの気体の内部エネルギーの変化は0である。また，1サイクル全体を通して気体が外部から吸収した熱量は $Q_{BC}-Q_{DA}$ であるから，熱力学第一法則より

$$Q_{BC}-Q_{DA}=0+W_{all}$$

熱効率 e_1 は

$$e_1=\frac{\text{気体が外部にした仕事}}{\text{気体が外部から吸収した熱量}}$$

$$=\frac{W_{all}}{Q_{BC}}=\frac{Q_{BC}-Q_{DA}}{Q_{BC}}=1-\frac{Q_{DA}}{Q_{BC}}$$

$$=1-\frac{\frac{5}{2}R(T_D-T_A)}{\frac{5}{2}R(T_C-T_B)}=1-\frac{T_D-T_A}{T_C-T_B}=1-\frac{\frac{T_D}{T_A}-1}{\frac{T_C}{T_A}-\frac{T_B}{T_A}}$$

$$=1-\frac{G^{\frac{3}{5}}-1}{G-G^{\frac{2}{5}}}=1-\frac{G^{\frac{3}{5}}-1}{G^{\frac{2}{5}}(G^{\frac{3}{5}}-1)}=1-G^{-\frac{2}{5}}$$

熱効率 e_2 は，気体が外部から吸収した熱量が $Q_{BC}-Q_R$ となるが，気体が外部へした仕事 W_{all} は p-V グラフの面積で表されるから $Q_{BC}-Q_{DA}$ から変化しない。ここで，Q_R は，過程B→B′の定圧変化を用いると，(2)と同様に

$$Q_R=1\cdot\frac{5}{2}R\left\{\frac{1}{2}(T_D+T_B)-T_B\right\}=\frac{5}{4}R(T_D-T_B)$$

または，過程D→D′の定圧変化を用いると，(4)と同様に

$$Q_R=-1\cdot\frac{5}{2}R\left\{\frac{1}{2}(T_D+T_B)-T_D\right\}=\frac{5}{4}R(T_D-T_B)$$

となり，同じ計算結果が得られる。よって

$$e_2=\frac{Q_{BC}-Q_{DA}}{Q_{BC}-Q_R}=\frac{(Q_{BC}-Q_R)-(Q_{DA}-Q_R)}{Q_{BC}-Q_R}=1-\frac{Q_{DA}-Q_R}{Q_{BC}-Q_R}$$

$$=1-\frac{\frac{5}{2}R(T_D-T_A)-\frac{5}{4}R(T_D-T_B)}{\frac{5}{2}R(T_C-T_B)-\frac{5}{4}R(T_D-T_B)}$$

$$=1-\frac{T_D+T_B-2T_A}{2T_C-T_B-T_D}$$

$$=1-\frac{(T_D-T_A)+(T_B-T_A)}{(T_C-T_B)+(T_C-T_D)}$$

ここで

$$\frac{T_B-T_A}{T_C-T_D}=\frac{\dfrac{T_B}{T_A}-1}{\dfrac{T_C}{T_A}-\dfrac{T_D}{T_A}}=\frac{G^{\frac{2}{5}}-1}{G-G^{\frac{3}{5}}}=\frac{G^{\frac{2}{5}}-1}{G^{\frac{3}{5}}(G^{\frac{2}{5}}-1)}=G^{-\frac{3}{5}}$$

熱効率の差は

$$e_2-e_1=\frac{T_C-T_D}{T_C-T_B+T_C-T_D}\left(G^{-\frac{2}{5}}-\frac{T_B-T_A}{T_C-T_D}\right)$$

$$=\frac{T_C-T_D}{T_C-T_B+T_C-T_D}(G^{-\frac{2}{5}}-G^{-\frac{3}{5}})$$

ここで，$G^{-\frac{3}{5}}<G^{-\frac{2}{5}}$，すなわち $G^{-\frac{2}{5}}-G^{-\frac{3}{5}}>0$ であるから

$$e_2-e_1>0$$

よって，熱効率が改善されたことがわかる。

❖講　評

2021 年度は，2020 年度に比べると，1・2が計算量も多くなくやや易しめの問題であったが，3はかなりの計算力を必要とする。描図問題が3問，論述問題が2問出題され，全体としては例年通りの難易度である。出題分野は，毎年出題されている力学，電磁気のほかに，2019 年度に続いて熱力学であり，2019・2020 年度と連続して共通テストでも見られるような会話文や実験レポート形式の問題が出題されていたが，2021 年度には出題されず，オーソドックスな出題スタイルに戻った。

1　ばねにつけられた2つの小球の衝突と，単振動の問題である。前半は，2球の衝突時に一方のばねは自然の長さで，他方のばねは縮んでいることがポイントであるが，力学的エネルギー保存則，運動量保存則，反発係数の式を連立して解く典型的な問題である。(8)のグラフの作成には時間がかかるので，(7)までを完全に仕上げたい。計算結果を連続して使うので，雪崩式失点に注意が必要である。

2　前半はコンデンサーの充電の問題，後半は磁場内での荷電粒子の

運動の問題でともに基本的であるが，字数制限のある論述問題2問をうまく説明できたかどうか。

3　断熱変化と定圧変化で構成された熱サイクルの問題であり，九州大学では定番中の定番である。(1)の計算結果を最後まで使い続けるので，雪崩式失点が怖い。こういったタイプの問題では，最後まで粘り強く計算し続けることと，途中の解答に違和感を感じるようなことがあれば(1)に戻って解答を点検すべきである。(5)の T-V グラフ，(6)の前半の熱効率までは仕上げたい。(6)の後半は，外部に放出した熱を再利用して熱効率を改善する方法で考えさせられる問題である。

化学

1 解答

問1．ア．発熱　イ．減少する　ウ．高く　エ．低く

問2．(i)－A　(ii)－C　(iii)－E

問3．8.0×10％

問4．(C)

問5．1.7×10^4Pa

問6．オ－D　カ－B　キ－F

◀解　説▶

≪アンモニア生成の反応速度と化学平衡，圧平衡定数と平衡移動≫

▶問1．N_2(気)＋$3H_2$(気)＝$2NH_3$(気)＋92kJ　……①

アンモニアが生成する反応は①の右向きの反応であり，発熱反応である。また気体の総物質量が4molから2molへ減少する反応である。よってアンモニアの生成量を多くするにはルシャトリエの原理より，気体の総物質量が減少する方向に移動するように容器内の圧力を高くし，発熱の方向に移動するように温度を低くするとよい。

▶問2．問題の図1において，0点から始まる右上がりのグラフの傾きは反応速度に関わる変化であり，反応速度が大きくなると傾きが急になる。平衡時にはグラフは横軸に平行となり，平衡が右へ移動するとアンモニアの生成量が増加する。

(i)　温度を高くすると，反応速度は大きくなり平衡は左へ移動する

　→曲線Aが該当

(ii)　温度を低くすると，反応速度は小さくなり平衡は右へ移動する

　→曲線Cが該当

(iii)　触媒は反応速度を大きくするが，平衡は移動させない

　→曲線Eが該当

▶問3．分圧＝全圧×モル分率より，反応前の混合気体中の窒素と水素の分圧（p_{N_2}，p_{H_2}）は次のようになる。

$$p_{N_2}=3.0\times10^7\times\frac{25}{25+75}=0.75\times10^7\,\text{〔Pa〕}$$

$$p_{H_2}=3.0\times10^7\times\frac{75}{25+75}=2.25\times10^7〔Pa〕$$

反応した窒素の分圧を $x\times10^7$〔Pa〕とすると，平衡の前後の各物質の圧力の関係は次のように示される。

	N_2	$+\ 3H_2$	$\rightleftarrows 2NH_3$	合計	
反応前	0.75	2.25	0	3.0	〔$\times10^7$Pa〕
変化量	$-x$	$-3x$	$+2x$		〔$\times10^7$Pa〕
平衡時	$0.75-x$	$2.25-3x$	$2x$	1.8	〔$\times10^7$Pa〕

平衡時の全圧について　　$0.75-x+2.25-3x+2x=3.0-2x=1.8$

$x=0.60$〔$\times10^7$Pa〕

体積と温度が一定であれば，圧力の比は物質量の比に等しいので，アンモニアに変換された窒素の割合は

$$\frac{0.60\times10^7}{0.75\times10^7}\times100=80=8.0\times10〔\%〕$$

▶問4．一定圧力（大気圧下）では，ボイル・シャルルの法則 $\frac{pV}{T}=$一定より，体積と絶対温度は比例するので，物質量の変化がなければ，N_2O_4 と NO_2 の混合気体，空気ともに体積は同じだけ増加する。しかし混合気体では，②より，温度上昇とともに吸熱方向の右向きに平衡が移動し，気体の総物質量は増加する。よって，混合気体の体積増加分は空気よりも大きい。

▶問5．平衡の前後の各物質の物質量の関係は次のように示される。

	N_2O_4(気)	$\rightleftarrows 2NO_2$(気)	合計	
反応前	1.0	0	1.0	〔mol〕
変化量	-0.20	$+0.40$		〔mol〕
平衡時	0.80	0.40	1.2	〔mol〕

平衡時の全圧（1.0×10^5Pa）より，平衡時の N_2O_4 と NO_2 の分圧（$p_{N_2O_4}$, p_{NO_2}）は次のようになる。

$$p_{N_2O_4}=1.0\times10^5\times\frac{0.80}{1.2}=\frac{2}{3}\times10^5〔Pa〕$$

$$p_{NO_2}=1.0\times10^5\times\frac{0.40}{1.2}=\frac{1}{3}\times10^5〔Pa〕$$

$$K_p=\frac{p_{NO_2}{}^2}{p_{N_2O_4}}=\frac{\left(\frac{1}{3}\times10^5\right)^2}{\frac{2}{3}\times10^5}=\frac{1}{6}\times10^5$$

$$=1.66\times10^4$$

$$\fallingdotseq1.7\times10^4〔Pa〕$$

▶問６．n〔mol〕の N_2O_4 が解離度 α で分解して NO_2 に変化した最初の平衡（平衡１）での各物質の物質量の変化を次に示す。

	N_2O_4 $\rightleftarrows$	$2NO_2$	合計		
反応前	n	0	n	〔mol〕	
変化量	$-n\alpha$	$+2n\alpha$		〔mol〕	
平衡１	$n(1-\alpha)$	$2n\alpha$	$n(1+\alpha)$	〔mol〕	（体積 V〔L〕）

次に，温度と全圧が一定のもと容器内にアルゴンを加えると，体積は平衡１のときの体積（V〔L〕）より大きくなり，N_2O_4 と NO_2 の分圧の和は減少するので②の平衡はルシャトリエの原理によって気体の総物質量が増加する方向の右向きに移動する。このときの N_2O_4 の解離度が x であり（$x>\alpha$），体積は V'〔L〕である。平衡１のときと同じく，平衡２のときの各物質の物質量の変化を次に示す。

	N_2O_4 $\rightleftarrows$	$2NO_2$	合計		
反応前	n	0	n	〔mol〕	
変化量	$-nx$	$+2nx$		〔mol〕	
平衡２	$n(1-x)$	$2nx$	$n(1+x)$	〔mol〕	（体積 V'〔L〕）

ここで，平衡定数 $K_c=\dfrac{[NO_2]^2}{[N_2O_4]}$ について

平衡１のとき

$$K_c=\frac{\left(\frac{2n\alpha}{V}\right)^2}{\frac{n(1-\alpha)}{V}}=\frac{4n\alpha^2}{(1-\alpha)V}$$

同じく，平衡２のとき

$$K_c=\frac{\left(\frac{2nx}{V'}\right)^2}{\frac{n(1-x)}{V'}}=\frac{4nx^2}{(1-x)V'}$$

温度一定であれば平衡定数 K_c は一定であるから

$$K_c = \frac{4n\alpha^2}{(1-\alpha)V} = \frac{4nx^2}{(1-x)V'}$$

$\dfrac{V'}{V} = \beta$ より　　$(1-\alpha)x^2 = \alpha^2\beta(1-x)$

$$(1-\alpha)x^2 + \alpha^2\beta x - \alpha^2\beta = 0$$

$x>0$ であるから

$$x = \frac{-\alpha^2\beta + \sqrt{\alpha^4\beta^2 + 4(1-\alpha)\alpha^2\beta}}{2(1-\alpha)}$$

$$= \frac{\beta}{2(1-\alpha)}\left(-\alpha^2 + \alpha\times\sqrt{\alpha^2 + \frac{4(1-\alpha)}{\beta}}\right)$$

$$= \frac{\beta}{2\times(1-\alpha)}\left(\alpha\times\sqrt{\alpha^2 + \frac{4\times(1-\alpha)}{\beta}} - \alpha^2\right)$$

2 解答

問１．ア．ファンデルワールス　イ．グラフェン　ウ．水ガラス　エ．シリカゲル

問２．5.5×10^{-1}mol

問３．反応式：$SiO_2 + 2C \longrightarrow Si + 2CO$　気体の体積：4.5L

問４．24 個

問５．(A)—×　(B)—×　(C)—○　(D)—×

問６．$SiO_2 + 6HF \longrightarrow H_2SiF_6 + 2H_2O$

問７．(B)・(D)

◀解　説▶

≪14 族元素の単体と化合物の構造と性質，その反応≫

▶問１．周期表の 14 族元素のうち，第 2 周期の炭素にはダイヤモンド，黒鉛，フラーレン等の同素体がある。黒鉛では各炭素原子の 3 個の価電子が共有結合に使われ，正六角形の連続した平面網目構造が何層にも重なっている。平面構造間は，分子間力の 1 つであるファンデルワールス力によって弱く結びつくので，黒鉛は薄くはがれやすい性質をもち，その 1 つの平面構造をグラフェンという。二酸化ケイ素はほとんどの試薬とは反応しないが，フッ化水素やフッ化水素酸には溶け，水酸化ナトリウムや炭酸ナトリウムなどの塩基とともに融解すると，ケイ酸ナトリウム Na_2SiO_3 を生じる。

$SiO_2 + 2NaOH \longrightarrow Na_2SiO_3 + H_2O$

$SiO_2 + Na_2CO_3 \longrightarrow Na_2SiO_3 + CO_2$

ケイ酸ナトリウムに水を加えて加熱すると，無色透明で粘性の大きな液体である水ガラスができる。水ガラスの水溶液に塩酸を加えると，三次元構造をもつケイ酸 H_2SiO_3 が白色ゲル状沈殿として得られる。

$Na_2SiO_3 + 2HCl \longrightarrow H_2SiO_3 + 2NaCl$

ケイ酸を加熱，乾燥させると無定形固体のシリカゲルが得られる。シリカゲルは多孔質で乾燥剤や吸着剤として用いられる。

▶問２．リチウムイオン電池の負極では，リチウムイオンが同じ物質量の電子を受け取り黒鉛中に取りこまれる。負極活物質の質量増加分が取りこまれたリチウムイオンの質量である。リチウムの原子量（6.94）より，このとき流れた電子の物質量は，次のように求めることができる。

$$\frac{3.82}{6.94} = 0.550 \fallingdotseq 5.5 \times 10^{-1}\,〔\mathrm{mol}〕$$

▶問３．下線部ｂ）の化学反応式は次のように示され，発生する有毒な気体は一酸化炭素 CO である。

$SiO_2 + 2C \longrightarrow Si + 2CO$

1 mol のケイ素が生成するとき 2 mol の一酸化炭素が発生するので，発生する一酸化炭素の標準状態での体積は

$$\frac{2.81}{28.1} \times 2 \times 22.4 = 4.48 \fallingdotseq 4.5\,〔\mathrm{L}〕$$

▶問４．二酸化ケイ素の単位格子は右図に示すように，問題文の図１のケイ素の単体の単位格子で，隔接したケイ素原子間の結合（計 16 個）の間に酸素原子を１つずつ入れた構造である。右図で１つの単位格子に含まれるケイ素原子の数は

$$\frac{1}{8} \times 8 + \frac{1}{2} \times 6 + 1 \times 4 = 8\text{ 個}$$

酸素原子の数は 1×16＝16 個であるから，単位格子に含まれるすべての原子の数は 8＋16＝24 個となる。

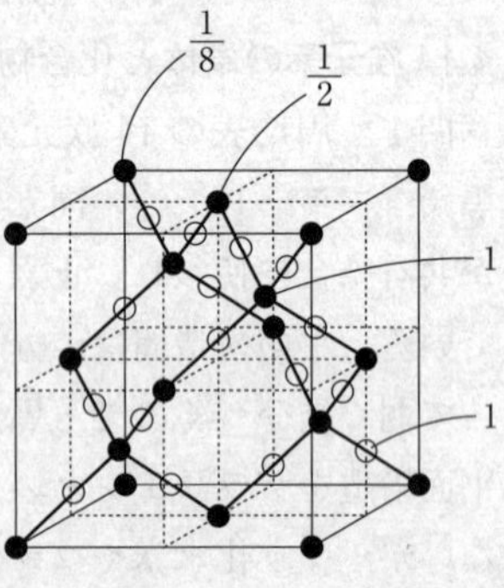

二酸化ケイ素の単位格子中に含まれる原子の割合

▶問 5．(A)誤文。ガラスに含まれる二酸化ケイ素以外の成分によっては有色や不透明のものも存在する。

(B)誤文。構成粒子の配列が不規則なものが非晶質（アモルファス）である。

(C)正文。非晶質であるガラスは明瞭な融点をもたず，ある温度で軟らかくなる軟化点が存在する。

(D)誤文。金属でも非晶質のものを作ることができ，電気は通す。

▶問 6．石英ガラスは二酸化ケイ素 SiO_2 であり，フッ化水素やその水溶液であるフッ化水素酸とは次のように反応する。

$$SiO_2 + \underset{\text{フッ化水素}}{4HF} \longrightarrow SiF_4 + 2H_2O$$

$$SiO_2 + \underset{\text{フッ化水素酸}}{6HF} \longrightarrow \underset{\text{ヘキサフルオロケイ酸}}{H_2SiF_6} + 2H_2O$$

▶問 7．(A)誤文。塩化スズ（Ⅱ）中の Sn^{2+} は Sn^{4+} に酸化されやすいので，強い還元力をもつ。

(B)正文。鉄の表面にスズをめっきしたものがブリキ，亜鉛をめっきしたものがトタンである。

(C)誤文。鉛（Ⅱ）イオンは次のように硫化物イオンと反応し，硫化鉛（Ⅱ）PbS の黒色沈殿を生じる。

$$Pb^{2+} + S^{2-} \longrightarrow PbS\,(\text{黒})$$

(D)正文。単体が酸および強塩基の水溶液と反応して水素を発生する元素が両性元素であり，アルミニウム，亜鉛，スズ，鉛などが知られている。

3　解答

問 1．ア．ポリアミド　イ．縮合　ウ．アラミド　エ．付加　オ．熱可塑性　カ．生分解性　キ．開環　ク．共

問 2．化合物 **A** の構造式：

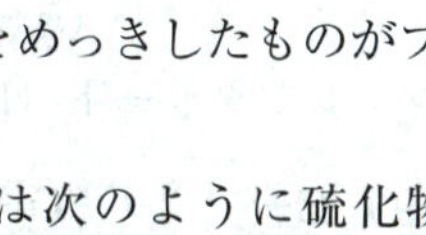

化合物 **B** の構造式：

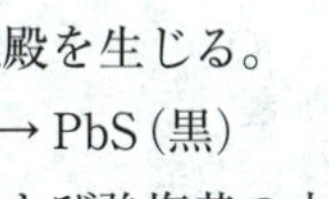

問 3．(B)

問4．7.0×10^2 個

問5．ポリエチレンテレフタラート：(E)　ポリエチレン：(A)

ポリ塩化ビニル：(B)

◀解　説▶

≪合成繊維，合成樹脂の原料と性質，開環重合，生分解性樹脂≫

▶問1．人工的に合成される高分子化合物には，用途の違いによって合成繊維や合成樹脂等がある。高分子化合物は多くの単量体が重合することによって得られ，重合には次にあげる付加重合，縮合重合，開環重合等がある。

付加重合の例：ポリ塩化ビニル

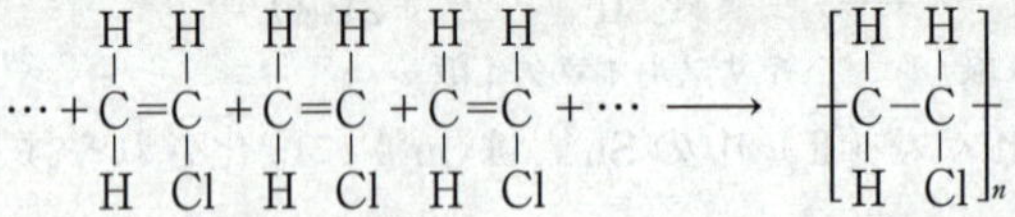

n：重合度

塩化ビニル（単量体）　　ポリ塩化ビニル（重合体）

縮合重合の例：ポリエチレンテレフタラート（PET）

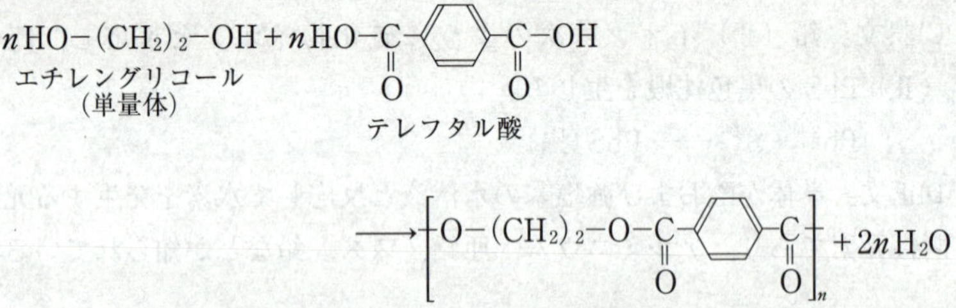

ポリエチレンテレフタラート
(重合体)

ナイロン 66：

$$n\,H_2N-(CH_2)_6-NH_2 + n\,HOOC-(CH_2)_4-COOH$$

ヘキサメチレンジアミン　　アジピン酸

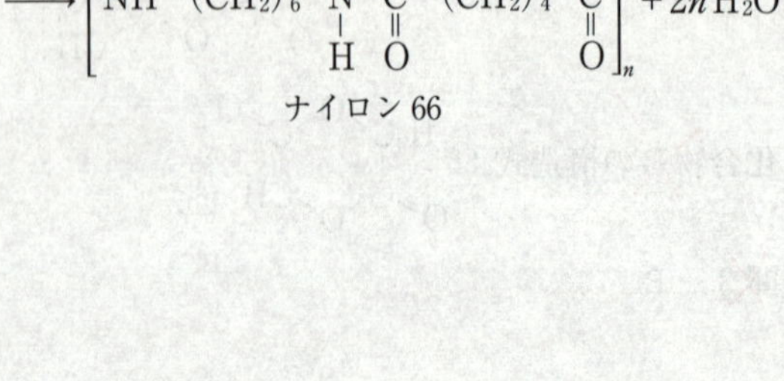

ナイロン 66

九州大-理系前期　　　　　　　　　　　　　　　　　　2021 年度　化学〈解答〉　79

アラミド繊維：

$$n\,H_2N-\!\!\!\!\bigcirc\!\!\!\!-NH_2 + n\,Cl-\overset{\displaystyle}{\underset{O}{C}}-\!\!\!\!\bigcirc\!\!\!\!-\overset{\displaystyle}{\underset{O}{C}}-Cl$$

p-フェニレンジアミン

テレフタル酸ジクロリド

$$\longrightarrow \left[NH-\!\!\!\!\bigcirc\!\!\!\!-\underset{H}{N}-\overset{}{\underset{O}{C}}-\!\!\!\!\bigcirc\!\!\!\!-\overset{}{\underset{O}{C}} \right]_n + 2n\,HCl$$

アラミド繊維

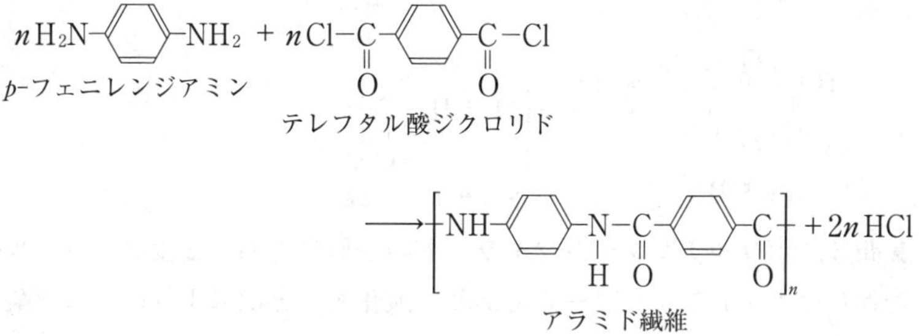

ナイロン 66 とアラミド繊維は，いずれも単量体がアミド結合でつながったポリアミドである。

開環重合の例：ナイロン 6

$$n\,H_2C\overset{\displaystyle CH_2-CH_2-C=O}{\underset{\displaystyle CH_2-CH_2-N-H}{\Big\langle}} \xrightarrow[\text{熱}]{H_2O} \left[\underset{H}{N}-(CH_2)_5-\overset{}{\underset{O}{C}} \right]_n$$

ε-カプロラクタム
（単量体）

ナイロン 6
（重合体）

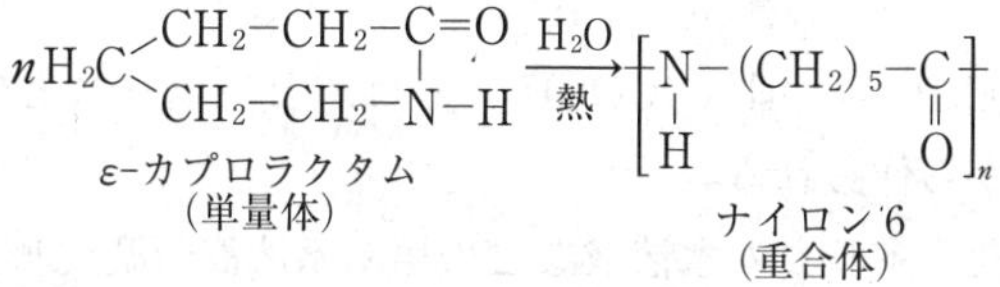

加熱によって軟化し，冷やすと再び固まる性質をもつ高分子化合物を熱可塑性樹脂といい，付加重合で作られるものが多く鎖状構造をもつことが多い。一方，加熱によって硬化させて製造する樹脂を熱硬化性樹脂といい，付加縮合で作られるものが多く，三次元網目状構造をもつ。

特殊な機能をもつ高分子化合物を機能性高分子といい，酵素や微生物等の作用によって水と二酸化炭素にまで分解される生分解性高分子もその 1 つである。乳酸から次のように合成されるポリ乳酸は，生分解性高分子として医療分野等で使われている。

$$n\,HO-\underset{CH_3}{\overset{}{CH}}-COOH \xrightarrow{\text{縮合重合}} \left[O-\underset{CH_3}{\overset{}{CH}}-\overset{}{\underset{O}{C}} \right]_n$$

乳酸

低分子ポリ乳酸

$$\xrightarrow{\text{加熱}} \frac{n}{2} \quad \overset{H_3C}{\underset{O=C}{\Big\rangle}}\overset{C-O-C=O}{\underset{O-C}{\Big\langle}}\overset{}{\underset{CH_3}{H}} \xrightarrow{\text{開環重合}} \left[O-\underset{CH_3}{\overset{}{CH}}-\overset{}{\underset{O}{C}} \right]_m \quad (m \gg n)$$

ラクチド
（化合物 A）

ポリ乳酸

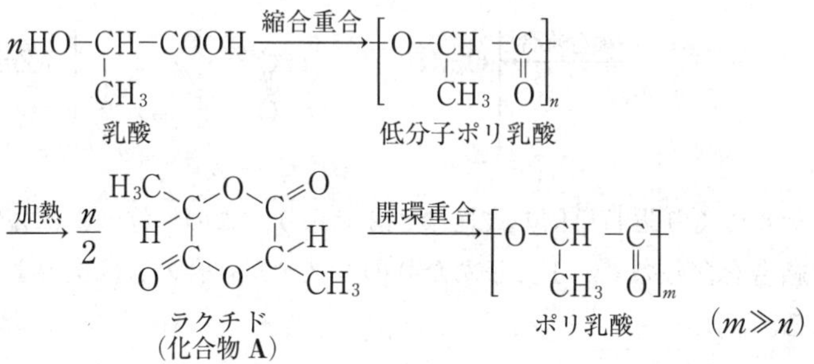

▶問 2．化合物 A は問 1 のポリ乳酸の合成過程の二量体（ラクチド）であ

る。化合物 **B**（グリコール酸の環状ジエステル）の開環重合も，次のように示される。

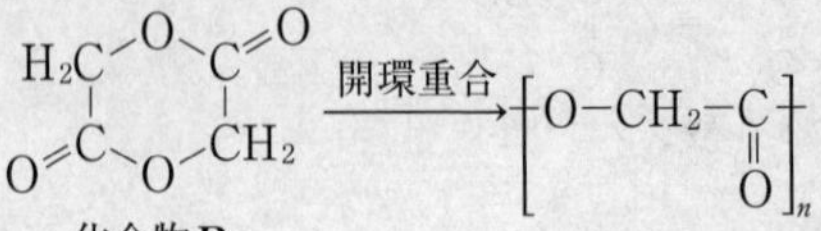

$$\text{化合物 B} \xrightarrow{\text{開環重合}} \left[\text{O}-\text{CH}_2-\underset{\text{O}}{\text{C}} \right]_n \text{ポリグリコール酸}$$

▶問 3．ポリエチレンテレフタラートの主原料である 2 価アルコールの化合物 **C** はエチレングリコールであり，酸化すると次のようにシュウ酸（化合物 **D**）となる。

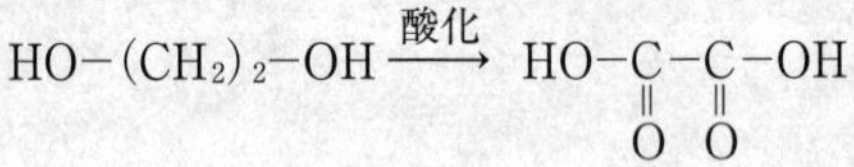

$$\text{HO}-(\text{CH}_2)_2-\text{OH} \xrightarrow{\text{酸化}} \underset{\text{シュウ酸（化合物 D）}}{\text{HO}-\underset{\text{O}}{\text{C}}-\underset{\text{O}}{\text{C}}-\text{OH}}$$

(A) アセテート繊維 $[\text{C}_6\text{H}_7\text{O}_2(\text{OH})(\text{OCOCH}_3)_2]_n$ は，セルロースと無水酢酸（刺激臭をもつ）から作られる。

(B) シュウ酸は，水酸化ナトリウム水溶液などの塩基水溶液の濃度測定に使われる標準試薬である。

(C) 自動車用不凍液に用いられるのは，主にエチレングリコールである。

(D) ヘキサメチレンジアミンと反応してナイロン 66 を作るのは，アジピン酸である。

▶問 4．化合物 **C**（エチレングリコール）と 2,6-ナフタレンジカルボン酸は，次のように縮合重合してポリエステルとなる。

$$n\,\text{HO}-(\text{CH}_2)_2-\text{OH} + n\,\text{HOOC}\!-\!\!\diagdown\!\!-\!\text{COOH}$$

$$\xrightarrow{\text{縮合重合}} \left[\text{O}-(\text{CH}_2)_2-\text{O}-\underset{\text{O}}{\text{C}}\!-\!\!\diagdown\!\!-\!\underset{\text{O}}{\text{C}} \right]_n + 2n\text{H}_2\text{O}$$

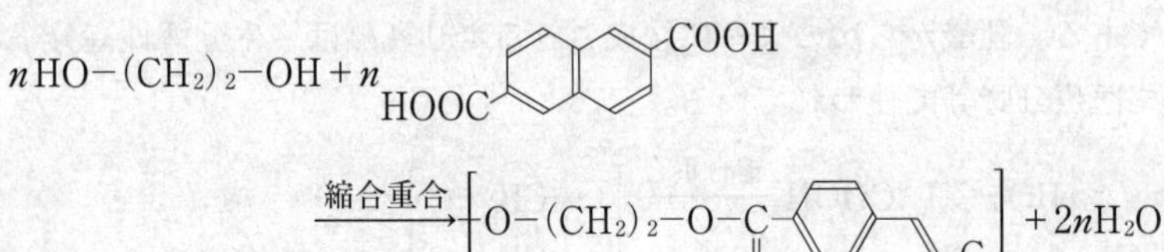

ポリエステル

ポリエステルのくり返し単位の式量は 242 であり，この単位の中に 2 個のエステル結合を含むので，1 分子あたりのエステル結合の数は次のように求められる。

$$\frac{8.47 \times 10^4}{242} \times 2 = 7.00 \times 10^2 \fallingdotseq 7.0 \times 10^2 \text{ 個}$$

▶問5．(A)　ポリエチレンには，低密度ポリエチレンと高密度ポリエチレンがあり，触媒を用いずに作られる低密度ポリエチレンは結晶領域が少なく柔軟で透明度が高い。

(B)　塩素を含む有機物を黒く焼いた銅線の先につけて炎の中で加熱すると，青緑色の銅の炎色反応が現れる（バイルシュタイン反応）。

(C)　特にアミノ基を含む有機化合物は，ソーダ石灰と混合して加熱するとアンモニアが発生し，濃塩酸で塩化アンモニウムの白煙が生じる。

(D)　単量体としてホルムアルデヒドを用いた高分子化合物を希硫酸中で煮沸すると，ホルムアルデヒドが生じて，フェーリング液の還元反応を示す。

(E)　ポリエチレンテレフタラートは分子内にベンゼン環をもち，燃えたときに多量の煤を生じる。紫外線を通しにくい性質は，飲料用の容器（PET ボトル）として広く使用されている。

4　解答

問1．化合物Aの構造式：

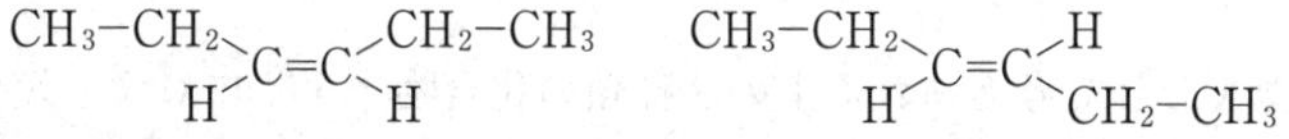

化合物Bの構造式：

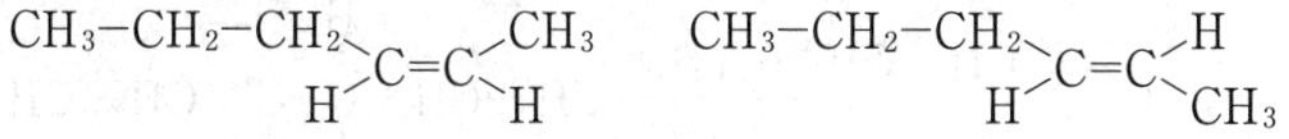

化合物Cの構造式：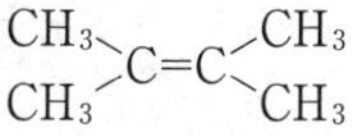

問2．化合物Dの名称：ヘキサン　化合物Fの名称：アセトアルデヒド

化合物Hの名称：アセトン

問3．R^a：CH_3-CH_2-　R^b：$CH_3-CH_2-CH_2-$　R^c：$CH_3-CH_2-CH_2-$

問4．化合物Eの構造式：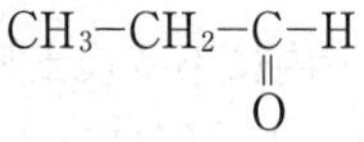

反応生成物Xの構造式：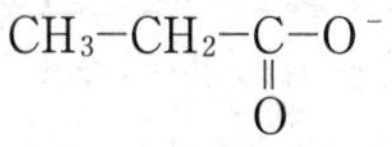

問5．記号：**F**　二酸化炭素の生成量：2.0×10mg

問6．1.97×10^2mg

◀解　説▶

≪アルケンの反応と構造決定，鏡像異性体の立体構造，オゾン分解≫

▶問１・問２．化合物**A**，**B**，**C**の組成式がCH_2であり，オゾン分解の反応が起こることから，いずれも分子内に１つ二重結合をもつアルケンであるとわかる。文章⑵～⑹からわかることを次にまとめる。

⑵　アルケンへの水素付加で生じた化合物**D**はアルカンであり，組成式C_3H_7より，アルカンの一般式C_nH_{2n+2}を満たす分子式はC_6H_{14}である。

⑶　化合物**A**のオゾン分解の結果，得られる生成物が１種類であることから，オゾン分解の図（図１）において，$R^1=R^3$またはR^4，$R^2=R^3$またはR^4となり，化合物**A**のオゾン分解には次に示すものが考えられる。

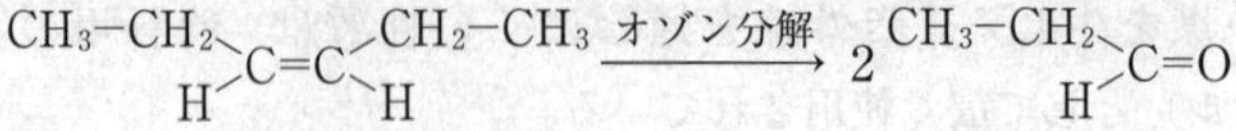

(ア)
（シス-トランス異性体あり）

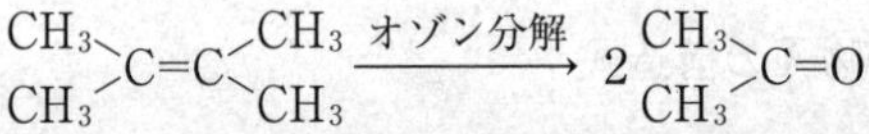

(イ)

⑷　化合物**A**として考えられる上の２種類の化合物(ア)・(イ)に対する塩化水素の付加は，次のように示される。

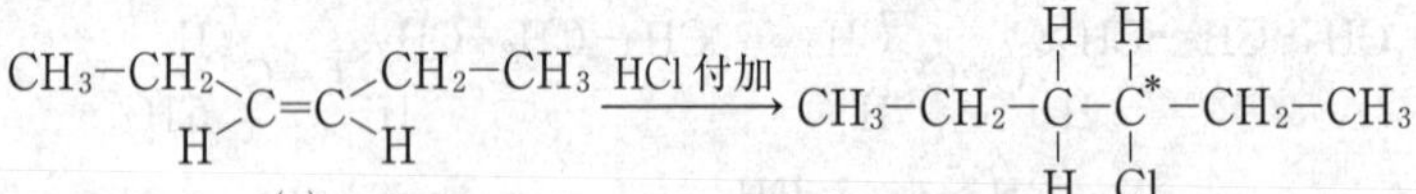

(ア)
（シス-トランス異性体あり）
(ウ)

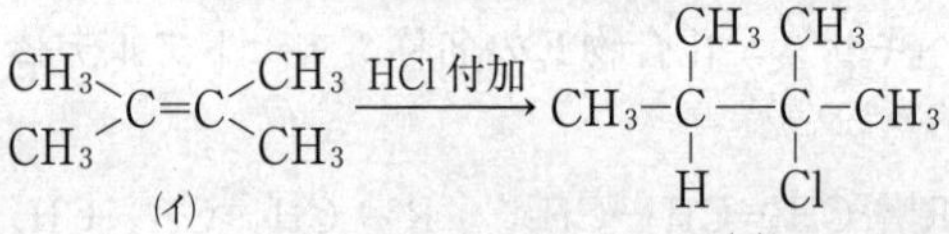

(イ)
(エ)

生じた化合物のうち，(ウ)は分子内に不斉炭素原子（C^*）を１つもつので鏡像異性体が１組存在するのに対し，(エ)は分子内に不斉炭素原子がない。よって，化合物**A**は(ア)の構造式をもつ 3-ヘキセンであり，化合物**A**の水素付加で生じた化合物**D**は，直鎖状のアルカンのヘキサンであるとわかる。

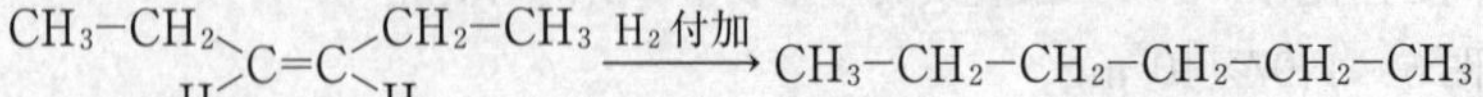

化合物**A**　　　化合物**D**

⑸　化合物**B**のオゾン分解で得られる2種類のカルボニル化合物**F**および**G**は，フェーリング試薬を還元するのでホルミル基を分子内にもつとわかる。さらに**F**はヨードホルム反応を示すので，$CH_3-C(=O)-$ の構造をもつアセトアルデヒド CH_3CHO である。一方，化合物**G**は分子中に炭素原子4つを含むアルデヒドであり，次の(オ)・(カ)の2種類が考えられる。

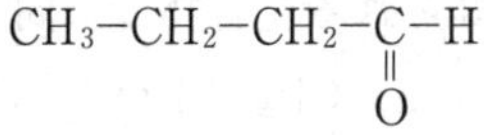

(オ)

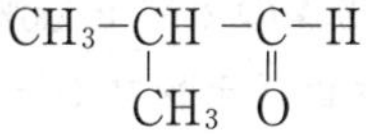

(カ)

ここで，化合物**B**に水素付加した化合物**D**が直鎖状であることから，化合物**B**も直鎖状で，化合物**G**は(オ)，化合物**B**は2-ヘキセンとなる。

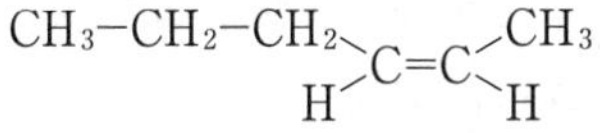

化合物 **B**
（シス-トランス異性体あり）

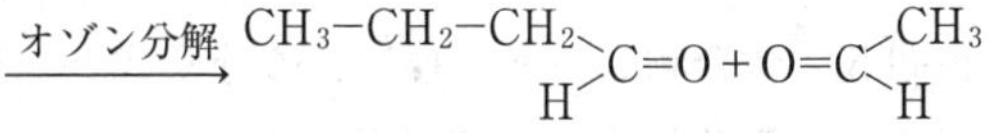

化合物 **G**　　化合物 **F**

⑹　化合物**C**のオゾン分解で得られる化合物が化合物**H**の1種類であり，化合物**H**が炭素数3でヨードホルム反応を示すことから，化合物**H**はアセトン，化合物**C**は2,3-ジメチル-2-ブテンとわかる。

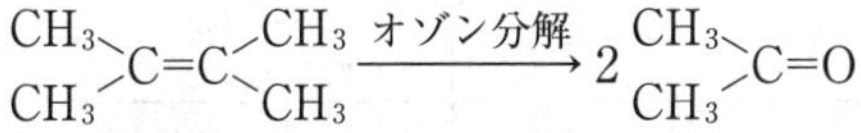

化合物 **C**　　化合物 **H**

▶問3．化合物**A**に塩化水素が付加した化合物は3-クロロヘキサン $CH_3CH_2CH_2C^*HClCH_2CH_3$ で分子内に不斉炭素原子 C^* を1つもつので1組の鏡像異性体が存在する。鏡像異性体の立体構造は下の(ア)・(イ)のように書ける。「R^a の炭素数は R^b の炭素数よりも少ない」という条件より，問題文中の左の構造が下の(ア)であり，$R^a=-CH_2-CH_3$，$R^b=-CH_2-CH_2-CH_3$ となる。問題文中の右の構造は下の(イ)の構造であり，問題文中の向きに合わせて(イ)を回転させると $R^c=-CH_2-CH_2-CH_3$，$R^d=-CH_2-CH_3$ である。

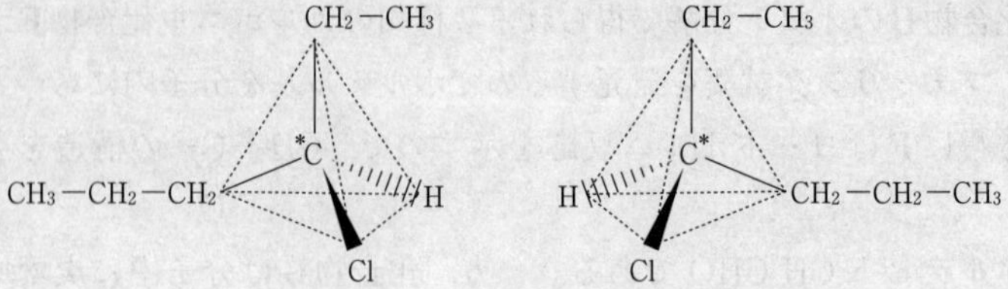

(ア)　　　(イ)

▶問 4．化合物**E**は化合物**A**のオゾン分解で得られる化合物で，問 1 の〔解説〕で示したようにプロピオンアルデヒド CH_3-CH_2-CHO である。プロピオンアルデヒドはフェーリング試薬を還元した結果，自身は酸化されプロピオン酸 CH_3-CH_2-COOH となるが，問題文の化学反応式で示すと，反応生成物**X**はプロピオン酸イオンである。

$$\underset{\text{化合物 E}}{CH_3-CH_2-CHO} + 2Cu^{2+} + 5OH^-$$

$$\longrightarrow \underset{\text{反応生成物 X}}{CH_3-CH_2-COO^-} + Cu_2O + 3H_2O$$

▶問 5．化合物**E**，**F**，**G**，**H**の分子式と，1 mol が完全燃焼したときに生じる二酸化炭素の物質量〔mol〕，および，各化合物 x〔g〕が完全燃焼したときに生じる二酸化炭素の質量をまとめると次のようになる。

	分子式（分子量）	1 mol から生じる CO_2 の物質量〔mol〕	x〔g〕から生じる CO_2 の質量〔g〕
化合物 **E**	C_3H_6O (58)	3	$\frac{x}{58}\times3\times44$
化合物 **F**	C_2H_4O (44)	2	$\frac{x}{44}\times2\times44$
化合物 **G**	C_4H_8O (72)	4	$\frac{x}{72}\times4\times44$
化合物 **H**	C_3H_6O (58)	3	$\frac{x}{58}\times3\times44$

これより，同じ質量の化合物を完全燃焼したときに生成する二酸化炭素の質量が最も少ないのは化合物**F**であり，10 mg を完全燃焼したときに生成する二酸化炭素の質量〔mg〕は次のように算出できる。

$$\frac{10\times10^{-3}}{44}\times2\times44\times10^{3}=20=2.0\times10\text{〔mg〕}$$

▶問 6．化合物**H**はアセトン CH_3COCH_3 であり，これがヨードホルム反応を起こすときの化学反応式は次のように書ける。

$$CH_3COCH_3 + 3I_2 + 4NaOH \longrightarrow CHI_3 + CH_3COONa + 3NaI + 3H_2O$$

化合物**C**（C_6H_{12}，分子量 84）1mol から 2mol のアセトンが生成し，1mol のアセトンからは，1mol のヨードホルム（CHI_3，分子量 394）が生成する。よって 21.0mg の化合物**C**から生成した化合物**H**が完全に反応して得られるヨードホルムの質量は，次のように算出できる。

$$\frac{21.0 \times 10^{-3}}{84} \times 2 \times 394 \times 10^3 = 197 = 1.97 \times 10^2 \text{〔mg〕}$$

❖講　評

2021 年度は大問数が減少して 4 題となったが，1 題中の設問の数が増えた大問もあり，全体的な問題量はやや減少といったところである。計算量は 2020 年度と変わりはなく，基本内容から発展内容や煩雑な計算問題まで幅広い学力を問う傾向は変わらず，全体的な難易度も 2020 年度と変わりはない。大問数の減少で出題分野が狭まり，有機分野からの出題が増え，「化学基礎」の理論分野の酸と塩基，酸化・還元からの出題もなく，熱化学や溶液に関する内容も出題されなかったので，かなり偏った出題となった。

1　1 は小問集合形式の年度も多いが，2019 年度から 3 年続いて総合問題となり，2021 年度は反応速度と平衡移動等に関する内容となった。(1)は共通テスト等でもよく出題される平衡移動に関する標準的な内容である。最初の問題でもあり，演習を確実に行って失点をなくしたい。グラフも頻出内容であり，グラフの傾きと反応速度，生成量が一定となったときのグラフの高さと平衡移動の関係の理解が重要である。(2)は化学平衡における物質量と分圧の関係を理解し，自分なりの解法パターンが確立していれば早く正解できる。問 4 は，温度上昇と平衡移動を合わせて考える考察力が必要な独創的な問題であった。問 6 が 2021 年度で最も難度の高い設問で，アルゴンを加えても温度一定ならば圧平衡定数に変化はないことを基本として文字式を解く過程で，解の公式を使って解答にたどり着くには計算力と時間を要する難問である。完璧な解答はできなくても，文字式の空欄に入る選択肢をよく見れば大体の見当はつくので，後の標準問題を先に確実に答えてから改めて取り組むといった戦略と決断力が鍵となる。

2　14 族元素の単体や化合物に関する大問で，金属，非金属の細かな無機物質の知識と，リチウム電池や結晶格子に関する理論分野の知識も合わせた総合問題である。ケイ素とその化合物の学習に使う時間は多くはないと思われるが，細部まで手を抜かない学習姿勢が大きな差を生む。グラフェンや非結晶に関する知識や，書かせる化学反応式も一般的なものではなく，教科書をどのくらい深く読んでいるかで確実に差がつく。リチウムイオン電池は他の大学でも近年よく出題される内容で注意を要するが，ここでは電極でのリチウムイオンと電子の物質量の関係が理解できていれば計算は簡単である。二酸化ケイ素の結晶格子に関する設問は，模式図を落ち着いて理解し，酸素原子の位置を想像する考察力が決め手となる。

3　一般的な有機分野の大問の前に，高分子化合物の大問がくる変則的な配置であった。合成繊維や合成樹脂の性質と縮合方法等に関する標準的な知識があればある程度の得点はできるが，環状エステルの構造式やエチレングリコールの酸化によるシュウ酸の生成など，教科書を超えた応用力と考察力が必要な設問が目立つ。さらに，ポリエステル，ポリエチレン，ポリ塩化ビニル等は合成方法や構造式は書けても，その識別方法や物理的性質，試薬との反応性等の知識は抜けている場合が多く，ここでも化学物質に対する興味関心と学習意欲の高さで差がついたと思われる。問 4 の計算は，ポリエステルの単位構造の構造式からその式量を正確に算出して，確実に得点したいところである。

4　アルケンの反応とその生成物に関して，構造決定から異性体の立体構造，検出反応の量的関係まで基本から応用まで幅広く問うスケールの大きな総合問題である。化合物 **A** ～ **C** とその水素付加物に関してはその組成式しか与えられず，分子式の決定には理論的な考察が必要となる。二重結合のオゾン分解は過去に多くの年度で出題された頻出内容であり，2021 年度は反応の一般例まで与えてある。反応生成物を正確に把握することが不可欠で，アルケンの構造決定に関する演習を多く積んで解答に慣れておきたい。付加反応の結果や検出反応から元の化合物を推測するには，かなりの思考力を要する。幾何異性体の構造式の書き分けに加え，問 3 の鏡像体の構造は，不斉炭素原子の周りの置換基の位置を入れ替える高度な考察力が求められ，難度の高い設問であった。フェーリング試薬の還元反応やヨードホルム反応も，単に反応結果や原因だけでなく，化学反応式を正確に書くことが求められ，反応物の量的関係まで問われるので標準的な知識だけでは対応できない内容である。

2021 年度は，大問数の減少で各大問におけるテーマの掘り下げ方がより深くなり，標準的な知識や計算力だけでは到達する得点は高くない。さらに，各大問に必ず計算問題が含まれ，慎重で確実な解答作りをしないと思わぬ失点につながる。納得のゆく答案作りには，教科書の「考察」や「応用」といった発展的な内容まで十分に理解して演習を積んでおくことが必要となる。設問の難易度に差があり，解答の順序や問題の選び方，解答方法で大きな差がつくのも近年の特徴である。まず広い分野の標準的な問題を限られた時間内に正確に解答できる総合力をつけたうえで，高得点のためには解答の時間配分を確実に行って，基礎的な問題での取りこぼしをなくし，応用問題や煩雑な計算で得点できる力を日頃の演習でつけておくことが必須となる。

生物

1 解答

問1．ア．フォトトロピン　イ．青　ウ．光発芽種子
エ．フィトクロム　オ．赤　カ．遠赤

問2．(a)・(e)

問3．植物ホルモンの名称：アブシシン酸
植物ホルモンの働き：種子の休眠維持（種子の発芽抑制）

問4．•光受容体Xの遺伝子を破壊した植物体を用いて，目的の光応答の有無を調べる。(40字以内)
•光応答を示さない変異体に光受容体Xの遺伝子を導入し，目的の光応答の有無を調べる。(40字以内)
•光受容体Xが吸収する波長の光を照射することで，目的の光応答の有無を調べる。(40字以内)
これらのうち2つを解答する。

問5．植物が茂ってあまり光が当たらない環境で発芽を抑制し，発芽後の生存率を高めている。(40字以内)

◀解　説▶

≪光受容体のはたらき，種子の発芽≫

▶問1．ア・イ．光受容体の一種であるフォトトロピンが青色光を受容すると，孔辺細胞内にK^+が流入することで細胞の浸透圧が上昇する。その結果，孔辺細胞内に水が流入し膨圧が高まることで気孔が開く。

ウ〜カ．フィトクロムには，Pr型（赤色光吸収型）と，Pfr型（遠赤色光吸収型）があり，Pr型が赤色光を吸収するとPfr型になり，Pfr型が遠赤色光を吸収するとPr型になる。光発芽種子に赤色光を照射すると，種子内のフィトクロムはPfr型に変化し，胚においてジベレリンの合成を促進することで発芽が起こる。一方，光発芽種子に遠赤色光を照射するとPr型となり，ジベレリンの合成が起こらず休眠が維持される。なお，葉のクロロフィルは赤色光をよく吸収するが遠赤色光をほとんど吸収しない。そのため，他の植物が生い茂ってあまり光が当たらない環境では，Pr型の割合が大きくなり発芽は抑制される。

▶問２．フォトトロピンは，気孔の開口のほか，光屈性や葉緑体の定位運動にも関与する。たとえば，茎の先端部に片側から光を照射すると，オーキシンは光の当たらない側に移動して下降し，その部分の成長を促進する。その結果，茎は正の光屈性を示す。また，弱光下に置かれた葉緑体は，細胞内で光がよく当たる側に移動し，強光下に置かれた葉緑体は，細胞内で光を避けるように移動する。これらの現象における光受容体はフォトトロピンである。

▶問４．ある光応答に光受容体Ｘが関与しているかどうかを調べるには，光受容体Ｘの遺伝子を破壊した場合や，目的の光応答を示さない変異体に光受容体Ｘの遺伝子を導入した場合に，目的の光応答が起こるかどうかを調べる実験が考えられる。あらかじめ光受容体Ｘが吸収する波長の光を調べておき，その波長の光を照射した際に目的の光応答が起こるかどうかを調べる実験でもよいだろう。

▶問５．問１の〔解説〕でみたように，他の植物が生い茂ってあまり光が当たらない環境では，Pr 型のフィトクロムの割合が大きくなり発芽が抑制され，逆に赤色光が多い生育に適した光環境下では，発芽が促進される。

2　解答

問１．ア．外　イ．内　ウ．標的器官　エ．前葉
オ．後葉　カ．バソプレシン　キ．糖質
ク．アドレナリン　ケ．チロキシン
コ．フィードバック（負のフィードバック，フィードバック調節）
サ．ランゲルハンス島　シ．グルカゴン

問２．•肝臓においてグルコースからグリコーゲンの合成を促進する。
•細胞へのグルコースの取り込みと消費（分解）を促進する。

問３．Ⅰ型糖尿病：自己免疫疾患の１つで，すい臓のランゲルハンス島Ｂ細胞が破壊され，インスリンの分泌量が減少するから。(50 字以内)
Ⅱ型糖尿病：インスリンに対する標的細胞の感受性が低下し，インスリンが分泌されても標的細胞が反応しにくいから。(50 字以内)

問４．原尿中のすべてのグルコースは，細尿管を通る際に毛細血管に再吸収される。(40 字以内)

◀解　説▶

≪ホルモンのはたらき，血糖濃度の調節≫

▶問1．エ・オ．間脳視床下部にある神経分泌細胞の一部は，血液中に放出ホルモンや放出抑制ホルモンを分泌することで，脳下垂体前葉でのホルモン分泌を調節している。また，別の神経分泌細胞は，軸索が脳下垂体後葉まで伸びており，後葉内の血液中に直接ホルモンを分泌している。

コ．チロキシンの分泌調節のように，最終的につくられた物質や生じた結果が，原因にさかのぼって作用するしくみをフィードバック（フィードバック調節）という。特に，結果が原因を抑制するようにはたらく場合を負のフィードバックという。

▶問2．インスリンの受容体は，肝臓や筋肉だけでなく脂肪細胞や赤血球など多くの細胞がもっている。ただ，インスリンの作用を受けてグルコースからグリコーゲンの合成を行うのは肝臓と筋肉（主に肝臓）である。その他の細胞では，グルコースの取り込みや細胞内でのグルコースの消費（分解）を行う。

▶問3．Ⅰ型糖尿病は自己免疫疾患の1つで，すい臓のランゲルハンス島B細胞が破壊され，インスリンの分泌量が減少することで起こる。治療にはインスリンの投与が必要となる。これに対してⅡ型糖尿病は，B細胞の破壊以外の原因により，インスリンの分泌量が減少したり，標的細胞が反応しなくなったりして起こる。原因はさまざまで，生活習慣の乱れや遺伝的な要因もある。治療には，インスリンの投与に加えて，食事や運動などの生活習慣の見直しが重要である。50字以内で説明する必要があるので，Ⅱ型糖尿病の論述にあたっては，標的細胞の感受性の低下だけを述べればよいであろう。

▶問4．正常な血糖値の範囲内であれば，糸球体からボーマンのうへろ過されたグルコースは，細尿管を取り巻く毛細血管にすべて再吸収されるため，尿中に排泄されることはない。ただし，高血糖の場合は，細尿管の再吸収できる許容範囲を超えたグルコースは再吸収されず，尿中に排泄されることになる。

3 解答

問1．ア．卵母細胞　イ．極体　ウ．動物極
エ．端黄卵　オ．誘導　カ．原口

問2．(a)

問3．灰色三日月環が出現した側で濃度が高くなり，反対側で低くなる。（30 字以内）

問4．

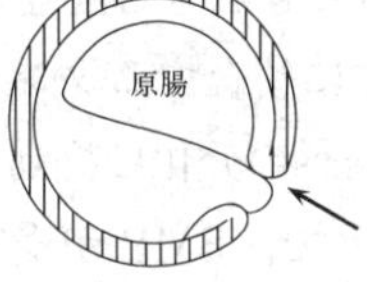

問5．(1)　Ⅰ．神経　Ⅱ．表皮

(2) BMP は細胞に結合し表皮に分化させるが，その結合を阻害して神経に分化させる。（40 字以内）

問6．(1) 20％

(2)キメラ胚には野生型の細胞も含まれており，そこから十分なノーダルが分泌されたから。（40 字以内）

(3)アクチビンが拡散によって濃度勾配を形成したためビーズに近い細胞ではグースコイドが，遠い細胞ではブラキウリが発現した。（60 字以内）

◀解　説▶

≪発生のしくみ，キメラマウス≫

▶問2．精子が進入すると，卵の表層全体が内部の細胞質に対して反時計回りに約 30° 回転する。

▶問3．両生類の背側の決定には，βカテニンとディシェベルドタンパク質が関与している。受精が起こると，βカテニンは卵の細胞質全体に存在するようになる。表層回転によってディシェベルドが灰色三日月環の部分に移動すると，その場所においてディシェベルドがβカテニン分解酵素のはたらきを阻害するが，その反対側ではβカテニン分解酵素がはたらく。その結果，βカテニンは，ディシェベルドが移動した側から反対側にかけて高濃度→低濃度の濃度勾配を形成する。その後，卵割が進むと，βカテニンは核に移行して調節タンパク質としてはたらき，背側に特徴的な遺伝子の発現を促す。このようなしくみにより，ディシェベルドが移動した側が背側となる。

▶問4．原腸胚期では，外胚葉領域は胚の表面にあり，中胚葉領域と内胚

葉領域は胚の内部にある。

▶問５．原口背唇部などの中胚葉領域は，原腸形成にともない，背側外胚葉領域の内側に位置するようになる。この過程で中胚葉領域からコーディンやノギンが分泌され，この作用を受けた背側外胚葉領域は神経に分化する。一方，コーディンやノギンの作用を受けない腹側外胚葉領域は表皮に分化する。このしくみをもう少し詳しく説明する。もともと胚全体に，BMP と呼ばれる物質で外胚葉の細胞膜上の受容体に結合するタンパク質があり，結合すると表皮への分化が促進され，神経への分化は抑制される。一方，コーディンやノギンは BMP に結合することで，BMP が受容体に結合するのを阻害する。そうすると外胚葉の細胞は神経への分化が促進され，表皮への分化は抑制される。

▶問６．(1)この問題では，ノーダル遺伝子をヘテロ接合で欠失させたマウスをノーダル $^{+/-}$ と表している。そこで，正常なノーダル遺伝子をN，欠失している場合をｎとし，ノーダル $^{+/-}$ の遺伝子型を Nn と表すことにする。まず，問題文の後半に，ノーダル $^{+/-}$ (Nn) と野生型 (NN) を交配させると，産まれたマウスの 50％がノーダル $^{+/-}$ (Nn) であったとある。よって，この交配は右のように表すことができる。

野生型 NN ―― ノーダル $^{+/-}$ Nn

	N	n
N	NN	Nn

下図のように，ノーダル $^{+/-}$ のマウス ES 細胞 (Nn) を野生型マウス (NN) の胚盤胞の中にいれ，NN と Nn の細胞が混在したキメラマウスを作出した。

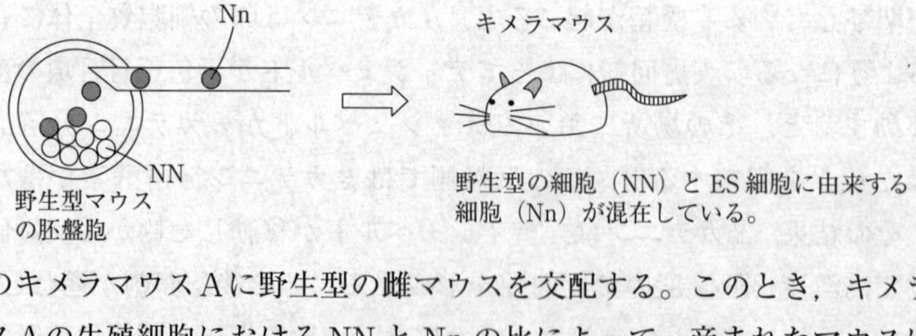

雄のキメラマウスＡに野生型の雌マウスを交配する。このとき，キメラマウスＡの生殖細胞における NN と Nn の比によって，産まれたマウスに占めるノーダル $^{+/-}$ (Nn) の割合が変化する。たとえば，キメラマウスＡの生殖細胞における Nn の割合が 50％，つまり NN：Nn＝1：1 であった場

合を以下に示す。

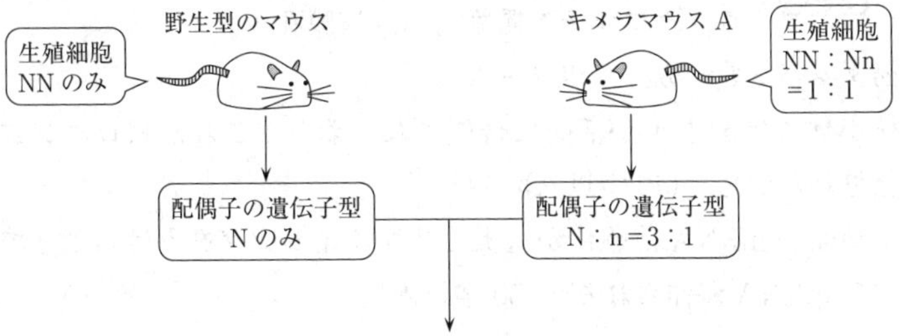

	3N	n
N	3NN	Nn

産まれたマウスのうち25%がノーダル$^{+/-}$(Nn)となる。

このように，生殖細胞におけるNnの割合が50％ならば，生まれたマウスの25％がノーダル$^{+/-}$(Nn)となる。つまり，生殖細胞におけるNnの割合（%）の半分の値が，産まれたマウスに占めるノーダル$^{+/-}$(Nn)の割合（%）となる。この問題では，産まれたマウスに占めるノーダル$^{+/-}$(Nn)の割合が10％なので，生殖細胞におけるNnの割合は20％と決まる。

(2)下線部③にあるように，胞胚期になると植物極側の細胞からノーダルが分泌され，これが赤道部の領域に作用することで中胚葉組織が分化する（中胚葉誘導という)。ノーダル$^{+/-}$同士を交配させて得たノーダル$^{-/-}$の胚(nn)は，ノーダルが分泌されず致死となる。しかし，nnの細胞とNNの細胞からなるキメラ胚では，nnの細胞があらゆる組織に分布するにもかかわらず，正常に発生することができる。これは，キメラ胚に含まれる野生型由来の細胞から，中胚葉誘導を行うのに十分な量のノーダルが分泌されたからと考えられる。

(3)アクチビンはビーズから周囲に向かって拡散し，濃度勾配を形成する。図3右の場合，ビーズ近傍の細胞は高濃度のアクチビンを受け取るためグースコイド遺伝子が発現し，より遠方の細胞は低濃度のアクチビンを受け取るためブラキウリ遺伝子が発現すると考えられる。リード文にもグースコイドとブラキウリ遺伝子発現の位置関係があり，設問文中に「放出部位からの位置と関連付けて」とあるので，ビーズからの距離を意識して述べるのがよい。

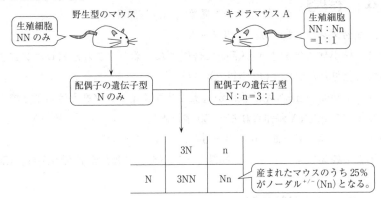

4　**解答**　問1．ア．ヒストン　イ．ヌクレオソーム
ウ．クロマチン繊維　エ．核膜孔
オ．調節タンパク質　カ．リボソーム

問2．核小体ではrRNAが活発に合成されており，これがピロニンによって染色されたから。(40字以内)

問3．1種類のmRNA前駆体が選択的スプライシングをうけることで，複数種類のmRNAが作られる。(50字以内)

問4．(1)　(A)―Ⅰ・Ⅲ・Ⅳ　(B)―Ⅱ　(C)―Ⅴ　(2)―(c)

(3)細胞の種類によって発現する調節タンパク質の種類が異なるから。(30字以内)

◀解　説▶

≪遺伝子発現の調節，調節タンパク質のはたらき≫

▶問1．クロマチン繊維の高次構造は，ヒストンやDNAの化学修飾によって変化する。たとえば，ヒストンの特定のアミノ酸がアセチル化されると，クロマチン繊維が緩んで転写が起こりやすくなる。また，DNAがメチル化されると，クロマチン繊維が密に折りたたまれて転写が起こりにくくなる。

▶問2．メチルグリーンはDNAを青緑色に染色し，ピロニンはRNAを桃色に染色する。核小体ではrRNAが活発に合成されているためピロニンで染色されるが，核の中の核小体以外の部分はDNAが主なのでメチルグリーンで染色される。

▶問3．1つの遺伝子から転写されたmRNA前駆体がスプライシングをうけるとき，取り除かれる部分が変化することで複数種類のmRNAが作られ，その結果，複数種類のタンパク質が合成される（選択的スプライシング)。

▶問4．(1)上流領域の配列Ⅰ～Ⅴについて，GFP蛍光量（転写量）を1目盛り増加させる場合は＋1，1目盛り減少させる場合は－1，影響なしの場合は0と表すことにする。Ⅰ～ⅤまですべてないDNA 6を基準に5～1の順に見ていくと，この場合，Ⅰは＋2，Ⅱは－1，Ⅲは＋2，Ⅳは＋1，Ⅴは0となる。

(2) DNA 6のように，GFP遺伝子の前にプロモーター配列しかない場合は＋1となる。よって，DNA 7ではⅠ（＋2)，Ⅳ（＋1)，プロモーター

（+1）をもつので，GFP 蛍光量は 4 目盛りとなる。DNA 8 では，Ⅱ（−1），Ⅳ（+1），プロモーター（+1）をもつので，GFP 蛍光量は 1 目盛りとなる。DNA 9 では，Ⅲ（+2），Ⅴ（0），プロモーター（+1）をもつので，GFP 蛍光量は 3 目盛りとなる。

⑶設問文の冒頭に，「遺伝子の転写は，複数の調節タンパク質によって制御される」とある。たとえば，細胞 Y では，配列 I に結合する調節タンパク質が存在していたため，DNA 1 の GFP 蛍光量は DNA 2 よりも大きくなる。ただし，細胞の種類によって発現する調節タンパク質の量や種類は異なる。そのため，別の種類の細胞に図 1 の各 DNA を導入すると，図 2 と違う結果が得られることもある。

5 解答

問 1．ア．相利共生
イ．寄生，被食者—捕食者相互関係
ウ．片利共生　エ．種間競争

問 2．ア—(b)・(e)　イ—(d)・(j)　ウ—(g)・(i)　エ—(a)・(h)

問 3．下線部②の説明：生物群集内に 1 種類しか存在していなかった生産者が絶滅した。(30 字以内)

下線部③の説明：生物群集内で複数のニッチを占めていた生物種が絶滅した。(30 字以内)

問 4．•天敵が存在しないから。(20 字以内)
•繁殖力が強く，競争に強いから。(20 字以内)

問 5．侵略的外来生物

問 6．交雑で生じた雑種が再び純系の沖縄亜種と交雑し，生じた雑種がさらに純系の沖縄亜種と交雑するという現象が続いていくから。(60 字以内)

◀解　説▶

≪個体群間の相互作用，外来生物≫

▶問 1．イ．一方が+で，もう一方が−の場合としては，寄生や被食者—捕食者相互関係がある。ただし，この設問では複数回答も可とあるので，両方を解答してもよいし，一方だけを解答してもよい。

エ．種間競争は両種にとってマイナスの影響を与える。たとえば，ゾウリムシとヒメゾウリムシを混合飼育すると，競争的排除が起こりゾウリムシは絶滅する。この場合，生き残ったヒメゾウリムシは，単独飼育したときに比べて増殖率が低下している。

▶問2．ア～エの例を以下にまとめておく。

ア．相利共生	(b)レンゲと根粒菌　(e)シロアリと腸内微生物
イ．被食者ー捕食者相互関係 寄生	(d)シマヘビとヌマガエル (j)新型コロナウイルスとヒト
ウ．片利共生	(g)コバンザメとジンベイザメ (i)ソメイヨシノと地衣類
エ．種間競争	(a)イワナとヤマメ　(h)チーターとアフリカライオン

(a)・(c)種間競争は生態的地位（ニッチ）が類似する種間で起こる。イワナとヤマメはすみわけを行うことで（生態的地位を少し変えることで），同じ地域に共存することができる。一方，スダジイは照葉樹林の極相種で，ブナは夏緑樹林の極相種なので，同じ地域で両者の間に種間競争が起こることは考えられない。

(e)シロアリはセルロースを分解する微生物を腸内に共生させており，この微生物がセルロースを分解したときに生じた物質の一部を栄養素として利用している。一方，腸内微生物はシロアリからえさやすみかを得ている。

(i)地衣類は菌類と藻類などが共生したもので，この両者は相利共生の関係にある。地衣類はさまざまな場所に着生することが可能で，樹木に着生すると，樹木の表面から水分を得たり，光を得やすい環境を得たりしている。一方，多くの樹木にとって地衣類の着生はプラスにもマイナスにもならない。

(j)ウイルスは生物ではないが，この設問では生物と同様に考えるように指示されている。

▶問3．生物群集内のすべての一次消費者に捕食されていた唯一の生産者（植物）が絶滅すると，残りすべての生物種が絶滅することもある。また，複数のニッチを占めていた生物種が絶滅すると，周囲から多くの種が移入して種数が増えることもある。

▶問4．外来生物が移入された生態系には，その生物を捕食する天敵や寄生者がいない場合がある。また，外来生物からの捕食や，外来生物との競争などに対して在来生物が防御機構をもたない場合もある。このように，外来生物と在来生物の間に個体数を調節する関係がなければ，外来生物が一挙に増えてしまう。

▶問５．移入先の生態系や人間の活動に与える悪影響が特に強い種を侵略的外来生物という。ちなみに，日本で 2004 年に制定された外来生物法では，このような生物を特定外来生物として指定しているが，全世界で重大な環境問題とあるので，「侵略的外来生物」を解答とすればよい。

▶問６．本土亜種と沖縄亜種の交雑で生じた雑種が，純系の沖縄亜種と交雑し，こうして生じた雑種が，さらに純系の沖縄亜種と交雑していくと純系の沖縄亜種の個体数はどんどん減少していくことになる。

❖講　評

1　光受容体と種子の発芽に関する問題。問１はどれも基本的であり完答したい。問２の「葉緑体の定位運動」は一部の教科書にしか記載がなく，やや難である。問３は基本的。問４は多くの受験生が苦手とする実験設計問題であった。目的の遺伝子を破壊するか，または目的の遺伝子を導入する実験を考えればよいが，なかなか難しい。問５は典型頻出問題であり，正解したい。

2　ホルモンのはたらきと血糖濃度の調節に関する問題。問１はどれも基本的であり完答したい。問２は典型頻出問題で，論述しやすかったと思われる。問３のⅡ型糖尿病の原因はやや書きづらかったかもしれない。標的細胞の感受性の低下について論述できれば十分と思われる。問４もまた典型頻出問題であり，ぜひとも正解したい。

3　発生のしくみとキメラマウスに関する問題。問１・問２はどれも基本的であり完答したい。問３では，β カテニンの濃度勾配について正確に覚えている受験生は少なかったと思われる。問４は基本的。問５の(2)は近年よく出題されるようになった論述問題であるが，慣れていないと難しい。問６のキメラマウスを苦手とする受験生は多く，解答に時間がかかったと思われる。ただ，(3)は正解したい問題である。

4　遺伝子発現の調節と調節タンパク質に関する問題。問１はどれも基本的であり完答したい。問２は核小体で rRNA が合成されていることに気づけば，さほど難しくはない。問３は典型頻出問題であり，正解したい。問４の(1)と(2)もまた頻出問題で，類題を解いたことがある受験生にとっては平易な問題だったと思われる。(3)は，細胞ごとに調節タンパク質の有無が異なることに気づいてほしいが，やや難である。

5　個体群間の相互作用と外来生物に関する問題。問 1 は基本的だが，イに当てはまる解答が複数あり，迷ったと思われる。問 2 は教科書に記載されていない種間関係が多く，選びにくい。問 3 の下線部②は「生産者」に，下線部③は「複数のニッチを占める種」に関して書けばよいが，なかなか気づきにくい。問 4 の「在来種との競争」についても，やや書きづらかったと思われる。問 5 はやや難である。問 6 は交雑によって生じる雑種が新たに交雑することで，遺伝子汚染が広がることに気づいてほしい。

2021 年度は，2020 年度に比べて空欄補充問題は増加したが，基本的な知識を問うものが多かった。総論述字数は 540 字から 710 字に増加したが，これも基礎～標準レベルであった。また，難しい実験考察問題や計算問題も減少し，全体としてはやや易化した。ただ，字数制限の少ない論述問題が多かったので，ポイントを踏まえた簡潔な答案を書く力が求められる。

地学

1 解答

問1．A：S波　B：P波

問2．(c)

問3．8.0km/s

問4．かんらん石，輝石

問5．(d)

◀解　説▶

≪地震波速度と地球内部の構造≫

▶問1．地震が発生すると，縦波で伝播速度が速いP波と横波で伝播速度が遅いS波が全方位に伝わる。図1のBはAよりも同時刻に遠くまで伝わっているのでBは伝播速度が速いP波，Aは伝播速度が遅いS波である。

▶問2．AのS波は横波で，ずれが伝わって進行するため，液体金属からなる外核を通過できない。そのため，角距離 103° 以遠にAは到達しない。BのP波は縦波で，圧縮が伝わって進行するため液体金属の外核も通過できるが，液体中では進行速度が遅くなるために外核表面で大きく屈折する。このため，角距離 103° から 143° の間にはBは到達できず，143° 以遠になると再び観測される。

▶問3．求めるBの速度を v〔km/s〕とすると

$$v=\frac{\dfrac{2\times 3.14\times 6400}{360}}{14}=7.97\fallingdotseq 8.0\text{〔km/s〕}$$

▶問4．上部マントルは主にかんらん岩からなると考えられており，かんらん岩の主な構成鉱物はかんらん石と輝石である。かんらん石の組成は $(Mg,\ Fe)_2SiO_4$，輝石の組成は普通 $(Ca,\ Mg,\ Fe)_2Si_2O_6$ と表され，鉄とマグネシウムを様々な割合で含む固溶体の性質を持っている。

▶問5．地殻とマントルの間には地震波速度の不連続面が存在し，地殻よりもマントルの方が速度が速い。このとき，地表付近の地殻を伝わる直接波とモホ面（地殻とマントルの境界）で屈折する屈折波が同時に到着する震央距離L以遠で，直接波よりも屈折波の方が先に観測地Oに到達するこ

とになる。

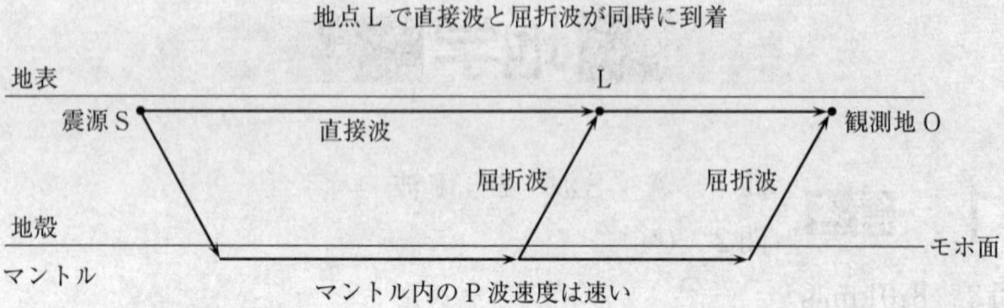

したがって，走時曲線は震央距離Lの地点において折れ曲がり，Lまでの傾きの逆数が地殻を伝わるP波の速度を示し，L以遠の部分の傾きの逆数がマントルを伝わるP波の速度を示す（右図）。

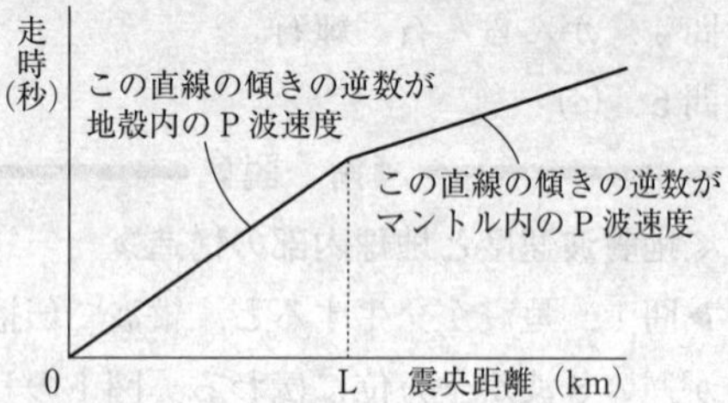

選択肢のうち走時曲線(a)は折れ曲がる向きが逆なので不適。(b)は折れ曲がった後の傾きがほぼない（速度が速すぎる）ので不適である。(c)は L＝100km で折れ曲がり，L以遠の速度は (300－100)÷(42－35)≒29〔km/s〕となり，マントルを伝わる地震波速度としては速すぎる。（このことは，図1のたとえば角距離 90° 付近に到達するBが十数分かかることから判断できる。）一方，(d)はLまでの速度は 170÷30≒5.7〔km/s〕，L以遠の速度は (300－170)÷(42－30)≒11〔km/s〕となり，妥当な値となる。

2 解答

問1．ア）グループ名：シダ植物
具体名：ロボク，リンボク，フウインボクなどから1つ
イ）―(c)
問2．ア）CO_2　イ）O_3
問3．被子植物
問4．温暖な海洋で繁栄したプランクトンの遺骸が，酸素欠乏状態の海底で分解されずに地層中に蓄積され，石油資源へと変化した。(60 字以内)
問5．維管束

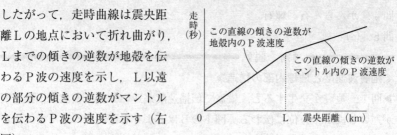

◀解　説▶

≪過去の地球大気中の酸素量と生命≫

▶問１．ア）矢印Ａの時代は約３億年前から３億6000万年前の時期であるから古生代石炭紀である。石炭紀にはロボク，リンボク，フウインボクなどの大型のシダ植物が繁栄した。これらの遺骸が世界各地に堆積し，現在の石炭のもととなったと考えられている。

イ）矢印Ａの時代には，大気中の酸素濃度が高かったことが原因で昆虫が大型化したと考えられ，当時の地層からは体長60cmにも成長したトンボの仲間であるメガネウラの化石が見つかっている。

▶問２．ア）矢印Ａの時代には，繁栄したシダ植物の光合成によって大気成分のCO_2（二酸化炭素）が著しく減少した。

イ）大気中の酸素濃度が上昇すると，上空で太陽からの紫外線によって酸素の分子(O_2)が２つの原子(O)に分解し，分解した１つの酸素原子が酸素分子と結合することでオゾン(O_3)ができる。

▶問３．矢印Ｂの時代は約6600万年前から１億4500万年前の中生代白亜紀である。この時期に陸上に出現した植物のグループは被子植物である。

▶問４．中生代は全般に温暖な気候であり，植物プランクトンが繁栄しやすい状況にあった。さらに，中生代には世界的な低酸素状態が起こり（海洋無酸素事変），その時期に堆積した植物プランクトンの遺骸は酸化されずに有機物として地層に含まれることとなった。これらの地層は黒色頁岩として世界各地に存在し，多くの油田に石油資源を供給する根源岩となっている。

▶問５．陸上に進出した植物は，乾燥から身を守らないといけない。そのため，乾燥に耐えうる表皮をもち，茎の内部には根から吸収した水分を枝葉各部に行きわたらせるための維管束を発達させた。

3 解答

問１．ア．ハドレー　ウ．ジェット

問２．(d)

問３．(a)

問４．(b)

問５．背の高い高気圧では周囲より気圧が高いが，背の低い高気圧では周囲より気圧が低い。(40字以内)

問６．シベリア高気圧から吹き出た冷たく乾燥した空気が日本海上を通過する際に，水蒸気が供給されて湿った空気へと変質する。この空気が日本海側の山地にぶつかって強制上昇すると，断熱膨張で温度が下がり雲が発生する。(100 字以内)

◀解　説▶

≪対流圏の循環≫

▶問１・問２．ア．赤道熱帯域で温められた空気は上昇し，圏界面付近で高緯度へ向かうが，地球自転の影響で亜熱帯で地表付近へと降下し，貿易風として再び赤道熱帯域へと向かう。この，低緯度における大規模な鉛直循環をハドレー循環という。

イ・ウ．中緯度にある偏西風帯では対流圏の上部へいくほど気圧傾度力が大きくなって強風が吹く。この風は冬季には風速が秒速 100m に達することもあり，この強風帯をジェット気流という。ジェット気流には偏西風帯の高緯度側にある寒帯前線ジェット気流と低緯度側にある亜熱帯ジェット気流の２種類がある。

エ．ジェット気流は蛇行しながら極を取り巻くように一周するが，季節によって位置を変える。北半球の亜熱帯ジェット気流は夏季には北緯 45° 付近にあるが，冬季になると低緯度側に移動し，北緯 30° 付近に存在することが多くなる。

▶問３．北半球の温帯低気圧は反時計回りの循環をしており，地表付近の偏西風波動が南へ張り出した部分の一部を担っている。このとき，温帯低気圧の西側では北側の寒気を南方へ運び，東側では南側の暖気を北方へ運ぶことで，南北方向の熱輸送を行っている。

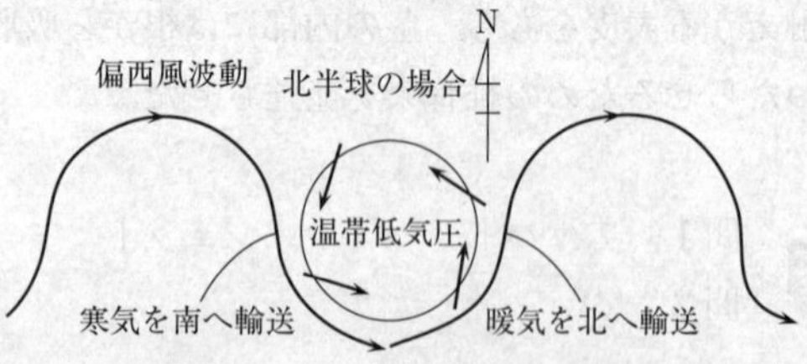

▶問４．冬季のアジア大陸では，太陽の南中高度が低くなって日射量が減少する。さらに，夜間に放射冷却によって対流圏下層の大気が冷やされ，非常に低温の寒気が広範囲に生成される。

▶問５．一般に，背の低い高気圧は地表の放射冷却によって対流圏下層が低温化して密度が大きくなったものである。低温な空気層の厚さはせいぜい３km ほどであり，それより上空では高気圧としては認められず，むしろ周囲よりも気圧が低い状態になっている。一方，背の高い高気圧はハドレー循環の下降域のように対流圏上方に大気の質量が集積し，そこから大気が沈降して圧力増加をもたらす。このため，対流圏上部においても高気圧として存在している。

▶問６．シベリア高気圧からは，乾燥した非常に強い寒気が日本海へと吹き出してくる。日本海には南方から暖流である対馬海流が流入しており，乾燥した寒気に熱と水蒸気を供給する。その結果，寒気は温められ，飽和水蒸気量も増えて湿った大気へと変質する。これが日本海上で積雲となり，日本海側で山にぶつかって大量の雨や雪を降らせることになる。

4　解答

問１．ア．ヘリウム　イ．ガンマ線
ウ．コロナホール　エ．フレア
オ．コロナ質量放出　カ．磁気嵐　キ．デリンジャー現象

問２．(c)

問３．黒点には強い磁場が存在する。この磁場を通る磁力線が，太陽内部から対流によって表面に運ばれる高温のガスの流れを妨げるため，黒点の温度は周りの光球の温度よりも低くなる。(100 字以内)

問４．木星（水星，土星，天王星，海王星も可）

◀解　説▶

≪太陽の内部構造と太陽活動≫

▶問１．太陽の中心核では，水素原子４個から１つのヘリウム原子核が生成される核融合反応が起こっている。この時に放射されるガンマ線は非常に波長の短い高エネルギー電磁波であり，太陽活動のエネルギー源となっている。

太陽大気は光球から 2000km 付近を境として急激に高温になっていき，100 万 K を超える温度をもつコロナへとつながっている。高温のコロナ観測にはエックス線が用いられるが，詳しく調べると部分的に暗い領域が見られる。この部分はコロナホールとよばれ，そこから高速の太陽風が放出される。

太陽表面で，特に磁場の極性が入り組んだ黒点群付近で巨大なエネルギーが爆発的に解放されることがあり，これをフレアという。フレアに伴ってコロナからプラズマの塊が高速で放出される現象があり，これをコロナ質量放出という。放出されるプラズマの塊の速度は平均で 500 km/s ほどであり，2000 km/s を超えることもある。これが地球に到達すると地球磁場が乱されて磁気嵐が起こる。また，フレアに伴って放出されるエックス線や紫外線は地球の電離層に影響し，長距離通信の障害を引き起こす。この現象はデリンジャー現象とよばれる。

▶問２．太陽の構造は，核融合反応が起こっている中心核とそれを取り巻く放射層，さらにその外側の対流層からなる。

中心核から放射されたガンマ線は順次波長の長いエックス線，紫外線へと変化しながらエネルギーを運び，対流層の下部を加熱する。

ここからはエネルギーがガスの対流によって運ばれるようになり，ガスは上昇する。上昇したガスは圧力が低下するため膨張し，ガスの内部エネルギーが減少することで冷却されて低温になっていく。低温になったガスは下降して再び対流層の下部へともどる。

太陽の内部構造

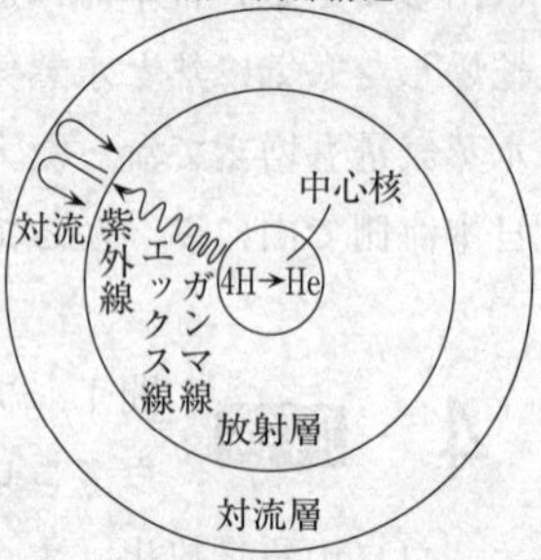

▶問３．光球の内部を観測すると，黒点の下部約 5000 km 付近までは低温であり，さらにそれよりも深い部分には高温の領域があることがわかっている。この高温の領域では，黒点の磁場を通る磁力線によって上昇してくる高温のガスの対流が妨げられていると考えられている。

▶問４．太陽系の８つの惑星のうち，固有の磁場をもたないのは金星と火星だけであり，他の惑星は磁場を有している。特に，木星は地球の磁場の約２万倍の磁場を有している。

❖講　評

2021 年度も大問４題で理科２科目 150 分の構成であった。

1 は地震波の走時曲線についての問題であった。問２では影の領域が生じる理由を問われた。基本事項であるので迷わずに解答したい。問５は地震波速度を定量的に計算しながら考察する必要があり難しい。

2 は地質時代における大気組成と生物に関する問題であった。問 4 は石油の成因について問われ，有機物が低酸素状態で分解されずに地層中に固定されたことを論述するには字数制限が厳しかった。

3 は対流圏の循環についての問題であった。問 6 ではシベリア高気圧から吹き出す風が変質することと，日本の山地による強制上昇についてふれることが必要だろう。

4 は太陽の構造と活動についての問題であった。問 2 は中心核からのエネルギーの流れを正しく把握し，対流過程を物理学的に理解していれば平易である。

2021 年度は全体的な論述量は例年に比べて少なく，計算問題も 1 に見られただけであった。そのため，2021 年度に関しては時間的な余裕があっただろうが，もう少し論述と計算に時間がかかることも想定して，十分な論述対策と計算問題に対する備えが必要である。

ことを理解し、これらを組み合わせて記述を行う。

❖講　評

一（現代文）は人間文化における「模倣」の役割や意味を、宮沢賢治の文学をからめて説明した文章。内容は標準的で論理も明快である。設問は傍線部前後の正確な読解を踏まえたオーソドックスなものが中心で、困難さを感じるものはなかった。ただしいずれの設問も傍線部の記述の正確な理解が前提となっており、傍線部内の一部のキーワードだけではなく、傍線部の内容全体を正確に反映した記述が求められている点には、十分な注意を払う必要がある。

二（現代文）はアンドロイド製作の過程で得られた「人間の条件」に関する知見を論じた文章。論旨は明確で読解は困難ではない。設問はいずれも作り込まれたもので、要求の内容を慎重に分析する必要がある。問1は慣用表現についての説明問題で、過去にも同傾向の問題が複数回出題されている。問5は「ここでも」の並列関係をきちんと解答に反映させる必要がある。問6は〈何から何まで〉の意味するところを正確に分析して解答に反映させることが求められている。

係を感じ、人間に見つめられたときのような気持ちにさせられた（＝たじろいだ＝目をそらしたくなった）〉と理解し、これらを重ね合わせて記述を行う。

▼問5　まず傍線部の「ここでも」という語に注目し、「ここ」の中身と「でも」という〈並列関係〉の中身を前部で確認すると、一段落前に「アンドロイドを初めて見た人は、たとえそれが人間でないと分かっていても、平気で触ることができない」とあるので、これが「ここ」の中身だと理解する。またこの段落冒頭が「もう一点」とあるので、その前にある〈最初の一点〉が「でも」の根拠であると考えてさらに前部を見ると「相手がアンドロイドなら目を反らした」とあるので、ここから〈目を反らすこと〉と〈平気で触らないこと〉とが〈並列関係〉であると理解する。次に傍線部の「生きた人間であることの証」と「対面性」との関係について、「対面性」という語を軸にして前後を確認すると、前部に「触れることをためらわせるのは…対面的磁場に由来する倫理性である」とあり、後部に「対面的磁場、すなわち倫理性の成立」「対面時には倫理性のハードルはより高い」とあるので、ここから〈対面的磁場において倫理性が成立していることが、生きた人間であることの証（＝条件）である〉と理解する。その際、先程確認したように「たとえそれが人間でないと分かっていても」という記述があるので、これを〈生きた人間であることの証はそれが人間であるかどうかには存在しない〉というかたちでまとめ、これらを重ね合わせて解答を作成する。

▼問6　まず、傍線部の「なぜ（何から何まで）似ていなければいけないのか」という問いを〈何が似ていればよいのか〉と〈何が似ていなくてもよいのか〉という二つの問いに分解して、それぞれ対応する箇所を確認する。〈何が似ていればよいのか〉については一段落後に「どうしても必要なのは目である」「目だけは人間らしいものでないと」「目が十分に人間らしければ」「〈人間〉を感じさせる最少の要素」「対面性を実現すれば足りる」とあるので、これらをまとめて〈《人間》を感じさせるには対面性を実現させれば十分であって、その最少の要素としては「目」が人間と似ていればよい〉と理解する。そして〈何が似ていなくてもよいのか〉については前部に「人間との外面的な類似要素を最少限にまで切り詰めた」とあるので、ここから〈「目」以外の外面的な要素は人間と似ている必要はない〉

在感』に直結」の説明〉の三つがあることを理解する。まず「こうした微細な動き」については前部の「無意識的微小動作」であり、その前後からこの動きが「何もしていないときの人間のかすかな動き」であり、石黒は「これを人工的に作り出す」「再現する」ことに成功したとあるのを押さえる。次に「顔かたちの似姿以上」とは通常人間が対象を〈人間と似たもの〉と認識する際の基準であることであり、「無意識的微小動作」がそれ（＝姿が似ていること）以上の基準となっていることを意味すると理解する。最後に「人間の『存在感』に直結」とは、人間が対象を〈人間らしい存在である・人間である〉と思う直接の要因である、という意味であるのを理解する。以上のポイントをまとめて記述を行う。

▼問３「これ」の端的な言い換えは前部にある「熱ゆらぎ＝ノイズ」であるが、これを詳しく説明したものが解答になると理解し、その説明を前部でさがすと、まず「生体はそもそも分子レベルでつねに『ゆらいで』いる」「筋肉のなかではアクチンとミオシン（分子モーター）が『ふらふらと動いている』」とあるので、これらをまず押さえる。次に「生体はこれを積極的に活用」「『いい加減』が生物の柔軟性の真髄だ」とあるのでこれらを〈生体が積極的に活用する〉〈生物の柔軟性の根源である〉と押さえる。最後に「この『ゆらぎ』が肉眼で見える運動であるはずはないが」とあるので、これらをまとめて解答を作成する。

▼問４　まず傍線部の「成功したアンドロイド」とはどのようなアンドロイドのことなのかを前部で確認すると「石黒が作ったアンドロイドがいかに人間に近いものとして受容されたか」「アンドロイド作りの成功度は、それが対面的磁場を成立させるか否かにかかっている」とあるので、ここから〈成功したアンドロイドとは、対面者が人間に近いものとして受容するような対面的磁場を成立させたアンドロイドのことである〉と理解する。次に「まなざしに人はたじろぐ」のはなぜなのかを考えるために石黒の発言部分を見ると「人と話しているときに…じっと見続ける人はいない」「目をそらすという動作が出てくるのは、相手が人間で、互いに社会的な関係があるとき」とあるので、ここから〈対面者は成功したアンドロイド（＝石黒の作った、対面的磁場を成立させたアンドロイド）に対して社会的な関

問4　対面者は人間に酷似したアンドロイドに対して、人間同士の場合と同様の社会的な関係を感じ、対面的磁場の中で人間に見つめられたかのような気持ちにさせられるから。

問5　人間に酷似したアンドロイドに対して目を反らし、平気で触らないということからもわかるように、生きた人間であることの証は実際に相手が生きた人間であるかどうかということには存在せず、対象とのあいだに対面的磁場が成立し、その中で向き合った対象に対して対面者自身が倫理性を感じているかどうか、という点に存在するということ。

問6　ロボットに〈人間〉を感じさせるためには対面性を実現すれば足りるのであって、その対面性の根拠の最少要素である目だけを人間らしくすればそれ以外の外面的な要素を人間に似せる必要はないのではないか、という問題意識。

◆要　旨◆

生きている人間の身体はつねに動いている。この微細な動きは顔かたち以上に人間の「存在感」に直結しており、対面性を下支えしている。石黒浩は「無意識的微小動作」を人工的に作り出したアンドロイドを作ったが、人々は彼のアンドロイドと対面したとき、人間に対するときと同じように目を反らしたり、接触を躊躇したりした。人々は彼の作ったアンドロイドに、人間と接するとき同様の対面的磁場に由来する倫理性を適用したのである。現在石黒は〈人間〉を感じさせる最少の要素は「目」だと考え、対面性が実現できれば人間性として足りるという前提でロボットを作っている。

▲解　説▼

▼問1　「…とはよくいったものだ」は、物事の性質や状況などを、「…」の言葉が的確に説明している、という場合に用いる表現である。「Aさんの能力は、他の人なら絶対に真似できない努力によって身につけられた。『努力の天才』とはよくいったものだ」といった用いられ方をする。今回は「動物」という言葉が傍線部直後にある「他者に動かされるのではなく、みずから、ひとりでに動くもの」という動物の本質を、的確に言い表しているという意味で用いられたと理解して記述を行う。ちなみに「…とはよくいったものだ」の類義語に「言い得て妙」がある。

▼問2　解答の要素として〈「こうした微細な動き」の説明〉〈「顔かたちの似姿以上」という比較の説明〉〈「人間の『存

残している〉という状態を「根っこ」と言っているのだと理解し、これらをまとめて記述を行う。

▼問6　まず直前の一文が傍線部と〈だから〉という語で接続可能な関係であることを理解し、これを理由の一部とする。またこの直前の文の「文字とは…記号的符牒にすぎません」の部分が一段落前の「文字化され、抽象化された音声記号になってしまう」と〈類似関係〉にあることを理解し、その後にある「言語のミメーシス的な根っこはあまり意識されません」が傍線部に対応していることを確認する。そして今度は〈なぜ意識されないのか？〉という観点から傍線後部の宮沢賢治の話を見ると、「宮沢賢治を読み…触れることは…彼の書きつけた文字そのものの『模倣性』を、私たちがなぞり、身体的なミメーシスの感覚によってたどりなおす行為でもあるのです」「賢治はそのような深い模倣の実践を…私たちに誘いかけています」とあるので、これを反転させて〈宮沢賢治を読み、触れるといったような、文字そのものの「模倣性」を身体的なミメーシスの感覚によってたどりなおすような実践の機会を、私たちは持てない〉ので、そうした実践によって得られるはずの「感性」が「急速に失われようとして」いるのだと考え、これらをまとめて記述を行う。

二

出典　大浦康介『対面的―〈見つめ合い〉の人間学』〈55　アンドロイド〉（筑摩書房）

解答

問1　「動物」という語は「動く物」という意味だが、この語は他者に動かされるのではなくみずからつねに動くものであるという動物の本質を的確に言い表しているということ。

問2　アンドロイドで人工的に作り出された「無意識的微小動作」による人間のかすかな動きの再現がなければ、顔かたちといった外見上の類似性だけでは、アンドロイドを端的に「人間らしいもの」と人間に思わせられないということ。

問3　肉眼で見える運動ではないが、生物が積極的に活用し、生物の柔軟性の真髄となる、筋肉内でアクチンとミオシンによって作られる分子レベルでの熱運動。

いうことになる。

▼問3　前部の二つの具体例を分析してまとめ直す。一つ目の「航海術」のポイントは「全身体的な感覚を動員して天体の『星』の配置を読みとり」「それを…自らの方向感覚へと投影する」であり、二つ目の「占星術」のポイントは「天体を読む」「それをみずからの身体や世界イメージへと類似の原理によって結びつけてゆく」である。ここから〈行為としての「星を読む」〉とは〈全身体的な感覚を動員して「星」の配置を読み取る〉ということで、〈「読む」の意味するところ〉は〈「星」の配置を自らの方向感覚・身体・世界イメージへと類似の原理によって結びつけて認識・確認する〉ことだと理解する。

▼問4　「系統発生」「個体発生」は生物学者ヘッケルの用いた語で、「系統発生」とは〝それぞれの生物が過去から現在まで経てきた進化の過程〟、「個体発生」とは〝受精卵が分裂・成長し成体になるまでの過程〟のことを指す。傍線部の「系統発生的歴史」に関して前段落のポイントを押さえると「人間…は野生のテリトリーとの精神的な関係を築く必要」「鹿の所作をダンスとして真似し」「芸能を創造」「自然…を文化…の側へと架橋することで…文化的な創造行為の第一歩を踏み出す」とある。この構図を踏まえて今度は傍線部の「個体発生的な道筋」に関して傍線後部のポイントを押さえると「幼少時の遊び…模倣的な行動様式」「模倣遊戯のなかで、人間文化は『創造』という実践へと踏み出す」とあるので、こうした共通点を踏まえつつ〈人間の歴史が個人の歴史で反復されている〉という形で記述をまとめる。

▼問5　傍線部の「ミメーシス（＝模倣）」「根っこ」という語を念頭に置いて後部を確認すると「擬声語や擬態語…模倣的な肉体性・物質性を色濃く残している」「文字もまた…身体（おもに手）を介して表現される日常の技芸…という点で、身体的ミメーシスとしての内実を深いところで維持している」とある。「擬声語や擬態語」は〈対象を模倣している〉という点で「模倣的な肉体性・物質性」に関わり、文字も〈手を介して対象を表現する〉という点で「身体的ミメーシス（＝模倣）としての内実を深いところで維持している」。この言語が〈内実として深いところで維持し、

◆要　旨◆

「模倣」は人間文化における創造性の根源にあるものとして捉えられてきた。その中でも「舞踏」はその技法がもっとも深く探究された領域だった。人間は野生動物の所作を模倣しながら、自然のなかにみなぎる力を文化の側に組み込もうとした。身体的なミメーシス（模倣）は森羅万象と自己とのあいだに呪術的・霊的な照応＝交感の関係を打ち立てるが、その最終的な創造物が「言語」である。現代社会では、文字は情報伝達のための記号的符牒にすぎないが、宮沢賢治を読むことは文字の「模倣性」を身体的なミメーシスの感覚によってたどりなおす行為でもある。

▲解　説▲

▼問1　「読む」には〝（外面にあらわれたものから）了解し、自分のものとする〟という意味があり、今回の「読む」はそうした意味で用いられていると考えられる。「舞踏」については第四段落に詳細な説明があるので、この部分からポイントを拾っていくと「原初の人間が野生の自然…に文化を創造してゆこうとする」「野生動物の所作を模倣」「野生動物としての鹿へと変身」「神でもある鹿の身振りを模倣」「精霊たちのすむ領域へと入り込んで」「神や精霊と交流し、世界を蘇らせる」「自然のなかにみなぎる力を文化の側に組み込もうとした」とある。これらを傍線部に即して考え直すと〈野生動物の所作を模倣する、という外面的な行為（＝舞踏）を通して、背後にある精霊の領域へと入り込んで、自然の力を文化に取り込む（＝読む）〉となる。これらを踏まえて記述を行う。

▼問2　「内臓感覚を、生命記憶の源泉として意識する」という記述を念頭に置きながら後部を確認すると、「洞窟のような暗闇の空間…内臓感覚を外化」「洞窟壁画とは、当時の動物の形態を洞窟の壁面に模写」「野生の世界へと浸透」「自然の一部としての自己を確認」「外化された内臓（＝洞窟）のなかにみずからの生命体としての記憶を刻印」とある。これらを〈因果関係・時系列順〉に合わせて整理し直すと〈当時の動物の形態を洞窟（＝外化された内臓）の壁面に模写することで、（動物の背後にある）野生の世界へ浸透し、自分が自然の一部であるという生命体としての記憶（＝生命記憶の源泉としての内臓感覚）を確認する〉ことが「内臓感覚を、生命記憶の源泉として意識する」と

一

出典　今福龍太『宮沢賢治　デクノボーの叡知』＜Ⅱ　模倣《ミメーシス》の悦び―〈動物〉について　身体的ミメーシスの技法＞（新潮選書）

解答

問1　人間が、神でもある野生動物の所作を外面的に模倣して背後の精霊の領域へと侵入し、神や精霊と交流しながら自然の力を文化の側に組み込もうとすること。

問2　人類が洞窟の壁面に動物の形態を模写して身体感覚を外化することを通じて野生の世界へと浸透し、自然の一部としての自己の、生命体としての記憶を確認していくということ。

問3　人間が全身体的な感覚を動員して天体の「星」の配置を読み取り、それを類似の原理によってみずからの身体や世界イメージ、あるいは方向感覚へと投影すること。

問4　野生動物の所作の模倣を通じて自然を文化の側へと架橋し文化的な創造行為を行ってきた人間の歴史が、幼少時の模倣的な行動様式によって「創造」という実践へと踏み出す様式として個体レベルで繰り返されているということ。

問5　言語はもともと身体を介して表現される日常の技芸であり、外部の対象を音声や身体を通して模倣した肉体性・物質性を根本的内実として維持しているということ。

問6　現代のディジタル化した社会では、文字が情報伝達のための抽象化された記号的符牒となってしまい、ことばそのものの「模倣性」をなぞり、身体的なミメーシスの感覚によってたどりなおす機会を得ることが難しくなっているから。

MEMO

MEMO

MEMO

MEMO

MEMO

MEMO

MEMO

2020年度

解答編

解答編

英語

1 解答 問 1．量の目標を与えられたブレーンストーミングのグループの方が，質の目標のみを与えられたグループよりも，生み出したアイデアの数も多かった（前者 29.88 対後者 14.24）し，目立って質の高いアイデアを生み出した数も多かった（前者 20.35 対後者 10.5）。

問 2．10 分間費やしてペーパークリップの新しい用途について考えてもらった時の回答例であり，2 つの採点基準のうち出てくるアイデアの数は同じでも，思いついたアイデアの多様性に違いがある。

問 3．平均して，恥ずかしい話をするグループは，誇らしい話をするグループを優に上回る成績を収めた。

問 4．(ア)―C　(イ)―D　(ウ)―D　(エ)―A

問 5．全訳下線部参照。

問 6．D

◆全　訳◆

≪アイデアを生み出すブレーンストーミング≫

「ブレーンストーミング」という用語を発明したのは，1940 年代および 50 年代の広告担当役員であるアレックス=オズボーンだった。彼は，素晴らしいアイデアを生み出すチームの能力の存在を熱心に信じていたが，その条件は 4 つのルールに従うことだった。思い浮かんだアイデアは何であれ共有すること，他人のアイデアに基づいて事を進めること，批判は避けること，そして，とりわけ，質ではなく量を追求することである。その後の科学的研究により，オズボーンの直感的判断が正しいことが確認された。彼のガイドラインに従うグループは，そうでないグループよりも創造性を示すからだ。たとえば，ある研究では，量の目標を与えられたブレーンストーミングのグループが生み出した結果は，アイデアの量（平均 29.88)

も質的に抜きんでたアイデアの量（平均20.35）も，質の目標のみを与えられたグループ（平均14.24および10.5）を上回った。

私の同僚であるエリザベス=ルース=ウィルソンとブライアン=ルーカス，そして私は，アイデアの生成が始まってさえいないうちに，人々がよりよいブレーンストーミングに備えることもできるかどうかを調べることに決めた。最初の実験では，1組の参加者に，過去6カ月間に恥ずかしいと感じた時を説明するように依頼した。2組目のグループには，誇らしく感じた時を説明するように依頼した。次に，各個人に10分間費やしてペーパークリップの新しい用途について考えるように依頼した。我々はこう仮説を立てた。量の目標が逆説的に質の高いアイデアを生み出すのとちょうど同じように，恥ずかしい話をすると人々は抑制をやめ，より創造的になるのではないか，と。

我々は2つの基準――流暢さ（彼らが生み出したアイデアの量）と柔軟性（彼らがどれほどさまざまな種類のアイデアを思いついたか）――を使用して，被験者の出した回答を採点した。たとえば，ある参加者はイヤリング，ネックレス，指輪，ブレスレットを提案し，一方，別の参加者はイヤリング，傷口をふさぐもの，芸術作品，ねじ回しを提案した。どちらも4つのアイデアを出したが，2番目の人の方が幅広いアイデアを提案し，柔軟性で優っていた。平均して，恥ずかしい話をするグループは，もう一方のグループを優に上回っており，流暢さで7.4，柔軟性で5.5を記録したが，一方，誇らしい話をするグループの記録は5.9と4.6であった。

我々の2番目の研究では，同じ心的原動力が1つのグループ内でどのように展開する可能性があるかを調査した。成果を語ることが人々に階層や社会的比較について心配させ，創造性を抑えつける場合，そして，弱点について話し合うことが人々に心を開かせ多くのリスクを取らせ，ブレーンストーミングの効率を高める場合に，その効果が大きくなる可能性があるのではないかと我々は考えた。

さまざまな企業や業界の93人の管理職を3人のチームに無作為に割り振り，2つのグループ演習「導入」と「ウォームアップ」のいずれかを行わせた。グループの半分は，恥ずかしい話をし合うように言われた。半分は誇りを感じた瞬間について話した。語るエピソードは本人が関わったもので，過去6カ月間に発生したものでなければならなかった。

同僚と私は，これらの会話の成り行きを注意深く観察した。恥ずかしい話をするように言われた人々は，最初は驚き，不安さえ感じた。しかし，必ず誰かが思い切って口火を切ったものだった（「わかりました，まず私からお話ししましょう…」）。そして，数分以内にグループの3人は大声で笑っていた。対照的に，自慢話をするように言われた人々は，難なく会話を始め，彼らより落ち着いているように見えた。しかしながら，このチームには笑い声はほとんどなく，わずかに丁寧にうなずくだけだった。

10分後，ブレーンストーミング課題を導入した。今回は，段ボール箱の変わった使用方法を可能な限り多く，また10分間で生み出してもらった。同じ採点基準（流暢さと柔軟性）を使ってわかったことは，「恥ずかしい話」のチームは，もう一方のチームよりも15％以上多くの使用分野にわたって26％以上多くのアイデアを生み出したことだった。

心を開いていることが創造性の向上につながった。したがって，ブレーンストーミングセッションの新たなルールを1つ提案しよう。開始する前に，恥ずかしい話をすること。こうすることは，通常は好印象を与えたいと思うであろう同僚の間では特に気まずく思えるかもしれないが，その結果，より広範囲な創造的なアイデアが生み出されるだろう。そして，そのことがきっと彼らに一層の好印象を与えるだろう。

◀解　説▶

▶問1．下線部(1)に後続する部分（brainstorming groups … and 10.5).）に述べられている。英文に忠実に訳すと「量の目標を与えられたブレーンストーミングのグループは，質の目標のみを与えられたグループ（平均14.24および10.5）よりも多くのアイデア（平均29.88）と目立って質のより高いアイデア（20.35）の両方を生み出した」となり，これでは少々わかりにくい。「量を目指すと質も向上する」という主張が読み取れるようにまとめる。

▶問2．第2段第3文（We then asked each …）にあるように，10分間費やしてペーパークリップの新しい用途について考えてもらった時の回答例である。違いについては，下線部を含む文の後続文を参照。第3段第1文（We scored our study …）で述べられた2つの基準——流暢さと柔軟性——に関して，前者は同じでも後者に違いがみられることがわかる。

▶問3．counterpartというのは「対となる二つのうちのもう片方」の意である。the embarrassing-stories group に対するのは the prideful group であるが「誇らしいグループ」ではわかりにくい。これは第２段第２文（In our first experiment, …）のセミコロン（；）以下に説明があるように，「誇らしく感じた時を説明するように依頼されたグループ」のことである。on average は「平均して」の意。また，outperform は「〜よりよい結果を出す，〜をしのぐ」の意。一般に，out は優越を表す接頭辞で，out＋動詞は「〜よりも…する」の意となる。たとえば，outlast「〜より長持ちする（＝last longer than)」，outlive「〜より長生きする（＝live longer than)」，outweigh「〜より重い〔重要である〕（＝exceed in weight〔importance〕)」，outwit / outsmart「〜を出し抜く（＝get the better of)」等がある。

▶問４．(ア) inhibition は「抑制」の意で，ここでは，恥ずかしい思いをした時のことや頭に浮かんだアイデアを話さずにおこうとする心理のことである。C の shyness は「尻込みすること，はにかむこと」なので，意味的に近い。他の選択肢は，A.「野望」，B.「興奮」，D.「恐怖」である。

(イ) quell は「抑えつける，鎮圧する」の意だが，難単語である。この文の前方の「成果を語る」は第２段第２文（In our first experiment, …）のセミコロン（；）以下にある「誇らしく感じた時を説明する」の同意表現である。第３段最終文（On average, …）にあるように，自慢話をした場合は浮かんでくるアイデアの数も少ないし，その質も素晴らしさに欠けるのだから，創造性を D.「抑制する」のだと推測できる。他の選択肢の原形の意味は，A.「正当性を疑う」，B.「高める」，C.「火付け役となる」である。

(ウ) foible は「弱点，欠点」の意だが，難単語である。「(ウ)について話し合うことが人々に心を開かせ…ブレーンストーミングの効率を高める」の部分が，第２段最終文（We hypothesized that …）の「恥ずかしい話をすると人々は抑制をやめ，より創造的になる」の言い換えになっていることに着目する。「恥ずかしい話」とは口に出しにくい話なので，D.「弱点」が同義語だと推測できる。他の選択肢は，A.「業績」，B.「利点」，C.「複雑さ」である。

(エ) compose は「(心・気持ちを）鎮める，やわらげる」の意の他動詞で，その過去分詞形 composed は「落ち着いた，冷静な」の意の形容詞として辞書に記載されている。同義語はA.「落ち着いている」である。他の選択肢は，B.「心配している」，C.「興奮している」，D.「緊張している」である。

▶問5．**As uncomfortable as this may seem**＝Though this may seem uncomfortable「こうすることは気まずく思えるかもしれないが」 文頭のAsはなくてもよい。(As) Young as he is, he is wise.「彼は若いけれども賢明である」のような例文は受験生にも馴染みがあるだろう。なお，thisは直前のTell a self-embarrassing story before you start.を指している。

especially among colleagues you would typically want to impress「あなたが通常は好印象を与えたいと思うであろう同僚の間では特に」 colleagues「同僚，仲間」の後ろにはimpressの目的語としての関係代名詞whomが省略されている。typicallyは「通常は，例によって，一般的に」の意。

the result will be a broader range of creative ideas「結果はより広範囲な創造的なアイデアになるだろう」→「その結果，より広範囲な創造的なアイデアが生み出されるだろう」

which will surely impress them even more「そして，そのことがきっと彼らに一層の好印象を与えるだろう」 whichは前文（またはその一部）を先行詞とする非制限用法のwhichで，and itと書き直せる。このitはthe result will be a broader range of creative ideasを受けている。even moreはmuch「おおいに」の比較級moreをevenで強めたもので「さらに，一層」の意。

▶問6．A.「アレックス=オズボーンは，素晴らしいアイデアを生み出す上で重要なことは，できるだけ多くのアイデアを生み出そうとすることだと考えている」

第1段第2文（He passionately …）の最後に「とりわけ，質ではなく量を追求すること」とある。

B.「筆者と彼女の同僚が行った最初の実験では，結果は彼女らの最初の仮説と矛盾しないことが判明した」

第2段最終文（We hypothesized that …）で「恥ずかしい話をすると人々は抑制をやめ，より創造的になる」という筆者たちの仮説が紹介され，第 3 段最終文（On average,…）で，恥ずかしい話をした場合は浮かんでくるアイデアの数が多く質も高かったという結果が述べられている。

C.「筆者は，人々に恥ずかしい話を前もって話させるようにすれば，流暢さと柔軟性の両方の観点でブレーンストーミングにおいて効果的であると主張している」

第 2 段最終文（We hypothesized that…）に「恥ずかしい話をすると人々は抑制をやめ，より創造的になる」とあり，最終段第 2 文（Thus, we propose…）に「開始する前に，恥ずかしい話をすること」とある。

D.「筆者は，人々は個人的な話を自慢げに語れば一層多くの素晴らしいアイデアを生み出すから，そういうふうに語るように促されている，と述べて結論を締めくくっている」

本文にこのような記述はない。

●語句・構文●

(第 1 段) It was Alex Osborn, an advertising executive in the 1940s and '50s, who invented the term *brainstorming*. は It was ～ who …「…なのは～である」の分裂文（強調構文）が使われている。believe in ～「～の存在を信じる，～の価値を信じる」 brilliant「素晴らしい，卓越した」 provided「もし～ならば，～という条件で」 notably「特に，とりわけ」 strive for ～「～を得ようと努力する」 subsequent「それに続く，後続の」 confirm「確認する，裏づける」 an average of ～「平均して～」

(第 2 段) explore「調査〔研究〕する」 participant「参加者」 embarrassed「恥ずかしい，困惑して」 spend＋時間＋*doing*「(時間) を費やして～する，～して (時間) を過ごす」 hypothesize「仮説を立てる，仮定する」 paradoxically「逆説的に」 yield「産出する，生み出す」 lead *A* to *do*「*A* を～するように誘導する」

(第 3 段) criteria「基準 (criterion の複数形)」 fluency「流暢さ」 flexibility「柔軟性」 wound stitch「傷を縫う縫い糸」 screwdriver「ねじ回し」 whereas「一方で，だが」

(第 4 段) investigate「調査する，研究する」 dynamic「力，原動力」 play out「展開する」 magnify「拡大する」 accomplishment「業績，成果」 cause *A* to *do*「*A* に～させる」 hierarchy「階層，階級」 help *A*

do「*A* を助けて〜させる」 efficiency「能率，効率」
（第5段） randomly「無作為に，相手かまわず」 assign「割り当てる」
（第6段） initially「初めに，当初は」 jump in「飛び込む，割り込む」 boast「自慢する，誇る」 by contrast「それに反して，対照的に」 head nod「うなずき」
（第7段） cardboard「段ボール，厚紙」 range「広がる，及ぶ」
（第8段） lead to〜「〜につながる，〜を生み出す」

2 解答

問1．毎月の満月にはその時期の出来事に由来する名前がつけられており，5月の満月は，それが見られる時期が，1年の中で花々が咲き始める時期だから。

問2．春分，秋分，夏至と冬至で区切られた季節を天文学的季節というが，この天文学的季節に3回ではなく4回満月がある場合に，その3番目の満月をブルームーンと定義する。

問3．月の満ち欠けは29.5日で完了し，12回完全に一巡するのは354日なので，2，3年に1回は，1年で13回目の満月が見られるから。

問4．B

問5．全訳下線部参照。

◆全　訳◆

≪2019年5月18日のブルームーン≫

5月18日，夜空に満月が現れるだろう。今年，「フルフラワームーン」として知られている5月の満月は，ある定義によれば「ブルームーン」にもなる。これは，2，3年に1回起こる天体現象である。

しかし，ブルームーンとは何だろうか？　5月の満月はそれにあたるのだろうか？　ブルームーンが何であるかについては2つの定義がある。その1つでは，フルフラワームーンはブルームーンではない。もう一方の定義では，ブルームーンとなる。ただし，どちらも実際に月が青くなることはない。

我々は，満月は月に1回発生すると考えがちだ。毎月の満月には，1年のその時期に何が起こっていたかに応じて，伝統的な名前もつけられている。たとえば，5月のフルフラワームーンは，『農業年鑑』によると，5月が1年の中で花々の咲き始める時期であるため，そのように命名されているという。翌月の満月はフルストロベリームーンとして知られているが，それは6月がイチゴの収穫される時期だからだ。

しかしながら，時として1カ月に2回の満月があることもある。これは，月の満ち欠けが29.5日で完了するためである。つまり，12回完全に一巡するのは354日であるために，2，3年に1回，1年で13回目の満月があることになる。それゆえ，ひと月で2回目の満月があることになる。この月は昔ながらの伝統的な月の命名体系に適合しないため，ブルームーンとして知られているのだ。これが，ブルームーンの定義の1つだ。

もう1つの定義は，3回ではなく4回の満月を含む天文学的季節の3番目の満月，というものである。天文学的季節は春分と秋分および夏至と冬至に始まり，終わる。2019年の春分は3月20日に始まった。この年の春の天文学的季節には4回の満月があり，5月のフルフラワームーンが3番目，それゆえブルームーンなのだ。

満月だけでなく，5月18日には他にも多くの天体が空に現れる。「2019年5月18日の満月の朝までに，朝の薄明が始まると，木星は地平線の上空約23度の南南西に現れ，土星は地平線の上空約30度の南に現れるだろう」とNASAは声明を出した。「金星は朝の薄明開始から約7分後に昇ることになっているが，日の出の約30分前まで東北東に低く見えるはずだ。水星は見えないが，太陽の輝きで見つからないためだ」

5月18日には，2012KT12と呼ばれる地球近傍天体も接近してくるだろう。NASAによると，大きさが48から107フィートの間のこの天体は，地球から月までの距離の1.0から7.5倍の距離で地球を通過することになっており，時速8,835マイルで移動することになっている。月までの距離とは，月と地球の平均距離のことである。

次の満月は，春の天文学的季節の終わり，6月17日に起こるだろう。次のシーズンは，夏至の6月21日に始まる。

◀解 説▶

▶問1．第3段第2・3文（Each month's full … the *Farmers' Almanac*.）に「毎月の満月には，1年のその時期に何が起こっていたかに応じて，伝統的な名前もつけられている。たとえば，5月のフルフラワームーンは，『農業年鑑』によると，5月が1年の中で花々の咲き始める時期であるため，そのように命名されている」とあり，この「そのように」とは「フルフラワームーン」のことである。単に「5月が花々の咲き始める時期だから」でも質問に答えているように見えるが，その名づけ方の背景から説明することで，より正確な解答となる。

▶問2．第2段に「ブルームーンの定義には2つあり，その1つでは，フルフラワームーンはブルームーンではないが，もう一方の定義では，ブルームーンとなる」とあり，第4段で1つ目の定義が述べられ，第5段で2つ目の定義が述べられている。第5段最終文（This year the spring …）から，2019年5月18日のフルフラワームーンがブルームーンと呼ばれるのはこの2つ目の定義に従う場合であることがわかる。この第5段を解答欄のスペースに合わせてまとめるとよい。

▶問3．第4段第2・3文（This is because … in a month.）に「これは，月の満ち欠けが29.5日で完了するためである。つまり，12回完全に一巡するのは354日であるために，2，3年に1回，1年で13回目の満月があることになる」と説明されている。

▶問4．A.「水星は，2019年5月18日の昼間に見られるだろう」
第6段最終文（Mercury will not …）の「水星は見えないが，太陽の輝きで見つからないためだ」に反する。

B.「2012KT12は，2019年5月18日に地球から月までの距離と同じくらい接近して通過する場合もある」
第7段第2文（The object, which, …）に合致する。

C.「木星は，2019年5月18日に土星よりも空高く現れるだろう」
第6段第2文（“By the morning …）に「木星は地平線の上空約23度の南南西に現れ，土星は地平線の上空約30度の南に現れる」とあるのに反する。「高く」ではなく「低く」が正しい。

D.「日光は，2019年5月18日に天体によって遮られるだろう」
本文にこのような記述はない。

▶問5．**Venus will be rising**「金星は昇ることになっている」 未来進行形には「～することになっている」の意で当然の成り行きを示す用法がある。

about 7 minutes after morning twilight begins「朝の薄明開始から約7分後に」 時間差を示す言葉は before や after の直前に置かれる。twilight は「たそがれ」で覚えているかもしれないが，morning とあるので，夕暮れを表す訳語は避けて「薄明，薄明かり」とする。

but should be visible low in the east-northeast「…だが東北東に低く見えるはずだ」 should は「当然考えられる事柄」を表す言葉であり，「～すべき」と訳すと文脈に沿わなくなることがあるので注意する。visible は「目に見える」の意。

until about 30 minutes before sunrise「日の出の約 30 分前まで」

●語句・構文●

(第1段) definition「定義，定義づけ」 celestial「天体の」 once every two to three years「2，3年に1回」

(第2段) And will May's full moon be one ? の one は a blue moon の代用となる代名詞である。

(第3段) tend to *do*「～しがちである，～する傾向がある」 depending on ～「～次第で，～に応じて」 come into bloom「開花する，咲き始める」 according to ～「～によれば，～に従うと」 harvest「収穫する，刈り取る」

(第4段) phases of the moon「月の位相，月の満ち欠け」

(第5段) the other「もう一方の」 astronomical season「天文学的季節」毎年同じ日付に基づいて3カ月ごとに区分された気象学的季節(meteorological season) の対義概念である。instead of ～「～の代わりに」 equinox「分点，昼夜平分時」 solstice「至，(夏至・冬至の) 至点」 with May's full flower moon being the third は付帯状況の with 構文である。and May's full flower moon is the third と読み替えるとよい。

(第6段) as well as ～「～だけでなく」 a number of ～ は「多くの」と訳されることが多いが，many には及ばない数を念頭に置いて使われることが多い点に留意したい。本文でも，木星・土星・金星・水星の4つに言及されている。astronomical body「天体 (惑星，小惑星，恒星など)」 degree「度」 glow「柔らかな光，柔らかな輝き」

(第7段) Near Earth Object「地球近傍天体，地球接近天体」 lunar distances「地球から月までの距離」この段落の最終文に A lunar distance is the moon's average distance from Earth. と定義されている。

(第8段) take place「起こる (＝happen / occur)」

3 解答

Q1. テクノロジーのせいで，達筆で明瞭な手書き文字が子供たちにとっては失われた芸術形式に変わりつつあるという嘆き。

Q2. 適切な筆の動きで文字と文字をつないで，筆記体の文字をつづる方法を教えることを最初にすること。

Q3. 例1：古代ギリシアのソクラテス。新しく登場した文字による書記よりも口頭伝承の方を好み，物事を書き留めない方がよりよく記憶が保てると感じたから。

例2：中世の宗教学者たち。新たに発明された印刷機は，手作業で書き写した美しい文章を時代遅れにするおそれがあると考えたから。

Q4. 生徒が筆記体の書記法を学ばなければ独立宣言を読めないと不平をもらす議員もいるが，トルベックは，生徒は現代人が読めるフォントで印刷された独立宣言を読めば何の問題もないと反論している。

Q5. C

◆全　訳◆

≪筆記体は学校で指導すべきか？≫

それはよくある不満だ。親たちは，テクノロジーのせいで，達筆で明瞭な手書き文字が子供たちにとっては失われた芸術形式に変わりつつあると嘆いている。これに応じて，多くの州の議員――特に南部の――が，次世代のために筆記体の優美な曲線を生き続けさせる時間を教育の場に作りつつある。アラバマ州は 2016 年にそれを義務づける法律を可決した。その同じ年，ルイジアナ州は独自の筆記体法を可決した。アーカンソー州，バージニア州，カリフォルニア州，フロリダ州，ノースカロライナ州などの他の州にも同様の法律がある。テキサス州は，教師が小学校に筆記体を取り戻そうとしている最も新しい州である。各州のカリキュラムは微妙に異なっている。たとえば，テキサス州教育法に記載されているガイドラインには，2年生に「文字と文字をつなぐ時の適切な筆の動き」で筆記体の文字をつづる方法を教えることから始めるための指導要件が含まれている。3年生は完全な言葉，思考，質問への回答を書くことに集中し，4年生は完全に筆記体で宿題を仕上げることができるようになる必要がある。

『手書きの歴史と不確実な未来』の著者であるアン=トルベックは，筆記体を前面に押し出す努力が「何年も」継続しているとCNNに語った。そして，一般に手書き文字を保存すべきかどうかについての議論は厳密に言うと，現代的な現象ではない。歴史上のさまざまな時期に，歴史的伝統主義者と新たな書記技術や通信技術を支持する人々との間の意見の不一致がみられたのだから。古代ギリシアでは，ソクラテスは，当時新しいとみられていたコミュニケーション形式である文字による書記に強く反対していた，とトルベックは指摘した。この哲学者はギリシア人の口頭伝承の方を好み，物事を書き留めない人は「よりよい記憶」を保つと感じたのだ，と彼女は言った。後に，中世の宗教学者たちは，印刷機の発明に抗議した。印刷機は，手作業で書き写した美しい文章を時代遅れにするおそれがあったからである。印刷機やインターネットのような発明が人類を前進させるにつれて，「失われるものが出てくるのだろう」とトルベックは述べた。

手書きの歴史の中で，我々は現在存命中のほとんどのアメリカ人が筆記体を学んだ唯一の段階におり，新しい世代の若者の間に筆記体を再び広めようとする努力は，進行中の変化に対する新しい「反応」を表している，と彼女は述べた。今日，筆記体を支持する議論は「奇妙に愛国心に結びつけられた伝統」という形を取り，議員の中には，生徒が筆記体で書く方法を学ばなければ独立宣言を読めないだろうと不平をもらす者もいる，と彼女は言った。オーバリン大学の教授でもあるトルベックは，自分自身，独立宣言のオリジナルの流れるような手書き文書を読むことはできない，そして，生徒が現代人の目で読めるフォントで印刷されたバージョンで建国文書を読むことには何の問題もない，と語った。

またトルベックはこうも述べている。法律文書に署名する際に「個人性」と「唯一性」を与えてくれる独自の署名を考え出すために，生徒は必ずしも筆記体を必要としない，と。クレジットカードのチップのような技術は，偽造のできるペンと紙の署名よりも犯罪防止において効果的である，と彼女は述べた。「子供たちが望んでいないのなら，筆記体を学ぶよう要求されるべきではないと思う」とトルベックは言った。

しかし，それでも，トルベックは，慎重で思慮深いことには美点があると述べた。「それは細かい運動の技能である」，そして，時間をかけて巧みにその技能を完成させることは，生徒の認知的発達にプラスの効果をもたらす。「手書きの方が時間はかかる。そして，時にはただ速度を落としたいと思うこともある」と彼女は言った。

◀解　説▶

▶ Q1.「下線部(1)の『よくある不平』が指しているものを日本語で説明しなさい」

下線部のItは後続するParents lament … their kids.を指している。lament「嘆く」がcomplaint「不平」の言い換えであることがヒントになる。

▶ Q2.「下線部(2)に関して，テキサス州の2年生向けの筆記体カリキュラムを日本語で要約しなさい」

下線部の後続部分（requirements for … connecting letters."）に説明されている。

▶ Q3.「下線部(3)の『歴史的伝統主義者』の例を2つ挙げ，なぜその各々が新しいコミュニケーション形式を受け入れたがらなかったのかを説明しなさい。質問には日本語で答えなさい」

第2段第3・4文（In ancient Greece, … she said.）にソクラテスの例が挙げられ，同段第5文（Later, religious scholars …）で中世の宗教学者の例が挙げられている。

▶ Q4.「下線部(4)に関して，愛国心に関連した具体的な議論を特定し，それを日本語で説明しなさい」

下線部を含む文の後半（some lawmakers complained …）で（独立宣言は筆記体で書かれているので）筆記体が読めないと生徒は独立宣言を原文で読めないという議員の不満が述べられている。in favor of cursive「筆記体を支持する」なので，この議員の主張だけでも十分かもしれないが，異なる意見が出てくることがdebate「議論」であるから，後続文の後半（there was nothing wrong …）で紹介されているトルベックの反論を加えてもよいだろう。

▶ Q5.「トルベックの意見を最もよくまとめているものを1つ選びなさい。選んだ文字（A，B，C，またはD）を書きなさい」

A.「筆記体の筆記能力の欠如は非常に深刻である。なぜならば，アメリカ人の学生は少なくともアメリカの建国文書の読み方を学ぶ必要があるからだ」

第3段最終文（Trubek, who is also …）に反する。「筆記体ではない印刷フォントでも建国文書が読めれば問題ない」とは述べているが，「アメリカ人の学生は少なくともアメリカの建国文書の読み方を学ぶ必要がある」とは述べていない。

B.「歴史的な議論は，新しい手書きの技能を発明して幼い子供たちに教えることの重要性を強調してきた」

本文にこのような記述はない。

C.「すべての生徒に筆記体を習得するように要求する必要はないが，それを習得すると，いくつかのよい影響がある」

前半は第4段最終文（“I don't think children …”）に合致し，後半は最終段第2文（“It's a fine …”）に合致する。

D.「筆記体での署名は，クレジットカードチップなどの高度な技術よりも法律文書に信憑性を与えることができる」

第4段第2文（She said technologies like …）に反する。「与えることができる」ではなく「与えない」が正しい。

●語句・構文●

（第1段）handwriting「手書き」 in response「それに応じて」 lawmaker「立法府の議員」 graceful「優雅な，優美な」 loop「曲線，曲がり」 cursive writing「筆記体」 push to *do*「～しようと努力する」 bring back「戻す，復活させる」 for instance「たとえば，例として」 begin with ～「～から始める」 appropriate「適切な，妥当な」 stroke「筆の動き」 when (they are) connecting letters とカッコ内を補うとよい（they は second-graders を指す）。focus on ～「～に焦点を合わせる，～に重点的に取り組む」 assignment「宿題，課題」

（第2段）ongoing「持続している，現在進行中の」 strictly「厳密に言えば」 feature「～を特徴として含む」 traditionalist「伝統主義者」 favor「～の方を好む，～を支持する」 oppose「反対する」 note「特に言及する」 oral tradition「昔からの言い伝え」 protest against ～「～に異議を申し立てる，～に反対する」 threaten to *do*「～するおそれがある」 out of date「時代遅れの，旧式の」

（第3段）in favor of ～「～を支持して，～の方を好んで」 patriotism「愛国心」 Declaration of Independence「アメリカ独立宣言」 flowing「流れるような，優雅な」 script「手書き，原稿」 there is nothing wrong with ～「～にはまったく問題がない，～には悪いところがない」

found「基礎を築く，～を設立する」

（第 4 段） come up with ～「～を思いつく，～を考え出す」 signature「署名」 legal form「法的文書，法令書式」 fake「偽造する，捏造する」 be required to *do*「～するように義務づけられる」

（第 5 段） virtue「美徳，長所」 fine「細かい，繊細な」 motor skill「運動能力，運動技能」fine motor skill は物をつまむ，字を書くなどの小さな動きの技能，つまり器用さを指す。take time to *do*「時間を取って～する，～するための時間を取る」 perfect「完全なものにする，仕上げる」 positive effect「好ましい効果，プラス効果」 cognitive「認識の，認知に関する」 slow down「スピードダウンする，のんびりする，ゆとりを持つ」

4 解答例

＜解答例 1＞ I agree with this current practice. This is because it offers you a great opportunity to consider the jobs you want to get in the future, the learning you want to acquire, and your hobbies and interests. Thinking seriously about them helps you decide what to achieve by studying, and someone with such a goal is more likely to perform well. Moreover, thanks to limiting the subjects you have to take, you can attend specialized classes that really interest you. It is more worthwhile to deepen your understanding of some particular things than to spend a lot of time on your weak subjects, which can discourage you.（約 100 語）

＜解答例 2＞ I am not in favor of the choice between humanities and science in high school. This is because once you decide, it will leave less room for you to change direction. In fact, after being divided into humanities and science, the subjects to be studied are limited and the knowledge gained is ill-proportioned. This can make it much more difficult to change your major in college. Additionally, although it is important to delve into a particular area of expertise, that expertise can be a bias and barrier to having a broad and well-balanced view. Therefore, students should study different subjects well before specializing.（約 100 語）

◀解　説▶

〔問題英文の全訳〕

「ほとんどの日本の高校生は，高校教育の中頃で人文科学（文系）または科学（理系）から学習コースを選択する必要がある。理由の１つは，生徒が大学の入学試験の準備をし，勉強する科目の負担を軽減するためである。同時に，このことは非常に早い段階で将来のキャリアの選択肢の範囲を狭めてしまう。この現在の慣行に関して，まとまりのある１段落構成で，あなたの意見を書きなさい。あなたの主張を裏づける具体的な理由を含めて，100 語程度の英語にしなさい」

〔解答例１〕は現在の慣行に賛成の場合，〔解答例２〕は反対の場合の意見である。なお，語数制限の 100 語程度とは 95～105 語が理想だが，若干の誤差は認めてもらえるだろう。

〔解答例１の全訳〕

私は現在の慣行に賛成である。それは，自分が将来就きたい仕事，習得したい知識，趣味や興味を熟慮する絶好の機会を提供してくれるからである。これらについて真剣に考えることで，勉強によって何を目指すかを決めることができるし，そのような目標があれば，よい成績を収める可能性が高くなる。また，受講しなくてはならない教科を限定することによって，自分が本当に興味をもっている専門性のある授業を受けることができる。苦手な教科に多くの時間を費やせば意欲を失いかねず，いくつかの特定の物事に対する理解を深める方が有意義である。

〔解答例２の全訳〕

私は，高校で文理選択をすることには反対である。なぜならば，一旦決めると方向転換の余地を狭めてしまうからである。実際，文系と理系に分かれた後は学ぶ教科が限られており，得られる知識に偏りがある。これでは，大学で専攻を変えるのも一層難しくなる。また，特定の分野を専門的に掘り下げていくことも大切だが，その専門性は幅広くバランスの取れた視野を持つことを妨げるバイアスや障壁となりかねない。したがって，生徒は分野を限定する前にさまざまな教科を十分に学ぶべきである。

5 **解答例**　(1)　＜解答例１＞ The times when I enjoy my research most are when I think about a problem, when I try to solve it by trial and error by myself, and the moment when I solve something.

＜解答例2＞ I find my research most delightful when I address a problem on my own by trial and error and when I manage to solve something.

(2) ＜解答例1＞ Even if a person spends his or her whole life trying to consume all the information that is available, there is so much information that he or she can never absorb all of it.

＜解答例2＞ There is too much information in the world for you to absorb even if you spend the rest of your life trying to consume it.

◀解　説▶

▶(1)「研究で楽しいのはなんと言っても」は「最も楽しい時は」と読み替えて，the times when I enjoy my research most are … / I find my research most delightful〔enjoyable〕when … 等で表す。「自分で」は「独力で，他に頼らずに」の意なので by *oneself* / on *one's* own (account) / without depending on others 等で表す。「試行錯誤する」は learn by〔through〕trial and error / experiment until a solution is found で表す。「解決する」は solve や resolve で表す。something is settled も可。

▶(2)「(たとえ)〜しても」は even if〜で表す。「一人の人間」は a person だが，一般人称の you や one で表してもよい。「〜することに *A* を費やす」は spend *A doing* が使える。「消費する」は consume でよいが，「得る，収集する」と読み替えて acquire / obtain / take in / store / accumulate / collect / gather 等を用いてもよい。「吸収する」は absorb だが，本問では「消費する」と同義なので consume あるいは「得る，収集する」で紹介した上記のさまざまな表現のいずれかで表してもよい。

❖講　評

2019年度同様，大問数は5題で，読解が3題，自由英作文が1題，和文英訳が1題という形式で，2019年度にみられた英文による要約問題は出題されなかった。

1・2の読解問題は標準的なレベル，3は若干易しめの英文である。2019年度と比較すると，この3題での英文量はやや減少し（約1970語から約 1640 語)，2018 年度とほぼ同じ分量に戻った。内容的には，この 3 題での設問数は全部で 16 問だが，客観式の設問はわずか 4 問，内容説明問題（9 問）と下線部和訳問題（3 問）という記述式中心の問題構成で，本格的な記述力と日本語運用能力が問われている。

4 は，2019 年度にみられた英文による要約と意見論述の融合問題が姿を消し，意見論述（100 語程度）が単独で出題された。「高校での文理選択」の是非を問うもので，受験生の身近なテーマだった。ただし，賛否いずれの立場に立つにせよ，説得力のある理由説明には発想力が必要となる。英作文は，普段から書き慣れていないと差がつきやすいので，日頃から英文日記をつける等の地道な対策を行っておくことが望まれる。

5 は例年通り和文英訳問題。2 問とも難易度は標準レベルの出題。ここでの失点は最小限にとどめておきたい。

数学

◀経済（経済工）・理・医（保健〈看護学〉を除く）・
歯・薬・工・芸術工・農学部▶

1　◇発想◇　$y=e^{-x}-e^{-2x}$ 上の点の座標を $(t,\ e^{-t}-e^{-2t})$ とおいて，この点における接線の方程式を求めよう。それが点 $(a,\ 0)$ を通ることから，t の方程式が得られる。この方程式の実数解は接点の x 座標であるから，接線が存在するための条件は，接点が存在することであり，それはその方程式が実数解をもつことである。直接，方程式が解けるわけではないので，実数解をもつということをグラフを利用して図形的に扱えるように工夫をしよう。〔参考〕ではその仕組みを説明している。

解答　$y=e^{-x}-e^{-2x}$ の両辺を x で微分して

$$y'=-e^{-x}+2e^{-2x}$$

曲線 $y=e^{-x}-e^{-2x}$ 上の点 $(t,\ e^{-t}-e^{-2t})$ における接線の方程式は

$$y-(e^{-t}-e^{-2t})=(-e^{-t}+2e^{-2t})(x-t)$$

$$y=(-e^{-t}+2e^{-2t})x+(t+1)e^{-t}-(2t+1)e^{-2t}$$

この直線が点 $(a,\ 0)$ を通るための条件は

$$(e^{-t}-2e^{-2t})a-(t+1)e^{-t}+(2t+1)e^{-2t}=0$$

両辺に e^{2t} をかけて

$$(e^t-2)a-(t+1)e^t+(2t+1)=0$$

$$(e^t-2)a-(e^t-2)t-(e^t-1)=0 \quad \cdots\cdots①$$

$e^t-2=0$ とすると，①は $-1=0$ となり成り立たないので，①において $e^t-2\neq0$ であるから，①の両辺を0ではない e^t-2 で割ると

$$a=t+\frac{e^t-1}{e^t-2} \quad \cdots\cdots②$$

この方程式の実数解 t は接点の x 座標であるから，接線が存在するための条件は，②を満たす実数 t が存在することである。②の実数解は

$$\begin{cases} y=t+\dfrac{e^t-1}{e^t-2} \\ y=a \end{cases}$$

の 2 つのグラフの共有点の t 座標であるから，これらのグラフが共有点をもつための条件を求める。

$$f(t)=t+\frac{e^t-1}{e^t-2}$$

とおくと

$$f'(t)=1+\frac{e^t(e^t-2)-(e^t-1)e^t}{(e^t-2)^2}$$

$$=1-\frac{e^t}{(e^t-2)^2}$$

$$=\frac{(e^t-2)^2-e^t}{(e^t-2)^2}$$

$$=\frac{e^{2t}-5e^t+4}{(e^t-2)^2}$$

$$=\frac{(e^t-1)(e^t-4)}{(e^t-2)^2}$$

よって，$f(t)$ の増減は次のようになる。

t	$\cdots$	0	$\cdots$	$(\log 2)$	$\cdots$	$\log 4$	$\cdots$
$f'(t)$	$+$	0	$-$	／	$-$	0	$+$
$f(t)$	↗	0	↘	／	↘	$\frac{3}{2}+\log 4$	↗

また　$$\lim_{t\to-\infty}\left(t+\frac{e^t-1}{e^t-2}\right)=-\infty$$

$$\lim_{t\to\infty}\left(t+\frac{e^t-1}{e^t-2}\right)=\lim_{t\to\infty}\left(t+\frac{1-\dfrac{1}{e^t}}{1-\dfrac{2}{e^t}}\right)=\infty$$

$$\lim_{t\to\log 2-0}\left(t+\frac{e^t-1}{e^t-2}\right)=-\infty$$

$$\lim_{t\to\log 2+0}\left(t+\frac{e^t-1}{e^t-2}\right)=\infty$$

以上より $y=f(t)$ のグラフは右のようになる。

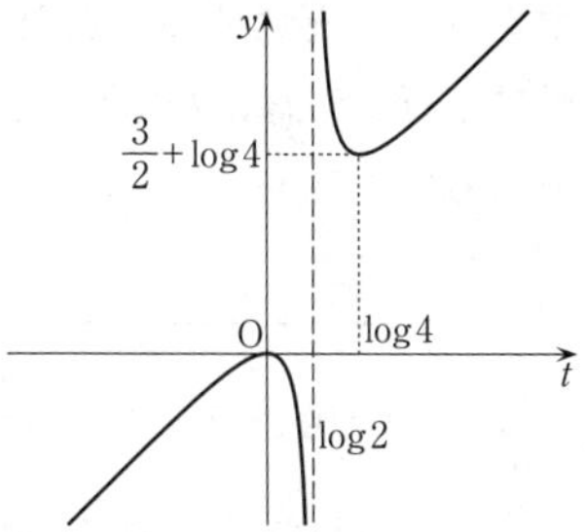

よって，$y=f(t)$ のグラフと $y=a$ のグラフが共有点をもつ条件を求めることで，求める定数 a の値の範囲は

$$a\leqq 0,\ \frac{3}{2}+\log 4\leqq a \quad \cdots\cdots(答)$$

参考　$f(x)=g(x)$ が実数解をもつための条件は，$y=f(x)$ のグラフと $y=g(x)$ のグラフが共有点をもつことである。なぜなら $f(x)=g(x)$ は $y=f(x)$ と $y=g(x)$ を連立し y を消去したものであるから，$f(x)=g(x)$ の実数解は2つのグラフの共有点の x 座標に対応するためである。その際に2つとも曲線だとグラフを描いても2つのグラフの関係がわかりにくく，せっかく図形的に処理しようとしてもメリットが少ない。そこで上手く変形して，一方が直線で表されるように変形するとよい。特に，x 軸に平行な直線になると都合がよい。

$$(e^t-2)a-(e^t-2)t-(e^t-1)=0 \quad \cdots\cdots①$$

の実数解を

$$y=(a-1)e^t-e^tt+2t-2a+1$$

のグラフと $y=0$（x 軸）の共有点の x 座標とみることもできるが，実際に運用する際に，定数 a を含んだこのままの形では，増減が調べにくく図形で考察しにくいので，可能であれば定数 a だけを片方の辺に残して分離することで，$y=a$ という x 軸に平行な直線を表すとよい。

◀解　説▶

≪曲線に接する直線が存在するための条件≫

接点の x 座標を t とおいて，接線の方程式を求める。点 $(a,\ 0)$ を通るので，$a=t+\dfrac{e^t-1}{e^t-2}$ が得られる。本問のポイントは，この処理の仕方にある。接線が存在するための条件は，$a=t+\dfrac{e^t-1}{e^t-2}$ を満たす実数 t が存在することである。この t の方程式の実数解は $y=a$ と $y=t+\dfrac{e^t-1}{e^t-2}$ のグラフを描いたときの共有点の t 座標に対応する。そこで，$y=t+\dfrac{e^t-1}{e^t-2}$ のグラフを描くことにする。これが描けるともう一つのグラフは $y=a$ という x 軸に平行な直線になるから，共有点をもつための条件を求めることは容易である。

2

◇発想◇　(1)　$f\left(\dfrac{1+\sqrt{3}i}{2}\right)$ を直接計算してもよいが，要領よく計算するためには次のように考えよう。

$\alpha=\dfrac{1+\sqrt{3}i}{2}$ とおき，$2\alpha-1=\sqrt{3}i$ と変形し，両辺を 2 乗することで α が 2 次方程式 $\alpha^2-\alpha+1=0$ を満たすことがわかる。これをどのように利用するかで解法が分かれる。

(2)　(1)で c，d を a，b を用いて表した。これは $f(x)$ の係数 a，b，c，d を a，b の 2 つで表せという設問につながる誘導であるから，その誘導に乗る。a，b の値を求めるために，除法による条件から等式をつくる。$f(1)$，$f(-1)$ に関して 2 つずつ合計 4 つの等式が得られる。これらから 1 次不定方程式が 2 組でき，それを解く。それらの解より a，b の値を表すことができる。さらに絶対値が 40 以下であるという a，b の条件より a，b の値を求めれば，これで $f(x)$ の係数 a，b，c，d の値が確定するので，あとは $f(x)=0$ を解けばよい。

解答　(1)　$\alpha=\dfrac{1+\sqrt{3}i}{2}$ とおくと

$$2\alpha-1=\sqrt{3}i$$

両辺を 2 乗すると

$$4\alpha^2-4\alpha+4=0$$

$$\alpha^2-\alpha+1=0$$

ここで，$f(x)=x^4+ax^3+bx^2+cx+d$ を x^2-x+1 で割ることにより

$$f(x)=(x^2-x+1)\{x^2+(a+1)x+(a+b)\}+(b+c-1)x-a-b+d$$

よって

$$f\left(\frac{1+\sqrt{3}i}{2}\right)=f(\alpha)$$

$$= (\alpha^2-\alpha+1)\{\alpha^2+(a+1)\alpha+(a+b)\} + (b+c-1)\alpha-a-b+d$$

$\alpha^2-\alpha+1=0$ であるから

$$f\left(\frac{1+\sqrt{3}i}{2}\right)=(b+c-1)\alpha-a-b+d$$

したがって，$f(x)$ が $f\left(\frac{1+\sqrt{3}i}{2}\right)=0$ を満たすとき

$$(b+c-1)\alpha-a-b+d=0$$

ここで a，b，c，d は実数で，α は虚数であるから

$$\begin{cases} b+c-1=0 \\ -a-b+d=0 \end{cases}$$

よって　$\begin{cases} c=-b+1 \\ d=a+b \end{cases}$ ……(答)

参考　＜その１＞　$(b+c-1)\alpha-a-b+d=0$ において，a，b，c，d は実数で，α は虚数であるから

$$\begin{cases} b+c-1=0 \\ -a-b+d=0 \end{cases}$$

となることが気になる場合は，次のように答案をつくるとよい。

$$\alpha=\frac{1}{2}+\frac{\sqrt{3}}{2}i$$

であるから

$$(b+c-1)\alpha-a-b+d=0$$

$$(b+c-1)\left(\frac{1}{2}+\frac{\sqrt{3}}{2}i\right)-a-b+d=0$$

$$\left\{\frac{1}{2}(b+c-1)-a-b+d\right\}+\frac{\sqrt{3}}{2}(b+c-1)i=0$$

ここで，a，b，c，d は実数であり，i は虚数単位であるから

$$\begin{cases} \frac{1}{2}(b+c-1)-a-b+d=0 \\ \frac{\sqrt{3}}{2}(b+c-1)=0 \end{cases}$$

すなわち　$\begin{cases} b+c-1=0 \\ -a-b+d=0 \end{cases}$

となり，以下は〔解答〕と同様である。

＜その２＞ 〔解答〕より得られた $\alpha^2-\alpha+1=0$ より

$$\alpha^3+1=(\alpha+1)(\alpha^2-\alpha+1)=0$$
$$\alpha^3=-1$$

これと $\alpha^2-\alpha+1=0$ を $\alpha^2=\alpha-1$ と変形した等式を，次数を下げるために利用することもできる。

つまり

$$\begin{aligned} f(\alpha)&=\alpha^4+a\alpha^3+b\alpha^2+c\alpha+d\\ &=-\alpha+a(-1)+b(\alpha-1)+c\alpha+d\\ &=(b+c-1)\alpha-a-b+d \end{aligned}$$

となり，以下は〔解答〕と同様である。

＜その３＞ $f\left(\dfrac{1+\sqrt{3}i}{2}\right)$ を直接代入して計算すると次の通り。

$$f\left(\frac{1+\sqrt{3}i}{2}\right)=0$$

$$\left(\frac{1+\sqrt{3}i}{2}\right)^4+a\left(\frac{1+\sqrt{3}i}{2}\right)^3+b\left(\frac{1+\sqrt{3}i}{2}\right)^2+c\cdot\frac{1+\sqrt{3}i}{2}+d=0$$

$$-\frac{1+\sqrt{3}i}{2}+(-1)\cdot a+\frac{-1+\sqrt{3}i}{2}\cdot b+\frac{1+\sqrt{3}i}{2}\cdot c+d=0$$

$$\frac{1}{2}(-2a-b+c+2d-1)+\frac{\sqrt{3}}{2}(b+c-1)i=0$$

a，b，c，d は実数であり，i は虚数単位であるから

$$\begin{cases}-2a-b+c+2d-1=0\\ b+c-1=0\end{cases}$$

すなわち $\begin{cases}c=-b+1\\ d=a+b\end{cases}$

(2) (1)より

$$\begin{aligned} f(x)&=x^4+ax^3+bx^2+(-b+1)x+(a+b)\\ &=(x^2-x+1)\{x^2+(a+1)x+(a+b)\} \quad \cdots\cdots(*) \end{aligned}$$

と表せるので

$$\begin{cases}f(1)=2a+b+2\\ f(-1)=3b\end{cases}$$

$f(1)$ を 7 で割ると 1 余るので

$2a+b+2=7k+1$　（k は整数）　……①

$f(1)$ を 11 で割ると 10 余るので

$2a+b+2=11l+10$　（l は整数）　……②

$f(-1)$ を 7 で割ると 3 余るので

$3b=7m+3$　（m は整数）　……③

$f(-1)$ を 11 で割ると 10 余るので

$3b=11n+10$　（n は整数）　……④

と表せる。①，②より

$7k+1=11l+10$

$7k-11l=9$　……⑤

$(k,\ l)=(6,\ 3)$ は⑤を満たし

$7\cdot 6-11\cdot 3=9$　……⑥

が成り立ち，⑤－⑥より

$7(k-6)-11(l-3)=0$

$7(k-6)=11(l-3)$　……⑦

ここで，$7(k-6)$ は 11 の倍数であり，7 と 11 は互いに素な整数であるから，$k-6$ が 11 の倍数であるので

$k-6=11p$　（p は整数）

と表せる。これを⑦に代入すると

$7\cdot 11p=11(l-3)$

$l=7p+3$

よって　　$(k,\ l)=(11p+6,\ 7p+3)$

$k=11p+6$ を①に代入すると

$2a+b+2=7(11p+6)+1$

$2a+b=77p+41$　……⑧

次に，③，④より

$7m+3=11n+10$

$7(m-1)=11n$　……⑨

ここで，$7(m-1)$ は 11 の倍数であり，7 と 11 は互いに素な整数であるから，$m-1$ が 11 の倍数であるので

$m-1=11q$　（q は整数）

と表せる。これを⑨に代入すると

$$7\cdot 11q=11n$$

$$n=7q$$

よって　　$(m,\ n)=(11q+1,\ 7q)$

$n=7q$を④に代入すると

$$3b=11\cdot 7q+10$$

$$3b=77q+10\quad\cdots\cdots⑩$$

bの絶対値が 40 以下であるとき

$$|b|\leqq 40$$

$$|3b|\leqq 120$$

⑩より

$$|77q+10|\leqq 120$$

$$-120\leqq 77q+10\leqq 120$$

よって　　$-\dfrac{130}{77}\leqq q\leqq \dfrac{110}{77}$

これを満たす整数 q は，$q=-1,\ 0,\ 1$ でそれぞれ $77q+10=-67,\ 10,\ 87$ に対応して，このうち $3b$ すなわち 3 の倍数であり得るのは，$3b=87$ の場合だけであり

$$b=29\quad\cdots\cdots⑪$$

このとき，⑧より

$$2a+29=77p+41$$

$$2a=77p+12\quad\cdots\cdots⑫$$

aの絶対値が 40 以下であるとき

$$|a|\leqq 40$$

$$|2a|\leqq 80$$

⑫より

$$|77p+12|\leqq 80$$

$$-80\leqq 77p+12\leqq 80$$

よって　　$-\dfrac{92}{77}\leqq p\leqq \dfrac{68}{77}$

これを満たす整数 p は，$p=-1,\ 0$ でそれぞれ $77p+12=-65,\ 12$ に対応して，このうち $2a$ すなわち 2 の倍数であり得るのは，$2a=12$ の場合だけ

であり

$a=6$ ……⑬

したがって，（＊）と⑪，⑬より

$f(x)=0$

$(x^2-x+1)(x^2+7x+35)=0$

よって　$x=\dfrac{1\pm\sqrt{3}i}{2},\ \dfrac{-7\pm\sqrt{91}i}{2}$ ……(答)

◀解　説▶

≪条件を満たす 4 次方程式の解≫

▶(1)　条件 $f\left(\dfrac{1+\sqrt{3}i}{2}\right)=0$ をどのように処理するかで解法は変わってくる。いくつかの手法を示しておいたので参考にしてほしい。〔解答〕の解法，〔参考その 2〕の次数下げが思いつかなければ，〔参考その 3〕のように実際に $x=\dfrac{1+\sqrt{3}i}{2}$ を代入するしかない。それでもさほど面倒なわけではないが，できれば要領のよい手法をマスターしておき，処理できるようになろう。

▶(2)　(1)で c，d を a，b を用いて表したので，この誘導に乗って，(2)を解答するにあたり，$f(x)$ の係数を a，b だけで表し，(1)での変形を利用して $f(x)$ を因数分解しておこう。除法の条件から等式をつくるところがポイントとなる。2 つの 1 次不定方程式を解くことになる。⑧，⑩が得られたタイミングで⑧は a，b をともに含むが，⑩は b だけからなるので，先に⑩から b の値の範囲を求めて値を定めよう。それから⑧に取りかかるとよい。a，b の値を求めることができると方程式 $f(x)=0$ が確定するので，それを解けばよい。

3　◇発想◇　(1)　直線のなす角は 0 から $\dfrac{\pi}{2}$ まで，ベクトルのなす角は 0 から π までで定義されていることに注意し，まずはベクトルのなす角を求めよう。$\overrightarrow{\mathrm{OB}}$ と $\overrightarrow{\mathrm{CA}}$ のなす角を α $(0\leqq\alpha\leqq\pi)$ とおくと

$$\cos\alpha=\frac{\overrightarrow{OB}\cdot\overrightarrow{CA}}{|\overrightarrow{OB}||\overrightarrow{CA}|}=\frac{\overrightarrow{OB}\cdot(\overrightarrow{OA}-\overrightarrow{OC})}{|\overrightarrow{OB}||\overrightarrow{CA}|}=\frac{\overrightarrow{OA}\cdot\overrightarrow{OB}-\overrightarrow{OB}\cdot\overrightarrow{OC}}{|\overrightarrow{OB}||\overrightarrow{CA}|}$$

と表せるので，$l\perp m$，$m\perp n$，$n\perp l$ の条件からベクトルの内積の計算に持ち込み，$|\overrightarrow{OA}|$，$|\overrightarrow{OB}|$，$|\overrightarrow{OC}|$ と内積の値 $\overrightarrow{OA}\cdot\overrightarrow{OB}$，$\overrightarrow{OB}\cdot\overrightarrow{OC}$，$\overrightarrow{OC}\cdot\overrightarrow{OA}$ を求め，必要なものを上式に代入しよう。

(2)　辺 OA，OB，OC，AB，BC，CA の中点をそれぞれ P，Q，R，S，T，U とおく。中点連結定理を適用すると，四角形 PRTS は平行四辺形となり，対角線 PT と RS は互いの中点で交わる。同様に四角形 SURQ は平行四辺形となり，対角線 RS と QU は互いの中点で交わることが示せることに気づこう。すると，線分 PT，RS，QU は互いの中点で交わることがわかる。この点は四面体に関してどのような点なのかを考えよう。

解答　(1)　辺 OA，OB，OC，AB，BC，CA の中点をそれぞれ P，Q，R，S，T，U とすると

$$\overrightarrow{OP}=\frac{\overrightarrow{OA}}{2}$$

$$\overrightarrow{OQ}=\frac{\overrightarrow{OB}}{2}$$

$$\overrightarrow{OR}=\frac{\overrightarrow{OC}}{2}$$

$$\overrightarrow{OS}=\frac{\overrightarrow{OA}+\overrightarrow{OB}}{2}$$

$$\overrightarrow{OT}=\frac{\overrightarrow{OB}+\overrightarrow{OC}}{2}$$

$$\overrightarrow{OU}=\frac{\overrightarrow{OC}+\overrightarrow{OA}}{2}$$

$\overrightarrow{OB}$ と $\overrightarrow{CA}$ のなす角を α $(0\leqq\alpha\leqq\pi)$ とおくと

$$\overrightarrow{OB}\cdot\overrightarrow{CA}=|\overrightarrow{OB}||\overrightarrow{CA}|\cos\alpha$$

よって

$$\cos\alpha=\frac{\overrightarrow{OB}\cdot\overrightarrow{CA}}{|\overrightarrow{OB}||\overrightarrow{CA}|}=\frac{\overrightarrow{OB}\cdot(\overrightarrow{OA}-\overrightarrow{OC})}{|\overrightarrow{OB}||\overrightarrow{CA}|}=\frac{\overrightarrow{OA}\cdot\overrightarrow{OB}-\overrightarrow{OB}\cdot\overrightarrow{OC}}{|\overrightarrow{OB}||\overrightarrow{CA}|}\quad\cdots\cdots①$$

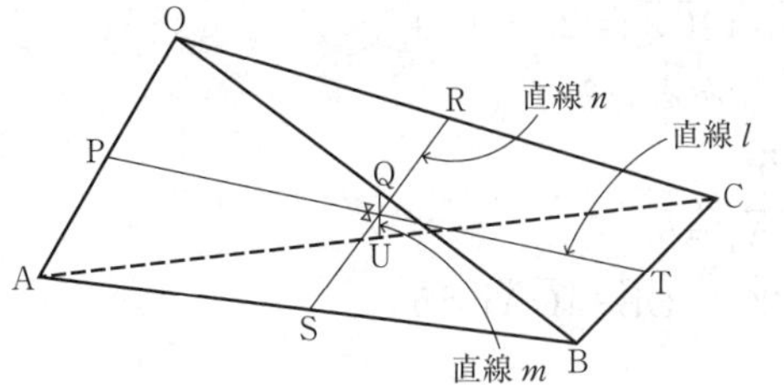

(ア)　$l\perp m$ より $\overrightarrow{PT}\perp\overrightarrow{QU}$ であるから　　$\overrightarrow{PT}\cdot\overrightarrow{QU}=0$

$$(\overrightarrow{OT}-\overrightarrow{OP})\cdot(\overrightarrow{OU}-\overrightarrow{OQ})=0$$

$$\left(\frac{\overrightarrow{OB}+\overrightarrow{OC}}{2}-\frac{\overrightarrow{OA}}{2}\right)\cdot\left(\frac{\overrightarrow{OC}+\overrightarrow{OA}}{2}-\frac{\overrightarrow{OB}}{2}\right)=0$$

$$\frac{1}{4}\{\overrightarrow{OC}+(\overrightarrow{OB}-\overrightarrow{OA})\}\cdot\{\overrightarrow{OC}-(\overrightarrow{OB}-\overrightarrow{OA})\}=0$$

$$|\overrightarrow{OC}|^2-|\overrightarrow{OB}-\overrightarrow{OA}|^2=0$$

$$|\overrightarrow{OC}|^2=|\overrightarrow{AB}|^2$$

よって　　$|\overrightarrow{OC}|=|\overrightarrow{AB}|=\sqrt{5}$　……②

(イ)　$m\perp n$ より $\overrightarrow{QU}\perp\overrightarrow{RS}$ であるから　　$\overrightarrow{QU}\cdot\overrightarrow{RS}=0$

$$(\overrightarrow{OU}-\overrightarrow{OQ})\cdot(\overrightarrow{OS}-\overrightarrow{OR})=0$$

$$\left(\frac{\overrightarrow{OC}+\overrightarrow{OA}}{2}-\frac{\overrightarrow{OB}}{2}\right)\cdot\left(\frac{\overrightarrow{OA}+\overrightarrow{OB}}{2}-\frac{\overrightarrow{OC}}{2}\right)=0$$

$$\frac{1}{4}\{\overrightarrow{OA}+(\overrightarrow{OC}-\overrightarrow{OB})\}\cdot\{\overrightarrow{OA}-(\overrightarrow{OC}-\overrightarrow{OB})\}=0$$

$$|\overrightarrow{OA}|^2-|\overrightarrow{OC}-\overrightarrow{OB}|^2=0$$

$$|\overrightarrow{OA}|^2=|\overrightarrow{BC}|^2$$

よって　　$|\overrightarrow{OA}|=|\overrightarrow{BC}|=\sqrt{3}$　……③

(ウ)　$n\perp l$ より $\overrightarrow{RS}\perp\overrightarrow{PT}$ であるから　　$\overrightarrow{RS}\cdot\overrightarrow{PT}=0$

$$(\overrightarrow{OS}-\overrightarrow{OR})\cdot(\overrightarrow{OT}-\overrightarrow{OP})=0$$

$$\left(\frac{\overrightarrow{OA}+\overrightarrow{OB}}{2}-\frac{\overrightarrow{OC}}{2}\right)\cdot\left(\frac{\overrightarrow{OB}+\overrightarrow{OC}}{2}-\frac{\overrightarrow{OA}}{2}\right)=0$$

$$\frac{1}{4}\{\overrightarrow{OB}+(\overrightarrow{OA}-\overrightarrow{OC})\}\cdot\{\overrightarrow{OB}-(\overrightarrow{OA}-\overrightarrow{OC})\}=0$$

$$|\overrightarrow{OB}|^2-|\overrightarrow{OA}-\overrightarrow{OC}|^2=0$$

$$|\overrightarrow{OB}|^2=|\overrightarrow{CA}|^2$$

よって　　$|\overrightarrow{OB}|=|\overrightarrow{CA}|=2$　……④

(エ)　$|\overrightarrow{AB}|=\sqrt{5}$ であるから

$$|\overrightarrow{AB}|^2=5$$

$$|\overrightarrow{OB}-\overrightarrow{OA}|^2=5$$

$$|\overrightarrow{OB}|^2-2\overrightarrow{OA}\cdot\overrightarrow{OB}+|\overrightarrow{OA}|^2=5$$

③，④より

$$2^2-2\overrightarrow{OA}\cdot\overrightarrow{OB}+(\sqrt{3})^2=5$$

よって　　$\overrightarrow{OA}\cdot\overrightarrow{OB}=1$

(オ)　$|\overrightarrow{BC}|=\sqrt{3}$ であるから

$$|\overrightarrow{BC}|^2=3$$

$$|\overrightarrow{OC}-\overrightarrow{OB}|^2=3$$

$$|\overrightarrow{OC}|^2-2\overrightarrow{OB}\cdot\overrightarrow{OC}+|\overrightarrow{OB}|^2=3$$

②，④より

$$(\sqrt{5})^2-2\overrightarrow{OB}\cdot\overrightarrow{OC}+2^2=3$$

よって　　$\overrightarrow{OB}\cdot\overrightarrow{OC}=3$

(カ)　$|\overrightarrow{CA}|=2$ であるから

$$|\overrightarrow{CA}|^2=4$$

$$|\overrightarrow{OA}-\overrightarrow{OC}|^2=4$$

$$|\overrightarrow{OA}|^2-2\overrightarrow{OC}\cdot\overrightarrow{OA}+|\overrightarrow{OC}|^2=4$$

②，③より

$$(\sqrt{3})^2-2\overrightarrow{OC}\cdot\overrightarrow{OA}+(\sqrt{5})^2=4$$

よって　　$\overrightarrow{OC}\cdot\overrightarrow{OA}=2$

(ア)〜(カ)の結果をまとめると

$$\begin{cases}|\overrightarrow{OA}|=|\overrightarrow{BC}|=\sqrt{3}\\|\overrightarrow{OB}|=|\overrightarrow{CA}|=2\\|\overrightarrow{OC}|=|\overrightarrow{AB}|=\sqrt{5}\\\overrightarrow{OA}\cdot\overrightarrow{OB}=1\\\overrightarrow{OB}\cdot\overrightarrow{OC}=3\\\overrightarrow{OC}\cdot\overrightarrow{OA}=2\end{cases}\quad\cdots\cdots(*)$$

①にこれらのうち $\overrightarrow{OA}\cdot\overrightarrow{OB}=1$，$\overrightarrow{OB}\cdot\overrightarrow{OC}=3$，$|\overrightarrow{OB}|=|\overrightarrow{CA}|=2$ を代入して

$$\cos\alpha=\frac{\overrightarrow{OA}\cdot\overrightarrow{OB}-\overrightarrow{OB}\cdot\overrightarrow{OC}}{|\overrightarrow{OB}||\overrightarrow{CA}|}=\frac{1-3}{2\cdot2}=-\frac{1}{2}$$

$0 \leqq \alpha \leqq \pi$ より　　$\alpha=\dfrac{2}{3}\pi$

よって，$\overrightarrow{\mathrm{OB}}$ と $\overrightarrow{\mathrm{CA}}$ のなす角は $\dfrac{2}{3}\pi$ であるから，直線 OB と直線 CA のなす角 θ は

$$\pi-\frac{2}{3}\pi=\frac{\pi}{3}\quad \cdots\cdots(\text{答})$$

(2)　三角形 OCA において中点連結定理より　　$\overrightarrow{\mathrm{PR}}=\dfrac{1}{2}\overrightarrow{\mathrm{AC}}$

三角形 ABC において中点連結定理より　　$\overrightarrow{\mathrm{ST}}=\dfrac{1}{2}\overrightarrow{\mathrm{AC}}$

よって，$\overrightarrow{\mathrm{PR}}=\overrightarrow{\mathrm{ST}}$ より四角形 PRTS は平行四辺形となり，対角線 PT と RS は互いの中点で交わる。

また，三角形 ABC において中点連結定理より　　$\overrightarrow{\mathrm{SU}}=\dfrac{1}{2}\overrightarrow{\mathrm{BC}}$

三角形 OBC において中点連結定理より　　$\overrightarrow{\mathrm{QR}}=\dfrac{1}{2}\overrightarrow{\mathrm{BC}}$

よって，$\overrightarrow{\mathrm{SU}}=\overrightarrow{\mathrm{QR}}$ より四角形 SURQ は平行四辺形となり，対角線 RS と QU は互いの中点で交わる。

したがって，PT，RS，QU は互いの中点で交わり，その交点を V とおく。

以下(＊)を用いて

(キ)　$\overrightarrow{\mathrm{OA}}\cdot\overrightarrow{\mathrm{PV}}=\overrightarrow{\mathrm{OA}}\cdot\dfrac{1}{2}\overrightarrow{\mathrm{PT}}=\dfrac{1}{4}\overrightarrow{\mathrm{OA}}\cdot(-\overrightarrow{\mathrm{OA}}+\overrightarrow{\mathrm{OB}}+\overrightarrow{\mathrm{OC}})$

$$=\frac{1}{4}(-|\overrightarrow{\mathrm{OA}}|^2+\overrightarrow{\mathrm{OA}}\cdot\overrightarrow{\mathrm{OB}}+\overrightarrow{\mathrm{OC}}\cdot\overrightarrow{\mathrm{OA}})$$

$$=\frac{1}{4}\{-(\sqrt{3})^2+1+2\}=0$$

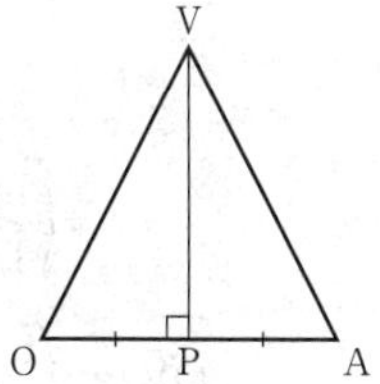

よって，$\overrightarrow{\mathrm{OA}}\perp\overrightarrow{\mathrm{PV}}$ となるので，P が辺 OA の中点であることより，三角形 VOA は AV＝OV である二等辺三角形である。

(ク)　$\overrightarrow{\mathrm{OB}}\cdot\overrightarrow{\mathrm{QV}}=\overrightarrow{\mathrm{OB}}\cdot\dfrac{1}{2}\overrightarrow{\mathrm{QU}}=\dfrac{1}{4}\overrightarrow{\mathrm{OB}}\cdot(\overrightarrow{\mathrm{OA}}-\overrightarrow{\mathrm{OB}}+\overrightarrow{\mathrm{OC}})$

$$=\frac{1}{4}(-|\overrightarrow{\mathrm{OB}}|^2+\overrightarrow{\mathrm{OA}}\cdot\overrightarrow{\mathrm{OB}}+\overrightarrow{\mathrm{OB}}\cdot\overrightarrow{\mathrm{OC}})$$

$$=\frac{1}{4}(-2^2+1+3)=0$$

よって，$\overrightarrow{OB}\perp\overrightarrow{QV}$ となるので，Qが辺 OB の中点であることより，三角形 VOB は BV＝OV である二等辺三角形である。

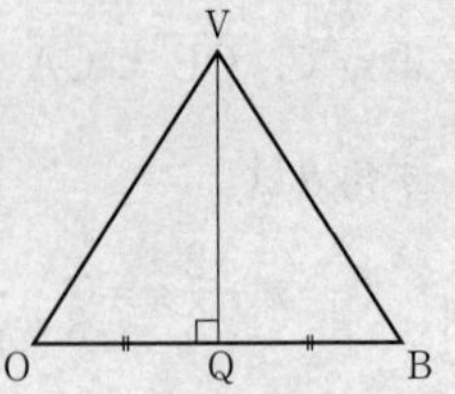

(ケ)　$\overrightarrow{OC}\cdot\overrightarrow{RV}=\overrightarrow{OC}\cdot\frac{1}{2}\overrightarrow{RS}=\frac{1}{4}\overrightarrow{OC}\cdot(\overrightarrow{OA}+\overrightarrow{OB}-\overrightarrow{OC})$

$$=\frac{1}{4}(-|\overrightarrow{OC}|^2+\overrightarrow{OB}\cdot\overrightarrow{OC}+\overrightarrow{OC}\cdot\overrightarrow{OA})$$

$$=\frac{1}{4}\{-(\sqrt{5})^2+3+2\}=0$$

よって，$\overrightarrow{OC}\perp\overrightarrow{RV}$ となるので，R が辺 OC の中点であることより，三角形 VOC は CV＝OV である二等辺三角形である。

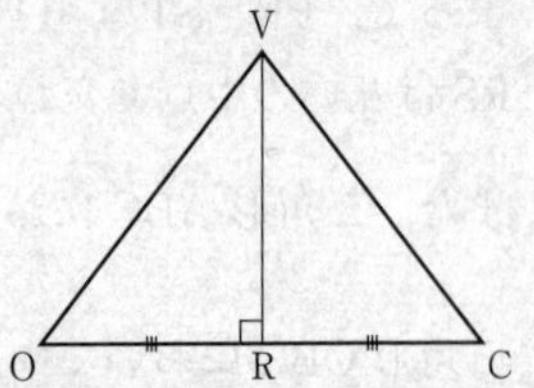

(キ)〜(ケ)より

$$AV=BV=CV=OV$$

となるので，V が四面体 OABC の 4 つの頂点を通る球の中心であるから，その球の半径は $|\overrightarrow{OV}|$ である。

$$\overrightarrow{OV}=\frac{\overrightarrow{OP}+\overrightarrow{OT}}{2}=\frac{1}{4}(\overrightarrow{OA}+\overrightarrow{OB}+\overrightarrow{OC})$$

より

$$|\overrightarrow{OV}|^2=\left|\frac{1}{4}(\overrightarrow{OA}+\overrightarrow{OB}+\overrightarrow{OC})\right|^2$$

$$=\left(\frac{1}{4}\right)^2(|\overrightarrow{OA}|^2+|\overrightarrow{OB}|^2+|\overrightarrow{OC}|^2+2\overrightarrow{OA}\cdot\overrightarrow{OB}+2\overrightarrow{OB}\cdot\overrightarrow{OC}$$

$$+2\overrightarrow{OC}\cdot\overrightarrow{OA})$$

$$=\left(\frac{1}{4}\right)^2\{(\sqrt{3})^2+2^2+(\sqrt{5})^2+2\cdot1+2\cdot3+2\cdot2\}=\frac{6}{4}$$

$$|\overrightarrow{OV}|=\frac{\sqrt{6}}{2}$$

よって，求める球の半径は　$\frac{\sqrt{6}}{2}$　……(答)

別解　(2)　(1)より OA＝BC，OB＝CA，OC＝AB より，四面体 OABC は

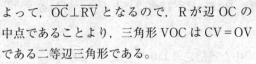

次のような直方体に埋め込むことができる。
ここで直方体の 3 辺を x，y，z とすると
$\mathrm{OA}=\sqrt{3}$，$\mathrm{OB}=2$，$\mathrm{OC}=\sqrt{5}$ より

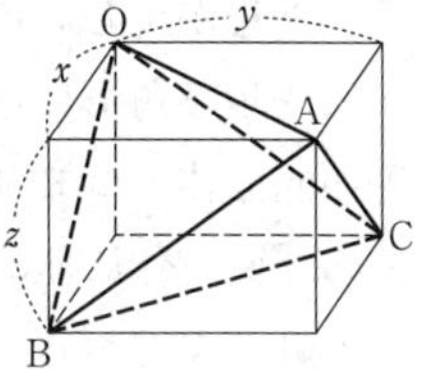

$$\begin{cases} x^2+y^2=3 \\ y^2+z^2=5 \\ z^2+x^2=4 \end{cases}$$

これを解いて

$$x=1,\ y=\sqrt{2},\ z=\sqrt{3}$$

直方体より，対角線の中点を中心とし，ある頂点を通る球は O，A，B，C を含む直方体の 8 つの頂点を通るので，この半径を求めればよく

$$\frac{1}{2}\sqrt{x^2+y^2+z^2}=\frac{\sqrt{6}}{2}$$

参考　(1)で直線のなす角 θ をベクトルの内積を利用して求める際に，最初から $\cos\theta$ の値を求めようとはしないこと。直線のなす角 θ は $0\leqq\theta\leqq\frac{\pi}{2}$ の範囲で定義され，ベクトルには向きがあるから，ベクトルのなす角 α は $0\leqq\alpha\leqq\pi$ で定義されることに注意する。よって，直線のなす角 θ を求める場合には一旦ベクトルのなす角 α を求めて，それが $0\leqq\alpha\leqq\frac{\pi}{2}$ の範囲におさまれば，α をそのまま直線のなす角 θ とみなせばよいし，ベクトルのなす角 α が $\frac{\pi}{2}<\alpha\leqq\pi$ の範囲になれば，直線のなす角 θ は π から α を引いた小さい方の角 $\pi-\alpha$ になる。

◀解　説▶

≪四面体の 4 つの頂点をすべて通る球の半径≫

▶(1)　$\overrightarrow{\mathrm{OB}}$ と $\overrightarrow{\mathrm{CA}}$ のなす角 α を $\overrightarrow{\mathrm{OB}}$ と $\overrightarrow{\mathrm{CA}}$ の内積の定義式で表そうと方針を立てる。そこから $\cos\alpha$ の値を求めるためには $\overrightarrow{\mathrm{OA}}\cdot\overrightarrow{\mathrm{OB}}$，$\overrightarrow{\mathrm{OB}}\cdot\overrightarrow{\mathrm{OC}}$，$|\overrightarrow{\mathrm{OB}}|$，$|\overrightarrow{\mathrm{CA}}|$ の値を知る必要がある。これを求めるための手段を考える。α を求めるということなので，$\cos\alpha$ の値は角 α が読み取れるような値になるはずである。(2)でも引き続き，いろいろな値を知る必要があるので，この段階でこれ以外にも求めることができるものは求めておいた方がよい。わかっている条件は 3 組の直線が垂直であることだけだが，それをベクト

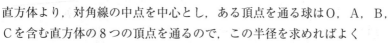

ルの内積の値が 0 となることにつなげていく。

▶(2)　各点の配置から球の中心はどこにあるかを予想する。〔解答〕ではその予想が正しいことを裏づける方法として，三角形 VOA，VOB，VOC が二等辺三角形になることを示した。また，〔別解〕では四面体 OABC が等面四面体，つまりすべての面が合同な四面体であることから，等面四面体の「直方体に埋め込むことができる」という性質を用いた。

方針が立てづらいところもあるが，何を求めたら解答がつながるかを考えて目標を立てながら解き進めていこう。

(1)，(2)で繰り返し同じプロセスの計算をするところを〔解答〕では全計算過程を記しておいたが，答案では「同様にして」で過程は省略してよいと思われる。

4

◇発想◇　(1)　X が 25 の倍数になるための条件は，5 の目が少なくとも 2 個出ることである。直接求めることもできるが，余事象の確率を求めると要領よく解答できる。

(2)　(1)ではサイコロに 5 の倍数の目は 5 しかなかったが，(2)では，4 の目が少なくとも 1 個出れば 4 の倍数になるし，4 の目が出なくても 2，6 の目が少なくとも 2 個出れば 4 の倍数になる。しかもこの 2 つの場合に重複している目の出方が存在するというように，(1)と比べて複雑な構造をしているので，要領よく解答するにはどうすればよいかを考えよう。これも(1)と同じように余事象の確率を求めるとよい。4 の倍数になる事象の余事象とはどのような事象であるか，具体的な目の出方について考えよう。

(3)　X が 100 の倍数になるための条件について考えよう。X が $100=2^2\cdot5^2$ の倍数となるための条件は，因数 2 が少なくとも 2 個，因数 5 が少なくとも 2 個存在することであるから，サイコロの目の出方について考えよう。(1)，(2)での考察も上手く利用しよう。漏れや重複なく数えられるように，数え方を工夫しよう。

解答　(1)　4 個のサイコロの目の出方は　　$6^4=1296$ 通り

X が 25 の倍数になる事象の余事象は，25 の倍数にならない，つまり 5 の目が出ないか，または 1 個だけ出る事象である。

(ア)　5 の目が出ない事象は　　$5^4=625$ 通り

(イ)　5 の目が 1 個だけ出る事象は　　${}_4C_1\cdot1\cdot5^3=500$ 通り

(ア), (イ)の合計は　　$625+500=1125$ 通り

以上より，余事象の確率は

$$\frac{1125}{1296}=\frac{125}{144}$$

よって，X が 25 の倍数になる確率は

$$1-\frac{125}{144}=\frac{19}{144}\quad\cdots\cdots(答)$$

別解　4 個のサイコロの目の出方は　　$6^4=1296$ 通り

X が 25 の倍数になるための条件は 5 の目が少なくとも 2 個出ることである。

(ウ)　5 の目が 2 個だけ出る事象は　　${}_4C_2\cdot1^2\cdot5^2=150$ 通り

(エ)　5 の目が 3 個だけ出る事象は　　${}_4C_3\cdot1^3\cdot5=20$ 通り

(オ)　5 の目が 4 個出る事象は　　1 通り

(ウ), (エ), (オ)の合計は　　$150+20+1=171$ 通り

よって，X が 25 の倍数になる確率は

$$\frac{171}{1296}=\frac{19}{144}$$

(2)　X が 4 の倍数になる事象の余事象は，4 の倍数にならない，つまり 4 個とも奇数の目が出るか，または 2，6 の目が 1 個だけ出て奇数の目が 3 個出る事象である。

(カ)　4 個とも奇数の目が出る事象は　　$3^4=81$ 通り

(キ)　2，6 の目が 1 個だけ出て奇数の目が 3 個出る事象は

${}_4C_1\cdot2\cdot3^3=216$ 通り

(カ), (キ)の合計は　　$81+216=297$ 通り

以上より，余事象の確率は

$$\frac{297}{1296}=\frac{11}{48}$$

よって，X が 4 の倍数になる確率は

$$1-\frac{11}{48}=\frac{37}{48}\quad\cdots\cdots(答)$$

(3)　X が 100 の倍数になるための条件は因数 2 が少なくとも 2 個，因数

5が少なくとも2個存在することであり，次の(ク)と(ケ)の場合がある。

(ク)　5の目が2個出る場合

4の目が何個出るのかに注目して

5の目が2個出て2または6の目が2個出る事象は

$${}_4C_2\cdot 2^2\cdot 1^2=24 \text{ 通り}$$

5の目が2個，4の目が1個出て1，2，3，6のいずれかの目が1個出る事象は

$$\frac{4!}{2!}\cdot 1\cdot 1^2\cdot 4=48 \text{ 通り}$$

5の目が2個出て4の目が2個出る事象は

$${}_4C_2\cdot 1^2\cdot 1^2=6 \text{ 通り}$$

(ケ)　5の目が3個出る場合

5の目が3個出て4の目が1個出る事象は

$${}_4C_1\cdot 1\cdot 1^3=4 \text{ 通り}$$

(ク)，(ケ)の合計は　　$24+48+6+4=82$ 通り

よって，X が100の倍数になる確率は

$$\frac{82}{1296}=\frac{41}{648} \quad \cdots\cdots(\text{答})$$

参考　〔解答〕でもわかるように(ク)の5の目が2個出る場合の数え上げ方が難しい。5の目2個以外の2個のサイコロの目について考えるので，表で検討することがおすすめである。残り2個のサイコロの目で因数4があるのが何通りあるのかを調べる際に右の表を利用しよう。表より5の目が2個出た残りの2個のサイコロの条件を満たす目の出方は13通りあることがわかる。

	1	2	3	4	5	6
1				○	＼	
2		○		○	＼	○
3				○	＼	
4	○	○	○	○	＼	○
5	＼	＼	＼	＼	＼	＼
6		○		○	＼	○

この表を利用した(ク)の5の目が2個出る場合の数え上げ方は次のようになる。表より，5の目以外の2個のサイコロで因数4が存在する目の出方は13通りあり，5の目が出るサイコロが4個のうちのどの2個であるかも考えると

$${}_4C_2\cdot 13=6\cdot 13=78 \text{ 通り}$$

〔解答〕ではこれと(ケ)の4通りとの合計で82通りとしている。

この表を作るという手法はサイコロを2個振る，2回振るという場合に有効であり，特にややこしい条件設定であるほど効力を発揮する。たとえば，2個のサイコロを振るときに，2個のサイコロの目の積を5で割ったときの余りが3である確率を求めよ，などといった場合には表を作ればすぐに解答できる。

◀解　説▶

≪4個のサイコロの目の積に関する確率≫

▶(1)　〔解答〕のように余事象の確率から求めると要領よく解答できる。ただ，本問のように直接求めると3つの場合についての検討が必要で，余事象だと2つの場合について求めることになるというように，場合分けの数だけの問題であれば，〔別解〕のように直接求めても問題ない。

▶(2)　これは(1)とは異なり，場合分けの多い少ないの問題ではなく，直接 X が4の倍数になる目の出方を考えること自体が面倒である。そこで(1)の〔解答〕の解法と同じように余事象の確率から求めることにしよう。本問ではこの考え方は有効であり，「奇数の目だけが出る」または「2，6の目が1個だけ出て奇数の目が3個出る」事象を考えればよく，非常にすっきりとする。

▶(3)　(1)，(2)で因数5の扱いは簡単だが，因数2の扱いが面倒であることがわかっている。そこで5の目が何個出るのかで場合分けして，残りの個数を因数2が少なくとも2個あるように考えるとわかりやすいのではないだろうか。他の事象に着目してもよいが，ある1つの事象に注目して漏れのないように，かつ重複がないように数え上げることがポイントになる。サイコロが2個の場合だけと使い方は限定されるが，〔参考〕の手法も身につけておくと要領よく数え上げることができる。

5

◇発想◇　(1)　まずは，直円柱の xy 平面における断面を観察しよう。これに平面 $x=t$ を付け足すと，それは線分に見える。その線分の端点の座標を求めよう。次は平面 $x=t$ における断面を図示してみよう。点 (0, 2, 2) と x 軸を含む平面で2つの立体に分割するので，その境界線は平面 $x=t$ において直線 $z=y$ となる。D を含む方が立体 T である。軸に垂直な面での断面積を立体が存在する範囲で積分すると T の体積を求めることができる。

(2)　方針は(1)と同様で，T を x 軸のまわりに1回転させてできる立体を平面 $x=t$ で切り取った断面について考える。断面積を求めるために，(1)で描いた T の平面 $x=t$ における断面の図形を原点のまわりに1回転させる。その際に原点から最も遠くにある点が描く円が回転体の断面の外側の境界になり，原点から最も近くにある点が描く円が回転体の断面の内側の境界になる。その2つの同心円の間に立体の平面 $x=t$ における断面が存在する。その面積を求めよう。回転体の体積を求めるためには，求めた回転軸に垂直な平面 $x=t$ での断面積を立体が存在する範囲で積分すればよい。

解答　(1)　xy 平面における T の断面である円 D は下の図1の通りである。

図1を参考にして，E の平面 $x=t$ における断面は図2の太線部分であり，このうち，T の断面は網かけ部分である。

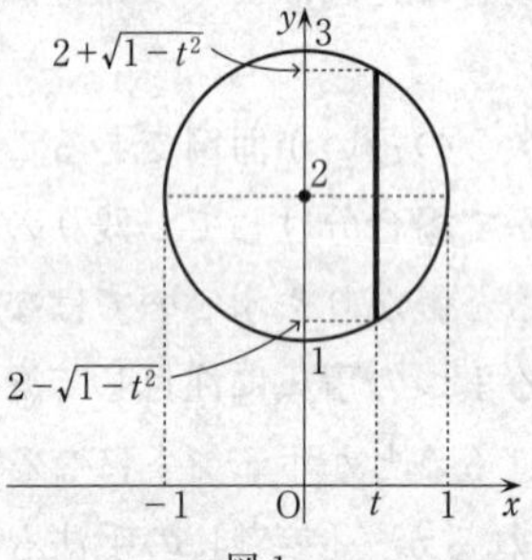

図1

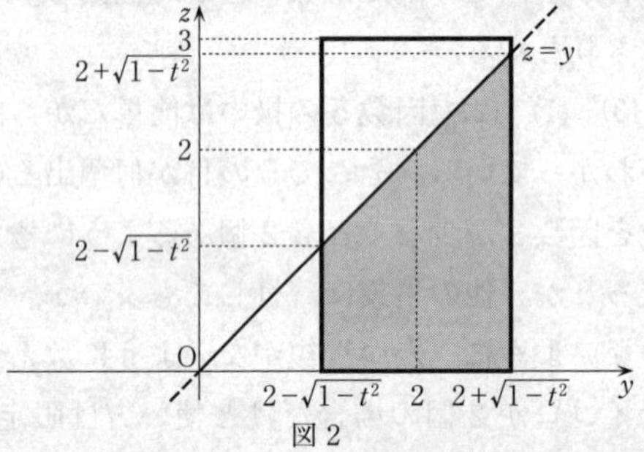

図2

T の断面積 $S(t)$ は

$$S(t)=\frac{1}{2}\{(2-\sqrt{1-t^2})+(2+\sqrt{1-t^2})\}\{(2+\sqrt{1-t^2})-(2-\sqrt{1-t^2})\}$$

$$=\frac{1}{2}\cdot 4\cdot 2\sqrt{1-t^2}$$

$$=4\sqrt{1-t^2}\quad\cdots\cdots(\text{答})$$

T の体積は

$$\int_{-1}^{1} 4\sqrt{1-t^2}\,dt = 4\int_{-1}^{1}\sqrt{1-t^2}\,dt$$

ここで，$\int_{-1}^{1}\sqrt{1-t^2}\,dt$ は右図3のように原点が中心で半径が1の円の上半分の半円の面積，つまり $\frac{1}{2}\cdot\pi\cdot 1^2 = \frac{\pi}{2}$ であるから，T の体積は

$$4\cdot\frac{\pi}{2} = 2\pi \quad \cdots\cdots(\text{答})$$

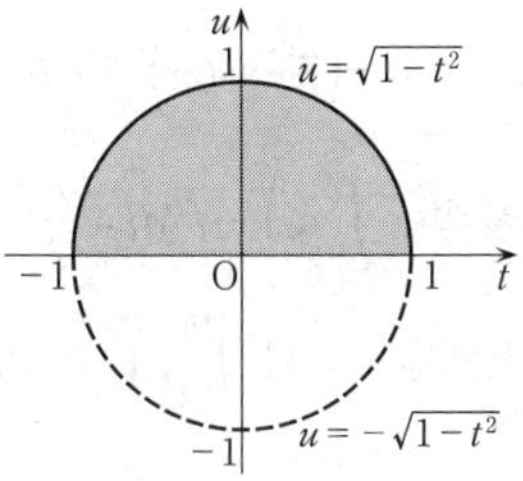

図3

(2)　T を x 軸のまわりに1回転させてできる立体の平面 $x=t$ での断面は，下図の網かけ部分を原点のまわりに1回転させたものである。

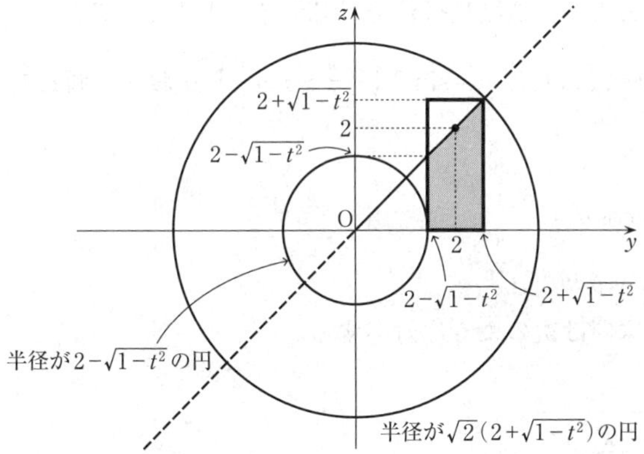

よって，断面積は2つの円ではさまれた部分の面積になるから，

[半径が $\sqrt{2}\,(2+\sqrt{1-t^2})$ の円の面積]

$-$[半径が $2-\sqrt{1-t^2}$ の円の面積]

$$=\pi\{\sqrt{2}\,(2+\sqrt{1-t^2})\}^2-\pi(2-\sqrt{1-t^2})^2$$

$$=\pi\{2(5-t^2+4\sqrt{1-t^2})\}-\pi(5-t^2-4\sqrt{1-t^2})$$

$$=\pi(5-t^2+12\sqrt{1-t^2})$$

したがって，求める立体の体積は

$$\int_{-1}^{1}\pi(5-t^2+12\sqrt{1-t^2})\,dt$$

$$=\pi\left(\left[5t-\frac{1}{3}t^3\right]_{-1}^{1}+12\cdot\frac{\pi}{2}\right)$$

$$=\pi\left(10-\frac{2}{3}+6\pi\right)$$

$$=\pi\left(\frac{28}{3}+6\pi\right) \quad \cdots\cdots(答)$$

参考 $\int_{-1}^{1}\sqrt{1-t^2}\,dt=\frac{\pi}{2}$ である理由は，(1)の〔解答〕を参照。

〔解答〕では $\int_{-1}^{1}\sqrt{1-t^2}\,dt$ は(1)の図3の網かけ部分の半円の面積を表すので

$$\int_{-1}^{1}\sqrt{1-t^2}\,dt=\pi\cdot 1^2\cdot\frac{1}{2}=\frac{\pi}{2}$$

として計算を進めた。この計算の結果は覚えておいて計算の過程で使えばよいが，次のように置換積分法で計算することもできる。

$\int_{-1}^{1}\sqrt{1-t^2}\,dt$ において，$t=\sin\theta$ $\left(-\frac{\pi}{2}\leqq x\leqq\frac{\pi}{2}\right)$ とおく。両辺を θ で微分すると

$$\frac{dt}{d\theta}=\cos\theta$$

$$dt=\cos\theta d\theta$$

また，積分区間は次のように対応する。

t	$-1\to 1$
θ	$-\frac{\pi}{2}\to\frac{\pi}{2}$

よって

$$\int_{-1}^{1}\sqrt{1-t^2}\,dt=\int_{-\frac{\pi}{2}}^{\frac{\pi}{2}}\sqrt{1-\sin^2\theta}\cdot\cos\theta d\theta$$

$$=\int_{-\frac{\pi}{2}}^{\frac{\pi}{2}}\sqrt{\cos^2\theta}\cos\theta d\theta$$

$$=\int_{-\frac{\pi}{2}}^{\frac{\pi}{2}}\cos\theta\cos\theta d\theta$$

$\left(-\frac{\pi}{2}\leqq x\leqq\frac{\pi}{2}\right.$ の範囲では $\cos\theta\geqq 0$ であるから $\left.\sqrt{\cos^2\theta}=\cos\theta\right)$

$$=\int_{-\frac{\pi}{2}}^{\frac{\pi}{2}}\cos^2\theta d\theta$$

$$=\int_{-\frac{\pi}{2}}^{\frac{\pi}{2}}\frac{1+\cos 2\theta}{2}d\theta$$

$$=\left[\frac{1}{2}\left(\theta+\frac{1}{2}\sin 2\theta\right)\right]_{-\frac{\pi}{2}}^{\frac{\pi}{2}}$$

$$=\frac{1}{2}\left[\left(\frac{\pi}{2}+\frac{1}{2}\sin\pi\right)-\left\{\left(-\frac{\pi}{2}\right)+\frac{1}{2}\sin(-\pi)\right\}\right]$$

$$=\frac{\pi}{2}$$

◀解　説▶

≪立体の体積≫

(1), (2)ともに体積を求める手順は同じである。

▶(1)　直円柱の一部分である T の x 軸に垂直な平面 $x=t$ での断面積を求めて，それを T が存在する t の範囲（つまり x の範囲）で積分すると T の体積を求めることができる。

▶(2)　直円柱の一部分である T を x 軸のまわりに回転させてできる立体の体積を求めることになるが，要領は(1)と同じである。平面 $x=t$ における断面積を求める。それを立体図形が存在する t の区間で積分する。

立体の体積を求める問題では，どのような立体になるのかを考える必要はない。確かにどのような図形かわかり，図の 1 つでも描ければ安心だろうが，どのような立体図形になるのかを考えるにも複雑で図が描けない場合もよくあるので形には深入りしない方がよい。断面積を求めてそれを積分するというプロセスを頭に叩き込んでおくこと。

❖講　評

2020 年度入試でも例年同様に大問 5 題が出題された。試験時間は 150 分であり，じっくりと考えて答案を作成するのには十分な時間が設けられている。質，量のバランスがとれ，受験生の学力を的確に見極めることのできる問題である。

1　定点を通る曲線に接する直線が存在するための条件を求める問題である。条件式を得てからのプロセスは典型的なものであり，正確に計算し a の値の範囲を求めたい。

2　条件を満たす 4 次方程式の解を求める問題である。(1)で解答する手法はいろいろと考えることができるので，できるだけ要領よく計算したい。

3　四面体に外接する球の半径を求める問題である。何をしたらよいのか方針の立てづらいところがあるが，先回りして結果も予想しつつ解き進めていこう。

4　4個のサイコロの目の積が4，25，100の倍数になる確率を求める問題である。どれも典型的な問題であり，一度は解答した経験があるであろう問題である。

5　2つの立体の体積を求める問題である。回転体とそうではない立体と違いはあるが，求め方は同じである。

計算が多少面倒な問題も含まれるが，多くは方針を立てることに戸惑う箇所も少ない標準レベルの問題である。強いていえば3が他と比べて方針が立てにくい分，やや難しめといえる。

◀医（保健〈看護学〉）学部▶

1　◇発想◇ (1) C_1 と C_2 の方程式から y を消去して x の 2 次方程式をつくる。C_1 と C_2 が異なる 2 点で交わるための条件は，その 2 次方程式が異なる 2 つの実数解をもつことである。

(2) (1)で求めた a の値の範囲では，C_1 と C_2 は異なる 2 点で交わる。交点の間での C_1 と C_2 の上下関係を調べる。積分区間は C_1 と C_2 の異なる 2 つの交点の x 座標で定まる。これで面積 S を定積分で表す準備ができた。

解答 (1) $\begin{cases} y=x^2 \\ y=3(x-a)^2+a^3-40 \end{cases}$

より y を消去して

$$3(x-a)^2+a^3-40=x^2$$

$$2x^2-6ax+a^3+3a^2-40=0 \quad \cdots\cdots①$$

C_1 と C_2 が異なる 2 点で交わるための条件は，①が異なる 2 つの実数解をもつことであり，それは①の判別式を D とするときに $D>0$ となることであるから

$$\frac{D}{4}>0$$

$$(-3a)^2-2(a^3+3a^2-40)>0$$

$$2a^3-3a^2-80<0$$

$$(a-4)(2a^2+5a+20)<0$$

$a\geqq 0$ より，$2a^2+5a+20\geqq 20>0$ であるから

$$a-4<0$$

したがって

$$0\leqq a<4 \quad \cdots\cdots(答)$$

(2) $0\leqq a<4$ のときに C_1 と C_2 は異なる 2 つの実数解をもち，それは①より

$$x=\frac{3a\pm\sqrt{-2a^3+3a^2+80}}{2}$$

ここで

$$\alpha=\frac{3a-\sqrt{-2a^3+3a^2+80}}{2},\quad \beta=\frac{3a+\sqrt{-2a^3+3a^2+80}}{2}$$

とおくと，$\alpha \leqq x \leqq \beta$ において

[①の左辺]＝[C_2 の右辺]－[C_1 の右辺]＝$2(x-\alpha)(x-\beta)\leqq 0$

となることから，C_1 は C_2 の上側にあり，C_1 と C_2 で囲まれた図形の面積 S は下図の網かけ部分の面積である。

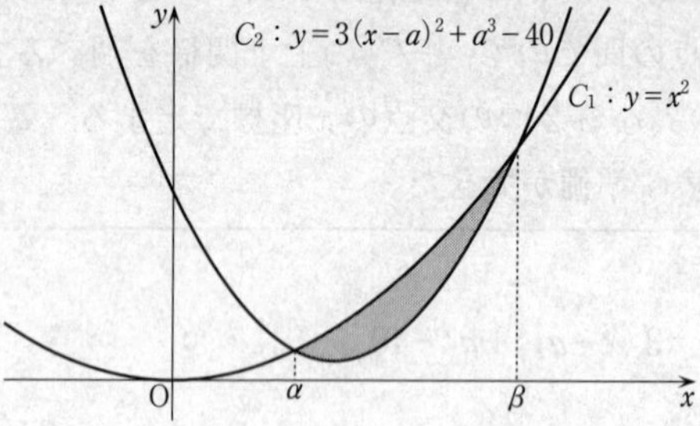

よって

$$S=\int_\alpha^\beta [x^2-\{3(x-a)^2+a^3-40\}]\,dx$$

$$=-\int_\alpha^\beta (2x^2-6ax+a^3+3a^2-40)\,dx$$

$$=-2\int_\alpha^\beta (x-\alpha)(x-\beta)\,dx$$

$$=-2\cdot\frac{-1}{6}(\beta-\alpha)^3$$

$$=\frac{1}{3}(\beta-\alpha)^3$$

$$=\frac{1}{3}\left(\frac{3a+\sqrt{-2a^3+3a^2+80}}{2}-\frac{3a-\sqrt{-2a^3+3a^2+80}}{2}\right)^3$$

$$=\frac{1}{3}(\sqrt{-2a^3+3a^2+80})^3$$

$$=\frac{1}{3}(-2a^3+3a^2+80)^{\frac{3}{2}}$$

ここで，$f(a)=-2a^3+3a^2+80$ とおき，両辺を a で微分すると

$$f'(a)=-6a^2+6a=-6a(a-1)$$

よって，$0 \leqq a < 4$ における $f(a)$ の増減は右のようになる。

a	0	$\cdots$	1	$\cdots$	(4)
$f'(a)$		$+$	0	$-$	
$f(a)$	80	↗	81	↘	(0)

よって，$f(a)$ は $a=1$ のときに最大となり，最大値は $f(1)=81$ である。

$f(a)$ が最大のとき，面積 S も最大となるので，面積 S は $a=1$ のときに最大となり，最大値は

$$\frac{1}{3}\cdot 81^{\frac{3}{2}}=\frac{1}{3}\cdot(9^2)^{\frac{3}{2}}=\frac{1}{3}\cdot 9^3=243 \quad \cdots\cdots(答)$$

◀解　説▶

≪2つの放物線で囲まれた図形の面積の最大値≫

▶(1)　C_1 と C_2 の異なる2つの交点の x 座標は，2つのグラフの方程式から得られた①の実数解である。よって，異なる2点で交わるための条件は①が異なる2つの実数解をもつことであり，①の判別式が正になることである。これより a のとり得る値の範囲が求められる。解答する際には $a \geqq 0$ にも注意する。

▶(2)　面積を求める図形を構成する C_1 と C_2 の上下の関係について記述しておくこと。①は C_1 と C_2 の共有点の x 座標を求めるための2次方程式という意味だけではなく，左辺が C_2 の右辺から C_1 の右辺を引いたものであり，それが

$$2x^2-6ax+a^3+3a^2-40=2(x-\alpha)(x-\beta)$$

と形式的に変形（因数分解）できることから，下に凸の放物線 $y=2(x-\alpha)(x-\beta)$ の概形を考えることで，$\alpha \leqq x \leqq \beta$ において $y \leqq 0$ となること，つまり C_1 が C_2 よりも上側にあることの確認に利用できることも知っておこう。

ここまで丁寧に記さなくても，グラフを描いて，x^2 の係数が1の C_1 と x^2 の係数が3の C_2 との交わる関係がどのようになっているのかくらいはわかるように答案をつくるようにしよう。2つのグラフの上下関係は大事なので，何の説明もなく面積を求める定積分の式を立てることがないようにしておこう。

$\displaystyle\int_\alpha^\beta (x-\alpha)(x-\beta)\,dx=-\frac{1}{6}(\beta-\alpha)^3$ の公式も利用して定積分を要領よく計算していこう。

2

◇発想◇　(1)　四面体 OABC は正四面体であることから

$$\mathrm{OA}=\mathrm{OB}=\mathrm{OC}=\mathrm{AB}=\mathrm{BC}=\mathrm{CA}$$

が成り立つ。p, q, r, s の値を求めるので，点 B，C に関する関係式を中心に立式してみよう。

文字を消去する際には，条件 $p>0$, $s>0$ のある p または s を残すようにすると要領よく解答できる。

(2)　まずは，z 軸に垂直な平面で正四面体 OABC を切り取ると断面はどのような図形になるかを図を描いて考えてみよう。次に答案としてつなげていくために，平面 $z=t$ $(0\leqq t\leqq 1)$ と辺 OB, AB, AC, OC との交点を P，Q，R，S とおいて，それぞれの座標を求めてみよう。それらを平面 $z=t$ のグラフ上に描き取ってみると断面がどのような図形になるか読み取ることができる。

解答　(1)　OA = OB であるから

$$\mathrm{OA}^2=\mathrm{OB}^2$$

$$1^2+1^2+0^2=1^2+0^2+p^2$$　（正四面体の 1 辺の長さは $\sqrt{2}$ とわかった）

$$p^2=1$$

$p>0$ より　　$p=1$

よって，正四面体の 1 辺の長さは $\sqrt{2}$，B の座標は $(1,\ 0,\ 1)$ となる。

$\mathrm{OC}=\sqrt{2}$ より

$$\mathrm{OC}^2=2$$

$$q^2+r^2+s^2=2 \quad \cdots\cdots①$$

$\mathrm{AC}=\sqrt{2}$ より

$$\mathrm{AC}^2=2$$

$$(q-1)^2+(r-1)^2+s^2=2 \quad \cdots\cdots②$$

$\mathrm{BC}=\sqrt{2}$ より

$$\mathrm{BC}^2=2$$

$$(q-1)^2+r^2+(s-1)^2=2 \quad \cdots\cdots③$$

①－③ より

$$q=1-s \quad \cdots\cdots④$$

②－③ より

$$r=s \quad \cdots\cdots⑤$$

④，⑤を①に代入して

$$(1-s)^2+s^2+s^2=2$$

$$3s^2-2s-1=0$$

$$(3s+1)(s-1)=0$$

$s>0$ より　　$s=1$

$s=1$ を④，⑤に代入して　　$q=0$，$r=1$

したがって

$$p=1,\ q=0,\ r=1,\ s=1\ \cdots\cdots(\text{答})$$

(2)　正四面体 OABC の z 軸に垂直な平面 $z=t$ $(0\leqq t\leqq 1)$ での断面は次の図のような四角形 PQRS になる。

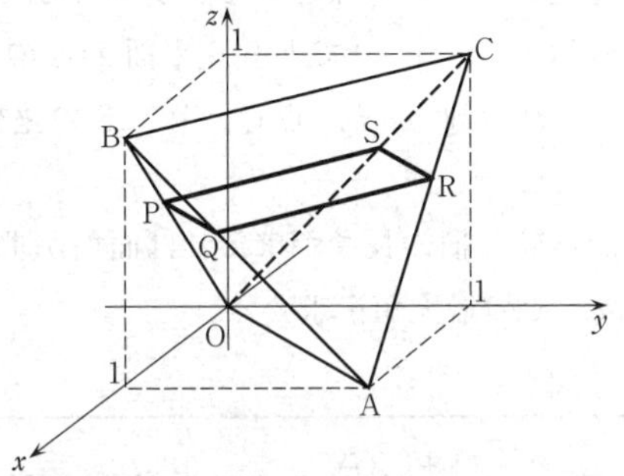

点 P，Q，R，S の座標は次のようになる。

直線 OB：$z=x$，$y=0$ と平面 $z=t$ の交点 P の座標は　　$(t,\ 0,\ t)$

直線 AB：$z=-y+1$，$x=1$ と平面 $z=t$ の交点 Q の座標は

$$(1,\ 1-t,\ t)$$

直線 AC：$z=-x+1$，$y=1$ と平面 $z=t$ の交点 R の座標は

$$(1-t,\ 1,\ t)$$

直線 OC：$z=y$，$x=0$ と平面 $z=t$ の交点 S の座標は　　$(0,\ t,\ t)$

よって，平面 $z=t$ での断面は右のようになる。

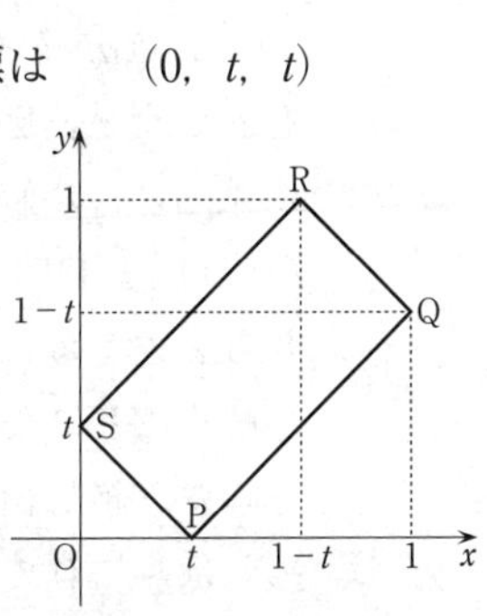

四角形 PQRS は長方形であり，この面積は SP・PQ で求めることができる。

$$\text{SP}=\sqrt{2}\,t$$

$$\text{PQ}=\sqrt{2}\,(1-t)$$

であるから，面積は

$$\sqrt{2}\,t\cdot\sqrt{2}\,(1-t)=-2(t^2-t)$$

$$= -2\left(t-\frac{1}{2}\right)^2+\frac{1}{2}$$

よって，断面積は $t=\frac{1}{2}$ のときに最大となり，最大値は　$\frac{1}{2}$　……(答)

◀解　説▶

≪正四面体の断面積の最大値≫

▶(1)　条件より四面体 OABC の 1 辺の長さは $\sqrt{2}$ であることがわかる。各辺の長さを p，q，r，s で表して，値を求めよう。

▶(2)　正四面体 OABC を z 軸に垂直な平面で切り取ったときの断面がどのような図形かを把握する。断面積を求めるのであるから，形だけでなく，断面の図形に関して主要な点の座標を知る必要がある。

直線 OB の方程式は $z=x$，$y=0$ であり，平面 $z=t$ の交点が P であるから $x=z=t$ で P$(t,\ 0,\ t)$ とわかる。点 Q，R，S の座標も同じように求める。

図形は長方形だから縦と横の長さが求まれば面積が求められるので，断面積を t で表した後，その最大値を求める。

3

◇発想◇　(1)　$f\left(\frac{1+\sqrt{3}i}{2}\right)$ を直接計算してもよいが，要領よく計算するためには次のように考えよう。

$\alpha=\frac{1+\sqrt{3}i}{2}$ とおき，$2\alpha-1=\sqrt{3}i$ と変形し，両辺を 2 乗することで α が 2 次方程式 $\alpha^2-\alpha+1=0$ を満たすことがわかる。これをどのように利用するかで解法が分かれる。

(2)　(1)で a，b を c を用いて表した。これは $f(x)$ の係数 a，b，c を c だけで表せという設問につながる誘導であるから，その誘導に乗る。c の値を求めるために，$f(1)$ を 7 で割ると 4 余り，$f(-1)$ を 11 で割ると 2 余るという条件から等式をつくる。これら 2 式から c を消去すると 1 次不定方程式ができるので，それを解くことになり，1 次不定方程式の解として c が求められる。さらに，絶対値が 40 以下であるという c の条件より c の値を求めれば，これで $f(x)$ の係数 a，b，c の値が確定するので，あと

は $f(x)=0$ を解けばよい。

解答　(1)　$\alpha=\dfrac{1+\sqrt{3}i}{2}$ とおくと

$$2\alpha-1=\sqrt{3}i$$

両辺を 2 乗すると

$$4\alpha^2-4\alpha+4=0$$

$$\alpha^2-\alpha+1=0$$

ここで，$f(x)=x^3+ax^2+bx+c$ を x^2-x+1 で割ることにより

$$f(x)=(x^2-x+1)\{x+(a+1)\}+(a+b)x-a+c-1$$

よって

$$f\left(\frac{1+\sqrt{3}i}{2}\right)=f(\alpha)$$

$$=(\alpha^2-\alpha+1)(\alpha+a+1)+(a+b)\alpha-a+c-1$$

$\alpha^2-\alpha+1=0$ であるから

$$f\left(\frac{1+\sqrt{3}i}{2}\right)=(a+b)\alpha-a+c-1$$

したがって，$f(x)$ が $f\left(\dfrac{1+\sqrt{3}i}{2}\right)=0$ を満たすとき

$$(a+b)\alpha-a+c-1=0$$

ここで a，b，c は実数で，α は虚数であるから

$$\begin{cases} a+b=0 \\ -a+c-1=0 \end{cases}$$

$$\begin{cases} b=-a \\ a=c-1 \end{cases}$$

よって　$\begin{cases} a=c-1 \\ b=-c+1 \end{cases}$　……(答)

参考　＜その１＞　$(a+b)\alpha-a+c-1=0$ において，a，b，c は実数で，α は虚数であるから

$$\begin{cases} a+b=0 \\ -a+c-1=0 \end{cases}$$

となることが気になる場合は，次のように答案をつくるとよい。

$$\alpha=\frac{1}{2}+\frac{\sqrt{3}}{2}i$$

であるから

$$(a+b)\alpha-a+c-1=0$$

$$(a+b)\left(\frac{1}{2}+\frac{\sqrt{3}}{2}i\right)-a+c-1=0$$

$$\left\{\frac{1}{2}(a+b)-a+c-1\right\}+\frac{\sqrt{3}}{2}(a+b)i=0$$

ここで，a，b，c は実数であり，i は虚数単位であるから

$$\begin{cases}\dfrac{1}{2}(a+b)-a+c-1=0\\ \dfrac{\sqrt{3}}{2}(a+b)=0\end{cases}$$

すなわち　$\begin{cases}-a+c-1=0\\ a+b=0\end{cases}$

となり，以下は〔解答〕と同様である。

＜その 2＞　〔解答〕より得られた $\alpha^2-\alpha+1=0$ より

$$\alpha^3+1=(\alpha+1)(\alpha^2-\alpha+1)=0$$

$$\alpha^3=-1$$

これと $\alpha^2-\alpha+1=0$ を $\alpha^2=\alpha-1$ と変形した等式を，次数を下げるために利用することもできる。

つまり

$$\begin{aligned}f(\alpha)&=\alpha^3+a\alpha^2+b\alpha+c\\&=-1+a(\alpha-1)+b\alpha+c\\&=(a+b)\alpha-a+c-1\end{aligned}$$

となり，以下は〔解答〕と同様である。

＜その 3＞　$f\left(\dfrac{1+\sqrt{3}i}{2}\right)$ を直接代入して計算すると次の通り。

$$f\left(\frac{1+\sqrt{3}i}{2}\right)=0$$

$$\left(\frac{1+\sqrt{3}i}{2}\right)^3+a\left(\frac{1+\sqrt{3}i}{2}\right)^2+b\cdot\frac{1+\sqrt{3}i}{2}+c=0$$

$$-1+\frac{-1+\sqrt{3}i}{2}\cdot a+\frac{1+\sqrt{3}i}{2}\cdot b+c=0$$

$$\frac{1}{2}(-a+b+2c-2)+\frac{\sqrt{3}}{2}(a+b)i=0$$

a, b, c は実数であり，i は虚数単位であるから

$$\begin{cases}-a+b+2c-2=0\\ a+b=0\end{cases}$$

すなわち　$\begin{cases}a=c-1\\ b=-c+1\end{cases}$

(2)　(1)より

$$f(x)=x^3+(c-1)x^2+(-c+1)x+c$$
$$=(x^2-x+1)(x+c)\quad\cdots\cdots(*)$$

と表せるので

$$\begin{cases}f(1)=c+1\\ f(-1)=3c-3\end{cases}$$

$f(1)$ を 7 で割ると 4 余るので

$$c+1=7k+4\quad(k\text{ は整数})\quad\cdots\cdots①$$

$f(-1)$ を 11 で割ると 2 余るので

$$3c-3=11l+2\quad(l\text{ は整数})\quad\cdots\cdots②$$

と表せる。

①×3−② より

$$21k-11l=-4\quad\cdots\cdots③$$

$(k,\ l)=(4,\ 8)$ は③を満たし

$$21\cdot4-11\cdot8=-4\quad\cdots\cdots④$$

が成り立ち，③−④ より

$$21(k-4)-11(l-8)=0$$
$$21(k-4)=11(l-8)\quad\cdots\cdots⑤$$

ここで，$21(k-4)$ は 11 の倍数であり，21 と 11 は互いに素な整数であるから，$k-4$ が 11 の倍数であるので

$$k-4=11m\quad(m\text{ は整数})$$

と表せる。これを⑤に代入すると

$$21\cdot11m=11(l-8)$$

$l=21m+8$

よって　$(k,\ l)=(11m+4,\ 21m+8)$

$k=11m+4$ を①に代入すると

$c+1=7(11m+4)+4$

$c=77m+31$

c の絶対値が 40 以下であるとき

$|77m+31|\leqq 40$

$-40\leqq 77m+31\leqq 40$

$-\dfrac{71}{77}\leqq m\leqq\dfrac{9}{77}$

これが成り立つ m は 0 のみで，このとき，$c=77\cdot 0+31=31$

したがって，(＊)より

$f(x)=0$

$(x^2-x+1)(x+31)=0$

よって　$x=-31,\ \dfrac{1\pm\sqrt{3}i}{2}$　……(答)

別解　(1)　$f(x)=0$ は実数係数の方程式なので，$\dfrac{1+\sqrt{3}i}{2}$ が $f(x)=0$ の解のとき，共役な複素数 $\dfrac{1-\sqrt{3}i}{2}$ も $f(x)=0$ の解となる。

よって $f(x)$ は $\left(x-\dfrac{1+\sqrt{3}i}{2}\right)\left(x-\dfrac{1-\sqrt{3}i}{2}\right)=x^2-x+1$ を因数にもつ。

$f(x)$ の 3 次の係数，定数項に着目して

$f(x)=(x^2-x+1)(x+c)$　……(＊)

$=x^3+(c-1)x^2+(1-c)x+c$

一方で，$f(x)=x^3+ax^2+bx+c$ であるから

$x^3+ax^2+bx+c=x^3+(c-1)x^2+(1-c)x+c$

これが x についての恒等式となるので，係数を比較して

$a=c-1,\ b=1-c$

(2)　(＊)より

$$\begin{cases} f(1)=c+1 \\ f(-1)=3c-3 \end{cases}$$

$f(1)$ を7で割ると4余るので c は7で割ると3余る整数より，$c=7n+3$（n は整数）と表せる。これを $f(-1)$ に代入して

$$\begin{aligned}f(-1)&=3c-3\\&=3(7n+3)-3\\&=21n+6\\&=11\cdot 2n+6-n\end{aligned}$$

より $f(-1)$ を11で割った余りが2なので，$6-n$ を11で割った余りが2，つまり n は11で割ると4余る整数である。……⑥

また，$-40\leqq c\leqq 40$ より

$$-40\leqq 7n+3\leqq 40$$

$$-\frac{43}{7}\leqq n\leqq \frac{37}{7}$$

n は整数より $-6\leqq n\leqq 5$，このうち⑥を満たすのは $n=4$ のみ。

よって　　$c=7\cdot 4+3=31$

（＊）に代入して

$$f(x)=(x^2-x+1)(x+31)$$

となるので，$f(x)=0$ の解は　　$x=-31,\ \dfrac{1\pm\sqrt{3}i}{2}$

◀解　説▶

≪条件を満たす3次方程式の解≫

▶(1)　条件 $f\left(\dfrac{1+\sqrt{3}i}{2}\right)=0$ をどのように処理するかで解法は変わってくる。いくつかの手法を示しておいたので参考にしてほしい。〔解答〕の解法，〔参考その2〕の次数下げが思いつかなければ，〔参考その3〕のように実際に $x=\dfrac{1+\sqrt{3}i}{2}$ を代入するしかない。それでもさほど面倒なわけではないが，できれば要領のよい手法をマスターしておき，処理できるようになろう。

▶(2)　(1)で a，b を c を用いて表したので，この誘導に乗って，(2)を解答するにあたり，$f(x)$ の係数を c だけで表し，(1)での変形を利用して $f(x)$ を因数分解しておこう。$f(1)$ を7で割ると4余り，$f(-1)$ を11で割ると2余るという条件から等式をつくるところがポイントとなる。1次不定

方程式を解くことで，c の値（本問では 1 個に定まった）を求めることができると方程式 $f(x)=0$ が確定するので，それを解けばよい。

4

◀経済(経済工)・理・医(保健〈看護学〉を除く)・歯・薬・工・芸術工・農学部▶ 4 に同じ。

❖講　評

2020 年度入試でも例年同様に大問 4 題が出題された。試験時間は 120 分であり，じっくりと考えて答案を作成するのには十分な時間が設けられている。質，量のバランスがとれ，受験生の学力を的確に見極めることのできる問題である。

1　2 つの放物線で囲まれた図形の面積の最大値を求める問題である。典型的な問題であり，方針の立て方に迷うところも特になく，やや易しめのレベルの問題である。

2　正四面体の断面積の最大値を求める問題である。(1)の図形の把握に手間取らないようにしよう。丁寧に手順をたどっていけば問題ない標準レベルの問題である。

3　条件を満たす 3 次方程式の解を求める標準レベルの問題である。(1)で解答する手法はいろいろと考えることができるので，できるだけ要領よく計算したい。

4　4 個のサイコロの目の積が 4，25，100 の倍数になる確率を求める問題である。どれも典型的な問題であり，一度は解答した経験があるであろう標準レベルの問題である。

このようにレベルの高いものもあるが，標準レベルの問題が中心の例年通りの難易度の出題であった。

物理

1

解答　問 1．(1)　$(M+m)a=-kx$　(2)　$2\pi\sqrt{\dfrac{M+m}{k}}$

(3)　ア．$-\dfrac{m}{M+m}kx$　イ．$\dfrac{m}{M+m}kx$　(4)　$\dfrac{\mu(M+m)g}{k}$

問 2．(1)　台：$Ma_1=-kx+\mu'mg$　物体：$ma_2=-\mu'mg$

(2)　$-\mu'gt$

(3)　振幅：$A-\dfrac{\mu'mg}{k}$　周期：$2\pi\sqrt{\dfrac{M}{k}}$

(4)　$-\left(A-\dfrac{\mu'mg}{k}\right)\sqrt{\dfrac{k}{M}}$

(5)

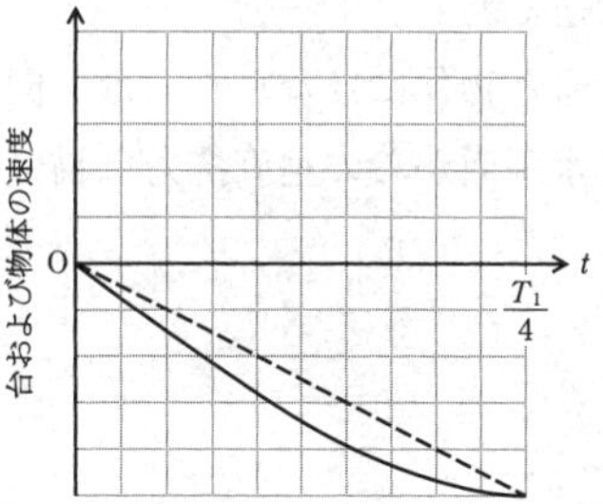

(6)　$\left(\dfrac{\pi}{2}M+m\right)\dfrac{\mu'g}{k}$

(7)　$\dfrac{\mu'mg}{k}\sqrt{1+\dfrac{\pi^2}{4}\cdot\dfrac{M(M+m)}{m^2}}$

◀解　説▶

≪台に積み重ねられた物体の等速度運動と単振動≫

▶問 1．(1)　台と物体を一体として考えたとき，位置 x においてこの物体が受ける水平方向の力は，大きさ kx のばねからの弾性力だけである。

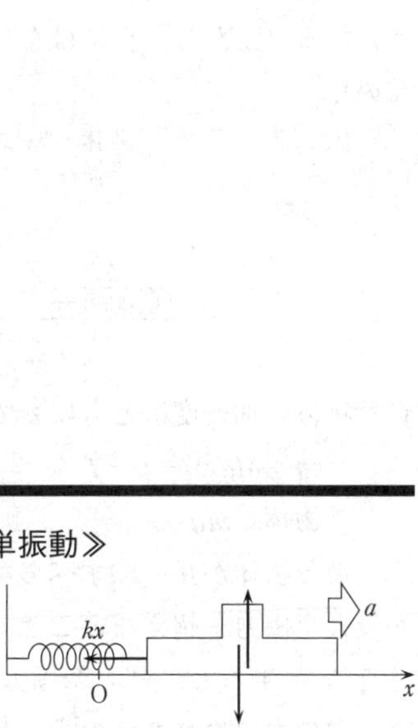

(2)　(1)の運動方程式より

$$a=-\frac{k}{M+m}x$$

加速度 a が，角振動数 ω を用いて $a=-\omega^2x$ で表されるとき，物体の運動は単振動である。比較すると，角振動数 ω は

$$\omega=\sqrt{\frac{k}{M+m}}$$

よって，周期 T_0 は

$$T_0=\frac{2\pi}{\omega}=2\pi\sqrt{\frac{M+m}{k}}$$

(3)　物体が台から受ける摩擦力を f とすると，(2)で得られた加速度 a を用いて

$$f=ma=-\frac{m}{M+m}kx$$

この摩擦力と，台が物体から受ける摩擦力は，作用・反作用の関係にあり，これらは大きさが等しく，向きが互いに逆である。

また，台と物体とを別々に考えたとき，台と物体にはたらく力は下図のようになる（ただし，台にはたらく重力と水平面からの垂直抗力は描いていない）。

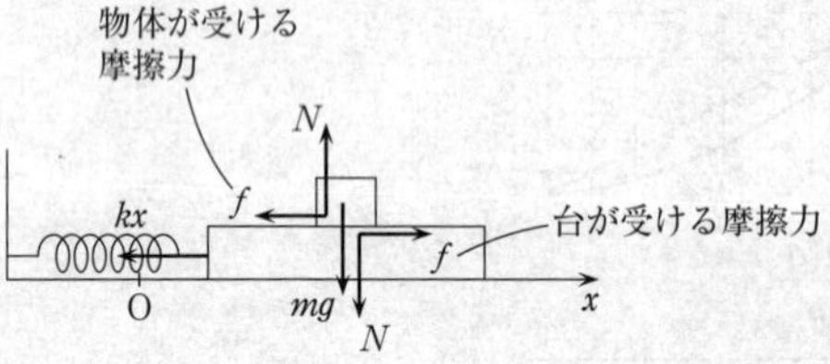

台と物体の加速度はともに a であるから，運動方程式は

台：$Ma=-kx-f$

物体：$ma=f$

(4)　台と物体が互いにすべらないためには，これらの間にはたらく摩擦力が最大摩擦力を超えないことである。物体が台から受ける垂直抗力の大きさを N とすると，最大摩擦力の大きさは μN である。物体にはたらく鉛直方向の力のつりあいの式より，$N=mg$ である。よって

$$|f|\leqq\mu N$$

最大の振幅を A_0 とすると，このとき摩擦力の最大値をとるから

$$\frac{m}{M+m}kA_0=\mu mg$$

$$\therefore\quad A_0=\frac{\mu(M+m)g}{k}$$

▶問 2．(1)　台と物体にはたらく力は右図のようになる（ただし，台にはたらく重力と水平面からの垂直抗力は描いていない)。

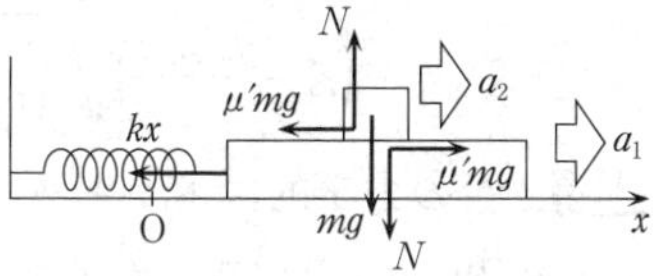

(2)　物体の運動方程式より

$$a_2=-\mu' g$$

よって，物体の運動は等加速度直線運動である。時刻 t における物体の速度を v_2 とすると

$$v_2=0+a_2t=-\mu' gt$$

(3)　台の運動方程式より

$$a_1=-\frac{k}{M}\left(x-\frac{\mu' mg}{k}\right)$$

単振動の振動中心では $a_1=0$ であるから，振動中心の位置を X_1 とすると

$$X_1-\frac{\mu' mg}{k}=0$$

$$\therefore\quad X_1=\frac{\mu' mg}{k}$$

最初の台の位置が $x=A$ であるから，振幅を A_1 とすると

$$A_1=A-\frac{\mu' mg}{k}$$

また，角振動数を ω_1 とすると

$$\omega_1=\sqrt{\frac{k}{M}}$$

したがって，周期 T_1 は

$$T_1=\frac{2\pi}{\omega_1}=2\pi\sqrt{\frac{M}{k}}$$

(4)　時刻 $t=\dfrac{T_1}{4}$ における台の位置は，振動中心で $x=X_1=\dfrac{\mu' mg}{k}$ にあり，台は左向きに動いているから，速度の向きは負である。振動中心で，台の

速さは最大となり，その速さを $|V_1|$ とすると

$$|V_1|=A_1\omega_1=\left(A-\frac{\mu' mg}{k}\right)\sqrt{\frac{k}{M}}$$

よって，速度 V_1 は

$$V_1=-\left(A-\frac{\mu' mg}{k}\right)\sqrt{\frac{k}{M}}$$

別解　台の力学的エネルギー（運動エネルギーと弾性力による位置エネルギーの和）の変化は，台が物体から受ける摩擦力がした仕事に等しい。$V_1<0$ に注意すると

$$\left\{\frac{1}{2}MV_1{}^2+\frac{1}{2}k\left(A-\frac{\mu' mg}{k}\right)^2\right\}-\left\{0+\frac{1}{2}kA^2\right\}=-\mu' mg\left(A-\frac{\mu' mg}{k}\right)$$

$$\therefore\quad V_1=-\left(A-\frac{\mu' mg}{k}\right)\sqrt{\frac{k}{M}}$$

(5)　物体の速度 v_2 は，(2)より

$$v_2=-\mu' gt$$

よって，物体の運動は等加速度直線運動である。v_2 と t の関係のグラフは，原点を通り，傾きが負の直線である。

台の時刻 t における位置を x_1，速度を v_1 とすると

$$x_1=\left(A-\frac{\mu' mg}{k}\right)\cos\sqrt{\frac{k}{M}}t+\frac{\mu' mg}{k}$$

$$v_1=\frac{dx_1}{dt}=-\left(A-\frac{\mu' mg}{k}\right)\sqrt{\frac{k}{M}}\sin\sqrt{\frac{k}{M}}t$$

よって，v_1 と t の関係のグラフは，$-\sin$ の形で表される三角関数である。

(6)　時刻 $t=\frac{T_1}{4}$ における物体の速度を V_2 とすると，(2)より

$$V_2=-\mu' g\times\frac{T_1}{4}=-\mu' g\times\frac{\pi}{2}\sqrt{\frac{M}{k}}$$

台の速度は，(4)より　　$V_1=-\left(A-\frac{\mu' mg}{k}\right)\sqrt{\frac{k}{M}}$

$V_2=V_1$ であるから

$$-\mu' g\times\frac{\pi}{2}\sqrt{\frac{M}{k}}=-\left(A-\frac{\mu' mg}{k}\right)\sqrt{\frac{k}{M}}$$

$$\therefore\quad A=\left(\frac{\pi}{2}M+m\right)\frac{\mu' g}{k}$$

(7)　時刻 $t=\dfrac{T_1}{4}$ 以降は，台と物体が一体となって運動するので，台と物体との間にはたらく摩擦力は仕事をしない。よって，力学的エネルギーは変化しない。すなわち，時刻 $t=\dfrac{T_1}{4}$ のときに位置 $x=\dfrac{\mu' mg}{k}$ にあり，速度 $V_2=-\mu' g\times\dfrac{\pi}{2}\sqrt{\dfrac{M}{k}}$ で運動しているときと，位置 $x=-B$ で静止したときとで，力学的エネルギーは保存する。よって

$$\frac{1}{2}k\left(\frac{\mu' mg}{k}\right)^2+\frac{1}{2}(M+m)\left(-\mu' g\cdot\frac{\pi}{2}\sqrt{\frac{M}{k}}\right)^2=\frac{1}{2}kB^2$$

$$\therefore\quad B=\frac{\mu' mg}{k}\sqrt{1+\frac{\pi^2}{4}\cdot\frac{M(M+m)}{m^2}}$$

2　解答

(1)　CV_0　(2)　$\dfrac{1}{2}CV_0{}^2$　(3)　$\dfrac{4}{3}CV_0$

(4)

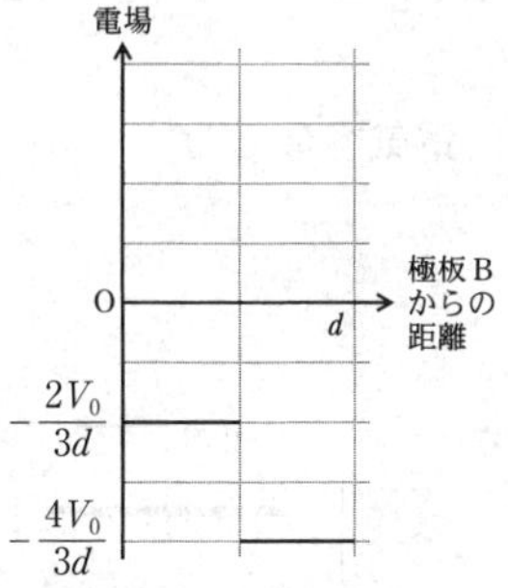

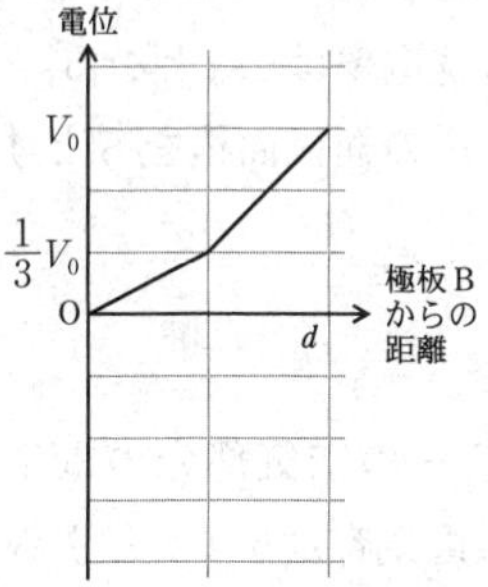

(5)　静電エネルギーの増加量：$\dfrac{1}{6}CV_0{}^2$

電池のした仕事：$\dfrac{1}{3}CV_0{}^2$

外力のした仕事：$-\dfrac{1}{6}CV_0{}^2$

(6)　電気量：$4CV_0$　静電エネルギー U_3：$2CV_0{}^2$

(7)　$\dfrac{4L}{2L-\Delta x}CV_0{}^2$

(8)　$\dfrac{\Delta x}{2L}$

(9)　大きさ：$\dfrac{CV_0{}^2}{L}$　向き：負

(10)―②

◀解　説▶

≪平行平板コンデンサーへの誘電体の挿入と極板の移動≫

▶(1)・(2)　図1の状態で極板Aに蓄えられている電気量を Q_1，静電エネルギーを U_1 とすると

$$Q_1 = CV_0$$

$$U_1 = \frac{1}{2}CV_0{}^2$$

▶(3)　真空の誘電率を ε_0 とする。物質の誘電率を ε，比誘電率を ε_r とすると

$$\varepsilon_r = \frac{\varepsilon}{\varepsilon_0} \qquad \therefore \quad \varepsilon = \varepsilon_r \varepsilon_0$$

よって，空気は，比誘電率が1であるから誘電率は ε_0，誘電体は，比誘電率が2であるから誘電率は $2\varepsilon_0$ となる。

図1のコンデンサーの極板面積を S とすると，電気容量 C は

$$C = \varepsilon_0 \frac{S}{d} \quad \cdots\cdots①$$

となる。

図2のコンデンサーの空気部分の電気容量を C'，誘電体部分の電気容量を C'' とすると

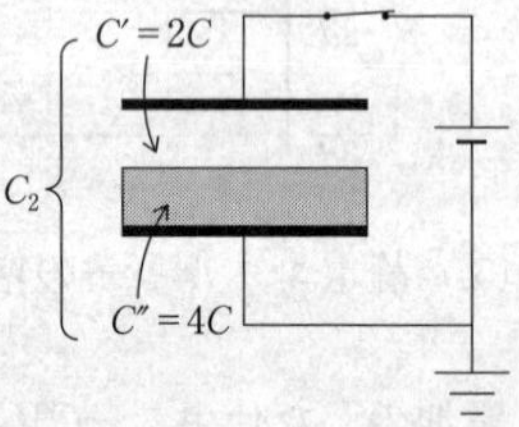

$$C' = \varepsilon_0 \frac{S}{\frac{d}{2}} = 2C$$

$$C'' = 2\varepsilon_0 \frac{S}{\frac{d}{2}} = 4C$$

図2のコンデンサーはこれらの直列接続であるから，合成容量を C_2 とすると

$$\frac{1}{C_2} = \frac{1}{C'} + \frac{1}{C''} = \frac{1}{2C} + \frac{1}{4C} = \frac{3}{4C}$$

$$\therefore \quad C_2 = \frac{4}{3}C$$

極板Aに蓄えられている電気量を Q_2 とすると

$$Q_2=C_2V_0=\frac{4}{3}CV_0 \quad \cdots\cdots②$$

▶(4)　図 2 のコンデンサーの空気部分の電場の強さを E'，誘電体部分の電場の強さを E'' とすると，①，②を用いて

$$E'=\frac{Q_2}{\varepsilon_0 S}=\frac{\frac{4}{3}CV_0}{Cd}=\frac{4}{3}\cdot\frac{V_0}{d}$$

$$E''=\frac{Q_2}{2\varepsilon_0 S}=\frac{\frac{4}{3}CV_0}{2Cd}=\frac{2}{3}\cdot\frac{V_0}{d}$$

となる。ここで，電場の向きは下向きであることから，グラフでは負の値をとる。

図 2 のコンデンサーの空気部分の電位差を V'，誘電体部分の電位差を V'' とすると

$$V'=E'\cdot\frac{d}{2}=\frac{4}{3}\cdot\frac{V_0}{d}\times\frac{d}{2}=\frac{2}{3}V_0$$

$$V''=E''\cdot\frac{d}{2}=\frac{2}{3}\cdot\frac{V_0}{d}\times\frac{d}{2}=\frac{1}{3}V_0$$

別解　図 2 のコンデンサーの空気部分と誘電体部分は直列接続であるから，電位差は電気容量に反比例するので，$C':C''=1:2$ より，$V':V''=2:1$ となる。よって

$$V'=\frac{2}{3}V_0,\quad V''=\frac{1}{3}V_0$$

このとき

$$E'=\frac{\frac{2}{3}V_0}{\frac{d}{2}}=\frac{4}{3}\cdot\frac{V_0}{d}$$

$$E''=\frac{\frac{1}{3}V_0}{\frac{d}{2}}=\frac{2}{3}\cdot\frac{V_0}{d}$$

▶(5)　静電エネルギーの増加量を ΔU とすると

$$\Delta U = U_2 - U_1 = \frac{1}{2}C_2V_0{}^2 - \frac{1}{2}CV_0{}^2 = \frac{1}{2}\cdot\frac{4}{3}CV_0{}^2 - \frac{1}{2}CV_0{}^2$$

$$= \frac{1}{6}CV_0{}^2$$

電池のした仕事を W_E とする。図 1 の状態から図 2 の状態へ移行するときに電池から極板Aへ運ばれた電気量を ΔQ とすると，電池は，この電気量 ΔQ を一定電圧 V_0 で運んだのだから

$$W_E = \Delta QV_0 = (Q_2 - Q_1)V_0 = \left(\frac{4}{3}CV_0 - CV_0\right)V_0$$

$$= \frac{1}{3}CV_0{}^2$$

誘電体をコンデンサーに挿入するときに電気量 ΔQ が運ばれることは，電流が流れることを意味する。電流が流れると，導線部分でジュール熱が発生してエネルギーが失われることになるが，誘電体をゆっくりと挿入するときは，電流を 0 とみなすことができて，電流によるエネルギーの損失はないとしてよい。

外力のした仕事を W_F とすると，エネルギーと仕事の関係より，コンデンサーの静電エネルギーの増加量 ΔU は，電池のした仕事 W_E と外力のした仕事 W_F の和に等しいので

$$\Delta U = W_E + W_F$$

$$W_F = \Delta U - W_E = \frac{1}{6}CV_0{}^2 - \frac{1}{3}CV_0{}^2$$

$$= -\frac{1}{6}CV_0{}^2$$

ここで，外力のした仕事 W_F が負であることは，誘電体を挿入するために加えた外力の向きが，誘電体の挿入の向きと逆向きであることを表す。

▶(6)　図 3 の状態でコンデンサーの電気容量を C_3，極板Aに蓄えられている電気量を Q_3 とすると

$$C_3 = C'' = 4C$$

$$Q_3 = C_3V_0 = 4CV_0$$

静電エネルギー U_3 は

$$U_3=\frac{1}{2}C_3V_0{}^2=2CV_0{}^2$$

▶(7)　極板の x 軸に垂直な方向の長さを l とする。このとき，図 1 のコンデンサーの電気容量 C は，①より

$$C=\varepsilon_0\frac{S}{d}=\varepsilon_0\frac{Ll}{d}$$

図 4 のコンデンサーは空気部分と誘電体部分の並列接続であるから，電気容量を C_4 とすると

$$C_4=\varepsilon_0\frac{\Delta x\cdot l}{\frac{d}{2}}+2\varepsilon_0\frac{(L-\Delta x)\cdot l}{\frac{d}{2}}=2\varepsilon_0\frac{Ll}{d}\left\{\frac{\Delta x}{L}+\frac{2(L-\Delta x)}{L}\right\}$$

$$=2C\frac{2L-\Delta x}{L}$$

スイッチ S は解放されており，極板 A に蓄えられている電気量は Q_3 のままであるから，静電エネルギー U_4 は

$$U_4=\frac{Q_3{}^2}{2C_4}=\frac{(4CV_0)^2}{2\cdot 2C\left(\frac{2L-\Delta x}{L}\right)}$$

$$=\frac{4L}{2L-\Delta x}CV_0{}^2$$

▶(8)　$$\frac{U_4}{U_3}=\frac{\frac{4L}{2L-\Delta x}CV_0{}^2}{2CV_0{}^2}=\frac{1}{1-\frac{\Delta x}{2L}}\quad\cdots\cdots③$$

比較すると

$$\alpha=\frac{\Delta x}{2L}$$

▶(9)　与えられた近似式を用いて，(8)より

$$\Delta U=\left(\frac{1}{1-\alpha}-1\right)U_3=\left(\frac{1}{1-\frac{\Delta x}{2L}}-1\right)U_3$$

$$\fallingdotseq\left(1+\frac{\Delta x}{2L}-1\right)U_3=\frac{\Delta x}{2L}\cdot 2CV_0{}^2=\frac{CV_0{}^2}{L}\Delta x$$

スイッチ S が解放された後では，電気量が運ばれることはないので，電池

がした仕事は 0 である。

エネルギーと仕事の関係より，誘電体にはたらく静電気力に抗して外力がした仕事 W_F は，静電エネルギーの増加量 ΔU に等しいので

$$W_F=\Delta U=\frac{CV_0{}^2}{L}\Delta x$$

誘電体をゆっくり動かすときは，誘電体にはたらく静電気力と外力はつりあいの関係にあり，誘電体にはたらく静電気力の大きさが一定値であるとき，外力の大きさも一定値である。外力を F とすると

$$W_F=|F|\Delta x$$

よって

$$|F|\Delta x=\frac{CV_0{}^2}{L}\Delta x$$

$$\therefore\quad |F|=\frac{CV_0{}^2}{L}$$

これより，外力の大きさ $|F|$ は一定値であることがわかる。

また，W_F および Δx は正であるから F は正となり，外力の向きは x 軸の正の向きである。よって，静電気力の向きは x 軸の負の向きである。

▶(10)　誘電体を $x=\Delta x$ の位置で手放してから，$x=0$ の位置に到達するまでの運動では，誘電体の質量を M，加速度を a，静電気力の大きさを f とすると，$f=|F|$ であるから，運動方程式より

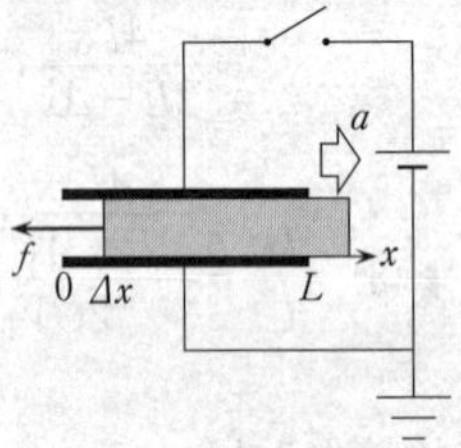

$$Ma=-f$$

$$\therefore\quad a=-\frac{f}{M}=-\frac{CV_0{}^2}{ML}$$

これより，a は一定値であるから，誘電体は等加速度直線運動をすることがわかる。よって

$$x(t)=\Delta x-\frac{1}{2}at^2$$

すなわち，誘電体は，$t=0$ で $x=\Delta x$ から初速度 0 で運動を始め，$x=0$ に到達するまで，位置 x は上に凸の二次関数にしたがって変化する。この間の運動は，等速直線運動（グラフ①）や，単振動（グラフ③）ではなく，空気抵抗を受けた終端速度をもつような運動（グラフ④）でもない。

誘電体にはたらく力は静電気力だけであるので，力学的エネルギーが保存する。$x=0$ に到達したときの速さを v_0 とすると

$$\frac{1}{2}M{v_0}^2=\frac{C{V_0}^2}{L}\Delta x$$

$$\therefore\quad v_0=V_0\sqrt{\frac{2C\Delta x}{ML}}$$

誘電体は，$x=0$ を通過した後は，x 軸の正の向きの静電気力を受けて減速する。この間の運動は等加速度直線運動であり，位置 x は下に凸の二次関数にしたがって変化する。誘電体が x 軸の負の向きに最も遠ざかった位置は，$x=-\Delta x$ である。

3 解答

問 1．ヤング

問 2．(1) $\dfrac{(x_3-x_0)+(x_4-x_1)+(x_5-x_2)}{9}$

(2) $\dfrac{x_5-x_0}{5}$ $\left(\text{または，}\dfrac{(x_1-x_0)+(x_2-x_1)+(x_3-x_2)+(x_4-x_3)+(x_5-x_4)}{5}\right)$

(3) 千春さんは，x_0，x_1，x_2，x_3，x_4，x_5 の 6 個の測定値を用いた計算であるが，浩介さんは，x_0，x_5 の 2 個の測定値だけしか用いていない計算であるから。

問 3．π〔rad〕ずれているから，経路差 ΔL が波長 λ の半整数倍に等しくなる。つまり

$$\frac{xd}{L}=\left(m+\frac{1}{2}\right)\lambda\quad(m=0,\ \pm1,\ \pm2,\ \cdots)$$

である。

問 4．6.00×10^{-7} m

問 5．(1) 明線となる条件：$\dfrac{xd}{L}+\dfrac{X_0d}{L_0}=m\lambda\quad(m=0,\ \pm1,\ \pm2,\ \cdots)$

暗線となる条件：$\dfrac{xd}{L}+\dfrac{X_0d}{L_0}=\left(m+\dfrac{1}{2}\right)\lambda\quad(m=0,\ \pm1,\ \pm2,\ \cdots)$

(2) 向き：b　距離：$\dfrac{L}{L_0}X_0$

◀解　説▶

≪ヤングの実験のレポート作成≫

▶問1．光源の光は，波長が決まっていても，いろいろな位相をもつ光が含まれている。単スリットを通して位相のそろった光（干渉することが可能な光で，コヒーレントな光という）を取り出し，複スリットで回折してスクリーン上で干渉すると，明暗の干渉縞が現れる。単スリットがない場合や，複スリットのA，Bの位置に別々の2つの光源を置いても，スクリーン上には干渉縞はみられない。

▶問2．(2)・(3)　浩介さんの s の平均を $\overline{s_K}$ とすると

$$\overline{s_K}=\frac{(x_1-x_0)+(x_2-x_1)+(x_3-x_2)+(x_4-x_3)+(x_5-x_4)}{5}=\frac{x_5-x_0}{5}$$

となる。この計算方法だと，多くの数値を用いた平均値で精度が高くなったように感じるが，x_1，x_2，x_3，x_4 の4個の測定値は計算に用いられなかったことになり，精度が低くなる。結果としては，x_0 と x_5 だけを測定して得られたものと同じである。

▶問4．点Qで暗線がみられる条件は

$$\frac{xd}{L}=\left(m+\frac{1}{2}\right)\lambda \quad (m=0,\ \pm1,\ \pm2,\ \cdots)$$

暗線間隔が s であるから

$$\frac{(x+s)\,d}{L}=\left\{(m+1)+\frac{1}{2}\right\}\lambda$$

差をとると

$$\frac{sd}{L}=\lambda$$

$$\therefore\quad \lambda=\frac{sd}{L}=\frac{4.00\times10^{-3}\times0.105\times10^{-3}}{0.700}$$

$$=6.00\times10^{-7}\,[\mathrm{m}]$$

▶問5．(1)　Aを通る経路P′AQとBを通る経路P′BQで，それぞれの長さは

$$\mathrm{P'AQ}=\mathrm{P'A}+\mathrm{AQ}=\sqrt{{L_0}^2+\left(\frac{d}{2}-X_0\right)^2}+\sqrt{L^2+\left(x-\frac{d}{2}\right)^2}$$

$$\mathrm{P'BQ}=\mathrm{P'B}+\mathrm{BQ}=\sqrt{{L_0}^2+\left(\frac{d}{2}+X_0\right)^2}+\sqrt{L^2+\left(x+\frac{d}{2}\right)^2}$$

ゆえに，経路差 $\Delta L'$ は

$$\begin{aligned}\Delta L' &= \mathrm{P'BQ}-\mathrm{P'AQ}\\
&=\left\{\sqrt{{L_0}^2+\left(\frac{d}{2}+X_0\right)^2}+\sqrt{L^2+\left(x+\frac{d}{2}\right)^2}\right\}\\
&\qquad -\left\{\sqrt{{L_0}^2+\left(\frac{d}{2}-X_0\right)^2}+\sqrt{L^2+\left(x-\frac{d}{2}\right)^2}\right\}\\
&=L_0\left\{\sqrt{1+\left(\frac{d}{2L_0}+\frac{X_0}{L_0}\right)^2}-\sqrt{1+\left(\frac{d}{2L_0}-\frac{X_0}{L_0}\right)^2}\right\}\\
&\qquad +L\left\{\sqrt{1+\left(\frac{x}{L}+\frac{d}{2L}\right)^2}-\sqrt{1+\left(\frac{x}{L}-\frac{d}{2L}\right)^2}\right\}\\
&\fallingdotseq L_0\left[\left\{1+\frac{1}{2}\left(\frac{d}{2L_0}+\frac{X_0}{L_0}\right)^2\right\}-\left\{1+\frac{1}{2}\left(\frac{d}{2L_0}-\frac{X_0}{L_0}\right)^2\right\}\right]+\frac{xd}{L}\\
&=\frac{dX_0}{L_0}+\frac{xd}{L}\end{aligned}$$

したがって，点Qが干渉縞の明線の位置となる条件は

$$\frac{xd}{L}+\frac{X_0d}{L_0}=m\lambda \quad (m=0,\ \pm 1,\ \pm 2,\ \cdots)$$

点Qが干渉縞の暗線の位置となる条件は

$$\frac{xd}{L}+\frac{X_0d}{L_0}=\left(m+\frac{1}{2}\right)\lambda \quad (m=0,\ \pm 1,\ \pm 2,\ \cdots)$$

(2)　単スリットが点Pにあるときと，点P′にあるときとで，同じ m をもつ明線の位置を x，x' とすると

$$\frac{xd}{L}=m\lambda$$

$$\frac{x'd}{L}+\frac{X_0d}{L_0}=m\lambda$$

よって

$$\frac{xd}{L}=\frac{x'd}{L}+\frac{X_0d}{L_0}$$

$$\therefore\quad x'-x=-\frac{L}{L_0}X_0$$

単スリットを図1の向きに動かすとき $X_0>0$ であるから，$x'<x$ となる。よって，干渉縞の明線が移動する方向は図1の向きbであり，明線の移動距離は $\dfrac{L}{L_0}X_0$ である。

❖講　評

2020年度は，2019年度と比べて出題方式，問題量，難易度ともに大きな変化はなく，描図問題が2問（ほかにグラフを選ぶ問題が1問），論述問題が2問，数値計算問題が1問出題された。出題分野は，毎年出題されている力学，電磁気のほかに，2016～2018年度と同様に波動であった。教科書レベルの標準的な問題であるが，難易度の傾斜がうまくつけられ，確実な理解がなければ差がつく出題であった。

1　水平面上に積み重ねられた2物体の単振動である。問2(4)までは典型的な問題であるが，単振動の運動方程式から角振動数と振動中心を求める方法や，(4)の振動中心での速度の求め方を理解していたかどうかで差がつくだろう。問2(5)以降は題意を理解し，問題文に示された解答方針に沿えばよい。描図もあり，計算量も多く，受験生が苦手としている分野であるが，確実に解いてほしい問題である。

2　コンデンサーと誘電体の問題である。(4)電場と電位のグラフ，(5)・(9)極板間に誘電体を挿入したときのエネルギーと仕事の関係，(9)近似式など，やはり受験生が苦手としている部分で差がつくだろう。(10)物体の運動の種類は運動方程式の解で判断することができ，それが等速度運動，等加速度運動，単振動，終端速度型の運動のどれになるのかを理解しておくことが望ましい。

3　ヤングの実験のレポート整理の問題である。共通テストの問題作成方針でも取り上げられている「観察・実験・調査の結果などを数学的な手法を活用して分析し解釈する力を問う問題などとともに，科学的な事物・現象に係る基本的な概念や原理・法則などの理解を問う問題」である。日頃の実験に各自が主体的に取り組むことへのメッセージと受け取られ，教科書および実験の確実な理解が求められる。

化学

1 解答

問1．ア―② イ―③ ウ―③

問2．4.4×10^{-1}

問3．オ．活性化状態（遷移状態） カ．活性錯体 キ―⑧ ク―②

問4．ケ．1.2 コ―④

◀解　説▶

≪平衡の移動と平衡定数，活性化エネルギーとアレニウスの式≫

▶問1．**A**（気）＋**B**（気）$\rightleftarrows$ 2**C**（気）＋3**D**（固）　……(I)

反応(I)が平衡状態にあるとき，温度と体積が一定の状態で物質**C**（気体）を加えると，ルシャトリエの原理により物質**C**を減少させる方向（左向き）に平衡が移動し，この方向は物質**A**と物質**B**が増加する方向である。また，温度一定の状態で容器の圧力を下げると，圧力を上げる方向，つまり気体分子の数が増加する方向へ平衡は移動する。反応(I)の右辺と左辺の気体分子の数は同じであるから，圧力を下げても平衡はどちらにも移動しない。さらに触媒を加えることによっては，平衡はどちらにも移動しない。

▶問2．平衡の前後における反応(I)の各物質の変化は次のように示される。

A（気）＋**B**（気）$\rightleftarrows$ 2**C**（気）＋3**D**（固）

反応前	2.0	2.0	0	0	〔mol〕
変化量	−0.5	−0.5	+1.0	+1.5	〔mol〕
平衡時	1.5	1.5	1.0	1.5	〔mol〕

容器の体積を V〔L〕とすると，平衡定数 K は次のように求められる。

$$K=\frac{[\mathbf{C}]^2}{[\mathbf{A}][\mathbf{B}]}=\frac{\left(\frac{1.0}{V}\right)^2}{\left(\frac{1.5}{V}\right)^2}=\frac{4}{9}=0.444\fallingdotseq0.44$$

▶問3．反応の際に反応物から生成したエネルギーの高い不安定な状態を活性化状態といい，活性化状態にするために必要な最小のエネルギーが活性化エネルギーである。また活性化状態の原子の集合体は活性錯体という。

A（気）＋**B**（気）$\underset{\text{反応(Ⅲ)}}{\overset{\text{反応(Ⅱ)}}{\rightleftarrows}}$ 2**C**（気）＋3**D**（固）の反応における反応の進行度

とエネルギーの関係を下図に示す。

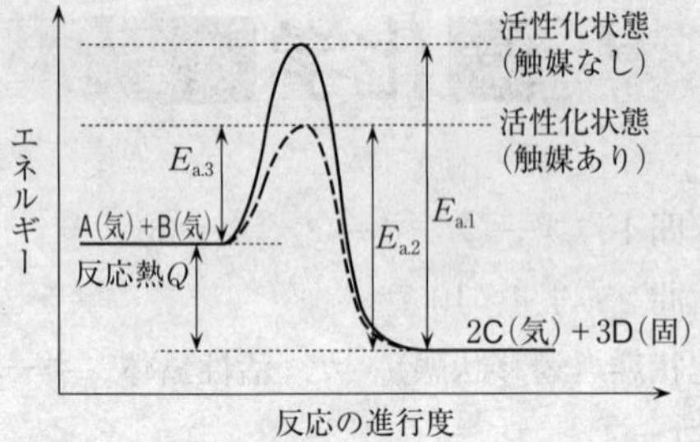

反応(Ⅲ)が吸熱反応で反応熱が Q〔kJ/mol〕であることより，**A**（気）＋**B**（気）は2**C**（気）＋3**D**（固）より Q だけ高いエネルギーをもつ。反応(Ⅲ)の活性化エネルギー $E_{a,1}$ は図に示すように2**C**（気）＋3**D**（固）と活性化状態の間のエネルギーであり，触媒を加えると活性化エネルギーは下がって反応速度は大きくなり，活性化エネルギーは $E_{a,2}$ になる。反応(Ⅱ)の活性化エネルギー $E_{a,3}$ は**A**（気）＋**B**（気）と活性化状態の間のエネルギーであり，触媒を加えたとき図に示すように $E_{a,3}=E_{a,2}-Q$ の関係となり，活性化エネルギーの減少により，反応(Ⅱ)の反応速度も大きくなる。

▶問4．(1)　アレニウスの式 $k=Ae^{-\frac{E_a}{RT}}$ より，それぞれの温度において

$$1.0\times10^{-6}=Ae^{-\frac{E_a}{300R}}\quad\cdots\cdots①$$

$$1.0\times10^{-3}=Ae^{-\frac{E_a}{350R}}\quad\cdots\cdots②$$

①÷②より

$$1.0\times10^{-3}=e^{-\frac{E_a}{R}\left(\frac{1}{300}-\frac{1}{350}\right)}$$

両辺の自然対数をとると

$$-3\log_e 10=-\frac{E_a}{R}\times\frac{50}{300\times350}$$

$$E_a=6300\times\log_e 10\times R$$

$$=6300\times2.3\times8.3$$

$$=120267〔\mathrm{J/mol}〕$$

$$\fallingdotseq 1.2\times10^2〔\mathrm{kJ/mol}〕$$

(2)　低温と高温における気体分子のエネルギーの分布曲線は右図のようになる。温度を高くすると分子の平均速度が大き

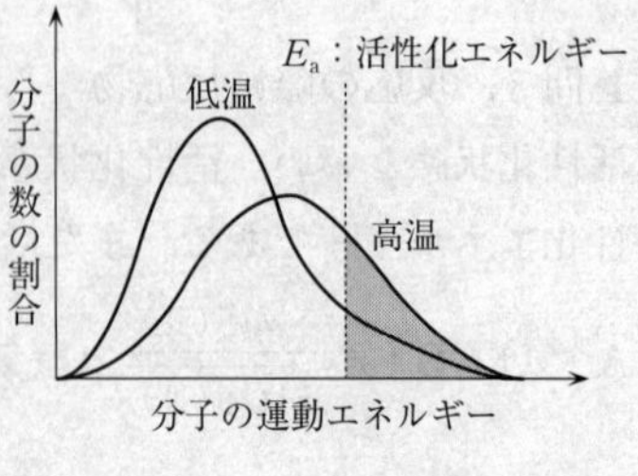

くなるので一定時間の衝突回数が増加して反応速度が大きくなる。さらに上図に示すように活性化エネルギーE_aよりも大きなエネルギーをもつ分子（図中の網かけ部分）の割合が増加することも反応速度を大きくすることになり，こちらの影響の方が大きく寄与すると考えられる。

2 解答

問1．w：1　x：1　y：1　z：2

問2．ア―(D)　イ―(A)　ウ―(J)

問3．(C)

問4．負極の重量：減少　電解質のpH：減少

問5．正極の重量：増加　変化量：2.0×10^{-4}g

問6．1.2g

◀解　説▶

≪マンガン乾電池とアルカリマンガン乾電池の反応と電極の変化≫

▶問1．正極：$MnO_2 + wH_2O + xe^- \longrightarrow MnO(OH) + yOH^-$

負極：$Zn \longrightarrow Zn^{2+} + ze^-$

反応式の両辺の電荷の和は等しいので，負極の反応式より　$z=2$

正極の反応式より　$x=y$　……①

正極の反応式の両辺の酸素原子の数より

$2+w=2+y$　∴　$w=y$　……②

両辺の水素原子の数より　$2w=y+1$　……③

②と③より　$y=1$，$w=1$

①より　$x=1$

▶問2．アルカリマンガン乾電池の電池式は次のように示される。

$(-)\ Zn|KOHaq|MnO_2\ (+)$

アルカリマンガン乾電池の各電極では，次のような反応が起こる。

正極：$MnO_2 + H_2O + e^- \longrightarrow MnO(OH) + OH^-$　……①

負極：$Zn + 4OH^- \longrightarrow [Zn(OH)_4]^{2-} + 2e^-$　……②

電解質（KOH）は強塩基であり，放電の際負極で電子とともに生成するZn^{2+}は$[Zn(OH)_4]^{2-}$として溶解する。実際には生じた$[Zn(OH)_4]^{2-}$は$Zn(OH)_2$やZnOに変化して溶液中に存在すると考えられる。亜鉛は両性元素であり，強塩基とは次のような反応も起こる。

$Zn + 2KOH + 2H_2O \longrightarrow K_2[Zn(OH)_4] + H_2$　……③

▶問 3．実際の実用電池には起電力の保持のために様々な工夫がなされている。上の③の反応を防ぐために，電解質の KOH に加え，電解液に亜鉛の化合物等を溶解させておくのもその一つである。

▶問 4．問 2 の電極での反応式①，②を組み合わせると次のようになる。

$$2MnO_2 + Zn + 2H_2O + 2OH^- \longrightarrow 2MnO(OH) + [Zn(OH)_4]^{2-} \quad \cdots\cdots④$$

この反応式より，電池の放電によって負極の Zn の重量は減少し，OH^- の減少によって電解質の pH も減少することになる。

▶問 5．①，②，④の反応式より，放電によって 1 mol の電子が移動するとき，正極では 1 mol の MnO_2（式量 86.9）が 1 mol の MnO(OH)（式量 87.9）に変化し，1.0 g の重量増加がある。移動した電子の物質量は

$$\frac{20\times10^{-3}\times(16\times60+5)}{96500}=2.0\times10^{-4}\,[\text{mol}]$$

よって，正極の重量の増加は

$$1.0\times2.0\times10^{-4}=2.0\times10^{-4}\,[\text{g}]$$

▶問 6．放電によって 1 mol の電子を移動させるとき，正極は 1 mol の MnO_2，負極は $\frac{1}{2}$ mol の Zn が消費される。移動する電子の物質量は

$$\frac{268\times10^{-3}\times(1\times60\times60)}{96500}=9.99\times10^{-3} \fallingdotseq 1.00\times10^{-2}\,[\text{mol}]$$

$$\therefore\ \left(86.9+\frac{65.4}{2}\right)\times1.0\times10^{-2}=1.19\fallingdotseq1.2\,[\text{g}]$$

3 解答

問 1．(i)ア．17　イ．7　ウ．1

(ii)エ．I_2　オ．F_2　カ．HF　キ．HI　ク．HF　ケ．HCl　(iii)―(D)

問 2．サ．NaI　シ．NaBr　ス．NaCl　セ．NaF　理由：(B)

問 3．CO_2，$C_{10}H_8$，H_2O，S_8

問 4．4.6 g/cm^3

問 5．距離：0.29 nm　　密度：2.5 倍

◀解　説▶

≪ハロゲンの単体とその化合物の性質，ヨウ素の結晶構造≫

▶問1．周期表の 17 族に属するハロゲン（F，Cl，Br，I など）は，いずれも 7 個の価電子をもち，一価の陰イオンになりやすい。単体の酸化力の強さは原子番号が小さいほど強く，$F_2>Cl_2>Br_2>I_2$ の順となる。ハロゲンの水素化物（ハロゲン化水素）は極性分子で水によく溶け，水溶液は酸性を示す。酸の強さに関しては，ハロゲン化イオンの半径が大きいほど安定であることから，HI＞HBr＞HCl≫HF となり，HF を除くハロゲン化水素酸は電離度が 1 に近い強酸である。一般に同じ構造をもつ分子では分子量の大きなものほど分子間力も大きいので，沸点は高くなるが，ハロゲン化水素では沸点の高い順に HF＞HI＞HBr＞HCl となる。フッ化水素が他のハロゲン化水素に比べ，性質に法則性がない理由は，分子間で強い水素結合を形成しているからであり，分子が電離しにくいので酸性が弱く，分子がより強く引き合うので沸点も高くなる。

▶問2．ハロゲン化ナトリウムはいずれもイオン結合性物質である。イオン結合性物質は一般に構成するイオンの価数が大きく，イオン半径が小さいほどクーロン力が強いので，融点も高くなる。よって，融点の低い順に並べると，NaI＜NaBr＜NaCl＜NaF となる。

▶問3．分子結晶は非金属元素の原子で構成される。よって，可能性のあるものは，ドライアイス（CO_2），ナフタレン（$C_{10}H_8$），水（H_2O），二酸化ケイ素（SiO_2），斜方硫黄（S_8）であるが，二酸化ケイ素は構成するすべての原子が共有結合で結びついた「共有結合の結晶」なので，分子結晶ではない。

▶問4．ヨウ素結晶の単位格子 1 個中の分子の個数は

$$\frac{1}{8}\times 8+\frac{1}{2}\times 6=4\text{ 個}$$

よって，結晶の密度〔g/cm^3〕は

$$\frac{\dfrac{127\times 2}{6.0\times 10^{23}}\times 4}{(0.74\times 10^{-7})\times(0.50\times 10^{-7})\times(1.0\times 10^{-7})}=4.57\fallingdotseq 4.6\,[g/cm^3]$$

▶問5．高圧下でのヨウ素結晶の単位格子（面心立方格子）を下図に示す。一辺の長さを a〔nm〕，ヨウ素原子の原子半径を r〔nm〕とすると

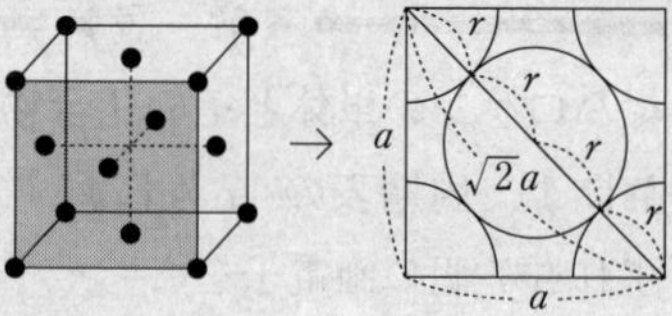

$4r=\sqrt{2}a \qquad 4r=0.42\times\sqrt{2}$

$\therefore \quad r=\dfrac{\sqrt{2}}{4}\times 0.42$〔nm〕

最近接のヨウ素原子間の距離は $2r$ であるから

$$2r=2\times\frac{\sqrt{2}}{4}\times 0.42=\frac{1.4\times 0.42}{2}=0.294\fallingdotseq 0.29\text{〔nm〕}$$

高圧下でのヨウ素結晶の密度〔g/cm^3〕は，単位格子 1 個あたり $\dfrac{1}{8}\times 8+\dfrac{1}{2}\times 6=4$ 個の原子を含むことから

$$\frac{\dfrac{127}{6.0\times 10^{23}}\times 4}{(0.42\times 10^{-7})^3}=\frac{127\times 4}{(0.42)^3\times 10^{-21}\times 6.0\times 10^{23}}=11.42\fallingdotseq 11.4\text{〔g/cm}^3\text{〕}$$

この値を常温常圧下のヨウ素の密度と比較すると

$$\frac{11.4}{4.56}=2.5\text{ 倍}$$

4　解答

問 1．分子式：C_6H_{10}　構造式：

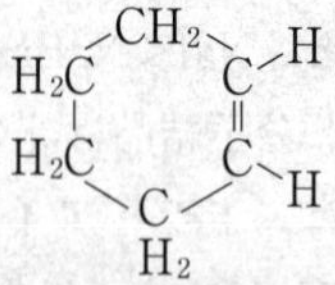

問 2．

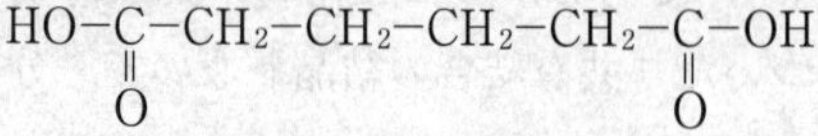

問 3．2.2L

問 4．**D**．3　**E**．4

問 5．

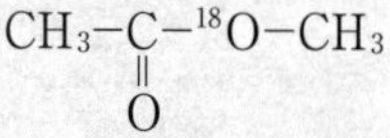

◀解　説▶

≪C_6H_{10} の脂肪族炭化水素の酸化開裂反応，立体異性体≫

▶問 1．化合物**A**の元素分析の結果より

$$\text{C}：66.0\times\frac{12}{44}=18.0\text{〔mg〕}$$

$$\mathrm{H}: 22.5\times\frac{2}{18}=2.50\,[\mathrm{mg}]$$

$$\therefore\quad \mathrm{C}:\mathrm{H}=\frac{18.0}{12}:\frac{2.50}{1}=3:5$$

よって，化合物**A**の組成式は　　C_3H_5　(式量 41)

炭化水素の水素原子の数は偶数であり，かつ分子量が150 以下であることから，化合物**A**の分子式は C_6H_{10} である。化合物**A**は等モル量の水素と反応して飽和炭化水素となるので，分子内に炭素原子間の二重結合を 1 つもつ。このことから考えられる化合物**A**の構造式はシクロヘキセンと考えられる。

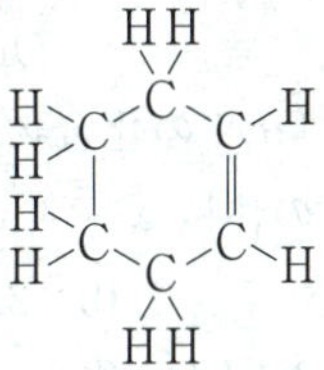

▶問 2．アルケンと過マンガン酸カリウムの反応では，次のような二重結合の開裂が起こる。

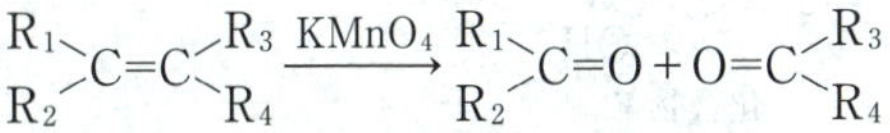

R_1〜R_4 が炭化水素基の場合はケトンが生成し，どれか 1 つが水素であればアルデヒドを経由してカルボン酸となる。シクロヘキセンの場合は，次の反応によって二価のカルボン酸（アジピン酸）が得られる。

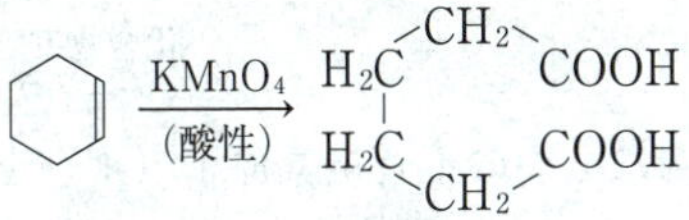
（化合物**C**）

(4)の結果から，化合物**C**を n 価の酸とすると

$$\frac{n\times0.05\times20}{1000}=\frac{1\times0.10\times20}{1000}\qquad\therefore\quad n=2$$

中和点で溶液がアルカリ性を示すことから，化合物**C**は 2 価のカルボン酸であることがわかる。さらに(5)の結果では，化合物**C**は分子内にアルデヒド基をもたないこともわかる。

▶問 3．(6)では化合物**A**を塩基性条件下で過マンガン酸カリウムと反応させており，この場合は次に示すようなジオールの生成が考えられる。

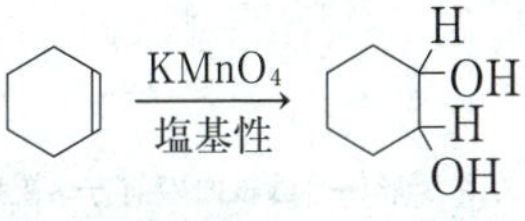
（化合物**D**）

この反応で得られる化合物**D**は，化合物**A**より分子量が 34 大きい。化合物**D**は 2 価のアルコールであるから，単体のナトリウムと次のように反応する。

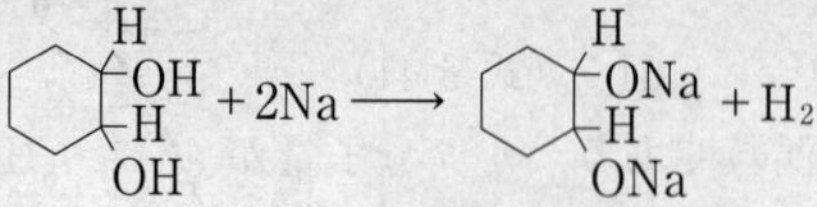

1 mol の化合物**D**から 1 mol の水素が発生するので，0℃，1.01×10^5 Pa での体積は

$0.10\times22.4=2.24\fallingdotseq2.2$〔L〕

▶問 4．化合物**D**から，化合物**E**を経由して化合物**F**ができる反応は次のように示される。

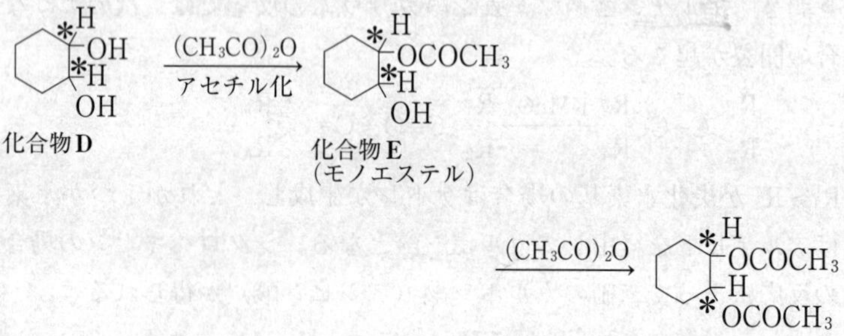

化合物**D**　化合物**E**（モノエステル）

化合物**F**（ジエステル）

化合物**D**，**E**，**F**はいずれも分子内に 2 つの不斉炭素原子（＊）をもつ。一般に分子内に n 個の不斉炭素原子が存在するとき，立体異性体の数は 2^n 個であるから，化合物**E**には次の図に示すような 4 つの立体異性体がある。

化合物E

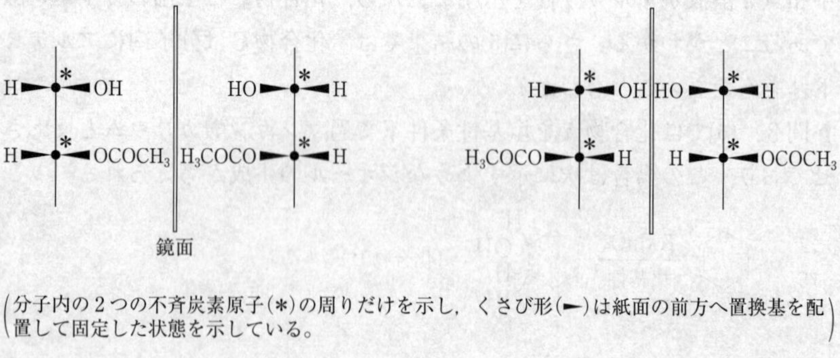

鏡面

（分子内の 2 つの不斉炭素原子(＊)の周りだけを示し，くさび形(▶)は紙面の前方へ置換基を配置して固定した状態を示している。）

一方，化合物**D**は分子内に対称面をもつので，１組の立体異性体はメソ体の関係となり同一の化合物である。よって，立体異性体の数は３個となる。

化合物D

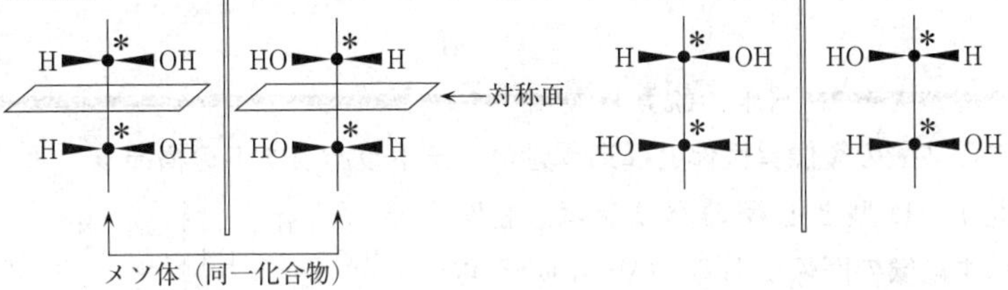

▶問５．ジエステルである化合物**F**に酸触媒下でメタノールを反応させると，エステルの加水分解と再エステル化（エステルの交換反応）が起こる。

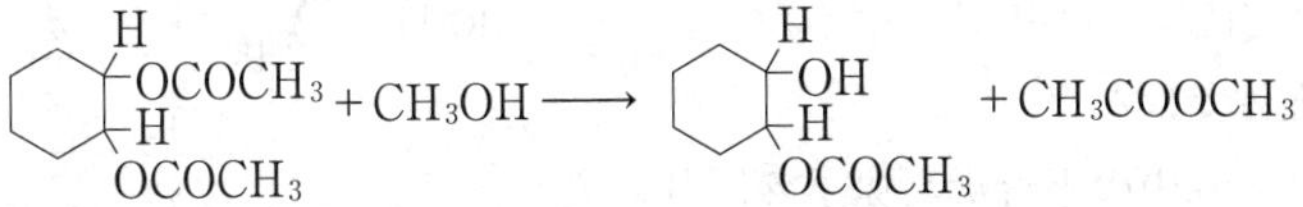

低沸点の化合物**G**は酢酸メチルである。エステル化の反応機構は次のように示され，生じるエステル内の酸素原子の１つはアルコール由来である。

$$\mathrm{R{-}\underset{\underset{O}{\|}}{C}{-}\boxed{O{-}H+H}{-}O^{*}{-}R'} \longrightarrow \mathrm{R{-}\underset{\underset{O}{\|}}{C}{-}O^{*}{-}R'+H_2O}$$

カルボン酸　　アルコール

よって，エステル化に同位体 ^{18}O をもつメタノールを用いた場合，生じるエステル（酢酸メチル）の構造式は次のように示される。

$$\mathrm{CH_3{-}\underset{\underset{O}{\|}}{C}{-}{}^{18}O{-}CH_3}$$

5　解答　問１．(C)・(D)

問２．名称：アラニン　構造式：$\mathrm{HOOC{-}\overset{\overset{CH_3}{|}}{\underset{\underset{NH_2}{|}}{C}}{-}H}$

問３．$\mathrm{H_2N{-}\overset{\overset{H}{|}}{\underset{\underset{H}{|}}{C}}{-}\overset{\overset{H}{|}}{\underset{\underset{H}{|}}{C}}{-}COOH}$

問４．468 mg

問５．12 種類

問６．名称：グリシン　構造式：$\begin{array}{c} \quad\quad\ \ H \\ \quad\quad\ \ | \\ H_2N-C-COOH \\ \quad\quad\ \ | \\ \quad\quad\ \ H \end{array}$

◀解　説▶

≪アミノ酸の鏡像異性体と構造異性体，テトラペプチドの構造≫

▶問１．D 型と L 型のバリンは，右図に示す鏡像の関係にある。(A)〜(E)のうち，(B)と(E)は，アミノ酸の側鎖（バリンの場合は $-\underset{\underset{CH_3}{|}}{CH}-CH_3$）がバリンと異なるので異性体ではない。

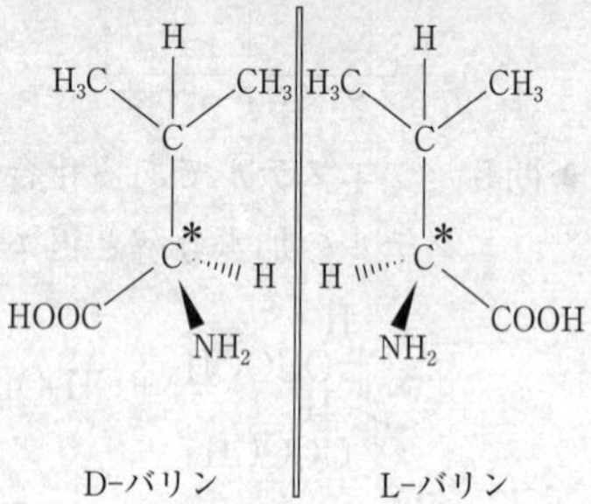

（＊：不斉炭素原子）

(A)・(C)・(D)中の不斉炭素原子の周りの置換基の配置のしかたで，D 型か L 型かが決まる。D−バリンと(A)・(C)・(D)について，側鎖の側から見た不斉炭素原子（＊）の周りの様子を次に示す。

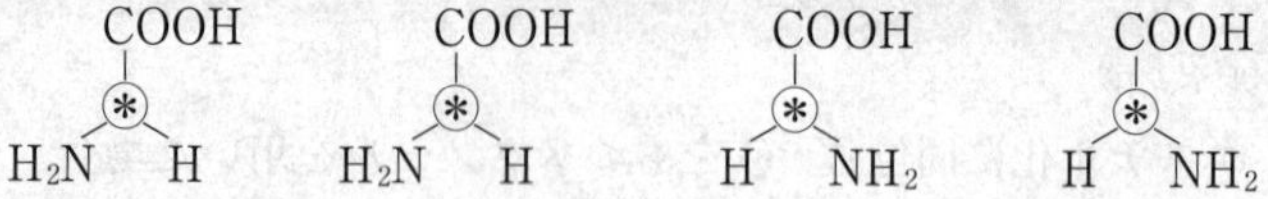
D−バリン　(A)　(C)　(D)

この図より，(A)は D−バリンと同じ配置をもち，(C)と(D)は，D−バリンの鏡像の関係にあることがわかる。よって，L−バリンは(C)と(D)である。

▶問２．化合物 **A** は分子内に３個のペプチド結合，１個のアミノ基，１個のカルボキシ基を有することから，４つのアミノ酸からなるテトラペプチドであると考えられる。化合物 **A** の加水分解では化合物 **B** とバリンが得られ，バリンは D 型とその２倍量の L 型が含まれることから，化合物 **A** は３個のバリン（L 型２個，D 型１個）と化合物 **B** からなるペプチドである。バリンの分子式は $C_5H_{11}NO_2$ であることから，化合物 **B** の分子式は次のように求めることができる。

$$C_{18}H_{34}N_4O_5+3H_2O-C_5H_{11}NO_2\times3=C_3H_7NO_2$$

化合物 **B** は α−アミノ酸であるからその構造式は $\begin{array}{c} \quad\quad\ \ H \\ \quad\quad\ \ | \\ H_2N-C-COOH \\ \quad\quad\ \ | \\ \quad\quad\ \ R \end{array}$（R は側

鎖）と表され，分子式より $R=CH_3$ で，化合物**B**はアラニンであることがわかる。

▶問 3．アラニンと同じ分子式を有し，不斉炭素原子をもたないアミノ酸は，アミノ基とカルボキシ基が別々の炭素原子に結合した次のような構造をもつ。

$H_2N-CH_2-CH_2-COOH$

▶問 4．化合物**A**の分子量は，分子式より 386，同じくバリンの分子量も 117 と求められる。加水分解で 1 mol の化合物**A**から 2 mol の L 型バリンが生成するので

$$\frac{772\times10^{-3}}{386}\times2\times117\times10^{3}=468\text{〔mg〕}$$

▶問 5．D 型バリン（D-Val）1 個，L 型バリン（L-Val）2 個，アラニン（Ala）からなるテトラペプチドには，次の配列で示される 12 個の分子が考えられる。

L-Val—L-Val—D-Val—Ala　L-Val—D-Val—L-Val—Ala
L-Val—L-Val—Ala—D-Val　L-Val—D-Val—Ala—L-Val
D-Val—L-Val—L-Val—Ala　L-Val—Ala—L-Val—D-Val
Ala—L-Val—L-Val—D-Val　L-Val—Ala—D-Val—L-Val
D-Val—Ala—L-Val—L-Val　D-Val—L-Val—Ala—L-Val
Ala—D-Val—L-Val—L-Val　Ala—L-Val—D-Val—L-Val

▶問 6．問 2 に示された 10 種類のアミノ酸のうち分子内に不斉炭素原子をもたないのは，次の構造式で示されるグリシンのみである。

H_2N-CH_2-COOH

❖講　評

例年同様，大問数 5 題，試験時間は 2 科目 150 分である。2019 年度に比べ計算量が減少し，基本問題や標準問題も多いので全体的な難易度としてはやや易化傾向であるが，教科書の発展的内容や一部の教科書にしか掲載されていない内容からの出題が増えた。

1　例年小問集合形式で出題されることが多いが，2019 年度に続いて 2020 年度も反応速度と平衡移動，活性化エネルギー等でまとめられた総合問題となった。様々な条件を変えたときの正反応と逆反応それぞ

れの反応速度の変化や平衡移動に関しては，基礎的な知識とルシャトリエの原理で解答でき，平衡定数の算出も難しくはない。活性化状態の中間物質の名称やアレニウスの式を用いた活性化エネルギーの算出はすべての教科書に詳細な説明があるわけではなく，難度の高い入試問題の類題に慣れていなければ解答が難しい。2019 年度に続いて，高得点を狙うレベルでは重要な差がつく大問となった。

2　アルカリマンガン乾電池のしくみと電極の質量変化などに関する総合問題。アルカリマンガン乾電池は他の電池に比べて教科書の取り扱い方も簡単で，応用的な知識と考察力が試される内容であった。与えられた電極反応式はマンガン電池に関するものであり，アルカリマンガン乾電池での物質の重量や pH の変化は問題文をよく読んで考える必要がある。ファラデー定数をうまく使えば計算は比較的簡単であるが，各電極での物質の変化を正確に把握していないと正解に至るのは難しい。

3　無機分野のハロゲンの単体とその化合物に関する総合問題である。例年，無機分野単独で大問が作られることは少なく，2020 年度も化学結合やイオン半径と物質の融点の関係や結晶格子といった理論分野も十分反映された内容となっている。イオン結合の強さとイオン半径，融点の関係の理解には応用力が必要である。結晶格子に関する計算は多少煩雑であり，単位（GPa）も含めて高圧下でのヨウ素の結晶の理解には想像力がいる。

4　脂肪族炭化水素の構造決定とその反応に関する総合問題であり，元素分析の結果と他の実験結果からシクロヘキセンの構造決定までは難しくない。一般の入試問題では酸化剤による二重結合の開裂には具体的な反応例の説明があることが多いが，九州大学では 2019 年度大問 4 を始め，過去の問題でも特別な説明なしで出題されている。対象が環状化合物であることも難度を上げており，さらに反応条件（酸性，塩基性）の違いによる生成物の変化は応用的な知識が必要である。問 4 の立体異性体の数に関してはメソ体の理解が必要で，問 5 のエステル交換反応の理解にも応用力がいる。さらに，エステル化の際の酸素原子の由来も，エステル化の反応機構を正確に理解しておく必要があった。

5　テトラペプチドとそれを構成するアミノ酸の構造と反応に関する総合問題である。ペプチドに関する出題は 2016・2018 年度にもあり，頻出項目の一つである。アミノ酸の立体構造の図は通常の教科書ではあまり詳しく説明することがなく，立体異性体であるＤ型とＬ型の区別をこの図から判断するには考察力がいる。計算問題も，テトラペプチドやアミノ酸の分子量の算出から慎重に行わないと正解に達しない。アミノ酸配列の場合の数は，数学の順列の知識に慣れていれば早く解答できる。

化学の基礎知識に加え，幅広い分野の総合的な内容を基礎から発展まで広く出題する傾向に変わりはないが，2020 年度は化学基礎の中和反応や酸化還元反応，化学の気体，溶液，熱化学，芳香族化合物，合成高分子化合物についての出題がなかった。さらに高得点を得るためには，教科書の標準的な内容の完全理解だけでなく，「考察」や「応用」といった発展的な内容まで踏み込んだ準備が必要となる。近年は正解を語群から選ぶ設問や，文章読解力や応用力で差がつく設問が目立ち，設問の難易度に差があることも多い。解答の順序や問題の選び方，解答方法によって得点に大きな差がつくことも多いので，まず広い分野の標準的な問題を限られた時間内に正確に解答できる総合力を身につけたうえで，解答の時間配分を確実に行って，基礎的な問題での取りこぼしをなくし，応用問題や煩雑な計算でも得点できる演習を積んでおきたい。

生物

1　解答

問1．(1)　膨圧運動

(2)　孔辺細胞の細胞壁は気孔側が厚く，気孔の反対側が薄い。孔辺細胞が吸水して膨圧が上昇すると，気孔の反対側の細胞壁がよく伸びるので，孔辺細胞が湾曲し気孔が開く。(80字以内)

問2．夜間に気孔が閉じた葉では，呼吸によって二酸化炭素が放出されるため，葉内の二酸化炭素濃度が高く保たれているから。(60字以内)

問3．日中に蒸散量が吸水量を上回ると気孔が閉じられる。その結果，蒸散ができずに吸水が停止し，二酸化炭素も供給されなくなって光合成も停止するから。(70字以内)

◀解　説▶

≪気孔の開閉とガス交換≫

▶問1．(1)　膨圧の変化による植物の運動を膨圧運動という。膨圧運動の例としては，気孔の開閉のほかに，オジギソウの葉に触れたときに葉が折りたたまれる運動などがある。

(2)　孔辺細胞の細胞内にK^+が流入して浸透圧が高まると，孔辺細胞内に水が流入して膨圧が上昇し，孔辺細胞が膨らむ。孔辺細胞の反対側（外側）の細胞壁は気孔側（内側）の細胞壁よりも薄いので，孔辺細胞が膨らむと外側に押し曲げられる（湾曲する）形になり，気孔が開く。なお，「K^+が流入して孔辺細胞の浸透圧が高まる」ことまで述べると字数が多くなるので，答案では省いた方がよいだろう。

▶問2．リード文中のヒントとなる部分は以下の通り。

- 気孔の内部には細胞間隙と呼ばれる空間が広がっており，ガス交換に働く。ガス交換は，環境や植物の生理条件によって気孔開度が変化することで調節される。
- 植物のおかれた環境（葉外）の二酸化炭素濃度が高いと気孔は閉じ，低いと開く。

下線部②をみると，夜間に気孔が閉じた状態だと，葉外の二酸化炭素濃度が低くても気孔は開かないことがある，と書かれている。そこで，気孔が閉じていれば葉外の影響を受けにくく，さらに夜間は葉内の二酸化炭素濃度が高くなっているため気孔は開かないと考えればつじつまが合う。なお，夜間に葉内の二酸化炭素濃度が高くなるのは，光合成が起こらず呼吸のみが起こるためと考えられる。

▶問３．よく晴れた夏の午後などには，植物は昼寝すると言われている。日中に気温が上昇し湿度が低下すると蒸散量が吸水量を上回り，植物体内の水分量が減少する。その結果，アブシシン酸が合成されて気孔が閉じる。気孔が閉じると葉内への二酸化炭素の供給も減少するため，光合成も低下する。根における水の吸収は，葉における蒸散が大きく寄与しており，気孔が閉じて蒸散量が減ると，水を与えても吸収しなくなる。

2 解答

問１．ア．中枢　イ．延髄　ウ．体性　エ．運動　オ．ノルアドレナリン　カ．アセチルコリン　キ．伝導

問２．(1)　随意運動を調節する。

(2)　からだの平衡を保つ。

問３．感覚神経

問４．副交感神経は分布せず，交感神経によって発汗が促進される。(30字以内)

問５．興奮性：(e)　抑制性：(d)

◀解　説▶

≪ヒトの神経系，シナプス後電位≫

▶問１．イ．脳は大脳・間脳・中脳・小脳・延髄などからなる。

▶問２．小脳には，随意運動を調節し，からだの平衡を保つ中枢がある。魚類や鳥類のように，水中や空中で運動する動物でよく発達している。

▶問３．末梢神経系は，自律神経系（交感神経や副交感神経）と体性神経系（感覚神経や運動神経）に分けられる。交感神経と副交感神経は中枢からいろいろな器官に情報を伝え，運動神経もまた中枢から効果器に情報を伝える。一方，感覚神経は末梢（受容器）から中枢へ情報を伝える。

▶問４．自律神経が発汗を調節するしくみを述べるので，汗腺に副交感神経は分布していないことと，交感神経のはたらきによって発汗が促進されることを述べるとよい。なお，汗腺では交感神経から分泌されるアセチルコリン（ノルアドレナリンではない）によって発汗が調節されるので，こ

の点に注目して論述してもよい。

▶問5．シナプスを介して神経伝達物質を放出する側の細胞をシナプス前細胞，神経伝達物質を受け取る側の細胞をシナプス後細胞という。興奮性シナプスでは，神経伝達物質がシナプス後細胞の受容体に結合すると，細胞内にNa^+が流入して膜電位が上昇し，活動電位が起こりやすくなる。このように膜電位が静止電位から正の方向に変化することを脱分極という。一方，抑制性シナプスでは，神経伝達物質がシナプス後細胞の受容体に結合すると，細胞内にCl^-が流入して膜電位が低下し，活動電位が起こりにくくなる。このように膜電位が静止電位から負の方向に変化することを過分極という。

3 解答

問1．ア．ゲノム　イ．相同　ウ．減数分裂　エ．対立
オ．ホモ　カ．ヘテロ　キ．常　ク．性

問2．卵形成時の減数分裂の際に染色体の不分離が起こり，第21染色体を2本もつ卵と正常な精子が受精したから。(50字以内)

問3．(1)　血友病を発症していた世代1の男性と，血友病を発症していないが変異遺伝子をもっていた世代1の女性から，変異遺伝子をもつX染色体を1本ずつ受け継いだから。(80字以内)

(2)―B

◀解　説▶

≪減数分裂，染色体の不分離，伴性遺伝≫

▶問1．エ．1つの遺伝子座に，複数の異なる遺伝子（たとえば遺伝子Aや遺伝子aなど）が存在するとき，これらの遺伝子を対立遺伝子という。

オ・カ．たとえば遺伝子型がAAやaaのように，同じ対立遺伝子を持つ状態をホモ接合といい，遺伝子型がAaのように，異なる対立遺伝子を持つ状態をヘテロ接合という。

キ・ク．ヒトの23組の染色体のうち，22組は男女に共通して見られる染色体で常染色体という。残り1組は性の決定にかかわる染色体で性染色体という。

▶問2．減数分裂や体細胞分裂の際に染色体が正常に分配されないことを染色体の不分離という。減数分裂時に染色体の不分離が起こり，第21染色体を2本持つ配偶子と正常な配偶子が受精し，第21染色体を合計3本

持つ子が生まれる場合がある。第 21 染色体を合計 3 本持つことを「21 トリソミー」といい，それによって現れる疾患をダウン症という。減数分裂時の染色体の不分離は，父親よりも母親の方がはるかに起こりやすいことが知られており，リード文中にも「母親が高齢であるほど，子が『21 トリソミー』になる確率が高くなる」とある。よって答案でも，精母細胞の減数分裂には触れず，卵母細胞の減数分裂に触れるべきである。

▶問 3．(1)　血液凝固因子Ｆをコードする遺伝子はＸ染色体上にあり，Ｆの変異遺伝子が血友病の原因遺伝子とある。さらに，この疾患は男子に多く，女子ではまれとあるので，Ｆの変異遺伝子は正常遺伝子に対して劣性であり，女子ではＦの変異遺伝子をホモに持たないと発症しないとわかる。そこで，Ｆの変異遺伝子をａ，Ｆの正常遺伝子をＡとし，世代１と世代２の遺伝子型を性染色体とともに書くと下図のようになる。世代２で X^aX^a の女性が生まれているので，世代１の両親はともに X^a を持つとわかり，世代１の男性は X^aY とわかる。また，世代２の男性が持つ X^A や X^a は世代１の女性から受け継いだものなので，世代１の女性は X^AX^a とわかる。

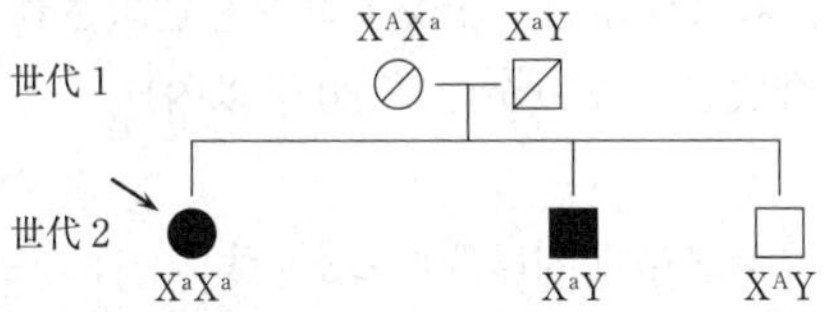

よって，矢印で示した世代２の女性が血友病を発症した理由としては，「世代１の X^AX^a の女性と，X^aY の男性から，ともに X^a を受け継いだ」という流れで論述すればよい。

(2)　世代２～４の結婚相手はすべてＦの変異遺伝子を持たないとある。よって，下図の破線で囲まれた部分はすべて変異遺伝子を持たない。一方，世代２の血友病を発症している女性（X^aX^a）から生まれた世代３の女性は X^AX^a となり，世代４のＢは X^AX^A または X^AX^a となる。このＢが結婚して男子を出産した場合，血友病を発症する男子（X^aY）となる可能性がある。

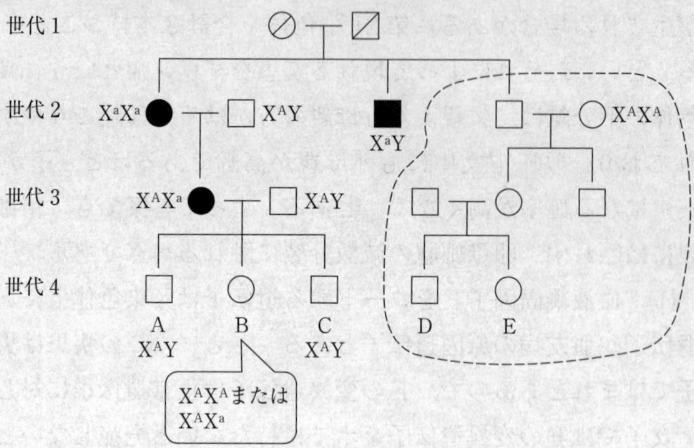

4 解答

問 1．HIV

問 2．m RNA の 3′ 末端には，ポリ A 尾部が付加されているから。(30 字以内)

問 3．大腸菌はスプライシングを行わないので，イントロンを含むサンゴの DNA を大腸菌に導入すると，イントロンも翻訳されてしまい正常な蛍光タンパク質 X が合成されないから。(80 字以内)

問 4．ア・ク

問 5．可能性 1：アミノ酸配列は変わらない。

可能性 2：アミノ酸が 1 つだけ異なったアミノ酸配列になる。

可能性 3：終止コドンが生じることにより，アミノ酸配列が短くなる。

問 6．a・e

◀解　説▶

≪PCR 法と遺伝子組換え≫

▶問 1．遺伝物質が RNA であるウイルスを RNA ウイルスという。また，HIV（ヒト免疫不全ウイルス）のように，逆転写酵素をもつ RNA ウイルスをレトロウイルスという。レトロウイルスは，逆転写酵素を使って自身の RNA から DNA を合成し，これを感染した細胞のゲノムに挿入する。さらに挿入したゲノムをもとに，RNA やタンパク質を宿主に合成させることで新たなウイルスをつくる。ちなみに，インフルエンザウイルスは逆転写酵素をもっておらず，その代わりに，RNA を鋳型にして RNA を合成する酵素をもっている。インフルエンザウイルスが細胞に感染すると，この酵素によって mRNA を合成し，宿主にタンパク質を合成させる。

▶問 2．mRNA の 3′ 末端には，ポリ A 尾部（ポリ A 鎖）と呼ばれる，70〜250 個のアデニン（A）からなるヌクレオチド鎖が付加されている。mRNA から逆転写酵素を用いて一本鎖 DNA を合成するとき，下図のようにポリ A 鎖に相補的に結合するチミン（T）のみからなるプライマーを利用することが多い。なお，逆転写酵素は，このプライマーを起点として 5′→3′ 方向へヌクレオチド鎖を伸長させていく。

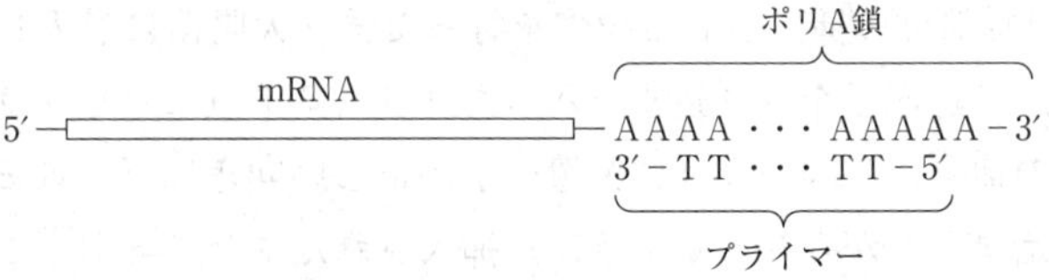

▶問 3．ヒトなどの真核生物の DNA にはイントロンが含まれることが多い。一方，大腸菌のような原核生物の DNA にはイントロンが含まれないので，スプライシングが起こらない。イントロンを含む真核生物の DNA をそのまま大腸菌に導入すると，イントロンの部分まで翻訳されてしまい，目的とするタンパク質が合成されない。

▶問 4．蛍光タンパク質 X をコードしている mRNA の開始コドンから終止コドンに対応する DNA の鋳型鎖を上段に，その相補鎖（非鋳型鎖）を下段に示す。

鋳型鎖　　5′—ATGAGTCTGA…………CGTCAAGTAA—3′
非鋳型鎖　3′—TACTCAGACT…………GCAGTTCATT—5′

プライマーはそれぞれの鎖の 3′ 末端側に結合するので，その配列は以下のようになる。なお，下図のプライマーは 5′ 末端側から 10 塩基までを示している。また，矢印は DNA ポリメラーゼによってヌクレオチド鎖が伸長する方向である。

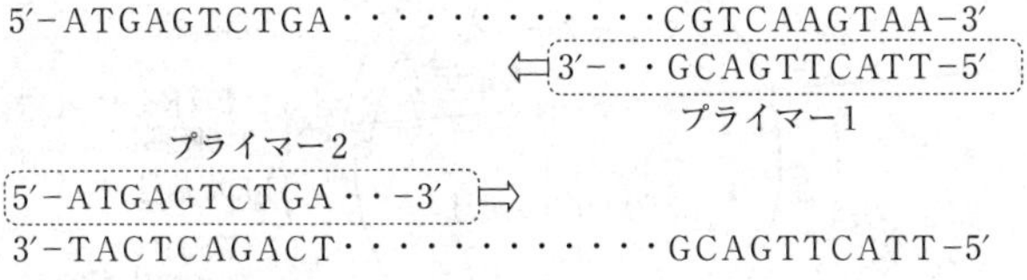

▶問 5．ほかに，「終止コドンの配列が変化してアミノ酸配列が長くなる」という解答でもよい。

▶問 6．PCR で得られた X 遺伝子の DNA は両末端に *Eco*R Ⅰの切断部位をもち，約 690 塩基対からなる。また，この DNA は開始コドンから 500 塩基下流に *Hind* Ⅲの切断部位がある。
また，プラスミドベクターは 2900 塩基対からなり，プロモーターの直下に *Eco*R Ⅰの切断部位があり，そこから 100 塩基下流に *Hind* Ⅲの切断部位がある。
PCR で得られた X 遺伝子を *Eco*R Ⅰで切断し，プラスミドベクターの *Eco*R Ⅰ切断部位に挿入させる操作を行った後，大腸菌に導入したとある。この場合，X 遺伝子を取り込まなかったプラスミド（これをプラスミド①とする）の他に，下図のように X 遺伝子が正しい向きに（プロモーターの直下に開始コドンが存在するように）挿入されたプラスミド（これをプラスミド②とする）や，X 遺伝子が逆向きに挿入されたプラスミド（これをプラスミド③とする）がある。

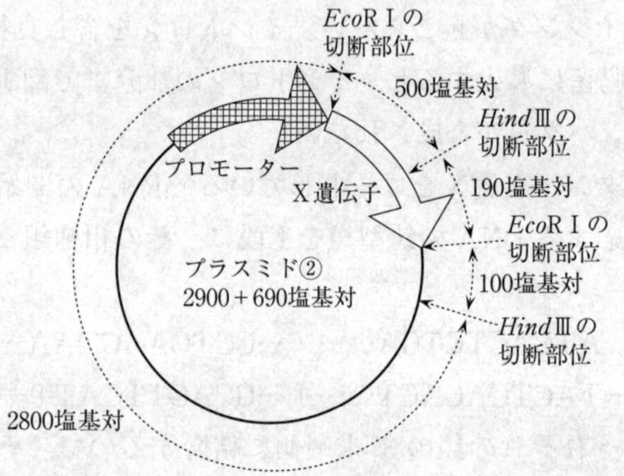

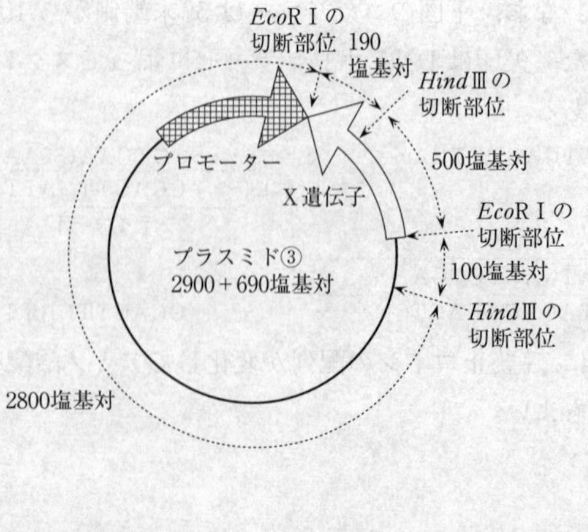

プラスミド①〜③を *Eco*R Ⅰまたは，*Hind* Ⅲで切断した場合に生じるDNA断片の長さをまとめると以下のようになる。

	*Eco*R Ⅰで切断した場合	*Hind* Ⅲで切断した場合
プラスミド①	2900塩基対	2900塩基対
プラスミド②	2900塩基対，690塩基対	3300塩基対，290塩基対
プラスミド③	2900塩基対，690塩基対	2990塩基対，600塩基対

よって，図2のa〜eのうち，プラスミド①を取り込んだ大腸菌はb，プラスミド②を取り込んだ大腸菌はaとe，プラスミド③を取り込んだ大腸菌はcとdとわかる。X遺伝子が正常に発現するのはプラスミド②を取り込んだ大腸菌なのでaとeが正解である。

5　解答

問1．ア．一次遷移（乾性遷移）
イ．先駆種（パイオニア）　ウ．標識再捕法
エ．社会性昆虫　オ．カースト
問2．光補償点が小さく，弱光下でも生育できる陰樹の幼木。
問3．815匹
問4．問3で求めた数よりも大きくなる。
問5．血縁度が高い女王の子の世話をしたり，敵から守ったりする方が，自分と同じ遺伝子を多く残すことができるから。(60字以内)
問6．創設女王と B_1 の間の血縁度の期待値：0.75
創設王と B_1 の間の血縁度の期待値：0.25

◀解　説▶

≪植生の遷移，標識再捕法，血縁度≫

▶問1．エ・オ．ハチ，アリ，シロアリなどの昆虫には，母子や姉妹などの血縁関係にある多数の個体が集団で営巣するものがみられる。これらの集団（コロニー）内には，生殖能力をもつ個体もいれば，自らは生殖を行わず，血縁関係にある他個体の世話をする個体なども存在している。このように集団内で明確な分業がみられる昆虫は社会性昆虫とよばれ，こうした分業をカースト制という。

▶問3．ミズオオトカゲの全個体数を N 匹とする。1回目に181匹採集してマークをつけ，2回目に153匹採集したところ，34匹にマークがつ

いていた。よって，以下のように計算できる。

$$\frac{181}{N}=\frac{34}{153} \qquad \therefore \quad N=814.5\fallingdotseq 815$$

▶問4．２回目の採集までに一部の個体でマークが脱落していれば，仮に２回目に153匹採集しても，マークがついている個体数は34より小さくなる。問3の式を変形すると$N=181\times\frac{153}{34}$となるので，分母の34が小さくなれば，$N$の値は大きくなる。

▶問5．自分の子を残す場合と，ワーカーやソルジャーとして女王の子を増やす場合を比較し，後者の方が有利であることを述べる。血縁度（自分と同じ遺伝子をもつ確率）という語句を用いると論述しやすい。つまり，「女王の子は血縁度が高く，女王の子を増やす方が自分と同じ遺伝子を多く残せる」というようにまとめればよい。

▶問6．教科書にはミツバチの血縁度の求め方が載っていることが多いが，ミツバチは女王が二倍体で王は一倍体である。一方，ヤマトシロアリは女王も王も二倍体であり，ミツバチと混同してはいけない。まず，創設女王の染色体と創設王の染色体を下図左のように書くことにする。創設王が死亡し，F_1の中の１個体が二次王となった場合，下図右のような交配が起こる。

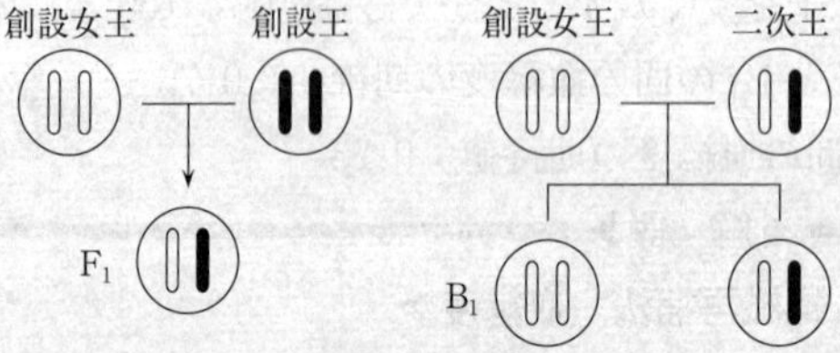

＊創設女王とB_1の間の血縁度の期待値

B_1の半数は創設女王と同じ遺伝子を持ち（血縁度は１），残り半数は創設女王の遺伝子の半分を持っている（血縁度は0.5）。よって，平均すると0.75となる。

＊創設王とB_1の間の血縁度の期待値

B_1の半数は創設王と同じ遺伝子をまったく持っておらず（血縁度は０），残り半数は創設王の遺伝子の半分を持っている（血縁度は0.5）。よって，平均すると0.25となる。

❖講　評

1　気孔の開閉とガス交換に関する問題。問1(2)は典型頻出問題であり正解したい。問2は知識問題ではなく，リード文から推理する。夜間の呼吸によって葉内の二酸化炭素濃度が上昇することに気づくのはやや難である。問3の昼寝現象は蒸散量が吸水量を上回ることが原因となって起こるが，これもやや難である。

2　ヒトの中枢神経系と末梢神経系に関する問題。全般的に易しく，ここで得点したい。問1は基本的な知識問題であり完答したい。問2は小脳のはたらきを2点正確に述べるのはやや難しい。問3は基本的であり正解したい。問4は，交感神経のはたらきによって発汗が促進されることを述べる必要がある。問5は基本的であり正解したい。

3　減数分裂と伴性遺伝に関する問題。問1は基本的な知識問題であり完答したい。問2は標準レベルの論述問題ではあるが，染色体の不分離について知っていないと書きづらいと思われる。問3の(1)は書くべき事柄はすぐに気づくと思われるが，これを80字以内でまとめるのはやや難である。(2)は落ち着いて考えればあまり難しくはない。正解したい問題である。

4　PCR法と遺伝子組換えに関する問題。問1は基本的な知識問題なので正解したい。問2は類題を解いたことがない受験生にはかなり厳しかったと思われる。問3は典型頻出問題であり正解したい。問4は付加した配列というのがわかりにくかったかもしれないが，典型的な問題であり正解したい。問5は基本的である。問6も典型頻出問題で，ぜひとも完答したい。

5　植生の遷移と個体群に関する問題。問1は基本的な知識問題であり完答したい。問2も基本的な論述問題である。問3も典型頻出問題。問4は落ち着いて考えれば正解できる。問5のような問題は近年よく出題されるが，かなり論述練習を積んでいないと完答は難しいと思われる。問6は個々の遺伝子（P，Q，R，S）に注目しすぎるとうまく解けない。ただ，この設問についてはあまり差がつかなかったと思われる。

2020年度は，2019年度に比べて空所補充問題は減少し，やや難しい考察問題や計算問題が増加した。また，総論述字数も増加したため，全体としてやや難化した。ただ，要求される知識は基礎～標準レベルであり，論述問題の多くは典型問題なので，得点すべき問題をしっかり解くことができれば合格ラインに達することができるだろう。

地学

1　解答

問1．(b)

問2．イ―(a)　ウ―(b)

問3．エ―(a)　オ―(b)

問4．地球の自転による遠心力の影響を除いても重力が高緯度の方が大きいことから，高緯度の方が万有引力が大きく，地球の中心からの距離が小さいと考え，地球が回転楕円体であることを推測した。(80字程度)

問5．地球を内部の密度分布が同心球状と仮定し，各緯度の重力を計算で求めた理論値。(30字程度)

問6．重力異常（ブーゲー異常）

問7．アイソスタシー

◀解　説▶

≪地球の形状と重力≫

▶問1．地球は平均すると半径6371kmの球に近似できる。

▶問2．平均海水面を重力に垂直な方向に延長して地球の全表面を覆った仮想面をジオイドという。そして，ジオイドの形状に最もよく合うように決めた回転楕円体を地球楕円体とよんでいる。地球楕円体では極半径が約6357km，赤道半径が約6378kmであり，極半径に比べて赤道半径の方が約21km大きい。

▶問3．大陸地殻は花こう岩を主体とした珪長質な化学組成を持ち，玄武岩を主体とする苦鉄質な海洋地殻よりもケイ素が多い。また，地殻の下にあるマントルは主に超塩基性岩であるかんらん岩を主体としており，ケイ素の含有量が地殻に比べ少ない。

▶問4．地球は自転しているので，地表での重力は地球の引力と自転による遠心力の合力となる。地球上で緯度ごとに重力の大きさを比較すると，低緯度ほど重力が小さくなる事実が判明した。重力が小さくなるには，引力そのものが小さくなるか，引力と逆方向成分をもつ遠心力が大きくなるかの2つが考えられる。ニュートンは，遠心力によって低緯度ほど重力が小さいと考えたが，それだけでは説明できないことから，地球の形状が赤道方向に長い回転楕円体であり，低緯度ほど地球の中心からの距離が大きくなって引力そのものが小さくなっていると推測した。

▶問 5．地球楕円体の形状は数式によって表すことができ，地球の質量を与え，内部の密度分布が同心球状であると仮定すると，各緯度における引力が計算できる。また，地球の自転速度を与えると遠心力も各緯度ごとに計算できる。したがって，引力と遠心力の合力である重力も各緯度ごとに理論的に決定できる。この重力の理論値を標準重力という。

▶問 6．地球楕円体はジオイド面に近いものの，完全に一致してはおらず，観測地点付近の地下構造や地形などの影響でジオイド面での重力と標準重力の値に差が生じる。この差を重力異常という。

▶問 7．地殻はマントルよりも密度が小さく，水よりも密度が小さい氷が水に浮かんでいるように，重力と浮力のつりあいが保たれている。この状態のことを，アイソスタシーが成り立っているという。これは，マントルは固体であるが，何万年もの長時間をかけると液体のように流動変形することができるからである。

2　解答

問 1．走向：(b)　傾斜：(g)

問 2．30m

問 3．アー(d)　イー(b)

問 4．(a)

問 5．かんらん石，輝石，斜長石

問 6．化学式：SiO_2

生成過程：砕屑物の供給がない遠洋底で，プランクトンの遺骸が炭酸塩補償深度以深に達すると，$CaCO_3$ は溶解し SiO_2 を主成分とするチャートとなる。(60 字程度)

問 7．遠洋域の深海底でチャートが堆積し，海洋プレートの移動によって陸域に近づくと，大陸から供給された泥がチャート層の上位に堆積する。さらに大陸に近づき，海溝付近に達すると，大陸から供給された砂が泥の上位に堆積する。(100 字程度)

◀解　説▶

≪ルートマップ，付加体≫

▶問 1．走向と傾斜を表す記号の長い線の方向が走向であり，短い線の向きに地層が傾斜している。長い線に付してある数値は走向が真北方向から何度ずれた方向かを示し，短い線に付してある数値は傾斜が水平から何度傾いているかを示している。

▶問 2．

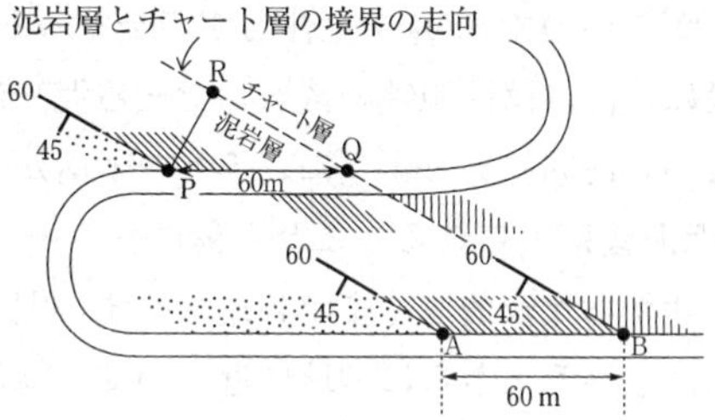

上図のように，チャート層と泥岩層の境界の走向は，地点 P の北東に伸びている。地点 P から真東の方向と走向線の交点を Q とすると，P－Q はその南東にある A－B を平行移動したものであるから，P－Q の距離は 60m である。P からその走向線に下ろした垂線の足を R とすると，P－R の距離は直角三角形 PQR の辺の比から 30m である。

地点 P から鉛直下方に掘ってチャート層と泥岩層の境界に達した点を S とすると，P－R を通る地下断面図は右図のようになる。ここで，P－R の距離が 30m であることと，直角三角形 PRS の辺の比から，求める P-S の深さは 30m となる。

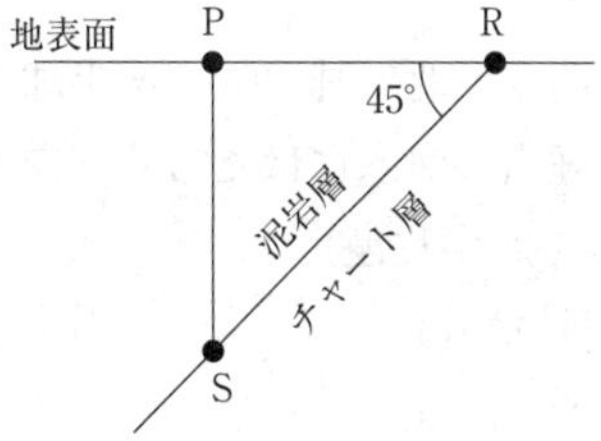

▶問 3．ア．今から約 1 億年前の地質時代は中生代の白亜紀である。

イ．チャート層は二酸化ケイ素を主成分とした殻を持つ放散虫が遠洋で深海底に堆積したものである。

▶問 4．この地域のチャート層は約 1 億年前に堆積しており，その上位に堆積した泥岩層や砂岩層はそれより新しい。選択肢のうち，この時代の付加体は四万十帯である。

▶問 5．玄武岩は塩基性（苦鉄質）の火山岩であり，Ca に富む斜長石，輝石，かんらん石が主な構成鉱物である。

▶問 6．海洋には多くのプランクトンが生息しており，その寿命が尽きると海底に沈んでいく。その中で，二酸化ケイ素（SiO_2）や炭酸カルシウム（$CaCO_3$）の殻を持つものは，それが沈積して岩石化しやすい。ところが，深海の数千 m 以深のある深度で，炭酸カルシウムの成分が海水に溶解する速度が供給される速度を上回ってしまう。この深度を炭酸塩補償深度（CCD）とよぶ。CCD 以深の深海底では SiO_2 は堆積できても $CaCO_3$ は堆積することがないので SiO_2 を主体とするチャート層が形成される。

▶問 7．一般に遠洋には陸源性の砕屑物である泥や砂は到達しないので海底に堆積しない。前問にあるように，チャート層が形成されるのは遠洋で CCD 以深の深海底に限られる。これが海洋プレートの移動に伴って陸域に近づくと，陸から比較的遠くまで到達しやすい泥質の砕屑物がチャートの上に堆積しはじめる。さらに陸域に近づいて，海洋プレートが沈み込む海溝付近では陸からの砂質砕屑物が供給され，泥の上にそれらが堆積して本問のような地層が広域にわたって形成されたと考えられる。

3 解答

問 1．ア―(b)　イ―(c)　ウ―(e)　エ―(f)　オ―(b)　カ―(f)

問 2．(c)

問 3．北半球：(a)　南半球：(c)

理由：海水にはたらく転向力の向きが北半球と南半球で逆向きになるから。（30 字程度）

問 4．(d)

問 5．(d)

◀解　説▶

≪エルニーニョ現象≫

▶問 1．何らかの理由で貿易風が弱まることがエルニーニョ現象のはじまりである。貿易風が弱まると，太平洋の西部に吹き寄せられていた暖水が東部へもどり，ペルー沖で深海底からの冷水の湧昇が弱められる。そして，暖水と深海の冷水の境界である水温躍層が深くなり，海面付近の海水温が平年よりも数℃高くなる。 海面が暖かいと大気の上昇流が発生し，太平洋東部は気圧が低くなり，逆に西部は気圧が高くなる。

エルニーニョ現象が起こると，夏の北太平洋高気圧が弱くなり，日本では冷夏となることがある。また，冬には季節風が弱くなって暖冬となることが多い。

▶問 2．エルニーニョ現象は大気と海洋が相互作用して起こる現象で，太平洋東部と西部の気圧の高低がシーソーのように振動している。このような振動は数年に一度の周期で繰り返されている。

▶問3．貿易風の風向は，北半球では北東から南西へ，南半球では南東から北西に向かう。一方，その下にある海水は，貿易風に引きずられて力を受けるが，海水が動くと地球自転による転向力がはたらくため，風の向きに海水が動くわけではない。北半球では風向に対して直角右向きに，南半球では直角左向きに海水が運ばれるので，赤道付近の海水は北半球では北西向きに，つまり北向きに運ばれ，南半球では南向きに運ばれることになる。この水平方向の流れのため，表層に向かって深いところにあった海水が上層に向かって湧昇する。

▶問4．(a)不適。海流は一年を通じて定常的に吹く風によって駆動され，季節風によって反転することはない。

(b)不適。貿易風により赤道付近の高温の海水は太平洋の西へ吹き寄せられ，鉛直方向にも厚く滞留する。したがって，西側ほど表層の暖水と深部の冷水の境界である水温躍層が深くなっている。

(c)不適。大西洋の高緯度では密度の大きくなった海水が沈みこんでいるが，太平洋ではそのようなことが観測されていない。

(d)適切。熱帯低気圧は海水温の高い海面から多くの水蒸気の供給を受け，その潜熱が原動力となって発達する。熱帯低気圧の発生する海域には偏りがあり，北半球の方が多く発生する。

▶問5．(a)不適。成層圏のオゾンホール拡大とエルニーニョ現象の直接の因果関係は認められていない。

(b)不適。エルニーニョ現象で海洋から二酸化炭素が多く放出される理由がない。また，酸性雨の原因は二酸化炭素ではなく，窒素酸化物（NOx）や二酸化硫黄（SO_2）と考えられている。

(c)不適。エルニーニョ現象は21世紀になってからも，数年に一度のペースで発生しており，常態化はしていない。また，大気中の二酸化炭素量の増大とエルニーニョ現象の発生に直接の因果関係は認められていない。

(d)適切。過去の観測データから，エルニーニョ現象は近年に特有の現象ではなく，100年以上にわたって数年に一度の頻度で繰り返していることがわかっている。

4 解答

問 1．ア．バルジ　イ．円盤部　ウ．ハロー
エ．ドップラー

問 2．求める周期を t 年とすると

$$t=\frac{2\times3.1\times3.2\times10^4\times9.5\times10^{12}}{210\times3.2\times10^7}$$

$$=2.80\times10^8\fallingdotseq2.8\times10^8\text{ 年}$$　……(答)

問 3．大質量の恒星が巨星になると核融合反応によって鉄までの重さの元素が生成され，やがて超新星爆発を起こすと，その際にさらに重い元素も生成されて，これらの重元素が宇宙空間に飛散した。太陽はこの重元素を含む星間物質が集積して誕生した。(120 字以内)

問 4．$z=\dfrac{\lambda'-\lambda}{\lambda}=\dfrac{0.666-0.656}{0.656}=0.0152\fallingdotseq1.52\times10^{-2}$

$v=cz=3.0\times10^5\times1.52\times10^{-2}$

$=4.56\times10^3\fallingdotseq4.6\times10^3$〔km/s〕　……(答)

この銀河までの距離を r メガパーセクとすると，$v=Hr$ より

$$r=\frac{v}{H}=\frac{4.56\times10^3}{71}$$

$=6.42\times10\fallingdotseq6.4\times10$〔メガパーセク〕　……(答)

◀解　説▶

≪銀河系と宇宙の膨張≫

▶問 1．銀河系の中央部の膨らみはバルジと呼ばれ，その周囲の扁平で渦を巻いたように恒星が多く分布する領域を円盤部という。われわれの太陽系は円盤部に位置している。銀河系円盤部を大きく取り巻くようにハローと呼ばれる領域が存在し，ハローには球状星団がまばらに分布している。円盤部の物質が太陽系に対して近づいているか遠ざかっているかは，星間ガスに含まれる水素原子などが出す電磁波の波長を測定すればわかる。なぜなら，ドップラー効果によって，近づく場合には本来の波長よりも短く，遠ざかる場合には波長が長く観測されるからである。

問 2．半径 $r=3$ 万 2000 光年の円周を速さ v で一周するのにかかる時間 t は，$t=\dfrac{2\pi r}{v}$ で表される。この式に，$2\pi r$ 光年 $=2\pi r\times9.5\times10^{12}$〔km〕，$t$ 秒 $=t\times\dfrac{1}{3.2\times10^7}$ 年であることに注意して数値を代入して求めればよい。

▶問 3．主系列星の内部では，水素がヘリウムになる核融合反応が行われている。やがて，恒星中心部のヘリウムが増えるとヘリウムを材料にして炭素や酸素が合成され，さらに続いてケイ素やマグネシウムというようにより重い元素が生成されていく。しかし，最もエネルギー的に安定な鉄がつくられると，それより重い元素はつくられなくなる。太陽と同程度か数倍程度の恒星であれば，このあと恒星の外層をゆっくりと放出して惑星状星雲となり，そのガスが星間物質になる。一方，太陽の 8 倍かそれ以上の質量を持つ恒星は超新星爆発を起こし，その爆発の際に鉄よりも重い元素が合成されることになる。このようにして飛散した星間物質は，やがてどこかで集積して中心部の原始星の周囲にガスをまとって回転をはじめる。このようにして原始太陽系星雲ができ，その中心で誕生した太陽には重元素が含まれている。

▶問 4．水素原子の出す最も強い電磁波が Hα 線である。この波長は地球上で測定すると波長 $\lambda=0.656\mu\mathrm{m}$ であるが，地球に高速で近づいたり遠ざかったりする水素原子の Hα 線の波長を観測すると，それより短くなったり長くなったりする。これはドップラー効果によって引き起こされる現象である。一般に，銀河系から遠く離れた銀河は非常に速い速度で遠ざかっており，波長が長い（赤い）方へ波長がずれている。これを赤方偏移と呼んでおり，長く変化した波長を λ' とすると，その大きさ z は，

$z=\dfrac{\lambda'-\lambda}{\lambda}$ で表される。

また，銀河の後退速度を v，銀河までの距離を r とすると，r と v は比例する。これをハッブルの法則といい，$v=Hr$ という関係式で表される。この比例定数 H がハッブル定数である。

❖講　評

2020 年度も大問 4 題の構成で理科 2 科目で 150 分であった。

1 は対話文をもとに空所を埋めたり下線部について説明をするユニークな形式の問題であった。ただ，問 4 は重力が引力と遠心力の合力であることを踏まえて「筋道」を記述せねばならず，問 5 は標準重力について正しく理解している受験生は多くないので，内容的にはやや難しく感じたかもしれない。

2 はルートマップをもとに，地下構造を推定したり，付加体についての知識を問う問題であった。問 6 は炭酸塩補償深度に触れねばならず，字数制限も含めて厳しい問題であった。

3 はエルニーニョ現象についての全般的な理解を問う問題であった。地球規模の大局的な視点に加えて，大気や海水の循環についてのやや細かな知識も問われている。問 3 は問題文を読めば海水の流れの向きは容易に判断できるが，転向力の向きを根拠にできたかどうか。

4 は銀河と宇宙に関する平易な問題であった。問 2 では大きな数の扱いや，単位の換算に注意したい。

九州大学は例年教科書内容を正しく把握しているかを問う良問を出題している。単なる知識の羅列ではなく，様々な地学現象の相互の関連についてもしっかりと学習しておきたい。

に基づいて、一つ一つの条件を検討して、適切な基準を選択できる視点を持つ、ということが「視点の自由」の説明としての必要十分条件を満たすと考えて、これらをまとめて解答を作成する。

❖講　評

一　(現代文)は「国語教科書」の役割や意味を、自己の読書体験や他者の人生への空想等を通して考察する文章。内容は重厚ではないが、言い回しが難しくて意味の取りにくい部分もある。設問はいずれもやや難解で、きちんと要求を理解して記述を行う必要がある。焦点は問6と問7。問6は一段落前の内容を傍線部の記述に合わせて厳密に読解する必要がある。問7は「宿命」の意味を正確に押さえ、筆者の考えを読み取ることが求められている。

二　(現代文)は「敵／味方」という発想に基づく基準の絶対化がもたらす問題と、視点の自由を回復することの大切さについて述べた文章。論旨は明確で読解はそれほど困難ではないが、論点整理に注意を要する部分もある。設問はいずれもレベルが高く、論述量も多い。焦点は問5と問6。問5は「次元」という言葉の意味を適切に反映する形で論点をまとめる必要がある。問6は「支配される」の説明ではなく〈逆説〉の構図に基づく解答が求められていることを理解する。

についても述べなければ解答としては成立しない。また「すでに基準を用いる者ではなく、基準に支配される者」であるということは、〈用いる者が支配されるものになる〉という逆説的な状況が生じる経緯を説明することが求められている点も理解する。これらを踏まえてまず「基準に支配される者」とはどういう者なのかについて確認すると、直前に「基準を批判することをしない者、できない者」とあるので、これが該当すると理解する。また後部に「一旦絶対化した基準は、その後は自動的にさまざまな下位基準を産出し、その下位基準によって細部にわたるまで、その絶対的基準を信奉するものの生を支配する」（＝絶対的基準を信奉する者は基準に支配される）とあるので、これが支配される〈理由〉であると理解する。次に「基準を用いる者」とはどういう者であるかについて確認すると、第二段落に「かりに基準ということが持ち出されるにしても、その基準の最終的決定権は自分たちがしっかりと握っていて、他人の介入を許さない」「基準は共通に適用されはするが、その基準を決めるのは自分たちだけであり、それも自分たちに都合のよいように基準が作られる」とあるので、ここから〈「基準を用いる者」とは自分たちの持つ決定権に基づいて基準を作り、その基準を他者にも共通に適用することで他者を自己基準に従わせ、自分たちに都合のよい状態を形成しようとする者である〉となると理解する。自分の都合のよいように相手を従わせるために作った基準が、逆に自分を支配してしまう、というのが〈逆説〉の構図である。この点を踏まえて〈用いる→下位基準が生まれる→支配される〉の順にまとめて解答を作成する。

▼問７　傍線部Ｇの前二文の「絶対化されてきた基準に距離を取る」「基準に批判的に向かう」という記述を手がかりにして本文で類似表現を確認すると、傍線部Ｅの一段落前に「それぞれの場合の条件を考慮して、その条件に合った基準を選択するためには、その状況に対して一定の距離を保っていなければならない」とあるので、ここから〈それぞれの場合の条件に合った基準を選択する視点を持つ〉ということが傍線部Ｇの「視点の自由」に該当すると理解する。そしてその視点を持つための前提として、傍線部Ｄの一段落後に「一般的に言って、基準にはそれぞれその有効範囲というものがある」「ある基準が有効なのは、ある一定の条件のもとにおいてである」とある。よってこうした認識

対」に関しては、一段落後に「試合は勝つときもあれば、負けるときもある」「明日になれば、今日と反対に逆転負けを喫して悔しい思いをすることになるかもしれない」とあるので、ここから〈勝者／敗者という立場は流動的である〉と理解する。また「『われわれ』が存在するのは……試合開始から終了までの時間、あるいは、せいぜいその前後を含んだ時間にすぎない」とあるので、ここから〈「われわれ」の存在は限定的である〉と理解する。つまり〈勝者／敗者の立場も「われわれ」の存在も（勝利という目的が実現するまで、あるいは実現した少し後までの）一時的な・一過性のものである〉ということが「勝者／敗者という対」の特徴であると理解する。次に「敵／味方という対」に関しては、まず一段落後に「同一性」に「強く魅了」された人々は「『われわれ』であることが目的となる」とあり、二段落後に「われわれはその実現に力を注ぎ、幻想でしかない一体化に専念する」とある。その後に「一体化の幻想を……全力を挙げる者が味方であり、それを阻む者が敵である」とあるので、この記述は「敵／味方という対」に関するものであるとわかる。よって〈敵／味方という対は「われわれ」の同一性に魅了され、「われわれ」であることを目的とした人々が、幻想でしかない「われわれ」の実現・一体化を目指すことによって生じる〉と理解する。また同じく二段落後に「敵か味方かという枠組みは、その都度の試合を超えて、全生活をも覆うことすらある」とあるので、ここから〈敵味方の立場は、状況を超えて固定化される〉と理解する。つまり〈「われわれ」に魅了された者はその一過性を否定し、その存在を目的として、協力する者を味方、阻む者を敵として状況を超えて固定化する〉ということが「敵／味方という対」の特徴であると理解する。つまり冒頭で提起した〈立場や着目点がどのように違うのか〉については〈立場：勝者／敗者＝一時的・流動的↔敵／味方＝固定的〉、〈着目点：勝者／敗者＝勝利（の喜び）を共有すること↔敵／味方＝「われわれ」であること〉という形で違いがあると理解し、これらをまとめて解答を作成する。

▼問6　傍線部Fの内容と設問文の要求をしっかりと理解する。「基準に支配される者」とはどういう者のことであるかについては、傍線部の後の説明をまとめれば記述としては成立するが、「用いる者」とはどういう者のことであるか

〈自分および自分の役にたつもの＝善／それ以外＝悪〉という形で〈善悪の枠が固定されている〉と理解する。さらに「悪という枠に誰が振り分けられるかは一定していないし、状況次第である」とあるので、ここから〈自分を常に善の枠に置くものは、状況に応じてその都度判断する〉であると理解する。これらを重ね合わせて解答を作成する。

▼問４　傍線部Ｄの後の二つの段落の内容を押さえる。まず一段落後の内容を見ると「試合中にのみ有効な枠組みが、試合の外においても働いている」「この越境」とあり、これが傍線部の「しつこさ、激しさ」という態度の説明になっていると理解する。次にその「越境」の理由として「ある枠組み、判断基準の絶対化」とあるので、これが設問の「理由」に該当すると考える。そしてこの「理由」を考える前提として「基準には……有効範囲というものがある」「ある基準が有効なのは、ある一定の条件のもとにおいてである」という記述が繰り返されていることを確認する。次に二段落後の内容を見ると「われわれはその条件を忘れる。いや、意識して無視する」とあり、その理由が「ある基準を絶対化する方が楽だから」と述べられている。ここまでをまとめると〈楽になりたい→基準の有効な条件を意図的に無視して絶対化する→敵は条件抜きでいつでも敵扱いする→しつこさ・激しさ〉ということになる。ここで問題になるのは〈なぜ楽になりたいのか・何から楽になりたいのか〉ということになる。なので、それを確認するために続きを見ると「条件を考慮して……基準を選択するためには、その状況に対して一定の距離を保っていなければならない」「この距離を保つということが難しく」「状況の中に埋没し……この埋没によって、基準が絶対化される」とあるので、これをまとめると〈条件を考慮して基準を選択するために状況と距離を保つのが難しい（＝いちいち距離を保つのがつらい・面倒だ）→状況に埋没して基準を絶対化しよう（＝つらさや面倒さから解放されて楽になろう）〉ということになる。これを先ほどのまとめと重ね合わせて解答を作成する。

▼問５　「次元」とは〝物事を考える立場や、その着目している面〟という意味なので、「次元が異なっている」ことを示すためには単に〈対立している〉ということを示すだけではなく〈立場や着目点がどのように違うのか〉ということがわかるように記述を行う必要がある。こうした点を踏まえて後部の記述を整理すると、まず「勝者／敗者という

と理解する。次に〈「自分たちが善であり、相手方が悪である」とはどういうことか？〉を第一段落で確認すると、「相手チームに不利益になることをすべてよしとする」「贔屓チームの不利になることは一切が悪であり、そのような行為をする者は端的に不正を為す者となる」とあるので、ここから〈相手チームの不利益をすべてよしとし、贔屓のチームが不利になることを端的に悪と見なし否定すること〉がその中身であると理解し、これらをまとめて解答を作成する。

▼問2　傍線部B前後の「ここでは……まったく顧みられない」という記述から、前部には〈基準の一定性が存在しない状態〉が書かれていると理解し、それを逆にして解答を作成する、という指針を持って前部を分析すると、「基準の最終的決定権は自分たちがしっかりと握っていて、他人の介入を許さない」とあるので、ここから〈基準の決定権＝自分たち〉という構図を読み取る。次に「基準は共通に適用されはするが……自分たちに都合のよいように基準が作られる」とあるので、ここから〈基準の適用に自他の区別が存在する〉という点を理解する。そして「善悪の区別……に合わせて基準が定められ、ときには改変される」とあるので、ここから〈基準が個々の状況において変更される〉ということを理解する。これらを逆にすると〈基準の決定権は自分たちにはなく、自他の区別なく基準が適用され、基準が個々の状況において変更されない〉ということになり、これが傍線部Bの「一定性」の中身であると理解して、これらをまとめて解答を作成する。

▼問3　傍線部Cの「重要なのは」が〈誰にとって重要なのか〉、および「味方ではない『敵』が誰か」とは〈何を意味しているのか〉という観点から傍線部前後の内容を確認する。まず前部を見ると「敵か味方かという発想」とあるので、ここから〈敵か味方かという発想を持つ者＝誰〉と理解する。次に後部を見ると「自分以外の者の位置付けは、自分にとって敵となるか味方となるか、その一点のみによる」とあるので、ここから〈敵味方の基準は自分（＝主観的）である〉と理解する。そして前段落に「自分たちと自分たちの役にたつものが善、それ以外が悪という枠組み」とあり、傍線部の後部に「善悪の固定した枠といっても、枠が固定されているだけであって」とあるので、ここから

対化してその困難さから逃れようとするから。

問5　前者は一過性のもので、勝利を目的とした人々の集まりである「われわれ」という一体感も限定的であって、勝者と敗者の立場は状況によって入れ替わるが、後者は幻想でしかない「われわれ」の持続や実体化を目的として、その実現のために力を尽くす者を味方、阻む者を敵として状況を超えて固定化しようとする、という違いがあるということ。

問6　基準を絶対化し、批判を行わない者は、本来なら基準の側に立つ者として他者に対して優位に立ち、他者の生を拘束する主体となるはずなのに、基準が自動的に算出する様々な下位基準によって、その基準を信奉し絶対視する自己自身の生を隅々まで拘束されてしまうということ。

問7　基準にはそれぞれの有効範囲があるという理解を前提として、管理する者／管理される者の立場を離れて基準に対して距離を保ち、それぞれの場合の条件に合った基準を自分自身の意志で選択する視点を持つという自由。

◆要　旨◆

自分が属するがゆえに自分たちが善である、という発想は「敵か味方か」という明快で単純な区別に基づく。その基準は基本的には特定の状況中にのみ有効のはずだが、しばしばわれわれはその条件を意識して無視し、その基準を絶対化する。そうした発想は幻想でしかない「われわれ」の一体化を強化し、批判抜きに「われわれ」の基準を絶対化する。彼らは「基準に支配される者」であり、その基準から外れたすべての者を「敵」とする。学校の生徒管理の場面でも同じような状況があるが、そこでなすべきは絶対化されてきた基準に距離を取り、視点の自由を回復することである。

◀解　説▶

▼問1　傍線直後の「自分たちが善であり、相手方が悪である」という記述を踏まえて第一段落を整理する。まず〈「自分たち」とは誰か？〉を第一段落で確認すると「熱狂的なファン」「贔屓のチームの勝敗に……一喜一憂する」「自分の応援するチーム」とあるので、ここから〈贔屓のチームの勝敗に一喜一憂する熱狂的なファン〉がその中身である

〈違い〉を押さえるのではなく、国語教科書全体の果たした役割の〈共通点〉を押さえなければ「宿命」の説明にならないということである。その上で、何が「宿命」と言えるか考える。ポイントは、傍線部Gが「この空想のなかには……宿命もまた含まれている気がする」という形になっており、「空想」が「宿命」と深く関係することである。「空想」の内容についてはさらに前に記されているが、その末尾に「…たどってみられたらどんなに興味深いか」とあり、「空想」は所詮「空想」であって、実際にはそれぞれの人生に対して教科書がどういう役割を果たしたのかはわからないということがもう一つのポイントである。つまり、国語教科書は誰かの役に立ったかもしれないし立たなかったかもしれないが、国語教科書の役割などそもそも誰が振り返ってもわかるものではないということである。筆者が繰り返し「もっと醒めた気持ちの動き」「こんな醒めたいい方」と述べていることも、このことの裏づけとなっている。

二

出典　池上哲司『傍らにあること―老いと介護の倫理学』〈第三章　自由ということ　1　精神の自由〉（筑摩書房）

解答

問1　熱狂的なファンが贔屓のチームの勝敗に一喜一憂し、相手チームの不利益をすべてよしとし、贔屓のチームに不都合なことをすべて否定するような場合。（七十字以内）

問2　判断の基準が、自他の区別や個々の状況、自分たちの決定とは無関係に、誰にとってもどのような場合でも同様に適用される不変のものであるということ。

問3　相手を敵か味方かという発想でとらえる人間にとって重要なのは、自己を常に善の位置に置く主観的な立場から、自己に役立たない者が誰かを見分けることだということ。

問4　善悪や敵味方の枠組みや判断基準の成立する限定的な条件を考慮して、その条件に合った基準を選択するために状況から一定の距離を保つことが困難であるため、条件そのものを意図的に無視し状況の中に埋没することで基準を絶があり、「この文章の主題が依頼されたもので、その主題にできるだけそいながら、依頼のせめを果たそうとするモチーフが濃厚だから」とあるので、ここから〈【前部】で自分の書いている国語教科書への思いいれも、自分があたりまえに持っていたものではない＝自分も含めて、普通は国語教科書への思いいれなど持たない〉という気持ちが根底にあることがわかる。よってこれは〈筆者と筆者以外の生徒の対比〉ではなく、〈筆者も含めた上での、国語教科書に対する一般的な関わり方〉として自己の気持ちも〈相対化〉されているという点で「醒めた気持ち」なのだと理解し、これらをまとめて解答を作成する。

▼問6　「別れ路」とは「誰が……去っていったのか、誰が……開拓する道をいったのか」とあるように、人によって「国語の教科書」との関係は変わっていくということ。設問が〈「別れ路」のわかりづらさの理由〉を求めていることを踏まえて、傍線部Fの一段落前の内容を見ると、「古典詩歌、物語と近代……詩歌、小説とから温和な抄録をつくって、それを内容としていた」国語の教科書は、「語句の解釈や、漢字の書きとり用に読み、練習することもできたが……そこから感覚や情念の野をひろげて、教科書以外の本の世界を漁ってゆく手だてにする（＝つまり抄録の外へと向かっていく）こともできた」とある。これは国語の教科書が〈語句の解釈や漢字の書き取りの練習〉という役割と〈教科書以外へと向かうきっかけとなる〉という役割とを〈同時に担っている〉ということを意味する。私たちの通常の〈国語の教科書体験〉を振り返ってもわかるように、私たちが国語の教科書を読むとき、二つの役割は区別されることなく同時に進行している。それらを区別して違いを述べようとしても何がどう違うのかを言い表すのは難しい。それが傍線部Fの言いたいことなのだ、と理解して記述をまとめる。

▼問7　「宿命」とは〝前世から定められている運命〟という意味であり、「運命」とは〝人の力ではどうにもならない、物事のめぐりあわせや人間の身の上〟という意味である。よって求められているのは〈国語教科書は、一体何を〝定められて避けようのない運命〟として持っているのか〉を確認することである。ここで気をつけたいのは、「そのときのクラスの餓鬼どもの風貌のひとつひとつと照らしあわせて」、その後の人生を「たどって」みることで、その

も事態とそれを感受したところを、円く表面的におさめてしまう」とあるので、ここから〈本来、事態とその感受は掘り下げて言葉にしていくべきなのだが、気分よく滑走できる七五調の韻律に合う言葉を見つけた（＝詩としての体裁が整った）時点で、それでよいとしてしまう（＝穏便に済ませてしまう）〉という構図になっていることを理解する。

▼問3　傍線部Cの直前に「もうひとつ」とあるのは、「藤村詩」に対して「芥川龍之介の短篇『沼地』」を指す。ただし、ここではあくまで「意外に遠くまでひっぱっていかれた」の意味を問うているので、筆者が島崎藤村と芥川龍之介を読んでどうなったかについて答えればよい。両者に共通するのは、〈どちらも国語の教科書に載っていたこと〉、藤村詩から明治の新体詩、芥川の「沼地」から他の芥川作品というように〈教科書以外のさらに幅広い作品に触れるきっかけになったこと〉である。まとめる際には、少し後の箇所であるが、傍線部Eの後の「わたしはたまたま……国語教科書をそんな風に読み……書くようになった」がこの設問の内容を端的にまとめているので、これを用いるとよい。

▼問4　傍線部Dの「裸体」が直前の「誇張されたメーク・アップ」と〈対比〉になっているので、これを手がかりにして前部を見ると「芸術家気質……のイメージを強調するために……通俗的な誇張のメーク・アップが施されていて」とある。この〈芸術家気質のイメージの強調〉と〈対比〉になるものをその後でさがすと「芥川が生真面目にもっていた『芸術』や『芸術家』の姿にたいする、古典的な思いいれ」とあるので、傍線部の「裸体を露わにした」とはその思いいれをそのまま描くことだと理解し、これらをまとめて解答を作成する。

▼問5　傍線部E前後の文の流れを整理すると、【前部】〈旧懐の情念や教科書への思いいれ＝国語教科書からこんな恩恵を受けた／国語教科書の内容はかくあるべきだ〉、【後部】「もっと醒めた気持ちの動き」＝「国語教科書などにあまり関心をしめさず……まったく別の……世界にはいっていった生徒が、クラスのほとんどすべて」「わたしの……思いいれや、恩恵の記憶などに、何ら普遍性がない……心得ている」とあるので、これらの内容を【前部】↓【後部】の順番で書けば「気持ちの動き」を書いたことにはなる。しかしその後に「こんな醒めたいい方ができるのは」と続き

終える可能性も、あるいはまったく役にも立たず終わる可能性もあるが、いずれの場合にせよ、後から振り返ってどういう役割を果たしたか考えるのは不可能であり、振り返って感じる情念や思いいれには意味がないということ。

◆要　旨◆

尾上柴舟の歌は秋近くになるときっと記憶にのぼってくる。島崎藤村の「千曲川旅情の歌」も今でも口の端に浮かんでくる。意外に遠くまでひっぱっていかれた文芸作品に、芥川龍之介の短篇「沼地」がある。その最後でなぜか涙ぐむような感じをうけた当時の自分の感情の状態もながく記憶にとどまった。これらが載っていた国語教科書に対する思いいれや記憶には普遍性がないが、教科書の外の世界にむすびついている文学作品の抄録として読むことには「有益な毒」のようなものがあり、それも含めて当時の級友のことを空想するなかに、国語教科書の宿命もまた含まれている気がする。

▲解　説▼

▼問1　傍線部Aの「暗喩」とは「隠喩」と同じで、〝ある物を別のものにたとえる語法〟のうち「〜ような」という記述を行わないものを指す。直前の「柴舟の脚絆、草鞋ばき姿の旅」は〈具体的な旅〉であるが、それが間接的に〈形而上的な旅＝抽象的な旅〉を表している、という構図が「暗喩」の構図である。「形而上的な」は、ここでは〝形がない、精神的な〟という意味である。また、「出できもやせん秋に入りなば」は〈順接の仮定条件を踏まえた推量〉の形になっており、〝出てくるかもしれない、秋になったならば〟となる。つまり、秋になったら「何ゆゑに遠く来つる」と人生を回想する日がくるかもしれないということを述べている。「形而上的な」という言葉が人生の精神的な遍歴という抽象的な内容を指していることと、「暗喩」という言葉の意味を念頭に置いて解答を作成する。

▼問2　「円くおさめて」とは〝争いごとを避け穏便に済ませて〟という意味。また「辻つまをあわせて」とは〝話の筋道が通るようにもっともらしく合わせて〟という意味。いずれも「〜てしまう」というマイナスイメージの表現につながっていることに注意する。傍線部Bの「表面」は、傍線部直後の「藤村詩の特徴」という記述から〈詩としての体裁・表向き〉だと理解できる。さらに後部を見ると「七五調の詩は、韻律がよく滑走して気分がいいのだが、いつ

国語

一

出典　吉本隆明「国語の教科書」（『読書の方法―なにを、どう読むか』〈第2章　どう読んできたか　〝読書体験論〟〉　光文社文庫）

解答

問1　柴舟の歌の「何ゆゑに遠く来つる」の部分は、実際の旅だけでなく、柴舟自身の人生の精神的な遍歴をも間接的に示しているということ。

問2　事態とそれに対する感受の中身を的確に表す言葉を模索せず、韻律に合う表現を見つけたところで妥協して、詩としての流れのよさを優先すること。

問3　国語の教科書にあった文芸作品に刺激を受け、筆者の他の作品を読むばかりか詩や批評文を書くなど、教科書の次元からはかけ離れた次元にたどりついたということ。

問4　芸術家気質をアピールするための通俗的な誇張を退け、自身の作品の素材に対する思いいれをそのまま形にしたような作品。

問5　依頼の主題に沿って考えれば、確かに国語教科書への思いいれや恩恵の記憶はある気がするが、冷静に考えると、大抵は大した思いいれなど持つはずがない、といった気持ちの動き。

問6　国語の教科書を読むことの中には、語句の解釈や漢字の書き取りの練習という目的と、情念や意味をひらくための素材として用いるという目的が分かち難く結び付いていて、そこから受ける影響も人それぞれである以上、両者を区別するのは困難だから。

問7　国語の教科書には、教科書の外の本の世界へと出てゆくきっかけとなる可能性も、ただの教科書としてその役割を

2019年度

解答編

解答編

英語

1 **解答** 問1．先進国では，過去100年間を通じて，女性は男性より大幅に長生きしてきたこと。

問2．①たばことアルコールの消費量の全般的な減少が，女性よりも喫煙と飲酒をする傾向があった男性に恩恵を与えたこと。

②男性でより多く見られる心臓病の治療において大きな進歩がなされたこと。

③男性は「危険な」行動をしがちで，交通事故で死亡する可能性も高いが，その交通事故も減少していること。

問3．The life expectancy gender gap

問4．[A]

問5．一生を通じて給料が多くさまざまな点で社会構造的にも有利な立場にある男性よりも，女性の方が長生きしてきたということ。

◆全　訳◆

≪平均余命の男女格差の縮小≫

1　先進国では，男女格差は少なくとも1つの尺度では，長年にわたって女性に有利に働いてきた――平均余命である。過去100年間を通じて，女性は男性より大幅に長生きしてきた。というのは，とりわけ戦争，重工業，たばこは男性に対してより大きな犠牲をもたらしてきたのである。しかし，この男女格差は縮小しつつある――そして1950年以来のイングランドとウェールズでの平均余命の新たな統計分析は，2032年までに男性が女性と同じくらい長く生きることを期待できると示唆している。男女ともに平均余命は87.5歳になるだろう。

2　キャスビジネススクールの統計学教授であるレス=メイヒューが率いる研究では，30歳の10万人の標本が，毎年翌年の平均死亡率を経験したとして，どれくらいの期間生きるかを計算し，そして，男性と女性の平均余命曲線が交差するまでの予測をした。

[3]　メイヒューによると，格差の縮小を説明する要因はいくつかあるということだ。「たばことアルコールの消費量の全般的な減少は，男性に不釣り合いなほどの恩恵を与えています。男性は女性よりも，喫煙や飲酒をする傾向がありましたから。また，心臓病の治療においても飛躍的発展がなされています。心臓病は男性により多いのです」とメイヒューは述べた。「そして，男性は『危険度の高い』行動をする可能性がはるかに高く，交通事故で死亡する可能性もはるかに高いのですが，交通事故もまた減少しています」

[4]　平均余命の男女格差は以前予想されていたよりも急速に縮小しているように思われる。インペリアルカレッジから 2015 年に発表された研究は，2030 年までにそれは 1.9 年に縮まることを示唆していた。イギリス全体としては寿命の平均値がわずかに低いが，イングランドの平均余命は他の 3 つの構成国よりも高くなる傾向がある。1950 年の直後の数年では，女性の平均余命はイングランドとウェールズでは男性のそれよりも速く延び，男女格差は 1969 年にピークに達したが，このとき女性は男性より平均 5.68 歳長生きだった。

[5]　インペリアルカレッジの地球環境衛生学教授マジド=エッザティは，この格差は主に，生物学的要因というよりむしろ社会的要因によるものであると述べた。「異常なのは，格差が縮まることよりもむしろ格差が実際に存在することなのです。格差は 20 世紀に始まった，最近の現象なのです」（第一次世界大戦と第二次世界大戦によって引き起こされた大規模な男性の死亡者数に加えて，男性は女性が喫煙する前に大勢が喫煙を始め，また，女性のたばこの消費は男性の消費をしのぐことは決してなかった。）男性のたばこの消費量は，1940 年代にピークに達したが，このとき，たばこ業界の統計データによると，男性の 3 分の 2 以上が喫煙していることがわかった。女性の消費はその後，1960 年代にピークを迎えた。たばこやアルコールに対する態度の変化に加えて，重工業の仕事——短期，長期どちらで見ても統計的により危険な仕事である——がなくなったことも，男性に不釣り合いなほどの影響を与えた。

[6]「平均余命の格差が縮まるにつれて，男性であること，女性であることが意味するものが変わっています」と，オックスフォード大学の地理学

教授ダニー=ドーリングは述べている。「避妊の導入と女性の労働市場への参入により，男女間の差も縮まっています。しかし，本当に興味深いのは，それは実際には一種の逆向不平等であるということです。すなわち，女性は，一生を通じてより多く給料をもらい，さまざまな点で社会構造的にも有利な立場にある男性よりも長生きしてきたのです。なぜそうなるのか，完全にはわかっていません」

◀解　説▶

▶問 1．「この男女格差」 gender gap「男女格差」
第1段第 1・2 文（In developed countries, … a heavier toll.）の内容をまとめる。

▶問 2．「格差の縮小を説明する要因はいくつかある」 a number of ～「いくつかの～，多数の～（＝a large number of ～）」 factor「要因，因子」
第3段第 2 ～最終文（“A general fall … have fallen too.”）に 1 つずつ述べられている。

▶問 3．it は主語として使われているので，直前の文（この場合，コロン（：）の前の部分）の主語 The life expectancy gender gap を受けるのが原則である。文脈的にも narrow「縮める」の主語なので「平均余命の男女格差」が適切である。

▶問 4．［**A**］の直前に「それ（格差）は 20 世紀に始まった最近の現象なのである」とあり，また，［**A**］の直後に男性の喫煙者数のピークに関する記述が，［**B**］の直後に女性喫煙者数のピークに関する記述がある。平均余命の男女格差を起こした要因から，喫煙について述べている挿入文は［**A**］に入るのが順当である。

▶問 5．「一種の逆向不平等」 reverse「逆の」 inequality「不平等」
直後に補足説明のためのコロンがあるので，その後の women have lived … number of ways をまとめればよい。

●語句・構文●

（第1段） developed country「先進国」 favour「～に有利に働く，～に都合がよい」 measure「測定単位，基準」 at least「少なくとも」 life expectancy「平均余命」ある年齢の人があと何年生きられるかの統計的期待値。0 歳の平均余命が平均寿命（average lifespan）になる。

throughout「～の間中ずっと」 outlive「～より長生きする」 heavy industry「重工業」 among other things「何よりも，とりわけ」 close「縮まる」 statistical「統計の」 with both sexes sharing … は付帯状況の分詞構文で，and both sexes share … と書き直せる。

（第2段） statistics「統計学」 calculate「計算する，予測する」 sample「標本」 mortality rate「死亡率」 project「推定する，予想する」 curve「曲線」 intersect「交差する，交わる」

（第3段） according to ～「～によれば」 consumption「消費」 disproportionately「不釣り合いなほど，偏って」 benefit「利益になる，恩恵を与える」 tend to *do*「～する傾向がある」 make great strides「飛躍的発展を遂げる，躍進する」 tackle「取り組む」 prevalent「流行している，普及している」 be likely to *do*「～しそうである，～する可能性がある」 engage in ～「～に従事する，～をする」 high-risk「危険性の高い，高リスクの」

（第4段） indicate「指し示す，示唆する」 UK「イギリス」United Kingdom of Great Britain and Northern Ireland「グレートブリテンおよび北アイルランド連合王国」の略。1536 年にイングランドとウェールズが統合し，1707 年にスコットランド，1801 年に北アイルランドが加入することによって成立した。as a whole「全体として，総じて」 slightly「わずかに，若干」 as life expectancy tends to be higher in England than (in) the other constituent nations と，in が省略されている。immediately after ～「～のすぐ後に，～の直後に」 with the gender gap peaking in 1969 は付帯状況の分詞構文で，and the gender gap peaked in 1969 と書き直せる。

（第5段） be attributed to ～「原因は～にある，～のせいである」 largely「大部分は，主に」 It's actually the existence of the gap that is unusual は強調構文で，The existence of the gap is unusual の The existence of the gap を焦点情報にして，It is ～ that … の形にしたもの。figure「数字」 reveal「明らかにする，暴露する」 as well as ～「～に加えて」（＝in addition to ～） attitude「態度，（物事に対する）考え方」 in the short-term「短期的には」 in the long-term「長期的には」

（第6段） what it means to be a man and a woman「男性であること，

女性であることが意味するもの」 it は形式主語で真主語は to be a man and a woman であり，what は関係代名詞。geography「地理学」 entry into ～「～への参入」 labour market「労働市場」 structurally「構造的には（社会構造上つまり社会の仕組みの上で）」 advantaged「有利な，好都合な」 any number of ～「いくつもの～」 entirely「全く，完全に」 work out「解決する，解明する」

2 解答

問1．全訳下線部参照。

問2．(エ)

問3．物語にすっかり夢中になって，話の中で調子が変化するにつれて表情を変え，筆者が話し終えると拍手をしたという点。

問4．主人公の男は真珠を得ようとして，悲しい気持ちになって涙を流そうと妻まで殺したが，そもそも涙を流すためなら，タマネギの匂いを嗅ぐだけでもよかったのではないかということ。

◆全　訳◆

≪小説を初めて書いたことで学んだ二つの教訓≫

その同じ夜，私は初めて短編小説を書いた。30 分かかった。それは陰鬱な短い物語で，ある男が魔法のカップを見つけて，そのカップに涙を流すと，涙が真珠に変わるということを知るのだった。しかし，彼はいつも貧乏だったにもかかわらず，幸せな男であり，めったに涙は流さなかった。それで，彼は，涙を流して金持ちになるために，悲しむ方法を見つけた。真珠がたまるにつれて，彼は次第に貪欲になった。小説の終わりは，男が真珠の山の上に座って，手にナイフを持って，最愛の妻の殺害された体を両腕に抱いて，おろおろとカップに涙を流し泣いている場面だった。

その晩，私は階段を上ってババの喫煙室に入っていった。手の中には，私がこの小説を書いた 2 枚の紙を持っていた。私が入ってきたとき，ババとラヒム=ハーンはパイプをくゆらし，ブランデーを飲んでいた。

「それはなんだい，アミール？」 ババはソファーにあおむけになって，両手を頭の後ろで組んで言った。青い煙が彼の顔の周りを回っていた。彼のにらみつける視線のせいで，私はのどが乾いたように感じた。私は咳払いをして，小説を書いたことを告げた。

ババはうなずいて，せいぜい見せかけの関心しか示さない薄笑いを浮かべた。「まあ，それは非常にいいことだね」と彼は言った。

ラヒム=ハーンは手を伸ばし，見せかけではない笑顔で私に微笑んでくれた。「もらってもいいかい。ぜひともそれを読みたいよ」

一時間後，夕方の空が暗くなると，彼ら二人はパーティーに出席するためにババの車で出かけた。出かける際，ラヒム=ハーンが私の前にしゃがみこんで，私の小説ともう一枚，折り畳まれた紙を手渡した。彼は一瞬笑みを浮かべて，ウインクした。「さあ，どうぞ。後で読んでおくれ」

その夜遅く，ベッドで丸まって，私はラヒム=ハーンのメモを何度も読み返した。それにはこう書いてあった。

アミール，

君の小説はとても楽しかったよ。神は君に特別な才能を授けられた。その才能に磨きをかけるのは君の義務だよ，なぜなら神から与えられた才能を無駄にするのは愚か者だからね。君はしっかりした文法と興味深い文体で小説を書いている。しかし，君の小説の最も印象的なことは，皮肉が含まれているということだ。君はその言葉が何を意味するのかさえ知らないかもしれない。でも，いつの日かわかるだろう。それは一部の作家には全経歴をかけて手に入れようとしても決して獲得できないものだ。君は最初の小説でそれを達成したのだ。

私の扉は今もそしてこれからも君に開かれている。君が伝えたい物語があればなんでも聞くよ。でかしたぞ！

君の友達

ラヒム

ラヒム=ハーンのメモに興奮して，私はその小説をつかみ，アリとハッサンがマットレスの上で寝ている玄関広間へと階段を急いで降りて行った。私はハッサンを揺り起こして，物語を聞きたいかと尋ねた。

彼は眠そうな目をこすって伸びをした。「今？　何時だい？」

「時間はどうでもいいよ。この小説は特別なんだ。自分で書いたんだ」と，アリを起こさないように願いながら，私はささやいた。ハッサンの顔がぱっと明るくなった。

「それじゃ，聞かせてもらわないといけないね」と，すでに毛布をはぎながら彼は言った。

私はリビングルームの大理石の暖炉のそばで彼に読んで聞かせた。ハッサンはいろいろな意味で完璧な聞き手だった。物語にすっかり夢中になり，小説の中で変化する調子につれて彼の表情も変わっていった。私が最後の一文を読んだとき，彼は音を立てずに拍手をした。

「お見事！」 彼はにっこり笑った。

「気に入った？」 二度目の肯定的な評価をもらって——なんと気持ちいいのだろう——私は言った。

「いつか，君は素晴らしい作家になるだろう」とハッサンは言った。「そして，世界中の人々が君の小説を読むだろう」

「大げさだよ，ハッサン」と私は言った。そう言ってくれたことで彼を大好きになった。

「いや。君は偉大で有名になるだろう」と彼は主張した。それから何か付け加えようとするかのように，一瞬沈黙した。彼は慎重に言葉を選び，咳払いをした。「でも，その小説について質問するのを許してもらえる？」と彼は恥ずかしそうに言った。

「もちろん」

「えぇーと…」 彼は言い始めて，途中でやめた。

「言ってよ，ハッサン」と私は言った。私は微笑んだ。とはいえ，急に，私の中の不安な作家がそれを聞きたがっているとは確信できなくなった。

「えぇーと」と彼は言った。「もし僕が尋ねてよければ，その男はなぜ妻を殺したの？ 実際，そもそもなぜ彼は涙を流すために悲しい気持ちにならなければならなかったんだろうか？ タマネギの匂いを嗅ぐだけではいけなかったのかい？」

私ははっとした。まさにその点は，まったく馬鹿げていると言えるほど余りに明らかだったのに，私には思いつきもしなかったのだ。私は声に出さずに唇を動かした。私は著作の目的の一つ——皮肉——について知ったその同じ夜に，その落とし穴の一つ——ストーリー展開の矛盾——も知ることになったようであった。

◀解 説▶

▶問1. **he found ways to make himself sad**「彼は自分自身を悲しくさせる方法を見つけた」→「彼は自分を悲しませる方法を見つけた／彼は悲しむ方法を見つけた」

so that his tears could make him rich.「自分の涙が自分を金持ちにす

ることができるように」→「自分の涙で金持ちになるために／涙を流すことで金持ちになるために」

As the pearls piled up,「真珠が積み上がるにつれて／真珠がたまるにつれて」 as は比例関係を表して「～するにつれて」の意。

so did his greed grow.「彼の貪欲さも次第に大きくなった／彼は次第に貪欲になった」 ここの so は前半の As を受けて「(～するにつれて) その分…」という意味である。so の次に助動詞の did があるので，So＋助動詞（be 動詞）＋S「(異なった主語についての肯定の陳述を付加して) S もまたそうである」という定型表現と紛らわしいかもしれないが，grow という動詞があることに注意。so his geed grew という語順でもよいのだが，ここでは強調のための倒置が起こっている。

▶問 2．irony「皮肉」 ここでの irony とは，「物事が予想や期待に反した結果になること」である。アミールの物語に含まれる皮肉は，主人公の男がカップに流す涙で真珠を手にして金持ちになったが，最後には最愛の妻を殺害してまでカップに涙を流すことになるという結末を指している。したがって，(エ)が適切。

▶問 3．ハッサンが「完璧な聞き手」であったことの説明は，後続部分（totally absorbed in … with his hands.）に具体的に述べられている。absorbed in ～「～に没頭して，～に熱中して」 shift「変わる」 tone「調子」 muted「黙音の，無言の」 clap「拍手する，拍手喝采する」

▶問 4．That particular point「その特定の問題点」とは，筆者の語った話に関してハッサンが抱いた疑問点のことで，直前の段落に述べられている。

●語句・構文●

(第 1 段) wept は weep「泣く，涙を流す」の過去形。turn into ～「～に変わる」 shed a tear「涙を流す，泣く」 end with ～「～で終了する，最後には～になる」 helplessly「どうすることもできず，力なく，寂しそうに」 beloved「最愛の」 murder「殺害する，殺人を犯す」

(第 2 段) sip「少しずつ飲む，ちびちび飲む」 brandy「ブランデー（ワインの蒸留酒)」

(第 3 段) recline「後ろに倒れる，あおむけになる」 lace「絡ませる」 swirl「渦を巻く」 glare「にらみつける視線」

（第4段） nod「うなずく」 thin smile「薄笑い」 convey「伝える」 little more than～「～そこそこ，～と大差ない」
（第5段） hold out「伸ばす，差し出す」
（第6段） dim「薄暗くなる」 squat「しゃがむ，かがむ」 folded「折り畳まれた」 flash「投げ掛ける」
（第7段） curl up「丸まって寝る，縮こまる」 grant「付与する」 donkey「ろば，馬鹿者」 sound「健全な，しっかりした」 style「文体」 reach for～「～に手を伸ばす，～を取ろうとする」 bravo「喝采，うまい，でかした」
（第8段） grab「つかみ取る，ひっつかむ」 foyer「玄関広間」
（第9段） rub「こする」 stretch「背伸びする，伸びをする」
（第10段） whisper「ささやく，耳打ちする」 brighten「輝かせる，明るくする」
（第11段） blanket「毛布」
（第12段） marble「大理石」 fireplace「暖炉」 in many ways「いろいろな意味で，さまざまな点で」
（第13段） beam「ニコニコ笑う，微笑む」
（第14段） positive review「肯定的な論評」
（第16段） exaggerate「誇張する，大げさに言う」
（第17段） on the verge of～「今にも～しようとして」 weigh *one's* words「慎重に言葉を選ぶ，言葉遣いに注意する」 clear *one's* throat「咳払いをする」 permit *A* to *do*「*A* に～させてやる，*A* が～することを許可する」
（第20段） insecure「不安な，心もとない，臆病な」 the insecure writer in me「私の中の不安な作家」とは，「私の中の不安を感じている作家としての部分」。「作家として不安を感じている私」の意である。
（第21段） onion「タマネギ」
（第22段） stunned「唖然とした，愕然とした」 objective「目的」 be introduced to～「～を紹介される，～を知る」 plot hole「ストーリーの欠陥，ストーリー展開の矛盾」

3 解答

Q1. ① audio only

② the illustrated pages of a storybook with an audio voiceover

③ an animated cartoon

Q2. C

Q3. D

Q4. 子供が物語を理解するための視覚的手がかりのない「音声のみ」や，ストーリー情報が一度に与えられて子供は何もする必要がない「アニメーション」とは違って，脳のネットワーク（視覚・視覚イメージ・デフォルトモード・言語）のすべての間の接続性が向上したから。

Q5. D

Q6. B

Q7. (A) comprehending　(B) shown　(C) tie

◆全　訳◆

≪子供の脳によい読み聞かせとは≫

[1] 親が子供に物語の読み聞かせをする際，子供の脳内で何が起こっているのか？　新しく発表された研究は，三つの異なる状況で幼児の脳内で起きているかもしれないことへの幾分かの洞察を与えてくれる。主執筆者であるジョン=ハットン博士によれば，子供たちにとって「冷たすぎる」かもしれない語りがある一方で，「熱すぎる」ものもある。そして，言うまでもなく，「ちょうどいい」ものもある。

[2] 調査のため，4歳前後の子供27人がfMRI（機能的磁気共鳴画像法）機器に入った。彼らは三つの条件で物語を提示された。音声のみ，音声ナレーション付きイラスト入りのお話の本，そしてアニメーション漫画である。三つのバージョンはすべて，カナダの作家ロバート=マンチのウェブサイトからのものだ。子供たちが物語に注意を向けている間，fMRIは特定の脳のネットワーク内の活性化とネットワーク間の接続性をスキャンした。「我々はどの脳内ネットワークがお話の影響を受けそうかを念頭に置いて研究に入った」とハットンは説明する。一つは言語だった。一つは視覚だった。三つ目は視覚イメージと呼ばれている。四つ目はデフォルトモードのネットワークで，それには外界を含む指定された精神的作業に人が積極的に集中していないときに，より活性化するように見える脳の領域が

含まれている。

3　以下が研究者たちが発見したことである。音声のみの条件（冷たすぎる）では，言語ネットワークは活性化されたが，全体的な接続性は弱かった。子供たちが理解するのに苦労していた証拠がもっと多くあった。アニメーションの条件（熱すぎる）では，聴覚と視覚ネットワークでは多くの活性化がみられたが，さまざまな脳のネットワーク間の連携はそれほど多くなかった。「言語ネットワークは話についていくために働いていた」とハットンは言う。「我々の解釈としては，アニメーションは子供に代わってすべての仕事をしていたということだった。子供たちはアニメーションが何を意味するのかを理解することだけに最も多くのエネルギーを使っていた」 子供たちの物語に対する理解は，このパターンが最悪だった。

4　イラストの条件は，ハットンが「ちょうどいい」と呼んだものだった。子供たちがイラストを見ることができるとき，言語ネットワークの活性化は，音声のみの場合に比べて少し落ちた。言葉だけに注意を払うのではなく，絵を手がかりにすることで，子供たちが物語を理解するのを助けた，とハットンは述べている。「アニメーションでは，ストーリー情報が一度に子供に与えられるので，子供たちは何も仕事をする必要がありません」 最も重要なことは，イラスト入りのお話の本の条件では，研究者たちは彼らが見ている全ネットワーク——視覚，視覚イメージ，デフォルトモード，そして言語——間の接続性が向上していることを発見したことである。

5　「3歳から5歳までは，視覚イメージとデフォルトモードのネットワークは成熟が遅く，脳の他の部分と統合するためのトレーニングが必要です」とハットンは説明する。「アニメーションでは，それらを発達させる機会を逃しているのかもしれません」 子供たちに読み聞かせるとき，彼らは目に映るもの以上の仕事をしている。「彼らが発達させているのは，まさにその力なのです。それは彼らの心の中でイメージを生き生きさせます」 ハットンの懸念は，長期的には，「アニメーションを見すぎている子供たちは，十分な統合を発達させることができないという，危険にさらされることになるだろう」ということだ。練習が不十分な状態で言語処理の要求に圧倒されれば，読んだものに基づいて心的イメージを形成することにも熟練せず，物語の内容を考察できなくなるかもしれない。これは，脳が本を最大限に活用する訓練を十分に受けていない「読書嫌い」の典型である。

[6]　面白いことに，体を包み込み定位置に保持するfMRI機器の制約のために，音声付きイラストの条件は，実際にはママやパパの膝の上での読書ほどよくはなかった。感情的な結びつきと身体的な近さが欠けていたからだ，とハットンは言う。理想の世界では，自分の子供に読み聞かせるためにいつもその場にいることだろう。このささやかな予備的研究の結果によると，親が幼児向けの電子機器に頼るときには，音声のみやアニメーションとは対照的に，最も簡略化されたバージョンのナレーション付きイラスト入りの電子書籍へ向かう必要がある。

◀解　説▶

▶ Q1.「第１段の下線部(1)の『三つの異なる状況』とは何か？　第２段からそれらに言及している三つの語句を選択し，それらを英語で書き留めなさい」

第[2]段第２文（They were presented …）に three conditions とあり，その直後のコロンの後に三つの状況が列記されている。

▶ Q2.「第２段で，研究者たちがこの研究を始める前に脳のネットワークについて何を仮定していたか？　選んだ文字（A，B，C，D）を書きなさい」

A.「脳のネットワークは，恐らくアニメーションに大きく影響を受けるだろう」

B.「四つの脳のネットワークは読むことを学ぶ過程に対しても同様の結果を示すだろう」

C.「物語は，四つの異なる脳のネットワークに影響を与えるだろう。言語，視覚，視覚イメージ，そしてある点でのデフォルトモードである」

D.「デフォルトモードのネットワークは，子供たちが指定された作業に集中するのを助けるだろう」

第[2]段第５文（“We went into …）に「脳内ネットワークが物語に影響を受ける」とあり，その次の第６～最終文（One was language. … the outside world.）に「一つは言語だった。一つは視覚だった。三つ目は視覚イメージと呼ばれている。四つ目はデフォルトモードのネットワークで…」と四つ列記してある。したがって，Ｃが適切である。A，Bは記述がなく，

Dのデフォルトモードのネットワークについては，最終文に「指定された作業に集中していないときに活性化する」とあり，反対の内容になる。

▶ Q3.「次のうち第３段の調査結果と一致しないのはどれか？　選んだ文字（A，B，C，D）を書きなさい」

A.「音声のみの条件では，言語ネットワークは活性化されたが，全体的に接続性が弱かった」

B.「音声のみの条件では，子供たちは物語を理解するのに苦労していた」

C.「アニメーションの条件では，音声と視覚ネットワークは活性化されたが，ネットワーク間の接続はほとんどなかった」

D.「アニメーションの条件では，子供たちは他の条件よりも物語をよく理解することができた」

Aは第③段第１文（Here's what …）のコロンの後に合致する。Bは第２文（There was more evidence …）に合致する。Cは第３文（In the animation …）に合致する。Dは最終文（The children's comprehension …）に反する。アニメーションでは，子供たちの物語に対する理解は最悪だったのである。

▶ Q4.「第４段で，筆者は下線部(2)でイラストの条件は『ちょうどいい』と言っている。なぜそれが『ちょうどいい』のか日本語で答えなさい」

解答のポイントは，他の二つの条件――音声のみの条件，アニメーションの条件――と比較してイラストの条件が持つ長所を答えることである。すると，「音声のみの条件では子供たちは言葉だけに注目するのに対して，イラストの条件では絵を手がかりにすることで子供が物語を理解するのを助ける。また，アニメーションの条件ではストーリー情報が一度に与えられるので子供は何もする必要がないのに対して，イラストの条件では理解のための仕事をする必要がある。そして，他の二つの条件とは異なり，イラストの条件では全ネットワーク――視覚，視覚イメージ，デフォルトモード，そして言語――間の接続性が向上するから」となるが，これを解答欄のスペースを考慮して圧縮する。

▶ Q5.「下線部(3)の『読書嫌い』は第５段でどのように説明されているか？　文を１つ選択し，選択した文字（A，B，C，D）を書きなさい」

reluctant「気乗りしない，消極的な」

A.「読む機会が十分にある読者」

B.「そうするように要求されたという理由だけでたくさん読んだ読者」
C.「語彙が限られていて集中力に欠ける読者」
D.「物語を深く読み心的イメージを発達させることが困難な読者」
直前の文（Overwhelmed by …）に「読んだものに基づいて心的イメージを形成することにも熟練せず，物語の内容を考察できなくなる」とあり，これを受けてThisと述べているのである。したがって，Dが適する。

▶ Q6.「第6段で，両親が電子機器を使って子供に物語を読むとき，最善のアプローチは何か？　文を1つ選択し，選択した文字（A，B，C，D）を書きなさい」
A.「入手可能な最新のソフトウェアを使う」
B.「簡単なイラスト付きの物語を使う」
C.「音声のみの物語を使う」
D.「よりよい脳のつながりを刺激するためにアニメの物語を使う」
第6段最終文（The results of …）よりBとわかる。

▶ Q7.「下線部(A)～(C)の単語や語句の意味に合った最適な単語を選びなさい。その適する単語を与えられた解答欄に書きなさい」
(A)「理解すること」「数えること」「質問すること」「刺激すること」
(B)「期待される」「禁止される」「明らかにされる」「示される」
(C)「状態」「対立」「損害」「結びつき」
(A) figuring outは「理解すること，把握すること」の意。よって，comprehendingが正解。
(B) exposed to ～は「～にさらされている，～に触れている」の意。よって，shownが正解。
(C) bondingは「結びつき，結束」の意。よって，tieが正解。

●語句・構文●

（第1段）going on「起こっている」（＝happening）　insight into ～「～への洞察」“too cold”, “too hot”, “just right”は語注もついているのだが，元をたどれば，イギリスの有名な童話 *Goldilocks and the Three Bears*（『3びきのくま』）に使われている表現である。くまの家に勝手に入った女の子が，テーブルにあるお粥を，1つ目は「熱すぎる」，2つ目は「冷たすぎる」と言って一口で食べるのをやめたが，3つ目のお粥は「ちょうどよい」と言って平らげたという場面がある。ちなみに，宇宙論でよく使われる表現にGoldilocks planet「ゴルディロックス惑星」がある。これは，生物が生息するのに温度・大きさなどが「ちょうどよい」地球のような惑星のことである。

（第2段）fMRI「機能的磁気共鳴画像法」（＝functional magnetic resonance imaging） animated cartoon「アニメーション」 activation「活性化」 connectivity「接続性」 visual perception「視覚」 visual imagery「視覚心像，視覚イメージ」 default mode「デフォルトモード，初期設定してある様式，元々の状態」 designate「指定する」

（第3段）activate「活性化する」 struggle to *do*「必死で～しようとする，～しようと努力する」 comprehension「理解」

（第4段）compared to～「～と比較して，～と比べると」 clue「手がかり，ヒント」 all at once「一度に，いっせいに」

（第5段）mature「成熟する，十分に成長する」 integrate with～「～と統合する」 meet the eye「目に映る，目に触れる」 It's that muscle they're developing bringing the images to life in their minds. は，they're の前に that が省略された強調構文であり，that muscle を強調している。bringing the images to life in their minds は付帯状況を表す分詞構文。in the longer term「長期的には」 be at risk for～「～の危険（性）がある」 integration「統合」 Overwhelmed by the demands of processing language, … は分詞構文で，They are overwhelmed by the demands of processing language … and というように節で書き直すとよい。based on～「～に基づいて」 reflect on～「～を熟考する」 stereotype「定型，典型」 get the most out of～「～を最大限に生かす〔活用する〕」

（第6段）One interesting note is that, …「一つの興味深い着目点は…」→「興味深い点は…」 constraint「制約，制限」 enclose「取り囲む，包囲する」 in position「適切な位置に」 lap「膝」 closeness「近さ，近接性」 in an ideal world「理想世界では，理想を言えば」 be there「そこにいる」→「子供と一緒にいる」（＝be with your child） preliminary「準備，予備」 turn to～「～に頼る」 electronic device「電子機器」 stripped-down「余分な装備を取り除いた，必要最低限のものだけを装備した」 as opposed to～「～とは対照的に，～に対立するものとして」

4 解答例

＜解答例 1＞According to the Kanagawa prefectural police, a 77-year-old woman, while walking on a sidewalk, was hit by a 20-year-old female university student who was riding a power-assisted bicycle. Two days later, the woman died in the hospital. At the time the student caused the accident, she had been holding a smartphone in her left hand and a drink in her right, and had an earphone in one ear. The student was arrested for riding recklessly and breaking the new law. At present, the police are investigating whether she had seen the elderly woman walking toward her before the accident occurred. Her trial date has not yet been decided.（約 100 語）

In my opinion, to reduce such accidents, we should intensify the implementation of road safety campaigns at elementary, junior high, and senior high schools. If you learn at an early age that you should not use smartphones or an earphone while riding a bicycle, you will be less likely to ride recklessly.（約 50 語）

＜解答例 2＞In Kanagawa prefecture, a female college student riding an electric bicycle collided with an elderly woman who was walking on the sidewalk. The woman suffered an injury to the head and died two days later. The student was arrested for driving dangerously and violating the new law. When the accident occurred, the student had been using her smartphone with one hand and holding a drink in the other while having an earphone in one ear. The police are presently investigating whether the student had noticed the old lady before the collision. Her trial date is yet to be decided.（約 100 語）

In my book, although of course it is important to raise traffic safety awareness, improve safe riding measures, and not use smartphones or earphones while riding, the best and most fundamental measure for reducing such accidents is to increase the number of exclusive bikeways.（約 50 語）

◀解　説▶

〔問題英文の全訳〕

神奈川県警によると，20 歳の女子大学生が交通死亡事故を起こした。事故が起こったとき，この学生は電動アシスト自転車に乗っていた。彼女は交差点から出て，歩道を走り始めた。その瞬間，77 歳の女性が歩道を歩いていて，自転車に向かってきた。学生は女性にぶつかった。衝突によって，女性は転倒して頭を打った。彼女は病院に運ばれたが，２日後にこの怪我のために死亡した。

事故の際，学生は電動アシスト自転車のハンドルを握りながら左手にスマートフォンを，右手に飲み物を持っていたらしい。さらに，左耳にはイヤホンをはめていた。そのため，警察は，新しい法律に違反し無謀な運転をしたとして学生を逮捕した。警察は，高齢者の女性が彼女に向かって歩いていることに学生が気づいていたかどうかを調査している。彼女は衝突する直前までスマートフォンを操作していたため，十分な注意を払っていなかったのではないかと警察は考えている。彼女の裁判所への出頭日はまだ決まっていない。

指示：よく練り上げた２段落を英語で書きなさい。最初の段落で，上の新聞記事の要点を約 100 語で要約しなさい。できるだけ元の文章とは異なる語彙や構文を使用しなさい。２段落目には，このような事故を減らすために何をすべきかについて，あなたの意見を約 50 語で書きなさい。

英語での要約と意見論述が融合した新傾向の問題である。２段落構成の英文を書くのだから，各段落の書き出しはインデントをとって少し右へずらして書き出すことが望ましい。

全体を日本語で要約すると，「神奈川県で，電動アシスト自転車に乗っている女子大生が歩道で年配の女性に衝突した。女性は頭を打ち，事故の２日後に死亡した。学生は新しい法律に違反し，危険な運転をしたかどで逮捕された。事故のとき，学生はスマートフォンを片手に飲み物をもう片方に，耳にはイヤホンを付けたままスマホを使っていた。警察は，学生が老婦人に気づかなかった可能性を考えている。彼女の裁判開始日はまだ決まっていない」である。

「このような事故を減らすためにすべきこと」としては，①小中学校での安全運転講習で，スマホやイヤホンを使用しながらの自転車運転をしないよう教育すること，②自転車専用レーンを増やすこと，③新法を周知徹底させること，④現行法を改正し罰則規定を厳しくすること，等が考えられよう。

〔解答例 1 の全訳〕

神奈川県警によると，歩道を歩いていた 77 歳の女性が，電動アシスト自転車に乗っていた 20 歳の女子大生とぶつかり，2 日後に，病院で亡くなった。学生は事故を起こしたとき，左手にスマートフォン，右手に飲み物を持ち，耳にイヤホンをしていた。学生は無謀運転をし，新しい法律を破ったために逮捕された。現在警察は，事故前に年配の女性がこちらに歩いてくるのに彼女が気づいていたかどうかを調査している。彼女の公判期日はまだ決まっていない。

私の考えでは，このような事故を減らすために私たちは小中学校や高校で交通安全キャンペーンを強化すべきである。自転車運転中にスマートフォンやイヤホンを使うべきでないことを幼い頃に学べば，無謀運転をする可能性が減るだろう。

〔解答例 2 の全訳〕

神奈川県で，電動自転車に乗っている女子大生が歩道で年配の女性と衝突した。その女性は頭を打って，事故の 2 日後に死亡した。学生は新法に違反し，危険な運転をしたとして逮捕された。事故が発生したとき，彼女は一方の手でスマホを使い，もう一方の手に飲み物を持ち，耳にはイヤホンをしていた。警察は，学生が衝突前年配の女性に気づいていたかどうかについて考えている。彼女の公判期日はまだ決まっていない。

私の考えでは，もちろん交通安全意識を高め，安全運転対策を向上させ，走行中のスマートフォンやイヤホンの使用をやめることが重要であるが，事故を減らすための最善かつ根本的な対策は自転車専用レーンを増設することである。

5 解答

(1)＜解答 1＞An overwhelming majority of people on Earth are living a life that is unrelated to English.

＜解答 2＞A vast majority of people on this planet live a life that has nothing to do with English.

(2)＜解答 1＞Of course, it is important to be able to use your own language on the Internet, but it is just as important to also "coexist with diverse people using diverse languages".

＜解答 2＞Needless to say, it is important to be able to communicate on the Internet using your native tongue, but it is also crucial to "live harmoniously with various people who use various languages."

◀解　説▶

▶(1)「地球上の」on the earth / on Earth / on this planet

「圧倒的多数の人々」an overwhelming majority of people / a vast majority of people / a great abundance of people

「英語とは関係のない暮らしをおくっている」live a life unrelated to English / live without using English / live a life that has nothing to do with English 「おくっている」は現在進行形でも現在形でもよい。

▶(2)「もちろん」は of course / obviously / needless to say / it goes without saying that などでもよいが，it is of undoubted importance「疑いようのないほど重要である」としてもよい。

「インターネット上で母語を扱えることは大事です」は It is ～ to *do* の構文を使って it is important to be able to use your own language on the Internet や it is important to be able to communicate on the Internet in your native tongue とする。

「それだけでなく」は in addition to that としてもよいが「もまた，同様に」と考えて also / as well で表せばよい。

「『多様な言語を使う多様な人々との共存』という点が肝心なのです」の「という点」は「～すること」と読み直せばよい。「という」にこだわって同格の that や of を使おうとすると危ない。to "coexist with diverse people using diverse languages" / to "live harmoniously with various people using various languages" / to "live in harmony with different people who use different languages" などとする。

❖講　評

2019年度も大問5題の出題で，読解問題が3題，英作文問題が2題という構成であった。

読解問題は標準的なレベルである。ただし，1は life expectancy「平均余命」と「平均寿命」（average lifespan）の違いを押さえておく必要がある。2は小説で，普段読み慣れていないととっつきにくいかもしれない。3に関しては，余裕のある人は童話 *Goldilocks and the Three Bears*（『3びきのくま』）を読んでおくのもよいだろう。Goldilocks「ゴルディロックス」という語は最近英文でよく使われている。2018年度と比較すると，全体の英文量は増加した（約1600語から約1970語）。内容的には，読解問題全体での設問数は全部で16問だが，客観式の設問は7問である。記述問題9問中，下線部和訳問題はわずか1問（2の問1）で，それ以外はすべて説明問題であった。本格的な記述力が問われている。

4は，「英文による要約」と「意見論述」の融合問題という新傾向の問題であった。「自転車の危険運転」がテーマで，なじみ深い社会問題である。「英文による要約」は2001～2003・2005・2006・2009・2010年度に出題されていたもので，久しぶりの出題であった。その上，意見論述と融合されていたので面食らった受験生が多かったのではないだろうか。意見論述やテーマ英作文といった自由英作文は，英語力以前に背景知識と発想力が必要となる。英文を書き慣れるためには，日頃から英文日記をつける等の地道な対策を行っておきたい。

5は例年通り和文英訳問題。2問とも標準レベルの出題なので，ここでの失点は極力避けたい。

数学

◀経済（経済工）・理・医（保健〈看護学〉を除く）・
歯・薬・工・芸術工・農学部▶

---

1 ◇発想◇ $\{\sin(2n\pi t)-xt-y\}^2$ は展開しなければならない。その後一つ一つ定積分を正確に計算し，2 変数 x，y の関数を手に入れよう。高校の範囲で 2 変数の関数の最大値・最小値などを求める問題には何らかの解決策がある。例えば 2 変数の和が与えられていて，それを使うことで 1 変数で表すことができるなど。2 変数の関数の増減を扱うには大学で学習する知識が必要だからである。本題では x，y のうちいずれかを定数とみなして 1 変数の関数とみなせばよい。この定積分は x，y で表すことができるので，いったん x を固定して定数とみなし y の関数とみてみよう。

解答 $\displaystyle\int_0^1\{\sin(2n\pi t)-xt-y\}^2dt$

$$=\int_0^1\{\sin^2(2n\pi t)-2(xt+y)\sin(2n\pi t)+(xt+y)^2\}dt$$

$$=\int_0^1\sin^2(2n\pi t)\,dt-2\int_0^1(xt+y)\sin(2n\pi t)\,dt+\int_0^1(xt+y)^2dt$$

ここで

$$\int_0^1\sin^2(2n\pi t)\,dt=\int_0^1\frac{1-\cos(4n\pi t)}{2}dt$$

$$=\frac{1}{2}\left[t-\frac{1}{4n\pi}\sin(4n\pi t)\right]_0^1$$

$$=\frac{1}{2}$$

$$\int_0^1(xt+y)\sin(2n\pi t)\,dt$$

$$=\int_0^1(xt+y)\left\{-\frac{1}{2n\pi}\cos(2n\pi t)\right\}'dt$$

$$=\left[(xt+y)\left\{-\frac{1}{2n\pi}\cos(2n\pi t)\right\}\right]_0^1-\int_0^1(xt+y)'\left\{-\frac{1}{2n\pi}\cos(2n\pi t)\right\}dt$$

$$=(x+y)\left(-\frac{1}{2n\pi}\right)-y\left(-\frac{1}{2n\pi}\right)-\int_0^1 x\left\{-\frac{1}{2n\pi}\cos(2n\pi t)\right\}dt$$

$$=-\frac{x}{2n\pi}+\frac{x}{2n\pi}\left[\frac{1}{2n\pi}\sin(2n\pi t)\right]_0^1$$

$$=-\frac{x}{2n\pi}$$

$$\int_0^1(xt+y)^2dt=\int_0^1(x^2t^2+2xyt+y^2)\,dt$$

$$=\left[\frac{1}{3}x^2t^3+xyt^2+y^2t\right]_0^1$$

$$=\frac{1}{3}x^2+xy+y^2$$

したがって

$$\int_0^1\{\sin(2n\pi t)-xt-y\}^2dt=\frac{1}{2}-2\left(-\frac{x}{2n\pi}\right)+\frac{1}{3}x^2+xy+y^2$$

$$=y^2+xy+\frac{1}{3}x^2+\frac{x}{n\pi}+\frac{1}{2}$$

$$=\left(y+\frac{1}{2}x\right)^2-\frac{1}{4}x^2+\frac{1}{3}x^2+\frac{x}{n\pi}+\frac{1}{2}$$

$$=\left(y+\frac{1}{2}x\right)^2+\frac{1}{12}x^2+\frac{1}{n\pi}x+\frac{1}{2}$$

$$=\left(y+\frac{1}{2}x\right)^2+\frac{1}{12}\left(x+\frac{6}{n\pi}\right)^2+\frac{1}{2}-\frac{3}{n^2\pi^2}$$

$\int_0^1\{\sin(2n\pi t)-xt-y\}^2dt$ は，$y=-\frac{1}{2}x$ かつ $x=-\frac{6}{n\pi}$，

つまり $(x,\ y)=\left(-\frac{6}{n\pi},\ \frac{3}{n\pi}\right)$ のときに最小となり，最小値 I_n は

$$I_n=\frac{1}{2}-\frac{3}{n^2\pi^2}$$

したがって

$$\lim_{n\to\infty}I_n=\lim_{n\to\infty}\left(\frac{1}{2}-\frac{3}{n^2\pi^2}\right)=\frac{1}{2}\quad\cdots\cdots(答)$$

◀解　説▶

≪定積分の値の最小値の極限≫

〔解答〕では，定積分 $\int_0^1 \{\sin(2n\pi t)-xt-y\}^2 dt$ を3つの部分に分けたが，それぞれ丁寧に計算して正しい式を得ること。$xt+y$ は細分化せずにひとかたまりとみるとよい。x，y の2変数の2次関数と表すことができたので，この最小値を求めるための策を練る。いったん x を固定して定数とし，y の2次関数とみなした。2次関数で最小値を求める方法といえば平方完成である。$\frac{1}{12}x^2+\frac{1}{n\pi}x+\frac{1}{2}$ にどのような処理を施そうか考える。x の整式なので，さらに x について平方完成した。

$$\int_0^1 \{\sin(2n\pi t)-xt-y\}^2 dt=\left(y+\frac{1}{2}x\right)^2+\frac{1}{12}\left(x+\frac{6}{n\pi}\right)^2+\frac{1}{2}-\frac{3}{n^2\pi^2}$$

は y の2次関数であり，$y=-\frac{1}{2}x$ のときに最小となる。さらに $\frac{1}{12}\left(x+\frac{6}{n\pi}\right)^2+\frac{1}{2}-\frac{3}{n^2\pi^2}$ の部分を x の2次関数とみなすと，$x=-\frac{6}{n\pi}$ のときに最小となる。このとき y の値は $y=-\frac{1}{2}\left(-\frac{6}{n\pi}\right)=\frac{3}{n\pi}$ となる。

2 ◇発想◇ (1) $f(x)$，$g(x)$ の次数をそれぞれ l，m などと文字でおいてみよう。条件式から l，m の関係式を導き出そう。$f(x^2)=(x^2+2)g(x)+7$ の両辺の次数を表すことは容易である。$g(x^3)$ が $g(x)$ の次数の3倍になることもわかる。ただし，$g(x^3)$ の右辺については，$x^4f(x)$ が $l+4$ 次，$-3x^2g(x)$ が $m+2$ 次，$-6x^2-2$ が2次であり，これらの和であるから何次になるのかを考えよう。計算し，残った項の次数の中で最大のものがこの多項式の次数である。つまり，$g(x^3)$ の次数は $l+4$ 以下または $m+2$ 以下または2以下であることから，$g(x)$ の次数が2以下であることを示そう。

(2) (1)で $f(x)$，$g(x)$ の次数がともに2以下であることが判明したので，具体的に $f(x)=ax^2+bx+c$，$g(x)=dx^2+ex+f$ などとおいて，条件に当てはめよう。

解答　(1)　$\begin{cases} f(x^2)=(x^2+2)g(x)+7 & \cdots\cdots① \\ g(x^3)=x^4f(x)-3x^2g(x)-6x^2-2 & \cdots\cdots② \end{cases}$

において，$f(x)$，$g(x)$ の次数がそれぞれ l，m 次であるとする。

①において，[左辺の次数]$=2l$，[右辺の次数]$=m+2$ であり，両辺の次数が一致するので

$$2l=m+2$$

$$l=\frac{1}{2}m+1 \quad \cdots\cdots③$$

②において，[左辺の次数]$=3m$ である。

$x^4f(x)$：$l+4$ 次，$-3x^2g(x)$：$m+2$ 次，$-6x^2-2$：2 次

であるから，[右辺の次数]$=n$ とおくと，$n\leqq l+4$ または $n\leqq m+2$ または $n\leqq 2$ が成り立つ。

よって

$$3m\leqq l+4=\frac{1}{2}m+5 \quad (\because \ ③) \qquad m\leqq 2$$

$$3m\leqq m+2 \qquad m\leqq 1$$

$$3m\leqq 2 \qquad m\leqq \frac{2}{3}$$

いずれの場合も，$m\leqq 2$ が成り立ち，$g(x)$ の次数は 2 以下といえる。

このとき，③より

$$l\leqq \frac{1}{2}\cdot 2+1=2$$

となるから，$f(x)$ の次数は 2 以下といえる。

したがって，$f(x)$ の次数と $g(x)$ の次数はともに 2 以下である。

（証明終）

(2)　(1)より

$$\begin{cases} f(x)=ax^2+bx+c \\ g(x)=dx^2+ex+f \end{cases}$$

とおく。①について

$$ax^4+bx^2+c=(x^2+2)(dx^2+ex+f)+7$$

$$ax^4+bx^2+c=dx^4+ex^3+(2d+f)x^2+2ex+(2f+7)$$

両辺の係数を比較して

$$\begin{cases} a=d \\ 0=e \\ b=2d+f \\ 0=2e \\ c=2f+7 \end{cases}$$

この5つの等式が成り立つための条件は，$f(x)$，$g(x)$ が

$$\begin{cases} f(x)=dx^2+(2d+f)x+(2f+7) \\ g(x)=dx^2+f \end{cases} \quad \cdots\cdots④$$

と表せることである。このとき，②について

$$dx^6+f=x^4\{dx^2+(2d+f)x+(2f+7)\}-3x^2(dx^2+f)-6x^2-2$$

$$dx^6+f=dx^6+(2d+f)x^5+(-3d+2f+7)x^4+(-3f-6)x^2-2$$

両辺の係数を比較して

$$\begin{cases} d=d \\ 0=2d+f \\ 0=-3d+2f+7 \\ 0=-3f-6 \\ f=-2 \end{cases}$$

この5つの等式が成り立つための条件は

$$\begin{cases} d=1 \\ f=-2 \end{cases}$$

④にこれらを代入して

$$\begin{cases} f(x)=x^2+3 \\ g(x)=x^2-2 \end{cases} \quad \cdots\cdots(答)$$

◀解　説▶

≪恒等式に関する条件を満たす整式≫

▶(1)　$f(x)$，$g(x)$ の次数を求めよう。$g(x^3)=x^4f(x)-3x^2g(x)-6x^2-2$ の右辺の処理は注意すること。次数が確定できないからである。まず $x^4f(x)$，$-3x^2g(x)$，$-6x^2-2$ がそれぞれ $l+4$ 次，$m+2$ 次，2 次であると表した。これらの項の和はこれらの次数の中の最大のものを超えることはない。また，これらの次数の中に等しいものがあっても構わないし，足し引きした計算後にこの中の最大の次数をもつ項が消去されていても構わない。残った項の次数の中で最大のものがこの多項式の次数である。

▶(2)　(1)で$f(x)$ の次数，$g(x)$ の次数がともに 2 以下であることが証明できたので，$f(x)=ax^2+bx+c$，$g(x)=dx^2+ex+f$ とおく。具体的な形でおくことができたので，条件式に代入しよう。

係数を比較することで，連立方程式を立てて解く。

要領よく正確に計算しよう。

このような問題では次数を確定することがポイントであり，本問でも(1)で次数が 2 以下であると絞れたら具体的に$f(x)$，$g(x)$ をおくことができるので，その時点でハードルはかなり低くなる。

$f(x)$，$g(x)$ はともに 2 次以下であるが，一応 2 次式で表しておけば，例えば，$a=0$，$b=2$，$c=3$ のときは$f(x)$ は 1 次式であり，$f(x)=2x+3$ となる。$a=0$，$b=0$，$c=3$ のときは$f(x)$ は定数であり，$f(x)=3$ となり，2 次以下の式を表すことができる。

3

◇発想◇　(1)　P_1 と P_2 が一致するための条件は，$ax^2+bx+c=0$ が重解をもつことであり，判別式が 0 となることである。

(2)　$ax^2+bx+c=0$ の 2 つの解 z_1 と z_2 が実数の場合と虚数の場合とに分けて考えてみよう。実数で条件を満たすものは -1 または 1 であるから，この 2 数について考察すればよい。虚数のときその虚数を $x+yi$ $(y\neq 0)$ とすると，条件を満たすものは絶対値が 1 であることから $|x+yi|=\sqrt{x^2+y^2}$ より $x^2+y^2=1$ が成り立つ。

(3)　$ax^2+bx+c=0$ が実数解をもつとき，直線 l_1 と l_2 ともに x 軸に重なる直線であり，なす角は $0°$ で，l_1 と l_2 のなす鋭角が $60°$ であるということは起こらない。よって，$ax^2+bx+c=0$ が異なる 2 つの虚数解をもつ場合について考察しよう。z_1 と z_2 がどのような値であるときに 2 直線のなす鋭角が $60°$ となるであろうか。条件を満たす図を描いてみよう。

解答　(1)　$(a,\ b,\ c)$ の組は $6^3=216$ 通りである。

$P_1(z_1)$ と $P_2(z_2)$ が一致するための条件は

$$ax^2+bx+c=0 \quad \cdots\cdots①$$

が重解をもち $z_1=z_2$ となることであるから，それは①の判別式を D とするときに $D=0$ となることであり

$$b^2-4ac=0$$
$$b^2=4ac$$

b^2 は 4 の倍数なので，b は偶数である。b に対して a，c に値を割り当てて，これを満たす（a，b，c）の組は

$(a, b, c)=(1, 2, 1)$，$(1, 4, 4)$，$(2, 4, 2)$，$(4, 4, 1)$，
$(3, 6, 3)$

の 5 通りである。

よって，求める確率は　$\dfrac{5}{216}$　……(答)

(2)　$\mathrm{P}_1(z_1)$ と $\mathrm{P}_2(z_2)$ がともに単位円の周上にある場合を，①が実数解をもつ場合と虚数解をもつ場合とに分けて考察する。

(ア)　①が実数解をもつ場合

z_1，z_2 が 1 または -1 である場合に限られる。

①が $x=1$ を解にもつとき

$$a+b+c=0$$

が成り立つが，このような (a, b, c)（a，b，c はサイコロの目 1 ～ 6 である）は存在しないので，①が $x=1$ を解にもつことはない。

①が $x=-1$ を解にもつとき

(1)で求めた（a，b，c）の組の中から，$x=-1$ を重解にもつものを選ぶと

$(a, b, c)=(1, 2, 1)$，$(2, 4, 2)$，$(3, 6, 3)$

の 3 通りである。

(イ)　①が虚数解をもつ場合

①の判別式 D が $D<0$ となるときであり

$$b^2-4ac<0 \quad \cdots\cdots②$$

このとき，①の解は

$$x=\frac{-b\pm\sqrt{b^2-4ac}}{2a}=\frac{-b\pm\sqrt{-b^2+4ac}\,i}{2a}$$

であるから

$$z_1=\frac{-b+\sqrt{-b^2+4ac}\,i}{2a},\quad z_2=\frac{-b-\sqrt{-b^2+4ac}\,i}{2a}$$

とすると，$|z_1|=1$ かつ $|z_2|=1$ となることから

$$\left(\frac{b}{2a}\right)^2+\left(\frac{\sqrt{-b^2+4ac}}{2a}\right)^2=1$$

$$b^2+(-b^2+4ac)=4a^2$$

$$4ac=4a^2$$

$a\neq 0$ より　　$a=c$　……③

②，③より　　$b^2<4a^2$

$a>0$，$b>0$ より　　$b<2a$

$b<2a$ かつ $a=c$ となる $(a,\ b,\ c)$ の組を求めて

　$a=1$ のとき，b は 1 通り

　$a=2$ のとき，b は 3 通り

　$a=3$ のとき，b は 5 通り

　$a=4$，5，6 のとき，b は各 6 通り

の合計 27 通りである。

(ア)，(イ)の合計は 30 通りであるから，求める確率は

$$\frac{30}{216}=\frac{5}{36}\quad\cdots\cdots(\text{答})$$

(3)　①が実数解をもつとき条件を満たさないから，異なる 2 つの虚数解をもつ場合を考えればよい。①は実数が係数である 2 次方程式であるから，z_1 と z_2 は共役な複素数であり，$\mathrm{P_1}$，$\mathrm{P_2}$ は x 軸に関して対称な点となる。

(2)で 2 つの虚数解が $x=-\dfrac{b}{2a}\pm\dfrac{\sqrt{-b^2+4ac}\,i}{2a}$ であり，$-\dfrac{b}{2a}<0$ であることから，次の 2 つの場合がある。

[Ⅰ]

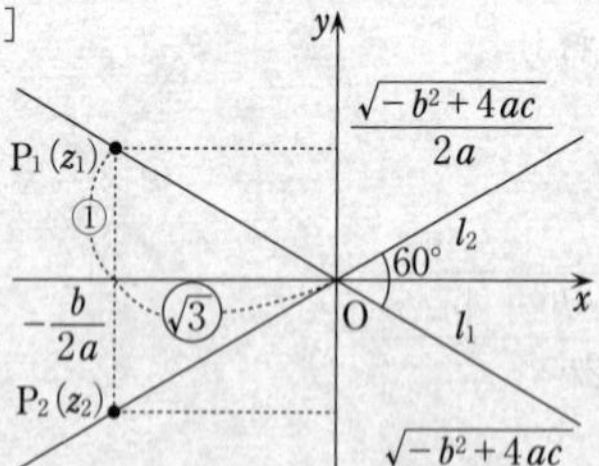

[Ⅱ]

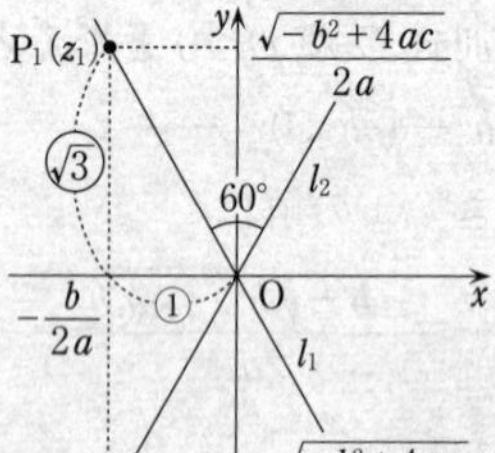

[Ⅰ] のとき

$$\left|-\frac{b}{2a}\right|:\frac{\sqrt{-b^2+4ac}}{2a}=\sqrt{3}:1$$

$$b^2:(-b^2+4ac)=3:1$$

$$-3b^2+12ac=b^2$$

$$b^2=3ac$$

b^2 が 3 の倍数なので，b は 3 の倍数である。b に対して a，c に値を割り当てて，これを満たす（a，b，c）の組は

$$(a,\ b,\ c)=(1,\ 3,\ 3),\ (3,\ 3,\ 1),\ (2,\ 6,\ 6),\ (3,\ 6,\ 4),\ (4,\ 6,\ 3),\ (6,\ 6,\ 2)$$

の 6 通りである。

［Ⅱ］のとき

$$\left|-\frac{b}{2a}\right|:\frac{\sqrt{-b^2+4ac}}{2a}=1:\sqrt{3}$$

$$b^2:(-b^2+4ac)=1:3$$

$$-b^2+4ac=3b^2$$

$$b^2=ac$$

これを満たす（a，b，c）の組は

$$(a,\ b,\ c)=(1,\ 1,\ 1),\ (1,\ 2,\ 4),\ (2,\ 2,\ 2),\ (4,\ 2,\ 1),\ (3,\ 3,\ 3),\ (4,\ 4,\ 4),\ (5,\ 5,\ 5),\ (6,\ 6,\ 6)$$

の 8 通りである。

［Ⅰ］，［Ⅱ］の合計は 14 通りであるから，求める確率は

$$\frac{14}{216}=\frac{7}{108}\quad\cdots\cdots(\text{答})$$

参考　(2)　(ア)　①が $x=-1$ を重解としてもつとき，①は $a(x+1)^2=0$ と表せて

$$ax^2+2ax+a=0$$

これと，$ax^2+bx+c=0$ の係数を比較して

$$b=2a,\ c=a$$

b は偶数である。b に対して a，c に値を割り当てて，これを満たす（a，b，c）の組は

$$(a,\ b,\ c)=(1,\ 2,\ 1),\ (2,\ 4,\ 2),\ (3,\ 6,\ 3)$$

の 3 通りである。

◀解 説▶

≪複素数平面で点が単位円上にある確率≫

2次方程式と複素数平面と確率の融合問題である。

▶(1) P_1 と P_2 が一致するための条件は，2次方程式の解 z_1，z_2 が等しくなること，つまり重解をもつことである。

▶(2) P_1 と P_2 がともに単位円の周上にあるための条件を，2次方程式がどのような解をもつかを考える切り口として，実数解をもつ場合と虚数解をもつ場合とに分けて考えることにした。単位円の周上にある点を表す数が実数であるとき，その数 z_1，z_2 は1または−1であることがわかる。1を解としてもたないことがわかれば，残る可能性は−1が重解であることになる。異なる2つの虚数解が単位円上にあるための条件を，判別式に注目して処理しよう。(ア)の $x=-1$ を重解にもつ場合については，〔参考〕のように考えてもよい。

▶(3) 2直線のなす角が60°というのは2通りあることに注意しよう。ベクトルには向きがあるので「2つのベクトルのなす角 θ」は $0\leqq\theta\leqq180°$ で定義されて，直線には向きがないので「2直線のなす角 θ」は $0\leqq\theta\leqq90°$ で定義されている。本問では特に「なす鋭角」と記されている。

---

4 ◇発想◇ 方針は立てやすい問題であろう。

点 P_n を線分AB上にとり，手順にそって Q_n，R_n，P_{n+1} と点を定めていく。直線OB，AB，P_nQ_n，Q_nR_n，$P_{n+1}R_n$ のうち2つの直線の方程式を連立し，交点の座標を求めることで，それぞれの点の座標が得られる。このようにして求めた点 P_{n+1} の x 座標 x_{n+1} と点 P_n の x 座標 x_n から得られる数列 $\{x_n\}$ の漸化式より一般項を求める。

もう1つの手法は，$BP_n=a_n$ とおいて，BQ_n，OQ_n，OR_n，AR_n，AP_{n+1}，BP_{n+1} と求めていく解法である。3つの角が30°，60°，90°の直角三角形の利用で，求めることが容易である。このようにして求めた BP_{n+1} の長さ a_{n+1} と BP_n の長さ a_n から得られる数列 $\{a_n\}$ の漸化式より一般項を求める。

解答　条件のように点をとると，右図のようになる。

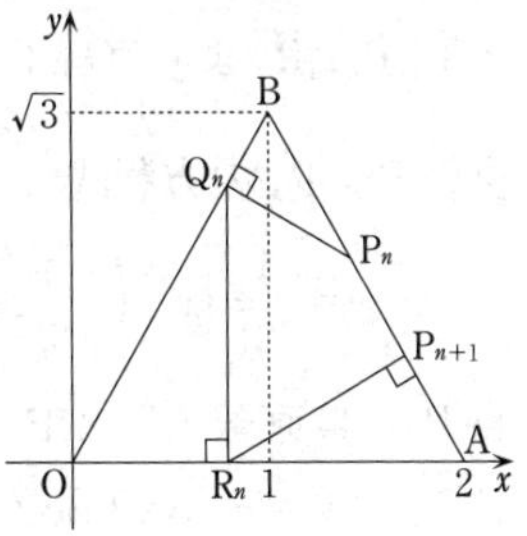

直線 OB の方程式：$y=\sqrt{3}x$

直線 AB の方程式：$y=-\sqrt{3}(x-2)$ より

$$y=-\sqrt{3}x+2\sqrt{3}$$

直線 AB 上にとる点 P_n の座標を $(x_n,\ y_n)$ $(1<x_n<2)$ とすると

$$y_n=-\sqrt{3}x_n+2\sqrt{3}$$

が成り立つ。

$OB\perp P_nQ_n$ より，直線 P_nQ_n の傾きは $-\dfrac{1}{\sqrt{3}}$ であるから

直線 P_nQ_n の方程式：

$$y-y_n=-\frac{1}{\sqrt{3}}(x-x_n) \text{ より}\qquad y=-\frac{1}{\sqrt{3}}x+\frac{1}{\sqrt{3}}x_n+y_n$$

ゆえに

$$y=-\frac{1}{\sqrt{3}}x+\frac{1}{\sqrt{3}}x_n-\sqrt{3}x_n+2\sqrt{3}$$

$$=-\frac{1}{\sqrt{3}}x-\frac{2}{\sqrt{3}}x_n+2\sqrt{3}$$

点 Q_n は直線 OB と P_nQ_n の交点であるから

$$\begin{cases} y=\sqrt{3}x \\ y=-\dfrac{1}{\sqrt{3}}x-\dfrac{2}{\sqrt{3}}x_n+2\sqrt{3} \end{cases}$$

より，y を消去して

$$\sqrt{3}x=-\frac{1}{\sqrt{3}}x-\frac{2}{\sqrt{3}}x_n+2\sqrt{3}$$

$$\frac{4}{\sqrt{3}}x=-\frac{2}{\sqrt{3}}x_n+2\sqrt{3}$$

$$x=\frac{\sqrt{3}}{4}\left(-\frac{2}{\sqrt{3}}x_n+2\sqrt{3}\right)$$

$$=-\frac{1}{2}x_n+\frac{3}{2}$$

これが点 Q_n の x 座標であり，点 R_n の x 座標も同じである。

AB⊥$\mathrm{P}_{n+1}\mathrm{R}_n$ より直線 $\mathrm{P}_{n+1}\mathrm{R}_n$ の傾きは $\dfrac{1}{\sqrt{3}}$ であるから

直線 $\mathrm{P}_{n+1}\mathrm{R}_n$ の方程式：

$$y=\frac{1}{\sqrt{3}}\left\{x-\left(-\frac{1}{2}x_n+\frac{3}{2}\right)\right\} \text{ より} \qquad y=\frac{1}{\sqrt{3}}x+\frac{1}{2\sqrt{3}}x_n-\frac{\sqrt{3}}{2}$$

点 P_{n+1} は直線 AB と $\mathrm{P}_{n+1}\mathrm{R}_n$ の交点であるから

$$\begin{cases} y=-\sqrt{3}x+2\sqrt{3} \\ y=\dfrac{1}{\sqrt{3}}x+\dfrac{1}{2\sqrt{3}}x_n-\dfrac{\sqrt{3}}{2} \end{cases}$$

より，y を消去して

$$\frac{1}{\sqrt{3}}x+\frac{1}{2\sqrt{3}}x_n-\frac{\sqrt{3}}{2}=-\sqrt{3}x+2\sqrt{3}$$

$$\frac{4}{\sqrt{3}}x=-\frac{1}{2\sqrt{3}}x_n+\frac{5\sqrt{3}}{2}$$

$$x=\frac{\sqrt{3}}{4}\left(-\frac{1}{2\sqrt{3}}x_n+\frac{5\sqrt{3}}{2}\right)$$

$$=-\frac{1}{8}x_n+\frac{15}{8}$$

これが点 P_{n+1} の x 座標 x_{n+1} であるから

$$x_{n+1}=-\frac{1}{8}x_n+\frac{15}{8}$$

$$x_{n+1}-\frac{5}{3}=-\frac{1}{8}\left(x_n-\frac{5}{3}\right)$$

数列 $\left\{x_n-\dfrac{5}{3}\right\}$ は，初項が $x_1-\dfrac{5}{3}$，公比が $-\dfrac{1}{8}$ の等比数列であるから

$$x_n-\frac{5}{3}=\left(x_1-\frac{5}{3}\right)\left(-\frac{1}{8}\right)^{n-1}$$

$$x_n=\frac{5}{3}+\left(x_1-\frac{5}{3}\right)\left(-\frac{1}{8}\right)^{n-1}$$

$$\lim_{n\to\infty}x_n=\lim_{n\to\infty}\left\{\frac{5}{3}+\left(x_1-\frac{5}{3}\right)\left(-\frac{1}{8}\right)^{n-1}\right\}=\frac{5}{3}$$

直線 AB の方程式に代入して

$$y_n=-\sqrt{3}\cdot\frac{5}{3}+2\sqrt{3}=\frac{\sqrt{3}}{3}$$

したがって，$n\to\infty$ のとき，点 P_n が限りなく近づく点の座標は

$$\left(\frac{5}{3},\ \frac{\sqrt{3}}{3}\right)\quad \cdots\cdots(\text{答})$$

別解　$\mathrm{BP}_n=a_n$

とおくと，直角三角形 $\mathrm{P}_n\mathrm{BQ}_n$ において

$$\mathrm{BQ}_n=\mathrm{BP}_n\cos 60^\circ=\frac{1}{2}a_n$$

$$\mathrm{OQ}_n=2-\frac{1}{2}a_n$$

直角三角形 $\mathrm{Q}_n\mathrm{OR}_n$ において

$$\mathrm{OR}_n=\mathrm{OQ}_n\cos 60^\circ=\frac{1}{2}\left(2-\frac{1}{2}a_n\right)=1-\frac{1}{4}a_n$$

$$\mathrm{AR}_n=2-\left(1-\frac{1}{4}a_n\right)=1+\frac{1}{4}a_n$$

直角三角形 $\mathrm{R}_n\mathrm{AP}_{n+1}$ において

$$\mathrm{AP}_{n+1}=\mathrm{AR}_n\cos 60^\circ=\frac{1}{2}\left(1+\frac{1}{4}a_n\right)=\frac{1}{2}+\frac{1}{8}a_n$$

よって

$$a_{n+1}=\mathrm{BP}_{n+1}=2-\mathrm{AP}_{n+1}=2-\left(\frac{1}{2}+\frac{1}{8}a_n\right)=\frac{3}{2}-\frac{1}{8}a_n$$

$$a_{n+1}-\frac{4}{3}=-\frac{1}{8}\left(a_n-\frac{4}{3}\right)$$

数列 $\left\{a_n-\frac{4}{3}\right\}$ は初項が $a_1-\frac{4}{3}$，公比が $-\frac{1}{8}$ の等比数列であるから

$$a_n-\frac{4}{3}=\left(a_1-\frac{4}{3}\right)\left(-\frac{1}{8}\right)^{n-1}$$

$$a_n=\frac{4}{3}+\left(a_1-\frac{4}{3}\right)\left(-\frac{1}{8}\right)^{n-1}$$

よって

$$\lim_{n\to\infty}a_n=\lim_{n\to\infty}\left\{\frac{4}{3}+\left(a_1-\frac{4}{3}\right)\left(-\frac{1}{8}\right)^{n-1}\right\}=\frac{4}{3}$$

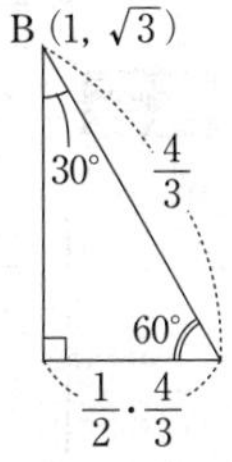

したがって，$n\to\infty$ のとき，点 P_n の x 座標は限りなく $1+\frac{1}{2}\cdot\frac{4}{3}=1+\frac{2}{3}=\frac{5}{3}$ に近づく。

直線 AB の方程式に代入して，y 座標は $-\sqrt{3}\cdot\frac{5}{3}+2\sqrt{3}=\frac{\sqrt{3}}{3}$ に近づく。

よって，点 P_n は限りなく $\left(\frac{5}{3},\ \frac{\sqrt{3}}{3}\right)$ に近づく。

◀解　説▶

≪帰納的に定義される点の座標の極限≫

〔発想〕で説明した 2 つの解法で解答した。〔解答〕は点の座標を 1 つ 1 つ求めていき，P_n の x 座標 x_n と P_{n+1} の x 座標 x_{n+1} とで数列 $\{x_n\}$ の漸化式を求めて，それをもとに一般項 x_n を表す。それを $n\to\infty$ として極限を求めた。

〔別解〕のように線分の長さに注目して考える解法も考えられる。
すべて，3 つの角が 30°，60°，90° の直角三角形の利用で簡単に対応できる。
BP_n の長さ a_n と BP_{n+1} の長さ a_{n+1} とで数列 $\{a_n\}$ の漸化式を求めて，それをもとに一般項 a_n を表す。それを $n\to\infty$ として極限を求めた。

5

◇発想◇　まずは，それぞれの数に関する条件を正しく把握すること。

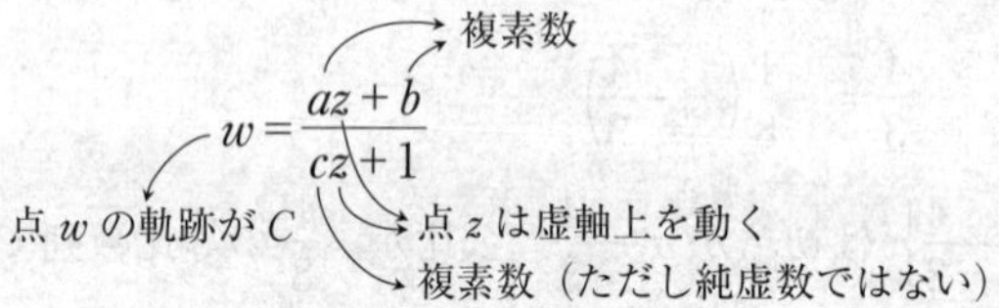

これに条件(ア)，(イ)，(ウ)が付け加わる。

条件(ア)が一番扱いやすそうなので，まずは(ア)より a，b，c の値もしくは関係を求め，それをもとに w を表して，条件(イ)，(ウ)を適用するとよい。

解答　条件(ア)が満たされるので

$$\begin{cases} i=\dfrac{ai+b}{ci+1} \\ -i=\dfrac{-ai+b}{-ci+1} \end{cases}$$

よって

$$\begin{cases} -c+i=ai+b & \cdots\cdots① \\ -c-i=-ai+b & \cdots\cdots② \end{cases}$$

①＋② より　　$-2c=2b$

①－② より　　$2i=2ai$

よって

$$\begin{cases} a=1 \\ c=-b \end{cases}$$

したがって，$w=\dfrac{az+b}{cz+1}$ は a，b，c のうち b だけを用いて $w=\dfrac{z+b}{-bz+1}$ と表すことができる。

条件(イ)が満たされるので，C は単位円の周に含まれ

$$|w|=1$$

ここで，点 z が虚軸上を動くので $z=di$（d は実数）と表すことができ

$$w=\frac{di+b}{-bdi+1}$$

となるので

$$\left|\frac{di+b}{-bdi+1}\right|=1$$

$$|di+b|=|-bdi+1|$$

$$|di+b|^2=|-bdi+1|^2$$

$$(di+b)(\overline{di+b})=(-bdi+1)(\overline{-bdi+1})$$

$$(di+b)(-di+\overline{b})=(-bdi+1)(\overline{b}di+1)$$

$$d^2+\overline{b}di-bdi+b\overline{b}=b\overline{b}d^2-bdi+\overline{b}di+1$$

$$d^2+\overline{b}di-bdi+|b|^2=|b|^2d^2-bdi+\overline{b}di+1$$

$$d^2+|b|^2=|b|^2d^2+1$$

$$|b|^2(d^2-1)=d^2-1$$

$$(|b|^2-1)(d^2-1)=0$$

$$|b|^2=1 \text{ または } d^2=1$$

$d=1$ のとき $z=i$，$d=-1$ のとき $z=-i$ であるが，$|b|=1$ のときは $z=\pm i$ の場合も含めてすべての実数 d に対して成り立つ，つまり点 z が虚軸全体を動くときに成り立つので，まとめて

$|b|=1$

このとき，$w=-1$ の場合について考える。

$$\frac{di+b}{-bdi+1}=-1$$

$$di+b=bdi-1$$

$$(b-1)\,di=b+1$$

ここで，$b\neq1$ と仮定すると，$d=\dfrac{b+1}{(b-1)\,i}$ となり

$$\overline{d}=\overline{\left\{\frac{b+1}{(b-1)\,i}\right\}}=\frac{\overline{b+1}}{\overline{(b-1)\,i}}=\frac{\overline{b}+1}{(\overline{b}-1)\,(-i)}=\frac{\overline{b}+1}{(1-\overline{b})\,i}$$

$$=\frac{b\overline{b}+b}{(b-b\overline{b})\,i}=\frac{|b|^2+b}{(b-|b|^2)\,i}=\frac{b+1}{(b-1)\,i}=d$$

つまり $\overline{d}=d$ となり，d は実数である。

したがって，$w=-1$ となるような $z=di$ が存在し，これは条件(ウ)に矛盾する。この矛盾は $b\neq1$ と仮定したことに起因しているので，$b=1$ である。

よって　　$a=1,\ b=1,\ c=-1$　……(答)

このとき，$w=\dfrac{z+1}{-z+1}$ であり

$$w\,(-z+1)=z+1$$

$$(w+1)\,z=w-1$$

ここで，(ウ)より $w\neq-1$ であるから　　$w+1\neq0$

よって，両辺を 0 ではない $w+1$ で割って

$$z=\frac{w-1}{w+1}$$

このとき

$$\overline{z}=\overline{\left(\frac{w-1}{w+1}\right)}=\frac{\overline{w-1}}{\overline{w+1}}=\frac{\overline{w}-1}{\overline{w}+1}$$

点 z が虚軸上を動くための条件は，$z+\overline{z}=0$ が成り立つことであるから

$$z+\overline{z}=0$$

$$\frac{w-1}{w+1}+\frac{\overline{w}-1}{\overline{w}+1}=0$$

$$\frac{(w-1)(\overline{w}+1)+(\overline{w}-1)(w+1)}{(w+1)(\overline{w}+1)}=0$$

$$\frac{w\overline{w}+w-\overline{w}-1+w\overline{w}+\overline{w}-w-1}{(w+1)(\overline{w}+1)}=0$$

$$\frac{2(w\overline{w}-1)}{(w+1)(\overline{w}+1)}=0$$

$$w\overline{w}-1=0$$

$$|w|^2=1$$

$$|w|=1$$

逆に，w が $|w|=1$ かつ $w\neq-1$ を満たすとき，上式の変形を逆にたどることで，$z=\overline{z}$ を得るので，z は虚軸上の点である。

したがって，C は単位円のうち，点 -1 を除いた部分である。

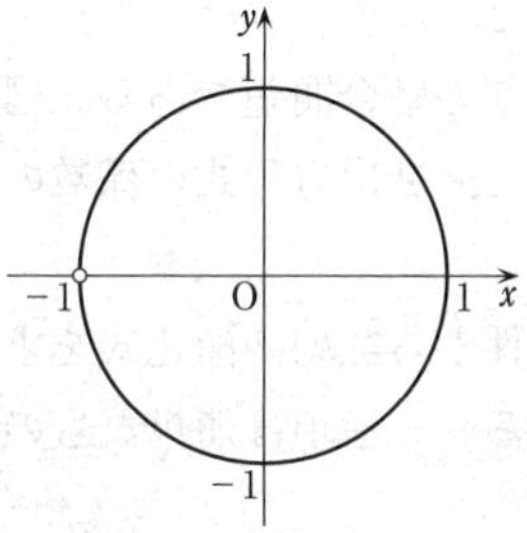

◀解　説▶

≪複素数平面における軌跡≫

どこから手をつけていくかで方法はいくつか考えられるが，順に条件を適用して，押さえていく。まず，(ア)で a，b，c の値と関係が定かになる。次に(イ)によって $|b|=1$ になることがわかり，(ウ)によって b の値が定まる。あとは，軌跡 C は単位円上に存在して，-1 を除くことまではわかっているので，それ以外の除外点がないかどうか確認しよう。

❖講 評

2019 年度も，例年同様に大問 5 題が出題された。試験時間は 150 分であり，じっくりと考えて答案を作成するのに十分な時間が設けられている。質，量のバランスがとれ，受験生の学力を的確に見極めることのできる問題である。

1 定積分の最小値の極限を求める問題である。最小値を求めることができればその極限を求めることは容易である。要領よく計算し，定積分の計算を正確にすることが肝心である。

2 恒等式に関する条件から整式 $f(x)$，$g(x)$ を求める問題である。まず(1)で次数に関する証明が設けられているので，(2)ではそれに沿って $f(x)$，$g(x)$ をおき条件に当てはめればよい。本題のような構成の問題では，たとえ(1)の証明ができなくても，$f(x)$，$g(x)$ の次数が 2 以下だとして(2)は解答すること。

3 複素数平面と確率の融合問題である。図形的な条件を 2 次方程式の解の議論に当てはめて，2 次方程式の係数の組を求めて確率につなげていく。

4 図形に関する条件から数列の漸化式を求め，それをもとにして一般項を求める問題である。一般項は簡単なもので，その極限も容易に求めることができる。

5 複素数平面における軌跡の問題である。条件の適用の仕方が難しい。

九州大学の出題の特徴である小問による誘導が 2019 年度においては 2，3の 2 題に留まり，1，4，5では誘導がなかった。1と4はやや易しめの問題であり，2と3は標準レベル，5はやや難しめの問題である。

◀医（保健〈看護学〉）学部▶

1　◇発想◇　10 回くらいなら，10 回とも 3 が出たらいくらになってそれが何桁かは求めることができる。実際に計算すると $3^{10}=59049$ で，5 桁となる。3 から 8 に何個置き換えたらいくらになり，それが何桁かを順に調べていくと，3 が何回，8 が何回出たときにちょうど 8 桁になるかは求めることができる。速く正確に計算できるのであれば，10 回くらいならばそれも 1 つの手法であろう。しかし現実的ではないと判断すれば，対数の条件が載っていることも考えて，桁数の典型的な扱い方である対数を用いて桁数を考える手法をとればよい。この方針が立てば，あとは一気に解答できる。

解答　3 が n 回，8 が $10-n$ 回出るとする。その積は $3^n 8^{10-n}$ であり

$$\begin{aligned}\log_{10}3^n 8^{10-n} &= n\log_{10}3+3(10-n)\log_{10}2\\ &=9.030-0.4259n\end{aligned}$$

よって

$$3^n 8^{10-n}=10^{9.030-0.4259n}$$

となるので，$3^n 8^{10-n}$ が 8 桁となるための条件は

$$10^7 \leqq 10^{9.030-0.4259n} < 10^8$$

したがって

$$7 \leqq 9.030-0.4259n < 8$$

となることであり

$$-2.030 \leqq -0.4259n < -1.030$$

$$\frac{2.030}{0.4259} \geqq n > \frac{1.030}{0.4259}$$

$$2.4 < n < 4.8$$

これを満たす自然数は　　$n=3,\ 4$

$n=3$ のとき，10 回中，3 が 3 回，8 が 7 回出る確率は

$${}_{10}C_3\left(\frac{1}{2}\right)^3\left(\frac{1}{2}\right)^7=120\left(\frac{1}{2}\right)^{10}$$

$n=4$ のとき，10回中，3が4回，8が6回出る確率は

$${}_{10}C_4\left(\frac{1}{2}\right)^4\left(\frac{1}{2}\right)^6=210\left(\frac{1}{2}\right)^{10}$$

したがって，求める確率は

$$\frac{120+210}{2^{10}}=\frac{330}{2^{10}}=\frac{165}{512}\quad\cdots\cdots(答)$$

◀解　説▶

≪10個の3と8でつくった積が8桁になる確率≫

〔発想〕で触れたように，力任せに解答する計算力をもっているのならばそのようにしてもよいだろうが，普通の判断では現実的ではないだろう。常用対数の値が与えられているので，対数の桁数の問題の解法にもっていくのではないかと見当はつくであろう。

〔解答〕の細かいところを確認しておこう。

$\log_{10}3^n8^{10-n}=9.030-0.4259n$ であるから，3^n8^{10-n} が8桁となるための条件が，$7\leqq 9.030-0.4259n<8$ であることだとすぐに判断できる人は問題ないが，なんとなくそのように処理している人は，8桁である数 $10^{9.030-0.4259n}$ は 10^7 と 10^8 とで $10^7\leqq 10^{9.030-0.4259n}<10^8$ とはさむことができて，指数の比較より $7\leqq 9.030-0.4259n<8$ と段階を追って理解しながら処理していこう。

また，$\dfrac{1.030}{0.4259}<n\leqq\dfrac{2.030}{0.4259}$ において，$\dfrac{1.030}{0.4259}=2.418\cdots$，$\dfrac{2.030}{0.4259}=4.766\cdots$ であるが，例えばこれを $2.4<n\leqq 4.7$ と途中で切り捨てると誤りである。$2.418\cdots<n$ を $2.4<n$ とすることは正しいが，$n\leqq 4.766\cdots$ を $n\leqq 4.7$ とするのは誤りで $n<4.8$ とするのが正しい。本題では n は自然数なので，おおざっぱな計算で処理しても $n=3$，4は求められるが，数学的に問題のないように正確に記述すること。

2 ◇発想◇　まずは，$y=x^3-kx^2+kx+1$ が極大値と極小値をもつための条件を求めよう。それは，$y'=3x^2-2kx+k=0$ が異なる 2 つの実数解をもつことである。そのとき，極大値，極小値を求めることに関して方針は立つであろう。その差をとり $4|k|^3$ と等しいことから k の値を求めることも問題ない。要はいかに要領よく計算するかである。

解答　$f(x)=x^3-kx^2+kx+1$ とおく。

$$f'(x)=3x^2-2kx+k$$

3 次関数 $f(x)$ が極大値と極小値をもつための条件は，$f'(x)=0$ を満たす x の前後で $f'(x)$ の符号が正から負，負から正になる x が 1 つずつ存在することであり，それは $f'(x)=0$ が異なる 2 つの実数解をもつことである。$f'(x)=0$ の判別式を D とすると，$D>0$ となることから

$$\frac{D}{4}>0$$

$$(-k)^2-3k>0$$

$$k^2-3k>0$$

$$k(k-3)>0$$

よって，k の取り得る値の範囲は

$$k<0,\ 3<k$$

このとき，$f'(x)=0$ の 2 つの解を α，β $(\alpha<\beta)$ とすると

$$\alpha=\frac{k-\sqrt{k^2-3k}}{3},\ \beta=\frac{k+\sqrt{k^2-3k}}{3}$$

である。$f(x)$ の増減表は次のようになる。

x	$\cdots$	α	$\cdots$	β	$\cdots$
$f'(x)$	$+$	0	$-$	0	$+$
$f(x)$	↗	極大	↘	極小	↗

極大値 $f(\alpha)$ から極小値 $f(\beta)$ を引いた値が $4|k|^3$ であるから

$$f(\alpha)-f(\beta)=4|k|^3$$

ここで，$f(x)=x^3-kx^2+kx+1$ を $f'(x)=3x^2-2kx+k$ で割ると，商が $\frac{1}{3}x-\frac{1}{9}k$，余りが $-\left(\frac{2}{9}k^2-\frac{2}{3}k\right)x+\frac{1}{9}k^2+1$ となるので

$$f(x)=f'(x)\left(\frac{1}{3}x-\frac{1}{9}k\right)-\left(\frac{2}{9}k^2-\frac{2}{3}k\right)x+\frac{1}{9}k^2+1$$

よって

$$f(\alpha)=f'(\alpha)\left(\frac{1}{3}\alpha-\frac{1}{9}k\right)-\left(\frac{2}{9}k^2-\frac{2}{3}k\right)\alpha+\frac{1}{9}k^2+1$$

が成り立ち，$f'(\alpha)=0$ であることから

$$f(\alpha)=-\left(\frac{2}{9}k^2-\frac{2}{3}k\right)\alpha+\frac{1}{9}k^2+1$$

同様にして

$$f(\beta)=-\left(\frac{2}{9}k^2-\frac{2}{3}k\right)\beta+\frac{1}{9}k^2+1$$

よって

$$\left\{-\left(\frac{2}{9}k^2-\frac{2}{3}k\right)\alpha+\frac{1}{9}k^2+1\right\}-\left\{-\left(\frac{2}{9}k^2-\frac{2}{3}k\right)\beta+\frac{1}{9}k^2+1\right\}=4|k|^3$$

$$-\left(\frac{2}{9}k^2-\frac{2}{3}k\right)(\alpha-\beta)=4|k|^3$$

$$-\left(\frac{2}{9}k^2-\frac{2}{3}k\right)\left(\frac{k-\sqrt{k^2-3k}}{3}-\frac{k+\sqrt{k^2-3k}}{3}\right)=4|k|^3$$

$$\frac{2}{3}\left(\frac{2}{9}k^2-\frac{2}{3}k\right)\sqrt{k^2-3k}=4|k|^3$$

$$\frac{4}{27}(k^2-3k)\sqrt{k^2-3k}=4|k|^3$$

$$\{(k^2-3k)^{\frac{1}{2}}\}^3=(3|k|)^3$$

$$(k^2-3k)^{\frac{1}{2}}=3|k|$$

両辺は正なので，2乗しても同値で

$$k^2-3k=9k^2$$

$$k(8k+3)=0$$

$$k=-\frac{3}{8},\ 0$$

このうち，$k<0$，$3<k$ を満たすものは　　$k=-\dfrac{3}{8}$　……(答)

参考　〔解答〕では，$f(\alpha)-f(\beta)$ の値を，$f(x)$ を $f'(x)$ で割ったときの商と余りを用いた等式 $f(x)=f'(x)\cdot$［商］+［余り］ を利用して求めたが，

次のように計算することもできる。

$f'(x)=0$ つまり $3x^2-2kx+k=0$ の解が $x=\alpha,\ \beta$ であるから

$$3x^2-2kx+k=3(x-\alpha)(x-\beta)$$

と変形できる。

$$\int_\beta^\alpha f'(x)\,dx=f(\alpha)-f(\beta)$$

となるので

$$\begin{aligned} f(\alpha)-f(\beta)&=\int_\beta^\alpha f'(x)\,dx=\int_\beta^\alpha 3(x-\alpha)(x-\beta)\,dx \\ &=3\cdot\frac{-1}{6}(\alpha-\beta)^3=-\frac{1}{2}(\alpha-\beta)^3 \\ &=-\frac{1}{2}\left(\frac{k-\sqrt{k^2-3k}}{3}-\frac{k+\sqrt{k^2-3k}}{3}\right)^3 \\ &=-\frac{1}{2}\left(-\frac{2}{3}\sqrt{k^2-3k}\right)^3 \\ &=\frac{4}{27}(k^2-3k)^{\frac{3}{2}} \end{aligned}$$

◀解　説▶

≪極大値から極小値を引いた値が $4|k|^3$ となるときの k の値≫

要領よく計算することが大切である。極大値から極小値を引いた差 $f(\alpha)-f(\beta)$ の計算を

$$\begin{aligned} f(\alpha)-f(\beta)&=(\alpha^3-k\alpha^2+k\alpha+1)-(\beta^3-k\beta^2+k\beta+1) \\ &=(\alpha^3-\beta^3)-k(\alpha^2-\beta^2)+k(\alpha-\beta)=\cdots\cdots \end{aligned}$$

と $\alpha-\beta$ でくくり計算していけるが，面倒なので少しでも要領よく計算しよう。$f(x)$ を $f'(x)$ で割って，商と余りを求めて

$$f(\alpha)=f'(\alpha)\left(\frac{1}{3}\alpha-\frac{1}{9}k\right)-\left(\frac{2}{9}k^2-\frac{2}{3}k\right)\alpha+\frac{1}{9}k^2+1$$

と変形し，これを利用するとよい。この等式において，$f'(\alpha)=0$ である。なぜならば，$x=\alpha$ は $f'(x)=0$ を満たす x の値として求めたものだからである。

よって，$f(\alpha)=-\left(\frac{2}{9}k^2-\frac{2}{3}k\right)\alpha+\frac{1}{9}k^2+1$ である。$x=\beta$ も同様である。極大値，極小値を求める際に直接代入して求めることを回避する手法として覚えておくこと。

$\int_{\alpha}^{\beta}(x-\alpha)(x-\beta)\,dx=-\frac{1}{6}(\beta-\alpha)^3$ も利用できるようにしておこう。これらをうまくつなげて利用することで計算がかなり簡単になる。

また，本題のような極大値と極小値の差を求めるときには，〔参考〕のような方法も知っておくとよい。

3

◇発想◇　(1)　点Pから平面 α に下ろした垂線と平面 α との交点をHとするので，直線PHと平面 α の間に $\mathrm{PH}\perp$ 平面 α の関係が成り立ち，$\begin{cases}\overrightarrow{\mathrm{PH}}\perp\overrightarrow{\mathrm{AB}}\\ \overrightarrow{\mathrm{PH}}\perp\overrightarrow{\mathrm{AC}}\end{cases}$ ゆえに $\begin{cases}\overrightarrow{\mathrm{PH}}\cdot\overrightarrow{\mathrm{AB}}=0\\ \overrightarrow{\mathrm{PH}}\cdot\overrightarrow{\mathrm{AC}}=0\end{cases}$ である。ベクトルの内積の計算につなげていこう。

(2)　(1)でPHを p，q で表した。これを四面体ABCPの高さとみれないだろうか。すると底面を三角形ABCとみなすことになる。この面積は p，q にかかわらず一定であるから好都合である。これで四面体ABCPの体積を p，q で表すことができる。PHの取り得る値の範囲がわかれば，四面体ABCPの体積の最大値と最小値はわかる。

解答　(1)　点Hは平面 α 上の点なので

$$\overrightarrow{\mathrm{AH}}=s\overrightarrow{\mathrm{AB}}+t\overrightarrow{\mathrm{AC}}\quad(s,\ t\text{ は実数})$$

と表せて

$$\begin{aligned}\overrightarrow{\mathrm{PH}}&=\overrightarrow{\mathrm{PA}}+\overrightarrow{\mathrm{AH}}\\&=\overrightarrow{\mathrm{PA}}+s\overrightarrow{\mathrm{AB}}+t\overrightarrow{\mathrm{AC}}\end{aligned}$$

ここで

$$\begin{cases}\overrightarrow{\mathrm{PA}}=(-5,\ -p+2,\ -q+3)\\ \overrightarrow{\mathrm{AB}}=(2,\ 0,\ 0)\\ \overrightarrow{\mathrm{AC}}=(3,\ 3,\ 3)\end{cases}$$

よって

$$\overrightarrow{\mathrm{PH}}=(2s+3t-5,\ 3t-p+2,\ 3t-q+3)\quad\cdots\cdots①$$

$\overrightarrow{\mathrm{PH}}\perp$ 平面 α であるから

$$\begin{cases}\overrightarrow{\mathrm{PH}}\perp\overrightarrow{\mathrm{AB}}\\ \overrightarrow{\mathrm{PH}}\perp\overrightarrow{\mathrm{AC}}\end{cases}$$

ゆえに　$\begin{cases} \overrightarrow{PH}\cdot\overrightarrow{AB}=0 \\ \overrightarrow{PH}\cdot\overrightarrow{AC}=0 \end{cases}$

$$\begin{cases} 2(2s+3t-5)=0 \\ 3(2s+3t-5)+3(3t-p+2)+3(3t-q+3)=0 \end{cases}$$

$$\begin{cases} 2s+3t=5 \\ 2s+9t=p+q \end{cases}$$

$$\begin{cases} s=-\dfrac{1}{4}(p+q-15) \\ t=\dfrac{1}{6}(p+q-5) \end{cases}$$

①に代入して

$$\overrightarrow{PH}=\left(-\frac{1}{2}(p+q-15)+\frac{1}{2}(p+q-5)-5,\ \frac{1}{2}(p+q-5)-p+2,\ \frac{1}{2}(p+q-5)-q+3\right)$$

$$=\left(0,\ -\frac{1}{2}(p-q+1),\ \frac{1}{2}(p-q+1)\right)$$

$$|\overrightarrow{PH}|=\frac{1}{2}|p-q+1|\sqrt{0^2+(-1)^2+1^2}$$

$$=\frac{\sqrt{2}}{2}|p-q+1|\quad\cdots\cdots(答)$$

(2)　四面体ABCPにおいて，三角形ABCを底面，高さを(1)で p，q で表したPHとみなすと

$$[四面体\,ABCP]=\frac{1}{3}\cdot\triangle ABC\cdot PH$$

と表すことができる。ここで

$$\triangle ABC=\frac{1}{2}\sqrt{|\overrightarrow{AB}|^2|\overrightarrow{AC}|^2-(\overrightarrow{AB}\cdot\overrightarrow{AC})^2}$$

であり

$$\begin{cases} |\overrightarrow{AB}|^2=2^2+0^2+0^2=4 \\ |\overrightarrow{AC}|^2=3^2+3^2+3^2=27 \\ \overrightarrow{AB}\cdot\overrightarrow{AC}=2\cdot3+0\cdot3+0\cdot3=6 \end{cases}$$

であるから

$$\triangle ABC=\frac{1}{2}\sqrt{4\cdot 27-6^2}=\frac{1}{2}\sqrt{72}$$
$$=3\sqrt{2}$$

$$PH=|\overrightarrow{PH}|=\frac{\sqrt{2}}{2}|p-q+1| \quad (\because \ (1))$$

ここで，$p-q+1=k$ とおくと，$q=p+1-k$ となるので，pq 平面において傾き 1，q 切片 $1-k$ の直線を表す。

直線 $p-q+1-k=0$ が円 $(p-9)^2+(q-7)^2=1$ と共有点をもつときの q 切片 $1-k$ の k の取り得る値の範囲を求める。この 2 つのグラフが共有点をもつための条件は

[円の中心 (9, 7) と直線 $p-q+1-k=0$ の距離]≦[円の半径 1]

が成り立つことであるから

$$\frac{|9-7+1-k|}{\sqrt{1^2+(-1)^2}}\leqq 1$$
$$|k-3|\leqq\sqrt{2}$$

よって，k の取り得る値の範囲は

$$3-\sqrt{2}\leqq k\leqq 3+\sqrt{2}$$

であり，さらに

$$(0<)\ 3-\sqrt{2}\leqq p-q+1\leqq 3+\sqrt{2}$$
$$3-\sqrt{2}\leqq |p-q+1|\leqq 3+\sqrt{2}$$
$$\frac{\sqrt{2}}{2}(3-\sqrt{2})\leqq\frac{\sqrt{2}}{2}|p-q+1|\leqq\frac{\sqrt{2}}{2}(3+\sqrt{2})$$
$$\frac{\sqrt{2}}{2}(3-\sqrt{2})\leqq PH\leqq\frac{\sqrt{2}}{2}(3+\sqrt{2})$$

$\triangle ABC=3\sqrt{2}$ であるから

$$\frac{1}{3}\cdot 3\sqrt{2}\cdot\frac{\sqrt{2}}{2}(3-\sqrt{2})\leqq[\text{四面体 ABCP の体積}]\leqq\frac{1}{3}\cdot 3\sqrt{2}\cdot\frac{\sqrt{2}}{2}(3+\sqrt{2})$$
$$3-\sqrt{2}\leqq[\text{四面体 ABCP の体積}]\leqq 3+\sqrt{2}$$

よって，四面体 ABCP の体積の最大値は $3+\sqrt{2}$，最小値は $3-\sqrt{2}$ である。

……(答)

◀解　説▶

≪四面体の体積の最大値≫

▶(1) 点Pから平面αに下ろした垂線と平面αとの交点をHとするので，

$\overrightarrow{PH}\perp$平面ABCより $\begin{cases}\overrightarrow{PH}\cdot\overrightarrow{AB}=0\\ \overrightarrow{PH}\cdot\overrightarrow{AC}=0\end{cases}$ が成り立つことより，$\overrightarrow{PH}$の成分をp，qを用いて表せる。これより$|\overrightarrow{PH}|$を求めることができる。

▶(2) 四面体ABCPの体積を求める。どの面を底面，どこを高さとみなすかを検討しよう。(1)の設問から高さとしてPHをみることはわかるので，自ずと三角形ABCを底面とみることになる。小問の誘導を利用すること。

三角形ABCの面積は一定であり容易に求めることができるから，四面体ABCPの体積は高さPHによることがわかる。そこでPHの取り得る値の範囲を求める。(1)の結果を利用しよう。領域における最大・最小の問題に帰着する。

4

◀経済(経済工)・理・医(保健〈看護学〉を除く)・歯・薬・工・芸術工・農学部▶ 2に同じ。

❖講　評

2019年度も，例年同様に大問4題が出題された。試験時間は120分であり，じっくりと考えて答案を作成するのに十分な時間が設けられている。質，量のバランスがとれ，受験生の学力を的確に見極めることのできる問題である。

1　確率と対数関数の融合問題である。対数関数の考え方を用いて桁数を求めることができれば解答できる。単に桁数を求めさせるのではなく，問題の見せ方が面白い問題である。

2　極大値から極小値を引いた差に関する問題である。極大値・極小値の求め方が重要なポイントである。要領よく解答すること。

3　ベクトルを用いて四面体の体積を求める典型的な問題である。(1)で表したPHを高さとみなすこと。(2)は領域と最大・最小の考え方を含んでいる。

4　恒等式に関する条件から整式$f(x)$，$g(x)$を求める問題である。まず(1)で次数に関する証明が設けられているので，(2)ではそれに沿って

$f(x)$, $g(x)$ をおき条件に当てはめればよい。本題のような構成の問題では，たとえ(1)の証明ができなくても，$f(x)$, $g(x)$ の次数が 2 以下だとして(2)は解答すること。

九州大学の出題の特徴である小問による誘導が，2019 年度においては 3，4 の 2 題に留まり，1，2 では誘導がなかった。

1 と 3 はやや易しめの問題であり，それ以外は標準レベルの問題であった。計算が難しいわけではないが，計算量の多い問題が目につく出題であった。

物理

1

解答　(1)　$\dfrac{MV^2}{2F}$

(2)

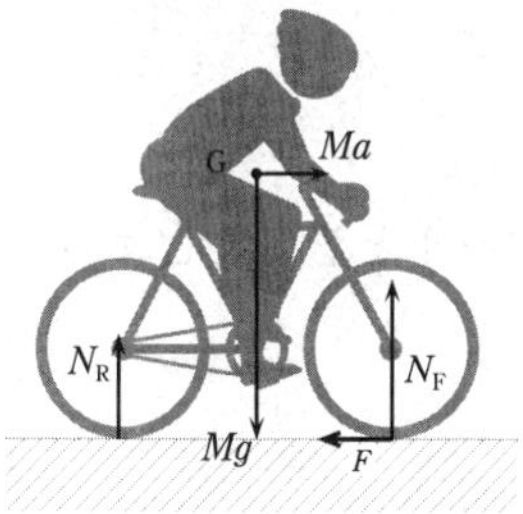

(3)　前輪：$\dfrac{1}{2}N_F L$　後輪：$-\dfrac{1}{2}N_R L$

(4)　$Ma-F=0$　　$N_F+N_R-Mg=0$　　$\dfrac{1}{2}N_F L-\dfrac{1}{2}N_R L-FH=0$

(5)　$a=\dfrac{F}{M}$　　$N_F=\dfrac{1}{2}Mg+\dfrac{H}{L}F$　　$N_R=\dfrac{1}{2}Mg-\dfrac{H}{L}F$

(6)

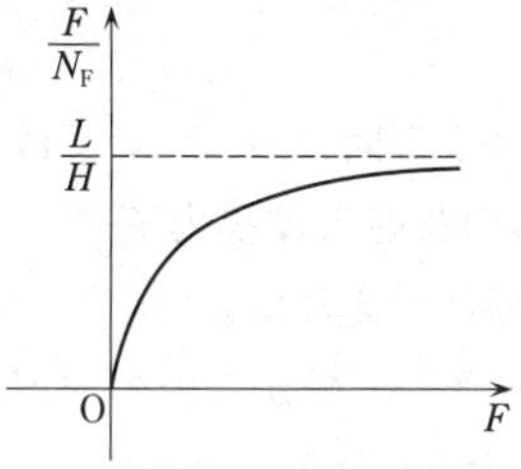

(7)　$F\leqq\dfrac{L}{2H}Mg$

(8)　$\dfrac{L}{2H}g$

(9)　$\mu\geqq\dfrac{L}{2H}$

(10)　$\dfrac{\mu L}{2(L+\mu H)}g$

(11)　$F_{\mathrm{F}}=\dfrac{L}{2H}Mg$　　$F_{\mathrm{R}}=0$

◀解　説▶

≪減速する自転車の力および力のモーメントのつりあい≫

▶(1)　運動エネルギーと仕事の関係より，自転車・運転者全体の運動エネルギーの変化は，摩擦力がした仕事に等しい。停止するまでに進む距離を d とすると

$$0-\frac{1}{2}MV^2=-F\cdot d \qquad \therefore \quad d=\frac{MV^2}{2F}$$

別解　自転車・運転者の加速度を，進行方向を正として α とすると，運動方程式より

$$M\alpha=-F \qquad \therefore \quad \alpha=-\frac{F}{M}$$

等加速度直線運動の式より

$$0-V^2=2\cdot\left(-\frac{F}{M}\right)\cdot d \qquad \therefore \quad d=\frac{MV^2}{2F}$$

▶(2)　作用点については，(i)前輪が路面から受ける垂直抗力 N_{F} の作用点は，摩擦力の作用点と一致する。垂直抗力と摩擦力の合力が抗力であり，前輪が路面から受ける力である。(ii)慣性力の作用点は，重力と同様に重心Gである。

次に，力の大きさは矢印の長さで表すから，水平方向の力については，(4)の力のつりあいの式より，慣性力 Ma の矢印の長さと摩擦力 F の矢印の長さが等しい。鉛直方向の力についても，同様に考えればよい。

▶(3)　力のモーメントの大きさは，(力の大きさ)×(軸から力の作用線までの距離）で表される。重心Gから，垂直抗力 N_{F} および垂直抗力 N_{R} の作用線までの距離は，ともに $\dfrac{L}{2}$ である。

▶(4)　水平方向の力のつりあいの式は

$$Ma-F=0 \quad \cdots\cdots①$$

鉛直方向の力のつりあいの式は

$$N_{\mathrm{F}}+N_{\mathrm{R}}-Mg=0 \quad \cdots\cdots②$$

重心Gを通り紙面に垂直な軸のまわりの力のモーメントのつりあいの式は，重心Gから摩擦力 F の作用線までの距離は H であるから

$$\frac{1}{2}N_{\mathrm{F}}L-\frac{1}{2}N_{\mathrm{R}}L-FH=0 \quad \cdots\cdots③$$

▶(5)　①より　$a=\dfrac{F}{M}$

②，③を連立して解くと

$$N_{\mathrm{F}}=\frac{1}{2}Mg+\frac{H}{L}F \quad \cdots\cdots④$$

$$N_{\mathrm{R}}=\frac{1}{2}Mg-\frac{H}{L}F \quad \cdots\cdots⑤$$

▶(6)　F と N_{F} の比は，④を用いると

$$\frac{F}{N_{\mathrm{F}}}=\frac{F}{\dfrac{1}{2}Mg+\dfrac{H}{L}F}$$

$\dfrac{F}{N_{\mathrm{F}}}$ と F の関係は，$F=0$ のとき $\dfrac{F}{N_{\mathrm{F}}}=0$ であり，F の増加とともに $\dfrac{F}{N_{\mathrm{F}}}$ は単調増加し，$F\to\infty$ のとき $\dfrac{F}{N_{\mathrm{F}}}=\dfrac{L}{H}$ に漸近する。

▶(7)　後輪が浮き上がらない条件は　$N_{\mathrm{R}}\geqq 0$

⑤より　$N_{\mathrm{R}}=\dfrac{1}{2}Mg-\dfrac{H}{L}F\geqq 0$

$$\therefore\quad F\leqq\frac{L}{2H}Mg \quad \cdots\cdots⑥$$

▶(8)　タイヤにはたらく摩擦力 F は静止摩擦力とするから，①より

$$F=Ma$$

これを⑥に代入すると

$$Ma\leqq\frac{L}{2H}Mg \qquad \therefore\quad a\leqq\frac{L}{2H}g$$

したがって，a の最大値は　$\dfrac{L}{2H}g$

▶(9)　実際にタイヤがすべらないための条件は，摩擦力 F が最大値 F_{max} になったときでも，これが最大摩擦力以下であればよい。すなわち

$$F_{\mathrm{max}}\leqq\mu N_{\mathrm{F}}$$

⑥より　$F_{\mathrm{max}}=\dfrac{L}{2H}Mg$

このとき，④より $N_F=\frac{1}{2}Mg+\frac{H}{L}\cdot F_{max}$ となるので

$$\frac{L}{2H}Mg\leqq\mu\left(\frac{1}{2}Mg+\frac{H}{L}\cdot\frac{L}{2H}Mg\right)$$

$$\therefore\quad \mu\geqq\frac{L}{2H}$$

▶(10)　後輪のみにブレーキをかけたとき，後輪のタイヤが路面から受ける摩擦力の大きさを F' とする。①〜③と同様に

水平方向の力のつりあいの式は

$$Mb-F'=0\quad\cdots\cdots⑦$$

鉛直方向の力のつりあいの式は

$$N_F+N_R-Mg=0\quad\cdots\cdots⑧$$

重心Gを通り紙面に垂直な軸のまわりの力のモーメントのつりあいの式は

$$\frac{1}{2}N_FL-\frac{1}{2}N_RL-F'H=0\quad\cdots\cdots⑨$$

タイヤがすべらない条件は

$$F'\leqq\mu N_R\quad\cdots\cdots⑩$$

⑧，⑨を連立して N_R を求めると

$$N_R=\frac{1}{2}Mg-\frac{H}{L}F'$$

⑦，⑩より　$Mb\leqq\mu\left(\frac{1}{2}Mg-\frac{H}{L}Mb\right)$

$$\therefore\quad b\leqq\frac{\mu L}{2(L+\mu H)}g$$

したがって，b の最大値は　$\frac{\mu L}{2(L+\mu H)}g$

$\left(b\right.$ が最大値のとき，$N_R=\frac{L}{2(L+\mu H)}Mg>0$ である。$\left.\right)$

▶(11)　前後両輪のブレーキを使ったときに得られる最大の減速，すなわちこのときの加速度を $-c$（$c>0$）とすると，同様にして

水平方向の力のつりあいの式は

$$Mc-F_F-F_R=0\quad\cdots\cdots⑪$$

鉛直方向の力のつりあいの式は

$$N_{\mathrm{F}}+N_{\mathrm{R}}-Mg=0 \quad \cdots\cdots⑫$$

重心Gを通り紙面に垂直な軸のまわりの力のモーメントのつりあいの式は

$$\frac{1}{2}N_{\mathrm{F}}L-\frac{1}{2}N_{\mathrm{R}}L-F_{\mathrm{F}}H-F_{\mathrm{R}}H=0 \quad \cdots\cdots⑬$$

両輪ともタイヤがすべらずに，最大の減速を得る条件は

$$F_{\mathrm{F}}=\mu N_{\mathrm{F}},\ F_{\mathrm{R}}=\mu N_{\mathrm{R}} \quad \cdots\cdots⑭$$

⑭を⑬に代入して，F_{F}，F_{R} を消去すると

$$N_{\mathrm{F}}\left(\mu H-\frac{L}{2}\right)+N_{\mathrm{R}}\left(\mu H+\frac{L}{2}\right)=0 \quad \cdots\cdots⑬'$$

⑫，⑬′を連立して N_{F}，N_{R} を求めると

$$N_{\mathrm{F}}=\left(\frac{1}{2}+\frac{\mu H}{L}\right)Mg$$

$$N_{\mathrm{R}}=\left(\frac{1}{2}-\frac{\mu H}{L}\right)Mg$$

両輪とも路面から離れない条件は，$N_{\mathrm{F}}\geqq 0$，$N_{\mathrm{R}}\geqq 0$ であるから

$$N_{\mathrm{R}}=\left(\frac{1}{2}-\frac{\mu H}{L}\right)Mg\geqq 0 \qquad \therefore \quad \mu\leqq\frac{L}{2H}$$

ここで，μ は(9)で求めた条件 $\mu\geqq\frac{L}{2H}$ も必要であるから，これらを同時に満たすためには $\mu=\frac{L}{2H}$ でなければならない。これを N_{F}，N_{R} に代入して，⑭より F_{F}，F_{R} を求めると

$$F_{\mathrm{F}}=\mu N_{\mathrm{F}}=\mu\cdot\left(\frac{1}{2}+\frac{\mu H}{L}\right)Mg$$

$$=\frac{L}{2H}\left(\frac{1}{2}+\frac{L}{2H}\cdot\frac{H}{L}\right)Mg=\frac{L}{2H}Mg$$

$$F_{\mathrm{R}}=\mu N_{\mathrm{R}}=\mu\cdot\left(\frac{1}{2}-\frac{\mu H}{L}\right)Mg$$

$$=\frac{L}{2H}\left(\frac{1}{2}-\frac{L}{2H}\cdot\frac{H}{L}\right)Mg=0$$

（このとき，⑪より $c=\frac{L}{2H}g$ となり，(8)の a の最大値と一致している。）

2　**解答**　問 1．

(1)

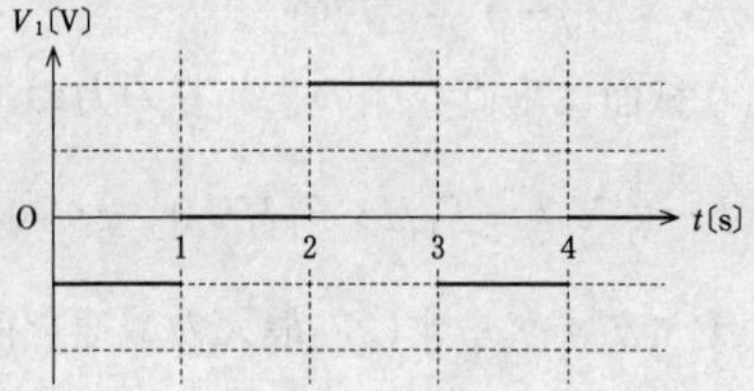

(2)

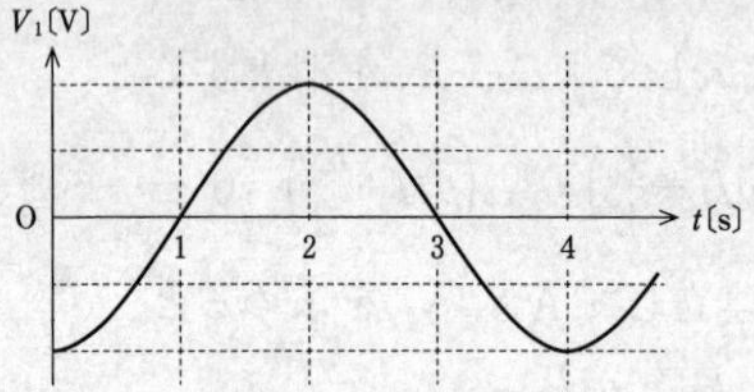

問 2．(ア)妨げる　(イ)レンツ　(ウ)―(あ)　(エ)ローレンツ力　(オ) IBD　(カ) cd
(キ) $IBLD\omega\sin\omega t$　（または，$2IBDv\sin\omega t$）　(ク) RI^2

問 3．$\theta=\dfrac{\pi}{2}$

問 2 で用いたコイルを回転させる外力の仕事率を P_1〔W〕とすると，(キ)より

$$P_1 = IBLD\omega\sin\omega t$$
$$= \frac{BLD\omega}{R}\sin\omega t \times BLD\omega\sin\omega t$$
$$= \frac{(BLD\omega)^2}{R}\sin^2\omega t \text{〔W〕}$$

もう一方のコイル面はこれより角度 θ だけ進んでいるから，このコイルに対する仕事率を P_2〔W〕とすると

$$P_2 = \frac{(BLD\omega)^2}{R}\sin^2(\omega t+\theta) \text{〔W〕}$$

コイル対全体の仕事率を P'〔W〕とすると

$$P' = P_1 + P_2 = \frac{(BLD\omega)^2}{R}\sin^2\omega t + \frac{(BLD\omega)^2}{R}\sin^2(\omega t+\theta)$$
$$= \frac{(BLD\omega)^2}{R}\{\sin^2\omega t + \sin^2(\omega t+\theta)\} \text{〔W〕}$$

仕事率 P' が時刻 t によらず一定であるためには，$\sin^2\omega t+\sin^2(\omega t+\theta)$ が一定であればよい。$\theta=\dfrac{\pi}{2}$ のとき，$\sin^2\omega t+\cos^2\omega t=1$ となり，$P'=$

$\dfrac{(BLD\omega)^2}{R}=$一定 である。

◀解　説▶

≪コイルに生じる誘導起電力≫

▶問1．(1)　コイルに生じる誘導起電力の大きさ $|V|$ は，単位時間あたりにコイルを貫く磁束の変化に比例する。コイルの面積 LD は一定であるから

$$|V|=\left|\frac{\Delta B_z}{\Delta t}\right|\cdot LD \quad \cdots\cdots①$$

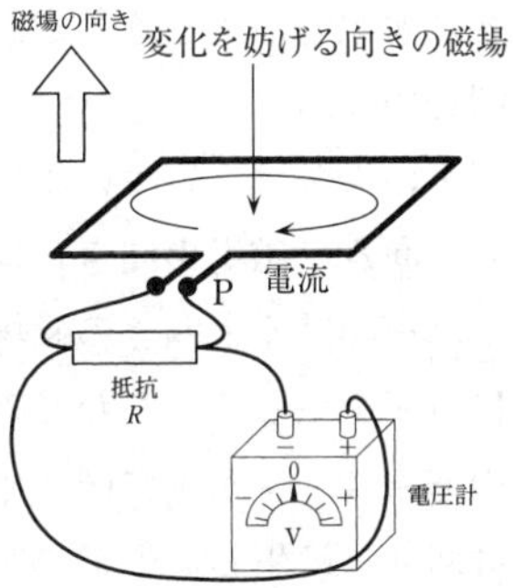

図1

(i)　$0\leqq t\leqq 1$ のとき

$$|V|=\left|\frac{1}{1}\right|\cdot LD=1\cdot LD$$

レンツの法則より，コイルを貫く磁束は，紙面に沿って図1の上向き（磁場の向き）に増加するから，それを妨げる下向きの磁場をつくるような電流を生じる起電力が発生する。右ねじの法則より，この電流は，コイルに図1の右回り（時計回り）に生じ，図1のPが高電位である。電圧計の＋，－の端子に注意すると，このときの電圧は負である。よって，電圧計が示す電圧 V_1〔V〕は

$$V_1=-1\cdot LD〔\mathrm{V}〕$$

同様に考えて

(ii)　$1\leqq t\leqq 2$ のとき　　$V_1=0$〔V〕

(iii)　$2\leqq t\leqq 3$ のとき　　$V_1=2\cdot LD$〔V〕

(iv)　$3\leqq t\leqq 4$ のとき　　$V_1=-1\cdot LD$〔V〕

(v)　$4\leqq t$ のとき　　$V_1=0$〔V〕

縦軸には電圧の値を記入せず相対的な大きさがわかればよいから，これらの電圧の係数を対応させてグラフに描けばよい。

(2)　磁束密度のグラフの式は，周期 T〔s〕が，$T=4$〔s〕であるから

$$B_z=1\cdot\sin\frac{2\pi}{T}t=\sin\frac{\pi}{2}t$$

このとき，誘導起電力の大きさは，①より

$$|V|=\left|\frac{\Delta B_z}{\Delta t}\right|\cdot LD=\frac{\pi}{2}\cos\frac{\pi}{2}t\times LD$$

(1)(i)$0\leqq t\leqq 1$ のときと同様に，B_z が増加するときは，図１のＰが高電位であり，電圧は負である。よって

$$V_1=-\frac{\pi LD}{2}\cos\frac{\pi}{2}t$$

▶問２．(ア)～(ウ)　電流のつくる磁場が，コイルを貫く磁束の時間変化を妨げる向きに起電力が生じる。これをレンツの法則という。

図２の場合は，磁束は紙面に沿って図２の上向き（磁場の向き）に減少するから，それを妨げる上向きの磁場をつくる向きに電流を生じる。右ねじの法則より，この電流は，コイルに図２の左回り（反時計回り）に生じるので，図２の(あ)の向きである。

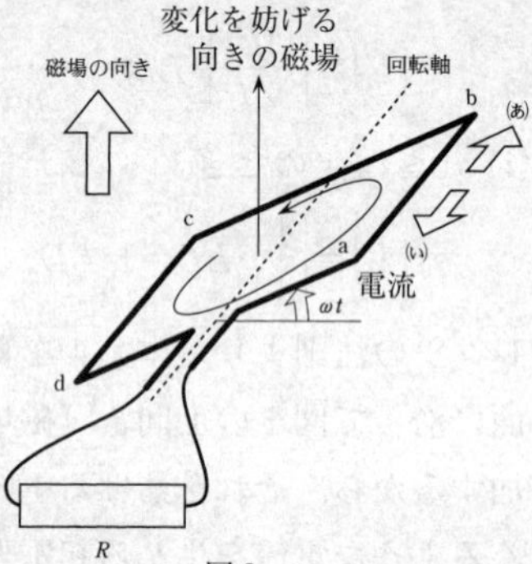

図２

(エ)　運動する荷電粒子が磁場から受ける力をローレンツ力といい，電荷の流れである電流が磁場から受ける力（いわゆる電磁力）は，電荷が受ける力の和であるからローレンツ力である。

(オ)・(カ)　電流が磁界から受ける力の大きさ F〔N〕は

$$F=IBD$$

また，cd 間についても流れる電流の大きさが等しいので，磁界から受ける力の大きさも等しい。

(キ)　２つのコイルを回転させる外力の仕事率 P〔W〕は，与えられた式に代入すると

$$P=2\times Fv\sin\omega t$$
$$=2IBDv\sin\omega t\quad\cdots\cdots②$$

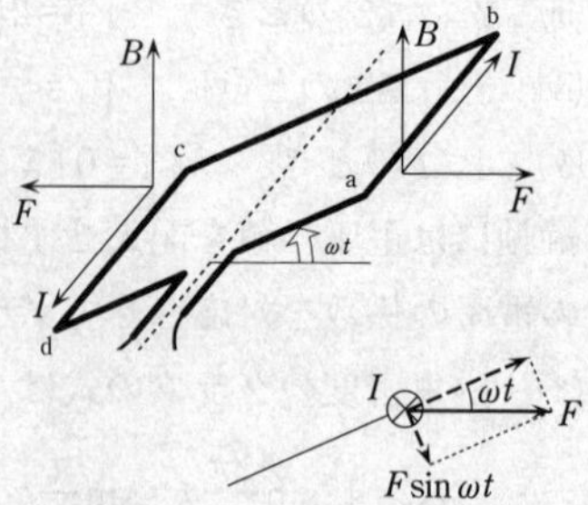

ここで，コイルの ab 間の部分の速さ v を，$v=\dfrac{L}{2}\omega$ と表すと

$$P=2IBD\times\frac{L}{2}\omega\times\sin\omega t=IBLD\omega\sin\omega t\quad\cdots\cdots③$$

参考　仕事率の式に v が与えてあるので②の答えが考えられるが，本問が問 3 への導入とすると，ω を用いた③の答えでもよいと思われる。

(ク)　抵抗 R で単位時間あたりに発生する熱量（ジュール熱），すなわち消費電力 P_R〔W〕は，電流 I と抵抗の両端の電圧 V〔V〕を用いると

$$P_R=VI=RI^2$$

問 3．コイル 1 つを回転させる仕事率は，会話文に沿って，(キ)で求めた式に，その後に書かれている I を代入して求める。コイル対において，新しく取り付けたコイルの回転角は，元のコイルの回転角と常に θ だけずれていると考えればよいから，新しく取り付けたコイルを回転させる仕事率は，元のコイルの仕事率において ωt を $\omega t+\theta$ に置き換えることで得られる。コイル対全体の仕事率を求めると，$\sin^2\omega t+\sin^2(\omega t+\theta)$ に比例することがわかるので，これが t によらないような角度 θ を求めればよいことになるが，三角関数の公式 $\sin^2x+\cos^2x=1$ が思い浮かべば，$\sin(\omega t+\theta)$ が $\cos\omega t$ または $-\cos\omega t$ になるような θ であることは想像がつく。そのときの仕事率が一定になることを示せればよいのだから，これで十分であろう。

3　**解答**　問 1．a．$\dfrac{pV}{nT}$　b．数値：8.2　単位：J/(mol·K)

問 2．(1)　$\dfrac{p_AS}{g}$　(2)　$W_{AB}=p_A(V_B-V_A)$　(3)　$\dfrac{p_A(V_B-V_A)}{R}$

(4)　$Q_{AB}=\dfrac{5}{2}p_A(V_B-V_A)$　(5)　$\dfrac{V_A}{V_C}p_A$　(6)　$W_{BC}=\dfrac{3}{2}p_A(V_B-V_A)$

(7)　$W_{CA}=Q_{CA}$

(8)

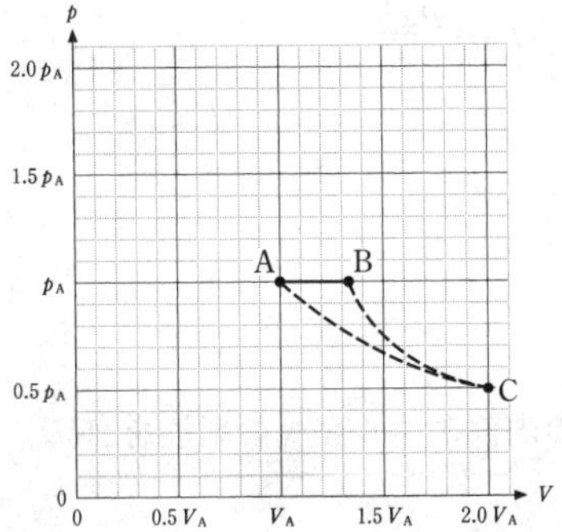

(9)　ア．$Q_{AB}-Q_{CA}$　イ．Q_{AB}　ウ．0

エ．$W_{AB}+W_{BC}-W_{CA}$　オ．小さい

◀解　説▶

≪熱サイクル，熱効率≫

▶問１．a．気体定数を R〔J/(mol·K)〕とすると，理想気体の状態方程式より

$$pV=nRT \qquad \therefore \quad R=\frac{pV}{nT}$$

b．単位が，1〔Pa〕=1〔N/m²〕，1〔J〕=1〔N·m〕であることに注意すると

$$R=\frac{2.7\times10^{5}\,[\mathrm{Pa}]\times1.3\times10^{-2}\,[\mathrm{m^3}]}{1.0\,[\mathrm{mol}]\times430\,[\mathrm{K}]}$$
$$=8.16\fallingdotseq8.2\,[\mathrm{J/(mol\cdot K)}]$$

▶問２．(1)　ピストンの上部の空間は真空である。ピストンの質量を m とすると，ピストンにはたらく力のつりあいの式より

$$mg=p_AS \qquad \therefore \quad m=\frac{p_AS}{g}$$

(2)　状態Ａ→状態Ｂの変化では，糸がたるんだままで気体の体積が増加しているから，ピストンにはたらく力は状態Ａと変わらない。よって，この変化は定圧変化である。このとき，気体がする仕事 W_{AB} は

$$W_{AB}=p_A(V_B-V_A)$$

(3)　状態Ａ，Ｂでの気体の温度を T_A，T_B とする。理想気体の状態方程式より

$$状態A：p_AV_A=1\cdot RT_A \qquad \therefore \quad T_A=\frac{p_AV_A}{R}$$

$$状態B：p_AV_B=1\cdot RT_B \qquad \therefore \quad T_B=\frac{p_AV_B}{R}$$

よって，温度上昇を $\varDelta T_{AB}$ とすると

$$\varDelta T_{AB}=T_B-T_A=\frac{p_AV_B}{R}-\frac{p_AV_A}{R}$$
$$=\frac{p_A(V_B-V_A)}{R}$$

(4)　状態Ａ→状態Ｂの変化で，気体の内部エネルギーの増加を $\varDelta U_{AB}$ とす

ると，熱力学第一法則より

$$Q_{AB}=\Delta U_{AB}+W_{AB}$$

定積モル比熱 $\frac{3}{2}R$ を用いると，$\Delta U_{AB}=1\times\frac{3}{2}R\Delta T_{AB}$ であるから

$$Q_{AB}=1\times\frac{3}{2}R\times\frac{p_A(V_B-V_A)}{R}+p_A(V_B-V_A)$$

$$=\frac{5}{2}p_A(V_B-V_A)$$

(5)　状態Cでの気体の圧力を p_C とする。理想気体の状態方程式より

$$p_CV_C=1\cdot R\frac{p_AV_A}{R}\qquad\therefore\quad p_C=\frac{V_A}{V_C}p_A$$

(6)　状態B→状態Cの変化は，気体と外部の間で熱の移動はないので断熱膨張である。気体の内部エネルギーの増加を ΔU_{BC} とすると，熱力学第一法則より

$$0=\Delta U_{BC}+W_{BC}$$

$$W_{BC}=-\Delta U_{BC}=-1\times\frac{3}{2}R\times\left(\frac{p_CV_C}{R}-\frac{p_AV_B}{R}\right)$$

ここで，(5)より $p_CV_C=p_AV_A$ であるから

$$W_{BC}=\frac{3}{2}p_A(V_B-V_A)$$

(7)　状態C→状態Aの変化は，等温変化である。熱力学第一法則より

$$-Q_{CA}=0-W_{CA}$$

$$\therefore\quad W_{CA}=Q_{CA}$$

(8)　$V_B=1.32V_A$，$V_C=2.00V_A$ のとき，$p_C=\frac{V_A}{V_C}p_A=\frac{V_A}{2.00V_A}p_A=0.50p_A$ である。p-V 図では，断熱曲線と等温曲線はどちらも単調減少であるが，断熱曲線は等温曲線より傾きが急である。これらに注意して p-V 図を描けばよい。

また，状態C→状態Aの等温変化で，体積 $1.5V_A$ のときの圧力を p' とすると，$p'\cdot1.5V_A=p_A\cdot V_A$ より　　$p'=\frac{2}{3}p_A$（$\fallingdotseq0.67p_A$）である。

(9)　各状態の変化において，気体が吸収した熱量，気体の内部エネルギーの増加，気体が外部へした仕事は，それぞれ次のようになる。

変化	吸収した熱量	内部エネルギーの増加	外部へした仕事
A→B	$Q_{AB}=\frac{5}{2}p_A(V_B-V_A)$	$\frac{3}{2}p_A(V_B-V_A)$	$W_{AB}=p_A(V_B-V_A)$
B→C	0	$-\frac{3}{2}p_A(V_B-V_A)$	$W_{BC}=\frac{3}{2}p_A(V_B-V_A)$
C→A	$-Q_{CA}$	0	$-W_{CA}$
和	$Q_{AB}-Q_{CA}$	0	$W_{AB}+W_{BC}-W_{CA}$

熱効率 e の定義は

$$\text{熱効率 } e=\frac{\text{気体が外部へした仕事の総和}}{\text{気体が吸収した熱量}}=\frac{W_{AB}+W_{BC}-W_{CA}}{Q_{AB}}$$

1サイクルについて，熱力学第一法則より

$$(Q_{AB}-Q_{CA})=0+(W_{AB}+W_{BC}-W_{CA})$$

これを用いると

$$e=\frac{Q_{AB}-Q_{CA}}{Q_{AB}}=1-\frac{Q_{CA}}{Q_{AB}}$$

$\frac{Q_{CA}}{Q_{AB}}>0$ であるから，$e<1$ となり，e の値は必ず1より小さい。これは，熱サイクルで，外部へ放出する熱量を0にすることはできない。すなわち，与えられた熱をすべて仕事に変えることはできない，熱効率100％の熱機関をつくることはできないということを表している。

❖講 評

2019年度は，2018年度と比べて問題量・難易度ともに大きな変化はないが，2018年度には1問しか出題されなかった描図問題が5問出題され，論述問題と数値計算問題が各1問出題された。出題分野は，力学，電磁気のほかに，2016～2018年度の波動にかわって2015年度以来の熱力学であった。

1 自転車とともに運動する観測者からみて，慣性力を含めた力のつりあいと力のモーメントのつりあいの関係である。(7)～(9)の後輪が浮き上がらない条件 $N_R\geqq 0$，タイヤがすべらない条件 $F_{max}\leqq \mu N_F$ を正しく判断できたかどうか。(11)では前後輪について同様の判断をしなければならず，解答スピードを必要とする問題であった。

2 問1は，電圧計の端子の＋，－に注意が必要である。磁束密度の時間変化は微分で考えるのが得策であり，グラフは電圧の値を相対的な大きさで描くので，時間は短縮できる。問2は，問題文の誘導に従って解いていけばよい。3題の中では，比較的易しい。

3　定圧変化，断熱変化，等温変化の標準的な問題である。各状態の気体の圧力，体積，温度と，状態方程式またはボイル・シャルルの法則の関係，各変化の間で気体が吸収した熱量，内部エネルギーの増加，外部へした仕事と，熱力学第一法則やモル比熱の関係が整理できていれば，2015年度以前に出題されていた熱力学の問題ほど難しくはない。問2のグラフと熱効率の定義と表現は，重要事項であるが差がつく問題である。

化学

1 解答

問 1．$\frac{2.5\times10^6}{M}$〔Pa〕

問 2．1.1 倍

問 3．おもりの質量：3.0×10 g

化合物**X**の分子量：3.4×10^3

問 4．9×10^{-1} mg

問 5．(ア)5.4×10^{-3} K　(イ)6.3×10^{-1} K

◀解　説▶

≪希薄溶液の性質，非電解質と電解質の浸透圧，凝固点降下≫

▶問 1．ファントホッフの法則（$\Pi V=nRT$）より，非電解質の質量を w〔g〕，分子量を M とすると

$$\Pi=\frac{nRT}{V}=\frac{wRT}{MV}$$

$$=\frac{0.100\times8.31\times10^3\times300}{M\times0.100}=\frac{2.493\times10^6}{M}$$

$$\fallingdotseq\frac{2.5\times10^6}{M}\text{〔Pa〕}$$

▶問 2．半透膜を通って水が移動し，水溶液の体積が増加した分だけ水溶液のモル濃度が減少する。$\Pi V=nRT$ より $\Pi=\frac{n}{V}RT$ で，$\frac{n}{V}$ がモル濃度〔mol/L〕であるから，温度が一定なら浸透圧は水溶液のモル濃度に比例する。図 2 の状態では，図 1 の状態より $\frac{6.60}{2}=3.30$〔cm〕だけ水面が上昇しているので，そのときの水溶液の体積は

$$100+3.30\times4.00=113.2\text{〔mL〕}$$

水溶液中の溶質の物質量に変化がなければ，水溶液のモル濃度は体積に反比例するので，図 2 の状態に対する図 1 の状態のモル濃度の割合は

$$\frac{113.2}{100}=1.132\fallingdotseq1.1\text{ 倍}$$

▶問 3．図 2 の状態での浸透圧は，断面積 $1.00\,\mathrm{cm}^2$ あたり水溶液 6.60 cm が及ぼす圧力の 1.13 倍と等しい。この圧力を図 1 の状態に換算し，x〔g〕のおもりが及ぼす圧力を計算すると，次の式が成り立つ。

$$6.60\times1.00\times1.13=\frac{x}{4.00}$$

$$\therefore\quad x=29.8\fallingdotseq3.0\times10\,\text{〔g〕}$$

図 2 の状態での浸透圧を求めると，$\dfrac{6.60}{\dfrac{760}{10}\times13.6}\times1.01\times10^5$〔Pa〕であるから，問 1 の文字式を用いて

$$\frac{2.49\times10^6}{M}\times\frac{100}{113.2}=\frac{6.60}{\dfrac{760}{10}\times13.6}\times1.01\times10^5$$

$$\therefore\quad M=3.41\times10^3\fallingdotseq3.4\times10^3$$

▶問 4．A 側と B 側の液面の高さが等しいとき，半透膜の両側の溶液の浸透圧は等しく，実質的なモル濃度も等しい。よって，加えた塩化ナトリウムの質量を x〔mg〕とすると，次の式が成り立つ。

$$\frac{\dfrac{100}{1000}}{3.4\times10^3}=\frac{\dfrac{x}{1000}}{58.5}\times2$$

$$\therefore\quad x=0.860\fallingdotseq9\times10^{-1}\,\text{〔mg〕}$$

▶問 5．水溶液の凝固点降下度を Δt〔K〕とすると

$$\Delta t=K_{\mathrm{f}}m$$
（K_{f} は水のモル凝固点降下〔K·kg/mol〕，
m は水溶液の質量モル濃度〔mol/kg〕）

(ア)
$$\frac{1.00}{3.41\times10^3}\times\frac{1000}{100}\times1.85=5.42\times10^{-3}$$
$$\fallingdotseq5.4\times10^{-3}\,\text{〔K〕}$$

(イ)
$$\frac{1.00}{58.5}\times\frac{1000}{100}\times2\times1.85=0.632$$
$$\fallingdotseq6.3\times10^{-1}\,\text{〔K〕}$$

2 解答

問１．ア―(b) イ―(a) ウ―(c) エ―(a)

問２．(1) $K_1=\dfrac{p_{CO}\cdot p_{H_2}}{p_{H_2O}}\cdot\dfrac{1}{RT}$ $K_2=\dfrac{p_{CO_2}\cdot p_{H_2}}{p_{CO}\cdot p_{H_2O}}$

(2) $K_{p1}=\dfrac{p_{CO}\cdot p_{H_2}}{p_{H_2O}}$ $K_{p2}=\dfrac{p_{CO_2}\cdot p_{H_2}}{p_{CO}\cdot p_{H_2O}}$

(3) オ．$\dfrac{(p_{CO}+2p_{CO_2})\cdot V}{RT}$ カ．$2p_{CO_2}$ キ．$p_{CO}{}^2$ ク．$\dfrac{2p_{CO}{}^2}{\alpha}$

(4) 5.06×10^4 Pa

◀解 説▶

≪水性ガス反応の平衡移動，濃度平衡定数と圧平衡定数≫

▶問１．熱化学方程式 $a\mathbf{A}+b\mathbf{B}=c\mathbf{C}+d\mathbf{D}+Q$ kJ で，$Q>0$ のときは発熱反応，$Q<0$ のときは吸熱反応である。

また，式①の反応において，左辺の気体分子の総数は１である（C (固) は気体ではないため数えない)。右辺の気体分子の総数は２であるから，右向きの反応によって気体分子の総数が増加する。ルシャトリエの原理より，系全体の圧力を低くすれば平衡は気体分子の総数が増加する方，つまり右向きに移動するので，H_2 の生成率を大きくすることができる。

▶問２．C (固) + H_2O (気) = CO (気) + H_2 (気) + y〔kJ〕 ……①

CO (気) + H_2O (気) = CO_2 (気) + H_2 (気) + z〔kJ〕 ……②

ここで，$pV=nRT$ より　モル濃度〔mol/L〕$=\dfrac{n}{V}=\dfrac{p}{RT}$

よって，それぞれの物質のモル濃度は，気体の分圧を用いて次のように表される。

$$[H_2O]=\frac{p_{H_2O}}{RT},\ [CO]=\frac{p_{CO}}{RT},\ [H_2]=\frac{p_{H_2}}{RT},\ [CO_2]=\frac{p_{CO_2}}{RT}$$

(1) それぞれ代入し整理すると

$$K_1=\frac{[CO][H_2]}{[H_2O]}=\frac{\dfrac{p_{CO}}{RT}\times\dfrac{p_{H_2}}{RT}}{\dfrac{p_{H_2O}}{RT}}=\frac{p_{CO}\cdot p_{H_2}}{p_{H_2O}}\cdot\frac{1}{RT}$$

$$K_2=\frac{[CO_2][H_2]}{[CO][H_2O]}=\frac{\dfrac{p_{CO_2}}{RT}\times\dfrac{p_{H_2}}{RT}}{\dfrac{p_{CO}}{RT}\times\dfrac{p_{H_2O}}{RT}}=\frac{p_{CO_2}\cdot p_{H_2}}{p_{CO}\cdot p_{H_2O}}$$

(2)　圧平衡定数 K_{p1}，K_{p2} も，各成分気体の分圧によって次のように表される。

$$K_{p1}=\frac{p_{CO}\cdot p_{H_2}}{p_{H_2O}}$$

$$K_{p2}=\frac{p_{CO_2}\cdot p_{H_2}}{p_{CO}\cdot p_{H_2O}}$$

(3)　酸素原子の物質量は，CO と CO_2 に含まれる物質量の総和である。

CO の物質量は $\dfrac{p_{CO}\cdot V}{RT}$，$CO_2$ の物質量は $\dfrac{p_{CO_2}\cdot V}{RT}$ であるから，酸素原子の総物質量は $\dfrac{p_{CO}\cdot V}{RT}+\dfrac{2p_{CO_2}\cdot V}{RT}$ であり，原子の物質量の比が原子数の比と等しいので，次の式が成り立つ。

$$\frac{(p_{CO}+2p_{CO_2})\cdot V}{RT}:\frac{2p_{H_2}\cdot V}{RT}=1:2$$

$$2(p_{CO}+2p_{CO_2})=2p_{H_2}$$

$$\therefore\quad p_{H_2}=p_{CO}+2p_{CO_2}\quad\cdots\cdots③$$

圧平衡定数の比を求めると

$$\frac{K_{p1}}{K_{p2}}=\frac{\dfrac{p_{CO}\cdot p_{H_2}}{p_{H_2O}}}{\dfrac{p_{CO_2}\cdot p_{H_2}}{p_{CO}\cdot p_{H_2O}}}=\frac{{p_{CO}}^2}{p_{CO_2}}=\alpha$$

$$\therefore\quad p_{CO_2}=\frac{{p_{CO}}^2}{\alpha}\quad\cdots\cdots④$$

式③，式④より　　$p_{H_2}=p_{CO}+\dfrac{2{p_{CO}}^2}{\alpha}$　……⑤

(4)　$p_{CO}=5.00\times10^4$〔Pa〕，$\alpha=7.70\times10^6$〔Pa〕より

$$p_{H_2}=p_{CO}+\frac{2{p_{CO}}^2}{\alpha}=5.00\times10^4+\frac{2\times(5.00\times10^4)^2}{7.70\times10^6}$$

$$=5.064\times10^4\fallingdotseq5.06\times10^4\text{〔Pa〕}$$

3 **解答**　問1．ア．Cl_2　ウ．CO　エ．CO_2

問2．イ―(2)　理由：(a)

問3．オ．銑鉄　カ．鋼

問4．Na^+：4　Cl^-：4

問5．0.414

問6．(1)―×　(2)―○　(3)―×

問7．3.4L

◀解　説▶

≪ナトリウム・アルミニウム・鉄の製法と性質，NaCl の結晶格子≫

▶問1．イオン化傾向の大きな金属の単体を得るためには，溶融塩電解（融解塩電解）という方法が用いられる。融解した塩を水のない状態で電気分解することで，陰極から目的の金属を得る。ナトリウムとアルミニウムを得る溶融塩電解の電極反応式を次に示す。

ナトリウムの製法（塩化ナトリウムの溶融塩電解）

陽極：$2Cl^- \longrightarrow Cl_2 + 2e^-$

陰極：$Na^+ + e^- \longrightarrow Na$

アルミニウムの製法（酸化アルミニウムの溶融塩電解）

陽極：$O^{2-} + C \longrightarrow CO + 2e^-$，$2O^{2-} + C \longrightarrow CO_2 + 4e^-$

陰極：$Al^{3+} + 3e^- \longrightarrow Al$

▶問2．溶融塩電解では，融解させる塩の融点を下げるために加える物質が知られている。酸化アルミニウムには氷晶石（Na_3AlF_6）を加え，塩化ナトリウムには塩化カルシウム（$CaCl_2$）を加える。カルシウムはイオン化傾向がナトリウムより大きいので，電圧を調節することによって，陰極にナトリウムだけを析出させることができる。

▶問3．製鉄は，赤鉄鉱（主成分 Fe_2O_3）や磁鉄鉱（主成分 Fe_3O_4）を溶鉱炉でコークスから生じた一酸化炭素で還元して行われる。

$$Fe_2O_3 + 3CO \longrightarrow 2Fe + 3CO_2$$

溶鉱炉で得られる銑鉄は，炭素を約4％含み，鋳物等に用いられる。さらに，転炉で酸素を吹き込んで炭素の含有量を少なくした鋼は，弾性に富み建築材等に用いられる。

▶問4．NaCl の結晶格子において，単位格子に含まれるそれぞれのイオンの個数は次のように示される。

Na^+：$\frac{1}{4}\times 12+1\times 1=4$ 個

Cl^-：$\frac{1}{8}\times 8+\frac{1}{2}\times 6=4$ 個

▶問 5．塩化ナトリウムの結晶格子において，Na^+ と Cl^- が接し，さらに Cl^- どうしも接しているとき，Na^+ のイオン半径 r^+ と Cl^- のイオン半径 r^- は，格子一辺の長さを a として次のように示される。

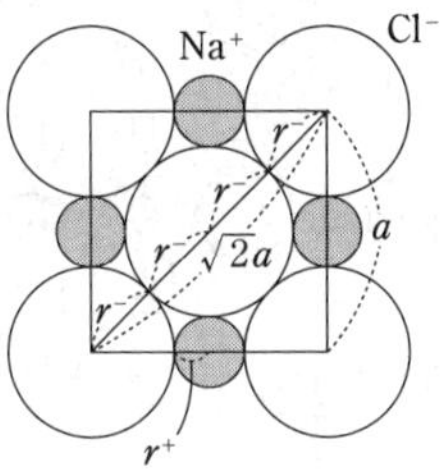

$$4r^- = \sqrt{2}a \qquad \cdots\cdots ①$$

$$2(r^+ + r^-) = a \qquad \cdots\cdots ②$$

②×2÷① より　$\frac{r^+}{r^-}=\sqrt{2}-1=0.414$

▶問 6．(1)　誤文。単体のナトリウムは石油中で保存するが，石油（密度 $0.80\,g/cm^3$）に比べ密度は大きい（$0.97\,g/cm^3$）ので，石油中に沈む。

(2)　正文。単体のナトリウムは，エタノールと次のように反応して水素を発生する。

$$2C_2H_5OH + 2Na \longrightarrow 2C_2H_5ONa + H_2$$

(3)　誤文。単体のナトリウムは，水と反応すると水素を発生し水酸化ナトリウムが生じるので，BTB 溶液は青色を示す。

$$2H_2O + 2Na \longrightarrow 2NaOH + H_2$$

▶問 7．エは二酸化炭素であり，酸化アルミニウムと炭素が反応し，アルミニウムと二酸化炭素のみが生成する式は以下で表せる。

$$2Al_2O_3 + 3C \longrightarrow 4Al + 3CO_2$$

よって，5.4 g のアルミニウムが得られるとき，発生する二酸化炭素の体積は

$$\frac{5.4}{27.0}\times\frac{3}{4}\times 22.4=3.36 \fallingdotseq 3.4\,〔L〕$$

4　解答　問 1．分子式：C_9H_8

構造式：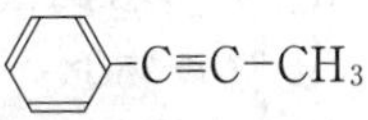

問２．方法：(b)　化合物**C**の構造式：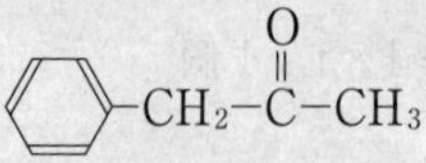

問３．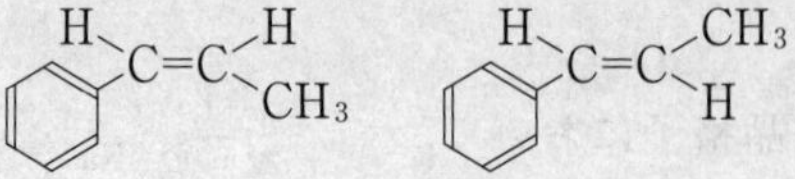

問４．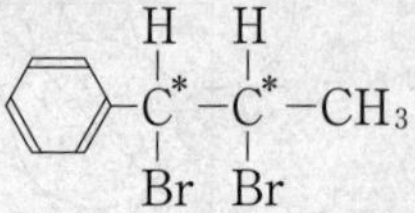

問５．ア．フェーリング液　イ．安息香酸

問６．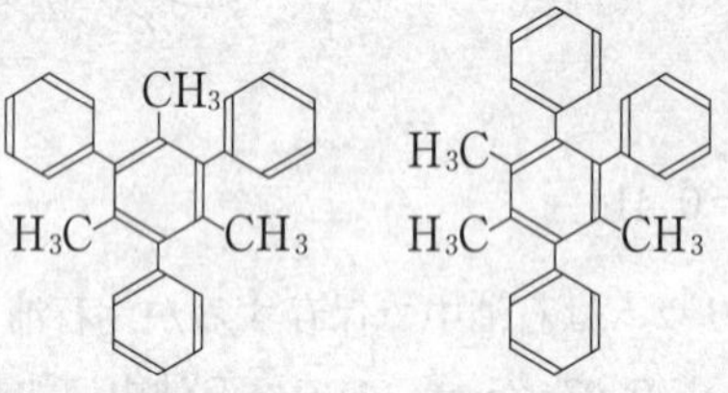

◀解　説▶

≪芳香族化合物 C_9H_8 とその誘導体の反応と構造式≫

▶問１．化合物**A**の元素分析の結果より

$$C：198\times\frac{12.0}{44.0}=54.0〔mg〕$$

$$H：36.0\times\frac{2.00}{18.0}=4.0〔mg〕$$

$$C：H=\frac{54.0}{12.0}：\frac{4.0}{1.00}=9：8$$

よって，**A**の組成式は C_9H_8（式量 116.0）である。

分子量が 116.0 であるから，分子式も C_9H_8 となる。

化合物**A**から化合物**J**までの変化は，次のように示される。

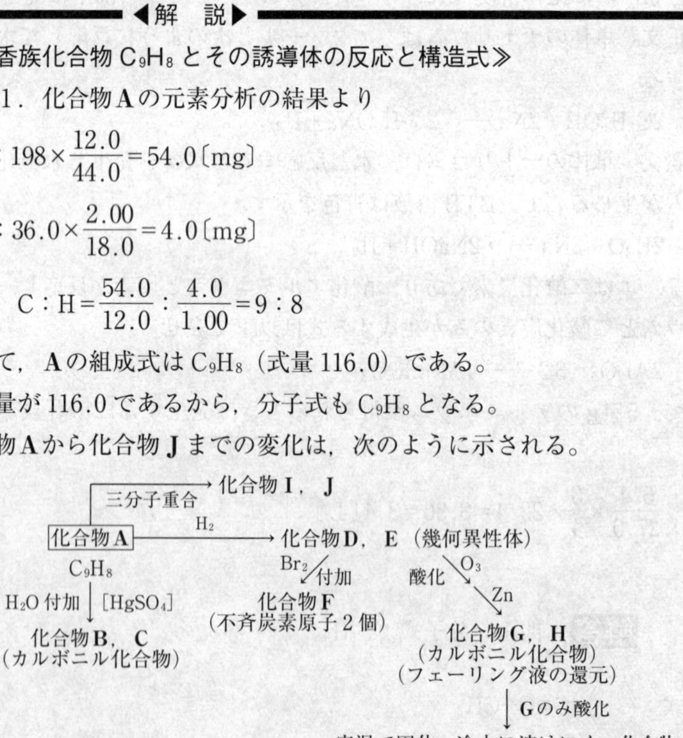

硫酸水銀(Ⅱ)を触媒として水が付加してカルボニル化合物が生じるので，化合物**A**には炭素原子間の三重結合が存在する。さらにベンゼン環を1つもち，炭素原子の数が9であり，水素の付加により幾何異性体を生じるため，その構造式は 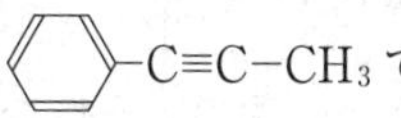 である。

▶問2．化合物**A**に対する水の付加反応は次のように示され，二重結合をしている炭素原子に結合したヒドロキシ基から2種のカルボニル化合物が生成する（エノール転位）。

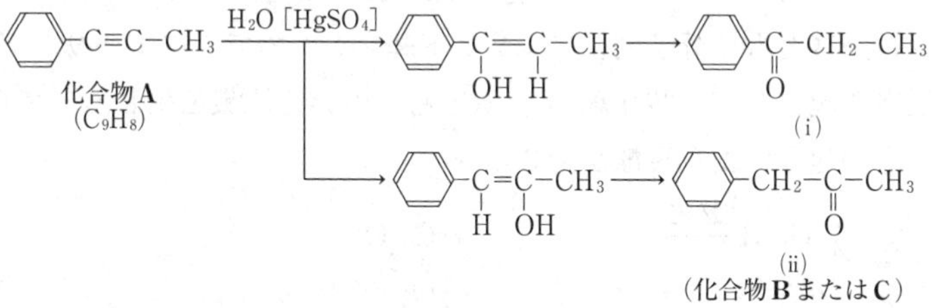

選択肢の(a)はフェノール性のヒドロキシ基の検出反応であり，化合物**B**，**C**ともに反応しない。

(b)はヨードホルム反応であり，分子内に $R-C(=O)-CH_3$（Rは水素または炭化水素基）の構造をもつものが反応するので，化合物**C**は上記の(ii)の構造をもつ。

(c)はアルコール性のヒドロキシ基の検出反応であり，化合物**B**，**C**のどちらも反応しない。

▶問3．化合物**A**に対する水素付加は，次のように示される。

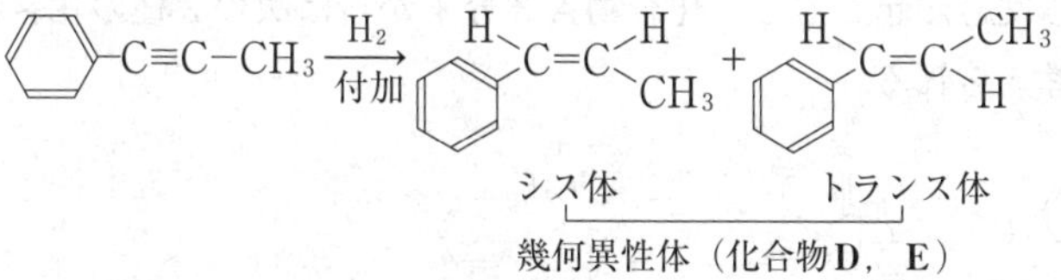

▶問4．化合物**D**，**E**への臭素付加反応は，次のように示される。

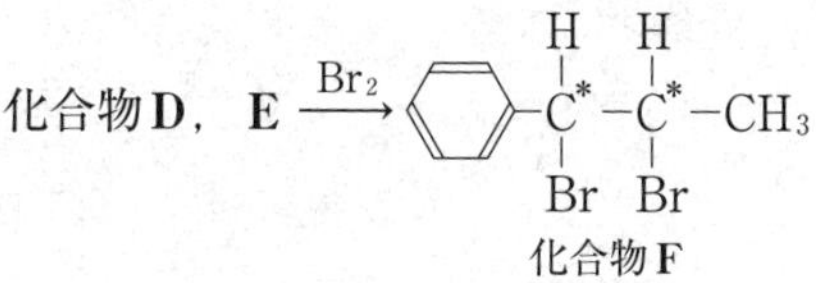

化合物**F**

▶問５．アルケンに対するオゾン分解は，一般に次のように示され，カルボニル化合物が生成する。

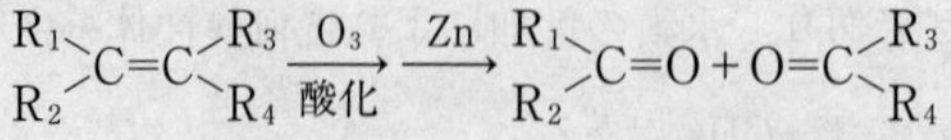

化合物**D**，**E**についてこの反応を行うと，次のようになる。

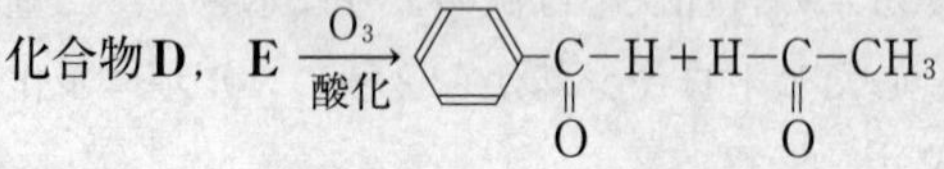

（化合物**G**，**H**）

化合物**G**，**H**ともに分子内にアルデヒド基をもつので，フェーリング液の還元反応を起こして，酸化銅(Ⅱ)（Cu_2O）の赤色沈澱を生じる。さらに，次の反応が起きて安息香酸が生じる。

（化合物**G**）　　安息香酸
（室温で固体，冷水には溶けにくい）

▶問６．アセチレン３分子が重合すると，次の反応が起きてベンゼンを生成する。

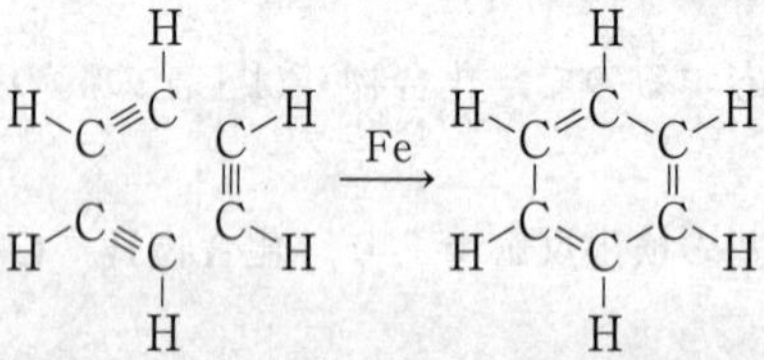

アセチレン３分子　　ベンゼン

これと同じ反応が起こると，化合物**A** 3 分子からは次の２種の化合物が生成すると考えられる。

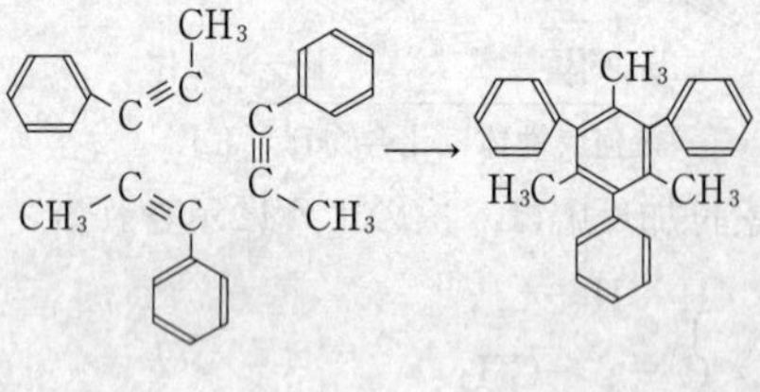

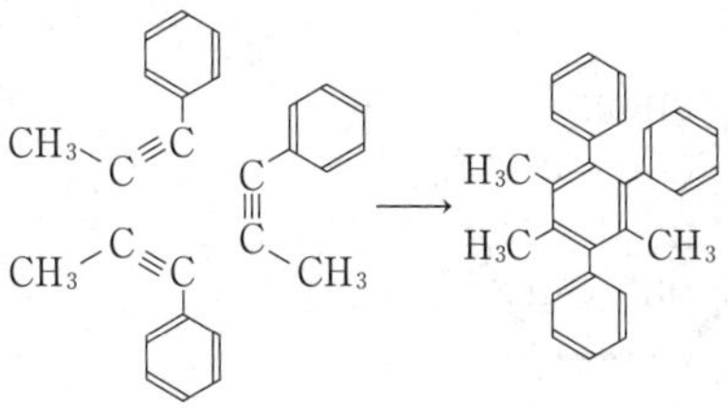

5 解答

(1)問1．$C_6H_{12}O_6$

問2．鎖状グルコース：4個　鎖状フルクトース：3個

問3．① OH　② OH　③ H　④ OH　⑤ H　⑥ H　⑦ OH　⑧ H

問4．スクロース，ラクトース

(2)問5．ア―(E)　イ―(D)　ウ―(K)　エ―(F)　オ―(I)

問6．77％

◀解　説▶

≪単糖類の鎖状構造と環状構造，再生繊維と半合成繊維≫

(1)　▶問2．グルコースとフルクトースの水溶液中での状態を次に示す。

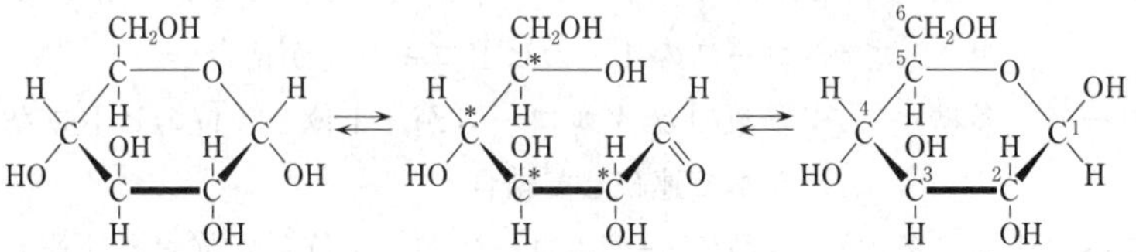

α-グルコース　　鎖状構造　　β-グルコース

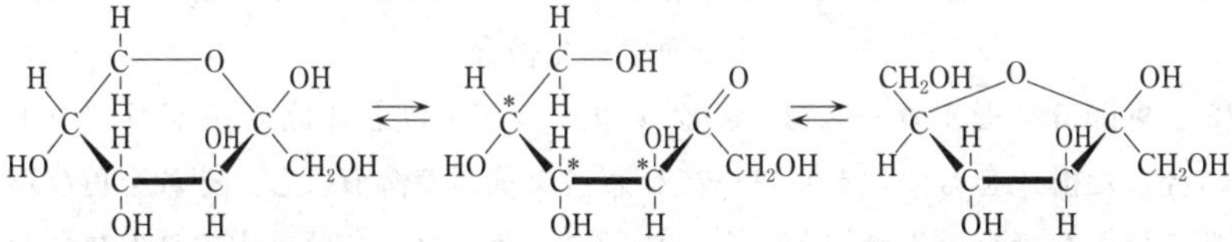

β-フルクトース（六員環構造）　　鎖状構造　　β-フルクトース（五員環構造）

図に示すように，鎖状構造のときに分子内に存在する不斉炭素原子 C^* はグルコースで4個，フルクトースで3個である。

▶問3．β-ガラクトースの構造式については，グルコースに対してリード文中に「4位の炭素原子に結合するヒドロキシ基の立体配置が異なる」とあるので，β-グルコースの4位のヒドロキシ基を反転させた次の構造となる。

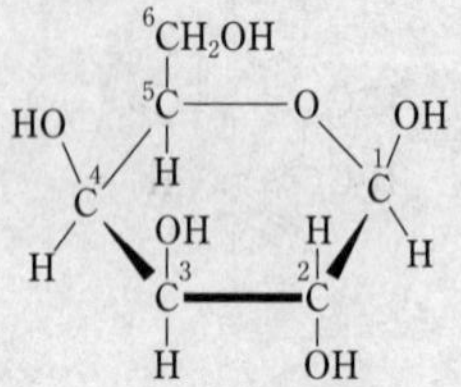

▶問 4．枠内の二糖，多糖を構成する単糖とその構造を次に示す。

スクロース（二糖）　　：α-グルコースの 1 位のヒドロキシ基と β-フルクトースの 2 位のヒドロキシ基が結合

トレハロース（二糖）　：α-グルコース 2 分子がともに 1 位のヒドロキシ基で結合

マルトース（二糖）　　：α-グルコース 2 分子が，1 位と 4 位のヒドロキシ基で結合

セロビオース（二糖）　：β-グルコース 2 分子が，1 位と 4 位のヒドロキシ基で結合

ラクトース（二糖）　　：β-ガラクトースの 1 位のヒドロキシ基と β-グルコースの 4 位のヒドロキシ基が結合

アミロース（多糖）　　：多数の α-グルコースが，1 位と 4 位のヒドロキシ基で連続して結合

アミロペクチン（多糖）：多数の α-グルコースが，1 位と 4 位および 6 位のヒドロキシ基で連続して結合

セルロース（多糖）　　：多数の β-グルコースが，1 位と 4 位のヒドロキシ基で連続して結合

(2)　▶問 5．セルロースは，β-グルコースが 1 位と 4 位で β-グリコシド結合した構造をもつ。セルロースを適当な試薬で溶液にし，それを再び繊維にしたものを再生繊維という。さらに，セルロース分子中のヒドロキシ基をアセチル化することによって，半合成繊維も作られる。

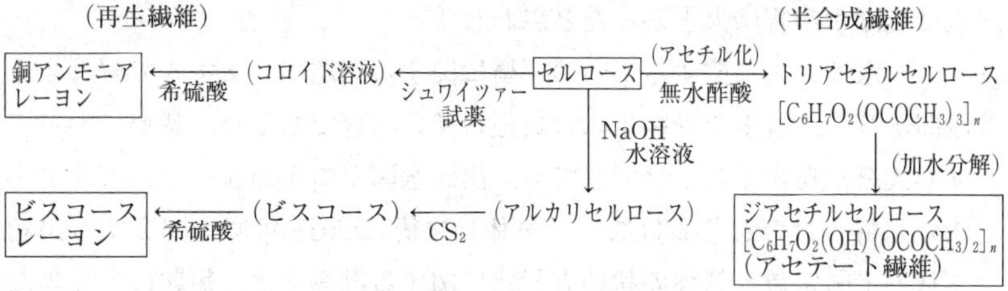

▶問 6．セルロース $[C_6H_7O_2(OH)_3]_n$ のヒドロキシ基が部分的にアセチル化された高分子**P**の化学式を $[C_6H_7O_2(OH)_{3-x}(OCOCH_3)_x]_n$ とする。もとのセルロースの分子量は $162n$ であり，高分子**P**の分子量は

$$(111+17\times(3-x)+59x)\times n=(162+42x)\,n$$

セルロースとアセチル化して得られた高分子**P**の物質量は変わらないので

$$\frac{(162+42x)\,n}{162n}=\frac{162+42x}{162}=\frac{259}{162}$$

$$\therefore\quad x=2.309$$

よって，ヒドロキシ基がアセチル化された割合は

$$\frac{2.309}{3}\times 100=76.9\fallingdotseq 77〔\%〕$$

❖講　評

大問 5 題の出題である。2019 年度は，大問の構成に変化はあったが，総合的な問題量や難易度は 2018 年度までと変わりはない。2018 年度に増加した有機分野からの出題は例年並みとなり，解答方法でも特に目立つ特徴はなかったが，計算結果を文字式で答える設問の数が増えた。2019 年度は特に 1 の難易度が高かったため，解答の順番や時間配分に工夫が必要な構成であった。

1　大問 1 は小問集合形式で出題される年度も多いが，2019 年度は希薄溶液の性質に関する総合問題で，近年にはない問題構成となった。U 字管を用いた浸透圧に関する実験は珍しくないが，圧力を水溶液の高さや密度と関連させ，水の浸入後の水溶液の体積や濃度変化まで考慮する内容は物理の知識がないと解答しにくく，計算も煩雑であった。さらに，問 3 の分子量が計算できないとその後の設問も解けず，得点しにくい大問である。最初の大問ということもあり，ここでの対応が全体の得点に及ぼす影響は大きかったと思われる。

2　水性ガスに関する二つの平衡に関する問題で，文字式で解答する設問が多く，苦手な受験生には負担の多い内容であった。誘導に沿って文字式を変形することはできても，出題意図がつかめないと複雑な文字式の正解へはたどり着けない。気体の平衡は2018年度大問2でも出題され，平衡定数と気体の状態方程式に関する計算等は，類題に多く当たって慣れておく必要がある。最後の計算問題も，それまでの文字式が正確に書けないと解答できず，この大問も問1以外は簡単には得点しにくい構成である。

3　2018年度には出題のなかった無機分野のナトリウム・アルミニウム・鉄の製法に関する総合問題で，文章完成と問7の計算問題は教科書レベルである。塩化ナトリウムの融点を下げる物質は，知識としては知らなくても，アルミニウムの製法における氷晶石の役割と金属のイオン化傾向から推測する考察力があれば解答できる。単体のナトリウムの保存状況を実際に見ていれば密度の関係も容易にわかるので，単なる暗記に終わらない生きた知識が自信のもてる解答につながる。問5のイオン結晶の限界半径比は，難関大対策を十分行っていれば解答できる。

4　有機分野では，2018年度の大問4に引き続いて芳香族化合物に関する総合問題で，構造決定に思考力は必要であるが全体的な難易度は標準的である。炭素原子間の二重結合への水の付加と異性化，オゾン分解によるカルボニル化合物の生成などは，問題文中に特に説明がなくても解答できる力をつけておく必要があり，類題の演習量で差がつく。アセチレンの三分子重合の結果から推測して，アルキンの三分子重合後の化合物の異性体を推測するのは応用力がいる。

5　糖類に関する内容は，2015年度，2017年度と最後の大問で隔年で出題されており，2019年度も糖類の構造とセルロースから得られる化学繊維に関する総合問題の出題であった。単糖の環状と鎖状の構造を正確に書ければ，不斉炭素原子の数はすぐにわかる。β-ガラクトースの構造式も，あまり書くことはないだろうが，グルコースとの違いを説明文から読み取ればよい。トレハロースやラクトースを構成する単糖も，詳細な知識が要求される。問6も高分子化合物の分野では典型的な計算で，単量体の分子量を正確に算出する必要がある。

「化学基礎」分野の酸・塩基や酸化還元等の出題が比較的少なく，結晶格子や気体と溶液，化学平衡や反応速度といった「化学」の理論分野の大問で差がつく問題構成が続いている。出題分野は無機や有機分野でも，化学理論に関する設問を含み，幅広い分野の総合的な内容を基礎から発展まで広く出題する傾向にも変わりはない。近年は正誤問題や正解を語群から選ぶ設問や，文章読解力や応用力で差がつく設問が目立つ。大問の難易度に差があることも多く，解答の順序や解答方法によって得点差が開く可能性が高い。広い分野の標準的な問題を，限られた時間内に正確に解答できる総合力を要求する傾向は続いており，高得点のためには解答の時間配分を確実に行って，基礎的な問題での取りこぼしをなくし，応用問題や煩雑な計算でも得点できる演習が必要となる。

生物

1

解答 問1．ア．ホスホグリセリン酸（PGA）
イ．チラコイド ウ．葉肉 エ．オキサロ酢酸
オ．維管束鞘 カ．液胞
問2．競争的阻害
問3．光リン酸化
問4．CO_2濃度が高く保たれている。（20字以内）
問5．C_4植物は夜間に気孔を閉じ，昼間に気孔を開くのに対し，CAM植物は夜間に気孔を開き，昼間に気孔を閉じる。気温が低く湿度が高い夜間の方が，気温が高く湿度の低い昼間に比べて蒸散が起こりにくい。そのためCAM植物の方が蒸散量は少ない。（120字以内）

◀解 説▶

≪C_3植物・C_4植物・CAM植物の光合成経路≫

▶問1．カルビン・ベンソン回路ではたらくルビスコは，RuBPにCO_2を結合させる反応と，RuBPにO_2を結合させる反応の両方を触媒することができる。前者の反応によってPGAが生成される。後者の反応は，ホスホグリコール酸からPGAを生成するまでの過程でO_2を消費しCO_2を発生することから光呼吸と呼ばれる。また，この際にATPを消費するため，光呼吸の影響により光合成の効率が低下する。

一方，C_4植物の場合，葉肉細胞においてPEPカルボキシラーゼと呼ばれる酵素（ルビスコよりもCO_2を取り込む能力が高い）のはたらきにより，ホスホエノールピルビン酸（PEP）とCO_2からオキサロ酢酸が生成する。オキサロ酢酸はリンゴ酸に変化した後，維管束鞘細胞に運ばれCO_2とピルビン酸に分解される。ピルビン酸はその後，ホスホエノールピルビン酸に戻る。この回路はC_4回路と呼ばれ，この回路から供給されるCO_2により，維管束鞘細胞内のCO_2濃度が高く保たれる。その結果，ルビスコはCO_2をRuBPに結合させる反応を優先し，光呼吸が抑制される。

CAM植物もC_4植物と同様のCO_2取り込み機構を有するが，CAM植

物の場合，葉肉細胞と維管束鞘細胞で起こる反応が1つの葉肉細胞内で起こる。細かくみると，夜間に気孔を開きC_4回路と同様の過程でCO_2を取り込み，リンゴ酸として葉肉細胞内の液胞に蓄える。昼間は気孔を閉じ，リンゴ酸を分解して生じたCO_2をもとにカルビン・ベンソン回路をはたらかせる。

▶問2．CO_2とO_2がルビスコの活性部位を奪い合うとあるので，競争的阻害である。

▶問3．葉緑体のチラコイド膜を隔てたH^+の濃度差を利用してATP合成酵素がATPを合成することを光リン酸化という。

▶問4．C_4植物のルビスコは，O_2による阻害をほとんど受けないとある。これは，問1の〔解説〕でも触れたように，C_4回路から供給されるCO_2により維管束鞘細胞内のCO_2濃度が高く保たれているからである。

▶問5．C_4植物は夜間に気孔を閉じ，昼間に気孔を開ける。一方，CAM植物の多くは乾燥した地域に生育するので，気温が高く湿度の低い昼間に気孔を開くと蒸散により多くの水分を失ってしまう。そのため気温が低く湿度の高い夜間に気孔を開き，CO_2をリンゴ酸の形で蓄える。そして昼間に気孔を閉じ，リンゴ酸からのCO_2をもとに光合成を行う。このしくみによってCAM植物はC_4植物よりも蒸散を抑えることができる。

2 解答

問1．ア．体液性免疫　イ．細胞性免疫
ウ．ヘルパーT　エ．キラーT　オ．日和見感染
カ．自己免疫疾患

問2．(1)サイトカイン（インターロイキン）
(2)トル様受容体（Toll様受容体，TLR）
(3)抗体可変部の遺伝子は断片化されて複数の遺伝子群で存在する。B細胞が分化する過程で各遺伝子群から一つずつ遺伝子断片が選ばれ，組み合わされて再構成される。(80字以内)
(4)免疫記憶（二次応答）

問3．キ．マスト（肥満）　ク．ヒスタミン

問4．(1)HLA　(2)T細胞受容体（TCR）

◀解　説▶

≪免疫，抗体遺伝子の再構成，MHC≫

▶問1．獲得免疫（適応免疫）には，体液性免疫と細胞性免疫がある。体液性免疫ではヘルパーT細胞によって活性化したB細胞が抗体産生細胞（形質細胞）となって抗体を産生する。一方，細胞性免疫では，ヘルパーT細胞によって活性化したキラーT細胞などがウイルス感染細胞などを攻撃する。T細胞の細胞表面にはT細胞受容体（TCR）が，B細胞の細胞表面にはB細胞受容体（BCR）があり，それぞれこの受容体で抗原情報を認識する。ある抗原情報を認識したヘルパーT細胞は，同じ抗原情報を認識したB細胞やキラーT細胞を活性化する。

▶問2．(1)・(2)　マクロファージ，好中球，樹状細胞などの食細胞は，トル様受容体によって病原体に特有な抗原を認識すると，その病原体を取り込み消化・分解する。また，病原体を認識したマクロファージはサイトカインを分泌し，炎症反応を起こしたり，免疫細胞を活性化したりする。なお，サイトカインは細胞外に分泌され情報伝達物質としてはたらくタンパク質の総称で，特に免疫反応の場合にはインターロイキンなどがある。

(3)　抗原の種類は無数にあるが，抗体遺伝子の数は限られている。そこで，多様な抗体をつくるため下図のような仕組みがある。抗体可変部の遺伝子は断片化されて複数の遺伝子群で存在する。B細胞が分化する過程で各遺伝子群から一つずつ遺伝子断片が選ばれ，それらが組み合わされて再構成される。その組合せは膨大であり，これによって多様なB細胞ができ，多種類の抗体をつくることができる。

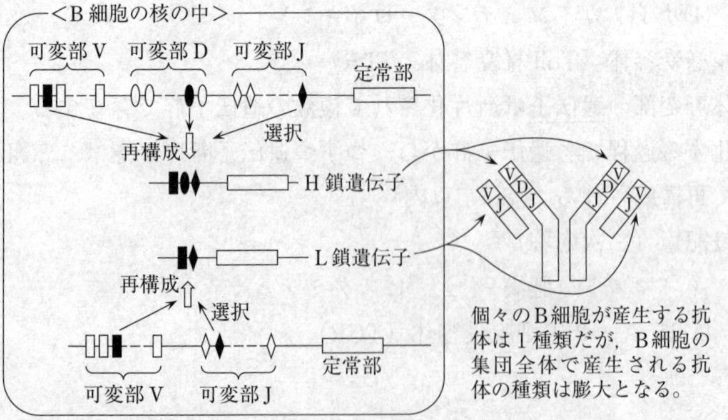

(4)　初めて異物が侵入したときに増殖したT細胞やB細胞の一部は記憶細胞として体内に残っており，二度目に同じ異物が侵入すると記憶細胞がすぐに活性化・増殖し速やかに獲得免疫がはたらく。このような仕組みを免疫記憶という。このため一次応答に比べて二次応答は短時間で強い反応となる。

▶問3．花粉からタンパク質が流出すると，このタンパク質に作用するIgEと呼ばれる抗体がつくられる。この抗体がマスト細胞に結合し，さらにこの抗体に花粉由来のタンパク質が結合すると，マスト細胞からヒスタミンが分泌され，アレルギー症状が引き起こされる。IgEは本来寄生虫の排除に関わる抗体であるが，花粉に対して過敏に反応してしまい，花粉症が引き起こされる。

▶問4．T細胞の細胞表面にはT細胞受容体（TCR）と呼ばれるタンパク質が存在する。このT細胞受容体は定常部と可変部からなり，可変部は様々な形状を有する。T細胞受容体は異物を見つけるセンサーのようなもので，細胞表面のMHC（主要組織適合抗原）分子の形をいつもチェックしている。下図のように，自己由来ペプチドをのせたMHCにはT細胞受容体は結合せず免疫反応は起こらない。ところが，細菌などに感染した細胞は，細菌由来の非自己由来ペプチドをMHC上にのせており，これに対してT細胞受容体が結合して免疫反応が起こる。臓器移植において他個体の細胞に対する拒絶反応が起こるのも同様の仕組みによる。また，ヒトのMHC分子はHLA（ヒト白血球抗原）と呼ばれる。

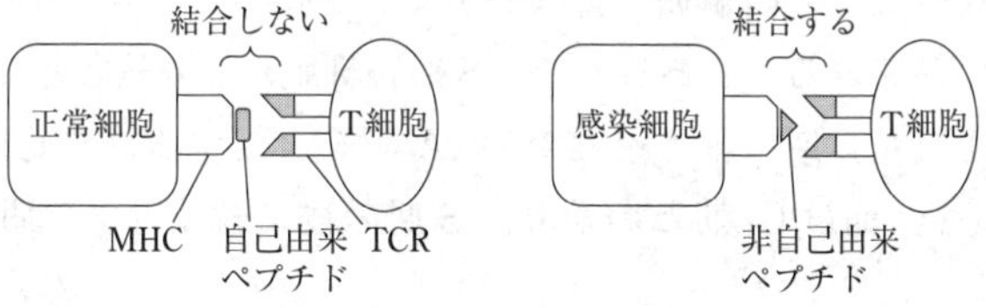

3 解答

問1．ア．動原体　イ．二価染色体　ウ．乗換え
エ．32　オ．組換え

問2．(1)―(p)　(2)―(d)

問3．(1)カ．細胞周期　キ．G_1（DNA合成準備）　ク．G_2（分裂準備）
ケ．赤道面

(2)—(b)　(3)—Ｉ　(4)—Ｆ　(5)半保存的複製

◀解　説▶

≪細胞周期と DNA の複製≫

▶問１．ウ・オ．相同染色体の間で染色体の一部が交換されることを乗換えといい，その結果，相同染色体上の遺伝子が入れ替わり，新たな連鎖が生じることを組換えという。

エ．10本の染色体をもつので $2n=10$ である。染色体の乗換えを考慮しなければ，生じる配偶子がもつ染色体の組合せは全部で $2^5=32$ 通りとなる。

▶問２．(1)　下線部①より，細胞周期の長さは24時間である。実験１を読むと，分裂期の細胞は全体の12.5％とあるので，分裂期（M期）に要する時間は，$24\times\frac{12.5}{100}=3$ 時間とわかる。

よって，図１は下図のように判断できる。

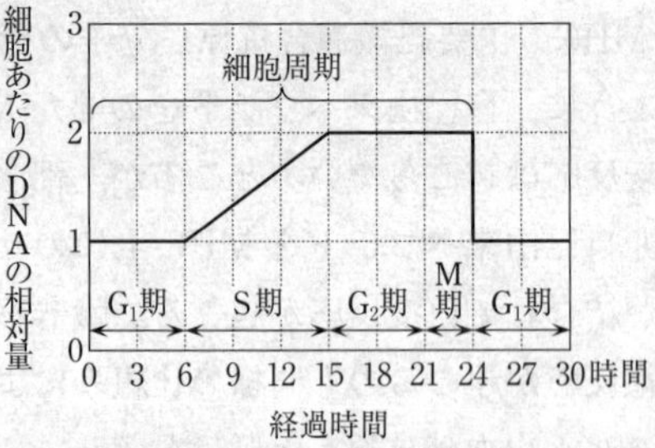

(2)　リード文に，「この類似物質は…チミンを持つヌクレオチドと同様に DNA に取り込まれる」とあるので，S期の細胞が取り込むといえる。

▶問３．(1)　〔キ〕期に続く過程で DNA 鎖を合成する（S期に入る）とあるので〔キ〕期は G_1 期とわかり，S期の後に続く〔ク〕期は G_2 期である。

(2)　DNA の複製では，２本鎖 DNA のうち，一方の DNA 鎖を鋳型にして新たな DNA 鎖を合成する（半保存的複製）。よって，類似物質は片方の DNA 鎖だけに取り込まれる。

(3)・(4)　実験２を読むと，類似物質を培地に加え３時間培養し，さらにその後類似物質を含まない培地で10時間培養を続けると，分裂中期の細胞に類似物質が含まれていたとある。たとえば，実験２の開始時にS期にある細胞を考えると，この細胞は類似物質の添加後すぐにこれを取り込み，そこから 13 時間経過すると，一部の細胞では分裂期に入っている。

下図は，実験 2 における類似物質の取り込まれ方とその後の局在を模式的に示したものである。破線は類似物質を含まない通常の DNA 鎖を，実線は類似物質を含む DNA 鎖を示している。類似物質を添加した培地で 3 時間培養後，10 時間経過すると（実験 2），類似物質は新しく合成された DNA 鎖に取り込まれ，分裂中期では，染色体全体に類似物質が含まれる（染色体全体から蛍光が観察される）。よって，(3)は I が正しい。そこからさらに 24 時間培養すると（実験 3），ちょうど細胞周期 1 サイクル分の時間が経過するので，先ほどの細胞は分裂後に S 期を経て再び分裂中期に入る。実験 3 では培地に類似物質が存在せず，細胞は通常のチミンをもつヌクレオチドを取り込むので，下図のように一方の染色分体だけに類似物質が含まれる。よって，(4)は F が正しい。

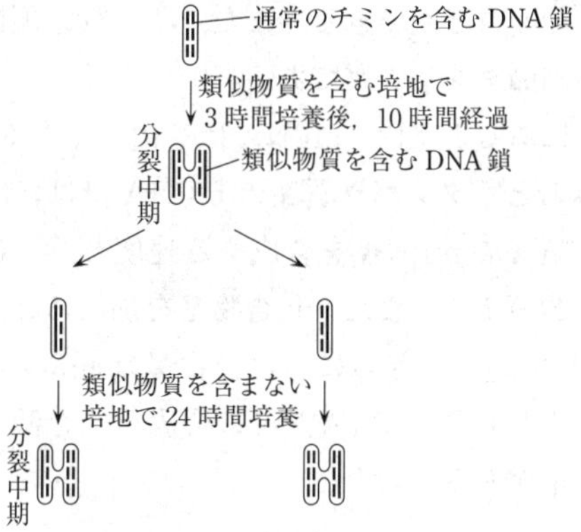

4 解答

問 1．ア．スプライシング　イ．翻訳　ウ．プライマー
エ．デオキシリボース　オ．リボース
カ．アデニン（A），チミン（T），シトシン（C），グアニン（G）
キ．アデニン（A），ウラシル（U），シトシン（C），グアニン（G）

問 2．(1)転写調節領域　(2)調節タンパク質　(3) RNA ポリメラーゼ
(4)プロモーター　(5)基本転写因子

問 3．(1)タンパク質 **X** をコードする遺伝子の転写を抑制する。(30 字以内)

(2)タンパク質**X**の mRNA の合成速度と分解速度がほぼ等しい。(30 字以内)

◀解　説▶

≪遺伝子発現の調節，RNA の合成と分解≫

▶問 1．ウ．DNA ポリメラーゼは，ある程度の長さのヌクレオチド鎖に対してのみ作用し，なにもないところから新たなヌクレオチド鎖をつくることはできない。そこでまず別の酵素によって鋳型に相補的なヌクレオチド鎖（プライマー）が合成され，そのプライマーにDNA ポリメラーゼが新たなヌクレオチドをつなげていく。なお，このプライマーはRNA からなり，後にDNA のヌクレオチド鎖に置き換えられる。一方，転写の場合にはプライマーは不要である。

▶問 2．まず，RNA が伸びている(3)がRNA ポリメラーゼとわかる。RNA ポリメラーゼは初めに(5)の基本転写因子と(4)のプロモーターに結合することで転写を行うことができる。また，(1)が転写調節領域で，そこに結合している(2)が調節タンパク質である。

▶問 3．下線部②にあるように，mRNA はしばらくすると分解されるが，図 2 の曲線Aをみると，タンパク質**X**の mRNA 量はほぼ一定である。これより，タンパク質**X**の mRNA を合成する速度と，これを分解する速度がつりあっているといえる。また，化合物**Y**を加えると，曲線Bのように mRNA 量は低下している。さらに，化合物**Y**は mRNA の分解には関与しないとあるので，化合物**Y**は mRNA の合成速度を低下させる，つまり転写を抑制する作用があるとわかる。

5 解答

問 1．ア．外来種　イ．生態的地位（ニッチ）

問 2．(c)

問 3．近親個体間の交配が起こりやすくなると，生存に不利な劣性形質を支配する有害遺伝子がホモ接合となる確率が上昇し，出生率や生存率が低下する。(70 字以内)

問 4．在来種の遺伝子プールに外来種の遺伝子が混ざり，在来種の遺伝的純系が失われる。(40 字以内)

◀解　説▶

≪生物多様性，近交弱勢，遺伝子汚染≫

▶問１．ア．在来種と対比させるので外来種を解答としたが，外来生物でもよいだろう。

▶問２．日本由来の生物が，他の地域に持ち込まれ外来種となっている場合もある。たとえば，ワカメやクズは移入先で増殖し，在来種の生育を阻害している。

▶問３．個体群内に存在する生存に不利な有害遺伝子が劣性であった場合，その遺伝子によって決まる劣性形質は，ホモ接合体の場合のみに現れ，ヘテロ接合体の場合は現れない。近親個体間の交配が起こりやすくなると，こうした有害遺伝子をホモ接合でもつ確率が上昇する。その結果，出生率や生存率が低下する。このような現象を近交弱勢という。

▶問４．ある地域に生息する生物の集団と，本来自然状態では交雑しえない地域に生息する集団が，人為的な要因により出会い交雑することによって，もともとその地域に生息していた生物の集団の固有の遺伝的純系が失われる現象を遺伝子汚染または遺伝的攪乱という。

❖講　評

1　C_3 植物，C_4 植物，CAM 植物の光合成経路に関する問題。問１は標準レベルの知識問題ではあるが，「オキサロ酢酸」がやや難。問２は，リード文中の「CO_2 と O_2 との間でルビスコの同じ活性部位の奪い合いが起こる」という表現から，競争的阻害とわかる。問３は基本的。問４は競争的阻害を意識すれば論述できる。あまり難しくはない。問５は字数がやや多いので，昼間の方が夜間に比べて蒸散が起こりやすい理由まで述べた方がよいと思われる。やや難。

2　免疫に関する問題。問１は免疫の基本的な知識問題であり完答したい。問２の(1)・(2)は基本的な知識問題で，(3)の論述も頻出問題である。(4)は二次応答と免疫記憶で悩んだ受験生も多かったと思われる。問３と問４は基本的な知識問題である。この大問でしっかり得点したい。

3　細胞周期と DNA の複製に関する問題。問１は基本的。問２の(1)は 12.5％という数値に気づけば正解できる。(2)も基本的。問３の(3)と(4)は半保存的複製をイメージしながら実験内容を読み取ることができれば正解できる。あまり難しくはない。ちなみに，実験２で類似物質を３時間加えているが，この時間は解答には影響しない。

４　遺伝子発現の調節に関する問題。問１・問２は基本的であり，完答を目指したい。問３は，mRNA は合成と分解を繰り返していること，化合物**Y**は mRNA の分解には関与しないことに気づけば論述しやすい。あまり難しくはない。

５　生物多様性に関する問題。問１は基本的な知識問題。問２は多くの受験生が間違えたのではないか。問３は，劣性の有害遺伝子がホモ接合になると劣性形質が発現することを述べておく必要があるが，これを70 字以内でまとめるのはなかなか難しい。問４は論述の後半部分のまとめ方が難しい。「在来種の遺伝的純系が失われる」または，「純粋な在来種が消失する」といった表現はすぐには思いつかないと思われる。

2019 年度は，2018 年度に比べレベルの高い考察問題や論述問題が減少し，総論述量もかなり減少した。その一方で空所補充などの知識問題が増えたが，要求される知識はどれも基本～標準レベルであった。全体の難易度はやや易化した。ただ，過去においてはかなりハイレベルな考察や計算問題も出題されているので，しっかり過去問演習に取り組んでおきたい。

地学

1

解答 問１．⑴級化成層構造（級化層理）

⑵地層を構成する砕屑物が粗粒なほど下位，細粒なほど上位である。（25 字程度）

問２．砂岩

問３．石英，カリ長石，斜長石

問４．ア．藍晶石　イ．珪線石　ウ．紅柱石

問５．（古い）Ｃ層，Ａ層，花こう岩Ｄ，断層Ｅ（新しい）

問６．本問は，図中の断層の走向が南北方向となす角度が 60° であるとの表記がなかったため，解答を導くことができないので，全員正解扱いとすると大学より発表があった。

（以下は，断層の走向を N60°E として解答している）

花こう岩とホルンフェルスの境界が鉛直であるから，PQ 間の距離 100 m は断層Ｅの水平方向のずれによるものである。RS 間のずれのうち，100 m は断層の水平方向のずれによるものであるから，$400-100=300$〔m〕が鉛直方向のずれによって生じている。断層の走向を N60°E とすると，断層面に沿ってＡ層とＢ層の境界が水平に 300 m 変位することで，地層の走向と垂直な東西方向に $300\times\sin 60°$〔m〕変位しており，地層の傾斜が西に 30° であることから，鉛直方向の変位量は

$$300\times\sin 60°\times\tan 30°=300\times\frac{\sqrt{3}}{2}\times\frac{1}{\sqrt{3}}=150$$

$$=1.50\times10^{2}〔\mathrm{m}〕\quad\cdots\cdots(答)$$

問７．⑴結晶分化作用

⑵晶出した鉱物の成分が除去されてマグマの化学組成が変化していく。（30 字程度）

◀解　説▶

≪地質図と鉱物≫

▶問１．混濁流のように，水中で細粒から粗粒まで幅広い粒径の砕屑物が堆積する場合，粗粒なものほど速く落ちるので下位に，細粒なものほどゆ

っくり落ちるので上位になる。
別解として，過去の生物の巣穴や足跡のような生痕化石の利用や，漣痕，荷重痕（火炎構造）なども考えられる。
▶問2．砕屑岩は粒径によって分類される。粒径が16分の1mm以下のものを泥岩，16分の1mmから2mmまでのものを砂岩，2mm以上のものを礫岩という。本問の砕屑岩は主な粒径が約1mmであるから砂岩である。
▶問3．花こう岩は代表的な酸性（珪長質）の深成岩で，主要鉱物として石英・カリ長石・斜長石といった無色鉱物の他，有色鉱物である黒雲母を少量含む。
▶問4．紅柱石は化学組成がAl_2SiO_5であり，藍《らん》晶石や珪線石と多形関係にある。紅柱石は比較的低圧の領域，藍晶石は高圧で比較的低温の領域，珪線石は高温の領域で安定である。
▶問5．A層，B層，C層は西側に傾斜しており，A層がC層の上位にあるので，地層累重の法則からC層の方がA層より古いことがわかる。花こう岩DはA層の一部をホルンフェルス化する熱変成作用を及ぼしている。したがって，A層の方が花こう岩Dよりも古いといえる。また，花こう岩Dは断層Eによって切られて変位しているので，花こう岩Dの方が断層Eよりも古いことがわかる。
▶問6．（以下は，断層の走向をN60°Eとして解説している）

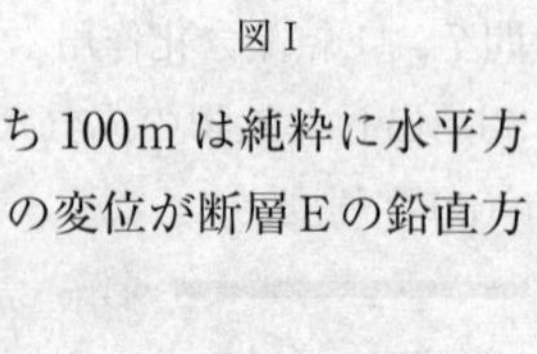

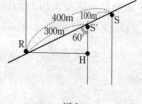

図Ⅰ

花こう岩Dとホルンフェルスの境界面は鉛直なので，断層Eがいくら鉛直方向にずれても花こう岩Dとホルンフェルスの境界はずれない。したがって，地質図上で見られるPQ間の変位量100mはすべて断層の水平方向の移動によるものである。その移動量はA層とB層の境界付近でも同じであるから，RS間の変位量400mのうち100mは純粋に水平方向に移動した変位を反映している。残った300mの変位が断層Eの鉛直方向の変位によるものである（図ⅠのRS′）。
図Ⅰのように，水平方向の変位がなかったとすると，S′から南に引いた走向線がA層とB層の境界だったはずで，Rからその境界に垂線RHを下ろす。

図Ⅱで，面 KRHS′ が現在の地表面であり，断層の鉛直運動がなかった場合のA層とB層の境界面が KRJI である。A層とB層の境界線 IJ が今の S′H に一致しているのだから，断層面の南側が相対的に下がる運動をしたことがわかる。したがって，鉛直変位量は，図Ⅱの JH を求めればよい。RS′ は 300m であり，断層の走向を N60°E とすると

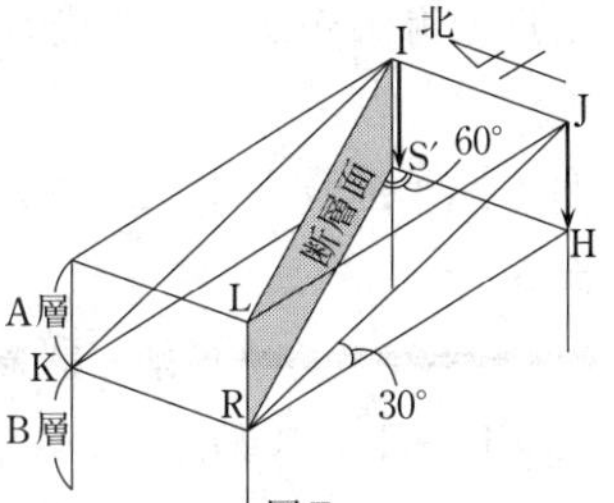

図Ⅱ

RS′：RH＝2：$\sqrt{3}$

また，A層とB層の境界面の傾斜が 30° であることから

RH：JH＝$\sqrt{3}$：1

したがって　　JH＝150〔m〕

▶問７．玄武岩質マグマが冷却していくと，まずかんらん石や輝石といった塩基性（苦鉄質）の鉱物や Ca に富む斜長石などが晶出する。すると，マグマから Fe や Mg，Ca といった元素が多く入った晶出鉱物が除去されるので，もとの玄武岩質の組成であったマグマがやや酸性寄りの安山岩質に変化する。さらに角閃石や斜長石が晶出していくと，残ったマグマはだんだん酸性の組成に変化していく。このように，晶出鉱物の元素が除かれていくことでマグマの組成が変化することを結晶分化作用という。

マグマの多様性の原因としては，上記の結晶分化作用の他，地下でマグマが上昇してくる過程で周囲の岩石をはぎ取ってそれらの岩石の成分が取り込まれたり，他の化学組成のマグマと混合することで組成が変化する場合が考えられる。

2　解答

問１．ア．パンゲア　イ．海溝
ウ．トランスフォーム断層　エ．和達-ベニオフ帯
オ．スーパープルーム

問２．海洋底は中央海嶺でマグマが冷え固まって形成される時の地球磁場の向きを岩石中に記録している。地球磁場は磁極の逆転がくり返されており，海洋底が海嶺軸を中心に広がるにつれ，正帯磁と逆帯磁の領域が海嶺軸に平行に縞模様として見られる。(100 字程度)

問３．固定されたホットスポットの真上の海洋底で火山活動が起こり，火

山島や海山が次々に形成されながらプレートが移動するから。(50字程度)

問4．(ア)―(a) (イ)―(d) (ウ)―(c) (エ)―(e)

問5．(c)

◀解　説▶

≪プレートの運動≫

▶問1．ウェゲナーは南米とアフリカ大陸の海岸線の類似や地質，植生，化石産出地の連続性などから，多くの大陸がかつては集まっており，1つの大きな大陸を形成していたと考えた。この大陸を超大陸パンゲアという。この説は当初，大陸移動の原動力の説明がつかないことから忘れ去られていたが，1960年代に海洋底地磁気異常の縞模様が発見されると再び脚光を浴びた。その後発展したプレートテクトニクスでは，プレートの3つの境界で地震などの地学現象が活発であることが強調されている。すなわち，中央海嶺のように海洋地殻がつくられて浅い地震が活発なところは，プレートどうしが離れていく発散境界であり，海溝のような収束境界では，海洋プレートが沈み込み，和達-ベニオフ帯と呼ばれる深発地震面で地震が発生する。また，プレートどうしがすれ違う境界はトランスフォーム断層と呼ばれ，地震が多発する。また，地震波を用いて地球深部の様子を見る地震波トモグラフィーによってマントル内にスーパープルームと呼ばれる大規模な上昇流が見つかり，このようなプルームが超大陸の分裂に関与したと考えられている。

▶問2．中央海嶺は高温のマントル物質が上昇する場所で，玄武岩からなる海洋底がつくられている。生成した海洋底は海嶺軸から両側に広がっていくが，海底の玄武岩は海嶺軸付近でマグマが冷え固まった時期の地球磁場の方向を記録している。これが海嶺軸を中心として対称的に帯状に広がり，地磁気が逆転する度に逆方向の帯磁領域が広がることになる。このくり返しが過去何百万年も続いているので，海嶺軸付近には地磁気異常の縞模様が観測される。

▶問3．プレートより深いマントルにホットスポットと呼ばれる熱源が知られている。ホットスポットからの熱によって，その直上のプレート内でマグマが発生し，火山活動によって火山島がつくられる。ホットスポットはプレートの動きに比べてわずかしか移動しないため不動点と考えられる。

すると，プレートにできた火山島はプレートの移動方向に次々に移動するので，プレートの移動方向が変化しないかぎり一直線上に火山島が並ぶことになる。実際には火山島は年月が経つと海中に沈んで海山となるので，火山島の列に続いて海山の列が見られる。

▶問４．(ア)は海嶺軸であり，右図のプレート①と②が左右に離れていき，左右に引っ張りの力が加わるので正断層型の地震が発生しやすい。(イ)はトランスフォーム断層で，右図のプレート①が左に，プレート④が右に動いている境界なので左横ずれ断層となっている。(ウ)もトランスフォーム断層であり，プレート④が右へ，プレート⑤が左へ動く境界なので右横ずれ断層である。(エ)はプレート④と⑥の境界であるが，どちらも同じ速度で右へ動くので力学的には静穏で地震活動は起こらない。

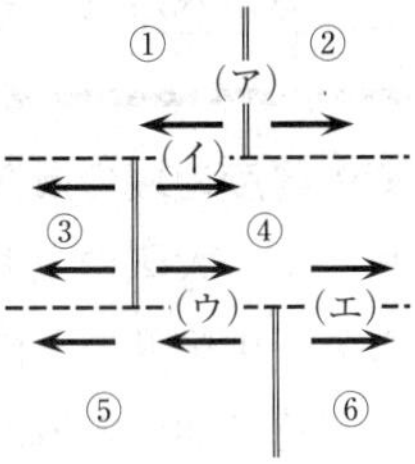

▶問５．地震波トモグラフィーは地震波速度の分布を可視化したものである。マントルの上昇流は対流の一部であると考えられ，高温部が上昇し，低温部が下降していると考えられる。つまり，マントルの上昇流は周囲より温度が高いと考えられる。一般に，高温の物質ほど伝わる地震波速度は遅くなるので，地震波がゆっくり伝わっているところがマントルの上昇流であると推定できる。

3　解答

問１．ア―(e)　イ―(b)　ウ―(i)　エ―(k)　オ―(c)

問２．記号：(c)　名称：対流圏

問３．亜熱帯高圧帯

問４．（考え方）　北向きに気圧が低くなる場合，気圧傾度力は北向きにはたらき，それとつりあうコリオリの力は南向きにはたらく。このコリオリの力は北半球では風が吹く方向に対し直角右向きにはたらくから，地衡風は東向きに吹く。

風速はコリオリの力の大きさに比例し，コリオリの力の大きさは気圧傾度力の大きさに等しく，気圧傾度力の大きさは 100km あたりの気圧差だけで決まるから，風速と 100km あたりの気圧差との比は一定であるといえる。よって，求める風速を v〔m/s〕とすると

$$10 : \frac{4}{100} = v : \frac{20}{100} \qquad \therefore \quad v = 50\,〔\mathrm{m/s}〕$$

(答) 向き：東向き 風速：50 m/s

問５．等圧線を横切って吹く風は低気圧の中心付近に集まって上昇流に転じ，雲を発生させて雨を降らせることが多くなる。(50 字程度)

◀解 説▶

≪中緯度地域の風≫

▶問１．大気の大循環において，赤道付近で上昇してきたハドレー循環の大気が中緯度で下降に転じる付近には，亜熱帯ジェットと呼ばれる，偏西風の特に強い領域が見られる。気圧傾度力とコリオリの力がつりあって吹く風を地衡風といい，上空ではこのつりあいがほぼ成り立っている。地衡風は北半球では低圧側を左に見て吹くが，一般に高緯度地域ほど低圧であるので，地衡風の多くは東向きに吹くことになる。地表付近を吹く風には地表との間の摩擦力がはたらく。このため，摩擦力とコリオリの力の合力が気圧傾度力とつりあい，風向は等圧線を横切って吹くことになる。

▶問２．地球の大気は気温変化の特徴をもとにして，地表から対流圏，成層圏，中間圏，熱圏に分けられる。一般に圏界面は対流圏と成層圏の境界面を意味し，平均的な圏界面高度は中緯度では約 11 km である。

▶問３．ハドレー循環の下降する緯度帯では雲ができにくいので乾燥し，砂漠地帯も形成されやすい。この領域を亜熱帯高圧帯と呼んでいる。

▶問４．地衡風はコリオリの力と気圧傾度力がつりあって吹く。北半球では風の向きに対して直角右向きにコリオリの力がはたらく。したがって，北半球の地衡風は気圧の低い向き（気圧傾度力の向き）を左に見て吹くことになる。

一般に，地衡風の強さは気圧勾配に比例するので，与えられた 100 km あたりの気圧勾配と風速の比が一定であると考えて計算すればよいが，「途中の考え方とともに」とあるので，比例するといえる根拠を，問題で与えられた条件にもとづいてきちんと記述したい。

▶問５．北半球の低気圧周辺では反時計回りに風が吹くが，摩擦力の影響で低気圧中心に向かって風が流れ込んでくる。すると，それらの収束した風は中心付近で上昇流とならざるをえないため，雲が発生しやすくなる。逆に高気圧の周辺では，高気圧中心から風が時計回りに吹き出すことになり，上空から大気が下降してくるため晴天になりやすい。

4 解答

問1．ハレー彗星の軌道半径を a 天文単位とすると，ケプラーの第三法則より

$$\frac{a^3}{76^2}=一定$$

この一定値は地球の場合，つまり公転周期1年，軌道半径1天文単位の場合と同じなので

$$\frac{a^3}{76^2}=\frac{1^3}{1^2} \qquad \therefore \quad a^3=76^2$$

よって

$$a=\sqrt[3]{76^2}=(\sqrt[3]{76})^2=4.2^2=17.64$$

$$\fallingdotseq 18 天文単位 \quad \cdots\cdots(答)$$

問2．金星の軌道半径を r 天文単位とする。太陽光に垂直な平面のエネルギーは太陽からの距離の2乗に反比例するので

$$\frac{1}{r^2}=2$$

$$\therefore \quad r=\frac{1}{\sqrt{2}}=\frac{1}{1.4}=0.714\fallingdotseq 0.71 天文単位>0.6$$

したがって，ハレー彗星の近日点距離の方が小さい。……(答)

問3．彗星が太陽に近づくにつれ，太陽風や光圧が強くなるので，彗星の放出したガスや塵が吹き飛ばされて太陽と反対方向に尾が伸びる。(60字程度)

問4．(1)流星　(2)流星群

◀解　説▶

≪彗　星≫

▶問1．ケプラーの第三法則によると，太陽系の惑星の公転周期 T の2乗と軌道長半径 a の3乗の比は一定となる。惑星に限らず，ハレー彗星のように太陽のまわりを運行する天体も同じ比例定数となるので，T^2 と a^3 の比を地球の場合と同じであるとして立式すればよい。

▶問2．太陽から放出されるエネルギーは距離の2乗に反比例して減少していく。したがって，金星が地球の2倍のエネルギーを受けていることから，金星の軌道は地球の軌道の $\frac{1}{\sqrt{2}}$ であることがわかる。

▶問 3．彗星の核は汚れた雪だるまと形容されるように，氷の塊に固体微粒子が多く混ざったものだと考えられている。太陽に近づくと核の氷が融け，揮発した気体成分や固体微粒子が核を取り巻くが，太陽からの荷電微粒子の流れである太陽風や強い光の圧力によって太陽と反対向きに物質が運ばれる。これが帯状にたなびくように観察されるものが彗星の尾である。

▶問 4．彗星の尾に含まれている固体微粒子や小惑星起源の塵は太陽系空間に多く存在し，それらが地球大気に突入してきて大気中で発光するのが流星である。彗星の軌道上には，固体微粒子が多く存在しているので，地球がその軌道の中を通過するときに，普段より数多くの流星を観測することができる。このような場合を流星群と呼び，特に顕著な場合は流星雨と呼ばれることもある。

❖講　評

2017 年度までは大問 5 題の構成であったが，2018・2019 年度は大問 4 題の出題であった。論述量が例年より少ない分，計算問題が増えた。難易度は標準的だが，時間的な余裕はないだろう。

1　基本的な岩石・鉱物や地史判読の知識が問われている。問 6 の鉛直変位量を求める問題にてこずった受験生が多かったのではないか。一見横ずれ断層による変位に見えて，実は鉛直方向のずれによる変位について考察したことがない受験生にとっては難問であった。

2　大陸移動説→海洋底拡大説→プレートテクトニクス→プルームテクトニクスといった一連の流れの内容を総合的に問う問題であった。教科書の内容をしっかり学習しておけば対応できただろう。

3　大気の大循環のしくみを理解できているかが問われている。比較的大きなスケールでの循環には地球自転の影響，すなわちコリオリの力が関与していることと，上空と地表付近での摩擦力の有無による違いを整理しておきたい。

4　ハレー彗星を例に，彗星そのものだけでなくケプラーの法則が適用できることや太陽風のはたらきなど，太陽系全般について総合的な知識も問われている。

例年，九州大学では教科書的な内容を論述させる問題が多く出題されており，教科書に出てくる用語の説明が的確にできる練習が必要である。

かわからない」という点について考える例として「痛み」の話が取り上げられており、そこでは「今、路上で見知らぬ老女がつまずいて倒れ、膝がしらを擦りむいて痛そうにしている、とする。彼女が何を感じているのかは、一見して明らかであろう。もちろん、痛みを感じているのである」「彼女が『痛い』と答えたならば……彼女はやはり痛みを感じていたのである」とある。「他人の痛み」の意味がわからない状態で「他人の痛み」を定義するとするならば、ここにある〈痛そうにしていること〉〈「痛い」と言っていること〉以外にはない。それ以上の理解は「感覚（＝痛み）の他者性」によって阻まれているのである。こうした〈行動や言動〉以外に他人の痛みを把握する方法がない以上、ロボットが同じような〈行動や言動〉をして、なおかつ痛みを感じないのであれば、他人もまた痛みを感じない、ということが成り立つのである。この〈他者性の根拠（＝痛み）を把握できない状態で他者性（＝痛み）を把握する〉ということが〈他者性（＝痛み）への無理解〉へとつながる、という〈逆説的〉な構図を踏まえて解答を作成する。

❖講評

一は、「一病息災」的なあり方の人生における有益さを「無病息災」の弊害と対比させながら論じた文章。内容は標準的で対比も明確なので、読解にさほどの困難はない。設問はいずれもやや難解で、きちんと要求を理解して記述を行う必要がある。焦点は問5と問6。いずれも〈何に対する理由を求めているのか〉ということを先にきちんと把握した上で前後の文章からヒントを探すことが求められている。単なる要約や列挙ではなく「論理」が重視されている。

二は、「他者の他者性」の根拠について、思考内容・思考理由・感覚といった概念を手がかりにしながら考察した文章。内容は哲学的で読解は困難である。設問に関しても、傍線部と設問内容の正確な把握という、やはり困難な作業が要求されている。焦点は問3と問4。問3で「他者の他者性」の根拠としての「理由・規範」の役割をきちんと理解していないと、問4の意図がわからなくなってしまう可能性が高い。その把握ミスが問5や問6にも深刻な影響を及ぼす。

と答えは〈思考や意図や期待は「理由の他者性」に属するので、「感覚の他者性」はすべての心理現象について妥当する問題ではない〉という形になる。しかし、これは答えとしては不十分である。そもそもこの「感覚の他者性」に関しては、一段落前で「感覚の他者性という『問題』は……遥かに技巧的な『問題』であるといえる」「それはおそらく哲学者によって作られた問題なのであって」とあるので、ここでは〈「感覚の他者性」という問題はそもそも「問題」なのか？〉ということがテーマになっていることが想定できる。これを踏まえて傍線部の後をさらに読み進めると、「68＋57を考えているとき、その人がどのような心的体験を持っていようとも、それはこの計算の本質とは関係がない。そこにもし他者性があるとすれば、それは、この計算をいかなる規範に従っておこなっているかという『規範の他者性』に関するものであって、これは意図や期待に関しては『理由の他者性』として現れる種類の他者性なのである」とある。これは簡単に言うと〈「他者性」とは「規範の他者性」「理由の他者性」以外にはなく、それは意図や期待に関するものである〉ということなので、それを言い換えると〈「感覚の他者性」などはじめから存在しない〉と言っているのに等しいのである。傍線部直後の「思考や意図や期待には、理由の他者性はあっても感覚の他者性はないのだ」という言葉の意味するところは、要するに〈思考や意図や期待以外に他者性の根拠はない〉ということなのである。以上の点を踏まえて解答を作成する。

▼問6　問5で確認したように、「感覚」には「他者性」という「問題」は存在しない。存在しないはずの「感覚の他者性」を前提にするということが、一体どういうことなのかをまずはきちんと考える。そのために傍線部Dの一段落後の記述を見ると、哲学者の主張として「われわれは誰も他人の感覚を感じることができない」「他人の痛みがいかなるものであるのか、誰も知ってはいない」「『他人の痛み』が何を意味しているのかは、誰にもわからない」といった記述がある。〈自分の知りえない痛みを感じている〉ということが「他者の他者性」の根拠となる。しかし〈「他人の痛み」が何を意味しているか〉は、誰にもわからない。では〈「他人の痛み」とは一体何なのか？〉ということが問題となってくる。これを確認するために、今度は傍線部Cの一段落後の記述に戻る。すると「他人が何を感じている

他人のことはよくわからない。……この自他の非対称性は、誰もが知っている事実である」とあるので、ここから〈他人のことがわかってしまうと、自他の非対称性が成立しない〉ということを理解する。次に自己と他者が〈対称的〉であるということが何を意味するかについて、今度は第一段落に戻って確認すると「デカルト的であるとは、本質的に隣人（同等なるもの）をもちえない唯一なるものとしてのこの私の存在にどこまでも固執する」のに対し、〈近代〉は「いっさいの唯一性を否定し、すべてを同等なるものの複数性において語ろうとする志向をもつ」のだから、ここから〈他者という存在が成立しない＝自他の非対称性が成立しない＝すべての同等なるものの複数性が成立する〉ということを意味する、ということを理解し、これらを踏まえて解答を作成する。

▼問4　「理由の他者性」とは、傍線部Cを含む段落にあるように、「ある人にとってもっともな理由は他の人にとっては納得のいかない理由である」こと。これを踏まえ傍線部Dを考える。まず、直前の「なぜその痛みが起こったのか決定できるのは……彼女自身ではない」「痛みは、彼女に起こる出来事であって、彼女がおこなう行為ではないからである」に注目する。「理由の他者性」が生じる〈ある人の行為の理由（従う規範）が、自分にとって（聞いても）理解できない〉という状況について、その時に人は相手に対して「自他の非対称性」「他者の他者性」を見いだす。ところが「痛み」の場合は単なる「出来事」であり、「出来事」に対して〈自分がどのような規範にしたがって痛んでいるのか〉という理由を人は相手に対して提示することができない。ざっくりと言えば〈痛みは「その人」と関係がない〉のである。痛みにはその人の「規範に従う」という〈主体性〉も、他者が理解できないような〈理由〉も存在しない。そうした「出来事」に「理由の他者性」といったものが、そもそも問題になるような状況は存在しない。こうした点を踏まえて解答を作成する。

▼問5　まず傍線部の「そう」という指示語の中身が、直前の「『感覚の他者性』という問題は、思考や意図や期待を含めたすべての心理現象について妥当する問題である」という部分であることを確認する。次に傍線部直後を見ると、「思考や意図や期待には、理由の他者性はあっても感覚の他者性はないのだ」とあるので、これだけを見て判断する

あっても固有の性質・特徴をもっているので、「等質空間」は現実には存在しない。現実には存在しないものを本当に存在するかのように作り上げるから「捏造」になる。ならば〈何が、何の目的で〉捏造するのか、ということを傍線部の前で確認すると、「近代的であるとは、いっさいの唯一性を否定し、すべてを同等なるものの複数性において語ろうとする志向をもつ」とあるので、この「志向」が〈捏造の目的〉であると理解し、これらをまとめて解答を作成する。

▼問2　まず、この「わからなさ」の問題は、一段落前の「他者の他者性をどこに見いだすか」という問題提起を受けて、その具体的考察として展開されている、ということをきちんと押さえる。これを踏まえて二つの「わからなさ」の違いを傍線部を含む段落冒頭から確認すると、まず「何を考えているのか、……言い当てることはまず絶対に不可能」とあるので、これは〈他者の思考内容のわからなさ〉の説明であり、それが「どうすればわかるだろうか。彼に聞いてみればいい」という形で解消されるなら、彼の答えによって〈他者の思考内容のわからなさ〉が解消する、つまり「他者の他者性」が解消する、ということを理解する。次に「なお残るわからなさ」があり、「なぜ彼は暗算などをしていたのか」とあるので、これは〈他者の思考理由のわからなさ〉の説明であり、それが「どこまで問答を続けても晴れない」なら、彼の答えによって〈他者の思考理由のわからなさ〉は解消されない、つまり「他者の他者性」は解消されない、ということを理解する。そしてこの「他者の他者性」が解消できるか否かが両者の「異質」性の根拠、つまり「意味」だと考え、これらをまとめて解答を作成する。

▼問3　傍線部冒頭の「したがって」が〈因果関係〉を表していることから、まず直接の理由は直前の「異なる規範に従う者が、すなわち他者なのである」であることは容易に理解できる。ただ、この部分と傍線部を重ね合わせて〈Aの条件でBが成り立つなら、Aの条件が否定されればBは成り立たない〉という形にしても、それは単なる〈言い換え〉であって本当の意味での理由にはならないことは理解する必要がある。よって「他者」という存在がどういう意味で成立しなくなるのか、ということを、もう一度前に戻って確認すると、第二段落に「自分のことはよくわかるが、

問2　最初のわからなさは「思考内容」のわからなさで、他者に直接尋ねることで他者の他者性は解消する。一方二番目のわからなさは「思考理由」のわからなさで、行為の前提となる思考の規範に対する他者性は他者に直接尋ねても解消しない。したがって一方は他者性の解消をもたらし他方はもたらさないという意味で両者は異質である。

問3　異なる規範に従う者が他者であるため、同一の規範に従う者はすべての行為においてその理由が理解可能となり、他者の他者性および自他の非対称性が消失して、同等なるものの複数性が自他の間に成立してしまうから。

問4　痛みとは単なる「出来事」であり、痛みの理由を決定できる主体が痛みを感じる本人ではないため、人が他者の他者性を見いだす根拠となる「本人による行為の理由の提示」を本人が行うこと自体がそもそも不可能だから。

問5　他者性の根拠は「規範・理由の他者性」以外にはなく、それは思考や意図や期待といった心理現象にのみ基づくものなので、「感覚の他者性」という問題はそもそも存在しない、ということ。

問6　自分の知りえない痛みを感じていることが他者性の根拠であり、なおかつ他者の痛みが何を意味するかを理解することが自分に不可能なら、他者性によって阻まれている他者の痛みを他者性の根拠として把握するために、他者の行動や言動を「痛み」に置き換えていくしかないから。

◆要　旨◆

デカルト的観点とは、すべてを同等な複数性や等質性において捉える近代的思考を疑う見方である。他者の他者性の根拠は、まず行為に対する「理由の他者性」であり、自分とは異なる規範に従って行為する者が「他者」となる。一方、他者の「痛み」は出来事であって行為ではないので「理由の他者性」は成立しない。ここで問題になるのは「感覚の他者性」であるが、これが問題なのは、哲学者が本来無関係な「感覚」と「思考」を「体験」として一括して考え、感覚にも他者性を求めようとしている点にある。行為と感覚を同一視するなら、ロボットも「他者」であると認めざるを得ない。

▲解　説▼

▼問1　「等質空間」とは〝すべての固有性を剝奪された、単なる概念としての空間〟という意味。現実の空間はそこで

〈つまずくたびに視野が広がる〉ということは〈多面の統一は絶えず更新される〉ということになる。この〈人が生きる＝つまずき続ける＝視野が広がり続ける＝多面の統一は絶えず更新される〉という図式を理解する。一病息災の立場に立つ限り、人は不完全な存在として絶えずつまずき続け、そのつど視野が広がり、多面の統一は絶えず更新される。この営みは生きている限り終わることがない。それが「たえざる自己革新」の理由である。

▼問7　まず傍線部の「子どもは……囚人とされてしまう」という表現に注目して〈誰が、どのようにして、子どもを囚人にするのか〉という観点で傍線部の前からヒントをさがす。すると一段落前に「教師は抽象的に注文を乱発してただ得々としていた」「完璧を自負する教師」とあるので、この〈無病息災派（完璧主義者）の教師が、そうした価値観を子どもに押しつけることによって、子どもを囚人にする〉と理解する。次に〈囚人となる〉とはどういうことなのかを考える。「囚人」とは〝とらえられ拘束された人・刑務所に入っている人〟のことを指す。ならば〈囚人となる〉とは〈教師から押しつけられた価値観をうのみにし、それを正しいと考え、それ以外の考え方ができないようになる〉ということを意味するはずである。最後にそうしたあり方の〈何が問題なのか〉を前後で確認すると、前段落で「生きた人間における可能性」、傍線部直前で「誤り……を個性的にしっかり味わい乗り越えていくことだけが、真の前進」、直後で「誤ることのない者は、しょせん生きた人間ではない」「望ましい誤りかたこそが、成長の糧なのである」とあるので、これらをまとめて〈誤ることによって前進・成長するという生きた人間における可能性が封じ込まれている〉という点が問題であると理解し、これらをまとめて記述を行う。

二

出典　永井均『〈私〉の存在の比類なさ』〈I　他者〉（勁草書房）

解答

問1　近代がすべてを同等なるものの複数性において語るために、存在の基盤である空間の等質性をでっち上げたということ。

で健康・無事であると言えるのか〉という観点から傍線部に続く部分を見る。すると一段落後に「一病あるゆえにわが身のありかたによく心を用いる」「根本において人間に対して柔軟に深く理解できる」とあるので、ここから〈自分のことを深く理解することが、人間のことを深く理解することにつながる〉という図式を押さえる。また、後に続く「病を手がかりとして人生を奥行あるものにする」「無理に背のびをし、他をおとしめたりすることをしない現実的弾力的な、いわば相対的な見かたができる」とあるので、ここから〈自他に対する相対的な視点が奥深い人生につながる〉という図式を押さえる。そして「そういう姿勢」が「その人としてきわめてよきコンディション（＝息災）を生み出す」とあるので、〈自他に対する深い理解・自他に対する相対的視点・自己の心身および他者との関係に対するよい状態の維持や制御〉という点を踏まえて記述を行う。

▼問6　まず、傍線部の記述を踏まえて前段落冒頭から傍線部直前までの文章を見ると、「一病息災の立場に立つということは……広い視野のもとに奥深く追究してやむことがないということである」とある。この「追究してやむことがない」が傍線部の「たえざる自己革新」に対応していると理解する。次に設問の要求が〈たえざる自己革新の理由〉であることを踏まえて再度傍線部の前の段落に戻ると、「不完全を前提とした論理」「一は実はつまずき」「つまずいたことがあるために、人間はわが人生を深さのあるものにすることができる」とあるので、ここから〈不完全が前提↓一つ一つのつまずき↓人生の深み〉という図式を読み取る。さらに続きを読むと「一病息災は、具体的なでこぼこをもち核をもった多面の統一」「個が具体的に自己を維持し発展させていく姿」とあるので、ここから〈一病息災↓具体的なでこぼこ（＝一つ一つのつまずきの経験）をもち（自己という）核をもった多面の統一↓個が具体的に自己を維持・発展する場〉という図式を読み取る。この二つの図式を重ね合わせると〈不完全を前提とした自己が↓一つ一つのつまずきを通して↓自己を維持・発展させることが人生の深みをうむ↓これが一病息災である〉ということになる。これが〈自己革新のプロセス〉であることを踏まえ、最後になぜこの〈自己革新のプロセス〉が「たえざる」なのかについて考える。〈人が生きる〉ということは〈人がつまずき続ける〉ということと同じであり、

らを踏まえて解答を作成する。

▼問3 設問の要求に注意。この設問は〈それ（＝無病息災とそれに付随する行動）が真理の発見や真実に即した行動と同じように、いやそれ以上に示している、人間のある具体的なありかたとは、いったいどのようなありかたなのか〉という、つまり〈抽象的なこと〉を聞いているのであり、〈無病息災（とそれに付随する行動）の具体的なありかた〉を聞いているわけではない。したがって主語も「無病息災（を目指す人）」ではなく「人間」ということになる。この点を踏まえて傍線部前後を見ると、前には「世の中には現に真実が存在し、正解が成り立っている」「普遍性は決して虚妄ではない」「真理の発見や真実に即した行動と同じように」とあり、後には「人びとは、それ（＝無病息災）を実現しうるものとして意識し、求めている」とあるので、無病息災とそれに付随する行動が典型的に示している「人間のある具体的なありかた」とは、①無病息災や真理、正解、普遍性といったものが現に存在すると信じ、②それを（自分を含めた）人間が実現しうるものとして意識し、求め、③それに即して行動する、といった形でまとめられる。これらを踏まえた記述を行う。

▼問4 「大義名分」とは〝行動の理由づけとなるはっきりした根拠〟という意味。ここでは傍線部の前の「〝はず〟とか〝べし〟」あるいは「科学的真理」や「社会正義」、「世の常識」などが該当する。次に傍線部の後を見ると「それは論理ではなく、もはや情緒的な病、絶対病とでもいうべきもの」とあるので、ここから傍線部の内容を〈論理的なものとして大義名分（＝はず・べし・科学的真理・社会正義・世の常識）を持ち出すが、実際は情緒的な逃避手段（＝形式）として用いているに過ぎない〉、〈客観的に明確な根拠としての大義名分（＝同前）を盾にして、自分の主観的な判断基準の道具（＝形式）として使用しているに過ぎない〉という形で読み換える。同段落二文目にある「自足する」は傍線部の内容とは無関係。その後にある〈他者への憐憫・他者の指弾・不当な優越感〉の内実として傍線部があることを理解する。

▼問5 「息災」とは〝体が丈夫で健康なこと・無事なこと〟という意味。これを踏まえて〈有病だと一体どういう意味

問７　子どもが無病息災を信じて疑わない教師から完全無欠の人間としての姿を「あるべき姿＝ある姿」として一方的に押しつけられることで、そうした考え方や生き方を絶対的なものと思い込まされ、誤りによって前進・成長する可能性を放棄させられているということ。

◆要　旨◆

一病息災は慎重で賢明な処世法である。無病息災は傲慢で病を嫌悪するが、無病とは程度の問題で相対的なものでしかない。しかもこの不当な優越感は、現実を軽視し当為を都合よく利用する情緒的な病、絶対病である。逆に一病息災はそのうちに多を含み、有病を以て人間に対する柔軟で深い理解をもたらし、人生に奥行きを与える。不完全を前提としてことがらに淡々と正対して相対的、弾力的に対処することができる。それは個が具体的に自己を維持発展させていく姿である。抽象のなかに自足する無病息災にはそうした維持発展の契機がない。望ましい誤りかたこそが成長の糧である。

▲解　説▼

▼問１　設問の要求に注意。「何の」という指示は〈主語の確認〉なので、一段落前の「一病息災とは」が該当すると理解する。次に「どういう点」という指示に関しては、傍線部の「あいまい」という表現を意識しながら前後のヒントを集める。一段落前にあるように「一病息災」とは〈病気だから健康でいられる〉という、矛盾したいわば〈逆説的表現〉である。ここで「あいまい」なのは、〈それは病気なのか、それとも健康なのか〉という点であり、それをはっきりさせようというのが、傍線部直後の「はっきりつじつまの合う徹底した立場」となる。こうしたヒントを「あいまい」という軸に合わせて再構成しながら解答を作成する。

▼問２　「当為」とは〝そうあるべきこと・そうあらざるを得ないこと〟という意味。傍線部直前を見ると「かれらの住む世界、住むべき世界」とあるので、〈彼ら（無病息災の持主）の住む現実がまさに当為の世界である〉と理解できる。「かれらの住む世界」が本文で何を指すのかを前後で確認すると、直前に「本来完全であり絶対であり」、段落冒頭に「無病息災……の持主」、直後に「申し分ない」「典型的なよい子」、一段落後に「問題皆無」とあるので、これ

一

出典　上田薫『人が人に教えるとは―21世紀はあなたに変革を求める』（医学書院）

解答

問1　一病息災という考え方の、病気であるから健康であるといったつじつまの合わなさをそのまま受け入れ、病気なのか健康なのかを徹底的にはっきりさせようとしない点。

問2　無病息災の持主が、問題皆無で完全・絶対な状態を理想と考え、その理想とする状態が実際に、有病の者も含め自分の生きる現実の状態でなければならないとみなすこと。

問3　人間が抽象的な理念や概念を実際に存在するものと考え、かつ自分にとって実現しうるものとして意識し、求め、努力を積み重ねていこうとするというありかた。

問4　外見上は客観的に正しいと言える立場に即して行動しているように見せかけて、実は自分の主観的な立場を正当化するために必要な形式的な根拠として真理や正義や常識を都合よく用いているに過ぎないということ。

問5　自分が有病であるという自覚は、自己に対する適正な分析をもたらし、それが人間に対する柔軟かつ深い理解を可能にするので、結果として自他に対する現実的弾力的、相対的な見方や関わり方ができるようになり、自己管理する力が作用して身体的にも社会的にも健康な状態で人生を送れるようになるから。

問6　一病息災とは不完全な自己が一つ一つの具体的な経験につまずき、そこで新しい知見を手に入れてより多面的な視野の下に自己を統一していく営みであるが、人間は生きている限り次々と新しい経験に遭遇し続けるので、そのたびに自己統一も更新され続けることになるから。

2018年度

解答編

解答編

英語

1 **解答** 問1．現在までに火星について知るべきことはほとんどすべてを知っているということ。

問2．①火星の周回軌道上で形成されたという仮説。

②火星の引力に捕らえられた小惑星だという仮説。

③巨大な衝突が起きた結果，火星からたたき出されたものであるという仮説。

問3．事実は，現在乾燥している火星表面には，過去に水が存在した痕跡が見られることで，推論は昔の火星は水が液体で存在できるほどに温暖で，大気が非常に厚かったこと。(80 字以内)

問4．perished

問5．C

◆全　訳◆

≪続行すべき火星探索≫

1　火星は，我々に近いので，特に優れたミッションの目標地点である。それはいくつかの重要な点で地球と比較的似ていて，太陽系の他のどの惑星よりも有人ミッションと潜在的な入植に適した目的地となっている。我々は何世紀にもわたり火星を愛してきた。この惑星は我々の文化にしっかりと埋め込まれているので，「火星人」は「エイリアン」と多少なりとも同じ意味となっている。とはいえ，あなたが想像するエイリアンは多種多様であるかもしれないが。

2　この文化的関心は科学的興味に反映されている。火星への最初のミッションは1960 年に始まったが，我々は月を除いて太陽系の他のどこよりも多くのミッションをこの惑星に対して試みてきた。この歴史を考えると，現在までに火星について知るべきことはほとんどすべてを知っているに違いないと考えても許されるだろう。しかし，それは真相ではない。一つには，火星がどのように形成されたのかはいまだに定かでない。この惑星は驚くほど小さく，太陽系が一斉に生じた経緯に関する我々の理論に適合しない。火星の2つの小さな衛星がどのように形成されたかも定かではない。これらのゴツゴツしたでこぼこの多い岩は，不可解な特性をもっている。それらは火星の周回軌道上で形成されたのかもしれないし，火星の引力に捕らえられた小惑星かもしれないし，巨大な衝突が起きた結果，火星からたたき出されたものかもしれない。

[3]　我々はまた，火星の歴史を完全には理解していない。過去に水が存在した兆候がその表面のあらゆるところと化学的性質にわたって見られるので，昔は液体の水を維持するために現在よりもはるかに暖かかったと考えている。しかしながら，この水の世界が今日我々の目にする乾燥した塊へと変わった経緯は定かではない。広範囲に存在した水と暖かさを維持するために，火星の大気は，この惑星の初期の間は非常に厚かったに違いない（おそらく今よりもはるかに強力な磁場がこれを促していたのだろう)。それらはすべてどこに行ったのだろうか？

[4]　それから，もちろん，生命の問題がある。この惑星は居住可能なのか？　火星には生命が存在しているのか，あるいはこれまでに存在したのか？　どちらの点も確信がもてるほど十分にはわかっていない。おそらく不活発な微生物が土壌の深いところに埋もれているか，好奇心に満ちた目から離れて地下で幸せに繁栄しているのかもしれない。おそらくこの惑星には生命が存在しないし，これまでもずっとそうだった，あるいは生命は死に絶えたのかもしれない。

[5]　不確かなことはさておき，火星についてわかっていることはかなりある。何といっても，我々は50年以上にわたって火星を訪れてきたからである。火星の有益な属性の多くは，我々の故郷の惑星のそれに似ており，入植地リストの一番上に置かれている。もっと多くを知るためには，我々の現在のミッションと今後の打ち上げの両方からもっと多くのデータが必要である。

[6]　当然のことながら，火星にこれほど多くの努力を集中させるべきかどうかについて，様々な異論がある。火星への旅行は信じられないほど費用がかさむおそれがあるし，そのようなプログラムに公的資金を提供することは，科学研究の他の分野からお金を吸いとってしまうかもしれない。人

間をそこに送り出すことは実現可能だとする考えを受け入れられる前に，クリアすべき（技術的，生物学的，財政的，倫理的な）多くのハードルもある。一部の科学者は，探検するためのもっと興味深い場所があると考えている。土星の衛星タイタン，木星の衛星エウロパ，カリストおよびガニメデである。しかしながら，これらの候補とは異なり，火星は，生命を抱くことが知られている宇宙で唯一の惑星系の一部であることに加えて，我々の隣の惑星である。この赤い惑星は，我々自身の岩の惑星がどのように形成され，進化し，生命を発達させたかなどの秘密を握っているかもしれない。人間を火星に送ることが，どれほど我々の研究を前進させるかは，いくら誇張してもしすぎることはない。

◀解　説▶

▶問 1．that is not the case は「それは真相ではない，そうではない」の意で，that は that we must know almost all there is to know about Mars by now「（我々は）現在までに火星について知るべきことはほとんどすべてを知っているに違いない」を指している。all there is to know about Mars は関係代名詞 that が all の次に省略されている。関係代名詞化する前の文を考えると，There is all to know about Mars.「火星について知るべきすべてのことがある」であり，文構造の把握がしやすくなる。by now「現在までに」

▶問 2．第②段最終文（They may have formed …）に「三つの仮説」が述べられている。文の 3 つの they は These lumpy, bumpy rocks を指し，これは its two small moons を指している。moon は，the moon なら地球の衛星の「月」を意味するが，普通名詞で使うと，惑星の周りを公転する「衛星」の意である。さらに，3 つの may が「仮説」であることを示すヒントとなっている。1 つ目は They may have formed in orbit around Mars で，orbit は「（惑星や衛星の）公転軌道」を意味しており，「それらは火星の周回軌道上で形成されたのかもしれない」となる。2 つ目は they may be captured asteroids で，「（火星の引力によって）捕獲された小惑星かもしれない」となる。3 つ目は they may be the result of a giant impact that knocked material from Mars で，impact は「衝突」，knock *A* from *B* は「*B* から *A* をたたき出す，*A* をたたいて *B* から払いのける」，material は「（衛星の素材となる）物質」の意なので，「火星から衛星の素材となる物質をたたき出した巨大な衝突の結果かもしれない」→「巨大な衝突が起きた結果，火星からたたき出されたものかもしれない」となる。

▶問3．火星の水に関する「事実」は第2文（We see signs …）に，「過去に水が存在した兆候が火星表面とその化学的性質のすべてにわたって見られる」と述べられている。「推論」は第2文後半に「昔は液体の水を維持するために現在よりもはるかに暖かかった」，第4文（To support widespread …）に「火星の大気は，この惑星の初期の間は非常に厚かったに違いない」と述べられている。これを制限字数の80字以内に収める。

▶問4．die out は自動詞で「絶滅する」の意。選択肢は順に，issue は自動詞では「生じる」，他動詞では「公表する，出版する」，kill off は他動詞で「全滅させる」，murder は他動詞で「殺害する」，perish は自動詞で「消滅する」の意。したがって，died out に近いのは perished である。

▶問5．A．「地球が液体の水と様々な生き物でいっぱいであるのは事実ではない」

B．「木星の衛星はあまりにも遠すぎて，未来の世代でさえそこで広範な研究を行うことはできない」

C．「火星は，生命を抱くことが知られている宇宙で唯一の惑星系の一部であることに加えて，我々の隣の惑星である」

D．「タイタンは土星の最大の衛星であり，雲と密度の濃い惑星のような大気とをもった唯一の衛星である」

一部の科学者が火星以外の探索場所を推奨しているという文脈の直後にあり，「しかしながら，これらの候補とは異なり」に後続する部分なので，火星探査を継続すべしとする最終文（It is hard …）の主張につながる記述があるはずである。したがって，Cが適する。

●語句・構文●

（第1段）mission「宇宙飛行，ミッション，派遣任務」 due to its closeness to us は節に変えると because it is close to us「それが我々に近いから」となる。similar to ～「～と似ている，～と同類である」 a number of ～「いくつかの～（a small number of ～），多くの～（a large number of ～）」 本文では「いくつかの」が適切。crucial「極めて重要な」 manned missions「有人ミッション，有人派遣任務」 potential「潜

在的な，可能性がある」 colonization「入植，植民地化」 the solar system「太陽系」 embed「～を埋め込む，～をはめ込む」 so much so that「非常にそうなので」2番目の so は前の文や形容詞・副詞を指す。ここでは firmly embedded を指している。Martian「火星人」 synonymous with ～「～と同義で」 alien「異星人，宇宙人」 vary「変わる，様々である」

（第2段） mirror「～を映し出す」 launch「～を開始する」 given「～を考えると」 for one「（理由を挙げて）一つには」 fit into～「～に収まる，～に適合する」 come together「一緒にやって来る，同時に生じる」 lumpy「ゴツゴツした」 bumpy「でこぼこの多い」 puzzling「不可解な」 property「特性，性質」

（第3段） chemistry「化学的性質」 lump「塊」 facilitate「～を容易にする，～を促進する」 magnetic field「磁場，磁界」

（第4段） habitable「住むのに適した」 either way「どちらの点でも」in either way の in が省略されている。microbe「微生物，細菌」 buried「埋められた」 curious eyes「好奇心に満ちた目」

（第5段） aside「～はさておいて」 quite a bit「相当な，かなりたくさんの」 after all「（文頭に用いて）だって～だから」 positive「有益な」 in coming years「来たるべき年において」→「今後，将来」

（第6段） understandably「当然のことだが，理解できることだが」 differing opinions「異なる意見」 focus *A* on *B*「*A* を *B* に集中させる」 red planet「赤い惑星」=「火星」 threaten to *do*「～する恐れがある」 incredibly「信じられないほど，途方もなく」 fund「～に資金を提供する」 suck「吸う」 numerous「多数の，数え切れないほど多くの」 clear「飛び越える」 feasibly「実行できるように」 candidate「候補者，研究対象」 hold the secrets to～「～の秘密を握る」 It is hard to overstate …＝You can hardly overstate …＝You can hardly state … too much「いくら…を誇張してもしすぎることはないだろう」 sending humans to Mars would further our research は，if you sent humans to Mars, it would further our research と書き直すと would の意味合いがよく理解できる。further「～を促進する，前進させる」

2　**解答**　Q1. (i) compare　(ii) praised　(iii) struggle

Q2. 全訳下線部(1)参照。

Q3. 病欠日数が最少になる一晩当たりの睡眠時間は，女性の場合は 7.63 時間，男性の場合は 7.76 時間であるという研究結果の可能な解釈として，この時間は人を健康に保つ睡眠量であるとする解釈，あるいは，仕事をサボりたいときに病気だと人が嘘をつく傾向を最小限に抑える睡眠量であるとする解釈。

Q4. 睡眠時間が 7 時間未満だと，人によってその程度は様々であるが，虚弱になり，睡眠が常に 1 日 6 時間未満になると，健康問題の危険性が高まるということ。

Q5. B

◆全　訳◆

≪睡眠不足のもたらす悪影響とその対処法≫

[1]　睡眠の専門家は，睡眠不足の人を飲酒運転者に例えることが多い。睡眠不足の人はたぶん人を殺すだろうと考えてハンドルを握ったりしない。しかし，酩酊状態と同様に，睡眠不足で失う最初のものの一つは自己認識である。

[2]　睡眠障害は，多くの国で最も一般的な健康問題の原因の一つである。不十分な睡眠は多くの慢性的かつ重篤な病状を引き起こし，経済はいうに及ばず，生活の質に多大な影響を与える。(1)我々がなぜ眠るのかは誰にもわからないが，睡眠は例外なく生物には必要なものである。脳をもつ動物が生存していくには睡眠が不可欠である。

[3]　しかし，どのくらいの睡眠が本当に必要なのだろうか，どうすればよりよい睡眠がとれるのだろうか，そして，睡眠のシステムを欺く方法はあるのだろうか？　研究によれば，科学者に知られていることとほとんどの人がしていることとの間には永遠の乖離がある。だからこそ，既知の研究の再検討を通してこれらの質問に答えるために，米国睡眠医学会は世界中から多くの科学者を呼び集めた。彼らは，心臓病，がん，肥満，そして人間の仕事ぶりに対する睡眠の影響を調べた。

[4]　2014 年にフィンランドの 3,000 人以上の人々を対象にしたある調査によると，最少の病欠日数と相関性がある睡眠の量が，女性の場合は一晩当たり 7.63 時間，男性の場合は 7.76 時間であることがわかった。だから，

この時間は人を健康に保つ睡眠の量，あるいは，仕事をサボりたいときに病気だと嘘をつくことを最もしにくくなる睡眠の量，のいずれかということになる。統計は解釈するのが難しい。

5　別の研究では，研究者は人々をほんのわずか睡眠不足にさせておき――毎晩6時間しか眠らせなかった――被験者のIQテストの成績が低下するのを観察した。重大な研究結果として，研究に参加している時間を通じて，この6時間睡眠者たちは自分がまったく支障なく機能していると思っていたが，明らかに彼らはそうではなかったということがわかった。

6　この研究結果は，何度も繰り返されてきた。とはいえ，多くの労働分野で睡眠不足が奨励され称賛され続けているのである。ほとんどの職業では，企業は就労して眠らない従業員がいれば満足しているように思える。しかし，同様に称賛されるかもしれない別のタイプの自己傷害を考えるのは難しい。

7　一致した意見としては，睡眠時間が7時間未満だと，我々は虚弱になる（人によってその程度は様々である）。睡眠が常に1日6時間未満になると，健康問題の危険性が高まる。

8　多くの人々は，覚醒と無意識の間で日々軍備拡張競争をしていて，不健康な睡眠習慣を覆い隠したり管理したりするために様々な製品を使い，結局のところ，より多くの製品が必要となっているだけのようだ。カフェインやその他の興奮剤の後には，いろんな鎮静剤の併用が続くのだ。そうでなければアルコールだが，我々の自然な体のリズムをさらに乱すだけだ。効果的な睡眠習慣も，多くのものと同様に，自己認識の問題に戻ってくるようだ。

9　では，どうやって不健康な睡眠習慣を克服すればいいのだろうか？多くの専門家が推奨する簡単な着想がいくつかはある。週末でも就寝時間と起床時間をいくらか一定に保とうとすること。たとえ夜のコーヒーが影響を与えるように感じない場合でも，カフェインの使用を控えめにすること。カクテルも同じである。パソコンやスマホの画面の使用も賢明にすること。夜間モードでも，携帯電話やコンピュータが脳に光を射し込ませていることを忘れてはいけない。代わりに紙面上で何かを読むことである。

◀解　説▶

▶Q1.「下線部の語句(i)〜(iii)の最も適切な意味を選びなさい。正しい語を書きなさい」

(i) cherish「～を大事にする」 compare「～に例える，～と比べる」 dislike「～を嫌う」 enjoy「～を楽しむ」

liken *A* to *B* で「*A* を *B* に例える〔なぞらえる〕」の意で，compare *A* to *B* と同義である。

(ii) criticized「批判された」 deafening「耳をつんざくような」 normal「通常の，標準の」 praised「称賛された」

applauded は「拍手喝采された，称賛された」の意なので，praised と同義である。

(iii) commute「通勤〔通学〕する」 disappointment「失望，落胆」 steadiness「安定，着実」 struggle「骨折り，闘争」

arms race は「軍備拡張競争，激しい競争」の意。arm「腕」は複数形の arms になると「武器，兵器（＝weapons)」の意になる点に注意。睡眠不足対策として次から次にいろいろな薬物を使い続けることを揶揄しているのである。struggle が近い。

▶Q2.「第2段の下線部(1)を日本語に訳しなさい」

While no one knows why we sleep,「我々がなぜ眠るのかは誰にもわからないが」

it is a universal biological necessity ;「それ（＝睡眠）は普遍的な生物学的必要性だ」が直訳で，「それは生物学的には普遍的に必要なものである」,「それは例外なく生物には必要なものである」などと訳すとよい。

no animal with a brain can survive without it.「脳をもつ動物でそれ（＝睡眠）なしで生存できるものはいない」,「脳をもつ動物が生存していくには睡眠が不可欠である」などと訳す。

▶Q3.「第4段では，統計は解釈するのが難しいと述べている。本文によって提示されている，2014年のフィンランドの睡眠研究の2つの可能な解釈を日本語で書きなさい」

第④段第2文（So either that …）に，either *A* or *B* の形で2つの解釈が述べられている。ただし，解答欄が6行とってあるので，第1文に述べられた研究結果も含めて解答すべきである。

▶Q4.「第7段の下線部(2) The consensus の内容を日本語で説明しなさい」

コロン（：）以下に説明されている。When we get fewer than seven hours rest「我々が7時間未満の睡眠をとると」 ここではrest「休息」は睡眠を意味している。we are weakened「我々は虚弱になる」 to degrees that vary from person to person「人によって変わる程度で」→「人によってその程度は様々で」 When sleep persistently falls below six hours per day「睡眠が常に1日当たり6時間未満になると」 persistently「永続的に，常に」 below「～未満で」 we are at an increased risk of health problems「我々は健康問題の高まった危険性の状態にある」→「健康問題の危険性が高まる」

▶Q5.「本文で提示された考えに合致する文を一つ選び，選んだ文字（A，B，C，D）を書きなさい」

A.「従業員は，過労であると感じた場合は辞めるべきだ」
本文に関連する記述がない。

B.「多くの職業は，労働者が睡眠不足に耐えることを期待している」
第6段第2文（In most professions …）に合致する。

C.「人々は，通常，睡眠障害に関する科学者のアドバイスを受け入れることにやぶさかではない」
第3段第2文（Research shows that …）に反する。「科学者に知られていることとほとんどの人がしていることとの間には永遠の乖離がある」とあるので，人々は，睡眠障害に関する科学者のアドバイスを受け入れていないのである。

D.「睡眠不足は健康状態を悪化させるが，経済にはまったく影響を与えない」
第2段第2文（Insufficient sleep causes …）に反する。「不十分な睡眠は…経済はいうに及ばず，生活の質に多大な影響を与える」とあるので，経済にも影響を与えるのである。

●語句・構文●

（第1段）sleep-deprived「睡眠時間が奪われた，睡眠不足の」 get behind the wheel「ハンドルの後ろにつく」→「運転席に座る，ハンドルを握る」 wheel＝steering wheel「自動車のハンドル」 as with～「～の場合のように，～と同様に」 deprivation「奪うこと，不足」 self-awareness「自己認識，自覚」

（第2段） sleep disturbance「睡眠障害」 among「～の中の一つ」（＝one of ～） insufficient「不十分な」 chronic「慢性の」 medical condition「病状，疾患」 have an impact on ～「～に影響を与える」 quality of life「生活の質」 not to mention「～はいうまでもなく」

（第3段） the system＝the sleep system「睡眠システム」 perpetual「永遠の，絶えず生じる」 divide between *A* and *B*「*A* と *B* の格差〔溝，乖離〕」 That's why …「だからこそ…，そういうわけで…」 bring together「寄せ集める，呼び集める」 a body of ～「多数の～」 review「再調査，再検討」 effect of *A* on *B*「*A* が *B* に与える影響」 obesity「肥満」

（第4段） a night「一晩につき，一晩当たり」 that is the amount of sleep that keeps people well と that's the amount that … の 2 つの that は，直前の文中の 7.63 hours a night for women and 7.76 hours for men を指している。Statistics are tough to interpret. は It is tough to interpret statistics. から派生したタフ移動構文である。

（第5段） subject「対象者，被験者」 IQ test「知能テスト」 crucial「極めて重要な」 clearly「明らかなことだが」 文修飾語で It is clear that と書き直せる。

（第6段） even as S V＝(al)though S V「S が V するにもかかわらず」 celebrate「称賛する」 happy to *do*「～して満足して」

（第7段） consensus「一致した意見，合意」

（第8段） wakefulness「覚醒状態，眠らないでいること」 unconsciousness「無意識，眠っていること」 mask「～を覆い隠す」 ultimately「究極的に，結局のところ」 stimulant「興奮剤」 followed by ～「次に～がくる，その後に～が続く」 sedative「鎮静剤」 further「～を促進する，～を助成する」 mess「混乱」

（第9段） recommend「～を推奨する」 bedtime「就寝時刻」 wake-up time「起床時刻」 moderate「極端でない，抑えが利いた」 The same goes for ～「同じことが～にも当てはまる，～も同様だ」 Remember that … ＝Don't forget that …「…を覚えておきなさい，…を忘れてはならない」 shoot「（光など）を放つ」

3 解答

Q1. (A) miss (B) manually (C) embarrassment

Q2. 15 percent

Q3. 速度計のディスプレイをチラッと見るだけでなく，速度計を指さして「速度確認，80」と声を出して，自分のやっている動作を確認し，正しい速度を声で確認する。

Q4. 目で見渡した上で，線路を指さして，目で手の動きを追いながら，プラットフォームの端から端まで腕を勢いよく動かし，「異常なし」という。

Q5. 全訳下線部(1)参照。

◆全　訳◆

≪日本独自の安全確認方法である「指さし確認」≫

[1] 東京で列車に乗るときにこれを見逃すことは難しい。こぎれいな制服を着て白い手袋をした従業員が，列車が駅へ滑るように入ったり出て行ったりする際に，きびきびとプラットフォームを指さして――見たところ相手はいないようだが――大声を出している。車内でもほぼ同じである。運転手と車掌は，ずらりと並んだダイヤル，ボタン，スクリーンに気を配りながら，まるで儀式のような動きをしている。

[2] 日本の鉄道システムは，世界で真に最良のものの一つであるという評判が高い。秒単位で測定された時間通りの動きによって，毎年概算で 120 億人の乗客を移動させる広範囲にわたる鉄道網のおかげで，日本の鉄道は正確で非常に信頼のおける驚異の輸送手段となっている。

[3] 列車の車掌，運転手，駅員は，鉄道網の安全で効率的な運用に重要な役割を果たしている。その重要な側面は，彼らが職務を遂行しながら実行するさまざまな身振りや点呼である。これらは外国人の目には愚かしいと映るかもしれないが，身のこなしや大声は，指さし確認と呼ばれる日本人が導入した産業における安全のための方法である。1996 年のある調査によると，この方法は仕事場の誤動作を最大 85 パーセント削減する。指さし確認は，作業者の意識レベルを上げて誤動作を防ぐために，自分の仕事を身体の動きや発声と関連づけるという原則に基づいて機能している。作業者の目や習慣だけに頼るのではなく，ある職務の各段階が手と声で強化され，各段階が完全かつ正確であることが確保されるのである。

[4] 鉄道の場では，列車の運転手が必要な速度チェックを実行したいとき

に，単にディスプレイをチラッと見るだけではない。そうではなくて，スピードメーターを「速度確認，80」という声と共に身体を使って指さすのである――やっている動作を確認し，正しい速度を声で確認するのである。プラットフォーム側の線路にごみや転落した乗客がいないことを確認する駅員にとっては，視覚的な見渡しだけでは十分ではない。代わりに，駅の係員は，線路を指さして，プラットフォームの長さに沿って腕を勢いよく動かす――このとき目は手の動きを追っている――その後で「異常なし」と宣言する。この過程は列車の出発時に繰り返され，列車の閉じたドアにバッグ――あるいは乗客――がぶら下がっていることがないよう確認するのである。

5 上述のように，指さし確認は職場の誤動作を減らすことが知られている。作業者によって指さし確認の熱心さには違いはあるが，不熱心な人でも，身体を使って各作業を強化することによってもたらされる意識の高まりから恩恵を得ているのである。

6 (1)作業者の誤動作の割合を改善する，このように簡単だが効果的な方法であるにもかかわらず，このしくみは引き続き主に日本に限られている。確かに，それは日本の職場に見られる多くの風変わりなものの一つで，西洋の労働者には好印象を与えない。指さし確認に関していえば，日本の時事解説者たちは，西洋の従業員は必要な身振りや声出しをしているとき「愚かしく」感じるのだと考えている。指さし確認という話になると，日本の労働者は照れくさく感じることから免れないとはいえ，訓練によって指さし確認はすぐに受け入れられた仕事の一部になる。東京メトロの広報担当者は，ある発言の中で，新入社員は「指さし確認は安全な鉄道運行に必要だと認識しており，それゆえきまり悪さを感じない」ということに特に言及した。

◀解 説▶

▶Q1.「空所(A)，(B)，(C)に最も適した語を選びなさい。正しい語を書きなさい」

(A) know「～を知る」 miss「～を見逃す」 predict「～を予測する」 prove「～を証明する」

空所を含む文は It is hard to *do*「～することは難しい…」ではなく「それは～することが難しい，それを～することは難しい」という意味である。

Itの具体的な内容はコロン以下である。

(B) apparent「見かけ上，明らかな」 manually「手で，手動で」 randomly「でたらめに，無作為に」 scarce「まれな，少ない」

each step in a given task is reinforced (B) and audibly「ある職務の各段階が (B) と声で強化される」は，pointing-and-calling「指さし確認」の効用を述べた部分である。指さし確認とは，手と声を使った確認方法である。

(C) abolishment「廃止，解消」 contentment「満足感，充足感」 embarrassment「きまり悪さ，気恥ずかしさ」 settlement「落ち着くこと，安定」

空所を含む文の前文，第⑥段第4文（Japanese workers are …）に，社員は指さし確認に気恥ずかしさ（self-conscious）を感じないわけではないものの，訓練によって仕事の一部として受け入れる，とある。それに続く文としては，「仕事に必要なので気恥ずかしさを感じない」という内容が適切と考えられる。よって，embarrassmentが適切。

▶Q2.「次の文の空所に最も適するパーセンテージは何ですか。第3段に基づいて答えなさい。

指さし確認方式を採用した場合，誤動作は最低で（　　）になる可能性がある」

第3文（According to …）に「1996年のある調査によると，この方法は仕事場の誤動作を最大85％削減する」とあるので，最低で15％になることがわかる。ちなみに，percentはper centと表記してもよいが，いずれにせよ*percents / per *centsと複数形のsをつけないように注意する。

▶Q3.「速度確認で列車の運転手は何をしますか。このプロセスを第4段に基づいて日本語で説明しなさい」

第1文の内容も忘れないように，第1・2文をまとめる。解答欄が5行あるので，ほぼ全訳に近い解答が書ける。

▶Q4.「列車が到着すると，線路に障害物がないことを確認するために，駅員はプラットフォームで何をしますか。第4段に基づいて，その完全な手順を日本語で説明しなさい」

解答欄が5行あるので，第4文（Instead, the train …）を全訳するに等しい。第3文（For station staff …）の内容も忘れないようにする。

▶Q5.「第6段の下線部(1)を日本語に訳しなさい」

For such a simple but effective method of improving workers' error rate,「作業者の誤動作の割合を改善する，このように簡単だが効果的な方法であるにもかかわらず」 for は〈交換〉を表して「～と引きかえに」の意だが「～と引きかえにしても…ない」→「～にもかかわらず」という皮肉な用法で使われるようになった。これを強調した for all ～の形で使われることが多い。*ex.* For all his wealth and fame, he is unhappy.「富と名声にもかかわらず彼は幸福でない」

the system continues to find itself largely confined to Japan.「このしくみは主に日本に限られていることに気づき続けている」→「このしくみは引き続き主に日本に限られている」 continue to *do*「～し続ける」 find itself confined to ～＝find that it is confined to ～「それが～に限られていることに気づく」

●語句・構文●

(第1段) (with) white-gloved employees in crisp uniforms pointing smartly down the platform and calling out は頭の with が欠落した付帯状況の with 構文で，uniforms の後ろに are を補って white-gloved employees in crisp uniforms are pointing smartly down the platform and calling out と考えるとよい。crisp「(身だしなみが) こぎれいな，パリッとした」 smartly「きびきびと」 seemingly「一見したところ，見たところ」 glide「滑らかに動く」 onboard は，ここでは「車内 (の状況)」という名詞で使われている。much the same「ほぼ同じ」 with drivers and conductors performing almost ritual-like movements は付帯状況の with 構文で，conductors の後ろに are を補って drivers and conductors are performing almost ritual-like movements と考えるとよい。tend to ～「～に気を配る，～を管理する」 an array of ～「ずらりと並んだ～，たくさんの～」

(第2段) well-deserved「受けるに値する」 reputation for ～「～という評判」 among ～＝one of ～「～の中の一つ」 the very best＝much the best「真に最良のもの」 estimate「～を見積もる」 in the seconds「秒の単位で」 precise「正確な」 reliable「信頼できる，頼りになる」 marvel「驚くべきこと，驚異」

(第3段) play a role「役割を演じる」 a key aspect of which is … は関係代名詞を使わないで書くと and a key aspect of it (＝the operation) is … となる。the variety of ～「様々な～」 while (they are) undertaking their duties と they are を補う。strike *A* as ～「*A* に～だと思わせる」 “*A* が～である” ではない点に注意する。*ex.* He strikes me as efficient〔an efficient person〕.「私には，彼は有能な〔有能な人の〕ように見える」 pointing-and-calling「指さし確認」 according to ～「～によれば」 by「(差を示して)～だけ」 up to ～「最大で～まで，～以下の」 work ＝function「機能する」 associate *A* with *B*「*A* を *B* と関連づける」 vocalization「声を出すこと，発声」 rather than ～＝instead of ～「～ではなくて」 rely on ～「～を頼りにする，～を信頼する」 given「ある～，任意の」 ensure S V「S が V することを確保する，確実に S に V させる」 accurate「正確な」

(第4段) context「状況，場面」 glance at ～「～をチラッと見る」 point at ～「～を指さす」 confirm「～を確かめる，～を確認する」 track「線路，軌道」 free of ～「～がない」 debris「がらくた，破片」 scan「ザッと見渡すこと」 declare「～を宣言する，～を明言する」 all clear「異常なし，問題なし」

(第5段) As stated above「上記のように，前述したように」 stated の代わりに described / mentioned / remarked も使われる。reduce「～を減らす，～を少なくする」 enthusiastically「熱心に，熱烈に」 indifferent「無関心な，興味をもたない」 benefit from ～「～から恩恵を受ける，～によって益を得る」

(第6段) eccentricity「風変わりなこと，奇抜なこと」 impress「～に好印象を与える，～に感銘を与える」 in the case of ～「～の場合には，～については」 commentator「コメンテーター，時事解説者」 theorize「理論化する，理詰めで考える」 immune to ～「～を免れる，～に影響されない」 feel self-conscious「気後れする，照れくさく感じる」 when it comes to ～「話が～のことになると，～に関していえば」 spokesperson for ～「～の広報担当者」 note「特筆する，特に言及する」 rail operation「鉄道経営，鉄道運行」

4

解答例 Japan has already been a super-aged society since 2007. Therefore, we should take urgent measures to support ever-increasing elderly people. First, since it is no longer possible to keep relying entirely on individual support or care from families, we must accept tax increases to cover swelling healthcare costs. Second, both private and public corporations should extend the mandatory retirement age so that elderly people have a choice to work longer. In the long run, this will help them enjoy longer and healthier lives, much more connected with the society.（約100語）

◀解　説▶

〔問題英文の全訳〕

日本の厚生労働省の調査によると，2025年までに日本の人口の約30％が65歳以上になるだろう。この割合は上昇し続け，2050年までに40％にもなり，それに伴って，長期にわたる日常生活の介護と医療が必要な高齢者数の増加が見込まれている。しかしながら，出生率が低下し，家族が少なくなるにつれて，家族は高齢者を世話することができなくなるだろう。

指示：次の質問への答えを，約100語からなる英語の文章をよく考えて書きなさい。

　将来介護が必要となる高齢者を支えるために，日本社会は何ができるか？

解答を裏づけるための明確な例を具体的に挙げなさい。

超高齢社会での高齢者介護問題である。出題頻度の高いテーマなので，書いた経験のある受験生も多いと思われる。医療介護施設の拡充，医療介護職員の増員と待遇改善，健康寿命の増進のための啓発による介護医療費の削減，低下する出生率に歯止めをかけるための対策（子育て支援，ワークライフバランスの取れた働き方改革等）が考えられる。制限語数の「約100語」とは理想的には95～104語だが，80～120語は許容範囲だろう。

〔解答例の全訳〕

日本はすでに2007年から超高齢社会を迎えている。したがって，絶えず増え続ける高齢者を支えるための緊急の対策を講じるべきである。まず，個人的支援や家族からの介護にすべてを頼り続けるのはもはや不可能であることを考えると，膨らみ続ける介護医療費をまかなうために増税を受け入れる必要がある。第二に，官民あげて定年を延長することで，高齢者がより長く働くという選択肢をもてるようにすべきである。長い目で見れば，これは高齢者がより健康でより長く，社会とより深く結びついた生活を享受するのを助けるのだ。

5 **解答** (1)〈解答1〉Once, various travel books, (regardless of whether they were) fiction or non-fiction, ignited young people's desire to start traveling.

〈解答2〉In the good old days, a lot of non-fictional or fictional travel writings used to prompt young people to embark on their trip.

(2)〈解答1〉To travel to other countries is to learn that you — the places that you know and the position where you are standing — are not (at) the center of the world or the standard of common sense.

〈解答2〉If you travel to foreign countries, you will notice that the world does not revolve around you — your familiar place and standpoint — and that your common sense is not adopted as the standard.

◀解　説▶

( ) は省略できること，〔 〕は直前の語句と言い換えができることを示す。

▶(1)「かつては」は once / at one time / in days past / in former days / in the good old days / in the past など。

「紀行文」は「旅行記」なので a travel / a travel book / a travel story / (a piece of) travel writing / a travel piece など。

「旅小説」は「紀行文」と同義語。区別するなら「紀行文」は non-fiction(al) travel writing,「旅小説」は fiction(al) travel writing と区別してもよい。

「旅心」は「旅に出たい欲求」なので，desire to travel / longing to set out on a journey などとする。

「火をつける」は fuel / ignite だが,「若い人の旅心に火をつける」全体を「若い人に旅に出るように促す」と言い換えて，prompt〔stimulate〕young people to embark on their trip / stimulate young people into going on a trip to a foreign country としてもよい。「つけていた」は過

去単純形でもよいが，今とは違って以前は，という点を強調するなら used to を用いてもよい。

▶(2)「異国を旅することは…と知ることだ」は to 不定詞を主語と補語に用いて To *do*$_1$ is〔means〕to *do*$_2$. とする。あるいは，動名詞を主語と補語に用いて *Do*$_1$*ing* means *do*$_2$*ing*. の形にするか，If you *do*$_1$, you (will) *do*$_2$. とする。

「自分が世界のまんなかではない」は You are not (at) the center of the world だが，「世界は自分中心に回ってはいない」と読み換えて The world does not revolve around you としてもよい。

「常識の基準」は the standard of common sense とする。

「*A* でもなく *B* でもない」は not を 2 度使えば not *A* and not *B* だが，1 回で済ませるときには，not *A* or *B* が正しく，原則として，*not *A* and *B* としてはならない。間違いやすいので注意が必要である。

「自分の知っている場所」は the places that you know とする。

「立っている位置」は the position where you are standing〔stand〕とする。または，「自分の知っている場所，立っている位置」を「自分の慣れ親しんだ場所や立場」として，your familiar place and standpoint としてもよい。

❖講　評

2018 年度は 2017 年度同様，読解問題が 3 題，自由英作文問題が 1 題，和文英訳問題が 1 題という大問構成であった。

1 の読解問題は易しめの英文が出題された。2・3 は標準的なレベルの英文であるが，設問が英語であった。2017 年度と比較すると，読解問題 3 題での英文量は 500 語近く減少した（約 2070 語→約 1600 語）。内容的には，客観式の設問は 15 問中 5 問であり，内容説明 7 問，下線部和訳 2 問と，記述式中心の問題構成である。本格的な記述力に加え，日本語運用能力も問われている。なお，3 の Q2 で数字を入れる空所補充が出題されたのが目新しい。

4 は自由英作文。「社会としての高齢者介護の取り組み」をテーマにしたもので，英語力以前に，背景知識と発想力が必要となる。自由英作文は普段から書き慣れていないと差がつきやすい分野なので，日頃から英文日記をつける等の地道な対策を行っておくことが望まれる。

5は例年通り和文英訳問題。2問とも難易度は標準レベルである。ここでの失点は最小限度にとどめたい。

数学

◀経済(経済工)・理・医(保健〈看護学〉を除く)・
歯・薬・工・芸術工・農学部▶

1 ◇発想◇ 点Pは xy 平面上の点である。よって，z 座標が0であることがわかるから，$(a,\ b,\ 0)$ とおいてみよう。次にこの点は C 上の点であることから，$x^2-y^2=1$ かつ $x\geqq 1$ を満たす。直線 AP と平面 $x=d$ との交点を $\mathrm{Q}(d,\ Y,\ Z)$ とし，点Qの座標を求めるところではベクトル $\overrightarrow{\mathrm{OQ}}$ の成分を求めることで対応するとよいだろう。$a^2-b^2=1$ の a，b を消去し，Y，Z の関係式を作ることを強く意識して変形すること。空間の様子を確認するために，簡単なものでよいので図を描いてみることを勧める。

解答 点Pが C 上を動くとき，

点Pの座標を $(a,\ b,\ 0)$ とおくと，a，b について

$$a^2-b^2=1 \quad (a\geqq 1)$$

が成り立つ。直線 AP と平面 $x=d$ との交点をQとおくと

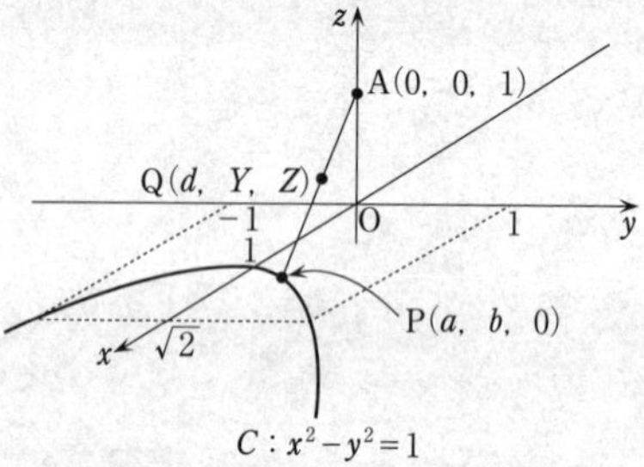

$$\begin{aligned}\overrightarrow{\mathrm{OQ}}&=\overrightarrow{\mathrm{OA}}+\overrightarrow{\mathrm{AQ}}\\&=\overrightarrow{\mathrm{OA}}+t\overrightarrow{\mathrm{AP}} \quad (t\text{は実数})\\&=(0,\ 0,\ 1)+t(a,\ b,\ -1)\\&=(ta,\ tb,\ 1-t)\end{aligned}$$

点Qの座標を $(d,\ Y,\ Z)$ とおくと，$\overrightarrow{\mathrm{OQ}}=(d,\ Y,\ Z)$ となり

$$\begin{cases}d=ta\\Y=tb\\Z=1-t\end{cases}$$

$d=ta$ において $a\geqq 1$ であるから，0ではない a で両辺を割って

$$t=\frac{d}{a}$$

したがって

$$\begin{cases} Y=\dfrac{bd}{a} & \cdots\cdots① \\ Z=1-\dfrac{d}{a} & \cdots\cdots② \end{cases}$$

$a\geqq 1$ より　　$0<\dfrac{1}{a}\leqq 1$

各辺に正の d をかけて　　$0<\dfrac{d}{a}\leqq d$

各辺に -1 をかけて　　$0>-\dfrac{d}{a}\geqq -d$

各辺に 1 を加えて　　$1>1-\dfrac{d}{a}\geqq 1-d$

②より　　$1>Z\geqq 1-d$　……③

また，②より　　$\dfrac{d}{a}=1-Z$　……②′

これを①に代入すると　　$Y=b(1-Z)$　……①′

①′，②′ において，③より $1-Z\neq 0$ なので

$$\begin{cases} a=\dfrac{d}{1-Z} & \cdots\cdots④ \\ b=\dfrac{Y}{1-Z} & \cdots\cdots⑤ \end{cases}$$

④，⑤を $a^2-b^2=1$ に代入すると

$$\left(\frac{d}{1-Z}\right)^2-\left(\frac{Y}{1-Z}\right)^2=1$$

$$Y^2+(1-Z)^2=d^2$$

Z のとり得る値の範囲は③であるから，求める軌跡は，平面 $x=d$ における円 $y^2+(z-1)^2=d^2$ の $1-d\leqq z<1$ にある部分。 ……(答)

参考 〔解答〕では定跡どおり Y，Z を a，b を用いて表し，$a^2-b^2=1$ $(a\geqq 1)$ から a，b を消去したが，次のように計算すると簡明である。

$d=ta$，$Y=tb$，$Z=1-t$ と $a^2-b^2=1$ より

$$d^2-Y^2=t^2(a^2-b^2)=t^2$$

$t=1-Z$ より　　$d^2-Y^2=(1-Z)^2$

また，$d=ta$，$d>0$，$a\geqq1$ より $t>0$ であるから

$$d=ta\geqq t \qquad \therefore \quad 0<t\leqq d$$

すなわち　$0<1-Z\leqq d$　　$\therefore$　$1-d\leqq Z<1$

よって，$Y^2+(Z-1)^2=d^2$，$1-d\leqq Z<1$ が導かれる。

◀解　説▶

≪空間における点の軌跡≫

点Pとは xy 平面にある C 上の点であるから，まずは $(a,\ b,\ 0)$ のように z 座標を0とすることができる。この $(a,\ b,\ 0)$ が $x^2-y^2=1$ かつ $x\geqq1$ を満たす。次に直線APと平面 $x=d$ との交点をQなどとおいて，その座標を求める。ベクトルの問題ではなくても，座標を求めるときはワンポイントでベクトルを利用して，本問では $\overrightarrow{\mathrm{OQ}}$ の成分を求めることで対応するとよい。そもそも，どの分野の問題であるかなどというのは，入試の分析などの際に必要な視点なだけで，受験生が解答するときには，柔軟な思考による横断的な観点でいろいろな分野にまたがるような形で対応する方がよい。

後半では，先に求めた $a^2-b^2=1$ かつ $a\geqq1$ と表された式を平面 $x=d$ における Y，Z で表したいので，a，b を Y，Z で置き換えることができるような方法を考察することになる。$Y^2+(1-Z)^2=d^2$ のうちどの部分なのかを求めることを忘れないこと。〔解答〕では $1-d\leqq z<1$ の部分としたが，図を描けばわかるが，円のうち $z<1-d$ を満たすような部分は存在しないので，それがわかった上で，$z<1$ と表してもよい。

2　◇発想◇　(1)　まず，半円 C 上の点をどのように表すか。$x^2+y^2=9$ の関係があるので，$y\geqq0$ より，$y=\sqrt{9-x^2}$ と表せるが，ここでは，半円 $x^2+y^2=9$ 上の点を $(3\cos\theta,\ 3\sin\theta)$ と表してみよう。こうすることで，点Pの y 座標と点Qの y 座標は等しく，点Pの x 座標は点Qの x 座標よりも小さいという条件があることにも対応しやすい。点Pが第2象限，点Qが第1象限の点であることがわかる。$\mathrm{P}(-x,\ y)$，$\mathrm{Q}(x,\ y)$ $(x>0)$ とおいて点Rの軌跡を考えてもよい。

(2)　点Qは(1)のまま座標を $(3\cos\theta,\ 3\sin\theta)$ とおいたままでよい。点Rは線分PQを2：1に内分する点であるから，点Rの座標を θ を用いて表してみよう。

(3)　(1)・(2)で図形 S, T はそれぞれわかっているので，図形 U もわかる。y 軸のまわりに1回転させるときの外側をまわる図形と内側をまわる図形の状況を正確に把握しよう。

解答　(1)　条件より，点P，Qの座標はそれぞれ $(-3\cos\theta,\ 3\sin\theta)$, $(3\cos\theta,\ 3\sin\theta)$ $\left(0\leqq\theta<\dfrac{\pi}{2}\right)$ とおくことができる。点Rは線分PQを2：1に内分する点であるから，点Rの座標は

$$\left(\frac{1\cdot(-3\cos\theta)+2\cdot 3\cos\theta}{2+1},\ \frac{1\cdot 3\sin\theta+2\cdot 3\sin\theta}{2+1}\right)$$

つまり $(\cos\theta,\ 3\sin\theta)$ となる。

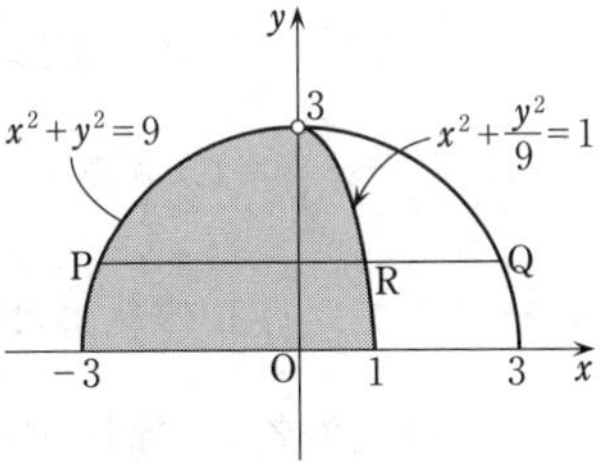

点R $(\cos\theta,\ 3\sin\theta)$ $\left(0\leqq\theta<\dfrac{\pi}{2}\right)$ は楕円 $x^2+\dfrac{y^2}{9}=1$ の $0<x\leqq 1$ かつ $0\leqq y<3$ の部分であり，それぞれの点は右図のように位置し，図形 S は右図の網かけ部分である。境界線は点 $(0,\ 3)$ 以外は含む。

図形 S の面積は $\dfrac{1}{4}\cdot\pi\cdot 3^2+\displaystyle\int_0^1 y\,dx$ で求めることができる。

$\displaystyle\int_0^1 y\,dx$ において，$x=\cos\theta$ であり，両辺を θ で微分すると

$\dfrac{dx}{d\theta}=-\sin\theta$ より　　$dx=-\sin\theta\,d\theta$

x	$0\longrightarrow 1$
θ	$\dfrac{\pi}{2}\longrightarrow 0$

また，$y=3\sin\theta$ であるから，求める面積は

$$\frac{9}{4}\pi+\int_{\frac{\pi}{2}}^{0}3\sin\theta(-\sin\theta)\,d\theta=\frac{9}{4}\pi+3\int_0^{\frac{\pi}{2}}\sin^2\theta\,d\theta$$

$$=\frac{9}{4}\pi+3\int_0^{\frac{\pi}{2}}\frac{1-\cos 2\theta}{2}\,d\theta$$

$$=\frac{9}{4}\pi+\frac{3}{2}\left[\theta-\frac{1}{2}\sin 2\theta\right]_0^{\frac{\pi}{2}}$$

$$=\frac{9}{4}\pi+\frac{3}{4}\pi$$

$$=3\pi \quad \cdots\cdots(答)$$

参考　条件より，点P，Qの座標はそれぞれ $(-x,\ y)$，$(x,\ y)$ とおくことができ

$x^2+y^2=9,\ x>0,\ y>0$　……①

を満たす。点Rの座標は

$$\left(\frac{-x+2x}{2+1},\ \frac{y+2y}{2+1}\right)\ つまり\ \left(\frac{x}{3},\ y\right)$$

となる。$R(X,\ Y)$ とおくと

$$X=\frac{x}{3},\ Y=y$$

よって，$x=3X$，$y=Y$ であるから，これを①に代入すると

$$(3X)^2+Y^2=9,\ 3X>0,\ Y\geqq 0$$

$$\therefore\ X^2+\frac{Y^2}{9}=1,\ X>0,\ Y\geqq 0$$

したがって，点Rの軌跡は楕円 $x^2+\dfrac{y^2}{9}=1$ の $x>0$，$y\geqq 0$ の部分であり，図形 S は〔解答〕の図の網かけ部分である。境界線は点 $(0,\ 3)$ 以外は含む。

図形 S の面積は，$\dfrac{1}{4}\cdot\pi\cdot 3^2+\displaystyle\int_0^1 ydx$ で求めることができる。

$x^2+\dfrac{y^2}{9}=1$，$y\geqq 0$ より $y=3\sqrt{1-x^2}$ であるから

$$\int_0^1 ydx=\int_0^1 3\sqrt{1-x^2}\,dx=3\cdot\frac{1}{4}\pi\cdot 1^2$$

$$=\frac{3}{4}\pi$$

$\left(\because\ \displaystyle\int_0^1\sqrt{1-x^2}\,dx\ は半径1の四分円の面積を表す\right)$

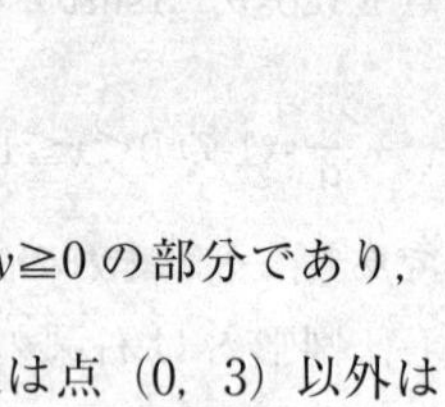

よって，求める面積は

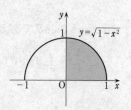

$$\frac{9}{4}\pi+\frac{3}{4}\pi=3\pi$$

(2)　線分 PQ は点 P，Q が一致して大きさが 0 となる場合も含めることにすると，条件より点 Q の座標は $(3\cos\theta,\ 3\sin\theta)$ $(0\leqq\theta\leqq\pi)$ とおくことができる。点 R は線分 PQ を 2：1 に内分する点であるから，点 R の座標は

$$\left(\frac{1\cdot(-3)+2\cdot3\cos\theta}{2+1},\ \frac{1\cdot0+2\cdot3\sin\theta}{2+1}\right)$$

つまり　$(2\cos\theta-1,\ 2\sin\theta)$

となる。

点 R $(2\cos\theta-1,\ 2\sin\theta)$ $(0\leqq\theta\leqq\pi)$ は 円 $(x+1)^2+y^2=4$ の $y\geqq0$ の部分であり，それぞれの点は右図のように位置し，図形 T は図の網かけ部分である。

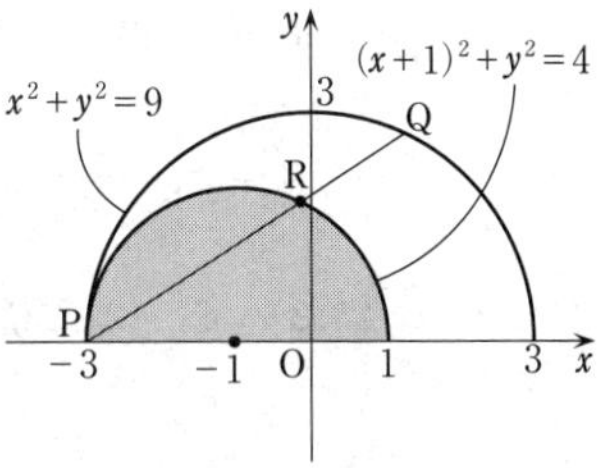

図形 T の面積は半径 2 の半円の面積だから

$$\frac{1}{2}\cdot\pi\cdot2^2=2\pi\quad\cdots\cdots(\text{答})$$

参考　条件より，点 P $(-3,\ 0)$ で点 Q の座標を $(x,\ y)$，ただし $x^2+y^2=9,\ y\geqq0$　……②とおくと，点 R の座標は

$$\left(\frac{-3+2x}{2+1},\ \frac{2y}{2+1}\right)\ \text{つまり}\ \left(\frac{2x-3}{3},\ \frac{2y}{3}\right)$$

となる。点 R $(X,\ Y)$ とおくと

$$X=\frac{2x-3}{3},\ Y=\frac{2y}{3}$$

よって，$x=\dfrac{3(X+1)}{2}$，$y=\dfrac{3Y}{2}$ であるから，これを②に代入すると

$$\left\{\frac{3(X+1)}{2}\right\}^2+\left(\frac{3Y}{2}\right)^2=9,\ \frac{3Y}{2}\geqq0$$

$$\therefore\quad (X+1)^2+Y^2=4,\ Y\geqq0$$

したがって，点 R の軌跡は，円 $(x+1)^2+y^2=4$ の $y\geqq0$ の部分であり，図形 T は〔解答〕の図の網かけ部分である。図形 T の面積は，半径 2 の半円の面積だから

$$\frac{1}{2}\cdot\pi\cdot 2^2=2\pi$$

(3)　(1)・(2)より，図形 U は右図の網かけ部分である。(1)，(2)での点Rの軌跡の方程式をそれぞれ $x_1{}^2+\dfrac{y^2}{9}=1$，$(x_2+1)^2+y^2=4$ として，求める体積は

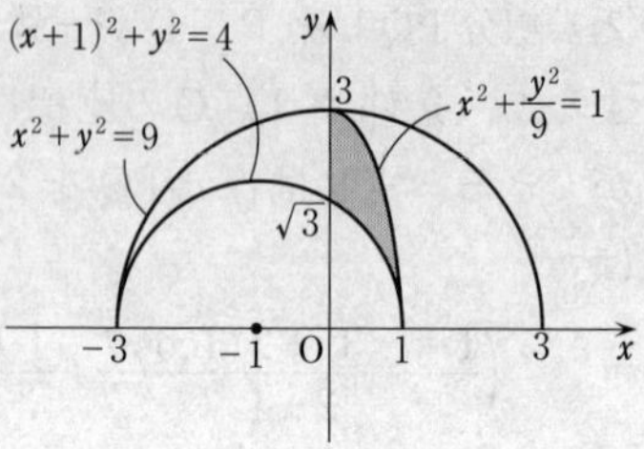

$$\int_0^3 \pi x_1{}^2dy-\int_0^{\sqrt{3}}\pi x_2{}^2dy$$

である。

$$\int_0^3 \pi x_1{}^2dy=\int_0^3\pi\left(1-\frac{y^2}{9}\right)dy$$

$$=\pi\left[y-\frac{1}{27}y^3\right]_0^3=2\pi$$

$\displaystyle\int_0^{\sqrt{3}}\pi x_2{}^2dy$ において，(2)より $y=2\sin\theta$ であり，両辺を θ で微分すると

$\dfrac{dy}{d\theta}=2\cos\theta$ より　　$dy=2\cos\theta d\theta$

y	$0\longrightarrow\sqrt{3}$
θ	$0\longrightarrow\dfrac{\pi}{3}$

また，(2)より，$x_2=2\cos\theta-1$ であるから

$$\int_0^{\sqrt{3}}\pi x_2{}^2dy=\int_0^{\frac{\pi}{3}}\pi(2\cos\theta-1)^2\cdot 2\cos\theta d\theta$$

$$=\pi\int_0^{\frac{\pi}{3}}(8\cos^3\theta-8\cos^2\theta+2\cos\theta)\,d\theta$$

$$=\pi\int_0^{\frac{\pi}{3}}\left\{8\cdot\frac{1}{4}(\cos3\theta+3\cos\theta)-8\cdot\frac{1}{2}(1+\cos2\theta)+2\cos\theta\right\}d\theta$$

$(\because\quad \cos3\theta=4\cos^3\theta-3\cos\theta)$

$$=\pi\int_0^{\frac{\pi}{3}}(2\cos3\theta-4\cos2\theta+8\cos\theta-4)\,d\theta$$

$$=\pi\left[\frac{2}{3}\sin3\theta-2\sin2\theta+8\sin\theta-4\theta\right]_0^{\frac{\pi}{3}}$$

$$=\pi\left(0-2\cdot\frac{\sqrt{3}}{2}+8\cdot\frac{\sqrt{3}}{2}-\frac{4}{3}\pi\right)=\left(3\sqrt{3}-\frac{4}{3}\pi\right)\pi$$

よって，求める体積は

$$2\pi-\left(3\sqrt{3}-\frac{4}{3}\pi\right)\pi=\left(2-3\sqrt{3}+\frac{4}{3}\pi\right)\pi \quad \cdots\cdots(答)$$

参考　$(x_2+1)^2+y^2=4$ として，次のように $\displaystyle\int_0^{\sqrt{3}}\pi x_2{}^2dy$ の計算をしてもよい。

$(x_2+1)^2=4-y^2$ より

$$x_2+1=\pm\sqrt{4-y^2}$$

$$x_2=-1\pm\sqrt{4-y^2}$$

y 軸のまわりに 1 回転させる図形の方程式は $x_2=-1+\sqrt{4-y^2}$ であるから

$$\int_0^{\sqrt{3}}\pi x_2{}^2dy=\int_0^{\sqrt{3}}\pi\left(-1+\sqrt{4-y^2}\right)^2dy$$

$$=\pi\int_0^{\sqrt{3}}\left(5-y^2-2\sqrt{4-y^2}\right)dy$$

$$\int_0^{\sqrt{3}}(5-y^2)\,dy=\left[5y-\frac{1}{3}y^3\right]_0^{\sqrt{3}}$$

$$=5\sqrt{3}-\sqrt{3}$$

$$=4\sqrt{3}$$

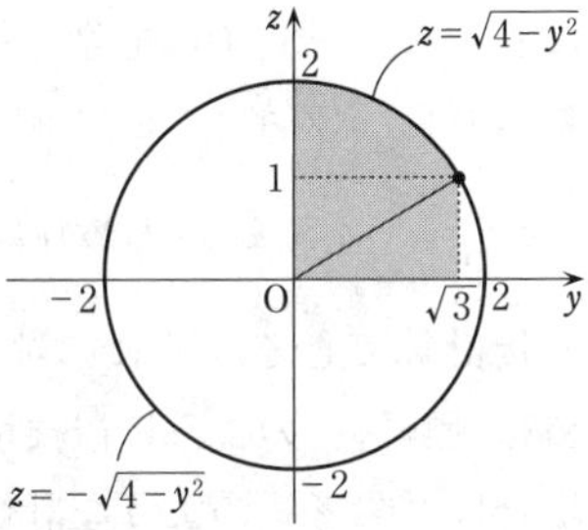

であり，$\displaystyle\int_0^{\sqrt{3}}\sqrt{4-y^2}\,dy$ は右図の網かけ部分の面積である。

よって

$$\int_0^{\sqrt{3}}\sqrt{4-y^2}\,dy=\frac{1}{2}\cdot2^2\cdot\frac{\pi}{3}+\frac{1}{2}\cdot\sqrt{3}\cdot1=\frac{2}{3}\pi+\frac{\sqrt{3}}{2}$$

したがって

$$\pi\int_0^{\sqrt{3}}\left(5-y^2-2\sqrt{4-y^2}\right)dy=\pi\left\{4\sqrt{3}-2\left(\frac{2}{3}\pi+\frac{\sqrt{3}}{2}\right)\right\}$$

$$=\left(3\sqrt{3}-\frac{4}{3}\pi\right)\pi$$

となるから，求める体積は

$$2\pi-\left(3\sqrt{3}-\frac{4}{3}\pi\right)\pi=\left(2-3\sqrt{3}+\frac{4}{3}\pi\right)\pi$$

◀解　説▶

≪円や楕円で囲まれた部分の面積と回転体の体積≫

▶(1)　円 $x^2+y^2=9$ 上の点は $(3\cos\theta,\ 3\sin\theta)$ と表すことができる。半円

C は円 $x^2+y^2=9$ の $y\geqq 0$ の部分で，点Pの y 座標と点Qの y 座標は等しく，点Pの x 座標は点Qの x 座標よりも小さい。この条件から，点Pが第2象限，点Qが第1象限の点であることがわかる。条件から点P，Qが異なると考えられるので，θ の取り得る範囲を $0\leqq\theta<\dfrac{\pi}{2}$ とおくことになり，そのため点Rの存在範囲が楕円のうち $0<x\leqq 1$ かつ $0\leqq y<3$ の部分となるので，図形 S の境界線のうち点 $(0,\ 3)$ だけが除かれるが，面積を求めることには影響はない。

▶(2)　点Qの座標は(1)の $(3\cos\theta,\ 3\sin\theta)$ としてよい（ただし，$0\leqq\theta\leqq\pi$）。点Rは線分 PQ を $2:1$ に内分する点であるから，点Rの座標を θ を用いて表してみよう。線分 PQ は点P，Qが一致する場合も含めて考えて，θ のとり得る範囲を $0\leqq\theta\leqq\pi$ としたが，一致する場合を除く，すなわち点 $(-3,\ 0)$ を除くと考えて $0\leqq\theta<\pi$ としても構わない。

▶(3)　(1)・(2)ですでに図形 S，T はそれぞれわかっている。楕円 $x^2+\dfrac{y^2}{9}=1$ を y 軸のまわりに1回転させる立体の体積は $\displaystyle\int_0^3\pi\left(1-\frac{y^2}{9}\right)dy$ で直接計算できる。それに対して，円 $(x+1)^2+y^2=4$ が回転する立体の体積は〔解答〕のように置換積分法で計算すればよいだろう。直接計算する場合は〔参考〕のような計算方法をとる。

3

◇発想◇　「積 $X_1X_2\cdots X_n$ を4で割った余り」と「積 $X_1X_2\cdots X_nX_{n+1}$ を4で割った余り」の関係の対応を調べることで，p_n，q_n，r_n，s_n に関する漸化式をつくり，それをもとにして，それぞれの確率を求める。

「積 $X_1X_2\cdots X_n$ を4で割った余り」が0のとき，$n+1$ 回目に取り出した X_{n+1} に対して「積 $X_1X_2\cdots X_nX_{n+1}$ を4で割った余り」がいくらになるか。「積 $X_1X_2\cdots X_n$ を4で割った余り」が1のとき，$n+1$ 回目に取り出した X_{n+1} に対して「積 $X_1X_2\cdots X_nX_{n+1}$ を4で割った余り」がいくらになるか，というように順に考えていけばよい。

n が1のとき，2のときと具体的な数で考えるのではなく，一般的な n と $n+1$ との関係で考える。

解答　「積 $X_1X_2\cdots X_n$ を 4 で割った余り」，「X_{n+1} の値」，「積 $X_1X_2\cdots X_nX_{n+1}$ を 4 で割った余り」の関係について考える。

「積 $X_1X_2\cdots X_n$ を 4 で割った余り」が 0 のとき

$$\begin{cases} X_{n+1}=1 \text{ を取り出すと，積 } X_1X_2\cdots X_{n+1} \text{ を 4 で割った余りが 0} \\ X_{n+1}=2 \text{ を取り出すと，積 } X_1X_2\cdots X_{n+1} \text{ を 4 で割った余りが 0} \\ X_{n+1}=3 \text{ を取り出すと，積 } X_1X_2\cdots X_{n+1} \text{ を 4 で割った余りが 0} \\ X_{n+1}=4 \text{ を取り出すと，積 } X_1X_2\cdots X_{n+1} \text{ を 4 で割った余りが 0} \end{cases}$$

となる。このように，「積 $X_1X_2\cdots X_n$ を 4 で割った余り」が 1，2，3 のときも X_{n+1} に対して「積 $X_1X_2\cdots X_nX_{n+1}$ を 4 で割った余り」がそれぞれいくらになるのかを調べて，次のような対応を得る。

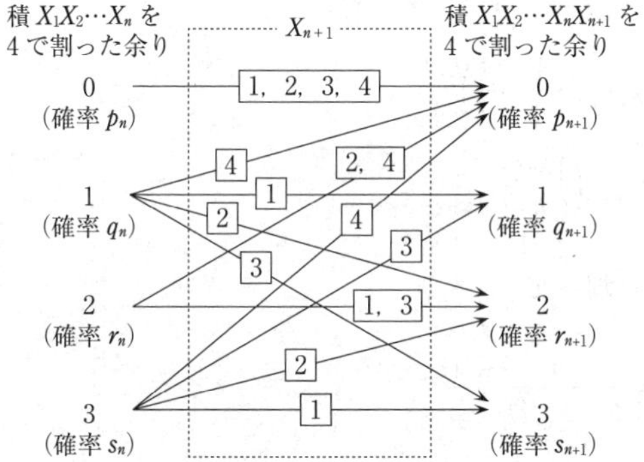

図より

$$\begin{cases} p_{n+1}=p_n+\dfrac{1}{4}q_n+\dfrac{1}{2}r_n+\dfrac{1}{4}s_n \\ q_{n+1}=\dfrac{1}{4}q_n+\dfrac{1}{4}s_n & \cdots\cdots① \\ r_{n+1}=\dfrac{1}{4}q_n+\dfrac{1}{2}r_n+\dfrac{1}{4}s_n & \cdots\cdots② \\ s_{n+1}=\dfrac{1}{4}q_n+\dfrac{1}{4}s_n & \cdots\cdots③ \end{cases}$$

X_1 を 4 で割った余りが 0，1，2，3 である確率 p_1，q_1，r_1，s_1 は，それぞれ $\dfrac{1}{4}$ である。

①，③より $q_n=s_n$ であり，これを①に代入すると

$$q_{n+1}=\frac{1}{4}(q_n+s_n)=\frac{1}{2}q_n$$

数列 $\{q_n\}$ は初項 $\frac{1}{4}$，公比 $\frac{1}{2}$ の等比数列であるから

$$q_n=\frac{1}{4}\left(\frac{1}{2}\right)^{n-1}=\left(\frac{1}{2}\right)^{n+1}\quad \cdots\cdots④\quad \cdots\cdots(答)$$

よって

$$s_n=\left(\frac{1}{2}\right)^{n+1}\quad \cdots\cdots⑤\quad \cdots\cdots(答)$$

これらを②に代入すると

$$r_{n+1}=\frac{1}{4}\cdot\left(\frac{1}{2}\right)^{n+1}+\frac{1}{2}r_n+\frac{1}{4}\cdot\left(\frac{1}{2}\right)^{n+1}$$

$$=\frac{1}{2}r_n+2\cdot\frac{1}{4}\cdot\left(\frac{1}{2}\right)^{n+1}$$

$$=\frac{1}{2}r_n+\left(\frac{1}{2}\right)^{n+2}$$

両辺を $\left(\frac{1}{2}\right)^{n+1}$ で割って

$$\frac{r_{n+1}}{\left(\frac{1}{2}\right)^{n+1}}=\frac{1}{2}\cdot\frac{r_n}{\left(\frac{1}{2}\right)^{n+1}}+\frac{1}{2}$$

$$2^{n+1}r_{n+1}=2^n r_n+\frac{1}{2}$$

数列 $\{2^n r_n\}$ は初項 $2^1 r_1=\frac{1}{2}$，公差 $\frac{1}{2}$ の等差数列であるから

$$2^n r_n=\frac{1}{2}+(n-1)\cdot\frac{1}{2}=\frac{1}{2}n$$

$$r_n=n\left(\frac{1}{2}\right)^{n+1}\quad \cdots\cdots⑥\quad \cdots\cdots(答)$$

④，⑤，⑥を $p_n+q_n+r_n+s_n=1$ に代入すると

$$p_n=1-\left\{\left(\frac{1}{2}\right)^{n+1}+n\left(\frac{1}{2}\right)^{n+1}+\left(\frac{1}{2}\right)^{n+1}\right\}$$

$$=1-(n+2)\left(\frac{1}{2}\right)^{n+1}\quad \cdots\cdots(答)$$

◀解　説▶

≪カードの数字の積を 4 で割った余りに関する確率≫

p_n, q_n, r_n, s_n に関する漸化式を求め，そこから一般項を求めるとよい。

そこで「積 $X_1X_2\cdots X_n$ を 4 で割った余り」,「X_{n+1} の値」,「積 $X_1X_2\cdots X_nX_{n+1}$ を 4 で割った余り」の関係について考えることになる。

「積 $X_1X_2\cdots X_n$ を 4 で割った余り」が 0，1，2，3 となることと，「積 $X_1X_2\cdots X_nX_{n+1}$ を 4 で割った余り」が 0，1，2，3 となることの関係を，間に $n+1$ 回目に取り出したカードの数字 X_{n+1} をはさんで考える。

表，図などどれでもよいので，目で見てわかるようにわかりやすく対応をつける。このようにして〔解答〕の①～③の漸化式を得る。

ここから，それぞれの確率を求めていくことになるが，突破口は①，③が同じ確率であることに気づくことにある。①，③だけで q_n, s_n が求まるので，確実にこれらを求めて，残りの式と結びつけよう。

---

4 ◇発想◇ (1) x^2 の係数は a^2 である。まずはこの a^2 を 3 で割った余りを求めよう。a は 3 の倍数ではないので $a=3a'+1$, $3a'+2$ (a' は整数) と表すことができる。それぞれ 2 乗して a^2 を 3 で割った余りがいくらになるのかを求める。x の係数は $2b^2$ である。a と同様にして b^2 を 3 で割った余りがいくらになるのかを求める。そのような係数の項をもつ $f(x)$ に $x=1$, 2 を代入した $f(1)$, $f(2)$ を 3 で割った余りをそれぞれ求めよう。

(2) 背理法で証明する。つまり,「$f(x)=0$ を満たす整数 x は存在しない」ことを示すので,「$f(x)=0$ を満たす整数 x が存在する」と仮定して矛盾が生じることを示せばよい。

$f(x)=0$ つまり $2x^3+a^2x^2+2b^2x+1=0$ において各項の係数 2, a^2, $2b^2$, 1 は正の数であるから，この方程式の解は負でなければならないことにも気がつく必要がある。

(3) $f(x)=0$ を満たす有理数 x が存在するのであれば，(2)よりその有理数 x は負の数であり，整数ではないので $\dfrac{q}{p}$ ($p\geqq 2$, $q<0$,

p, q は互いに素な整数）とおくことができる。

解答　(1)　a は3の倍数ではないので，a を3で割ると1余るか2余るかのいずれかである。

$a=3a'+1$（a' は整数）とするとき

$$a^2=(3a'+1)^2=3(3a'^2+2a')+1$$

$a=3a'+2$（a' は整数）とするとき

$$a^2=(3a'+2)^2=3(3a'^2+4a'+1)+1$$

よって，a が3の倍数でないとき，a^2 は3で割ると1余るので

$$a^2=3a''+1 \quad (a'' \text{ は整数})$$

と表せる。b についても同様であるから

$$b^2=3b''+1 \quad (b'' \text{ は整数})$$

と表せる。したがって

$$\begin{aligned} f(1)&=a^2+2b^2+3\\ &=(3a''+1)+2(3b''+1)+3\\ &=3(a''+2b''+2) \end{aligned}$$

$f(1)$ を3で割った余りは0である。……(答)

$$\begin{aligned} f(2)&=4a^2+4b^2+17\\ &=4(3a''+1)+4(3b''+1)+17\\ &=3(4a''+4b''+8)+1 \end{aligned}$$

$f(2)$ を3で割った余りは1である。……(答)

(2)　背理法で証明する。

「$f(x)=0$ を満たす整数 x が存在する」と仮定し，その整数を α とすると

$$f(\alpha)=0$$

$$2\alpha^3+a^2\alpha^2+2b^2\alpha+1=0$$

$$\alpha(2\alpha^2+a^2\alpha+2b^2)=-1 \quad \cdots\cdots ①$$

①を満たす整数 α が存在する。

ここで，$f(x)=2x^3+a^2x^2+2b^2x+1$ の各項の係数は2，a^2，$2b^2$，1で正の整数であるから，$f(x)=0$ を満たす整数の解 $x=\alpha$ は負の数であり，①において，$2\alpha^2+a^2\alpha+2b^2$ は整数だから

$$\begin{cases} \alpha=-1\\ 2\alpha^2+a^2\alpha+2b^2=1 \end{cases}$$

となることが必要となるが

$$2\alpha^2+a^2\alpha+2b^2=2(-1)^2+a^2(-1)+2b^2$$
$$=-a^2+2b^2+2$$
$$=-(3a''+1)+2(3b''+1)+2$$
$$=3(-a''+2b''+1)$$

となるので，$2\alpha^2+a^2\alpha+2b^2$ を 3 で割った余りは 0 であり

$$2\alpha^2+a^2\alpha+2b^2\neq 1$$

これは，$2\alpha^2+a^2\alpha+2b^2=1$ に矛盾する。

したがって，$f(x)=0$ を満たす整数 x は存在しない。　(証明終)

(3)　$f(x)=0$ を満たす有理数 x が存在するならば，(2)よりその有理数 x は負の数であり，整数ではないことがわかるから

$$\frac{q}{p}\quad(p\geqq 2,\ q<0,\ p,\ q\text{ は互いに素な整数})$$

と表せて，$f\left(\dfrac{q}{p}\right)=0$ つまり $2\left(\dfrac{q}{p}\right)^3+a^2\left(\dfrac{q}{p}\right)^2+2b^2\dfrac{q}{p}+1=0$ が成り立つので

$$\frac{2q^3}{p^3}+\frac{a^2q^2}{p^2}+\frac{2b^2q}{p}+1=0$$
$$2q^3+a^2pq^2+2b^2p^2q+p^3=0$$
$$2q^3=-(a^2q^2+2b^2pq+p^2)p\quad\cdots\cdots②$$

よって，$2q^3$ は p の倍数であるが，p と q は互いに素であり，$p\geqq 2$ であることから

$$p=2$$

②において，$p=2$ より

$$2q^3=-2(a^2q^2+4b^2q+4)$$
$$q^3=-(a^2q^2+4b^2q+4)$$
$$q^3+a^2q^2+4b^2q=-4$$
$$(q^2+a^2q+4b^2)q=-4\quad\cdots\cdots③$$

$q^2+a^2q+4b^2$ は整数だから，q は -4 の約数であり，かつ $p=2$ とは互いに素な負の整数であるから

$$q=-1$$

③に $q=-1$ を代入すると

$$(1-a^2+4b^2)(-1)=-4$$

$$a^2-4b^2=-3$$

$$(a+2b)(a-2b)=-3$$

a, b は3の倍数でない整数であるから，$a+2b$, $a-2b$ も整数である。

よって，$a+2b$, $a-2b$, さらに a, b の値の組は次の表のようになる。

$a+2b$	-3	-1	1	3
$a-2b$	1	3	-3	-1

a	-1	1	-1	1
b	-1	-1	1	1

これらは，すべて a, b が3の倍数ではないことを満たしている。

よって，求める整数の組 $(a,\ b)$ は

$$(a,\ b)=(-1,\ -1),\ (1,\ -1),\ (-1,\ 1),\ (1,\ 1)$$ ……(答)

別解 (1)　a は3の倍数ではないので，a を3で割ると1余るか2余るので

$$a\equiv 1 \pmod 3 \quad \text{または} \quad a\equiv 2 \pmod 3$$

$a\equiv 1 \pmod 3$ のとき

$$a^2\equiv 1^2=1 \pmod 3$$

$a\equiv 2 \pmod 3$ のとき

$$a^2\equiv 2^2=4\equiv 1 \pmod 3$$

よって　　$a^2\equiv 1 \pmod 3$

同様に　　$b^2\equiv 1 \pmod 3$

よって

$$f(1)=a^2+2b^2+3\equiv 1+2\cdot 1+3=6\equiv 0 \pmod 3$$

したがって，$f(1)$ を3で割ると余りは0である。

$$f(2)=4a^2+4b^2+17\equiv 4\cdot 1+4\cdot 1+17\equiv 1+1+2=4\equiv 1 \pmod 3$$

したがって，$f(2)$ を3で割ると余りは1である。

(2)　背理法で証明する。

「$f(x)=0$ を満たす整数 x が存在する」と仮定し，その整数を α とすると，

$f(\alpha)=0$ より，$f(\alpha)\equiv 0 \pmod 3$ であるが

$\alpha\equiv 2 \pmod 3$ のとき，(1)より　　$f(\alpha)\equiv f(2)\equiv 1 \pmod 3$

$\alpha\equiv 0 \pmod 3$ のとき　　$f(\alpha)\equiv f(0)=1 \pmod 3$

よって，$\alpha\equiv 1 \pmod 3$　……④ が必要である。

また，$f(\alpha)=2\alpha^3+a^2\alpha^2+2b^2\alpha+1=0$ より

$$\alpha(2\alpha^2+a^2\alpha+2b^2)=-1$$

$2\alpha^2+a^2\alpha+2b^2$ は整数であるから，$\alpha=\pm1$ であるが，④より $\alpha=1$ である。ところが，$f(1)=a^2+2b^2+3>3$ より $f(1)\neq0$ であるから，$\alpha=1$ に反する。よって，$f(x)=0$ を満たす整数 x は存在しない。

◀解　説▶

≪3次方程式の整数解，有理数解≫

▶(1)〔解答〕においては a^2，b^2 を3で割ったときにどのようになるのかがわかるように，a を3で割った余りについて場合分けをし計算をした。このあたりの内容について十分に理解できているのであれば，合同式を利用した解法も可能である。

合同式に関しては，教科書には発展的な事項として扱われているものもあるが，概略のみが記されているような形の扱いが多い。そのためか，合同式を使った答案には記述の方法が間違っているものも散見される。入試での利用については注意が必要であるが，合同式を正確に理解できているのであれば，(1)・(2)に関しては利用すると簡潔な記述ができる。見本として(1)・(2)については〔別解〕で合同式を用いた解法を示しておいた。

▶(2) (1)は(2)を証明するための誘導であることを意識すること。証明の内容を検討して背理法で証明する方針を立てる。「$f(x)=0$ を満たす整数 x は存在しないこと」を示すので，「$f(x)=0$ を満たす整数 x が存在する」と仮定して矛盾が生じることを示せばよいのであるが，「何と」矛盾することに結びつけるかを考察しよう。それを見通せて解答を始めることができれば最善であるが，それがはっきりわからなくても，まずは $f(x)=0$ を満たす整数 x が存在するのであれば，それを α とおいてみる。そのことから①を得る。α は負の値であるから，α の値が定まる。このように考えていくプロセスで何が何に矛盾するかが判明してくる。

▶(3) (2)は(3)を解答するための誘導であると意識すること。$f(x)=0$ を満たす有理数 x が存在するとき，(2)よりその有理数 x は負の数であり，整数ではないので，$x=\dfrac{q}{p}$ ($p\geqq2$，$q<0$，p，q は互いに素な整数) とおく。これを $f(x)=0$ に代入して整理するところからスタートしよう。

5

◇発想◇　$\alpha=a+bi$，$z=x+yi$（a，b，x，y は実数）とおいて，与式に代入し，実部と虚部に分けて計算すると答は得られるが，かなり計算が面倒になるので避けた方が無難だろう。

方針が立てにくい問題であるが，z を求めることが目標であるから，与式を $z=$ または $\overline{z}=$ と変形して，z がどのような数なのか考察してみよう。

解答

$$\alpha(|z|^2+2)+i(2|\alpha|^2+1)\overline{z}=0$$

$$i(2|\alpha|^2+1)\overline{z}=-\alpha(|z|^2+2)$$

$2|\alpha|^2+1>0$ であるから，両辺を 0 ではない $i(2|\alpha|^2+1)$ で割ると

$$\overline{z}=-\frac{\alpha(|z|^2+2)}{i(2|\alpha|^2+1)}$$

$$=\frac{|z|^2+2}{2|\alpha|^2+1}\alpha i \quad \cdots\cdots①$$

$\beta=\dfrac{|z|^2+2}{2|\alpha|^2+1}$ とおくと，β は実数で，$\beta>0$ であり，$\overline{z}=\alpha\beta i$ であるから，これを①に代入すると

$$\alpha\beta i=\frac{|\alpha\beta i|^2+2}{2|\alpha|^2+1}\alpha i \quad (\because \quad |z|=|\overline{z}|)$$

$$\alpha\beta=\frac{|\alpha|^2|\beta|^2|i|^2+2}{2|\alpha|^2+1}\alpha$$

$$\alpha\beta=\frac{|\alpha|^2\beta^2+2}{2|\alpha|^2+1}\alpha$$

$$(2|\alpha|^2+1)\alpha\beta=(|\alpha|^2\beta^2+2)\alpha$$

$$\{|\alpha|^2\beta^2-(2|\alpha|^2+1)\beta+2\}\alpha=0$$

(ア) $\alpha=0$ のとき

①に代入すると　　$\overline{z}=0$　すなわち　$z=0$

(イ) $\alpha\neq 0$ のとき

$$|\alpha|^2\beta^2-(2|\alpha|^2+1)\beta+2=0$$

$$(|\alpha|^2\beta-1)(\beta-2)=0$$

$\alpha\neq 0$ であり，$|\alpha|^2\neq 0$ であるから

$\beta=\dfrac{1}{|\alpha|^2},\ 2$

これらのβは$\beta>0$であることを満たす。したがって，$\bar{z}=\alpha\beta i$より

$\beta=\dfrac{1}{|\alpha|^2}$のとき

$$z=\overline{\alpha\beta i}=\bar{\alpha}\beta(-i)=-\bar{\alpha}\left(\frac{1}{|\alpha|^2}\right)i=-\bar{\alpha}\left(\frac{1}{\alpha\bar{\alpha}}\right)i=-\frac{1}{\alpha}i$$

$\beta=2$のとき

$$z=\overline{2\alpha i}=-2\bar{\alpha}i$$

(ア)，(イ)より，求める複素数zは

$$\left.\begin{array}{ll}\alpha=0\text{ のとき} & z=0\\ \alpha\neq 0\text{ のとき} & z=-\dfrac{1}{\alpha}i,\ -2\bar{\alpha}i\end{array}\right\}\ \cdots\cdots(答)$$

別解　与えられた等式より

$$\alpha(|z|^2+2)=-i(2|\alpha|^2+1)\bar{z}\quad\cdots\cdots②$$

両辺，絶対値をとって

$$|\alpha(|z|^2+2)|=|-i(2|\alpha|^2+1)\bar{z}|$$

$$|\alpha||\,|z|^2+2|=|-i||2|\alpha|^2+1||\bar{z}|$$

$$|\alpha|(|z|^2+2)=(2|\alpha|^2+1)|z|$$

$$|\alpha||z|(|z|-2|\alpha|)+2|\alpha|-|z|=0$$

$$(|z|-2|\alpha|)(|\alpha||z|-1)=0$$

(i) $\alpha=0$のとき

②より　$\bar{z}=0$　$\therefore\ z=0$

(ii) $\alpha\neq 0$のとき

$|\alpha|\neq 0$であるから　$|z|=2|\alpha|,\ \dfrac{1}{|\alpha|}$

$|z|=2|\alpha|$のとき，②より

$$\alpha(4|\alpha|^2+2)=-i(2|\alpha|^2+1)\bar{z}$$

$2|\alpha|^2+1\neq 0$より　$\bar{z}=-\dfrac{2\alpha}{i}=2\alpha i$

$$\therefore\ z=\overline{2\alpha i}=-2\bar{\alpha}i$$

$|z|=\dfrac{1}{|\alpha|}$のとき，②より

$$\alpha\left(\frac{1}{|\alpha|^2}+2\right)=-i(2|\alpha|^2+1)\overline{z}$$

$$\alpha\cdot\frac{1+2|\alpha|^2}{|\alpha|^2}=-i(2|\alpha|^2+1)\overline{z}$$

$$\overline{z}=-\frac{\alpha}{|\alpha|^2 i}=\frac{\alpha}{\alpha\overline{\alpha}}i=\frac{1}{\overline{\alpha}}i$$

$$\therefore\quad z=\overline{\left(\frac{1}{\overline{\alpha}}i\right)}=-\frac{1}{\alpha}i$$

(i)，(ii)より

$\alpha=0$ のとき　　$z=0$

$\alpha\neq 0$ のとき　　$z=-2\overline{\alpha}i,\ -\frac{1}{\alpha}i$

◀解　説▶

≪複素数に関する方程式≫

解法はいくつか考えることができる。β を実数として $\overline{z}=\alpha\beta i$ と表せることに着目する。共役複素数に関する性質 $\overline{(\overline{z})}=z$，$|\overline{z}|=|z|$，$|\alpha|^2=\alpha\overline{\alpha}$，$\overline{\beta}=\beta$（$\beta$ は実数）などを理解し，これらを自由に使いこなす必要がある。実数 β についての2次方程式が導かれるから，これを解けば z が求められる。$\alpha=0$ のときの場合分けも忘れないように。なお，$\overline{z}=\alpha\beta i$ は α が複素数であるから，純虚数とは限らないことに注意しよう。

〔別解〕は，②の両辺の絶対値をとり，まず必要条件をおさえる。すなわち $|z|$ を求める解法である。

❖講　評

2018年度も例年同様大問5題が出題された。試験時間は150分であり，じっくりと考えて答案を作成するのに十分に時間がある。質，量のバランスがとれた出題といえる。

1　双曲線上の点と定点を結ぶ直線と x 軸に垂直な平面の交点の軌跡を求める問題である。軌跡を求める手順としては典型的なものである。

2　線分の通過領域の面積と通過領域を y 軸のまわりに回転させた回転体の体積を求める問題である。置換積分法で要領よく計算して結果を得ることがポイントである。

3　整数の積を4で割った余りに関する確率の問題である。確率漸化式をつくり，それから一般項を求めるという手順でそれぞれの確率を求める。

4　3次方程式が有理数の解をもつような係数に関わる値を求める問題である。背理法を利用するなど的確な方針を立てて解き進めていくことが重要である。

5　等式を満たす複素数を求める問題である。手際よく変形することが必要であるが，見通しが立てにくく，このようなタイプの問題を解いたことがないと，変形が難しいかもしれない。

1と2は標準レベルの典型的な問題である。3はやや易しめ。4と5は最後まで解答しようとするときに難しいポイントを含む，やや難しめの問題である。

◀医（保健〈看護学〉）学部▶

1　◇発想◇　(1)　曲線 $y=x^3+ax^2+bx+c$ が点 $(c,\ 0)$ において x 軸に接しているという条件は，方程式 $x^3+ax^2+bx+c=0$ が重解 $x=c$ をもつことと同値であるから，$x^3+ax^2+bx+c=(x-c)^2(x+d)$ とおくことができる。これは x についての恒等式であるから，右辺を展開し両辺の項の係数を比較することで a，b を c を用いて表すことができる。

(2)　(1)で d を c で表すことができている。曲線の概形を描いて状況を把握しよう。あとは定積分で面積 S を c を用いて表してみよう。

解答　(1)　$y=x^3+ax^2+bx+c$　……①が点 $(c,\ 0)$ において x 軸に接しているとする。

x^3+ax^2+bx+c は $(x-c)^2$ を因数にもつことから，d を実数として

$$y=(x-c)^2(x+d)\quad\cdots\cdots②$$

と表すことができ

$$\begin{aligned}y&=(x^2-2cx+c^2)(x+d)\\&=x^3+(-2c+d)x^2+(-2cd+c^2)x+c^2d\quad\cdots\cdots③\end{aligned}$$

①，③より

$$x^3+ax^2+bx+c=x^3+(-2c+d)x^2+(-2cd+c^2)x+c^2d$$

これが x についての恒等式であることから

$$\begin{cases}a=-2c+d & \cdots\cdots④\\ b=-2cd+c^2 & \cdots\cdots⑤\\ c=c^2d & \cdots\cdots⑥\end{cases}$$

⑥において，$c>0$ なので両辺を 0 ではない c^2 で割って　　$d=\dfrac{1}{c}$

これを④，⑤に代入して

$$\left.\begin{aligned}a&=-2c+\frac{1}{c}\\ b&=c^2-2\end{aligned}\right\}\quad\cdots\cdots(答)$$

参考　条件より，3 次方程式 $x^3+ax^2+bx+c=0$ は重解 c をもつから，もう 1 つの解を α とすると，3 次方程式の解と係数の関係から

$$\begin{cases} c+c+\alpha=-a & \cdots\cdots④' \\ c^2+c\alpha+\alpha c=b & \cdots\cdots⑤' \\ cc\alpha=-c & \cdots\cdots⑥' \end{cases}$$

⑥′ において，$c\neq 0$ より　　$\alpha=-\dfrac{1}{c}$

これを④′，⑤′ に代入して

$$\begin{cases} a=-2c-\alpha=-2c+\dfrac{1}{c} \\ b=c^2+2c\left(-\dfrac{1}{c}\right)=c^2-2 \end{cases}$$

（注）　3 次方程式の解と係数の関係について

3 次方程式 $px^3+qx^2+rx+s=0$ $(p\neq 0)$ の 3 つの解を α，β，γ とすると

$$\alpha+\beta+\gamma=-\frac{q}{p},\ \ \alpha\beta+\beta\gamma+\gamma\alpha=\frac{r}{p},\ \ \alpha\beta\gamma=-\frac{s}{p}$$

(2)　$d=\dfrac{1}{c}$ を②に代入して

$$y=(x-c)^2\left(x+\frac{1}{c}\right)$$

$y=0$ とするとき　　$x=c,\ -\dfrac{1}{c}$

$c>0$，$-\dfrac{1}{c}<0$ であることから，グラフは右のようになる。

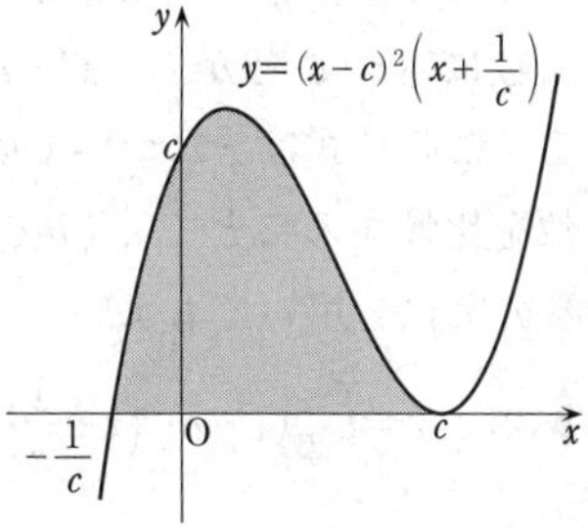

S は図の網かけ部分の面積である。

$$S=\int_{-\frac{1}{c}}^{c}(x-c)^2\left(x+\frac{1}{c}\right)dx$$

$$=\int_{-\frac{1}{c}}^{c}(x-c)^2\left\{(x-c)+\left(c+\frac{1}{c}\right)\right\}dx$$

$$=\int_{-\frac{1}{c}}^{c}\left\{(x-c)^3+\left(c+\frac{1}{c}\right)(x-c)^2\right\}dx$$

$$=\left[\frac{1}{4}(x-c)^4\right]_{-\frac{1}{c}}^{c}+\left(c+\frac{1}{c}\right)\left[\frac{1}{3}(x-c)^3\right]_{-\frac{1}{c}}^{c}$$

$$= -\frac{1}{4}\left(-\frac{1}{c}-c\right)^4 - \frac{1}{3}\left(c+\frac{1}{c}\right)\left(-\frac{1}{c}-c\right)^3$$

$$= \frac{1}{12}\left(c+\frac{1}{c}\right)^4$$

$c>0$，$\frac{1}{c}>0$ であるから，相加・相乗平均の関係より

$$c+\frac{1}{c} \geqq 2\sqrt{c\cdot\frac{1}{c}}=2$$

$$\frac{1}{12}\left(c+\frac{1}{c}\right)^4 \geqq \frac{1}{12}\cdot 2^4 = \frac{4}{3}$$

$$S \geqq \frac{4}{3}$$

等号は $c=\frac{1}{c}$ かつ $c>0$ より $c=1$ のときに成り立つ。

したがって，面積 S の最小値は $\frac{4}{3}$ で S を最小にする c の値は1。

……(答)

◀解　説▶

≪曲線と x 軸で囲まれた部分の面積の最小値≫

▶(1)　$y=x^3+ax^2+bx+c$ が点 $(c,\ 0)$ において x 軸に接していることをどのように置き換えるかがポイントである。x^3+ax^2+bx+c は $(x-c)^2$ を因数にもつことから，$x^3+ax^2+bx+c=(x-c)^2(x+d)$ と表すことができる。この等式は x についての恒等式であるから，右辺を展開して各項の係数を比較することで a，b を c で表すことができる。3次方程式の解と係数の関係を用いてもよい。

▶(2)　$S=\int_{-\frac{1}{c}}^{c}(x-c)^2\left(x+\frac{1}{c}\right)dx$ の計算方法がポイントとなる。

$$S=\int_{-\frac{1}{c}}^{c}\left\{x^3+\left(-2c+\frac{1}{c}\right)x^2+(c^2-2)x+c\right\}dx$$

として計算しても面積 S を c で表すことはできるが，かなり要領が悪い。〔解答〕の計算方法を必ずマスターしておくこと。これは $\int_{\alpha}^{\beta}(x-\alpha)(x-\beta)\,dx=-\frac{1}{6}(\beta-\alpha)^3$ の証明の際にも利用される解法であり，本問のように実際の計算の過程で利用し，計算を簡略化することができる。

S を c で表してから最小値を求めるにはどのようにするとよいだろうか。「数学Ⅲ」まで学習していれば，このような問題の処理は微分して関数の増減を調べることもあるが，「数学Ⅱ・B」の範囲で微分以外の方法で最小値・最大値を求める手法としては，2 次関数のときには平方完成，本問のように $x+\dfrac{1}{x}$ を含む関数のときには，$x>0$ であれば相加・相乗平均の関係を利用することなどが考えられる。

2

◇発想◇ (1) 解法がわからなければ実験してみることを勧める。本問のような問題では当然規則性があるので，$n=1,\ 2,\ 3,\ \cdots$ と調べていくうちに，それに気づくであろう。周期が 3 の規則性があることに気がつけば，$n=3k,\ 3k+1,\ 3k+2$ の場合分けで対応すればよい。

(2) (1)での表記は 10 進法であるから，(2)で扱う 2 進法で表される数 m を(1)に合わせて 10 進法で表してみよう。問題の構成から，(2)では(1)の結果を利用するはずである。

解答 (1)

$$2^n=\begin{cases}2^{3k}=(2^3)^k=(7+1)^k=(7\text{ の倍数})+1 & (k=1,\ 2,\ 3,\ \cdots)\\ 2^{3k+1}=2^{3k}\cdot 2=2\{(7\text{ の倍数})+1\} & (k=0,\ 1,\ 2,\ \cdots)\\ 2^{3k+2}=2^{3k}\cdot 2^2=4\{(7\text{ の倍数})+1\} & (k=0,\ 1,\ 2,\ \cdots)\end{cases}$$

となることから，2^n を 7 で割った余りは

$$\left.\begin{array}{ll}2 & (n\text{ を 3 で割った余りが 1 のとき})\\ 4 & (n\text{ を 3 で割った余りが 2 のとき})\\ 1 & (n\text{ が 3 で割り切れるとき})\end{array}\right\}\ \cdots\cdots(\text{答})$$

(2)

$$m=101101101101101101_{(2)}=101\times 1001001001001001_{(2)}$$
$$=(1\cdot 2^2+0\cdot 2^1+1\cdot 2^0)(2^{15}+2^{12}+2^9+2^6+2^3+2^0)$$

(1)より，2^{15}，2^{12}，2^9，2^6，2^3，2^0 はすべて 7 で割ると余りが 1 になるので，7 で割った余りにのみ注目すると

$$5(1+1+1+1+1+1)=30$$

すなわち　$m=(7\text{ の倍数})+30=(7\text{ の倍数})+7\times 4+2$

となるので，m を 7 で割った余りは 2 である。……(答)

◀解　説▶

≪ 2 進数を 7 で割ったときの余り≫

▶(1)　周期が 3 の規則性があるから，$n=3k,\ 3k+1,\ 3k+2$ の場合分けで対応することになる。〔解答〕程度の計算で済むので直接計算したが，合同式の記述法で表して計算してもよい。計算内容は〔解答〕の方法と変わらない。

▶(2)　当然(1)の結果を利用することになるので，2 進法で表されている数 $101101101101101101_{(2)}$ を(1)に合わせて 10 進法で表してみよう。10 進法で計算しきらなくても，7 で割ったときの余りについて知りたいので，計算の途中で 7 で割ったときの余りについて求めていけるように要領よく計算すればよい。7 で割ると 30 余るという途中経過より，さらに 30 を 7 で割ることにより商が 4 で余りが 2 とわかり，m を 7 で割った余りを得る。

3

◇発想◇　(1)　$L=\mathrm{PA}^2+\mathrm{PB}^2+\mathrm{PC}^2$ をベクトルの表記法で表す。つまり $\mathrm{PA}=|\overrightarrow{\mathrm{OP}}-\overrightarrow{\mathrm{OA}}|=|\vec{x}-\vec{a}|$ の要領で表してみよう。示したい結果はわかっているので整理の仕方もわかりやすい。

(2)　(1)で表した $L=3|\vec{x}|^2-2(\vec{a}+\vec{b}+\vec{c})\cdot\vec{x}+|\vec{a}|^2+|\vec{b}|^2+|\vec{c}|^2$ の変形の仕方を考えよう。まずは

$$L=3\left\{|\vec{x}|^2-\frac{2}{3}(\vec{a}+\vec{b}+\vec{c})\cdot\vec{x}\right\}+|\vec{a}|^2+|\vec{b}|^2+|\vec{c}|^2$$

と変形して，さらに｛　　｝の中を 2 次式の平方完成の要領で変形してみよう。

解答　(1)

$$L=|\overrightarrow{\mathrm{PA}}|^2+|\overrightarrow{\mathrm{PB}}|^2+|\overrightarrow{\mathrm{PC}}|^2$$

$$=|\vec{a}-\vec{x}|^2+|\vec{b}-\vec{x}|^2+|\vec{c}-\vec{x}|^2$$

$$=|\vec{a}|^2-2\vec{a}\cdot\vec{x}+|\vec{x}|^2+|\vec{b}|^2-2\vec{b}\cdot\vec{x}+|\vec{x}|^2+|\vec{c}|^2-2\vec{c}\cdot\vec{x}+|\vec{x}|^2$$

$$=3|\vec{x}|^2-2(\vec{a}+\vec{b}+\vec{c})\cdot\vec{x}+|\vec{a}|^2+|\vec{b}|^2+|\vec{c}|^2$$

(証明終)

(2)

$$L=3\left\{|\vec{x}|^2-\frac{2}{3}(\vec{a}+\vec{b}+\vec{c})\cdot\vec{x}\right\}+|\vec{a}|^2+|\vec{b}|^2+|\vec{c}|^2$$

$$=3\left\{\left|\vec{x}-\frac{1}{3}(\vec{a}+\vec{b}+\vec{c})\right|^2-\frac{1}{9}|\vec{a}+\vec{b}+\vec{c}|^2\right\}+|\vec{a}|^2+|\vec{b}|^2+|\vec{c}|^2$$

$$=3\left|\vec{x}-\frac{1}{3}(\vec{a}+\vec{b}+\vec{c})\right|^2-\frac{1}{3}|\vec{a}+\vec{b}+\vec{c}|^2+|\vec{a}|^2+|\vec{b}|^2+|\vec{c}|^2$$

L は $\left|\vec{x}-\frac{1}{3}(\vec{a}+\vec{b}+\vec{c})\right|=0$ つまり $\vec{x}=\frac{1}{3}(\vec{a}+\vec{b}+\vec{c})$ のとき最小となり，最小値は $|\vec{a}|^2+|\vec{b}|^2+|\vec{c}|^2-\frac{1}{3}|\vec{a}+\vec{b}+\vec{c}|^2$ である。

$\vec{x}=\frac{1}{3}(\vec{a}+\vec{b}+\vec{c})$ のとき点 P は三角形 ABC の重心であり，このときの最小値について

$$
\begin{aligned}
&|\vec{a}|^2+|\vec{b}|^2+|\vec{c}|^2-\frac{1}{3}|\vec{a}+\vec{b}+\vec{c}|^2\\
&=|\vec{a}|^2+|\vec{b}|^2+|\vec{c}|^2-\frac{1}{3}(|\vec{a}|^2+|\vec{b}|^2+|\vec{c}|^2+2\vec{a}\cdot\vec{b}+2\vec{b}\cdot\vec{c}+2\vec{c}\cdot\vec{a})\\
&=\frac{1}{3}(2|\vec{a}|^2+2|\vec{b}|^2+2|\vec{c}|^2-2\vec{a}\cdot\vec{b}-2\vec{b}\cdot\vec{c}-2\vec{c}\cdot\vec{a})\\
&=\frac{1}{3}\{(|\vec{a}|^2-2\vec{a}\cdot\vec{b}+|\vec{b}|^2)+(|\vec{b}|^2-2\vec{b}\cdot\vec{c}+|\vec{c}|^2)+(|\vec{c}|^2-2\vec{c}\cdot\vec{a}+|\vec{a}|^2)\}\\
&=\frac{1}{3}(|\vec{a}-\vec{b}|^2+|\vec{b}-\vec{c}|^2+|\vec{c}-\vec{a}|^2)\\
&=\frac{1}{3}(\mathrm{AB}^2+\mathrm{BC}^2+\mathrm{CA}^2)
\end{aligned}
$$

よって，L を最小にする点 P は三角形 ABC の重心で，L の最小値は $\frac{1}{3}(\mathrm{AB}^2+\mathrm{BC}^2+\mathrm{CA}^2)$ である。　　　　（証明終）

◀解　説▶

≪図形におけるベクトルの内積に関する最小値≫

▶(1)　$L=\mathrm{PA}^2+\mathrm{PB}^2+\mathrm{PC}^2$ をベクトルの内積に関する表記法で表すことを要求されている。

$$\mathrm{PA}=|\overrightarrow{\mathrm{OP}}-\overrightarrow{\mathrm{OA}}|=|\vec{x}-\vec{a}|$$

の要領で表してみよう。PB，PC に関しても同様である。証明問題でもっていく方向もわかっているので，ベクトルを用いたこの形に変形できさえすればあとは簡単である。

▶(2)　〔解答〕で利用した変形の仕方は，本問のように内積に関係した最小値を求める問題，ベクトルの軌跡を求める問題などでよく利用される変形なので，よく理解しておきたい。

もしも変形の仕方がわからなくても，点 P が三角形 ABC の重心である

ということは

$$\vec{x}=\frac{1}{3}(\vec{a}+\vec{b}+\vec{c})\quad \text{つまり}\quad \overrightarrow{\mathrm{OP}}=\frac{1}{3}(\overrightarrow{\mathrm{OA}}+\overrightarrow{\mathrm{OB}}+\overrightarrow{\mathrm{OC}})$$

のときにLが最小となることから逆算すれば，どのような変形をすれば

よいかは理解できるであろう。また，Lの最小値も$\frac{1}{3}(\mathrm{AB}^2+\mathrm{BC}^2+\mathrm{CA}^2)$

であることを示すのだから

$$\frac{1}{3}(\mathrm{AB}^2+\mathrm{BC}^2+\mathrm{CA}^2)=\frac{1}{3}(|\vec{b}-\vec{a}|^2+|\vec{c}-\vec{b}|^2+|\vec{a}-\vec{c}|^2)$$

$$=\frac{1}{3}(2|\vec{a}|^2+2|\vec{b}|^2+2|\vec{c}|^2-2\vec{a}\cdot\vec{b}-2\vec{b}\cdot\vec{c}-2\vec{c}\cdot\vec{a})$$

と逆算してみるとよい。

一般的に，証明問題は結論がわかっているので，それを逆算し，仮定からの流れとうまく繋がるポイントを見つけて，証明の道筋をつけていく。これが証明問題攻略のコツの一つである。

4

◇発想◇　(1)　部品a，b，cが不良品である，不良品でないことについて樹形図に表してみると，状況が把握しやすくなる。8パターンあることがわかるので，それぞれについて条件を丁寧に読み取り，p，q，rを用いて確率を書き込んで，8通りの確率をそれぞれ求めてみよう。それができてしまえば，(1)のみならず(2)・(3)も求まったようなものである。

解答　(1)　a，b，cのそれぞれの部品が不良品であることを×，不良品でないことを○で示す。

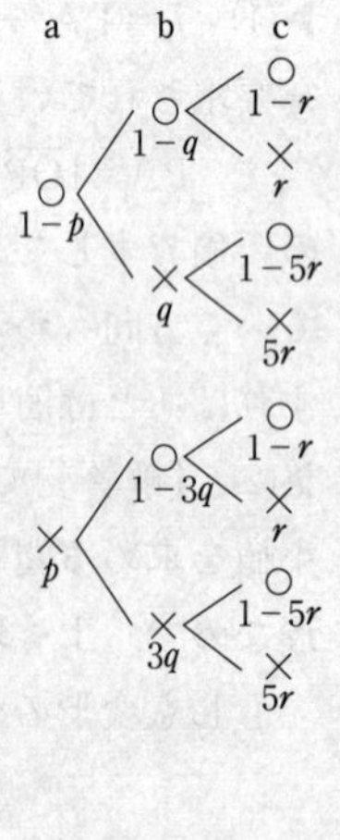

3つの部品a，b，cに関して，条件により確率は右図のようになる。

求める確率は，a，bの2つの部品について少なくとも1つに×がついている確率なので

$$(1-p)q+p(1-3q)+p\cdot 3q=p+q-pq \quad \cdots\cdots(\text{答})$$

参考　求める確率は，部品a，bがともに不良品でない（部品a，bの両方に○がつく）事象の余事象の確率であるから

$$1-(1-p)(1-q)=p+q-pq$$

と求めてもよい。

(2)　求める確率は，部品 c に×がついている確率なので

$$\begin{aligned}&(1-p)(1-q)r+(1-p)q\cdot 5r+p(1-3q)r+p\cdot 3q\cdot 5r\\&=\{(1-p)(1-q)+(1-p)\cdot 5q+p(1-3q)+15pq\}r\\&=(1-p-q+pq+5q-5pq+p-3pq+15pq)r\\&=(1+4q+8pq)r\end{aligned}$$

……(答)

(3)　求める確率は，(2)で求めた「部品 c に×がついている」確率に対する，「部品 b，c に×がついている」確率の割合なので

$$\frac{(1-p)q\cdot 5r+p\cdot 3q\cdot 5r}{(1+4q+8pq)r}=\frac{5qr+10pqr}{(1+4q+8pq)r}=\frac{5q+10pq}{1+4q+8pq}$$

……(答)

◀解　説▶

≪3つの部品についての良品・不良品に関する条件付き確率≫

▶(1)　条件付き確率についての問題であるが，そのことを意識しなくても自然に考えることで結果は得られるだろう。〔解答〕のように部品 a，b，c についての×，○について樹形図や表で表してしまえばよい。8 通りの場合がある。条件より p，q，r を用いて確率を求めて図に書き込んで，8 通りの確率をそれぞれ求めればよい。条件付き確率の問題であるので，それを全面に出した形の解答も可能であるが，本問の場合は〔解答〕のように考える方がむしろわかりやすく，解答が作りやすいし，(2)・(3)にも直接繋がる。当然，余事象から求めてもよい。

▶(2)　(1)で樹形図を作成してしまえば，部品 c に×がついている確率を求めればよいだけであるから，容易に解答できるであろう。

▶(3)　条件付き確率の問題である。

事象 X：製品を１つ取り出したときに部品 c が不良品である事象

事象 Y：製品を１つ取り出したときに部品 b が不良品である事象

とおく。求める条件付き確率は $P_X(Y)$ であり，これは

$$P_X(Y)=\frac{P(X\cap Y)}{P(X)}$$

と表すことができる。

ここで，$P(X)$ は(1)の樹形図で部品 c に×がついている確率の和である。この中で $P(X\cap Y)$ とは部品 b，c の両方に×がついている確率の

和のことであるから，条件付き確率を求めることができる。

❖講　評

2018 年度も例年同様，大問 4 題が出題された。試験時間は 120 分であり，じっくりと考えて答案を作成するのに十分に時間がある。質・量のバランスがとれた出題といえる。

1　x 軸と接する 3 次曲線のグラフと x 軸で囲まれた部分の面積についての問題である。恒等式に関する設問と定積分により面積を求める設問があり，面積を求める際には要領よく計算することと，最小値を求めるところでは相加・相乗平均の関係を利用することがポイントである。

2　整数問題である。(1)は 2^n を 7 で割った余りを求める問題であり，規則性を読み取って場合分けをしたい。(2)では 2 進法で表されている数を 7 で割った余りについて問われている。

3　ベクトルの内積の値に関する証明問題である。

4　3 つの部品の不良品であることに関わる条件付き確率の問題である。

九州大学の特徴である小問による誘導が，2018 年度のすべての問題においても踏襲されている。うまく誘導に乗り解答していきたい。全問題が標準レベルで，対応に困る問題は出題されなかった。

物理

1 解答

(1)小球の速度：$\sqrt{2gl(1-\cos\theta)}$

糸の張力の大きさ：$mg(3-2\cos\theta)$

(2) $\sqrt{2gl\left(1-\dfrac{g}{\sqrt{g^2+a^2}}\right)}$

(3)小球の速度：$\sqrt{\dfrac{M}{M+m}gl}$　台の速度：$-\dfrac{m}{M}\sqrt{\dfrac{M}{M+m}gl}$

糸の張力の大きさ：$\dfrac{2M+m}{M}mg$

(4) $\dfrac{M}{M+m}V_0$

(5) $\sqrt{\dfrac{M(2M+m)V_0{}^2}{(M+m)^2}-2gl}$

(6) $\sqrt{2\dfrac{M+m}{M}gl}$

◀解　説▶

≪水平運動する台上の振り子≫

▶(1)　小球が最初に最下点に到達したときの小球の速度を v_1，糸の張力の大きさを T_1 とする。台が動かない場合であることに注意して，力学的エネルギー保存則より

$$mgl(1-\cos\theta)=\frac{1}{2}mv_1{}^2$$

$$\therefore\quad v_1=\sqrt{2gl(1-\cos\theta)}$$

小球が最下点に到達したときの，中心方向の運動方程式より

$$m\frac{v_1{}^2}{l}=T_1-mg$$

$$\therefore\quad T_1=m\frac{2gl(1-\cos\theta)}{l}+mg=mg(3-2\cos\theta)$$

▶(2)　最初の状態は，台がゆっくり加速された後に一定の加速度 a で運動している状態である。台はゆっくりと右向きに加速されたから，台上に静

止した観測者から見ると小球は徐々に左にずれていき，一定の加速度 a になったとき，重力，慣性力，糸の張力がつりあって静止した状態となる。このとき，糸の張力の大きさを T_2 とし，糸が鉛直方向から角度 θ_2 傾いているとすると

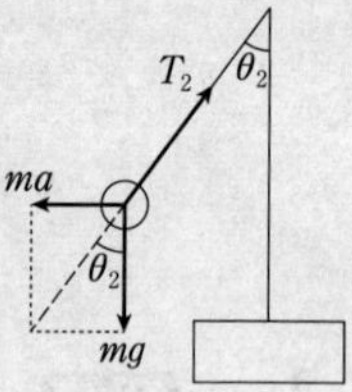

$$\tan\theta_2=\frac{ma}{mg}$$

$$\therefore\quad \tan\theta_2=\frac{a}{g}\quad \cdots\cdots①$$

その後，瞬時に加速をやめて台を等速運動させると，小球は糸が角度 θ_2 傾いた位置から振れ始める。このとき慣性力ははたらかないから，振り子運動の振動中心は，$\theta=0$ の点である。力学的エネルギー保存則より，小球が最下点に到達したときが台に対する小球の相対速度の最大値となるから，これを v_2 とすると

$$mgl(1-\cos\theta_2)=\frac{1}{2}m{v_2}^2$$

ここで，$\tan\theta_2=\dfrac{a}{g}$（①）のとき，$\cos\theta_2=\dfrac{g}{\sqrt{g^2+a^2}}$ であるから

$$v_2=\sqrt{2gl(1-\cos\theta_2)}=\sqrt{2gl\left(1-\frac{g}{\sqrt{g^2+a^2}}\right)}$$

▶(3)　小球と台はそれぞれにはたらく糸の張力の水平成分によって，水平方向に運動する。小球にはたらく糸の張力と台にはたらく糸の張力は作用・反作用の関係にあり，小球と台をひとつの物体系と見たとき，この糸の張力は内力となる。このようにして小球と台が互いに運動するとき，この物体系には水平方向の外力がはたらかないから，水平方向の運動量は保存される。

小球が最初に最下点に達したとき，小球と台はともに水平方向の速度成分だけをもつことに注意して，小球の速度を v_3，台の速度を V_3，糸の張力の大きさを T_3 とする。小球を静かに放すとき，小球と台の速度はともに0であるから，水平方向の運動量保存則より

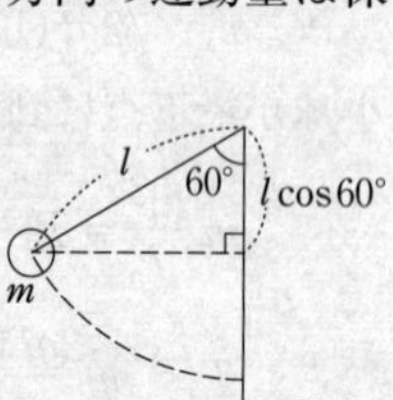

$$0=mv_3+MV_3$$

力学的エネルギー保存則より

$$mgl(1-\cos 60^\circ)=\frac{1}{2}mv_3{}^2+\frac{1}{2}MV_3{}^2$$

連立して解くと

$$v_3=\sqrt{\frac{M}{M+m}gl}$$

$$V_3=-\frac{m}{M}v_3=-\frac{m}{M}\sqrt{\frac{M}{M+m}gl}$$

台が動いているとき，台上に静止した観測者から見ると，小球は糸の支点を中心に振り子運動をしている。

小球が最下点に達したときの糸の張力の大きさ T_3 を求めるのに，(1)と同様の中心方向の運動方程式を用いるが，このときに用いる小球の速度は，台に対する相対速度である。この相対速度を u とすると

$$u=v_3-V_3=v_3-\left(-\frac{m}{M}v_3\right)$$

$$=\frac{M+m}{M}\sqrt{\frac{M}{M+m}gl}=\sqrt{\frac{M+m}{M}gl}$$

したがって，円運動の運動方程式は

$$m\frac{u^2}{l}=T_3-mg$$

$$\therefore\quad T_3=m\frac{\frac{M+m}{M}gl}{l}+mg=\frac{2M+m}{M}mg$$

▶(4)　糸が水平になったとき，小球の速度の水平成分は台の速度と等しい。この速度を V_4 とする。

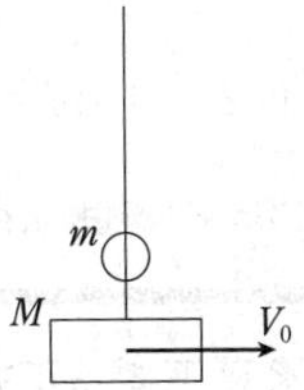

このとき，(3)と同様に，水平方向の運動量が保存される。

最初，小球は最下点で静止し，台は水平方向に初速度 V_0 をもつから，水平方向の運動量保存則より

$$MV_0=mV_4+MV_4$$

$$\therefore\quad V_4=\frac{M}{M+m}V_0$$

▶(5)　糸が水平になったとき，小球の速度を v_4 とする。

力学的エネルギー保存則より

$$\frac{1}{2}MV_0{}^2=\frac{1}{2}mv_4{}^2+\frac{1}{2}MV_4{}^2+mgl$$

$$\frac{1}{2}mv_4{}^2=\frac{1}{2}MV_0{}^2-\frac{1}{2}M\left(\frac{M}{M+m}V_0\right)^2-mgl$$

$$\therefore\quad v_4=\sqrt{\frac{M(2M+m)V_0{}^2}{(M+m)^2}-2gl}$$

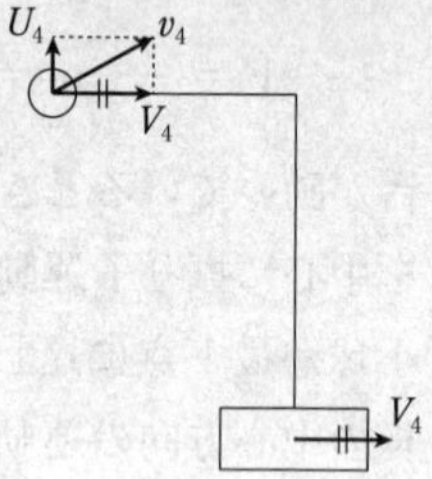

▶(6)　右図のように糸が水平になったとき，小球の速度の水平成分は V_4 であり，鉛直成分を U_4 とする。糸が水平になる高さに小球が達するためには，$U_4\geqq 0$ であればよい。$v_4{}^2=V_4{}^2+U_4{}^2$ であるから

$$U_4{}^2=v_4{}^2-V_4{}^2$$

$$=\left(\frac{M(2M+m)V_0{}^2}{(M+m)^2}-2gl\right)-\left(\frac{M}{M+m}V_0\right)^2$$

$$=\frac{M}{M+m}V_0{}^2-2gl\geqq 0$$

$$\therefore\quad V_0\geqq\sqrt{2\frac{M+m}{M}gl}$$

2　解答

問１．(1)$|B_y|=cl$　　$|B_z|=cz$

(2)$F=cev_0l$　(3)$V=2cv_0l^2$

(4)$P=\dfrac{8c^2v_0{}^2l^4}{R}$　(5)$\Delta U=mgv_0$　(6)$v_0=\dfrac{mgR}{8c^2l^4}$

問２．(1)$\Delta\Phi=-4cl^2\Delta h$　(2)$I=\dfrac{2cl^2}{R}\cdot\dfrac{\Delta h}{\Delta t}$

(3)―(a)　(4)$ma=4cIl^2-mg$

◀解　説▶

≪落下する正方形導体ループにおける電磁誘導≫

▶問１．(1)辺 KL，MN の導体に着目する。それぞれの導体の位置の座標は，辺 KL では，$(y,\ z)=(l,\ z)$ であるから，磁束密度 $\vec{B}$ の y 成分，z 成分は，それぞれ

$$B_y=-cl$$

$$B_z=cz$$

辺 MN では，$(y,\ z)=(-l,\ z)$ であるから，磁束密度 $\vec{B}$ の y 成分，z 成分は，それぞれ

$$B_y=-c(-l)$$

$$B_z=cz$$

したがって，磁束密度 $\vec{B}$ の y 成分，z 成分の大きさは，2つの導体の位置で等しく

$$|B_y|=cl$$

$$|B_z|=cz$$

(2)　自由電子が受けるローレンツ力の向きは，フレミングの左手の法則より，右図のようになる。

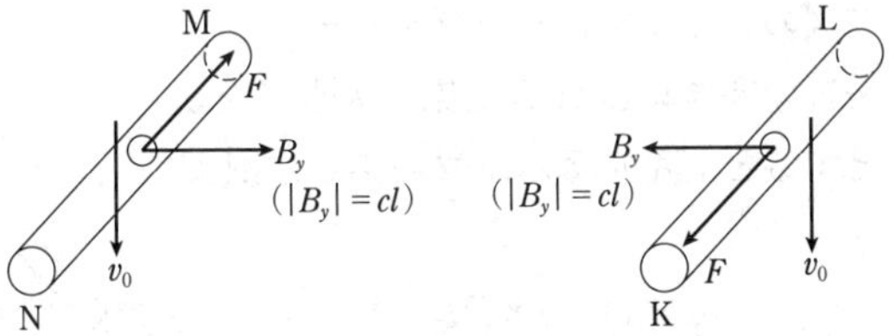

辺 KL，MN の導体は z 軸の負の向きに落下するから，自由電子は B_z からはローレンツ力を受けない。

辺 KL，MN の導体中の自由電子が B_y から受けるローレンツ力の大きさ F は

$$F=ev_0|B_y|=ev_0\times cl=cev_0l$$

向きは，それぞれ L→K，N→M の向きである。

(3)　辺 KL が孤立した導体であることに注意すると，辺 KL の導体中の自由電子が受けるローレンツ力の向きは L→K の向きであるから，K は負に，L は正に帯電する。この電荷による電場の向きは L→K の向きであり，その大きさを E，辺 KL 間の電位差を V とすると，自由電子が電場から受ける力の大きさ F' は

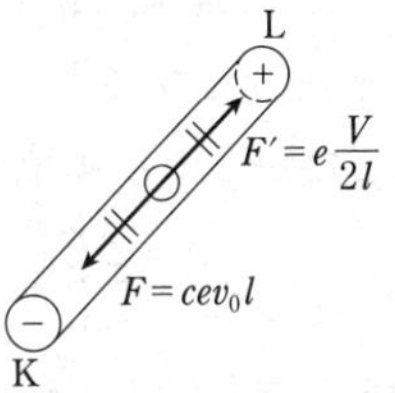

$$F'=eE=e\frac{V}{2l}$$

各自由電子について，この電場から受ける力とローレンツ力がつりあうから

$$e\frac{V}{2l}=cev_0l$$

$$\therefore\quad V=2cv_0l^2$$

このとき，電場の向きがL→Kであるから，Lが高電位である。
辺MNについても同様で，電位差 $V=2cv_0l^2$ であり，電場の向きがN→Mであるから，Nが高電位である。

(4)　辺LM，NKの導体に着目して，(1)〜(3)と同様に考えると，自由電子は B_y，B_z からローレンツ力を受けないので，電位差を生じない。ここでは，磁束密度 $\vec{B}$ の x 成分 B_x は0であることに注意が必要である。したがって，導体ループに生じる誘導起電力は，辺KL，MNの導体においてそれぞれ $V=2cv_0l^2$ である。

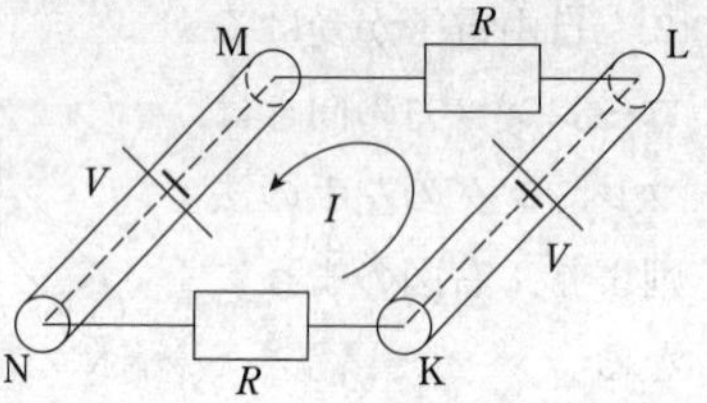

右図のように導体ループをK→L→M→Nの向きに流れる電流の大きさを I とすると，キルヒホッフの第二法則より

$$2\times 2cv_0l^2=2\times RI$$

$$\therefore\quad I=\frac{2cv_0l^2}{R}$$

導体ループの2つの抵抗で消費される電力 P は

$$P=2\times RI^2=2R\cdot\left(\frac{2cv_0l^2}{R}\right)^2=\frac{8c^2{v_0}^2l^4}{R}$$

(5)　導体ループが一定の速さ v_0 で時間 Δt の間に落下する距離を Δh とすると，$\Delta h=v_0\Delta t$ であるから，この時間に失う重力による位置エネルギーを ΔE_p とすると，$\Delta E_p=mg\cdot v_0\Delta t$ である。
したがって，単位時間あたりの位置エネルギーの変化の大きさ ΔU は

$$\Delta U=\frac{\Delta E_p}{\Delta t}=mgv_0$$

(6)　重力による位置エネルギーの減少分は，導体ループの抵抗でジュール熱となって消費されたものであるから

$$mgv_0=\frac{8c^2{v_0}^2l^4}{R}$$

$$\therefore\quad v_0=\frac{mgR}{8c^2l^4}$$

エネルギーと仕事の関係は，「物体にはたらくすべての外力が加えた仕事は，物体の運動エネルギーの変化となる」と表される。ここで，導体ルー

プは一定の速さで落下しているから，運動エネルギーの変化は0である。導体ループに対して重力がする仕事は単位時間あたり mgv_0 であり，この仕事が抵抗でジュール熱となって消費されることで，広い意味でエネルギー保存則が成り立っている。電磁誘導は，力学的な仕事を電気的な仕事に変換する役割がある。

▶問2．(1)　導体ループを貫く磁束 Φ は，導体ループの面積を S，その面を垂直に貫く z 軸正方向の磁束密度を B とすると，$\Phi=BS$ であり，導体ループは z 軸に垂直であるから，面を貫く磁束密度は B の z 成分 B_z だけを考えればよい。

導体ループが高さ z にあるとき，導体ループを貫く磁束 Φ は

$$\Phi=B_zS=cz\cdot(2l)^2$$

導体ループが微小距離 Δh だけ落下して高さ $z-\Delta h$ にあるとき，導体ループを貫く磁束 Φ' は

$$\Phi'=B_zS=c(z-\Delta h)\cdot(2l)^2$$

したがって，磁束の変化 $\Delta\Phi$ は

$$\Delta\Phi=\Phi'-\Phi=c(z-\Delta h)\cdot(2l)^2-cz\cdot(2l)^2$$

$$=-4cl^2\Delta h$$

(2)　時間 Δt の間に導体ループを貫く磁束が $\Delta\Phi$ だけ変化するとき，導体ループに生じる誘導起電力の大きさを V' とすると，ファラデーの電磁誘導の法則より

$$V'=\left|\frac{\Delta\Phi}{\Delta t}\right|=\left|\frac{-4cl^2\Delta h}{\Delta t}\right|=4cl^2\cdot\frac{\Delta h}{\Delta t}$$

導体ループに流れる電流の大きさは，キルヒホッフの第二法則より

$$4cl^2\cdot\frac{\Delta h}{\Delta t}=2\times RI$$

$$\therefore\quad I=\frac{2cl^2}{R}\cdot\frac{\Delta h}{\Delta t}\quad\cdots\cdots①$$

(3)　(2)の誘導起電力の向き，電流の向きは，レンツの法則に従う。導体ループが落下するとき，導体ループを貫く磁束の変化 $\Delta\Phi$ は負であるから，z 軸の正の向きの磁束が減少する。これを妨げる向き，すなわち磁束の減少を補う向きである z 軸の正の向きの磁束を作るように誘導起電力が生じ，誘導電流が流れる。その向きは，右ねじの法則より，K→L→M→Nの向

きである。導体ループの各辺を流れる電流が磁場から受ける力の向きは，フレミングの左手の法則に従う。

辺 KL では，右図のように磁束密度 $\vec{B}$ の y 成分 B_y から受ける力は z 軸の正の向きで，大きさ f_z は $f_z=I|B_y|\cdot 2l$ であり，z 成分 B_z から受ける力は y 軸の正の向きで，大きさ f_y は $f_y=I|B_z|\cdot 2l$ である。

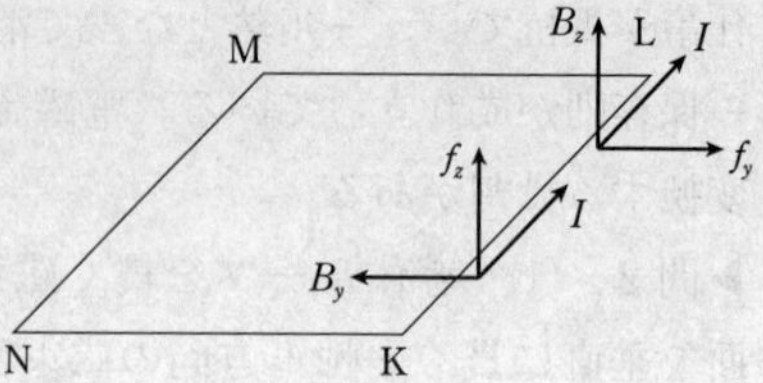

辺 LM では，磁束密度 $\vec{B}$ の y 成分 B_y からは力を受けず，z 成分 B_z から受ける力は x 軸の負の向きで，大きさ f_x は $f_x=I|B_z|\cdot 2l$ である。

辺 MN，NK も同様に考えればよい。

これらの力を描いた図として適したものは(a)であるが，辺 KL だけ考えても，力の向きを正しく表している図は，(a)〜(d)のうち(a)だけである。

(4)　図 4 (a)および(3)からわかるとおり，導体ループ全体が磁場から受ける力の x 成分，y 成分はともに 0 であり，z 成分は

$$2\times f_z=2\times I|B_y|\cdot 2l=2\times I\cdot cl\cdot 2l=4cIl^2$$

ここで，力の z 成分は，辺 KL，MN の 2 辺が受ける力の合力であって，辺 LM，NK は力を受けない。

したがって，運動方程式は

$$ma=4cIl^2-mg$$

参考　この運動方程式から終端速度を求めると，①より

$$ma=4c\cdot\frac{2cl^2}{R}\cdot\frac{\Delta h}{\Delta t}\cdot l^2-mg$$

導体ループの落下の速さが終端速度 v_0 となるとき，$a=0$，$\dfrac{\Delta h}{\Delta t}=v_0$ であるから

$$0=\frac{8c^2l^4}{R}\cdot v_0-mg$$

$$\therefore\quad v_0=\frac{mgR}{8c^2l^4}$$

これは，問 1 (6)で求めた落下の速さと一致する。

3

解答　問1．(1)ア．ct_0　イ．$\dfrac{v}{f}\cos\theta$　ウ．$c\left(t_0-\dfrac{1}{f}\right)$

エ．$\dfrac{c-v\cos\theta}{f}$　オ．$\dfrac{c}{c-v\cos\theta}f$

(2)

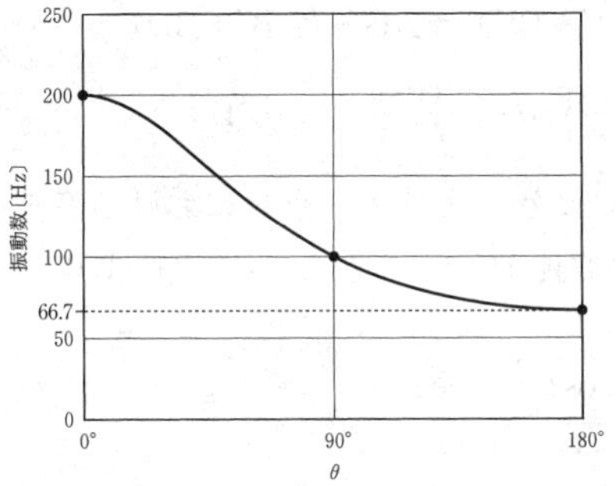

問2．(1)$\dfrac{\sin\phi_1}{\sin\phi_2}=\dfrac{c_1}{c_2}$

(2)波長：$\dfrac{c_2}{c_1}\cdot\dfrac{c_1+v\sin\phi_1}{f}$　振動数：$\dfrac{c_1}{c_1+v\sin\phi_1}f$

(3)　$3.3\times10^2\,\mathrm{m/s}$

◀解　説▶

≪斜めに動く音源によるドップラー効果，音波の屈折≫

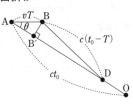

▶問1．(1)　ア．距離AOは，速さcの音波が時間t_0の間に進む距離であるから

距離$\mathrm{AO}=ct_0$

イ．音波の周期をTとすると，距離ABは，速さvの航空機が時間Tの間に進む距離であるから，$T=\dfrac{1}{f}$を用いると

距離$\mathrm{AB}=vT=\dfrac{v}{f}$

したがって

距離$\mathrm{AB'}=\dfrac{v}{f}\cos\theta$

ウ．航空機は時刻$t=T$に点Bに到達し，この時刻に発せられた音波が時刻$t=t_0$に点Dに達している。距離BDは，速さcの音波が時間(t_0-T)

の間に進む距離であるから

$$距離\ \mathrm{BD}=c\,(t_0-T)=c\left(t_0-\frac{1}{f}\right)$$

エ．距離 BD≒B′D を用いると，距離 DO は

$$\mathrm{DO}=\mathrm{AO}-\mathrm{AD}=\mathrm{AO}-(\mathrm{AB'}+\mathrm{B'D})\fallingdotseq\mathrm{AO}-(\mathrm{AB'}+\mathrm{BD})$$

$$=ct_0-\left\{\frac{v}{f}\cos\theta+c\left(t_0-\frac{1}{f}\right)\right\}=\frac{c-v\cos\theta}{f}\quad\cdots\cdots①$$

オ．点Oで観測される音波の振動数を f' とする。点Oにおける音波の速さは c であり，距離 DO が音波の波長 λ' であるから，$c=f'\lambda'$ より

$$f'=\frac{c}{\lambda'}=\frac{c}{\dfrac{c-v\cos\theta}{f}}=\frac{c}{c-v\cos\theta}f$$

(2)　与えられた値を代入すると

$$f'=\frac{c}{c-v\cos\theta}f=\frac{340}{340-170\cos\theta}\times100=\frac{200}{2-\cos\theta}$$

航空機が真西から真東まで飛行するとき，θ は 0° から 180° まで連続的に変化し，このとき f' は単調に減少する。

$\theta=0^\circ$　のとき

$$f'=\frac{200}{2-\cos0^\circ}=200\,[\mathrm{Hz}]$$

$\theta=90^\circ$　のとき

$$f'=\frac{200}{2-\cos90^\circ}=100\,[\mathrm{Hz}]$$

$\theta=180^\circ$　のとき

$$f'=\frac{200}{2-\cos180^\circ}=66.66\fallingdotseq66.7\,[\mathrm{Hz}]$$

▶問２．(1)　大気Ⅰに対する大気Ⅱの相対屈折率を n_{12}，大気Ⅰ，Ⅱ中の音波の波長をそれぞれ λ_1，λ_2 とすると，屈折の法則より

$$n_{12}=\frac{\sin\phi_1}{\sin\phi_2}=\frac{c_1}{c_2}=\frac{\lambda_1}{\lambda_2}\quad\cdots\cdots②$$

ただし，音波の振動数は，音波が屈折しても大気Ⅰ，Ⅱ中で変化しない。

(2)　図中の航空機を点A，航空機が発する音波が大気Ⅰ，Ⅱの境界面に入射する点を点Pとおく。AP 間（大気Ⅰ中）の音波の波長を λ_1 とすると，

①と同様に，航空機の進行方向と音波の向かう方向のなす角度が $(90°+\phi_1)$ であるから

$$\lambda_1=\frac{c_1-v\cos(90°+\phi_1)}{f}=\frac{c_1+v\sin\phi_1}{f}\quad\cdots\cdots③$$

この音波が点Pで屈折をして，点Oに届いた音波の波長を λ_2 とすると，λ_2 は，図のPO間（大気Ⅱ中）の音波の波長であるから，②，③より

$$\lambda_2=\frac{c_2}{c_1}\lambda_1=\frac{c_2}{c_1}\cdot\frac{c_1+v\sin\phi_1}{f}$$

点Oに届いた音波の振動数を f_2 とする。点Oにおける音波の速さ，すなわちPO間（大気Ⅱ中）における音波の速さは c_2 であるから，$c_2=f_2\lambda_2$ より

$$f_2=\frac{c_2}{\lambda_2}=\frac{c_2}{\dfrac{c_2}{c_1}\cdot\dfrac{c_1+v\sin\phi_1}{f}}=\frac{c_1}{c_1+v\sin\phi_1}f$$

(3)　点Oに音波が届かないのは，音波が大気Ⅰ，Ⅱの境界面の点Pで全反射しているからである。題意より，$\phi_1=60°$ のとき，ちょうど $\phi_2=90°$ であるから，②より

$$\frac{\sin 60°}{\sin 90°}=\frac{c_1}{380}$$

$$\therefore\quad c_1=\frac{\sqrt{3}}{2}\times380=328$$

$$\fallingdotseq 3.3\times10^2\,〔\mathrm{m/s}〕$$

❖講　評

2018年度は，2017年度と比べて難易度に大きな変化はないが，長文による融合問題もなく，また大問によって難易度や問題量のばらつきもなく，比較的取り組みやすい問題であった。しかし，前問の答えを代入して解き進める問題が多いので，雪崩式の失点に注意が必要である。2016年度以降は力学，電磁気，波動分野からの出題が続いている。2018年度は2017年度には出題されなかった描図問題が1問，数値計算問題が2問出題された。

1　(1)は基本問題。(2)以降は2物体の相互運動の問題で，やや難レベルではあるが典型的な問題である。水平方向の運動量保存則を用いる場

面，(3)の円運動の運動方程式に台に対する小球の相対速度を用いるのがポイントである。

2　問題文の誘導に従って解いていけばよいが，磁場の x，y，z 成分の関わり，孤立した導体棒でのローレンツ力と誘導起電力との関係，仕事とエネルギーの収支，ファラデーの電磁誘導の法則の理解が問われている。電磁誘導の必須事項をいろいろな立場からしっかりと確認していたかどうかで差がつく。

3　問1は斜めのドップラー効果の式の導出であるが，オ．の結果は覚えていることが多いので，途中計算の間違いの確認にも使える。(2)の描図は典型的な問題，問2も屈折の法則と問1の結果を利用するだけなので，丁寧に考えていきたい。

化学

1 解答

問 1．(A)・(D)・(E)

問 2．(1) 6 種類　(2) 11 個

問 3．$\mathrm{H:\ddot{\underset{..}{O}}:\ddot{\underset{..}{O}}:H}$

問 4．（導出過程）反応式より，水溶液中では　$[HO_2^-]=[H_3O^+]$

過酸化水素の電離定数が小さいことから，$[H_2O_2]\fallingdotseq 2.20\,\mathrm{mol/L}$ と考える。

$$K=\frac{[HO_2^-][H_3O^+]}{[H_2O_2]}=\frac{[H_3O^+]^2}{[H_2O_2]}$$

$$\therefore\quad [H_3O^+]=\sqrt{K[H_2O_2]}=\sqrt{2.20\times10^{-12}\times2.20}$$

$$=2.20\times10^{-6}$$

$$\fallingdotseq 2.2\times10^{-6}$$

（答）　$2.2\times10^{-6}\,\mathrm{mol/L}$

問 5．（導出過程）MnO_4^- は 1 mol が 5 mol の電子を奪う酸化剤，H_2O_2 は 1 mol が 2 mol の電子を与える還元剤としてはたらく。必要な $KMnO_4$ 水溶液の体積を x〔mL〕とすると

$$\frac{5\times8.00\times10^{-2}\times x}{1000}=\frac{2\times2.20\times5.00}{1000}$$

$$\therefore\quad x=55$$

（答）　55 mL

問 6．$H_2O_2+2KI+H_2SO_4 \longrightarrow I_2+2H_2O+K_2SO_4$

◀解　説▶

≪水の特性，同位体と分子量，電子式，電離平衡，酸化還元反応≫

▶問 1．(A)　誤文。共有結合における極性は電気陰性度の差が関係する。O−H 結合より F−H 結合の方が大きな極性をもつため，水素結合は HF の方が強い。しかし H_2O は 1 分子あたりの水素結合が約 4 カ所であるのに対し，HF は約 2 カ所であるため，沸点は H_2O の方が高くなる。

(B)　正文。水が酸としてはたらく例：$NH_3+H_2O \longrightarrow NH_4^++OH^-$

水が塩基としてはたらく例：$HCl+H_2O \longrightarrow H_3O^++Cl^-$

(C)　正文。水分子は右に示すような折れ線形の構造をもつ。

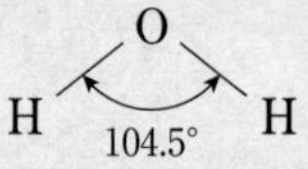

(D)　誤文。冷凍庫の中の氷が時間経過とともに少しずつ小さくなるように，水も昇華する。三重点以下の温度では，昇華圧曲線上でその変化が起こる。

(E)　誤文。H_2 の燃焼による H_2O の生成は発熱反応であるが，H_2 と O_2 を混合するだけでは H_2O が生成しない。これは，活性化エネルギーを越えるエネルギーをもつ分子がないためである。

▶問２．(1)　${}^{1}H_2{}^{18}O$ と ${}^{2}H_2{}^{16}O$ の間で ${}^{1}H$ と ${}^{2}H$ の交換が起こるため，もとの分子以外に ${}^{1}H{}^{2}H{}^{16}O$，${}^{1}H_2{}^{16}O$，${}^{1}H{}^{2}H{}^{18}O$，${}^{2}H_2{}^{18}O$ の４種類が生じ，計６種類となる。

(2)　分子量が２番目に大きいのは ${}^{1}H{}^{2}H{}^{18}O$ で，中性子数は $0+1+10=11$ 個である。

▶問３．過酸化水素の分子は，水分子のＨ原子とＯ原子の間にさらに１つのＯ原子が入る構造をもち，分子内に４対の非共有電子対をもつ。

▶問５．酸化剤と還元剤の反応を次に示す。

酸化剤（$KMnO_4$）：$MnO_4^- + 8H^+ + 5e^- \longrightarrow Mn^{2+} + 4H_2O$　……①

還元剤（H_2O_2）　：$H_2O_2 \longrightarrow 2H^+ + O_2 + 2e^-$　……②

①×2＋②×5 より

$$2MnO_4^- + 5H_2O_2 + 6H^+ \longrightarrow 2Mn^{2+} + 5O_2 + 8H_2O$$

$2K^+$ と $3SO_4^{2-}$ を加えて

$$2KMnO_4 + 5H_2O_2 + 3H_2SO_4 \longrightarrow 2MnSO_4 + 5O_2 + 8H_2O + K_2SO_4$$

酸化還元反応では，酸化剤が奪う電子の物質量と，還元剤が与える電子の物質量が等しいので，各物質のモル濃度と過酸化水素水の体積より，必要な過マンガン酸カリウム水溶液の体積を求めることができる。

▶問６．酸化剤と還元剤の反応を次に示す。

酸化剤（H_2O_2）：$H_2O_2 + 2H^+ + 2e^- \longrightarrow 2H_2O$　……③

還元剤（KI）　：$2I^- \longrightarrow I_2 + 2e^-$　……④

③×1＋④×1 より

$$H_2O_2 + 2I^- + 2H^+ \longrightarrow I_2 + 2H_2O$$

$2K^+$ と SO_4^{2-} を加えて

$$H_2O_2 + 2KI + H_2SO_4 \longrightarrow I_2 + 2H_2O + K_2SO_4$$

問5・問6からわかるように，過酸化水素は相手が過マンガン酸カリウムの場合は還元剤，相手がヨウ化カリウムの場合は酸化剤としてはたらく。

2 解答

問1．-172 kJ/mol

問2．CO_2 の分圧：8.0×10^4 Pa

平均反応速度：8.0×10^{-4} mol/min

問3．CO_2 の分圧：3.8×10^4 Pa　CO の分圧：1.2×10^5 Pa

黒鉛：1.1 g

問4．(e)

問5．ア．吸熱反応　イ．およそ2倍になる　ウ．増加する　エ．減少し

オ．増加する　カ．増加する

◀解　説▶

≪反応熱の算出，反応速度，圧平衡定数，平衡移動と分圧≫

▶問1．C（黒鉛）$+CO_2$（気）$=2CO$（気）$+Q$ kJ として，反応熱 Q〔kJ/mol〕を求める。

反応熱＝{生成物の生成熱の和}－{反応物の生成熱の和} より

$$Q=111\times2-394\times1=-172\text{〔kJ/mol〕}$$

▶問2．時間経過後までに $x\times10^5$〔Pa〕の CO_2 が反応したとして，時間経過に伴う各物質の分圧の変化をまとめると，次のようになる。

	C（黒鉛）＋ CO_2	⟶ 2CO	全圧	
始め	1.0	0	1.0	〔$\times10^5$ Pa〕
変化量	$-x$	$+2x$		〔$\times10^5$ Pa〕
平衡時	$1.0-x$	$2x$	$1.0+x$	〔$\times10^5$ Pa〕

$1.0+x=1.2$ より　　$x=0.20$〔$\times10^5$ Pa〕

よって，時間経過後の CO_2 の分圧は

$$(1.0-0.20)\times10^5=0.80\times10^5=8.0\times10^4\text{〔Pa〕}$$

30分間の平均反応速度を CO_2 の減少速度で考えると，30分間で減少した CO_2 の物質量は

$$n=\frac{pV}{RT}=\frac{2.0\times10^4\times10}{8.31\times10^3\times1000}=\frac{2.0}{8.31}\times10^{-1}\text{〔mol〕}$$

よって，30分間の平均反応速度は

$$\frac{2.0}{8.31}\times10^{-1}\times\frac{1}{30}=8.02\times10^{-4}$$

$\fallingdotseq 8.0\times 10^{-4}$〔mol/min〕

▶問3．平衡時におけるCOの分圧を $p_{CO}=2x\times 10^5$〔Pa〕とすると，$p_{CO_2}=(1.0-x)\times 10^5$〔Pa〕であるから

$$K_p=\frac{(p_{CO})^2}{p_{CO_2}}=\frac{(2x\times 10^5)^2}{(1.0-x)\times 10^5}=4.0\times 10^5\text{〔Pa〕}$$

$$4x^2=4.0(1.0-x)$$

$$4x^2+4x-4=0$$

$$x^2+x-1=0$$

$$\therefore\quad x=\frac{-1+\sqrt{1+4}}{2}=\frac{-1+\sqrt{5}}{2}=\frac{-1+2.24}{2}=0.62$$

$$p_{CO_2}=(1.0-x)\times 10^5=0.38\times 10^5=3.8\times 10^4\text{〔Pa〕}$$

$$p_{CO}=2x\times 10^5=1.24\times 10^5\fallingdotseq 1.2\times 10^5\text{〔Pa〕}$$

また，平衡時までに反応した CO_2 の物質量 n〔mol〕は

$$n=\frac{pV}{RT}=\frac{(1.0\times 10^5-3.8\times 10^4)\times 10}{8.31\times 10^3\times 1000}=0.0746\text{〔mol〕}$$

よって，黒鉛も平衡時までに0.0746mol反応しているから，求める平衡時の黒鉛の質量は

$$2.0-0.0746\times 12=1.10\fallingdotseq 1.1\text{〔g〕}$$

▶問4．体積を小さくすると p_{CO_2} と p_{CO} はともに増加するが，平衡が保持されるので，$K_p=\frac{(p_{CO})^2}{p_{CO_2}}$ が常に成立する。$\frac{p_{CO}}{p_{CO_2}}=\frac{K_p}{p_{CO}}$ より，p_{CO} が増加すると $\frac{p_{CO}}{p_{CO_2}}$ が減少するように平衡移動する。よって，(e)が正解。

▶問5．C（黒鉛）$+CO_2$（気）$=2CO$（気）-172kJ

の平衡において，容器の体積を一定にして温度を上げたときの平衡移動を考えると，温度上昇によってまず平衡は吸熱反応の方向，つまり右向きに移動する。CO_2 と CO の物質量をそれぞれ n_{CO_2} と n_{CO} とすると，n_{CO_2} は減少し，n_{CO} は増加する。n_{CO} の増加分は n_{CO_2} の減少分の2倍であるので，$n_{CO}+n_{CO_2}$ は増加する。その結果，全圧 $\frac{(n_{CO}+n_{CO_2})RT}{10}$ は T が30℃上昇したため増加する。また，$p_{CO}=\frac{n_{CO}RT}{10}$ も増加する。一方，$p_{CO_2}=\frac{n_{CO_2}RT}{10}$ の変化は n_{CO_2} が減少し，T が増加しているのでまだ判断できない。

$$K_p=\frac{\left(\dfrac{n_{CO}RT}{10}\right)^2}{\dfrac{n_{CO_2}RT}{10}}=\frac{{n_{CO}}^2}{n_{CO_2}}\cdot\frac{RT}{10}$$
は増加し，選択肢から，およそ 2 倍になる。

また，$\dfrac{p_{CO}}{p_{CO_2}}=\dfrac{n_{CO}}{n_{CO_2}}$ も増加する。

$K_p=\dfrac{{p_{CO}}^2}{p_{CO_2}}=\dfrac{{n_{CO}}^2}{n_{CO_2}}\cdot\dfrac{RT}{10}$ である。

T の変化は $\dfrac{1030}{1000}=1.030$ 倍で小さく，K_p が約 2 倍になるためには，$\dfrac{{n_{CO}}^2}{n_{CO_2}}$ が約 2 倍にならなければならない。つまり，平衡移動による物質量の変動による圧力の変化が，ボイル・シャルルの法則から見積もられる圧力の変化よりかなり大きい。したがって，n_{CO_2} の減少に伴い p_{CO_2} も減少すると推定できる。

3 解答

(1)　問 1．ア．不飽和　イ．ミセル

問 2．$RCOO^- + H_2O \rightleftarrows RCOOH + OH^-$

問 3．$2C_{11}H_{23}COO^- + Ca^{2+} \longrightarrow (C_{11}H_{23}COO)_2Ca$

問 4．5.0×10^2

(2)　問 5．5.1

問 6．(a)—B　(b)—E　(c)—D

問 7．(a)・(d)

問 8．構造異性体の総数：4 個

光学異性体の構造式：

$$\begin{array}{lll} CH_2-O-CO-R & \qquad & CH_2-O-CO-R \\ \mid & & \mid \\ {}^*CH-O-CO-R & & {}^*CH-OH \\ \mid & & \mid \\ CH_2-OH & & CH_2-OH \end{array}$$

◀解　説▶

≪油脂とセッケンの性質，けん化価，エステル交換反応，異性体≫

(1)　▶問 1．油脂は常温で液体の脂肪油と，固体の脂肪に分類できる。脂肪油は構成脂肪酸として低級飽和脂肪酸や高級脂肪酸で不飽和結合を多く含む場合が多く，脂肪は構成脂肪酸として高級飽和脂肪酸を多く含む場合が多い。油脂を塩基で加水分解して得られるセッケンは，炭化水素基である疎水基とカルボキシ基の親水基をもつ。水溶液中でセッケンは，疎水基を中心にして多数の分子が集まって球状のコロイド粒子となっており，これをミセルという。

▶問 2．セッケンは高級脂肪酸の塩であり，カルボン酸が弱酸なので，加水分解して水溶液中に水酸化物イオンを生じることで弱塩基性を示す。

▶問 3．セッケンを Ca^{2+} や Mg^{2+} を多く含む水（硬水）中で使用すると，水に溶けにくい塩（$(R-COO)_2Ca$，$(R-COO)_2Mg$）が生じて泡立ちが悪くなる。

▶問 4．水酸化カリウムによる油脂のけん化は，次の反応式で示される。

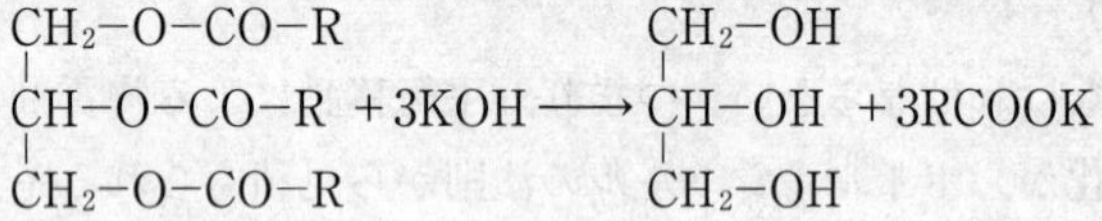

油脂　グリセリン　セッケン

1mol の油脂をけん化するのに必要な KOH は 3mol である。油脂の平均分子量を x とすると，けん化価（油脂 1g をけん化するのに必要な KOH の質量〔mg〕）との間に，次の式が成り立つ。

$$\frac{1.0}{x}\times3\times56\times1000=336$$

$$\therefore\quad x=5.0\times10^2$$

(2)　▶問 5．反応前と平衡時の各物質の物質量は，次のように示される。

$$\text{油脂 2}+3CH_3OH \rightleftarrows 3RCOOCH_3+\text{グリセリン}$$

	油脂 2	$3CH_3OH$	$3RCOOCH_3$	グリセリン	
始め	1.0	3.0	0	0	〔mol〕
変化量	−0.60	−1.8	+1.8	+0.60	〔mol〕
平衡時	0.40	1.2	1.8	0.60	〔mol〕

この平衡の平衡定数を K とする。反応物の全体積を V〔L〕とすると

$$K=\frac{[RCOOCH_3]^3[\text{グリセリン}]}{[\text{油脂 2}][CH_3OH]^3}=\frac{\left(\frac{1.8}{V}\right)^3\left(\frac{0.60}{V}\right)}{\left(\frac{0.40}{V}\right)\left(\frac{1.2}{V}\right)^3}$$

$$=\left(\frac{3}{2}\right)^4=\frac{81}{16}=5.06\fallingdotseq5.1$$

▶問 6．(a)　油脂 2 の減少速度は油脂 2 の濃度減少に伴っておそくなる。油脂 2 は時間とともに減少するので，正反応の反応速度は時間経過とともに減少する。平衡に達すると，正反応と逆反応の反応速度が等しくなり，油脂 2 の濃度は一定になるので，反応速度も一定となる。よって B が正解。

(b)　脂肪酸メチルエステルの物質量は時間経過とともに増加し，平衡に達すると一定となる。よってEが正解。

(c)　正反応，逆反応ともに，温度一定のもとでは反応速度定数に変化はない。よってDが正解。

▶問7．(a)　正文。平衡定数を一定と考えると，反応物の濃度が大きくなれば平衡時における生成物の濃度も大きくなる。

(b)　誤文。触媒は反応速度を変えるが平衡そのものは移動させないので，多く添加しても生成物の量に変化はない。

(c)　誤文。反応温度が上がると，正反応，逆反応ともに反応速度が大きくなる。

(d)　正文。正触媒は反応速度を上げるので，平衡に達するまでの時間は短くなる。

(e)　誤文。平衡状態とは，正反応と逆反応の反応速度が等しくなった状態であり，反応が起こっていないわけではない。

▶問8．油脂の3カ所のエステル部分のうち，1カ所のみエステル交換され1カ所がヒドロキシ基になると1価アルコール，2カ所がエステル交換されると2価アルコールが生じると考えられる。生じる1価と2価のアルコールは，油脂の炭化水素基をRとして，次の4種が考えられる。

```
 CH2-O-CO-R        CH2-O-CO-R
 |                 |
*CH-O-CO-R         CH-OH
 |                 |
 CH2-OH            CH2-O-CO-R
```

1価アルコール

```
 CH2-O-CO-R        CH2-OH
 |                 |
*CH-OH             CH-O-CO-R
 |                 |
 CH2-OH            CH2-OH
```

2価アルコール

このうち，光学異性体をもつものは，構造式中に不斉炭素原子 *C をもつ分子である。

4 解答

問１．化合物Aの化学反応式：

$CH \equiv CH + 2H_2 \longrightarrow CH_3-CH_3$

化合物Bの化学反応式：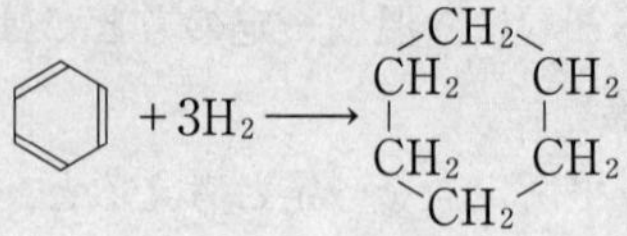

問２．製法の名称：クメン法　副生成物の名称：アセトン

問３．化学反応式：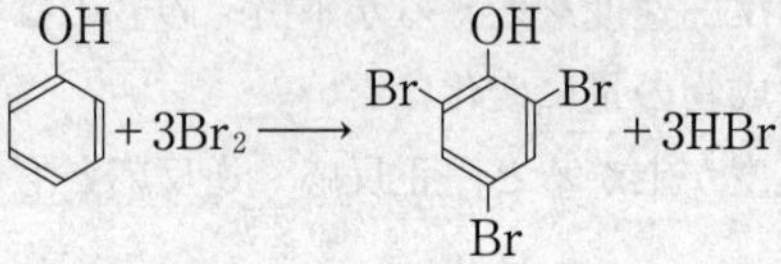

化合物Fの名称：2,4,6-トリブロモフェノール

問４．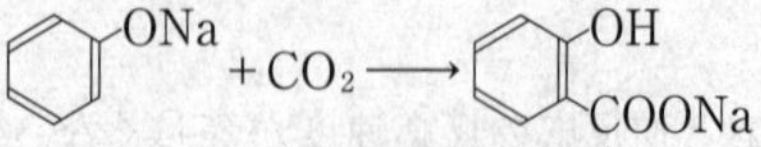

問５．化合物Hの構造式：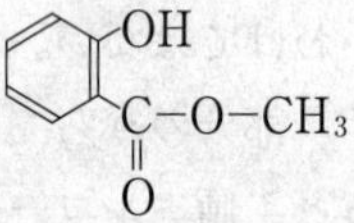

化合物Ｉの構造式：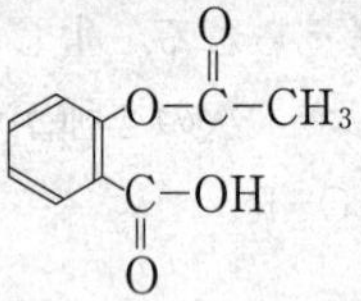

問６．**D・E・F・G・H**

◀解　説▶

≪アセチレンとベンゼンの反応，クメン法，フェノールとサリチル酸≫

▶問１．化合物Aはアセチレンであり，その生成は次の反応式で示される。

$CaC_2 + 2H_2O \longrightarrow C_2H_2 + Ca(OH)_2$

化合物Bはベンゼンであり，アセチレンを赤熱した鉄に触れさせると，３分子が重合してベンゼンができる。

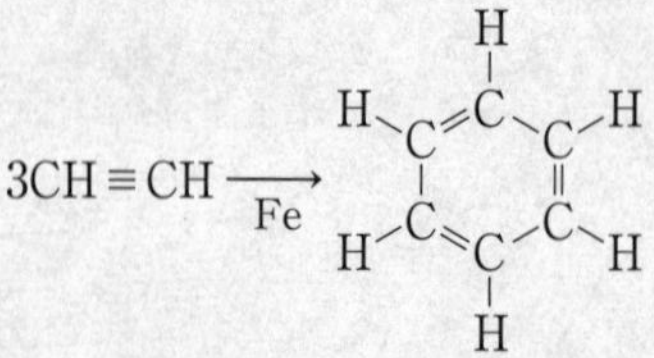

アセチレン 1mol には，白金やニッケルを触媒として水素 2mol が付加し，エタンが生成する。ベンゼンも触媒存在下で加圧した水素と反応させると，1mol のベンゼンに 3mol の水素が付加してシクロヘキサンが生成する。

▶問 2．ベンゼンからフェノール（化合物 **D**）を作る方法はクメン法と呼ばれ，次の過程で反応が進む。

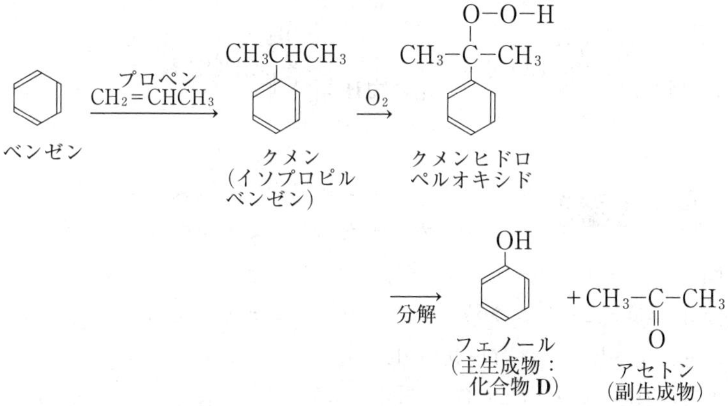

クメン法では，主生成物のフェノールに加え，副生成物としてアセトンが生成する。

▶問 3．フェノールはベンゼンよりも置換反応を受けやすく，臭素水を十分に加えると，白色沈殿（2,4,6-トリブロモフェノール：化合物 **F**）を生じ，この反応はフェノールの検出に用いられる。

▶問 4．ナトリウムフェノキシド（化合物 **E**）と二酸化炭素（化合物 **C**）を加熱・加圧して反応させると，サリチル酸ナトリウム（化合物 **G**）が生成する。

▶問 5．サリチル酸ナトリウム（強酸の下ではサリチル酸）に濃硫酸とメタノールを作用させると，エステル化が起きてサリチル酸メチル（化合物 **H**）が生成する。

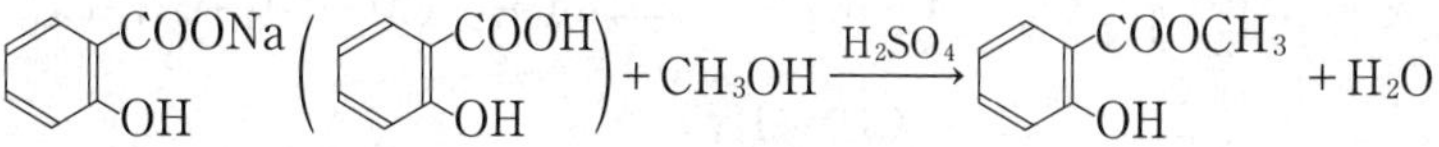

また，サリチル酸に無水酢酸を作用させると，アセチル化が起きてアセチルサリチル酸（化合物 **I**）が生成する。

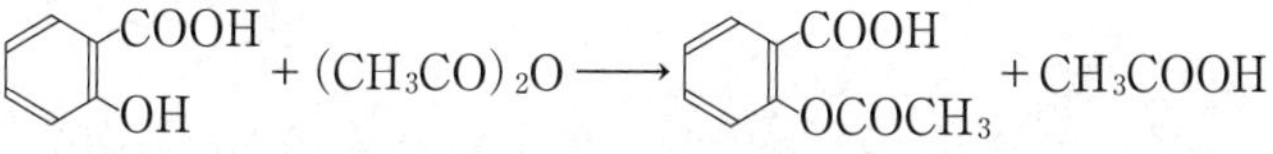

▶問 6．塩化鉄(Ⅲ)水溶液による呈色反応は，フェノール類の検出反応であり，化合物**A**～**I**のうちで以下の化合物が反応すると考えられる。

化合物**D**：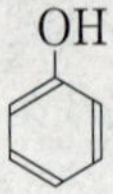　化合物**E**：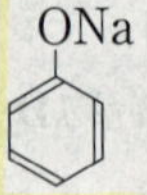　化合物**F**：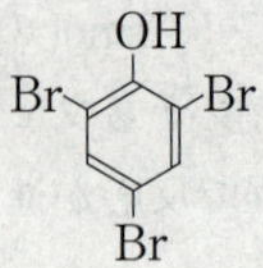

これも反応

化合物**G**：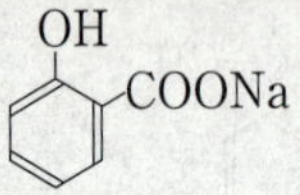　化合物**H**：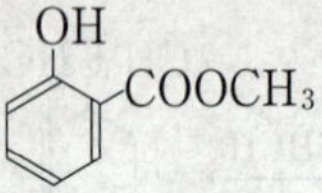

5　解答

問 1．ア．スチレン　イ．濃硫酸　ウ．共　エ．スルホ　オ．酸　カ．水素　キ．カルシウム　ク．陽

問 2．①—(d)　②—(e)　③—(i)　④—(k)

問 3．(i)フェーリング液　(iii)キサントプロテイン反応

問 4．(a)・(c)・(e)・(f)・(h)・(i)・(k)

問 5．H_2N-CH_2-COOH

問 6．

$$H_2N-CH_2-\underset{\underset{O}{\|}}{C}-\underset{\underset{H}{|}}{N}-\underset{\underset{CH_3}{|}}{CH}-COOH$$

$$H_2N-\underset{\underset{CH_3}{|}}{CH}-\underset{\underset{O}{\|}}{C}-\underset{\underset{H}{|}}{N}-CH_2-COOH$$

◀解　説▶

≪イオン交換樹脂の合成，アミノ酸の反応と構造，ジペプチド≫

▶問 1．スチレンと少量の p-ジビニルベンゼンから，次のようにしてイオン交換樹脂が作られる。

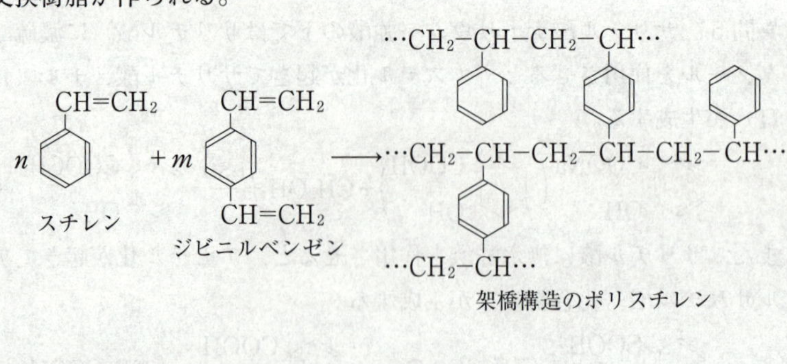

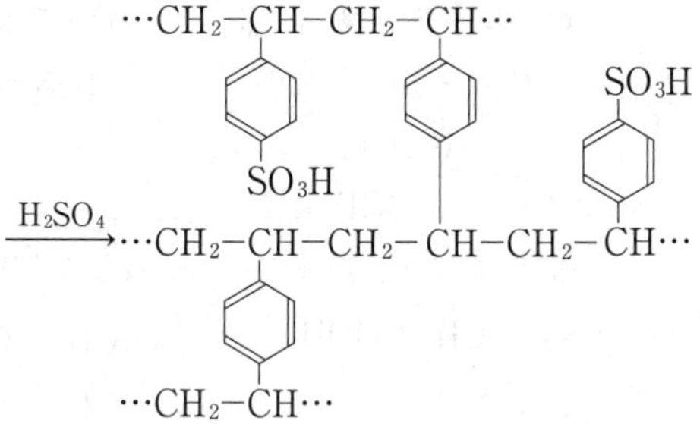

架橋構造のポリスチレンスルホン酸
(陽イオン交換樹脂)

陽イオン交換樹脂に硝酸カルシウム水溶液を混合すると，次のように樹脂中の H^+ と Ca^{2+} が置き換わる。

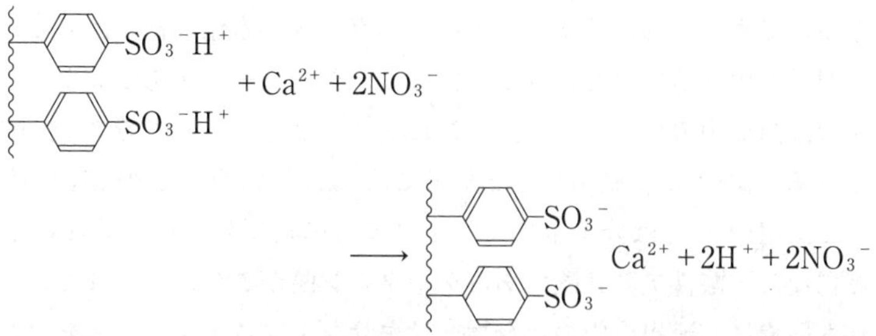

▶問２〜問４．陽イオン交換樹脂をカラムに入れ，複数の化合物を含む水溶液を上から流すとき，分子内に陽イオンをもつ化合物は交換樹脂と反応してカラム中に留まるが，分子内に陽イオンをもたない化合物はカラムの下端から流出する。分子内にアミノ基（$-NH_2$）をもつと，これが H^+ と反応して陽イオン（$-NH_3^+$）が生じるので，(a)〜(k)の化合物のうち，アミノ基をもつ化合物（アミノ酸）(a)，(c)，(e)，(f)，(h)，(i)，(k)は，水溶液の pH を変えることでカラム内に留まったり，流出したりすることになる。分子内のアミノ基の状態は，アミノ酸の等電点と関係がある。それぞれのアミノ酸の構造式と等電点（(　) 内）を次に示す。

(a)アラニン（6.0）

$H_2N-CH(CH_3)-COOH$

(c)グリシン（6.0）

H_2N-CH_2-COOH

(e)グルタミン酸（3.2）

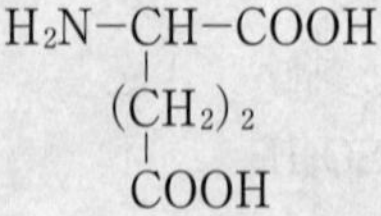

(f)システイン（5.1）

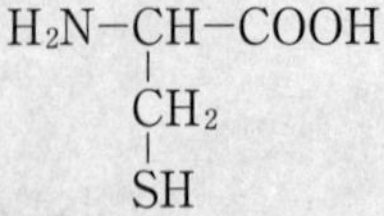

(h)セリン（5.7）

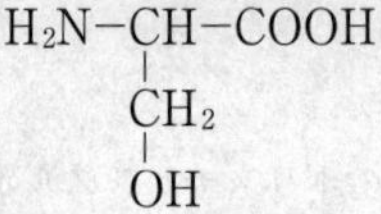

(i)チロシン（5.7）

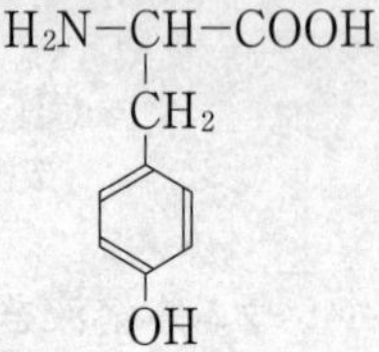

(k)リシン（9.7）

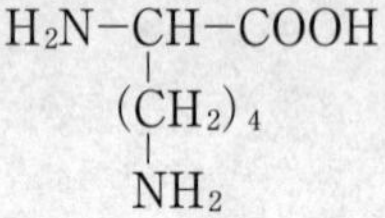

(i)で pH2.5 であれば，アミノ酸分子中のアミノ基はほとんど陽イオンになるのでカラム内に留まる。よって，流出液中の化合物①はアミノ酸以外で還元力のあるものということになり，グルコースがあてはまる。

(ii)の流出液中の化合物②は，ニンヒドリン反応を示すのでアミノ酸と考えられる。pH4.0 で流出するということは，等電点がこの pH の値より小さく，pH4.0 では分子全体としてプラスの荷電になっていないということになる。酸性アミノ酸であるグルタミン酸がこれにあてはまる。

(iii)も同様に，流出液中の化合物③はキサントプロテイン反応を示すアミノ酸と考えられる。チロシンの等電点は 5.7 で，pH7.0 では流出するので，③はチロシンである。

(iv)の pH7.0 で流出せず，pH11.0 で流出する化合物④は，塩基性アミノ酸（等電点 9.7）のリシンである。

▶問５．分子内に不斉炭素原子をもたないアミノ酸は，グリシンのみである。

▶問６．(a)～(k)の中の７種のアミノ酸のうち，分子量の小さいものから２つ選ぶと，グリシンとアラニンとなる。２つのアミノ酸から生成するジペプチドの構造を考えるとき，アミノ基とカルボキシ基の方向が異なる２種の異性体が存在する。なお，ジペプチドは１つのペプチド結合で２つのアミノ酸が結合して生じた化合物と考え，環状構造をもつアミノ酸は解答には含めなかった。

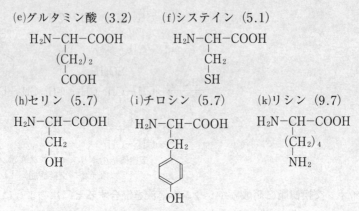

❖講　評

大問数は 5 題。2018 年度は特に難問もなく，総合的な難易度は 2017 年度に比べてやや下がった。2018 年度は特に有機化学分野からの出題が増え，計算問題で「導出の過程」を書かせる設問が出題されたのが目をひく。各大問が様々な内容からなる総合問題で，出題意図を理解するのに時間を要するものもあり，文章読解力や思考力，応用力で差がつく構成となっている。

1　過酸化水素に関する総合問題である。分子の構造や同位体，電子式，電離平衡，酸化・還元滴定といった様々な分野の内容が組み合わされているので，幅広い知識は必要であるが，いずれも標準的な内容で，特に難問はない。正誤問題もここ数年出題されているが，選択肢から誤っているものをすべて答えさせる形式は，特に慎重な対応が必要である。計算問題で導出過程を書かせる問題が 2 問出題されたのが注目される。

2　2018 年度では最も難度の高い大問である。反応速度，圧平衡定数と成分気体の分圧などの計算は，計算結果のみを解答欄に書く従来の形式である。気体の状態方程式を使う計算などがやや煩雑で，計算力や応用力が要求される。正解を選択肢から選んで答える形式もここ数年出題されてきたパターンであるが，平衡移動と分圧の変化などに関する文章をよく読んで，出題意図を理解して慎重に解答しないと，思わぬ失点につながる可能性がある。

3　油脂に関する総合問題で，油脂の構造，セッケンの製法と性質，けん化価等の標準的な内容に応用・発展的な内容が組み合わされている。油脂やセッケンに関する幅広い知識に加え，反応速度や平衡定数，異性体等に関する計算力や思考力が必要で，一般的な油脂の問題よりも得点しにくい。エステル交換反応は教科書では見慣れない内容であるが，説明をよく読んで，構造式を具体的にイメージしながら理解するとよい。

4　アセチレンと芳香族化合物に関する総合問題で，幅広く正確な知識は必要であるが，系統的な反応経路が確実に理解できていれば，教科書レベルの力で十分解答できる。化合物の構造式や化学反応式を正確に書いて，慎重な解答で高得点を目指すべきである。

5　イオン交換樹脂の合成とアミノ酸の性質に関する総合問題である。樹脂の合成とその機能は標準的な内容であるが，複数の化合物の混合溶液を pH を変えて樹脂を詰めたカラムから流出させる実験の意味を理解して，化合物の性質と流出の順番を考察するのには，思考力や応用力が必要である。実験操作はわかりにくくてもアミノ酸の識別はできるので，代表的なアミノ酸の構造と等電点などの性質がどれほど整理できているかが解答のカギとなる。

2015 年度から続いている傾向として，「化学基礎」分野の酸・塩基や酸化・還元の出題が減少し，2018 年度は無機分野からの出題もなく，有機分野と高分子に関する内容が全体の半分近くまでになった。ただ，出題分野は有機化学でも，化学平衡や反応速度等に関する設問が組み合わされているので，幅広い分野の総合的な内容を，基礎から発展まで総合的に出題する傾向に変わりはない。長い問題文に対応できる文章読解力や応用力で差がつく設問も目立つ。近年の傾向として，正誤問題や選択肢，解答を語群から選ぶような設問が増えた。一見簡単に見える設問でも，選択肢の文章をよく読みこむ必要のある設問や，当てはまるものをすべて答える設問も目立ち，解答の順序や問題の選び方，解答方法によって思いがけない得点差がつく可能性がある。広い分野の標準的な問題を，限られた時間内に正確に解答できる総合力を要求する状況は続いており，高得点のためには解答の時間配分を確実に行って，応用問題や煩雑な計算に取り組む時間を作る演習を重ねるべきである。

生物

1

解答　問1．ア．1　イ．卵細胞　ウ．2　エ．中央細胞
オ．助細胞　カ．反足細胞　キ．2　ク．3
（オ．反足細胞　カ．助細胞　キ．3　ク．2　も可）

問2．重複受精

問3．AAA，AAa，Aaa，aaa

問4．aの花粉とAAの中央細胞から生じた胚乳の遺伝子型はAAaになり，Aの花粉とaaの中央細胞から生じた胚乳の遺伝子型はAaaになる。アミロース含量はAの数に比例し，前者が12％となり後者が6％になる。（100字以内）

問5．逆転写

問6．a_1 遺伝子と a_2 遺伝子は異なる部分が変異した多型であり，F_1 の減数分裂時に変異した部分の間で組換えが起こり，正常な部分のみをもつ遺伝子が生じた。（80字以内）

◀解　説▶

≪重複受精と胚乳の遺伝≫

▶問3．ウルチ性系統（AA）とモチ性系統（aa）を交雑して生じた F_1 個体の遺伝子型はAaとなる。下図に示すように，F_1 個体のめしべでは，胚のう母細胞の減数分裂により，A遺伝子をもつ胚のう細胞とa遺伝子をもつ胚のう細胞が1：1で生じる。さらに，前者からは8つの核すべてがA遺伝子をもつ胚のうが生じ，後者からは8つの核すべてがa遺伝子をもつ胚のうが生じる。よって，中央細胞の遺伝子型はAAかaaしかない。

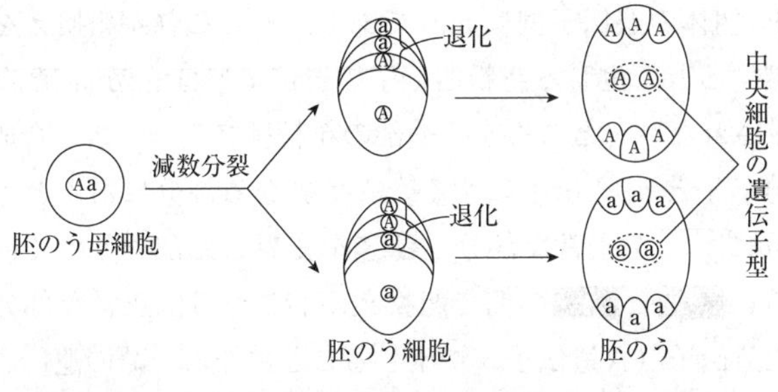

したがって，F_2 種子の胚乳の遺伝子型は下表のようになる。なお，表の一番左の欄にある AA や aa は中央細胞の遺伝子型である。

中央細胞＼花粉	A	a
AA	AAA	AAa
aa	Aaa	aaa

▶問４．ウルチ性系統（胚乳の遺伝子型 AAA）とモチ性系統（胚乳の遺伝子型 aaa）の，胚乳のアミロース含量はそれぞれ 18％と０％である。さらに，胚乳の遺伝子型がヘテロ接合体（AAa または Aaa）の，アミロース含量は 12％もしくは６％である。そこで，A 遺伝子の数が増えるに従いアミロース含量が６％ずつ増加すると推理する。ただ，解答に「花粉」という語句を入れなければならない。そこで，花粉と中央細胞の遺伝子型の組合せがどのようになれば AAa や Aaa の胚乳が生じるかを述べるのがよいと思われる。ここで，問３の〔解説〕の表を利用すれば組合せがすぐにわかる。

▶問５．細胞でどのような遺伝子が発現しているかを調べるには，その細胞から mRNA を抽出し，その塩基配列を調べればよい。しかし，mRNA は DNA に比べ分解しやすく扱いにくい。そこで逆転写酵素を用いて mRNA に相補的な一本鎖 DNA を合成し，これを鋳型にして PCR を行う。

▶問６．胚乳は三倍体（$3n$）であり，胚乳の遺伝子型が aaa だとアミロースは合成されず，A 遺伝子の数が増えるに従いアミロース含量が増加する。一方，花粉（花粉四分子）は一倍体（n）であり，A 遺伝子または a 遺伝子のどちらをもつかによってアミロース合成の有無が決まる。ただ，A 遺伝子が変異して生じた a 遺伝子は複数あり（多型があり），ここでは a_1 遺伝子，a_2 遺伝子としている。遺伝子型が a_1a_1 と a_2a_2 の系統を交雑して生じた F_1 個体の遺伝子型は a_1a_2 であり，もしこれが組換えを起こさずに減数分裂すると，生じる花粉四分子の遺伝子型は a_1 か a_2 となりアミロースは合成されない。ところが，一部の花粉はアミロースを合成した。そこで，a_1 遺伝子と a_2 遺伝子にある変異は異なる部分にあると考え，下図に示すように□を正常な部分，■を変異した部分とする。そして，減数分裂時に■と■の間で組換えがおこれば，正常な部分どうしがつながった遺伝子（A 遺伝子）が生じることになる。この遺伝子をもつ花粉はアミロースを合成できる。

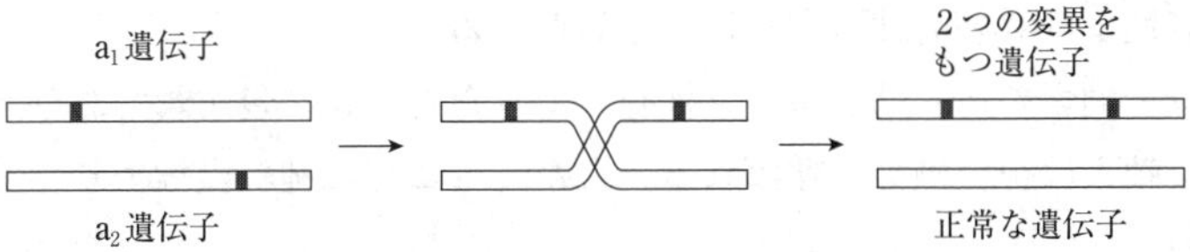

組換えを扱った問題の多くは，同一染色体上の異なる遺伝子間で組換えが起こるが，ここでは一つの遺伝子内の異なる変異部位間で起こっていることに注意する。

2 解答

問１．ア．ES　イ．iPS　ウ．中枢神経
エ．末梢神経　オ．感覚神経　カ．運動神経
キ．交感神経　ク．副交感神経
問２．(1)多能性
(2)ケ．細胞体　コ．軸索　サ．樹状突起　シ．静止電位　ス．活動電位
セ．興奮
問３．(1)ノルアドレナリンが放出され，心臓の拍動が促進される。(30 字以内)
(2)アセチルコリンが放出され，心臓の拍動が抑制される。(30 字以内)
問４．ソ．誘導　タ．形成体　チ．中胚葉　ツ．表皮　テ．神経

◀解　説▶

≪動物の発生と神経≫

▶問１．ア．哺乳類の場合，受精卵が発生するとやがてカエルの胞胚に相当する胚盤胞と呼ばれる時期があらわれる。胚盤胞は，内部細胞塊と栄養外胚葉からなり，内部細胞塊からは胚が分化し，栄養外胚葉からは胎盤が分化する。この内部細胞塊を取り出し，多分化能と分裂能を維持したまま培養細胞として確立したものが ES 細胞（胚性幹細胞）である。
イ．成体から採取した細胞に，初期胚で特に発現するような遺伝子のいくつかを導入することにより，ES 細胞と同様に多分化能と分裂能を備えた細胞が iPS 細胞である。

▶問２．(1)　受精卵がもつ，生物体を構成するすべての細胞に分化して完全な個体をつくり出す能力を全能性といい，すべての細胞に分化することはできないが，体のほぼすべての細胞に分化できる能力を多能性という。

1個のES細胞から完全な個体をつくり出すことはできないので，ここでは全能性よりも多能性の方が適当と思われる。

(2)　コ．軸索の多くはシュワン細胞でできた神経鞘に包まれており，このような軸索は神経繊維と呼ばれる。ただ，ここでは神経繊維より軸索の方がよい。

▶問3．ノルアドレナリンは，拍動数（心拍数）を増加させるだけでなく，心筋の収縮量を大きくし，1回の拍動で送り出す血液量を増加させる作用ももつ。これらをまとめて「拍動促進」と表現する。拍動数と収縮量の増加をそれぞれ述べてもよいが，30字以内におさめるのは難しい。

▶問4．ツ・テ．両生類胞胚の動物極側の領域（アニマルキャップという）を単独培養すると表皮に分化する。また，アニマルキャップを原口背唇部と接触させて培養すると神経に分化する。このように原口背唇部は形成体としてのはたらきをもち，アニマルキャップが表皮に分化するのを阻害し，神経への分化を誘導する。

3 解答

問1．ア．イオンチャネル（チャネル）　イ．ポンプ
ウ．ATP　エ．受容体　オ．セカンドメッセンジャー

問2．(c)

問3．(b)

問4．濃度差に従いナトリウムイオンが流入するエネルギーを利用しグルコースを取りこむ。(40字以内)

問5．(1)―(c)

(2)B遺伝子のノックアウトマウスでは，感覚上皮細胞と支持細胞が交互に配置される。C遺伝子のノックアウトマウスでは，感覚上皮細胞どうしが集まり，その周りを支持細胞が囲むように配置される。(100字以内)

◀解　説▶

≪膜タンパク質のはたらきと細胞接着≫

▶問1．オ．ペプチドホルモンのような水溶性ホルモンが細胞膜上の受容体に結合すると，様々な酵素反応がおこり，細胞内の情報伝達物質の量が変化する。これによって細胞内に情報が伝えられる。細胞内の情報伝達物質をセカンドメッセンジャーといい，cAMPやカルシウムイオンなどがある。

▶問２．ナトリウムイオンは細胞内に比べ細胞外の方が多く，カリウムイオンは細胞外に比べ細胞内の方が多い。

▶問３．ドーパミンは神経伝達物質。鉱質コルチコイドと糖質コルチコイドはステロイドホルモンでありペプチドホルモンではない。

▶問４．小腸の上皮細胞も，細胞膜に存在するナトリウムポンプのはたらきにより，細胞外のナトリウムイオンは細胞内に比べて高濃度になっている。また，上皮細胞の消化管内表面側の細胞膜上には，グルコースを細胞内に運ぶ輸送体（担体）がある。この輸送体は，細胞外に多いナトリウムイオンが細胞内に流入しようとするエネルギーを利用して，同時にグルコースを細胞内に取りこむ。このような輸送を共役輸送といい，腎臓の腎細管（細尿管）でグルコースの再吸収を行う細胞でもみられる。

▶問５．(1)　接着分子A，B，C間の接着の強さを比較すると，(AとC)＞(BとC)＞(AとA)＝(BとB)＝(CとC)＞(AとB）となる。図１のようにL-B細胞とL-C細胞を配置すると，最終的に細胞間の接着が最も強い状態に落ち着くと考えられる。よって，L-B細胞とL-C細胞の接着が主に起こり，同種の細胞どうしの接着がほとんどみられない(c)の配置になる。

(2)　Bの遺伝子をノックアウトすると下表のようになる。(1)でみたように，接着の強さは（AとC)＞(AとA)＝(CとC）なので，感覚上皮細胞と支持細胞の接着が主に起こり，同種の細胞どうしの接着はほとんどみられない図３のような配置になる。

細胞の種類	Aの発現	Cの発現
感覚上皮細胞	＋	－
支持細胞	－	＋

また，Cの遺伝子をノックアウトすると下表のようになる。(1)でみたように，接着の強さは（AとA)＝(BとB)＞(AとB）なので，Aを発現する細胞どうしの接着と，Bを発現する細胞どうしの接着が起こる。つまり，感覚上皮細胞どうしの接着，感覚上皮細胞と支持細胞の接着，支持細胞どうしの接着が起こる。ただ，感覚上皮細胞どうしの接着は，(AとA）と(BとB）の二種類の接着が起こるため最も強いと考えられる。よって，感覚上皮細胞どうしが集まり，その周りを支持細胞が囲むように配置する

と考えられる。

細胞の種類	Aの発現	Bの発現
感覚上皮細胞	＋	＋
支持細胞	－	＋

4 解答

問1．ア．反復配列　イ．一塩基多型
ウ．プロモーター　エ．フレームシフト
オ．RNA 干渉（RNAi）　カ．2　キ．ダイサー　ク．1

問2．プライマーF：ATGCAA　プライマーR：TGACCA

問3．染色体：常染色体
理由：この遺伝子がX染色体またはY染色体上にあれば，個体1のようにヘテロ接合体の男性は存在しないから。(50字以内)

問4．25％

問5．0.7

◀解　説▶

≪遺伝子多型と集団遺伝≫

▶問1．ア．ヒトゲノムの大半は非遺伝子領域であり，さらにこの非遺伝子領域の多くは反復配列（数塩基から数十塩基ほどの短い塩基配列の繰り返し配列）からなる。この繰り返し回数は個体によって異なり（多型がみられ），この違いを利用してDNA鑑定が行われている。

イ．個体間の塩基配列にみられるわずかな違いを遺伝子多型またはDNA多型といい，反復配列における繰り返し回数の違いもこれに含まれる。特に一塩基単位でみられる多型を一塩基多型という。

オ～ク．リード文中の機能性小分子RNAが特定のmRNAを分解したり，翻訳を阻害したりする現象をRNA干渉という。RNA干渉のしくみを以下に説明する。

①転写された機能性小分子RNAには相補的な塩基配列が存在するため，ヘアピン構造をとり，2本鎖RNAを形成する。

②この2本鎖RNAがRNA分解酵素（ダイサー）によって2本鎖の断片に切断される。

③2本鎖RNAの一方の鎖が分解されて1本鎖RNAになり，さらに

RISC タンパク質と複合体を形成する。
④この複合体が 1 本鎖 RNA と相補的な配列をもつ mRNA に結合し，mRNA を分解したり，あるいは翻訳を阻害する。

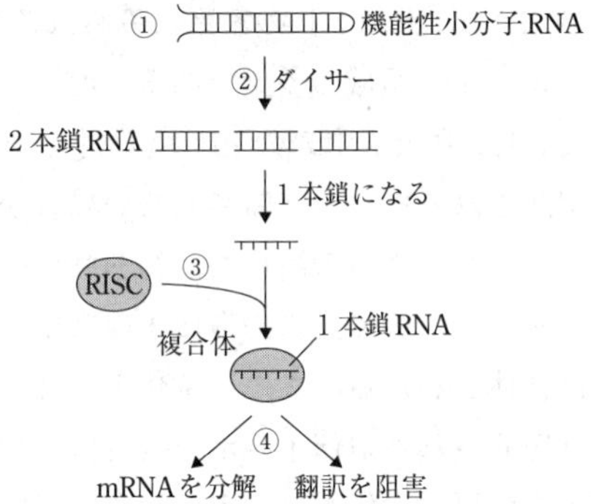

▶問 2．図 3 は CFTR 遺伝子の非鋳型鎖の配列であり（特に指定がなければ塩基配列は非鋳型鎖と考えて差し支えない），この配列の T を U に変えると mRNA になる。mRNA の開始コドンは AUG なので，それに対応する配列 ATG を図 3 のはじめから探すと，9 番目から現れる（下図）。また，この PCR では 910 塩基対の DNA 断片が増幅されるので，下図の 9 番目から 918 番目の塩基までが増幅されることになる。

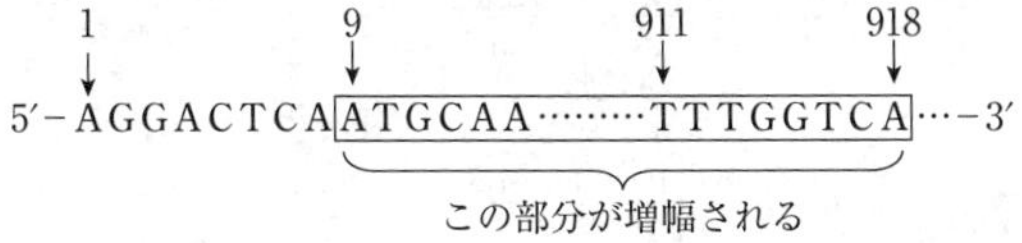

次に，この塩基配列とその相補鎖を下図に示す（相補鎖が下側）。2 つのプライマーは鋳型となる鎖の 3′ 末端側に結合し，DNA ポリメラーゼがプライマーの 5′ 末端から 3′ 末端方向に DNA を伸長させる。なお，プライマー F は上側の塩基配列でみれば 5′ 末端側（下側の塩基配列でみれば 3′ 末端側）に結合するとあるので，プライマー F とプライマー R が結合する場所は下図のようになる。

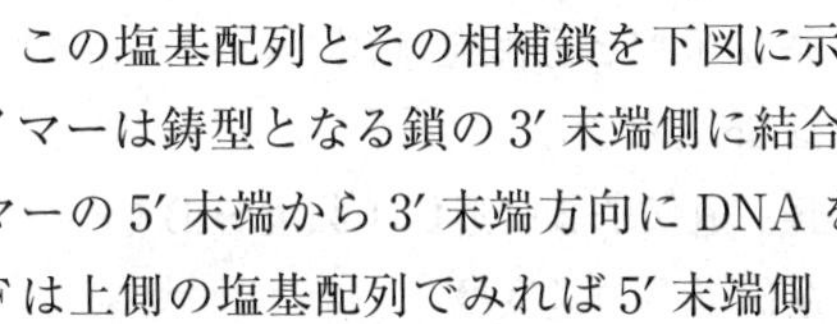

よって，プライマーFの5′末端側の6塩基は5′—ATGCAA—3′となり，プライマーRの5′末端側の6塩基は5′—TGACCA—3′となる。

▶問3・問4．リード文中に述べられている多型はCFTR遺伝子のプロモーター領域の多型だが，〔実験1〕の家系にみられる多型はCFTR遺伝子のアミノ酸配列を指定する領域の多型である。混同しないように。この家系から得られたCFTR遺伝子由来の910塩基対を制限酵素で処理すると，図2のように切断される場合と切断されない場合がある。個体1の場合，切断されなかった910塩基対の断片と，約500塩基対と約400塩基対に切断された断片がみられるので，この遺伝子は常染色体上にあり，さらに個体1はヘテロ接合体とわかる。また，個体1，2（ヘテロ接合体）で発症せず，個体3（切断される遺伝子のホモ接合体）で発症したので，切断される遺伝子が疾患の原因遺伝子，切断されない遺伝子が正常遺伝子，さらに，疾患の原因遺伝子は正常遺伝子に対して劣性とわかる。そこで，疾患の原因遺伝子をa，正常遺伝子をAとすると，個体1～6の遺伝子型は以下のようになる。

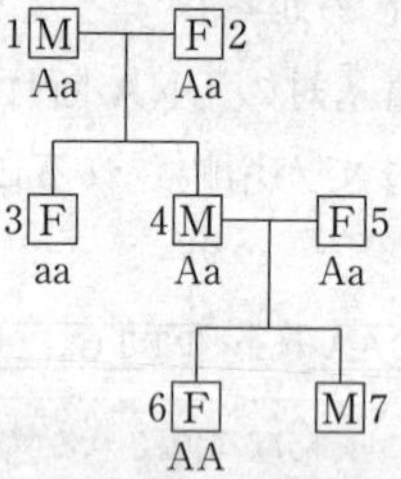

個体4，5から生まれる子の遺伝子型と分離比は AA：Aa：aa＝1：2：1 となるので，個体7の発症率は25％となる。

▶問5．この集団内の遺伝子Bと遺伝子bの遺伝子頻度を B：b＝p：q（$p+q=1$，$p>q$）とすると，遺伝子型の頻度は

$$\mathrm{BB}:\mathrm{Bb}:\mathrm{bb}=p^2:2pq:q^2$$

となる。100名中42名がBbなので

$$2pq=0.42,\quad p^2+q^2=0.58$$

となる。この2つの式をもとに解くと計算が煩雑になるので，$p+q=1$ を使って以下のように連立させて解くとよい。

$$\begin{cases} pq=0.21 \\ p+q=1 \end{cases}$$

$q=1-p$ を $pq=0.21$ の式に代入すると

$$p(1-p)=0.21$$

$$p^2-p+0.21=0$$

$$(p-0.3)(p-0.7)=0$$

$p>q$ より　　$p=0.7,\ q=0.3$

5 解答

問1．ア．核酸　イ．タンパク質　ウ．RNA
エ．DNA

問2．化学進化

問3．(a)・(d)

問4．(1)細菌（バクテリア）ドメイン，古細菌（アーキア）ドメイン

(2)―(a)・(e)・(f)

(3)塩基配列やアミノ酸配列が変化する速度を分子時計という。この速度はほぼ一定なので，異なる種に分岐してからの時間に比例して塩基配列やアミノ酸配列の違いも大きくなる。これをもとに分岐年代を推理できる。(100 字以内)

問5．オ．生殖的隔離　カ．地理的隔離　キ・ク．自然選択・遺伝的浮動

◀解　説▶

≪生物の進化と系統分類≫

▶問1．アメリカのトーマス=チェックは，RNA 前駆体がスプライシングされるときに，RNA 自身が触媒としてはたらいていることを発見し，触媒作用をもつ RNA をリボザイムと名付けた。これにより RNA ワールド仮説が強く支持されるようになった。

▶問3．(b)　誤り。原核生物はミトコンドリアをもたない。

(c)　誤り。原核生物（特に細菌ドメインに分類されるもの）はイントロンをもたない。

(e)　誤り。真核生物の DNA はヒストンと結合してヌクレオソームを形成し，さらに折りたたまれクロマチン繊維となっている。一方，原核生物はヒストンをもたず，クロマチン構造はみられない。

▶問4．(1)　rRNA の塩基配列をもとに全生物の系統関係を調べると，真核生物は1つのグループにまとまるが，原核生物は2つのグループに分かれ，全体で3つのグループに分かれることが明らかになった。原核生物の

グループの1つは，大腸菌やシアノバクテリアなどが含まれる細菌（バクテリア）ドメインで，もう1つのグループは超好熱菌，高度好塩菌，メタン菌などが含まれる古細菌（アーキア）ドメインである。

(2)　五界説でみると，シャジクモ藻類，ゾウリムシ，アメーバ類，マラリア原虫は原生生物界に，酵母は菌界に分類され，どれも真核生物である。

(3)　塩基配列やアミノ酸配列の変化の速度を分子時計という。塩基配列やアミノ酸配列が変化する速度はほぼ一定であるため，2つの種において共通の起源をもつ塩基配列やアミノ酸配列を比較すると，種が分かれてからの時間が短いほどこれらの違いは小さく，種が分かれてからの時間が長いほど違いは大きい。これをもとに，種間の類縁関係や，種が分かれた時期（分岐年代）を推理することができる。

▶問5．この問題は地理的隔離による種分化で，異所的種分化とも呼ばれる。これに対し，地理的隔離を伴わない種分化（同所的種分化）もある。例えば，動物の場合，雌雄が生殖行動を行ううえで重要なにおいや鳴き声に変化を引き起こす突然変異が生じた場合，この突然変異をもつ集団ともたない集団の間にいきなり生殖的隔離が生じ，種分化が起こる。

❖講　評

1　重複受精と胚乳の遺伝に関する問題。問1・問2は基本的な問題。問3は胚乳の遺伝について理解していれば難しくない。問4は「花粉」という語句をどのように解答に入れるべきか悩んだ受験生も多かったと思われる。また，100字以内でまとめるのもなかなか難しい。問5は基本的。問6は遺伝子内組換えに気づけばよいが，多くの受験生にとってはかなり難しかったと思われる。

2　動物の発生と神経に関する問題。問1は基本的な問題。問2の(1)は多能性を正解としたが，全能性と書いた受験生も多かったと思われる。(2)は基本的。問3は述べやすい論述であり正解したい。問4は誘導に関する基本的な問題。この大問はできるだけ完答したい。

3　膜タンパク質のはたらきと細胞接着に関する問題。問1～問3は基本的な問題。問4は小腸でのグルコースの輸送について知っていないと書けない。やや難。問5の(1)は問題文を丁寧に読むことができればさほど難しくはない。(2)は感覚上皮細胞どうしの接着が最も強いことに気づけるかどうかがカギであるが，時間的な余裕がないと気づきにくいと思われる。

4 遺伝子多型と集団遺伝に関する問題。問1は反復配列やRNA干渉について正確な知識がないと解けない。問2はプライマーが結合する場所を探すのにやや時間がかかる。やや難。問3は標準的な問題であるが，理由の書き方に時間を要したかもしれない。性染色体上にあれば矛盾することを述べるのがよい。問4は遺伝子突然変異を扱った典型頻出問題であり，さほど難しくはない。問5は $pq=0.21$ と $p+q=1$ を使って解くが，頻出タイプではないので戸惑った受験生も多かったと思われる。

5 生物の進化と系統分類に関する問題。問1〜問3は基本的な問題。問4は(3)の論述がかなり難しい。ただ，「塩基配列やアミノ酸配列が変化する速度はほぼ一定」という表現は必ず答案に入れたい。問5は基本的。

2018年度は，2017年度に比べ基本的な知識を問う問題が増えた一方で，思考力を要する高度な論述問題が増加した。書くべきことは頭に浮かぶが，それをまとめるのが難しいといった問題が例年よくみられるが，2018年度は，十分に考察できていないと全く書けない問題がいくつか見られた。基礎〜標準レベルの知識問題や論述問題でどれだけ得点できるかがカギである。難易度としてはやや難化したといえる。

地学

1 **解答**　問1．方法：(c)　鉱物名：(f)

問2．A．古生代　B．カンブリア紀　C．シルル紀　D．ペルム紀（二畳紀）　E．始新世　F．中新世

問3．(b)・(f)

問4．(R)

問5．礫岩

問6．岩石名：黒色頁岩

説明：大規模火山噴火によって放出された二酸化炭素による温室効果で地球が温暖化し，極域での氷結が抑えられて海洋深層循環の沈み込みが停滞した。そのため，海底域で酸素が減少して，プランクトンの死骸などの有機物が分解されずに堆積し，黒色頁岩層が形成された。(120 字程度)

問7．放射性年代：6600 万年前　隕石衝突の証拠：イリジウム濃集層

説明：巨大隕石の衝突により，大量の粉塵が巻き上げられ，一部は成層圏に達して数年間滞留した。上空に固体微粒子が留まることで太陽光が遮られ，地球全体が寒冷化するとともに植物の光合成活動も減少した。このような状態が続くことで，生命が活動するには非常に厳しい環境となった。（120 字程度）

◀解　説▶

≪地球の歴史≫

▶問1．年代測定には放射性同位体の半減期を利用する。一般に多く用いられる方法には K-Ar（カリウム-アルゴン）法，U-Pb（ウラン-鉛）法，Rb-Sr（ルビジウム-ストロンチウム）法，^{14}C（炭素 14）法がある。このうち，放射性同位体の半減期が 5700 年と短い ^{14}C 法は，太古代のように数十億年前の年代を測るには適さない。したがって，太古代の年代測定に有効なものは，(a) K-Ar 法か(c) U-Pb 法となるが，K-Ar 法に用いられる ^{40}K の半減期は約 13 億年，U-Pb 法に用いられる ^{238}U の半減期は約 45 億年，^{235}U の半減期は約 7 億年であり，U-Pb 法が太古代の年代測定に好適と考えられる。

K-Ar 法はKを含有する黒雲母や斜長石を利用することで年代測定が可能であり，U-Pb 法はUを含有するジルコンを利用して測定する。なお，フィッショントラック法はウランが核分裂した痕跡を電子顕微鏡で観察することで年代を測定するが，比較的若い年代の火成岩固結年代を測定することに利用され，太古代の測定に最も有効とはいえない。

▶問２．Ｅ・Ｆ．第三紀は古第三紀と新第三紀に区分され，さらに古第三紀は暁新世・始新世・漸新世に，新第三紀は中新世・鮮新世に区分される。

▶問３．約 25〜20 億年前の海底に大量に形成された縞状鉄鋼層は，海中の酸素濃度が急増して，溶存していた大量の鉄イオンと化合して沈殿したものである。海中の酸素濃度が高いのであるから，大気酸素濃度の上昇を示す証拠となる。同様に，砂の粒子間に酸化鉄を含む赤色砂岩も，約 20 億年前より古いものは見つからず，それ以降に多く見られることから，大気中酸素濃度の上昇を示す証拠と考えられる。

▶問４．(P)〜(R)の地質断面図で，XY 間の地表部分の岩石種にほとんど差は見られない。したがって，地質構造の差に注目する。容易に差がわかるのは中央付近にある断層の傾斜方向である。一般に，断層の傾斜は断層線と等高線の交点を結んで複数の走向線を描き，標高の高い走向線から低い走向線に向かって傾斜していると判断すればよい。ところが，本問では断層線と交差するのは 1300 m の等高線のみである。そこで，仮想的に 1350 m の等高線を描き，1350 m の走向線を描いてみる。すると 1350 m の走向線は 1300 m の走向線よりも西側に描けるので，断層の傾斜は西から東に傾斜していることがわかる。

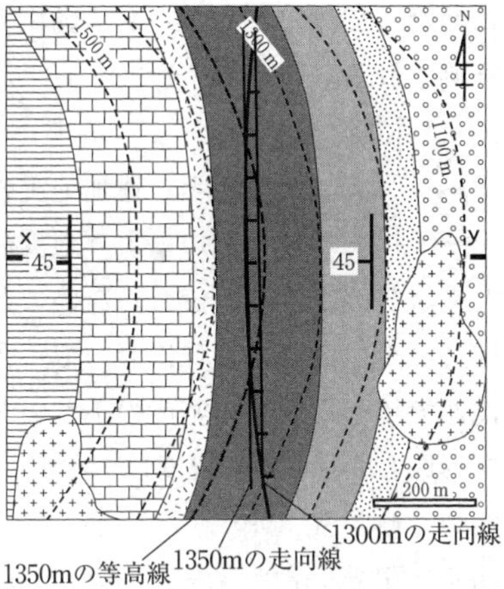

よって，正しい地質断面図は(R)となる。

▶問５．級化層理は上位の堆積物ほど細粒になる構造であるから，西側が上位とわかる。したがって，最下部の地層は最も東側に分布する礫岩からなる層である。

▶問 6．一般に堆積環境が酸化的であれば赤色の酸化鉄が多く見られ，海洋無酸素事変のように還元的な環境では黒色の堆積物が卓越する。これは，酸素が少ないと炭素を含む有機物が分解されずに堆積物として残留するためである。したがって，無酸素環境で堆積した可能性が高い岩石は黒色頁岩と考えられる。海洋が無酸素になる原因としては，海洋深層循環が不活発になり，酸素を含む表層の海水が沈み込まなくなったことが考えられる。

▶問 7．白亜紀末の地層にはイリジウムが異常に濃集した層が世界各地で見られる。イリジウムは地球創生時に鉄とともに核へ運ばれたと考えられ，地殻にはほとんど残っていない。ところが，地球外から飛来する隕石には多く含まれている。巨大隕石落下により，その破片が粉砕されて大量に上空へ巻き上げられた場合，イリジウムを多く含む粉塵が地球全体に飛散する。したがって，世界各地でイリジウム濃集層が見つかることは，巨大隕石が落下した証拠といえる。巨大隕石による大量の粉塵は太陽光を数年間にわたって遮るため，生命活動に大きな影響を与える気候変動があったと推測される。

2 解答

問 1．遠地地震の走時曲線を調べ，岩石の密度や硬さの違いにより地震波速度が変化しＰ波とＳ波が屈折することや，Ｓ波が液体を伝わらないことから明らかになった。(70 字程度)

問 2．誕生直後の地球において，密度の大きい鉄などの金属は地球深部へ沈んで核を形成し，密度の小さいケイ酸塩などの物質は表面に浮上し地殻を形成した。(70 字程度)

問 3．O，Si，Mg

問 4．記号：(d)

説明：海嶺は高温のマントル物質が上昇してくる場所であり，地下浅部で高温となっているから。(40 字程度)

問 5．熱源：地球形成時に蓄えた熱

説明：微惑星が高速で地球に衝突した際に生じた大量の熱が地球内部に残っており，それが少しずつ放出される。(50 字程度)

熱源：放射性同位体の崩壊に伴う熱

説明：岩石に含まれるウランやトリウムなどの放射性同位体が崩壊するときに出る放射線が周囲の岩石を加熱する。(50 字程度)

◀解　説▶

≪地球の層構造≫

▶問 1．地球深部は非常に高温で高圧であり，実際に穴を掘って調べることは不可能である。そこで，地球の裏側まで震動が到達するような大きな地震が発生したとき，遠くへ伝わった地震波を解析して地球内部の様子を推定している。多くの巨大地震を調べると，P 波が，角距離にして 103°～143° の範囲に到達しないことが判明した。これは，地球表層から約 2900 km の深さに P 波速度が急激に小さくなる境界面があるためである。また，S 波が角距離 103° 以遠に到達しないことも判明しており，これは約 2900 km より深い部分が S 波を伝えない液体であるためである。このようにして地球の核の存在が判明した。より詳しく調べると，核の内部には地震波速度が大きくなる層が見つかった。この地震波速度の変化から，核が液体の外核と固体の内核に分けられることがわかった。一方，地球に飛来する隕石の組成から地球内部の物質が予想され，実際の地震波速度をもとに図 1 のような地球内部の密度変化が推定されている。

▶問 2．地球が誕生した当初は，多数の微惑星衝突によって地球表層は非常に高温で岩石がすべて溶けてしまうマグマオーシャンの状態であった。その中で重い鉄などの成分はマグマオーシャンの底に沈み，軽い岩石成分は表面に浮かんでくる。さらに深部の鉄成分は地球中心まで移動し，核を形成した。

▶問 3．太陽系内の隕石の組成の多くはかんらん石を含む岩石であり，地球の大部分を占めるマントル物質も同様の成分から成ると考えられる。かんらん石は Mg_2SiO_4 と Fe_2SiO_4 の固溶体であるから，成分元素としては O，Si が多く，固溶成分の Mg と Fe が次いで多いと考えられる。隕石の岩石部や地球深部から噴出した岩石の組成を調べることにより，Fe よりも Mg がかなり多いことが明らかにされている。

▶問 4．地下の浅いところが高温であれば地殻熱流量が大きくなる。プレートが沈み込む海溝では，冷たいプレートの影響で地下深くまで低温である一方，海嶺では高温のマントル物質が沸き上がってくるので，地下浅部が高温となる。

▶問 5．地球ができた直後は微惑星の衝突による熱で表層の岩石がすべて溶融するマグマオーシャンの時代であった。そして，その時に密度が大きな金属が深部へと沈み，重力による位置エネルギーが解放されてさらに地球内部に蓄熱された。一方，地球の岩石にはウラン，トリウム，カリウムなどの放射性同位体元素が含まれており，これらが崩壊する際に出す放射線が周囲の岩石を加熱する。これらの熱は現在も引き続き発生しているので，地球の内部は今も高温の状態となっている。

3　解答　問1．(c)

問2．

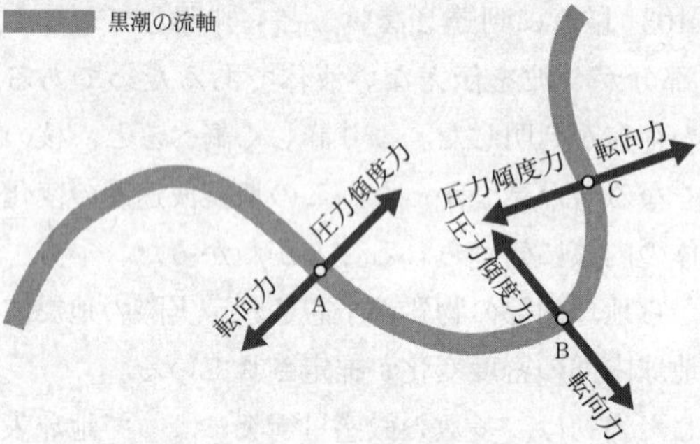

問3．(1)海面高度が高い方から低い方に向かって，その勾配に比例した圧力傾度力がはたらく。(40字以内)

(2)―E

問4．E

問5．(1)―(b)　(2)高い

◀解　説▶

≪亜熱帯環流≫

▶問1．黒潮は日本列島南岸を流れている亜熱帯環流の一部で，幅は100 km程度，深さ1000m程度という規模の海流である。世界でも有数の強い海流であり，平均的な流速は2m/s以上に達する。それに対し，たとえば東北地方へと南下する親潮では最大流速は0.5m/s程度である。

▶問2．黒潮は図1の点A→B→Cの方向に流れている。黒潮が流れる北半球において，転向力は進行方向に向かって直角右向きにはたらく。一方，地衡流では圧力傾度力は転向力とつりあうため，転向力と逆向きにはたらき，その大きさは転向力と同じである。

▶問 3．圧力傾度力は高いところにある水が低いところに向かって流れようとする向きにはたらく。問 2 の〔解答〕のように，圧力傾度力は黒潮の進行方向に向かって左向き，すなわち図のＥ→Ｄの向きになるので，点Ｅの海面高度の方が高いことがわかる。

▶問 4．海面の水温は，黒潮の流路に沿ってほぼ等温であり，それを境に南側で高く，北側で低い。北側の点Ｄ付近は，反時計回りの渦となっているため，深部より湧き上がってくる冷水によって特に低温となる。海面水温に見られるこれらの傾向は，深度 200 m においても同様であると考えられる。

▶問 5．北半球における亜熱帯環流は時計回りの循環になるが，南半球では地球自転による転向力の向きが北半球とは逆になるため，反時計回りの循環になる。太平洋の黒潮や大西洋の湾流のように，大洋の西岸では流速が速い海流が生じる。これを西岸強化といい，この非対称は南半球でも同様に発生する。また，南半球でも北半球と同様に，環流中心部の海面高度は周縁部に比べて高く，圧力傾度力が環流の外向きにはたらいて，内向きの転向力とつり合っている。

4　解答

問 1．ア．水素　イ．ヘリウム　ウ・エ．炭素・酸素

問 2．a．赤色巨　b．惑星状

問 3．$t=\dfrac{M}{M^4}\times 100=\dfrac{100}{M^3}$ 億年

問 4．この主系列星の寿命は $\dfrac{100}{10^3}=\dfrac{1}{10}$ 億年＝1000 万年である。散開星団の恒星はどれもほぼ同じ時期に誕生したと考えられる。この恒星がまだ主系列星であることから，この散開星団が形成されてから 1000 万年は経過していないことがわかる。

問 5．太陽の光度を $L_{\odot}$，この白色矮星の光度を L とすると

$$\frac{L}{L_{\odot}}=\frac{\left(\dfrac{1}{100}\right)^2\times 2.0^4}{1}=1.6\times 10^{-3}\text{ 倍}\quad\cdots\cdots(\text{答})$$

問 6．ウィーンの変位則により，放射エネルギーが最大となる波長と表面の絶対温度は反比例する。したがって，求める波長を λ とすると

$$\lambda = 0.50 \times \frac{1}{2.0} = 0.25\,[\mu\mathrm{m}]$$ ……(答)

◀解　説▶

≪恒星の進化≫

▶問 1・問 2．星間ガスが収縮し，その重力エネルギーによって原始星が輝きだすが，やがて中心部の温度が 10^7K を超えると水素がヘリウムになる核融合反応が始まる。この段階の恒星を主系列星と呼んでいる。太陽質量の 0.5 倍程度より重い主系列星は，やがて中心部の温度が 10^8K を超え，ヘリウムがさらに核融合して炭素や酸素へ変わる。この段階で主系列星は外層が大きく膨張し，表面温度が下がるので赤色巨星と呼ばれる恒星へと進化する。さらに質量が太陽の 0.5～7 倍程度の恒星であれば，外層部のガスをゆっくりと放出し，惑星状星雲をつくって，中心部に白色矮星を残す。

▶問 3．恒星の寿命は核融合反応の原料である水素が多いほど，それに比例して長くなるので，寿命 $t \propto$ 質量 M である（$\propto$ は比例するという記号）。一方，単位時間あたりに放出されるエネルギーは恒星の光度 L に比例するが，恒星の寿命 t は光度 L に反比例する。本問では恒星の光度は質量 M の 4 乗に比例するとしているので，寿命 t は

$$t \propto \frac{1}{L} = \frac{1}{M^4}$$

これらのことを合わせて考えると

$$t = \frac{M}{M^4} \times 100\,\text{億年} = \frac{100}{M^3}\,\text{億年}$$

▶問 4．問 3 からわかるように，主系列星の寿命は質量が大きいほど短命である。本問のように太陽質量の 10 倍もの質量であれば，その寿命は太陽の 10^3 分の 1 になってしまう。問 3 の式より，この恒星の寿命を T とすると

$$T = \frac{100}{10^3} = \frac{1}{10}\,\text{億年} = 1000\,\text{万年}$$

となる。一般に一つの星間雲からほぼ同時に形成された恒星が散開星団となる。その一つの恒星寿命が 1000 万年であり，それが主系列星として現存しているのなら，散開星団ができてから長くても 1000 万年に満たない

ことを示している。

▶問 5．白色矮星の半径が太陽の 100 分の 1 であれば，表面積は 100^2 分の 1 となる。一方，恒星表面からの単位面積あたりの放射エネルギーは表面温度の 4 乗に比例する（ステファン・ボルツマンの法則）ので，白色矮星の光度は太陽の $\left(\frac{1}{100}\right)^2\times 2.0^4$ 倍である。

▶問 6．放射エネルギーが最大となる波長を λ〔μm〕，表面の絶対温度を T〔K〕とすると，λ と T は反比例し，$\lambda T=2900$ という関係式が成り立つ。これをウィーンの変位則という。本問では求める波長を λ〔μm〕，太陽の絶対温度を $T_{\odot}$〔K〕とすると

$$0.50T_{\odot}=2900$$

$$\lambda\times 2.0T_{\odot}=2900$$

これらの式から

$$\lambda=0.50\times\frac{1}{2.0}=0.25\text{〔μm〕}$$

となる。

❖講　評

例年大問 5 題の構成であったのが，2018 年度は大問 4 題となった。論述量や難易度は 2017 年度並みで，大問数が減っても時間的に楽になったわけではない。

1　地球の歴史を解明するための様々な内容を含む総合的な問題である。問 4 の断層の傾斜を求めるには，必要な等高線を自ら描くといった高度な手法が必要である。問 6・問 7 の論述には海洋の循環や気候変動についての総合的な知識が必要であった。

2　地球の層構造をはじめとする地球内部についての問題。問 1 の図 1 は密度についての図であるから，地震波の屈折が密度に起因することを述べなくてはならない。問 2・問 4・問 5 も，限られた字数の中で述べるべきポイントを押さえて記述できただろうか。

3　黒潮を中心とした亜熱帯環流についての出題。問 4 では，黒潮周辺の温度分布まで理解していたかどうか。

4　恒星の進化と寿命についての問題である。問 4 は問 3 の結果を用

いて解答する問題で目新しい。

全体的に，大問数が減ったとはいえ，論述する文字数は 2017 年度より少し増えた。計算問題もあり，例年の大問数をイメージしていた受験生は時間配分に苦慮したかもしれない。

❖講　評

一は、「写真とは何か」ということを「人間の主観・主体性」という観点から「記録性・機械性」という概念と対比させつつ論じた文章。読みやすい文章であるが、芸術家（土門拳は写真家）の凝縮された表現を正確に読み解くことはそれほど容易ではない。そしてその容易でないことを各設問が要求しているのである。問1は「写真のあり方」が問われていることを意識する。問3は「機械性が抽象する」ということの意味を正確に押さえる。周辺の記述に影響されて逆の解答を書いてしまわないように。問4・問5は傍線部内のキーワードに対応する記述を丁寧にさがして、傍線部の意味に沿うようにきちんとまとめること。問7は「カメラの目」が何を意味するかを（注も含めて）正確に押さえた上で、それが「人間の目」ときちんと〈対比〉の形になるようにまとめる。

二は、「戯曲における作者の意図の忠実な再現」が何を意味しているのかという分析に基づいて、古典作品を現代に上演することの意味、という問題を論じた文章。扱っているのが芸術に関するテーマであることもあって内容が明快ではなく、論点整理をせずに読むと部分ごとの論点の関係を見失ってしまう。問2は設問の「具体的に」という要求を理解した上で「指示語」や「並列」の中身を丁寧に押さえること。問4は「思う」のが「筆者」であることを踏まえた解答にする。「いいことば」の説明だけでは不十分。問5は傍線部が短いだけに、「何を書かせたいのか」という点に十分注意する。「何が、何に対して、どういう点で、どうあることが」といった問いかけを念頭に置くこと。問6は「論旨」はもちろん重要だが、傍線部前後の記述と傍線部との結びつきをしっかり押さえることが先決である。

めると〈古典を現代に上演することの現代的意味という問題を解く際には、いま日本で作られた作品をどう新鮮に舞台に再現するかという問題を考えることが、重要な手がかりとなる〉となる。最後に、古典と現代との関係を考える際に、なぜ現代と現代との関係を考えることが重要な手がかりになるかという〈理由・根拠〉を前後でさがすと、一段落前に「作者の意図の忠実な再現」とあり、これが〈時代に関係ない舞台の本質〉であるから重要な手がかりになるのだ、と理解し、これらをまとめて解答を作成する。

▼問6　まず、傍線部の「自然にそうなるでしょう」という記述と、最終段落の「結果として、そうなるんです」という記述との対応関係を踏まえて、その直前の「あくまでもチェーホフに内在し正確に理解・再現しようという忠実な努力」とは具体的にどのような努力なのかを確認する。傍線部前部に「いま、日本に生き、その『いま、日本でまともに生きる』ということに関わってチェーホフを愛しチェーホフに迫ろうと努力するまともな演劇人」とあるので、ここから〈自分が置かれた場所や時代でまともに生きること、自分が演じる作品との結びつきの下で、作品（の意図）を正確に理解・再現しようとすること〉が努力の中身であると理解する。つまり置かれた場所と時代の中で〈どうまともに生きるか〉ということは、どの場所や時代でも同じ〈普遍的問題〉であり、それを異なる場所と時代の人間が演じる時には、その場所と時代の問題の特性により自然と「ずれ」が生じる、ということなのである。このような演じる場所と時間の影響を被らないただの「再現」を行っても、それは〈現在チェーホフを上演する意味〉つまり「古典の現代的意味」（問5参照／第八段落）をもたない。古典を現代に生かすのであれば、作品は当然ずれていなければならない（＝そうあって然るべき）なのである。そしてそういう上演であってこそ、戯曲を作った人間や戯曲を鑑賞する人間は、作品に込められた作者の意図を喜びや感謝とともに再確認・再発見（問4参照）するのである。これらを踏まえて解答を作成する。

個に、自作について表明した『作者の意図』」（第四段落）とあるので、これらを〈作者が自己の作品の意図について表明したことば〉とまとめる。次に「作品それ自体の解読の作業」とは何かを同じく前部で確認すると、「作者の意図の忠実な理解」「作品の字句一つ一つに対する取りくみ」「作品そのものの読み」「作品の忠実な読み」（第四段落）とあるので、これらを〈作品そのものの字句一つ一つに向き合うことで作品の意図を忠実に理解しようとする作業〉とまとめる。次に「第二次資料」について、傍線部直前の「本源的な第一次資料はあくまでも作品そのものです」という記述との〈対比〉で〈本源的な第一次資料である作品の理解を支える補助的な資料〉と読み換える。これらを踏まえて解答を作成する。

▼問4　まず「いいことば」の中身である直前の「うん、思った通りいい音がしたよ」という言葉を手がかりにして、これがどういう意味なのかを確認する。直後の段落に「思った通りのいい舞台」とあり、その前後に「演出なり演技なり、舞台作りという行為による自作への新しい発見」（前部）、「あるいは感謝」「作者自身にみずから作ったものを、自分の『作品』としてそのつど新鮮に味わいかみしめる喜びを与えてくれる」「作者の意図の忠実な再現」（後部）とあるので、この舞台の話を演奏会の話に置き換えて、そうした〈自己の意図の忠実な再現により自作の意味や意図を再確認・再発見させてくれたことに対する喜びや感謝の表れ〉が「うん、思った通りいい音がしたよ」という言葉に含まれていると理解したので、それを筆者は「いいことば」と述べたのだと理解し、これらをまとめて解答を作成する。

▼問5　まず「それこそ」の中身が直前の「いま日本でつくられた作品を毎回どう新鮮に舞台に再現するかという問題」であることを確認する。次に「鍵」とは〈何に対するどのようなありかた〉を指しているのかを確認する。まず〈何に対する〉については傍線部の前に「古典上演の問題」「古典の現代的意味」「歴史上の古典を現代にどう生かすかという問題」とあるので、これらを〈古典を現代に上演することの現代的意味、という問題に対する〉とまとめる。そして〈どのようなありかた〉については「鍵」に〈重要な手がかり〉という意味があることを踏まえる。以上をまと

味わいかみしめる喜びを与える舞台であってこそ、作者の意図の忠実な再現といいうる。作品に内在し正確に理解・再現しようという忠実な努力は必然的にある種のずれを生むし、そうした読みや表現のずれに耐えうる作品が古典だといえる。

◀解　説▶

▼問1　設問文の「目的」という言葉を踏まえて傍線部の後をさがすと、同じ段落の後部に「作者の意図の忠実な再現こそ究極の狙いですから」とあるので、この「狙い」が「目的」と同じであると理解する。また、その後に「そこで、一つ一つのせりふやト書きに作者の意図を読みとっていかなければならない」とあり、こうした行為は「俳優」に必要なものなので、ここからこの「狙い」が「俳優が台本を読む」目的であることを確認する。なお、傍線部C直後に「再現」に「　」を付けた同様の表現があるので、こちらを答えてもよいだろう。

▼問2　まず傍線部の内容が〈AがBと同じ〉という構図になっており、〈B＝社会科学者が一人の思想家を理解するの（＝こと）〉なので、これに対応する〈A〉が何なのかを前部で確認する。第一段落に「俳優が台本を読む、……私たちが一観客として、一読者として戯曲を読む」「『作者が書いている』ことを作品のなかに読みとろうとして」「一つ一つのせりふやト書きに作者の意図を読みとって」とあるので、これらをまとめて〈A＝俳優や私たち（一観客・一読者）が戯曲の作者の意図を読みとること〉と理解する。次に傍線部の「その限り」とは〈どの限り〉なのかを前部で確認する。第二段落冒頭に「そのあたりに困難が、同時にまた妙味があるので、それは……」とあるので、これを「その限り」の中身であると理解する。最後に、今引用した記述の中の「そのあたり」とは〈どのあたり〉なのかを前後で確認する。まず傍線後部に「『意図』とか『忠実な』というのが曲者で、一すじ縄ではいかん」とあり、第一段落にも「作者の意図の忠実な再現こそ究極の狙い……作者の意図を読みとっていかなければならない。そこが大変むずかしい」とあるので、ここから〈作者（もしくは思想家）の「意図」を「忠実」に理解すること〉が〈どのあたり〉の中身であると理解し、これらをまとめて解答を作成する。

▼問3　まず「作者のことば」とは何かを傍線部前部で確認すると、「作者自身の考えを述べた資料」「作者が作品とは別

二

出典　内田義彦『読書と社会科学』〈Ⅱ　自由への断章　A　創造としての読み〉（岩波新書）

解答

問1　作者の意図の忠実な再現〔作者の意図の忠実な「再現」〕

問2　困難と妙味とをもつという点に限定すれば、俳優や一観客・一読者としての私たちが戯曲の作者の意図を忠実に読みとろうとすることと、社会科学者が一人の思想家を忠実に理解しようとすることは同じだ、ということ。

問3　作者が自己の作品の意図について表明した言葉は、まず自分自身が直接作品という第一次資料に向き合い、その意図を忠実に理解しようとする時に初めて、その理解を支える補助的な資料として最も役に立つ、ということ。

問4　「思った通りいい音がしたよ」という言葉には、演奏による自己の意図の忠実な再現により、自作の意味や意図を再確認・再発見させてくれたことに対する作曲家の喜びや感謝の気持ちが表れている、と筆者は感じたから。

問5　昔外国や日本で作られた古典を現代にどう生かすかという問題を考える際には、その背後にある、新鮮な驚きを感じさせるような「作者の意図の忠実な再現」という普遍的本質を現代の作品と舞台の関係から正しく読みとり、その延長上に古典と現代舞台との関係を考えることで解決の糸口が得られる、ということ。

問6　自分のいる場所や時代での生き方と関連づけて作品の意図を正確に理解・再現しようとする試みが、作品に内在しようとする忠実な努力なら、その努力のもとに演じられる舞台は劇団の場所と時代の問題の特性により自然と作品の設定との「ずれ」が生じるはずであるし、そうして生まれた新たな舞台から作者の意図を再確認・再発見するのでなければ古典を現代に上演する意味などないから。

◆要　旨◆

俳優が台本を読んだり、私たちが観客や読者として戯曲を読む場合、作者の意図の忠実な再現、ということが問題となる。そこで作者が自作について表明した「作者の意図」といったものをなまじ参考にすると、かえって作品そのものの読みがおろそかになる危険がある。舞台の場合、作者自身にみずから作ったものを、自分の「作品」としてそのつど新鮮に

ルムも進歩し、レンズも進歩し、カメラのボディも進歩し、前には暗くて写らなかったという夜も写るようになった。そういう機械性（＝メカニズム）の発展」、第六段落に「非常に高感度なフイルム」「レンズの明るいもの」「シャッターも早いもの」「今までとめられなかったものもとめて写すこともできた」とあるのでこれらをまとめる。次に「人間の写真的な欲求」とは具体的にどういうことなのかを、直前の「人間の写真的表現の可能の拡大という欲求」という言葉を手がかりにして別の箇所でさがすと、「ぼくの主観において……主体をはっきり認識し、それをどう表現するか（という欲求）」（第三段落）、「人間を主体としての欲求」（第九段落）とあるので、こうした欲求が「人間の写真的な欲求」である。その「表現の可能の拡大」を求めることを押さえて解答を作成する。

▼問7　まず傍線部直後の「もしカメラの目だけを重視するならば、……ノイエ・ザハリッヒ・カイトの立場に戻ってしまう」という記述に注目する。「ノイエ・ザハリッヒ・カイト」とは（注）にあるように「新即物主義」という意味で、具体的には〈現実を、良い面も悪い面も含めて、客観的・合理的・即物的（つまり「物に即してあるがまま」に）捉えようとする芸術活動〉のことである。次に「人間の目」について確認すると「人間を主体としての欲求……それ以上にやはり人間の目がそこに加わらなければならない」（第九段落）、「人間の目で見た、人間を主体とした表現がそこに作られていなければならない」（最終段落）とあるので、これを〈人間の目は対象を「人間という主体と対象との関係」のもとで捉え、主体の表現欲求の実現として主観的に写真を撮る〉とまとめる。最後に、これら「カメラの目」「人間の目」に共通する事態として「そこ」の中身を確認すると、同じ段落冒頭の「機械を人間が使う」という記述がこれに当たることがわかる。具体的には〈カメラという機械を人間が使って写真を撮る〉ということなので、これらをまとめて解答を作成する。

えれば、カメラをもつ人間の介入ということ自体がすでに問題となる〉という意味である。カメラを手にしている人間の主観が入ってくることが「記録」にとっては邪魔なのである。傍線部は「記録性を極力限定し」と述べているので、今度はこの内容を逆にして〈人間と対象との向き合いに対する「カメラ」の機能の介入を極力避ける〉という形にすれば解答の軸ができあがる。あとはこの〈人間と対象との向き合い〉に関して具体的に書かれている記述を、第三段落「ぼくの主観において……主体をはっきり認識し、それをどう表現するか」という部分に求め、これらの要素を組み合わせて解答を作成する。

▼問5　まず「機械性の問題はある」とはどういうことなのかを確認すると、第五段落に「現在ではフイルムも進歩し、レンズも進歩し、カメラのボデイも進歩し」「そういう機械性の発展……はわれわれは認める」「写真の可能性というものも非常に拡大されてきた」、第六段落に「機械性の問題については、今日においてもわれわれの完全な満足を与えてくれてはいない。非常に高感度なフイルムもできた。レンズの明るいものもできた。……人間の写真的表現の可能の拡大」とあるので、ここから〈人間の写真的表現の可能性の拡大、という点において、カメラという機械にはまだ進歩の余地が残っている〉〈写真的表現の可能性をどう拡大するか、という点において、「機械」をどう進歩させるかということはまだ「問題」となりうる〉ということを理解する。次に「記録性の問題はない」とはどういうことなのかを確認すると、第五段落に「もし前者（＝写真の記録性ということだけを一生懸命使っていく）を問題にしていくならば、……そんなことはすでに問題にならない。結局、フイルムとレンズとカメラのボデイの機構と、その三つの条件の中にそれはすでにはいってしまっている」「記録するということだけからいえば、昔のカメラでもそれを記録することは記録していた」とあるので、ここから〈フイルムとレンズとカメラのボデイの機構を用いて対象を記録する、という（＝「記録」としての撮影の成立条件という）点においては昔から現在・未来に至るまで「問題」となることはない〉ということを理解する。この二つの事柄を〈対比〉の形でまとめて解答を作成する。

▼問6　まず「メカニズムの発展」ということが具体的にどういうことなのかを確認すると、第五段落に「現在ではフイ

る」（本文冒頭の一文）、「カメラをもって撮る」「フイルムとレンズとカメラのボデイの機構」「機械性の発展」（第五段落）などがある。これらはどれも「記録性」としての写真のあり方であり、「写真性」（問１を参照）としての写真のあり方とは逆の立場であることを理解する。次に、こうした「記録性」に基づく写真のあり方としてどれが当てはまるかを各波線部で検証すると、アとイはいずれも「写真性」に属するものであることがわかる。ウは直前に「カメラの目だけを重視する」とあるので「記録性」の側、エは「絞ればシャープになる」という記述のあり方が「シャッターを押せば写真は写る」と同じであることから「記録性」の側、オも言い換えれば〈顕微鏡を使えば小さなものが見える〉という「記録性」の側の記述である、ということを理解する。

▼問３　「機械性」については第五段落に「現在ではフイルムも進歩し、レンズも進歩し、カメラのボデイも進歩し、……そういう機械性の発展」、第六段落に「機械性の問題……非常に高感度なフイルムもできた。レンズの明るいものもできた。シャッターも早いものができた」とあるが、これらは傍線部の「実物を抽象して決定し支配している」という言葉の意味を明らかにするものではない。次に傍線部の「抽象」という言葉に再度注目して前後の文章を確認すると、第三段落に「自分がとらえたものが写真である」「一人一人が全部ちがう室生寺を表現する」とある。これは〈主観の数だけ異なる写真がある〉という写真の〈固有性＝具体性〉について語っている記述である、と理解できる。そしてその直後の「もし記録ということを言うならば、同じときに同じ場所から撮った室生寺は全部同じなはずである」という記述は、〈主観とは関係なく同じ写真である〉という写真の〈抽象性〉について語っていることがわかる。これらの内容と前述の「機械性」についての内容を重ね合わせて考えると、〈カメラのフイルムとレンズとボデイ、という「機械性」が同じである場合、対象は撮影者の主観の及ぶものではなく「みな同じもの」として写真に転写される〉ことになる。つまり「機械性」によって人間の表現のありようが「支配」されるというのである。

▼問４　傍線部直後の第五段落の記述に注目。「もし前者（＝写真の記録性ということだけを一生懸命使っていく）を問題にしていくならば、カメラをもって撮るということ自体が問題になってくる」とは、〈「記録」という点で写真を考

的に捉えようとするが、「人間の目」は自己という主体との関係のもとで対象を捉え、主体の表現欲求の実現として主観的に写真を撮ろうとする、という違いがある。

◆要　旨◆

写真とは人間の主体性・統率のもとに再現再生された世界であり、単なる記録でなく自分がとらえたものが写真となる。確かに写真の記録性を重視するならカメラをもって撮るということ自体が問題となるが、それは結局フイルムとレンズとカメラのボディの機構という機械性の問題に還元される。そしてその機械の発展は写真的表現に対する強い人間の欲望がそうさせたわけで、やはり機械を人間が使う以上、どういう表現をもたなければならないかという問題へと戻ってくる。写真においては、どうしても人間の目で見た、人間を主体とした表現がそこに作られていなければならない。

◀解　説▶

▼問１　まず、傍線部直前の「記録ということが問題でなしに、記録されたあとの写真が問題なわけである」という記述に注目し、後半の「記録されたあとの写真」という問題が「写真の写真性」という問題とつながっていることを理解する。そこで〈記録されたあとの写真がどうあらねばならないのか〉という観点から次の第二段落を見ると、「記録性といっても……あくまでも人間の主観を通して認識される。また再現された人間の世界のものである」「人間の主体性のもとに、統率のもとに再現再生された世界」とあるので、この〈人間の主観を通した認識〉〈人間の主体性や統率のもとに再現再生すること〉が、「写真性」に関わりをもつ、と理解する。これについては第三段落でも「ぼくの主観において……主体をはっきり認識し、それをどう表現するかということは、ぼくの意思によって決定した」「モチーフを使ってぼくがそれを写真にした」「自分がとらえたものが写真である」と繰り返されている。ここから〈記録としての写真から見えてくる、主体である撮影者の対象の認識の仕方や再現再生するその仕方（＝表現の仕方）〉がわかってくることが「写真性」なのだと理解し、これらを踏まえて解答を作成する。

▼問２　まず傍線部の「メカニック」「物理的」に類する言葉を前後でさがすと、「カメラのシャッターを押せば写真は写

国語

一

出典　土門拳『死ぬことと生きること』〈人間の目、カメラの目〉（みすず書房）

解答

問1　写真機によって撮影され記録された写真が、撮影者の主観が対象のモチーフをどう認識・表現したのかということがわかるような仕方で存在している、ということ。

問2　ウ・エ・オ

問3　写真をカメラのフイルムとレンズとボディの機械性に基づいて撮影されたものと考えるなら、撮影された対象はカメラの機能に一律に支配された「記録」となり、撮影者による表現のありようも決定する、ということ。

問4　カメラの機能によってどう撮れるのかを考えながら写真を撮るのではなく、あくまで自分が対象をどのように認識し、それをどう表現するのかという点を重視しながら、その表現手段としてカメラを用いようとする態度。

問5　人間の写真的表現の可能性を拡大させるためにカメラの機構をどう進歩させていくのか、というカメラの機械的側面については現在でもまだ問題とすべき点があるが、フイルムとレンズとカメラのボディの機構という条件の下で写真が撮られる、というカメラの記録的側面については最初から確定しており、もはや問題とすべき点はないから。

問6　フイルムやレンズ、ボディの機構といったカメラのメカニズムの進歩によって以前は不可能だった対象の捉え方が可能になると、これらの機能によって捉えることが可能になった対象を自己の主観においてどう捉え、どう表現するかという人間の側の欲求の幅も広がり、さらに可能の拡大を求めるようになる、ということ。

問7　カメラを使って人間が写真を撮る、という状況において、「カメラの目」は対象の客観的なあり方を即物的・機械

2017年度

解答編

解答編

英語

1 **解答** 問 1．特質は，すでに確立された知識の分野から始める代わりに，まず解決すべき現実世界の問題を特定し，次にその問題の解決に役立つ知識を探し求める点である。利点は，複数の学問分野を横断して取り組むので，従来の研究領域が提供してくれる最良の考えを厳選することができる上に，グループ研究のおかげで，他者の見方から学習しアイデアのキャッチボールができるため，新たな知識と 21 世紀の喫緊の問題の解決が見込めることである。(200 字以内)

問 2．全訳下線部(2)参照。

問 3．(C)

問 4．(D)

◆全　訳◆

≪学際的研究における問題解決型学習の問題点≫

医学の分野で 40 年以上前から始まって，アメリカ合衆国とヨーロッパでの高等教育は，境界を横断し，問題を志向する，学際的な学習と研究の方向へ徐々に動いてきた。現在，米国の教養大学の 70％以上は，学際的研究に主要な講座を提供している。日本を含む世界規模での院生および学部生用プログラムでは，ますますその数が増加する中で，以下の利点に期待が寄せられている。すなわち，さまざまな学問分野からの学者同士が自由に議論を交わし，重要な社会・環境問題の解決へむけて共同研究や共同調査を始める際に得られるだろう利点である。しかし，学際的な学習課程が問題解決に焦点を置いていることで，他に類を見ない複雑な事態と難しい状況が引き起こされているのだ。

たとえば，「問題解決型学習」（PBL）は，学際的研究と関連した最もよく知られた方法論の 1 つである。少なくとも理論的には，その考えは比較的単純である。つまり，心理学，経済学，物理学などのような，すでに確立された学問分野の基礎を研究することから始める代わりに，PBLにおいては，解決しなくてならない現実世界の問題を特定することから始めるのだ。次に，その問題の解決策に到達するのに役立てられる知識を探し求める。複数の学問分野にまたがって取り組むので，すべての従来の研究領域が提供してくれる最良の考えを選りすぐることができる。また，そして，おそらくもっと重要なことに，学際的研究の多くがグループで取り組まれるので，手近な問題についての彼らの見方から学習しながらも，友人たちや教員たちとアイデアのキャッチボールをすることができる。このように創造的に取り組み，協力して研究することは，21世紀の喫緊の問題に対する新たな種類の知識と新たな答えを可能にするだろうと，PBLの唱道者は自信をもって述べている。

しかしそれでは，PBLはあまりにできすぎではないだろうか。PBLは医学教育の世界で始まり，学生，教師，医師および研究者が医療行為の中で生じた実際の問題を解決するためにさまざまな切り口から取り組む際の，より効果的な取り組みや情報交換の一助となると見なされるようになった。しかしながら，これらの医学生と医師が医学部に入学する以前になされた，個々の学問の基礎的な学習からかなりの量の背景知識（解剖学，化学，数学など）をすでに共有していたことは確かだ。たとえば学部生が問題解決に利用できる共有された背景知識が少ないとき，PBLは同じく効果的な学習ツールなのだろうか。(2)従来の専攻科目において古くから確立されていた研究課程によって提供される知識の深みがなければ，学際的な研究をしている学生が未熟すぎて，深いつながりを見出して独創的な発見をすることができないということはありえないことだろうか。現時点では，PBLが実践においてどの程度効果的であるかはとうていわからない。

より重要なことなのだが，PBLで研究される問題を誰が選ぶようになるのだろうか。教育分野の文献によると，教師が学生にどんな問題を調査すべきかをトップダウン方式で指示するだけというのはよい考えではない。そうではなくて，学生と教師は互いに協働し，創造力を使い，研究課程の端緒となりうる「形の整っていない」問題――曖昧な問題――を見つけ出す必要がある。研究とコミュニケーションが続いていくにつれて，その分野のかかえる諸問題が明確になることが期待されている。見込まれる解決策へと向かう有望な着想とその経路も同様である。しかし，その過程が機能しないときに何が起こるか疑問である――つまり，その問題がすべての明確な解決策を拒むとき，PBLに何が起こるだろうか。グループでのコミュニケーションがうまくいかないで，学生が動けなくなって，前進することができないとすれば，どうなるだろうか。そして，教師はPBLの学生一人一人をどうやって成績付けできるだろうか。たとえば，積極的なグループのリーダーと，ただ他のグループのメンバーの後を追うだけの積極性のない学生とを教師はどのようにして区別できるだろうか。

そのような疑問に答えが見つからない間にも学際的な研究プログラムは世界中で人気を拡大し続けているので，多くの学校が従来の学問分野の明確さと構造の一部を，PBLや他の学際的な研究技法の創造的で制約のない特質と結びつけようとする可能性は高いようである。学際的研究の最良のものと個別学問での研究の最良のものとを結合する一種の複合型教育は，しばしば最も堅実な前進の道であるかもしれない。たとえどんな教育技術や学習技術が実践されても，教育についての一部の真実は不変のままである。つまり，学生と教師は学習しようとする動機を持ち，新たな知識を見出すために快適空間の外に出ることに意欲的になり，成功するために最も効果的な方法で自分の考えを伝える準備ができている必要があるのだ。学際的研究についての新たな考えと可能性のおかげで，教師と学生双方が，高等教育の意味とそれが我々のまわりの世界へ果たしている多くの力強い貢献を再考し，より深く理解してくれることが，これを書いている私の望みである。

◀解　説▶

▶問1．第2段を要約すればよい。「特質と利点」が問われていることに注意。

▶問2．**Without the depth provided by the long-established courses of study in traditional majors,**「従来の専攻科目において古くから確立されていた研究課程によって提供される知識の深みがなければ」 without「～がなければ，～なしでは」 provided by ～「～によって与えられる」 long-established「古くから確立されていた，長い歴史をもつ」 course「(学校で開設される) 課程，講座」 depthは文脈的に「知識の深さ」を表していると考えられる。

isn't it possible that …「…ということはありえないことだろうか（いや，

…はありうるはずである)」 possible「起こりうる，ありうる」

interdisciplinary studies students will be too inexperienced to make deep connections and original discoveries?「学際的な研究をしている学生が未熟すぎて，深いつながりを見出して独創的な発見をすることができない」 interdisciplinary「学際的な，異なった学問分野にまたがる」語源的には inter-（「～間の」= between）+ discipline（「学問分野，学問領域」）である。too … to *do*「あまりに…すぎて～することができない，～するにはあまりにも…すぎる」 inexperienced「経験不足の，未熟な」make deep connections は make deep connections between disciplines と補うとわかりやすい。「(異なった学問分野を）深く結びつける，(異なった学問分野間に）深い結びつきを見出す」となる。

▶問3．(A)「学生が PBL に拒絶反応を示してその課程を去るならば，何がなされるべきか」

(B)「PBL の学生が過度に単純な結論に達するならば，何がなされるべきか」

(C)「PBL が学生を優れた解答へ導かないならば，何がなされるべきか」

(D)「PBL の学生がその課程を理解しないならば，何がなされるべきか」

下線部(3)の「その課程が機能しないときに何が起こるか疑問である」「その問題がすべての明確な解決策を拒むとき，PBL に何が起こるだろうか」とは PBL の手法がうまく機能せず，解決しようと取り組んでいる問題に対する解決策がまったく見出せない場合に，PBL に何が起こるだろうか，という意味である。したがって，(C)が最も近い。

one wonders「人は疑問に思う」one は一般人称。work「機能する（= function)」 that is「すなわち」 resist「抵抗する→受け入れない，拒む」

▶問4．(A)「このように，トップダウン方式の PBL は，最も効果的な大学での教育技法であることが証明された」

(B)「以下の理由で，学習法と教育法は短期間の間だけしか機能しない」

(C)「それにもかかわらず，PBL がアメリカの大学で機能し損ねたいくつかの理由がある」

(D)「たとえどんな教育技術や学習技術が実践されても，教育についての一部の真実は不変のままである」

下線部(4)の直前で，学際的な研究手法は人気を博し続けて，学際的な研究と個別学問での研究とを融合した複合型教育が今後進むべき道かもしれない，と述べられている。一方直後では，従来の教育にも求められていた学生と教師の心構えの必要性が述べられている。したがって，空所には従来型の教育手法でも，PBL の教育手法でも，さらにはそれらの複合型教育手法でも，教育の本質部分には変わりがないという内容が入るべきである。したがって，(D)が適する。

●語句・構文●

(第1段) higher education「高等教育（高専・大学・大学院での教育のこと，高等学校での教育ではない点に注意する）」 in the direction of ～「～の方向へ」 boundary-crossing「境界を横断するような」 problem-oriented「問題を志向した」 interdisciplinary「学際的な」 liberal arts「一般教養」 ever increasing「絶えず増加する」 graduate「大学院生，大学の卒業生」 undergraduate「学部学生」 including「～を含めて」 look to *do*「～しようとする」 scholar「学者」 discipline「学問分野」 complexity「複雑さ，複雑なもの」

(第2段) associated with ～「～と関係がある，～と関連している」 at least「少なくとも」 in theory「理論的には，理論上は」（反意語）in practice「実際面では，実際には」 instead of ～「～する代わりに」 start by ～「～で始める」 foundation「基礎，基盤」 and the like「および同種のもの，など」 begin by ～「～で始める」 identify「特定する，確認する」 need solving「～される必要がある→～しなければならない」 search for ～「～を探し求める，～を探求する」 help *do*「～するのに役立つ」 solution to ～「～の解決」「～の」が of ではなく to である点に注意。pick and choose「選りすぐる，厳選する（＝select carefully)」 that all the traditional areas of study have to offer の have は have to の have ではなく，述語動詞としての have（「もつ」）であり，関係詞 that を the best ideas にして文を改めると all the traditional areas of study have the best ideas to offer「すべての従来の研究領域が提供するための最良の考えをもっている」である。bounce *A* off *B*「*A* を *B* に跳ね返らせる，*A* を *B* にぶつける」 while (you are) also learning と you are を補う。perspective「見方，見通し」 at hand「手近な（に)」 collaboratively「協力し合って」 advocate「支持者，唱道者」 assure「請け合う」 make possible *A*＝make *A* possible「*A* を可能にさせる」 pressing「差し迫った，喫緊の」

（第 3 段） too good to be true「話がうますぎる，眉唾物だ」 help *A* to *do*「支援して *A* に～させてやる」 come up「現れる，やってくる」 medical practice「医療行為」 considerable「かなりの」 background knowledge「背景知識」 anatomy「解剖学」 disciplinary-based「個別学問に基づく」(「学際的ではない従来の」という意味) prior to ～「～より前に，～に先立って」 as effective a learning tool (as otherwise) と as otherwise (「そうでないときとも同様に」) を補う。at this point「現在のところ，現時点では」 simply do not know「とうていわからない」 not との語順に注意。turn out to be ～「～であることが判明する」 in practice「実践において」

（第 4 段） get to *do*「(紆余曲折を経て)～するようになる」 in a top-down manner「トップダウン方式で」 what problems they are to study の are to は命令・義務（＝must）を表す be to の用法。collaborate「協働する」 come up with ～「～を思いつく，見つけ出す」 ill formed「不適格な，悪い形の（〔全訳〕では，文脈から「形の整っていない」とした)」 fuzzy「曖昧な，不明瞭な」(ill formed も fuzzy も「従来の個別学問では扱えないような」の意） as will promising ideas and pathways towards possible solutions の as は and so に相当する。つまり，promising ideas and pathways towards possible solutions will become clearer, too ということ。What (will happen) if ～「～したらどうなるだろうか」 will happen を補う。go well「うまくいく」 get stuck「行き詰まる，動けなくなる」 fail to *do*「～し損ねる」 And how are teachers to grade individual PBL students？の are to は可能（＝can）を表す be to の用法。differentiate between ～「～を区別する」

（第 5 段） remain unanswered「未回答のままである，まだ答えが出ていない」 grow in popularity「はやり出す，人気を拡大する」 it seems likely that ～「～しそうである」 combine *A* with *B*「*A* と *B* を組み合わせる，*A* と *B* を融合する」 clarity「明瞭さ，明確さ」 open-ended「制約がない，結論のない」 hybrid「合成物，掛け合わせ」 prudent

「分別のある，用意周到な」 motivated to *do*「〜する気にさせる」 comfort zone「快適空間，ほっと落ち着ける場所」 lead *A* to *do*「*A*を〜する気にさせる，*A*を〜するよう仕向ける」 appreciate「正しく認識する，理解する」 contribution「貢献，寄与」

2 解答

問1．いつの日か，航空機の編隊が世界中にインターネット接続を提供することを願って，太陽光エネルギーを使って高高度を飛行する飛行機を設計，製作，飛び立たせること。

問2．①非常に長い翼長，②わずか408キログラムしかない軽量な機体，③高高度での安定飛行，④飛行速度の遅さ，以上4つの中から3つを答える。

問3．satellitesは人口密度が低い地域でしか効果的でないのに対して，より飛行空域が低いドローンは強力な信号を送れるため，より人口密度が高い地域で有用であり，また，規制空域の上を飛ぶため配置が容易である。cellular towersで地球をカバーするには建設費が莫大なのに対して，より広範囲な地域をカバーできるドローンが安価にできれば，それを点在させて世界規模のインターネットインフラとなりうる。

問4．(A)

問5．(C)

問6．①長時間飛行が可能な高いエネルギー密度を持つ電池を作ること，
②搭載用のより効率的な動力システムと通信システムを開発すること，
③構造的損害に強く，長期間上空にとどまることができるようにすること，
④飛行管理における人間の介在を最小限にすること，
以上4つの中から3つを答える。

問7．(E)・(F)・(G)

◆全　訳◆

≪フェイスブック社によるドローンを利用したネット接続の試み≫

6月28日のまだ暗い午前2時に，マーク=ザッカーバーグは目を覚まし，飛行機に乗った。彼はアリゾナ州ユマでのテスト飛行施設に移動していたが，そこでは，すでに小規模なフェイスブック社のチームがある秘密プロジェクトに取り組んでいたのだった。彼らの任務は，いつの日か航空機の編隊が世界中にインターネット接続を提供することを願い，太陽光エネル

ギーを使って高高度を飛行する飛行機を設計，製作，飛び立たせることだった。

ザッカーバーグは，夜明け前にユマ性能試験場に到着した。プロジェクトの中心を担うおよそ24人のグループが，南カリフォルニアからイギリスまでの複数の場所で，Aquilaと名付けられたドローンに取り組んでいる。何カ月間も，彼らは，主にその残忍な夏の温度で知られる小さな砂漠の都市であるユマにおいて，交代で実験に取り組んできた。この日に，Aquilaはその最初の機能テスト飛行をする予定だった。目標は，安全に離陸し，空中で安定し，着陸する前に少なくとも30分間飛行することだった。「私は，まさに，これが我が社のためのそして世界をつなぐための非常に重要な節目だと感じたので，私は現場にいなければならないのです」と，ザッカーバーグは言う。

太陽が砂漠に昇ったとき，クレーンがAquilaを発射台に乗せた。このドローンは，ボーイング737の113フィートと比べて，141フィートというとてつもなく大きな翼長がある。しかし，フェイスブック社は，超長時間飛行を可能にするためにできるだけ軽くなるようAquilaを設計した。炭素繊維でつくられているので，このドローンの最新バージョンはわずか408キログラムの重さしかない。リモコン操作員が発射台を始動させると，Aquilaは滑走路に沿ってガタガタと音を立てて進み始めた。十分な速度に達したとき，Aquilaは空中に上がり，そこで，2,150フィートの試験飛行高度に浮き上がって，安定した。地上では，フェイスブック社の従業員は元気づけられた。中には涙をぬぐう人もいた。「それは，2年間にわたって人生をこれに注いだチームの全員にとって，実に信じられないほど感動的な瞬間でした」と，ザッカーバーグは述べた。

下から仰ぎ見ながら，ザッカーバーグはAquilaの慎重で，ゆっくりしたペースに感銘を受けた。「それは，本当にゆっくり飛ぶんです」と，カリフォルニア州メンローパークのフェイスブック本社で，彼は2週間後に言った。「飛行機の設計ではたいてい，あちこちで人や物を乗せるように設計しているので，ゆっくり移動することには実用的利点はありません。しかし，目標が空中に長期間とどまることであるならば，できるだけエネルギーは使いたくない，つまり，空中から落ちない間に物理的にできる限りゆっくり進むことを意味するのです」

なるほど，でもなぜ飛行機なのだろう。人々にインターネットを提供するには，独自のドローンの設計など不必要な方法がたくさんある。人工衛星は，広い地理的領域にインターネット接続を提供することに長けている。しかし，人工衛星は人口密度が低い地域で効果的であるにすぎない――ユーザーが多すぎると周波数帯域幅を急速に消費することもおこりうる。セルラー方式の電波塔は，密集した都市の住人をつなぐことに優れている。しかし，地球全体をおおうのに十分なセルラー方式の電波塔を建設することは，フェイスブック社にとってさえ，あまりに高価で非実用的であると考えられている。

2014年に，ザッカーバーグは，インターネット配信のさまざまな方法を分析した論文を書いた。高高度のドローンは，中規模の都市または市街地の周辺で生活している非常に多くの利用者に役立ちうる，と彼は言った。ドローンは人工衛星より地面に近いところを飛ぶので，ドローンが発する信号はより多くの人にとっていっそう強力で有用であることを意味する。また，ドローンは規制空域より上を飛ぶので，配置がより容易になる。フェイスブック社が太陽から電力の大部分をまかなうドローンをつくることができるならば，それは90日間飛ぶことができるだろう，とザッカーバーグは推論した。レーザー通信システムは地上の基地局に高速のインターネットを提供し，50キロメートル圏内のすべての人をつなぐことができるだろう。ドローンが十分に安くつくれるならば，いつの日か空に点在して，世界規模のインターネットインフラの重要な部分になるだろう。

Aquilaドローンの編隊が世界にデータを提供するのはいつになるのだろうか。フェイスブック社は語らないだろう。Aquilaを確実に90日連続で飛べるようにする点で，いくつかの技術的な課題が残っているからだ。チームは試作機に太陽光電池パネルをまだ搭載していない――試験飛行のドローンは電池だけを用いて運行したのだ。チームは，長時間の任務を維持するのに十分な高いエネルギー密度を持つ電池を作る方法を依然として考案中なのだ。彼らはまた，「搭載用のより効率的な動力システムと通信システムを開発し，Aquilaを，維持費削減のため構造的な故障を起こしにくく，編隊数を抑えるために長期間飛行できるようにし，さらに，飛行管理での人間の介在を最小限にする必要もある」と，プロジェクト・エンジニアは言った。

Aquilaの前途は邪魔するものが一切ないというわけではない，そして，途中でこれまでより多くの乱気流に巻き込まれるにちがいない。しかし，ザッカーバーグの意志は堅い。インターネットにアクセスすることができない何十億もの人は，それができるようにすべきなのだ。たった一度の試験飛行は，すべての人がネットに接続できる状態へ到達することに対する小さな一歩にすぎない。しかし，同時にフェイスブック社に，人々を集めるための，劇的な成功も与えてくれる。「私は，将来は何千もの太陽光電力の飛行機が都市の周辺や人々の生活場所に存在していると思います。そして，それがネット接続を利用可能にし，今よりも安価にするでしょう」と，ザッカーバーグは言う。「そして，私の考えでは，それは10億人以上の人々をインターネットに接続するというこの差を縮める点で重要な役割を果たすのに役立ちうるのです。これは初期の節目です，しかし，それは大きな節目なのです」と，ザッカーバーグは笑いながら言った。「それはフェイスブック社にぜひともやってほしいと期待することではありません――なぜならば我々は航空宇宙企業ではないからです」と，彼は言った。「しかし，我々がその一つになりつつあるんじゃないかと思っています」

◀解　説▶

▶問1．直後のコロン（：）以下を訳せばよい。コロンの機能が補足説明であることさえ知っていれば容易に答えられる。

▶問2．第3段第2文（The drone has …）で非常に長い翼長，同段第4文（Built of carbon …）で軽量な機体，同段第6文（When it reached …）で高高度での安定飛行，第4段第2文（“It flies really …）で飛行速度の遅さが述べられている。これらの4つのうち，3つを答えるとよい。

▶問3．第5段第4文（But they’re only …）に人工衛星の欠点（＝帯域幅がすぐに消費されてしまうので，人口密度が低い地域でしか有効性がないこと），同段最終文（But building enough …）でセルラー方式の電波塔の欠点（＝高い人口密度地域で有効性があるが，建設コストが非常に高いこと）が述べられている。また，第6段第2文（High-altitude drones …）～最終文にドローンの利点が述べられている。これらを，人工衛星や電波塔の欠点とドローンの利点を対比するかたちで解答欄のスペース（6行）を考慮してまとめる。英文の正確な読解力に加えて，日本語での要約力・記述力が試される問いである。

▶問4．(A)「突破口，飛躍的進歩」 (B)「ずっしりと重いもの，重荷」 (C)「密度，濃度」 (D)「反対，反論」

milestone は文字通り「マイルを示すための標石」が原義で，「道しるべ，一里塚，節目，画期的な出来事」の意味で使われる。したがって，(A)が適する。

▶問5．(A)「疲れ果てた」 (B)「無関心な」 (C)「大喜びした」 (D)「後悔した」

elate は「元気づける，有頂天にさせる」の意なので，(C)が適する。難単語ではあるが，後続部分で「一部の人は涙をぬぐった」とあるので(A)，(B)，(D)でないことは推測できる。

▶問6．第7段第5文（The team is …）に1つ，続く最終文にセミコロン（；）で区切られて3つが列記されている。これらの4つのうち3つを答えるとよい。

▶問7．(A)「Aquila は，現在単独で離陸と着陸をすることができる」

第3段第1文（As the Sun …）・5文（A remote control …）に反する。「単独で離陸」ではなく，「発射台から離陸する」が正しい。

(B)「Aquila は，人口密度の高い地域でセルラー方式の電波塔に急速にとって代わるだろう」

本文中に記述がない。

(C)「フェイスブック本社は，ユマに位置している」

第4段第2文（“It flies really …）に反する。「ユマ」ではなく，「カリフォルニア州メンローパーク」が正しい。

(D)「マーク=ザッカーバーグは，Aquila で飛行して時間を費やした」

第4段第1文（Watching from below …）に反する。「Aquila で飛行して」ではなく，「Aquila の飛行実験を地上から見上げて」が正しい。

(E)「Aquila のような飛行機は，人工衛星の機能の一部にとって代わる可能性がある」

第6段第3文（They fly closer …）に合致する。Aquila は人工衛星の欠点を補うことができるのである。

(F)「Aquila のような飛行機は，日中も夜間も飛ぶことができる」

本文に，特にこうした記述はないが，Aquila は人工衛星やセルラー方式の電波塔に代わって，ネット接続をするために開発されているのであるから，時間帯によって，たとえば夜間は接続できないなどといったことはありえない。よって，昼夜を問わず飛べるはずである。また，第6段第5文（If Facebook could …）に，（目下のところ技術的課題はあるが）Aquilaが主要な電力を太陽光から補えるようになれば，90日間飛行し続けられるというザッカーバーグの見解が述べられていることも参考になる。

(A)～(D)が明らかに正しくなく，(E)，(G)が明らかに正しいので，消去法によって(F)が正しいと考えることもできる。

(G)「主なプロジェクト・チームは，30人未満のメンバーから構成されている」

第2段第2文（A core group …）に合致する。「およそ24人の中核的なグループ」とある。

●語句・構文●

（第1段）Mark Zuckerberg「マーク=ザッカーバーグ（アメリカの実業家で，ハーバード大学在籍中にSNSのFacebookを開設した）」 aviation「飛行」 work on～「～に取り組む」 launch「飛び立たせる」 in the hopes that～「～を願って」 fleet「編隊」

（第2段）in rotations「交代で」 brutal「残忍な，厳しい」 consist of～「～から成る，～で構成される」 take off「離陸する」 stabilize「安定する」 landing「着陸」 this is such an important milestone for the company, and for connecting the world, that I have to be there はsuch～that…「たいそう～なので…」の構文。

（第3段）dolly「台車」 propel「前に押し出す，推進する」 tremendous「とてつもなく大きい，すごい」 wingspan「翼長」 compared to～「～に比較して」 Built of carbon fiber はAs it（=this latest version of the drone）is built of carbon fiberの分詞構文。operator「操作員，技師」 activate「始動させる，駆動する」 rumble「轟音を立てる」 runway「滑走路，助走路」 sufficient「十分な」 float「浮く，浮揚する」 altitude「高度，海抜」 wipe away「拭き取る」 incredibly「信じられないほど，途方もなく」 pour *A* into *B*「*A*を*B*に注ぐ」

（第4段）Watching from below はWhen he（=Zuckerberg）was watching from belowの分詞構文。struck by～「～によって感銘を受ける」 deliberate「熟考した上での，故意の」 headquarters「本社，本部」

design *A* to *do*「*A* が〜するように設計する」 from place to place「あちこちで」 fall out of〜「〜から落ちる」

(第5段) population density「人口密度」 bandwidth「周波数帯域幅（データ伝送に使われる周波数の幅のことで，伝送に使われる最高周波数と最低周波数の差である。アナログ通信ではこの幅が広いほど単位時間に送られる情報の量は大きくなる)」 cellular tower「セルラー方式の電波塔」 excel「優れている，勝る」 impractical「実行が難しい，実際に役立たない」

(第6段) paper「論文」 outskirt「周辺，はずれ」 regulated airspace「規制空域」 deploy「配置する，展開する」 reason「推論する」 base station「基地局」 dot「点在する，散在する」 critical「重大な，決定的に重要な」 infrastructure「インフラ，社会基盤」

(第7段) get *A* to *do*「*A* に〜させる」 reliably「確実に，頼りになるように」 stretch「ひと続き，期間」 implement「実行する，実践する」 prototype「試作品，原型」 work out「考え出す，案出する」 sustain「支える，支持する」 lengthy「非常に長い，長期にわたる」 mission「使命」 on-board「搭載された，取り付けられた」 ensure「確保する，確実にする」 resistant「耐久性のある，抵抗力のある」 maintenance cost「維持費，運用費」 aloft「空中に，空高く」 minimize「最小限にする」 supervision「監視，監督」 associated with〜「〜と関係がある，〜と関連している」

(第8段) not totally〜「完全に〜というわけではない」 be bound to *do*「〜しなければならない，〜にちがいない」 bump「乱気流」文脈的には「課題」や「問題」の意だが，ここでは飛行機である Aquila に掛けて比喩的な意味で用いられている。along the way「途中で，この先」 resolute「意志の堅い，堅く決心している」 deserve「〜にふさわしい，〜に値する」 tiny「とても小さい，ちっぽけな」 rally around「集まる，再結集する」 gonna *do*＝going to *do*「〜するつもりである」 connectivity「接続性」 help *do*「〜するのに役立つ」 play a role「役割を果たす」 close this gap「この差を縮める」

3 解答

Q１．全訳下線部(1)参照。

Q２．生物が生態系へ与える影響は，体の大きさに比例しているわけではなく，体の小さなバクテリアでも原始地球の大気を生み出したように，体の大きな象などの草食動物よりも大きな影響を与えうるということ。

Q３．(i)―A (ii)―D (iii)―C (iv)―D

Q４．A

Q５．C

◆全 訳◆

≪生物と生態系の相互作用≫

生態系は，そこにすむ生物が生み出したものである。(1)すべての生物は，程度の大小はあっても，自らの置かれた物理的環境と，また，お互いどうしとも絶えず互いに影響しあっている。場合によっては，生態系へ与える彼らの影響は，彼らの体の大きさに不釣り合いであるかもしれない。象と他の草食動物は，彼らがその上を歩く草の特性から土壌の化学構造に至るまで，セレンゲティ平原を今の姿にしたのである。今から数十億年前に，光合成をするバクテリアが，現在我々が知っているような大気の最も初期の状態を創出した――そして，偶然の一致ではなく，第１氷河期の火付け役となった。すべての生物は，自らの属す生態系に対して恒常的で決して終わることのない影響を及ぼしているのだ。

長期間の人間の歴史の中で，環境破壊の大部分は，過去たった３世紀の間に起こった。産業化と現代化にたきつけられて，人間は資源を取り出し消費しながら，ある種のガスを大量に発生させ，川の酸性度を変え，地下水源を使い果たし，外来種を持ち込み，自然の景観を悪化させてきた。人間の数が世界中で増大するにつれて，驚くべき数の生物種が絶滅に追いやられてきた。人間の活動が，自然環境に桁違いな影響を及ぼしてきたのは明らかである。

しかし，人間は，地域的にも地球規模でも，環境を作り変える力において，他に比類がない存在ではない。たとえば，強力な前歯で穴を掘る齧歯類は，絶えず土を掘り返し森林の成長をはばむことによって，広大な大草原を彼らの大好きな食べ物が豊富にある状態に保っている。ヨーロッパ人の入植とともにメキシコに連れてこられた羊は，土を蹄で踏みしめて，自分自身の放牧地をつくり出した。それから，土壌の形成と再生においては，微生物，ミミズおよび他の無脊椎動物が果たしている，つつましやかとはいえない役割がある。一部の植物は，無数の生物や，同様に地質的諸変化に対して，自然淘汰の諸条件をいくたびか設定してきた。ここから導かれる教訓は，人間は自分たちが環境に及ぼしている影響の点で，他の多くの生物と同等であるということである。

環境がたどってきた歴史を理解する鍵は，人間と他の生物種の間でできた上がったさまざまな結び付きを理解することである。というのも，これらの結び付きがそれ自身の論理と動力を備えた共進化的な諸変化を引き起こしてきたからである。今日多くの生態系で，人間は優勢な種である。しかし，そのような優位は，それを支えるさまざまな系や諸変化から離れては存在することができない。環境が受けた傷が及ぼすさまざまな影響は実在する。しかし，それらは，人間だけが生み出したものではなく生物全体が生み出したものなのだ。今日この惑星に及ぼしている人間の影響は，たしかに人間の活動や行動の結果ではあるが，この影響は意図や支配とは決して混同すべきではない。人間の社会とほぼ同様に，自然は，我々が時として，それのために書こうと選んだ台本を演じることを拒むのが常なのである。

◀解　説▶

▶Ｑ１．下線部(1)を日本語に訳しなさい。

All organisms interact continuously「すべての生物は絶えず互いに影響しあっている」 interact「相互に作用する，互いに影響しあっている，かかわりあっている」

to greater or lesser degrees「程度の大小はあっても」 to ～ degree で「～な程度で」の意。

with their physical environment and with each other「自らの置かれた物理的環境と，また，お互いどうしとも」

▶Ｑ２．本文の第１段によると，「象と他の草食動物」や「光合成をするバクテリア」が環境に与える影響は「不釣り合いであるかもしれない」ということである。この文脈において，「不釣り合いな影響」とは何を意味するか。日本語で説明しなさい。

第１段第３文（In some cases …）「場合によっては，生態系へ与える彼らの影響は，彼らの体の大きさに不釣り合いであるかもしれない」を具体的に説明すればよい。体の大きな生物が大きな影響を与え，体の小さな生物が小さな影響を与えるとはいえないということを「体の大きさに不釣り合い」と言っているのである。その例として，第4文で体の大きな象や他の草食動物が，第5文で体の小さなバクテリアが生態系に与えた影響が挙げられている。これを解答欄のスペース（3行）を考慮してまとめる。解答欄で1行程度しかない「生物が生態系に与える影響は体の大きさには比例しない」のような具体例のない解答では不十分である。

▶Q3．下線部の語句(i)～(iv)の最も適切な意味を選び，解答用紙に適切な文字（A，B，CまたはD）を書きなさい。

(i)「偶然の一致ではなく」

A.「結果として」　B.「偶然に」　C.「無作為に」　D.「予想外に」

「偶然の一致ではなく」ということは，当然の因果関係としてということであるから，Aが適する。

(ii)「悪化させた」

A.「削除した」　B.「改善した」　C.「増加させた」　D.「弱めた」

impoverish は語源的に im＝make＋poverish＝poor なので「貧しくする，悪化させる」の意。これに近いのはDである。

(iii)「つつましやかとはいえない」

A.「尊大な」　B.「調和した」　C.「重要な」　D.「小さな」

humble は「つつましい，控えめな」の意なので，not-so-humble は「あまりつつましいとはいえないような」=「かなり重大な」の意である。したがって，Cが適する。

(iv)「～と同等である」

A.「～とは異なる」　B.「～でハンデを負った」　C.「～より少ない」　D.「～に類似した」

par は「同等，標準，平価」を意味するが，ゴルフの「パー（＝基準打数）」で耳にする単語である。on a par with ～ は「～と同等で，～と同格で，～に匹敵して」の意。したがって，Dが適する。

▶Q4．本文の最終段の意味を最もよくまとめているのは，次の（A，B，CまたはD）どれか。

A.「人間は，自然に対して限定的な支配をしている」

B.「人間は，自然と団結しなければならない」

C.「人間は，自然環境を支配する方法を選ばなければならない」
D.「人間は，自然を破壊し続けるだろう」
最終段の要旨は，「人間と他の生物種の間の結び付きが共進化的な諸変化を引き起こしてきたため，人間の優位性もそれを支える さまざまな系や諸変化に依存している。人間は現在優勢な種であるが，環境へのさまざまな影響は人間だけではなく生物全体で生み出したものであり，自然は，我々の意図通りには運ばない」ということであり，人間だけが卓越した影響力を持っているわけではないことが述べられている。したがって，Aが正しい。Bは意味を成さないし，CとDは本文に記述がない。

▶Q５．最終段には，自然に対する悪影響を記述するために，(2)環境が受けた傷という表現が含まれている。本文で「環境が受けた傷」の例として使われていないものは次の（A，B，CまたはD）うちどれか。
A.「大気構成の変化」 B.「動物の絶滅」 C.「土の生産」 D.「水質変化」
第２段第２文（Fueled by industrialization …）でAとDが，同段第３文（Surprising numbers of …）でBが述べられている。したがって，Cが述べられていない。

●語句・構文●

（第１段） ecological system「生態系」 inhabit「～にすむ」live，reside，dwellとは違って他動詞であることに注意する。disproportionate to～「～と不釣り合いで」 what they are「それらが今ある姿，それらの現状」 tread「歩いて進む，踏む」 photosynthetic「光合成の」 the atmosphere as we know it「現在我々が知っているような大気」asはいわゆる“名詞限定のas”であり，従属接続詞ながら関係代名詞のように形容詞節をつくる働きをする。spark「火付け役となる，刺激する」 the first Ice Age「第１氷河期」 never-ending「終わることのない，際限のない（＝ever-lasting)」

（第２段） span「期間」 majority of～「～の大部分，大多数の～」 Fueled by industrialization and modernization「産業化と現代化に刺激されて」分詞構文で，As humans have been fueled by industrialization and modernization の As humans が省略され have を having にして →Having been fueled by industrialization and modernization→Having been が省略されて Fueled by industrialization and modernization となったもの。large volumes of ～「大量の～」 alter「変える」 acidity「酸性」 use up「使い尽くす」 underground water sources「地下水源」 alien species「外来種」 extract「引き出す」 driven to ～「～に追いやられる」 enormous「桁違いな」

（第 3 段） reshape「作り直す，再形成する」 burrow「前歯で穴を掘る」 rodent「齧歯類」 discourage「妨げる，阻止する」 settlement「入植，移住」 grazing land「放牧地」 hooves「hoof（蹄）の複数形」 invertebrate「無脊椎動物」 rejuvenation「再生，若返り」 redefine「再定義する，見直す」 geological「地質学の」 *A* and *B* alike「*A* も *B* も同様に，*AB* ともに」

（第 4 段） comprehend「理解する，把握する」 bond「つながり，絆」 co-evolutionary「共進化の」共進化とは生物が他の生物に適応する過程で，両方の生物がお互いに影響を及ぼし合いながら進化する現象。drive「衝動，意欲」 dominant「支配的な，優勢な」 apart from ～「～から離れて，～はさておき」 sustain「支持する，維持する」 exceptionalism「例外主義（人間だけは他の生物とは本質的に異なる特別な存在であるとする考え方）」 impact「影響，衝撃」 confuse *A* with *B*「*A* と *B* を混同する」 intention「意図」 typically「一般的に，通常は」 decline to *do*「～することを辞退する，～することを控える」 script「台本」 choose to *do*「～することを選ぶ，～する方を望む」

4 解答例

〈解答例 1〉 According to press reports, Japan saw a record 24 million foreign visitors annually in 2016, and the government has set a goal of 40 million by 2020. To improve the experiences of these tourists, first of all, we need to increase the number of accommodations. For example, we should not only build new hotels and inns but also develop legal systems to loosen the regulations against renting private homes and rooms. Second, given that these increasing visitors are from various countries, we should take account of their cultures, especially food cultures. For example, restaurants should serve halal food for Muslim tourists and beef-free food for Hindu tourists.（約 100 語）

〈解答例 2〉 To improve the experiences of international tourists, there are two things we can do. One is what we can do as individual citizens. When we happen to see foreign visitors in their need, we should dare to call out to them and try to do what little we can do despite the language barrier. The other is what we can do on the social level. We can arrange for tourists to have active experiences such as cultural exchanges rather than passive ones like mere sightseeing, shopping or eating local food. These personal interactions with local residents would be their long-lasting fond memories of traveling in Japan.（約 100 語）

◆全　訳◆

≪外国人観光客の日本体験を改善するには≫

〔問題英文の全訳〕

次の英文を読んで，後の指示に従いなさい。

観光旅行は今日，日本で急成長している産業である，そして，これまでよりも広く国際的な観光客が訪問していて，日本経済に貢献している。アメリカの人気旅行誌は，2 年連続で京都を世界で最も魅力的な観光の目的地として選んでいる。諸外国からの訪問客は，札幌，東京，福岡および他の日本の諸都市でも現在普通にみられる。

指示：以下の質問に答えて，十分考え抜いた 1 段落の英文を約 100 語で書きなさい。「国際的な観光客の体験をよりよきものにするために，日本に住む我々は何をすることができるか」

◀解　説▶

〔解答例の全訳〕

〈解答例 1〉 報道によると，2016 年の日本への外国からの訪問客数は，2400 万人となり，政府は 2020 年までに 4000 万人とする目標を設定した。これらの観光客の体験を改善するために，まず第一に，我々は宿泊設備の数を増やす必要がある。たとえば，我々は新しいホテルと宿を建設するだけでなく，民泊に対する規則を緩和するための法制度も作らなければならない。第二に，これらの増加している訪問客がいろいろな国の出身であることを考えると，我々は彼らの文化，特に食文化を考慮しなければならない。たとえば，レストランはイスラム教徒の観光客のためにはハラール食を，ヒンズー教徒の観光客のためには牛肉の入っていない食物を出さなければならない。

〈解答例 2〉 海外からの観光客の体験を改善するために，我々ができることが2つある。1つは，個人レベルでできることである。困っている外国人訪問客に偶然出会ったとき，言葉の壁があっても，我々は思い切って声をかけて，大したことはできなくてもできる限りのことをしようとすべきである。他方は，社会レベルでできることである。観光客が，単に観光，買い物，地元の食べ物を食べるというような受動的な体験ではなく，文化交流のような能動的な体験をするようにお膳立てすることができる。地元の住人とのこうしたふれあいは，日本旅行の長期にわたる懐かしい思い出となることだろう。

5 解答

(1)〈解答例 1〉 I think that what you think is impossible to realize now will often be taken for granted in ten or twenty years, in fact.

〈解答例 2〉 I believe that, ten or twenty years from now, you will be actually doing many of the things which you now think impossible to actualize as everyday occurrences.

(2)〈解答例 1〉 There are really a lot of wonderful things in the world as well as in the field of space. I want young people to find their own goals and make earnest efforts toward achieving them.

〈解答例 2〉 You can find a lot of really splendid things not only in the space field but in others as well. I would like young people to find goals of their own and work hard to realize them.

◀解　説▶

▶(1)「みなさんが実現不可能だと思うようなことも」

「みなさんが何かを実現不可能だと思う」は You think that something is impossible to realize. / You think something (to be) impossible to realize. となるが，something を関係代名詞 what にして変形すると，what you think is impossible to realize / what you think impossible to realize となる。「みなさん」は読者・聴衆を指していると読むのが自然な

ので you で表すとよいが，読者に限らず「誰もが」と考えて everyone を用いてもよい。

「これから 10 年，20 年経ってみると」は時間経過を表す前置詞 in を用いて in ten or twenty years とするか，ten or twenty years from now とするとよい。節なら when ten or twenty years have passed from now となる。when は時の副詞節なので，未来完了は have passed で表し，will have passed とはしない。

「実は」は as a matter of fact / in fact / in reality / actually などで表す。

「当然のように形になっている」は「当然視される」と考えて be taken for granted / be regarded as natural / be regarded (to be) natural とするか「当然実現されている」と考えて should have been realized としてもよいが，「みなさんが何かを実現不可能だと思うことを当たり前のように行う」として，副詞要素 naturally / in a natural way / routinely / in the natural course of events / as if doing them is an everyday occurrence〔a matter of course〕などで表してもよい。

「ことが多い」は頻度の副詞 often / often times / not infrequently / in many cases などで表してもよいが，頻度を数量詞に変えて，「みなさんが実現不可能だと思う多くのこと」としてもよい。

「のではないかと思います」は I would imagine that ～ / I suspect that ～とすると日本語のニュアンスが反映されるが，筆者の主張は端的に I think that ～ / I believe that ～と表現する方が英語らしい。

▶(2)「宇宙分野だけではなく世の中には」は not only〔just / merely〕in the space field but (also) in the world / in the world as well as in the field of space だが，「世の中」は「(宇宙分野以外の) 他の分野」を指しているので，not only in the space field but (also) in other fields としてもよい。

「本当に素晴らしいものがたくさんあります」は「本当に」が「あります」を修飾していれば There are really many〔a lot of〕wonderful〔splendid〕things となり，一方，「素晴らしい」を修飾していれば There are many〔a lot of〕really wonderful things となる。There are … は You can find … / … can be found を用いてもよい。

「若い人たちには自分なりの目標を見つけて，それに向かって真剣に努力していってもらいたいな」は「*A* に～してもらいたい」want *A* to *do* / would like *A* to *do* / hope that *A* (will) *do* を使う。「自分なりの目標を見つける」は find their own goals〔targets / objectives〕/ find goals of their own / find goals for themselves とする。「それに向かって」は toward achieving them または「それを実現するために」to achieve〔fulfill / realize / accomplish / attain / reach〕them とし，「真剣に努力する」は make〔take〕serious〔earnest〕efforts / make exertions / work hard で表現する。

「と思います」は「もらいたいな，と思います」=「もらいたい」なので，I think that I want … といった表現はしない。

講　評

2016 年度は大問 4 題構成になったが，2017 年度は読解が 3 題，自由英作文が 1 題，和文英訳が 1 題という従来の 5 題構成に戻った。

読解問題に関しては，1 はやや難しいが，2・3 は標準レベルの英文である。2016 年度と比較すると，この 3 題での英文量は増加した（約 1740 語から約 2070 語）。特に 2 は約 900 語と，九大にしてはかなりの長さである。内容的には，選択問題がやや増加したが，1 で下線部の内容を 200 字で要約する問題が出題され，この他にも，内容説明 5 問と下線部和訳 2 問が記述式で，本格的な記述力，情報をまとめ上げるための思考力を含めた高度な日本語運用能力が問われている。

4 は英文を読んで自分の意見を述べる自由英作文が出題された。「外国人観光客の日本体験を改善するための取り組み」を問うもので，英語力以前に，背景知識と発想力が必要となる。英作文，特に自由英作文は普段から書きなれてないと差がつきやすい。日頃から英文日記をつけるなどの地道な対策を行っておくことが望まれる。

5 は例年通り和文英訳問題。2 問とも難易度は標準レベルの出題。ここでの失点は最小限度にとどめておきたい。

数学

◀経済(経済工)・理・医(保健〈看護学〉を除く)・
歯・薬・工・芸術工・農学部▶

1　◇発想◇　(1)　C_1, C_2を連立して，xの方程式をつくり，$0<x<\frac{\pi}{2}$において解をもつような条件を求めればよい。

(2)　曲線C_1, C_2の点Pにおける接線の傾きを求める。この2本が直交するための条件は，傾きの積が-1になることである。このことから，条件を満たすa, $\cos 2p$の値を求める。

(3)　C_1とC_2で囲まれた図形の面積を$0\leqq x\leqq p$の範囲の定積分の計算で求める。

解答　(1)　$C_1: y=a\tan x$, $C_2: y=\sin 2x$

より，yを消去して

$$a\tan x=\sin 2x \quad \cdots\cdots①$$

C_1とC_2の原点以外の交点のx座標は，①の$0<x<\frac{\pi}{2}$における解である。

$$a\frac{\sin x}{\cos x}=2\sin x\cos x$$

$$a\sin x=2\sin x\cos^2 x \quad \left(\because \quad 0<x<\frac{\pi}{2}\text{ より，}\cos x\neq 0\right)$$

$$2\sin x\left(\cos^2 x-\frac{a}{2}\right)=0$$

$\sin x\neq 0$ より　　$\cos^2 x=\frac{a}{2}$　$\cdots\cdots②$

$0<x<\frac{\pi}{2}$より，$0<\cos^2 x<1$であるから，C_1とC_2が原点以外に交点をもつための条件は

$$0<\frac{a}{2}<1$$

よって，求める a の条件は　$0<a<2$　……(答)

(2)　$0<a<2$ とするときの点Pの x 座標を p とすると，②より

$$\cos^2 p=\frac{a}{2}\quad \cdots\cdots ③$$

$y=a\tan x$ より　$y'=\dfrac{a}{\cos^2 x}$

よって，点Pにおける C_1 の接線の傾きは　$\dfrac{a}{\cos^2 p}=\dfrac{a}{\frac{a}{2}}=2$

$y=\sin 2x$ より　$y'=2\cos 2x$

よって，点Pにおける C_2 の接線の傾きは　$2\cos 2p$

点Pにおける C_1 と C_2 のそれぞれの接線が直交するための条件は

$$2\cdot 2\cos 2p=-1$$

$$\cos 2p=-\frac{1}{4}\quad \cdots\cdots(答)$$

③より

$$a=2\cos^2 p=1+\cos 2p=1+\left(-\frac{1}{4}\right)=\frac{3}{4}\quad \cdots\cdots(答)$$

(3)　求める値は右図の網かけ部分の面積であり

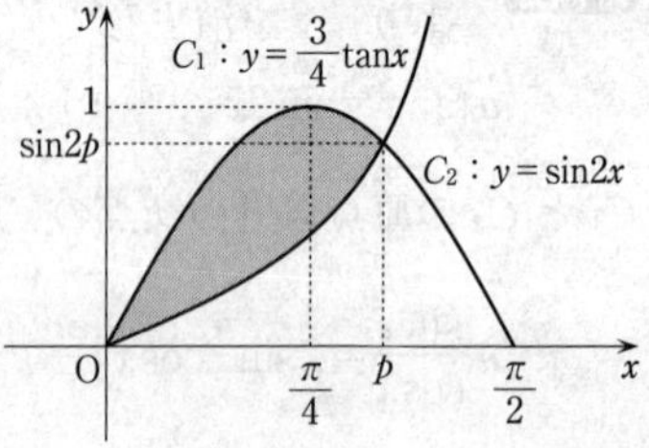

$$\int_0^p\left(\sin 2x-\frac{3}{4}\tan x\right)dx$$

$$=\left[-\frac{1}{2}\cos 2x+\frac{3}{4}\log|\cos x|\right]_0^p$$

$$=-\frac{1}{2}\cos 2p+\frac{3}{4}\log|\cos p|-\left(-\frac{1}{2}\right)$$

$$=-\frac{1}{2}\left(-\frac{1}{4}\right)+\frac{3}{4}\log\sqrt{\frac{3}{8}}+\frac{1}{2}$$

$$\left(\because\quad \cos^2 p=\frac{a}{2}=\frac{3}{8}\ より，|\cos p|=\sqrt{\frac{3}{8}}\right)$$

$$=\frac{5}{8}+\frac{3}{8}\log\frac{3}{8}\quad \cdots\cdots(答)$$

◀解　説▶

≪三角関数の曲線で囲まれた図形の面積≫

▶(1)　C_1, C_2 が原点で交わるのは明らかである。(1)ではそれ以外に交点をもつための条件を求める。C_1, C_2 の方程式から y を消去して得られた x の方程式の解は，C_1, C_2 の共有点の x 座標であるから，$x=0$ 以外の解をもつための条件を求めよう。x が $0<x<\frac{\pi}{2}$ の範囲の値をとるので，$\cos^2x-\frac{a}{2}=0$ より得られる $\cos^2x=\frac{a}{2}$ が，$0<x<\frac{\pi}{2}$ の範囲に対応する $0<\cos^2x<1$ を満たすときの a の値を求めればよい。

▶(2)　C_1, C_2 の方程式をそれぞれ x で微分して導関数を求める。これをもとにして点Pにおける C_1, C_2 の接線の傾きをそれぞれ求める。2本の接線がともに x 軸，y 軸と平行でないときには，接線が直交するのは接線の傾きの積が -1 となるときである。p は $\cos^2x=\frac{a}{2}$ を満たす x であるから $\cos^2p=\frac{a}{2}$ が成り立つ。これを利用しよう。

▶(3)　曲線で囲まれた図形の面積を求める。基本的な面積を求める定積分の問題である。定積分 $\int_0^p\left(\sin 2x-\frac{3}{4}\tan x\right)dx$ で求めることができる。$\tan x$ は次のように積分できる。

$$\int \tan x\,dx=\int\frac{\sin x}{\cos x}dx=\int\left\{-\frac{(\cos x)'}{\cos x}\right\}dx$$
$$=-\log|\cos x|+C\quad (C\text{ は積分定数})$$

2

◇発想◇　(1)　空間ベクトルの問題である。点Gの座標を求めるためには，始点を原点Oにとった $\overrightarrow{OG}$ の成分を求めればよいから

$$\overrightarrow{OG}=\overrightarrow{OC}+k\overrightarrow{CD}\quad (0\leqq k\leqq 1)$$

と表して

$$\overrightarrow{AG}\perp\overrightarrow{CD}\quad\text{より}\quad \overrightarrow{AG}\cdot\overrightarrow{CD}=0$$

であることから，k の値を求める。

(2)　(1)と同様にして点Hの座標を求める。点Hの座標を求めるた

めには，始点を原点Oにとった$\overrightarrow{OH}$の成分を求めればよいから

$$\overrightarrow{OH}=\overrightarrow{OC}+l\overrightarrow{CD}\quad(0\leqq l\leqq 1)$$

と表して

$$\overrightarrow{BH}\perp\overrightarrow{CD}\quad\text{より}\quad\overrightarrow{BH}\cdot\overrightarrow{CD}=0$$

であることから，lの値を求める。

$\overrightarrow{AG}$と$\overrightarrow{BH}$のなす角をθとするとき，内積の定義より

$$\overrightarrow{AG}\cdot\overrightarrow{BH}=|\overrightarrow{AG}||\overrightarrow{BH}|\cos\theta$$

と表すことができるから，$\cos\theta$をa，bを用いて表すために，まずは，$\overrightarrow{AG}$，$\overrightarrow{BH}$の成分をそれぞれ求めよう。成分が求まれば，内積$\overrightarrow{AG}\cdot\overrightarrow{BH}$の値とベクトルの大きさ$|\overrightarrow{AG}|$，$|\overrightarrow{BH}|$がわかるから，それらを代入する。

解答 (1) $\overrightarrow{CD}=(a,\ b,\ 1)-(0,\ 0,\ 1)$

$=(a,\ b,\ 0)$ ……①

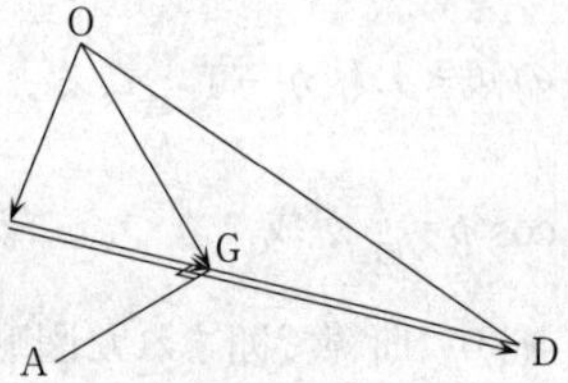

点Gは線分CD上の点なので

$$\overrightarrow{CG}=k\overrightarrow{CD}\quad(0\leqq k\leqq 1)$$

と表せるから

$$\begin{aligned}\overrightarrow{OG}&=\overrightarrow{OC}+\overrightarrow{CG}\\&=\overrightarrow{OC}+k\overrightarrow{CD}\\&=(0,\ 0,\ 1)+k(a,\ b,\ 0)\\&=(ka,\ kb,\ 1)\end{aligned}$$

よって，点Gの座標は　$(ka,\ kb,\ 1)$ ……②

$$\overrightarrow{AG}=\overrightarrow{OG}-\overrightarrow{OA}=(ka-a,\ kb,\ 1)\quad\text{……③}$$

$\overrightarrow{AG}\perp\overrightarrow{CD}$なので，$\overrightarrow{AG}\cdot\overrightarrow{CD}=0$であるから，①，③より

$$(ka-a)\cdot a+kb\cdot b+1\cdot 0=0\qquad k(a^2+b^2)=a^2$$

ここで，$a>0$，$b>0$であるから，$a^2+b^2>0$より

$$k=\frac{a^2}{a^2+b^2}$$

となり，$0<k<1$なので，確かに点Gは線分CD上に存在する。

$k=\dfrac{a^2}{a^2+b^2}$を②に代入して，点Gの座標は

$$\left(\frac{a^3}{a^2+b^2},\ \frac{a^2b}{a^2+b^2},\ 1\right)\ \cdots\cdots(答)$$

(2)　点 H は線分 CD 上の点なので

$$\overrightarrow{\mathrm{CH}}=l\overrightarrow{\mathrm{CD}}\quad (0\leqq l\leqq 1)$$

と表せるから，②と同様にして

$$\overrightarrow{\mathrm{OH}}=(la,\ lb,\ 1)$$

$$\overrightarrow{\mathrm{BH}}=\overrightarrow{\mathrm{OH}}-\overrightarrow{\mathrm{OB}}=(la,\ lb-b,\ 1)\ \cdots\cdots④$$

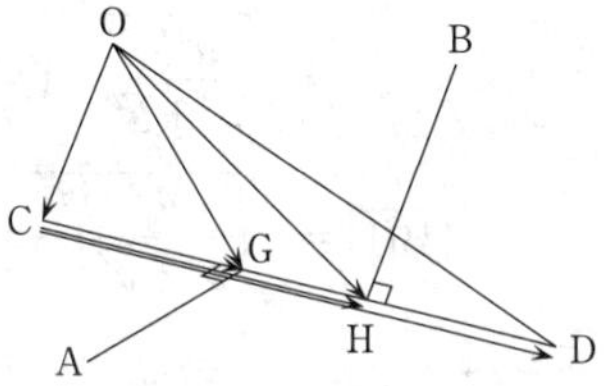

$\overrightarrow{\mathrm{BH}}\perp\overrightarrow{\mathrm{CD}}$ なので，$\overrightarrow{\mathrm{BH}}\cdot\overrightarrow{\mathrm{CD}}=0$ であるから，①，④より

$$la\cdot a+(lb-b)\cdot b+1\cdot 0=0\qquad l(a^2+b^2)=b^2$$

ここで，$a>0$，$b>0$ であるから，$a^2+b^2>0$ より

$$l=\frac{b^2}{a^2+b^2}$$

となり，$0<l<1$ なので，確かに点 H は線分 CD 上に存在する。

$l=\dfrac{b^2}{a^2+b^2}$ を④に代入して

$$\overrightarrow{\mathrm{BH}}=\left(\frac{ab^2}{a^2+b^2},\ \frac{b^3}{a^2+b^2}-b,\ 1\right)=\left(\frac{ab^2}{a^2+b^2},\ -\frac{a^2b}{a^2+b^2},\ 1\right)$$

また，(1)において，$k=\dfrac{a^2}{a^2+b^2}$ を③に代入して

$$\overrightarrow{\mathrm{AG}}=\left(\frac{a^3}{a^2+b^2}-a,\ \frac{a^2b}{a^2+b^2},\ 1\right)=\left(-\frac{ab^2}{a^2+b^2},\ \frac{a^2b}{a^2+b^2},\ 1\right)$$

$\overrightarrow{\mathrm{AG}}$ と $\overrightarrow{\mathrm{BH}}$ のなす角を θ とするとき

$$\overrightarrow{\mathrm{AG}}\cdot\overrightarrow{\mathrm{BH}}=|\overrightarrow{\mathrm{AG}}||\overrightarrow{\mathrm{BH}}|\cos\theta$$

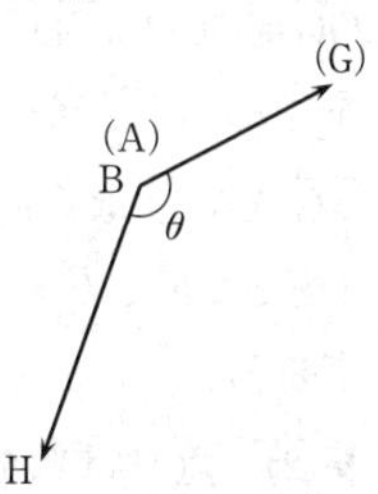

ここで

$$\overrightarrow{\mathrm{AG}}\cdot\overrightarrow{\mathrm{BH}}=-\frac{ab^2\cdot ab^2}{(a^2+b^2)^2}-\frac{a^2b\cdot a^2b}{(a^2+b^2)^2}+1$$

$$=-\frac{a^2b^2(a^2+b^2)}{(a^2+b^2)^2}+1$$

$$=-\frac{a^2b^2}{a^2+b^2}+1$$

$$=\frac{a^2-a^2b^2+b^2}{a^2+b^2}$$

$$|\overrightarrow{AG}|=\sqrt{\left(-\frac{ab^2}{a^2+b^2}\right)^2+\left(\frac{a^2b}{a^2+b^2}\right)^2+1^2}=\sqrt{\frac{a^2b^2(a^2+b^2)}{(a^2+b^2)^2}+1}$$

$$=\sqrt{\frac{a^2b^2}{a^2+b^2}+1}=\sqrt{\frac{a^2+a^2b^2+b^2}{a^2+b^2}}$$

$$|\overrightarrow{BH}|=\sqrt{\left(\frac{ab^2}{a^2+b^2}\right)^2+\left(-\frac{a^2b}{a^2+b^2}\right)^2+1^2}=\sqrt{\frac{a^2+a^2b^2+b^2}{a^2+b^2}}$$

よって

$$\cos\theta=\frac{\overrightarrow{AG}\cdot\overrightarrow{BH}}{|\overrightarrow{AG}||\overrightarrow{BH}|}=\frac{\dfrac{a^2-a^2b^2+b^2}{a^2+b^2}}{\dfrac{a^2+a^2b^2+b^2}{a^2+b^2}}$$

$$=\frac{a^2-a^2b^2+b^2}{a^2+a^2b^2+b^2}\quad\cdots\cdots(答)$$

参考　点Gを「点Aから線分CDに下ろした垂線の足」という。同様に，点Hを「点Bから線分CDに下ろした垂線の足」という。この用語は教科書では使われていないから大学入試問題でも使われることはないであろうが，参考書などで見かけたらこのように解釈すること。

◀解　説▶

≪空間において1つの線分に垂直な2直線がなす角≫

特に難しい考え方を必要とする箇所もない問題であるから，ミスのないように丁寧に計算して正解を得たい。

▶(1)　点Gは線分CD上の点である。始点を原点Oにとった $\overrightarrow{OG}=\overrightarrow{OC}+k\overrightarrow{CD}$ $(0\leqq k\leqq 1)$ より $\overrightarrow{OG}$ の成分を求めることで，点Gの座標を求めることができるが，この段階では k，a，b で表されている。そこで $\overrightarrow{AG}$ と $\overrightarrow{CD}$ は垂直であることから，内積 $\overrightarrow{AG}\cdot\overrightarrow{CD}$ の値は0となることより，k を a，b で表すことができるので，点Gの座標を a，b だけで表すことができる。

▶(2)　点Hは線分CD上の点であり，$\overrightarrow{BH}$ と $\overrightarrow{CD}$ は垂直である。(1)と同様のプロセスで $\overrightarrow{BH}$ の成分を求める。$\overrightarrow{AG}$ と $\overrightarrow{BH}$ のなす角を θ とするとき，内積の定義より $\overrightarrow{AG}\cdot\overrightarrow{BH}=|\overrightarrow{AG}||\overrightarrow{BH}|\cos\theta$ となるわけだから，何が既知で，何を求めなければならないかを整理する。$\overrightarrow{AG}$，$\overrightarrow{BH}$ の成分がわかれば，内積 $\overrightarrow{AG}\cdot\overrightarrow{BH}$ を求めることができ，$|\overrightarrow{AG}|$，$|\overrightarrow{BH}|$ も求めることができる。

よって，$\cos\theta$ を a，b を用いて表せると考える。

平面の図形を扱う問題では，座標が与えられていたら，まずは xy 平面上に図示して考えることが基本であるが，空間ベクトルを扱うときには，x 軸，y 軸，z 軸をきちんととって図示してみようとすると，図が複雑で見にくく考察の参考にならない場合が多い。よほど特別な場合を除き，〔解答〕の図のように概念を表すことができるような図を描いて（座標に関する位置関係はある程度無視してかまわない）考えた方がよい。

3

◇発想◇ (1)　数列 $\{a_n\}$ は，初項が1で，公差が4なので，$a_n=1+4(n-1)=4n-3$ である。このように表すことのできる a_1，a_2，a_3，…，a_{600} のうち，7の倍数であるものの個数を求める。7の倍数は $7m$（m は整数）と表すことができるから，$4n-3=7m$ とおいてみることで，$4n-7m=3$ となり，不定方程式を解いて，n と m についての条件を求めることができる。

(2)　(1)と同様にして，$4n-3=7^2m$ などとおいてみることで，$4n-7^2m=3$ と表すことができる。これも不定方程式を解けばよい。

(3)　7は素数であるから，$a_1a_2a_3\cdots a_n$ に含まれる素因数7の個数が45個以上になれば，7^{45} の倍数となる。a_1，a_2，a_3，…，a_n のそれぞれに含まれる約数7の個数の総和が45個になる場合を考える。7の倍数の個数と 7^2 の倍数の個数より $a_1a_2a_3\cdots a_n$ の素因数7の個数を求めるとすると，n をいくらに設定して求めるかということを考えなければならない。その目安として，a_1，a_2，a_3，…，a_n の中に 7^3 が出てくるところまでで素因数7の個数を調べてみてはどうだろうか。

解答　(1)　数列 $\{a_n\}$ の初項が1で，公差が4であることから

$$a_n=1+(n-1)\cdot 4=4n-3$$

$n=1$，2，3，…，600に対して $a_n=4n-3$ が7の倍数であるための条件は，$a_n=4n-3$ が $7m_1$（m_1 は整数）の形で表されることであり

$$4n-3=7m_1 \qquad 4n-7m_1=3 \quad \cdots\cdots①$$

これは $(n,\ m_1)=(-1,\ -1)$ のときに成り立ち

$$4(-1)-7(-1)=3 \quad \cdots\cdots ②$$

①－② より

$$4(n+1)-7(m_1+1)=0 \qquad 4(n+1)=7(m_1+1) \quad \cdots\cdots ③$$

$4(n+1)$ は7の倍数であるが，4と7は互いに素なので，$n+1$ が7の倍数となり

$$n+1=7l_1 \qquad \therefore \quad n=7l_1-1 \quad (l_1=1,\ 2,\ 3,\ \cdots)$$

と表せる。

$n+1=7l_1$ を③に代入すると

$$4\cdot 7l_1=7(m_1+1) \qquad 4l_1=m_1+1 \qquad m_1=4l_1-1$$

$$(n,\ m_1)=(7l_1-1,\ 4l_1-1) \quad (l_1=1,\ 2,\ 3,\ \cdots)$$

よって，$n=1,\ 2,\ 3,\ \cdots,\ 600$ に対して，$n=7l_1-1$ と表せる自然数 n は，$1\leqq 7l_1-1\leqq 600$ より，$l_1=1,\ 2,\ 3,\ \cdots,\ 85$ のときの 85 個であるから，求める7の倍数である項の個数は 85 個である。 ……(答)

(2)　$n=1,\ 2,\ 3,\ \cdots,\ 600$ に対して $a_n=4n-3$ が 7^2 の倍数であるための条件は，$a_n=4n-3$ が 7^2m_2（m_2 は整数）の形で表されることであり

$$4n-3=7^2m_2 \qquad 4n-49m_2=3 \quad \cdots\cdots ④$$

これは $(n,\ m_2)=(13,\ 1)$ のときに成り立ち

$$4\cdot 13-49\cdot 1=3 \quad \cdots\cdots ⑤$$

④－⑤ より

$$4(n-13)-49(m_2-1)=0 \qquad 4(n-13)=49(m_2-1) \quad \cdots\cdots ⑥$$

$4(n-13)$ は 49 の倍数であるが，4と 49 は互いに素なので，$n-13$ が 49 の倍数となり

$$n-13=49l_2 \qquad \therefore \quad n=49l_2+13 \quad (l_2=0,\ 1,\ 2,\ 3,\ \cdots)$$

と表せる。

$n-13=49l_2$ を⑥に代入すると

$$4\cdot 49l_2=49(m_2-1) \qquad 4l_2=m_2-1 \qquad m_2=4l_2+1$$

$$(n,\ m_2)=(49l_2+13,\ 4l_2+1) \quad (l_2=0,\ 1,\ 2,\ 3,\ \cdots)$$

よって，$n=1,\ 2,\ 3,\ \cdots,\ 600$ に対して，$n=49l_2+13$ と表せる自然数 n は，$1\leqq 49l_2+13\leqq 600$ より，$l_2=0,\ 1,\ 2,\ \cdots,\ 11$ のときの 12 個であるから，求める 7^2 の倍数である項の個数は 12 個である。 ……(答)

(3)　$n=1,\ 2,\ 3,\ \cdots,\ 600$ に対して $a_n=4n-3$ が 7^3 の倍数であるための条件は，$a_n=4n-3$ が 7^3m_3（m_3 は整数）の形で表されることであり

$$4n-3=7^3m_3 \qquad 4n-343m_3=3 \quad \cdots\cdots⑦$$

これは $(n,\ m_3)=(-85,\ -1)$ のときに成り立ち

$$4(-85)-343(-1)=3 \quad \cdots\cdots⑧$$

⑦−⑧ より

$$4(n+85)-343(m_3+1)=0 \qquad 4(n+85)=343(m_3+1) \quad \cdots\cdots⑨$$

$4(n+85)$ は 343 の倍数であるが，4 と 343 は互いに素なので，$n+85$ が 343 の倍数となり

$$n+85=343l_3 \quad (l_3=1,\ 2,\ 3,\ \cdots)$$

と表せる。

$n+85=343l_3$ を⑨に代入すると

$$4\cdot343l_3=343(m_3+1) \qquad 4l_3=m_3+1 \qquad m_3=4l_3-1$$

$$(n,\ m_3)=(343l_3-85,\ 4l_3-1) \quad (l_3=1,\ 2,\ 3,\ \cdots)$$

よって，$n=1,\ 2,\ 3,\ \cdots,\ 600$ に対して，$n=343l_3-85$ と表せる自然数 n は，$l_3=1$ のとき

$$n=343\cdot1-85=258$$

の 1 個のみであるから，7^3 の倍数である項の個数は 1 個である。

まずは，$a_1a_2a_3\cdots a_{258}$ が素因数 7 をいくつ含んでいるかを求める。

$a_1,\ a_2,\ a_3,\ \cdots,\ a_{258}$ の中にある 7 の倍数は，(1)より

$$1\leqq 7l_1-1\leqq 258 \quad \text{から} \quad l_1=1,\ 2,\ 3,\ \cdots,\ 37$$

のときの 37 個である。

$a_1,\ a_2,\ a_3,\ \cdots,\ a_{258}$ の中にある 7^2 の倍数は，(2)より

$$1\leqq 49l_2+13\leqq 258 \quad \text{から} \quad l_2=0,\ 1,\ 2,\ 3,\ 4,\ 5$$

のときの 6 個である。

$a_1,\ a_2,\ a_3,\ \cdots,\ a_{258}$ の中にある 7^3 の倍数は

$$n=258$$

のときの，$a_{258}=4\cdot258-3=3\cdot7^3$ の 1 個のみである。

ここまでで，$a_1a_2a_3\cdots a_{258}$ が素因数 7 を $37+6+1=44$ 個含んでいることになるから，7^{44} の倍数である。よって，$a_1a_2a_3\cdots a_n$ が 7^{45} の倍数となるのは，a_{258} の次の 7 の倍数までの積をとったときである。それは，(1)より

$258+7=265\quad (l_1=38)$

なので，条件を満たす積は $a_1a_2\cdots a_{265}$ である。

したがって，求める最小の自然数 n は　$n=265$　……(答)

◀解　説▶

≪等差数列の項の積が 7^{45} の倍数となるための数列の項数≫

▶(1)　数列 $\{a_n\}$ の「初項が 1 で，公差が 4」という条件から，$a_n=4n-3$ である。a_1，a_2，a_3，…，a_{600} のうち，7 の倍数であるものの個数を求めるのであるが，7 の倍数は $7m$（m は整数）と表せるので，$4n-3=7m$ とおくことができる。この式を得ることで $4n-7m=3$ とし，不定方程式を解けばよいということに気づきたい。解の n と m とを求めて，特に n がどのように表せているかで，a_1 から a_{600} までの中に 7 の倍数がいくつあるのかを求めることができる。

▶(2)　(1)で正解を得るプロセスをつかむことができれば，(2)では $4n-3=7^2m$ とおけることに気がつくであろう。続いて不定方程式を解けばよい。これ以降も(1)と同様の過程を踏めばよい。

▶(3)　$a_1a_2a_3\cdots a_n$ に含まれる素因数 7 の個数を数えればよい。素因数 7 の個数が 45 個以上になれば，7^{45} の倍数となることを理解する。ただし，途中に $a_{13}=49$ などというように素因数 7 が 2 個分の項が現れるので，それらも含めて素因数 7 の個数を求めなければならない。このためには，49 には素因数 7 が 2 個含まれているが，それを 7 の倍数のところで 1 個，7^2 の倍数のところで 1 個で合計 2 個と数えればよい。ただ，初項から第 600 項までには 7 の倍数だけで 85 個あり，すでに 45 個を大幅に超えている。第何項までがちょうど 45 個になるだろうか。(1)・(2)のように「初項から第 600 項まで」にある倍数の個数は求めることができるが，「積に含まれる素因数 7 の個数が 45 個になるまで」に何項あるかということは求めにくい。ただ，7 の倍数，7^2 の倍数を求めていくうちに，7^3 の倍数の項も現れてくるから，目安として，とりあえず 7^3 の倍数が出てくるまでに，$a_1a_2a_3\cdots a_n$ の中にある素因数 7 の個数が 45 個以上になるのかならないのかを調べてみることにした。すると，数列 $\{a_n\}$ の項のうち 7^3 の倍数となる項 $a_{258}=1029$ までに合計 44 個であり，1 個だけ足りないことがわかった。次の 7 の倍数が出てくるまでの積を求めればよいわけである。よって，次の 7 の倍数の項が第何項であるのかを求めればよいことになる。

本問では，7^{45} の 45 に意味があったということである。すべての問題がこのように配慮されているとはいえないが，本質的なところ以外で頭を悩ませることのないように無理のない設定になっていることが多い。

4

◆発想◆ (1) まずルールを把握しよう。Aが 4 回目に勝つためには，4 回目にAに回ってくることが必要である。4 回目はAが赤玉を取り出すことで，ルール(a)によりAの勝ちが決定する。1 回目から 3 回目までルール(b)と(c)をどのように組み合わせたら，4 回目にAに回ってくるのかを考える。A→A→A→（Aが赤玉を取り出す）の場合と，A→B→C→（Aが赤玉を取り出す）の場合が考えられる。7 回目にAが勝つ場合も同様に考えてみよう。回数が増えるといろいろな場合が考えられる。

(2) $d_n = a_n + b_n + c_n$ を，A，B，Cのいずれかが玉を取り出す確率なので $d_n = 1$ であるなどと考えないこと。n 回を迎える前に勝者が決定してしまっている場合があることを理解する。

(3) a_{n-2}，a_{n+1}，つまりAが $n-2$ 回目に玉を取り出す確率と，$n+1$ 回目に玉を取り出す確率の関係式を求める。(1)で具体的に考えた過程と，(2)で得られた d_n をうまくつなげて結果を得る。Aが $n-2$ 回目に玉を取り出してから 3 回目に当たる $n+1$ 回目に条件(b)・(c)をどのように組み合わせたらAに回ってくるのかを考える。

解答 (1) 1 回の試行で「赤玉を取り出す」確率は $\frac{2}{4}=\frac{1}{2}$，「青玉を取り出す」確率は $\frac{1}{4}$，「白玉を取り出す」確率は $\frac{1}{4}$ である。

Aが 4 回目に勝つための条件は，「1 回目から 3 回目まで青玉を取り出し，Aが 4 回目に赤玉を取り出す」または「1 回目から 3 回目まで白玉を取り出し，Aが 4 回目に赤玉を取り出す」ことであるから，確率は

$$\left(\frac{1}{4}\right)^3\frac{1}{2}+\left(\frac{1}{4}\right)^3\frac{1}{2}=\frac{1}{128}\times 2=\frac{1}{64} \quad \cdots\cdots(答)$$

Aが7回目に勝つための条件は,「1回目から6回目まで青玉を取り出し,Aが7回目に赤玉を取り出す」または「1回目から6回目まで白玉を取り出し,Aが7回目に赤玉を取り出す」または「1回目から6回目までに青玉を3回,白玉を3回取り出し,Aが7回目に赤玉を取り出す」ことであるから,確率は

$$\left(\frac{1}{4}\right)^6\frac{1}{2}+\left(\frac{1}{4}\right)^6\frac{1}{2}+{}_6C_3\left(\frac{1}{4}\right)^3\left(\frac{1}{4}\right)^3\frac{1}{2}=\left(\frac{1}{2}+\frac{1}{2}+20\cdot\frac{1}{2}\right)\left(\frac{1}{4}\right)^6$$

$$=\frac{11}{4096}\quad\cdots\cdots(\text{答})$$

(2)　d_n は「A,B,Cのいずれかが n 回目に玉を取り出す」確率で,それは $n\geqq 2$ において「1回目から $n-1$ 回目まで青玉または白玉を取り出す」確率なので

$$d_n=\left(\frac{1}{4}+\frac{1}{4}\right)^{n-1}=\left(\frac{1}{2}\right)^{n-1}\quad\cdots\cdots①$$

また,$n=1$ のときには「A,B,Cのいずれかが1回目に玉を取り出す」確率であり,$d_1=a_1=1$ であるから,①は $n=1$ のときにも成り立つ。

よって　$d_n=\left(\frac{1}{2}\right)^{n-1}$　$(n=1,\ 2,\ 3,\ \cdots)$　……(答)

(3)　$n\geqq 3$ において,a_{n+1}(Aが $n+1$ 回目に玉を取り出す確率)と a_{n-2}(Aが $n-2$ 回目に玉を取り出す確率)との関係を求めるので,$n-2$ 回目の試行から $n+1$ 回目の試行にかけての事象の関係について考察する。Aが $n+1$ 回目に玉を取り出すのは,次の4つの場合が考えられる。

(ア)　Aが $n-2$ 回目に玉を取り出し,$n-2$ 回目を含めて3回連続で青玉を取り出す場合

$\left(\text{確率は}\quad\left(\frac{1}{4}\right)^3a_{n-2}\right)$

(イ)　Aが $n-2$ 回目に玉を取り出し,$n-2$ 回目を含めて3回連続で白玉を取り出す場合

$\left(\text{確率は}\quad\left(\frac{1}{4}\right)^3a_{n-2}\right)$

(ウ)　Bが $n-2$ 回目に玉を取り出し,$n-2$ 回目を含めた3回で青玉を1回,白玉を2回取り出す場合

$\left(\text{確率は}\quad {}_3C_2\dfrac{1}{4}\left(\dfrac{1}{4}\right)^2 b_{n-2}\right)$

(エ)　Cが $n-2$ 回目に玉を取り出し，$n-2$ 回目を含めた3回で青玉を2回，白玉を1回取り出す場合

$\left(\text{確率は}\quad {}_3C_1\left(\dfrac{1}{4}\right)^2\dfrac{1}{4} c_{n-2}\right)$

したがって，(ア)〜(エ)より

$$
\begin{aligned}
a_{n+1}&=\left(\frac{1}{4}\right)^3 a_{n-2}+\left(\frac{1}{4}\right)^3 a_{n-2}+{}_3C_2\frac{1}{4}\left(\frac{1}{4}\right)^2 b_{n-2}+{}_3C_1\left(\frac{1}{4}\right)^2\frac{1}{4}c_{n-2}\\
&=\left(\frac{1}{4}\right)^3\left\{2a_{n-2}+3\left(b_{n-2}+c_{n-2}\right)\right\}\\
&=\left(\frac{1}{4}\right)^3\left[2a_{n-2}+3\left\{\left(\frac{1}{2}\right)^{n-3}-a_{n-2}\right\}\right]\quad\left(\because\quad a_{n-2}+b_{n-2}+c_{n-2}=\left(\frac{1}{2}\right)^{n-3}\right)\\
&=\left(\frac{1}{4}\right)^3\left\{-a_{n-2}+3\left(\frac{1}{2}\right)^{n-3}\right\}\\
&=-\frac{1}{64}a_{n-2}+\frac{3}{2^{n+3}}\quad\cdots\cdots(\text{答})
\end{aligned}
$$

別解　(2)　$n+1$ 回目にAが玉を取り出すとき，n 回目については次の2つの場合がある。

n 回目にAが玉を取り出し，Aが青玉を取り出すとき。

n 回目にCが玉を取り出し，Cが白玉を取り出すとき。

よって　$a_{n+1}=\dfrac{1}{4}a_n+\dfrac{1}{4}c_n$　……②

同様に　$b_{n+1}=\dfrac{1}{4}b_n+\dfrac{1}{4}a_n$　……③

$c_{n+1}=\dfrac{1}{4}c_n+\dfrac{1}{4}b_n$　……④

②＋③＋④ より

$$a_{n+1}+b_{n+1}+c_{n+1}=\frac{1}{2}\left(a_n+b_n+c_n\right)$$

よって，数列 $\{a_n+b_n+c_n\}$ は公比 $\dfrac{1}{2}$ の等比数列で，初項は $a_1+b_1+c_1=1+0+0=1$ であるから

$$a_n+b_n+c_n=\left(\frac{1}{2}\right)^{n-1}$$

すなわち　$d_n=\left(\frac{1}{2}\right)^{n-1}$　$(n=1,\ 2,\ 3,\ \cdots)$

(3)　$n \geqq 3$ であるから

$$a_{n+1}=\frac{1}{4}(a_n+c_n) \quad (\because \ ②)$$

$$=\frac{1}{4}\left\{\frac{1}{4}(a_{n-1}+c_{n-1})+\frac{1}{4}(c_{n-1}+b_{n-1})\right\} \quad (\because \ ②,\ ④)$$

$$=\frac{1}{16}(a_{n-1}+b_{n-1}+2c_{n-1})$$

$$=\frac{1}{16}\left\{\frac{1}{4}(a_{n-2}+c_{n-2})+\frac{1}{4}(b_{n-2}+a_{n-2})+2\cdot\frac{1}{4}(c_{n-2}+b_{n-2})\right\}$$

$$(\because \ ②,\ ③,\ ④)$$

$$=\frac{1}{64}\{2a_{n-2}+3(b_{n-2}+c_{n-2})\}$$

$$=\frac{1}{64}\left[2a_{n-2}+3\left\{\left(\frac{1}{2}\right)^{n-3}-a_{n-2}\right\}\right] \quad \left(\because \ a_{n-2}+b_{n-2}+c_{n-2}=\left(\frac{1}{2}\right)^{n-3}\right)$$

$$=\frac{1}{64}\left\{-a_{n-2}+3\left(\frac{1}{2}\right)^{n-3}\right\}$$

$$=-\frac{1}{64}a_{n-2}+\frac{3}{2^{n+3}}$$

◀解　説▶

≪袋の中の玉を取り出す確率の漸化式≫

▶(1)　まず，ルールを正しく把握すること。回数の数え方にも注意する。累積で1回目，2回目，3回目と数えていく。A→B→C→A→B→C→A→B→C→Aのようにぐるぐると回り，Aに4回目に回ってきたときに勝つなどと間違った解釈をしないこと。

Aが4回目に勝つための条件は，「1回目から3回目まで青玉を取り出し，Aが4回目に赤玉を取り出す」または「1回目から3回目まで白玉を取り出し，Aが4回目に赤玉を取り出す」ことである。2つの場合をきちんと考えることができたであろうか。

Aが4回目に勝つことを考えることができれば，Aが7回目に勝つことを考えることについても基本的なアプローチの仕方は同様である。回数が増えてくると場合も増えてくるので見落としのないように考えること。目のつけどころとしては，7回目にAが赤玉を取り出すときに，玉を取り出す人の順が0周，1周，2周している場合のどれかでそれぞれ考える。0周，2周する場合については，Aが4回目に勝つ場合と同様に考えられるが，1周する場合は少し複雑である。1周するためには，白玉，青玉がそれぞれちょうど3回ずつ出る必要がある。この場合，白玉と青玉がどのような順番で出たとしても7回目にはAが玉を取り出すことになるので，白玉，青玉の出る順番の順列を考えればよい。

▶(2)「どの n に対してもA，B，Cのいずれかが玉を取り出すので，$d_n=1$ である」という，よくある理屈とは違う。例えば，$n=10$ のときの $d_{10}=a_{10}+b_{10}+c_{10}$ における a_{10}，b_{10}，c_{10} とは，それぞれA，B，Cが10回目に玉を取り出す確率であり，d_{10} とは，10回目に誰かが玉を取り出す確率，つまり9回目の操作終了時までに赤玉が出ず勝者が決まらない確率のことである。

▶(3)　a_{n-2} を扱うので $n\geqq 3$ で定義する。Aが $n-2$ 回目に玉を取り出し赤玉を出さずにB，Cへと回っていき，$n+1$ 回目に再びAに順番が回ってくるのにはどのような場合があるだろうか。また，B，Cが $n-2$ 回目に玉を取り出す場合もある。それぞれ，ルール(b)・(c)をどのように組み合わせたらよいかを考える。〔別解〕では，漸化式 $a_{n+1}=\frac{1}{4}(a_n+c_n)$，$b_{n+1}=\frac{1}{4}(b_n+a_n)$，$c_{n+1}=\frac{1}{4}(c_n+b_n)$ を導き，式変形により解いた。

5　◇発想◇　(1)　問題の図が目に入るが，それは(3)で利用するので，(1)・(2)には関係ない。複素数の絶対値と偏角についてだけ考えればよい。複素数 $z_n=\alpha w^n$ を極形式で表す準備として，$\alpha=10000+10000i$ と $w=\frac{\sqrt{3}}{4}+\frac{1}{4}i$ を極形式で表してみる。

(2)　(1)で z_n の絶対値 $|z_n|$ を求めた。それについての不等式を解く。

(3)　(2)の図形的な意味は，点 P_n が原点Oを中心とする半径1の円周または円の内部に存在するようになるのは，n がいくら以上なのかということである。その際に，偏角 $\arg z_n$ は関係ない。

本問では点 P_n が直角二等辺三角形 ABC の内部に存在するための最小の n を求める。点 P_n と原点Oとの距離 $|z_n|$ が同じでも，点 P_n が直角二等辺三角形 ABC の内部に存在するための条件は偏角 $\arg z_n$ によって変わってくることから，偏角についても考える必要が出てくる。

解答　(1)　α と w を極形式で表す。

$$\alpha=10000+10000i=10000(1+i)$$
$$=10^4\sqrt{2}\left(\frac{1}{\sqrt{2}}+\frac{1}{\sqrt{2}}i\right)=10^4\sqrt{2}\left(\cos\frac{\pi}{4}+i\sin\frac{\pi}{4}\right)$$
$$w=\frac{\sqrt{3}}{4}+\frac{1}{4}i=\frac{1}{2}\left(\frac{\sqrt{3}}{2}+\frac{1}{2}i\right)=\frac{1}{2}\left(\cos\frac{\pi}{6}+i\sin\frac{\pi}{6}\right)$$

よって

$$z_n=\alpha w^n$$
$$=10^4\sqrt{2}\left(\cos\frac{\pi}{4}+i\sin\frac{\pi}{4}\right)\left\{\frac{1}{2}\left(\cos\frac{\pi}{6}+i\sin\frac{\pi}{6}\right)\right\}^n$$
$$=10^4\sqrt{2}\left(\frac{1}{2}\right)^n\left(\cos\frac{\pi}{4}+i\sin\frac{\pi}{4}\right)\left(\cos\frac{n\pi}{6}+i\sin\frac{n\pi}{6}\right)$$
$$=10^4\left(\frac{1}{2}\right)^{n-\frac{1}{2}}\left\{\cos\left(\frac{\pi}{4}+\frac{n\pi}{6}\right)+i\sin\left(\frac{\pi}{4}+\frac{n\pi}{6}\right)\right\}$$

したがって

$$|z_n|=10^4\left(\frac{1}{2}\right)^{n-\frac{1}{2}},\quad \arg z_n=\frac{\pi}{4}+\frac{n\pi}{6}=\frac{2n+3}{12}\pi\quad\cdots\cdots(\text{答})$$

(2)　$|z_n|\leqq 1$　　$10^4\left(\frac{1}{2}\right)^{n-\frac{1}{2}}\leqq 1$　　$10^4\leqq 2^{n-\frac{1}{2}}$

底 10>1 より

$$\log_{10}10^4\leqq\log_{10}2^{n-\frac{1}{2}}\qquad 4\leqq\left(n-\frac{1}{2}\right)\log_{10}2\qquad n-\frac{1}{2}\geqq\frac{4}{\log_{10}2}$$
$$n\geqq\frac{4}{0.301}+\frac{1}{2}\qquad n\geqq 13.7\cdots$$

よって，$|z_n|\leqq 1$ が成り立つ最小の自然数 n は 14　……(答)

(3)　原点から AC に引いた垂線を OH とすると

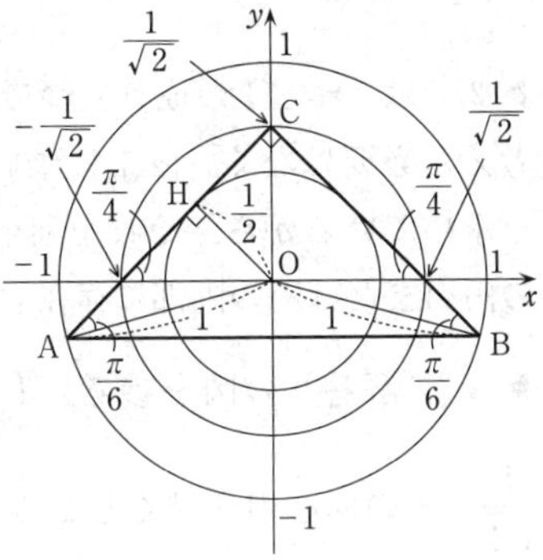

$$\mathrm{OH}=\mathrm{OC}\sin\frac{\pi}{4}=\frac{1}{\sqrt{2}}\cdot\frac{1}{\sqrt{2}}=\frac{1}{2}$$

(2)より，$n=1,\ 2,\ 3,\ \cdots,\ 12,\ 13$ については，$|z_n|>1$ であるから，点 P_n は三角形 ABC の外部にある。$n=14$ のとき

$$\arg z_{14}=\frac{2\cdot 14+3}{12}\pi=\frac{31}{12}\pi$$

$$=\frac{5}{2}\pi+\frac{1}{12}\pi$$

であるから，点 $\mathrm{P}_{14}(z_{14})$ は第 2 象限に存在しており

$$1\geqq|z_{14}|=10^4\left(\frac{1}{2}\right)^{13+\frac{1}{2}}=\frac{10000}{8192}\cdot\frac{1}{\sqrt{2}}>\frac{1}{\sqrt{2}}$$

であるから，原点からの距離を考えると，上図より三角形 ABC の外部に存在する。

$n=15$ のとき

$$\arg z_{15}=\frac{2\cdot 15+3}{12}\pi=\frac{11}{4}\pi=\frac{5}{2}\pi+\frac{1}{4}\pi$$

であるから，点 $\mathrm{P}_{15}(z_{15})$ は第 2 象限に存在しており

$$|z_{15}|=\frac{1}{2}|z_{14}|<\frac{1}{2}\cdot 1=\frac{1}{2}$$

であるから，原点からの距離を考えると，上図より三角形 ABC の内部に存在する。

よって，点 P_n が三角形 ABC の内部に含まれる最小の自然数 n は 15 である。　……(答)

◀解　説▶

≪複素数平面における点が円や三角形の内部に含まれる条件≫

▶(1)　複素数 $z_n=\alpha w^n$ の絶対値 $|z_n|$ と偏角 $\arg z_n$ を求める。極形式で表すことで，絶対値と偏角より原点Oからの位置を把握できるようにする。そのための準備として，$\alpha=10000+10000i$ と $w=\frac{\sqrt{3}}{4}+\frac{1}{4}i$ の 2 つの虚数を極形式で表してみた。ド・モアブルの定理を利用して要領よく計算しよ

う。

▶(2)では $|z_n| \leqq 1$ が成り立つ最小の自然数 n を求めるので，偏角 $\arg z_n$ を考える必要はなく，$|z_n|$ について考察すればよい。(1)で z_n の絶対値 $|z_n|$ を求めているから，それを利用して，点 P_n が原点 O を中心とする半径 1 の円周または円の内部に存在するような n をとる。

▶(3)〔解答〕の図を参考にしてほしい。原点を中心とする半径が $\frac{1}{2}$, $\frac{1}{\sqrt{2}}$, 1 の同心円を描くところがポイントである。(2)では，原点 O を中心とする半径が 1 の円周と円の内部に存在するようになることを考えればよかったが，(3)では点 P_n が図のような原点 O を含む直角二等辺三角形 ABC の内部に存在するための最小の n を問われている。偏角によって原点からの距離も変わるので，偏角 $\arg z_n$ に注意する。(2)より，$n=1, 2, 3, \cdots, 13$ については，$|z_n|>1$ であるから，半径が 1 の円の外側にあり，三角形 ABC の内部に含まれることはないことがわかる。よって，以下，順に $n=14$ のとき，15 のとき，…と考察していくことになる。$n=14$ のときは，$|z_n| \leqq 1$ を満たすわけであるが，三角形 ABC に含まれるかどうかはわからない。そこで偏角を求めて点 P_n が第 2 象限に含まれることを知る。第 2 象限に含まれる点に関しては，原点中心で半径が $\frac{1}{\sqrt{2}}$ の円の外部にあることを示せば，三角形 ABC の内部にはないことを示すことができ，半径が $\frac{1}{2}$ の円の内部にあることを示せば，三角形 ABC の内部に含まれることを示すことができる。その間の値であれば別の方法で検討する必要が出てくる。原点を中心とする同心円を基準に考察をしたわけである。

講　評

例年通り大問 5 題が出題された。質，量のバランスがとれている。試験時間は 150 分であり，じっくりと考えて答案を作成するのにも十分に時間がある。

1　三角関数を含む方程式を解き，2 つのグラフの共有点を求め，交点でそれらの接線が直交する場合について考えさせる問題である。(3)ではその条件下での 2 つの曲線で囲まれた図形の面積を求めるが，計算は簡単である。いずれもすぐに方針が立ち，結果の得られる典型的な問題である。

2　2点から同一線分上に垂線を下ろしたときの垂線に関するベクトルのなす角の cos の値を求める問題である。方針に迷うところもなく，丁寧に内積の計算をすればよい。

3　(1)・(2)では数列の項のうち，7と7^2の倍数である項の個数を求める。その誘導を受けて(3)では7^3の倍数の項の個数を求める。$a_1a_2\cdots a_n$に含まれる素因数7の個数を求めることで，7^{45}の倍数となる最小の自然数nを求めることができる。

4　ルールに従ってA，B，Cの3人が袋から玉を取り出すことに関わる確率の問題である。(1)での考察のプロセスと(2)で得られたd_nをつなげて，(3)でa_{n+1}とa_{n-2}の関係式を求める。

5　複素数平面上において点が移動していくときに，円や三角形の内部に含まれるようになる条件を求める問題である。点を表す複素数を極形式で表し絶対値と偏角を求めて情報を得るところから始める。(2)では原点からの距離が1以下になるnの値を求めている。(3)ではそれを利用する。(3)では三角形の内部に含まれることを考えるので，原点からの距離とともに偏角についての考察も必要になる。

1と2はやや易しめのレベルで，3～5は標準レベルの問題である。

◀医（保健〈看護学〉）学部▶

1

◇発想◇ (1) 放物線 C_1 上の点 $(s,\ 2s^2+1)$，C_2 上の点 $(t,\ -t^2+a)$ における接線の方程式を求めて，これが一致することにより連立方程式をつくって解く。他にも解法はいろいろと考えられる。

(2) (1)で接線の方程式を a で表すことができているが，それを用いて直接面積を表そうとすると計算が面倒になる。(1)の解答過程で接点の x 座標を定数として文字で置いている場合は，その定数を用いて定積分の計算をすることで面積 S_1，S_2 を表そう。

解答 (1) $y=2x^2+1$ より　$y'=4x$

よって，放物線 C_1 上の点 $(s,\ 2s^2+1)$ における C_1 の接線の方程式は

$$y-(2s^2+1)=4s(x-s) \qquad y=4sx-2s^2+1 \quad \cdots\cdots①$$

$y=-x^2+a$ より　$y'=-2x$

よって，放物線 C_2 上の点 $(t,\ -t^2+a)$ における C_2 の接線の方程式は

$$y-(-t^2+a)=-2t(x-t) \qquad y=-2tx+t^2+a \quad \cdots\cdots②$$

放物線 C_1，C_2 の両方に接する直線は，①と②が一致する場合を考えて

$$\begin{cases} 4s=-2t \\ -2s^2+1=t^2+a \end{cases}$$

$$\begin{cases} t=-2s \quad \cdots\cdots③ \\ t^2+a=-2s^2+1 \quad \cdots\cdots④ \end{cases}$$

③を④に代入すると

$$(-2s)^2+a=-2s^2+1 \qquad 6s^2=1-a \quad \cdots\cdots⑤$$

$$s=\pm\sqrt{\frac{1-a}{6}} \quad \left(a<1 \text{ なので，} \frac{1-a}{6}>0\right)$$

これを③に代入して

$$t=\mp 2\sqrt{\frac{1-a}{6}} \quad \text{(複号同順)}$$

これを②に代入することにより，求める 2 つの直線の方程式は

$$y=\pm 4\sqrt{\frac{1-a}{6}}\,x+\frac{1}{3}(a+2)\quad\cdots\cdots(\text{答})$$

別解　＜その 1＞　$y=2x^2+1$ より　　$y'=4x$

よって，放物線 C_1 上の点（s，$2s^2+1$）における C_1 の接線の方程式は

$$y-(2s^2+1)=4s(x-s)$$

$$y=4sx-2s^2+1\quad\cdots\cdots⑥$$

直線⑥が放物線 C_2：$y=-x^2+a$ に接するための条件は

$$\begin{cases} y=-x^2+a \\ y=4sx-2s^2+1 \end{cases}$$

より，y を消去してできた x の 2 次方程式

$$x^2+4sx-a-2s^2+1=0$$

が重解をもつことであり，この方程式の判別式を D_1 とするときに $D_1=0$ となることであるから

$$\frac{D_1}{4}=(2s)^2-(-a-2s^2+1)=6s^2+a-1$$

よって　　$6s^2+a-1=0$

$$s=\pm\sqrt{\frac{1-a}{6}}\quad\left(a<1 \text{ なので，} \frac{1-a}{6}>0\right)$$

$s=\pm\sqrt{\dfrac{1-a}{6}}$ を⑥に代入することにより，求める 2 つの直線の方程式は

$$y=\pm 4\sqrt{\frac{1-a}{6}}\,x+\frac{1}{3}(a+2)$$

＜その 2＞　C_1，C_2 の 2 つの放物線と接する直線は y 軸と平行ではない。y 軸と平行でない直線の方程式は

$$y=mx+n\quad\cdots\cdots⑦$$

とおける。

$$\begin{cases} y=2x^2+1 \\ y=mx+n \end{cases}$$

のグラフが接するための条件は，y を消去してできた x の 2 次方程式

$$2x^2-mx+1-n=0\quad\cdots\cdots⑧$$

が重解をもつことであり，この方程式の判別式を D_2 とするときに $D_2=0$ となることであるから

$$D_2=(-m)^2-4\cdot 2(1-n)=m^2+8n-8$$

よって　　$m^2+8n-8=0$　……⑨

また

$$\begin{cases} y=-x^2+a \\ y=mx+n \end{cases}$$

のグラフが接するための条件は，y を消去してできた x の２次方程式

$$x^2+mx+n-a=0 \quad \cdots\cdots ⑩$$

が重解をもつことであり，この方程式の判別式を D_3 とするときに $D_3=0$ となることであるから

$$D_3=m^2-4(n-a)=m^2-4n+4a$$

よって　　$m^2-4n+4a=0$　……⑪

⑨－⑪より

$$12n=4a+8 \qquad n=\frac{1}{3}a+\frac{2}{3}$$

これを⑪に代入すると

$$m^2-4\left(\frac{1}{3}a+\frac{2}{3}\right)+4a=0 \qquad m^2=-\frac{8}{3}a+\frac{8}{3}$$

$$m=\pm\sqrt{-\frac{8}{3}a+\frac{8}{3}}=\pm 2\sqrt{-\frac{2}{3}a+\frac{2}{3}} \quad \left(a<1 \text{ なので，} -\frac{8}{3}a+\frac{8}{3}>0\right)$$

したがって，これらの m，n の値を⑦に代入して，求める２つの直線の方程式は

$$y=\pm 2\sqrt{-\frac{2}{3}a+\frac{2}{3}}\,x+\frac{1}{3}a+\frac{2}{3}$$

(2)　$s=\pm\sqrt{\dfrac{1-a}{6}}$ のうち，正の $s=\sqrt{\dfrac{1-a}{6}}$ のときについて考える。$s>0$ であるから，放物線 C_1，C_2 と(1)で求めた２つの直線は下図のようになる。

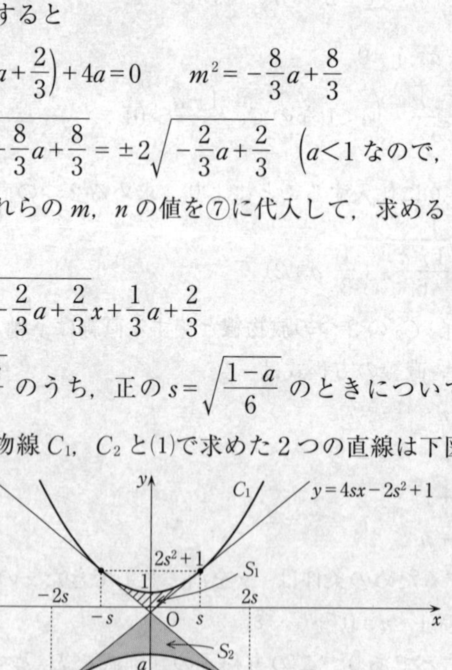

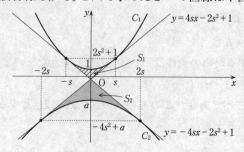

グラフの y 軸に関する対称性から

$$\frac{S_1}{2}=\int_0^s\{(2x^2+1)-(4sx-2s^2+1)\}dx=\int_0^s(2x^2-4sx+2s^2)dx$$

$$=2\int_0^s(x-s)^2dx=2\left[\frac{1}{3}(x-s)^3\right]_0^s$$

$$=\frac{2}{3}s^3$$

$$\frac{S_2}{2}=\int_{-2s}^0\{(4sx-2s^2+1)-(-x^2+a)\}dx$$

$$=\int_{-2s}^0(x^2+4sx-2s^2-a+1)dx$$

$$=\int_{-2s}^0(x+2s)^2dx=\left[\frac{1}{3}(x+2s)^3\right]_{-2s}^0$$

$$=\frac{8}{3}s^3$$

よって　$\dfrac{S_2}{S_1}=\dfrac{\frac{S_2}{2}}{\frac{S_1}{2}}=\dfrac{\frac{8}{3}s^3}{\frac{2}{3}s^3}=4$

$s=-\sqrt{\dfrac{1-a}{6}}$ のときもグラフの対称性から同様になるから

$$\frac{S_2}{S_1}=4\quad\cdots\cdots(\text{答})$$

◀解　説▶

≪２つの放物線とその共通接線で囲まれた図形の面積≫

▶(1)〔解答〕C_1 上の点 $(s,\ 2s^2+1)$ における接線の方程式と，C_2 上の点 $(t,\ -t^2+a)$ における接線の方程式を求める。共通な接線ということはこの２つの接線が一致する，ということから連立方程式を立てて，s，t を a で表すという方針を立てる。

〔別解〕＜その１＞ C_1 上の点での接線の方程式を求める。その接線が C_2 と接するための条件を考える。y を消去してできた x の２次方程式が重解をもつことから，判別式が０となることを考える。

＜その２＞求める接線の方程式を $y=mx+n$ とおく。これと C_1 の方程式から y を消去してできた x の２次方程式が重解をもつことから，判別式が

0となる。C_2 の方程式からも同様に計算し，こうして得られる m と n の連立方程式を解いて，m と n を a で表す。

▶(2)　(1)で〔解答〕，〔別解〕<その 1>の解法をとっていれば，接点の x 座標を定数でおいているので，その文字で面積 S_1，S_2 を表す。a で表すと計算が面倒になる。〔別解〕<その 2>の解法の場合は，C_1，C_2 と $y=mx+n$ の接点の x 座標がそれぞれ⑧，⑩の重解：$x=\frac{m}{4}$，$x=-\frac{m}{2}$ であるから，$m>0$ の場合について

$$\frac{S_1}{2}=\int_0^{\frac{m}{4}}\{(2x^2+1)-(mx+n)\}dx$$

$$=\int_0^{\frac{m}{4}}2\left(x-\frac{m}{4}\right)^2dx=\left[\frac{2}{3}\left(x-\frac{m}{4}\right)^3\right]_0^{\frac{m}{4}}=\frac{m^3}{96}$$

$$\frac{S_2}{2}=\int_{-\frac{m}{2}}^{0}\{(mx+n)-(-x^2+a)\}dx$$

$$=\int_{-\frac{m}{2}}^{0}\left(x+\frac{m}{2}\right)^2dx$$

$$=\left[\frac{1}{3}\left(x+\frac{m}{2}\right)^3\right]_{-\frac{m}{2}}^{0}=\frac{m^3}{24}$$

より，$\frac{S_2}{S_1}=4$ を得る。

（$m<0$ の場合も同様である）

曲線と接線の関係に注意して要領よく計算しよう。

以下，式の変形について説明しておく。

$$\frac{S_1}{2}=\int_0^s(2x^2-4sx+2s^2)\,dx=2\int_0^s(x-s)^2dx$$

と変形できるのは，放物線 C_1 と直線 $y=4sx-2s^2+1$ が点（s，$2s^2+1$）で接していることよりわかる。さらに，一般に n を自然数として

$$\int(x+p)^ndx=\frac{1}{n+1}(x+p)^{n+1}+C \quad (C\text{ は積分定数})$$

が成り立つことを用いて

$$2\int_0^s(x-s)^2dx=2\left[\frac{1}{3}(x-s)^3\right]_0^s$$

と計算できる。

同様に

$$\frac{S_2}{2}=\int_{-2s}^{0}(x^2+4sx-2s^2-a+1)\,dx=\int_{-2s}^{0}(x+2s)^2dx$$

と変形できるのは，放物線 C_2 と直線 $y=4sx-2s^2+1$ が点 $(-2s,\ -4s^2+a)$ で接していることよりわかる。

前者が $2x^2-4sx+2s^2=2(x-s)^2$ と因数分解できることに対して，後者は $x^2+4sx-2s^2-a+1$ が直接的に因数分解できるわけではないが，接点の x 座標が $-2s$ であるとわかっていることから

$$x^2+4sx-2s^2-a+1=(x+2s)^2$$

と変形できるということである。実際⑤より，$x^2+4sx-2s^2-a+1=x^2+4sx+4s^2$ が成り立つことがわかる。

2

◇発想◇ (1)　$\mathrm{OA}=\sqrt{a^2+1}$，$\mathrm{OB}=\sqrt{s^2+t^2}$，$\mathrm{AB}=\sqrt{(s-1)^2+(t-a)^2}$ である。三角形 OAB が正三角形であることから，OA＝OB，OA＝AB，AB＝OB のうちの２つを連立させればよい。

(2)　(1)とは独立した問題であり，この証明した結果が(3)へつながる。典型的な問題である。背理法で証明しよう。

(3)　(1)と同じ計算過程をたどればよい。まずは，s，t を a で表して，(2)で証明した結果を利用する。

解答　(1)　三角形 OAB が正三角形となるための条件は

$$\begin{cases}\mathrm{OA}=\mathrm{OB}\\ \mathrm{OA}=\mathrm{AB}\end{cases}$$

$$\begin{cases}\mathrm{OA}^2=\mathrm{OB}^2\\ \mathrm{OA}^2=\mathrm{AB}^2\end{cases}$$

$$\begin{cases}a^2+1=s^2+t^2 & \cdots\cdots①\\ a^2+1=(s-1)^2+(t-a)^2 & \cdots\cdots②\end{cases}$$

$a=1$ のとき

$$\begin{cases}s^2+t^2=2 & \cdots\cdots③\\ (s-1)^2+(t-1)^2=2 & \cdots\cdots④\end{cases}$$

③－④ より

$$2s+2t=2 \qquad t=1-s \quad \cdots\cdots⑤$$

⑤を③に代入して

$$s^2+(1-s)^2=2 \qquad 2s^2-2s-1=0$$

$$s=\frac{-(-1)\pm\sqrt{(-1)^2-2(-1)}}{2}=\frac{1\pm\sqrt{3}}{2}$$

$s=\dfrac{1\pm\sqrt{3}}{2}$ を⑤に代入して　　$t=\dfrac{1\mp\sqrt{3}}{2}$　(複号同順)

したがって　　$(s,\ t)=\left(\dfrac{1\pm\sqrt{3}}{2},\ \dfrac{1\mp\sqrt{3}}{2}\right)$　(複号同順)　……(答)

別解　$a=1$ のとき点 A の座標は $(1,\ 1)$

つまり $\left(\sqrt{2}\cos\dfrac{\pi}{4},\ \sqrt{2}\sin\dfrac{\pi}{4}\right)$ である。

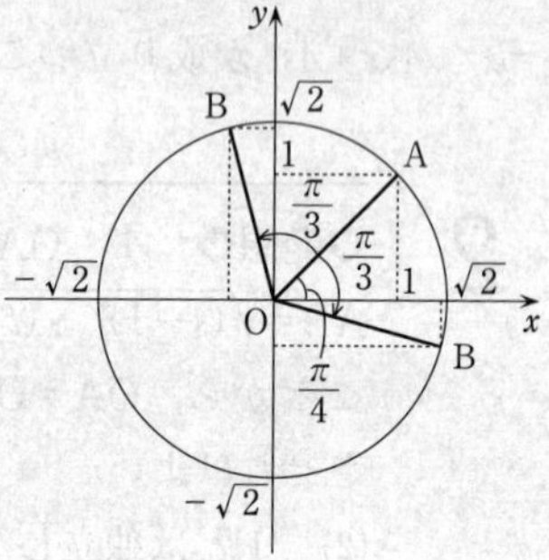

三角形 OAB が正三角形であるための条件は，点 B が円 $x^2+y^2=2$ 上にあり，$\angle\mathrm{AOB}=\dfrac{\pi}{3}$ となることである。

よって，右図のようになり，点 B の座標 $(s,\ t)$ は

$$\left(\sqrt{2}\cos\left(\frac{\pi}{4}\pm\frac{\pi}{3}\right),\ \sqrt{2}\sin\left(\frac{\pi}{4}\pm\frac{\pi}{3}\right)\right)$$

となり，加法定理より

$$\left(\sqrt{2}\left(\cos\frac{\pi}{4}\cos\frac{\pi}{3}\mp\sin\frac{\pi}{4}\sin\frac{\pi}{3}\right),\ \sqrt{2}\left(\sin\frac{\pi}{4}\cos\frac{\pi}{3}\pm\cos\frac{\pi}{4}\sin\frac{\pi}{3}\right)\right)$$

(複号同順)

よって，点 B の座標は

$$\left(\frac{1\mp\sqrt{3}}{2},\ \frac{1\pm\sqrt{3}}{2}\right)$$　(複号同順)

(2)　〔背理法〕　$\sqrt{3}$ が有理数であると仮定する。

$$\sqrt{3}=\frac{p}{q}$$　($p,\ q$ は互いに素な自然数)

とおく。

$$\sqrt{3}\,q=p \qquad 3q^2=p^2 \quad \cdots\cdots⑥$$

p^2 が 3 の倍数なので p も 3 の倍数であるから

$$p=3p' \quad (p' \text{ は自然数})$$

とおけて，これを⑥に代入すると

$$3q^2=(3p')^2 \qquad q^2=3p'^2$$

よって，q^2 が 3 の倍数なので q も 3 の倍数となる。

すると，p，q がともに 3 の倍数となり，p，q が互いに素であることに矛盾する。

したがって，$\sqrt{3}$ は無理数である。　　（証明終）

(3)　三角形 OAB が正三角形であるとき，①－② より

$$2s+2at=a^2+1 \qquad s=\frac{1}{2}(a^2+1)-at \quad \cdots\cdots⑦$$

⑦を①に代入して

$$\left\{\frac{1}{2}(a^2+1)-at\right\}^2+t^2=a^2+1$$

$$\frac{1}{4}(a^2+1)^2-a(a^2+1)t+a^2t^2+t^2=a^2+1$$

$$(a^2+1)t^2-a(a^2+1)t+\frac{1}{4}(a^2+1)(a^2-3)=0$$

$$\frac{1}{4}(a^2+1)\{4t^2-4at+(a^2-3)\}=0$$

$\frac{1}{4}(a^2+1)\neq 0$ より

$$4t^2-4at+(a^2-3)=0$$

$$t=\frac{-(-2a)\pm\sqrt{(-2a)^2-4(a^2-3)}}{4}$$

$$=\frac{2a\pm\sqrt{12}}{4}=\frac{a\pm\sqrt{3}}{2}$$

t が無理数であることを示す。

$t=\frac{a\pm\sqrt{3}}{2}$ が有理数であると仮定すると

$$\frac{a\pm\sqrt{3}}{2}=r \quad (r \text{ は有理数})$$

とおける。

$\sqrt{3}=\pm(2r-a)$

右辺は有理数の演算なので結果は有理数となるが，左辺の $\sqrt{3}$ は(2)で証明したように無理数であるから矛盾する。

よって，a が有理数のとき，t は無理数となる。

したがって，s と t のうち少なくとも1つは無理数である。（証明終）

◀解　説▶

≪平面上の点の座標に対応する数が無理数であることの証明≫

▶(1)　s，t の連立方程式 $\begin{cases}\mathrm{OA}=\mathrm{OB}\\ \mathrm{OA}=\mathrm{AB}\end{cases}$ において，$a=1$ として解く。「連立方程式を解く」という計算の立場から解答したものが〔解答〕の解法である。図形的な立場で考えて，点Aを原点が中心の円周上にのせて，点Bの位置関係より考える解答が〔別解〕の解法である。

▶(2)「集合と論証」の分野の中での典型的な問題であり，受験生であれば一度は解答したことがあるだろう。確実に解答できるようにしておこう。「$\sqrt{3}$ が無理数であることは用いてよい」ということを与えておいて解き進ませるような問題もよく見かけるが，本問はそれを証明させる問題である。

▶(3)　(1)で s，t を求めた手法，(2)で証明した「$\sqrt{3}$ が無理数である」という命題を，(3)ではまとめて利用する。(1)では $a=1$ として計算したが，(3)ではそれを a のまま扱う。(1)でどのように計算したかを確認しながら，それをなぞっていけばよい。$t=\dfrac{a\pm\sqrt{3}}{2}$ が得られた段階で，「よって a が有理数であれば，t は無理数となる」と述べてもよいであろうが，(2)で「$\sqrt{3}$ が無理数である」というレベルのことを証明させているので，〔解答〕のように証明しておいた方が丁寧である。なお，s を求めるのを省略したが，$s=\dfrac{1\mp\sqrt{3}a}{2}$ となる。

「s，t のうち少なくとも1つは無理数である」ことを証明するが，$s=\dfrac{1\mp\sqrt{3}a}{2}$，$t=\dfrac{a\pm\sqrt{3}}{2}$ より，s は有理数 a が $a\neq0$ のときは無理数となるが，$a=0$ のときは $s=\dfrac{1}{2}$ となり有理数である。t は a が有理数であれば常に無理数であることから，t が無理数になることを証明することにする。

3

◇発想◇　(1)「試行を n 回続けて勝敗が決まらない」とはどのような場合だろうか。それは「AとBが交互にさいころを振るときに1，2の目を n 回出し続けること」である。

p_n を求めることができれば，$p_n<0.005$ を満たす最小の自然数 n を求めるために両辺の常用対数をとってみよう。与えられている対数の値が使える。

(2)「3回以下でAが勝つ」とはどのような場合だろうか。それは，「Aが1回目で3以上の目を出すか，2回以下では勝敗が決まらず，Aが3回目で3以上の目を出すこと」である。

(3) (2)を拡張して一般化してみよう。「$2k+1$ 回以下でAが勝つ」とはどのような場合だろうか。「$2l+1$ 回目でAが勝つ」とは「$2l$ 回以下では勝敗が決まらず，Aが $2l+1$ 回目で3以上の目を出すこと」である。この l を1，2，…，k と変化させて，その和を求めればよい。

解答　(1)　さいころを1回投げるとき

勝者が決まらない（1，2の目が出る）確率は　$\dfrac{1}{3}$

勝者が決まる（3以上の目が出る）確率は　$\dfrac{2}{3}$

さいころを n 回投げたときに勝敗が決まらないための条件は，n 回の試行すべてで1，2の目を出すことなので

$$p_n=\left(\frac{1}{3}\right)^n \quad \cdots\cdots(答)$$

$p_n<0.005$ となる最小の n を求める。

$$\left(\frac{1}{3}\right)^n<\frac{1}{200}$$

底 $10>1$ より

$$\log_{10}\left(\frac{1}{3}\right)^n<\log_{10}\frac{1}{2\cdot 10^2} \qquad -n\log_{10}3<-\log_{10}2-2$$

$n>\dfrac{2+\log_{10}2}{\log_{10}3}$　　$n>\dfrac{2.301}{0.477}$

$n>4.8\cdots$

したがって，p_n が 0.005 より小さくなる最小の n は　　5　……(答)

(2)　さいころを投げた回数が3回以下でAが勝つのは，Aが1回目か3回目で勝つ場合である。

(ア)　Aが1回目で勝つ場合

Aが1回目で3以上の目を出す場合であり，確率は $\dfrac{2}{3}$ である。

(イ)　Aが3回目で勝つ場合

さいころを投げた回数が2回以下では勝敗が決まらず，Aが3回目で3以上の目を出す場合であり，確率は

$$p_2\cdot\frac{2}{3}=\left(\frac{1}{3}\right)^2\cdot\frac{2}{3}=\frac{2}{27}$$

(ア)，(イ)より求める確率は

$$\frac{2}{3}+\frac{2}{27}=\frac{20}{27}\quad\cdots\cdots(答)$$

(3)　さいころを投げた回数が $2k+1$ 回以下でAが勝つのは，Aが1，3，5，…，$2k-1$，$2k+1$ 回目で勝つ場合である。

Aが $2l+1$ 回目（$l=0,\ 1,\ 2,\ \cdots,\ k$）で勝つ場合

さいころを投げた回数が $2l$ 回以下では勝敗が決まらず，Aが $2l+1$ 回目で3以上の目を出す場合であり，その確率は

$$p_{2l}\cdot\frac{2}{3}=\left(\frac{1}{3}\right)^{2l}\cdot\frac{2}{3}=\left(\frac{1}{9}\right)^l\frac{2}{3}$$

したがって，求める確率は

$$\sum_{l=0}^{k}\left(\frac{1}{9}\right)^l\frac{2}{3}=\frac{\frac{2}{3}\left\{1-\left(\frac{1}{9}\right)^{k+1}\right\}}{1-\frac{1}{9}}=\frac{3}{4}\left\{1-\left(\frac{1}{9}\right)^{k+1}\right\}\quad\cdots\cdots(答)$$

◀解　説▶

≪さいころで3以上の目を出してゲームに勝つ確率≫

▶(1)　試行を n 回続けて勝敗が決まらないという場合を考えることで，(2)・(3)の問題を解答する際のもととなる考え方に気づかせてくれる。

$p_n<0.005$ を満たす最小の自然数 n を求めるために，両辺の常用対数をとるという手法をマスターしておこう。ただ，本問に関しては，$\left(\frac{1}{3}\right)^n<\frac{1}{200}$ ときれいな形で整理できるので，両辺の逆数をとり，$3^n>200$ となる最小の自然数 n を求めることもできる。つまり，n が増加すると 3^n も増加するから

「$n=4$ のとき，$3^4=81<200$ であるが，$n=5$ のとき $3^5=243>200$ となる」

ことにより，求めるものは $n=5$ であることがわかる。しかし，「$\log_{10}2=0.301$，$\log_{10}3=0.477$ として，以下の問いに答えよ」とあるので，利用する方向で考えることにしたものが〔解答〕の解法である。

▶(2)　(1)と(3)にかけての橋渡し的な位置づけの問題である。「1回目で3以上の目を出す」か，「2回以下では勝敗が決まらず，3回目で3以上の目を出す」確率を求める。(1)で求めた p_n を利用すればよい。

▶(3)　(2)で「3回以下」で考えていたことを「$2k+1$ 回以下」と一般化して考えよう。初項 $\frac{2}{3}$，公比 $\frac{1}{9}$，項数 $k+1$ の等比数列の和を，公式を用いて求める。小問の誘導を利用してうまく考えよう。

4

◇発想◇　(1)　2017 は素数であるから，2017 と 225 の最大公約数は 1 であるが，結果だけを述べるのではなくて，それを示してみよう。225 を $225=3^2\cdot5^2$ と素因数分解してみて，225 の素因数 3，5 を 2017 がもち合わせていないことを示せばよい。

(2)　$225=3^2\cdot5^2$ との最大公約数が 15 である数は $3\cdot5\cdot n$（n は自然数）という形をしている。15 が「最大」公約数であるためには，n がどのような数でなければならないのかを考えてみよう。

(3)　(2)で個数を求めた数 $15n$ と $1998=2\cdot3^3\cdot37$ の最大公約数が $111=3\cdot37$ であるということは，(2)で求めた n の条件に加えて，さらにどのような条件が付加されるのかを考えてみる。

解答　(1)　$225=3^2\cdot5^2$ と変形でき，225 は素因数 3 と 5 だけからなる。一方で，2017 は，$2017=3\times672+1$ より 3 の倍数ではなく，

$2017=5\times403+2$ より 5 の倍数でもない。

したがって，2017 と 225 の最大公約数は　1　……(答)

別解〔ユークリッドの互除法〕

$$2017=225\times8+217$$
$$225=217\times1+8$$
$$217=8\times27+1$$

よって，2017 と 225 の最大公約数は 225 と 217 の最大公約数，217 と 8 の最大公約数，そしてそれは 8 と 1 の最大公約数 1 に等しい。

したがって，2017 と 225 の最大公約数は　1

(2)「$225=3\cdot5\cdot15$ との最大公約数が 15 となる自然数」は

$15n$　(n は 3 と 5 を素因数にもたない自然数)

と表せる。

この自然数 $15n$ が 2017 以下となるための n の条件は，$15\cdot134<2017<15\cdot135$ より

$n=1,\ 2,\ 3,\ \cdots,\ 134$

である。

これらの n のうち

3 の倍数は，$3\cdot1,\ 3\cdot2,\ 3\cdot3,\ \cdots,\ 3\cdot44$ の 44 個

5 の倍数は，$5\cdot1,\ 5\cdot2,\ 5\cdot3,\ \cdots,\ 5\cdot26$ の 26 個

15 の倍数は，$15\cdot1,\ 15\cdot2,\ 15\cdot3,\ \cdots,\ 15\cdot8$ の 8 個

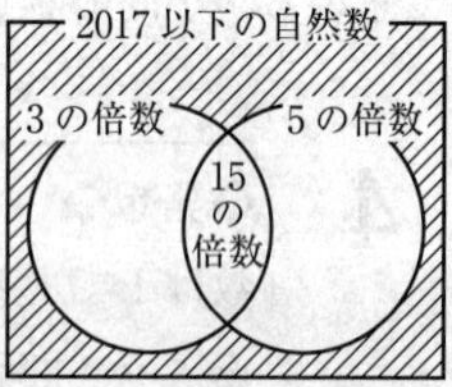

よって，条件を満たす自然数 n は

$134-(44+26-8)=72$ 個

あるので，求める自然数の個数も　72 個　……(答)

(3) (2)で求めた $15n$ (n は 3 と 5 を素因数にもたない自然数) のうち，1998 との最大公約数が 111 となるものを求めよう。

$1998=2\cdot3^3\cdot37$ と $15n=3\cdot5\cdot n$ (n は 3 と 5 を素因数にもたない自然数) の最大公約数が

$111=3\cdot37$

であることから，$15n$ の n は

$n=37l$　(l は 2 と 3 と 5 を素因数にもたない自然数)

と表せることになる。(2)より n は $n=1,\ 2,\ 3,\ \cdots,\ 134$ であるから $l=1,\ 2,\ 3$ であり，このうち 2，3，5 を素因数にもたない自然数 l は，$l=1$ のみで，そのとき $15n=15\cdot37\cdot1=555$ である。

よって，求める自然数は　555 ……(答)

◀解　説▶

≪条件を満たす最大公約数≫

▶(1)　2017 は素数である。よって，2017 と 225 の最大公約数は 1 であるのだが，その事実を述べるだけではなくて，$225=3^2\cdot5^2$ と素因数分解し，2017 が 225 の素因数 3 と 5 をもち合わせていないことを示せばよい。

参考に倍数の見つけ方をまとめておく。

　2 の倍数…1 の位が 2 の倍数
　3 の倍数…各位の数字の和が 3 の倍数
　4 の倍数…下 2 桁が 4 の倍数
　5 の倍数…1 の位が 0 または 5
　6 の倍数…1 の位が偶数で各位の数字の和が 3 の倍数
　8 の倍数…下 3 桁が 8 の倍数
　9 の倍数…各位の数字の和が 9 の倍数

などである。7 の倍数についても判定方法がないではないが，知らないと解けないような問題は出題されない。

▶(2)　「$225=3\cdot5\cdot15$ との最大公約数が 15 となる自然数」は $15n$ と表せて，n は 3 と 5 を素因数にもたない自然数であることを理解する。$15n$ と表せることにはすぐに気づくだろうが，n に関する条件をよく考えること。

この自然数 $15n$ が 2017 以下となるための n の条件は $n=1,\ 2,\ 3,\ \cdots,\ 134$ であり，n が 3 と 5 を素因数にもたないときの n の個数を求める。全体集合を $U=\{1,\ 2,\ 3,\ \cdots,\ 134\}$ とし，集合 A，B を U の部分集合で，それぞれ 3 の倍数，5 の倍数の集合とする。$n(A)$ は集合 A の要素の個数を表すとすると，求める自然数の個数は

$$
\begin{aligned}
n(\overline{A}\cap\overline{B}) &= n(\overline{A\cup B})\\
&= n(U)-n(A\cup B)\\
&= n(U)-\{n(A)+n(B)-n(A\cap B)\}
\end{aligned}
$$

となる。

▶(3)　$1998=2\cdot3^3\cdot37$ と $15n=3\cdot5\cdot n$（n は 3 と 5 を素因数にもたない自然数）の最大公約数が $111=3\cdot37$ であることから，$15n=3\cdot5\cdot n$ は素因数として 3 を 1 つだけ，37 を 1 つだけもち，2 を素因数としてもたない。よって，$15n$ の n は $37l$（l は 2 と 3 と 5 を素因数にもたない自然数）と表せる。

講　評

例年通り大問 4 題が出題された。質，量のバランスがとれている。試験時間は 120 分であり，じっくりと考えて答案を作成するのに十分に時間がある。

1　2 つの放物線とその共通接線で囲まれた図形の面積の比を求める問題である。共通接線を求める方法にはいろいろな手法が考えられるので，自分で解いてみながら検討してみるとよい。面積を求めるときには因数分解して計算を工夫すること。

2　前半は，xy 平面上で正三角形となる点 B の座標 $(s,\ t)$ を求める，座標平面上での図形の問題である。後半は，前半で得られた $s,\ t$ についての数式に関する証明問題である。(2)は証明問題の中でも典型的な問題である。(3)は t が無理数であることを証明すればよい。

3　さいころを投げて勝負を決めるとき，終了に要する回数に関する問題である。(2)で考えたことを一般化させて(3)を解答する。

4　最大公約数についての整数の性質の問題である。各数を素因数分解して構成している素数に注目し考察する。

すべて，やや易～標準に収まるレベルの問題である。対処に困るような難しめの問題は出題されなかった。

物理

1 解答

問１．(1) $V=a\sqrt{\dfrac{k}{M+m}}$　(2) $v_0=\sqrt{\dfrac{ka^2}{M+m}-2\mu gL}$

(3) $v_0=\sqrt{gd}$　(4) $a=\sqrt{\dfrac{(M+m)\,g}{k}(d+2\mu L)}$

問２．(1) $v_1=\dfrac{1-e}{2}v_0'$　$v_2=\dfrac{1+e}{2}v_0'$　(2) $\varDelta E=\dfrac{1-e^2}{4}mv_0'^2$

(3) $e=0.5$　(4) $a'>\sqrt{\dfrac{2\,(M+m)\,g}{k}(4d+\mu L)}$

◆テーマ◆

≪２物体の衝突と放物運動≫

問１．力学的エネルギー保存則，運動方程式と等加速度直線運動，エネルギーと仕事の関係，水平投射された物体の経路の式が問われている。

問２．(1)・(2) ２物体の衝突における運動量保存則と反発係数の式，力学的エネルギーの減少量が問われている。

(3)・(4) ２物体が水平方向に飛び出したとき，その後の鉛直方向の変位は等しい。小球が滑らかな垂直壁で弾性衝突すると，その経路は垂直壁がなかった場合の放物運動の経路と垂直壁に対して線対称となる。

◀解　説▶

▶問１．(1)　小物体と台車を一体として，力学的エネルギー保存則より

$$\frac{1}{2}ka^2=\frac{1}{2}(M+m)\,V^2 \qquad \therefore \quad V=a\sqrt{\frac{k}{M+m}}$$

(2)　右向きを正とする。小物体が BC 間を進むとき，BC 面から受ける垂直抗力の大きさを N，水平方向の加速度を α とする。

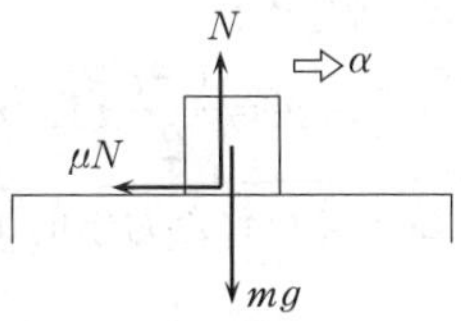

水平方向の運動方程式は　　$m\alpha=-\mu N$

鉛直方向の力のつりあいの式は　　$N=mg$

$\therefore \quad \alpha=-\mu g$

等加速度直線運動の式より

$$v_0{}^2 - V^2 = 2\alpha L$$

$$\therefore \quad v_0 = \sqrt{V^2 + 2\alpha L} = \sqrt{\frac{ka^2}{M+m} - 2\mu gL}$$

別解　小物体が BC 間を進むときに，動摩擦力がする仕事は $-\mu mg \cdot L$ であるから，エネルギーと仕事の関係（小物体の運動エネルギーの変化＝小物体にはたらく外力がした仕事）より

$$\frac{1}{2}mv_0{}^2 - \frac{1}{2}mV^2 = -\mu mgL$$

$$\therefore \quad v_0 = \sqrt{V^2 - 2\mu gL} = \sqrt{\frac{ka^2}{M+m} - 2\mu gL}$$

(3)　点Cから水平方向に飛び出した小物体が点Dに到達するまでの時間を t_D とする。

水平方向の等速直線運動の式は　　$d = v_0 t_\mathrm{D}$

鉛直方向の自由落下運動の式は　　$d - \frac{1}{2}d = \frac{1}{2}gt_\mathrm{D}{}^2$

t_D を消去すると

$$\frac{1}{2}d = \frac{1}{2}g\left(\frac{d}{v_0}\right)^2 \qquad \therefore \quad v_0 = \sqrt{gd}$$

(4)　(2)，(3)より v_0 を消去すると

$$\sqrt{\frac{ka^2}{M+m} - 2\mu gL} = \sqrt{gd} \qquad \therefore \quad a = \sqrt{\frac{(M+m)g}{k}(d + 2\mu L)}$$

▶問２．(1)　運動量保存則より

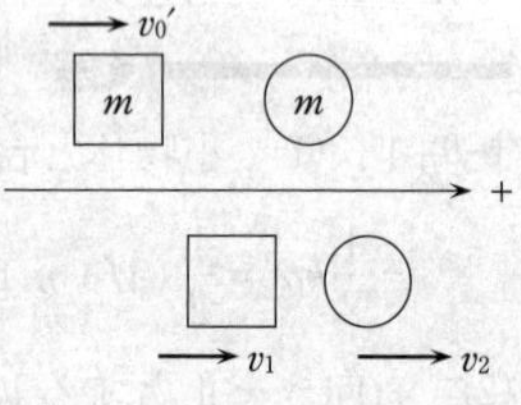

$$mv_0{}' = mv_1 + mv_2$$

反発係数の式より　　$e = -\frac{v_1 - v_2}{v_0{}'}$

したがって

$$v_1 = \frac{1-e}{2}v_0{}',\quad v_2 = \frac{1+e}{2}v_0{}'$$

(2)　失われた力学的エネルギーであるから

$$\varDelta E = \frac{1}{2}mv_0{}'^2 - \left(\frac{1}{2}mv_1{}^2 + \frac{1}{2}mv_2{}^2\right)$$

$$= \frac{1}{2}mv_0{}'^2 - \left\{\frac{1}{2}m\left(\frac{1-e}{2}v_0{}'\right)^2 + \frac{1}{2}m\left(\frac{1+e}{2}v_0{}'\right)^2\right\} = \frac{1-e^2}{4}mv_0{}'^2$$

(3)　小物体と小球が再び衝突した点をＥとし，点Ｃから点Ｅに到達するまでの時間を t_E とする。小物体と小球の水平方向の運動はともに等速直線運動であり，小球が垂直壁と弾性衝突をした後の経路は，〔テーマ〕で述べたように，垂直壁がなかった場合の経路と垂直壁に対して線対称であるから

　小物体は　　$d=v_1t_E$

　小球は　　$3d=v_2t_E$

t_E を消去すると

$$v_2=3v_1$$

$$\frac{1+e}{2}v_0'=3\times\frac{1-e}{2}v_0' \qquad \therefore \quad e=0.5$$

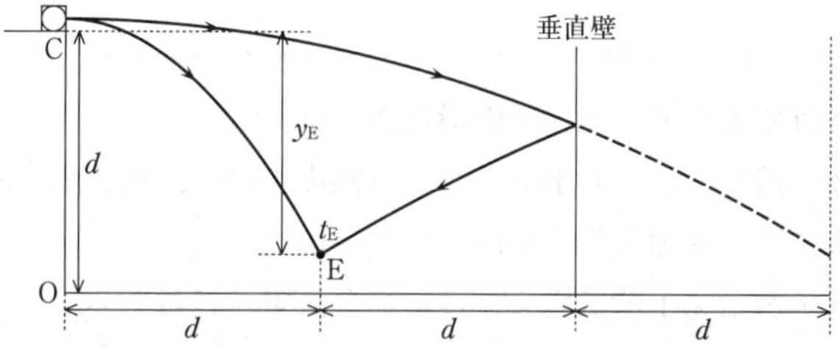

(4)　点Ｃから点Ｅまでの鉛直方向の落下距離を y_E とする。題意を満たすためには y_E が鉛直方向の高さ d より小さければよいから，小物体について

　水平方向の等速直線運動の式は　　$d=v_1t_E$

　鉛直方向の自由落下運動の式は　　$d>y_E=\frac{1}{2}gt_E{}^2$

したがって，t_E を消去すると

$$d>\frac{1}{2}g\left(\frac{d}{v_1}\right)^2 \qquad \therefore \quad v_1{}^2>\frac{1}{2}gd$$

ところで，v_0' と a' の関係は，問１(2)と同様にして

$$v_0'=\sqrt{\frac{ka'^2}{M+m}-2\mu gL}$$

これと問２(1)の関係を用いると

$$\left(\frac{1-e}{2}\times\sqrt{\frac{ka'^2}{M+m}-2\mu gL}\right)^2>\frac{1}{2}gd$$

問 2 (3)より，$e=0.5$ を代入して

$$a'>\sqrt{\frac{2(M+m)g}{k}(4d+\mu L)}$$

2 解答

問 1．(1) $B_0=\frac{\mu_0 I_0}{2r}$〔T〕 (2)―②　問 2．$I_0=\frac{ev_0}{2\pi r}$〔A〕

問 3．$v_0=e\sqrt{\frac{k_0}{mr}}$〔m/s〕　問 4．(1) $f=evB$〔N〕 (2)―④

問 5．(1)ア．$\frac{k_0 e^2}{mr}$　イ．$\frac{r^2}{k_0 e}$　(2)ウ．$\frac{er}{2m}$

問 6．$|\Delta\overrightarrow{B_0}|=\frac{\mu_0 e^2 B}{8\pi mr}$〔T〕　問 7．④

◆テーマ◆

≪磁場をかけた場合の水素原子の構造≫

問 1 〜問 3．円電流がその中心につくる磁場の強さ，電流の定義，水素原子における電子の運動方程式が問われている。

問 4 〜問 6．水素原子に磁場をかけた場合，電子にはたらくローレンツ力による電子の速さの変化と，電子の円運動の中心の磁場の変化が問われている。与えられた近似式の使い方がポイントとなる。

問 7．電子の円運動の向きが図の反時計まわりの向きと時計まわりの向きとで，電子の円運動の中心の磁場の変化がどう異なるのかが問われている。

◀解　説▶

▶問 1．(1)　円形の 1 巻きコイルを流れる電流が，その中心につくる磁場の強さ H_0〔A/m〕は

$$H_0=\frac{I_0}{2r}$$

磁束密度の大きさは

$$B_0=\mu_0 H_0=\mu_0\cdot\frac{I_0}{2r}\text{〔T〕}\quad\cdots\cdots①$$

(2)　z 軸の正の向きから見て，電子が反時計まわりに運動しているとき，電流は時計まわりに流れていることになるから，磁束密度の向きは，右ねじの法則より，z 軸の負の向きとなる。

▶問 2．電流の定義は，時間 Δt〔s〕あたりにある断面を通過する電気量

を ΔQ〔C〕とすると

$$I=\frac{\Delta Q}{\Delta t}$$

である。半径 r の円周上を電子1個が運動するとき，1周期 $\frac{2\pi r}{v_0}$ あたりに電気量 e が通過するから

$$I_0=\frac{e}{\frac{2\pi r}{v_0}}=\frac{ev_0}{2\pi r}\text{〔A〕} \quad \cdots\cdots②$$

▶問3．原子核と電子の間にはたらくクーロン力が向心力となって等速円運動をしているので，中心方向の運動方程式より

$$m\frac{{v_0}^2}{r}=k_0\frac{e\cdot e}{r^2} \quad \cdots\cdots③$$

$$\therefore \quad v_0=e\sqrt{\frac{k_0}{mr}}\text{〔m/s〕}$$

▶問4．(1)　速さ v の電子が磁束密度 $\vec{B}$ の磁場から受けるローレンツ力の大きさ f は　$f=evB$〔N〕

(2)　ローレンツ力の向きは，フレミングの左手の法則より，電子から原点に向かう向きである。ただし，問1(2)と同様に，電流は反時計まわりに流れていることに注意が必要である。

▶問5．(1)　電子について，中心方向の運動方程式より

$$m\cdot\frac{v^2}{r}=k_0\frac{e\cdot e}{r^2}+evB \quad \cdots\cdots④$$

$$\therefore \quad v^2=\frac{k_0e^2}{mr}\cdot\left(1+\frac{r^2}{k_0e}\cdot Bv\right)$$

(2)　与えられた近似式

$$v^2 \fallingdotseq {v_0}^2+2v_0\cdot\Delta v_0 \quad \cdots\cdots⑤$$

$$Bv \fallingdotseq Bv_0 \quad \cdots\cdots⑥$$

および③を，④に代入すると

$$\frac{m}{r}\left({v_0}^2+2v_0\cdot\Delta v_0\right)=m\frac{{v_0}^2}{r}+e\cdot Bv_0$$

$$\therefore \quad \Delta v_0 \fallingdotseq \frac{er}{2m}\cdot B\text{〔m/s〕} \quad \cdots\cdots⑦$$

▶問6．電子の速さの変化が Δv_0 のとき，電流の変化を ΔI_0〔A〕とすると，②，⑦より

$$I_0+\Delta I_0=\frac{e}{2\pi r}(v_0+\Delta v_0)$$

$$\therefore\quad \Delta I_0=\frac{e}{2\pi r}\cdot\Delta v_0=\frac{e}{2\pi r}\times\frac{er}{2m}B=\frac{e^2}{4\pi m}\cdot B\quad\cdots\cdots⑧$$

$\Delta I_0>0$ より電流の大きさは増加する。①より B_0 と I_0 は比例するので，B_0 も増加する。磁束密度の変化の大きさを $|\Delta\overrightarrow{B_0}|=\Delta B_0$ とすると

$$B_0+\Delta B_0=\frac{\mu_0}{2r}(I_0+\Delta I_0)$$

$$\therefore\quad \Delta B_0=\frac{\mu_0}{2r}\cdot\Delta I_0=\frac{\mu_0}{2r}\times\frac{e^2}{4\pi m}B=\frac{\mu_0 e^2}{8\pi mr}\cdot B\text{〔T〕}\quad\cdots\cdots⑨$$

▶問7．z 軸の正の向きから見て，電子の円運動の向きが反時計まわりのとき，磁束密度 $\overrightarrow{B_0}$ の向きは，問1(2)より z 軸の負の向きである。

これに磁束密度 B の磁場が z 軸の正の向きに加わったとき，⑦より $\Delta v_0>0$ なので，電子の速さは増加する。問1(1)と問2の結果より，B_0 と v_0 は比例するので，B_0 も増加する。もとの $\overrightarrow{B_0}$ が z 軸の負の向きであるから，$\Delta\overrightarrow{B_0}$ も z 軸の負の向きである。

逆に，電子の円運動の向きが時計まわりのとき，その中心につくる磁束密度 $\overrightarrow{B_0'}$〔T〕の向きは，問1と同様に右ねじの法則より，z 軸の正の向きである。

これに磁束密度 B の磁場が z 軸の正の向きに加わったとき，④と同様に等速円運動の速さを v'〔m/s〕とすると

$$m\frac{v'^2}{r}=k_0\frac{e\cdot e}{r^2}-ev'B$$

よって磁場を加えると，円運動している電子に働く向心力の大きさは減少するので，電子の速さも減少する。問1(1)と問2の結果より B_0 と v_0 は比例するので，B_0 は減少する。もとの $\overrightarrow{B_0'}$ が z 軸の正の向きであるから，$\Delta\overrightarrow{B_0'}$ は z 軸の負の向きである。

3　**解答**　問１．(1) π〔rad〕　(2) $\dfrac{2h\nu}{c}$

問２．(1) $l_2-l_1=\sqrt{L^2+(x+d)^2}-\sqrt{L^2+(x-d)^2}$

(2) $x=\dfrac{L\lambda}{4d}$　(3) $x=\dfrac{L\lambda}{4nd}$

問３．(1)(ア) $h\nu-h\nu'$　(イ) $\dfrac{h\nu}{c}+\dfrac{h\nu'}{c}$　(ウ) $\dfrac{c+V}{c-V}$

(2)(エ) $\lambda+\dfrac{Vt_0}{\cos\alpha}$　(オ) $\dfrac{Vt_0}{\cos\alpha}$　(カ) $\dfrac{c\cos\alpha+V\cos(\alpha+\beta)}{c\cos\alpha-V}$

◆テーマ◆

≪平面鏡による光の反射，光の波動性と粒子性≫

振動数 ν の光を粒子（光子）として考えた場合，エネルギーは $h\nu$，運動量は $\dfrac{h\nu}{c}$ である。

問２．光を波動と考えて，スリットＳと，平面鏡に対して線対称の位置にスリットＳ′を考え，この２つのスリットを通った光の干渉が問われている。このとき，平面鏡で光が反射するときの位相の変化を考える必要がある。

問３．光を粒子と考えて，光子と鏡の衝突におけるエネルギー保存則と運動量保存則が問われている。また，鏡が動く場合の光のドップラー効果を光の粒子性と波動性から考えている。

◀解　説▶

▶問１．(1)　光を波として考えた場合，真空の屈折率は１，平面鏡の屈折率は１より大きいから，光が鏡で反射する際，鏡は固定端である。すなわち位相は π〔rad〕ずれる。

(2)　光子が平面鏡に与える力積 I は，光子が平面鏡から受ける力積と大きさが等しく向きが反対である。光子が受ける力積は，光子の運動量の変化 $\varDelta p$ に等しいから

$$I=-\varDelta p=-\left\{\left(-\frac{h\nu}{c}\right)-\frac{h\nu}{c}\right\}=\frac{2h\nu}{c}$$

▶問２．(1)　スリットＳから鏡によって反射されて点Ｐに届いた光が進んだ距離は，鏡に対してＳと線対称の位置のスリットＳ′から点Ｐまでの距

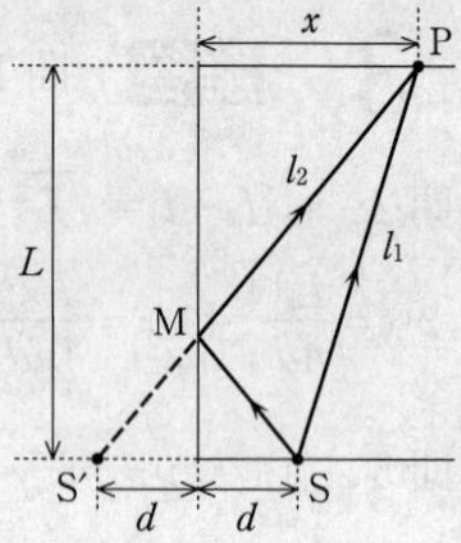

離に等しい。この光の鏡での反射点をMとして

$$l_1 = \mathrm{SP} = \sqrt{L^2 + (x-d)^2}$$

$$l_2 = \mathrm{SM} + \mathrm{MP} = \mathrm{S'P} = \sqrt{L^2 + (x+d)^2}$$

したがって

$$l_2 - l_1 = \sqrt{L^2 + (x+d)^2} - \sqrt{L^2 + (x-d)^2}$$

(2)　与えられた近似を用いると

$$l_2 - l_1 = L\sqrt{1 + \left(\frac{x+d}{L}\right)^2} - L\sqrt{1 + \left(\frac{x-d}{L}\right)^2}$$

$$\fallingdotseq L\left[\left\{1 + \frac{1}{2}\left(\frac{x+d}{L}\right)^2\right\} - \left\{1 + \frac{1}{2}\left(\frac{x-d}{L}\right)^2\right\}\right] = \frac{2xd}{L}$$

S→M→Pと進む光は，鏡で反射する際に位相が π ずれるから，スクリーン上で明線となる位置は，$l_2 - l_1$ が波長の半整数倍の位置である。すなわち，正の整数 m（$=1, 2, 3, \cdots$）を用いて

$$\frac{2xd}{L} = \left(m - \frac{1}{2}\right)\lambda$$

鏡に最も近い明線は，$m=1$ のときであるから

$$\frac{2xd}{L} = \frac{1}{2}\lambda \qquad \therefore \quad x = \frac{L\lambda}{4d}$$

(3)　図1の灰色の領域が屈折率 n の物質で満たされたとき，この物質中を進む光の波長 λ' は

$$\lambda' = \frac{\lambda}{n}$$

となる。$l_2 - l_1$ の経路の長さおよび反射による位相のずれは変化しないから，(2)と同様に

$$\frac{2xd}{L} = \frac{1}{2}\cdot\frac{\lambda}{n} \qquad \therefore \quad x = \frac{L\lambda}{4nd}$$

別解　真空中での波長 λ の光が，屈折率 n，長さ l の経路を進むとき，波長が $\frac{1}{n}$ 倍になることと，経路の長さが n 倍になることは同じである。このとき，波長 λ の光にとって，経路の長さは $n\times(l_2 - l_1)$ となり，これを光学距離（光路差）という。この考え方を用いると

$$n\cdot\frac{2xd}{L} = \frac{1}{2}\lambda \qquad \therefore \quad x = \frac{L\lambda}{4nd}$$

▶問3．(1)(ア)　エネルギー保存則より

$$\frac{1}{2}MV^2+h\nu=\frac{1}{2}MV'^2+h\nu'$$

$$\therefore\quad \frac{M}{2}V'^2-\frac{M}{2}V^2=h\nu-h\nu'\quad \cdots\cdots①$$

(イ)　運動量保存則より，反射後の光子が負の向きに進むことに注意して

$$MV+\frac{h\nu}{c}=MV'-\frac{h\nu'}{c}$$

$$\therefore\quad MV'-MV=\frac{h\nu}{c}+\frac{h\nu'}{c}\quad \cdots\cdots②$$

(ウ)　①，②より

$$\frac{M}{2}(V'+V)(V'-V)=h(\nu-\nu')\quad \cdots\cdots①'$$

$$M(V'-V)=\frac{h}{c}(\nu+\nu')\quad \cdots\cdots②'$$

①′，②′から $V'-V$ を消去し，与えられた近似 $V'+V\fallingdotseq 2V$ ……③を代入し，$\nu=\frac{c}{\lambda}$，$\nu'=\frac{c}{\lambda'}$ で書き換えると

$$\frac{1}{2}(V'+V)\cdot\frac{h}{c}(\nu+\nu')=h(\nu-\nu')$$

$$\frac{1}{2}\cdot 2V\cdot\frac{h}{c}\left(\frac{c}{\lambda}+\frac{c}{\lambda'}\right)=h\left(\frac{c}{\lambda}-\frac{c}{\lambda'}\right)$$

$$\therefore\quad \frac{\lambda'}{\lambda}=\frac{c+V}{c-V}$$

(2)(エ)　光が点Bから点B′に進むのに時間 t_0 を要し，この時間 t_0 に鏡は点Aを含む平面から点Bを含む平面まで移動する。また，線分ABの長さが光の波長 λ に等しいから

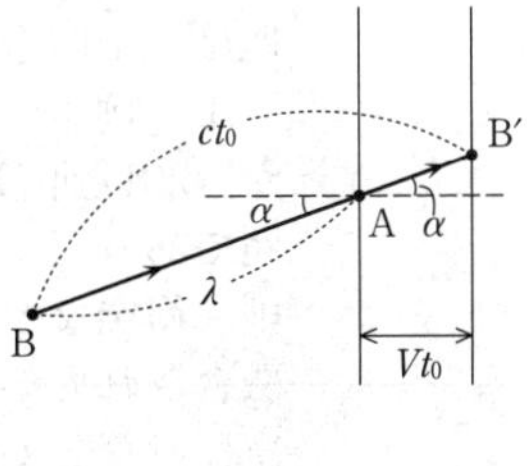

$$\mathrm{BA}+\mathrm{AB'}=\mathrm{BB'}$$

$$\therefore\quad \lambda+\frac{Vt_0}{\cos\alpha}=ct_0\quad \cdots\cdots④$$

(オ)　点B′で反射した光線と，点A，点A′を通る反射波の波面との交点をそれぞれ点D，点D′とする。線分B′D′の長さが反射波の波長 λ' に等しく，線分DD′の長さは線分AA′の長さに等しいから

$$\lambda' = \mathrm{B'D'}$$
$$= \mathrm{DD'} + \mathrm{B'D}$$
$$= \mathrm{AA'} + \mathrm{AB'}\cos(\alpha+\beta)$$

$$\therefore \quad \lambda' = ct_0 + \frac{Vt_0}{\cos\alpha} \times \cos(\alpha+\beta)$$

……⑤

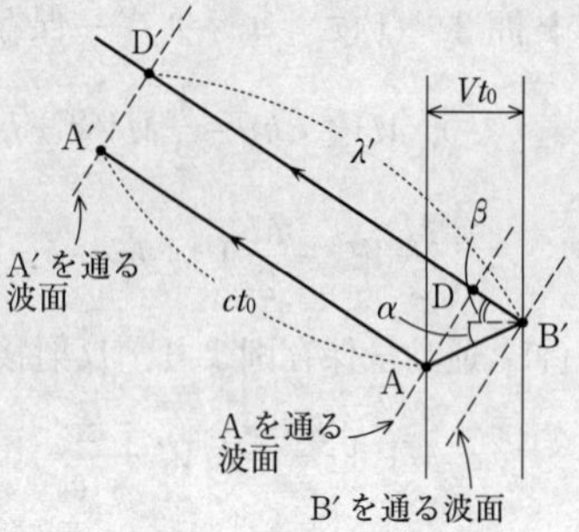

(カ)　④，⑤より

$$\lambda = \left(c - \frac{V}{\cos\alpha}\right) \cdot t_0 \quad \cdots\cdots ④'$$

$$\lambda' = \left\{c + \frac{V\cos(\alpha+\beta)}{\cos\alpha}\right\} \cdot t_0 \quad \cdots\cdots ⑤'$$

④′，⑤′ より

$$\frac{\lambda'}{\lambda} = \frac{c + \dfrac{V\cos(\alpha+\beta)}{\cos\alpha}}{c - \dfrac{V}{\cos\alpha}} = \frac{c\cos\alpha + V\cos(\alpha+\beta)}{c\cos\alpha - V}$$

ここで，$\alpha = \beta = 0$ とすると

$$\frac{\lambda'}{\lambda} = \frac{c+V}{c-V}$$

となって，(ウ)が得られる。

講　評

2017年度は，問題量，難易度とも2016年度とほとんど変化はなかった。現行課程になってはじめて原子からの出題があったが，2016年度に復活した描図問題，論述問題，数値計算問題は，1問も出題されなかった。

1　例年の力学問題は，問題量や計算量が多く難易度も高いが，2017年度は3題の中では最も取り組みやすい標準的な出題であった。しかし，放物運動，運動方程式，エネルギー保存則，衝突などの力学の基本的な内容ではあるものの，これらが融合されて条件が次々と変化するので，状況を把握しながら丁寧に計算していくことが必要である。

2　前半は，電子の運動，電流と磁場の基本問題であり，確実に得点したい。後半は，水素原子に磁場をかけたときの電子のふるまいの問題であるが，類題を解いた経験や問題演習の量で差がつく。

3　光の波動性と粒子性を扱った，波動と原子の融合問題である。問 2 は，直接光と平面鏡による反射光の干渉で，いわゆるロイドの鏡の問題であり，光学距離や干渉条件はヤングの実験と同様に考えればよい。問 3 の前半は光子と鏡の力学的な弾性衝突である。後半は光が平面波であることに注意して，入射光と反射光の射線と，入射波と反射波の波面が互いに垂直であることを利用すればよい。

化学

1 解答

問1．①ニホニウム　②両性　③面心立方

ア．13　イ．3　ウ．12　エ．74　A．Al_2O_3

問2．$2Al + 2NaOH + 6H_2O \longrightarrow 2Na[Al(OH)_4] + 3H_2$

問3．Cr

問4．Mg＞Mn＞Cu

問5．$A = \dfrac{N_A a^3 d}{4}$

問6．K殻：2　L殻：8　M殻：18　N殻：2

問7．(1)　Zn^{2+} の数：4　S^{2-} の数：4

(2)　Zn^{2+} と S^{2-} の結合距離：0.23nm

◀解　説▶

≪アルミニウムの製法と反応，亜鉛の性質と ZnS の結晶格子≫

▶問1．「ニホニウム」は元素記号 Nh，日本で発見された元素であり，次の核融合でつくられた。　${}_{30}Zn + {}_{83}Bi \longrightarrow {}_{113}Nh$

周期表第7周期で，B，Al などと同じ13族元素である。単体のアルミニウムは，酸化物の Al_2O_3（アルミナ）の融解塩（溶融塩）電解で得られる。アルミニウムは3個の価電子をもち，次の反応式で示されるように，酸や強塩基の水溶液と反応して水素を発生する両性元素である。

$$2Al + 6HCl \longrightarrow 2AlCl_3 + 3H_2$$

$$2Al + 2NaOH + 6H_2O \longrightarrow 2Na[Al(OH)_4] + 3H_2$$

アルミニウムの結晶構造は右図Ⅰに示す面心立方格子であり，その原子半径 r と単位格子一辺の長さ a は右図Ⅱより，次の関係にある。

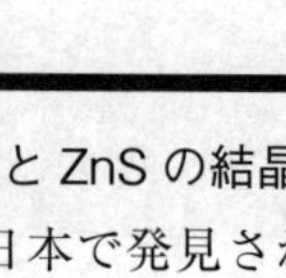

Ⅰ

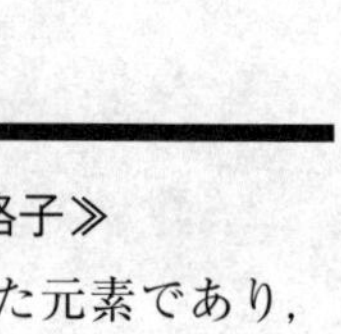

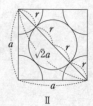

Ⅱ

$$r = \frac{\sqrt{2}}{4}a$$

単位格子中に含まれる原子は4個なので，その充塡率は次のように計算できる。

$$充填率=\frac{原子4個の体積}{単位格子の体積}\times 100=\frac{\frac{4\pi r^3}{3}\times 4}{a^3}\times 100$$

$$=\frac{\frac{4\pi}{3}\times\left(\frac{\sqrt{2}a}{4}\right)^3\times 4}{a^3}\times 100=\frac{\sqrt{2}\pi}{6}\times 100$$

$$=\frac{1.41\times 3.14}{6}\times 100=73.7\fallingdotseq 74〔\%〕$$

▶問3．酸化力のある酸（硝酸，熱濃硫酸）によって金属表面にち密な酸化被膜が生じ，内部が保護される状態を不動態という。Al，Fe，Ni，Crなどの金属が不動態を作ることが知られている。

▶問4．金属の単体が水または水溶液中で電子を放出して，陽イオンになろうとする性質を金属のイオン化傾向という。Mgは2族元素でイオン化傾向が大きく，遷移元素であるCuはイオン化傾向が小さい。Mnはその中間に属すると考えられる。

▶問5．金属の原子量をAとすると，結晶格子1個の質量について次の等式が成り立つ。

$$a^3\times d=\frac{A}{N_A}\times 4 \qquad \therefore \quad A=\frac{N_A a^3 d}{4}$$

▶問6．原子番号30の亜鉛は30個の電子をもち，内側からK殻（2），L殻（8），M殻（18）と電子が入り，最外電子殻のN殻には2個の電子が入る。

▶問7．(1)　Zn^{2+}はすべて単位格子内に含まれ，その数は

$1\times 4=4$個

S^{2-}は$\frac{1}{8}$含まれるイオンが8個，$\frac{1}{2}$含まれるイオンが6個あるので，単位格子中の数は　$\frac{1}{8}\times 8+\frac{1}{2}\times 6=4$個

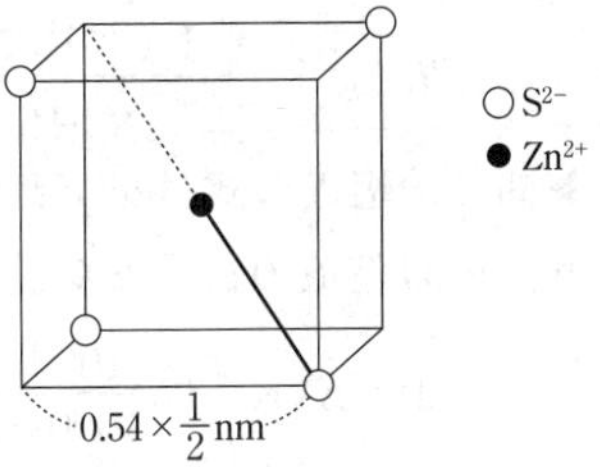

(2)　単位格子の$\frac{1}{8}$の立方体で考えると，右図の太線部分がZn^{2+}とS^{2-}の結合距離である。

よって

$$0.54\times\frac{1}{2}\times\sqrt{3}\times\frac{1}{2}=0.229$$

$$\fallingdotseq 0.23\,〔\mathrm{nm}〕$$

2　解答

問１．$T_{\mathrm{B}}+\dfrac{1.0\times10^{5}-P_{\mathrm{BA}}}{\Delta P}$〔K〕

問２．$\dfrac{2K_{\mathrm{b}}\Delta P}{1.0\times10^{5}-P_{\mathrm{BA}}}$　$\left(\dfrac{2K_{\mathrm{b}}}{T_{\mathrm{BA}}-T_{\mathrm{B}}}\right.$ も可$\left.\right)$

問３．$\dfrac{(1.0\times10^{5}-P_{\mathrm{BA}})^{2}\cdot w^{2}}{4K_{\mathrm{b}}{}^{2}V_{\mathrm{BA}}{}^{2}\Delta P^{2}}$〔mol²/L²〕　$\left(\dfrac{(T_{\mathrm{BA}}-T_{\mathrm{B}})^{2}\cdot w^{2}}{4K_{\mathrm{b}}{}^{2}V_{\mathrm{BA}}{}^{2}}\right.$〔mol²/L²〕も可$\left.\right)$

問４．(C)

問５．$\dfrac{25K_{\mathrm{f}}(1.0\times10^{5}-P_{\mathrm{BA}})}{K_{\mathrm{f}}(1.0\times10^{5}-P_{\mathrm{BA}})-K_{\mathrm{b}}\Delta P\Delta T_{\mathrm{BA}}}$〔%〕

$\left(\dfrac{25K_{\mathrm{f}}(T_{\mathrm{BA}}-T_{\mathrm{B}})}{K_{\mathrm{f}}(T_{\mathrm{BA}}-T_{\mathrm{B}})-K_{\mathrm{b}}\Delta T_{\mathrm{BA}}}\right.$〔%〕も可$\left.\right)$

◀解　説▶

≪蒸気圧降下と沸点上昇，溶解度積，溶解度と凝固点降下≫

▶問１．温度 T_{B} 付近の溶媒**B**と溶液の蒸気圧と沸点の関係を右図に示す。蒸気圧の差 $1.0\times10^{5}-P_{\mathrm{BA}}$〔Pa〕に対応する温度差は，実験１より $\dfrac{1.0\times10^{5}-P_{\mathrm{BA}}}{\Delta P}$〔K〕なので，溶液の沸点上昇度を Δt とすると

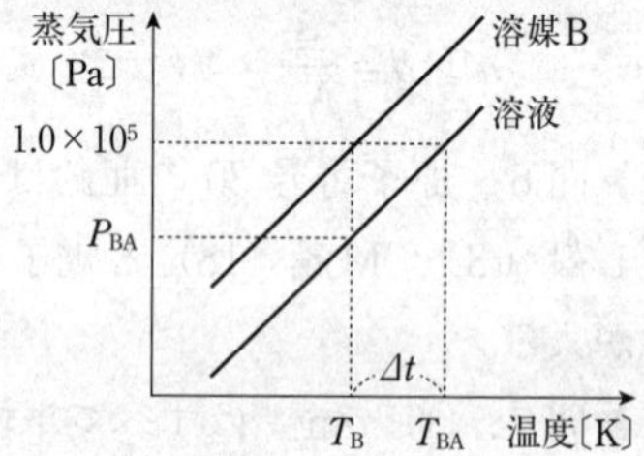

$$\Delta t=T_{\mathrm{BA}}-T_{\mathrm{B}}=\frac{1.0\times10^{5}-P_{\mathrm{BA}}}{\Delta P}$$

$$\therefore\quad T_{\mathrm{BA}}=T_{\mathrm{B}}+\frac{1.0\times10^{5}-P_{\mathrm{BA}}}{\Delta P}\,〔\mathrm{K}〕$$

▶問２．塩**A**の式量を x とすると，$\Delta t=K_{\mathrm{b}}m$（K_{b} は溶媒**B**のモル沸点上昇，m は溶液の質量モル濃度）の公式より

$$\Delta t=K_{\mathrm{b}}\times\frac{w}{x}\times\frac{1000}{1000w}\times2=\frac{2K_{\mathrm{b}}}{x}=\frac{1.0\times10^{5}-P_{\mathrm{BA}}}{\Delta P}$$

$$\therefore \quad x=\frac{2K_b\Delta P}{1.0\times10^5-P_{BA}}$$

別解　$\Delta t=\frac{2K_b}{x}=T_{BA}-T_B$

$$\therefore \quad x=\frac{2K_b}{T_{BA}-T_B}$$

▶問 3．沸点 T_B よりわずかに低い温度で，溶液の体積 V_{BA}〔L〕に w〔g〕の塩**A**が溶けている溶液が飽和溶液であるから，それぞれのイオンのモル濃度は $\frac{\frac{w}{x}}{V_{BA}}$〔mol/L〕であり，溶解度積は

$$\left(\frac{\frac{w}{x}}{V_{BA}}\right)^2=\frac{\left(\frac{w}{\frac{2K_b\Delta P}{1.0\times10^5-P_{BA}}}\right)^2}{V_{BA}{}^2}=\left\{\frac{(1.0\times10^5-P_{BA})\cdot w}{2K_b\cdot V_{BA}\cdot\Delta P}\right\}^2$$

$$=\frac{(1.0\times10^5-P_{BA})^2\cdot w^2}{4K_b{}^2V_{BA}{}^2\Delta P^2}\text{〔mol}^2\text{/L}^2\text{〕}$$

別解　問 2 の〔別解〕より

$$\left(\frac{\frac{w}{x}}{V_{BA}}\right)^2=\frac{\left(\frac{w}{\frac{2K_b}{T_{BA}-T_B}}\right)^2}{V_{BA}{}^2}$$

$$=\frac{(T_{BA}-T_B)^2\cdot w^2}{4K_b{}^2V_{BA}{}^2}\text{〔mol}^2\text{/L}^2\text{〕}$$

▶問 4．実験 2 の溶液は，その温度における飽和溶液である。この溶液にさらに w_A〔g〕の塩**A**を加えてもそれ以上塩は溶けず，固体の塩を含む溶液の質量モル濃度にも変化はない。よって，実験 3 における溶液の沸点は実験 2 の溶液の沸点 T_{BA} とほとんど変わらない。

▶問 5．$\Delta t=K_f m$ より，V_{BA}〔L〕の溶液から x〔L〕の溶液を取り出したとして，溶液が凝固する直前の質量モル濃度（イオン化を考慮）を求めると

$$\frac{\left(w\times\frac{x}{V_{BA}}-0.25w\right)}{\frac{2K_b\Delta P}{1.0\times10^5-P_{BA}}}\times2\times\frac{1000}{1000w\times\frac{x}{V_{BA}}}$$

$$=\frac{(1.0\times10^5-P_{BA})\left(\frac{x}{V_{BA}}-0.25\right)\cdot w}{K_b\Delta P}\times\frac{1}{\frac{wx}{V_{BA}}}$$

$$=\frac{(1.0\times10^5-P_{BA})(x-0.25V_{BA})}{K_b\Delta Px}$$

$$\therefore\quad \Delta T_{BA}=\frac{K_f(1.0\times10^5-P_{BA})(x-0.25V_{BA})}{K_b\Delta Px}$$

$$K_b\Delta P\Delta T_{BA}x=K_f(1.0\times10^5-P_{BA})(x-0.25V_{BA})$$

$$=K_f(1.0\times10^5-P_{BA})\cdot x-0.25K_fV_{BA}(1.0\times10^5-P_{BA})$$

$$x\{K_f(1.0\times10^5-P_{BA})-K_b\Delta P\Delta T_{BA}\}=0.25K_fV_{BA}(1.0\times10^5-P_{BA})$$

$$\therefore\quad x=\frac{0.25K_fV_{BA}(1.0\times10^5-P_{BA})}{K_f(1.0\times10^5-P_{BA})-K_b\Delta P\Delta T_{BA}}$$

x が V_{BA} の何％であるかを求めればよいので

$$\frac{x}{V_{BA}}\times100=\frac{25K_f(1.0\times10^5-P_{BA})}{K_f(1.0\times10^5-P_{BA})-K_b\Delta P\Delta T_{BA}}\text{〔\%〕}$$

別解　塩 **A** の式量を $\frac{2K_b}{T_{BA}-T_B}$ として，〔解答〕と同じ式を考える。

$$\Delta T_{BA}=K_f\times\frac{\frac{x}{V_{BA}}w-0.25w}{\frac{2K_b}{T_{BA}-T_B}}\times2\times\frac{1000}{1000w\times\frac{x}{V_{BA}}}$$

$$=\frac{K_f(T_{BA}-T_B)\left(\frac{x}{V_{BA}}-0.25\right)w}{K_b}\times\frac{1}{\frac{wx}{V_{BA}}}$$

$$=\frac{K_fV_{BA}(T_{BA}-T_B)\left(\frac{x}{V_{BA}}-0.25\right)}{K_bx}$$

$$\therefore\quad \Delta T_{BA}K_bx=K_fV_{BA}(T_{BA}-T_B)\left(\frac{x}{V_{BA}}-0.25\right)$$

$$=K_f(T_{BA}-T_B)x-0.25K_fV_{BA}(T_{BA}-T_B)$$

$$x=\frac{0.25K_fV_{BA}(T_{BA}-T_B)}{K_f(T_{BA}-T_B)-K_b\Delta T_{BA}}$$

$$\frac{x}{V_{BA}}\times 100=\frac{25K_f(T_{BA}-T_B)}{K_f(T_{BA}-T_B)-K_b\Delta T_{BA}}\,[\%]$$

3　解答

問１．ア．共有結合　イ．電気陰性度　ウ．静電気力
エ．水素結合　オ．配位結合　カ．イオン結合

問２．(2)・(3)

問３．$2NH_4Cl+Ca(OH)_2 \longrightarrow 2NH_3+2H_2O+CaCl_2$

問４．キ．$NaCl$　ク．CO_2　ケ．$NaHCO_3$

問５．溶液(a)：pH＝9.30　溶液(b)：pH＝9.12

問６．(1)　化学式：$Fe(OH)_3$　様子：赤褐色沈殿

(2)　化学式：$[Cu(NH_3)_4]^{2+}$　様子：深青色溶液

◀解　説▶

≪アンモニアの分子構造と性質，製法，緩衝溶液の pH≫

▶問１．アンモニア分子は，１つの窒素原子と３つの水素原子が共有結合で結びついた三角錐形の構造をもつ。極性分子であり，電気陰性度の大きな窒素原子と他の分子中の水素原子が引き合って水素結合をつくるので，同族元素の水素化合物の中でも異常に高い沸点を示す。

アンモニアは工業的には，$N_2+3H_2 \overset{\text{触媒}}{\rightleftarrows} 2NH_3$ で示されるハーバー・ボッシュ法によって製造され，触媒には四酸化三鉄 Fe_3O_4 を主成分とした物質が使われる。アンモニアと濃塩酸の反応は，$NH_3+HCl \longrightarrow NH_4Cl$ の反応式で示され，生じた塩化アンモニウムは，アンモニウムイオン（NH_4^+）と塩化物イオン（Cl^-）のイオン結合でできている。アンモニウムイオンは，アンモニア分子中の非共有電子対に水素イオンが配位結合して生じる。塩化アンモニウムと水酸化カルシウムの反応は

$$2NH_4Cl+Ca(OH)_2 \longrightarrow 2NH_3+2H_2O+CaCl_2$$

の反応式で示され，弱塩基の塩と強塩基の反応で弱塩基が遊離する反応である。

▶問２．アンモニア合成の熱化学方程式は

$$N_2(\text{気})+3H_2(\text{気})=2NH_3(\text{気})+92\,\text{kJ}$$

で示され，ルシャトリエの原理より，温度を上げると平衡は左へ移動するので平衡定数は小さくなる。アンモニアの生成率を上げるには，温度は低

く，圧力は高い方がよいが，温度を下げると反応速度が小さくなり平衡に達するまでの時間が長くなるので，適当な触媒（Fe_3O_4 など）を用い，温度は400～600℃，圧力は 1×10^7～3×10^7 Pa 程度で製造が行われる。よって，誤っている文章は(2)と(3)である。

▶問４．アンモニアソーダ法（ソルベー法）は，次の反応式で示される炭酸ナトリウム（Na_2CO_3）の工業的製法である。

①$NaCl+H_2O+NH_3+CO_2 \longrightarrow NaHCO_3+NH_4Cl$

（炭酸水素ナトリウムの生成）

②$2NaHCO_3 \longrightarrow Na_2CO_3+H_2O+CO_2$　（炭酸水素ナトリウムの熱分解）

③$CaCO_3 \longrightarrow CaO+CO_2$　（不足する二酸化炭素の生成）

④$CaO+H_2O \longrightarrow Ca(OH)_2$

⑤$Ca(OH)_2+2NH_4Cl \longrightarrow CaCl_2+2H_2O+2NH_3$　（アンモニアの回収）

以上の反応式をまとめると，次のようになる。

$$2NaCl+CaCO_3 \longrightarrow Na_2CO_3+CaCl_2$$

▶問５．溶液(a)：アンモニアと塩化アンモニウムは共に $0.2\times\frac{100}{1000}=0.02$〔mol〕である。アンモニアの電離平衡と平衡定数は，次のように示される。

$$NH_3+H_2O \rightleftarrows NH_4^+ + OH^- \qquad K_b=\frac{[NH_4^+][OH^-]}{[NH_3]}$$

ここで，$[NH_4^+]$ は混合溶液中の塩化アンモニウムのモル濃度，$[NH_3]$ はアンモニアのモル濃度と等しいと考えてよいので，$[NH_4^+]=[NH_3]$

$$[OH^-]=K_b\cdot\frac{[NH_3]}{[NH_4^+]}=K_b=2.0\times10^{-5}〔mol/L〕$$

$$pOH=5-\log_{10}2.0=4.70 \qquad pH=14.0-4.70=9.30$$

溶液(b)：溶液(a)に 0.02 mol/L の塩酸 200 mL を混合すると

$NH_3+HCl \longrightarrow NH_4Cl$ の反応により溶液中のアンモニウムイオンが $0.02\times\frac{200}{1000}=0.004$〔mol〕増加し，アンモニアは 0.004 mol 減少する。

$$[OH^-]=K_b\cdot\frac{[NH_3]}{[NH_4^+]}=2.0\times10^{-5}\times\frac{0.02-0.004}{0.02+0.004}$$

$$=\frac{4}{3}\times10^{-5}〔mol/L〕$$

$pOH = 5 - \log_{10}4.0 + \log_{10}3.0 = 5 - 2\log_{10}2.0 + \log_{10}3.0$

$= 5 - 0.60 + 0.48$

$= 4.88$

$pH = 14.0 - 4.88 = 9.12$

▶問 6．Fe^{3+} に過剰のアンモニア水を加えたときの反応は

$Fe^{3+} + 3OH^- \longrightarrow Fe(OH)_3$（赤褐色沈殿）

Cu^{2+} に過剰のアンモニア水を加えたときの反応は

$Cu^{2+} + 2OH^- \longrightarrow Cu(OH)_2$

$Cu(OH)_2 + 4NH_3 \longrightarrow \underset{\text{深青色溶液（テトラアンミン銅(Ⅱ)イオン）}}{[Cu(NH_3)_4]^{2+}} + 2OH^-$

4　解答

問 1．**C**．$CH_3-CH_2-CH_3$

D．$CH_3-CH_2-\underset{\underset{\displaystyle CH_3}{|}}{CH}-CH_3$

問 2．**E**．$CH_3-CH_2-CH_2-OH$　**F**．$CH_3-\underset{\underset{\displaystyle OH}{|}}{CH}-CH_3$

G．$CH_3-\underset{\underset{\displaystyle OH}{|}}{CH}-\underset{\underset{\displaystyle CH_3}{|}}{CH}-CH_3$　**H**．$CH_3-CH_2-\overset{\overset{\displaystyle CH_3}{|}}{\underset{\underset{\displaystyle OH}{|}}{C}}-CH_3$

問 3．**G**，**I**，**J**

問 4．**F**

問 5．1モルあたりの質量：200 g/mol　存在比：26 %

◀解　説▶

≪アルケン C_3H_6，C_5H_{10} の反応と生成物の構造式≫

▶問 1・問 2．分子式 C_3H_6 のアルケン **A** は $CH_2{=}CH-CH_3$（プロペン）であり，分子式 C_5H_{10} の分岐型アルケン **B** には，(ア) $CH_2{=}\underset{\underset{\displaystyle CH_3}{|}}{C}-CH_2-CH_3$（2-メチル-1-ブテン），(イ) $CH_3-\underset{\underset{\displaystyle CH_3}{|}}{C}{=}CH-CH_3$（2-メチル-2-ブテン），(ウ)

$CH_3-CH-CH=CH_2$（3-メチル-1-ブテン）が考えられる。
CH_3

①水素を付加するとアルカンが生成

A$+H_2 \longrightarrow CH_3-CH_2-CH_3$　（**C**）

(ア), (イ), (ウ)$+H_2 \longrightarrow CH_3-CH-CH_2-CH_3$　（**D**）
CH_3

②水の付加によるアルコールの生成

(i)　**A** $\longrightarrow$ (エ)$HO-CH_2-CH_2-CH_3$, (オ)$CH_3-CH-CH_3$
OH

マルコフニコフ則により主生成物は(オ)であるから，**E** は(エ), **F** は(オ)となる。

(ii)　(ア) $\longrightarrow$ (カ)$HO-CH_2-CH-CH_2-CH_3$, (キ)$CH_3-C(OH)-CH_2-CH_3$
CH_3　CH_3

(イ) $\longrightarrow$ (キ)$CH_3-C(OH)-CH_2-CH_3$, (ク)$CH_3-CH-CH-CH_3$
CH_3　CH_3 OH

(ウ) $\longrightarrow$ (ク)$CH_3-CH-CH-CH_3$, (ケ)$CH_3-CH-CH_2-CH_2-OH$
CH_3 OH　CH_3

(カ)・(ケ)は第一級アルコールであるから，**G**・**H** には該当しない。よって，アルケン **B** は(イ)であり，マルコフニコフ則により水付加の主生成物 **H** は(キ), 副生成物 **G** は(ク)となる。

③臭素付加の生成物

A $\longrightarrow CH_2Br-CHBr-CH_3$　（**I**）

B $\longrightarrow CH_3-CBr-CHBr-CH_3$　（**J**）
CH_3

④オゾン酸化による生成物

B $\longrightarrow$ (コ)$CH_3-CO-CH_3$, (サ)CH_3-CHO

銀鏡反応を示す **K** はアルデヒドの(サ), よって **L** は(コ)である。

▶問3．光学異性体を持つもの（不斉炭素原子があるもの）は **G**, **I**, **J** である。

G：$CH_3-CH-C^*H-CH_3$
CH_3 OH

I：$CH_2Br-C^*HBr-CH_3$

J：$CH_3-\underset{\underset{CH_3}{|}}{C}Br-C^{*}HBr-CH_3$　　C^{*} が不斉炭素原子

▶問 4．化合物 **L** はアセトンであり，還元すると 2-プロパノールが得られる。2-プロパノールはアルコール **F** である。

▶問 5．化合物 **I** は $CH_3-\underset{\underset{Br}{|}}{C}H-\underset{\underset{Br}{|}}{C}H_2$ の構造をもち，1 つの分子中に臭素原子が 2 つ存在する。臭素原子に 2 種の同位体が存在すると，分子内の臭素原子の同位体の組み合わせは，$({}^{79}Br,\ {}^{79}Br)$ $({}^{79}Br,\ {}^{80}Br)$ $({}^{80}Br,\ {}^{79}Br)$ $({}^{80}Br,\ {}^{80}Br)$ の 4 つであり，このうちもっとも小さい質量を示すのは，$({}^{79}Br,\ {}^{79}Br)$ で，その分子量は 200 であり，その存在比は次のように求められる。

$$\frac{51}{100}\times\frac{51}{100}\times 100 = 26.0 \fallingdotseq 26\,[\%]$$

5　解答

問 1．(誤) 3 位→(正) 4 位
(誤)分子内→(正)分子間

問 2．酵素 **A**：セルラーゼ　酵素 **B**：セロビアーゼ
化合物 **C**：セロビオース

問 3．(b)・(e)

問 4．80.0 g

問 5．$C_6H_{12}O_6 \longrightarrow 2C_2H_5OH + 2CO_2$

問 6．40.5 g

問 7．1.37×10^{3} kJ/mol

問 8．(d)

◀解　説▶

≪セルロースの構造と酵素の反応，アルコール発酵と燃焼熱≫

▶問 1．セルロースは多数の β-グルコースが 1 位と 4 位で直鎖状に結合した構造をもち，単純な鎖状構造をとる。鎖状構造の分子が平行に並び，分子間が水素結合で強く結びついて繊維状の物質となる。

▶問 2．セルロースは次に示すように，酵素セルラーゼによって加水分解されて二糖類のセロビオースになり，さらに酵素セロビアーゼによって加

水分解されて単糖類のグルコースになる。

$$\underset{\text{(多糖類)}}{\text{セルロース}} \xrightarrow{\text{セルラーゼ}} \underset{\text{(二糖類)}}{\text{セロビオース}} \xrightarrow{\text{セロビアーゼ}} \underset{\text{(単糖類)}}{\text{グルコース}}$$

▶問3．(a) 誤文。セルロース，セロビオース，グルコースは，いずれもヨウ素デンプン反応を示さない。

(b) 正文。セルロースには還元性はないが，セロビオースとグルコースには還元性があるので，フェーリング液の還元反応が起こる。

(c) 誤文。ニンヒドリン反応は，タンパク質やアミノ酸の検出反応である。

(d) 誤文。セルロース，セロビオース，グルコースは，いずれもリトマス紙の変色はない。

(e) 正文。セルロースは高分子化合物なので水に溶けず懸濁するが，加水分解で生じる二糖類，単糖類は水に溶けるので懸濁は薄くなる。

▶問4．$\underset{\text{式量 }162.0n}{(C_6H_{10}O_5)_n} + nH_2O \longrightarrow \underset{\text{分子量 }180.0}{nC_6H_{12}O_6}$ の反応が起こるので

$$\frac{72.0}{162.0n} \times n \times 180.0 = 80.0\,[\text{g}]$$

▶問5．1mol のグルコースから 2mol のエタノールと 2mol の二酸化炭素が生成する。

▶問6．問5の物質量の関係より

$$\frac{x}{162.0n} \times n \times 2 = 0.500 \qquad x = 40.5\,[\text{g}]$$

▶問7．アルコール発酵の熱化学方程式は

$$C_6H_{12}O_6\,(\text{固}) = 2C_2H_5OH\,(\text{液}) + 2CO_2\,(\text{気}) + 84.0\,\text{kJ} \quad \cdots\cdots①$$

グルコースの燃焼の熱化学方程式は

$$C_6H_{12}O_6\,(\text{固}) + 6O_2\,(\text{気}) = 6CO_2\,(\text{気}) + 6H_2O\,(\text{液}) + 2820\,\text{kJ} \quad \cdots\cdots②$$

エタノールの燃焼熱を Q〔kJ/mol〕とすると

$$C_2H_5OH\,(\text{液}) + 3O_2\,(\text{気}) = 2CO_2\,(\text{気}) + 3H_2O\,(\text{液}) + Q\,\text{kJ}$$

$\frac{②-①}{2}$ より　　$Q = 1368 \fallingdotseq 1.37 \times 10^3$〔kJ/mol〕

▶問8．(a) 誤文。グルコースがエタノールになるときに，質量は約 $\frac{1}{2}$ になる。

(b)　誤文。セルロースは高分子化合物で，重合度を n とすると 1mol が分解して生じるグルコースは n〔mol〕，それから生じるエタノールは $2n$〔mol〕である。

(c)　誤文。セルロースの燃焼熱は与えられていないが，同じ質量の燃焼を考えると，分子間に結合のあるセルロースの方がグルコースよりも燃焼熱は大きいと考えられる。

(d)　正文。1g あたりの発熱量を比較すると

$$\text{グルコース}：\frac{2820}{180.0}=15.66\fallingdotseq 15.7〔\text{kJ/g}〕$$

$$\text{エタノール}：\frac{1368}{46.0}=29.73\fallingdotseq 29.7〔\text{kJ/g}〕$$

よって，(c)よりセルロースよりエタノールの方が大きいとわかる。

(e)　誤文。同じ質量の化合物を比較しても，高分子化合物のセルロースはエタノールに比べて物質量は非常に小さいので，(d)より物質量あたりの燃焼熱はエタノールより大きいと考えられる。

講　評

2014 年度からの大問数 5 題に変化はない。大問ごとの難易度には差があるが，総合的な難易度は，多少難易度が上がった 2014 年度から大きな変化はない。2017 年度は論述問題はなかったが，出題意図を理解するのに時間を要したり，計算が煩雑な設問があり，文章読解力や思考力，応用力で差がつく内容となっている。

1　1 は例年，原子の構造や電子配置，化学結合と物質の性質などに関する問題が出題されることが多いが，2017 年度は周期表のニホニウムに関する内容からアルミニウムの製法と反応，アルミニウムと硫化亜鉛の結晶格子に関する問題であった。アルミニウムと強塩基の化学反応式，不動態，金属のイオン化傾向などに関する知識の正確さが問われた。電子配置や結晶格子に関する内容も特に難しくはないが，どの設問も基本的な知識に多少の応用力が必要な構成となっている。

2　溶液の蒸気圧降下と沸点上昇，凝固点降下に関する問題であるが，内容が理解しにくく，文字式の変換が煩雑で難易度が高い。実験操作と結果の関係を確実に整理して，問 1 の蒸気圧降下と沸点上昇に関する文字式から正確に解答しないと，問 4 以外のほとんどの設問に解答できなくなる。実験後の溶液の

質量モル濃度を文字式で表し，沸点上昇などに関わる公式にあてはめながら少しずつ慎重に文字式を変換していくしかない。問2の解答が問3・問5にも連動するので，さらに得点が難しい内容となっている。

3　アンモニアの製法を工業的製法（ハーバー・ボッシュ法）と実験室的製法（弱塩基の塩＋強塩基）の両方から問う内容で，無機化学と化学平衡に関する幅広い知識と，アンモニアソーダ法を含めた化学反応式や金属イオンの反応生成物の化学式を正確に書く力が要求される。問5の緩衝溶液の pH 計算以外は標準的な学力で対応できる。

4　二種のアルケンの構造決定を含んだ脂肪族化合物の問題である。水素と水の付加反応生成物から，炭素数5の分岐型アルケンの構造を決定するには，反応に関する正確な知識と，マルコフニコフ則などの応用力が必要になる。臭素も含めた付加反応生成物の構造式を正確に書くことが，不斉炭素原子の存在を知る鍵となる。問5の同位体の計算は，落ち着いて考えれば難しくはない。

5　セルロースの酵素による分解とアルコール発酵に関する問題で，熱化学反応式に関する設問も含まれている。セルロースの分子構造とその性質との関係に加え，ヨウ素デンプン反応，フェーリング液の還元反応，ニンヒドリン反応などの検出反応に関する幅広い知識も問われる。セルロースの分解やエタノール発酵に関する計算は，分子量と物質量の関係を正確に用いて計算すればよく，燃焼熱に関する計算も熱化学方程式が正確に書ければ基本的な内容である。問8の「セルロースからエタノールを作り出すことの利点」という表現はさまざまな解釈ができるが，一つ一つの文章を慎重に検討し，思考力を働かせて正誤の判断をするしかない。

2017年度も2015年度から引き続き「化学基礎」の内容である酸・塩基や酸化・還元に関する内容は出題されなかったが，幅広い分野の総合的な内容を，基礎から発展まで系統的に出題する傾向に変わりはない。試験時間に対して問題量が多く，2のように解答しにくい問題が含まれることもあるので，解答の順序や解答方法によって実力以上の差がつく可能性がある。過去問の演習で出題傾向に慣れるとともに，時間配分を確実に行い，標準問題での失点をなくして，応用問題や煩雑な計算に取り組む余裕をつくることが高得点へつながる。

生物

1 解答

問1．ア．マトリックス　イ．内膜　ウ．外膜
エ．ストロマ　オ．チラコイド

問2．ミトコンドリアの祖先：好気性細菌
葉緑体の祖先：シアノバクテリア

問3．•光合成色素としてクロロフィル a をもつ。(25字以内)
•電子供与体として水を利用し，酸素を発生する。(25字以内)

問4．どちらの電子伝達系も同じ反応系をもとに進化してきたから。(30字以内)

◀解　説▶

≪電子伝達系のしくみと共生説≫

▶問1．ミトコンドリアのATP合成酵素は，内膜を貫通してマトリックス側へ突き出るように存在し，膜間腔（内膜と外膜の間）からマトリックス側へH^+を輸送する際にATPを合成する。一方，葉緑体のATP合成酵素は，チラコイド膜を貫通してストロマ側へ突き出るように存在し，チラコイドの内側からストロマ側へH^+を輸送する際にATPを合成する。これらのH^+の輸送は，濃度勾配に従った輸送である。

▶問2．原始的な真核生物に好気性細菌が共生してミトコンドリアをもつ好気性の真核生物になり，さらにその生物にシアノバクテリアが共生して葉緑体をもつ独立栄養型の生物になった。

▶問3．光合成を行う原核生物にはシアノバクテリアのほかに，光合成細菌（紅色硫黄細菌や緑色硫黄細菌）もある。光合成色素としては，前者がクロロフィル a であるのに対し，後者はバクテリオクロロフィルである。また，二酸化炭素の還元に利用する電子供与体は，前者が水であるのに対し，後者は硫化水素（H_2S）である。解答としては，この2点を述べるのがよいだろう。ちなみに，シアノバクテリアは光化学系ⅠとⅡをもつのに対し，光合成細菌は光化学系を1つしかもっておらず，緑色硫黄細菌は光化学系Ⅰに似た反応系を，紅色硫黄細菌は光化学系Ⅱに似た反応系をもっ

ている。この2つの光合成細菌の反応系が組み合わさって，シアノバクテリアがもつ光化学系Ⅰと Ⅱに進化したと考えられている。よって，別解として，「光化学系Ⅰと Ⅱの2つの反応系を合わせもつ」でもよい。

▶問4．葉緑体もミトコンドリアも非常に似たタンパク質からなる電子伝達系をもっているということは，共通の祖先が獲得した電子伝達系をもとにして，それぞれの電子伝達系が進化してきたといえる。また，別解として，「シアノバクテリアも好気性細菌も共通の祖先から進化した」という内容でもよいと思われる。ちなみに，原核生物の進化は以下のように考えられている。

嫌気性細菌（酸素がほとんど存在しない環境だったため，有機物を嫌気的に分解しエネルギーを得る）

　または

化学合成細菌（無機物を分解したときに生じる化学エネルギーを利用して有機物を合成する）

⇩

光合成細菌（光エネルギーを利用し，CO_2 と H_2S などから有機物を合成する）

⇩

シアノバクテリア（光エネルギーを利用し，CO_2 と H_2O から有機物を合成する）

⇩

好気性細菌（酸素が蓄積したため，有機物を好気的に分解し多量のエネルギーを得る）

実は，電子伝達系は，シアノバクテリアが出現する以前の光合成細菌がすでにもっていた。そして，ある種の光合成細菌が，光合成の能力を失ってしまったものの，この電子伝達系を呼吸に利用するように進化した結果，好気性細菌が出現したといわれている。そこで，「進化の過程で獲得した光合成のしくみを呼吸にも利用した」という論述も可能である。しかし，〔解答〕にあるように，電子伝達系のもとになる反応系があり，それが光合成や呼吸の電子伝達系にそれぞれ進化したという内容が論述しやすい。

2 解答

問１．ア．抗体　イ．可変部　ウ．キラーＴ細胞
エ．特異性　オ．アレルゲン　カ．細胞膜

問２．(1)粘膜（粘液）　(2)好中球，マクロファージ，樹状細胞から２つ
(3)Ｂ細胞　(4)胸腺　(5)自己免疫疾患

問３．血液型：AB型
理由：自己成分であるＡ型糖鎖やＢ型糖鎖を抗原と認識する未熟なＢ細胞は，成熟の過程で排除されるため。(50字以内)

問４．MHC遺伝子がヘテロ接合の両親からそれぞれの染色体を１本ずつ受け継いだ兄弟姉妹の遺伝子型は４種類しかなく，25％の確率で一致するから。(70字以内)

◀解　説▶

≪免疫のしくみとABO式血液型≫

▶問１．エ．自然免疫は，体内に侵入した異物をマクロファージ，樹状細胞，好中球の食作用によって取り込み排除するしくみで，異物に対して非特異的に働く。一方，獲得免疫には特異性があり，侵入してきた特定の異物に対して特定のリンパ球のみが反応する。

▶問２．(1)　ヒトの皮膚と粘膜は，体内への異物の侵入を阻止する働きをもっている。皮膚の場合，ケラチン（繊維状のタンパク質）に富む角質層と呼ばれる死んだ細胞の層が異物の侵入を防ぐ。消化管や気管の内表面などにある粘膜の場合，粘液を分泌して微生物などの異物をからめとり，特に気管の場合は繊毛運動によって体外に運び出す。ちなみに，生体防御機構には，皮膚や粘膜による物理的バリアーのほかに，化学的バリアーもある。たとえば，汗，涙，唾液などに含まれるリゾチームは細菌の細胞壁を分解し，強酸性の胃液は食物とともに胃に入った微生物を殺す。

(3)　下線部③の獲得免疫システムの制御を担う細胞とはヘルパーＴ細胞のことであり，この細胞が情報を伝える細胞としては，ウのキラーＴ細胞やＢ細胞がある。

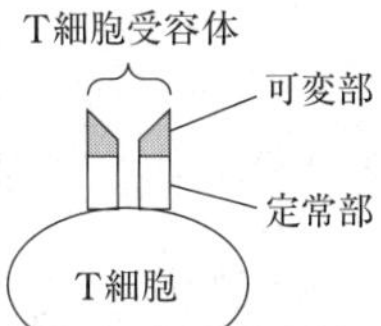

(4)　Ｔ細胞の細胞表面にはＴ細胞受容体（TCR）と呼ばれる膜タンパク質が存在する。TCRは定常部と可変部に分けられ，可変部にはさまざまな形がある。TCRは異物を見つけるセンサーのようなもので，細胞表面の主要組織適合性複合体（MHC）の形をいつ

もチェックしている。下図のように自己のタンパク質断片と結合したMHC には TCR は結合せず，免疫反応は起こらない。ところが，細菌などに感染した細胞は，細菌由来の非自己のタンパク質断片を MHC の上にのせる。この非自己のタンパク質断片と結合した MHC には TCR が結合し免疫反応が起こる。

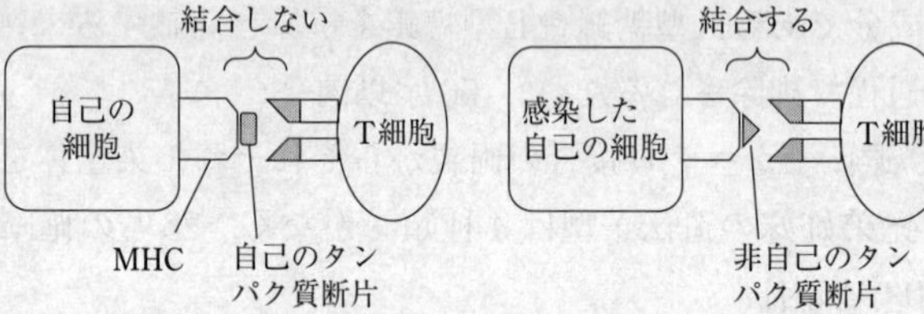

このような特異的な結合ができるのは，胸腺において自己成分と反応するT細胞が排除され，非自己成分と反応するT細胞だけが選択されるからである。

(5)　上図において，T細胞の TCR は，MHC とその上にのっているタンパク質断片をまとめて認識する。リード文にあるように MHC の形が変化すると，T細胞が非自己の細胞と認識し攻撃することになる。また，本来排除されるべきT細胞が体内に存在すると，正常な自己の細胞を攻撃することになる。このように，自分自身のからだの一部を非自己と認識し，攻撃することによって生じる疾患を自己免疫疾患という。

▶問 3．ABO 式血液型では，赤血球の表面に存在する凝集原としてAとB（A型糖鎖とB型糖鎖）があり，血しょう中に存在する凝集素（抗体）として α と β がある。Aと α またはBと β が共存すると赤血球の凝集反応が起こる。血液型によって，凝集原と凝集素は以下のようにまとめられる。

血液型	A型	B型	AB型	O型
凝集原（赤血球表面）	A ΛΛΛ	B ⊓⊓⊓	AとB Λ⊓Λ⊓	なし
凝集素（血清）	β	α	なし	α と β

A型糖鎖とB型糖鎖を認識する抗体，つまり α も β も産生しないのは AB

型である。AB型のヒトがαもβも産生しない理由は以下のように説明できる。

B細胞の細胞表面には，B細胞自身が産生する抗体と同じ構造をもつB細胞受容体（BCR）が存在し，自身のBCRに異物が結合すると，そのB細胞は抗体を産生するようになる。また，骨髄中にある未分化なB細胞が成熟する段階において，抗体遺伝子の再構成が起こり多様なBCRをもつB細胞が生じるが，その中には自己成分と反応するような危険なB細胞も存在する。このようなB細胞はあらかじめ骨髄中で排除され，非自己成分と反応するB細胞だけが選択される。この問題の場合も，A型糖鎖やB型糖鎖と反応するB細胞があらかじめ排除されるため，αもβも存在しない。

▶問4．ヒトのMHC遺伝子は下図のように第6染色体に6対存在しており，さらに，1対の対立遺伝子にも多くの種類がある（たとえば遺伝子Aなら28種類）。

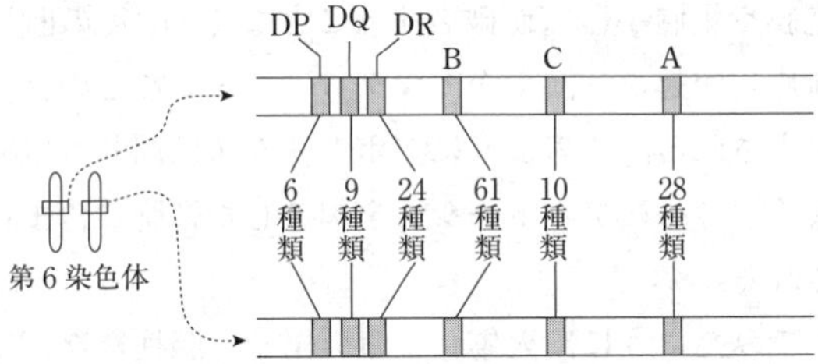

MHC遺伝子の組合せのパターンは多様で，MHC遺伝子をホモにもつ可能性はほぼ0である。また，MHCの6つの遺伝子間距離は非常に近く，遺伝子の組換えがほとんど起こらない。よって，染色体ごとに一つの遺伝子とみなすことができる。たとえば，父親の遺伝子型をab，母親の遺伝子型をcdとすると，生まれた子どものMHC遺伝子の組合せは以下のように4通りしかない。

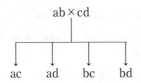

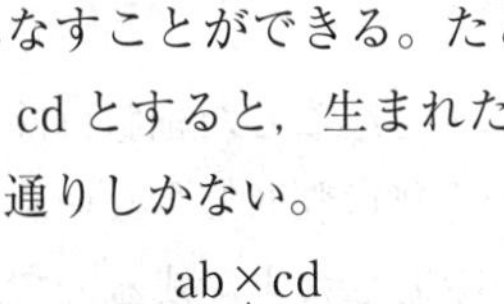

MHC遺伝子のパターンが異なると，臓器移植をおこなっても拒絶反応が起こるので，兄弟姉妹で移植できる可能性は25％となる。

3 **解答**　問１．ア．アポトーシス　イ．ヒストン
ウ．ヌクレオソーム　エ．ホモ接合

問２．(a)・(d)

問３．オ．*ced-3*　カ．*ced-9*　キ．*ced-9*
ク．*ced-3*　ケ．*ced-9*　コ．*ced-3*

問４．*ced-9* 遺伝子がもつ細胞死を阻害する機能が，正常な場合よりも強くなっている。(40 字以内)

問５．(d)

◀解　説▶

≪アポトーシスのしくみと遺伝子の働き≫

▶問１．ア．外傷や血液の供給不足によって細胞が死ぬ場合，細胞膜や細胞小器官が破裂して中身をまき散らし，周りの組織に損傷を与えることになる。このような細胞死をネクローシス（壊死）という。一方，アポトーシスは，細胞膜や細胞小器官が破裂することなく DNA の断片化，続いて細胞自体の断片化が起こり，やがてマクロファージなどの食作用によってすみやかに除去される。このようにアポトーシスは周りの組織に損傷を与えることがなく，さらにアポトーシスを起こした細胞に含まれていた有機物は再利用される。

▶問２．問１でみたように，火傷による外傷や，脳梗塞などによって脳の神経細胞への血流が不足するとネクローシスが起こる。一方，カエルの変態における尾の退縮はアポトーシスである。ちなみに，尾を構成する細胞がもっていたさまざまな有機物は再利用されるので，変態中のオタマジャクシはエサを食べなくても生きていける。

▶問３．リード文にあるように，アポトーシスを起こした細胞は除去されるので，顕微鏡で観察してもアポトーシスの有無は判断できない。しかし，*ced-1* 変異体では，細胞死を起こした細胞が除去されずに残るので，細胞死の有無がわかりやすい。そのため，この実験ではすべて *ced-1* 変異体を用いている。実験結果①～⑤を以下にまとめる。

① *ced-3* 遺伝子または *ced-9* 遺伝子に変異があると細胞死が起こらない場合がある。

② *ced-3* 遺伝子の欠損変異をホモにもつと細胞死が起こらない。
ced-9 遺伝子のミスセンス変異は細胞死が起こらない。

③ *ced-9* 遺伝子の欠損変異は細胞死を促進する。
④ *ced-3* 遺伝子と *ced-9* 遺伝子の両方を欠損すると細胞死が起こらない。
　これは *ced-3* 遺伝子の欠損変異をホモにもつ場合と同様である。
⑤ *ced-9* 遺伝子を導入すると細胞死が抑制される。

オ・カ．実験結果②の *ced-9* 遺伝子のミスセンス変異を考えると混乱するので，欠損変異だけを考える。実験結果②，③から，*ced-3* 遺伝子は細胞死を促進するアクセルで，これが働かないと細胞死は起こらない。また，*ced-9* 遺伝子は細胞死を抑制するブレーキで，これが働かないと細胞死が促進されるとわかる。これは実験結果⑤とも一致する。

キ・ク．実験結果④から，*ced-3* 遺伝子（アクセル）が働かないと細胞死は起こらないといえる。よって，*ced-9* 遺伝子（ブレーキ）の欠損変異株で細胞死を起こすには，*ced-3* 遺伝子（アクセル）が必要といえる。

ケ・コ．細胞死を起こさない細胞では，*ced-9* 遺伝子（ブレーキ）が *ced-3* 遺伝子（アクセル）の働きを抑制しており，*ced-9* 遺伝子（ブレーキ）が働かなくなることで細胞死が引き起こされると推定できる。

▶問４．*ced-9* 遺伝子は細胞死を抑制するブレーキで，これが働かないと細胞死が促進される（実験結果③）。しかし，この遺伝子でミスセンス変異が起こると，細胞死が起こらなくなる（実験結果②）。一見矛盾しているようにみえるが，②の変異遺伝子がコードするタンパク質のアミノ酸配列がほかのアミノ酸に置き換わったことで，ブレーキとしての働きがいっそう強くなったといえる。このように変異の種類はさまざまで，タンパク質の働きを失わせる場合だけでなく，逆にその働きを強める場合もある。

▶問５．*ced-9* 遺伝子からつくられるタンパク質と *bcl-2* 遺伝子からつくられるタンパク質の立体構造が似ており，*bcl-2* 遺伝子をセンチュウの細胞内で発現させると，実験結果⑤と同様に細胞死が抑制される。よって，(a)～(c)は正しい。また，(e)のように，センチュウをモデル生物にして，ヒトのアポトーシスのしくみを遺伝子レベルで調べることも可能である。残る(d)であるが，ヒトとセンチュウの共通の祖先が *bcl-2* 遺伝子や *ced-9* 遺伝子のもととなる遺伝子を保持しており，ヒトやセンチュウへと進化していく過程で，その遺伝子の塩基配列をある程度保存していたため，両者の塩基配列がよく似ていたとも考えられる。そうすると，*bcl-2* 遺伝子が *ced-9* 遺伝子から進化してきたとは言えない。

4　解答　問１．ア．流動モザイクモデル　イ．核（核内）
ウ．リソソーム　エ．過酸化水素

問２．リン脂質分子が二層に並んだ構造であり，親水性の部分を外側に向け，疎水性の部分を内側にして向かい合うように配置している。（60 字以内）

問３．(c)・(f)

問４．B

問５．A・D

理由：細胞質基質で働くタンパク質の遺伝子について，同じ変異をもつ細胞の細胞質を混合してもカタラーゼ輸送は起こらない。表２より，細胞Aと細胞Dの細胞質を混合した場合では輸送が起こらなかったから。（100 字以内）

◀解　説▶

≪生体膜とタンパク質の輸送≫

▶問１．ウ．リソソームは内部にさまざまな分解酵素を含み，古くなった細胞小器官や細胞外から取り込んだ異物の消化を行う。

エ．細胞小器官Xはペルオキシソームと呼ばれ，内部にカタラーゼを含み，生体にとって有害な過酸化水素を分解する。

▶問３．ドーパミンは神経伝達物質で，インスリンはホルモンだから，どちらも酵素ではない。ダイニンは ATP を分解した際に生じるエネルギーによって動くモータータンパク質であり，ATP 分解酵素といえる。また，ダイニン，RNA ポリメラーゼ，コハク酸脱水素酵素はすべて酵素であるが，いずれも細胞内で働く。

▶問４．リード文中に，カタラーゼを細胞小器官Xへ輸送するには，Xの膜上に存在するタンパク質と細胞質基質に存在する複数のタンパク質が必要とある。以降，Xの膜上に存在するタンパク質を膜タンパク質，細胞質基質に存在するタンパク質を基質タンパク質と呼ぶことにする。〔実験１〕から，膜タンパク質と基質タンパク質がすべてそろうとカタラーゼ輸送が起こることがわかる。また，〔実験２〕では，カタラーゼ輸送ができない細胞A～Dについて，膜タンパク質と基質タンパク質の組合せを変えて輸送の有無を調べている。表１をみると，S_A，S_C，S_D に P_B を加えるとカタラーゼ輸送が起こるので，S_A，S_C，S_D の膜タンパク質と P_B の基質タンパク質は正常とわかる。そこで，細胞Bでカタラーゼ輸送が起こらないのは膜タンパク質が原因であり，細胞A，C，Dでカタラーゼ輸送が起こらないのは基質タンパク質が原因といえる（下表参照）。

	膜タンパク質	基質タンパク質
細胞B	異常	正常
細胞A，C，D	正常	異常

▶問5．リード文の末尾に遺伝的変異は1つの遺伝子のみとあるので，細胞A，C，Dは，複数ある基質タンパク質のどれか1つが正常に働かない。そこで，表2のように異なる細胞の基質タンパク質を混合して輸送の有無を調べている。膜タンパク質が正常な S_A，S_C，S_D についてみると，P_A+P_D の場合だけ輸送が起こらないので，細胞Aと細胞Dは同じ基質タンパク質が働いていないとわかる。つまり同じ遺伝子が変異を起こしている。それ以外の組合せでは，それぞれの細胞質基質に含まれる正常な基質タンパク質がすべてそろうのでカタラーゼ輸送が起こっている。なお，S_B は膜タンパク質が異常なので，どのような組合せで細胞質基質を加えてもカタラーゼ輸送は起こらない。

5　解答

問1．ア．放射相称　イ．左右相称　ウ．旧口動物
エ．新口動物　オ．冠輪動物

問2．(f)

問3．海綿動物：(d)　刺胞動物：(b)・(c)

問4．(a)・(d)

問5．オ：(a)・(d)・(f)

脱皮動物：(e)・(g)

問6．現象：収束進化（収れん）

進化のしくみ：類似した環境では類似した自然選択を受けるため，系統が異なる生物でも環境に適した同様の形や機能をもつようになったから。
（60字以内）

◀解　説▶

≪生物の系統分類と進化≫

▶問１．ア・イ．二胚葉性の刺胞動物は放射相称であり，三胚葉動物の多くは左右相称である。なお，三胚葉動物のうち，棘皮動物は五放射相称である。

オ．旧口動物は，脱皮動物と冠輪動物に分けられ，冠輪動物には環形動物・軟体動物・扁形動物などが含まれる。また，環形動物と軟体動物はトロコフォア幼生の時期をもつ。

▶問２．ある特徴を各動物群が共通してもっていれば，その特徴は進化の早い段階で獲得されたと考える。まず，すべての特徴をもたないＡと８を獲得しＢ～Ｆの祖先となる動物群が分岐した。その後，この動物群から１，５，６を獲得しＢ，Ｄ，Ｅ，Ｆの祖先となる動物群が分岐した。Ｃはこの特徴を獲得することなく現在に至る。さらに，Ｂ，Ｄ，Ｅ，Ｆの祖先となる動物群から，２，４を獲得した動物群と，３，７を獲得した動物群に分岐した。前者からは，さらに９の有無によってＤとＥに分岐し，後者からは，さらに10の有無によってＢとＦに分岐した。

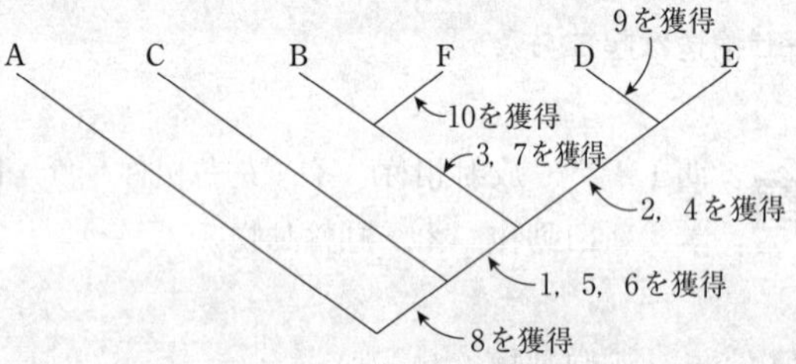

▶問３．(a)　三胚葉動物の多くは，体壁と内臓の間に体腔と呼ばれる空間が形成されるが，胚葉分化のない海綿動物や二胚葉性の刺胞動物には体腔がない。

(b)　海綿動物では胚葉分化が起こっていないので，当然神経はない。刺胞動物は散在神経系をもつ。

(c)・(d)　海綿動物は，えり細胞と呼ばれる細胞が個々に水中から食物をこしとって食べる。えり細胞は，えり鞭毛虫という単細胞生物に似ており，この単細胞生物から多細胞動物が進化したと考えられている。刺胞動物は口と肛門が兼用で，未消化の食物は口から吐き出される。

(e)　海綿動物と刺胞動物の多くは水中に生息している。

▶問４．(a)　正しい。新口動物では原口が肛門側になり，その反対側に新たに口ができる。

(b)　誤り。種数の半数以上を占めるのは節足動物であり，これは旧口動物に属する。

(c)　誤り。三胚葉動物の多くは体腔をもつが，新口動物では中胚葉由来の細胞に囲まれた体腔をもち，このような体腔を真体腔という。一方，旧口動物では，真体腔をもつものもあれば，中胚葉由来の細胞に囲まれていない体腔（偽体腔）をもつもの，体腔自体をもたないものなどさまざまである。

(d)　正しい。新口動物には，脊椎動物・原索動物・棘皮動物が含まれるが，脊椎動物と原索動物をまとめて脊索動物という。

(e)　誤り。体節構造をもつのは節足動物と環形動物であり，どちらも旧口動物に属する。

▶問５．冠輪動物には環形動物・軟体動物・扁形動物などが含まれ，脱皮動物には節足動物や線形動物が含まれる。(a)～(h)のうち冠輪動物と脱皮動物を分類すると以下の表のようになる。なお，ホヤは原索動物，ヒトデは棘皮動物で，どちらも新口動物である。また，イソギンチャクは刺胞動物に属する。

旧口動物	冠輪動物	環形動物：ミミズ，ゴカイ
		軟体動物：アサリ
	脱皮動物	節足動物：ユスリカ
		線形動物：センチュウ

▶問６．環境が類似していると，異なる系統の生物でもよく似た形や機能を獲得する現象を収束進化（収れん）という。たとえば，オーストラリア大陸の有袋類は空中・樹上・地上・地中へと適応放散したが，他の大陸では有胎盤類（真獣類）が空中・樹上・地上・地中へと適応放散した。この両者についてみると，空中・樹上・地上・地中という環境ごとに形や機能がよく似ている（下表参照）。これは，類似した環境では類似した自然選択を受けるため，環境に適した同様の形や機能をもつようになったからである。

オーストラリア大陸		他の大陸
フクロモモンガ	空中	モモンガ
コアラ	樹上	ナマケモノ
カンガルー	地上	シカ
フクロオオカミ（絶滅）	地上	オオカミ
フクロモグラ	地中	モグラ

環境ごとに形や機能が類似する

講　評

1　電子伝達系のしくみと共生説に関する問題。問１・問２は基本的な問題。問３は，光合成細菌とシアノバクテリアの違いを意識すると論述すべき点が見えてくる。問４は，共通の祖先からそれぞれの電子伝達系が進化してきたことを述べるが，30字以内で簡潔にまとめるのはやや難しい。

2　免疫のしくみとABO式血液型に関する問題。問１はエの特異性は気づきにくかったかもしれない。問２は基本的な知識問題であるが，(1)がやや難しい。問３は，問２の(4)をヒントにして，Ｂ細胞の場合でも自己成分を認識する細胞があらかじめ排除されることを述べる。問４はMHCに関する頻出問題。兄弟姉妹で一致する確率が25％であることまでぜひ述べておきたい。

3　アポトーシスで働く遺伝子に関する問題。問１・問２は基本的な問題。問３は，実験結果を分析するのに時間がかかると思われるが，問題文をヒントに解き進めればそれほど難しくはない。問４は，ミスセンス変異と欠損変異で逆の結果になっていることから推理していく。やや難。問５も選択肢を吟味するのにやや時間がかかる。

4　生体膜とタンパク質の輸送に関する問題。問１は基本的。問２は60字の字数で述べるのはやや難しい。問３は基本的。問４は表１から容易に判断できる。問５はかなり難しい。異なる変異をもつ細胞の細胞質どうしを混合すれば，正常なタンパク質がすべてそろうことに気づけばよいが，100字でまとめるのにはかなりの論述力が必要。

5　生物の系統分類と進化に関する問題。問１は基本的。問２は表の内容から系統関係を把握するのにやや時間がかかる。問３・問４は体腔に関する選択肢が含まれており，受験生によってはかなり苦戦したと思われる。問５は基本的な問題であるが，生物名までしっかりと押さえていないと完答は難しい。問6はなかなか書きづらい。自然選択に触れながら論述するとまとめやすい。

2017年度は，2016年度に比べ論述量はやや減少し，制限字数が少ない問題が目立ったが，例年どおり論述のポイントを絞り込むのが難しい。計算問題は出題されなかったが，考察問題は2016年度に比べやや難化したため，考察問題の出来が得点を大きく左右したと思われる。全体の難易度はやや難化。

地学

1 **解答** 問１．(a)

問２．重力測定地点とジオイド面では地球重心からの距離が異なるため，その距離に応じて測定地点の値をジオイド面での値に換算する補正。(60 字程度)

問３．海洋プレートは海嶺から離れるにつれて冷却が進み，厚さと密度を増していくので重くなり，アイソスタシーを保つためにマントルに深く沈み込んでいく。そのため，海洋プレートの上端である海底は深くなっていく。(50～100 字)

問４．マグマがゆっくり冷えると鉱物が成長して等粒状組織となり，急激に冷えると鉱物が成長できずに斑状組織となる。(50 字程度)

問５．(c)

◀解 説▶

≪地球内部の構造≫

▶問１．ジオイド面は海洋では平均海水面と一致し，陸域では海水面をその位置まで引いてきたと仮定した仮想面であるが，常に重力の方向と直交する。地下に密度の高い物質があると，その物質による万有引力が加わり，高密度の物質に向かって重力が向きを変えるので，重力に直交するジオイド面は(a)のように盛り上がった形となる。

▶問２．陸上では，その標高の分だけジオイド面よりも地球重心から遠くなる。そのため，陸上で重力を測定すると，ジオイド面で測定した場合の重力よりも小さい値を観測することになる。この観測される値を万有引力の法則に従って計算してジオイド面での値に補正するのがフリーエア補正である。重力異常の基準となる標準重力はジオイド面での値であるため，その観測地点の標高に応じて観測値にフリーエア補正値を加えて標準重力と比較するのである。

▶問３．海洋プレートは高温のマントル物質が海嶺で上昇して生成されるときは高温であるが，海嶺から離れるにつれてしだいに冷却して密度を増していく。また，プレートの下端は冷却に伴ってその下のアセノスフェアを取り込んで厚みを増していく。このため，プレート全体が海嶺から離れるにつれて高密度で厚くなるため重くなる。プレートの下にあるマントルは長い時間に対しては流動的にふるまうので，力学的なつりあい（アイソスタシー）を保つためにプレートはマントルに深く沈み，その結果，海洋プレート上面の海底の水深は増していくことになる。

▶問４．マグマが冷えて固まった岩石を火成岩という。冷却の際，ゆっくりと冷えると鉱物が大きく結晶できるため，岩石は大きな鉱物が隙間なく詰まっている等粒状組織となる。一方，マグマが急冷すると液状の部分は鉱物が大きく結晶できず，非晶質のガラスか小さな鉱物結晶からなる石基となる。この石基にマグマが急冷する前に晶出していた大きな斑晶と呼ばれる結晶が散在して混ざり，斑状組織となる。

▶問５．Ｐ波初動が震源から遠ざかる向きの場合を「押し」，震源に向かって引っ張り込まれる向きの場合を「引き」と呼ぶ。この「押し」と「引き」の領域は一般に震源を中心として震源断層面とそれに直交する平面によって区分される４つの象限に交互に分布することが知られている。本問の震源断層は左ずれであり，左ずれ断層の「押し」と「引き」の分布は下図のようになるので，九州大学伊都キャンパスのある象限は「押し」の領域となる。したがって，地下にある震源から押される向きは「南」と「上」である。

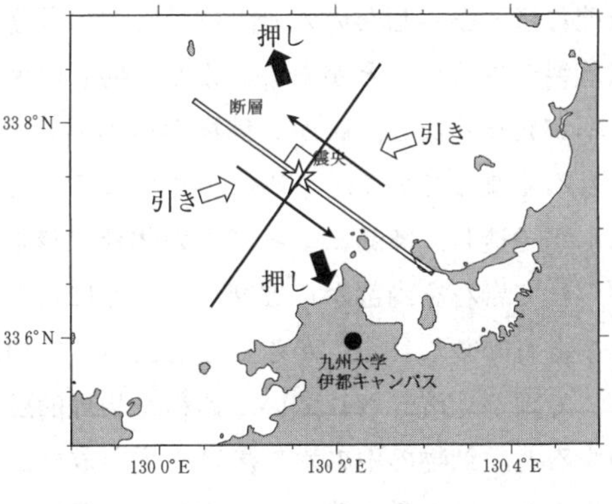

2 解答

問１．三畳紀（トリアス紀），ジュラ紀，白亜紀

問２．ア．南極周極流　イ．ヒマラヤ山脈

問３．物理的風化：温度変化に伴う体積膨張率の差で亀裂が入ったり，隙

間に入った水の凍結による膨張で岩石が破壊される現象。(50 字以内)

化学的風化：水の作用で岩石の化学成分が溶け出したり，化学反応が生じてもろくなったりして変質する現象。(50 字以内)

問４．①―(b)　②―(g)　③―(h)　④―(d)　⑤―(e)

◀解　説▶

≪中生代から新生代のできごと≫

▶問１．地質時代は生物の消長などをもとに区分されており，古生代の終わり（中生代のはじまり）はおよそ２億 5000 万年前の生物大量絶滅，中生代の終わりは約 6600 万年前の巨大隕石衝突による大量絶滅とされている。そして，中生代はさらに三畳紀（トリアス紀ともいう），ジュラ紀，白亜紀の３つの紀に区分されている。

▶問２．ア．新生代になるまで陸続きだった南極大陸と南米あるいはオーストラリアが分離し，南極大陸を取り巻いて海流が周回できるような配置となった。この南極大陸を取り囲んで西から東へ流れる周回海流を南極周極流（あるいは南極環流）という。

イ．インド亜大陸が北上してアジア大陸に衝突すると，大陸地殻はマントルに深く沈むことができないため，衝突地域は高く盛り上がった山脈となる。これが現在のヒマラヤ山脈となっている。

▶問３．岩石の表面付近が日光で照らされると，表面付近は高温のため膨張するが内部はそれほど膨張しないので，体積膨張の程度に差が生じて表層と内部の間に亀裂が生じることがある。また，同じ温度変化でも鉱物によって体積膨張率が異なるなど，細かい鉱物の境界部分にも割れ目が生じ，岩石はしだいにもろくなっていく。さらに，そのようにしてできた岩石や鉱物間の隙間に水が浸透し，凍結によって水の体積が膨張すると，その割れ目が押し広げられて岩石を内部から破壊することになる。また，植物の根の成長に伴って岩石の割れ目が広がることもある。このように，岩石が力学的な力によって細かく破砕されていく過程を物理的風化という。一方，岩石が水に接触すると，鉱物の中の水に溶けやすい成分が流出し，溶けにくい成分が残存することになる。残存した成分で新たに化学反応をして鉱物がつくられるが，一般にこのようにしてできる鉱物は粘土鉱物であり，岩石全体がやわらかくてもろい性質となる。また，岩石に接触する水に二酸化炭素や二酸化硫黄などの酸性物質が含まれた場合，鉱物との化学反応によって岩石が変質していく。このように，主に水の作用によって岩石が弱くなっていく過程を化学的風化という。

▶問 4．一般に海水中の酸素同位体比 $^{18}O/^{16}O$ は，気温が低い時期に増加する傾向がある。これは質量の大きい ^{18}O を含む水分子は蒸発しにくく，軽い ^{16}O のみでできた水分子の方が蒸発しやすいためである。蒸発した水蒸気に入った ^{16}O は，気温の低い時期には大陸の氷床となって海にもどってこない。このため，海水中の $^{18}O/^{16}O$ が高くなるのである。

①の時代は暁新世と始新世の境界時期（約 5600 万年前）であり，酸素同位体比が小さくなっているので温暖化を示している。

②の時期（約 3400 万年前）に南極周極流の形成に伴う寒冷化によって南極の氷床が形成されたと考えられている。そのため，この時代の酸素同位体比は急激に増加している。

③の時期（約 1500 万年前）に日本海が誕生した。このころは火山活動も活発になり，地球は温暖化した。

④の時代（約 700 万年前）に直立二足歩行をする人類の祖先が出現した。

⑤の時代（現在を含む過去数十万年）は氷期と間氷期をくり返している。氷期と間氷期の寒暖差は大きいので，酸素同位体比の振幅が大きくなっている。

3 解答

問 1．(1)地球放射　(2)潜熱と顕熱

問 2．(1)　下図。

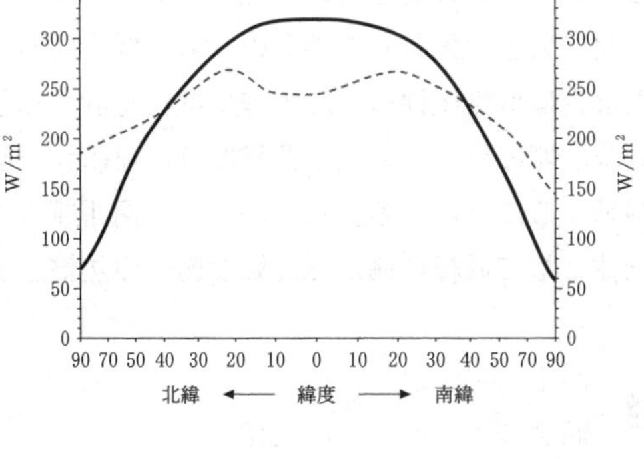

(2)　黒潮

(3)　偏西風の波動が南北に蛇行して低緯度側に大きく湾曲すると，そこに

低気圧性の循環が生まれ，湾曲した部分の西側では高緯度にある上空の寒気が低緯度側に運ばれ，東側では低緯度の暖気が高緯度側に運ばれる。このため高緯度への熱輸送が活発になる。(120 字程度)

◀解　説▶

≪太陽放射，地球放射と熱輸送≫

▶問 1．(1)　太陽放射のエネルギーのうち，もっとも多くを占める電磁波は可視光線の領域であり，その波長ピークはおよそ 5×10^{-7}m である。一方，地球放射の波長領域は地球の平均気温における黒体輻射の波長（1×10^{-5}m 程度）であり，赤外線の領域となる。したがって，地球放射は太陽放射よりも波長がはるかに長くなっている。

(2)　図 1 の矢印 A は，地表面から大気へ向かっている。この図で表現されていないもので主なものは，地表や海面からの水蒸気蒸発に伴う蒸発熱の流入と，伝導によって直接大気の温度を高くする熱の移動である。暖まった大気は上昇して，上空の大気へ熱を運ぶことになる。これらの正体を一言で書くと，水蒸気に蓄えられた熱は潜熱，伝導や対流によって移動した熱は顕熱である。

▶問 2．(1)　地球に大気や海洋がないとすると，熱輸送を担う物質がないので，太陽放射で受けたエネルギーは他の緯度へ移動しないのだから，そのまま地球放射として放出することになる。したがって，図中の太陽放射の破線をなぞるように地球放射の線を描けばよい。

(2)　北太平洋で低緯度側から高緯度側へ温かい海水を運んで熱輸送に大きく寄与しているのは，日本近海を流れる黒潮である。

(3)　偏西風が南北に大きく蛇行した部分のうち，低緯度側（北半球では南側）に蛇行した部分は低気圧性の（北半球では反時計まわりの）循環となる。すると，高緯度側の冷たい大気が低緯度側に運ばれ，低緯度側の暖気は高緯度側へ移動することになる。したがって，偏西風の南北蛇行によって中緯度地域全体として低緯度側から高緯度側への熱輸送が強められる。

4 解答

問 1．ア．CO_2

問 2．イ．832　ウ．218

問 3．海洋表層に生息する生物の殻や骨に取り込まれ，それらの死後，海

底に沈むことで深層に運ばれる。(50 字以内)

問 4．表層の混合層は太陽に温められ，よくかく拌された高温低密度の層であり，低温高密度の深層とは対流が起こりにくい。(60 字以内)

問 5．(d)

◀解　説▶

≪炭素の循環≫

▶問 1．ア．大気中にはメタン（CH_4）やフロン（CCl_2F_2，他）などの形で炭素原子が存在するが，二酸化炭素（CO_2）に比べるとごく微量である。

▶問 2．イ．現在の大気中に 829〔$\times 10^{12}$ kg〕の炭素が存在し，そこに人間活動による 9（以下単位省略）が加わる。そして陸への流出 123 と陸からの流入 119，海洋への流出 80 と海洋からの流入 78 で増減する。

したがって，1 年後の炭素量は

$$829+9-123+119-80+78=832〔\times 10^{12}\,\mathrm{kg}〕$$

ウ．海洋表層に入るのは，海洋-大気間の交換で 80，海洋深層からの 101，さらに生物からの 37 であるから

$$80+101+37=218〔\times 10^{12}\,\mathrm{kg}〕$$

一方，流出は海洋-大気間で 78，海洋深層へ 90，生物へ 50 だから

$$78+90+50=218〔\times 10^{12}\,\mathrm{kg}〕$$

となり，両者はともに同じ値となる。

▶問 3．生物を経るものの例：海洋表層には石灰質（$CaCO_3$）の殻をもつ有孔虫などのプランクトンが多く生育し，それらが海洋表層の炭素を体内に取り込み，死んで遺骸が海中深くに沈むことで深層に炭素が運ばれる。いわゆるマリンスノーは，このような生物の遺骸が大量に深海へと沈んでいく様子である。

生物を経ないものの例：海水に対する二酸化炭素の溶解度は水温が高いと小さく，水温が低いと大きくなる。このため，たとえば黒潮のような温かい水温の海流が高緯度へ向かう場合，相対的に二酸化炭素の溶存量が少ない海水が高緯度で冷やされ，大気中の二酸化炭素を多く取り入れることになる。そして，この冷えて二酸化炭素を多く含んだ海水がさらに冷却され，高密度となって深海へ沈むことで二酸化炭素が深海へ運ばれる。このようなことが世界の各地で生じている。

▶問 4．海洋表層の海水は太陽により温められ，海面から数十 m〜100m 程度にわたっては，風浪や表面の冷却によって対流がさかんに行われ，よくかく拌される層ができる。これを混合層といい，比較的水温が高い状態が保たれ，その下層にある深層との温度差は大きい。この混合層から深層にかけて急激に水温が低下する部分を水温躍層とよび，この躍層を境にして上部は高温低密度の軽い層，下部は低温高密度の深層が存在するため，躍層を越えた海水の移動は生じにくい。

▶問 5．ある領域の物質の存在量を，その領域に単位時間あたり流入（または流出）する量で割れば平均の滞留時間が算出できる。

海洋表層においては炭素存在量が 900 であるのに対し，流入量も流出量も 218 であるから，平均滞留時間は $\frac{900}{218}=4.1\fallingdotseq 4$ 年である。一方，海洋深層の炭素存在量は 38000 であり，流入量と流出量はそれぞれ 103 と 101 で大差なく，平均値 102 を採用したときの平均滞留時間は $\frac{38000}{102}=372\fallingdotseq 400$ 年である。したがって，およその滞留時間の比は 4：400＝1：100 となる。

5　解答

問 1．ア．星間雲　イ．原始星　ウ．HR　エ．100

問 2．ア．l_1　イ．m_2　ウ．m_1

問 3．恒星Aの絶対等級 M は，見かけの等級 $m=2.5$，恒星Aまでの距離 $d=100$ パーセクを与えられた式に代入して

$$M=2.5+5-5\log_{10}100$$
$$=-2.5 \text{ 等級}$$

恒星Aが太陽の r 倍明るいとすると，問 2 の式から

$$\log_{10}r=\frac{2}{5}\{5-(-2.5)\} \quad \therefore\ r=10^3 \text{ 倍} \quad \cdots\cdots(\text{答})$$

問 4．シュテファン・ボルツマンの法則より，明るさの比は恒星の表面積比と表面温度比の 4 乗の積に比例するので，恒星と太陽の明るさをそれぞれ L，l，半径を R，r，表面温度を T，t とおくと

$$\text{明るさの比}\ \frac{L}{l}=\left(\frac{R}{r}\right)^2\cdot\left(\frac{T}{t}\right)^4 \quad \cdots\cdots①$$

一方，恒星と太陽の絶対等級をそれぞれ M，m とすると，問 2 の式から

$$\frac{L}{l}=10^{\frac{2(m-M)}{5}} \quad \cdots\cdots ②$$

①，②式から

$$半径の比\ \frac{R}{r}=\frac{10^{\frac{m-M}{5}}}{\left(\frac{T}{t}\right)^2} \quad \cdots\cdots ③$$

(1)　③式に $M=0$ 等級，$m=5$ 等級，$T=12000$〔K〕，$t=6000$〔K〕を代入して

$$\frac{R}{r}=\frac{10}{4}=2.5 倍 \quad \cdots\cdots (答)$$

(2)　③式に $M=-5$ 等級，$m=5$ 等級，$T=3000$〔K〕，$t=6000$〔K〕を代入して

$$\frac{R}{r}=\frac{100}{0.25}=4.0\times10^2 倍 \quad \cdots\cdots (答)$$

(3)　③式に $M=10$ 等級，$m=5$ 等級，$T=18000$〔K〕，$t=6000$〔K〕を代入して

$$\frac{R}{r}=\frac{0.1}{9}=0.0111 \fallingdotseq 1.1\times10^{-2} 倍 \quad \cdots\cdots (答)$$

問５．(1)主系列星　(2)赤色巨星　(3)白色矮星

◀解　説▶

≪恒星の明るさ≫

▶問１．ア．宇宙空間は全く何もない真空ではなく，通常 1cm^3 あたりに数個の原子が含まれている。一部に 1cm^3 あたり 100 個を超すような部分があり，このような部分を星間雲という。

イ．星間ガスの収縮の中心には恒星のもとになる星が生まれ，収縮したガスの重力エネルギーのみで熱を帯びている。この状態の星を原始星という。

ウ．多くの恒星の絶対等級と表面温度を観測し，縦軸に絶対等級，横軸に表面温度（スペクトル型）をとって図示したものを HR 図（ヘルツシュプルング・ラッセル図）という。一般に恒星は表面温度が低いほど放射エネルギーが小さく絶対等級は大きく（暗く）なる。逆に表面温度が高いほど明るくなるので，主な恒星は HR 図上に左上から右下にかけて直線状に並ぶことになる。このような恒星を主系列星という。

エ．太陽程度の質量の恒星は，約 100 億年程度主系列星の段階を過ごし，

その後膨張して赤色巨星となる。

▶問2．恒星の等級は5等級小さくなると明るさが100倍になるように定められているので，明るさ l_1，l_2 の恒星の等級が m_1，m_2 だとすると

$$\frac{l_1}{l_2}=100^{\frac{m_2-m_1}{5}}$$

という関係が成り立つ。

この式の両辺の対数をとると，与えられた式が得られる。

▶問3．与えられた式に見かけの等級と距離を代入して絶対等級を求め，問2で解答した式に代入すると明るさの比が求まる。

▶問4．シュテファン・ボルツマンの法則によると，表面温度が絶対温度で T である恒星の単位面積あたりの放射エネルギー E_0 は，比例定数を σ として $E_0=\sigma T^4$ と表され，絶対温度の4乗に比例することが知られている。

そして，半径 R の恒星が放射するエネルギーの総量 E は，恒星の表面積をかけて $E=4\pi R^2\times E_0=4\pi R^2\sigma T^4$ となる。

恒星から放射されるエネルギーは明るさに対応するので，明るさの比はこの放射エネルギーの比となる。したがって，明るさの比は恒星の半径の2乗の比と絶対温度の4乗の比の積で表される（比をとることで比例定数 σ や係数 4π は考慮しなくてよくなる）。また明るさの比と等級の差の関係は問2で示されているので，これらを利用して恒星の半径の比を見積もることができる。

▶問5．問4の(1)の星は太陽の2.5倍程度の大きさであるから主系列星に分類される。(2)の星は太陽の400倍もある巨大な恒星であり，表面温度が低いので赤色巨星に分類される。(3)の星は太陽の100分の1程度，すなわち地球程度の大きさであり，表面温度が非常に高いので白色矮星であると考えられる。

講　評

例年どおり大問5題で，2科目150分の出題であった。2016年度に減った論述量が例年並みかやや多い量に戻ったので，少しとまどった受験生がいたかもしれない。時間配分に気をつけたい。

1　地球内部の構造がテーマ。問2はフリーエア補正の意味を正確に理解できているかどうかで差がつく問題であった。

2　酸素同位体比が何を示すかをよく考えて，それと対応するできごとを考えないといけない。

3　地球の熱収支に関する頻出問題。熱の輸送が何によってなされるかを正しく理解していれば得点源となる。

4　海洋における炭素循環がテーマ。問 3 は生物を経るものとそうでないものが選べるが，生物を経ないものの場合の考察はやや難度が高いので，書いた受験生は少なかったのではないだろうか。

5　恒星の明るさに関する式がほぼ与えられているので，数値を正しく代入していけば正答にたどりつく。

はじめに書いたように，2017 年度は論述量が多くなったが，これは九州大学としては普通のことであり，教科書に書かれている用語や事象を自分の言葉で正確に表現する力を求められている。だいたいわかったという程度ではなく，完璧に理解したと言えるまでしっかりと教科書を読み込んで臨んでほしい。

ではないが、その理由を説明するにはかなりの文章力が必要である。その力をふだんから養っておくことを心掛けよう。問5は筆者の重要視する第二の「他人の眼」が、日本社会に欠如しているという視点を確認しておくことで、批判の内容を的確に説明することができる。

▼問5　この設問は問題文の主旨に関わっている。その主旨とは、「他人の眼」を一つは〝自分に対する他人の視線〟、もう一つは〝自分が自分を対象化して見る視線〟の二つに分けて、両者は本質的に違うとする考え方である。前者からは他人の思惑で自分の行動を決める他律的な生き方が生まれ、後者からは自分を客観視して生き方を選択する自律的な態度が生まれる。親の世代は後者の「眼」を持たなかったために、自らは世間に逆らうことを恐れる生き方に甘んじ、子供の教育においても、自己を対象化する自律的な生き方を教えることができずに、若者を自己抑制の利かない気ままな人間にしてしまった、と筆者は考えている。

参考　大庭みな子（一九三〇〜二〇〇七年）は、津田塾大学英文科卒。小説『三匹の蟹』で芥川賞を受け、一躍作家としてデビューした。以後も谷崎潤一郎賞の『寂兮寥兮（かたちもなく）』など多くの作品を発表している。日本文芸家協会理事・日本ペンクラブ副会長などを歴任した作家・評論家である。

講評

一（現代文）は、ヴァーチャルリアリティ（仮想現実）の出現によって、本来の人間的なリアリティ（現実感覚）に大きな変化が予想される、現代社会の状況を取り上げた評論である。取りつきやすい内容とはいえないが、素直に筆者の論旨を追っていけば主題が見えてくる。問1・問2は「ヒトらしさ」は特に意識しなくても、人間関係に重要な意味を持つことを考えさせる問題で、比較的容易に答えられるだろう。問3以下はそう簡単ではない。「ヒトらしさ」に関与する医学の問題から、情報技術の進化によるヴァーチャルリアリティの問題など、ヒトとそのリアリティの条件について解答を迫られる時代になった、という筆者の考えをきちんと押さえておかないと、問3〜問5の設問にとまどうことになる。各問とも自分の思考力・理解力をフルに働かせて、問題と取り組む集中力が求められている。

二（現代文）は、日本人が行動の基準としてきた「他人の眼」について、〝自己を客観視する見方〟という第二の意味を与えることを主張する評論である。論旨が明確なので読みやすい文章といえる。問1の比喩表現、問2の心情説明ともに特に難しい問題ではない。問3は、若者に対する大人の批判に、筆者が皮肉な視線を向けている点を読み取って、その見方がよく伝わるように表現したい。問4の考え方はそれ自体別に難解なものを考える必要がある。

着眼

▼問1　ここでいう「アメリカ人」はもちろん国籍とは関係がない。法的な身分とは別に〝アメリカ流の人生観を信じて生きている人間〟の意味である。一世の親たちから、日本流の「他人の眼」を意識する生き方を教えられた二世たちも、アメリカ社会の中で成長すれば、自然に他人の眼を気にしない人生観を身につけていく。それを比喩的に「アメリカ人になっていく」と表現したのである。

▼問2　「悔恨」「羨望と嫉妬」の具体的内容を問う設問であり、この段落の中に解答がある。これらはいずれも、「大人たち」が自分の青年時代を振り返って、現在の「若者たち」と比較することから生じる感情である。「悔恨」とは、「抑圧」「他人の眼」「屈辱」などの言葉で回想される自らの青春を無念に思うとともに、その環境に逆らえなかったという悔しさである。それは、他人の眼を気にせず気ままに生きている、今の若者たちへの羨ましさ・妬ましさと表裏一体をなしているのだ。

▼問3　本文から「姑根性」の意味は〝自分が嫁として姑にいびられた恨みを、姑として嫁をいびることで晴らそうとする心の持ち方〟である。そこには自分が強要された生き方をそのまま次世代にも強要するという、不当で筋違いな態度がある。若者に対する大人たちの批判もまた、かつて自分たちが強要された生き方を今の若者たちも強要されて当然だとする点で、「嫁いびり」に通じる自分勝手な鬱憤晴らしの行動と見ることができる。そこに動機の不純さを感じて「いやらしさを伴う」と言っている。

▼問4　傍線部Dを含む段落の次段落冒頭の一文「何か悪いことをすると…できはしない」に注目。〈そんなことをすると怖い人に叱られるぞ〉などの脅し文句は、外部の権威を借りてその力で子供をコントロールしようとすることであり、他律的な行動の抑制である。こういう抑制に慣らされた子供には、自発的に行動する習慣が育ちにくい。自分の為すべきことは何かと考えて、それを行動に移すことが苦手になるだろう。傍線部Dの「自律的な自己抑制の能力を失く」すことが、それに当たる。

問2　「悔恨」は、常に他人の眼を気にして行動することに抑圧を感じ屈辱を味わった自分の青春を後悔し、無念に思う感情である。「羨望・嫉妬」は、現代の若者たちが、自分たちとは違って他人を気にしない気ままな生き方をしていることを羨み妬ましく思う感情である。

問3　現代の若者たちの気ままな振る舞いに対する大人たちの批判には、他人の眼に縛られて行動が不自由だった以前の自分たちのような生き方が、状勢の変化により次の世代に通用しなくなったことへの鬱憤を晴らすために、ことさら厳しい態度をとろうとする不純な気持ちが感じられるから。

問4　子供をしつけるのに外部の権威を利用するやり方は、子供を他律的に抑制するものであり、それが自らの意志によって行動しようとする自律性の発達を妨げるために、子供に自分をコントロールする自発的な能力が育たないから。

問5　筆者は、親の世代が「他人の眼」を気にする意識から、他人の思惑に支配される他律的な生き方をしてきたことを批判するとともに、自己を対象化するもう一つの「他人の眼」を持ってこなかったために、子供に自律的な自己抑制の能力を育てる教育ができなかったことを批判している。

問6　①曖昧　②慰　③賢　④秩序　⑤豪商

▲解　説▼

要旨　「他人の眼」を気にするのは日本人の習性であるが、「他人の眼」にも二つの意味が考えられる。その一つは自分を見る世間の眼に対する怖れの意識であり、もう一つは自己を対象化する客観的な見方の意味である。第一の「他人の眼」は常に他人の価値判断を基準とする他律的な生き方につながるが、これは戦前世代がいやおうなく身につけた処世の知恵であった。そういう親たちが子供を育てると、「他人さまに笑われます」などと世間の眼を基準にして子供をしつけるために、子供も他律的な人間になりやすい。しかし一方では戦後の社会情勢の変化によって、親たちの価値観を子供に押しつけることが難しくなったので、子供は親の他律的な生き方を受け入れず、それでいて自律的な社会性も持ち合わせない若者に育ってしまった。私たち大人は若者を責める前に、自己を測る客観的尺度としての第二の「他人の眼」を持つことっきりと意識する時代」は、次の段落の最終文の「回答を出すことを迫られる時代」であることを押さえて、この段落の内容を主体に解答をまとめよう。現代の医学は、私たちに脳死状態のヒトをヒトと認めるかどうかという倫理的な問題を突きつけている。それは「ヒト」の条件とは何かという問題であり、その条件を考えるには、「ヒトらしさ」についての意識の問題が避けられない。現代は、ヒトのリアリティすなわち「ヒトらしさとは何か」という議論が必要な時代である。

▼問４　この「変容」が直前の〈人工調味料の登場による味覚の変質〉にたとえられていることは容易に読み取れる。その変化を一般的にいえば、人が新しい環境を与えられたとき、それに順応して、それに応じた新しい感覚を獲得するということである。傍線部Ｄはつまり「私たちの感じる『ヒトらしさ』」が、新たなモノ（パソコンなどの情報機器）を介する人間関係によって変質し、その環境にふさわしい感覚となるだろうというのだ。

▼問５　ヒトのリアリティをめぐる「新たな問題」を本文から読み取ると、パソコンなど情報機器の発達に伴う対人関係の変化と、ヴァーチャルリアリティの登場による社会のヴァーチャル化の影響のもとで、どのように新たな「ヒトらしさ」を考えていくのかという問題になる。また「以前からあったはずの問題」は、本文冒頭の二つの段落で「ヒトらしさ」に関わる問題として提示され、第七段落でまとめられている内容に注目する。第二段落の終わりで、人は本来「ヒトらしさとは何かなど考えてもみない」ものだと述べている点や、第七段落の末文に「私たちが人間であり…色あせることはない」とある点を押さえるとよい。

二

出典　大庭みな子『女の男性論』＜Ｉ　自己を対象化する「他人の眼」＞（中公文庫）

解答

問１　常に世間の眼を意識することを教えられて育った二世たちが、成長するにつれて他人の思惑を気にかけないアメリカ式の生き方に変わっていくこと。

て持っている一方で、その重要性の認識が十分でないために、意識的に考える習慣がなかった「ヒトらしさとは何か」という問題。

問6　①典型　②琴線　③潜　④抽出　⑤純粋

▲解　説▼

要旨　私たちは日常「ヒトらしさ」をはっきりとは意識しないが、実はそのことに敏感であり、気にしてもいる。人はお互いに「ヒトらしい」関係の中で生きているからだ。「ヒトらしさ」とは、誰もが実感として持っているヒトのリアリティであり、「ヒトらしさ」をめぐる問いは常に存在してきたが、その答えは今も出ていない。現代の科学は「ヒトらしさ」を生みだしている「こころ」が、脳が作り出す実体のないものであることを解明したが、それに加えて情報機器の進化が引き起こす人間関係の変化や、ヴァーチャルリアリティの登場による社会の変容などを考えると、今ほど「ヒトのリアリティ」についての意識の問題が重みを増してきた時代はない。現代とは、「ヒトらしさ」をさまざまな形で問い直すことを迫られている時代なのである。

着眼　▼問1　人はあまりにも日常的な事柄に対して特別に注意を向けたりはしないが、何か異変が生じると改めてその事柄を意識し、問題にする。リアリティ（現実感）や「ヒトらしさ」の感覚に対する場合も同じだと、筆者は言っている。昔ながらの〈現実〉の中にヴァーチャルリアリティが侵入してくることで、自然なものとしてきたリアリティに意識が向けられる。それと同様に、自分が日頃当たり前に感じている「ヒトらしさ」に何か違和感を覚えたときに、「ヒトらしさ」に関心が向かう、という点が両者の場合「まったく同じ」なのである。

▼問2　この傍線部Bの対極にあるのは、患者を医療の対象として診断し処置することだけが仕事だと考えている医師である。人は病気などで苦しんでいるとき、周りの人の「ヒトらしさ」に敏感になり、思いやりや優しさを求めるものである。弱気になっている病人の気持ちを察して、人間対人間としての対応をしてくれる医師を患者は期待するのだ。

▼問3　傍線部Cの意味を理解するには、次の段落の終わりの一文と併せて読む必要がある。傍線部Cの「その問題をは

国語

一

解答

出典　北原靖子「プロローグ」〈5　ヒトらしさをめぐる日常　6　ヒトらしさの今日性－現代という「時代」〉（北原靖子・渡辺千歳・加藤知佳子編著『ヒトらしさとは何か－ヴァーチャルリアリティ時代の心理学』北大路書房）

問1　私たちが実生活の中で感じているリアリティと、また他人との関わりに感じられる「ヒトらしさ」とを比べると、それを普通は意識したり問題にしたりすることはないが、何か異変が生じたときに初めて意識し問題にするという点が「まったく同じ」である。

問2　患者もまた、病気の苦痛や将来の不安などの事情を抱えた個別の人間と考えて、親身に対応してくれる先生。（五〇字以内）

問3　「こころ」は脳が生み出した実体のないものであることがわかって、「こころをもったヒト」のリアリティが不確かなものとなり、さらに脳死への対応から「ヒト」の条件についての議論が起こってくると、「ヒトらしさ」の問題が改めて意識されるから。

問4　人工調味料の登場が私たちのうま味の感覚を変質させたように、情報機器を介する実体のない他者との人間関係が出現したことで、実体のある人との関係を基にした、これまでの「ヒトらしさ」の意識に生じるであろう変化のこと。

問5　（これまでになかった新たな問題とは、）情報技術の進展による新たな人間関係の出現や、ヴァーチャルリアリティの登場による社会の変化などに対応する、新たな「ヒトらしさ」の意識が必要となること。

（以前からあったはずの問題とは、）私たちが人間として人間と関わり合う中で、「ヒトらしさ」を日常的な実感とし

MEMO

MEMO

MEMO

MEMO

2022年版
大学入試シリーズ

九州大学

理系－前期日程

経済〈経済工〉・理・医・歯・薬・工・芸術工・農学部

別冊
問題編

教学社

大学入試シリーズ

九州大学/理系−前期日程

別冊・問題編

◇目次

※解答用紙は赤本ウェブサイト（akahon.net）に掲載しています。

2021年度

問題編

問題編

▶試験科目・配点

学部・学科等	教　科	科　　　目	配　点
経済学部（経済工学科）	外国語	「コミュニケーション英語Ⅰ・Ⅱ・Ⅲ，英語表現Ⅰ・Ⅱ」，ドイツ語，フランス語から１科目選択	300 点
	数　学	数学Ⅰ・Ⅱ・Ⅲ・A・B	300 点
	国　語	国語総合，国語表現，現代文B（古文・漢文は除く）	150 点
理学部	外国語	「コミュニケーション英語Ⅰ・Ⅱ・Ⅲ，英語表現Ⅰ・Ⅱ」，ドイツ語，フランス語から１科目選択	200 点
	数　学	数学Ⅰ・Ⅱ・Ⅲ・A・B	250 点
	理　科	「物理基礎・物理」，「化学基礎・化学」，「生物基礎・生物」，「地学基礎・地学」から２科目選択	250 点
医学部（医学科） 工学部	外国語	「コミュニケーション英語Ⅰ・Ⅱ・Ⅲ，英語表現Ⅰ・Ⅱ」，ドイツ語，フランス語から１科目選択	200 点
	数　学	数学Ⅰ・Ⅱ・Ⅲ・A・B	250 点
	理　科	「物理基礎・物理」，「化学基礎・化学」	250 点
医学部（生命科学科） 歯学部 薬学部	外国語	「コミュニケーション英語Ⅰ・Ⅱ・Ⅲ，英語表現Ⅰ・Ⅱ」，ドイツ語，フランス語から１科目選択	200 点
	数　学	数学Ⅰ・Ⅱ・Ⅲ・A・B	250 点
	理　科	「物理基礎・物理」，「化学基礎・化学」，「生物基礎・生物」から２科目選択	250 点
医学部（保健学科）看護学専攻	外国語	「コミュニケーション英語Ⅰ・Ⅱ・Ⅲ，英語表現Ⅰ・Ⅱ」，ドイツ語，フランス語から１科目選択	200 点
	数　学	数学Ⅰ・Ⅱ・A・B	100 点
	理　科	「物理基礎・物理」，「化学基礎・化学」，「生物基礎・生物」から２科目選択	100 点

医学部（保健学科）	放射線技術科学専攻	外国語	「コミュニケーション英語Ⅰ・Ⅱ・Ⅲ，英語表現Ⅰ・Ⅱ」，ドイツ語，フランス語から1科目選択	200点
		数　学	数学Ⅰ・Ⅱ・Ⅲ・A・B	250点
		理　科	「物理基礎・物理」必須。「化学基礎・化学」，「生物基礎・生物」から1科目選択（計2科目）	250点
	検査技術科学専攻	外国語	「コミュニケーション英語Ⅰ・Ⅱ・Ⅲ，英語表現Ⅰ・Ⅱ」，ドイツ語，フランス語から1科目選択	200点
		数　学	数学Ⅰ・Ⅱ・Ⅲ・A・B	250点
		理　科	「化学基礎・化学」必須。「物理基礎・物理」，「生物基礎・生物」から1科目選択（計2科目）	250点
芸術工学部		外国語	「コミュニケーション英語Ⅰ・Ⅱ・Ⅲ，英語表現Ⅰ・Ⅱ」，ドイツ語，フランス語から1科目選択	250点
		数　学	数学Ⅰ・Ⅱ・Ⅲ・A・B	250点
		理　科	「物理基礎・物理」必須。「化学基礎・化学」，「生物基礎・生物」から1科目選択（計2科目）	250点
農学部		外国語	「コミュニケーション英語Ⅰ・Ⅱ・Ⅲ，英語表現Ⅰ・Ⅱ」，ドイツ語，フランス語から1科目選択	250点
		数　学	数学Ⅰ・Ⅱ・Ⅲ・A・B	250点
		理　科	「物理基礎・物理」，「化学基礎・化学」，「生物基礎・生物」，「地学基礎・地学」から2科目選択	250点

▶備　考

- 英語以外の外国語は省略。
- 「数学B」は「数列」，「ベクトル」を出題範囲とする。
- 以下の学部では，上記に加え面接が課される。

  医学部医学科：総合判定の判断資料とする。2次面接を行うことがある。

  歯学部：1人10分以内，総合判定の判断資料とする。

  医学部生命科学科：配点100点。

  医学部医学科および歯学部については，面接の結果によって不適格と判断された場合は，個別学力検査等の得点にかかわらず，不合格となることがある。
- 各教科・科目の得点が各学部の当該教科・科目平均点の3分の1以下の場合は，原則として不合格と判定する。

• 個別学力検査の出題範囲について（新型コロナウイルス対応）

一般選抜で課す個別学力試験の出題範囲については，例年通りの内容とし，特段の範囲の制限等は行わない。ただし，教科書において「発展的な学習内容」として記載されている内容から出題する場合は，設問中に補足する内容等を記載するなど，特定の受験生が不利にならないように工夫を行う。

英語

(120 分)

(注) 200 点満点の配点を，経済学部経済工学科については 300 点満点に，芸術工・農学部については 250 点満点に換算する。

〔1〕 Read the following article and answer the questions below **in Japanese**. (40 points)

(…)

Locusts have been around since at least the time of the pharaohs of ancient Egypt, 3200 B.C., destroying some of the world's weakest regions, multiplying to billions and then vanishing, in irregular highs and lows. If the 2020 version of these marauders* stays steady on its warpath, the United Nations Food and Agriculture Organization (FAO) says (1) desert locusts can pose a threat to the livelihoods of 10% of the world's population.

There can be a lot of confusion about what exactly a locust is. The simple answer, though, explains Rick Overson of Arizona State University's Global Locust Initiative, is that locusts are a very special kind of grasshopper. As Overson explains, there are hundreds of species of grasshoppers, "but only a small handful of those are what we consider locusts." That raises a question: What makes a locust a locust? According to Overson, it comes down to a superpower possessed by locusts that enables them to go through a remarkable switch in development.

Most of the time, locusts exist in their "solitary phase" — they lead independent lives, they're green and pretty unremarkable. The timing of this varies, and the shifts are pretty irregular, but for years, locusts can live like this — alone, biding their time. But when environmental conditions are right —

usually when there's a lot of rainfall and moisture — something dramatic happens: "They increase in numbers, and as they do so, they sense one another around them," says Overson. This is what biologists call the "gregarious phase," or social phase, of the locust.

The creatures undergo a remarkable transformation. "They change themselves. Their brain changes, their color changes, their body size changes," Overson says. The ability to change dramatically like this in response to environmental conditions is called (2)phenotypic plasticity. Though scientists can't be certain why locusts developed the trait over time, many believe it's because they typically live in temperamental and harsh environments.

Swarms are enormous masses of tens of billions of flying bugs. They range anywhere from a square third of a mile to 100 square miles or more, with 40 million to 80 million locusts packed in half a square mile. They bulldoze* pasturelands in dark clouds the size of football fields and small cities. Once they enter the gregarious phase, a generation of locusts can multiply twentyfold every three months. So when they boom, they do so exponentially, and things quickly get out of hand.

Locusts are migratory, transboundary pests. They ride the winds, crisscrossing swaths of land until they find something they want to eat. They especially love cereal grain crops, planted extensively across Africa. "They are powerful, long-distance flyers, so they can easily go a hundred plus kilometers in a 24-hour period," Overson notes. "They can easily move across countries in a matter of days, which is one of the other major challenges in coordinated efforts that are required between nations and institutions to manage them."

Locusts are also greedy eaters. An adult desert locust that weighs about 2 grams (a fraction of an ounce) can consume roughly its own weight daily. And they're not picky at all. According to the FAO, a swarm of just 1 square kilometer — again, about a third of a square mile — can consume as much food as would be eaten by 35,000 people in a single day.

Making matters worse, many of the countries slammed with the worst infestations are already suffering from protracted crises — recovering from recessions, fighting natural disasters, racked by conflict and now the coronavirus outbreak. In individual nations, a lack of cash, competing priorities and domestic challenges make it hard to mount a long-range pest management strategy. Because locust numbers go up and down, Overson says it's been difficult for countries — such as Kenya, which hasn't seen an infestation in 70 years — to build up intermediate and long-term infrastructure to address outbreaks proactively. That's why so many governments are now scrambling to come up with solutions.

Considering all of the other worldwide emergencies that have hit in 2020, aid resources are stretched thin. Pesticide deliveries have been delayed. But Keith Cressman, the FAO's senior locust forecasting officer, is hopeful that the needed funds will materialize. The FAO has already raised half of the $300 million it expects to need for this effort.

(…)

Notes

marauders*: people or animals that move around and destroy or steal property

bulldoze*: to move or push things away with a great force, like a bulldozer

Questions

Q 1. Regarding the underlined part (1), what three characteristics of "locusts" make them a great threat? Answer **in Japanese** using examples from the article.

Q 2. Based on the information in Paragraph 2 ("There can be …"), explain what "locusts" are **in Japanese**.

Q 3. Regarding the underlined part (2), what "phenotypic plasticity" do locusts have? Answer **in Japanese** using examples from the article.

出典追記：Locusts Are A Plague Of Biblical Scope In 2020. Why? And … What Are They Exactly?, NPR on June 14, 2020 by Pranav Baskar　著作権の都合により，省略記号（…）を加えています。

Q 4. Summarize Paragraph 8 (“Making matters worse ...”) **in Japanese**. (Maximum 120 characters including numbers, alphabet letters, and punctuation marks.)

〔2〕 Read the following article and answer the questions below **in Japanese**. (40 points)

According to Shoshana Zuboff, a professor at the Harvard Business School, surveillance* capitalism originated with the brilliant discoveries and the bold and shameless claims of one American firm: Google.

Incorporated in 1998, Google soon came to dominate Internet search. But initially, it did not focus on advertising and had no clear path to profitability. What it did have was a completely new insight: the data it derived from searches — the numbers and patterns of questions, their phrasing, people’s click patterns, and so on — could be used to improve Google’s search results and add new services for users. This would attract more users, which would in turn further improve its search engine in (1)a repeating cycle of learning and expansion.

(2)Google’s commercial breakthrough came in 2002, when it saw that it could also use the data it collected to profile the users themselves according to their characteristics and interests. Then, instead of matching ads with search questions, the company could match ads with individual users. Targeting ads precisely and efficiently to individuals is the Holy Grail* of advertising. Rather than being Google’s customers, Zuboff argues, the users became its raw-material suppliers, from whom the firm derived what she calls “behavioral surplus.” That surplus consists of the data above and beyond what Google needs to improve user services.

Together with the company’s formidable capabilities in artificial intelligence, Google’s enormous flows of data enabled it to create what Zuboff sees as the true basis of the surveillance industry — "prediction products," which anticipate what users will do "now, soon, and later." Predicting what people will buy is the key to advertising, but behavioral predictions have obvious value for other purposes, as well, such as insurance, hiring decisions, and political campaigns.

Zuboff's analysis helps make sense of (3) the seemingly unrelated services offered by Google, its diverse ventures and many acquisitions. Gmail, Google Maps, the Android operating system, YouTube, Google Home, even self-driving cars — these and dozens of other services are all ways, Zuboff argues, of expanding the company's "supply routes" for user data both on- and offline. Asking for permission to obtain those data has not been part of the company's operating style. For instance, when the company was developing Street View, a feature of its mapping service that displays photographs of different locations, it went ahead and recorded images of streets and homes in different countries without first asking for local permission, fighting off opposition as it arose. In the surveillance business, any undefended area of social life is fair game.

This pattern of expansion reflects an underlying logic of the industry: in the competition for artificial intelligence and surveillance revenues, the advantage goes to the firms that can acquire both vast and varied streams of data. The other companies engaged in surveillance capitalism at the highest level — Amazon, Facebook, Microsoft, and the big telecommunications companies — also face the same expansionary needs. Step by step, (4) the industry has expanded both the scope of surveillance (by migrating from the virtual into the real world) and the depth of surveillance (by going into the interiors of individuals' lives and accumulating data on their personalities, moods, and emotions).

Notes

surveillance*: spying, observation

Holy Grail*: a thing which is eagerly pursued or sought after

---

出典追記：The New Masters of the Universe: Big Tech and the Business of Surveillance, Foreign Affairs November/December 2019 by Paul Starr

Questions

Q 1. Regarding the underlined part (1), explain **in Japanese** what is meant by “a repeating cycle of learning and expansion”.

Q 2. Regarding the underlined part (2), explain **in Japanese** what “breakthrough” happened at Google in 2002.

Q 3. Regarding the underlined part (3), how does Zuboff's analysis explain “the seemingly unrelated services offered by Google”? Answer **in Japanese**.

Q 4. Regarding the underlined part (4), how have the “scope” and “depth” of surveillance expanded over time? Explain **in Japanese** by giving specific examples of services mentioned in the article and possible data they collect.

〔3〕 Read the following article and answer the questions below **in English**. (40 points)

Even during the holidays when life got crazy busy, sometimes a person just needed to make time to hug a cat.

Miriam sat in a not-so-comfortable armchair in the middle of the cat colony room, which was a shelter reserved for special needs cats. Lulabell was curled up asleep on her lap and Luther was sleeping on her feet. The chair with its old springs and flattened cushions had been donated to the shelter, just like the cat toys and scratching posts and the carpet-covered hidey-hole that Luther retreated to whenever anyone came in the room. Except Miriam. When Miriam came to visit, Luther and Lulabell liked to sleep on her.

Luther and Lulabell were brother and sister. They'd been brought to the shelter six months ago when their first and only owner went into assisted care. Luckily for the two, the shelter didn't place an expiration date on their charges, but the change in circumstances had been a shock to the twelve-year-old cats. It had taken Miriam nearly a month to do everything to make Luther, the shyest of the two, leave the safety of his hidey-hole.

The two cats weren't exactly special needs. Luther and Lulabell were Maine Coon mixes, which meant they were two of the largest cats in the shelter. Lulabell was a fuzzy orange love and Luther, fuzzy black with a brown undercoat. They wouldn't have both fit in a single cage, and to separate the pair would have been cruel. To put them in with the younger, more territorial cats would have been just as cruel considering how shy Luther was. The woman in charge of the shelter thought they'd be better off sharing space with cats recovering from injuries or who needed medication or specialized diets.

Dr. Fischer, the young vet who donated her time to the shelter, told Miriam on more than one occasion that she should adopt them. "They've clearly bonded with you," she always said. "And you've bonded with them."

Miriam wished she could, but the rent-controlled apartment complex she'd moved into with her husband after the last of their children left home didn't allow pets. Roy had been gone nearly six years now, and the place still seemed too large and empty without him. Lulabell and Luther would have helped with that, but rules were rules.

After Roy passed away, Miriam had thrown herself into volunteering without too much thinking. She read story-time books to little kids at the library, sorted donations for the food bank, and knitted scarfs for the homeless with a group of other older women who met at a local Starbucks, but the work she loved best was spending time at the shelter. She loved seeing "the look" on someone's face when they found the perfect pet. That moment of instant love and connection — love at first sight, Dr. Fischer called it, and Miriam supposed it was. She and Roy hadn't fallen in love that way. They'd had a solid friendship that developed into a lifelong loving partnership.

Questions

Q 1. Based on the article above, what happened to Miriam's family? Answer **in English**.

Q 2. Based on the article above, describe both Luther and Lulabell **in English**.

Q 3. Based on the article above, how did Miriam get involved with Luther and Lulabell? Answer **in English**.

Q 4. Based on the article above, why couldn't Miriam adopt Luther and Lulabell? Answer **in English**.

出典追記：Unexpected Holidays by Annie Reed, Thunder Valley Ink

〔 **4** 〕 Read the instructions and write a paragraph **in English**. (50 points)

In 2020, many students in schools and universities experienced online education.

Using about **100 English words**, introduce and explain one advantage and one disadvantage of online education in a well-developed paragraph.

〔 **5** 〕 Read the instructions and write your answer **in English**. (30 points)

The table below shows changes in international student enrollment at universities in the United States:

Place of origin	2001 (number of students)	2014 (number of students)	% Change (2001 to 2014)
Canada	26,514	27,240	3%
China	63,211	304,040	381%
Japan	46,810	19,064	−59%

Using about **70 English words**, summarize the different trends of enrollment for the three countries between 2001 and 2014.

■数学■

◀経済（経済工）・理・医（保健〈看護学〉を除く）・
歯・薬・工・芸術工・農学部▶

（150 分）

（注） 経済学部経済工学科については，250 点満点の配点を 300 点満点に換算する。

〔 1 〕 （配点 50 点）

この問題の解答は，解答紙 **15** の定められた場所に記入しなさい。

［問題］

座標空間内の 4 点 O$(0,0,0)$，A$(1,0,0)$，B$(0,1,0)$，C$(0,0,2)$ を考える。以下の問いに答えよ。

(1) 四面体 OABC に内接する球の中心の座標を求めよ。

(2) 中心の x 座標，y 座標，z 座標がすべて正の実数であり，xy 平面，yz 平面，zx 平面のすべてと接する球を考える。この球が平面 ABC と交わるとき，その交わりとしてできる円の面積の最大値を求めよ。

〔 2 〕　（配点 50 点）

この問題の解答は，解答紙 **16** の定められた場所に記入しなさい。

［問題］

θ を $0<\theta<\dfrac{\pi}{4}$ をみたす定数とし，x の 2 次方程式

$$x^2-(4\cos\theta)x+\frac{1}{\tan\theta}=0 \qquad \cdots\cdots(*)$$

を考える。以下の問いに答えよ。

(1) 2 次方程式 $(*)$ が実数解をもたないような θ の値の範囲を求めよ。

(2) θ が (1) で求めた範囲にあるとし，$(*)$ の 2 つの虚数解を α，β とする。ただし，α の虚部は β の虚部より大きいとする。複素数平面上の 3 点 $\mathrm{A}(\alpha)$，$\mathrm{B}(\beta)$，$\mathrm{O}(0)$ を通る円の中心を $\mathrm{C}(\gamma)$ とするとき，θ を用いて γ を表せ。

(3) 点 O，A，C を (2) のように定めるとき，三角形 OAC が直角三角形になるような θ に対する $\tan\theta$ の値を求めよ。

〔 3 〕　（配点 50 点）

この問題の解答は，解答紙 **17** の定められた場所に記入しなさい。

［問題］

座標平面上の点 (x,y) について，次の条件を考える。

条件：すべての実数 t に対して $y\leqq e^t-xt$ が成立する。　$\cdots\cdots(*)$

以下の問いに答えよ。必要ならば $\displaystyle\lim_{x\to+0}x\log x=0$ を使ってよい。

(1) 条件 $(*)$ をみたす点 (x,y) 全体の集合を座標平面上に図示せよ。

(2) 条件 $(*)$ をみたす点 (x,y) のうち，$x\geqq1$ かつ $y\geqq0$ をみたすもの全体の集合を S とする。S を x 軸の周りに 1 回転させてできる立体の体積を求めよ。

〔 **4** 〕 （配点 50 点）

この問題の解答は，解答紙 **18** の定められた場所に記入しなさい。

［問題］

自然数 n と実数 $a_0, a_1, a_2, \cdots\cdots, a_n$ $(a_n \neq 0)$ に対して，2 つの整式

$$f(x) = \sum_{k=0}^{n} a_k x^k = a_n x^n + a_{n-1} x^{n-1} + \cdots\cdots + a_1 x + a_0$$

$$f'(x) = \sum_{k=1}^{n} k a_k x^{k-1} = n a_n x^{n-1} + (n-1) a_{n-1} x^{n-2} + \cdots\cdots + a_1$$

を考える。α，β を異なる複素数とする。複素数平面上の 2 点 α，β を結ぶ線分上にある点 γ で，

$$\frac{f(\beta) - f(\alpha)}{\beta - \alpha} = f'(\gamma)$$

をみたすものが存在するとき，

α，β，$f(x)$ は平均値の性質をもつ

ということにする。以下の問いに答えよ。ただし，i は虚数単位とする。

(1) $n = 2$ のとき，どのような α，β，$f(x)$ も平均値の性質をもつことを示せ。

(2) $\alpha = 1 - i$，$\beta = 1 + i$，$f(x) = x^3 + ax^2 + bx + c$ が平均値の性質をもつための，実数 a, b, c に関する必要十分条件を求めよ。

(3) $\alpha = \dfrac{1 - i}{\sqrt{2}}$，$\beta = \dfrac{1 + i}{\sqrt{2}}$，$f(x) = x^7$ は，平均値の性質をもたないことを示せ。

〔 **5** 〕　(配点 50 点)

この問題の解答は，解答紙 **19** の定められた場所に記入しなさい。

［問題］

以下の問いに答えよ。

(1) 自然数 n, k が $2 \leqq k \leqq n-2$ をみたすとき，${}_n\mathrm{C}_k > n$ であることを示せ。

(2) p を素数とする。$k \leqq n$ をみたす自然数の組 (n, k) で ${}_n\mathrm{C}_k = p$ となるものをすべて求めよ。

◀医〈保健〈看護学〉〉学部▶

（120 分）

（注） 200 点満点の配点を 100 点満点に換算する。

〔 1 〕 （配点 50 点）

この問題の解答は，解答紙 **11** の定められた場所に記入しなさい。

［問題］

座標平面上の 3 点 O(0,0)，A(1,0)，B(0,2) を考える。以下の問いに答えよ。

(1) 三角形 OAB に内接する円の中心の座標を求めよ。

(2) 中心が第 1 象限にあり，x 軸と y 軸の両方に接し，直線 AB と異なる 2 つの交点をもつような円を考える。この 2 つの交点を P，Q とするとき，線分 PQ の長さの最大値を求めよ。

〔 2 〕 （配点 50 点）

この問題の解答は，解答紙 **12** の定められた場所に記入しなさい。

［問題］

以下の問いに答えよ。

(1) 次の条件 A をみたす座標平面上の点 (x, y) 全体の集合を図示せよ。

条件 A ： すべての実数 t に対して $y \geqq xt - 2t^2$ が成立する。

(2) 次の条件 B をみたす座標平面上の点 (x, y) 全体の集合を図示せよ。

条件 B ： $|t| \leqq 1$ をみたすすべての実数 t に対して
$y \geqq xt - 2t^2$ が成立する。

〔 3 〕　(配点 50 点)

この問題の解答は，解答紙 **13** の定められた場所に記入しなさい。

［問題］

a を正の実数とし，放物線

$$C: y = -x^2 - 2ax - a^3 + 10a$$

を考える。以下の問いに答えよ。

(1) 放物線 C と直線 $\ell: y = 8x + 6$ が接するような a の値を求めよ。

(2) a が (1) で求めた値のとき，放物線 C，直線 ℓ，y 軸で囲まれた図形の面積を求めよ。

〔 4 〕　(配点 50 点)

この問題の解答は，解答紙 **14** の定められた場所に記入しなさい。

［問題］

以下の問いに答えよ。

(1) n を自然数とするとき，

$$\sum_{k=1}^{n} k\,2^{k-1}$$

を求めよ。

(2) 次のように定義される数列 $\{a_n\}$ の一般項を求めよ。

$$a_1 = 2, \qquad a_{n+1} = 1 + \frac{1}{2}\sum_{k=1}^{n}(n+1-k)a_k \quad (n = 1, 2, 3, \cdots\cdots)$$

物理

（2 科目 150 分）

（注）　医学部保健学科看護学専攻については，2 科目 250 点満点（1 科目 125 点満点）の配点を 2 科目 100 点満点に換算する。

字数制限のある問題では，句読点も 1 字として数える。

〔1〕（45 点）

図 1 のように，先端を壁に固定したばね定数 k_1，k_2 のばね 1，2 に，質量 m_1，m_2 の小球 1，2 がそれぞれ取り付けられ，なめらかな水平面上に置かれている。ばね 1，2 ともに自然の長さで，小球 1，2 が接した状態で静止している。小球 1，2 は 2 つのばねの固定端を結ぶ直線上に置かれ，この直線に沿ってのみ運動できる。小球の大きさ，ばねの質量，空気抵抗は無視できるものとする。小球の変位，速度，加速度はそれぞれ右向きを正として，以下の問いに答えよ。

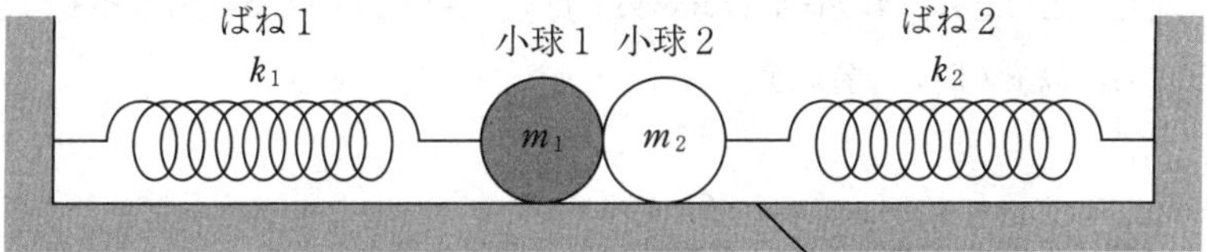

図 1

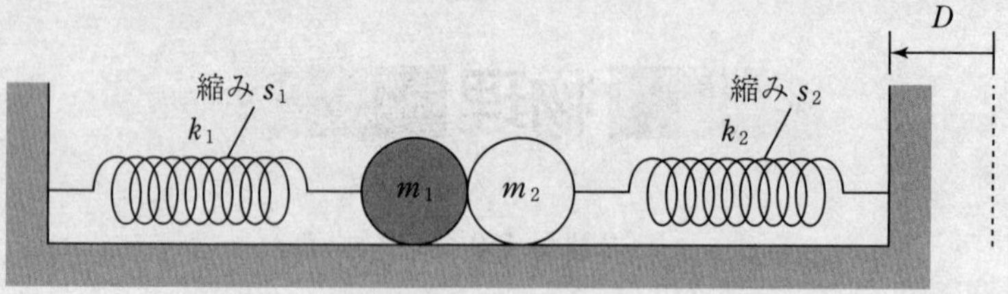

図 2

問 1. 図 1 の状態から，図 2 のように右側の壁を左に距離 D だけゆっくり移動させたところ，ばね 1 は s_1，ばね 2 は s_2 だけ縮み，小球 1，2 が静止した。その後，壁を固定した。

(1)　小球 1 が小球 2 を押す力の大きさを s_1 を使って表せ。

(2)　s_1 および s_2 の大きさを求めよ。

問 2. 次に，図 2 の状態から小球 1 を手でゆっくりと左に移動させる。小球 2 も小球 1 と接した状態で左に移動し，さらに小球 1 を左に移動させるとやがて小球 2 は小球 1 とはなれて停止した。図 3 のように小球間の距離が d になった状態で静かに手をはなしたところ，小球 1 は動き出し，小球 2 に衝突した。このとき，衝突時間はきわめて短く，運動量保存則が成り立つものとする。以下の問いに答えよ。

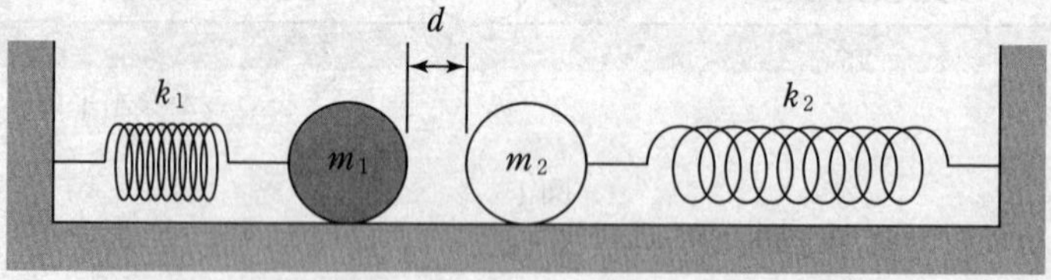

図 3

(1) 手をはなす直前のばね1の縮みを D および d を用いて表せ。

(2) 小球2に衝突する直前の小球1の速度 V_0 を求めよ。

(3) V_0 および衝突直後の小球1と小球2の速度 V_1, V_2 を用いて，衝突前後での運動量保存則を表す式を書け。

(4) 小球1，2の間の反発係数 $e(e>0)$ を V_0, V_1 および V_2 を用いて表せ。

(5) V_1 および V_2 をそれぞれ V_0 を用いて表せ。

(6) 図4のように，衝突後，小球2は小球1とはなれて右側へ運動し始めた。小球2は，小球1と再び衝突する前に，衝突点からの変位 x_2 が最大となる位置に達した。この最大変位を V_2 を用いて表せ。

(7) 衝突から**問2**(6)の最大変位に達するまでの時間を求めよ。

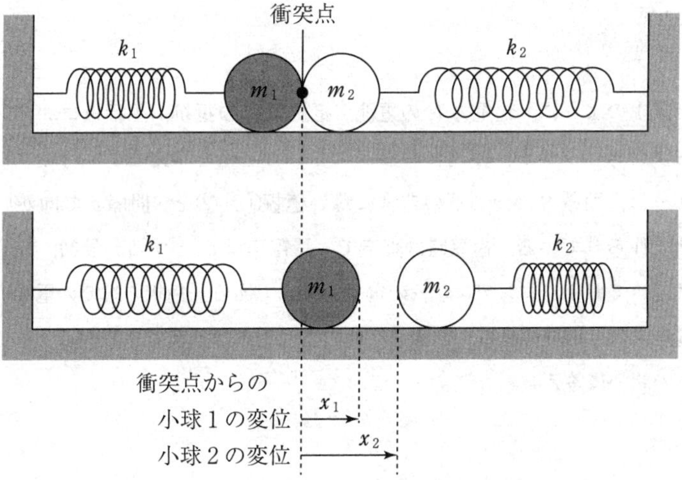

図4

(8)　$d = 2D$, $m_1 = m_2 = m_0$, $k_1 = 4k_0$, $k_2 = k_0$, $e = 1$とする。このとき，小球1，2の衝突点からの変位x_1およびx_2の時間変化を，x_1は実線で，x_2は破線で図示せよ。ただし，方眼紙の縦軸は変位x_1，x_2を，横軸は衝突からの時間tを表す。$T_0 = \pi\sqrt{\dfrac{m_0}{k_0}}$として，$0 \leqq t \leqq T_0$の範囲で示せ。

〔解答欄〕

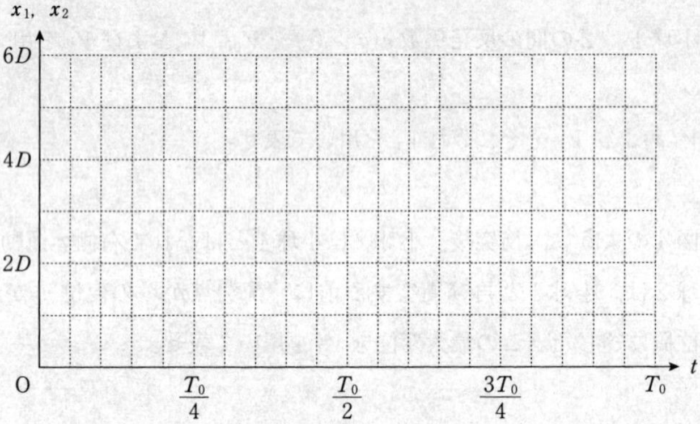

〔2〕 (40点)

問 1. 図1のように，起電力Vの電池，抵抗値Rの抵抗，平行板コンデンサー，およびスイッチが，直列につながれている回路を考える。平行板コンデンサーは，面積Sの同じ形の非常に薄い極板①，②を，間隔dで向かい合わせて作られている。極板間は真空で，誘電率はε_0とする。最初，スイッチは開いており，コンデンサーの電気量は0である。極板の端での電場の歪み，電池内部と導線の抵抗，および回路の自己誘導は無視できるものとして，以下の問いに答えよ。

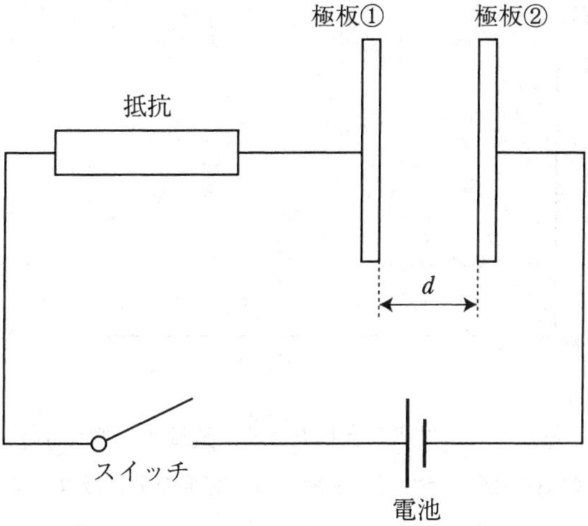

図1

(1) スイッチを時刻 $t = 0$ で閉じた直後に，抵抗の両端にかかる電圧を求めよ。

(2) 時刻 $t = 0$ から十分に時間が経過した後，極板①に蓄えられている電気量 Q，およびコンデンサーに蓄えられている静電エネルギー U を求めよ。

(3) 時刻 $t = 0$ から十分に時間が経過するまでに，電池のした仕事 W を求めよ。解答には，**問1**(2)の電気量 Q を用いてよい。

(4) **問1**(2)，(3)より，コンデンサーに蓄えられた静電エネルギー U は電池のした仕事 W よりも小さな値であることがわかる。この理由を，W と U の差は，回路のどの場所で，どのようなエネルギーとして主に消費されたかがわかるように，25字以内で説明せよ。

(5) スイッチを閉じた後($t > 0$)に抵抗に流れる電流 I の時間変化を，時刻 $t = 0$ から十分に時間が経ったときの様子がわかるように図示せよ。

〔解答欄〕

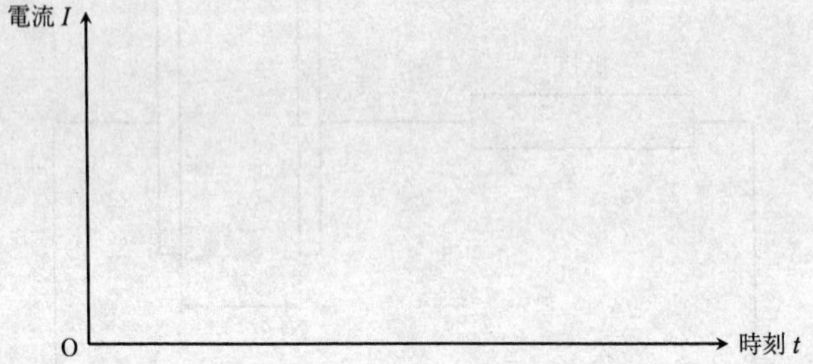

問 2. 真空中に置かれた図2の装置における，質量 M，電荷 $q(q>0)$ をもつ荷電粒子Pの xy 平面内での運動を考える。図1の平行板コンデンサーの極板①，②を，x 軸に垂直になるように $x=-2d$，$-d$ にそれぞれ配置し，起電力 V の電池につなぐ。$x=0$ には，厚みの無視できる無限に広がったスクリーン状検出器が，x 軸と垂直に置かれている。極板②およびスクリーン状検出器には，x 軸に沿って荷電粒子Pが通過できる小孔が開いている。領域 $x>0$（図2の灰色の部分）には，磁束密度の大きさ B の一様な磁場が，紙面と垂直にかけられている。

初速度0で座標 $(x,\ y)=\left(-\dfrac{3}{2}d,\ 0\right)$ の点Aに置かれた荷電粒子Pは，x 軸に沿って直線運動し，極板②とスクリーン状検出器の小孔を通りぬけて，磁場中に入射した。その後，荷電粒子Pは，図2の破線のように等速円運動を行い，スクリーン状検出器で検出された。荷電粒子Pには，極板間では一様電場から受ける静電気力，領域 $x>0$ では一様磁場から受けるローレンツ力のみがはたらき，極板②とスクリーン状検出器の小孔の影響は無視できるものとする。以下の問いに答えよ。

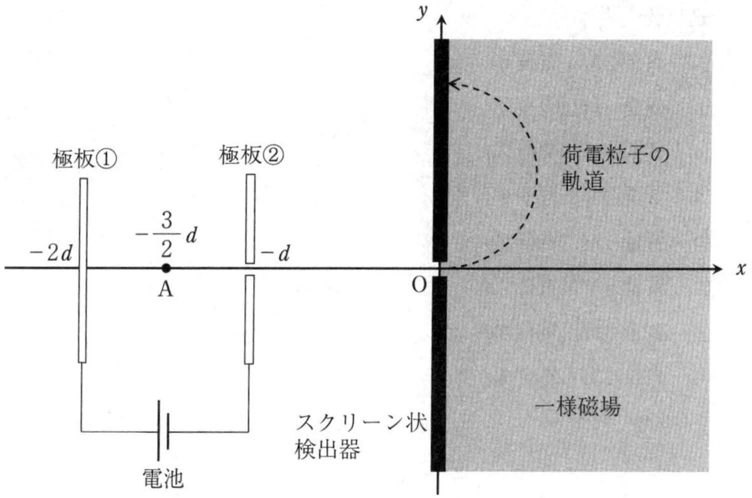

図 2

(1) 荷電粒子 P が原点 O を通過するときの速さ v を求めよ。

(2) 領域 $x>0$ の一様磁場は，紙面の「表から裏」の向き，「裏から表」の向き，いずれの向きにかけられているか。解答欄の選択肢のいずれかに丸をつけよ。

(3) 領域 $x>0$ において，荷電粒子 P が等速円運動を行う理由を 30 字程度で答えよ。(解答欄：40 マス)

(4) 荷電粒子 P が検出される位置の y 座標 Y を求めよ。解答には，**問 2**(1) の速さ v を用いてよい。

(5) 以下の選択肢の中から，スクリーン状検出器上の $y=2Y$ となる位置で検出される荷電粒子をすべて選べ。ただし，選択肢にある荷電粒子はすべて，点 A に初速度 0 で置かれるものとする。

選択肢

(a)　質量 $2M$，電荷 q

(b)　質量 $4M$，電荷 q

(c)　質量 M，　電荷 $2q$

(d)　質量 $2M$，電荷 $2q$

(e)　質量 $4M$，電荷 $2q$

(f)　質量 $8M$，電荷 $2q$

(g)　質量 $2M$，電荷 $4q$

(h)　質量 $4M$，電荷 $4q$

〔3〕（40 点）

1 mol の単原子分子理想気体の圧力 p と体積 V を，図 1 のように，A → B → C → D → A → … と繰り返し変化させる熱機関のサイクルを考える。気体は，過程 A → B では断熱圧縮され，過程 B → C では一定の圧力 p_B を保ちながら膨張し，過程 C → D では断熱膨張し，過程 D → A では一定の圧力 p_A($p_A < p_B$)を保ちながら圧縮される。状態 A と C の気体の体積は等しい。

ここで，状態 A，B，C，D の温度を，それぞれ T_A，T_B，T_C，T_D とし，p_B と p_A の比を $G = \dfrac{p_B}{p_A}$ と定義する。気体定数を R とすると，この気体の定積モル比熱は $\dfrac{3}{2}R$，定圧モル比熱は $\dfrac{5}{2}R$ である。断熱変化では，圧力 p と温度 T の間に，$Tp^{-\frac{2}{5}}$ = 一定 の関係が成り立つものとして，以下の問いに答えよ。

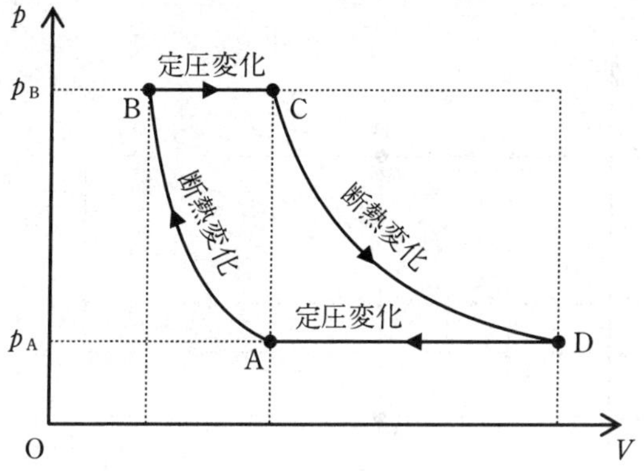

図 1

(1) T_B, T_C, T_D と T_A の比 $\dfrac{T_B}{T_A}$, $\dfrac{T_C}{T_A}$, $\dfrac{T_D}{T_A}$ を，G を用いて表せ。

(2) 過程 B → C において，気体が外部から吸収した熱量 Q_{BC}($Q_{BC} > 0$) と RT_A の比 $\dfrac{Q_{BC}}{RT_A}$ を，G を用いて表せ。

(3) 過程 C → D において，気体が外部にした仕事 W_{CD}($W_{CD} > 0$) と RT_A の比 $\dfrac{W_{CD}}{RT_A}$ を，G を用いて表せ。

(4) 過程 D → A において，気体が外部に放出した熱量 Q_{DA}($Q_{DA} > 0$) と RT_A の比 $\dfrac{Q_{DA}}{RT_A}$ を，G を用いて表せ。

(5) 図 1 に示した気体の状態変化を，気体の温度 T と体積 V の関係で表すとき，A → B，B → C，C → D，D → A の各過程を，解答紙に図示せよ。なお，各過程の変化が，直線の場合は破線で，曲線の場合は実線で結び，上下どちらに凸であるかを，はっきりとわかるように描け。

〔解答欄〕

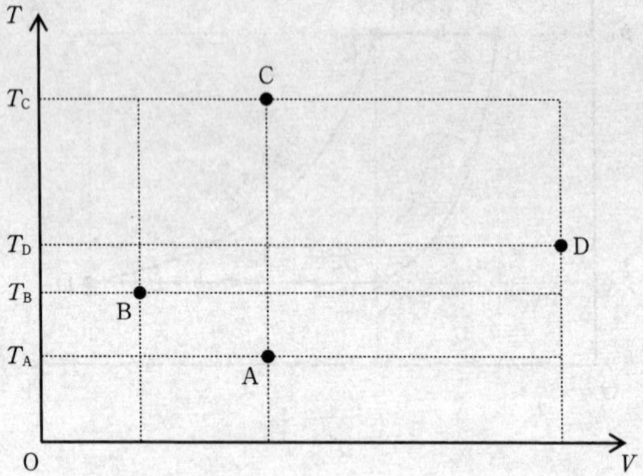

(6)　本サイクルの熱効率に関する以下の文章中の [ア] ～ [エ] に適切な式を，[a]，[b] に適切な数値を記入せよ。

1サイクルの間に気体が外部から吸収した熱量のうち，外部にした仕事に変換された割合を熱効率という。したがって，本サイクルの熱効率 e_1 は，Q_{BC} と Q_{DA} を用いて

$$e_1 = 1 - \boxed{\text{ア}}$$

で与えられるが，T_A，T_B，T_C，T_D を用いれば

$$e_1 = 1 - \frac{\boxed{\text{イ}}}{\boxed{\text{ウ}}}$$

と表される。さらに，e_1 を G を用いて表すと

$$e_1 = 1 - G^{\boxed{\text{a}}}$$

となり，圧力の比のみに依存することがわかる。

次に，本サイクルで気体が外部に放出した熱を利用して，熱効率を改善する新たなサイクルを考える。図2のように，状態Dから圧力を保ちながら状態D′へ変化させる間に気体が外部に放出した熱 Q_R を用いて状態Bの気体を加熱し，圧力を保ちながら状態B′へ変化させた。このとき，過程B→B′→Cにおいて，

気体が外部から吸収した熱量は $Q_{BC} - Q_R$ と減少し，状態 D′ と B′ の温度は，ともに $\frac{1}{2}(T_D + T_B)$ と等しくなった。

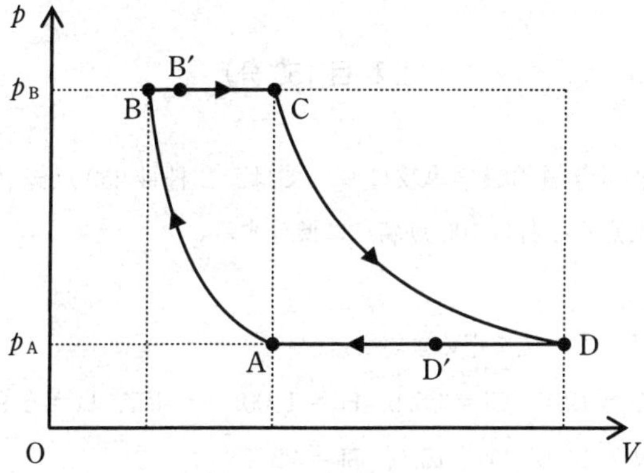

図 2

したがって，新たなサイクルの熱効率 e_2 は，T_A，T_B，T_C，T_D を用いて

$$e_2 = 1 - \frac{\boxed{\text{イ}} + \boxed{\text{エ}}}{\boxed{\text{ウ}} + T_C - T_D}$$

で与えられる。熱効率の差は

$$e_2 - e_1 = \frac{T_C - T_D}{\boxed{\text{ウ}} + T_C - T_D}\left(G^{\boxed{\text{a}}} - \frac{\boxed{\text{エ}}}{T_C - T_D}\right)$$

となるが，ここで，$\frac{\boxed{\text{エ}}}{T_C - T_D}$ を G を用いて表すと

$$\frac{\boxed{\text{エ}}}{T_C - T_D} = G^{\boxed{\text{b}}}$$

である。

すなわち，$G^{\boxed{\text{b}}} < G^{\boxed{\text{a}}}$ であるから，熱効率の差 $e_2 - e_1$ は正となり，熱効率が改善できたことがわかる。

化学

（2科目150分）

（注）医学部保健学科看護学専攻については，2科目250点満点（1科目125点満点）の配点を2科目100点満点に換算する。

必要な場合は，次の値を用いよ。

原子量：C = 12.0，Cl = 35.5，H = 1.00，I = 127，Li = 6.94，

N = 14.0，O = 16.0，Si = 28.1

気体定数 R：8.31×10^3 Pa･L/(K･mol)

理想気体のモル体積：22.4 L/mol(0℃，1.01×10^5 Pa)

〔1〕 次の文章(1)と(2)を読み，**問1**から**問6**に答えよ。なお，気体は理想気体として扱うものとする。(30点)

(1)　以下の式①は窒素と水素からアンモニアを合成する反応の熱化学方程式である。

$$N_2(気) + 3H_2(気) = 2NH_3(気) + 92\,kJ \quad \cdots①$$

この反応は可逆反応であり，アンモニアを生成する反応は〔　ア　〕反応で，総物質量が〔　イ　〕反応である。したがって，平衡時におけるアンモニアの生成量を多くするには，反応容器内の圧力を〔　ウ　〕する，あるいは温度を〔　エ　〕するとよい。

問1.〔　ア　〕から〔　エ　〕に入る適切な語句を以下から一つずつ選び，答えよ。同じ語句を何度選んでも良い。

発熱，断熱，吸熱，減少する，変化しない，増加する，低く，一定に，高く

問 2. 図 1 の太い実線 **X** は，ある一定の温度と圧力において得られたアンモニアの生成量の時間変化を表したものである。次の(i)から(iii)のように反応条件を変えたとき，予想される曲線を図 1 の **A** から **E** より一つずつ選び，記号で答えよ。

(i)　圧力は同じまま，温度を高くする。

(ii)　圧力は同じまま，温度を低くする。

(iii)　圧力と温度は同じまま，触媒を加える。

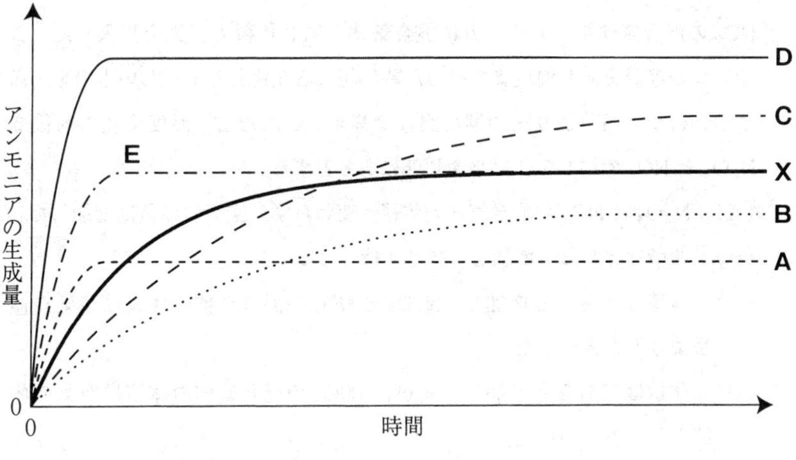

図 1

問 3. 窒素ガスと水素ガスの物質量の比が 25 : 75 の混合気体を，全圧が 3.0×10^7 Pa となるよう体積一定の密閉容器に入れた。その後，式①の反応を開始してある温度に保つと，全圧が 1.8×10^7 Pa に減少して平衡状態に達した。この時，反応前の窒素ガスのうちの何％がアンモニアに変換されたか，有効数字 2 桁で答えよ。

（2） 常温において，N_2O_4 は NO_2 に解離し，両者は平衡状態に達する。この可逆反応の熱化学方程式は式②で表される。

$$N_2O_4(気) = 2NO_2(気) - 57\,kJ \quad \cdots ②$$

ここで，N_2O_4 と NO_2 の分圧を，それぞれ $p_{N_2O_4}$ と p_{NO_2} とすると，圧平衡定数 K_p は以下の式③で与えられる。

$$K_p = \frac{(p_{NO_2})^2}{p_{N_2O_4}} \quad \cdots ③$$

問 4. 大気圧下で，ピストン付きの密閉容器を二つ用意し，一方に N_2O_4 と NO_2 の混合気体を，もう一方に混合気体と同じ体積の空気を封入した。この二つの容器を同じ温度まで温めた時に起こる変化として正しいものを，以下の(A)から(E)より一つ選び記号で答えよ。ただし，温度変化の前後で N_2O_4 と NO_2 の混合気体は平衡状態にあるとする。

（A） N_2O_4 と NO_2 の混合気体の体積は変わらず，空気の体積は増加した。

（B） 体積はどちらも増加し，同じ体積となった。

（C） 体積はどちらも増加し，N_2O_4 と NO_2 の混合気体の体積は空気の体積よりも大きかった。

（D） 体積はどちらも増加し，N_2O_4 と NO_2 の混合気体の体積は空気の体積よりも小さかった。

（E） N_2O_4 と NO_2 の混合気体の体積は減少し，空気の体積は増加した。

問 5. 体積一定の密閉容器に N_2O_4 を 1.0 mol 入れ，NO_2 との平衡状態になるまで待ったところ，N_2O_4 の解離度(加えた N_2O_4 のうち NO_2 に解離した割合)が 0.20 で，全圧が 1.0×10^5 Pa となった。この時の圧平衡定数 K_p〔Pa〕を，有効数字 2 桁で答えよ。

問 6. ピストン付きの密閉容器に N_2O_4 を n〔mol〕入れ，NO_2 との平衡状態になるまで待ったところ，N_2O_4 の解離度は α で，混合気体の体積は V〔L〕となった。温度と全圧が一定のもと，容器内にアルゴンガスを加え，新たな平衡状態になるまで待ったところ，体積が V'〔L〕まで増加した。体積比を $\beta = \frac{V'}{V}$ と表すと，新たな平衡状態における N_2O_4 の解離度 x は，以下の式④で求められる。

$$x = \boxed{\text{オ}} \times \left\{ \alpha \times \sqrt{\boxed{\text{カ}} + \boxed{\text{キ}}} - \boxed{\text{カ}} \right\} \qquad \cdots ④$$

$\boxed{\text{オ}}$ から $\boxed{\text{キ}}$ にあてはまる式を以下のAからFより一つずつ選び，記号で答えよ。ただし，アルゴンは反応に関与しないものとする。

A：n^2	B：α^2	C：β^2
D：$\dfrac{\beta}{2 \times (1-\alpha)}$	E：$\dfrac{\beta}{n+1}$	F：$\dfrac{4 \times (1-\alpha)}{\beta}$

〔2〕 次の文章を読み，**問1**から**問7**に答えよ。(30点)

炭素の同素体の一つである黒鉛では，隣接する炭素原子どうしが共有結合しており，正六角形を基本単位とする層状の平面構造を形成している。この平面構造どうしは比較的弱い分子間力である〔　ア　〕力により結合しているため，黒鉛はこの層に沿って薄くはがれやすく，軟らかい。また黒鉛の層状構造の一層だけの同素体を〔　イ　〕という。黒鉛はリチウムイオン電池の負極活物質として用いられている。a)<u>リチウムイオンが黒鉛に取り込まれる充電反応</u>は，以下のように表される。

$$Li^{+} + e^{-} \longrightarrow Li(黒鉛中)$$

ケイ素の単体は酸化物を還元してつくる。例えば，b)<u>二酸化ケイ素を電気炉中で融解し，炭素を用いて還元する。このとき，無色無臭の有毒な気体が発生する</u>。ケイ素の単体はダイヤモンドと同じ結晶構造をもつ。c)<u>二酸化ケイ素の結晶構造の一つでは，単体のケイ素の結晶構造中の隣接するケイ素原子間の中間に酸素原子が入り込んだ構造をしている</u>。

二酸化ケイ素を約2000℃で融解したのち凝固させると石英ガラスと呼ばれるd)<u>非晶質</u>になる。e)<u>この固体はフッ化水素酸に溶ける</u>。また，水酸化ナトリウムと反応し，ケイ酸ナトリウムを生じる。無色透明で粘性の大きな液体である〔　ウ　〕はケイ酸ナトリウムに水を加えて加熱すると生じる。〔　ウ　〕の水溶液に塩酸を加えると，ケイ酸の白色ゲル状沈殿が生成する。さらにケイ酸を加熱し脱水すると，〔　エ　〕になる。

問1. 〔　ア　〕から〔　エ　〕に入る適切な語句を答えよ。

問2. 下線部a)の充電反応のあと，リチウムイオンを取り込んだ負極活物質の質量が，充電前と比べて3.82g増加していた。この充電反応において流れた電子の物質量は何molか，有効数字2桁で答えよ。

問 3. 下線部 b)において起こっている反応の化学反応式を答えよ。その反応によりケイ素の単体が 2.81 g 生成したとき，同時に発生する無色無臭の有毒な気体の体積は標準状態(0 ℃，1.01 × 10^5 Pa)で何 L か，有効数字 2 桁で答えよ。ただし，この気体は理想気体として扱えるものとする。

問 4. 下線部 c)について，この二酸化ケイ素の結晶構造の単位格子に含まれるすべての原子の数を答えよ。なお，図 1 はケイ素の単体の単位格子の模式図である。ただし，図 1 内の薄い色の球(●)は完全に単位格子中に含まれたケイ素原子を示しており，単位格子を八分割した立方体の互い違いの位置に存在する。

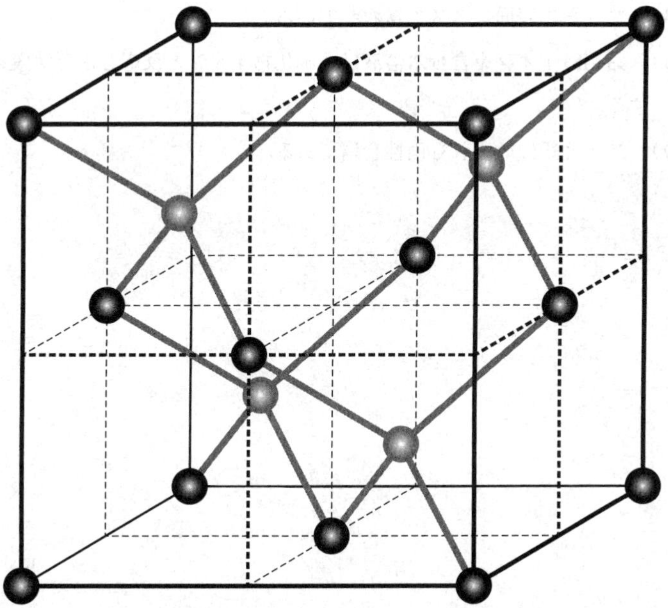

図 1．ケイ素の単体の単位格子の模式図

問 5. 下線部 d)の「非晶質」に関する次の(A)から(D)の文章について，それぞれ正しいものには○，誤ったものには×を記せ。

（A）　すべてのガラスは無色透明である。

（B）　非晶質では常に，原子やイオンなどの粒子が規則的に配列している。

（C）　すべてのガラスは一定の融点を示さず，ある温度の幅で軟化する。

（D）　すべての非晶質は電気を流さない。

問 6. 下線部 e)について，石英ガラスがフッ化水素酸に溶ける反応の化学反応式を答えよ。

問 7. 炭素やケイ素と同じ 14 族元素であるスズと鉛に関する次の(A)から(D)の文章について正しいものをすべて選び，記号で答えよ。

（A）　塩化スズ(Ⅱ)は強い酸化剤である。

（B）　ブリキの表面はスズで覆われている。

（C）　鉛(Ⅱ)イオンを含む水溶液は，硫化物イオンと反応し白色沈殿を生成する。

（D）　スズと鉛はいずれも両性金属である。

〔**3**〕 次の文章を読み，**問 1** から**問 5** に答えよ。(30 点)

合成繊維には，ポリエチレンテレフタラートに代表されるポリエステル，ならびにナイロン 66 に代表される〔　ア　〕などがあり，これらは〔　イ　〕重合で合成される。また，ポリエチレンテレフタラートの主原料となる 2 価カルボン酸と *p*-フェニレンジアミンの〔　イ　〕重合によって得られる〔　ア　〕は，特に，〔　ウ　〕繊維と呼ばれている。一方，ポリエチレンやポリ塩化ビニルなどは，〔　エ　〕重合で合成される高分子であり，これらは加熱により軟化・流動する性質のため，〔　オ　〕樹脂と呼ばれている。

合成樹脂は自然界では分解されにくい。そこで，自然界の微生物によって比較的容易に分解される合成樹脂が開発され，実用化されている。このような樹脂を〔　カ　〕樹脂という。たとえば，トウモロコシなどのデンプンから得られる乳酸を原料としてポリ乳酸が合成され，食品トレイや包装用フィルムなどに用いられている。ポリ乳酸は，土壌微生物によって分解され，二酸化炭素と水になるが，われわれの生体内でも代謝され，数ヶ月で加水分解されて生体外へと排出される。

乳酸の〔　イ　〕重合では低分子量のポリ乳酸しか得ることができない。そこで，低分子量のポリ乳酸から，乳酸 2 分子が脱水縮合した環状ジエステルである化合物 **A** をつくり，これを〔　キ　〕重合させて高分子量のポリ乳酸を合成している。また，乳酸と同様に次の構造式で表されるグリコール酸の環状ジエステルである化合物 **B** を〔　キ　〕重合させることで高分子量のポリグリコール酸がつくられる。乳酸とグリコール酸を〔　イ　〕重合させて得られる高分子素材は，外科手術用の吸収性縫合糸として用いられている。このように，2 種類以上の単量体を混合して行う重合を〔　ク　〕重合という。

グリコール酸の構造式

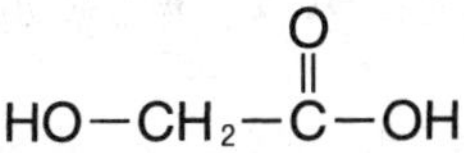

問 1.〔　ア　〕から〔　ク　〕に入る適切な語句を答えよ。

問 2. 化合物**A**および**B**の構造式を答えよ。構造式は記入例にならって答えよ。なお，光学異性体は区別しなくて良い。

構造式の記入例

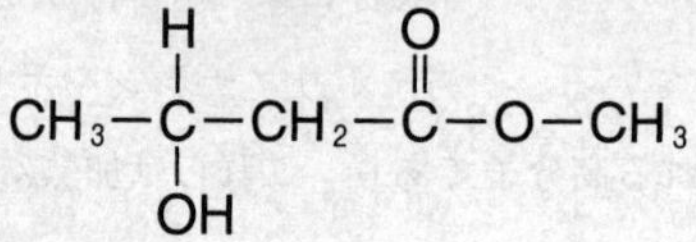

問 3. 2価アルコールである化合物**C**は，ポリエチレンテレフタラートの主原料である。化合物**C**を酸化すると，炭素数が同じで還元性を示す2価カルボン酸である化合物**D**が生じた。化合物**D**の記述について，最も適切なものを下記の(A)から(D)より一つ選んで記号で答えよ。

(A)　無色で刺激臭をもち，アセテート繊維の原料となる。

(B)　白色の固体で，その水和物は中和滴定の標準試薬として用いられている。

(C)　水によく溶け，融点が低いため，自動車用不凍液に用いられている。

(D)　ヘキサメチレンジアミンと反応させると，ナイロン66が得られる。

問 4. **問3**で述べた化合物**C**と2,6-ナフタレンジカルボン酸(分子式 $C_{12}H_8O_4$)を反応させたところ，平均分子量 8.47×10^4 のポリエステル**E**が得られた。このポリエステルには1分子あたり平均何個のエステル結合が含まれるか，有効数字2桁で答えよ。

問 5. 下記の(A)から(E)の記述の中から，ポリエチレンテレフタラート，ポリエチレン，ポリ塩化ビニルについて，最も適切なものをそれぞれ一つ選んで記号で答えよ。

(A)　無触媒の高圧下で合成されたものは，非結晶部分が多く，比較的軟らかくて透明度が高い。

(B)　難燃性であり，黒くなるまで焼いた銅線の先につけて熱すると，炎の色が青緑色になった。

(C)　ソーダ石灰と混合して加熱すると気体が発生した。この気体に濃塩酸を反応させると白煙が生じた。

(D)　希硫酸中で十分に煮沸すると溶解した。この溶液を炭酸ナトリウムで中和したのち，フェーリング液と熱すると赤色沈殿を生じた。

(E)　紫外線を通しにくく，空気中で燃やすと多量の煤(すす)が発生した。

〔4〕　次の文章(1)から(6)を読み，**問 1** から **問 6** に答えよ。なお，反応はすべて完全に進行し，副反応は起こらないものとする。オゾン分解で図 1 に示した反応以外は起こらないものとする。構造式を答える際には記入例にならって答えよ。(35 点)

構造式の記入例

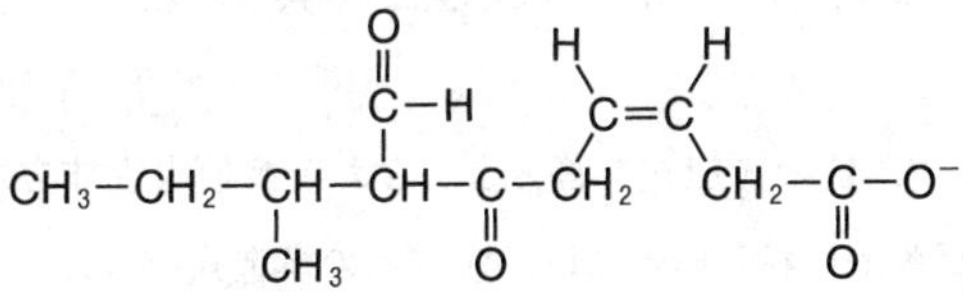

(1)　化合物 **A**，**B**，**C** はいずれも同じ分子式をもち，CH_2 の組成式をもつ炭化水素化合物である。

(2)　化合物 **A** および **B** それぞれに対して白金を触媒として水素を付加させると，いずれの化合物からも C_3H_7 の組成式をもつ同一の化合物 **D** が生成した。

(3)　アルケンを低温でオゾンと反応させた後，亜鉛などの還元剤で処理すると，二重結合が開裂してカルボニル化合物が生成する(図 1)。この一連の反応はオゾン分解とよばれる。化合物 **A** に対してオゾン分解を行うと，反応生成物として得られたカルボニル化合物は 1 種類(化合物 **E**)であった。

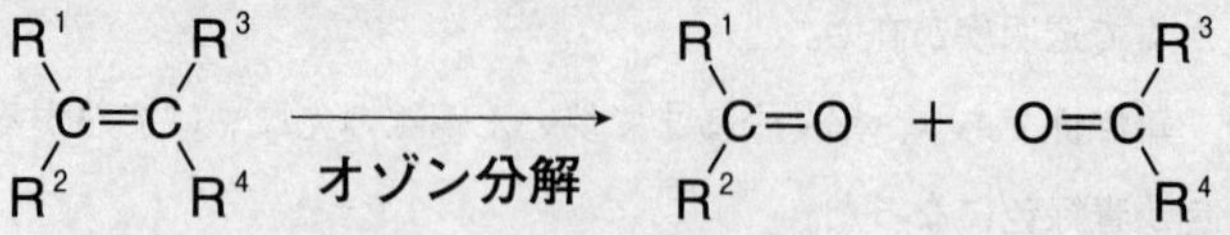

図１．R^1 から R^4 はアルキル基または水素原子

(4)　化合物 **A** に適切な条件下で塩化水素を付加させたとき，a)互いに鏡像異性体の関係にある２種類の化合物が生成した。

(5)　化合物 **B** に対してオゾン分解を行うと，２種類のカルボニル化合物（化合物 **F** および **G**）が生成した。b)化合物 **F** および **G** にそれぞれフェーリング液を加えて加熱すると，いずれの反応液にも赤色の沈殿が観察された。また，化合物 **F** および **G** をそれぞれ塩基性条件下でヨウ素と反応させたところ，化合物 **F** の反応液でのみヨードホルムの沈殿が観察された。

(6)　化合物 **C** に対してオゾン分解を行うと，反応生成物として得られたカルボニル化合物は１種類（化合物 **H**）であった。化合物 **H** を塩基性条件下でヨウ素と反応させたところ，ヨードホルムの沈殿が観察された。

問 1．化合物 **A**，**B**，**C** の構造式を答えよ。なお，幾何異性体を含む複数の化合物の構造式が考えられる場合には，すべての構造式を答えよ。幾何異性体の構造式を答える際には，置換基の配置の違いがわかるように答えよ。

問 2．化合物 **D**，**F**，**H** の名称を答えよ。

問 3．下線部 a) で示した２種類の化合物の立体構造を下の式で表したとき，R^a から R^c に当てはまるアルキル基の構造を記入例にならって答えよ。なお，R^d に当てはまるアルキル基は解答しなくてよい。R^a の炭素数は R^b の炭素数よりも少ないものとする。太線で示す結合は紙面の手前側にあり，破線で示す結合は紙面の向こう側にあることを意味する。

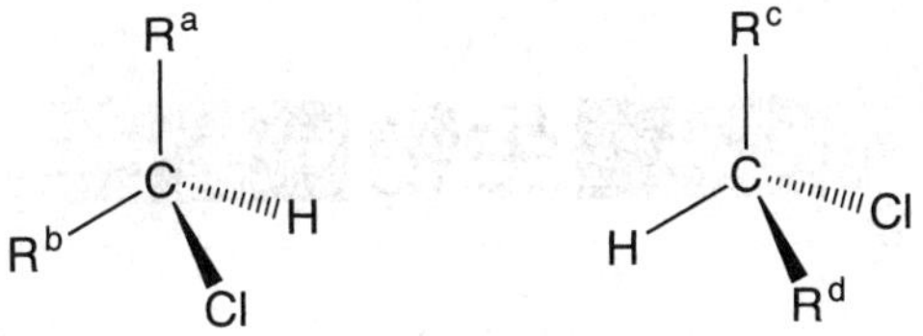

アルキル基の構造の記入例　$CH_3-CH_2-CH_2-CH_2-\underset{\displaystyle CH_3}{\underset{|}{CH}}-$

問 4. 化合物 **E** について下線部 b)の反応を行った場合の反応式を下に示した。化合物 **E** および反応生成物 **X** の構造式を答えよ。

$$\boxed{\text{化合物}\,\mathbf{E}} + 2Cu^{2+} + 5OH^{-} \longrightarrow \boxed{\text{反応生成物}\,\mathbf{X}} + Cu_2O + 3H_2O$$

問 5. 同じ質量の化合物 **E**, **F**, **G**, **H** を完全燃焼したときに生成する二酸化炭素の質量が最も少ないのはどの化合物か，**E**, **F**, **G**, **H** から一つ選び記号で答えよ。またその化合物 10 mg を完全燃焼したときに生成する二酸化炭素の質量は何 mg か，有効数字 2 桁で答えよ。

問 6. 21.0 mg の化合物 **C** をオゾン分解した後，生成した化合物 **H** を反応液から損失なく分離した。分離した化合物 **H** に十分な量の水酸化ナトリウム溶液とヨウ素を加えた後，ヨードホルム反応が完全に進行するまで温めたとき，何 mg のヨードホルムが生成するか，有効数字 3 桁で答えよ。

生物

（2 科目 150 分）

（注）医学部保健学科看護学専攻については，2 科目 250 点満点（1 科目 125 点満点）の配点を 2 科目 100 点満点に換算する。

字数制限のある問題では，英数字・句読点も 1 字として数える。

〔1〕次の文章を読み，以下の問いに答えなさい。(25 点)

植物は光を光合成のためのエネルギー源として利用するが，環境の変化を感知するためのシグナルとしても利用する。例えば，朝，太陽光が葉に当たると，①孔辺細胞の〔　ア　〕と呼ばれる光受容体が〔　イ　〕色光を受容することにより，気孔の開口が開始される。

また，植物種によっては，光は発芽を調節する重要な環境シグナルとなっており，レタスなどの種子は吸水後に光を浴びることで発芽が促進される。このような種子を〔　ウ　〕という。この現象では，〔　エ　〕が光受容体として光を感知する役割を果たしている。光の作用は波長によって異なり，〔　オ　〕色光には発芽促進効果があり，〔　カ　〕色光にはこの効果を打ち消す作用がある。種子が受け取る光は周囲の植物にも影響される。葉のクロロフィルは〔　オ　〕色光を吸収するが〔　カ　〕色光はほとんど吸収しない。したがって，②〔　ウ　〕が〔　オ　〕色光により発芽することは，発芽後の生育にとって都合のよいしくみといえる。

問 1．文章中の〔　ア　〕～〔　カ　〕に入る適切な語句を答えなさい。

問 2．気孔開口以外に〔　ア　〕が関与する現象を次の (a)～(e) の中から 2 つ選びなさい。

(a)　光屈性

(b)　花芽形成

(c)　器官脱離・落葉

(d)　概日リズム制御

(e)　葉緑体の定位運動

問 3. 下線部①に関して，水不足や乾燥した環境で，気孔の閉鎖を促す植物ホルモンの名称を答えなさい。また，その植物ホルモンが持つ，気孔閉鎖以外の働きを１つ挙げなさい。

問 4. 植物は〔　ア　〕や〔　エ　〕を含め，多くの種類の光受容体を持つ。ある光応答が，既知の光受容体Ｘを介して生じるかどうかを調べるにはどのような実験をすればよいか。２つ挙げて，それぞれ 40 字以内で説明しなさい。

問 5. 下線部②について，どのような点で都合がよいのか，40 字以内で説明しなさい。

〔2〕 次の文章を読み，以下の問いに答えなさい。(25点)

ヒトの分泌腺は汗や消化液などを分泌する〔 ア 〕分泌腺と，血液中にホルモンを分泌する〔 イ 〕分泌腺とに分かれる。特定のホルモンが作用する器官を〔 ウ 〕という。視床下部の神経分泌細胞は，血管中にさまざまな放出ホルモンや放出抑制ホルモンを分泌して脳下垂体〔 エ 〕におけるホルモン分泌を調節する。脳下垂体の〔 オ 〕には，視床下部から伸びた神経分泌細胞の軸索が入り込んでおり，ホルモンが貯蔵されている。脳下垂体〔 オ 〕から分泌される〔 カ 〕というホルモンは，腎臓の集合管の細胞に作用し，水分の再吸収を促進させる。

副腎皮質から分泌される，〔 キ 〕コルチコイドは，血糖濃度を上昇させる。また，副腎髄質から分泌される〔 ク 〕も血糖濃度を上昇させる。

甲状腺から分泌される〔 ケ 〕は，全身の細胞で代謝を促進する。血中の〔 ケ 〕の濃度が不足すると，視床下部で感知され，脳下垂体〔 エ 〕から甲状腺刺激ホルモンが分泌され，甲状腺から〔 ケ 〕が分泌される。一方，血中の〔 ケ 〕が過剰になると，逆に甲状腺刺激ホルモンの分泌は抑制される。このようなしくみを〔 コ 〕という。

すい臓の〔 サ 〕にあるA細胞から〔 シ 〕が分泌されると血糖濃度は上昇し，〔 サ 〕にあるB細胞からインスリンが分泌されると血糖濃度は低下する。①食後は血糖濃度が上昇するが，それを感知してB細胞がインスリンを分泌し，血糖濃度は再び正常化する。

問1. 文章中の〔 ア 〕～〔 シ 〕に入る適切な語句を答えなさい。

問2. 下線部①について，インスリンが血糖濃度を低下させる主なしくみを2つ答えなさい。

問3. 血糖濃度が高い状態で持続するのが糖尿病である。糖尿病にはⅠ型とⅡ型がある。それぞれ，血糖濃度が高くなる理由を50字以内で説明しなさい。

問 4. 腎臓の糸球体で血しょうからろ過された原尿にはグルコースが含まれる。しかしながら，正常な血糖値の範囲内であれば，グルコースは尿として排泄されることはない。そのしくみを 40 字以内で説明しなさい。

〔3〕 次の文章を読み，以下の問いに答えなさい。(25 点)

脊椎動物の卵は，減数分裂を行うことで形成される。減数分裂の第一分裂では，一次〔　ア　〕から二次〔　ア　〕と第一〔　イ　〕が生じ，続く第二分裂では，二次〔　ア　〕から卵と第二〔　イ　〕が生じる。いずれの過程でも，細胞質は不均等に分裂するため，〔　イ　〕は小さくなる。卵は〔　イ　〕が出現した側が〔　ウ　〕であり，その反対側が植物極である。動物種によっては，卵黄が卵の植物極側に偏って分布している。このような卵を，〔　エ　〕と呼ぶ。

両生類の卵では，受精すると，①表層回転によって灰色三日月環が出現する。両生類の卵には卵黄のほか，特定のタンパク質や mRNA(伝令 RNA)が植物極側に局在しており，受精が引き起こす一連の現象によって②胚における β カテニンの分布が変化する。受精卵は卵割を繰り返し，個々の割球はその位置に応じて異なる種類のタンパク質と mRNA を含むことになる。胞胚期に至ると，③胚の帯域の細胞は植物極側の細胞からの作用で中胚葉になる。胞胚期に起こるこの現象を，中胚葉〔　オ　〕と呼ぶ。その結果，赤道部では中胚葉を特徴付けるブラキウリ(*brachyury*)遺伝子等が，より背側ではグースコイド(*goosecoid*)遺伝子等が発現する。原腸胚期に至ると，灰色三日月環の植物極側に〔　カ　〕が出現し，④ここから〔　カ　〕背唇部などが胚の内部に入り込んでいく。これらの細胞運動により外胚葉，中胚葉，内胚葉は胚に適切に配置され，さらに発生が進行する。

問 1. 文章中の〔　ア　〕～〔　カ　〕に入る適切な語句を答えなさい。

問 2. 下線部①について，具体的にどのように回転するか，図 1 の (a)～(d) の中から正しいものを選びなさい。なお，矢尻は精子進入点を，矢印は回転方向を示している。

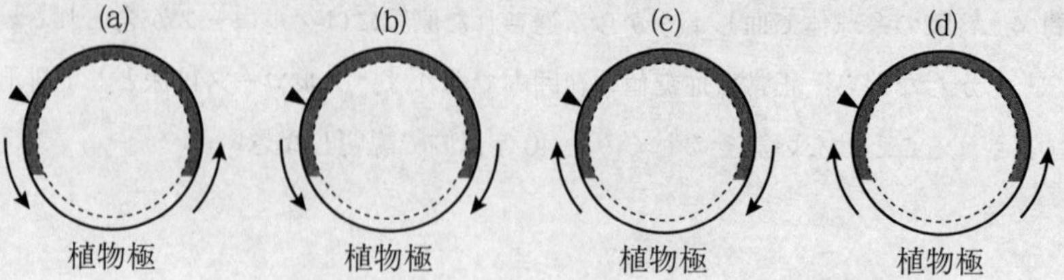

図1

問 3. 下線部②について，胞胚全体におけるβカテニンの濃度分布はどのような特徴を示すか，30字以内で説明しなさい。

問 4. 図2は原腸胚後期の断面図(正中面)の模式図である。解答欄にある模式図の外胚葉領域すべてに縦線を引き，〔 カ 〕背唇部が陥入した〔 カ 〕の位置を矢印で示しなさい。なお，縦線のおおよその幅は，図2右下の例に従うこと。 (解答欄の模式図は図2に同じ)

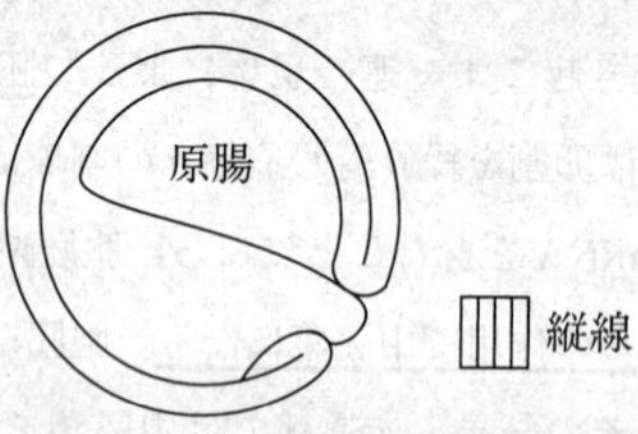

図2

問 5. 下線部④について，〔 カ 〕背唇部および脊索は，コーディン(Chordin)やノギン(Noggin)などを分泌することで外胚葉の分化を制御する。次の問いに答えなさい。

(1) コーディンやノギンが作用する外胚葉領域(Ⅰ)，およびその作用を受けない外胚葉領域(Ⅱ)はそれぞれ何に分化するか答えなさい。

(2) コーディンやノギンが外胚葉の分化を制御するしくみを，BMPの機能と関連付けて40字以内で説明しなさい。

問 6. 下線部③について，現在では分泌タンパク質であるノーダル(Nodal)が関与すると考えられている。次の問いに答えなさい。

(1) マウス胚におけるノーダルの機能を調べるために，常染色体上にあるノーダル遺伝子をヘテロ接合で欠失させた(ノーダル$^{+/-}$と記載する)マウス ES 細胞(胚性幹細胞)を作出した。これを野生型マウスに由来する胚盤胞の中に入れることで，野生型の細胞と ES 細胞に由来する細胞が同一個体に混在したマウス(キメラマウス)を作出した。ある雄のキメラマウス個体 A と野生型の雌マウスを交配したところ，産まれたマウスにはノーダル$^{+/-}$の個体が 10 %存在していた。一方，ノーダル$^{+/-}$の個体は健康であり，ノーダル$^{+/-}$のマウスを野生型マウスと交配したところ，産まれたマウスにはノーダル$^{+/-}$の個体が 50 %存在した。キメラマウス個体 A の精巣中に ES 細胞に由来する生殖細胞は何%存在すると推測されるか答えなさい。

(2) ノーダル$^{+/-}$のマウス個体同士を交配させたところ，ノーダル遺伝子の欠失をホモ接合(ノーダル$^{-/-}$と記載する)で有する胚は，着床後間もない発生初期に原腸陥入に異常をきたし，また致死になることが明らかになった。次に，ノーダル$^{-/-}$のマウス ES 細胞を作出し，これを野生型マウスに由来する胚盤胞の中に入れてキメラ胚を作出した。発生中期にキメラ胚を観察したところ，キメラ胚は正常な形態をしており，ES 細胞に由来する細胞は胚のあらゆる組織に分布していた。ノーダル$^{-/-}$胚とキメラ胚の表現型が異なる理由を考察し，40 字以内で説明しなさい。

(3) ノーダルと同様に中胚葉〔　オ　〕活性を示す因子として分泌タンパク質アクチビン(Activin)が知られている。カエル胞胚の〔　ウ　〕側の領域を切り取り(図 3 左)，そこに低濃度のアクチビンを放出するビーズを置くと，その近傍の細胞がブラキウリを発現した(図 3 中央)。一方で，高濃度のアクチビンを放出するビーズを置くと，ビーズ近傍の細胞はグースコイドを発現し，より遠方の細胞はブラキウリを発現した(図 3 右)。高濃度アクチビンで，このような発現パターンが出現した理由を考察し，放出部位からの位置と関連付けて 60 字以内で説明しなさい。

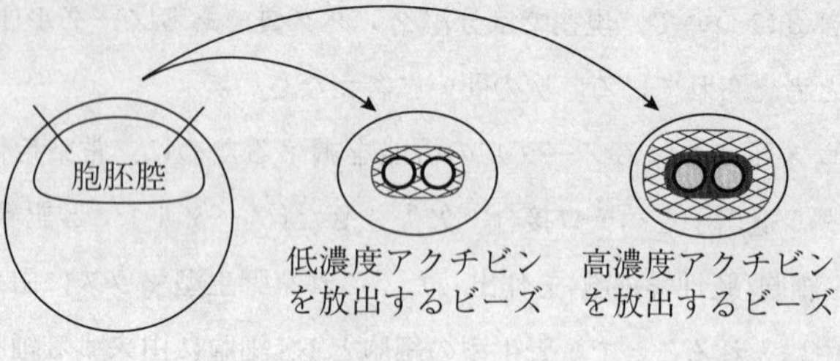

図 3．胞胚期培養片におけるアクチビンの作用。網目はブラキウリ発現領域を，灰色はグースコイド発現領域を示す。中央の 2 個の丸はビーズを示す。

〔4〕 次の文章を読み，以下の問いに答えなさい。(25 点)

真核細胞の核では，DNA は〔　ア　〕というタンパク質に巻きついて，〔　イ　〕と呼ばれる基本単位構造を形成する。数珠状に連なった〔　イ　〕はさらに折りたたまれ，〔　ウ　〕という繊維状の構造体となる。細胞分裂期では，さらに凝縮し，棒状の染色体として光学顕微鏡で観察される。真核細胞の核の最外層は二重の生体膜で囲まれている。この生体膜には，核内と核外の物質の通り道となる多数の〔　エ　〕がある。原核細胞ではこの生体膜は存在しない。

核内で DNA から mRNA が転写される過程では，様々な調節が行われる。まず，特定の DNA 塩基配列に結合する〔　オ　〕は，RNA ポリメラーゼが DNA に結合することを促進または抑制する。真核生物の遺伝子は，多くの場合，長い mRNA 前駆体が合成されたのち，不要部分が取り除かれて mRNA が作られる①。原核生物ではこの過程が存在しない。また，転写前の段階においても調節が行われる。例えば，〔　ア　〕や DNA の化学修飾は，〔　ウ　〕の高次構造の変化に関与し，mRNA の発現を調節することが知られている。その後，mRNA は〔　エ　〕を通って核外へ移動する。〔　カ　〕が mRNA 上を移動しながらタンパク質を合成する。

問 1．文章中の〔　ア　〕～〔　カ　〕に入る適切な語句を答えなさい。

問 2. メチルグリーン・ピロニン溶液は，DNA と RNA を染め分けることができる染色液である。真核細胞を染色液で染めると，核は 1 ～数個の核小体がピロニンで桃色に染色され，そのほかの大部分はメチルグリーンで青緑色に染色された。核小体がピロニンで染色された理由を 40 字以内で説明しなさい。

問 3. 文章中の下線部①について，真核生物では遺伝子の数よりもはるかに多い種類のタンパク質が合成される。そのしくみについて 50 字以内で説明しなさい。

問 4. 遺伝子の転写は，複数の〔　オ　〕によって制御されることがあり，結合する〔　オ　〕の働きによって，転写を促進する DNA 領域と抑制する DNA 領域を区分できる。転写の調節に関わる DNA 領域を調べる方法として，次のような手法がある。

遺伝子 X の転写開始点の上流領域に着目し，プロモーターを含む上流領域を蛍光タンパク質 GFP の遺伝子とつないで，図 1 の DNA1 を得た。さらに，遺伝子 X の上流領域の配列をⅠ～Ⅴに分け，図 1 の DNA2～DNA6 のように徐々に短くした DNA を作製した。これらの DNA を，あるヒト培養細胞 Y に導入し GFP が発する蛍光量を測定することで，上流領域が遺伝子 X の転写に及ぼす影響を調べた。図 2 は，各 DNA による GFP 蛍光量を比較した結果である。ただし，細胞に導入される各 DNA の量は一定とし，翻訳される効率も同じとする。次の (1)～(3) の問いに答えなさい。

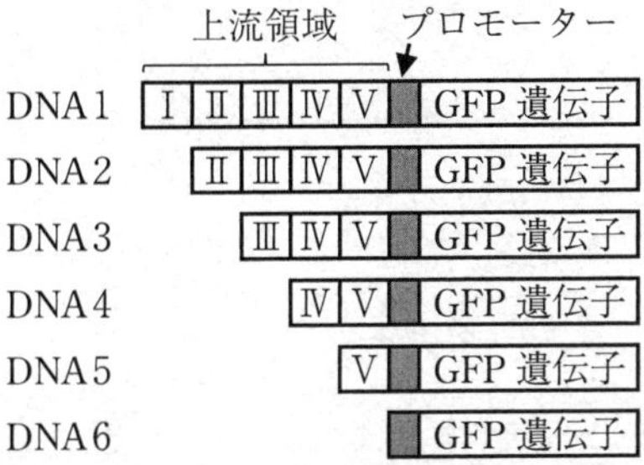

図 1

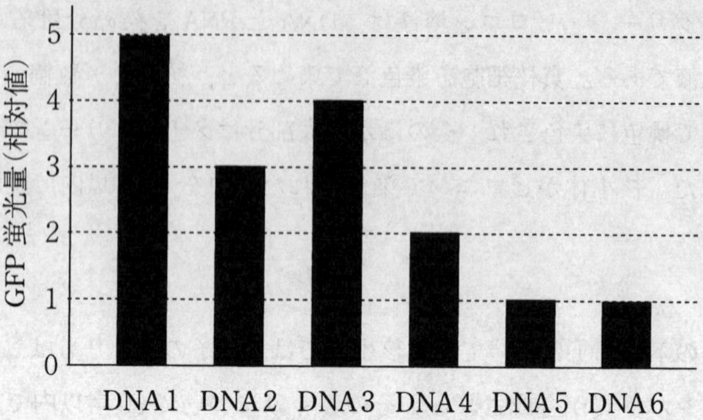

図2

(1) 上流領域Ⅰ～Ⅴを，(A) 転写を促進するもの，(B) 転写を抑制するもの，(C) 転写に影響しないものに分け，解答欄にⅠ～Ⅴですべて答えなさい。

(2) 上流領域Ⅰ～Ⅴを新たに組み合わせて，図3のようなDNA7～DNA9を作製した。それぞれを細胞Yに導入した場合のGFPの蛍光量はどうなると考えられるか，図4のグラフ(a)～(d)の中から1つ選び，記号で答えなさい。

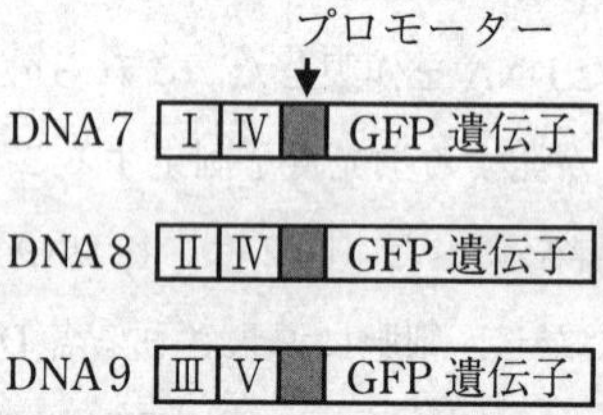

図3

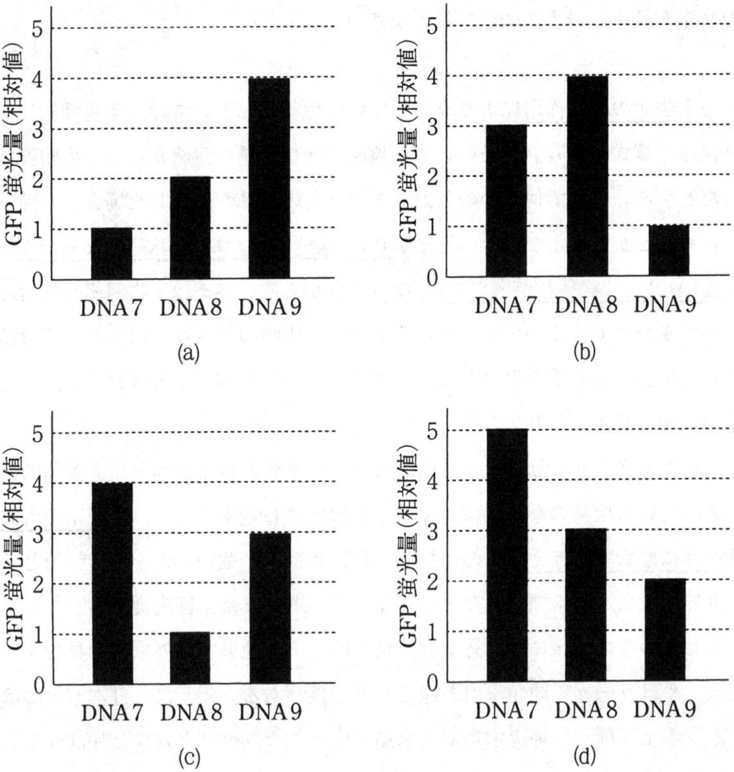

図 4

⑶　図 1 の各 DNA を，細胞 Y と異なる種類のヒト培養細胞に導入した場合，図 2 と違う結果が得られることがある。考えられる理由を 30 字以内で説明しなさい。

〔**5**〕　次の文章を読み，以下の問いに答えなさい。(25 点)

様々な①生物間の相互作用により成立している生態系においては，生物種数に関して単純な計算式が成り立たない。ある地域に仮に６種の生物からなる生物群集があったとする。ここで何らかの原因でそのうちの１種が絶滅した場合，６種－１種と書くことができるが，その答えが②０種(最終的に全種が消滅)となったり，③逆に８種(最終的に総種数が増える)となる場合がある。答えは生物間相互作用の形によって変わってくるからである。開発や外来生物の侵入などにより一部の種が消滅した場合，生態系や生物群集に何が起こるかを予測するのは難しく，一度に多くの種が絶滅することすらある。

さて，観葉植物や愛玩動物など意図的に持ち込まれた外来生物や，非意図的に持ち込まれた外来生物のなかには，環境中に放出され定着すると，④生態系や人間の活動などに悪影響を与えるものがある。特に悪影響が強いものを〔　A　〕と呼び，全世界で重大な環境問題のひとつとなっている。また，国内種であっても，本来生息していない地域に持ち込まれた場合は，その地域での外来種と見なすことができ，やはり様々な問題を引き起こす可能性がある。例えば，日本本土にはカブトムシ本土亜種が，沖縄本島や久米島にはオキナワカブトムシと呼ばれる固有の沖縄亜種が，それぞれ生息している。ところが，ペットとして人気のあるカブトムシ本土亜種が沖縄に持ち込まれ，⑤野外で交雑が生じた結果，純粋なオキナワカブトムシの割合が減少し，沖縄亜種が消滅する危険性が指摘されている。すべての外来生物が問題となるわけではないが，問題を引き起こすと予想されるものについては，その持ち込みや飼育などを規制する必要がある。

B種に対するA種の影響 ＼ A種に対するB種の影響	+	−	なし
+	〔　ア　〕	〔　イ　〕	〔　ウ　〕
−	〔　イ　〕	〔　エ　〕	片害
なし	〔　ウ　〕	片害	中立

表1

問 1．下線部①にある生物間相互作用について，一方の種から見た他方の種との利害関係から，表1のようにまとめることができる。なお，表の中では生存や繁殖にプラスになる影響を＋，マイナスになる影響であれば－としている。表中の〔　ア　〕～〔　エ　〕にある生物間相互作用を説明する語句を答えなさい。各解答欄には複数回答も可とする。

問 2．表1の中の〔　ア　〕～〔　エ　〕にある生物間相互作用の例として最も適切なものを，下の選択肢(a)～(j)から2つずつ選んで答えなさい。

(a)　イワナとヤマメの関係

(b)　レンゲと根粒菌の関係

(c)　スダジイとブナの関係

(d)　シマヘビとヌマガエルの関係

(e)　シロアリと腸内微生物の関係

(f)　カブトムシとオニヤンマの関係

(g)　コバンザメとジンベイザメの関係

(h)　チーターとアフリカライオンの関係

(i)　ソメイヨシノとその幹に生息する地衣類の関係

(j)　COVID-19を引き起こす新型コロナウイルス(SARS-CoV-2)とヒトの関係（一般的にはウイルスは生物ではないとされることが多いが，ここでは生物と同様に考えること。)

問 3. 下線部②や③となるような生物間相互作用にはどのようなものが考えられるか，それぞれの例について 30 字以内で説明しなさい。ただし具体的な生物種名を挙げる必要はない。

問 4. 下線部④のような問題が生じるのは，一部の外来生物の個体数が増えすぎるためであるが，その場合の増えすぎる理由を 2 つ挙げ，それぞれ 20 字以内で説明しなさい。

問 5. 〔　A　〕に当てはまる用語を答えなさい。

問 6. 下線部⑤について，そもそも在来沖縄亜種の個体数に比べて，環境中に放出された本土亜種の個体数は圧倒的に少ないと考えられる。それにもかかわらず，交雑が生じた結果として純系の沖縄亜種が減少するのはなぜか。その理由を推察し，60 字以内で記述しなさい。

地学

（2 科目 150 分）

（注）　字数制限のある問題では，１マス＝１文字とし，英数字・句読点も１字として数える。

〔1〕 地震波は，地球内部の構造を調べるのに用いられる。図１は，地球全域にわたる走時曲線である。横軸は地球の中心から見た震源と観測点の間の角度で表した震央距離である。以下の問い（**問 1 ～問 5**）に答えよ。（30 点）

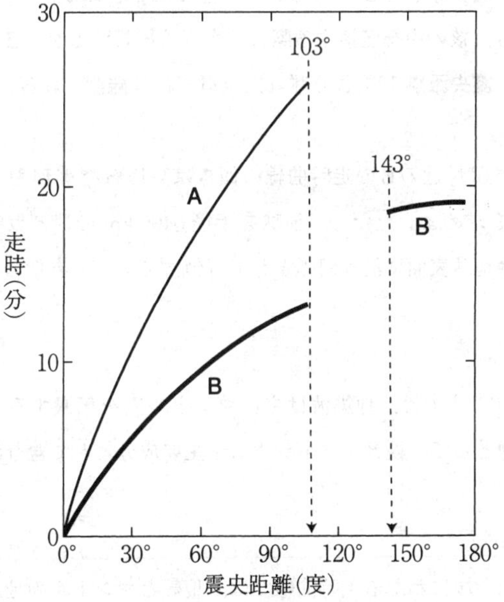

図１　走時曲線

問 1. A と B に相当する地震波の名称を解答欄に記せ。

問 2. 震央距離 103° を超えたところに地震が到達しない領域(影の領域)が生じる。**A** と **B** の影の領域が生じる理由として，次の(a)〜(d)から最も適切な記述を一つ選んで，解答欄に記号を記せ。

(a)　**A** は **B** よりも速度が速いので，核マントル境界によって乱反射されエネルギーが弱まるが，**B** は核の表面を伝わり，震央距離 143° より離れた位置で再び観測される。

(b)　**A** は圧縮が伝わる波であり，金属核を通過する際に減衰が大きく，離れた距離には伝わらないが，**B** はずれが伝わる波なので，金属核を通過する際に，マントルとの密度の違いにより大きく屈折し，震央距離 143° より離れた位置で再び観測される。

(c)　**A** はずれが伝わる波であるので，金属液体からなる外核を通過することができないが，**B** は圧縮が伝わる波であり，外核に波が侵入する際に大きく屈折し，震央距離 143° より離れた位置で観測される。

(d)　**A** も **B** も，核の中を伝播する際に，大きく屈折するが，**B** の方が速度が遅いので，震央距離 143° より離れた位置で再び観測される。

問 3. 震央距離が 0° 付近の **B** の走時曲線の傾きは，1° あたり 14 秒である。**B** の速度(km/s)を求めよ。ただし，地球を半径 6400 km の球と仮定し，地震波の伝播経路は地球表面に沿う円弧として近似してよい。有効数字 2 桁で解答欄に記せ。

問 4. 震央距離 103° までは，地震波は主にマントル内を伝搬する。上部マントルの構成鉱物として，鉄とマグネシウムを主要成分として含む鉱物を 2 つ解答欄に記せ。

問 5. 図 1 の地球全域にわたる走時曲線では，地殻とマントルの地震波速度の違いは明瞭に見えないが，震央距離が 300 km よりも短い地域の走時曲線では，その違いが現れる。どのように **B** の走時曲線に現れるか，下記の図(a)〜(d)から最も適切なものを一つ選んで，解答欄に記号を記せ。

(a)

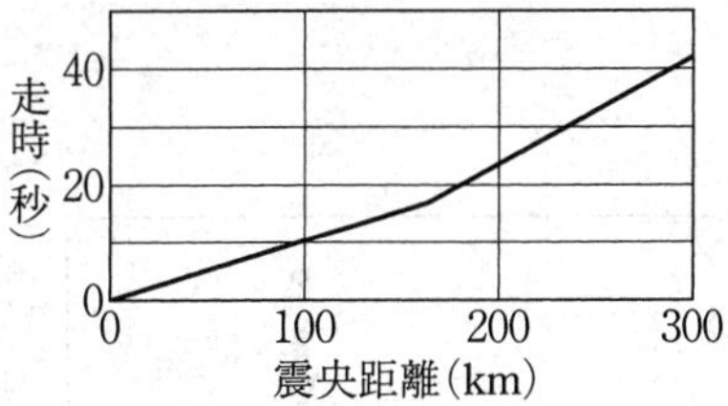
走時（秒）
40
20
0
0
100
200
300
震央距離(km)

(b)

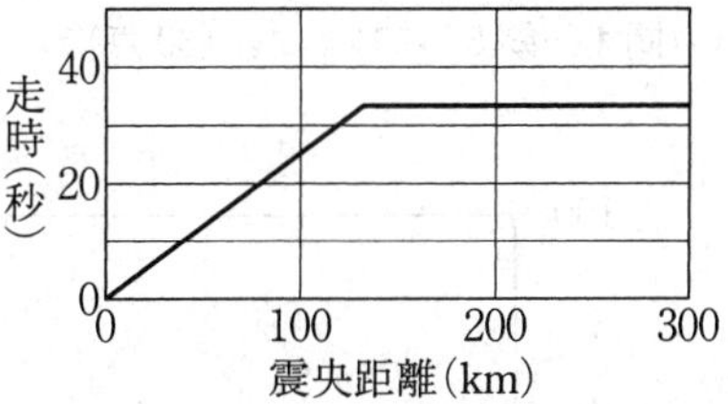
走時（秒）
40
20
0
0
100
200
300
震央距離(km)

(c)

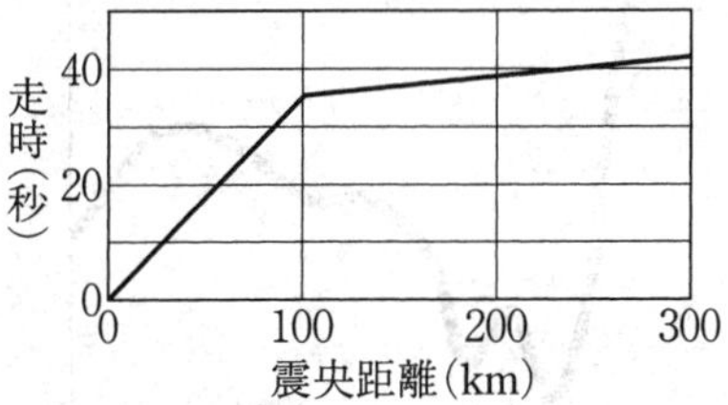
走時（秒）
40
20
0
0
100
200
300
震央距離(km)

(d)

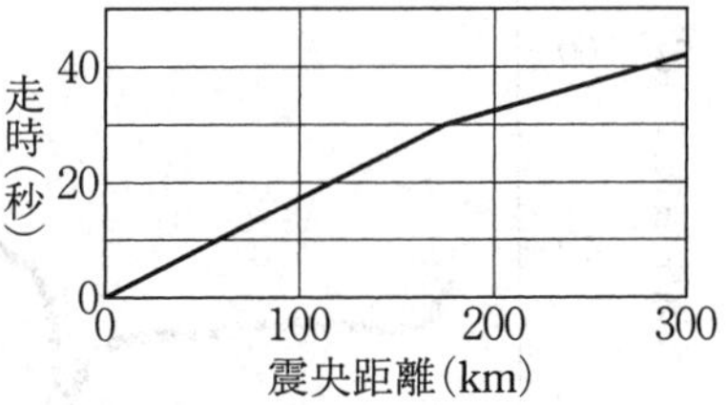
走時（秒）
40
20
0
0
100
200
300
震央距離(km)

〔**2**〕 図1は，過去6億年の地球大気中の酸素量を推定したグラフである。以下の問い(**問1**～**問5**)に答えよ。(30 点)

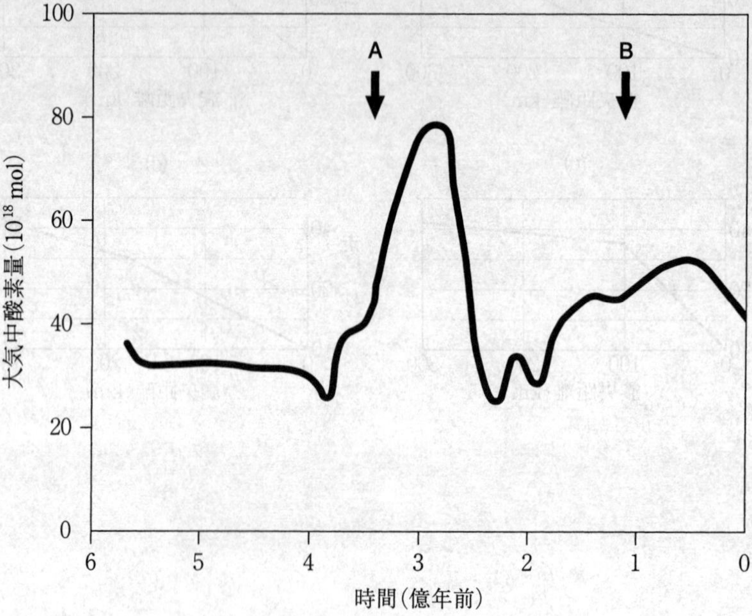

図1　過去6億年の地球大気中の酸素量の推定値

問 1. 矢印**A**の時代で，地球上では植物や昆虫の繁栄が見られた。しかし，この当時の森林や昆虫は，現在のものとはずいぶん違う。

ア) 当時の森林の中心を占める植物のグループ名と，具体的な名称を1つずつ解答欄に記せ。　(グループ名の解答欄：　　植物)

イ) 昆虫にも特徴的な違いがある。次の(a)～(d)から最も適切なものを一つ選んで，記号を解答欄に記せ。

(a)　すべて完全変態する。　　(b)　羽根(翅)がない。

(c)　体が大きい。　　(d)　脱皮をしない。

問 2. 矢印**A**の時代の植物の繁栄は，結果的には地球の寒冷化を導いた。これは大気組成の変化による。

ア）この時期に著しく減少した大気成分の化学式を解答欄に記せ。

イ）生物が陸上に進出するためには重要であり，現在でも大気上層に存在する大気成分の化学式を解答欄に記せ。

問 3. 矢印 B の時代は恐竜の時代として知られるが，植物種も大きく変わった。この時期に陸上に出現した植物のグループ名を解答欄に記せ。

（解答欄：　　　植物）

問 4. 矢印 B の時期に海洋で繁栄した生物は，石油資源の生成と大きく関係がある。この生物と石油資源の生成過程を 60 字以内で説明せよ。ただし，次の四つの語句から適切な語句を二つ使うこと。

フズリナ　　プランクトン　　酸素　　窒素

問 5. 植物が陸上に進出するにあたって，乾燥から身を守るために，水分を輸送する仕組みとして発達した組織がある。その組織名を解答欄に記せ。

〔3〕 対流圏の循環に関する次の文を読み，以下の問い(**問1**～**問6**)に答えよ。(35点)

大気の循環により熱エネルギーは低緯度から高緯度へと運ばれている。低緯度には，熱帯で上昇し亜熱帯で下降する〔　ア　〕循環が存在している。中・高緯度には，偏西風が卓越しており，風速は〔　イ　〕で最大となる。偏西風帯の中で特に風速の強い流れを〔　ウ　〕気流という。〔　ウ　〕気流は，季節により南北に移動し，夏に比べて冬は〔　エ　〕を吹く。また，偏西風は南北に大きく蛇行していることが多い。この蛇行は偏西風波動とよばれ，中緯度から高緯度への熱輸送に重要な役割をはたしている。地表付近の〔　オ　〕は，この偏西風波動の一部である。

大気の循環は緯度方向により大きく異なるが，経度方向にも違いがみられる。これは，大陸と海洋が存在しているからである。アジア大陸の東側に位置する日本付近の大気の循環は，大陸と海洋の影響を強く受ける。(A)冬には大陸に強い寒気を伴った(B)シベリア高気圧が形成される。(C)シベリア高気圧から吹き出した乾燥した北西の季節風は，日本列島の日本海側に大量の雨や雪を降らせ，太平洋側は晴天になる。夏には大陸は暖められ大規模な低気圧が形成される。一方，海洋上には(D)太平洋高気圧が形成され，日本付近には南よりの季節風が吹き，高温多湿となる。

問1. 〔　ア　〕，〔　ウ　〕に入る最も適当な語句を解答欄に記入せよ。

問2. 〔　イ　〕，〔　エ　〕に入る語句の組み合わせとして最も適当なものを，次の(a)～(d)から一つ選び，その記号を解答欄に記入せよ。

	イ	エ
(a)	対流圏下部	高緯度側
(b)	対流圏上部	高緯度側
(c)	対流圏下部	低緯度側
(d)	対流圏上部	低緯度側

問 3. 〔 オ 〕に入る最も適当な語句を，次の(a)〜(d)から一つ選び，その記号を解答欄に記入せよ。

(a) 温帯低気圧　(b) 熱帯収束帯　(c) 貿易風　(d) 台風

問 4. 下線部(A)について，強い寒気が生成される理由として最も適当なものを，次の(a)〜(d)から一つ選び，その記号を解答欄に記入せよ。

(a) 大陸上では強い上昇流が発生し，上昇流により気温が低下する。

(b) 大陸上で日射量が少なくなり，放射冷却により気温が低下する。

(c) 大陸上で強い下降流が発生し，下降流により対流圏上部の低温の空気が地表面に運ばれる。

(d) 大陸上で雪雲が生成されることにより，気温が低下する。

問 5. 下線部(B)，(D)について，シベリア高気圧は背の低い高気圧であるが，太平洋高気圧は背の高い高気圧である。背の低い高気圧と背の高い高気圧の，対流圏上部における気圧の違いを 40 字以内で説明せよ。

問 6. 下線部(C)について，日本海側に大量の雨や雪を降らせるには雲の発生が必要である。日本海側で雲の発生するしくみを 100 字以内で答えよ。

〔 **4** 〕 次の文を読み，以下の問い(**問 1** ～**問 4**)に答えよ。(30 点)

太陽の内部構造は大まかに中心核，放射層，対流層に分類される。太陽表面の大気層を光球という。光球の上部には彩層と呼ばれる低温のガス層が存在し，その外側には高温のプラズマの大気であるコロナが拡がっている。

中心核では，水素原子核 4 個が融合して 1 個の〔　ア　〕原子核が生成される核融合反応が生じている。このとき非常に波長の短い電磁波である〔　イ　〕が生じ，太陽から放出されるエネルギーの源として放射される。放射層に伝わった電磁波は吸収と放射を繰り返し，波長の長い電磁波に変換され，外部に向けて輸送される。(A)この電磁波によるエネルギー輸送は，対流層では高温ガスの熱対流におきかわる。

太陽活動が活発化すると，(B)太陽表面では周囲の光球より温度の低い黒点が多く出現するようになる。黒点は太陽内部から湧き上がった磁力線が集中した領域に対応する。

エックス線望遠鏡でコロナを観測すると，周囲と比べて暗い領域が見えることがある。この領域を〔　ウ　〕と呼ぶ。〔　ウ　〕からはプラズマの風である太陽風が惑星間空間に向けて放出されている。(C)磁場をもつ惑星ではその周囲に磁気圏が形成されるため，直接太陽風が惑星表面に吹き付けることはない。

黒点周辺では磁気エネルギーが突然解放されておこる〔　エ　〕という爆発現象がみられる。この〔　エ　〕に伴ってプラズマの塊が放出されることがあり，これを〔　オ　〕という。こうした爆発現象は太陽風の中に突風を生じさせ，地球磁気圏を揺さぶったり，変形させたりする〔　カ　〕を引き起こす。また，〔　エ　〕に伴って放出される大量のエックス線や紫外線が地球の電離層に到達すると，電離層に電波を反射させて行う長距離通信に支障をきたす〔　キ　〕が引き起こされる。

問 1.〔　ア　〕～〔　キ　〕に入る適切な語句を解答欄に記せ。

問 2. 下線部(A)に関して，対流層で生じているエネルギーの輸送過程を説明する以下の文章について，〔　〕に入る語句の組み合わせが適切なものを，下記の選択肢(a)〜(d)より 1 つ選び，解答欄に記せ。

(a)　対流層〔下部〕で暖められた高温のガスは，〔上昇〕するにつれて〔圧縮〕して〔冷却〕され，〔低温〕になると〔下降〕する。そして対流層の〔下部〕に達すると再び〔加熱〕され，再度〔上昇〕する対流過程が繰り返されている。

(b)　対流層〔上部〕で暖められた高温のガスは，〔下降〕するにつれて〔膨張〕して〔冷却〕され，〔低温〕になると〔上昇〕する。そして対流層の〔上部〕に達すると再び〔加熱〕され，再度〔下降〕する対流過程が繰り返されている。

(c)　対流層〔下部〕で暖められた高温のガスは，〔上昇〕するにつれて〔膨張〕して〔冷却〕され，〔低温〕になると〔下降〕する。そして対流層の〔下部〕に達すると再び〔加熱〕され，再度〔上昇〕する対流過程が繰り返されている。

(d)　対流層〔上部〕で暖められた高温のガスは，〔下降〕するにつれて〔圧縮〕して〔加熱〕され，〔高温〕になると〔上昇〕する。そして対流層の〔上部〕に達すると再び〔冷却〕され，再度〔下降〕する対流過程が繰り返されている。

問 3. 下線部(B)に関して，黒点の温度が周りの光球の温度より低くなる理由を，100 字以内で説明せよ。

問 4. 下線部(C)に関して，地球と同様に磁場を持つことが確認されている太陽系内の惑星を 1 つあげ，その名称を解答欄に記せ。

問3　傍線部C「対面的磁場の根底にこれがある」とあるが、「これ」とは何か、説明せよ。

問4　傍線部D「成功したアンドロイドのまなざしに人はたじろぐ」とあるが、それはなぜか、理由を説明せよ。

問5　傍線部E「ここでも、生きた人間であることの証が、対面性とかかわる部分で考えられている」とあるが、それはどういうことか、説明せよ。

問6　傍線部F「ここに来て、「なぜ（何から何まで）似ていなければいけないのか」という問題意識へと大きく舵《かじ》を切ったように見える」とあるが、それはどういう「問題意識」なのか、具体的に説明せよ。

（解答欄）　問1・問3・問4：縦17センチ×3行
問2・問6：縦17センチ×4行
問5：縦17センチ×6行

石黒浩は、主要なものだけでも子供型アンドロイド「リプリーR1」、女性型アンドロイド「リプリーQ1」、「リプリーQ2」、石黒自身をモデルにした「ジェミノイドHI‐1」、その後継機ともいうべき女性型「ジェミノイドF」と続いた人間酷似型ロボット開発の果てに、人間との外面的な類似要素を最少限にまで切り詰めた「最低限の人間」、「ミニマルデザインのジェミノイド」に行き着いた。このことは示唆的である。あえて図式的にいえば、もともと「なぜロボットが人間に似ていてはいけないのか」という問題意識から出発した石黒は、Fここに来て、「なぜ（何から何まで）似ていなければいけないのか」という問題意識へと大きく舵《かじ》を切ったように見える。

「テレノイド」と名づけられたこのミニマルロボットは、体長八〇センチほどで、赤子のような頭部をもつが、四肢は尻すぼみである（お化けのキャスパーにちょっと似ている）。ポイントはやはり目である。「どうしても必要なのは目である。目だけは人間らしいものでないと、人形になったり動物になったりしてしまう。また、ジェミノイドと同じ遠隔操作の機能をもたせるためには口も必要である。ただ、目が十分に人間らしければ、口は開閉することが明確にわかる程度でいいだろう」（石黒浩）。従来型のロボットに戻ったわけではもちろんない。そうではなく、〈人間〉を感じさせる最少の要素にイメージが純化されたのである。そしてそれは、結局のところ、対面性を実現すれば足りるということであったように私には思われる。

（大浦康介『対面的〈見つめ合い〉の人間学』による。ただし、問題作成の上から本文の一部を改めた。）

問1　傍線部A「「動物」とはよくいったものだ」とあるが、それはどういうことか、説明せよ。

問2　傍線部B「こうした微細な動きというのは、顔かたちの似姿以上に、人間の「存在感」に直結している」とあるが、それはどういうことか、具体的に説明せよ。

し目をそらして、また目を見る。しかし、物を見るときに、あえて目をそらすようなことはしない。この目をそらすという動作が出てくるのは、相手が人間で、互いに社会的な関係があるときだと言われている。

この実験で分かったのは、被験者は対面相手が従来型のロボットのときだけ目を反らさないということだった。一方、相手がアンドロイドなら目を反らした、つまり人間に対するときと同じ反応を示したのである。石黒が作ったアンドロイドがいかに人間に近いものとして受容されたかということだ。われわれにとって興味ぶかいのは、人間（および人間に準じる者）とモノとを区別するにさいして、それと対面する人の目の動きが目安とされたということである。アンドロイド作りの成功度は、それが対面的磁場を成立させるか否かにかかっていると、いささか我田引水的に言ってもいいかもしれない。D成功したアンドロイドのまなざしに人はたじろぐのである。

もう一点、これに関連して石黒が指摘していることで面白いのは、人間に酷似したアンドロイドに人は容易に触ることができないということである。「アンドロイドを初めて見た人は、たとえそれが人間でないと分かっていても、平気で触ることができない。触ることにすごく躊躇《ちゅうちょ》する。一方、（従来型の）ロボットには、たいていの人が平気で触る。」

触れることをためらわせるのは、いうまでもなく、対面的磁場に由来する倫理性である。人をモノのようには殴れない、モノのように性的オブジェとして扱うことはできないなどと言わしめる倫理性と同じものだ。Eここでも、生きた人間であることの証が、対面性とかかわる部分で考えられている。繰り返していうが、対面的磁場、すなわち倫理性の成立に、文字どおりの対面が必要であるわけではない。アンドロイドに触れないのは、なにも対面時だけのことではないだろう。しかし対面時には倫理性のハードルはより高い。対面相手を触るのは、背を向けている相手を（こっそりと）触るよりむずかしいはずである（というより、対面相手はまさに「こっそりと」は触れないのだ）。

アンドロイドという、人間に限りなく近いロボットを作ろうとする石黒が直面したもっとも難しい問題が、何もしていないときの人間のかすかな動きをいかに再現するかという問題だった。彼はこれを「無意識的微小動作」と呼んでいる。これを人工的に作り出すのは至難の業であるらしい。彼は何十本もの「空気圧アクチュエータ」(一種の人工筋肉)をロボットの上半身に埋め込んでこれを実現しようとした。その結果、いかに精妙なアンドロイドが出来上がったかは周知のところである。思うに、Bこうした微細な動きというのは、顔かたちの似姿以上に、人間の「存在感」に直結している。じつは対面性を下支えしているのがこれなのかもしれない。

生物物理学者の柳田敏雄が指摘するように、生体はそもそも分子レベルでつねに「ゆらいで」いる。筋肉のなかではアクチンとミオシン(分子モーター)が「ふらふらと動いている」のだという。この運動はいわゆる「熱ゆらぎ=ノイズ」で、コンピュータなどの人工機械がこれを抑えるために膨大なエネルギーを使っているのにたいして、生体はこれを積極的に活用している、だから僅《わず》かなエネルギー消費で済む(「いい加減」が生物の柔軟性の真髄だ)というのが柳田の主張である。この「ゆらぎ」が肉眼で見える運動であるはずはないが、C対面的磁場の根底にこれがあると考えるのは、少なくとも想像力を刺激する仮定である。

ところで、石黒が作ったアンドロイドを見た人々の反応はどうだったのだろうか。人々はアンドロイドをどこまで人間に近いと感じたのか——この疑問を解くべく、石黒は「対面実験」なるものを行っている。被験者をアンドロイドと向き合う形で坐《すわ》らせ、アンドロイドにいくつかの短い質問をさせて、その間の被験者の目の動きを観察する。次に、アンドロイドを本物の人間や従来型のロボットで置き換えて同じ観察を行い、結果を比較する、というものである。なぜこのような実験を行うのか。石黒は次のように言う。

〔人間は〕人と話しているときに、たいていはその人の目を見るが、じっと見続ける人はいない。しばらく目を見たら、必ず少問5　傍線部E「言語のミメーシス的な根っこ」とあるが、それは具体的には何か、説明せよ。

問6　傍線部F「文字を身体的ミメーシスの帰結として捉えるような感性は、いま急速に失われようとしています」とあるが、それはなぜか、その理由について説明せよ。

（解答欄）問1〜問3・問5：縦17センチ×3行
問4・問6：縦17センチ×4行

二

次の文章を読んで、後の問いに答えよ。（60点）

生きている人間の身体はつねに動いている。不動のつもりでも、石のように不動であることはない。まばたきもすれば、呼吸もする。呼吸につれて、胸も、肩も、腹も動く。脈も打っている。かすかな震えもあるだろう。ドラマで死人を演じるのがむずかしいゆえんである。A「動物」とはよくいったものだ。動物とは、他者に動かされるのではなく、みずから、ひとりでに動くもののことである。

ロボット学者の石黒浩によると、人間に似たロボットを作ろうとするときに重要なのは〈見かけ〉に劣らず〈動き〉なのだという。完璧な〈見かけ〉を作っても、〈動き〉がぎこちなければ人間らしくはならない。それどころか、〈見かけ〉が人間に近ければ近いほど、〈動き〉とのギャップから来る違和感は大きくなり、気味の悪さが生じる。いわゆる「不気味の谷」である。

発明したのだ、と言い換えることもできるのです。

現代のディジタル化した社会では、文字とは情報伝達のための記号的符牒《ちょう》にすぎません。F文字を身体的ミメーシスの帰結として捉えるような感性は、いま急速に失われようとしています。宮沢賢治を読み、彼が創造しようとする世界に触れることは、彼の想像力だけでなく、彼のことばそのもの、彼の書きつけた文字そのものの「模倣性」を、私たちがなぞり、身体的なミメーシスの感覚によってたどりなおす行為でもあるのです。賢治はそのような深い模倣の実践を、読み手である私たちに誘いかけています。模倣《ミメーシス》の悦《よろこ》びを感じなさい、真似をすることこそ「真似ぶ」(=学ぶ)ことのはじまりにして終着点なのだから、と。

(今福龍太『宮沢賢治　デクノボーの叡知』による。ただし、問題作成の上から本文の一部を改めた。)

問1　傍線部A「「舞踏」を読む」とあるが、それは具体的にどういうことか、説明せよ。

問2　傍線部B「人類がみずからの内臓感覚を、生命記憶の源泉として意識すること」とあるが、それは具体的にどういうことか、説明せよ。

問3　傍線部C「星を読む」とあるが、それは具体的にどういうことか、説明せよ。

問4　傍線部D「こうした模倣の能力の系統発生的歴史が、人間の個体発生的な道筋において反復されていること」とあるが、それはどういうことか、説明せよ。

せまられました。そこで人間が最初にやったことが、森のなかを飛び跳ねる鹿の所作をダンスとして真似《まね》し、「鹿踊り」という芸能を創造することだったのです。ミメーシスを通じて自然（＝野生動物の世界）を文化（＝舞踏の世界）の側へと架橋することで、人間は野生の土地に定住し、文化的な創造行為の第一歩を踏み出すことができました。「鹿踊りのはじまり」はこの経緯を暗示する物語であると見ることができます。

いまでも、子供たちの素朴な遊びを観察すれば、Dこうした模倣の能力の系統発生的歴史が、人間の個体発生的な道筋において反復されていることが了解されるでしょう。私たちの幼少時の遊びが、いたるところで模倣的な行動様式によってつくられてきたことを思いだしてください。子供たちの模倣的想像力には限界がなく、彼らは他人や動物の真似をするだけでなく、口からガタゴトと声を出して電車の真似をし、両腕を広げて走りながら飛行機の真似をし、ぽつんと立って一本の木になったり、ニッコリ笑って花になったりすることもできました。子供時代に行われるこれらの自在な模倣遊戯のなかで、人間文化は「創造」という実践へと踏み出す準備をしてきたのでした。

すでにみてきたように、身体的なミメーシスは森羅万象と自己とのあいだに、呪術的・霊的な照応《コレスポンデンス》＝交感の関係を打ち立てることによって達成されます。そして、感性的・身体的な模倣のくりかえしの蓄積によって成立した人類文化の最終的な創造物こそが、私たちの「言語」なのです。文字化され、抽象化された音声記号になってしまうと、E言語のミメーシス的な根っこはあまり意識されませんが、賢治が独創的に多用した擬声語や擬態語が、いまだに模倣的な肉体性・物質性を色濃く残していることはいうまでもありません。そして文字もまた、その象形性だけでなく、それが身体（おもに手）を介して表現される日常の技芸にかかわっているという点で、身体的ミメーシスとしての内実を深いところで維持しているのです。手で書かれた文字はそのような肉体性の帰結であり、それじたい、人類の模倣の能力を結晶化させた小宇宙《ミクロコスモス》にほかならないといってもいいでしょう。ベンヤミンの言い方を敷衍《えん》すれば、模倣の能力を通じて内臓を読み、星を読み、舞踏を読んできた人間が、ついに読むことの最終的な帰結として「文字」をに模写することを通じて野生の世界へと浸透し、自然の一部としての自己を確認し、この外化された内臓（＝洞窟）のなかにみずからの生命体としての記憶を刻印してゆく行為だったのです。まさにここでは、洞窟壁画という「模倣《ミメーシス》」の能力の発露が、人類最古の芸術的形象を生み出していったのでした。

　あるいは、マーシャル諸島などミクロネシアの群島民のあいだで古くから行われている、星座をもとにした独特の航海術をとりあげてもいいでしょう。彼らは海の民として、全身体的な感覚を動員して天体の「星」の配置を読みとり、それを船を操縦しながら航海する自らの方向感覚へと投影するという、繊細な模倣的身体技法を自らのものとしていました。西欧の占星術もまた、天体を読むことを通じてそれをみずからの身体や世界イメージへと類似《アナロジー》の原理によって結びつけてゆく感覚的思考法でした。こうした例から見たとき、C「星を読む」という行為も、ミメーシスの能力の基本にある繊細な身体技法であることがわかります。

　そしてベンヤミンが第三に挙げた「舞踏」こそ、ミメーシスの技法がもっとも深く探究された領域でした。原初の人間が野生の自然を受けとめながらそこに文化を創造してゆこうとするとき、かならず野生動物の所作を模倣するような舞踏が生み出されてきたことはとても興味深い事実です。たとえば、メキシコ北部ソノーラ州に住むヤキ族の「鹿の踊り」は、パスコーラと呼ばれる猟師の踊り手と、鹿の頭部を頭にかぶって鹿に擬態した踊り手による、狩猟を模した儀礼的なダンスです。そこで鹿の踊り手は、まさに野生動物としての鹿へと変身し、彼らにとって神でもある鹿の身振りを模倣しながら、精霊たちのすむ領域へと入り込んでゆきます。神や精霊と交流し、世界を蘇《よみがえ》らせるための究極の模倣《ミメーシス》の所作です。ヤキ族のインディオたちは、この模倣の身体的儀礼を通じて、自然のなかにみなぎる力を文化の側に組み込もうとしたのでした。

　こうした舞踏的な身体としてはたらくミメーシスの技法を見事に描き出した物語が、宮沢賢治の童話「鹿《しし》踊りのはじまり」であることは疑いないでしょう。「鹿踊りのはじまり」は、東北一帯につたわる「鹿踊り」という模倣・交感的な民俗芸能の発生を寓意的に語るテクストです。東北の原生林に開拓者として人間が移り住んだとき、彼らは野生のテリトリーとの精神的な関係を築く必要に

国語

（八〇分）

（注） 一二〇点満点の配点を一五〇点満点に換算する。

一 次の文章を読んで、後の問いに答えよ。（60点）

プラトンやアリストテレスにはじまる古代ギリシャ哲学の議論以来、「模倣《ミメーシス》」（動作や形態を模倣して自分の身体に写しとり再現すること）と呼ばれる能力は、人間文化における創造性の根源にあるものとして捉えられてきました。それはとりわけ古い呪術的な身振りのなかに示されてきたもので、世界のさまざまな土地における古来の民俗芸能や伝統的な踊り・演劇などのなかにいまでも色濃く残っています。

思想家ヴァルター・ベンヤミンは、人間の「類似」を認知する感性的能力を論じた重要な論考「模倣《ミメーシス》の能力について」（一九三三）のなかで、模倣の能力の発生について論じています。そこでベンヤミンは、文字以前の人間の文化が、「内臓」を読み、「星」を読み、「舞踏」を読むことからはじまった、と書いています。「内臓」を読むとは、人類がみずからの内臓感覚を、生命記憶の源泉として意識することを指します。古い人類は洞窟のような暗闇の空間に入り込むことによってこの内臓感覚を外化し、そこでさまざまな呪術的儀礼を行っていました。旧石器時代の人類が世界のさまざまな場所にのこした洞窟壁画とは、当時の動物の形態を洞窟の壁面

MEMO

MEMO

MEMO

MEMO

2020年度

問題編

問題編

▶試験科目・配点

学部・学科等	教　科	科　　　目	配　点
経済学部（経済工学科）	外国語	「コミュニケーション英語Ⅰ・Ⅱ・Ⅲ，英語表現Ⅰ・Ⅱ」，ドイツ語，フランス語から１科目選択	300点
	数　学	数学Ⅰ・Ⅱ・Ⅲ・Ａ・Ｂ	300点
	国　語	国語総合，国語表現，現代文Ｂ（古文・漢文は除く）	150点
理学部	外国語	「コミュニケーション英語Ⅰ・Ⅱ・Ⅲ，英語表現Ⅰ・Ⅱ」，ドイツ語，フランス語から１科目選択	200点
	数　学	数学Ⅰ・Ⅱ・Ⅲ・Ａ・Ｂ	250点
	理　科	「物理基礎・物理」，「化学基礎・化学」，「生物基礎・生物」，「地学基礎・地学」から２科目選択	250点
医学部（医学科） 工学部	外国語	「コミュニケーション英語Ⅰ・Ⅱ・Ⅲ，英語表現Ⅰ・Ⅱ」，ドイツ語，フランス語から１科目選択	200点
	数　学	数学Ⅰ・Ⅱ・Ⅲ・Ａ・Ｂ	250点
	理　科	「物理基礎・物理」，「化学基礎・化学」	250点
医学部（保健学科）看護学専攻	外国語	「コミュニケーション英語Ⅰ・Ⅱ・Ⅲ，英語表現Ⅰ・Ⅱ」，ドイツ語，フランス語から１科目選択	200点
	数　学	数学Ⅰ・Ⅱ・Ａ・Ｂ	100点
	理　科	「物理基礎・物理」，「化学基礎・化学」，「生物基礎・生物」から２科目選択	100点
医学部（保健学科）放射線技術科学専攻	外国語	「コミュニケーション英語Ⅰ・Ⅱ・Ⅲ，英語表現Ⅰ・Ⅱ」，ドイツ語，フランス語から１科目選択	200点
	数　学	数学Ⅰ・Ⅱ・Ⅲ・Ａ・Ｂ	250点
	理　科	「物理基礎・物理」必須。「化学基礎・化学」，「生物基礎・生物」から１科目選択（計２科目）	250点

医学部(保健学科) 検査技術科学専攻	外国語	「コミュニケーション英語Ⅰ・Ⅱ・Ⅲ，英語表現Ⅰ・Ⅱ」，ドイツ語，フランス語から1科目選択	200 点
	数　学	数学Ⅰ・Ⅱ・Ⅲ・A・B	250 点
	理　科	「化学基礎・化学」必須。「物理基礎・物理」，「生物基礎・生物」から1科目選択（計2科目）	250 点
医学部(生命科学科) 歯学部 薬学部	外国語	「コミュニケーション英語Ⅰ・Ⅱ・Ⅲ，英語表現Ⅰ・Ⅱ」，ドイツ語，フランス語から1科目選択	200 点
	数　学	数学Ⅰ・Ⅱ・Ⅲ・A・B	250 点
	理　科	「物理基礎・物理」，「化学基礎・化学」，「生物基礎・生物」から2科目選択	250 点
芸術工学部	外国語	「コミュニケーション英語Ⅰ・Ⅱ・Ⅲ，英語表現Ⅰ・Ⅱ」，ドイツ語，フランス語から1科目選択	250 点
	数　学	数学Ⅰ・Ⅱ・Ⅲ・A・B	250 点
	理　科	「物理基礎・物理」必須。「化学基礎・化学」，「生物基礎・生物」から1科目選択（計2科目）	250 点
農学部	外国語	「コミュニケーション英語Ⅰ・Ⅱ・Ⅲ，英語表現Ⅰ・Ⅱ」，ドイツ語，フランス語から1科目選択	250 点
	数　学	数学Ⅰ・Ⅱ・Ⅲ・A・B	250 点
	理　科	「物理基礎・物理」，「化学基礎・化学」，「生物基礎・生物」，「地学基礎・地学」から2科目選択	250 点

▶備　考

- 英語以外の外国語は省略。
- 「数学B」は「数列」，「ベクトル」を出題範囲とする。
- 以下の学部では，上記に加え面接が課される。

  医学部医学科・歯学部：1人 10 分以内，総合判定の判断資料とする。また，面接の結果によって不合格と判断された場合は，個別学力検査等の得点にかかわらず，不合格となる場合がある。

  医学部生命科学科：1人 20 分以内，配点は 100 点。
- 各教科・科目の得点が各学部ごとの当該教科・科目平均点の3分の1以下の場合は，原則として不合格と判定する。

英語

（120分）

（注）　200点満点の配点を，経済学部経済工学科については300点満点に，芸術工・農学部については250点満点に換算する。

〔1〕　次の英文を読み，設問に答えなさい。（51点）

It was Alex Osborn, an advertising executive in the 1940s and '50s, who invented the term *brainstorming**. He passionately believed in the ability of teams to generate brilliant ideas, provided they follow four rules: Share any idea that comes to mind; build on the ideas of others; avoid criticism; and, most notably, strive for quantity, not quality. Subsequent scientific research confirmed Osborn's instincts: Groups who follow his guidelines show more creativity than those who don't. For example, in one study(1), brainstorming groups given quantity goals generated both more ideas (an average of 29.88) and significantly higher-quality ideas (20.35) than those given a quality goal alone (averages of 14.24 and 10.5).

My colleagues, Elizabeth Ruth Wilson and Brian Lucas, and I decided to explore whether people could also be prepared for better brainstorming before the idea generation even starts. In our first experiment, we asked one set of participants to describe a time when they had felt embarrassed in the previous six months; we asked a second group to describe a time when they had felt proud. We then asked each individual to spend 10 minutes thinking of new uses for a paper clip*. We hypothesized that — just as quantity goals paradoxically yield better-quality ideas — telling an embarrassing story would lead people to drop their inhibitions(ア) and get more creative.

We scored our study subjects' output using two criteria: fluency (the volume of ideas they generated) and flexibility (how many different kinds of ideas they came up with). For example, one participant suggested (a)an earring, necklace, ring, and bracelet, while another suggested (b)an earring, wound stitch, artwork, and screwdriver. Both had four ideas, but the second person suggested a broader range of them, displaying more flexibility. (2)On average, the embarrassing-stories group well outperformed their counterparts, scoring 7.4 for fluency and 5.5 for flexibility, whereas the prideful group scored 5.9 and 4.6.

In our second study, we investigated how the same dynamic might play out in a group. We suspected that the effects might be magnified if the narrating of accomplishments caused people to worry more about hierarchy and social comparisons, (イ)quelling creativity, and if a discussion of (ウ)foibles helped people open up and take more risks, boosting brainstorming efficiency.

We randomly assigned 93 managers from a range of companies and industries to three-person teams and gave them one of two group "introduction" and "warm-up" exercises. Half the groups were told to share embarrassing stories; half talked about moments when they had felt pride. The episodes had to involve them personally and have happened in the previous six months.

My colleagues and I carefully watched these conversations develop. The people told to embarrass themselves were initially surprised and even uneasy. But inevitably someone would jump in ("*OK, I'll go first...*"), and within minutes the three people in a group were laughing loudly. The people told to boast had, by contrast, no trouble starting their conversations and appeared more (エ)composed. However, there was little laughter and only a few polite head nods on the teams.

After 10 minutes, we introduced the brainstorming challenge — this time, to generate as many unusual uses for a cardboard box as possible, also in 10 minutes. Using the same scoring criteria — fluency and flexibility — we found that the "embarrassment" teams generated 26% more ideas ranging over

15% more use categories than their counterparts.

Being open led to greater creativity. Thus, we propose a new rule for brainstorming sessions: Tell a self-embarrassing story before you start. (3)As uncomfortable as this may seem, especially among colleagues you would typically want to impress, the result will be a broader range of creative ideas, which will surely impress them even more.

From Research: For Better Brainstorming, Tell an Embarrassing Story, Harvard Business Review on October 2, 2017 by Leigh Thompson

Notes:

*brainstorming**: an activity or method of gathering numerous ideas about a certain topic to make creative suggestions

paper clip*: a curved piece of metal which is used to bind several sheets of paper together

問 1. 下線部(1)の研究の結果を日本語で述べなさい。

問 2. 下線部(a)と下線部(b)の語群は両者ともに，該当する実験における被験者の回答例として挙げられている。何の回答例であるか。また，この２つの語群の性質の違いは何であると述べられているか，日本語で簡潔に答えなさい。

問 3. 下線部(2)を，“counterparts”が具体的に表すものを明らかにして，日本語に訳しなさい。

問 4. 下線部(ア)，(イ)，(ウ)，(エ)の語と文脈上最も近い意味の語をＡ～Ｄからそれぞれ１つずつ選び，その記号を解答欄に書きなさい。

(ア)　Ａ．ambition　　Ｂ．excitement
　　　Ｃ．shyness　　Ｄ．terror

(イ)　Ａ．challenging　　Ｂ．enhancing
　　　Ｃ．sparking　　Ｄ．suppressing

(ウ)　A．achievements　B．advantages
C．complexities　D．weaknesses

(エ)　A．calm　B．concerned
C．excited　D．nervous

問 5. 下線部(3)を日本語に訳しなさい。

問 6. 次のA～Dのうち，本文の内容に合わないものを１つ選び，その記号を解答欄に書きなさい。

A．Alex Osborn believes that what is important in generating brilliant ideas is to try to produce as many ideas as possible.

B．In the first experiment the author and her colleagues conducted, the results turned out to be compatible with their initial hypothesis.

C．The author argues that getting people to tell their embarrassing stories beforehand would be effective in brainstorming both in terms of fluency and flexibility.

D．The author concludes by saying that people are encouraged to tell their personal stories in boastful ways because it would generate more brilliant ideas.

〔2〕 次の英文は 2019 年 5 月 18 日に起こる天体現象に関して，同年それ以前に発行された記事である。この英文を読み，設問に答えなさい。(41 点)

On May 18, a full moon will appear in the night sky. This year, May's full moon, known as the “full flower moon,”(1) will also be — according to one definition(2) — a “blue moon” — a celestial event that happens once every two to three years.

But what is a blue moon? And will May's full moon be one? There are two definitions of what a blue moon is. Under one, the full flower moon is not a blue moon. Under the other it is. Neither involves the moon actually turning blue.

We tend to think of full moons occurring once per month. Each month's full moon is also given a traditional name depending on what was happening at that time of year. For example, May's full flower moon is named so because it is the time of year when flowers come into bloom, according to the *Farmers' Almanac**. Next month's full moon is known as the full strawberry moon because June is the time when strawberries are harvested.

However, sometimes one month has two full moons(3). This is because the phases of the moon take 29.5 days to complete. This means that there are 354 days for 12 full cycles, so once every two to three years, there is a 13th full moon in a year, therefore the second full moon in a month. Because this moon does not fit into the traditional moon name system of old, it is known as a blue moon. This is one definition of a blue moon.

The other definition is the third full moon in an astronomical season that contains four full moons instead of three. Astronomical seasons start and end with spring and fall equinoxes* and summer and winter solstices*. The spring equinox 2019 started on March 20. This year the spring astronomical season contains four full moons, with May's full flower moon being the third — hence being a blue moon.

As well as the full moon, (4)May 18 will see a number of other astronomical bodies appearing in the sky. "By the morning of the full moon on May 18, 2019, as morning twilight begins, Jupiter will appear in the south-southwest about 23 degrees above the horizon and Saturn will appear in the south about 30 degrees above the horizon," NASA said in a statement. " (5)Venus will be rising about 7 minutes after morning twilight begins but should be visible low in the east-northeast until about 30 minutes before sunrise. Mercury will not be visible, lost in the glow of the Sun."

May 18 will also see a Near Earth Object called 2012 KT12 make its close approach. The object, which measures between 48 and 107 feet in size, is set to pass Earth at 1. 0 and 7. 5 lunar distances, and will be traveling at a speed of 8, 835 miles per hour, NASA said. A lunar distance is the moon's average distance from Earth.

The next full moon will take place on June 17, at the end of the spring astronomical season. The next season will start on June 21 with the summer solstice.

From Rare blue moon 2019: May's full flower moon set to appear—when is it and what does it mean?, Newsweek on May 14, 2019, by Hannah Osborne

Notes:

*Farmers' Almanac**: an annual North American booklet providing long-range weather predictions

equinoxes*: times or dates when day and night are of equal length

solstices*: the two times in the year at which the sun reaches its highest or lowest point in the sky at midday, marked by the longest and shortest days

問 1. "May's full moon" はなぜ下線部(1)のように呼ばれるのか，本文に即して日本語で述べなさい。

問 2. 下線部(2)に関して，これに該当する定義の具体的な内容を，本文に即して日本語で述べなさい。

問 3. 下線部(3)に関して，なぜそのようなことが起こるのか，本文に即して日本語で述べなさい。

問 4. 下線部(4)に関して，正しい記述をＡ～Ｄから１つ選び，その記号を解答欄に書きなさい。

A．Mercury will be seen in the daytime on May 18, 2019.

B．2012 KT12 can pass as close as a lunar distance from Earth on May 18, 2019.

C．Jupiter will appear higher in the sky than Saturn on May 18, 2019.

D．The sunlight will be blocked by an astronomical body on May 18, 2019.

問 5. 下線部(5)を日本語に訳しなさい。

〔3〕 Read the following passage and answer the questions below. (51 点)

(1)It's a familiar complaint. Parents lament that technology is turning good, clear handwriting into a lost art form for their kids. In response, lawmakers in state after state — particularly in the South — are making time in classrooms to keep the graceful loops of cursive writing* alive for the next generation. Alabama passed a law requiring it in 2016. That same year, Louisiana passed its own cursive law. Others like Arkansas, Virginia, California, Florida and North Carolina, have similar laws. Texas is the latest state in which educators are pushing to bring back cursive writing in elementary schools. Each state's curriculum differs in subtle ways. (2)The guideline described in the Texas Education Code, for instance, includes requirements for instruction to begin with teaching second-graders how to form cursive letters with the "appropriate strokes when connecting letters." Third-graders would focus on writing complete words, thoughts, and answers to questions, and fourth-graders would need to be able to complete their assignments outright in cursive.

Anne Trubek, the author of "The History and Uncertain Future of Handwriting," told CNN* that efforts to emphasize cursive have been ongoing "for years." And debates about whether we should preserve handwriting in general are not strictly modern phenomena, as various periods in history featured disagreements between (3)historical traditionalists and those who favored new writing and communication technologies. In ancient Greece, Socrates had strongly opposed writing, a form of communication perceived new at that time, Trubek noted. The philosopher preferred the Greeks' oral tradition and felt those who didn't write things down would preserve a "better memory," she said. Later, religious scholars in the Middle Ages protested against the invention of the printing press, which threatened to make their beautiful, hand-copied texts out of date. As inventions like the printing press and the Internet throw humanity forward, "there will be a loss," Trubek said.

In the history of handwriting, we're in a unique place in which most Americans alive learned cursive writing, and efforts to spread cursive again among a new generation of youth represent a new "reaction" to ongoing change, she said. Today, (4) debates in favor of cursive take the form of "tradition strangely joined with patriotism," she said, noting that some lawmakers complained that if students didn't learn how to write in cursive, then they wouldn't be able to read the Declaration of Independence. Trubek, who is also a professor at Oberlin College, said she herself can't read the original flowing script of the Declaration of Independence, and there was nothing wrong with students reading the nation's founding documents in typed versions with fonts readable to modern eyes.

Trubek also said students didn't necessarily need cursive to come up with their own signature that gives them their "individuality" and "uniqueness" in signing legal forms either. She said technologies like the chips in credit cards were more effective in preventing crimes than pen-and-paper signatures that can be faked. "I don't think children should be required to learn cursive if they don't want to," Trubek said.

But, still, Trubek said being careful and thoughtful has its virtues. "It's a fine motor skill," and taking time to skillfully perfect the art has positive effects on students' cognitive development. "Handwriting is slower," she said, "And sometimes you just want to slow down."

From Cursive writing is making a comeback in classrooms in several states—and Texas is the latest, CNN on April 12, 2019, by Ryan Prior

Notes:

cursive writing*: a style of handwriting where the characters written in sequence are joined. An example is given below:

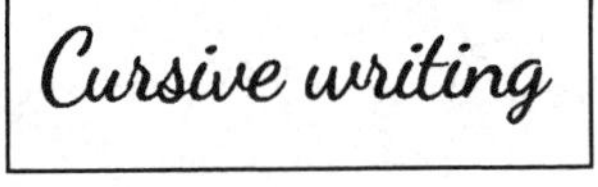

CNN* (Cable News Network): a broadcasting company in the United States which specializes in news delivery

Q 1. Explain in Japanese what a "familiar complaint" in underlined part (1) refers to.

Q 2. Regarding underlined part (2), summarize in Japanese the cursive writing curriculum for second-graders in Texas.

Q 3. Give two examples of "historical traditionalists" in underlined part (3), and explain why each of them was reluctant to accept a new form of communication. Answer these questions in Japanese.

Q 4. Regarding underlined part (4), identify the specific debate related to patriotism and describe it in Japanese.

Q 5. Choose the one statement which best summarizes Trubek's opinion. Write the letter (A, B, C, or D) of your choice.

A. The lack of cursive writing skill is very serious because American students need at least to learn how to read the US founding documents.

B. Historical arguments have stressed the importance of inventing and teaching a new handwriting skill to young children.

C. It is not necessary to require all the students to learn cursive writing, while acquiring it can have some positive impacts.

D. Signatures in cursive can give more authenticity to legal forms than advanced technologies such as credit card chips.

〔4〕　次の英文の説明と指示に従い，英語の文章を書きなさい。(30 点)

Most Japanese high school students have to choose their course of study either from humanities ("bunkei") or science ("rikei") in the middle of their high school education. One of the reasons is to help students prepare for university entrance examinations and reduce their burden of subjects studied. At the same time, this narrows the range of choices for their future careers at a very early stage. Write your opinion on this current practice in a well-organized paragraph. It should be approximately 100 English words long, including specific reasons to support your argument.

〔5〕　次の文章の下線部(1)，(2)を英語に訳しなさい。(27 点)

インターネットと検索エンジンのおかげで，あるトピックに関してどんな論文がすでに発表されているのかを調べるのは，格段に簡単になった。そこで，何を始めるにもまずは既存研究を調べましょう，となるのだが，下手をするとすぐに「こんなにたくさんの研究がされている。自分たちに出る幕などありません」という暗澹《あんたん》たる気分になってしまう。

(1)研究で楽しいのはなんと言っても問題について自分で考え，解決に向けて自分で試行錯誤する時間，そして何かが解決できた瞬間である。そこで，あまり真面目に既存研究調査などせずにそれを始めた場合どうなるか？おそらく多くの場合，苦労をして考えついたアイデアや作り上げたソフトウェアに似た先行研究があるということを後から思い知ることになるのだろう。だがそれは，無駄な時間だったのだろうか？

(2)一人の人間が情報を消費することに一生を費やしても，決して吸収しきれない情報があふれている。徹底調査をし，ひたすら再発明をしないことに向けて最適化すべきなのか，それとも，再発明の危険があってもまずは自分で脳を全開にすること，それ自身を目的関数にしてよいのか？真面目に考えてもよい時になっている気がする。

田浦健次朗「車輪の再発明と研究者の幸せ」

数学

◀経済(経済工)・理・医(保健〈看護学〉を除く)・
歯・薬・工・芸術工・農学部▶

(150 分)

(注)　経済学部経済工学科については，250 点満点の配点を 300 点満点に換算する。

〔 1 〕　(配点 50 点)

この問題の解答は，解答紙 **27** の定められた場所に記入しなさい。

［問題］

点 $(a, 0)$ を通り，曲線 $y = e^{-x} - e^{-2x}$ に接する直線が存在するような定数 a の値の範囲を求めよ。

〔 2 〕　(配点 50 点)

この問題の解答は，解答紙 **28** の定められた場所に記入しなさい。

［問題］

a，b，c，d を整数とし，i を虚数単位とする。整式 $f(x) = x^4 + ax^3 + bx^2 + cx + d$ が $f\left(\dfrac{1+\sqrt{3}i}{2}\right) = 0$ をみたすとき，以下の問いに答えよ。

(1) c，d を a，b を用いて表せ。

(2) $f(1)$ を 7 で割ると 1 余り，11 で割ると 10 余るとする。また，$f(-1)$ を 7 で割ると 3 余り，11 で割ると 10 余るとする。a の絶対値と b の絶対値がともに 40 以下であるとき，方程式 $f(x) = 0$ の解をすべて求めよ。

〔 **3** 〕　(配点 50 点)

この問題の解答は，解答紙 **29** の定められた場所に記入しなさい。

［問題］

四面体 OABC において，辺 OA の中点と辺 BC の中点を通る直線を ℓ，辺 OB の中点と辺 CA の中点を通る直線を m，辺 OC の中点と辺 AB の中点を通る直線を n とする。$\ell \perp m$，$m \perp n$，$n \perp \ell$ であり，$\mathrm{AB} = \sqrt{5}$，$\mathrm{BC} = \sqrt{3}$，$\mathrm{CA} = 2$ のとき，以下の問いに答えよ。

(1) 直線 OB と直線 CA のなす角 θ $\left(0 \leqq \theta \leqq \dfrac{\pi}{2}\right)$ を求めよ。

(2) 四面体 OABC の 4 つの頂点をすべて通る球の半径を求めよ。

〔 **4** 〕　(配点 50 点)

この問題の解答は，解答紙 **30** の定められた場所に記入しなさい。

［問題］

4 個のサイコロを同時に投げるとき，出る目すべての積を X とする。以下の問いに答えよ。

(1) X が 25 の倍数になる確率を求めよ。

(2) X が 4 の倍数になる確率を求めよ。

(3) X が 100 の倍数になる確率を求めよ。

〔 5 〕　(配点 50 点)

この問題の解答は，解答紙 **31** の定められた場所に記入しなさい。

［問題］

座標空間において，中心 $(0, 2, 0)$，半径 1 で xy 平面内にある円を D とする。D を底面とし，$z \geqq 0$ の部分にある高さ 3 の直円柱（内部を含む）を E とする。点 $(0, 2, 2)$ と x 軸を含む平面で E を 2 つの立体に分け，D を含む方を T とする。以下の問いに答えよ。

(1) $-1 \leqq t \leqq 1$ とする。平面 $x = t$ で T を切ったときの断面積 $S(t)$ を求めよ。また，T の体積を求めよ。

(2) T を x 軸のまわりに 1 回転させてできる立体の体積を求めよ。

◀医(保健〈看護学〉)学部▶

(120分)

(注)　200点満点の配点を100点満点に換算する。

〔1〕　(配点50点)

この問題の解答は，解答紙 **23** の定められた場所に記入しなさい。

［問題］

$a \geqq 0$ とする。2つの放物線 $C_1 : y = x^2$，$C_2 : y = 3(x-a)^2 + a^3 - 40$ を考える。以下の問いに答えよ。

(1) C_1 と C_2 が異なる2点で交わるような定数 a の値の範囲を求めよ。

(2) a が (1) で求めた範囲を動くとき，C_1 と C_2 で囲まれた図形の面積 S の最大値を求めよ。

〔2〕　(配点50点)

この問題の解答は，解答紙 **24** の定められた場所に記入しなさい。

［問題］

座標空間内の4点 $\mathrm{O}(0,0,0)$，$\mathrm{A}(1,1,0)$，$\mathrm{B}(1,0,p)$，$\mathrm{C}(q,r,s)$ を頂点とする四面体が正四面体であるとする。ただし，$p>0$，$s>0$ とする。以下の問いに答えよ。

(1) p，q，r，s の値を求めよ。

(2) z 軸に垂直な平面で正四面体OABCを切ったときの断面積の最大値を求めよ。

〔 3 〕　(配点 50 点)

この問題の解答は，解答紙 **25** の定められた場所に記入しなさい。

［問題］

a, b, c を整数とし，i を虚数単位とする。整式 $f(x) = x^3 + ax^2 + bx + c$ が $f\left(\dfrac{1+\sqrt{3}i}{2}\right) = 0$ をみたすとき，以下の問いに答えよ。

(1) a, b を c を用いて表せ。

(2) $f(1)$ を 7 で割ると 4 余り，$f(-1)$ を 11 で割ると 2 余るとする。c の絶対値が 40 以下であるとき，方程式 $f(x) = 0$ の解をすべて求めよ。

〔 4 〕　(配点 50 点)

この問題の解答は，解答紙 **26** の定められた場所に記入しなさい。

［問題］

4 個のサイコロを同時に投げるとき，出る目すべての積を X とする。以下の問いに答えよ。

(1) X が 25 の倍数になる確率を求めよ。

(2) X が 4 の倍数になる確率を求めよ。

(3) X が 100 の倍数になる確率を求めよ。

物理

（2科目150分）

(注)　医学部保健学科看護学専攻については，2科目250点満点（1科目125点満点）の配点を2科目100点満点に換算する。

〔1〕 (45点)

図1に示すように，質量 M の台がばね定数 k のばねで壁につながれ，なめらかな水平面の上に置かれている。台の上には質量 m の物体が置かれ，台と物体の間には静止摩擦係数 μ，動摩擦係数 μ' の摩擦力がはたらく。台と物体の運動およびばねの伸び縮みは，図中の水平面に沿って左右方向にしかおこらないとする。ばねの自然長からの伸びを x（$x < 0$ の場合は縮み）とし，速度，加速度，力は全て右向きを正として，以下の問いに答えよ。ただし，空気抵抗は無視できるとする。また，重力加速度の大きさは g とする。

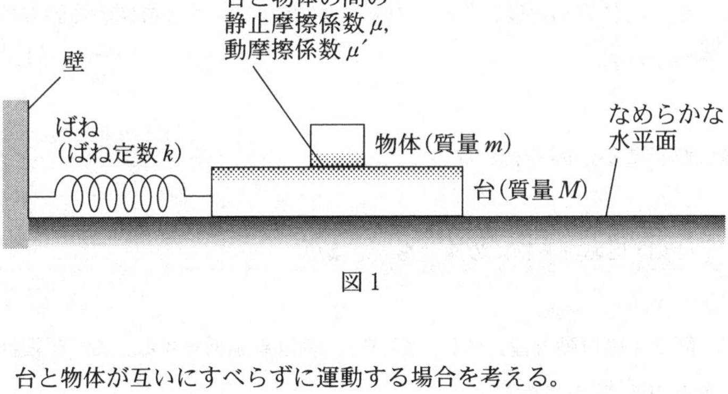

図1

問 1. 台と物体が互いにすべらずに運動する場合を考える。

(1)　台と物体を一体として考え，加速度を a として運動方程式を書け。

以後，解答に a を使わないこと。

(2)　この運動は単振動となる。この単振動の周期 T_0 はいくらか。

(3)　力の向きと符号に注意して，下記の文章の空欄 ア ， イ に適切な数式を書け。

問 1(1)の運動方程式より加速度 a が求められる。物体が台から受ける摩擦力は，ma に等しいので ア と求められる。一方，台が物体から受ける摩擦力は，作用・反作用の法則から イ と求められる。

(4)　台と物体が常に互いにすべらずに一体となって運動するための最大の振幅はいくらか。

問 2. いま，**問 1**(4)で求めた振幅より少し大きな値 $x = A\,(A > 0)$ にばねを伸ばして，台と物体を手で静止させた。その後，時刻 $t = 0$ で静かに手を離すと台と物体は別々に動き始めた。この運動について考える。ただし，物体が台の上からすべり落ちることはないものとする。

(1)　台と物体の加速度をそれぞれ a_1，a_2 として，台と物体の運動方程式をそれぞれ書け。

以後，解答に a_1，a_2 を使わないこと。

(2)　時刻 t における物体の速度を求めよ。

(3)　**問 2**(1)の運動方程式にしたがって，台は単振動をする。この単振動の振幅と周期 T_1 を求めよ。

以後，解答に T_1 を使わないこと。

(4)　台が**問 2** (3)の単振動を続けているとすると，時刻 $t=\dfrac{T_1}{4}$ における台の速度はいくらか。

別々に動いていた台と物体は，時刻 $t=\dfrac{T_1}{4}$ で同じ速度になり，それ以降は常に一体となって運動した。ばねが自然長から B だけ縮んだところで，台と物体は一体のままいったん静止し，その後反対方向へ動き始めた。

(5)　時刻 $t=0$ から $\dfrac{T_1}{4}$ において，台の速度を実線で，物体の速度を破線で解答用紙のグラフにそれぞれ描け。ただし，グラフに目盛の値は記入しなくてよい。

〔解答欄〕

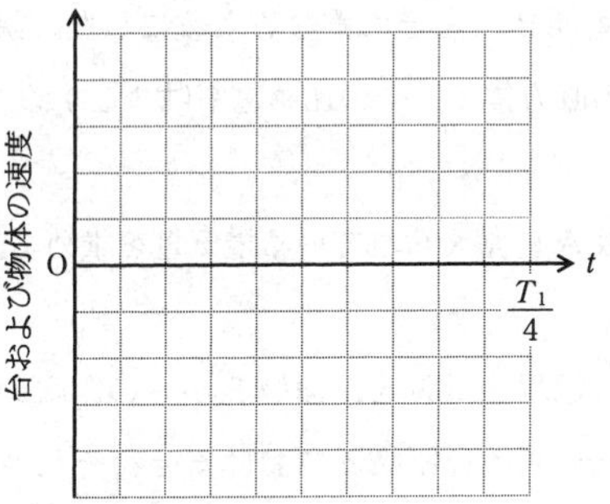

(6)　時刻 $t=\dfrac{T_1}{4}$ で台と物体が同じ速度になることに着目して，A を求めよ。

(7)　時刻 $t=\dfrac{T_1}{4}$ 以降は力学的エネルギーが保存されることを用いて，B を求めよ。ただし，解答に A を使わないこと。

〔2〕 (40 点)

図 1 のように，長方形の極板 A および極板 B からなる平行平板コンデンサーが，閉じたスイッチ S と起電力 V_0 の電池に接続されている。極板 B は接地されており，電位は 0 とする。このコンデンサーの極板の間隔は d，電気容量は C であり，その内部は比誘電率 1 の空気で満たされている。コンデンサーの端での電場の歪み，および電池の内部抵抗の影響は無視して，以下の問いに答えよ。

(1) 極板 A に蓄えられている電気量を求めよ。

(2) コンデンサーに蓄えられている静電エネルギーを求めよ。

次に，図 1 の状態から，外力をかけて誘電体をコンデンサー内にゆっくりと挿入し，図 2 のように極板 B に完全に重なるようにした。誘電体は極板と同形の底面をもつ厚さ $\frac{d}{2}$ の直方体で，その比誘電率は 2 とする。

(3) 図 2 の状態で極板 A に蓄えられている電気量を求めよ。

(4) 2 つの極板の間の電場と電位を，極板 B からの距離の関数としてグラフに描け。また，距離 $\frac{d}{2}$ および距離 d におけるそれぞれの値を縦軸の横に記入せよ。ただし，電場は上向きを正とする。

〔解答欄〕

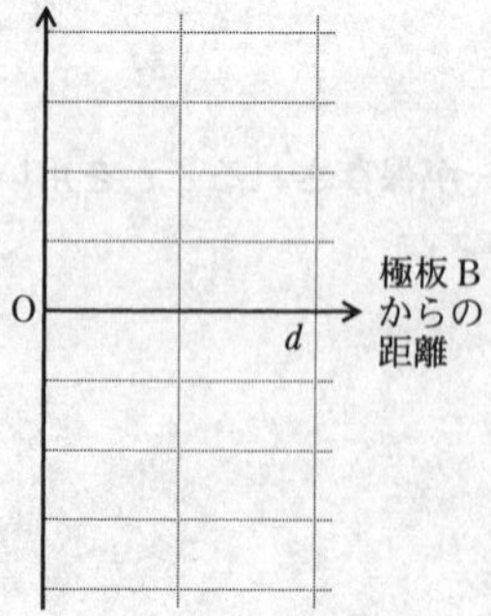

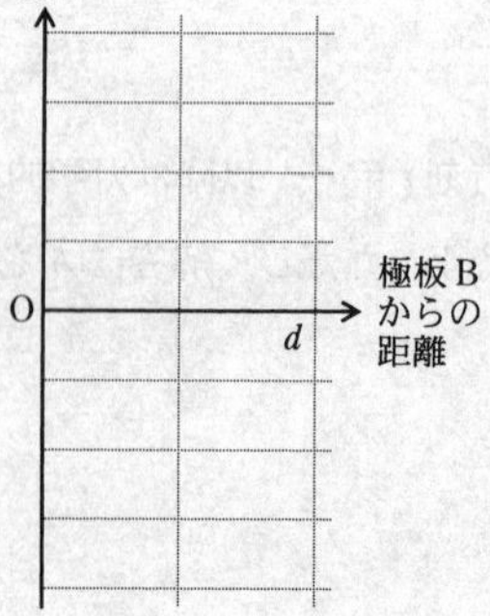

(5)　図 1 の状態から図 2 の状態へ移行するときの，静電エネルギーの増加量，電池のした仕事，および外力のした仕事を求めよ。

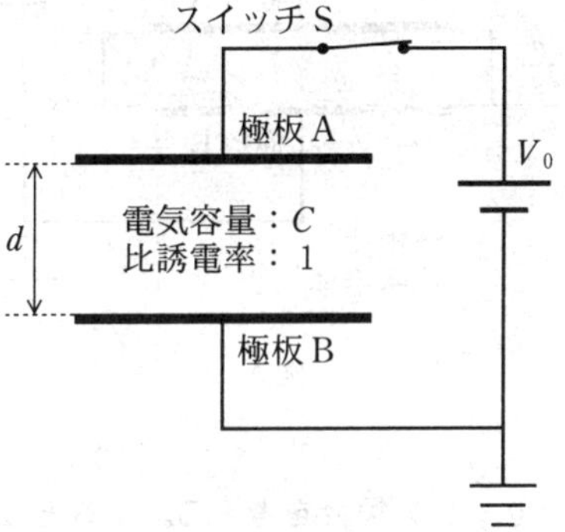

図 1

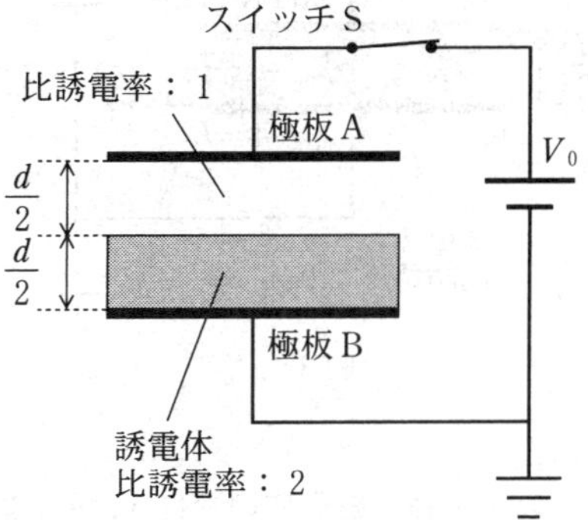

図 2

さらに，図 2 の状態から極板 A を下に動かして誘電体と接触する位置で固定し，その後，スイッチ S を開放した(図 3)。

(6)　図 3 の状態で極板 A に蓄えられている電気量，およびコンデンサーに蓄えられている静電エネルギー U_3 を求めよ。

x 軸を図 3 に示すように定義する。いま，極板および誘電体は $0 \leqq x \leqq L$ の領域にある。この状態から，誘電体に外力をかけ，x 軸と平行に Δx($0 < \Delta x < L$) だけゆっくりと動かし，図 4 の状態にした。誘電体に働く摩擦は無視できるとする。

(7)　図 4 の状態でコンデンサーに蓄えられている静電エネルギー U_4 を求めよ。

(8)　図 3 の状態から図 4 の状態へ移行するときの静電エネルギーの増加量 $\Delta U = U_4 - U_3$ は，

$$\Delta U = \left(\frac{U_4}{U_3} - 1\right)U_3 = \left(\frac{1}{1-\alpha} - 1\right)U_3$$

のように表される。α を求めよ。

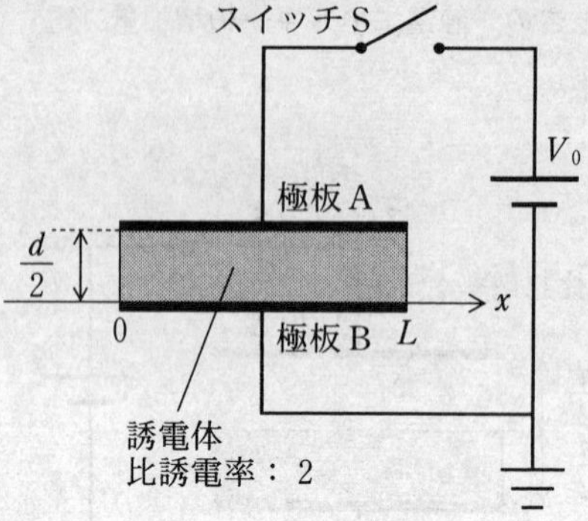

図 3

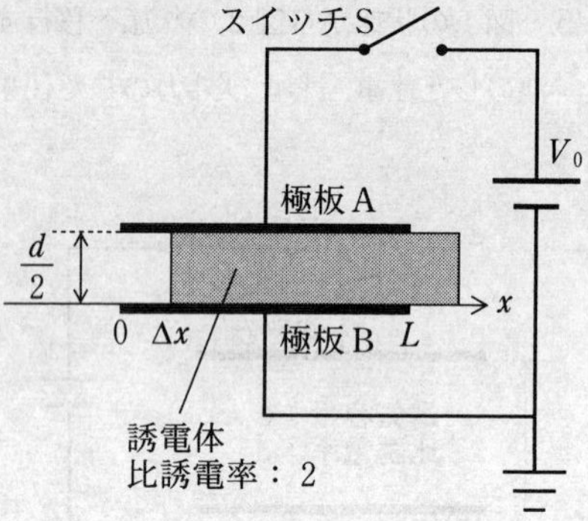

図 4

以下では，誘電体の変位 Δx が L より十分小さい場合を考える。すると ΔU は，α が 1 より十分小さいときに成り立つ近似式 $\dfrac{1}{1-\alpha} \fallingdotseq 1+\alpha$ を用いて，$\Delta U \fallingdotseq \alpha U_3$ と表される。

(9)　誘電体にはたらく静電気力に抗して外力がした仕事は，静電エネルギーの増加量に等しい。このことより，図 4 で誘電体にはたらく静電気力の大きさと向きを求めよ。向きは，x 軸の正の向きか，負の向きか，解答欄の正・負のいずれかに丸をつけよ。

図 4 の状態から外力を 0 にすると，誘電体は運動を始めた。外力を 0 にした時刻を $t=0$ とし，この瞬間の誘電体の速度は 0 とする。

(10)　誘電体の左端の位置の時間変化 $x(t)$ を示したグラフとして最も適切なものを次ページの図 5 の①～⑧の中から選べ。ただし，重力，空気抵抗，および誘電体中での熱の発生は無視できるとする。

※図中の黒丸は，異なる関数がつながる点を示す。

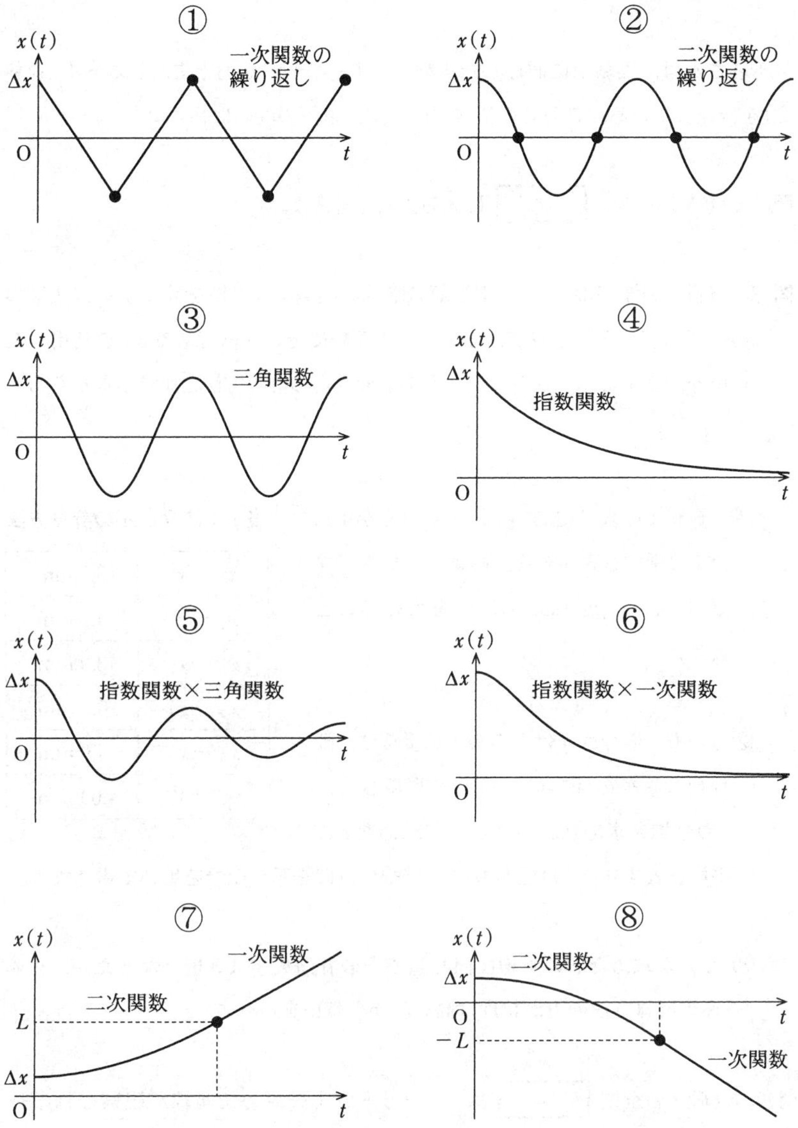

図 5

〔3〕 (40 点)

千春さんは，実験中に記録した実験ノート(資料1)をもとに，レポート(資料2)を作成している。これらの資料に関して，以下の問いに答えよ。

問 1. 資料1の空欄 [(ア)] に入る人名を答えよ。

問 2. 資料1の波線部(イ)は，干渉縞の暗線の間隔 s の平均を計算する方法について述べている。千春さんが s を求める際にその3倍である $3s$ を利用した理由を，表1に示すクラスメートの浩介さんの計算方法と比較しながら考えよう。

(1) 資料1の表Cにおいて，千春さんが求めた s の平均を表す式を，暗線の位置を示す記号 x_0，x_1，x_2，x_3，x_4，x_5 を用いて書き表せ。

表1：浩介さんの計算方法

$x_1 - x_0$	3.9 mm
$x_2 - x_1$	4.1 mm
$x_3 - x_2$	3.9 mm
$x_4 - x_3$	4.1 mm
$x_5 - x_4$	4.0 mm
s の平均	4.00 mm

(2) 一方，浩介さんは右の表1のように，隣り合う暗線の間隔の計算値を利用して，s の平均を求めた。浩介さんが求めた s の平均を表す式を，(1)と同様に，暗線の位置を示す記号を用いて書き表せ。

(3) 2人が求めた s の平均は同じ値でその有効数字は3桁となったが，千春さんの計算方法の方が精度は高い。その理由を述べよ。

問 3. 資料2の空欄 [(エ)] は，スクリーン上の点Qで暗線が観察される条件を記す部分である。文章と数式を用いて適切な説明を書き加え，この部分を完成させよ。

問 4. 資料 1 の表Aと表Cに示す数値を用いて，この実験で使用した単色光源から出ている光の波長 λ を計算せよ。有効数字と単位に注意して記すこと。

問 5. 資料 1 の波線部(ウ)を考察するため，図 1 に示す状況を考えよう。千春さんは実験の途中で，点 P に置かれていた単スリットを，光軸 PO と垂直である黒い矢印の向きに距離 X_0 だけはなれた点 P′ へ動かした。X_0 は単スリットと複スリットの間の距離 L_0 に比べて十分小さいとする。

(1) 資料 2 と同様の計算を用いて，経路 P′AQ と経路 P′BQ の長さの差(経路差 $\Delta L' = \mathrm{P'BQ} - \mathrm{P'AQ}$)を求め，点 Q が干渉縞の明線の位置となる条件，および点 Q が干渉縞の暗線の位置となる条件を示せ。

(2) 上の結果を考慮して，単スリットを点 P から点 P′ に動かしたときに干渉縞の明線が移動する方向(図 1 の向き a，向き b のいずれであるか)，および明線の移動距離を答えよ。

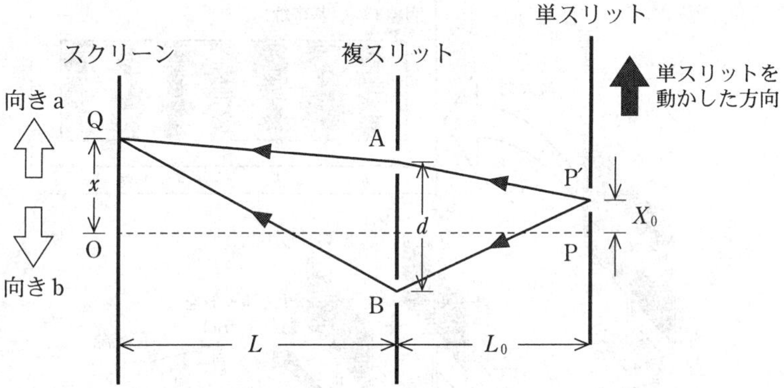

図 1 ：実験装置を真上からみた配置(単スリットを動かした後)

資料1　千春さんの実験ノート

複スリットを用いた光の干渉

実験の目的：

　複スリットの間隔，干渉縞の間隔，複スリットとスクリーンの距離を測定し，それらと光の波長の関係を考察する。

事前に調べたこと：

　この実験は (ア) の実験と呼ばれている。1800年頃に (ア) はこのような実験をして，光の波動性を証明した。

実験の方法：

① 図Aのように，単色光源，単スリット，複スリット，スクリーンを配置し，単スリットと複スリットの距離 L_0，複スリットとスクリーンの距離 L，複スリットの間隔 d を測定した。

② スクリーン上に干渉縞ができることを確認した。

③ 干渉縞の間隔を測定するため，暗線の一つを基準線に選んだ。その位置 x_0 と，そこから数えて n 本目の暗線の位置 x_n（$n=1\sim5$）をものさしで測定した。

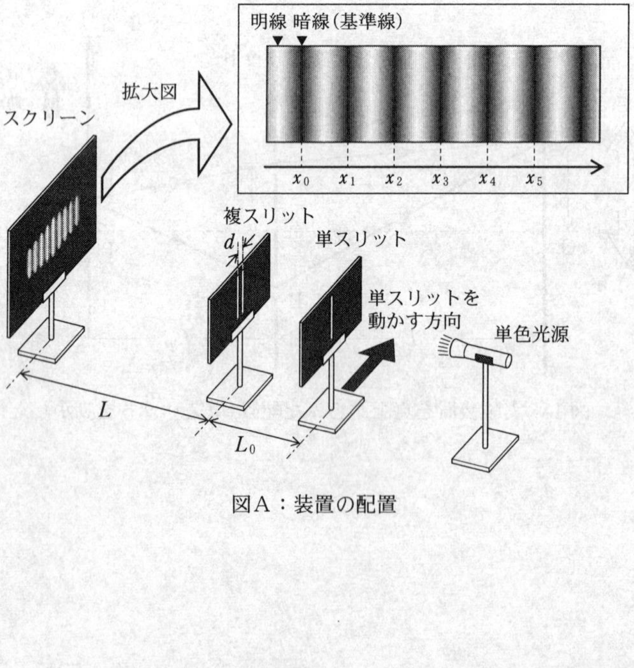

図A：装置の配置

測定の結果：

表A：測定した結果

L_0：単スリットと複スリットの間の距離	0.102 m
L：複スリットとスクリーンの間の距離	0.700 m
d：複スリットの間隔	0.105 mm

表B：暗線の位置

x_0	27.1 mm
x_1	31.0 mm
x_2	35.1 mm
x_3	39.0 mm
x_4	43.1 mm
x_5	47.1 mm

以下の手順により，表Bの測定値を用いて，隣接する暗線の間隔 s の平均を表Cの通り計算した。

(イ)
① 暗線の間隔の 3 倍（$3s$）を求めた。
② $3s$ の平均を計算し，この値から s の平均 4.00 mm（有効数字 3 桁）を得た。

表C：間隔 s の平均の計算

$x_3 - x_0$	11.9 mm
$x_4 - x_1$	12.1 mm
$x_5 - x_2$	12.0 mm
$3s$ の平均	12.0 mm
s の平均	4.00 mm

実験中に気付いたこと：

(ウ)単スリットを光軸と垂直な方向（図Aに記した黒い矢印の方向）へわずかに動かすと，干渉縞はその間隔を保ったままスクリーン上を移動した。

（実験日：令和 2 年 2 月 3 日　共同実験者：浩介）

資料２　千春さんのレポート（一部抜粋）

◎干渉縞の位置はどのような物理量と関係しているか

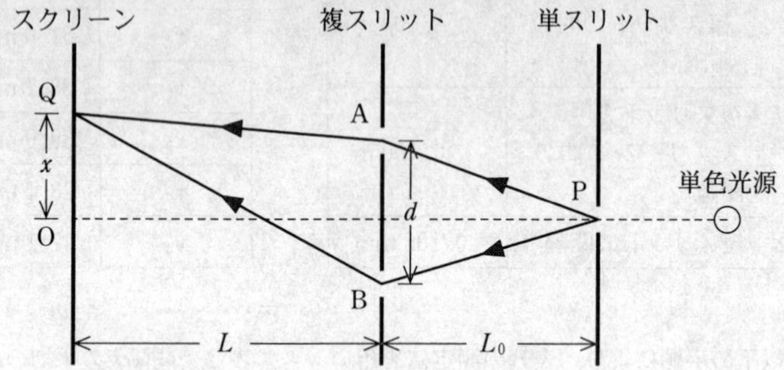

L_0：単スリットと複スリットの距離

L：複スリットとスクリーンの距離

d：複スリットの間隔

x：スクリーンの中心Ｏから点Ｑまでの距離

図Ｂ：実験装置を真上からみた配置

上図のように，単スリットの位置Ｐで回折された光が複スリットのＡまたはＢを通り，スクリーン上の点Ｑに到達したとする。単スリットと複スリットの開口幅は十分に狭い。Ａを通る経路PAQとＢを通る経路PBQで，それぞれの長さは

$$\mathrm{PAQ} = \mathrm{PA} + \mathrm{AQ} = \sqrt{{L_0}^2 + \left(\frac{d}{2}\right)^2} + \sqrt{L^2 + \left(x - \frac{d}{2}\right)^2}$$

$$\mathrm{PBQ} = \mathrm{PB} + \mathrm{BQ} = \sqrt{{L_0}^2 + \left(\frac{d}{2}\right)^2} + \sqrt{L^2 + \left(x + \frac{d}{2}\right)^2}$$

となる。点Ｑが中心Ｏよりも下にあるときには，$x < 0$ とすれば上式はそのまま成り立つ。

ゆえに，経路差 $\Delta L = \mathrm{PBQ} - \mathrm{PAQ}$ は，

$$\Delta L = \sqrt{L^2 + \left(x + \frac{d}{2}\right)^2} - \sqrt{L^2 + \left(x - \frac{d}{2}\right)^2}$$

$$= L\left\{\sqrt{1 + \left(\frac{x}{L} + \frac{d}{2L}\right)^2} - \sqrt{1 + \left(\frac{x}{L} - \frac{d}{2L}\right)^2}\right\}$$

$$\fallingdotseq \frac{xd}{L}$$

最後の変形には，$|\alpha| \ll 1$ のときの近似式 $\sqrt{1 + \alpha} \fallingdotseq 1 + \dfrac{\alpha}{2}$ を用いた。

点 Q で明線がみられるとき，A を通った光と B を通った光の位相がそろっているから，経路差 ΔL がちょうど波長 λ の整数倍に等しくなる。つまり，

$$\frac{xd}{L} = m\lambda \quad (m = 0,\ \pm 1,\ \pm 2,\ \cdots)$$

である。

一方，点 Q で暗線がみられるとき，A を通った光と B を通った光の位相が

(エ)

化学

（2 科目 150 分）

(注)　医学部保健学科看護学専攻については，2 科目 250 点満点（1 科目 125 点満点）の配点を 2 科目 100 点満点に換算する。

必要な場合には，次の値を用いよ。

原子量：H = 1.00，C = 12.0，N=14.0，O = 16.0，Cl = 35.5，

Mn = 54.9，Zn = 65.4，Br = 80.0，I = 127

気体定数 R：8.3 J/(K・mol) = 8.3×10^3 Pa・L/(K・mol)

理想気体のモル体積：22.4 L/mol（0 ℃，1.01×10^5 Pa）

アボガドロ定数 N_A：6.0×10^{23}/mol

ファラデー定数 F：9.65×10^4 C/mol

$\sqrt{2} = 1.4$，$\sqrt{3} = 1.7$，$\sqrt{5} = 2.2$

$\log_e 10 = 2.3$

〔**1**〕 次の文章を読み，**問 1** ～**問 4** に答えよ。(25 点)

密閉した反応容器中で，1 分子の物質 **A**(気体)と 1 分子の物質 **B**(気体)を反応させると，2 分子の物質 **C**(気体)と 3 分子の物質 **D**(固体)が生成すると仮定する。この反応は可逆反応であり，式(Ⅰ)で表せる。

A(気) + **B**(気) $\rightleftarrows$ 2 **C**(気) + 3 **D**(固)　　…(Ⅰ)

ここで，式(Ⅰ)の正反応および逆反応を，それぞれ式(Ⅱ)および式(Ⅲ)とする。

A(気) + **B**(気) $\longrightarrow$ 2 **C**(気) + 3 **D**(固)　　…(Ⅱ)

2 **C**(気) + 3 **D**(固) $\longrightarrow$ **A**(気) + **B**(気)　　…(Ⅲ)

問 1. 反応(Ⅰ)が平衡状態にあるとき，反応容器の温度と体積をいずれも一定に保ったまま物質 **C**(気体)を加えると，物質 **A**(気体)と物質 **B**(気体)の物質量が〔　ア　〕する方向へ平衡が移動する。一方，温度を一定に保ったまま反応容器の圧力を下げると，平衡は〔　イ　〕。また，反応容器の温度と体積をいずれも一定に保ったまま反応(Ⅰ)に作用する触媒(固体)を加えると，平衡は〔　ウ　〕。

文章中の〔　ア　〕～〔　ウ　〕に入る適切な語句を 1 つ選んで数字で答えよ。ただし，固体の体積は無視できるものとする。

〔　ア　〕　①　減　少　　　　　②　増　加

〔　イ　〕　①　右方向に移動する　　②　左方向に移動する

　　　　　③　どちらにも移動しない

〔　ウ　〕　①　右方向に移動する　　②　左方向に移動する

　　　　　③　どちらにも移動しない

問 2. 反応容器に物質 **A**(気体) 2.0 mol と物質 **B**(気体) 2.0 mol を入れて一定温度に保つと反応(Ⅰ)が平衡状態となり，物質 **C**(気体) 1.0 mol と物質 **D**(固体) 1.5 mol が生成する。この反応の平衡定数 K は〔　エ　〕である。

文章中の〔　エ　〕に入る数字を有効数字 2 桁で答えよ。

問 3. 化学反応が進行するためには，〔　オ　〕と呼ばれるエネルギーの高い不安定な中間状態を経由しなければならない。この〔　オ　〕にある原子の集合体を〔　カ　〕という。

反応(Ⅲ)は吸熱反応であり，その活性化エネルギーは$E_{\mathrm{a},1}$〔J/mol〕，反応熱はQ〔J/mol〕である。反応容器の温度と体積をいずれも一定に保ったまま，反応(Ⅰ)に作用する触媒(固体)を加える。このとき，反応(Ⅲ)の活性化エネルギーは$E_{\mathrm{a},2}$〔J/mol〕へと変化して反応速度は大きくなり，反応(Ⅱ)の活性化エネルギー$E_{\mathrm{a},3}$〔J/mol〕は〔　キ　〕へと変化して反応速度は〔　ク　〕。

文章中の〔　オ　〕〔　カ　〕に入る適切な語句を答えよ。また，〔　キ　〕〔　ク　〕に入る適切な語句を1つ選んで数字で答えよ。ここで，$E_{\mathrm{a},1}$，$E_{\mathrm{a},2}$およびQは正の値(>0)である。また，固体の体積は無視できるものとする。

〔　キ　〕
① $E_{\mathrm{a},1}$　② $E_{\mathrm{a},2}$
③ $E_{\mathrm{a},1}+E_{\mathrm{a},2}$　④ $E_{\mathrm{a},1}-E_{\mathrm{a},2}$
⑤ $E_{\mathrm{a},1}+Q$　⑥ $E_{\mathrm{a},2}+Q$
⑦ $E_{\mathrm{a},1}-Q$　⑧ $E_{\mathrm{a},2}-Q$
⑨ $E_{\mathrm{a},1}+E_{\mathrm{a},2}+Q$　⑩ $E_{\mathrm{a},1}+E_{\mathrm{a},2}-Q$

〔　ク　〕　① 小さくなる　② 大きくなる　③ 変化しない

問 4. 化学反応の反応速度定数kは，活性化エネルギーE_{a}〔J/mol〕と絶対温度T〔K〕，気体定数R〔J/(mol・K)〕，比例定数Aを用いて，次のアレニウスの式で表される。

$$k = Ae^{-E_{\mathrm{a}}/RT}$$

(1) 反応(Ⅱ)に対する300 K および350 K での速度定数kが表1の通りであるとき，活性化エネルギー$E_{\mathrm{a},4}$は〔　ケ　〕$\times 10^2$ kJ/molである。

文章中の〔　ケ　〕に入る数字を有効数字2桁で答えよ。

表1　反応(Ⅱ)に対する速度定数 k の温度依存性

温度 T〔K〕	速度定数 k
300	1.0×10^{-6}
350	1.0×10^{-3}

(2) (1)のように，温度を高くすると反応速度が急激に大きくなる。この理由として，分子の衝突回数の増加Ⓐおよび活性化エネルギーより大きい運動エネルギーをもつ分子の割合の〔　a　〕Ⓑの2つが主な要因として挙げられるが，〔　b　〕の寄与が支配的である。

〔　a　〕に入る語句と〔　b　〕に入る記号の正しい組み合わせを，次の①～④の中から1つ選んで〔　コ　〕に数字で答えよ。

①〔　a　〕減　少　　〔　b　〕Ⓐ

②〔　a　〕減　少　　〔　b　〕Ⓑ

③〔　a　〕増　加　　〔　b　〕Ⓐ

④〔　a　〕増　加　　〔　b　〕Ⓑ

〔2〕 次の文章を読み，**問 1** ～**問 6** に答えよ。(25 点)

マンガン乾電池では下の式に示す反応により起電力が得られる。

正極：$MnO_2 + wH_2O + xe^- \longrightarrow MnO(OH) + yOH^-$

負極：$Zn \longrightarrow Zn^{2+} + ze^-$

ただし，$MnO(OH)$およびMnO_2は水に全く溶解せず，$MnO(OH)$は正極から剥落しないものとする。また，正極，負極および電解液は重量の損失なく完全に分離できるものとする。

一方，電解液に水酸化カリウム水溶液を用いるアルカリマンガン乾電池では，負極で生じる物質が〔　ア　〕となって溶解するため，負極の電気抵抗を小さく保つことができる。

負極の〔　イ　〕は水酸化カリウム水溶液と反応し，自発的に〔　ア　〕と〔　ウ　〕を生じる。この副反応を防ぐため，アルカリマンガン乾電池では〔　エ　〕という工夫が施されている。

問 1. 正極および負極の半反応式が適切となるように，文章中の w，x，y および z に当てはまる数を答えよ。

問 2. 文章中の〔　ア　〕～〔　ウ　〕に適するものを，以下の(A)～(J)のなかからそれぞれ一つずつ選んで記号で答えよ。

(A)　Zn　　(B)　ZnO　　(C)　$ZnCl_2$
(D)　$[Zn(OH)_4]^{2-}$　　(E)　$[Zn(NH_3)_4]^{2+}$　　(F)　O_2
(G)　H^+　　(H)　MnO_2　　(I)　KCl
(J)　H_2

問 3. 文章中の〔　エ　〕として最も適切なものを下記より一つ選んで記号で答えよ。

(A)　電解液に塩酸を添加しておく

(B)　負極に MnO_2 を添加しておく

(C)　電解液に酸化亜鉛を十分に溶解させておく

(D)　電池の内部に酸素ガスを封入しておく

(E)　氷晶石を添加しておく

問 4. アルカリマンガン乾電池を放電したとき，負極の重量と，電解液の pH はどのように変化するか。それぞれ「増加」，「減少」もしくは「変わらない」のいずれかで答えよ。

問 5. アルカリマンガン乾電池を 20 mA で 16 分 5 秒間放電したときの正極の重量変化を「増加」，「減少」もしくは「変わらない」のいずれかで答えよ。またその変化量〔g〕を有効数字 2 桁で答えよ。

問 6. 268 mA の電流値で 1 時間放電することのできるアルカリマンガン乾電池を作製するためには，正極と負極の合計の重量は最低で何 g 必要か，有効数字 2 桁で答えよ。ただし電池は使い切るまで抵抗が変化せず完全に放電できるものとする。

〔3〕 フッ素，塩素，臭素，ヨウ素に関する以下の**問1**〜**問5**に答えよ。(25点)

問 1. 以下の文章を読み，問いに答えよ。

ハロゲンは〔 ア 〕族の原子であり，〔 イ 〕個の価電子をもつことから〔 ウ 〕価の陰イオンになりやすい。また，ハロゲンの単体の酸化力は〔 エ 〕が最も弱く，〔 オ 〕が最も強い。

ハロゲン単体を水素と反応させて得られるハロゲンの化合物は，水によく溶け，それら水溶液の酸の強さは〔 カ 〕が最も弱く，〔 キ 〕が最も強い。また，ハロゲン単体を水素と反応させて得られるハロゲンの化合物の中で沸点が最も高いものは〔 ク 〕，沸点が最も低いものは〔 ケ 〕である。これは，〔 ク 〕には〔 コ 〕結合が働いているためである。

(i) 〔 ア 〕〔 イ 〕〔 ウ 〕に適切な数字を記入せよ。

(ii) 〔 エ 〕〜〔 ケ 〕に適切な物質の分子式を記入せよ。

(iii) 〔 コ 〕に適切な語句を以下の(A)〜(D)の中から選び記号で答えよ。

(A) 共 有　(B) イオン　(C) 金 属　(D) 水 素

問 2. 以下の文章中の〔 サ 〕〜〔 セ 〕に当てはまるハロゲン化物の組成式を記入し，融点が変化する理由を以下の(A)〜(D)の中から選び記号で答えよ。

ハロゲン単体をナトリウムと反応させて得られるハロゲン化物の融点は〔 サ 〕が最も低く，〔 シ 〕，〔 ス 〕，〔 セ 〕の順に高くなる。

(A) 陰イオンのイオン半径が大きくなるほど，結晶の密度が小さくなり融点が変化する。

(B) 陰イオンのイオン半径が大きくなるほど，陽イオンと陰イオンとの間にはたらく静電的な引力が減少し融点が変化する。

(C) 陰イオンのイオン半径が大きくなるほど，配位数が増え融点が変化する。

(D) 陰イオンのイオン半径が大きくなるほど，充填率が小さくなり融点が変化する。

問 3. ヨウ素単体は室温で分子結晶である。以下の物質の中から，分子結晶となりうる物質をすべて選び，それらの分子式を記入せよ。

ドライアイス	硫化亜鉛	炭酸カルシウム	ナフタレン	氷
二酸化ケイ素	斜方硫黄			

問 4. 常温常圧下におけるヨウ素結晶の単位格子が下図で与えられると仮定し，ヨウ素結晶の密度を有効数字 2 桁で求めよ。ヨウ素分子は，直方体の頂点と面の中央に位置している。

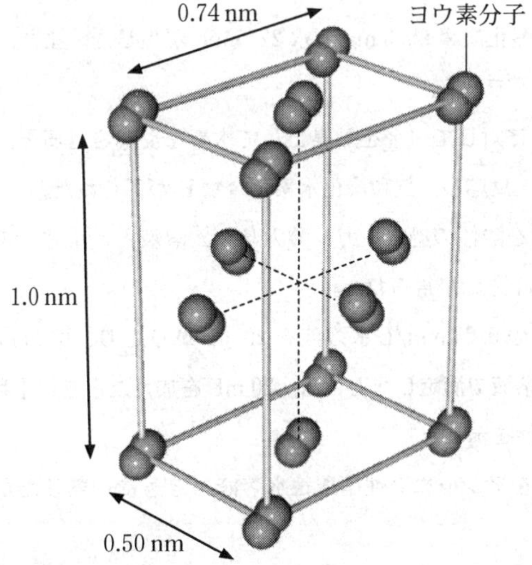

問 5. 問 4 で示したヨウ素結晶に 64 GPa の高圧をかけると原子間結合が切断され，ヨウ素原子は面心立方格子の結晶構造をとる。このときの単位格子の一辺の長さを 0.42 nm と仮定して，最近接のヨウ素原子間の距離を有効数字

2 桁で求めよ。また，**問 4** で示した常温常圧下のヨウ素結晶と比較して，64 GPa の高圧下ではヨウ素結晶の密度が何倍に増加したか，有効数字 2 桁で求めよ。

〔**4**〕 次の(1)から(9)の文章を読み，**問 1** ～**問 5** に答えよ。構造式を答える際には記入例にならって答えよ。(25 点)

構造式の記入例

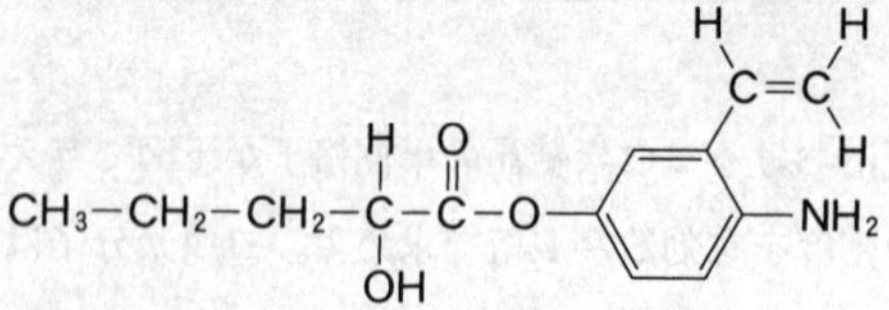

(1) 炭素と水素だけからなる化合物 **A** を 20.5 mg 量りとり，完全に燃焼させたところ，二酸化炭素 66.0 mg と水 22.5 mg が生じた。また，化合物 **A** の分子量は 150 以下である。

(2) 化合物 **A** に対して白金を触媒として水素を反応させると，化合物 **A** と等モル量の水素と反応し，飽和炭化水素化合物 **B** が得られた。

(3) 化合物 **A** を酸性の過マンガン酸カリウム溶液と反応させると，炭素骨格が直鎖状の化合物 **C** が得られた。

(4) 化合物 **C** の 0.05 mol/L 水溶液を 20 mL 量りとり，0.10 mol/L の水酸化ナトリウム水溶液で滴定したところ，20 mL を加えたときに中和点に達し，溶液はアルカリ性を示した。

(5) 化合物 **C** をアンモニア性硝酸銀水溶液とともに加熱したが，銀鏡反応を示さなかった。

(6) 化合物 **A** を塩基性条件下で過マンガン酸カリウムと反応させると化合物 **D** が得られた。化合物 **D** は 1,2-ジオール(隣り合う二つの炭素上にヒドロキシ基を有する化合物)で，化合物 **A** よりも分子量が 34 大きかった。また，上記と異なる方法によって，1,2-ジオール化合物の立体異性体を作ることができる。そこで，化合物 **A** をいくつかの方法で反応させ，1,2-ジオール化合物 **D** のすべての立体異性体を合成した。

(7) 単体のナトリウムとは反応しない適切な溶媒で化合物 **D** を溶解させたのち，単体のナトリウムを加えて反応させると水素が発生した。

(8) 化合物 **D** のすべての立体異性体は，塩基の存在下に無水酢酸と反応させると，モノエステル化合物 **E** を経由して，ジエステル化合物 **F** に変換された。

(9) 化合物 **F** に過剰量の $CH_3{}^{18}OH$（メタノールの酸素を同位体 ^{18}O で置き換えた化合物）を加えて溶解させ，酸触媒存在下に加熱還流したところ，低沸点の化合物 **G** が生じた。

問 1. 化合物 **A** の分子式および構造式を答えよ。

問 2. 化合物 **C** の構造式を答えよ。

問 3. 0.10 mol の化合物 **D** を過剰量の単体のナトリウムと反応させたときに発生する水素の体積（0 ℃，1.01×10^5 Pa）を有効数字 2 桁で答えよ。

問 4. 化合物 **D** と **E** の考えられる立体異性体の数をそれぞれ答えよ。

問 5. 化合物 **G** の構造式を答えよ。なお，化合物 **G** に同位体 ^{18}O が含まれる場合は ^{18}O と明記せよ。

〔5〕 次の文章を読み，**問1**～**問6**に答えよ。ただし，**問2**，**問3**，**問6**についてはL型とD型の区別をつける必要はなく，構造式を答える際には記入例にならって答えよ。(25点)

構造式の記入例

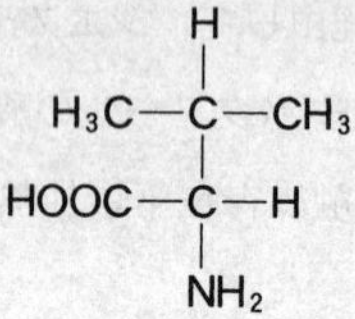

化合物**A**は$C_{18}H_{34}N_4O_5$の分子式をもつペプチドであり，3個のペプチド結合，1個のアミノ基，1個のカルボキシ基を有する。化合物**A**を完全に加水分解したところ，化合物**B**とバリンが生成した。これら生成物の構造を調べたところ，化合物**B**はL型のα-アミノ酸であり，バリンはL型とD型の混合物であることが判明した。またバリンには，D型に比べ2倍量のL型が含まれていた。

問1. 図1にD型のバリンの構造を立体的に示した。ただし，図では不斉炭素の周りのみ立体構造を太線と破線で表した。なお，太線で示す結合は紙面の手前側にあり，破線で示す結合は紙面の向こう側にあることを意味する。D型のバリンの鏡像異性体であるL型のバリンを(A)～(E)の中からすべて選び，記号で答えよ。

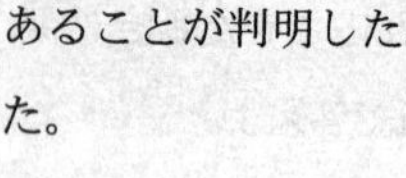

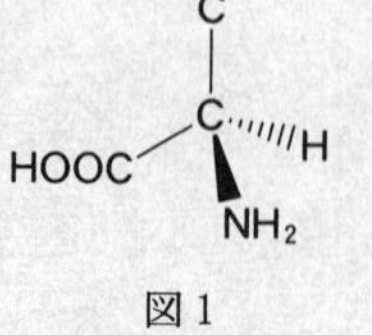

図1

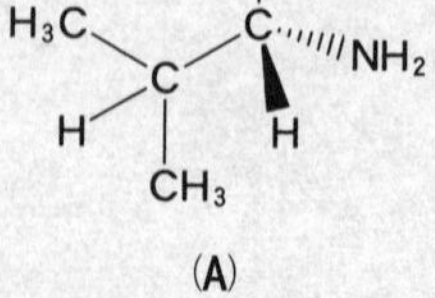

(A)

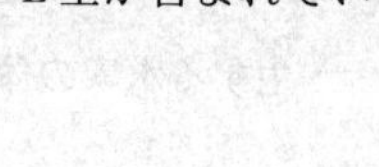

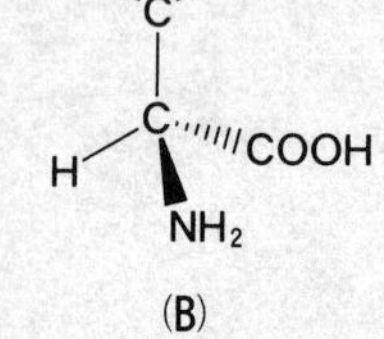

(B)

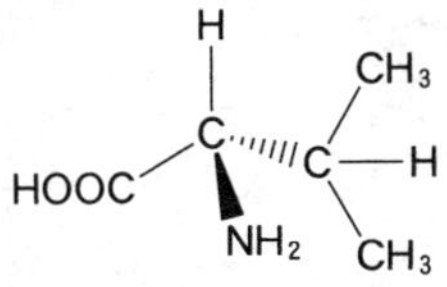

(C)

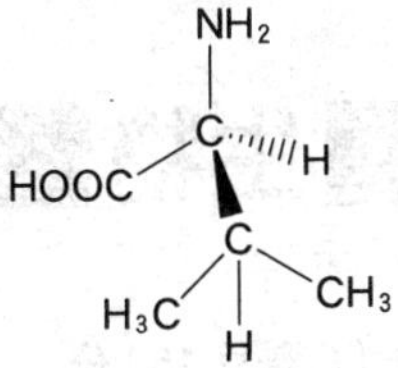

(D)

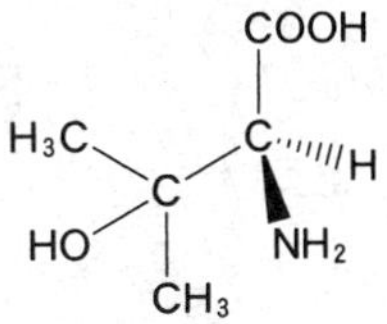

(E)

問 2. 下に示した α-アミノ酸の例のうち，化合物 **B** に該当するアミノ酸の名称および構造式を答えよ。

セリン	アスパラギン酸	グリシン	アラニン	フェニルアラニン
システイン	リシン	メチオニン	チロシン	グルタミン酸

問 3. 化合物 **B** と同じ分子式を有するが，不斉炭素をもたないアミノ酸の構造式を一つ答えよ。

問 4. 772 mg の化合物 **A** を完全に加水分解すると，L 型のバリンは理論上何 mg 生成するか，有効数字 3 桁で答えよ。ただし，この加水分解反応では副反応は起こらないものとする。

問 5. 化合物 **A** のアミノ酸配列は，何種類考えられるか答えよ。ただし，L 型と D 型は区別するものとする。

問 6. 問 2 に示した α-アミノ酸の例のうち，不斉炭素をもたない α-アミノ酸の名称と構造式を答えよ。

生物

（2 科目 150 分）

（注）医学部保健学科看護学専攻については，2 科目 250 点満点（1 科目 125 点満点）の配点を 2 科目 100 点満点に換算する。

字数制限のある問題では，英数字・句読点も 1 字として数える。

〔1〕次の文章を読み，以下の問いに答えなさい。(25 点)

気孔は高等植物の表皮にあり，気体の出入り口となる。通常，気孔は 2 つの孔辺細胞の間につくられる。気孔の内部には細胞間隙と呼ばれる空間が広がっており，葉内のガス交換に有効に働く。ガス交換は，環境や植物の生理条件などによって気孔の開く度合が変化することで調節され，二酸化炭素，酸素，水蒸気などの気体が炭酸同化・呼吸・蒸散に利用される。気孔は光があれば光合成に必要な二酸化炭素を取り込むために開き，乾燥しているときには，体内の水分が失われるのを防ぐために閉じる。一方，光の有無にかかわらず，植物のおかれた環境の二酸化炭素濃度が高いと気孔は閉じ，低いと開くことが知られている。しかし，夜間に気孔が閉じた状態の植物を二酸化炭素濃度の低い環境においた場合，気孔が開かないことがある。

問 1．下線部①について下記の問いに答えなさい。

(1) 気孔が開く場合，孔辺細胞のどのような運動によるか，運動名を答えなさい。

(2) (1)で答えた運動が生じるとなぜ気孔が開くのか，80 字以内で述べなさい。

問 2．下線部②について，気孔が開かない理由を 60 字以内で説明しなさい。ただし，植物の水環境は一定とする。

問 3. 植物は日中，光合成も行わず，水を与えても吸収しなくなることがある。これを植物の昼寝現象と呼ぶが，なぜそのようになるのか「蒸散量」と「吸水量」の 2 つの語を用いて，70 字以内で説明しなさい。

〔2〕 次の文章を読み，以下の問いに答えなさい。(20 点)

ヒトの神経系は〔　ア　〕神経系と末梢神経系に大別される。〔　ア　〕神経系は脳と脊髄からなり，脳は大脳・間脳・中脳・小脳・〔　イ　〕などに分けられる。末梢神経系は〔　ウ　〕神経と自律神経に大別される。〔　ウ　〕神経は〔　エ　〕神経と感覚神経に分かれ，自律神経は交感神経と副交感神経からなる。多くの自律神経では，交感神経の終末からは〔　オ　〕が，副交感神経の終末からは〔　カ　〕が神経伝達物質として放出されて受容体で受け取られ，お互いが反対方向に作用して，種々の機能を調節している。

神経における情報の伝わり方には 2 種類あり，軸索を通じて電気的に同一細胞内を伝わる〔　キ　〕と，シナプスを介して他の神経細胞へ神経伝達物質によって伝わる伝達とがある。神経伝達物質は，伝達物質依存性のイオンチャネルに結合し，シナプス後電位を発生させる。

問 1. 文章中の〔　ア　〕～〔　キ　〕に入る適切な語句を答えなさい。

問 2. 小脳の代表的な機能を 2 つ答えなさい。

問 3. 末梢神経のなかで，末梢から中枢に情報を伝える神経は何か答えなさい。

問 4. 自律神経が発汗を調節するしくみの特徴を 30 字以内で説明しなさい。

問 5. シナプス後電位には，興奮性と抑制性の 2 種類がある。それぞれが生じるしくみで，最も関係の深い語句の組み合わせを，次の(a)〜(f)の中から選びなさい。

(a)　カリウムチャネル・脱分極

(b)　カリウムチャネル・過分極

(c)　クロライドチャネル・脱分極

(d)　クロライドチャネル・過分極

(e)　ナトリウムチャネル・脱分極

(f)　ナトリウムチャネル・過分極

〔**3**〕　次の文章を読み，以下の問いに答えなさい。(25 点)

個体として生命を営むために必要な全ての遺伝情報を〔　ア　〕という。遺伝情報を担う物質はデオキシリボ核酸(DNA)である。DNA はおもに細胞の核に存在し，何重にも折りたたまれた染色体を形成する。

ヒトなどの有性生殖を営む生物種の場合，体細胞では同じ大きさと形の染色体が「対(ペア)」で存在する。この対になった染色体を〔　イ　〕染色体と呼ぶ。一方，生殖細胞では〔　ウ　〕という過程を経るため，染色体数は半減している。遺伝情報を担う遺伝子は染色体上の決まった位置に存在する。この位置を遺伝子座という。同じ遺伝子座に存在する異なる遺伝子一つ一つを〔　エ　〕遺伝子という。ある遺伝子座において，同じ〔　エ　〕遺伝子を持つ状態を〔　オ　〕接合，異なる〔　エ　〕遺伝子を持つ状態を〔　カ　〕接合という。また染色体には，雌雄で共通する〔　キ　〕染色体と，雌雄を決定する〔　ク　〕染色体がある。

ヒトでは，卵と精子が接合する受精という親から子へ遺伝情報を伝える過程，あるいは染色体や遺伝子そのものに異常が生じると，生まれてくる子に疾患が発症する場合がある。以下の(a)と(b)の疾患では，ヒトで先天的に染色体や遺伝子に異常がみられる。

(a)　「21 トリソミー」

この疾患では，筋肉の緊張低下，特徴的顔貌，成長の遅延などが見られる。母親が高齢であるほど，子が「21 トリソミー」になる確率が高くなることが知られている。この子には，$_{①}$第 21 染色体が 3 本存在している。

(b)「血友病」

血液が固まるには血液凝固因子が必要である。この疾患では，生まれつき血液が固まらず，出血しやすかったり，止血しづらかったりする。これは，血液凝固因子 F の遺伝子が変異していることが原因である。この F をコードする遺伝子は，X 染色体上に存在している。この疾患は男子に多くみられ，女子ではまれである。

問 1. 文章中の〔　ア　〕～〔　ク　〕に入る適切な語句を答えなさい。

問 2. 下線部①が生じる原因を〔　ウ　〕に入る語句を用いて，50 字以内で答えなさい。

問 3. ある家系を調査したところ，図 1 のような世代 1 から世代 4 の家系図が作成された。ただし，丸は女性，四角は男性を表している。血友病の発症の有無について調査を行った。黒ぬりの個人は血友病を発症し，白ぬりの個人は血友病を発症していなかった。斜線の個人はすでに死亡しており，血友病発症の有無は不明であった。次の(1)と(2)の問いに答えなさい。なお，世代 2 ～ 4 の血縁者でない配偶者（結婚相手）には，血液凝固因子 F の遺伝子に変異はないものとする。また，この家系の世代を通じて新たな変異が生じないものとする。

(1)　家系図中の矢印で示した世代 2 の女性が血友病を発症した理由について，「X 染色体」という語句を用いて 80 字以内で答えなさい。その際，世代 1 の女性と男性の血友病の発症の有無を含めて説明しなさい。

(2)　世代 4 の A ～ E のうち，その子（世代 5）が血友病を発症する可能性があるのはどれか，A ～ E のアルファベットですべて答えなさい。

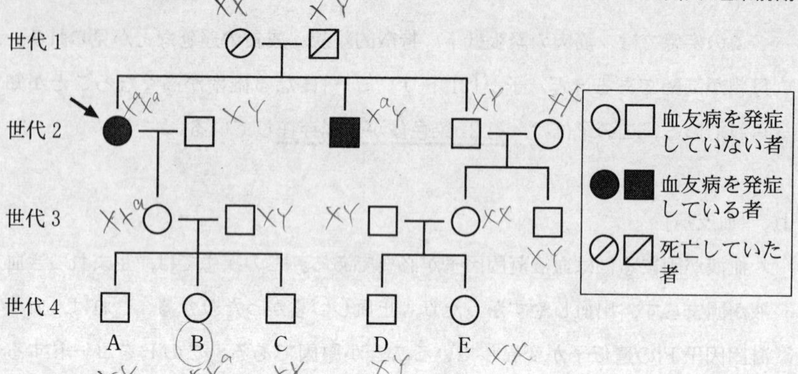

図 1

〔**4**〕 次の文章を読み，以下の問いに答えなさい。(30 点)

遺伝子組換え技術を用いると，様々な生物種に由来する遺伝子産物を大腸菌で発現させることができる。ここでは，サンゴ由来の蛍光タンパク質 X を大腸菌で発現させる実験を行った。以下がその手順である。

まず，生きたサンゴから RNA の精製を行った。次に，逆転写酵素①を用いて伝令 RNA (mRNA) に相補的な DNA (cDNA) を合成した。なお，逆転写反応の際にはチミン (T) 塩基が 20 個並んだ 1 本鎖 DNA②をプライマーとして用いることで，mRNA を選択的に逆転写した。次に，この cDNA を鋳型としてポリメラーゼ連鎖反応 (PCR) 法③を用いて，X 遺伝子の cDNA 断片を増幅した。PCR 産物の両端を制限酵素 *Eco*R I で切断し，DNA リガーゼを使ってプラスミドベクターの *Eco*R I 切断部位に挿入したのち，大腸菌に導入した。プラスミドが導入されて生えてきた大腸菌コロニーのうち 5 つのクローン (a～e) について，液体培地で培養し，プラスミドを精製した。それぞれを制限酵素 *Eco*R I もしくは *Hin*dIII で切断し，電気泳動を行うことで，切断パターンを確認した④。また，紫外線を照射すると，a～e の大腸菌クローンの中には，蛍光を発するものがあるのを確認できた。

問 1. 下線部①について，逆転写酵素の阻害薬はヒトのある感染症に対する治療効果が知られている。この感染症を引き起こす病原体を答えなさい。

問 2. 下線部②について，mRNA を逆転写する際にこのようなプライマーを用いるのはなぜか，mRNA の構造にもとづいて 30 字以内で説明しなさい。

問 3. サンゴ由来の蛍光タンパク質 X を大腸菌で発現させる今回の実験においては，PCR 反応の鋳型として，サンゴから精製した DNA ではなく，mRNA から逆転写反応によって得られた cDNA を用いなければならない。その理由を 80 字以内で説明しなさい。

問 4. 下線部③について，PCR では蛍光タンパク質 X をコードしている mRNA の下記の領域(開始コドン AUG から終止コドン UAA まで，690 塩基)を増幅した。

5′‒ AUGAGUCUGA UUAAACCAGA AAUGAAGAUC …(630 塩基)
… AUUCUGGAUU GCCGGACAAA CGUCAAGUAA ‒3′

PCR に用いるのに適切な DNA プライマーを下記のア～クの中から 2 つ選んで答えなさい。なお，下線で示す 5′ 側の 8 塩基(CCGAATTC)の部分は制限酵素 *Eco*R I で切断する目的で付加した配列であるので，残りの部分に着目して答えなさい。

ア　5′‒ CCGAATTCATGAGTCTGATTAAACCAGAAATG ‒3′
イ　5′‒ CCGAATTCGTAAAGACCAAATTAGTCTGAGTA ‒3′
ウ　5′‒ CCGAATTCTACTCAGACTAATTTGGTCTTTAC ‒3′
エ　5′‒ CCGAATTCCATTTCTGGTTTAATCAGACTCAT ‒3′
オ　5′‒ CCGAATTCGATTGCCGGACAAACGTCAAGTAA ‒3′
カ　5′‒ CCGAATTCAATGAACTGCAAACAGGCCGTTAG ‒3′
キ　5′‒ CCGAATTCCTAACGGCCTGTTTGCAGTTCATT ‒3′
ク　5′‒ CCGAATTCTTACTTGACGTTTGTCCGGCAATC ‒3′

問 5. 逆転写反応やPCR反応においては，原則として鋳型鎖の塩基配列に相補的な塩基が正確に結合するが，まれに間違った塩基が結合し，変異が導入されることがある。一般的に，一塩基置換が導入された場合，翻訳されるタンパク質のアミノ酸配列はどうなると考えられるか，想定される3つの可能性を挙げなさい。

問 6. 下線部④について，a～eの大腸菌クローンから得られたプラスミドについて，GAATTCの塩基配列を認識して切断する制限酵素*Eco*RⅠもしくはAAGCTTの塩基配列を認識して切断する制限酵素*Hin*dⅢで処理し，電気泳動を行った。

図1に示すように，PCR産物を挿入するのに用いたプラスミドベクター(全長2900塩基対)は，*Eco*RⅠで処理するとプロモーターの直下(ただし転写の向きは図中の矢印方向とする)で1箇所切断され，*Hin*dⅢで処理するとプロモーターの100塩基対下流で1箇所切断される。PCR産物は，**問4**で説明したように，両端のみが*Eco*RⅠで切断できるようになっている。また，X遺伝子のmRNA配列には，開始コドンから500塩基下流(3′側)に1箇所AAGCUUの配列がある。

図2に，a～eの大腸菌クローンから精製したプラスミドの切断後の電気泳動の結果を示す。DNA断片は電気泳動によってサイズごとに分離され，蛍光試薬で可視化されている。サイズマーカー(500，1000，2000，3000，5000塩基対)の位置を参考にして，それぞれのDNA断片のおよその長さを知ることができる。蛍光タンパク質Xの蛍光が確認できたのはa～eの大腸菌クローンのどれであろうか。可能性のあるものをすべて答えなさい。

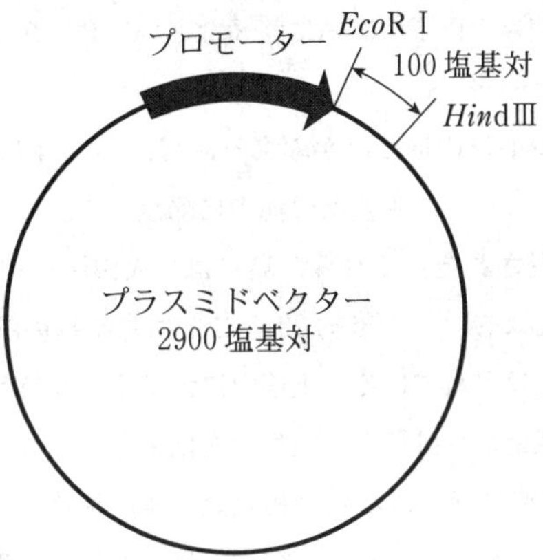
プロモーター
*Eco*R I
100 塩基対
*Hin*dIII
プラスミドベクター
2900 塩基対

図 1

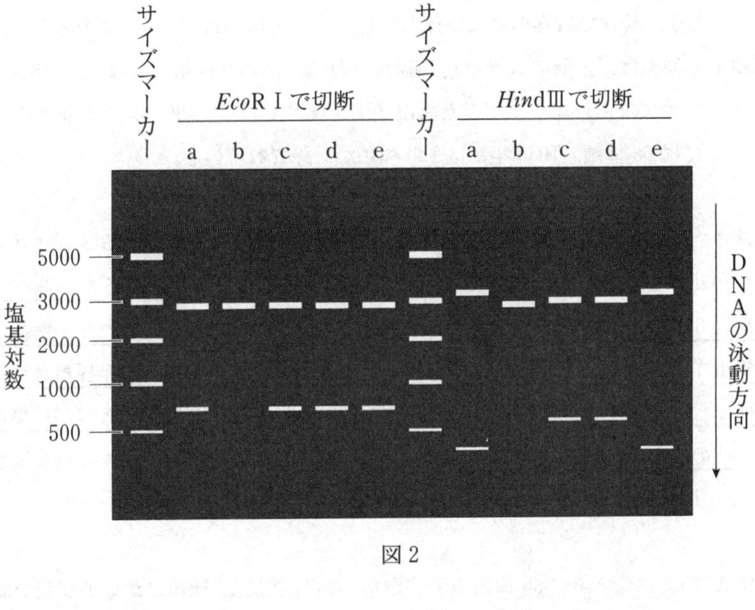
サイズマーカー
*Eco*R I で切断
サイズマーカー
*Hin*dIII で切断
a b c d e
a b c d e
5000
3000
2000
1000
500
塩基対数
DNAの泳動方向

図 2

〔5〕 次の文章を読み，以下の問いに答えなさい。(25点)

太平洋とインド洋の境に浮かぶある島は，1883年に数度にわたって起こった火山の大噴火によって，主要部は海中に陥没して，カルデラ壁の一部が4つの島として海上に残された。これらの島には，火山灰や火砕流堆積物が厚く堆積した。噴火直後および，その後約20年ごとに生物相の調査が継続され，植物の種類数の変化が記録されている。土壌中に種子や栄養繁殖体などの植物体を含んでいない陸上の裸地からはじまる植生の変化を〔　ア　〕という。残された島のうちの島Aで1886年に行われた生物相調査では，海岸と内陸で合計26種類の植物が確認された。これらのように，裸地へ最初に侵入する植物種のことを〔　イ　〕という。

1919年に島Aで行われた生物相調査では，低標高地域において森林が確認されていたが，現在では島のほぼ全体が森林によって覆われている。森林を構成する樹木の種類は，近隣の大きな島(植物の種類数は4000種類以上)からの移入と島Aでの消失などによって年とともに変化を続けており，1908年には46種類，1923年には68種類，1983年には120種類が記録されている。

残された島のうちの島Bでは，1897年以降，大型のハ虫類であるミズオオトカゲが記録されている。①島Bにどれくらいのミズオオトカゲがいるかを調べるために500個のわなをランダムにしかけたところ，181匹が採集された。個体数を推定するために，これらすべての個体にマークをつけてそれぞれが採集された場所で放した。1週間後に再びわなを500個しかけると，今度は153匹が採集され，そのうち34匹にマークがついていた。このような生物の個体数の調査法を〔　ウ　〕という。

島Aでは，1982年に56種類のアリ類が，2000年に12種類のシロアリ類が記録されている。これらのアリ類やシロアリ類は高度に組織された集団をつくって生活しており，このような昆虫を〔　エ　〕という。これらの昆虫には，②食物集めなどを行うワーカーや敵から集団を守るソルジャー，③生殖を行う女王と王などの役割が認められる。こうした分業を〔　オ　〕制という。

問 1. 文章中の〔　ア　〕~〔　オ　〕に入る適切な語句を答えなさい。

問 2. 島Aの初期の森林と1983年頃の森林の内部環境(ギャップを除く)の変化について，一般的に，どのような特徴をもった樹木の幼木が生長しやすくなっているか，「光」という語句を用いて簡潔に説明しなさい。

問 3. 下線部①の方法を用い，調査中に総個体数の変化がない場合，島Bにおけるミズオオトカゲの全個体数は何匹程度と推定されるか。小数点以下1桁目を四捨五入して答えなさい。

問 4. 下線部①の方法で，もし2回目の採集までの間に，マークが脱落した個体がいた場合，**問**3の推定個体数はどうなるか簡潔に説明しなさい。

問 5. 下線部②のワーカーとソルジャーは生殖に参加しないことが特徴である。このように生殖に参加しない個体が存在する理由について，「血縁」という語句を用いて60字以内で説明しなさい。

問 6. シロアリ類の女王は，一般的に，アリ類の女王と異なり一生分の精子を蓄えておくことができないため，女王は定期的に雄と交尾をする必要がある。このため下線部③のように，集団中には，女王のほかに雄の生殖虫である王が存在している。最初にペアとなった女王と王を，それぞれ創設女王，創設王という。

創設女王と創設王が，同じ遺伝子座の遺伝子QとR，SとTを持つ場合の遺伝様式を図1に示した。創設女王の遺伝子QとRがF_1に受け継がれる確率(血縁度)は，どのF_1でも0.5である。このことから，創設女王とF_1の間の血縁度の期待値は0.5となる。創設王とF_1についても同様である。

ヤマトシロアリでは，時として，創設王が創設女王よりも先に死亡することが知られている。創設王が不在となった場合，F_1の中の1個体が次代の王に分化して，繁殖を引き継ぐ。このような二代目の王を二次王という。

創設女王と二次王の間に生まれた子をB_1とする。創設女王とB_1の間の血縁度の期待値，および創設王と B_1 の間の血縁度の期待値を答えなさい。

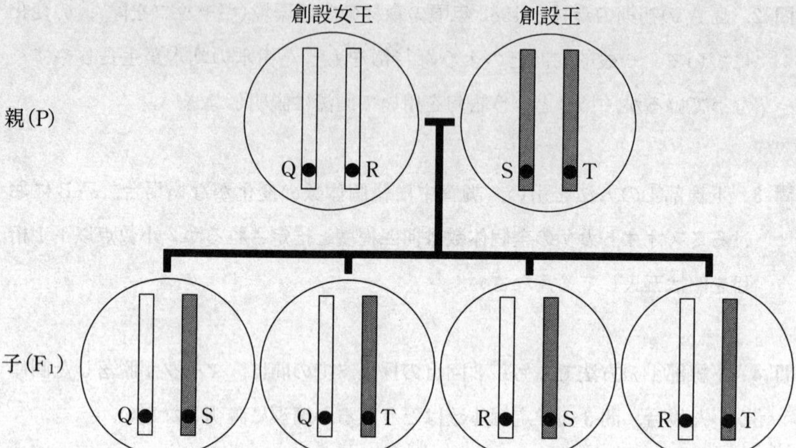

図１．創設女王由来の遺伝子 Q と R を白色，創設王由来の遺伝子 S と T を灰色で示している。

地学

（2 科目 150 分）

(注)　字数制限のある問題では，１マス＝１文字とし，英数字・句読点も１文字として数える。

〔１〕　次の文は，地球についての丸子さんと丸夫くんとの会話である。以下の問い(**問１～問７**)に答えよ。(30 点)

丸子　地球は丸いけど，一体どの位の大きさの球なの？

丸夫　半径が〔　ア　〕km ほどあるそうだよ。

丸子　どうやって求めたの？

丸夫　昔は，離れた場所での太陽や星の見える角度の違いで求めたけど，今は人工衛星を使って求めるらしいんだ。しっかりと求めると完全な球ではなく，回転楕円体なんだそうだよ。〔　イ　〕に比べ，〔　ウ　〕の方が大きいんだ。(A)<u>地球が回転楕円体であることは，ニュートンが緯度の異なる数地点で重力を比べてすでに推測していた</u>んだ。

丸子　へぇ～。重力でそんなことが分かるの。それに，重力は地球のどこでも同じとは限らないんだね。標高によっても変わるの？

丸夫　標高が高くなるほど，重力は小さくなるんだ。地下に密度の大きなものがあると，それでも重力は大きくなるよ。それを使って，地球の内部の様子や組成まで知ることができるんだ。

丸子　へぇ～。重力で組成まで分かるんだ。

丸夫　実際はいろいろと複雑でね。重力は，標高だけでなく，高い山の上やその近くだと山の影響を受ける。地球の内部の様子を探るためには，これらの影響を補正したジオイド面での重力を求める必要があるんだ。<u>標準重力</u>(B)とジオイド面での重力を比較して，初めて内部の様子が推測できる。

丸子　ジオイド面って？

丸夫　平均海面で地球の全表面を覆ったとした仮想の面なんだ。大陸では，(C)ジオイド面での重力から標準重力を引いた値が負になることが多い。これは大陸では地下に軽い物質が多いことを意味しているんだ。密度は組成と関係していて，大陸は海洋に比べて，〔　エ　〕軽い地殻が厚くなっていて，〔　オ　〕重いマントルを押し退けている。

丸子　そうか。(D)ちょうど，重くて柔らかいマントルに，軽くて固い地殻が浮かんでいて，重力と浮力のバランスがとれているってことね。

問 1.〔　ア　〕に入る数字のうち最も近いものを次の(a)～(d)から選び，解答欄に記号を記せ。

(a)　3000　　(b)　6000　　(c)　12000　　(d)　24000

問 2.〔　イ　〕と〔　ウ　〕に入る語句を次の(a)，(b)から選び，解答欄に記号を記せ。ただし，〔　イ　〕と〔　ウ　〕には異なる語句を選ぶこと。

(a)　極半径　　(b)　赤道半径

問 3.〔　エ　〕と〔　オ　〕に入る語句のうち最も適切なものを次の(a)～(d)から選び，解答欄に記号を記せ。ただし，〔　エ　〕と〔　オ　〕には異なる語句を選ぶこと。

(a)　ケイ素の多い　　(b)　ケイ素の少ない　　(c)　炭素の多い

(d)　炭素の少ない

問 4. 下線部(A)に関して，ニュートンは重力の比較によってどのような論理で地球が回転楕円体であることを推測したか，その筋道を 80 字程度で説明せよ。（解答欄：100 マス）

問 5. 下線部(B)の標準重力について，30 字程度で説明せよ。（解答欄：40 マス）

問 6. 下線部(C)に関して，ジオイド面での重力と標準重力の差を何と呼ぶか，解答欄に適切な語句を記入せよ。

問 7. 下線部(D)の状態を何と呼ぶか，解答欄に適切な語句を記入せよ。

〔**2**〕 次の文を読み，以下の問い(**問 1** ～**問 7**)に答えよ。(35 点)

図 1 は，日本国内のある地域において，ほぼ水平な道路沿いで作成されたルートマップ(平面図)である。この地域には海洋プレートの沈み込みにより形成された付加体(A)を構成する岩石が露出している。チャート層の下位にみられる玄武岩(B)には，枕状溶岩の特徴がみられた。このチャート層(C)は，今から約 1 億年前の〔　ア　〕に堆積したもので，〔　イ　〕化石を産出する。チャート層，泥岩層，砂岩層はすべて整合関係(D)で接しており，それぞれの地層の層厚はこの地域で変化しないことが確認されている。また，道路に沿って東西方向に測定した泥岩層の幅は 60 m であった。

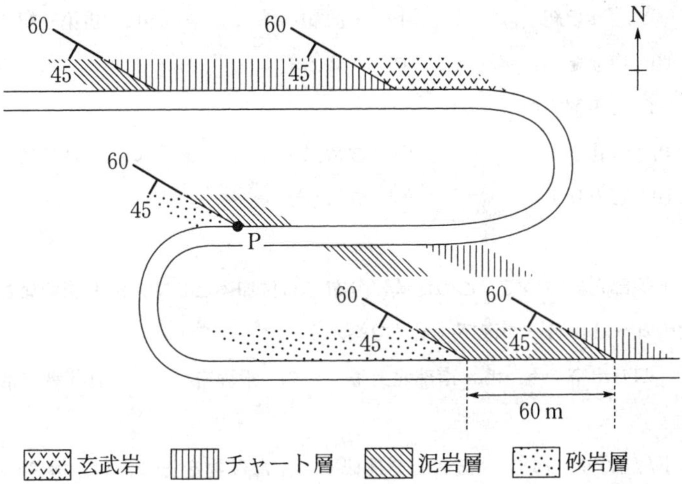

図 1　ルートマップ(平面図)

問 1. 図1の地点Pで測定した泥岩層と砂岩層の境界面の走向・傾斜として，最も適切なものをそれぞれの解答群から一つずつ選び，解答欄に記号を記せ。

〈走向の解答群〉

(a) N 60°E　(b) N 60°W　(c) N 45°E　(d) N 45°W

〈傾斜の解答群〉

(a) 60°NE　(b) 60°NW　(c) 60°SW　(d) 60°SE

(e) 45°NE　(f) 45°NW　(g) 45°SW　(h) 45°SE

問 2. 図1の地点Pで鉛直方向にボーリング調査を行なったところ，チャート層と泥岩層の境界に到達した。地表面から地下何mでその境界に到達したか，その深さを求め，解答欄に記せ。

問 3. 文中の〔　ア　〕，〔　イ　〕に入る最も適切な語句を，それぞれの解答群から一つずつ選び，解答欄に記号を記せ。

〔　ア　〕の解答群

(a) ジュラ紀　(b) 三畳紀　(c) 古第三紀

(d) 白亜紀　(e) ペルム紀

〔　イ　〕の解答群

(a) 有孔虫　(b) 放散虫　(c) モノチス

(d) ビカリア　(e) フズリナ

問 4. 下線部(A)について，この地域に分布する付加体として，最も適切なものを次の(a)～(d)から一つ選び，記号で答えよ。

(a) 四万十帯　(b) 南部北上帯　(c) 飛騨帯　(d) 秋吉帯

問 5. 下線部(B)について，玄武岩を構成する主な鉱物を三つあげ，解答欄に記せ。

問 6. 下線部(C)について，チャート層の主成分の化学式を解答欄に記せ。また，チャートの生成過程を説明し，なぜそのような主成分となるのか，60 字程度で答えよ。（解答欄：70 マス）

問 7. 下線部(D)について，チャート層から砂岩層までの地層の積み重なりは，どのような堆積環境の変化を反映したものか，100 字程度で説明せよ。ただし，次の四つの語句をすべて含むこと。（解答欄：120 マス）

海洋プレート　　海溝　　深海底　　遠洋域

〔3〕 次の文を読み，以下の問い（**問 1** ～ **問 5**）に答えよ。（30 点）

平年状態の太平洋では，赤道上で(A)貿易風が吹いているため，暖水が西部に存在し，その上空には強い上昇流が存在する一方，東部では水温が低くなっている（図 1）。大気と海洋は密接に結びついていて，東部の水温が平年状態より高くなるエルニーニョ現象も，(B)太平洋の大気と海洋の相互作用が顕著な現象の典型的な例である。

何らかの理由で赤道上の貿易風が弱まる状況を仮定して，エルニーニョ現象の発生過程を考えてみよう。このような状況下では，赤道太平洋の西部に存在していた海面水温の高い海域が東へ移り，大気の上昇域やそれに伴う降水域も東へ広がる。また，東部での海洋上層の湧昇は〔　ア　〕り，水温躍層が〔　イ　〕とともに，海面水温は平年状態よりも高くなる。こうした海面水温の変化によって，海面気圧は平年状態に比べて西部で〔　ウ　〕なり，東部で〔　エ　〕なることから貿易風はさらに弱くなる。赤道太平洋の海面水温と海上風は互いの変化を強め合い，エルニーニョ現象が発生する。

赤道太平洋を舞台としたエルニーニョ現象は，テレコネクションによって日本の天候にも強く影響する。例えば，赤道太平洋西部では，平年状態より低い海面水温によって大気の対流活動が不活発になるため，北半球の夏季には太平洋高気圧が〔　オ　〕り，日本付近の気温は〔　カ　〕なることが多い。赤道太平洋に加えて中高緯度の気候にも影響するエルニーニョ現象は，(C)気候変化に伴う地球環境問題に関連して注目を集めている。

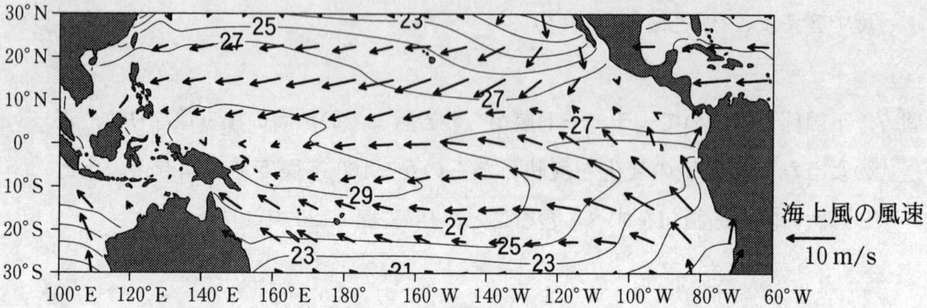

図 1　平年状態の赤道太平洋における海面水温(等値線)と海上風(矢印)の年平均値の分布。等値線は 2 ℃ ごと。矢印の向きと長さは，それぞれ海上風の風向と風速をあらわす。

問 1. 文中の〔　ア　〕～〔　カ　〕に当てはまる最も適切な語句を，次の(a)～(f)から一つずつ選んで，解答欄に記号を記せ。ただし，同じ語句を何度選んでもよいが，〔　ウ　〕と〔　エ　〕には異なる語句を選ぶこと。

(a)　強ま　　(b)　弱ま　　(c)　深くなる
(d)　浅くなる　　(e)　高く　　(f)　低く

問 2. エルニーニョ現象の発生頻度として，次の(a)～(d)から最も適切なものを一つ選んで，解答欄に記号を記せ。

(a)　数日に一度　　(b)　数ヶ月に一度
(c)　数年に一度　　(d)　数十年に一度

問 3. 下線部(A)の働き以外にも，貿易風(東風)は，赤道付近の海洋上層に湧昇を引き起こすような水平方向の流れをつくるが，その流れの向きは北半球と南半球で異なる。北半球と南半球における流れの向きについて，次の(a)～(d)から最も適切なものをそれぞれ一つずつ選んで，解答欄に記号を記せ。また，流れの向きが異なる理由を 30 字程度で説明せよ。(解答欄：40 マス)

(a)　北向き　　(b)　西向き　　(c)　南向き　　(d)　東向き

問 4. 下線部(B)について，大気と海洋が相互に作用した太平洋の平年状態の説明として，次の(a)～(d)から最も適切な記述を一つ選んで，解答欄に記号を記せ。

(a)　強い季節風（モンスーン）が存在するため，赤道付近では海流の向きが冬季と夏季で反転する。

(b)　貿易風により赤道に沿った海面水温の東西差は大きくなっているが，水温躍層の深さは東西方向にほぼ一様である。

(c)　北半球の高緯度では，大気の冷却によって密度の大きくなった海水が沈みこみ，極めて強い海洋の鉛直循環（熱塩循環）が引き起こされる。

(d)　海面水温が高い低緯度では，南半球と北半球のいずれも数多くの熱帯低気圧が発生し，強い熱帯低気圧の発生数は北半球のほうが多い。

問 5. 下線部(C)に関連して，エルニーニョ現象と地球環境問題の関わりについて，次の(a)～(d)から最も適切な記述を一つ選んで，解答欄に記号を記せ。

(a)　極域のオゾンホール拡大を主要因として，20 世紀後半からエルニーニョ現象が頻繁に発生するようになった。

(b)　エルニーニョ現象が発生し，海洋からより多くの二酸化炭素が大気中へ放出されたことが，20 世紀末からの酸性雨の主要因である。

(c)　大気中の人為起源の二酸化炭素量増大により，21 世紀になってからは常にエルニーニョ現象が発生した状態が続いている。

(d)　エルニーニョ現象は近年の特異な現象ではなく，過去 100 年以上にわたり頻繁に発生してきた。

〔 4 〕 次の文を読み，以下の問い(**問 1 ～問 4**)に答えよ。(30 点)

銀河系は恒星と星間物質の集合であり，それらは中央が膨らんだ円盤状に分布している。この銀河系中央部の膨らみは〔　ア　〕と呼ばれ，半径 1 万光年程度の大きさの球状である。〔　ア　〕の周囲を公転する扁平な部分を〔　イ　〕と呼び，銀河系全体を取り巻くように球状星団が分布する領域を〔　ウ　〕と呼ぶ。多くの恒星や散開星団，星間物質は〔　ア　〕に存在し，我々の太陽は〔　イ　〕に存在する。銀河系の恒星や星間物質は，銀河系中心を通り〔　イ　〕に垂直な軸の周りを回転している。その回転速度は，星間ガス中の水素原子などが出す電磁波の〔　エ　〕効果の観測から求められている。また，銀河系以外にも同様の銀河が宇宙には多数存在する。多くの銀河は我々から遠ざかる動きをしており，それらの銀河のスペクトルは〔　エ　〕効果によって赤方偏移を示す。このような銀河の運動の観測をもとに，宇宙は現在も膨張していると考えられている。

問 1. 文中の〔　ア　〕～〔　エ　〕に入る適切な語句を解答欄に記せ。

問 2. 銀河系中心からの距離が 3 万 2000 光年，回転の速度が約 210 km/s である恒星が銀河系内で観測された。このことから，この恒星付近での銀河回転の周期(年)を有効数字 2 桁で求めよ。また，計算過程も示せ。ただし， 1 光年は 9.5×10^{12} km， 1 年は 3.2×10^{7} s，円周率は 3.1 とする。

問 3. 太陽はヘリウムよりも重い元素を多く含む恒星のひとつである。「超新星爆発」と「星間物質」の語句を用いて，太陽に含まれるヘリウムよりも重い元素の起源について 120 字以内で説明せよ。(解答欄：120 マス)

問 4. ある銀河のスペクトル観測によると，その Hα 線の見かけの波長 λ' は $0.666\,\mu$m であった。Hα 線本来の波長 λ を $0.656\,\mu$m として赤方偏移の大きさ z を求め，銀河の後退速度 v (km/s)を求めよ。さらにハッブル定数 H を 71 km/s/メガパーセクとして，この銀河までの距離(メガパーセク)を求めよ。答えは有効数字 2 桁で求めよ。また，計算過程も示せ。ただし，$v = cz$ が成り立つとし，光速度 c を 3.0×10^{5} km/s とする。

が、なぜそういう態度が生じるのか、理由を説明せよ。

問5　傍線部E「勝者／敗者という対と、敵／味方という対とは、次元が異なっている」とあるが、それはどういうことか、説明せよ。

問6　傍線部F「すでに基準を用いる者ではなく、基準に支配される者」とあるが、それはどういうことか、説明せよ。

問7　傍線部G「視点の自由」とあるが、具体的にはどういう自由か、説明せよ。

（解答欄）問２：縦16.9センチ×３行
問３・問７：縦16.9センチ×４行
問４・問６：縦16.9センチ×５行
問５：縦16.9センチ×６行

る。応援のとき赤い帽子を被《かぶ》るということが決められれば、赤い帽子を被ってこなかった者は、それだけで敵である。なぜなら、まさに決められたことに反しているからであり、それ以外の理由など必要ない。

　これは学校の生徒管理の場面でも見られることである。まさか敵か味方かの基準・区別が支配しているとは思えないが、それに近い管理する者／管理される者の基準・区別が支配していることは間違いない。したがって、この基準が絶対化されてしまえば、つまり、生徒が管理の対象であるということが認められてしまえば、後は同じである。細かい規則がつぎつぎと作られ、管理するための管理が行われ、そこに支配している基準に疑問をもち、反抗する者は理由を問わず罰せられる。そのような学校で生徒たちが荒れるのは当然である。まず最初に為すべきは、管理体制を強化することではなく、絶対化されてきた基準に距離を取ることである。基準に批判的に向かうことである。つまり、これまで奪われていた、放棄してきた、G視点の自由を回復し、固定された枠組みを壊すことである。

（池上哲司『傍らにあること　老いと介護の倫理学』による。ただし、問題作成の上から本文の一部を改めた。）

問1　傍線部Ａ「この場合」とあるが、それはどういう場合か、70字以内で説明せよ。

問2　傍線部Ｂ「基準の一定性」とあるが、それはどういうことか、説明せよ。

問3　傍線部Ｃ「重要なのは、誰が敵かの誰ではなくて、味方ではない「敵」が誰かである」とあるが、それはどういうことか、説明せよ。

問4　傍線部Ｄ「相手チーム、あるいはその応援者に対する憎悪と言ってよいほどの態度に見られるしつこさ、激しさ」とある時われわれは状況に埋没し、勝利の喜びに酔っている。しかし、そこでは敵と味方という区別は必ずしも不可欠ではない。重要なのは、われわれの勝利ということである。確かに敗者は存在するが、敵が存在する必要はない。E勝者／敗者という対と、敵／味方という対とは、次元が異なっている。ところが、関心が勝敗から敵味方関係へと移動すると、そこに状況への埋没が生じてくる。

試合は勝つときもあれば、負けるときもある。その限りで、今日のわれわれの勝利は今日だけのことである。明日になれば、今日と反対に逆転負けを喫して悔しい思いをすることになるかもしれない。それに対して、勝利に興奮し気勢のあがった、この「われわれ」の充実は圧倒的である。ここでは、人びとが同じ勝利を喜び、同じ敗戦を悲しむ。この同一性がわれわれを強く魅了する。こうして、「われわれ」であることが目的となる。自分が応援するチームは自分のチームであり、自分とそのチームは一体である(すくなくとも、そうあって欲しいと熱望されている)。しかし、その「われわれ」が存在するのは、実は、きわめて限られた短い時間でしかない。それは、試合開始から終了までの時間、あるいは、せいぜいその前後を含んだ時間にすぎない。

実現する「われわれ」の時間が短ければ短いほど、われわれはその実現に力を注ぎ、幻想でしかない一体化に専念する。一体化を幻想であるとして、この状況に距離を保つ者には、至福なる「われわれ」の時間は与えられない。一体化の幻想を真実として受け入れ、その実現に向けて全力を挙げる者が味方であり、それを阻む者が敵である。したがって、敵か味方かという枠組みは、その都度の試合を超えて、全生活をも覆うことすらある。ここに批判は見られず、条件の確認などさらさらない。こうして、敵か味方かというひとつの基準が絶対化されることになる。

この絶対化は、その及ぶ範囲に限られず、基準を用いる者に対しても関わってくる。というのは、基準を批判することをしない者、できない者は、Fすでに基準を用いる者ではなく、基準に支配される者だからである。一旦絶対化した基準は、その後は自動的にさまざまな下位基準を産出し、その下位基準によって細部にわたるまで、その絶対的基準を信奉するものの生を支配すは味方である。つまり、敵の敵は味方というわけである。C重要なのは、誰が敵かの誰ではなくて、味方ではない「敵」が誰かである。自分以外の者の位置付けは、自分にとって敵となるか味方となるか、その一点のみによる。したがって、善悪の固定した枠といっても、枠が固定されているだけであって、悪という枠に誰が振り分けられるかは一定していないし、状況次第である。

　それなのに、D相手チーム、あるいはその応援者に対する憎悪と言ってよいほどの態度に見られるしつこさ、激しさはどこから生じてくるのだろう。試合中であれば、敵と味方という立場が設定され、それによって判断が下されることも理解はできる。しかし、試合が終了すれば、この枠組みも解消され、敵も味方もなくなるはずである。だが、実際はそうならない。自分の応援するチームが負ければ、相手チームのバスに石を投げ、自分のチームが勝ちでもすれば、うなだれて帰る相手チームに汚い言葉を投げかける。試合が終わっても、敵は依然として敵なのである。

　ここでは、試合中にのみ有効な枠組みが、試合の外においても働いていると言える。本来しゃしゃり出てきてはならない領域にまで、その敵か味方かという発想が不当にも越境してきているのである。では、なぜこの越境が起こるのか。それは、ある枠組み、判断基準の絶対化ということから生じる。一般的に言って、基準にはそれぞれその有効範囲というものがある。換言すれば、ある基準が有効なのは、ある一定の条件のもとにおいてである。その条件をはずしたら、その基準は無効となる。

　しかし、しばしば、われわれはその条件を忘れる。いや、意識して無視する。というのは、無視することで、ある基準を絶対化する方が楽だからである。それぞれの場合の条件を考慮して、その条件に合った基準を選択するためには、その状況に対して一定の距離を保っていなければならない。ところが、この距離を保つということが難しく、われわれはその状況の中に埋没してしまう。そして、この埋没によって、基準が絶対化されることになる。

　もう一度球技場に戻ろう。自分の応援しているチームが試合終了直前、劇的な逆転勝利を収めたときなど、われわれは感激し、隣の見知らぬ人と肩を組み、応援歌を絶叫する。これは別に熱狂的なファンでなくても、普通に経験することである。その

二　次の文章を読んで、後の問いに答えよ。（60点）

　サッカー、ラグビー、あるいは野球の場合でも、熱狂的なファンはいるもので、贔屓《ひいき》のチームの勝敗にそれこそ一喜一憂する。なかには、ただただ自分の応援するチームの勝利を願って、そのためなら相手チームに不利益になることをすべてよしとする者すらいる。相手チームに怪我人でもでれば、贔屓チームの有利さを考え内心しめしめと思う。逆に、贔屓チームの不利になることは一切が悪であり、そのような行為をする者は端的に不正を為《な》す者となる。したがって、自分の応援するチームに不利な判定をする審判は下手な審判であり、さらに言えば、相手チームに買収されたに違いない悪辣な審判でさえある。試合が自分にとって好都合に進んでいるときには、贔屓チームが故意に時間稼ぎのプレイをしても、拍手し声援を送る。それに対して、反対の状況で相手チームが同じことをしでもしたら、非難と怒りの声を上げる。

　A<u>この場合</u>、善悪は最初から決定されている。自分たちが善であり、相手方が悪である、と。なにか共通の基準にしたがって善悪が判断されるのではなく、自分が属するがゆえに自分たちが善であるという、無茶苦茶な発想が貫徹される。かりに基準ということが持ち出されるにしても、その基準の最終的決定権は自分たちがしっかりと握っていて、他人の介入を許さない。基準は共通に適用されはするが、その基準を決めるのは自分たちだけであり、それも自分たちに都合のよいように基準が作られる。善悪の区別だけがあらかじめ決まっていて、それに合わせて基準が定められ、ときには改変される。ここではB<u>基準の一定性</u>などということは、まったく顧みられない。自分たちは善、相手方は悪といった固定した枠があるだけである。いや、正確に言うなら、それは自分たちと自分たちの役にたつものが善、それ以外が悪という枠組みである。

　これは、敵か味方かという発想である。味方でないものは敵、敵でないものは味方というきわめて明快で単純な区別である。今日戦っている相手チーム、すなわち今日の敵も、明日になれば自分のチームと首位を争っているチームと戦うがゆえに、明日

問1　傍線部A「形而上的な旅の経験さえ暗喩している」とあるが、具体的にはどういうことか、説明せよ。

問2　傍線部B「表面だけ円くおさめて辻つまをあわせてしまう」とあるが、具体的にはどういうことか、説明せよ。

問3　傍線部C「意外に遠くまでひっぱっていかれた」とあるが、それはどういうことか、説明せよ。

問4　傍線部D「裸体を露わにした作品」とあるが、具体的にはどういう作品か、説明せよ。

問5　傍線部E「もっと醒めた気持ちの動き」とあるが、具体的にはどのような「気持ちの動き」か、説明せよ。

問6　傍線部F「言葉にもかたちにもなかなかこの「別れ路」はいいあらわせない」とあるが、それはなぜか、その理由について説明せよ。

問7　傍線部G「この空想のなかには、国語教科書の宿命もまた含まれている気がする」とあるが、「国語教科書の宿命」とは、具体的にはどういうことか、説明せよ。

（解答欄）問1～問4：縦16.9センチ×3行
問5・問6：縦16.9センチ×4行
問7：縦16.9センチ×5行

んな風に関心をうごかし、ある意味ではそこから深いりして、詩や批評文を書くようになった。だが国語教科書などにあまり関心をしめさず、文学などに深いりもせず、まったく別の工業技術の世界にはいっていった生徒が、クラスのほとんどすべてであった。わたしの国語教科書への思いいれや、恩恵の記憶などに、何ら普遍性がないことは、わたし自身がいちばんよく心得ている。こんな醒めたいい方ができるのは、この文章の主題が依頼されたもので、その主題にできるだけそいながら、依頼のせめを果たそうとするモチーフが濃厚だからだともいえる。だが、とかんがえをすこし集中させてみる。するとこの文章にもかすかだが、モチーフらしいものが潜在している気がしてくる。なにかといえば「別れ路《みち》」をわたしが語りたがっていることだ。

すくなくともわたしの旧制中学（工業学校）時代には、国語の教科書は、古典詩歌、物語と近代（大正期までの）詩歌、小説とから温和な抄録をつくって、それを内容としていた。これは語句の解釈や、漢字の書きとり用に読み、練習することもできたが、情感や意味をひらくための素材として鑑賞し、そこから感覚や情念の野をひろげて、教科書以外の本の世界を漁ってゆく手だてにすることもできた。現在でもたぶんおなじことで、その方法ははるかに高度になっているかもしれない。

ただ国語の教科書を、教科書として読むことと、教科書の外の世界にもすぐにむすびついている文学作品の抄録として読むことのあいだには、かすかな「別れ路」があるとおもえる。F言葉にもかたちにもなかなかこの「別れ路」はいいあらわせない。だがこの「別れ路」の道祖神に具《そな》えられた供物に盛ってある「有益な毒」みたいなものを、誰が飢えて盗み食いして去っていったのか、誰が食べずに通りすぎていったのか、あるいは「別れ路」があることさえ気づかずに、あかるく教科書を征服して、愉快に歩いていったのか、またおよそ国語の教科書などまともに開いたことがなくても、何不自由なく自在に話し言葉をあやつって、実生活を開拓する道をいったのか、そのときのクラスの餓鬼どもの風貌のひとつひとつと照らしあわせて、たどってみられたらどんなに興味深いか、そんな空想をしてみたくなる。Gそしてこの空想のなかには、国語教科書の宿命もまた含まれている気がする。

（吉本隆明『国語の教科書』による。ただし、問題作成の上から本文の一部を改めた。）

たものだと語る。「私」は、この美術記者が、「私」の鑑賞力の見当違いを、ほんとはからかいたいのだと感ずる。だが「私」はこの「沼地」という題の油絵に、鋭く自然を摑《つか》もうとした、いたましい芸術家の姿を感じ、その記者に「傑作です」と昂然《こうぜん》としていいかえす。

十七、八歳のころ教科書で読んだこの「沼地」という作品も、ながくわたしの記憶にのこった。暗誦するというわけにいかず、記憶には最後の「傑作です」という「私」の言葉と、その場面のニュアンスをとどめただけだった。でもこの最後の「傑作です」という言葉のところにきて、なぜか涙ぐむような感じをうけとった当時の自分の感情の状態も、同時にながく記憶にとどまった。

その後、わたしは何回か芥川の作品を、いわば意図的に読む機会があった。この「沼地」という短篇は同時期の「蜜柑《みかん》」とともに、いまでも好きな作品だ。しかし意図的に読むと「沼地」は、芸術家気質（と芥川が信じているもの）のイメージを強調するために、「芸術家」という概念にも、「美術記者」の姿にも、「私」の対立感にも、やや通俗的な誇張のメーク・アップが施されていて、その分だけ作品を駄目にしている。「蜜柑」でもおなじだ。それとともに、あらゆる軽薄さや自嘲や皮肉や、ダンディな装いの仮面のしたに、芥川が生真面目《きまじめ》にもっていた「芸術」や「芸術家」の姿にたいする、古典的な思いいれがとてもよく出ている作品だといえる。

わたしたちはこの作品で、事実にちかい素材を、事実みたいに描写したフィクションに当面している。晩年の芥川はこの誇張されたメーク・アップを解体して、D裸体を露《あら》わにした作品に転じるとともに、「玄鶴《げんかく》山房」のような本格的なフィクションを描いた。

ところで、わたしはここで何をいいたいのだろうと、かんがえてみる。なつかしくないことはない国語教科書の記憶を反芻《はんすう》しているのか。あるいは自分は国語教科書からこんな恩恵を受けたから、すくなくとも国語教科書の内容はかくあるべきだといいたいのか。そんな旧懐の情念や、教科書への思いいれが、まったく無いといったら嘘《うそ》のような気がするが、どうもわたしのなかにEはもっと醒《さ》めた気持ちの動きがあるようだ。わたしはたまたま十七、八歳の多感な時期に、国語教科書をそんな風に読み、そすけているとおもう。そして深読みすれば「何ゆゑに遠く来つる」というのが、柴舟の脚絆《きゃはん》、草鞋《わらじ》ばき姿の旅ばかりでなく、A形而上的な旅の経験さえ暗喩している。そううけとることもできる。高校くらいの年齢と国語力でも、その辺のところは読めていた。柴舟からの恩恵は、それ以上拡がらなかった。だがおなじように、いまでも口の端に二、三行くらいとびとびになら浮かんでくる藤村の「千曲川旅情の歌」などは、詩へ深入りしてゆくきっかけになった。「昨日またかくてありけり　今日もまたかくてありなむ　この生命《いのち》なにを齷齪《あくせく》　明日をのみ思ひわづらふ」などは暗誦《あんしょう》句のひとつだ。この詩では「しろがねの衾《ふすま》の岡辺」という詩句の「衾」の意味がよくわからず、また表現として奇異に感じられた。

後年になってかんがえてみると「しろがねの衾」という雪に覆われた岡のあたりの光景の表現は、藤村らしさが滲《にじ》みでたもので、藤村がああでもない、こうでもないと苦心したところだとおもった。そして結局は「しろがねの衾」のような、苦心しながらも、B表面だけ円くおさめて辻《つじ》つまをあわせてしまうような、藤村詩の特徴がよくあらわれている。教科書にのったこの藤村の詩からは、刺戟《しげき》は拡がっていった。そして自分でも七五調の詩をつくって手習いをはじめるまで深入りしていった。七五調の詩は、韻律がよく滑走して気分がいいのだが、いつも事態とそれを感受したところを、円く表面的におさめてしまう気がして、自分の手習いの詩は、だんだんに自由な言葉で、いいたいことをいうスタイルに移っていった。

だが教科書の藤村詩は、しだいに明治の新体詩を漁《あさ》って読む方向に、わたしを誘導していった。もうひとつ国語の教科書にあった文芸作品から、C意外に遠くまでひっぱっていかれたものがある。それは芥川龍之介の短篇「沼地」だった。中身はつぎのようなものだ。

「私」がある展覧会場で、沼地の芦《あし》もポプラも無花果《いちじく》も、何もかも濁った重苦しい黄色で描いた油絵をみて、その絵からいい難い衝撃をうける。じっと立停《たちどま》って作品を凝視していると、顔見知りの嫌な美術記者に肩を叩《たた》かれ、この絵はいつもこの展覧会に出品したがっていながら、それが出来ないうちに死んでしまった無名の画家の作品で、遺族の頼みで、やっと隅においてもらっ

国語

（八〇分）

（注）一二〇点満点の配点を一五〇点満点に換算する。

一 次の文章を読んで、後の問いに答えよ。（60点）

激しい夏がおわって、秋が立ちはじめる気配が、ビルとビルの間の空の高さや街筋の透明度で、身近になってくると、きっと記憶にのぼってくる歌がある。

何ゆゑに遠く来つると悔ゆる日の　出《い》できもやせん秋に入りなば
（尾上柴舟《おのえさいしゅう》）

これは旧制中学校（わたしのばあい工業学校）の教科書の、空欄みたいなところに載っていたものだ。国文学者としての柴舟のことも、歌人としての柴舟のことも、書家としての柴舟のことも、何も知らなかった。いまも殆《ほとん》ど知らないといってよい。だが十七、八歳のとき教科書にあったこの歌は、照れくさいが、現在でも毎年のように思いだし、その情感はいまもわたし個人にとっては新鮮なものだ。この歌には、音韻と韻律と季節の情感のリアリティが、稀《まれ》な幸運さで結びついていて、記憶の持続をた

2019年度

問題編

問題編

▶試験科目・配点

学部・学科	教　科	科　　目	配　点
経済学部（経済工学科）	外国語	「コミュニケーション英語Ⅰ・Ⅱ・Ⅲ，英語表現Ⅰ・Ⅱ」，ドイツ語，フランス語から１科目選択	300点
	数　学	数学Ⅰ・Ⅱ・Ⅲ・Ａ・Ｂ	300点
	国　語	国語総合，国語表現，現代文Ｂ（古文・漢文は除く）	150点
理学部	外国語	「コミュニケーション英語Ⅰ・Ⅱ・Ⅲ，英語表現Ⅰ・Ⅱ」，ドイツ語，フランス語から１科目選択	200点
	数　学	数学Ⅰ・Ⅱ・Ⅲ・Ａ・Ｂ	250点
	理　科	「物理基礎・物理」，「化学基礎・化学」，「生物基礎・生物」，「地学基礎・地学」から２科目選択	250点
医学部（医学科） 工学部	外国語	「コミュニケーション英語Ⅰ・Ⅱ・Ⅲ，英語表現Ⅰ・Ⅱ」，ドイツ語，フランス語から１科目選択	200点
	数　学	数学Ⅰ・Ⅱ・Ⅲ・Ａ・Ｂ	250点
	理　科	「物理基礎・物理」，「化学基礎・化学」	250点
医学部（生命科学科）	外国語	「コミュニケーション英語Ⅰ・Ⅱ・Ⅲ，英語表現Ⅰ・Ⅱ」，ドイツ語，フランス語から１科目選択	200点
	数　学	数学Ⅰ・Ⅱ・Ⅲ・Ａ・Ｂ	250点
	理　科	「物理基礎・物理」，「化学基礎・化学」，「生物基礎・生物」から２科目選択	250点
	面　接	１人20分以内	100点
医学部（保健学科）看護学専攻	外国語	「コミュニケーション英語Ⅰ・Ⅱ・Ⅲ，英語表現Ⅰ・Ⅱ」，ドイツ語，フランス語から１科目選択	200点
	数　学	数学Ⅰ・Ⅱ・Ａ・Ｂ	100点
	理　科	「物理基礎・物理」，「化学基礎・化学」，「生物基礎・生物」から２科目選択	100点

医学部（保健学科）	放射線技術科学専攻	外国語	「コミュニケーション英語Ⅰ・Ⅱ・Ⅲ，英語表現Ⅰ・Ⅱ」，ドイツ語，フランス語から1科目選択	200点
		数　学	数学Ⅰ・Ⅱ・Ⅲ・A・B	250点
		理　科	「物理基礎・物理」必須。「化学基礎・化学」，「生物基礎・生物」から1科目選択（計2科目）	250点
	検査技術科学専攻	外国語	「コミュニケーション英語Ⅰ・Ⅱ・Ⅲ，英語表現Ⅰ・Ⅱ」，ドイツ語，フランス語から1科目選択	200点
		数　学	数学Ⅰ・Ⅱ・Ⅲ・A・B	250点
		理　科	「化学基礎・化学」必須。「物理基礎・物理」，「生物基礎・生物」から1科目選択（計2科目）	250点
歯　学　部 薬　学　部		外国語	「コミュニケーション英語Ⅰ・Ⅱ・Ⅲ，英語表現Ⅰ・Ⅱ」，ドイツ語，フランス語から1科目選択	200点
		数　学	数学Ⅰ・Ⅱ・Ⅲ・A・B	250点
		理　科	「物理基礎・物理」，「化学基礎・化学」，「生物基礎・生物」から2科目選択	250点
芸術工学部		外国語	「コミュニケーション英語Ⅰ・Ⅱ・Ⅲ，英語表現Ⅰ・Ⅱ」，ドイツ語，フランス語から1科目選択	200点
		数　学	数学Ⅰ・Ⅱ・Ⅲ・A・B	250点
		理　科	「物理基礎・物理」必須。「化学基礎・化学」，「生物基礎・生物」から1科目選択（計2科目）	250点
農　学　部		外国語	「コミュニケーション英語Ⅰ・Ⅱ・Ⅲ，英語表現Ⅰ・Ⅱ」，ドイツ語，フランス語から1科目選択	250点
		数　学	数学Ⅰ・Ⅱ・Ⅲ・A・B	250点
		理　科	「物理基礎・物理」，「化学基礎・化学」，「生物基礎・生物」，「地学基礎・地学」から2科目選択	250点

▶備　考

- 英語以外の外国語は省略。
- 「数学B」は「数列」，「ベクトル」を出題範囲とする。

英語

（120分）

（注）200点満点の配点を，経済学部経済工学科については300点満点に，農学部については250点満点に換算する。

〔1〕次の英文を読み，設問に答えなさい。（47点）

[1] In developed countries, the gender gap has long favoured women by one measure at least: life expectancy. Throughout the past 100 years women have significantly outlived men, on whom war, heavy industry and cigarettes — among other things — have taken a heavier toll*. But (1)this gender gap is closing — and a new statistical analysis of life expectancy in England and Wales since 1950 suggests that, by the year 2032, men can expect to live as long as women, with both sexes sharing an average life expectancy of 87. 5 years.

[2] The study, led by Les Mayhew, professor of statistics at Cass Business School, calculated how long a sample of 100, 000 people aged 30 would live if they experienced the average mortality rates for each ensuing* year, projecting forward until the male and female life expectancy curves intersected.

[3] There are (2)a number of factors that explain the narrowing gap, according to Mayhew. "A general fall in tobacco and alcohol consumption has disproportionately benefited men, who tended to smoke and drink more than women. We've also made great strides in tackling heart disease, which is more prevalent in men," Mayhew said. "And men are far more likely to engage in 'high-risk' behaviours, and far more likely to die in road accidents, which have fallen too."

4 The life expectancy gender gap appears to be closing faster than was previously thought: research published in 2015 by Imperial College had indicated **it**(3) would narrow to 1. 9 years by 2030. The UK as a whole has slightly lower lifespan averages, as life expectancy tends to be higher in England than the other constituent nations*. In the years immediately after 1950, women's life expectancy increased faster than men's in England and Wales, with the gender gap peaking in 1969, when women lived on average 5. 68 years longer.

5 Majid Ezzati, professor of global environmental health at Imperial College, said the gap can be attributed largely to social rather than biological factors: "It's actually the existence of the gap that is unusual, rather than the narrowing. It's a recent phenomenon which began in the 20th century." [**A**] Male cigarette consumption peaked in the 1940s when tobacco industry figures revealed that more than two-thirds of men smoked. [**B**] Female consumption peaked later, in the 1960s. [**C**] As well as changing attitudes to cigarettes and alcohol, the loss of heavy industry jobs — statistically more dangerous in both the short- and long-term — also disproportionately affected men. [**D**]

6 "As the life expectancy gap narrows, our understanding of what it means to be a man and a woman changes," said Danny Dorling, professor of geography at the University of Oxford. "The difference between the genders also narrows because of the introduction of contraception* and female entry into the labour market. But the really interesting thing is it's actually a kind of reverse inequality(4): women have lived longer than men who are paid more throughout their lives and are structurally advantaged in any number of ways. We haven't entirely worked out why that might be."

Notes:

toll*: 死者，犠牲者

ensuing*: 次の

the other constituent nations*: Northern Ireland, Scotland, Wales のことを指す

contraception*: 避妊

問 1. 下線部(1)が表すことを，本文に即して日本語で述べなさい。

問 2. 下線部(2)が表すことを，本文に即して日本語で 3 つ挙げなさい。

問 3. 下線部(3)の “it” が指すものを本文から選び，英語で解答欄に書きなさい。

問 4. 段落 5 において，次の文が入る最も適切な位置を[**A**]-[**D**]から 1 つ選び，その記号を解答欄に書きなさい。

In addition to the heavy male death tolls caused by World War I and World War II, men started to smoke in large numbers before women did and women's consumption never outpaced men's.

問 5. 下線部(4)が表すことを，本文に即して日本語で述べなさい。

〔2〕 次の英文を読み，設問に答えなさい。(40 点)

That same night, I wrote my first short story. It took me thirty minutes. It was a dark little tale about a man who found a magic cup and learned that if he wept into the cup, his tears turned into pearls. But even though he had always been poor, he was a happy man and rarely shed a tear. So (1) he found ways to make himself sad so that his tears could make him rich. As the pearls piled up, so did his greed grow. The story ended with the man sitting on a mountain of pearls, knife in hand, weeping helplessly into the cup with his beloved wife's murdered body in his arms.

That evening, I climbed the stairs and walked into Baba's smoking room, in my hands the two sheets of paper on which I had written the story. Baba and Rahim Khan were smoking pipes and sipping brandy when I came in.

"What is it, Amir?" Baba said, reclining on the sofa and lacing his hands behind his head. Blue smoke swirled around his face. His glare made my throat feel dry. I cleared it and told him I'd written a story.

Baba nodded and gave a thin smile that conveyed little more than feigned* interest. "Well, that's very good, isn't it?" he said.

Rahim Khan held out his hand and favored me with a smile that had nothing feigned about it. "May I have it? I would very much like to read it."

An hour later, as the evening sky dimmed, the two of them drove off in Baba's car to attend a party. On his way out, Rahim Khan squatted before me and handed me my story and another folded piece of paper. He flashed a smile and winked. "For you. Read it later."

Later that night, curled up in bed, I read Rahim Khan's note over and over. It read like this:

Amir,

I enjoyed your story very much. God has granted you a special talent. It is now your duty to hone* that talent, because a person who wastes his God-given talents is a donkey. You have written your story with sound grammar and interesting style. But the most impressive thing about your story is that it has (2)**irony**. You may not even know what that word means. But you will someday. It is something that some writers reach for their entire careers and never attain. You have achieved it with your first story.

My door is and always will be open to you. I shall hear any story you have to tell. Bravo.

Your friend,

Rahim

Buoyed* by Rahim Khan's note, I grabbed the story and hurried downstairs to the foyer where Ali and Hassan were sleeping on a mattress. I shook Hassan awake and asked him if he wanted to hear a story.

He rubbed his sleepy eyes and stretched. "Now? What time is it?"

"Never mind the time. This story's special. I wrote it myself," I whispered, hoping not to wake Ali. Hassan's face brightened.

"Then I *have* to hear it," he said, already pulling the blanket off him.

I read it to him in the living room by the marble fireplace. (3)Hassan was the perfect audience in many ways, totally absorbed in the tale, his face shifting with the changing tones in the story. When I read the last sentence, he made a muted clapping sound with his hands.

"Bravo!" He was beaming.

"You liked it?" I said, getting my second taste — and how sweet it was — of a positive review.

"Some day, you will be a great writer," Hassan said. "And people all over the world will read your stories."

"You exaggerate, Hassan," I said, loving him for it.

"No. You will be great and famous," he insisted. Then he paused, as if on the verge of adding something. He weighed his words and cleared his throat. "But will you permit me to ask a question about the story?" he said shyly.

"Of course."

"Well . . ." he started, broke off.

"Tell me, Hassan," I said. I smiled, though suddenly the insecure writer in me wasn't so sure he wanted to hear it.

"Well," he said, "if I may ask, why did the man kill his wife? In fact, why did he ever have to feel sad to shed tears? Couldn't he have just smelled an onion?"

I was stunned. (4)That particular point, so obvious it was utterly stupid, hadn't even occurred to me. I moved my lips soundlessly. It appeared that on the same night I had learned about one of writing's objectives, irony, I would also be introduced to one of its pitfalls*: the Plot Hole.

Notes:

feigned*: 見せかけの，偽りの

hone*: 磨きをかける

buoyed*: 興奮して，高揚して

pitfall*: 落とし穴

問 1. 下線部(1)を日本語に訳しなさい。

問 2. 下線部(2)の "irony" とは，本文の内容ではどのようなことを指しているか。(ア)～(エ)から最も適切なものを１つ選び，その記号を解答欄に書きなさい。

(ア)　Amir には才能があるのにじゅうぶんに生かされていないこと。

(イ)　文法も文体もすぐれているが，Amir の書いた作品の内容とはそぐわないこと。

(ウ) Amir はまだ気づいていないが，Amir の物語の筋の展開には大きな落とし穴があること。

(エ) Amir の作品の主人公が，求めていたのとは正反対の結果を招いてしまうこと。

問 3. 下線部(3)に関して，Hassan はどのような点で “perfect audience” だと描写されているか，本文に即して日本語で述べなさい。

問 4. 下線部(4)の “That particular point” とは何か，本文に即して日本語で述べなさい。

〔3〕 Read the following passage and answer the questions below. (47 点)

1　What's going on in a child's brain when parents read them a story? A newly published study gives some insight into what may be happening inside young children's brains in three different situations (1). Lead author Dr. John Hutton says there are some kinds of storytelling that may be "too cold" for children, while others are "too hot." And of course, some are "just right*."

2　For the study, 27 children around age 4 went into an fMRI* machine. They were presented with stories in three conditions: audio only; the illustrated pages of a storybook with an audio voiceover*; and an animated cartoon. All three versions came from the web site of Canadian author Robert Munsch. While the children paid attention to the stories, the fMRI scanned for activation within certain brain networks and connectivity between the networks. "We went into it with an idea in mind of what brain networks were likely to be influenced by the story," Hutton explains. One was language. One was visual perception. The third is called visual imagery*. The fourth was the default mode network, which includes regions of the brain that appear more active when someone is *not* actively concentrating on a designated mental task involving the outside world.

3 Here's what the researchers found: In the audio-only condition (too cold), language networks were activated, but there was less connectivity overall. There was more evidence the children were struggling to understand. In the animation condition (too hot), there was a lot of activity in the audio and visual perception networks, but not a lot of connectivity among the various brain networks. "The language network was working to keep up with the story," says Hutton. "Our interpretation was that the animation was doing all the work for the child. They were expending the most energy just **figuring out**(A) what it means." The children's comprehension of the story was the worst in this condition.

4 (2)The illustration condition was what Hutton called "just right." When children could see illustrations, language-network activity dropped a bit compared to the audio condition. Instead of only paying attention to the words, Hutton says, having the pictures as clues supported the children's understanding of the story. "With animation, the story information is given to the child all at once, so they don't have to do any of the work." Most importantly, in the illustrated book condition, researchers saw increased connectivity between and among all the networks they were looking at: visual perception, imagery, default mode, and language.

5 "For 3 to 5-year-olds, the imagery and default mode networks mature late, and take practice to integrate with the rest of the brain," Hutton explains. "With animation you may be missing an opportunity to develop them." When we read to our children, they are doing more work than meets the eye. "It's that muscle they're developing bringing the images to life in their minds." Hutton's concern is that in the longer

term, "kids who are **exposed to**(B) too much animation are going to be at risk for developing not enough integration." Overwhelmed by the demands of processing language, without enough practice, they may also be less skilled at forming mental pictures based on what they read, much less reflecting on the content of a story. This is the stereotype of a "reluctant reader"(3) whose brain is not well trained in getting the most out of a book.

6 One interesting note is that, because of the constraints of an fMRI machine, which encloses and holds the body in position, the story-with-illustrations condition wasn't actually as good as reading on Mom or Dad's lap. The emotional **bonding**(C) and physical closeness, Hutton says, were missing. In an ideal world, you would always be there to read to your child. The results of this small, preliminary study also suggest that, when parents do turn to electronic devices for young children, they should move toward the most stripped-down version of a narrated, illustrated e-book, as opposed to either audio-only or animation.

Notes:

too cold, too hot, just right*:

In this passage about reading a story to children, "too cold" and "too hot" indicate some difficulties in understanding or processing it, but "just right" indicates the appropriateness of such storytelling.

fMRI*: a method to measure and map the brain activity

voiceover*: the spoken words that describe the story

visual imagery*: an image created in a person's mind

Q 1. What are the "three different situations" in the underlined part (1) in paragraph 1? Select the three phrases that refer to them from **paragraph 2**, and write them down **in English**.

Q 2. In paragraph 2, what had the researchers assumed about brain networks before beginning this study? Write the letter (A, B, C, D) of your choice.

A. The brain networks would likely be affected significantly by animation.

B. The four brain networks would show similar results for the process of learning to read.

C. The stories would influence the four different brain networks: language, visual perception, visual imagery, and the default mode in certain ways.

D. The default mode network would help children concentrate on a designated task.

Q 3. Which of the following statements is **not consistent** with the research findings in paragraph 3? Write the letter (A, B, C, D) of your choice.

A. In the audio-only condition, language networks were stimulated, but there was weak connectivity overall.

B. In the audio-only condition, the children were having a hard time to understand the story.

C. In the animation condition, the audio and visual perception networks were activated, but there was little connection between the networks.

D. In the animation condition, the children could understand the story better than the other conditions.

Q 4. In paragraph 4, the author says that the illustration condition is "just right" in the underlined part (2). Answer **in Japanese** why it is "just right."

Q 5. How is the "reluctant reader" in the underlined part (3) described in paragraph 5? Choose one statement and write the letter (A, B, C, D) of your choice.

A. A reader who has sufficient opportunity to read.

B. A reader who has read a lot only because they were required to do it.

C. A reader who has a limited vocabulary and lacks concentration.

D. A reader who has difficulty in reading a story deeply and developing mental images.

Q 6. In paragraph 6, when parents read a story to their child with electronic devices, what is the best approach? Choose one statement and write the letter (A, B, C, D) of your choice.

A. Use the newest software available.

B. Use a simple illustrated type of story.

C. Use audio-only type of story.

D. Use animated story to stimulate better brain connections.

Q 7. Choose the most appropriate word that matches the meaning of the underlined words or phrases (A)－(C). Write the correct word in the space provided.

(A)	comprehending	counting	questioning	stimulating
(B)	expected	prohibited	revealed	shown
(C)	condition	conflict	damage	tie

〔4〕 **Read the following newspaper article and follow the instructions below.** (36 点)

According to the Kanagawa Prefectural Police Station, a 20-year-old female university student caused a traffic death. The student was riding on a power-assisted bicycle when the accident happened. She moved off from an intersection and started riding on the sidewalk. At that moment, a 77-year-old lady was walking on the sidewalk and moved toward the bicyclist. The student hit the lady. The collision caused the lady to fall and strike her head. She was transported to hospital, but died of her injuries two days later.

At the time of the incident, the student was apparently holding a smartphone in her left hand and a drink in her right while steering the power-assisted bike. Moreover, she had an earphone in her left ear. Therefore, police arrested the student for breaking the new law and riding recklessly. Police are investigating whether the student noticed that the old lady was walking toward her. They suspect that she was not paying sufficient attention because she was operating her smartphone right up until the collision. Her court appearance date has not been decided yet.

The Mainichi, December 16, 2017

Instructions: Write two well-developed paragraphs **in English**. In the first paragraph, summarize the main points of the newspaper article above in approximately 100 words. Use different vocabulary and sentence structure from the original passage as much as possible. In the second paragraph, write your opinion about what should be done to reduce accidents like this in approximately 50 words.

〔５〕 次の文章の下線部⑴，⑵を英語に訳しなさい。(30 点)

現在の地球上の総人口は約 60 億くらいですが，そのうち英語を母語とする人口は 3 ～ 4 億にすぎず，何とか通じる人口を合わせても約 10 億くらいと言われています。⑴地球上の圧倒的多数の人々は，英語とは関係のない暮らしをおくっているのです。とすれば，インターネットを本当に地球上の人々をつなぐ通信インフラにするためには，多言語情報処理環境はぜひ必要なものなのです。(中略)

ここで「インターネット多言語主義」について，大切な点を補足しておきましょう。これは「日本人(／中国人／フランス人など)なら地球上どこでもインターネットで日本語(／中国語／フランス語など)を使えるべきだ」ということだけではありません。インターネット上で単に各国の「国語」を通用させればよいという，国民国家を絶対視する思考とは違うのです。⑵もちろん，インターネット上で母語を扱えることは大事ですが，それだけでなく，「多様な言語を使う多様な人々との共存」という点が肝心なのです。

西垣通『こころの情報学』

数学

◀経済（経済工）・理・医（保健〈看護学〉を除く）・
歯・薬・工・芸術工・農学部▶

（150 分）

（注）経済学部経済工学科については，250 点満点の配点を 300 点満点に換算する。

〔1〕（配点 50 点）

この問題の解答は，解答紙 **27** の定められた場所に記入しなさい。

［問題］

n を自然数とする。x，y がすべての実数を動くとき，定積分

$$\int_0^1 \left(\sin(2n\pi t) - xt - y\right)^2 dt$$

の最小値を I_n とおく。極限 $\lim_{n \to \infty} I_n$ を求めよ。

〔 2 〕　(配点 50 点)

この問題の解答は，解答紙 **28** の定められた場所に記入しなさい。

［問題］

0 でない 2 つの整式 $f(x)$，$g(x)$ が以下の恒等式を満たすとする。

$$f(x^2) = (x^2+2)g(x)+7$$
$$g(x^3) = x^4 f(x) - 3x^2 g(x) - 6x^2 - 2$$

以下の問いに答えよ。

(1) $f(x)$ の次数と $g(x)$ の次数はともに 2 以下であることを示せ。

(2) $f(x)$ と $g(x)$ を求めよ。

〔 3 〕　(配点 50 点)

この問題の解答は，解答紙 **29** の定められた場所に記入しなさい。

［問題］

1 個のサイコロを 3 回投げて出た目を順に a，b，c とする。2 次方程式

$$ax^2+bx+c=0$$

の 2 つの解 z_1，z_2 を表す複素数平面上の点をそれぞれ $\mathrm{P}_1(z_1)$，$\mathrm{P}_2(z_2)$ とする。また，複素数平面上の原点を O とする。以下の問いに答えよ。

(1) P_1 と P_2 が一致する確率を求めよ。

(2) P_1 と P_2 がともに単位円の周上にある確率を求めよ。

(3) P_1 と O を通る直線を ℓ_1 とし，P_2 と O を通る直線を ℓ_2 とする。ℓ_1 と ℓ_2 のなす鋭角が $60°$ である確率を求めよ。

〔 4 〕　(配点 50 点)

この問題の解答は，解答紙 **30** の定められた場所に記入しなさい。

［問題］

座標平面上の 3 点 $\mathrm{O}(0,0)$，$\mathrm{A}(2,0)$，$\mathrm{B}(1,\sqrt{3})$ を考える。点 P_1 は線分 AB 上にあり，A，B とは異なる点とする。

線分 AB 上の点 P_2，P_3，$\cdots\cdots$ を以下のように順に定める。点 P_n が定まったとき，点 P_n から線分 OB に下ろした垂線と OB との交点を Q_n とし，点 Q_n から線分 OA に下ろした垂線と OA との交点を R_n とし，点 R_n から線分 AB に下ろした垂線と AB との交点を P_{n+1} とする。

$n \to \infty$ のとき，P_n が限りなく近づく点の座標を求めよ。

〔 5 〕　(配点 50 点)

この問題の解答は，解答紙 **31** の定められた場所に記入しなさい。

［問題］

a，b を複素数，c を純虚数でない複素数とし，i を虚数単位とする。複素数平面において，点 z が虚軸全体を動くとき

$$w = \frac{az+b}{cz+1}$$

で定まる点 w の軌跡を C とする。次の 3 条件が満たされているとする。

(ア) $z=i$ のときに $w=i$ となり，$z=-i$ のときに $w=-i$ となる。

(イ) C は単位円の周に含まれる。

(ウ) 点 -1 は C に属さない。

このとき a，b，c の値を求めよ。さらに C を求め，複素数平面上に図示せよ。

◀医(保健〈看護学〉)学部▶

(120分)

(注) 200点満点の配点を，100点満点に換算する。

〔1〕 (配点50点)

この問題の解答は，解答紙 **23** の定められた場所に記入しなさい。

［問題］

表に3，裏に8が書かれた硬貨がある。この硬貨を10回投げるとき，出た数字10個の積が8桁になる確率を求めよ。ただし，$\log_{10} 2 = 0.3010$，$\log_{10} 3 = 0.4771$ とする。

〔2〕 (配点50点)

この問題の解答は，解答紙 **24** の定められた場所に記入しなさい。

［問題］

k を実数とする。3次関数 $y = x^3 - kx^2 + kx + 1$ が極大値と極小値をもち，極大値から極小値を引いた値が $4|k|^3$ になるとする。このとき，k の値を求めよ。

〔 **3** 〕 (配点 50 点)

この問題の解答は，解答紙 **25** の定められた場所に記入しなさい。

［問題］

座標空間内の3点 A$(1,2,3)$，B$(3,2,3)$，C$(4,5,6)$ を通る平面を α とし，平面 α 上にない点 P$(6,p,q)$ を考える。以下の問いに答えよ。

(1) 点Pから平面 α に下ろした垂線と α との交点をHとする。線分PHの長さを p，q を用いて表せ。

(2) 点Pが $(p-9)^2+(q-7)^2=1$ を満たしながら動くとき，四面体ABCPの体積の最大値と最小値を求めよ。

〔 **4** 〕 (配点 50 点)

この問題の解答は，解答紙 **26** の定められた場所に記入しなさい。

［問題］

0でない2つの整式 $f(x)$，$g(x)$ が以下の恒等式を満たすとする。

$$f(x^2)=(x^2+2)g(x)+7$$
$$g(x^3)=x^4f(x)-3x^2g(x)-6x^2-2$$

以下の問いに答えよ。

(1) $f(x)$ の次数と $g(x)$ の次数はともに2以下であることを示せ。

(2) $f(x)$ と $g(x)$ を求めよ。

物理

（2 科目 150 分）

(注)　医学部保健学科看護学専攻については，2 科目 250 点満点（1 科目 125 点満点）の配点を 2 科目 100 点満点に換算する。

〔1〕　以下の問いに答えよ。(45 点)

図 1 のような，自転車とそれに乗った運転者を考える。両者をあわせて一体と考え，自転車・運転者とよぼう。運転者はじっと動かず，水平の路面を慣性でまっすぐ進んでいるとする。

この自転車・運転者全体の質量を M，重心 G は前輪と後輪のまんなかで高さ H のところにあるとする。前輪と後輪の中心の間隔を L とする。また，車輪は軽く，その回転が運動に与える影響は無視できるとする。

まず，前輪のみにブレーキをかけた場合を考える。すると図 1 に示すように，前輪のタイヤには，路面から，路面と平行な摩擦力がはたらく。その大きさを F とする。以下では，ブレーキをかけたほうのタイヤのみに摩擦力がはたらき，ブレーキによって生じる摩擦以外の摩擦や空気抵抗は無視できるとする。

(1)　ブレーキをかける前の自転車の速さを V として，停止するまでに進む距離を求めよ。ただし，F は一定とする。

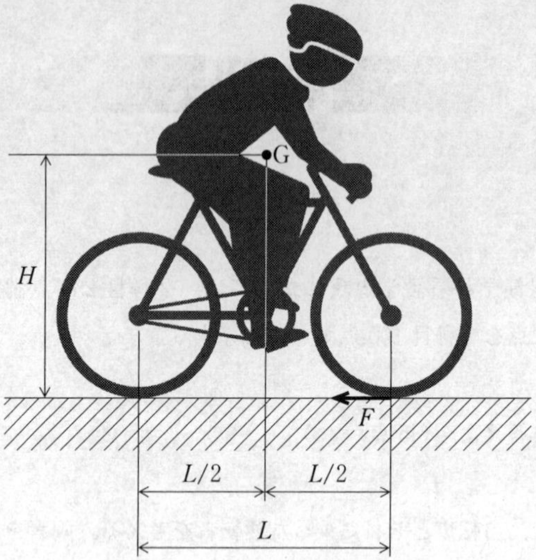

図１：自転車・運転者

自転車の加速度を $-a(a>0)$ とし，自転車とともに運動する観測者を考える。この観測者から見ると自転車・運転者は静止しており，慣性力が外力とつりあっている。外力としては，前輪が受ける摩擦力(大きさ F)，前輪および後輪が路面から受ける垂直抗力(それぞれ，大きさ N_{F} および N_{R})，および重力の４つあり，それらが満たす関係式を求めたい。重力加速度の大きさを g として，以下の問いに答えよ。

⑵　摩擦力以外の３つの外力とこの観測者から見た慣性力について，その向きと大きさを，矢印の向きとおおよその長さで，解答欄の図中に示せ。ただし，矢印の始点はそれぞれの力の作用点とせよ。

〔解答欄〕

⑶ 前輪および後輪が路面から受ける垂直抗力による，重心 G を通り紙面に垂直な軸のまわりの力のモーメントを，それぞれ書け。ただし，力のモーメントは反時計回りを正とする。

〔解答欄〕

前輪の垂直抗力のモーメント＝

後輪の垂直抗力のモーメント＝

⑷ この観測者から見た，自転車・運転者にはたらく力および力のモーメントのつりあい条件を表す式を書け。ただし，自転車・運転者全体を剛体とみなしてよいとする。

⑸ 前問で求めた関係式を解いて，加速度の大きさ a，垂直抗力の大きさ N_F および N_R を，摩擦力の大きさ F の関数として表わせ。

⑹ F と N_F の比 $\frac{F}{N_F}$ を，F の関数としてグラフに描け。ただし，$F \geqq 0$ である。

〔解答欄〕

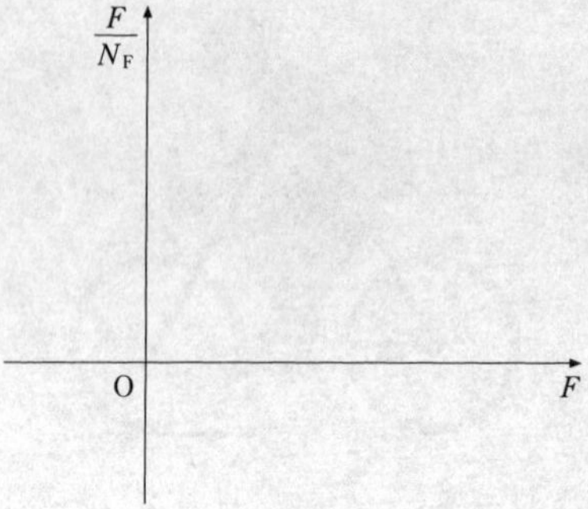

(7)　後輪が浮き上がらないために F が満たすべき条件を書け。

ブレーキが弱いとタイヤは路面に対してすべらず，タイヤにはたらく摩擦力は静止摩擦力とみなしてよいとする。ブレーキを強くすると摩擦力は大きくなる。摩擦力が最大摩擦力を超えるとタイヤは路面に対してすべり始め，タイヤにはたらく摩擦力は動摩擦力になるとしよう。タイヤと路面の間の静止摩擦係数を μ として，以下の問いに答えよ。

(8)　μ が十分大きくタイヤはすべらないと仮定して，後輪が浮き上がらずに得られる最も大きな減速，すなわち a の最大値を書け。

(9)　実際にタイヤがすべらずこの最大の減速を得るために，μ が満たすべき条件を書け。

次に，後輪にもブレーキをかけて減速している場合を考える。「両輪とも路面から離れず，かつタイヤがすべらない」という条件の下で得られる最大の減速，すなわち加速度を $-b$ とした時，b の最大値を求めたい。ただし，タイヤと路面の静止摩擦係数 μ は前問(9)で求めた条件を満たすとする。

(10)　後輪のみにブレーキをかけて得られる最大の減速，すなわち b の最大値はいくらか。

⑾　前後両輪のブレーキを使ってよいとして，最大の減速になる場合を考える。その場合に，前輪にはたらく摩擦力 F_F および後輪にはたらく摩擦力 F_R は，それぞれいくらか。

〔2〕　以下の問いに答えよ。(40点)

幅 L〔m〕，奥行 D〔m〕の長方形状の一巻きコイルを使って，磁場の中にコイルを入れたときやその中で動かしたときにみられる現象について調べる。コイルに発生する起電力を測るため，コイルの両端部に R〔Ω〕の抵抗を接続した閉回路をつくり，抵抗にかかる電圧を測る。以下では，コイルおよび導線の電気抵抗，コイルで発生した電流のつくる磁束，コイル以外の回路部分への磁場の影響，電圧計に流れる電流を無視する。

問 1．はじめに，時間変化する一様な磁束密度 $\vec{B}$〔T〕の磁場の中に置かれたコイルについて考えよう。図1に示すように，鉛直方向にかけられた磁場と垂直になるようにコイルの面を水平に固定する。

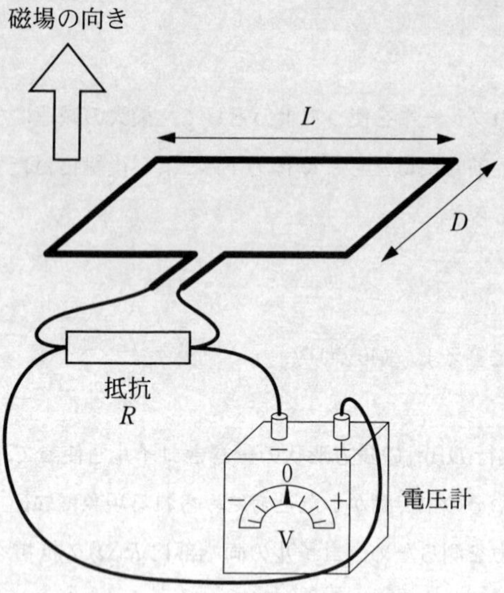

図1

磁束密度 $\vec{B}$ の鉛直上向きの成分 B_z〔T〕が下のグラフ(1)あるいは(2)のように時刻 t〔s〕とともに変化するとき，抵抗の両端に取り付けられた電圧計が示す電圧 V_1〔V〕の時間変化をグラフに描け。ただし，電圧の値をグラフの縦軸の目盛りに記入しなくてよいが，相対的な大きさが分かるように図示せよ。

(1)

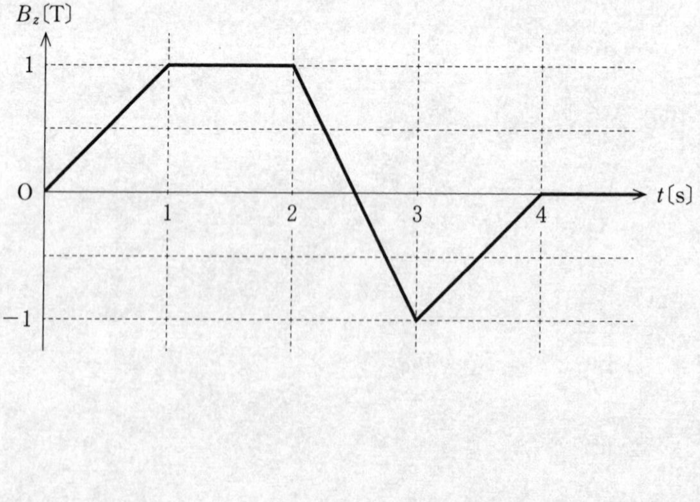

(2)

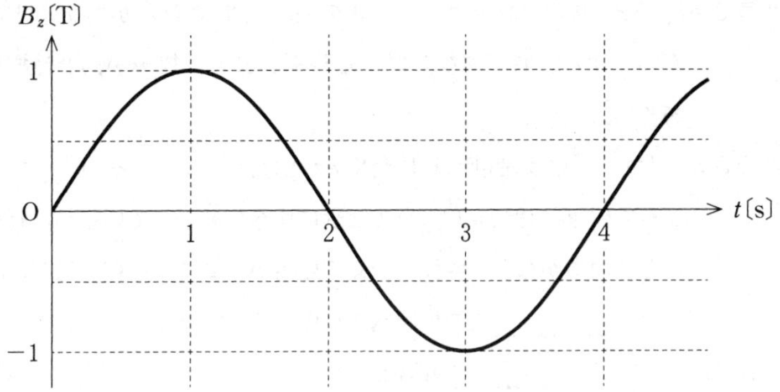

〔解答欄〕

(1)

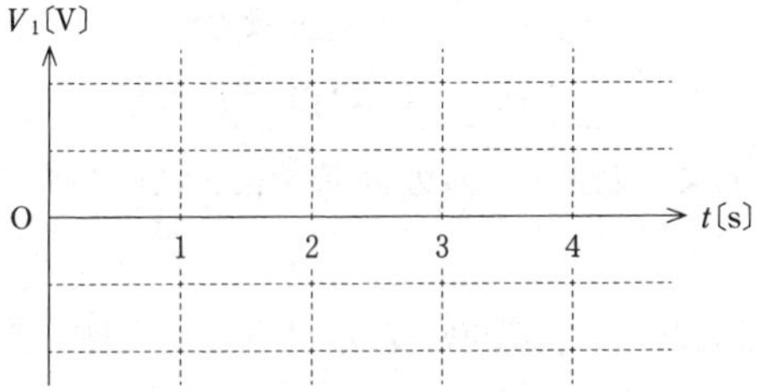

(2)

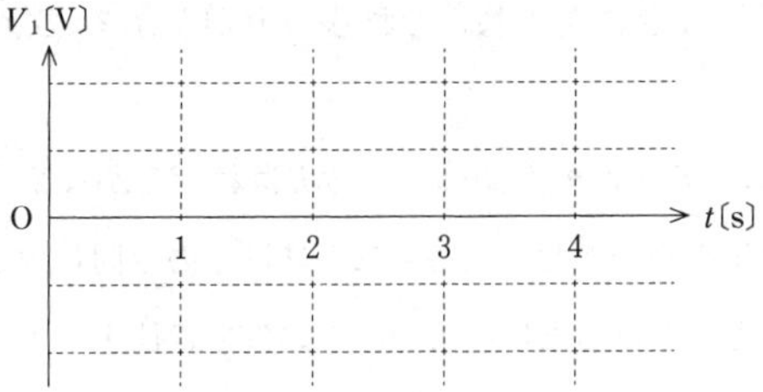

問 2. つぎに，時間変化しない一様な磁束密度 $\vec{B}$〔T〕の磁場の中でコイルを回転させよう。図 2 に示すように，コイル上の点 b と c の中点，a と d の中点の両方を通る軸のまわりに，一定の角速度 ω〔rad/s〕でコイルを回転させる。この実験について，千春さんと浩介さんの 2 人は以下のように議論している。空欄(ア)から(ク)に入る適切な語句や記号，数式を答えよ。

千春さん　「時刻0（ゼロ）では，コイルの面と磁場の向きがちょうど垂直だったよね。時間が少し経った時刻t〔s〕での様子が図2に描いてあるね。」

浩介さん　「コイルは反時計回りに角度ωtだけ回転しているから，コイルを貫く磁束は時刻0（ゼロ）のときに比べて減少しているね。起電力はどうなるかな？　電流のつくる磁場が，コイルを貫く磁束の時間変化を＿＿(ア)＿＿向きに起電力が生じるよね。」

千春さん　「これは＿＿(イ)＿＿の法則だね。

電流の向きは，図中の矢印記号(あ)の向きなのか，それとも(い)の向きなのかな？　えーと，＿＿(ウ)＿＿の向きだね。」

浩介さん　「そうだね。じゃあ，この電流は磁場の中を流れるんだよね。ということは，＿＿(エ)＿＿と呼ばれている力がコイルを流れる電流にはたらくよね。コイルのab間の部分にはたらく力を求めてみよう。」

千春さん　「電流をI〔A〕，磁束密度の大きさを$B=|\vec{B}|$と表すと，この力の大きさは＿＿(オ)＿＿になるね。コイルの＿＿(カ)＿＿間にはたらく力も同じ大きさだよね。これらの力がかかるとコイルはどうなるの？」

浩介さん　「コイルの回転が妨げられるのはわかるかな？　一定の角速度でコイルを回転させるには，この妨げる力と同じ大きさで，反対向きの外力をかけるといいよね。この外力の仕事率P〔W〕を求めよう。」

千春さん　「仕事率は単位時間あたりの仕事だったかな。」

浩介さん　「その通り。まず，コイルのab間については，仕事率は速度と力の内積だから，コイルのab間の部分の速さをv〔m/s〕，そこにかける力の大きさをF〔N〕とすると，$Fv\sin\omega t$が仕事率になるよね。＿＿(カ)＿＿間も同じだね。」

千春さん　「2つを合計した全体の仕事率P〔W〕は，FをIを用いて表して，$P=$＿＿(キ)＿＿になったよ。」

浩介さん　「これと抵抗Rで単位時間（毎秒）あたりに発生する熱量P_R〔W〕が

等しくなるんだ。エネルギー保存則だね。この関係 $P = P_R$ を使うと，電流 I の時間変化が求められるよ。」

千春さん　「P_R は I を用いて，$P_R =$ ＿＿(ク)＿＿ と表せるから，時刻 t のときの電流は $I = \dfrac{BLD\omega}{R}\sin\omega t$ になるね。」

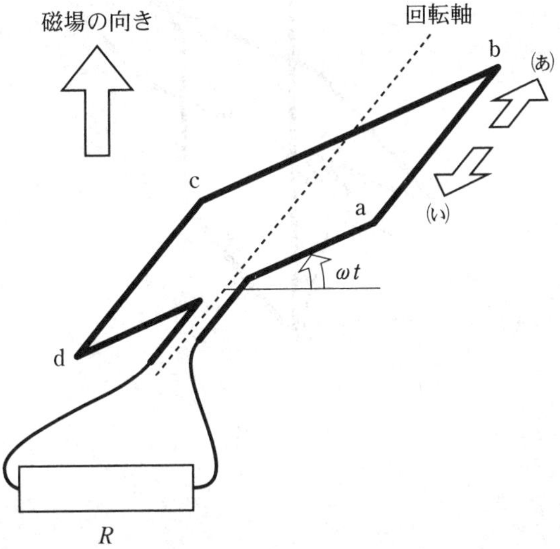

図 2

問 3. 前問 2 で用いたコイルと抵抗からなる閉回路と同じものをもう 1 つ準備する。2 つのコイルを組み合わせて，一体化したコイル対をつくろう。図 3 に示すように，2 つのコイルの回転軸をそろえて，片方のコイル面ともう一方のコイル面とがなす角度を θ〔rad〕($0 \leqq \theta \leqq \pi$ にとる) で固定する。コイルの回転軸は，前問と同じとする。また，2 つのコイルが互いに電気的に接触しないように一体化する。

この一体化したコイル対を，時間変化のない一様な磁場の中で，回転軸のまわりに一定の角速度 ω〔rad/s〕で回転させる。このとき，コイル対全体の仕事率が時刻によらず一定になるような θ を求めよ。解答欄には θ の値とそのときの仕事率が時刻によらず一定になることを示せ。

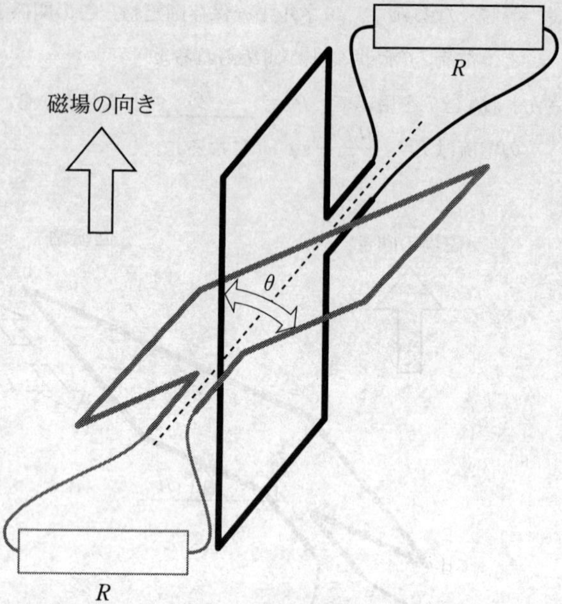

図 3

〔3〕 以下の問いに答えよ。(40点)

問 1. 次の文中の(a)に当てはまる式および(b)に当てはまる数値と単位を答えよ。

圧力 $p = 2.7 \times 10^5$ Pa，温度 $T = 430$ K の下で物質量 $n = 1.0$ mol の気体の体積を測定したところ，$V = 1.3 \times 10^{-2}$ m^3 であった。この気体に対して近似的に理想気体の状態方程式が適用できると考え，測定結果から気体定数の値を見積もろう。ここで定義した記号を用いて気体定数を求める式を表すと(a)であり，気体定数の計算結果を有効数字 2 桁で表すと(b)となる。この値は気体定数の正しい値とはやや異なる。

問 2. 図 1 のように，なめらかに上下に動くピストンをもつ断面積 S のシリンダー内に 1 mol の単原子分子理想気体が閉じ込められている。シリンダーの外側は真空である。ピストンは質量の無視できる糸につながれており，手で引き上げることができる。気体定数を R とし，この気体の定積モル比熱は $\frac{3}{2}R$ である。

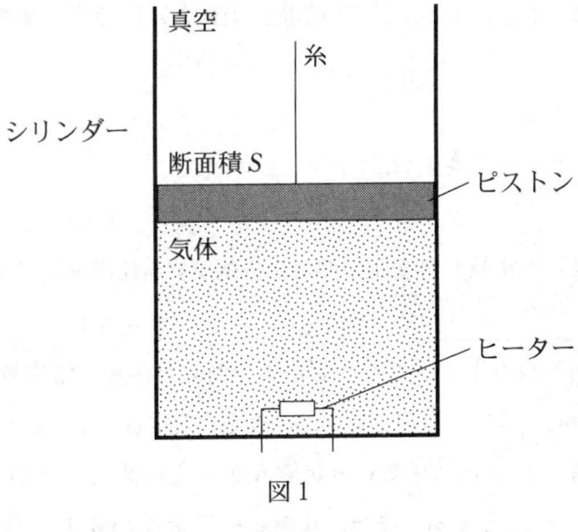

図 1

最初，糸がたるんだ状態でピストンは静止しており，糸の張力はゼロ，気体の圧力は p_A，体積は V_A であった。この状態を状態Aとする。

(1)　ピストンの質量を求めよ。ただし，重力加速度の大きさを g とする。

次に，ヒーターにより気体を熱したところ，ピストンが上昇し体積が V_B となった。この状態を状態Bとする。この間，糸はたるんだままで，また，気体から外部への熱の流出はないとする。

(2)　状態A→状態Bの変化の間に気体がする仕事 W_{AB} を求めよ。

(3)　状態A→状態Bの変化の間の温度上昇を求めよ。

(4)　ヒーターから気体に与えられる熱 Q_{AB} を求めよ。

気体が状態Bになった時点でヒーターから気体への熱供給を止めた。その後，糸を用いてピストンを引き上げ，気体の体積を V_C にした。この時の気体の温度は状態Aの温度と同じになった。この状態を状態Cとする。ただし，ピストンを引き上げている間，気体と外部の間の熱の移動はないとする。

(5)　状態Cの圧力を求めよ。

(6)　状態B→状態Cの変化の間に，気体がする仕事 W_{BC} を求めよ。

次に糸の張力をゆっくりとゼロまで弱めながら，気体の体積を減少させた。この間，気体から熱を奪い，温度を一定に保つようにしたところ，気体は状態Aに戻った。状態C→状態Aの変化の間に気体から奪われる熱を Q_{CA}（$Q_{CA} > 0$）とする。また，状態C→状態Aの変化の間に気体がされる仕事を W_{CA}（$W_{CA} > 0$）とする。

(7) W_{CA} と Q_{CA} の間に成り立つ関係式を書け。

次に，状態A→状態B→状態C→状態Aというサイクルを考える。

(8) 解答紙の p-V 図上に，このサイクルの概略図を表せ。状態A，状態B，状態Cの位置を黒丸で記し，どの点がどの状態かはっきり示すこと。ただし，V_B および V_C の概略値をそれぞれ $1.32\,V_A$，$2.00\,V_A$ とすること。また，状態A→状態B，状態B→状態C，状態C→状態Aそれぞれの変化を表す線を，直線の場合は実線で，曲線の場合は破線で描け。曲線の場合は正確な形を描く必要はないが，上に凸の形であるか，下に凸の形であるかをはっきりと示すこと。

〔解答欄〕

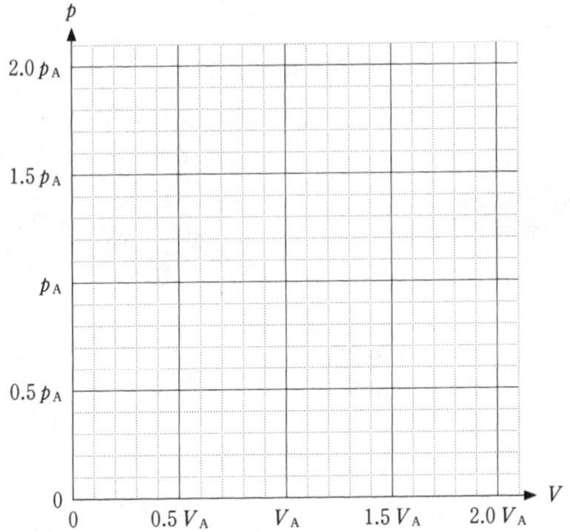

(9) 次の文章の(　ア　)～(　エ　)を数式で，(　オ　)を適当な言葉で埋めよ。

このサイクルの熱効率 e を，Q_{AB}，Q_{CA} を用いて表すと，$e=\dfrac{(\ ア\ )}{(\ イ\ )}$ である。始点の状態Aから終点の状態Aまでのサイクル全体を通しての気体の内部エネルギー変化は(　ウ　)であるので，(　ア　)と同じ量を

W_{AB}，W_{BC}，W_{CA} を用いて表すと（ エ ）となる。また，e の値は必ず1より（ オ ）。

化学

（2科目150分）

(注)　医学部保健学科看護学専攻については，2科目250点満点（1科目125点満点）の配点を2科目100点満点に換算する。

必要な場合には，次の値を用いよ。

原子量：H = 1.00，C = 12.0，O = 16.0，Na = 23.0，Al = 27.0，
Cl = 35.5

気体定数 R：8.31×10^3 Pa・L/(mol・K)

平方根：$\sqrt{2} = 1.414$，$\sqrt{3} = 1.732$，$\sqrt{5} = 2.236$

〔1〕　次の文章を読み，**問1～問5**に答えよ。なお，温度は300 Kで変化しないものとし，水溶液は希薄であり，水および水溶液の密度はいずれも1.00 g/cm^{3}と見なせるものとする。また，水銀の密度を13.6 g/cm^3，1気圧は1.01×10^5 Pa = 760 mmHgとし，塩化ナトリウムは水中で完全に電離しているものとする。(25点)

水は自由に通すが溶質は全く通さない半透膜を，断面積4.00 cm^{2}のU字管の中央に固定する。図1のように，このU字管のA側には水を100 mL，B側には分子量Mの不揮発性で非電解質の化合物**X**が100 mg含まれる水溶液を100 mL入れ，なめらかに動き質量の無視できるピストンを置き，その上におもりをのせたところA側とB側の液面の高さは等しくなった。

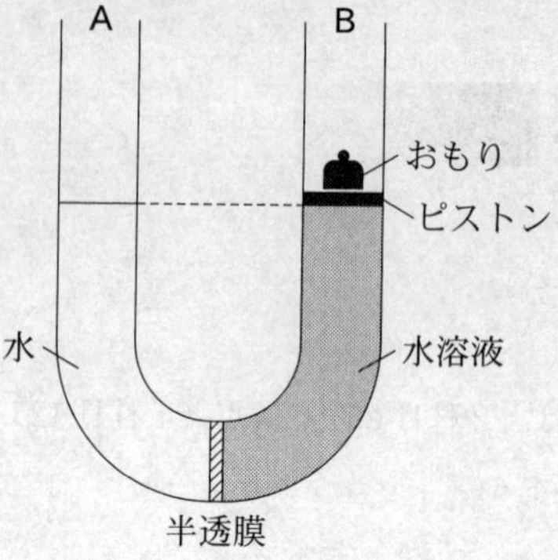

図 1

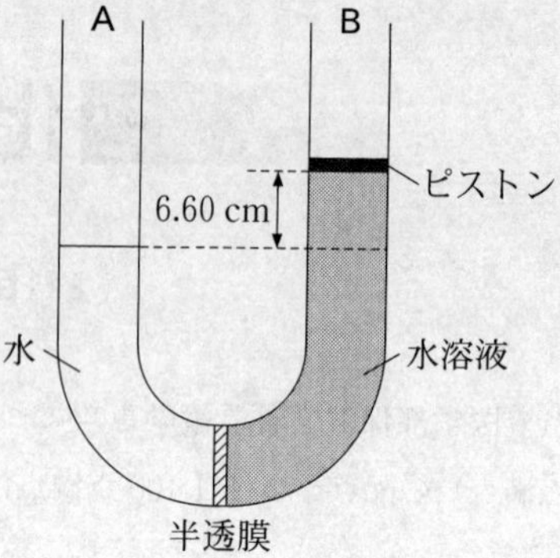

図 2

問 1. 図 1 の状態における浸透圧は何 Pa か。化合物 **X** の分子量 M を用いて表せ。解答中の数値は有効数字 2 桁で記せ。

問 2. おもりを外し，しばらく放置すると，図 2 のように B 側の液面が A 側よりも 6.60 cm 高くなった。図 1 の状態の浸透圧は，図 2 の状態の液面差によって生じる圧力の何倍か，有効数字 2 桁で答えよ。

問 3. おもりの質量〔g〕および化合物 **X** の分子量 M を，それぞれ有効数字 2 桁で答えよ。

問 4. 図 2 の状態に対して，A 側に塩化ナトリウムを加えたところ，再び A 側と B 側の液面の高さは等しくなった。加えた塩化ナトリウムの質量は何 mg か，有効数字 1 桁で答えよ。ただし，塩化ナトリウムを加えたときの，溶液の密度と体積の変化は無視できるものとする。

問 5. 浸透圧以外にも，凝固点降下を用いて分子量を測定することができる。次に示す分子量の異なる 2 つの物質の溶解について，凝固点降下度を有効数字 2 桁で答えよ。ただし，いずれの物質も以下の条件において水に完全に溶解するものとし，水のモル凝固点降下を 1.85 K・kg/mol とする。

(ア)　化合物 **X** 1.00 g を 100 mL の水に溶かしたときの凝固点降下度

(イ)　塩化ナトリウム 1.00 g を 100 mL の水に溶かしたときの凝固点降下度

〔2〕　次の文章を読み，**問** 1 ～**問** 2 に答えよ。(25 点)

コークス C(固体)と水蒸気 H_2O(気体)を原料として，これらを高温で接触させることによって CO と H_2 の混合気体が生成する反応(水性ガス反応)は，式①に示す熱化学方程式で表される。一方，この反応の副反応として，式②に示す熱化学方程式で表される反応が同時に進行し，CO および H_2 の生成率に影響を与える。ここでは以下の 2 つの反応について考える。なお，式①，式②中の y，z は反応熱を表す。

$$\text{C(固)} + H_2O\text{(気)} = \text{CO(気)} + H_2\text{(気)} + y\text{〔kJ〕} \qquad y < 0 \cdots ①$$

$$\text{CO(気)} + H_2O\text{(気)} = CO_2\text{(気)} + H_2\text{(気)} + z\text{〔kJ〕} \qquad z > 0 \cdots ②$$

式①の反応は〔　ア　〕，式②の反応は〔　イ　〕を伴う反応である。主反応である式①の反応が一定温度で平衡状態にあるとき，右向きの反応によって気体分子の総数が〔　ウ　〕ので，系全体の圧力を〔　エ　〕すれば H_2 の生成率を大きくすることができる。

問 1. 文章中の〔　ア　〕～〔　エ　〕に入る適切な語句を 1 つ選んで記号で答えよ。

〔　ア　〕　(a)　発　熱　　(b)　吸　熱

〔　イ　〕　(a)　発　熱　　(b)　吸　熱

〔　ウ　〕　(a)　減少する　　(b)　変わらない　　(c)　増加する

〔　エ　〕　(a)　低　く　　(b)　一定に　　(c)　高　く

問 2. 体積 V〔L〕の容器中で，圧力が p〔Pa〕，温度が T〔K〕に保持された状態で，式①および式②で表される 2 つの反応が平衡状態にあるとき，以下の

(1)~(4)に答えよ。ただし，各気体の分圧は p_{H_2O}，p_{CO}，p_{CO_2} および p_{H_2} で表すものとし，いずれの気体も理想気体として扱えるものとする。また，コークスCの体積は無視できるものとする。

(1)　式①および式②の反応の平衡定数 K_1 および K_2 を容器内に存在する各気体の分圧 p_{H_2O}，p_{CO}，p_{CO_2}，p_{H_2}，温度 T および気体定数 R を用いてそれぞれ表せ。

(2)　気体がかかわる可逆反応の場合，**問2**(1)で求めた平衡定数の代わりに，成分気体の分圧を用いた圧平衡定数 K_p が使われる。式①および式②の反応の圧平衡定数 K_{p1} および K_{p2} を容器内に存在する各気体の分圧 p_{H_2O}，p_{CO}，p_{CO_2} および p_{H_2} を用いて表せ。

(3)　得られる H_2 の分圧 p_{H_2} については，以下の手順で p_{CO} および圧平衡定数 K_{p1} および K_{p2} を用いて表すことができる。また，圧平衡定数 K_{p1} および K_{p2} は与えられた温度で一定となり，その比 K_{p1}/K_{p2} も一定の値 α となる。したがって，ある温度での CO の分圧 p_{CO} を測定することができれば，p_{H_2} を計算することができる。〔　オ　〕~〔　ク　〕に p_{CO}，p_{CO_2}，V，R，T および α を用いて適切な式を記入し，次の文章を完成させよ。

《p_{H_2} の算出方法》

式①および式②の反応における CO，CO_2 の酸素原子と，H_2 の水素原子は，全て H_2O に由来することから，酸素と水素の原子数の比は1：2である。これを p_{H_2}，p_{CO} および p_{CO_2} を用いて表すと，

$$〔\ オ\ 〕: \frac{2p_{H_2}\cdot V}{RT} = 1:2$$

と書ける。よって，

$$p_{H_2} = p_{CO} + 〔\ カ\ 〕 \qquad \cdots③$$

を得る。一方，**問2**(2)で表した圧平衡定数の比をとることによって，

$$p_{CO_2} = \frac{〔\ キ\ 〕}{\alpha} \qquad \cdots ④$$

を得る。式④を式③に代入することにより，以下のようにp_{H_2}をp_{CO}およびαを用いて書き表せる。

$$p_{H_2} = p_{CO} + 〔\ ク\ 〕 \qquad \cdots ⑤$$

(4) 実際に容器内の圧力が1.01×10^5 Pa，温度が1273 Kに保持されたとき，圧平衡定数の比αが7.70×10^6 Paとなり，COガスセンサーによって測定されたp_{CO}の測定値は5.00×10^4 Paであった。このときp_{H_2}は何Paとなるか，有効数字3桁で答えよ。

〔3〕 次の文章を読み，**問1～問7**に答えよ。(25点)

一般にイオン化傾向の大きな金属の単体は，そのイオンを含む水溶液の電気分解では得ることができないので，これらの塩化物，水酸化物，あるいは酸化物などを高温で融解した液体に対して溶融塩電解(融解塩電解)を行うことによって単体を得ている。

塩化ナトリウムを原料とする溶融塩電解では陽極の炭素電極に気体〔　ア　〕が発生する一方，陰極にはナトリウムの単体が生じる。ただし工業的には，塩化ナトリウムの融点を下げるために〔　イ　〕を加えて溶融塩電解を行い，純度の高いナトリウムを得ている。

アルミニウムの単体を得るには酸化アルミニウムを原料とする。ただしその融点は2000℃以上と高いため，氷晶石を加熱・融解し，これに少しずつ酸化アルミニウムを溶解させて約1000℃で溶融塩電解を行う。このとき，陽極の炭素電極には気体〔　ウ　〕と気体〔　エ　〕が発生する一方，陰極にはアルミニウムの単体が生じる。アルミニウムが主成分の合金は軽くて比較的強く，私たちの日常生活に広く利用されている。

赤鉄鉱や磁鉄鉱などの酸化物を多く含む鉄鉱石を気体〔　ウ　〕と反応させるこ

とによって炭素を約４％含む〔　オ　〕が得られる。〔　オ　〕は融点が低い特徴を生かして鋳物などに用いられる。融解した〔　オ　〕に酸素を吹き込むと炭素を0.02～２％に減らすことができる。こうして得られるのが鉄骨やレールなどに用いられる〔　カ　〕である。

問 1. 文章中の〔　ア　〕〔　ウ　〕〔　エ　〕に適合する物質の化学式を記入せよ。

問 2. 文章中の〔　イ　〕に適合する物質を以下の(1)～(3)のなかから１つ選んで番号を記入し，その理由として最もふさわしい文章を以下の(a)～(c)のなかから１つ選んで記号を記入せよ。

(1)　塩化マグネシウム

(2)　塩化カルシウム

(3)　塩化亜鉛

(a)　イオン化傾向がナトリウムより大きい金属元素の塩化物であるため。

(b)　イオン半径がナトリウムに最も近い金属元素の塩化物であるため。

(c)　融点がナトリウムと最も異なる金属元素の塩化物であるため。

問 3. 文章中の〔　オ　〕〔　カ　〕に入る適切な物質の名称を答えよ。

問 4. 塩化ナトリウムは組成式 $NaCl$ で表され，その結晶の単位格子は下図のように描かれる。単位格子中に含まれる Na^+ と Cl^- の数を答えよ。

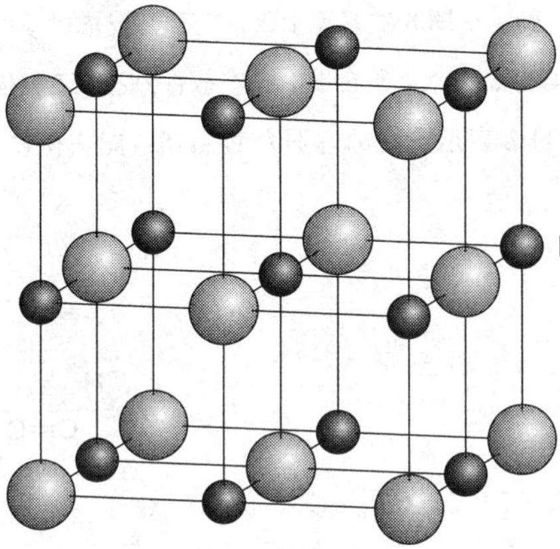

問 5. 実際の塩化ナトリウムの結晶格子は Na^+ と Cl^- が接し，Cl^- どうしは離れていると見なすことができる。塩化ナトリウム型の結晶において，仮想的に陽イオンを小さくしていくと，あるところで陰イオンどうしが接する。このときの陰イオンの半径を 1 とした場合，陽イオンの半径を小数点以下 3 桁の数字で答えよ。

問 6. ナトリウムについて正しい記述に○を，誤った記述に×を記入せよ。

(1) 空気中の酸素や水と容易に反応するため石油(灯油)中で保存するが，密度が石油(灯油)よりも小さいため浮く。

(2) エタノールと反応して水素を発生する。

(3) 水と反応させたのちにブロモチモールブルー(BTB)溶液を滴下すると黄色に呈色する。

問 7. 下線部について実際に酸化アルミニウムの溶融塩電解を行うとアルミニウムの単体が 5.4 g 得られた。このとき生じる気体が〔　エ　〕のみとした場合に標準状態で何 L の〔　エ　〕が発生したのか，有効数字 2 桁で答えよ。ただし気体〔　エ　〕は理想気体として扱えるものとする。

〔4〕 次の文章を読み，**問1**～**問6**に答えよ。ただし，反応はすべて完全に進行し，複数の化合物が生成する場合，等モル生成するものとする。構造式の記入ならびに不斉炭素原子(C*)の表示を求められた場合は，記入例にならって答えよ。(25点)

構造式の記入例

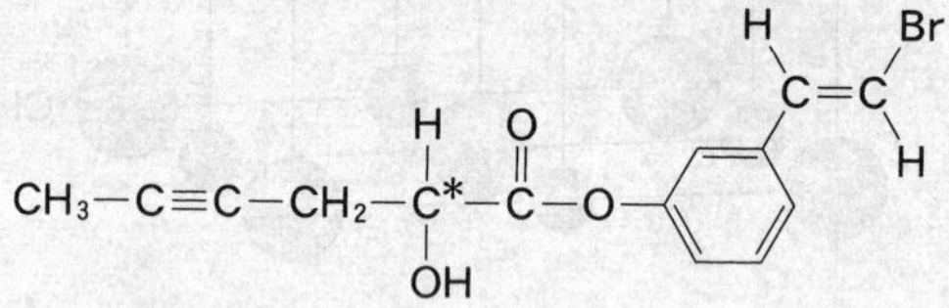

化合物**A**はベンゼン環を1つ持ち，炭素原子，水素原子のみからなる化合物で，その分子量は116である。化合物**A** 58.0 mgを完全燃焼させると二酸化炭素198 mg，水36.0 mgが得られた。化合物**A**に硫酸水銀(II)を触媒として水を付加すると，(1)2種類のカルボニル化合物**B**および**C**が生成した。また，触媒を用いて化合物**A**を等モルの水素と反応させると，互いに幾何異性体の関係にある化合物**D**および**E**が生成した。

化合物**D**および**E**を臭素と反応させたところ，どちらの場合も不斉炭素原子を2個含む化合物**F**が生成した。また，化合物**D**および**E**をオゾンで酸化したのち，亜鉛で処理すると，どちらの場合もカルボニル化合物**G**および**H**が生成した。化合物**G**および**H**を〔　ア　〕と加熱したところ，赤色の沈殿が生じた。化合物**G**は空気中で徐々に〔　イ　〕へと酸化された。〔　イ　〕は室温で固体であり，冷水には溶けにくかった。

炭化カルシウムと水から発生する気体を赤熱した鉄に触れさせると，3分子が重合してベンゼンが得られる。(2)同様の形式の反応を行うと，化合物**A**からは互いに構造異性体の関係にある化合物**I**および**J**が得られた。

問1. 化合物**A**の分子式および構造式を答えよ。

問 2. 下線部(1)に関して，化合物 **B** と化合物 **C** を区別するのに最も適した方法を以下の(a)～(c)より１つ選び，その記号を答えよ。また，化合物 **C** の構造式を答えよ。

(a) 塩化鉄(Ⅲ)水溶液を加えたところ，化合物 **C** のみ呈色した。

(b) ヨウ素と水酸化ナトリウム水溶液を反応させたところ，化合物 **C** のみ黄色の沈殿を生じた。

(c) ナトリウムを加えると，化合物 **C** のみ水素を生じた。

問 3. 化合物 **D** および **E** の構造式を，置換基の配置の違いがわかるように答えよ。

問 4. 化合物 **F** の構造式を答えよ。ただし，不斉炭素原子に＊印を付記して，他の炭素原子と区別すること。

問 5. 文章中の〔　ア　〕～〔　イ　〕に入る適切な名称あるいは化合物名を答えよ。

問 6. 下線部(2)の反応で得られた化合物 **I** および **J** の構造式を答えよ。

〔5〕 次の文章(1)と(2)を読み，**問 1** ～**問 6** に答えよ。(25 点)

(1) 糖類(炭水化物)は，連結した糖の数に応じて単糖・二糖・多糖に分類することができる。単糖のグルコースとフルクトースは同じ分子式で表される構造異性体であり，両化合物はそれぞれの環状構造と鎖状構造の平衡混合物として存在する。鎖状グルコースは環状グルコースにあるヘミアセタール構造が変化して生じ，鎖状フルクトースは環状フルクトースにあるヘミアセタール構造が変化して生じる。また，グルコースの立体異性体であるガラクトースは，鎖状構造にホルミル(アルデヒド)基を持つ単糖の 1 つである。鎖状グルコースと鎖状ガラクトースを比較すると，4 位の炭素原子に結合するヒドロキシ基の立体配置が異なるだけである。単糖が脱水縮合した構造を持つ二糖や多糖は，希硫酸を加えて加熱したり，適切な酵素で処理したりすると，加水分解されて単糖になる。

問 1. グルコースの分子式を答えよ。

問 2. 鎖状グルコースと鎖状フルクトースにある不斉炭素原子の数をそれぞれ答えよ。

問 3. 下に示す図の空欄①～⑧にあてはまる原子または官能基を答え，β-ガラクトースの環状構造を完成させよ。

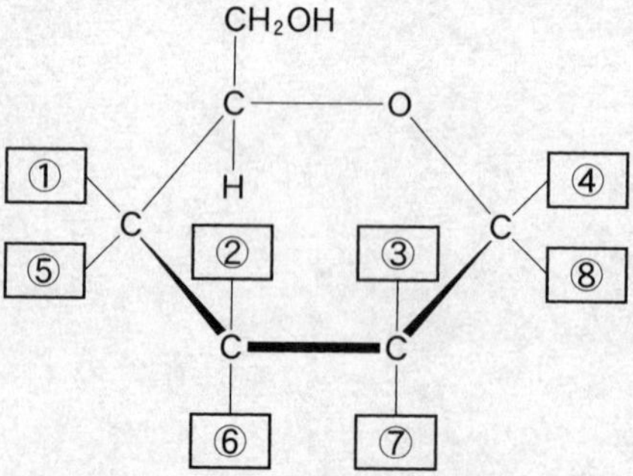

問 4. 下線部に関して，下の枠内に記載された二糖および多糖のうち，完全に加水分解するとグルコース以外の単糖が生じるものを全て答えよ。

スクロース	トレハロース	マルトース	セロビオース
ラクトース	アミロース	アミロペクチン	セルロース

(2) 植物の細胞壁成分であるセルロースは，衣類や紙類の原料として幅広く利用されている。木材パルプはセルロースを主成分とするが，繊維としては短いため，様々な処理を施して長い繊維を製造している。セルロースに水酸化ナトリウムと二硫化炭素を反応させると，粘性のある〔　ア　〕とよばれる溶液が得られる。これを希硫酸中に押し出して繊維にしたものが〔　イ　〕とよばれる〔　ウ　〕繊維の一種である。また，セルロースに無水酢酸，酢酸および濃硫酸を作用させると，トリアセチルセルロースが得られる。トリアセチルセルロースにあるエステル結合の一部を穏やかな条件で加水分解し，アセトンなどの溶媒に可溶な高分子にして紡糸した繊維を〔　エ　〕という。〔　エ　〕のように，天然繊維の官能基の一部を化学的に変化させてつくった化学繊維を〔　オ　〕繊維という。

問 5. 上の文章にある空欄〔　ア　〕～〔　オ　〕にあてはまる最も適切な語句を下の枠内から選んで，(A)～(L)の記号で答えよ。

(A)　ビニロン	(B)　セロハン	(C)　キュプラ
(D)　ビスコースレーヨン	(E)　ビスコース	(F)　アセテート
(G)　セルロイド	(H)　アクリル	(I)　半合成
(J)　合　成	(K)　再　生	(L)　ポリアミド系

問 6. 十分に分子量の大きいセルロース 162 g を原料としてトリアセチルセルロースにした後，穏やかな加水分解処理を施すことで，セルロースのヒドロキシ基が部分的にアセチル化された 259 g の高分子 **P** が得られた。この高分子 **P** は，原料に用いたセルロースにあったヒドロキシ基の何％が置換されているか，有効数字 2 桁で答えよ。

生物

（2科目150分）

(注) 医学部保健学科看護学専攻については，2科目250点満点（1科目125点満点）の配点を2科目100点満点に換算する。

字数制限のある問題では，英数字・句読点も1字として数える。

〔1〕 次の文章を読み，以下の問いに答えなさい。(25点)

C_3 植物，C_4 植物および CAM 植物は CO_2 を固定する様式が異なる。

C_3 植物では，葉内に取り込まれた CO_2 はリブロースビスリン酸カルボキシラーゼ/オキシゲナーゼ(ルビスコ)という酵素によりリブロースビスリン酸(RuBP)と反応して C_3 化合物である〔 ア 〕を生成し，カルビン・ベンソン回路に入る。ルビスコは RuBP に O_2 を結合させる反応も触媒する。大気中に置かれた植物体ではルビスコの CO_2 固定反応は O_2 により大きく阻害されている。①ルビスコの CO_2 固定反応が O_2 により阻害されるのは，CO_2 と O_2 との間でルビスコの同じ活性部位の奪い合いが起こるためである。カルビン・ベンソン回路を動かすために必要な ATP と NADPH は葉緑体の〔 イ 〕膜で起こる反応により合成されたものである。

C_4 植物では，CO_2 は葉内の〔 ウ 〕細胞において C_3 化合物であるホスホエノールピルビン酸と結合して C_4 化合物の〔 エ 〕となる。〔 エ 〕は速やかにリンゴ酸に変換され，〔 オ 〕細胞へ運ばれる。〔 オ 〕細胞では，リンゴ酸は CO_2 とピルビン酸に分解され，CO_2 はカルビン・ベンソン回路により再固定される。ピルビン酸は〔 ウ 〕細胞に戻され，②ATP を使ってホスホエノールピルビン酸となる。この回路を C_4 回路という。③C_4 植物は C_4 回路を持つため，大気中に置かれた植物体においてルビスコの CO_2 固定反応は O_2 による阻害をほとんど受けない。

CAM 植物では，夜間，CO_2 はホスホエノールピルビン酸と結合して〔 エ 〕となる。〔 エ 〕はリンゴ酸に変換された後，〔 ウ 〕細胞の〔 カ 〕に蓄積される。夜が明けるとリンゴ酸より CO_2 が取り出され，カルビン・ベンソン回路により再固定される。このような光合成を行うため，CAM 植物は C_4 植物よりも光合成にともなう水分損失を抑えることができる。④

問 1. 文章中の〔 ア 〕～〔 カ 〕に入る適切な語句を答えなさい。

問 2. 下線部①について，このような阻害を何というか答えなさい。

問 3. 下線部②に関して，C_4 回路を動かすために必要な ATP は光エネルギーに依存して合成されたものである。この ATP の合成反応を何というか答えなさい。

問 4. 下線部③の理由となるルビスコ近傍のガス環境を 20 字以内で説明しなさい。

問 5. 下線部④の理由について，C_4 植物と CAM 植物の昼間および夜間における気孔の開閉を含め，「蒸散量」という語句を用いて 120 字以内で説明しなさい。

〔2〕 次の文章を読み，以下の問いに答えなさい。(25点)

われわれを取り巻く環境には，病原体や花粉などの異物が数多く存在している。したがって，これら異物の体内への侵入を阻止し，さらに，いったん侵入してしまった異物を排除することが体内環境の維持に必要であり，これには免疫という生体防御システムが働いている。

免疫には，①自然免疫と獲得免疫が存在する。体内に異物が侵入した場合，まず自然免疫が働き，その後で獲得免疫が機能する。自然免疫では食細胞が働き，食作用などによって異物が排除される。獲得免疫ではリンパ球が働き，体内に侵入した異物を排除する。この異物を抗原という。獲得免疫は〔　ア　〕と〔　イ　〕に分けられる。前者では，体内に侵入した抗原が樹状細胞などの食細胞に取り込まれて分解され，さらに，抗原の一部が細胞表面に移動して細胞外に提示される。②提示された抗原は〔　ウ　〕細胞によって認識され，この〔　ウ　〕細胞が抗原に対応したB細胞を活性化する。活性化したB細胞は抗体産生細胞となって抗体を産生する。後者では，抗原を認識した〔　ウ　〕細胞によって〔　エ　〕細胞が活性化され，ウイルスに感染した細胞などを直接攻撃する。

このような免疫反応は適切に制御される必要があり，過剰な反応や機能低下はさまざまな病気を引き起こす。免疫反応が過剰になって生体にとって不都合な状態をもたらすことを③アレルギーという。一方，免疫が低下すると，通常では問題とならないレベルの病原体によっても発病することがあり，これを〔　オ　〕という。

また，免疫では自己と非自己の認識が非常に重要である。例えば，④臓器移植のケースでは，移植を受けた患者の〔　ウ　〕細胞が移植された臓器を異物と認識し，〔　エ　〕細胞が移植臓器を攻撃する。また，自己の細胞が何らかの理由によって異物と認識されたことによって起こる疾患を〔　カ　〕と呼ぶ。このとき，標的となった組織や臓器には慢性的な炎症が起こり，リンパ球や食細胞が浸潤して組織が破壊される。

問 1. 文章中の〔　ア　〕～〔　カ　〕に入る適切な語句を答えなさい。

問 2. 下線部①と②について下記の問いに答えなさい。

⑴　病原体を取り込んだ食細胞から産生され，細胞の増殖や分化，炎症などの反応を誘導するタンパク質の総称を答えなさい。

⑵　食細胞の細胞膜に存在し，細菌やウイルスなどの病原体に特有の抗原を認識する受容体の名称を答えなさい。

⑶　病原体(抗原)は無数に存在するのに対して，1 つの B 細胞は 1 種類の抗体しか作らない。したがって，われわれの体の中には，多種多様な病原体に対応した抗体を作る B 細胞が準備されている。この仕組みについて,「遺伝子」という語句を用いて 80 字以内で説明しなさい。

⑷　獲得免疫では同じ抗原が再度侵入した場合，1 回目の免疫応答よりも速やかに強い反応が起こる。この仕組みを何というか，適切な語句を答えなさい。

問 3. 下線部③について，以下の文章中の〔　キ　〕と〔　ク　〕に入る適切な語句を答えなさい。

花粉症では，鼻の粘膜に付着した花粉から流出したタンパク質に対する抗体がつくられる。抗体は粘膜周囲に存在する〔　キ　〕細胞の表面に結合する。再度，花粉が侵入し，花粉由来のタンパク質が〔　キ　〕細胞表面の抗体に結合すると抗原抗体反応が起き，〔　キ　〕細胞から〔　ク　〕という物質が放出されアレルギー症状が起こる。

問 4. 下線部④について下記の問いに答えなさい。

⑴　細胞の表面に存在して自己と非自己の認識に関わるタンパク質について，ヒトでは何と呼ばれるのか，その名称を答えなさい。

⑵　問 4 の⑴のタンパク質を認識する受容体の名称を答えなさい。

〔3〕 次の文章を読み，以下の問いに答えなさい。(25 点)

多くの動物では，始原生殖細胞から減数分裂を経て配偶子である精子，および卵が作られる。精子と卵が融合して受精卵となると活発な細胞分裂が起き，増殖した細胞がさまざまな器官に分化して体が作られる。

始原生殖細胞に由来する母細胞が減数分裂する際，まずDNAが複製される。複製された一対の染色体は紡錘糸が結合する〔　ア　〕部分で結合する。第一分裂では，このような染色体の相同なもの同士が，さらに結合した〔　イ　〕となる。〔　イ　〕では相同染色体間で染色体の一部が入れ替わった〔　ウ　〕が起こる場合がある。この後，相同染色体の一方ずつを持つ2つの細胞が生じる。第二分裂では，分配された各染色体の〔　ア　〕部分の結合が分離してさらに2つの細胞が生じる。〔　ウ　〕を考慮せず，減数分裂の染色体の分配だけを考えた場合，例えば10本の染色体をもつ母細胞に由来する配偶子では，その染色体の組合せは〔　エ　〕通りになる。しかし，実際には〔　ウ　〕によってそれぞれの染色体上の遺伝子間で〔　オ　〕が生じ，より大きな遺伝情報の多様性を導くことになる。

細胞の増殖や分化の研究では，動物の体から分離した細胞を人工的な環境で増殖できるようにした培養細胞がしばしば用いられる。<u>適切な培地を入れたシャーレ中で，24時間に1回分裂しているヒト由来の培養細胞がある</u>①。この細胞を入れたシャーレの培地に，チミンの類似体を持つヌクレオチドの元になる物質(以下，類似物質と呼ぶ)を添加し，以下の実験を行った。この類似物質は細胞内に運ばれヌクレオチドに変換され，チミンを持つヌクレオチドと同様にDNAに取り込まれる。このDNAは特別な処理によって蛍光を観察できる蛍光顕微鏡で検出することができる。添加した類似物質が細胞内に入りDNAに取り込まれるのに必要な時間は無視でき，ゲノムDNAに偏りなく取り込まれるものとする。また，この実験の間に細胞は死ぬことはなく一定の速度で増殖し，いったん合成されたDNAは分解することなく維持されるものとする。

実験1：類似物質を培地に加え1時間細胞に取り込ませた後，細胞のDNAを全て染色して顕微鏡で観察した。その結果，②12.5 % の細胞において分裂期の染色体が見えた。同じ試料に特別な処理をして蛍光顕微鏡を用いて観察すると，③類似物質が発する蛍光を出す核を持つ細胞が見られた。

実験 2：別の実験で，類似物質を培地に加え 3 時間細胞に取り込ませた後，培地を洗い流し，新たに類似物質を含まない培地を加えてさらに 10 時間培養を続けた。実験 1 と同様に蛍光顕微鏡を用いて観察すると，④蛍光を出す分裂中期の染色体が見つかった。

実験 3：実験 2 の 10 時間の培養後，さらに 24 時間培養を続けた。そして実験 2 と同様に蛍光顕微鏡を用いて蛍光を出している分裂中期の染色体を観察した。

問 1. 文章中の〔　ア　〕~〔　オ　〕に入る適切な語句を答えなさい。

問 2. 下線部①の培養細胞 1 個あたりの DNA 含量の時間変化は図 1 のようになる。

(1) 下線部②の分裂期の細胞は図 1 のどの時間帯に相当するか，表 1 の(a)~(t)の時間帯から適切なものを 1 つ選びなさい。

(2) 下線部③の蛍光を出す核を持つ細胞が類似物質を DNA に取り込んだのは，図 1 ではどの時間帯に相当するか，表 1 の(a)~(t)の時間帯から適切なものを 1 つ選びなさい。

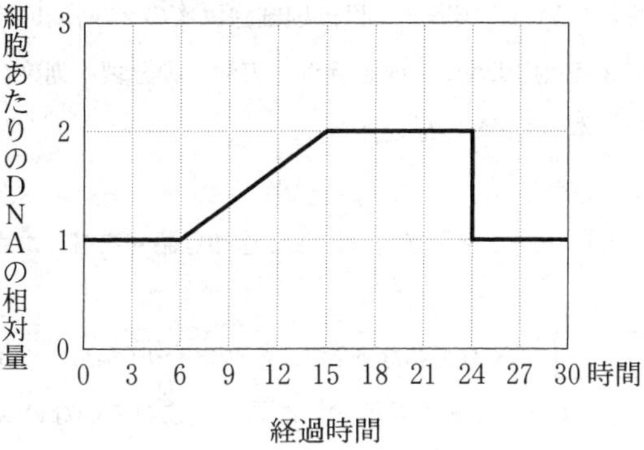

図 1

表 1

(a)　0 — 6　時間	(f)　6 —24　時間	(k)　15—21　時間	(p)　21—24　時間
(b)　0 —15　時間	(g)　12—18　時間	(l)　15—24　時間	(q)　21—27　時間
(c)　0 —24　時間	(h)　12—21　時間	(m)　18—21　時間	(r)　21—30　時間
(d)　6 —15　時間	(i)　12—24　時間	(n)　18—24　時間	(s)　24—27　時間
(e)　6 —18　時間	(j)　15—18　時間	(o)　18—27　時間	(t)　24—30　時間

問 3. 以下の文章は下線部④の分裂中期の染色体について説明したものである。

活発に増殖している細胞では，〔　カ　〕の各過程が進行している。この中で〔　キ　〕期の細胞では個々の染色体は 1 本の 2 本鎖 DNA で構成される。実験 2 で類似物質を含むヌクレオチドが DNA に取り込まれるのは，次の過程に進んだ細胞が各染色体の DNA を鋳型として新たな DNA 鎖を合成して 2 本の 2 本鎖 DNA となる段階である。この細胞を培養し続けると，次の〔　ク　〕期となり一定時間後には分裂期に移る。分裂中期では染色体は 2 本ずつ図 2 の A のように結合して並ぶ特有な構造をとる。実験 2 の蛍光を出す分裂中期の染色体はこの状態を観察したものである。分裂過程が進行すると，2 本ずつ並んだ染色体は細胞の〔　ケ　〕に整列しそれぞれが 2 個の娘細胞に分配される。この娘細胞の個々の染色体は，　X　 2 本鎖の DNA

で構成されている。実験3では，娘細胞は次の24時間の培養の間に通常の培地中で2回目のDNA合成を行う。実験3の分裂中期染色体はこの過程を経た後の2本のDNAで構成される。

(1)　文中の〔　カ　〕～〔　ケ　〕に入る適切な語句を答えなさい。

(2)　[　X　] に入る適切な内容を，下の(a)～(d)から1つ選びなさい。

(a)　どちらのDNA鎖も類似物質が取り込まれていない

(b)　片側のDNA鎖だけに類似物質が取り込まれた

(c)　両方のDNA鎖のお互いに違った部分に類似物質が取り込まれた

(d)　両方のDNA鎖全体に類似物質が取り込まれた

(3)　実験2の蛍光を出す染色体像では，図2のAの分裂中期の染色体のどの部分が蛍光を出しているか，図2のB～Iの中から適切なものを1つ選びなさい。

(4)　実験3の蛍光を出す染色体像では，図2のAの分裂中期の染色体のどの部分が蛍光を出しているか，図2のB～Iの中から適切なものを1つ選びなさい。

(5)　以上の結果から説明されるDNA複製の特徴を示す語句を答えなさい。

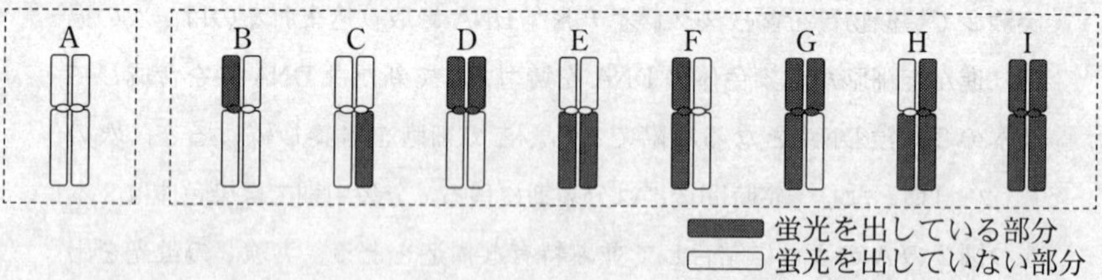

図2

〔4〕 次の文章を読み，以下の問いに答えなさい。(25点)

真核生物では，遺伝子情報をもとにタンパク質が合成される過程は，DNAの情報をRNAに写し取る転写の過程，転写直後のRNAの不要部分を切除し，つなぎ合わせてmRNAにする〔　ア　〕の過程，mRNAの塩基配列をもとにしてタンパク質を合成する〔　イ　〕の過程に分けられる。真核生物の転写では，プロモーター以外に転写調節にかかわるDNA領域があり，この領域を転写調節領域という。また，真核生物の転写には基本転写因子が必要である。基本転写因子は，転写の開始を助ける働きがある。①プロモーター，転写調節領域，調節タンパク質，基本転写因子，RNAポリメラーゼが複合体を形成することで，DNAを鋳型として転写が開始されmRNAが作られる。DNA複製の開始は〔　ウ　〕となるRNAを必要とするが，転写は〔　ウ　〕を必要としない。なお，②mRNAは，〔　イ　〕に使われた後に分解される。

また，DNAに含まれる糖は〔　エ　〕であり，RNAに含まれる糖は〔　オ　〕である。DNAを構成する塩基は〔　カ　〕の4種類であり，RNAを構成する塩基は〔　キ　〕の4種類である。

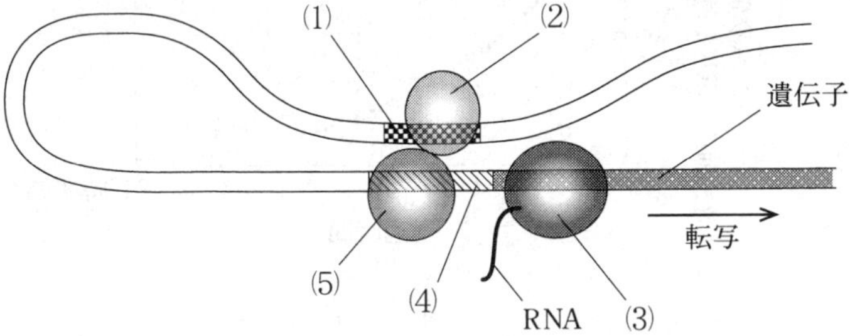

図1

問 1. 文章中の〔　ア　〕～〔　キ　〕に入る適切な語句を答えなさい。なお，〔　カ　〕と〔　キ　〕は略号でもよい。

問 2. 図1は転写開始直後のDNAとタンパク質の複合体を表した模式図である。図の(1)～(5)は，下線部①のどれに相当するか答えなさい。

問 3. 以下の文章は下線部②に関連する実験である。文章を読み，問いに答えなさい。

ある細胞で発現しているタンパク質**X**のmRNAについて以下の実験を行った。細胞を2つのグループに分け，そのうちの1つのグループの培地には化合物**Y**を加えてそれぞれのグループを培養した。経時的に細胞のRNAを抽出し，タンパク質**X**のmRNA量を測定した。その結果，化合物**Y**を加えていないグループでは図2の曲線Aが得られた。一方，化合物**Y**を加えて培養したグループでは，曲線Bが得られた③。なお，化合物**Y**はmRNAの分解には関与しないものとする。

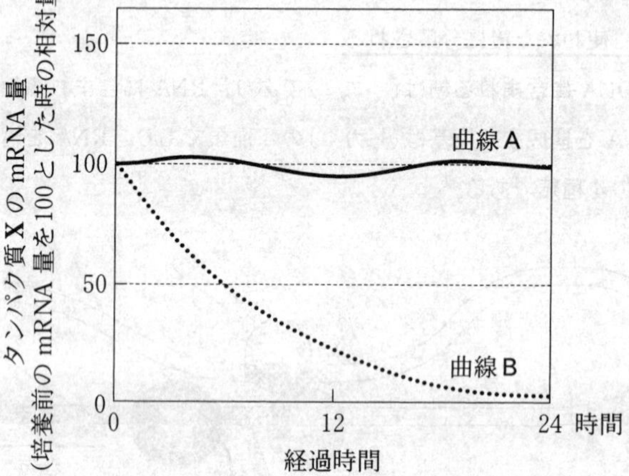

図2

(1) 下線部③について，この実験結果から化合物**Y**はどのような作用を持つと考えられるか，30字以内で述べなさい。

(2) 曲線Aと曲線Bの比較から，化合物**Y**を加えずに培養した時のタンパク質**X**のmRNAの合成と分解の関係について，30字以内で述べなさい。

〔5〕 次の文章を読み，以下の問いに答えなさい。(25 点)

生物多様性が損なわれると，われわれは生態系サービスを失うことになりかねない。そのため，各生物の集団を維持して生態系を保全する必要がある。ある地域が開発され，ある生物種の生息地が分断されると，1つの生息地にすむ生物種の個体数が少なくなる。さらに，分断された生息地の間を生物が移動できないと，①集団が絶滅する確率は高くなる。

生物多様性をおびやかす存在として，本来は生息していなかった地域に人為的に持ち込まれて定着した〔　ア　〕があげられる。例えば，ハブを駆除するために沖縄本島や奄美大島に導入されたフイリマングースは，ハブをほとんど捕食せず，ヤンバルクイナやアマミノクロウサギなど，島に固有の生物を捕食して生存をおびやかしている。捕食以外に，在来種と〔　イ　〕が重なる〔　ア　〕は資源を巡る競争などの結果，在来種を減少あるいは絶滅させる可能性がある。〔　イ　〕とは，資源をどのように利用するかなど，各生物が生物群集内で占める位置を意味する。また，②在来種の集団と他の地域から人為的に持ち込まれた〔　ア　〕の集団が交雑する事例も報告されている。例えば，下北半島では飼育されていたタイワンザルが野生化して在来のニホンザルと交雑し，繁殖可能な雑種が生じていた。

日本を含むアジア原産の生物が他の地域に持ち込まれて定着し，害を及ぼしている例もある。例えば，〔　ウ　〕は日本では秋の七草の1種として知られるが，つるが他の物に巻きつき繁茂することによりアメリカ合衆国では有害な植物とされている。

問 1. 文章中の〔　ア　〕と〔　イ　〕に入る適切な語句を記入しなさい。

問 2. 文章中の〔　ウ　〕に入る植物の名前を以下の(a)～(g)から選びなさい。

(a)　ハ　ギ　　(b)　ススキ　　(c)　ク　ズ

(d)　ナデシコ　　(e)　オミナエシ　　(f)　フジバカマ

(g)　キキョウ

問 3. 下線部①の原因の 1 つとして，近親個体間の交配の結果，各種耐性の低下などが生じる近交弱勢が考えられる。近交弱勢の影響が強まると一般に個体の生存率は低下する。「有害遺伝子」および「劣性形質」という 2 つの語句を用いて 70 字以内で近交弱勢の起きるしくみについて説明しなさい。

問 4. 下線部②の交雑が起きることにより，在来種保全の観点から懸念されることについて 40 字以内で説明しなさい。

地学

（2 科目 150 分）

(注)　字数制限のある問題では，１マス＝１文字とし，句読点も数に入れる。

〔１〕　次の文を読み，以下の問い(**問１～問７**)に答えよ。(35 点)

図１はほぼ水平な地形をもつ地域の地質図(平面図)である。地層(A 層～C 層)は整合関係で，すべての地層は南北の走向で西に 30° 傾斜している。そして，上位に向かって形成年代が若くなっている(A)。B 層はおもに粒径が約 1 mm の砕屑《さいせつ》性《せい》堆積物が固まった岩石(B)からなる。花こう岩(C) D の周囲の地層はホルンフェルスとなっており，ホルンフェルスになった A 層には紅柱石(D)が産出する。花こう岩 D とホルンフェルスの境界面は鉛直である。断層 E は 1 回だけ活動し，断層面は鉛直である。

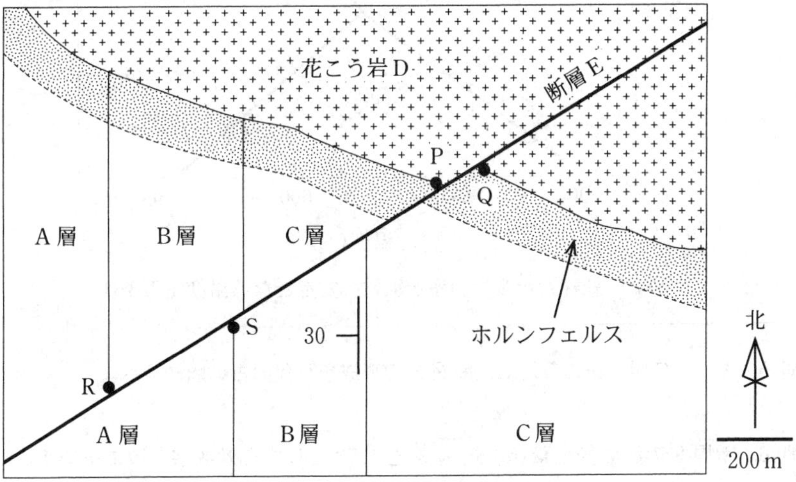

図１　ある地域の地質図(平面図)

問 1. 下線部(A)に関して，地層の上下判定に有効な堆積構造を1つ挙げ，解答欄(1)に記せ。また，判定基準を25字程度で解答欄(2)に記述せよ。(解答欄(2)：30マス)

問 2. 下線部(B)に関して，この岩石の岩石名を解答欄に記入せよ。

問 3. 下線部(C)に関して，花こう岩を構成する主要な無色鉱物を3つ挙げよ。

問 4. 下線部(D)に関して，紅柱石は2つの鉱物と多形関係にある。図2はこれらの鉱物が安定となる温度圧力条件を示している。図中の空欄[ア]～[ウ]にあてはまる鉱物名を解答欄に記入せよ。

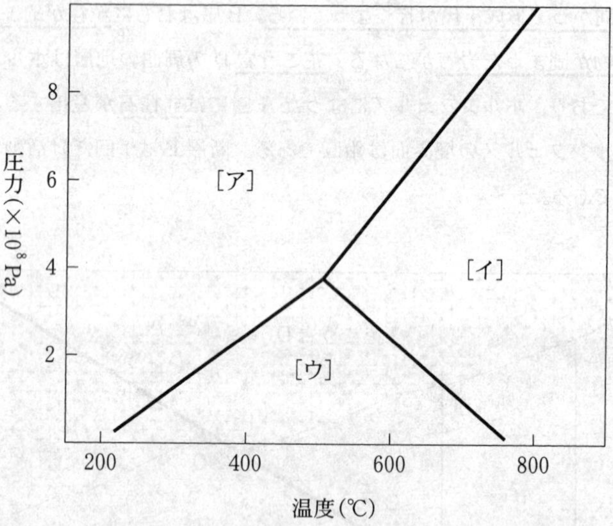

図2　紅柱石と2つの多形鉱物の安定となる温度圧力条件

問 5. A層，C層，花こう岩D，断層Eの形成を時代の古い順に並べよ。

問 6. 断層Eの鉛直変位量(m)を，$\sqrt{3}$ を1.73として有効数字3桁で求めよ。ただし，断層E直近の地点PQ間の距離とRS間の距離は，それぞれ100 m

と 400 m である。解答欄には途中の計算も示すこと。

問 7. 上部マントルの部分融解で生じるマグマは玄武岩質マグマと考えられている。しかし，地表ではさまざまな化学組成の火成岩が産出する。この多様性に重要と考えられている過程を 1 つ挙げ，解答欄(1)に記せ。また，解答欄(2)に 30 字程度で説明せよ。(解答欄：40 マス)

〔**2**〕 次の文を読み，以下の問い(**問 1** ～**問 5**)に答えよ。(30 点)

ウェゲナーは，約 2 億年前に〔　ア　〕と呼ばれる超大陸が分裂して移動することにより現在の大陸と海の分布になったという大陸移動説を提唱した。その後，古地磁気や海底地形の観測，<u>海洋底の縞状磁気異常</u>(A)，<u>火山島や海山の分布</u>(B)などをもとに海洋底拡大説へ，さらにプレートテクトニクスへと発展していった。海洋でのプレート境界には，海洋底が拡大する発散境界である海嶺，海洋底が沈み込む収束境界である〔　イ　〕，プレートのすれ違う境界である〔　ウ　〕の 3 種類が存在し，<u>そこでは地震活動が活発である</u>(C)。表層でのプレート運動と地下のマントルの動きは密接に結びついており，例えば〔　イ　〕で沈み込んだプレートの様子は，和達清夫らが発見した〔　エ　〕や，最近の<u>地震波トモグラフィー</u>(D)の観測によって明らかにされている。またマントルには〔　オ　〕と呼ばれる上昇流が存在し，それが超大陸の分裂を引き起こしたと考えられている。

問 1. 〔　ア　〕～〔　オ　〕に当てはまる語句を解答欄に記入せよ。

問 2. 下線部(A)について，海嶺軸に平行に縞状の磁気異常が形成されるプロセスを 100 字程度で説明せよ。(解答欄：120 マス)

問 3. 下線部(B)について，海洋底にはホットスポットを起点として時代の異なる火山島や海山が並んでいることが多い。その理由を 50 字程度で説明せよ。(解答欄：60 マス)

問 4. 下線部(C)について，下の図を海嶺軸周辺のプレート境界の模式図としたとき，図に示した(ア)～(エ)の境界ではそれぞれどのような種類の地震が起こっているか。次の(a)～(e)のうちから１つずつ選び解答欄に記号を記せ。

(a)　正断層型　　(b)　逆断層型　　(c)　右横ずれ型

(d)　左横ずれ型　　(e)　地震活動が見られない

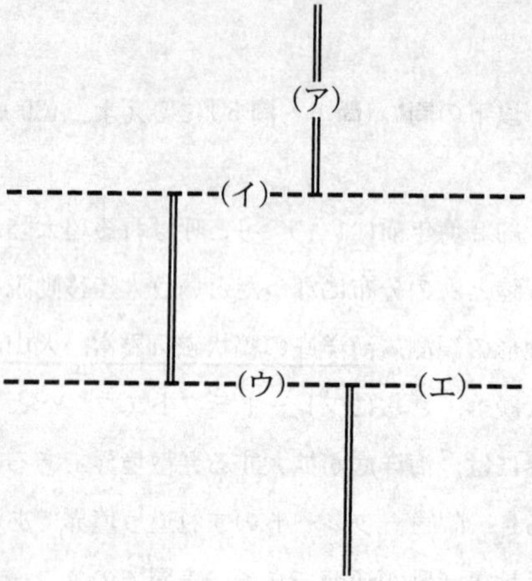

図１　海嶺軸周辺のプレート境界の模式図。二重線は海嶺を，点線はそれに直交する断裂帯を示す。

問 5. 下線部(D)について，マントルの上昇流は地震波のどのような変化としてとらえることが可能か。またそれは温度のどのような変化と結びつけて考えられるか。次の(a)～(d)のうちから１つ選んで解答欄に記号を記せ。

(a)　周囲より温度が高く，地震波が速く伝わる。

(b)　周囲より温度が低く，地震波が速く伝わる。

(c)　周囲より温度が高く，地震波がゆっくり伝わる。

(d)　周囲より温度が低く，地震波がゆっくり伝わる。

〔3〕 次の文を読み，以下の問い(**問 1 ～問 5**)に答えよ。(30 点)

一般に，地球の中緯度地域の上空を吹く偏西風は高度とともに強くなり，圏界面(A)付近で最大となる。赤道付近で上昇して中緯度へ向かう〔　ア　〕循環の下降する緯度帯(B)で，偏西風は特に強い。偏西風は地球の自転によりはたらくコリオリの力と〔　イ　〕がつりあって吹いていると考えられ，これら 2 つの力がつりあって吹く風を〔　ウ　〕という。〔　ウ　〕は等圧線に平行に吹く特徴を持つ。〔　イ　〕は等圧線に直角にはたらき，圏界面より下では，平均的に高緯度側が〔　エ　〕となっているため，高緯度側に向く力となる。これに対し偏西風にはたらくコリオリの力は，北半球では風が吹く方向に対し直角右向きにはたらき，南半球では直角左向きにはたらくので，いずれの場合も〔　イ　〕とは逆の低緯度側を向く。偏西風の成因はこのようにして解釈できる。いっぽう，地表付近で吹く風は，等圧線に平行ではなく，高気圧側から低気圧側へと等圧線を横切って吹く(C)。これは，上記の 2 つの力に加え，地表との間に〔　オ　〕がはたらくためである。

問 1. 上の文の〔　ア　〕～〔　オ　〕に当てはまる最も適切な語句を，以下の(a)～(l)の中から 1 つずつ選んで，解答欄に記号を記入せよ。

(a)　重　力　　(b)　気圧傾度力　　(c)　まさつ力　　(d)　ロスビー
(e)　ハドレー　　(f)　モンスーン　　(g)　遠心力　　(h)　貿易風
(i)　地衡風　　(j)　季節風　　(k)　低気圧　　(l)　高気圧

問 2. 下線部(A)の圏界面は，中緯度ではどれくらいの高度に位置するか。以下の(a)～(d)の中から最も適切な高度を 1 つ選んで，記号を解答欄に記入せよ。また，圏界面より下の大気領域を何というか。名称を解答欄に記入せよ。

(a)　1 km　　(b)　4 km　　(c)　11 km　　(d)　22 km

問 3. 下線部(B)の緯度帯の地表付近には乾燥した空気が広がり，大陸では広大な砂漠が形成されている。この緯度帯を何というか。名称を解答欄に記入せよ。

問 4. 〔　ウ　〕の風について，北半球のある緯度においては，東向きに 100 km あたり 4 hPa の割合で気圧が低くなる場合，南向きに 10 m/s の風が吹くという。同じ緯度で，北向きに 100 km 当たり 20 hPa の割合で気圧が低くなる場合，どの向きに何 m/s の風が吹くか。この問題では，〔　イ　〕の大きさは，100 km あたりの気圧差だけで決まり，コリオリの力の大きさは風の強さに比例するとして，途中の考え方とともに，答えを解答欄に記入せよ。

問 5. 下線部(C)について，このような等圧線を横切る風は，地表の高気圧，低気圧の中心付近の天候と関係していると考えられる。低気圧を例に，このことを 50 字程度で説明せよ。（解答欄：60 マス）

〔4〕 次の文を読み，以下の問い（**問** 1 ～**問** 4）に答えよ。（30 点）

イギリスの天文学者エドモンド・ハレーは，ある彗星が約 76 年の公転周期で太陽の周りを公転していると考えた。その後，彼の予言通りに彗星が観測された（回帰が確認された）ため，ハレー彗星という名称が付けられた。ハレー彗星は，周期彗星（回帰が確認されたもの）として，第 1 番の番号が与えられている。

問 1. ハレー彗星の公転周期を 76 年としたとき，ハレー彗星の軌道長半径（だ円軌道の半長軸）を求めよ。なお，軌道長半径の長さの単位として，天文単位を用いよ。解答欄には計算過程も示し，小数点以下 1 桁目を四捨五入して記せ。なお，$\sqrt[3]{76} = 4.2$，$\sqrt{76} = 8.7$ とする。

問 2. 金星の大気の上端で，太陽光に垂直な $1\,\mathrm{m}^2$ の平面が 1 秒間に受けるエネルギーは，地球の場合の 2 倍である。このことを考慮し，金星の軌道半径（金星と太陽の距離）とハレー彗星の近日点距離（近日点と太陽との距離，0.6 天文単位）は，どちらがより小さいか，途中の計算も示し解答欄に記せ。ただし，地球と金星の軌道は円軌道とする。なお，$\sqrt{2} = 1.4$ とする。

問 3. 太陽との距離が近くなると，彗星本体である核(彗星核)は太陽からのエネルギーで暖められ，核の周囲に，コマとよばれるガスや塵を伴うようになる。太陽により近づくと，太陽と反対方向に伸びた尾を作るようになる。彗星の尾が太陽と反対方向に伸びるのはなぜか。60 字程度で解答欄に記述せよ。(解答欄：70 マス)

問 4. 彗星や小惑星の放出した塵が地球の大気に突入したときに発光する現象の名称を解答欄(1)に記せ。彗星が放出した塵は，彗星の軌道上を中心に分布している。地球の軌道と彗星の軌道が交差しているところを地球が通過する際に特徴的に見られる現象の名称を解答欄(2)に記せ。

問1　傍線部Ａ「等質空間の捏造」を分かりやすく説明せよ。

問2　傍線部Ｂ「今度のわからなさは最初のそれとは異質である」とあるが、両者のわからなさはどういう意味で異質なのか、説明せよ。

問3　傍線部Ｃ「したがって、すべての人間があらゆる点で同一の規範に従うとすれば、この意味での他者は存在しないことになる」とあるが、なぜ、そう言えるのか、説明せよ。

問4　傍線部Ｄ「それゆえ、『理由の他者性』はここでは問題になりえない」とあるが、なぜ、そう言えるのか。「理由の他者性」の意味に基づいて説明せよ。

問5　傍線部Ｅ「そうではない」とあるが、具体的にはどういうことか。本文中の語句を使って説明せよ。

問6　傍線部Ｆ「感覚の他者性を前提する限り、他人の痛みとはすなわち他人の痛みの振る舞いのことでしかありえず」とあるが、なぜ、そう言えるのか、分かりやすく説明せよ。

（解答欄）問１：縦16.9センチ×２行　問２：縦16.9センチ×６行
問３・問４：それぞれ縦16.9センチ×４行
問５：縦16.9センチ×３行　問６：縦16.9センチ×５行

とが問題だというわけである。一見したところでは、この「感覚の他者性」という問題は、思考や意図や期待を含めたすべての心理現象について妥当する問題であるかのように見える。誰も他人の思考や意図や期待を体験したことはないからである。しかし、Eそうではない。思考や意図や期待には、理由の他者性はあっても感覚の他者性はないのだ。なぜならば、ある人が感覚しているとき体験していることは感覚の本質をなすのに対し、思考（意図・期待）しているときに体験していること（感じていること）は、思考（意図・期待）の本質とは無関係だからである。68＋57を考えているとき、その人がどのような心的体験を持っていようとも、それはこの計算の本質とは関係がない。そこにもし他者性があるとすれば、それは、この計算をいかなる規範に従っておこなっているかという「規範の他者性」に関するものであって、これは意図や期待に関しては「理由の他者性」として現れる種類の他者性なのである。

　感覚の他者性をめぐる話題のうちで最も興味深いのは「ロボットの疑惑」に関するものである。誰も他人に起こる心的現象を経験したことはないのだから、他人と人間そっくりに出来たロボットの間には区別が成り立たないことになる。F感覚の他者性を前提する限り、他人の痛みとはすなわち他人の痛みの振る舞いのことでしかありえず、そうである以上、定義上その他人と同じように振る舞うロボットは、他人と同じ意味で「痛みを感じている」ことになる。逆にもし、ロボットが痛みを感じるはずはない、というのであれば、他人もまた痛みを感じるはずはない、というわけである。ということはつまり、（人間であると信じていた）古くからの友人の一人が、精巧に出来たロボットであることがわかったとしても、あるいは精巧に出来たロボットになったとしても、そこには何の違いも認められない、ということである。これは奇妙なことではないだろうか。

（永井均『〈私〉の存在の比類なさ』による。ただし、問題の作成の上から、本文の一部を改めた。）

（注）デカルト……フランスの哲学者（一五九六～一六五〇年）

いる。しかし、他人の感じていることはわからないのだから、彼女がそのとき膝がしらに痛み以外の感覚をもった可能性が皆無であるとは断言できない。そこで彼女に聞いてみる。彼女が「痛い」と答えたならば、この上はもはやいかなる疑問も残らないだろう。彼女はやはり痛みを感じていたのである。

ここで重要なことは、なぜ彼女は痛みを感じていたのか、という疑問は残りえない、という点である。それは、目の前で彼女がころぶところを見ていたからなのではない。たとえ彼女の膝がしらの痛みがなんの脈絡もなしに突然現れたものであったとしても、したがってその痛みがなぜ起こったのか外から眺めていただけでは決してわからなかったとしても、なぜその痛みが起こったのか決定できるのは、彼女を外から観察する医者であって、彼女自身ではない。痛みは、彼女に起こる出来事であって、彼女がおこなう行為ではないからである。起こる出来事にとって、問題なのは原因であって理由ではない。D それゆえ、「理由の他者性」はここでは問題になりえないのである。

それならば、ここで問題となりうるのはいかなる他者性であろうか。それは彼女が感じているものそのものの他者性である。これを「感覚の他者性」と呼ぶことにしよう。感覚の他者性という「問題」は、理由の他者性という問題にくらべて遥かに技巧的な「問題」であるといえる。それはおそらく哲学者によって作られた問題なのであって、普通の人が日常生活の中でふとそのような問題を感じる、ということはまず考えられない。問題を作り出した哲学者は、大略次のようなことを主張する。われわれは誰も他人の感覚を感じることができない。他人の痛みを痛んだことのある人は誰もいないのだから、他人の痛みがいかなるものであるのか、誰も知ってはいない。「痛み」とはそもそも「私の痛み」を意味する言葉なのであって、「他人の痛み」が何を意味しているのかは、誰にもわからないのである。それにもかかわらず、通常われわれはその種の言葉を問題なく使っている。それはどうしてなのか。

つまり、ここでは問題のなさが問題なのである。本来問題を感じて然るべきところで誰も問題を感じていない、というそのこで考えている様子である。何を考えているのか、微に入り細をうがって彼を外から観察して見ても、言い当てることはまず絶対に不可能であろう。彼は道に迷って微《かす》かな記憶の痕跡を必死に辿《たど》っているのかもしれないし、何らかの必要から三桁のかけ算を頭の中で必死になってやっているのかも知れない。彼が何を考えているのか、どうすればわかるだろうか。彼に聞いてみればいい。だが、聞いてみるしかない。彼の答えが「暗算をしていた」であれば、疑問は氷解するだろう。なお残るわからなさは、なぜ彼は暗算などをしていたのか、という点だけであろう。そこで「なぜそんなことをしているんだい?」と聞いてみる。もし彼の答えが「路上で暗算をすると心が晴れる」だったとすれば、B今度のわからなさは最初のそれとは異質である。そして、そのわからなさがどこまで問答を続けても晴れないとき、そこに「他者の問題」がある仕方で登場してくることになる。このような場合に問題となる他者の他者性を、かりに「理由の他者性」と呼ぶことにしよう。

　理由の他者性について論じるべきことがらは多い。それは結局のところ人間の行為全般におよぶからである。およそ人間が自らおこなう行為のすべては、行為というものの本質上、その人の考えることによって導かれており、人の考えることは、考えるということの本質上、理由の連鎖によって成り立っているからである。ところが、ある人にとってもっともな理由は他の人にとっては納得のいかない理由である。納得のいかない理由によってなされた行為は不可解な行為であり、しばしばそのような行為をおこなう人物は不可解な(訳のわからない)人物である。要するに、ここで問題になっているのは人間の従う規範なのであって、異なる規範に従う者が、すなわち他者なのである。Cしたがって、すべての人間があらゆる点で同一の規範に従うとすれば、この意味での他者は存在しないことになる。

　次に、他人が何を感じているかわからない、という点について考えてみよう。今、路上で見知らぬ老女がつまずいて倒れ、膝がしらを擦りむいて痛そうにしている、とする。彼女が何を感じているのかは、一見して明らかであろう。もちろん、痛みを感じているのである。ひょっとしたらかゆみを感じているのかもしれないと思って彼女に質問してみる、というのは常軌を逸して

二　次の文章を読んで、後の問いに答えよ。(60点)

「他者」をめぐる以下の考察は、徹頭徹尾デカルト的観点からなされる。しかし、デカルト的観点とは何か。ここであらかじめ、一つの誤解を正しておきたい。それは、方法的懐疑の結果デカルトが発見した「私」の存在を「近代的自我」なるものの発見に重ね合わせてしまう見解である。これはまったく間違っている。そのようなことを語る「哲学者」がいたとすれば、彼の「哲学」はいっさい信用できない、と言えるほどである。そして、もしかりにこの文脈で「近代」ということについて語ることに意味があるとすれば、デカルト的な「私」は、明らかに近代を「超える」ものであるといわなければならない。なぜならば、近代的であるとは、いっさいの唯一性を否定し、すべてを同等なるものの複数性において語ろうとする志向をもつことであるのに対して、ここでデカルト的であるとは、本質的に隣人(同等なるもの)をもちえない唯一なるものとしてのこの私の存在にどこまでも固執することを意味するからである。近代とは、ひとことで言えば、A<u>等質空間の捏造《ねつぞう》の時代</u>であり、デカルト的であることは、まさにその等質性こそを疑うことなのである。

自分と他人は違う。自分のことはよくわかるが、他人のことはよくわからない。いま自分が何を考え、何を感じているか、それは手に取るようによくわかる。しかし、いま他人が何を考え、何を感じているか、これは手に取るようにはわからない。この自他の非対称性は、誰もが知っている事実である。

通常「他者の問題」といわれているものにはいくつかの種類があるが、そのどれを取っても、もとにあるのはこの事実であってそれ以外ではありえない。しかし、この事実をどのようにとらえるか、そのどこに「問題」を発見するかによって、「他者の問題」は多様な相貌をみせるのである。それはまた、他者の他者性をどこに見いだすか、ということでもある。

まず、他人が何を考えているかわからない、という点を取り上げてみよう。今、路上でたまたま見かけた友人が、何かを必死

問1　傍線部Ａ「そういうあいまいさ」とあるが、何のどういう点が「あいまい」であるのか、説明せよ。

問2　傍線部Ｂ「当為そのものの在所」とはどういうことか、説明せよ。

問3　傍線部Ｃ「それは人間のある具体的なありかたを示しえている」とあるが、どのような「ありかたを示しえている」のか、説明せよ。

問4　傍線部Ｄ「大義名分の陰に隠れて、ひたすら形式へと逃げてばかりいる」とあるが、具体的にはどういうことか、説明せよ。

問5　傍線部Ｅ「有病なればこそ、真に息災でありうる」とあるが、それはなぜか、その理由について説明せよ。

問6　傍線部Ｆ「そこでは人間としてたえざる自己革新が求められる」とあるが、それはなぜか、その理由について説明せよ。

問7　傍線部Ｇ「子どもはいつのまにか無病息災のとりでの囚人とされてしまう」とあるが、具体的にはどういうことか、説明せよ。

（解答欄）問1～問3：それぞれ縦16.9センチ×3行
問4：縦16.9センチ×4行
問5～問7：それぞれ縦16.9センチ×5行

ものにすることができる。表通りに住む無病息災人間には、そのような人生も世界も、しょせん無縁のものというべきである。

無病息災は、たとえればつるつるしたとらえどころのない抽象である。それに対して一病息災は、具体的なでこぼこをもち核をもった多面の統一だということができる。それはまさしく生きた個性的バランスをもち、個が具体的に自己を維持し発展させていく姿である。Fそこでは人間としてたえざる自己革新が求められるが、一病の一はまさにその革新のための貴重な拠点となるものだといってよい。

無病息災は自足することによって、人間を抽象のなかに閉じこめた。徳目主義の道徳の世界はその典型であり、教師は抽象的に注文を乱発してただ得々としていたのである。そこでは、生きた人間における可能性が具体的に問われることはなく、すべてが割りつけられ切り捨てられて、注文のしっぱなしとなり、その後始末は完全に欠如することになった。神のごとき宗教家、完璧を自負する教師、自信にみちあふれたコーチ、かれらは相手に対してそれぞれわが描く完全無欠を要求してはばからない。人間を思うままにすることの断念こそ、おたがい人として生きることへのもっとも謙虚な姿勢であるということなど、その人たちの脳裏には微塵《みじん》もよぎることがないのであろう。

子どもたちは今学校で、それこそ病的なほどに誤ることをおそれている。誤りをおかしては、それを個性的にしっかり味わい乗り越えていくことだけが、真の前進であるのに。きまりが細かく、テストを頻繁にされることによって、G子どもはいつのまにか無病息災のとりでの囚人とされてしまう。そうなれば、あとはただ足駄をはき竹馬にのることによって、競争に勝つほかはないのである。誤ることのない者は、しょせん生きた人間ではない。望ましい誤りかたこそが、成長の糧なのである。伸びてゆく人間にとって、正解はつねにいくつもある。それを一つしかないときめつけ割りきることこそ、救いがたく病める思想なのである。

（上田薫『人が人に教えるとは』による。ただし、問題の作成の上から、本文の一部を改めた。）

（注）　プロクルステス……ギリシャ神話に登場する強盗。

義名分の陰に隠れて、ひたすら形式へと逃げてばかりいる。だからそれは論理ではなく、もはや情緒的な病、絶対病とでもいうべきものにほかならないのである。

一病息災はもちろん正面から無病息災に対するものである。しかしその意味するところは、決して簡単ではない。そもそも一病の一は現実の一を意味するとともに、無に対する有としていくつかの病を、つぎつぎに、あるいは同時にもつことをも含んでいる。したがって一病息災の一は、現実に一を示しつつもその底において、多あるいは複数を意味すると解すべきなのである。たしかに一つの持病あることは息災に寄与しうるが、かならずしも一つと限る必要はなく、現実にはむしろいくつもある可能性が大きいであろう。ゆえにここで重大であるのは、無病ではなく有病であること、もっといえば、人間は決して無病ではありえないということなのである。さらに加えて、有病であるにもかかわらず、E いや有病なればこそ、真に息災でありうるということなのである。

一病あるゆえにわが身のありかたによく心を用いるということは、根本において人間に対して柔軟に深く理解できるということにほかならぬ。それは無病息災というごとき抽象に固執せず、病を手がかりとして人生を奥行あるものにするという具体的な生きかたを実現しうるということである。すなわち、無病でありうるとする抽象的観念的な独断的把握に落ちこむことなく、したがって無理に背のびをし、他をおとしめたりすることをしない現実的弾力的な、いわば相対的な見かたができるということである。人間はそういう姿勢を身につけたとき、不健康であるどころか、その人としてきわめてよきコンディションを生み出すことができる。おそらくセルフコントロールの力が、いきいきと働くからであろう。

かくて一病息災の立場に立つということは、ことがらに淡々と正対して無理をすることなく、広い視野のもとに奥深く追究してやむことがないということである。そこにあるのはいわば不完全を前提とした論理であり、その意味において一は実はつまずきを表わすものということができよう。病気をもっているために、つまずいたことがあるために、人間はわが人生を深さのあるは傲慢に傾く。すなわち病をもつことを恥じ嫌悪する心情を強める。有病の者をあわれみ軽侮する傾向をいちじるしくする。かれらの住む世界、住むべき世界は、本来完全であり絶対であり、またいえばまさにB当為そのものの在所なのである。学業も素行も申し分ない健康優良児、典型的なよい子こそ、まさにその具現だといってよい。

しかし、ほんとうにかくのごとき無病息災は、この世に存在しうるのであろうか。理想の子どもがたんに目標にとどまるのと同じことが、無病息災にもあるのではないか。医学的に厳密な検査を徹底して行えば、問題皆無という人間は存在しまい。しかも現代の医学が的確にとらええていない病気も、なお少なからずあるはずなのである。いやそれはとにかくとしても、危険な病菌への抵抗力を備えるということ自体、すでに完全な無病とはいいがたいのではないか。つきつめていえば、無病息災はそもそもが程度の問題にすぎないのである。また個々人ごとに相対的にしか判定しえぬとするのが妥当と考えられるのである。

しかし世の中には現に真実が存在し、正解が成り立っている。普遍性は決して虚妄ではない。無病息災はややあいまいな概念のようであるが、真理の発見や真実に即した行動と同じように、いやそれ以上に、Cそれは人間のある具体的なありかたを示しえているのではないか。まずなによりも人びとは、それを実現しうるものとして意識し、求めている。たとえそのありようがいくぶん常識的であろうと、その働きを無視することは許されない。

けれども無視することができぬからこそ、無病息災の立場は有害であるというのが、わたくしの主張なのである。厳密には、いや本質的には、存在しえないものに閉じこもって自足するだけでなく、すでに言ったようにそれは病ある人たちを憐れみ軽んじ、指弾することさえしかねないからである。その不当な優越感は、謙虚に現実に即することをおろそかにして、むぞうさに〝はず〟とか〝べし〟とかにあぐらをかいてしまう。旅人をベッドの長さに合わせて伸ばしたり切り捨てたりして殺したというプロクルステスの寝床そっくりの概括信仰がそこにはある。それは、科学的真理も社会正義も、そして世の常識も、好都合なものはすべてほしいままにわがものと考えて平然としているのである。なんとも度しがたいというべきではないか。しかもその実はD大

国語

（八〇分）

（注）　一二〇点満点の配点を、一五〇点満点に換算する。

一　次の文章を読んで、後の問いに答えよ。（60点）

一病息災とは、一病あるゆえにかえって健康に心を用い、無事を保ちうるということである。だからそれは、いくらか弱気の、しかし慎重で賢明な処世法だということができるであろう。そこには人生の、やや年よりくさい智慧《ちえ》が顔をのぞかせている。すなわち、無理をしない安全志向こそ、平凡な人間の歩むべき道だという教訓がにじんでいる。

けれども一度も落伍《らくご》したことのないいわば勢いに乗る人間には、そのようにいじいじしたまどろっこしい生きかたは、容易に我慢できぬものであろう。いや道徳も科学も、Aそういうあいまいさを排して、はっきりつじつまの合う徹底した立場を貫こうとしているのである。いわば無病息災、完全な平安をかちとってこそ、いかなる落度とも無縁に、文句のない勝利をわがものにすることができるのである。学問も政治も、世の中のことすべてが、そういう姿勢を支持し鼓舞している。

無病息災は強健な身体と健康保持への完璧な努力によって生まれる。だからその持主は、しぜんエリート的であり、矜持《きょうじ》をもって生きることができるのである。そのゆえにまた、無病息災を確信し自負する者は、おのずからにして誇りにみち、やがて

2018年度

問題編

問題編

▶試験科目・配点

学部・学科	教　科	科　　目	配　点
経済学部（経済工学科）	外国語	「コミュニケーション英語Ⅰ・Ⅱ・Ⅲ，英語表現Ⅰ・Ⅱ」，ドイツ語，フランス語から１科目選択	300 点
	数　学	数学Ⅰ・Ⅱ・Ⅲ・A・B	300 点
	国　語	国語総合・国語表現・現代文B（古文・漢文は除く）	150 点
理学部	外国語	「コミュニケーション英語Ⅰ・Ⅱ・Ⅲ，英語表現Ⅰ・Ⅱ」，ドイツ語，フランス語から１科目選択	200 点
	数　学	数学Ⅰ・Ⅱ・Ⅲ・A・B	250 点
	理　科	「物理基礎・物理」，「化学基礎・化学」，「生物基礎・生物」，「地学基礎・地学」から２科目選択	250 点
医学部（医学科） 工学部	外国語	「コミュニケーション英語Ⅰ・Ⅱ・Ⅲ，英語表現Ⅰ・Ⅱ」，ドイツ語，フランス語から１科目選択	200 点
	数　学	数学Ⅰ・Ⅱ・Ⅲ・A・B	250 点
	理　科	「物理基礎・物理」，「化学基礎・化学」	250 点
医学部（生命科学科）	外国語	「コミュニケーション英語Ⅰ・Ⅱ・Ⅲ，英語表現Ⅰ・Ⅱ」，ドイツ語，フランス語から１科目選択	200 点
	数　学	数学Ⅰ・Ⅱ・Ⅲ・A・B	250 点
	理　科	「物理基礎・物理」，「化学基礎・化学」，「生物基礎・生物」から２科目選択	250 点
	面　接	１人 20 分以内	100 点
医学部（保健学科）看護学専攻	外国語	「コミュニケーション英語Ⅰ・Ⅱ・Ⅲ，英語表現Ⅰ・Ⅱ」，ドイツ語，フランス語から１科目選択	200 点
	数　学	数学Ⅰ・Ⅱ・A・B	100 点
	理　科	「物理基礎・物理」，「化学基礎・化学」，「生物基礎・生物」から２科目選択	100 点

医学部（保健学科）	放射線技術科学専攻	外国語	「コミュニケーション英語Ⅰ・Ⅱ・Ⅲ，英語表現Ⅰ・Ⅱ」，ドイツ語，フランス語から１科目選択	200点
		数　学	数学Ⅰ・Ⅱ・Ⅲ・A・B	250点
		理　科	「物理基礎・物理」必須。「化学基礎・化学」，「生物基礎・生物」から１科目選択（計２科目）	250点
	検査技術科学専攻	外国語	「コミュニケーション英語Ⅰ・Ⅱ・Ⅲ，英語表現Ⅰ・Ⅱ」，ドイツ語，フランス語から１科目選択	200点
		数　学	数学Ⅰ・Ⅱ・Ⅲ・A・B	250点
		理　科	「化学基礎・化学」必須。「物理基礎・物理」，「生物基礎・生物」から１科目選択（計２科目）	250点
歯学部 薬学部		外国語	「コミュニケーション英語Ⅰ・Ⅱ・Ⅲ，英語表現Ⅰ・Ⅱ」，ドイツ語，フランス語から１科目選択	200点
		数　学	数学Ⅰ・Ⅱ・Ⅲ・A・B	250点
		理　科	「物理基礎・物理」，「化学基礎・化学」，「生物基礎・生物」から２科目選択	250点
芸術工学部		外国語	「コミュニケーション英語Ⅰ・Ⅱ・Ⅲ，英語表現Ⅰ・Ⅱ」，ドイツ語，フランス語から１科目選択	200点
		数　学	数学Ⅰ・Ⅱ・Ⅲ・A・B	250点
		理　科	「物理基礎・物理」必須。「化学基礎・化学」，「生物基礎・生物」から１科目選択（計２科目）	250点
農学部		外国語	「コミュニケーション英語Ⅰ・Ⅱ・Ⅲ，英語表現Ⅰ・Ⅱ」，ドイツ語，フランス語から１科目選択	250点
		数　学	数学Ⅰ・Ⅱ・Ⅲ・A・B	250点
		理　科	「物理基礎・物理」，「化学基礎・化学」，「生物基礎・生物」，「地学基礎・地学」から２科目選択	250点

▶備　考

- 英語以外の外国語は省略。
- 「数学B」は「数列」，「ベクトル」を出題範囲とする。

英語

(120分)

(注)　200点満点の配点を，経済学部経済工学科については300点満点に，農学部については250点満点に換算する。

〔1〕　次の英文を読み，設問に答えなさい。(50点)

[1] Mars is an especially good mission target due to its closeness to us. It is relatively similar to Earth in a number of crucial ways, making it a better destination for manned missions and potential colonization than any other planet in the solar system. We have loved Mars for centuries. The planet has firmly embedded itself in our culture, so much so that "Martian" is somewhat synonymous with "alien", though the aliens you imagine may vary.

[2] This cultural interest is mirrored by scientific interest. Our first mission to Mars launched in 1960, and we have attempted more missions to the planet than to anywhere else in the solar system except for the Moon. Given this history, you would be forgiven for thinking that we must know almost all there is to know about Mars by now, but that(1) is not the case. For one, we are still unsure of how Mars formed. The planet is surprisingly small and does not fit into our theories of how the solar system came together. We are not sure how its two small moons(2) formed, either. These lumpy, bumpy rocks have puzzling properties. They may have formed in orbit around Mars, they may be captured asteroids*, or they may be the result of a giant impact that knocked material from Mars.

3　We also lack a complete understanding of Mars's history. We see signs of past water all over its surface and in its chemistry, and so think it was once much warmer than it currently is in order to support liquid water. However, we are not sure how this waterworld changed into the dry lump we see today. To support widespread water and warmth, Mars's atmosphere must have been very thick during the planet's youth (probably facilitated by a far stronger magnetic field). Where did it all go?

4　Then, of course, there is the question of life. Is the planet habitable? Is there, or was there ever, life on Mars? We don't know enough to be sure either way. Perhaps inactive microbes lie buried deep in the soil, or are happily thriving underground away from curious eyes. Perhaps the planet is lifeless and always has been, or life has died out(3).

5　Uncertainty aside, there is quite a bit we do know about Mars — after all, we have been visiting for more than 50 years. Many of Mars's positive attributes are similar to those of our home planet, placing it at the top of the colonization list. To learn more, we need more data from both our current missions and those launching in coming years.

6　There are, understandably, many differing opinions about whether we should focus so much of our efforts on Mars. Travel to the red planet threatens to be incredibly expensive, and publicly funding such programs may suck money from other areas of scientific research. There are also numerous hurdles to clear (technical, biological, financial, ethical) before we can entertain the idea of feasibly sending humans there. Some scientists believe there are more interesting locations to explore: Saturn's moon Titan; Jupiter's moons Europa, Callisto and Ganymede. However, unlike these candidates, ______(4)______. The red planet may hold the secrets to how our own rocky planet formed, evolved, developed life, and more. It is hard to overstate how sending humans to Mars would further our research.

Notes:

asteroids*: 小惑星

問 1. 第 2 段落の下線部 that (1) が表す具体的意味内容を日本語で述べなさい。

問 2. 第 2 段落において，下線部 its two small moons (2) がどのように形成されたのかに関して述べられている三つの仮説を，日本語で具体的に答えなさい。それぞれを①から③の解答欄に記入すること。

問 3. 第 3 段落では，火星の水に関してどのような事実と推論が示されているか，80 字以内の日本語で述べなさい。ただし，句読点も字数に含みます。

問 4. 第 4 段落の下線部 died out (3) に最も近い意味を表すものを，以下のうちから一つ選び，解答欄に書きなさい。

issued,　killed off,　murdered,　perished

問 5. 第 6 段落の下線部(4)の空所に入る最も適切なものを以下(A, B, C, D)の中から一つ選び，記号で答えなさい。

A. it is not true that the Earth is full of liquid water and a wide range of living creatures

B. Jupiter's moons are too far even for future generations to conduct any extensive research in them

C. Mars is our neighbor, in addition to being part of the only planetary system in the universe known to harbor life

D. Titan is Saturn's largest moon, and it is the only moon with clouds and a dense, planet-like atmosphere

〔2〕 Read the following passage and answer the questions below. (48 点)

1 Sleep experts often liken (i) sleep-deprived people to drunk drivers: They don't get behind the wheel thinking they're probably going to kill someone. But as with drunkenness, one of the first things we lose in sleep deprivation is self-awareness.

2 Sleep disturbance is among the most common sources of health problems in many countries. Insufficient sleep causes many chronic and serious medical conditions that have an enormous impact on quality of life, not to mention the economy. (1) While no one knows why we sleep, it is a universal biological necessity; no animal with a brain can survive without it.

3 But how much sleep do we really need, how can we sleep better, and are there ways to cheat the system? Research shows that there is a perpetual divide between what's known to scientists and what most people do. That's why the American Academy of Sleep Medicine brought together a body of scientists from around the world to answer these questions through a review of known research. They looked at the effects of sleep on heart disease, cancer, obesity and human performance.

4 One 2014 study of more than 3,000 people in Finland found that the amount of sleep that correlated with the fewest sick days was 7.63 hours a night for women and 7.76 hours for men. So either that is the amount of sleep that keeps people well, or that's the amount that makes them least likely to lie about being sick when they want to skip work. Statistics are tough to interpret.

5 In another study researchers kept people just slightly sleep deprived — allowing them only six hours to sleep each night — and watched the subjects' performance on IQ tests drop. The crucial finding

was that throughout their time in the study, the sixers thought they were functioning perfectly well, yet clearly they were not.

6 This finding has been replicated* many times, even as many work fields continue to encourage and celebrate sleep deprivation. In most professions it seems that companies are happy to have employees that work and never sleep. But it is hard to think of another type of self-injury that might be similarly applauded (ii).

7 (2) The consensus: When we get fewer than seven hours rest, we are weakened (to degrees that vary from person to person). When sleep persistently falls below six hours per day, we are at an increased risk of health problems.

8 Many people seem engaged in a daily arms race (iii) between wakefulness and unconsciousness, using various products to mask and manage poor sleep habits, and ultimately just needing more products. Caffeine and other stimulants followed by a mix of relaxing sedatives**. Or alcohol, which only further messes with our natural body rhythms. Effective sleep habits, like many things, appear to come back to self-awareness.

9 So how does one break unhealthy sleep habits? Here are a few simple ideas that many experts recommend. Try to keep a somewhat constant bedtime and wake-up time, even on weekends. Keep caffeine use moderate, even if you don't feel like a nighttime coffee affects you. The same goes for cocktails. Use screens wisely, too. Remember that even on night mode, a phone or computer is shooting light into your brain. Read something on paper instead.

Notes:

replicated*: repeated

sedatives**: drugs taken for their calming or sleep-inducing effect

Q 1. Choose the most appropriate meaning of the underlined words or phrase (i)–(iii). Write the correct word.

(i) cherish, compare, dislike, enjoy

(ii) criticized, deafening, normal, praised

(iii) commute, disappointment, steadiness, struggle

Q 2. Translate the underlined sentence (1) in Paragraph 2 into Japanese.

Q 3. Paragraph 4 states that statistics are tough to interpret.

According to the passage, write in Japanese the two possible interpretations of the 2014 Finnish sleep study.

Q 4. Explain in Japanese the content of the underlined part The consensus (2) in Paragraph 7.

Q 5. Choose one statement that conforms to the ideas presented in the text and write the letter (A, B, C, D) of your choice.

A. Employees should quit if they feel that they are overworked.

B. Many professions expect their workers to endure sleep deprivation.

C. People are usually willing to accept scientists' advice on sleep disorder.

D. Insufficient sleep deteriorates health conditions but has no impact on the economy.

〔3〕 Read the following passage and answer the questions below. (45点)

1 It is hard to (A) when we take the train in Tokyo: white-gloved employees in crisp uniforms pointing smartly down the platform and calling out — seemingly to no one — as trains glide in and out of the station. Onboard is much the same, with drivers and conductors performing almost ritual-like movements as they tend to an array of dials, buttons and screens.

2 Japan's rail system has a well-deserved reputation for being among the very best in the world. An extensive network of railway lines moving an estimated 12 billion passengers each year with an on-time performance measured in the seconds makes Japanese rail a precise, highly reliable transportation marvel.

3 Train conductors, drivers and station staff play an important role in the safe and efficient operation of the lines, a key aspect of which is the variety of physical gestures and vocal calls that they perform while undertaking their duties. While these might strike foreigners as silly, the movements and shouts are a Japanese-innovated industrial safety method known as pointing-and-calling. According to one 1996 study, this method reduces workplace errors by up to 85 percent. Pointing-and-calling works on the principle of associating one's tasks with physical movements and vocalizations to prevent errors by raising the consciousness levels of workers. Rather than relying on a worker's eyes or habit alone, each step in a given task is reinforced (B) and audibly to ensure the step is both complete and accurate.

4 In the rail context, when train drivers wish to perform a required speed check, they do not simply glance at a display. Rather, the speedometer will be physically pointed at, with a call of "speed check, 80" — confirming the action taking place, and audibly confirming the correct speed. For station staff who ensure the platform-side tracks are

free of debris or fallen passengers, a visual scan alone is not sufficient. Instead, the train station attendant will point down the track and sweep their arm along the length of the platform — eyes following the hand — before declaring all clear. The process repeats as the train departs, ensuring no bags — or passengers — are caught hanging from the train's closed doors.

5 As stated above, pointing-and-calling is known to reduce workplace errors. While some workers point-and-call more enthusiastically than others, even those who are more indifferent benefit from the increased awareness that comes from physically reinforcing each task.

6 (1) For such a simple but effective method of improving workers' error rate, the system continues to find itself largely confined to Japan. Indeed, it is one of the many eccentricities of the Japanese workplace that do not impress Western workers. In the case of pointing-and-calling, Japanese commentators have theorized that Western employees feel "silly" performing the requisite gestures and calls. Japanese workers are not immune to feeling self-conscious when it comes to pointing-and-calling, although with training it soon becomes an accepted part of the job. A spokesperson for Tokyo Metro noted in a statement that new employees "recognize pointing-and-calling as necessary for safe rail operations, and therefore do not feel (C)."

Q 1. Choose the most appropriate word for the blanks (A), (B) and (C). Write the correct word.

(A) know, miss, predict, prove

(B) apparent, manually, randomly, scarce

(C) abolishment, contentment, embarrassment, settlement

Q 2. What is the percentage for the blank below that best completes the following statement? Answer based on Paragraph 3.

When the pointing-and-calling method is adopted, errors could fall down to (　　　) at lowest.

Q 3. What do train drivers do at the speed check? Describe this process in Japanese based on Paragraph 4.

Q 4. When the train comes in, what do station attendants do on the platform to make sure that the track has no obstacles? Explain the complete procedure in Japanese based on Paragraph 4.

Q 5. Translate the underlined part (1) in Paragraph 6 into Japanese.

〔4〕 Read the passage and follow the instructions below. (30点)

According to Japanese Health Ministry research, by 2025 around 30% of Japan's population will be aged over 65. This percentage may continue to rise to as much as 40% by 2050, along with a likely increase in the number of elderly people who need long-term personal and medical care. However, as birthrates fall and families get smaller, families will be less able to care for their oldest members.

Instructions: Write a well-developed paragraph in English consisting of around 100 words, answering the following question:

What can Japanese society do to support older people who will need care in the future?

Give clear examples and details to support your answer.

〔5〕 次の文章の下線部⑴，⑵を英語で表現しなさい。(27点)

最近は，旅をする若い人が少なくなったとよく聞く。実際，少し前まではどんなところでも若い日本人旅行者とドイツ人旅行者がいて，他の国からの旅行者の冗談のタネでもあったものだが，日本人のほうは，今では滅多に見かけない。⑴かつては数々の紀行文や旅小説が，若い人の旅心に火をつけていた。いつかまた，そんなふうになることを私は願う。⑵異国を旅することは，自分——自分の知っている場所，立っている位置——が世界のまんなかでもなく，常識の基準でもないと知ることだ。こんなにも違うと絶望し，こんなにも同じだと安堵することだ。そういうことのあるとなしでは，その後のその人のありようが，ずいぶんと違うと思うのだ。

数学

◀経済(経済工)・理・医(保健〈看護学〉を除く)・
歯・薬・工・芸術工・農学部▶

(150 分)

(注)　経済学部経済工学科については，250 点満点の配点を 300 点満点に換算する。

[1]　(配点 50 点)

この問題の解答は，解答紙 **26** の定められた場所に記入しなさい。

[問題]

座標空間において，xy 平面上にある双曲線 $x^2-y^2=1$ のうち $x \geqq 1$ を満たす部分を C とする。また，z 軸上の点 A$(0,0,1)$ を考える。点 P が C 上を動くとき，直線 AP と平面 $x=d$ との交点の軌跡を求めよ。ただし，d は正の定数とする。

[2] （配点 50 点）

この問題の解答は，解答紙 **27** の定められた場所に記入しなさい。

［問題］

原点を中心とする半径 3 の半円 $C: x^2+y^2=9\ (y \geqq 0)$ 上の 2 点 P と Q に対し，線分 PQ を 2 : 1 に内分する点を R とする。以下の問いに答えよ。

(1) 点 P の y 座標と Q の y 座標が等しく，かつ P の x 座標は Q の x 座標より小さくなるように P と Q が動くものとする。このとき，線分 PR が通過してできる図形 S の面積を求めよ。

(2) 点 P を $(-3, 0)$ に固定する。Q が半円 C 上を動くとき線分 PR が通過してできる図形 T の面積を求めよ。

(3) (1) の図形 S から (2) の図形 T を除いた図形と第 1 象限の共通部分を U とする。U を y 軸のまわりに 1 回転させてできる回転体の体積を求めよ。

[3] （配点 50 点）

この問題の解答は，解答紙 **28** の定められた場所に記入しなさい。

［問題］

1 から 4 までの数字を 1 つずつ書いた 4 枚のカードが箱に入っている。箱の中から 1 枚カードを取り出してもとに戻す試行を n 回続けて行う。k 回目に取り出したカードの数字を X_k とし，積 $X_1X_2\cdots X_n$ を 4 で割った余りが $0, 1, 2, 3$ である確率をそれぞれ p_n, q_n, r_n, s_n とする。p_n, q_n, r_n, s_n を求めよ。

[4] (配点 50 点)

この問題の解答は，解答紙 **29** の定められた場所に記入しなさい。

［問題］

整数 a, b は 3 の倍数ではないとし，

$$f(x) = 2x^3 + a^2x^2 + 2b^2x + 1$$

とおく。 以下の問いに答えよ。

(1) $f(1)$ と $f(2)$ を 3 で割った余りをそれぞれ求めよ。

(2) $f(x) = 0$ を満たす整数 x は存在しないことを示せ。

(3) $f(x) = 0$ を満たす有理数 x が存在するような組 (a, b) をすべて求めよ。

[5] (配点 50 点)

この問題の解答は，解答紙 **30** の定められた場所に記入しなさい。

［問題］

α を複素数とする。等式

$$\alpha(|z|^2 + 2) + i(2|\alpha|^2 + 1)\bar{z} = 0$$

を満たす複素数 z をすべて求めよ。ただし，i は虚数単位である。

◀医（保健〈看護学〉）学部▶

（120分）

（注）　200点満点の配点を，100点満点に換算する。

[1]　（配点50点）

この問題の解答は，解答紙 **22** の定められた場所に記入しなさい。

［問題］

座標平面内の曲線 $y=x^3+ax^2+bx+c$ が点 $(c, 0)$ において x 軸に接しているとする。ただし，a, b は実数，$c>0$ である。以下の問いに答えよ。

(1) a, b をそれぞれ c を用いて表せ。

(2) この曲線と x 軸で囲まれた部分の面積を S とする。S を最小にする c の値を求めよ。

[2]　（配点50点）

この問題の解答は，解答紙 **23** の定められた場所に記入しなさい。

［問題］

以下の問いに答えよ。

(1) n を自然数とするとき，2^n を7で割った余りを求めよ。

(2) 自然数 m は，2進法で101が6回連続する表示

$$101101101101101101_{(2)}$$

をもつとする。m を7で割った余りを求めよ。

[3]　（配点 50 点）

この問題の解答は，解答紙 **24** の定められた場所に記入しなさい。

［問題］

平面上に三角形 ABC と点 O が与えられている。この平面上の動点 P に対し，

$$L = \mathrm{PA}^2 + \mathrm{PB}^2 + \mathrm{PC}^2$$

とおく。以下の問いに答えよ。

(1) $\vec{a} = \overrightarrow{\mathrm{OA}}, \vec{b} = \overrightarrow{\mathrm{OB}}, \vec{c} = \overrightarrow{\mathrm{OC}}$ および $\vec{x} = \overrightarrow{\mathrm{OP}}$ とおくとき，次の等式を示せ。

$$L = 3\,|\vec{x}|^2 - 2\,(\vec{a} + \vec{b} + \vec{c}) \cdot \vec{x} + |\vec{a}|^2 + |\vec{b}|^2 + |\vec{c}|^2$$

(2) L を最小にする点 P は三角形 ABC の重心であることを示せ。また，L の最小値は

$$\frac{1}{3}(\mathrm{AB}^2 + \mathrm{BC}^2 + \mathrm{CA}^2)$$

であることを示せ。

[4]　(配点 50 点)

この問題の解答は，解答紙 **25** の定められた場所に記入しなさい。

［問題］

3 つの部品 a, b, c からなる製品が多数入った箱がある。製品を 1 つ取り出したとき，部品 a, b, c が不良品である確率について次のことがわかっている。

- 部品 a が不良品である確率は p である。
- 部品 a が不良品でないとき，部品 b が不良品である確率は q である。
- 部品 a が不良品であるとき，部品 b も不良品である確率は $3q$ である。
- 部品 b が不良品でないとき，部品 c が不良品である確率は r である。
- 部品 b が不良品であるとき，部品 c も不良品である確率は $5r$ である。

ただし，$0 < p < 1,\ 0 < q < \dfrac{1}{3},\ 0 < r < \dfrac{1}{5}$ である。以下の問いに答えよ。

(1) 製品を 1 つ取り出したとき，部品 a, b の少なくとも一方が不良品である確率を p, q を用いて表せ。

(2) 製品を 1 つ取り出したとき，部品 c が不良品である確率を p, q, r を用いて表せ。

(3) 製品を 1 つ取り出したところ部品 c が不良品であった。このとき，部品 b も不良品である確率を p, q を用いて表せ。

物理

（2科目150分）

（注）医学部保健学科看護学専攻については，2科目250点満点（1科目125点満点）の配点を2科目100点満点に換算する。

〔1〕 以下の問いに答えよ。(40点)

図1のように水平で滑らかな床の上に質量Mの台がある。この台には長さlの糸の先に質量mの小球が付いた振り子が取り付けられており，台の重心と振り子は床に垂直な同一平面内を運動する。台は図の左右の方向に摩擦なしに動くものとし，運動方向は右向きを正とする。なお，振り子の糸はたるまず，台と小球以外の質量は無視できるものとし，空気抵抗は考えない。また，重力加速度の大きさをgとする。

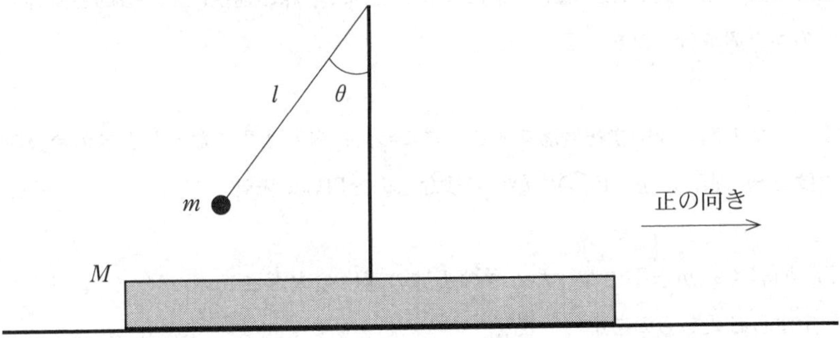

図1

(1) まず，台が動かない場合を考える。糸が鉛直方向から左に角度θ傾いたところで，小球を静止させてから静かに放した。小球が最初に最下点に到達したときの小球の速度，および，糸の張力の大きさをm，M，l，g，θの中から必要なものを用いて表せ。

以下では，台が自由に動ける場合を考える。

(2)　小球を最下点に静止させた状態から，ゆっくり台を右向きに加速し一定の加速度 a を保った。その後瞬時に加速をやめて，そのまま台を等速運動させると，台上で小球は振り子運動をした。台に静止した観測者から見たとき，この運動中の小球の速度の最大値を m，M，l，g，a の中から必要なものを用いて表せ。

以下では，床に静止した観測者から見るものとして答えよ。

(3)　静止した台の上で，糸が鉛直方向から左に角度 $\theta = 60°$ 傾いたところで，小球を静止させてから静かに放すと，小球も台も動き始めた。小球が最初に最下点に達したときの小球の速度と台の速度，および，糸の張力の大きさを m，M，l，g の中から必要なものを用いて表せ。

次に，静止した台の上で小球を最下点で静止させた後，撃力により台に水平右方向の初速度 V_0 を瞬時に与えると，最下点から運動を始めた小球は，糸が水平になる高さを通過した。糸が水平になったとき，小球の速度は水平方向と鉛直方向の両方の成分を持ちうる。

(4)　水平方向の運動量を考慮することによって，糸が水平になったときの台の速度を m，M，l，g，V_0 の中から必要なものを用いて表せ。

(5)　同じく糸が水平になったときの小球の速度の大きさを m，M，l，g，V_0 の中から必要なものを用いて表せ。

(6)　糸が水平になる高さに小球が達するために，台に与えるべき初速度 V_0 の最小値を m，M，l，g の中から必要なものを用いて表せ。

〔2〕 以下の問いに答えよ。(45 点)

磁場中を落下する導体ループの運動について考える。図 1 (a) のように，鉛直方向上向きを z 軸の正の向きにとり，正方形 KLMN の 4 辺で構成された導体ループ(各辺の長さ $2l$)を水平に固定する。ここで，導体ループの中心は z 軸上にあり，正方形の各辺は x 軸または y 軸に平行である。また，図 1 (b) のように，点(x，y，z)における磁場の磁束密度 $\vec{B}$ の x 成分は 0 であり，y 成分および z 成分はそれぞれ $B_y = -cy$，$B_z = cz$ (c は正の定数)と表される。その後，静かに導体ループの固定を外すと，導体ループは水平を保ったまま z 軸に沿って落下する。ここで，重力加速度の大きさを g，導体ループの質量を m とする。導体ループは真空中にあり，変形も回転もしないものとする。導体ループの自己インダクタンスと導体の太さは無視できるものとする。正方形の 2 辺 LM，NK を構成する導体はともに電気抵抗 R をもち，残りの 2 辺 KL，MN を構成する導体の電気抵抗は無視できるものとする。(図 1 (b)の矢印の付いた複数の曲線は磁束線を表している。)

以下の**問 1** と**問 2** では，導体ループの中心の位置を(0 ，0 ，z)とし，$z \geqq 0$ にある導体ループの運動について異なる観点から考えることにする。

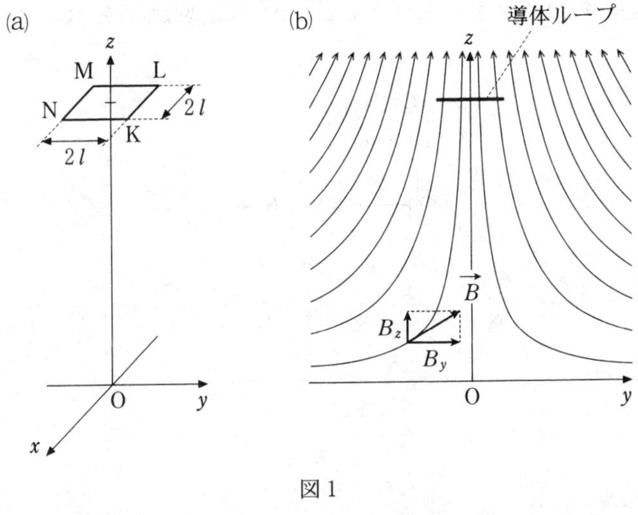

図 1

問 1. 導体ループの固定を外してからしばらくすると，落下の速さが v_0 で一定となった。

まず，図2のように，x 軸に平行な辺 KL，MN を構成する2つの導体がともに孤立したものとして考える。

(1)　2つの導体の位置における磁束密度 $\vec{B}$ の y 成分の大きさ $|B_y|$ は等しい。同様に，2つの導体の位置における $\vec{B}$ の z 成分の大きさ $|B_z|$ も等しい。$|B_y|$，$|B_z|$ を c，l，z の中から必要なものを用いて表せ。

(2)　2つの導体の内部にある自由電子（電荷 $-e$）が受ける x 方向のローレンツ力の大きさ F は等しくなる。F を c，e，l，v_0，z の中から必要なものを用いて表せ。

(3)　ローレンツ力による電子の移動により，それぞれの導体の一端が負に帯電し，他端は正に帯電するため，導体に沿った方向に電場が生じる。この電場から受ける力とローレンツ力がつり合ったときに電子の移動は止まる。このとき，KL 間と MN 間には同じ大きさの電位差が生じている。電位差の大きさ V を c，e，l，v_0，z の中から必要なものを用いて表せ。

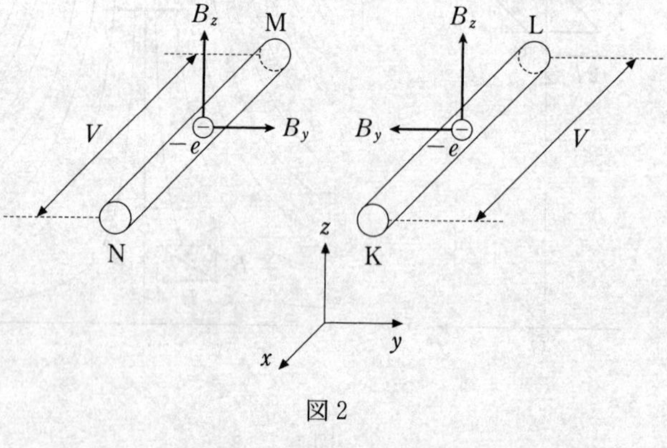

図2

次に，図 3 のように，y 軸に平行な正方形の残りの 2 辺 LM，NK を構成する導体もあわせて考える。

(4) 電位差 V に基づいて，導体ループに電流が流れる。このとき，導体ループで消費される電力 P を c，e，l，R，v_0，z の中から必要なものを用いて表せ。

(5) 一定の速さ v_0 での落下に伴う単位時間あたりの位置エネルギーの変化の大きさ ΔU を c，e，g，l，m，v_0，z の中から必要なものを用いて表せ。

(6) エネルギーの変換を考えることにより，落下の速さ v_0 を c，e，g，l，m，R，z の中から必要なものを用いて表せ。

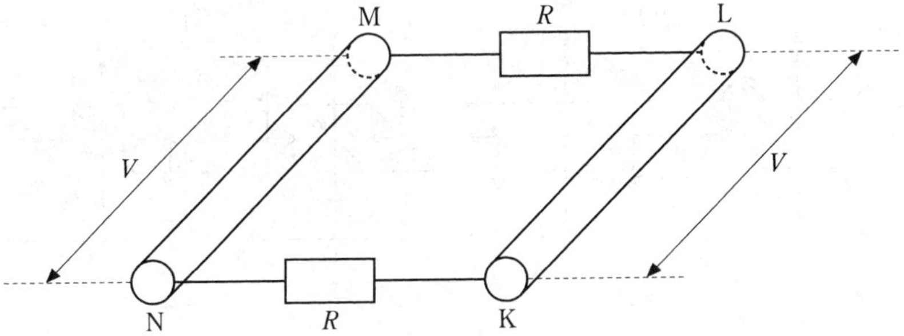

図 3

問 2. 導体ループの固定を外した後の落下について，別の観点からもう一度考える。

(1) 導体ループを貫く磁束を Φ とする。導体ループが微小距離 $\Delta h(>0)$ だけ落下する間の磁束 Φ の変化 $\Delta\Phi$ を c，Δh，l，z の中から必要なものを用いて表せ。

(2)　微小距離 Δh の落下に要する時間を Δt とするとき，導体ループに流れる電流の大きさ I を c，Δh，l，R，Δt，z の中から必要なものを用いて表せ。

(3)　導体ループに流れる電流 I は，磁場から力を受ける。導体ループの各辺が受ける力の成分を描いた図として適したものを，図4の(a)~(d)から一つ選び記号で答えよ。

(4)　導体ループの運動の鉛直方向の加速度を a とするとき，導体ループの運動方程式を a，c，g，I，l，m，z の中から必要なものを用いて表せ。

この運動方程式から終端速度を求めると，**問1**で求めた落下の速さ v_0 が得られる。

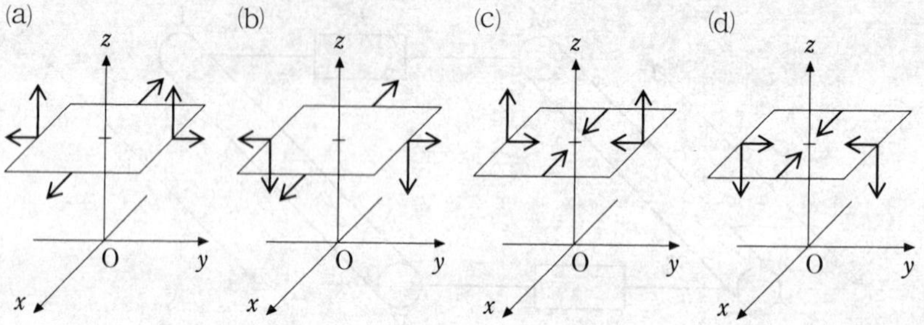

図4

〔3〕 以下の問いに答えよ。(40点)

問 1．図1に示すように，真西から真東に水平飛行する航空機が連続的に発する音波を，地上の点Oで観測する場合を考える。航空機は，点Oの真上を通過するものとする。航空機が発する音波の振動数をf，音波の速さをc，航空機の速さをvとし，$c > v$とする。航空機と点Oの距離は常に音波の波長より長いものとする。また風の影響，音波の減衰，航空機の大きさは無視できるものとする。(航空機が発する音波の波面は，地上に達するまでは，球面であるものとする。)

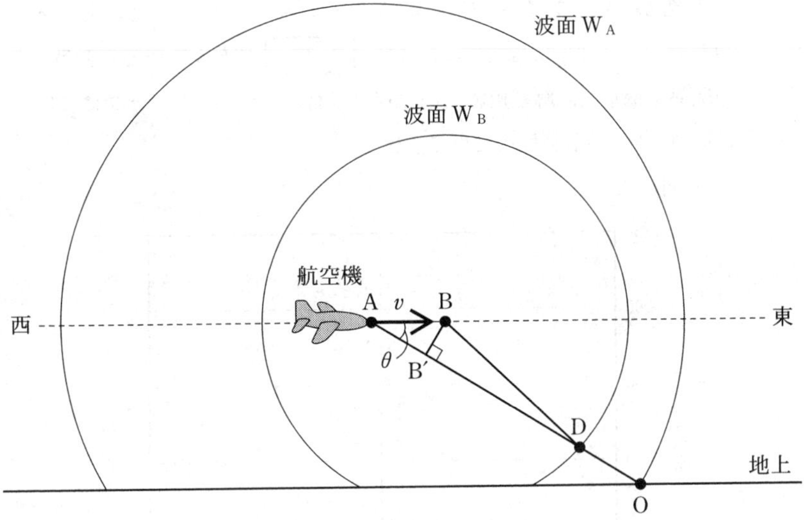

図1

(1) 時刻$t = 0$のときの航空機の位置を点Aとする。このとき航空機の進む方向と，航空機と点Oを結ぶ方向のなす角度はθであった。点Aで発せられた音波の波面W_Aが，$t = t_0$に点Oに届いたとすると，距離AO = [ア] となる。一方，$t = 0$から音波の1周期分の時間が経過したときの航空機の位置を点Bとする。点BからAOに下ろした垂線の足を点B′とすると，距離AB′ = [イ] となる。点Bで発せられた音

波の波面 W_B が $t=t_0$ で AO と交わる点を点 D とすると，距離 BD ＝ [ウ] となる。ここで，$t=t_0$ において点 O から見た波面 W_A と W_B の間隔が点 O において観測される音波の波長とみなせる。距離 $AO \gg AB'$ の場合は，音波の波長は距離 DO と考えてよく，また，このとき距離 $BD \fallingdotseq B'D$ が成り立つことから距離 DO は [エ] となる。よって，点 O で観測される音波の振動数は [オ] となる。

上の [ア] から [オ] の空欄にあてはまる数式を，c，f，t_0，v，θ の中から必要なものを用いて表せ。

(2) 航空機が発する音波の振動数を $f=100\,\mathrm{Hz}$ とする。また $c=340\,\mathrm{m/s}$，$v=170\,\mathrm{m/s}$ とする。(1)の [オ] で与えられる振動数と θ の関係の概形を，解答用紙の図に線で示せ。$\theta=0°$，$90°$，$180°$ については振動数を計算し，図中に点で示せ。

〔解答欄〕

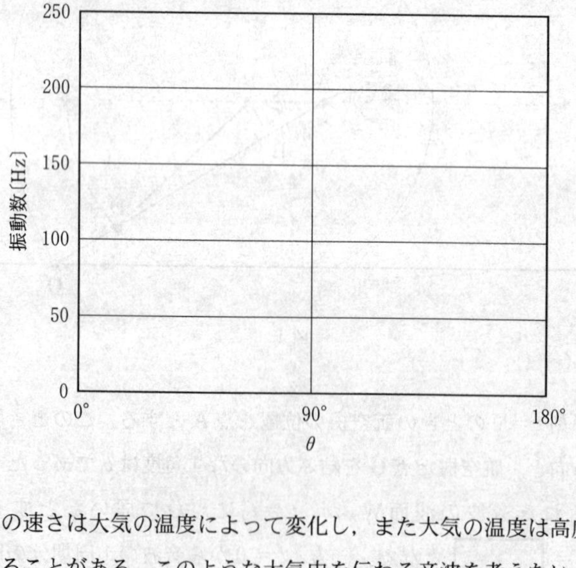

問 2. 音波の速さは大気の温度によって変化し，また大気の温度は高度とともに低くなることがある。このような大気中を伝わる音波を考えたい。簡単のために，図 2 に示すように，温度の異なる 2 つの大気 I，II が，ある高度で接

しているとする。大気Ⅰ中を真西から真東に水平飛行する航空機が連続的に発する音波を，地上の点Oで観測する場合を考える。航空機は，点Oの真上を通過するものとする。航空機が発する音波は，大気Ⅰ，Ⅱの境界面に角度 ϕ_1 で入射する。音波の一部は境界面で反射し，残りは角度 ϕ_2 で屈折して点Oに届く。航空機が発する音波の振動数を f とする。大気Ⅰ，Ⅱ中の音波の速さをそれぞれ c_1，c_2，航空機の速さを v とし，$c_1 > v$，$c_2 > v$ とする。音波は平面波として進むと考えてよい。また**問1**と同様に，風の影響，音波の減衰，航空機の大きさは無視できるものとする。さらに，音波の速さは，温度のみに影響を受けるものとし，それ以外の効果は考えなくてよい。

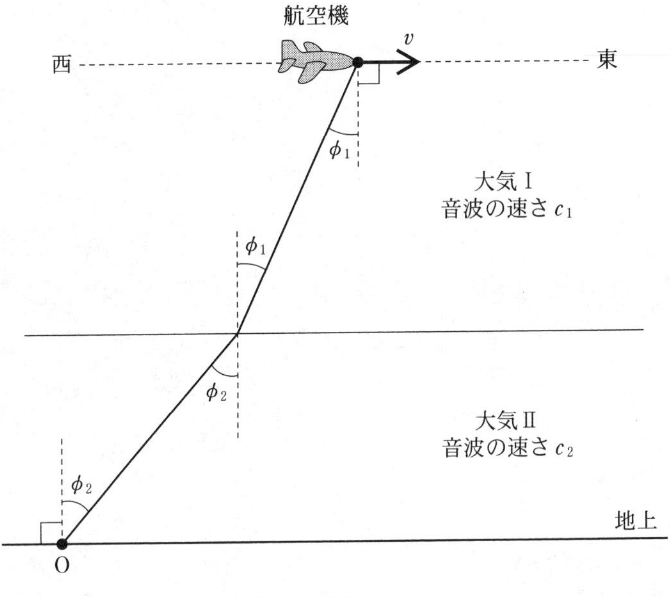

図2

(1)　ϕ_1 と ϕ_2 の間に成り立つ等式を，ϕ_1，ϕ_2，c_1，c_2，f，v の中から必要なものを用いて表せ。

(2)　点Oに届いた音波の波長と振動数を，c_1，c_2，f，v，ϕ_1 の中から必要なものを用いて表せ。

(3)　大気Ⅰと大気Ⅱの温度差が小さいときには，航空機が点Oの真上を通過して東の遠方に飛び去るまで，点Oに音波が届いていた。しかし大気Ⅱの温度が大気Ⅰよりも十分高い日には，$\phi_1 = 60°$ を過ぎて以降，点Oに音波が届かなかった。このとき大気Ⅱ中の音波の速さを測定すると $c_2 = 380\ \mathrm{m/s}$ であった。大気Ⅰ中の音波の速さ c_1 を有効数字2桁で求めよ。

化学

（2 科目 150 分）

（注）　医学部保健学科看護学専攻については，2 科目 250 点満点（1 科目 125 点満点）の配点を 2 科目 100 点満点に換算する。

必要な場合には，次の値を用いよ。

原子量：H ＝ 1.00，C ＝ 12.0，O ＝ 16.0

構造式を記入するときは，記入例にならって答えよ。

構造式の記入例

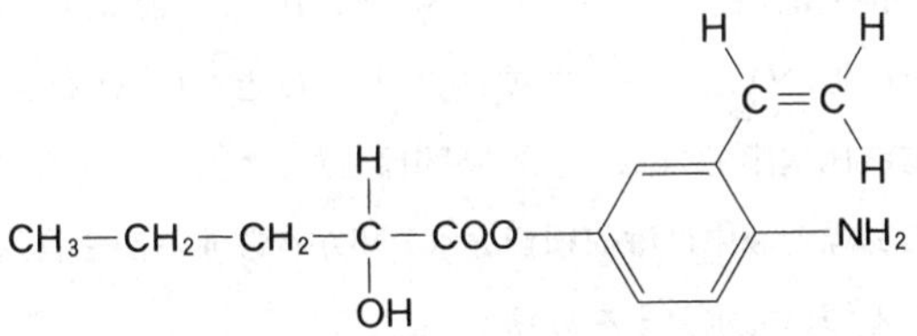

〔1〕 以下の**問**1～**問**6に答えよ。(25点)

問 1. H_2O に関する次の文章から誤っているものをすべて選び，(A)～(E)の記号で答えよ。

(A) H_2O の沸点が HF の沸点よりも高い理由は O—H 結合の方が F—H 結合よりも極性が大きいためである。

(B) H_2O は酸としても塩基としても働く。

(C) H_2O の分子は折れ線型の構造である。

(D) H_2O は融解や沸騰はするが，昇華することはない。

(E) H_2 と O_2 を常温・常圧で混合するだけでは H_2O が生成しない理由はこの反応が吸熱反応だからである。

問 2. 同じ元素の同位体どうしは質量が異なるが，その化学的性質はほぼ同じである。例えば，水素の主な同位体には ^{1}H と ^{2}H があり，酸素の主な同位体には ^{16}O と ^{18}O がある。同体積の $^{1}H_2{}^{18}O$ と $^{2}H_2{}^{16}O$ を混合し，密閉容器に入れて液体状態で25℃を24時間保った。

(1) この混合液中には何種類の水分子が存在するかを答えよ。同位体の種類にもとづいて水分子を分類すること。

(2) この混合液中に存在する水分子のなかで，2番目に分子量が大きいものに含まれる中性子の総数を答えよ。

問 3. 過酸化水素の電子式を記入例にならって記せ。

記入例：アンモニア $\begin{array}{ccc} \mathrm{H}: & \overset{\cdot\cdot}{\mathrm{N}} & :\mathrm{H} \\ & \cdot\cdot & \\ & \mathrm{H} & \end{array}$ ただし，・は電子を表す。

問 4. 過酸化水素は水中で以下のように電離する。濃度2.20 mol/L の過酸化水素水中の H_3O^+ の濃度を有効数字2桁で求めよ。導出の過程も書け。なお，過酸化水素の電離定数は 2.20×10^{-12} mol/L とする。

$$H_2O_2 + H_2O \rightleftarrows HO_2^- + H_3O^+$$

問 5. 濃度 2.20 mol/L の過酸化水素水 5.00 mL を希硫酸の添加により酸性にして，濃度 8.00×10^{-2} mol/L の過マンガン酸カリウム水溶液を加える反応において，過酸化水素がすべて消費されるために必要な過マンガン酸カリウム水溶液の体積(mL)を有効数字 2 桁で求めよ。導出の過程も書け。

問 6. 硫酸酸性水溶液中における過酸化水素とヨウ化カリウムとの反応の化学反応式を示せ。

〔**2**〕 次の文章を読み，**問 1** ～**問 5** に答えよ。(25 点)

固体の黒鉛(C)に気体の二酸化炭素(CO_2)を 727 ℃ で接触させ，気体の一酸化炭素(CO)に変化させる次の反応を考える。

$$C + CO_2 \rightleftarrows 2\,CO$$

以下の各問に答えよ。なお，気体定数 R を 8.31×10^3 Pa･L/(mol･K)として計算せよ。**問 2**，**問 3** は有効数字 2 桁で答えよ。

問 1. CO_2 と CO の生成熱がそれぞれ 394 kJ/mol，111 kJ/mol のとき，上の反応式の反応熱を求めよ。

問 2. 温度 727 ℃ で容積 10 L の容器内に黒鉛を 2.0 g，気体の CO_2 を 1.0×10^5 Pa 導入し，導入と同時に容器を密閉した。容器内の圧力の時間変化を測定したところ，30 分経過後，系全体の圧力が 1.2×10^5 Pa となった。30 分経過後の CO_2 の分圧を求めよ。また 30 分間の平均反応速度を mol/min の単位で求めよ。この間，温度は一定であるとする。

問 3. **問 2** の反応状態をさらに継続し，各成分の分圧が変化しなくなるまでその状態を維持した。温度 727 ℃ で，圧平衡定数 K_p が 4.0×10^5 Pa であるとすると，平衡時の CO_2 と CO の各分圧はそれぞれ何 Pa か。また平衡時の黒鉛は何グラムか。なお，$\sqrt{2} = 1.41$，$\sqrt{3} = 1.73$，$\sqrt{5} = 2.24$ とする。

問 4. 問 3の平衡状態に達したあと，密封状態で温度727℃に保ち，平衡を保持しながらゆっくりと容器体積を10Lから少し小さくした。このとき容器内で起こる変化で正しいものを，下の選択肢(a)～(g)の中からひとつ記号で選べ。

選択肢

(a)　容器内の CO_2 と CO の分圧に変化はない。
(b)　CO_2 の分圧が増加し，CO の分圧が減少した。結果，CO/CO_2 の分圧比は減少した。
(c)　CO_2 の分圧が減少し，CO の分圧が増加した。結果，CO/CO_2 の分圧比は増加した。
(d)　CO_2 と CO の分圧がともに増加し，CO/CO_2 の分圧比は増加した。
(e)　CO_2 と CO の分圧がともに増加し，CO/CO_2 の分圧比は減少した。
(f)　CO_2 と CO の分圧がともに減少し，CO/CO_2 の分圧比は増加した。
(g)　CO_2 と CO の分圧がともに減少し，CO/CO_2 の分圧比は減少した。

問 5. 問 4の状態から**問** 3の平衡状態に戻し，密封状態をそのまま保ち，727℃から平衡を保持しながらゆっくりと温度を上昇させた。そのとき容器内の各ガスの分圧，全圧，圧平衡定数 K_p に生じる変化についての記述である。〔 ア 〕から〔 カ 〕に入る語句として，最も適切なものを下の各選択肢の中から選んで記入せよ。

黒鉛Cに気体の CO_2 が反応し，CO が生じる反応は，〔 ア 〕である。もとの727℃から温度を30℃上昇させると，**問** 1で求めた反応熱から判断して，圧平衡定数は，〔 イ 〕。容器内の CO/CO_2 の分圧比は，〔 ウ 〕。各分圧に着目すると，CO_2 分圧は〔 エ 〕，CO 分圧は〔 オ 〕。その結果，CO_2 と CO の分圧を加えた全圧は〔　カ　〕。

選択肢

〔　ア　〕: 吸熱反応，発熱反応

〔　イ　〕: 変化しない，およそ 2 倍になる，およそ 1 / 2 倍になる

〔　ウ　〕: 変化しない，増加する，減少する

〔　エ　〕: 変化せず，増加し，減少し

〔　オ　〕: 変化しない，増加する，減少する

〔　カ　〕: 変化しない，増加する，減少する

〔3〕 次の文章を読み，**問** 1 ～**問** 8 に答えよ。(25 点)

(1) 油脂は高級脂肪酸とグリセリンのエステルであり，動物の脂肪分や植物の種子に広く含まれる化合物である。植物を原料とする油脂で，常温で液体のものは，〔　ア　〕脂肪酸を多く含む。油脂に水酸化ナトリウムの水溶液を加えて加熱すると，グリセリンとセッケン(脂肪酸のナトリウム塩)を生じる。この反応はけん化と呼ばれ，セッケンの製造法の 1 つである。(a)セッケンの水溶液は弱い塩基性を示す。また，ある濃度以上のセッケンを溶かした水溶液中では，分子内の疎水性部分を内側に，親水性部分を外側にして多数の分子が集まった〔　イ　〕と呼ばれる球状のコロイド粒子が形成される。セッケンは，水中で油を分散することができる性質により洗浄作用を示すが，(b)カルシウムやマグネシウムなどの 2 価イオンを含む水溶液中では，その洗浄作用が低下する。

問 1. 文章中の〔　ア　〕と〔　イ　〕に入る適切な語句を示せ。

問 2. 下線部(a)の根拠となる化学反応式を示せ。セッケンは，炭化水素基を R とする一般式で表せ。

問 3.　1分子内の炭素原子の数が12である飽和脂肪酸からなるセッケンとカルシウムイオンとの組み合わせを例に，下線部(b)の根拠となる化学反応式を示せ。

問 4. 天然の油脂は，様々な種類の脂肪酸から構成される。油脂1gをけん化するのに必要な水酸化カリウムの質量(mg)をけん化価として定義すると，異なる種類の油脂の比較のための指標となる。水酸化カリウムの式量を56として，けん化価が336の**油脂1**の平均分子量を算出し，有効数字2桁で答えよ。

(2)　油脂とメタノールを混合し，適当な触媒を加えて加熱すると，脂肪酸のメチルエステルが得られる。この反応はエステル交換反応(メタノリシス)と呼ばれ，生じる脂肪酸メチルエステルはバイオディーゼル燃料の主成分として利用されている。以下の問いに答えよ。

問 5.　1種類の脂肪酸からなる**油脂2**を用いたエステル交換反応が，次に示す単純化された可逆反応として記述できるものと仮定する。

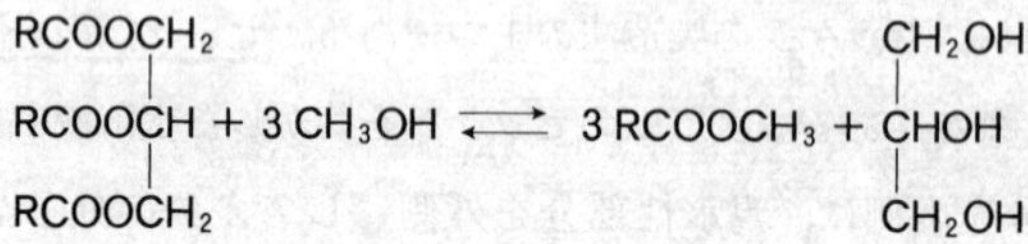

油脂2

一定体積の容器に，**油脂2**を1.0mol，メタノールを3.0mol量り取り，触媒の存在下，反応温度を70℃に保った。一定時間後，反応は平衡に達し，脂肪酸メチルエステルが1.8mol生じた。このときの平衡定数を算出し，有効数字2桁で答えよ。なお，反応は均一な液体状態で進行し，反応中の体積変化や蒸発は無視できるものとする。

問 6. **問** 5 の条件下において，下記(a)〜(c)の指標を y 軸に，反応時間を x 軸に取る。このとき，平衡に到達する過程でこれらの指標の時間変化を最も適切に表しているものを，下図 A〜F の中から選べ。

(a)　**油脂** 2 の正反応の反応速度

(b)　脂肪酸メチルエステルの物質量

(c)　逆反応の反応速度定数

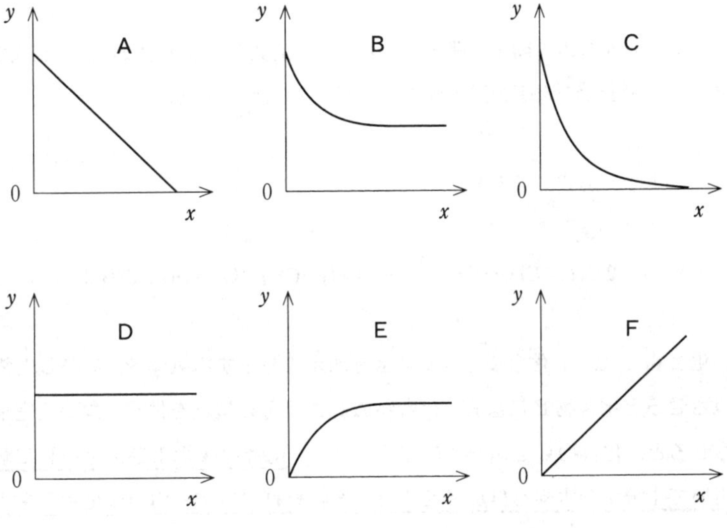

問 7. **問** 5 に示すエステル交換反応について，以下の(a)〜(e)の記述から正しいものを全て選択せよ。

(a)　より多くのメタノールを添加すると，平衡時により多くの生成物が得られる。

(b)　より多くの触媒を添加すると，平衡時により多くの生成物が得られる。

(c)　反応温度を上げると，正方向の反応だけが加速される。

(d)　触媒を添加することで，平衡に到達するまでの時間を短縮できる。

(e)　平衡状態においては，反応は起こっていない。

問 8. **油脂 2** のエステル交換反応は，実際には，油脂のエステル部分が順を追ってメタノールと置換され，脂肪酸メチルエステルとグリセリンが生じる多段階の過程を経て進行する。**問 5** の反応が平衡に到達する過程で生じる 1 価アルコールおよび 2 価アルコールの構造異性体の総数を記せ。また，生じる構造異性体のうち，光学異性体となるものの構造式を，表紙の記入例にならって，全て示せ。なお，不斉炭素原子に＊印を付記して，他の炭素原子と区別すること。

〔4〕 次の文章を読み，**問 1** ～**問 6** に答えよ。構造式および化学反応式を記入するときは，表紙および以下の記入例にならって答えよ。(25 点)

化学反応式の記入例

$$2\,CH_3-CH_2-OH \longrightarrow CH_3-CH_2-O-CH_2-CH_3 + H_2O$$

化合物 **A** は，炭化カルシウムに水を加えて発生する気体で，赤熱した鉄に触れさせると化合物 **B** になる。化合物 **A** は，十分に酸素を供給しながら完全燃焼させると，化合物 **C** と水を生成する。また，(a)化合物 **A** および化合物 **B** に触媒を用いて十分量の水素を付加させると，それぞれ対応する飽和炭化水素を生成する。

(b)化合物 **B** とプロペンを原料にして 3 段階で合成される化合物 **D** は，無色の固体で殺菌・消毒作用がある。同様に，化合物 **B** を濃硫酸とともに加熱して得られた化合物のナトリウム塩をアルカリ融解すると化合物 **E** になり，この水溶液に化合物 **C** を反応させても化合物 **D** が生成する。(c)化合物 **D** に十分量の臭素水を加えると化合物 **F** の白色沈殿を生じる。この反応は，化合物 **D** の検出に利用されている。

(d)化合物 **E** に高温・高圧下で化合物 **C** を反応させると化合物 **G** が得られる。また，化合物 **G** に濃硫酸とメタノールを加えて加熱すると，化合物 **H** が無色の液体として生成する。一方，化合物 **G** に希硫酸を作用させて得られる無色の結晶に無水酢酸を作用させると化合物 **I** が無色の結晶として生成する。

問 1. 下線部(a)の化学反応式を化合物 **A** と化合物 **B** についてそれぞれ示せ。

問 2. 下線部(b)の製法の名称を答えよ。また，この過程の最終段階で生成する副生成物の名称を答えよ。

問 3. 下線部(c)の化学反応式を示せ。また，化合物 **F** の名称を答えよ。

問 4. 下線部(d)の化学反応式を示せ。

問 5. 化合物 **H** および化合物 **I** の構造式をそれぞれ書け。

問 6. 化合物 **A**～**I** の中から塩化鉄(Ⅲ)水溶液により青色，赤紫色，紫色に呈色するものをすべて選び，記号(**A**～**I**)で答えよ。ただし，化合物 **A**～**I** を加えたあとの塩化鉄(Ⅲ)水溶液は十分な酸性になっているものとする。

〔5〕　次の文章を読み，**問 1** ～ **問 6** に答えよ。(25 点)

(1)　(A)および(B)の要領で下の構造式に示す樹脂を作成した。(C)および(D)は樹脂の合成反応を，(E)および(F)は樹脂の特性をそれぞれ説明したものである。

(A)　〔　ア　〕と p-ジビニルベンゼンを混合して加熱し，樹脂を作成した。

(B)　上記樹脂に〔　イ　〕を加え，約 150 ℃ に保った。樹脂の一部が褐色になったところで取り出し，十分に水洗した。

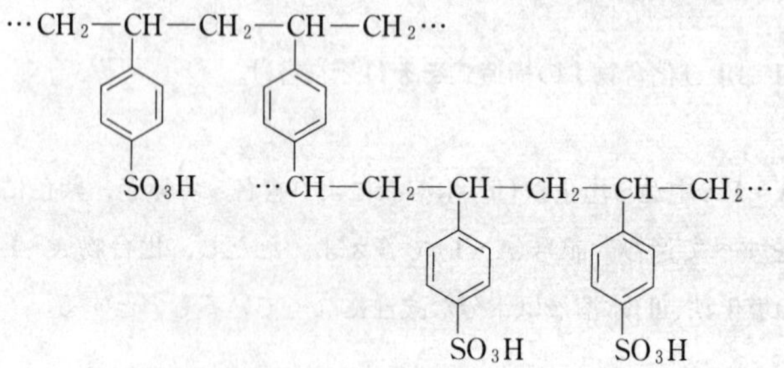

(C)　〔　ア　〕と p-ジビニルベンゼンを重合させる反応は，2 種類の単量体が連なる反応であるため〔　ウ　〕重合と呼ばれる。

(D)　〔　イ　〕を加える操作により，樹脂中のベンゼン環に〔　エ　〕基が導入された。

(E)　硝酸カルシウム水溶液にこの樹脂を加えよく混合し，水溶液の pH を測定したところ，〔　オ　〕性を示した。これは，樹脂中の〔　カ　〕イオンが〔　キ　〕イオンと置き換わったためである。

(F)　この樹脂は，(E)の機能から〔　ク　〕イオン交換樹脂と呼ばれる。

(2) (1)で作成したイオン交換樹脂の細粒を下図に示す円筒(カラム)に充塡し，下記の化合物(a)～(k)のうち 4 種の化合物を含む酸性水溶液(pH 2.5)を加えた。その後，図のように pH を順次上昇させながら緩衝液を円筒上端から流し，円筒下端から流出してくる化合物①～④を含む溶液を採取した。ただし，加えた化合物は，この操作中にイオンの解離と付加以外の化学反応を起こさないものとする。

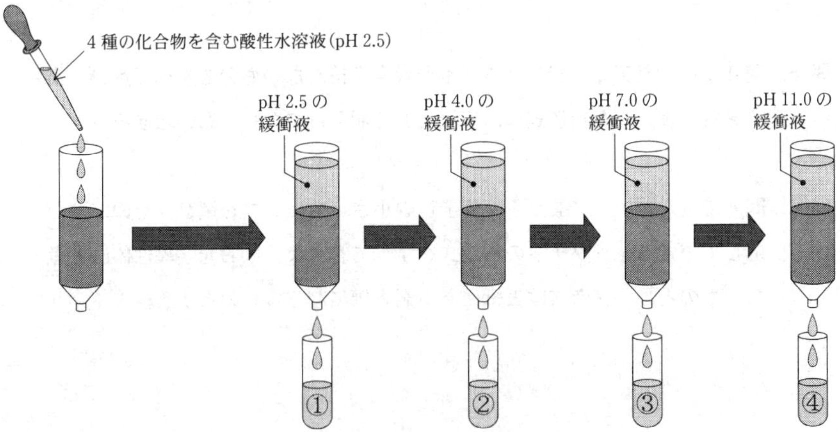

(a) アラニン， (b) エタノール， (c) グリシン， (d) グルコース，
(e) グルタミン酸， (f) システイン， (g) スクロース， (h) セリン，
(i) チロシン， (j) 乳酸， (k) リシン(リジン)

(i) pH 2.5 の緩衝液を流して得られる化合物①は，Cu(II)イオンを含む呈色液を還元して Cu_2O の赤色沈殿を生じさせた。

(ii) pH 4.0 の緩衝液を流して得られる化合物②は，溶液にニンヒドリンを加えて加熱したところ，赤紫色になった。

(iii) pH 7.0 の緩衝液を流して得られる化合物③は，濃硝酸を加えて加熱し冷却後アンモニア水を加えたところ，橙黄色となった。

(iv) pH 11.0 の緩衝液を流して得られる化合物④は，化合物②と同じ反応を起こした。

問 1. 〔　ア　〕～〔　ク　〕にあてはまる適切な語句または名称を答えよ。

問 2. 化合物①～④を(a)～(k)からそれぞれ一つずつ選び，記号で答えよ。

問 3. (i)の呈色液および(iii)の呈色反応の名前をそれぞれ答えよ。

問 4. 化合物(a)～(k)の中からアミノ酸をすべて選び，記号で答えよ。

問 5. 問4で選んだアミノ酸のうち，不斉炭素を持たないものをすべて選び，構造式を答えよ。なお構造式は，表紙にある記入例にならうものとする。

問 6. 問4で選んだアミノ酸から，分子量の小さい順に二つを選び，その二つが反応してできるジペプチドの構造式をすべて答えよ。なお光学異性体は考慮しないものとし，構造式は表紙にある記入例にならうものとする。

生物

（2科目150分）

(注)　医学部保健学科看護学専攻については，2科目250点満点（1科目125点満点）の配点を2科目100点満点に換算する。

字数制限のある問題では，英数字・句読点も1字として数える。

〔1〕　次の文章を読み，以下の問いに答えなさい。(25点)

被子植物の花では1個の胚のう母細胞の減数分裂によって4個の細胞が形成され，そのうちの1個が胚のう細胞となる。胚のう細胞内での3回の核分裂によって，8個の核を含む胚のうとなる。胚のう中の〔　ア　〕個の核を含む〔　イ　〕と〔　ウ　〕個の核を含む〔　エ　〕は，受精後にそれぞれ胚と胚乳に発達する。その他，胚のう中には〔　オ　〕と〔　カ　〕がそれぞれ〔　キ　〕個と〔　ク　〕個含まれている。

イネ種子の胚乳のデンプンはウルチ性とモチ性に分けられる。ウルチ性系統の胚乳ではアミロースを合成することができるが，モチ性系統ではアミロースを合成することができず，アミロース含量はそれぞれ18％と0％である。ウルチ性系統の胚乳はヨウドヨウ化カリウムで紫色に染色されるが，モチ性系統の胚乳は染色されない。A遺伝子をホモに持つ胚乳はウルチ性を，a遺伝子をホモに持つ胚乳はモチ性を示す。①胚乳の遺伝子型がヘテロの場合，モチ性とウルチ性の中間の表現型である半モチ性を示す。A遺伝子はデンプン粒結合型デンプン合成酵素(granule bound starch synthase: GBSS)をコードしており，同酵素によってアミロースが合成される。a遺伝子をホモに持つ場合は②GBSSを発現することができないか，発現されたGBSSの活性がないことによりアミロースを合成することができない。

問 1. 文章中の〔　ア　〕～〔　ク　〕に入る適切な語句を記入しなさい。

問 2. 被子植物の種子形成における受精の形式を何というか答えなさい。

問 3. ウルチ性系統とモチ性系統との交雑 F_1 個体の自殖 F_2 種子において分離する胚乳細胞の遺伝子型を，A と a を用いてすべて記述しなさい。なお，両系統とも純系とする。

問 4. 下線部①において，遺伝子型がヘテロ接合体でアミロース含量が 12 % と 6 % の半モチ性胚乳が観察された。アミロース含量が胚乳細胞の遺伝子型によって決定される場合，2 種類の半モチ性が観察される理由を以下の語句をすべて用いて 100 字以内で説明しなさい。

語群：12 %，6 %，花粉，遺伝子型

問 5. 下線部②において，アミロースの合成活性は GBSS 遺伝子の発現と密接に関係している。遺伝子の発現の有無を実験で確かめるために，mRNA に相補的な DNA を合成し，その DNA を鋳型に用いて PCR を行う方法がある。RNA から DNA を合成することを何というか答えなさい。

問 6. ウルチ性系統の花粉はヨウドヨウ化カリウムによって紫色に染色されるが，モチ性系統の花粉は染色されない。花粉中のデンプンのアミロース含量も花粉の A 遺伝子または a 遺伝子によって決定される。a_1 遺伝子と a_2 遺伝子をそれぞれホモに持つ 2 つのモチ性系統を交雑し，その F_1 個体の花粉をヨウドヨウ化カリウムで染色し観察したところ，約 200,000 個の花粉中に染色される花粉が 5 個観察された。このように非常に少ない頻度であるが，F_1 個体において染色される花粉が観察された理由を以下の語句をすべて用いて 80 字以内で説明しなさい。

語群：組換え，a_1 遺伝子，a_2 遺伝子，多型

〔2〕 次の文章を読み，以下の問いに答えなさい。(25点)

私たちの体は，多くの種類の細胞から構成されているが，もともとは1個の受精卵が増殖と分化を繰り返すことでそれぞれの細胞が生み出される。その過程で形成される胚の細胞を培養することで，1981年に，①体のほぼすべての細胞へと分化できる能力を持ったマウス〔　ア　〕細胞の樹立が報告された。さらに時を経て，2006年には，特定の複数の遺伝子導入により，〔　ア　〕細胞と同様の能力を持つマウス〔　イ　〕細胞を作製できることが報告された。現在では，ヒトからもそれらの細胞が作製できることが示され，医療への応用が期待されている。

脊椎動物の受精卵が増殖・分化を繰り返すことで発生が進行し，生命の高次機能に重要な系の1つである，神経系も構築される。神経系は，脳と脊髄からなる〔　ウ　〕系と，〔　ウ　〕系とからだの各部分をつないでいる〔　エ　〕系に大別される。〔　エ　〕系はさらに2つの系に分けられる。その1つは，皮膚などの受容器で受け取った情報を〔　ウ　〕系に伝える〔　オ　〕系と〔　ウ　〕系の指令を筋肉に伝える〔　カ　〕系からなる体性神経系である。もう1つは，すい液分泌抑制などに関与する〔　キ　〕系と排尿促進などに関与する〔　ク　〕系からなる自律神経系である。②自律神経系の〔　キ　〕と〔　ク　〕は拮抗的に働き，生体の恒常性に関わる。

問 1. 文章中の〔　ア　〕～〔　ク　〕に入る適切な語句を答えなさい。ただし，〔　ア　〕，〔　イ　〕はそれぞれアルファベット2文字および3文字で記入しなさい。

問 2. 下線部①について下記の問いに答えなさい。

(1) 下線部①を別の言葉で表すと何というか，漢字3文字で答えなさい。

(2) 〔　ア　〕細胞と〔　イ　〕細胞は，この能力を持つために神経系を構成する基本単位の一つであるニューロンへも分化することができる。それでは，そのニューロンに関して，以下の〔　ケ　〕～〔　セ　〕に当てはまる語句を答えなさい。

ニューロンは核のある〔 ケ 〕とそこから伸びる多数の突起からなり，次のニューロンへと情報を伝達するための突起を〔 コ 〕，前のニューロンから情報を受け取るための突起を〔 サ 〕という。刺激を受けていないニューロンでは，細胞膜の内外で電位差が生じており，その電位差を〔 シ 〕という。また，ニューロンの一部に刺激を与えると，細胞内外の電位が瞬間的に逆転し，内側が正に，外側が負になった後すぐにもとにもどる。この一連の電位変化を〔 ス 〕といい，〔 ス 〕が発生することを〔 セ 〕という。

問 3. 下線部②ついて下記の問いに答えなさい。

(1) 〔 キ 〕を経て心臓へ情報が伝えられる場合，どのようなことが起こるか，関連する神経伝達物質名を含めて 30 字以内で述べよ。

(2) 〔 ク 〕を経て心臓へ情報が伝えられる場合，どのようなことが起こるか，関連する神経伝達物質名を含めて 30 字以内で述べよ。

問 4. 動物発生の研究では，イモリやカエルなどの両生類の胚を用いたものが知られる。これに関して，以下の〔 ソ 〕~〔 テ 〕に当てはまる語句を答えなさい。

胚のある領域が近接する別の細胞群に作用し，特定の細胞へと分化を促す働きを〔 ソ 〕といい，そのような働きを持つ領域は〔 タ 〕と呼ばれる。この働きに関する実験で，両生類胞胚の動物極側の領域と植物極側の領域を接着させて培養すると，本来は動物極側の細胞からはつくられない脊索や体節などの〔 チ 〕組織への分化が見られる。また，原口背唇部も〔 タ 〕としての活性をもち，動物極側の細胞が本来外胚葉の〔 ツ 〕へと分化するのを阻害し，〔 テ 〕への分化を〔 ソ 〕している。

〔3〕 次の文章を読み，以下の問いに答えなさい。(25点)

細胞の表面を構成する細胞膜には，細胞外環境との物質のやり取りに関わるさまざまな膜タンパク質が存在している。無機イオンは，細胞膜を自由に透過することはできず，〔　ア　〕と呼ばれる膜タンパク質を通って，細胞内と細胞外の濃度勾配に従って受動的に輸送される。一方で，無機イオンを細胞内と細胞外の濃度勾配に逆らって能動的に細胞の内外に輸送することも可能である。これには〔　イ　〕と呼ばれる膜タンパク質が関与している。すべての細胞において，ナトリウムイオンやカリウムイオンの細胞内と細胞外の濃度差が維持されている。これは，細胞が常に〔　ウ　〕の加水分解のエネルギーを利用して，能動的にナトリウムイオンとカリウムイオンを輸送することで実現している。

また，細胞は細胞外からの特定の情報を受け取る〔　エ　〕も細胞表面に提示している。ペプチドホルモンのような水溶性のホルモンは〔　エ　〕に結合すると，その情報は，細胞内にある別の情報伝達物質の量を変化させることにより細胞内に伝えられる。このような細胞内の情報伝達物質のことを，〔　オ　〕と呼ぶ。その結果，細胞外からの情報に基づいて，細胞の振る舞いが変化する。

問 1. 文章中の〔　ア　〕～〔　オ　〕に入る適切な語句を記入しなさい。

問 2. 下線部の細胞内と細胞外のナトリウムイオンとカリウムイオンのおおよその濃度について，正しい値の組み合わせを以下の表(a)～(d)の中から1つ選びなさい。

(a)

	ナトリウムイオン	カリウムイオン
細胞内	140 mM	145 mM
細胞外	10 mM	5 mM

(b)

	ナトリウムイオン	カリウムイオン
細胞内	10 mM	5 mM
細胞外	140 mM	145 mM

(c)

	ナトリウムイオン	カリウムイオン
細胞内	10 mM	140 mM
細胞外	145 mM	5 mM

(d)

	ナトリウムイオン	カリウムイオン
細胞内	145 mM	5 mM
細胞外	10 mM	140 mM

問 3. ペプチドホルモンに分類される情報伝達物質を，(a)～(e)の中から選びなさい。

(a) ドーパミン
(b) インスリン
(c) 鉱質コルチコイド
(d) 糖質コルチコイド
(e) グリコーゲン

問 4. 細胞は常に能動的にナトリウムイオンを輸送し，細胞内と細胞外のナトリウムイオンの濃度差を維持している。小腸の上皮細胞では，グルコースの細胞内への取りこみにおいて，このナトリウムイオンの濃度差をどのように利用しているか，40字以内で説明しなさい。

問 5. 細胞表面には，細胞同士の認識に関わる細胞接着分子と呼ばれる膜タンパク質が存在する。細胞接着分子は，組織の形成において秩序だった細胞の配置に重要な役割を担っている。以下では，3種類の異なる細胞接着分子A，B，Cによって制御される細胞の配置パターンについて考える。

(1) 細胞接着分子A，B，Cの間に，どのような相互作用が存在するかを明らかにする目的で，以下のような培養細胞を用いた実験を行った。

〔実験〕

細胞接着分子をまったく発現しない培養細胞(L細胞)に，細胞接着分子

A，B，C をそれぞれ単独で発現させた L–A 細胞，L–B 細胞，L–C 細胞を樹立した。そして，これら 3 種類の細胞を様々な組み合わせで接着させて，2 つの細胞間の接着の強さを測定したところ，表 1 に示すような結果が得られた。細胞間の接着の強さの値が大きいほど，細胞同士が接着しやすいことを示す。

表 1

細胞の組み合わせ	細胞間の接着の強さ
L–A 細胞と L–A 細胞	20
L–A 細胞と L–B 細胞	0
L–A 細胞と L–C 細胞	100
L–B 細胞と L–B 細胞	20
L–B 細胞と L–C 細胞	40
L–C 細胞と L–C 細胞	20

初期条件として，L–B 細胞と L–C 細胞を図 1 の通りに培養皿の上に配置した。それぞれの細胞は，細胞同士の接着を維持しながら自由に動き回り，細胞集団の中での位置を変化させる。十分な時間が経つと，最終的にどのような細胞の配置パターンに近づくと考えられるか。図 2 の(a)～(d)のうち，適切なものを 1 つ選びなさい。ただし，観察時間内に細胞は増殖しないものとする。

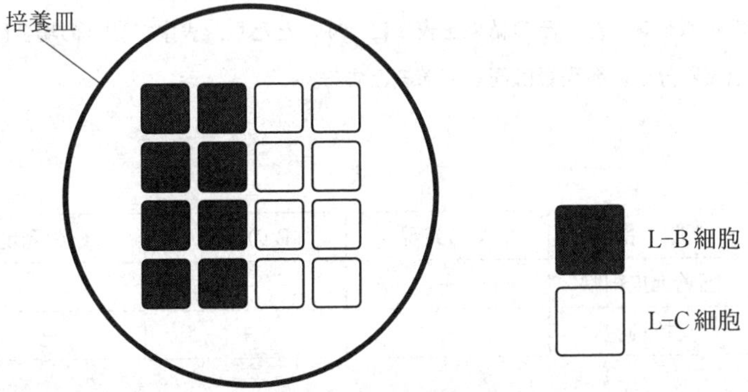

図 1

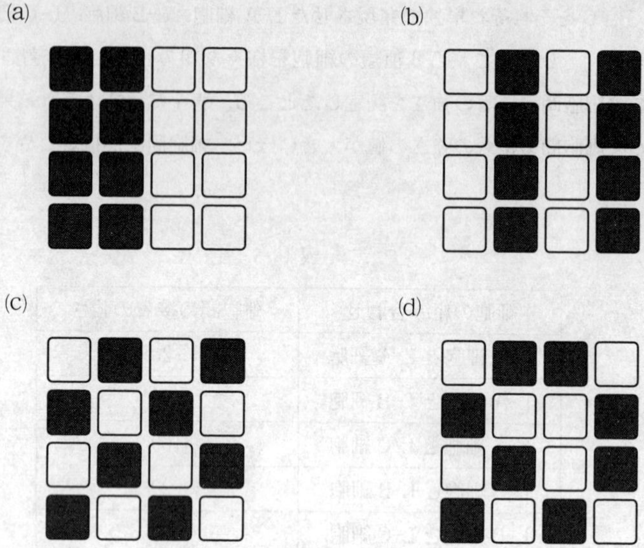

図2

(2)　野生型マウスの，ある感覚上皮組織では，図3のように感覚上皮細胞と支持細胞の2種類の異なる上皮細胞が交互に配置されている。このような細胞の配置における細胞接着分子の関与を調べる目的で以下の実験を行った。

〔実験〕

感覚上皮細胞と支持細胞における，前述の細胞接着分子A，B，Cの発現の有無を調べた。その結果を表2に示す。ただし，表中で「＋」の場合は，細胞接着分子の発現量は同じであるとする。

表2

細胞の種類	Aの発現	Bの発現	Cの発現
感覚上皮細胞	＋	＋	－
支持細胞	－	＋	＋

BとCのそれぞれの遺伝子のノックアウトマウスを作出した。この2種類のノックアウトマウスでは，この感覚上皮組織における感覚上皮細胞と支持細胞の配置について，それぞれどのような表現型が観察されるか。予想される観察結果を100字以内で説明しなさい。

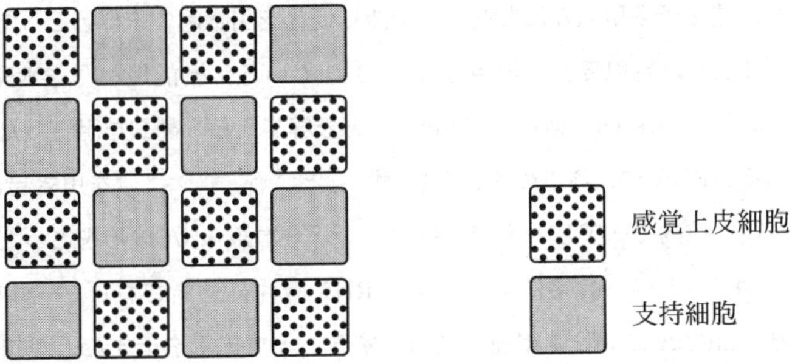

図3

〔4〕 次の文章を読み，以下の問いに答えなさい。(25点)

ゲノム解析によりヒトゲノムの大半は遺伝子として働かない部分で占められていることが明らかになっており，遺伝子以外の部分の中で占める割合が約53％と最も多い配列が〔　ア　〕である。〔　ア　〕を用いて個人を識別する方法としてDNA鑑定が汎用されている。一方，ある集団において，塩基配列の違いが1％以上の頻度で出現しているとき，その塩基配列の違いを遺伝子多型と呼ぶ。遺伝子多型のうち，1個の塩基が他の塩基に置き換わっているものを〔　イ　〕と呼ぶ。

遺伝性疾患の病因遺伝子であるCFTR遺伝子においては，RNAポリメラーゼが結合するDNA領域である〔　ウ　〕に遺伝子多型が存在することで遺伝子発現が低下する。アミノ酸を指定する塩基配列に遺伝子多型が存在すると遺伝子機能が減弱することがある。消化管において薬の吸収に関与するABCG2遺伝子には，塩基が欠失した遺伝子多型が存在する。このような1つの塩基が失われる突然変異により，コドンの読みわくがずれる〔　エ　〕が起こり，それ以降のアミノ酸配列が大きく変わる。

このように近年では遺伝子多型が，疾患へのかかりやすさや，薬への応答性に関係することが示されている。このため遺伝子多型を考慮したテーラーメイド医療を行おうという流れが盛んになってきており，多くの遺伝子多型が明らかにされている。

また，遺伝子多型以外にも遺伝子機能に変化を引き起こす要因として，機能性小分子 RNA の発現変動の関与が示唆されている。機能性小分子 RNA の中には，mRNA と相補的に結合して mRNA を分解したり，翻訳を阻害したりするものがある。RNA によるこの働きを〔　オ　〕という。〔　オ　〕を引き起こす RNA は転写後，核内でヘアピン構造を持つ〔　カ　〕本鎖 RNA の形をとった後，核外にて〔　キ　〕という酵素によって短い RNA 断片に切断され〔　ク　〕本鎖 RNA となり，mRNA に対して相補的に結合することで作用を示すことが知られている。

〔実験 1〕

ある一家系(図 1)において CFTR 遺伝子のアミノ酸を指定する塩基配列に位置する遺伝子多型に関する実験を行った。CFTR 遺伝子に対して PCR 法により病因となる遺伝子多型を含む DNA 領域を増幅した後，ある制限酵素で処理した。制限酵素処理後，ゲル電気泳動を行ったところ，生じる断片の長さが個体により異なっていた(図 2)。家系の中で少なくとも，個体 1，個体 2 は疾患を発症しておらず，個体 3 は発症していた。図 1 中の F は女性，M は男性を表しており，数字は個体番号を表す。

〔実験 2〕

ABCG 2 遺伝子には対立遺伝子 B と対立遺伝子 b からなる遺伝子多型が存在する。薬の吸収への遺伝子多型の影響を評価するため，ボランティア 100 名を対象に，ABCG 2 遺伝子の遺伝子型を解析した。その結果，ヘテロ型(Bb)が 42 名であった。

問 1．文章中の〔　ア　〕～〔　ク　〕に入る適切な語句を記入しなさい。ただし，〔　カ　〕と〔　ク　〕には数字が入るものとする。

問 2. 〔実験 1〕においてPCR法を実施するにあたり開始コドンを含む塩基配列(図 3)を対象に，それぞれ 21 塩基の長さを持つプライマーFとプライマーRを設計した。PCR法により得られるDNA断片の長さが 910 塩基対であり，プライマーFの 5' 末端が開始コドンで始まる場合，プライマーFとプライマーRの 5' 末端側の 6 塩基をそれぞれ 5' 末端側から記述しなさい。ただし，プライマーFはプライマーRより 5' 側の塩基配列に結合するものとする。

問 3. 〔実験 1〕において，CFTR遺伝子が位置する染色体がいずれの染色体であるのか下記の語群から一つ選びなさい。またそのように考えた理由について個体 1 とその遺伝子型を例に挙げて 50 字以内で答えなさい。

語群：X 染色体，Y 染色体，常染色体

問 4. 〔実験 1〕における，個体 7 の疾患発症確率(%)を求めなさい。

問 5. 〔実験 2〕のボランティア 100 名における対立遺伝子Bの頻度を求めなさい。ただし，対立遺伝子の頻度は B > b とし，この集団はハーディー・ワインベルグの法則に従うものとする。

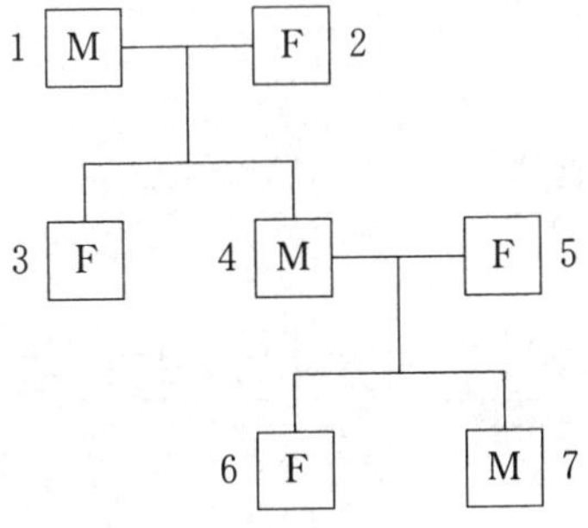

図 1

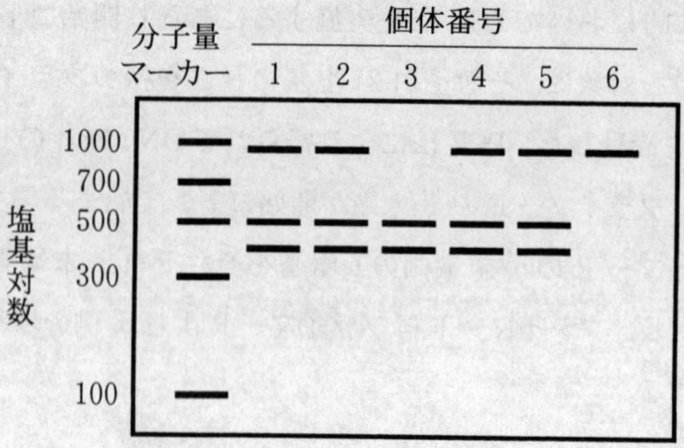

図 2

```
  1          11         21         31
  |          |          |          |
5'----- AGGACTCAAT GCAACACGAA ACAATCCTTG TACCTATCCA -----

----- ACGTATACTG GCGAAGAATA TTTGGTCAAG CAGGGCTTCG ----- 3'
      |          |          |          |
      891        901        911        921
```

図 3

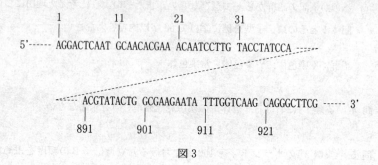

〔5〕 次の文章を読み，以下の問いに答えなさい。(25 点)

初期の地球には，生物の基本的な材料となる高分子の有機化合物である，〔　ア　〕，〔　イ　〕，リン脂質等がほとんど存在しておらず，生命が誕生するには，①無機化合物から低分子の有機化合物が生成され，さらにそれが複雑化する過程が必要であった。その後，地球上にいつ生命が誕生したのかは明らかにはなっていないが，化石等の証拠から，38～40 億年前に最初の生命が誕生したと推定されている。

現存の生物の基本機能である遺伝と代謝を担う物質は，それぞれ主に〔　ア　〕と〔　イ　〕である。これらの物質を基本として生命活動を維持するために必要な複雑なシステムが構築されているが，このようなシステムが初期の生物でどのようにして形成されたのかは大きな謎である。1980 年代に入り，〔　ア　〕の一種である〔　ウ　〕分子の中に触媒機能を持つ分子が発見されたことから，ごく初期の生物では〔　ウ　〕が遺伝情報保持と触媒機能の両方を担っていたという考えが広く受け入れられるようになった。これを〔　ウ　〕ワールド仮説という。〔　ウ　〕ワールドが成立したのち，遺伝情報保持は〔　エ　〕，触媒作用は〔　イ　〕に移行し，現存の生物が持つ基本機能が形成されたと考えられている。

現在，地球上に見られる生物は，②遺伝物質として〔　エ　〕を使うことのほかにも，いくつかの共通の特徴を持っており，これらの特徴は生物が共通の祖先から由来したことを示す有力な証拠である。また，③生物が共通に持つ遺伝子の塩基配列やアミノ酸配列等の分子データを用いて，様々な生物群間の系統関係が調べられている。今，私たちが目にする生物の多様性は，この共通の祖先から繰り返されてきた形質の変化と④種分化の結果生じたものである。

問 1. 文章中の〔　ア　〕～〔　エ　〕に入る適切な語句を記入しなさい。

問 2. 下線部①の過程を何というか答えなさい。

問 3. 下線部②以外で生物共通の特徴として正しいものを以下の(a)～(e)の中からすべて選びなさい。

(a) 細胞を基本単位とする。

(b) 呼吸の反応過程は細胞質基質とミトコンドリアで行われる。

(c) 転写される塩基配列には，アミノ酸配列情報を持つエキソンと情報を持たないイントロンがある。

(d) ATPを介してエネルギーの受け渡しを行う。

(e) クロマチン構造を持つ。

問 4. 下線部③について以下の問いに答えなさい。

(1) 生物が共通に持つ遺伝子の塩基配列を用いて全生物の系統関係が調べられた結果，原核生物には2つのドメインが存在することが明らかになった。この2つのドメインの名称を答えなさい。

(2) 生物は(1)の2つのドメインと真核生物ドメインに分けることができる。以下の(a)〜(h)の生物のうち，真核生物に当てはまらないものをすべて選びなさい。

(a) シアノバクテリア　(b) シャジクモ藻類

(c) ゾウリムシ　(d) アメーバ類

(e) 超好熱菌　(f) 大腸菌

(g) 酵　母　(h) マラリア原虫

(3) 分子データの比較により進化に関する様々な情報を得ることができ，その1つに分子時計があげられる。分子時計について，以下の語句をすべて用いて100字以内で説明しなさい。

語群：アミノ酸配列，塩基配列，分岐年代

問 5. 下線部④について述べている以下の文章中の〔 オ 〕〜〔 ク 〕にあてはまる語句を答えなさい。

生物学的種の概念では，自然状態で互いに交配して生殖能力のある子孫が残せるかどうかが，種を定義するうえで重要な基準となる。つまり，新しい種が生じるには，形質の変化だけでなく集団の間に〔 オ 〕が生じる必要がある。例えば，大陸の移動や気候変動によって形成された河川や海，山脈などにより，ある生物集団の一部が分断されてしまう場合がある。これを〔　カ　〕という。〔　カ　〕が長期間続くと，2つに分けられた集団に独自の突然変異が起こり，〔　キ　〕や〔　ク　〕の働きにより，それぞれの集団に遺伝的な変化が蓄積していく。やがて，2つの集団を隔てる障壁が取り除かれても，両者の個体の間で交配ができない，もしくは交配してもその子孫が致死や不妊となってしまう状態になる。この状態を〔　オ　〕が生じたという。こうなると，2つの集団は別の種となり，祖先の集団から分かれて種分化が起こったといえる。

地学

（2科目 150 分）

（注）　字数指定のある問題では，１マスに１文字とし，句読点も数に入れる。

〔１〕　次の文を読み，以下の問い（**問１**～**問７**）に答えよ。（35 点）

地球は約 46 億年前に誕生し，マグマオーシャンの形成後，冷却の歴史を経て現在にいたる。その歴史は年代測定法の進歩(ア)で理解が進んでいる。特に，顕生代では化石を用いたより詳細な時代区分がなされている（図１）。このような地球の歴史には，大気酸素濃度の上昇(イ)，全地球が凍結する全球凍結，大規模な火山噴火活動(ウ)，巨大隕石衝突(エ)などの大事件が起こっており，それぞれ地球環境に大きな影響を与えたといわれている。このような大事件の記録は，地層に残されているため，地球の歴史をひも解くには地質図・断面図・柱状図を作成し，三次元的な地層の理解が必要である。

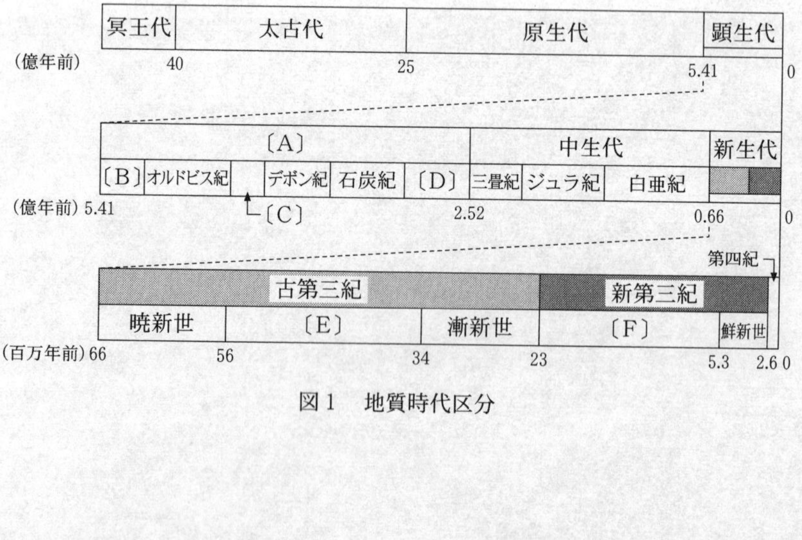

図１　地質時代区分

問 1. 下線部(ア)の年代測定法のうち，特に太古代で最も有効な方法と用いられる鉱物の名称を，下の(a)〜(j)から一つずつ選び，記号を解答欄に記せ。

(a)　K–Ar 法　　(b)　フィッションントラック法　　(c)　U–Pb 法

(d)　^{14}C 法　　(e)　石英　　(f)　ジルコン　　(g)　かんらん石

(h)　輝石　　(i)　黒雲母　　(j)　斜長石

問 2. 図1の〔A〕〜〔F〕に適切な地質時代名を解答欄に記せ。

問 3. 下線部(イ)の大気酸素濃度の上昇の証拠となるものを，下の(a)〜(i)から2つ選び，記号を解答欄に記せ。

(a)　ドロップストーン　　(b)　赤色砂岩　　(c)　ホルンフェルス

(d)　片麻岩　　(e)　火山砕せつ岩　　(f)　縞状鉄鉱層

(g)　岩塩　　(h)　放散虫チャート　　(i)　枕状溶岩

問 4. 図2の地質図における x—y に沿う地質断面図として正しいものを次図(P)〜(R)から1つ選び，記号を解答欄に記せ。

問 5. 図2の砂岩層中には，西側が細粒になる級化層理がみられた。本地域における最下部層を構成する岩石名を解答欄に記せ。

問 6. 図2の地質図に分布する地層のなかで，下線部(ウ)の大規模な火山噴火活動時にみられる海洋無酸素事変で堆積した可能性がある岩石名を解答欄に記せ。また，上記の岩石からなる地層が形成した理由について，大規模火山噴火，温暖化，有機物という用語を使って120字程度で説明せよ。

（解答欄：140マス）

問 7. 図2の石灰岩の地層には恐竜の絶滅を引き起こした可能性がある下線部(エ)の巨大隕石衝突の痕跡が残っている。この巨大隕石衝突の放射性年代と隕石衝突を示す証拠を記せ。また，巨大隕石衝突後の環境変動について120字程度で説明せよ。

（解答欄：140マス）

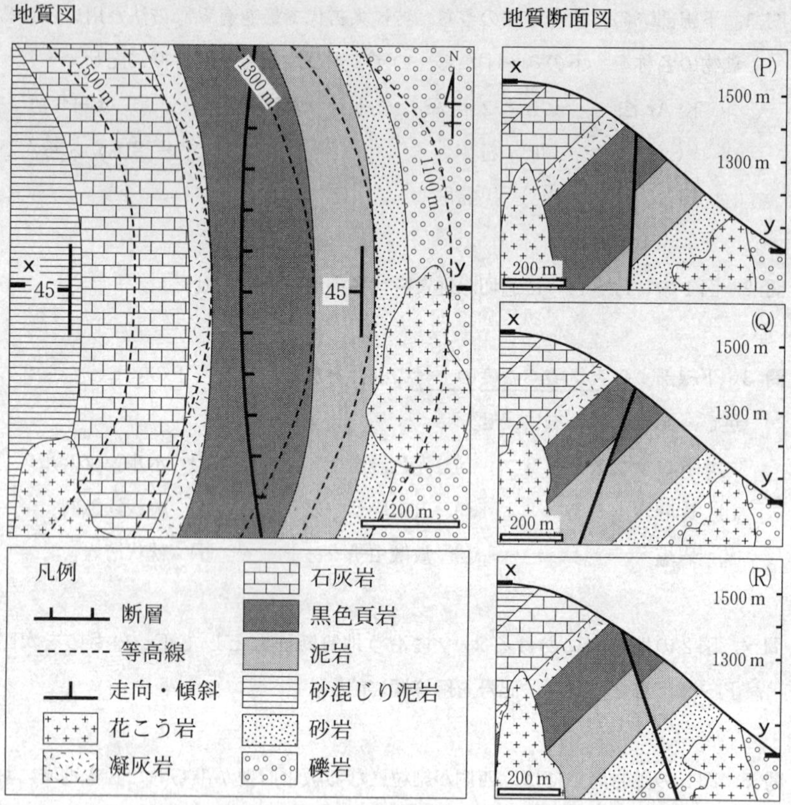

図 2　調査地域の地質図と地質断面図

〔2〕 地球は中心部に向けて圧力と温度が増加する。地球の平均密度は $5.5\ g/cm^3$ であるが，現在の地球内部は均質ではなく層構造をとっている(図 1)。また，高温の地球内部からは地表面に対して熱が放出されている。以下の問い(**問 1** ～ **問 5**)に答えよ。(30 点)

問 1. 図 1 の層構造を明らかにした手法，およびその手法と内部物質の性質との関係について 70 字程度で説明せよ。（解答欄：80 マス）

問 2. 図 1 の層構造がどのように形成されたかについて 70 字程度で記述せよ。（解答欄：80 マス）

問 3. 地殻の下から深さ 2900 km まではマントルである。マントルを構成する元素で多いものを 3 つ元素記号で記せ。ただし，順序は問わない。

問 4. 地球内部から地表へ伝えられる地殻熱流量が，次の中で最も大きい地域はどこか一つ選んで記号で記せ。また，その理由を 40 字程度で答えよ。（解答欄：50 マス）

(a)　安定地塊　　(b)　大陸棚　　(c)　縁海
(d)　海嶺　　(e)　海溝　　(f)　海盆

問 5. 地球内部の熱源として考えられるものを 2 つ記し，それぞれ熱がどのように生成するか 50 字程度で説明せよ。（解答欄：各 60 マス）

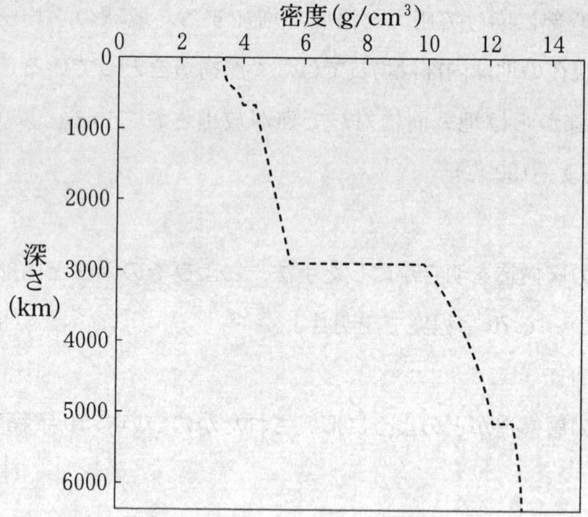

図1　地球の深さと密度の関係

〔3〕　亜熱帯高圧帯のまわりを吹く貿易風や偏西風によって，各大洋に環流が形成される(亜熱帯環流とよぶ)。日本南岸の黒潮は北太平洋を流れる環流の一部分で，ときどき大きく蛇行することが知られている。以下の問い(**問1**～**問5**)に答えよ。(30点)

問1. 黒潮の典型的流速として最も適当なものを以下の(a)～(e)から選び記号を解答欄に記せ。

(a)　0.08 m/s　　(b)　0.4 m/s　　(c)　2 m/s
(d)　10 m/s　　(e)　50 m/s

問2. 図1は黒潮が蛇行を起こしたときの流軸を示したものである。海流のような大規模な水平運動では，圧力傾度力と転向力(コリオリ力)がつりあう地衡流で近似できる。図1のA，B，C各点における圧力傾度力と転向力を表すベクトルはどうなるか。解答欄の図に，各点を起点とする矢印で書き入れよ。それぞれの矢印がどの力を表すかを明示すること。

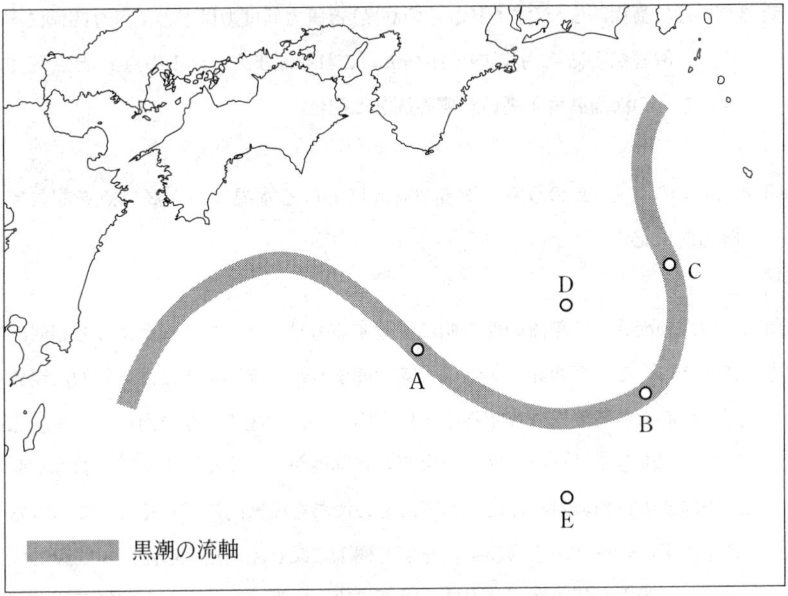

図1　黒潮の蛇行

〔解答欄〕

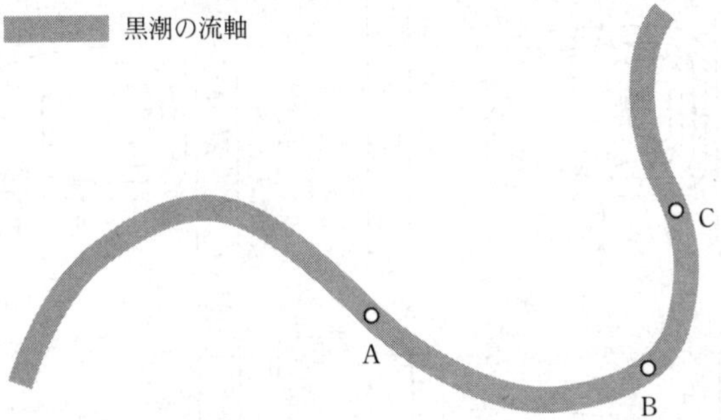

問 3. 一般に海面高度（ジオイドからの高度）と圧力傾度力はどのような関係にあるか，解答欄(1)に 40 字以内で述べよ。これをふまえ，図 1 の点 D と点 E ではどちらの海面高度が高いか解答欄(2)に記せ。

問 4. 図 1 の点 A～E のうち，深度 200 m における水温が最も高い点を記号で解答欄に記せ。

問 5. 黒潮の流速は，環流の反対側に位置するカリフォルニア海流よりも相対的に大きい。この東西非対称性は大陸で囲まれた大洋の環流には一般的な現象で，転向力が緯度に依存することに起因する。大陸の少ない南半球でも，北半球ほど顕著ではないが同様の東西非対称性が発生する。南半球における亜熱帯環流の東西非対称性について，その流れを模式的に正しく表しているものを以下の(a)～(d)から選び記号を解答欄(1)に記せ。また，選んだ模式図について，環流中心部の海面高度は周縁部に比べて高いか低いかを解答欄(2)に記せ。

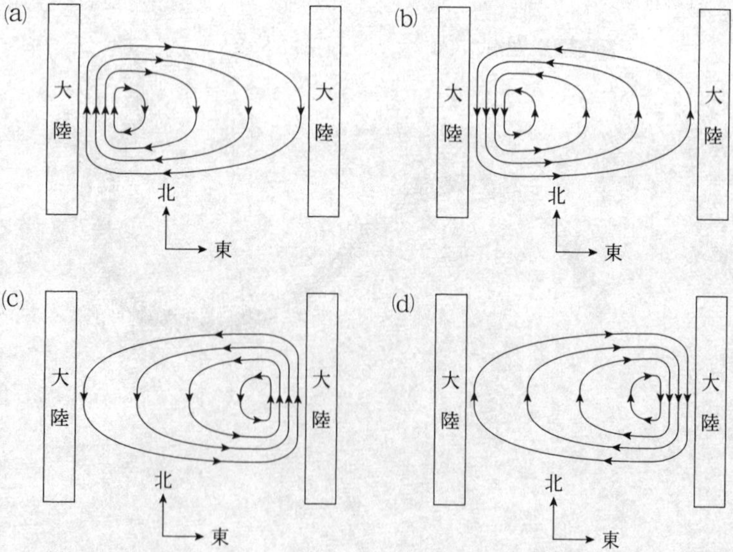

〔4〕　次の文を読み，以下の問い(**問 1** ～**問 6**)に答えよ。(30 点)

主系列星では，中心部で〔　ア　〕から〔　イ　〕が生成される原子核反応が起きている。原子核反応の原料である〔　ア　〕の初期質量は，主系列星の質量に比例する。(A)単位時間に原子核反応で消費される〔　ア　〕の質量は光度に比例する。質量が太陽の 0.5 倍より大きい恒星の場合，主系列星の期間が終了し，〔　ア　〕殻燃焼が始まると，〔　a　〕星になる。中心部の収縮が進んで，中心部の温度が 10^8 K を超えると〔　イ　〕が核融合して〔　ウ　〕や〔　エ　〕に変わる。質量が太陽の 0.5 倍より大きく 7 倍より小さい恒星の場合は，この核融合反応が終わったのちに，外層部が放出されて広がり〔　b　〕星雲になり，残された中心部は白色矮星となる。

問 1. 文中の〔　ア　〕～〔　エ　〕にあてはまる元素名を解答欄に記せ。ただし，〔　ウ　〕と〔　エ　〕の順番は問わない。

問 2. 文中の〔　a　〕と〔　b　〕にあてはまる用語を解答欄に記せ。

問 3. 太陽質量の M 倍の質量の主系列星の寿命を t 億年とする。下線部(A)に述べていることに基づいて，t を M で表せ。ただし，主系列星の光度は質量の 4 乗に比例するとし，太陽質量の主系列星の寿命は 100 億年であるとする。解答欄には途中の計算式も示せ。

問 4. ある散開星団を観測したところ太陽の 10 倍の質量の主系列星が観測された。問 3 の結果を用いて，この散開星団が形成された時期についてどのようなことがいえるか。解答欄には途中の計算式も示せ。

問 5. 半径が太陽の 100 分の 1，表面温度が太陽の 2.0 倍の白色矮星の光度は，太陽光度の何倍かを求めよ。解答欄には途中の計算式も示せ。

問 6. 問5の白色矮星の単位波長あたりの放射エネルギーが最大となる波長を求めよ。ただし，太陽の放射エネルギーが最大となる波長は0.50 μm である。解答欄には途中の計算式も示せ。

問6　傍線部F「自然にそうなるでしょうし、なるのが当然、そうあって然るべき」とあるが、それはなぜか、本文の論旨に沿って理由を説明せよ。

（解答欄）問2・問3・問4：縦約17センチ×4行
問5：縦約17センチ×5行
問6：縦約17センチ×7行

（注）ト書き……脚本で、せりふの間に、俳優の演劇・照明・効果などの演出を書き入れた文章。
セザール・フランク……一八二二〜一八九〇、作曲家。
プレゼンテイション……上演。
チェーホフ……一八六〇〜一九〇四、劇作家。
宇野重吉……一九一四〜一九八八、俳優、演出家。劇団民芸を創設。

問１　傍線部Ａ「俳優が台本を読む、あるいは私たちが一観客として、一読者として戯曲を読む」とあるが、「俳優が台本を読む」目的について説明した部分として、最も適当な表現を本文中から十五字以内で抜き出せ。

問２　傍線部Ｂ「社会科学者が一人の思想家を理解するのとその限り同じ」とあるが、それはどういうことか、具体的に説明せよ。

問３　傍線部Ｃ「作者のことばは、作品それ自体の解読の作業のなかでこそ初めて、第二次資料のなかのもっとも重要なものとして、作品の読みに生きてくる」とあるが、それはどういうことか、分かりやすく説明せよ。

問４　傍線部Ｄ「いいことばだと思う」とあるが、なぜそう「思う」のか、理由を説明せよ。

問５　傍線部Ｅ「それこそが鍵だ」とはどういうことか、分かりやすく説明せよ。

足の意をあらわさないでしょう。それではワザワザ日本にまで足を運んで自作を見た意味がありませんからね。日本に来て日本での上演を見てよかった、見なければ生涯の大損をするはずだったと作者その人に思わせるものに足るものがなきゃ。先ほどもいいましたけれども、「あ、そのように私は書いたのであったな」という驚きを含めた自作への発見があってはじめて、満足と感謝の意をこめて「思った通り」という言葉が出ると思うんです。

くり返しになりますけれど、外《そ》れていないというような消極的な正確さ、誰がやっても同じというていの平板な正確さは、決して本当の意味の正確な読みあるいは再現ではありません。いま、日本に生き、その「いま、日本でまともに生きる」ということに関わってチェーホフを愛しチェーホフに迫ろうと努力するまともな演劇人からなる演劇集団がつくった舞台なら、どうしても、作品に内在しようとする忠実な努力そのものによって、チェーホフが生きていた時代のロシアのそれとはある種のずれを持ったものにならざるをえない。F自然にそうなるでしょうし、なるのが当然、そうあって然るべきものなのです。

もちろん、それは、恣意的であっていいということではありません。何か新しい現代的なものをとか、日本らしい特色をとか、チャカチャカと新奇さ眼新しさ独自さを狙うこととは本質的に違う。あくまでもチェーホフに内在し正確に理解・再現しようという忠実な努力そのものによって、結果として、そうなるんです。忠実を期して、結果として生まれる独自に新たなもの、それが演出家の、俳優の、あるいは劇団というアンサンブルのほんとうの個性なんでしょう。くせではなく、くせを直す誠実な努力のつみ重ねででき上った。宇野重吉さんにひきいられた民芸という劇団だけがもつ特有の響きによって誠実に再現された一つのオリジナルなチェーホフ。そういう個性的な舞台であってはじめて、原作の忠実な読みをもとにした再現ということができると思うんです。そうしてまた、そういう読みと表現に耐えうる作品がつまりは古典だといっていい。新奇をねらわなきゃ通用しないものは古典ではない。忠実な読みによって、その都度中身の新鮮さを呼び覚ます働きをもつものが、古典です。古くても新しくても。

（内田義彦『読書と社会科学』による。ただし、問題作成の上から本文の一部を改めた。）

いうものだろうか。

話を芝居にもどして、仮に俳優が、また演出家が「作者の意図」から「外《そ》れない」よう気をはらって、その意味で「忠実」「正確」に理解したつもりで「上演」しても、決して作者はその舞台をみて「思った通り」とはいわないだろうと思いますね。むしろ退屈する。それなら何も足を運んで舞台で見る必要はないわけですから。舞台芸術家の存在理由がない。作者が（あらかじめ、最初から）脳中に描いていたものが二番せんじの形で出てくるだけではダメなんです。あ、なるほど――こう演じられてみれば――正《まさ》しくそのように私は書いたのであったな、という驚きが、つまり演出なり演技なり、舞台作りという行為による自作への新しい発見がはいっていないと、思った通りのいい舞台とはいえない。あるいは感謝といった方がいいかも知れません。何の某《なにがし》というすぐれた演出家、あるいは役者が在って、あるいはさらに、舞台裏にあって舞台を支える忠実な専門家の集まりがあって、舞台を作ってくださって有難かったな、という。作者の意図の忠実なプレゼンテイションは――むろん、作者の意図を無視した勝手な解釈とは違うけれども――作者があらかじめ脳裏に描いていたものの「再現」という平板なものではないだろう。作者の眼前に自作を、無理なく自然に、立たせ、作者自身にみずから作ったものを、自分の「作品」としてそのつど新鮮に味わいかみしめる喜びを与えてくれる、そういう舞台であってこそ、作者の意図の忠実な再現といいうるでしょう。我々一般の観客が見たい、見せていただきたいと念願しているのも、そういう舞台です。

よく、一口に、古典上演の問題とか古典の現代的意味とかいいますけれども、外国で、あるいは三十年前の日本でつくられた歴史上の古典を現代にどう生かすかという問題の以前に、いま日本でつくられた作品を毎回どう新鮮に舞台に再現するかという問題がその奥にあって、Eそれこそが鍵だと私は思っています。

チェーホフの上演にしてもそうでしょう。仮にモスクワ芸術座で演じられた通りを忠実になぞらえた舞台を、いまチェーホフが日本で見たとして、――そういう試みがおよそ意味がないなどというつもりは毛頭ありませんけれども――作者はけっして満変な例をあげて考えてみましょうか。

仮に、ある作家の何かある作品で、それについては人物の出入りとかしぐさとか、せりふのいちいちについて、作者自身の考えを述べた資料が何かの形でととのっている作品があるとしますね。実際には有り得ない、架空の例ですけれども。すると、作者の意図の忠実な理解に必要な条件が理想的に満たされているわけで、読む方とすれば喜び勇んでいいということになりますけれども、では、その場合に果たして読みとり作業が楽になるかというと、そうはいかない。むしろ、へたをすると、作者が作品とは別個に、自作について表明した「作者の意図」を安易に、頭で理解してしまって、その、頭で理解した作者の意図なるものを作品の外から持ち込んで、その眼で作品に接することになりやすい。すると、肝心の作品の字句一つ一つに対する取りくみが上すべりになる。結局作品そのものの理解が浅薄になる結果になりますね。音楽でいうと旋律の奥にある和音の動きを調べずに教わった旋律だけをなぞらえるみたいなもので、なまじ意図をなぞらえやすい条件があると、作品そのものの読みがおろそかになる危険がある。曲全体が持つ響きを作品そのものに即して自分の耳で聴きとり理解して、自分に与えられた旋律を内から歌い上げることにならないわけです。それでは、作品の忠実な読みとはいえない。本源的な第一次資料はあくまでも作品そのものです。C作者のことばは、作品それ自体の解読の作業のなかでこそ初めて、第二次資料のなかのもっとも重要なものとして、作品の読みに生きてくる。

ましてや、作者の意図の忠実な「再現」ともなると、演出家に、あるいは役者に要求される読みとり作業は、一そう厳しくなります。

ある潔癖で寡作の作曲家は、——たしかセザール・フランクだったと思いますが、記憶に確信をもてないので、あるにしておきます——新作の演奏会のあと、会の成否を気にして「どうでした?」と問う身内の者に答えて「うん、思った通りいい音がしたよ」というのが常だったといわれていまして、Dいいことばだと思うんですけれども、その「思った通り」のいい音というのはどう

問5：縦約17センチ×6行
問6・問7：縦約17センチ×5行

二

次のインタビューにもとづく文章を読んで、後の問いに答えよ。（60点）

——きょうは、A俳優が台本を読む、あるいは私たちが一観客として、一読者として戯曲を読む、その読み方についていろいろお伺いしたいと思いますが、私自身、「作者が書いている」ことを作品のなかに読みとろうとして、これがなかなかむずかしいということをいつも味わわされております。「そう書いてある」とはいっても、作者自身常に自分がそう書いた意図を表明しているわけではないし、たまたま「この場面はこういう狙いで書いた」などとどこかで語っている場合があっても、その言葉を作品解釈に生かすことは簡単ではない。ちぐはぐというか二つがうまく結びつかない場合が多いんですね。そういうことがあって、しかもなお、作者の意図の忠実な再現こそ究極の狙いですから、そこで、一つ一つのせりふやト書きに作者の意図を読みとっていかなければならない。そこが大変むずかしいと思うのですが……。

おっしゃる通り、全くそのあたりに困難が、同時にまた妙味があるので、それは、B私たち社会科学者が一人の思想家を理解するのとその限り同じだと思うんですね。いま、作者の意図の忠実な再現といわれたけれども、「再現」の問題をしばらく外して意図の忠実な「理解」ということにかぎっても、その「意図」とか「忠実な」というのが曲者《くせもの》で、一すじ縄ではいかん。大変なことです。

エ　「絞ればシャープになるということ」

オ　「顕微鏡で肉眼では見えなかった細菌の像が見え」ること

問3　傍線部C「写真の機械性というものは、実物を抽象して決定し支配している」とあるが、それはどういうことか、説明せよ。

問4　傍線部D「写真のもつ記録性を極力限定し、なるべく踏みつぶしていくかという態度」とあるが、具体的にはどういう態度か、説明せよ。

問5　傍線部E「機械性の問題はあるけれども、記録性の問題はない」とあるが、そのように言う理由を説明せよ。

問6　傍線部F「メカニズムの発展が、人間の写真的な欲求に拍車をかけた」とあるが、具体的にはどういうことか、説明せよ。

問7　傍線部G「そこには人間の目とカメラの目のちがいがある」とあるが、「そこには」の指示内容を明らかにするかたちで「人間の目とカメラの目のちがい」について説明せよ。

（解答欄）問1：縦約17センチ×3行
問3・問4：縦約17センチ×4行

れないが、一度見ておけばそれでおしまいである。今日の時代においては、ものを記録するということは、メカニズムの必然の結果であって、それだけでは写真とはいえない。一九三五年においてこそ、ものを正確に把握する、あるいは人間の目以上にはっきりと表現する、それだけが一見リアリズム的に見えたわけだが、そこに人間が加わっていない。どうしても、人間の目で見た、人間を主体とした表現がそこに作られていなければならない。

（土門拳『死ぬことと生きること』による。ただし、問題作成の上から本文の一部を改めた。）

（注）　室生寺……奈良県の有名な寺。
高感度なフイルム……少ない光量でも撮影できるフイルム。
ノイエ・ザハリッヒ・カイト……ドイツ語で新即物主義。
絞り込んで……カメラのレンズの開口部分を小さくすること。

問1　傍線部Ａ「写真の写真性ということが一番問題である」とあるが、「写真の写真性」とはどういうことか、簡潔に説明せよ。

問2　傍線部Ｂ「メカニックな、物理的な作用」とあるが、本文中の波線ア～オのうち「メカニックな、物理的な作用」の事例に該当するものはどれか、該当するものをすべて選び記号で答えよ。

ア　「人間の主体性のもとに、統率のもとに再現再生された世界」
イ　「ぼくの室生寺の写真」
ウ　「ノイエ・ザハリッヒ・カイト」の写真

た。レンズの明るいものもできた。シャッターも早いものができた。今までとめられなかったものもとめて写すこともできた。それは写真的表現に対する強い人間の欲望がそうさせたわけで、人間の写真的表現の可能の拡大という欲求が、メカニズムの発展をもたらし来たしている。また逆にFメカニズムの発展が、人間の写真的な欲求に拍車をかけたということもいえる。

今日においては顕微鏡写真でも、レントゲン写真でもすでに可能になっている。内蔵されたものすらもわれわれははっきりと見たいという欲求が出てきて、それすら今日においては可能なまでに発展している。メカニズムの発展は、その前提として人間の非常に強い欲望があり、写真の表現の可能性に対しても、メカニズムというよりも、実は非常に人間的な欲求が主体的なものであるということもいえよう。

機械を人間が使う以上、どういう表現をもたなければならないかという問題が出てくる。現在のメカニズムが進歩発展しているから、メカニズムだけに依存していいとはかぎらない。Gそこには人間の目とカメラの目のちがいがある。もしカメラの目だけを重視するならば、一九三五年のドイツを中心におきたウノイエ・ザハリッヒ・カイトの立場に戻ってしまう。

例えばベコニアならベコニアの葉の筋の一本一本を写すには、絞り込んでやればいいということはわかりきった話である。あるいは石垣のある部分だけを拡大してくれれば、その石の粒々がそのまま出てくる。それも当り前である。それが人間を主体としての欲求からでなしに、メカニズムだけからみれば写ることは当り前である。それを重要視して考えることは、ノイエ・ザハリッヒ・カイトの方向写真通りにもどってしまう。その当時としてはそれが非常に新鮮な感じがしておったが、今日ではそれはごく当り前なことで、それ以上にやはり人間の目がそこに加わらなければならない。

エ絞ればシャープになるということだけでは、今日の写真はだめだと思う。その部分を拡大して、肉眼では見えないようなものを出すということも、メカニズムを手段として、肉眼での追及の目標にしたということがいえる。オ顕微鏡で肉眼では見えなかった細菌の像が見えたといってびっくりする。あるいは、天体望遠鏡で星座を見て驚く。そんなことは最初はびっくりするかもし写真の科学性をもって、精密に記録描写をする機能だけを利用するものが、写真だという考えは、根本的に変えなければならない。イぼくの室生寺の写真も、そこにある室生寺をそのまま撮ったというものではない。ぼくの主観において室生寺という主体をはっきり認識し、それをどう表現するかということは、ぼくの意思によって決定したわけであって、決してそこにその室生寺そのままを記録したわけではない。広義な意味での記録ではあるけれども、室生寺というモチーフを使ってぼくがそれを写真にした。従って、写真は記録であるということは写真の当り前のことであって、重要な要素とはならない。単なる記録でなしに、自分がとらえたものが写真である。従って室生寺は変らないが、それを写真に撮った場合、一人一人が全部ちがう室生寺を表現する。もし記録ということを言うならば、同じときに同じ場所から撮った室生寺は全部同じなはずである。

C写真の機械性というものは、実物を抽象して決定し支配している。文学でも、単に文字を並べただけで文学とは言えない。そこには自分の主観を通して、その文字をいかにつづり合わすかが問題である。写真の場合も絵の場合も、あるいは文学も音楽もことごとくそれと同じことが言える。従って写真の記録性ということだけを一生懸命使っていくか、あるいはD写真のもつ記録性を極力限定し、なるべく踏みつぶしていくかという態度が出てくるわけだが、ぼくは絶対後者でなければならないと思う。

もし前者を問題にしていくならば、カメラをもって撮るということ自体が問題になってくる。そんなことはすでに問題にならない。結局、フイルムとレンズとカメラのボデイの機構と、その三つの条件の中にそれはすでにはいってしまっている。記録するということだけからいえば、昔のカメラでもそれを記録することは記録していた。ところが現在ではフイルムも進歩し、レンズも進歩し、カメラのボデイも進歩し、前には暗くて写らなかったという夜も写るようになった。そういう機械性の発展というものはわれわれは認める。従って写真の可能性というものも非常に拡大されてきた。いかなるときでも写し得るということになってきた。従ってそういうE機械性の問題はあるけれども、記録性の問題はないわけである。

機械性の問題については、今日においてもわれわれの完全な満足を与えてくれてはいない。非常に高感度なフイルムもでき

国語

(八〇分)

(注)　一二〇点満点の配点を、一五〇点満点に換算する。

一　次の文章を読んで、後の問いに答えよ。(60点)

カメラのシャッターを押せば写真は写る。従って、写真としては記録性が大事だとよく言われる。しかし押せば写ることは当然だし、記録性というものが無視されて写真というものはできないのであるから、いまさら記録性を重要視することは必要ない。記録されたものが写真であるが、その記録ということが問題でなしに、記録されたあとの写真が問題なわけである。写真をやる以上、写真の記録性なんていうことは当然な話なのである。それよりも写真の写真性ということが一番問題である。

従って、写真は記録であると認識することは間違いとはいえなくても、それは決して大事な要素ではない。どんな写真だって、大きな象を実物大には写しはしない。文字通りの記録ではない。従って記録性といっても、実物らしいということは決して厳密なものじゃない。あくまでも人間の主観を通して認識される。また再現された人間の世界のものである。しかし決してメカニックな、物理的な作用に反するものでは決してない。つまり人間の主体性のもとに、統率のもとに再現再生された世界だと言える。

2017年度

問題編

問題編

▶試験科目・配点

学部・学科	教　科	科　　目	配　点
経済学部（経済工学科）	外国語	「コミュニケーション英語Ⅰ・Ⅱ・Ⅲ，英語表現Ⅰ・Ⅱ」，ドイツ語，フランス語から1科目選択	300点
	数　学	数学Ⅰ・Ⅱ・Ⅲ・A・B	300点
	国　語	国語総合・国語表現・現代文B（古文・漢文は除く）	150点
理学部	外国語	「コミュニケーション英語Ⅰ・Ⅱ・Ⅲ，英語表現Ⅰ・Ⅱ」，ドイツ語，フランス語から1科目選択	200点
	数　学	数学Ⅰ・Ⅱ・Ⅲ・A・B	250点
	理　科	「物理基礎・物理」，「化学基礎・化学」，「生物基礎・生物」，「地学基礎・地学」から2科目選択	250点
医学部（医学科） 工学部	外国語	「コミュニケーション英語Ⅰ・Ⅱ・Ⅲ，英語表現Ⅰ・Ⅱ」，ドイツ語，フランス語から1科目選択	200点
	数　学	数学Ⅰ・Ⅱ・Ⅲ・A・B	250点
	理　科	「物理基礎・物理」，「化学基礎・化学」	250点
医学部（生命科学科）	外国語	「コミュニケーション英語Ⅰ・Ⅱ・Ⅲ，英語表現Ⅰ・Ⅱ」，ドイツ語，フランス語から1科目選択	200点
	数　学	数学Ⅰ・Ⅱ・Ⅲ・A・B	250点
	理　科	「物理基礎・物理」，「化学基礎・化学」，「生物基礎・生物」から2科目選択	250点
	面　接	1人20分以内	100点
医学部（保健学科）看護学専攻	外国語	「コミュニケーション英語Ⅰ・Ⅱ・Ⅲ，英語表現Ⅰ・Ⅱ」，ドイツ語，フランス語から1科目選択	200点
	数　学	数学Ⅰ・Ⅱ・A・B	100点
	理　科	「物理基礎・物理」，「化学基礎・化学」，「生物基礎・生物」から2科目選択	100点

医学部（保健学科）	放射線技術科学専攻	外国語	「コミュニケーション英語Ⅰ・Ⅱ・Ⅲ，英語表現Ⅰ・Ⅱ」，ドイツ語，フランス語から1科目選択	200点
		数学	数学Ⅰ・Ⅱ・Ⅲ・A・B	250点
		理科	「物理基礎・物理」必須。「化学基礎・化学」，「生物基礎・生物」から1科目選択（計2科目）	250点
	検査技術科学専攻	外国語	「コミュニケーション英語Ⅰ・Ⅱ・Ⅲ，英語表現Ⅰ・Ⅱ」，ドイツ語，フランス語から1科目選択	200点
		数学	数学Ⅰ・Ⅱ・Ⅲ・A・B	250点
		理科	「化学基礎・化学」必須。「物理基礎・物理」，「生物基礎・生物」から1科目選択（計2科目）	250点
歯学部 薬学部		外国語	「コミュニケーション英語Ⅰ・Ⅱ・Ⅲ，英語表現Ⅰ・Ⅱ」，ドイツ語，フランス語から1科目選択	200点
		数学	数学Ⅰ・Ⅱ・Ⅲ・A・B	250点
		理科	「物理基礎・物理」，「化学基礎・化学」，「生物基礎・生物」から2科目選択	250点
芸術工学部		外国語	「コミュニケーション英語Ⅰ・Ⅱ・Ⅲ，英語表現Ⅰ・Ⅱ」，ドイツ語，フランス語から1科目選択	200点
		数学	数学Ⅰ・Ⅱ・Ⅲ・A・B	250点
		理科	「物理基礎・物理」必須。「化学基礎・化学」，「生物基礎・生物」から1科目選択（計2科目）	250点
農学部		外国語	「コミュニケーション英語Ⅰ・Ⅱ・Ⅲ，英語表現Ⅰ・Ⅱ」，ドイツ語，フランス語から1科目選択	250点
		数学	数学Ⅰ・Ⅱ・Ⅲ・A・B	250点
		理科	「物理基礎・物理」，「化学基礎・化学」，「生物基礎・生物」，「地学基礎・地学」から2科目選択	250点

▶備　考

- 英語以外の外国語は省略。
- 「数学B」は「数列」，「ベクトル」を出題範囲とする。

英語

（120 分）

（注）200 点満点の配点を，経済学部経済工学科については 300 点満点に，農学部については 250 点満点に換算する。

〔1〕 次の英文を読み，設問に答えなさい。(45 点)

Beginning over 40 years ago in the field of medicine, higher education in the United States and Europe has increasingly moved in the direction of boundary-crossing, problem-oriented, interdisciplinary learning and research. Now, over 70% of United States liberal arts universities offer major courses in interdisciplinary studies. In ever increasing numbers, graduate and undergraduate programs worldwide, including in Japan, are looking to discover the many benefits that can be expected when scholars from various disciplines open up and start working and researching together to solve important social and environmental problems. However, the focus that interdisciplinary studies courses place on problem solving causes unique complexities and difficulties.

"Problem Based Learning" (PBL)(1), for example, is one of the most popular methodologies associated with interdisciplinary work. The idea is relatively simple, at least in theory: instead of starting by studying the foundations of already established fields of knowledge such as psychology, economics, physics, and the like, in PBL you begin by identifying real-world problems that need solving. Next, you search for knowledge that can help reach a solution to the problem. Because you are working between disciplines, you can pick and choose from the best ideas that all the traditional areas of study have to offer. Also, and perhaps more importantly, because much of interdisciplinary work is done in groups, you can bounce ideas off your friends and teachers while also learning from their perspectives on the problem at hand. Working creatively and researching collaboratively in this way, PBL advocates assure us, will make possible new kinds of knowledge and new answers to the pressing problems of the 21st century.

But is PBL too good to be true? Beginning in the world of medical education, PBL was found to help students, teachers, doctors, and researchers to work and communicate more effectively as they tried various approaches to solve actual problems that came up in medical practice. It is certain, however, that these medical students and doctors already shared a considerable amount of background knowledge (anatomy, chemistry, mathematics, etc.) from disciplinary-based studies done prior to entering medical school. Will PBL be as effective a learning tool when students, such as undergraduates, have less shared background knowledge that they can draw on to solve problems? (2) Without the depth provided by the long-established courses of study in traditional majors, isn't it possible that interdisciplinary studies students will be too inexperienced to make deep connections and original discoveries? At this point, we simply do not know how effective PBL will turn out to be in practice.

More importantly, who gets to choose the problems studied in PBL? According to the literature in the field of education, it is not a good idea for teachers to simply tell their students in a top-down manner what problems they are to study. Instead, students and teachers need to collaborate with each other, use their creativity, and come up with "ill formed" problems — fuzzy problems — that can start the research process. As the work and communication continues, it is hoped, the problems with the field will become clearer, as will promising ideas and pathways towards possible solutions. (3) But, one wonders, what happens when the process doesn't work — that is, what happens in PBL when its problems resist all clear solutions? What if group communication doesn't go well, and students get stuck and fail to progress? And how are teachers to grade individual PBL students? For example, how will they differentiate between active group leaders and less positive students who just follow other group members?

While such questions remain unanswered, as interdisciplinary studies programs continue to grow in popularity worldwide it seems likely that many schools will look to combine some of the clarity and structure of the traditional academic disciplines with the creative and open-ended qualities of PBL and other interdisciplinary study techniques. A kind of hybrid education, combining the best of interdisciplinary studies with the best of disciplinary studies, may often be the most prudent path forward. (4)＿＿＿＿＿＿＿＿＿＿ students and teachers need to be motivated to learn, eager to go outside their comfort zone to find new knowledge, and ready to communicate their ideas in the most effective ways in order to succeed. It is this writer's hope that the new ideas and possibilities of interdisciplinary studies will lead both teachers and students to rethink and more deeply appreciate the meaning of higher education and its many powerful contributions to the world around us.

問 1. 下線部(1)“Problem Based Learning” (PBL)の特質と利点を本文の内容に則して200字以内の日本語でまとめなさい。ただし，句読点も字数に含む。また，英文字も1字とする。

問 2. 下線部(2)を日本語に訳しなさい。

問 3. 下線部(3)が表すものに最も近いものを，以下の(A)～(D)のうちから一つ選び，記号で答えなさい。

(A) What should be done if students reject PBL and leave the course?

(B) What should be done if PBL students reach overly simple conclusions?

(C) What should be done if PBL doesn't lead students to good answers?

(D) What should be done if PBL students don't understand their courses?

問 4. 下線部(4)の空所に入る最も適切なものを以下の(A)～(D)の中から一つ選び，記号で答えなさい。

(A) In this way, top-down PBL has been proven to be the most effective university teaching technique:

(B) Learning and teaching methods only work for short periods of time, for the following reasons:

(C) Nevertheless, there are several reasons why PBL has failed to work in American universities:

(D) No matter what teaching and learning techniques are implemented, some truths about education remain unchanged:

〔2〕 次の英文を読み，設問に答えなさい。(61点)

At 2 a.m., in the dark morning hours of June 28th, Mark Zuckerberg woke up and got on a plane. He was traveling to an aviation testing facility in Yuma, Arizona, where a small Facebook team had been working on a secret project. Their mission (1): to design, build, and launch a high-altitude solar-powered plane, in the hopes that one day a fleet of the aircraft would deliver internet access around the world.

Zuckerberg arrived at the Yuma Proving Ground before dawn. A core group of roughly two dozen people work on the drone airplane, named Aquila, in locations from Southern California to the United Kingdom. For months, they had been working in rotations in Yuma, a small desert city known primarily for its brutal summer temperatures. On this day, Aquila would have its first functional test flight: the goal consisted of taking off safely, stabilizing in the air, and flying for at least 30 minutes before landing. "I just felt this is such an important milestone (2) for the company, and for connecting the world, that I have to be there," Zuckerberg says.

As the Sun rose over the desert, a crane lifted Aquila onto the dolly structure that would propel it into the sky. The drone has a tremendous wingspan: 141 feet, compared to a Boeing 737's 113 feet. And yet Facebook engineered Aquila to be as light as possible to permit ultra-long flights. Built of carbon fiber, this latest version of the drone weighs only 408 kilograms. A remote control operator activated the dolly, and Aquila began rumbling down the runway. When it reached sufficient speed, Aquila lifted into the air, where it floated up its test altitude of 2, 150 feet and stabilized. On the ground, Facebook's employees were elated(3); some wiped away tears. "It was this incredibly emotional moment for everyone on the team who's poured their lives into this for two years," Zuckerberg said.

Watching from below, Zuckerberg was struck by Aquila's deliberate, unhurried pace. "It flies really slowly," he said two weeks later, at Facebook's headquarters in Menlo Park, California. "Most times when people are designing planes, they're designing them to get people or things from place to place, so there's no real advantage to moving slowly. But if your goal is to stay in the air for a long period of time, then you want to use as little energy as possible — which means going as slowly as you physically can, while not falling out of the air."

Okay — but why a plane? There are lots of ways to bring the internet to people that don't involve designing your own drone. There are satellites, which are good at delivering internet access to wide geographical areas. But they're only effective in areas with low population density — too many users can consume the bandwidth in a hurry. There are cellular towers, which excel at connecting dense urban populations. But building enough cellular towers to cover the entire Earth is considered too expensive and impractical, even for Facebook.

In 2014, Zuckerberg wrote a paper analyzing various methods of internet delivery. High-altitude drones, he said, could serve a huge audience of people who live in medium-sized cities or on the outskirts of urban areas. They fly closer to the ground than satellites, meaning their signals are stronger and more useful to larger populations. And they fly above regulated airspace, making them easier to deploy. If Facebook could build a drone that gathered most of its power from the Sun, Zuckerberg reasoned, it could fly for 90 days. A laser communications system could deliver high-speed internet to base stations on the ground, connecting everyone within 50 kilometers. If the drones could be built cheaply enough, they would one day dot the skies, and become a critical piece of the global internet infrastructure.

When will a fleet of Aquila drones bring data to the world? Facebook won't say. There are several technical challenges(4) remaining in getting Aquila to reliably fly 90-day stretches. The team hasn't yet implemented solar panels on the prototype — the test flight plane ran using batteries only. The team is still working out how to build batteries with a density high enough to sustain lengthy missions. They also "need to develop more efficient on-board power and communication systems; ensure the aircraft are resistant to structural damage to reduce maintenance costs and able to stay aloft for long periods of time to keep fleet numbers low; and minimize the amount of human supervision associated with their operation," said a project engineer.

The path forward for Aquila isn't totally clear, and it's bound to encounter more bumps along the way. But Zuckerberg is resolute: billions of people who can't access the internet deserve it. A single test flight represents a tiny step toward getting there. But it also gives Facebook a dramatic success to rally around. "I think the future is going to be thousands of solar-powered planes on the outskirts of cities and places where people live, and that's gonna make connectivity both available and cheaper," Zuckerberg says. "And, I think, that can help play an important role in closing this gap of getting more than a billion people online. This is an early milestone, but it's a big one." Zuckerberg smiled. "It's not something you necessarily expect Facebook to do — because we're not an aerospace company," he said. "But I guess we're becoming one."

問 1. 下線部(1)が表す内容を，具体的に日本語で説明しなさい。

問 2. 本文によるとAquilaは普通の飛行機といくつかの点で異なるように設計されている。そのうちの三つを日本語で答えなさい。それぞれを①から③の解答欄に記入すること。

問 3. Aquilaのような飛行機が実用化された場合，satellitesやcellular towersを用いるより優れている点を本文の内容に則して日本語で説明しなさい。

問 4. 下線部 milestone (2) に最も近い意味を表すものを以下の(A)～(D)の中から選び，記号で答えなさい。

(A) breakthrough

(B) deadweight

(C) density

(D) objection

問 5. 下線部 elated (3) に最も近い意味を表すものを以下の(A)～(D)の中から選び，記号で答えなさい。

(A) exhausted

(B) indifferent

(C) overjoyed

(D) regretful

問 6. 下線部 several technical challenges (4) が指す内容のうち三つを日本語で具体的に答えなさい。それぞれを①から③の解答欄に記入すること。

問 7. 次の(A)～(G)の中から，本文の内容から正しいと判断できるものを三つ選び，記号で答えなさい。

(A) Aquila is currently able to take-off and land by itself.

(B) Aquila will rapidly replace cellular towers in densely populated areas.

(C) Facebook headquarters are located in Yuma.

(D) Mark Zuckerberg spent time flying in Aquila.

(E) Planes like Aquila can replace some functions of satellites.

(F) Planes like Aquila will be able to fly both day and night.

(G) The main project team consists of less than 30 members.

〔3〕 Read the following passage and answer the questions below. (42点)

Ecological systems are the products of the organisms that inhabit them. (1) All organisms, to greater or lesser degrees, interact continuously with their physical environment and with each other. In some cases, their impact on ecosystems may be disproportionate to their size. Elephants and other grazing animals have made the Serengeti plains what they are, from the characteristics of the grasses on which they tread to the chemical structure of the soil. Billions of years ago, photosynthetic bacteria* created the earliest form of the atmosphere as we know it — and, (i) not coincidentally, sparked the first Ice Age. All organisms have a constant and never-ending impact on their ecosystems.

In the long span of human history, the vast majority of environmental damage has occurred in only the past three centuries. Fueled by industrialization and modernization, humans have generated large volumes of certain gases, altered the acidity of rivers, used up underground water sources, introduced alien species, and (ii) impoverished landscapes as they extract and consume resources. Surprising numbers of species have been driven to extinction as human populations have grown worldwide. Human activity has clearly had an enormous effect on the natural environment.

Humans, however, are not unique in their power to reshape environments locally or globally. Burrowing rodents**, for example, maintain vast grasslands rich in their favorite foods by continuously turning the soil and discouraging the growth of forests. Sheep, brought to Mexico with the European settlement, created their own grazing land through the action of their hooves on the soil. Then there are the (iii)not-so-humble roles of microbes, worms, and other invertebrates*** in soil formation and rejuvenation. Some plant species have redefined the conditions of natural selection for countless living things and geological processes alike. The lesson is that humans, in their effects on the environment, are (iv)on a par with many other organisms.

The key to comprehending environmental history is an understanding of the bonds that have formed between humans and other species, for these have generated co-evolutionary processes with their own logic and drive. In many ecosystems today, humans are the dominant species. But such dominance cannot exist apart from the systems and processes that sustain it. The effects of (2)environmental trauma are real, but they are a product of scale, not human exceptionalism. Although the human impact on the planet today is surely the result of human actions and behavior, this should never be confused with intention or control. Nature, much like human society, typically declines to follow the scripts we sometimes choose to write for it.

Notes:

photosynthetic bacteria*: bacteria that use sunlight to produce nutrients

burrowing rodents**: animals with strong sharp front teeth that dig holes, such as prairie dogs

invertebrates***: living creatures that have no backbone

Q 1. Translate the underlined part (1) into Japanese.

Q 2. According to the first paragraph in this passage, the impact of "elephants and other grazing animals" and "photosynthetic bacteria" on their environments "may be disproportionate." What does "disproportionate impact" mean in this context? Explain in Japanese.

Q 3. Choose the most appropriate meaning of the underlined words or phrases (i)–(iv). Write the correct letter (A, B, C, or D) on your answer sheet.

(i) not coincidentally

A. as a result

B. by chance

C. randomly

D. unexpectedly

(ii) impoverished

A. deleted

B. improved

C. increased

D. weakened

(iii) not-so-humble

A. arrogant

B. harmonious

C. key

D. minor

(iv) on a par with

A. distinct from

B. handicapped by

C. less than

D. similar to

Q 4. Which of the following (A, B, C, or D) best summarizes the meaning of the final paragraph of this passage?

A. Humans have limited control over nature.

B. Humans have to join together with nature.

C. Humans must choose how to control natural environments.

D. Humans will continue to destroy nature.

Q 5. The final paragraph includes the underlined part environmental trauma (2) to describe negative effects on nature. Which of the following (A, B, C, or D) is NOT used as an example of "environmental trauma" in this passage?

A. air composition change

B. animal extinction

C. soil production

D. water quality change

〔4〕 Read the passage and follow the instructions below. (30 点)

Tourism is a booming industry in Japan today, and more international tourists than ever are visiting the country and contributing to the Japanese economy. A popular American travel magazine has selected Kyoto as the most attractive tourist destination in the world for two straight years. International visitors are now common in Sapporo, Tokyo, Fukuoka, and other Japanese cities as well.

Instructions: Write a well-developed paragraph in English consisting of around 100 words, answering the following question:

What can people in Japan do to improve the experiences of international tourists?

〔５〕 次の文章の下線部⑴，⑵を英語で表現しなさい。(22点)

宇宙というのは，日本やアメリカだけでなくて，世界の多くの人たちに，限りない夢を与え続けてくれる創造の空間だと思います。本当に果てしない世界だと思いますし，その価値を共有して，みんなで宇宙を使っていくこと，宇宙に進出していくことで，より豊かな社会，生活が実現できると思います。それと同時に，より平和な世界を築くことにも貢献できるのかなと思います。

ですから，⑴みなさんが実現不可能だと思うようなことも，これから10年，20年経ってみると，実は当然のように形になっていることが多いのではないかと思います。宇宙もその一つで，遠くない将来，本当に身近な存在になるでしょう。私も子供のころは，自分が宇宙飛行士になれるとはまったく思っていませんでした。でも今は，国際宇宙ステーション計画という国際協調の体制の中で，このような仕事をさせてもらっています。

⑵宇宙分野だけではなく世の中には，本当に素晴らしいものがたくさんあります。若い人たちには自分なりの目標を見つけて，それに向かって真剣に努力していってもらいたいな，と思います。

小原健右・大鐘良一『若田光一 日本人のリーダーシップ』光文社

数学

◀経済(経済工)・理・医(保健〈看護学〉を除く)・
歯・薬・工・芸術工・農学部▶

(150 分)

(注)　経済学部経済工学科については，250 点満点の配点を 300 点満点に換算する。

[1]　(配点 50 点)

この問題の解答は，解答紙 **26** の定められた場所に記入しなさい。

[問題]

定数 $a > 0$ に対し，曲線 $y = a\tan x$ の $0 \leqq x < \dfrac{\pi}{2}$ の部分を C_1，曲線 $y = \sin 2x$ の $0 \leqq x < \dfrac{\pi}{2}$ の部分を C_2 とする。以下の問いに答えよ。

(1) C_1 と C_2 が原点以外に交点をもつための a の条件を求めよ。

(2) a が (1) の条件を満たすとき，原点以外の C_1 と C_2 の交点を P とし，P の x 座標を p とする。P における C_1 と C_2 のそれぞれの接線が直交するとき，a および $\cos 2p$ の値を求めよ。

(3) a が (2) で求めた値のとき，C_1 と C_2 で囲まれた図形の面積を求めよ。

[2]（配点50点）

この問題の解答は，解答紙 **27** の定められた場所に記入しなさい。

［問題］

2つの定数 $a>0$ および $b>0$ に対し，座標空間内の4点を

$$A(a,0,0),\ B(0,b,0),\ C(0,0,1),\ D(a,b,1)$$

と定める。以下の問いに答えよ。

(1) 点Aから線分CDにおろした垂線とCDの交点をGとする。Gの座標を a，b を用いて表せ。

(2) さらに，点Bから線分CDにおろした垂線とCDの交点をHとする。$\overrightarrow{AG}$ と $\overrightarrow{BH}$ がなす角を θ とするとき，$\cos\theta$ を a，b を用いて表せ。

[3]（配点50点）

この問題の解答は，解答紙 **28** の定められた場所に記入しなさい。

［問題］

初項 $a_1=1$，公差4の等差数列 $\{a_n\}$ を考える。以下の問いに答えよ。

(1) $\{a_n\}$ の初項から第600項のうち，7の倍数である項の個数を求めよ。

(2) $\{a_n\}$ の初項から第600項のうち，7^2 の倍数である項の個数を求めよ。

(3) 初項から第 n 項までの積 $a_1a_2\cdots a_n$ が 7^{45} の倍数となる最小の自然数 n を求めよ。

[4]　(配点50点)

この問題の解答は，解答紙 **29** の定められた場所に記入しなさい。

［問題］

赤玉2個，青玉1個，白玉1個が入った袋が置かれた円形のテーブルの周りにA，B，Cの3人がこの順番で時計回りに着席している。3人のうち，ひとりが袋から玉を1個取り出し，色を確認したら袋にもどす操作を考える。1回目はAが玉を取り出し，次のルール(a)，(b)，(c)に従って勝者が決まるまで操作を繰り返す。

(a) 赤玉を取り出したら，取り出した人を勝者とする。

(b) 青玉を取り出したら，次の回も同じ人が玉を取り出す。

(c) 白玉を取り出したら，取り出した人の左隣りの人が次の回に玉を取り出す。

A，B，Cの3人がn回目に玉を取り出す確率をそれぞれa_n，b_n，c_n $(n = 1, 2, \cdots)$とする。ただし，$a_1 = 1$，$b_1 = c_1 = 0$である。以下の問いに答えよ。

(1) Aが4回目に勝つ確率と7回目に勝つ確率をそれぞれ求めよ。

(2) $d_n = a_n + b_n + c_n$ $(n = 1, 2, \cdots)$とおくとき，d_nを求めよ。

(3) 自然数$n \geqq 3$に対し，a_{n+1}をa_{n-2}とnを用いて表せ。

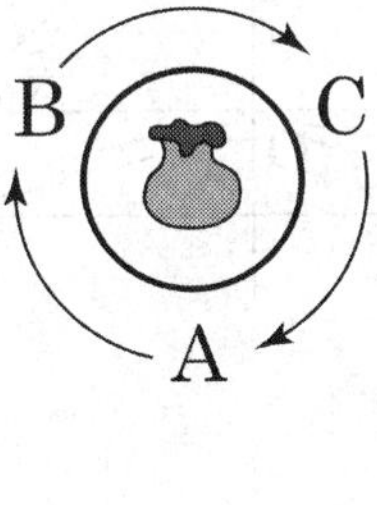

[5]（配点 50 点）

この問題の解答は，解答紙 **30** の定められた場所に記入しなさい。

［問題］

2 つの複素数 $\alpha = 10000 + 10000i$ と $w = \dfrac{\sqrt{3}}{4} + \dfrac{1}{4}i$ を用いて，複素数平面上の点 $\mathrm{P}_n(z_n)$ を $z_n = \alpha w^n$ $(n = 1, 2, \cdots)$ により定める。ただし，i は虚数単位を表す。2 と 3 の常用対数を $\log_{10} 2 = 0.301$，$\log_{10} 3 = 0.477$ として，以下の問いに答えよ。

(1) z_n の絶対値 $|z_n|$ と偏角 $\arg z_n$ を求めよ。

(2) $|z_n| \leqq 1$ が成り立つ最小の自然数 n を求めよ。

(3) 下図のように，複素数平面上の $\triangle$ABC は線分 AB を斜辺とし，点 $\mathrm{C}\left(\dfrac{i}{\sqrt{2}}\right)$ を一つの頂点とする直角二等辺三角形である。なお A，B を表す複素数の虚部は負であり，原点 O と 2 点 A，B の距離はともに 1 である。点 P_n が $\triangle$ABC の内部に含まれる最小の自然数 n を求めよ。

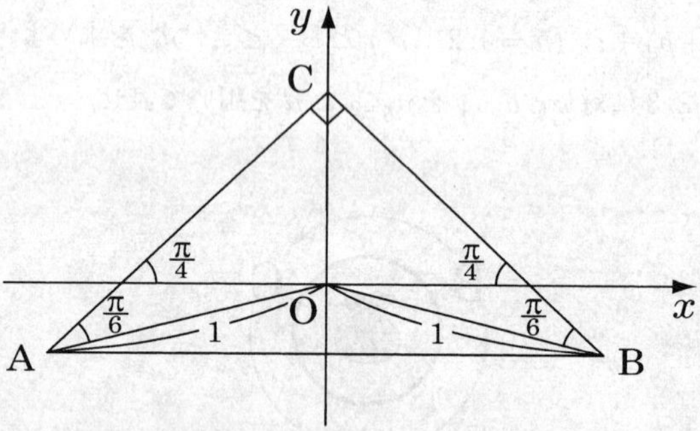

◀医（保健〈看護学〉）学部▶

（120 分）

（注）200 点満点の配点を，100 点満点に換算する。

[1]（配点 50 点）

この問題の解答は，解答紙 **22** の定められた場所に記入しなさい。

［問題］

定数 $a<1$ に対し，放物線 $C_1: y=2x^2+1$，$C_2: y=-x^2+a$ を考える。以下の問いに答えよ。

(1) 放物線 C_1，C_2 の両方に接する 2 つの直線の方程式をそれぞれ a を用いて表せ。

(2) C_1 と (1) で求めた 2 つの直線で囲まれた図形の面積を S_1，C_2 と (1) で求めた 2 つの直線で囲まれた図形の面積を S_2 とするとき，$\dfrac{S_2}{S_1}$ を求めよ。

[2]（配点 50 点）

この問題の解答は，解答紙 **23** の定められた場所に記入しなさい。

［問題］

座標平面上に原点 O，点 A$(1,\ a)$，点 B$(s,\ t)$ がある。以下の問いに答えよ。

(1) $a=1$ のとき，△OAB が正三角形となるような $(s,\ t)$ をすべて求めよ。

(2) $\sqrt{3}$ は無理数であることを証明せよ。

(3) △OAB が正三角形であり，a が有理数であるとき，s と t のうち少なくとも 1 つは無理数であることを示せ。

[3] （配点 50 点）

この問題の解答は，解答紙 **24** の定められた場所に記入しなさい。

［問題］

AとBの2人がA，B，A，B，$\cdots$ の順にさいころを投げ，先に3以上の目を出した人を勝者として勝敗を決め，さいころ投げを終える。以下では，さいころを投げた回数とはAとBが投げた回数の和のこととする。2と3の常用対数を $\log_{10}2=0.301$，$\log_{10}3=0.477$ として，以下の問いに答えよ。

(1) さいころを投げた回数が n 回以下では勝敗が決まらない確率 p_n $(n=1, 2, \cdots)$ を求めよ。さらに，p_n が 0.005 より小さくなる最小の n を求めよ。

(2) さいころを投げた回数が 3 回以下で A が勝つ確率を求めよ。

(3) 自然数 k に対し，さいころを投げた回数が $2k+1$ 回以下で A が勝つ確率を求めよ。

[4] （配点 50 点）

この問題の解答は，解答紙 **25** の定められた場所に記入しなさい。

［問題］

以下の問いに答えよ。

(1) 2017 と 225 の最大公約数を求めよ。

(2) 225 との最大公約数が 15 となる 2017 以下の自然数の個数を求めよ。

(3) 225 との最大公約数が 15 であり，かつ 1998 との最大公約数が 111 となる 2017 以下の自然数をすべて求めよ。

物理

（2 科目 150 分）

(注)　医学部保健学科看護学専攻については，2 科目 250 点満点（1 科目 125 点満点）の配点を 2 科目 100 点満点に換算する。

〔1〕 以下の問いに答えよ。(40 点)

図 1 のように，質量 M の台車が滑らかで水平な台の上に乗っている。台車はばね定数 k で質量が無視できるばねにつながれ，ばねの左端は壁に固定されている。台車の上面は滑らかな水平面であり，上面の点 A には大きさが無視できる質量 m の小物体が台車の壁に接して置かれている。ばねが自然長のとき台車の右面は車止めの壁に接しており，台車の上面と車止め上面の高さは同じである。車止め上面左端の点 B と上面右端の点 C の間は水平方向の距離が L，動摩擦係数 μ の粗い水平面であり，点 C は水平な床面にある点 O からの高さが d の位置にある。物体の運動は鉛直平面内に限り，空気抵抗は無視できるとする。また，重力加速度の大きさは g とする。

問 1. ばねを自然長から a だけ縮ませて静かに離すと，小物体は点 A に位置したまま台車とともに前進し，その後台車は車止めで完全非弾性衝突して瞬時に停止した。

(1) 車止めに達した瞬間の台車の速さ V を m，M，k，a の中から必要なものを用いて表せ。

台車が停止したと同時に，小物体は速さ V で点 A から台車の上面を進み，点 B を通過した後に点 C から速さ v_0 で飛び出した。

(2) 速さ v_0 を m, M, k, a, μ, g, L の中から必要なものを用いて表せ。

(3) 点Cを飛び出した後，小物体は床に達する前に壁COから距離 d，床からの高さが $\frac{1}{2}d$ の位置にある点Dを通過した。この時，速さ v_0 を d, g を用いて表せ。

(4) 前問(3)のような状況を実現するばねの縮み a を m, M, k, μ, d, g, L の中から必要なものを用いて表せ。

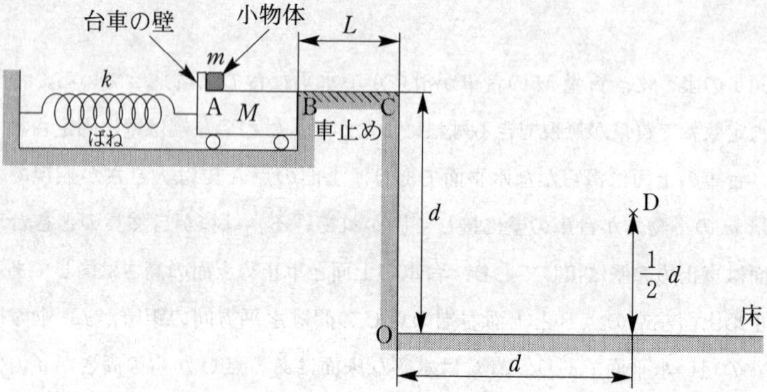

図1

問 2. 次に，図2のように点Cに大きさが無視できる質量 m の小球がある場合を考える。ばねを自然長から a' だけ縮ませて静かに離すと，小物体は点Aに位置したまま台車とともに前進し，その後台車は車止めで完全非弾性衝突して瞬時に停止した。台車が停止したと同時に小物体は点Aから台車上面を衝突直前の速さで進み，点Bを通過した後に点Cにある小球と衝突した。小物体が点Cに達した瞬間の速さを v_0' とし，小物体と小球の反発係数を e とする。

(1) 小物体と小球の衝突直後に，小物体の速さは v_1，小球の速さは v_2 となった。v_1 と v_2 を e, v_0' を用いて表せ。

⑵　小物体と小球の衝突の前後に失われた力学的エネルギー ΔE を e，m，v_0' を用いて表せ。

小物体と小球は大きさを無視できるため，点Cで衝突した後，同時に点Cから飛び出した。小球は，床に達する前に点Oから水平距離 $2d$ の位置にある滑らかな垂直壁で弾性衝突し，その後床に達する前に点Oから水平距離 d の位置で小物体と再び衝突した。

⑶　この時の小物体と小球の反発係数 e の値を求めよ。

⑷　小物体と小球が床に達する前に衝突するためには，ばねの縮み a' がいくらより大きくなければならないか。m，M，k，μ，d，g，L の中から必要なものを用いて答えよ。反発係数 e の値は前問⑶で求めたものを用いよ。

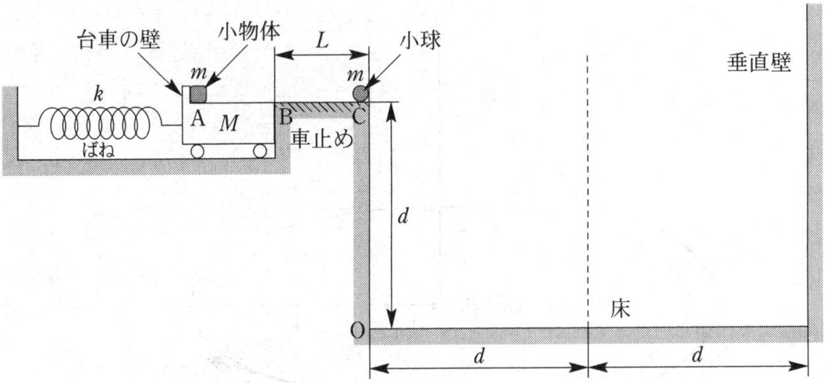

図2

〔2〕 以下の問いに答えよ。ただし，クーロンの法則の真空中での比例定数をk_0〔N・m^2/C^2〕とし，真空の透磁率をμ_0〔N/A^2〕とする。磁束密度の単位は 1 T = 1 N/(A・m) = 1 Wb/m^2 と表される。円周率をπとする。(45点)

水素原子の構造として，真空中で質量m〔kg〕，電気量$-e$〔C〕($e > 0$)をもつ電子が，電気量$+e$〔C〕をもつ原子核のまわりを等速円運動している模型を考える。回転半径をr〔m〕，速さをv_0〔m/s〕とし，電子は電磁波を放出することなく，安定に等速円運動するものとする。原子核は電子に比べて十分重いため動かないものとする。図1に示すように直交座標系をとり，原子核の位置を座標原点とする。電子はxy平面で円運動するものとし，円運動の向きは図1に示す向きとする。原子核および電子は点電荷とし，重力の影響は無視できるものとする。また，電子の運動がつくる磁場の，電子および原子核への影響は無視できるものとする。

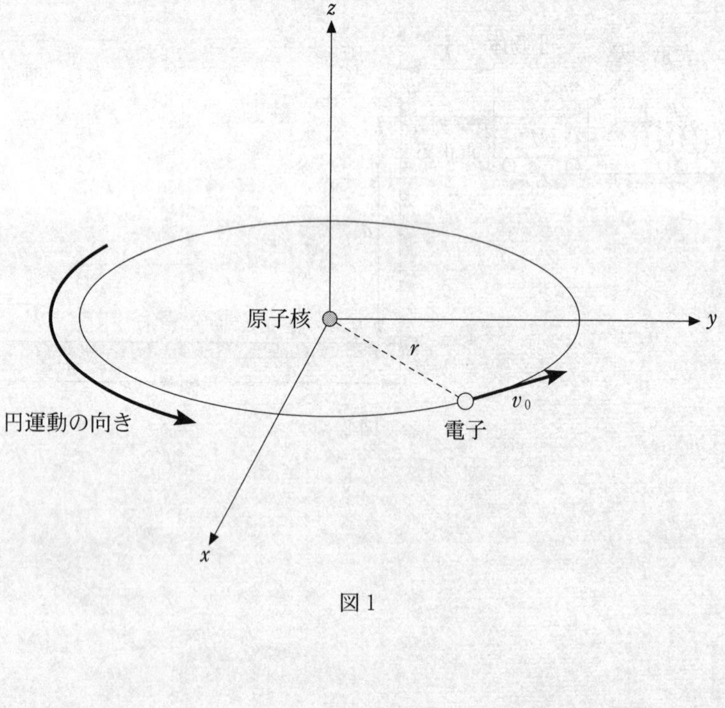

図1

問 1. 電子の円運動は半径 r の円電流とみなすことができる。電流の大きさを I_0〔A〕とする。

(1) 円電流が原点につくる磁束密度 $\overrightarrow{B_0}$〔T〕の大きさ B_0〔T〕を I_0, r, μ_0 の中から必要なものを用いて表せ。

(2) 磁束密度 $\overrightarrow{B_0}$ の向きとして正しいものを，次の①～③から一つ選び番号で答えよ。

① z 軸の正の向き

② z 軸の負の向き

③ $\overrightarrow{B_0}=\vec{0}$ なので，向きは定まらない

問 2. 電流の定義に基づいて，I_0 を m, e, r, v_0 の中から必要なものを用いて表せ。

問 3. 電子の速さ v_0 は，電子の運動方程式から求まる。v_0 を m, e, r, k_0 の中から必要なものを用いて表せ。

次に，図 2 に示すように z 軸の正の向きに磁束密度 $\vec{B}$〔T〕の一様な十分弱い磁場をかける。$\vec{B}$ の大きさ B〔T〕が十分小さいときには，回転半径の変化は無視できることが知られている。したがって，ここでは磁束密度 $\vec{B}$ の磁場があるときも，回転半径 r で等速円運動するものとする。電子の速さは変わりうるので v〔m/s〕とする。

問 4. 電子が磁束密度 $\vec{B}$ の磁場から受ける力を $\vec{f}$〔N〕とする。

(1) 力 $\vec{f}$ の大きさ f〔N〕を m, e, r, v, μ_0, B の中から必要なものを用いて表せ。

(2) 力 $\vec{f}$ の向きとして正しいものを，次の①～⑤から一つ選び番号で答え

よ。

① z 軸の正の向き　　② z 軸の負の向き

③ 原点から電子に向かう向き　　④ 電子から原点に向かう向き

⑤ $\vec{f}=\vec{0}$ なので，向きは定まらない

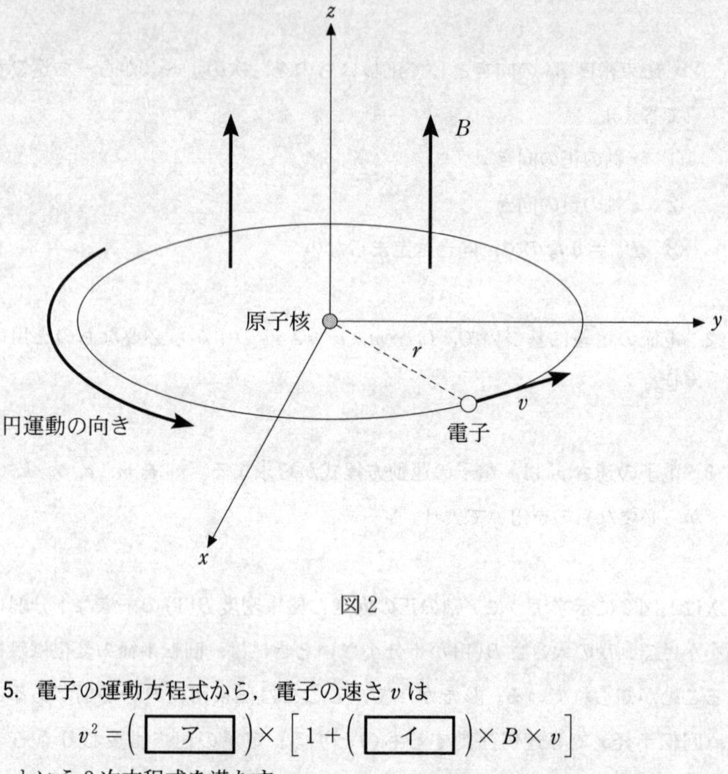

図2

問 5. 電子の運動方程式から，電子の速さ v は

$$v^2=\left(\boxed{\quad\text{ア}\quad}\right)\times\left[1+\left(\boxed{\quad\text{イ}\quad}\right)\times B\times v\right]$$

という2次方程式を満たす。

(1) $\boxed{\quad\text{ア}\quad}$ および $\boxed{\quad\text{イ}\quad}$ にあてはまる式を $m,\ e,\ r,\ \mu_0,\ k_0,\ B$ の中から必要なものを用いて表せ。

(2) 磁束密度 $\vec{B}$ の磁場をかけたことによる電子の速さの変化 Δv_0〔m/s〕を

$$\Delta v_0 = v - v_0$$

とする。B が十分小さいとき，$|\Delta v_0|$ は v_0 に比べて十分小さいので

$$v^2 = (v_0 + \Delta v_0)^2 \fallingdotseq v_0{}^2 + 2\,v_0 \times \Delta v_0$$

および

$$B \times v = B \times (v_0 + \Delta v_0) \fallingdotseq B \times v_0$$

と近似してよい。このとき Δv_0 は

$$\Delta v_0 \fallingdotseq \left(\boxed{\quad \text{ウ} \quad} \right) \times B$$

と B に比例する。$\boxed{\quad \text{ウ} \quad}$ に当てはまる式を m, e, r, v_0, μ_0 の中から必要なものを用いて表せ。

問 6. 電子の速さの変化 Δv_0 により，電子の回転による円電流も変化する。それにより，円電流が原点につくる磁束密度も $\Delta\overrightarrow{B_0}$〔T〕だけ変化する。$\Delta\overrightarrow{B_0}$ の大きさ $\left|\Delta\overrightarrow{B_0}\right|$ を m, e, r, v_0, μ_0, B の中から必要なものを用いて表せ。

問 7. 電子の円運動の向きが図 2 に示した向きと逆向きの場合を考える。これまでと同様に考え，z 軸の正の向きに磁束密度 $\vec{B}$ の一様な十分弱い磁場をかけたことにより，円電流が原点につくる磁束密度が $\Delta\overrightarrow{B_0'}$〔T〕だけ変化したとする。このとき，$\Delta\overrightarrow{B_0'}$ の大きさは $\Delta\overrightarrow{B_0}$ の大きさに等しい。$\Delta\overrightarrow{B_0}$ の向きと $\Delta\overrightarrow{B_0'}$ の向きの組合せとして正しいものを，次の①～⑤から一つ選び番号で答えよ。

	$\Delta\overrightarrow{B_0}$ の向き	$\Delta\overrightarrow{B_0'}$ の向き
①	z 軸の正の向き	z 軸の正の向き
②	z 軸の正の向き	z 軸の負の向き
③	z 軸の負の向き	z 軸の正の向き
④	z 軸の負の向き	z 軸の負の向き
⑤	$\Delta\overrightarrow{B_0} = \vec{0}$ なので向きは定まらない	$\Delta\overrightarrow{B_0'} = \vec{0}$ なので向きは定まらない

〔3〕　平面鏡の表面による光の反射について，光の波動性と粒子性の両方の観点から考える。真空の屈折率を 1，真空中の光速を c，プランク定数を h として，以下の問いに答えよ。(40 点)

問 1．真空中で固定された平面鏡に垂直に入射した光の反射について考える。

(1)　光を波として考えた場合に，反射の際の位相のずれはいくらか。ただし，平面鏡の屈折率は 1 より大きいとする。

(2)　振動数 ν の光を粒子(光子)として考えた場合に，反射の際に光子 1 個が平面鏡に与える力積の大きさはいくらか。ただし，光の振動数は反射の前後で変わらないものとする。

問 2．図 1 のような装置を用いて，線状の光源から出た波長 λ の単色光を細いスリット S にあてて回折させ，スリットから距離 L だけ離れたスクリーンに生じる光の明暗の縞模様を観察する。スリットから距離 d だけ離れた位置にスクリーンと垂直になるように平面鏡を置く。この鏡は屈折率が 1 より大きい物質でできている。光源，スリット，スクリーン，平面鏡はすべて紙面に垂直に配置し，この装置全体は，図 1 の灰色の領域も含めて，最初，真空に保たれている。

ここで，スクリーン上では，スリットから直接届いた光と，鏡によって反射されてから届いた光が重なり合って干渉が起こる。

(1)　平面鏡から距離 x の位置にあるスクリーン上の点を P とする。スリットから直接に点 P に届いた光が進んだ距離を l_1，鏡によって反射されてから点 P に届いた光が進んだ距離を l_2 とする。$l_2 - l_1$ を求めよ。

(2)　d と x はいずれも L に比べて十分に小さいものとする。$|a|$ が 1 に比べて十分に小さいとき，$\sqrt{1+a^2} \fallingdotseq 1 + \dfrac{a^2}{2}$ としてよい。前問(1)の結果にこの近似を用いて，スクリーン上の明線の位置を求めたとき，鏡に最も近

い明線の位置の x を λ, L, d を用いて表せ。

次に，図1の灰色の領域を屈折率が n の物質で満たした場合を考える。ただし，鏡の屈折率は n より大きいとする。

(3)　前問(2)と同じ近似を用いて，スクリーン上の明線の位置を求めたとき，鏡に最も近い明線の位置の x を λ, L, d, n を用いて表せ。

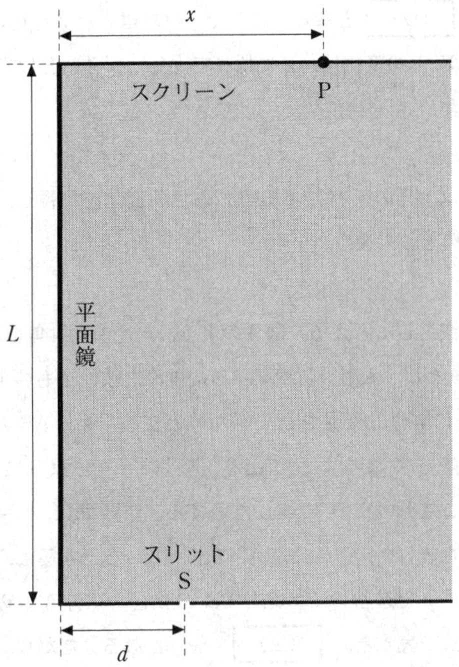

図1

問 3.　真空中を x 軸の正の向きに動く平面鏡による光の反射を考える。鏡の表面は x 軸に垂直であるとする。以下の （ア） から （カ） の空欄に適した式をそれぞれの解答欄に記入せよ。

(1)　光を粒子として考える。光子1個が振動数νでx軸の正の向きに鏡に入射し，振動数ν'でx軸の負の向きに反射したとする。このとき，鏡の速さが光子との衝突によって，VからV'に変わったとする。鏡の質量をMとして，エネルギー保存則より，$\frac{M}{2}V'^2 - \frac{M}{2}V^2 =$ [(ア)] である。また，運動量保存則より，$MV' - MV =$ [(イ)] である。ただし，(ア)と(イ)はh，c，ν，ν'の中から必要なものを用いて表せ。

これらの保存則を満たすように，ν'とνの関係が決まる。その関係を入射光子の波長λと反射光子の波長λ'の関係に書き直すと，$\frac{\lambda'}{\lambda} =$ [(ウ)] となる。ここで，(ウ)はcとVを用いて表せ。ただし，VからV'への変化は，Vに比べて十分に小さいとして，$V' + V \fallingdotseq 2V$と近似せよ。

以下では，光の反射による鏡の速さの変化を無視し，鏡は一定の速さVで動くものとして扱う。

(2)　光を波として考える。図2のように，光の入射角を$\alpha(\geqq 0)$，反射角を$\beta(\geqq 0)$とし，入射波は直線ABに垂直な波面をもつ平面波，反射波は直線AA′に垂直な波面をもつ平面波とする。線分ABの長さを入射波の波長λと等しくなるようにとる。時刻$t = 0$に点Bにあった光が，時刻$t = t_0$に鏡上の点B′に達したとする。この間に，$t = 0$に鏡上の点Aで反射した光は，$t = t_0$に点A′に達していたとすると，入射波も反射波も同じ速さcで進むので，線分BB′の長さと線分AA′の長さは等しい。これを等式で表すと，[(エ)] $= ct_0$となる。ただし，(エ)はV，t_0，α，λを用いて表せ。

反射波の波長をλ'とすると，λ'は点A′を通る反射波の波面と点B′を通る反射波の波面の間の距離に等しく，

$$\lambda' = ct_0 + \boxed{(オ)} \times \cos(\alpha + \beta)$$

となる。ただし，(オ)はV，t_0，αを用いて表せ。

(エ)と(オ)を含む2つの式からt_0を消去して，$\frac{\lambda'}{\lambda} =$ [(カ)] を得る。(カ)において，$\alpha = \beta = 0$とすると，(ウ)が得られる。

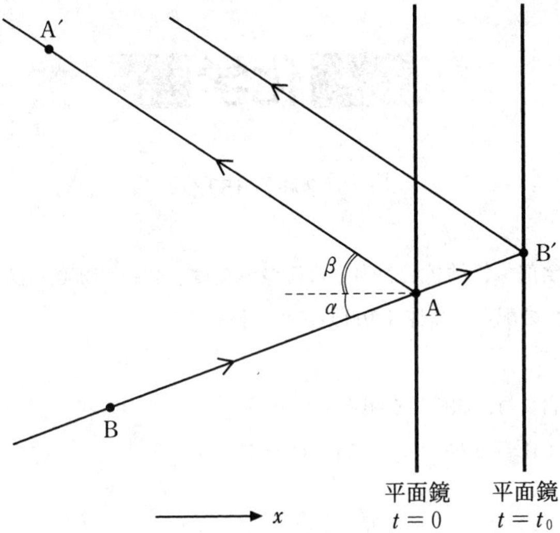

図 2

化学

（2 科目 150 分）

(注) 医学部保健学科看護学専攻については，2 科目 250 点満点（1 科目 125 点満点）の配点を 2 科目 100 点満点に換算する。

必要な場合には，次の値を用いよ。

原子量：H = 1.00，C = 12.0，O = 16.0

〔1〕 次の文章を読み，**問** 1 ～**問** 7 に答えよ。(25 点)

日本で発見された原子番号 113 番の新元素の名称案が〔 ① 〕になることが，2016 年 6 月 9 日に発表された。この元素は，原子番号 30 番の典型元素である亜鉛と原子番号 83 番の典型元素であるビスマスを高速で衝突させ，核融合により合成する。〔 ① 〕は，周期表においてアルミニウムと同じ〔 ア 〕族に属する元素である。単体のアルミニウムは，軽くてやわらかい金属で，ボーキサイトを精製してアルミナとよばれる純粋な〔 A 〕をつくり，さらにこれを融解塩電解して製造される。

アルミニウムの価電子数は〔 イ 〕個である。(a)<u>単体のアルミニウムは酸の水溶液にも強塩基の水溶液にも反応して溶ける性質をもち，〔 ② 〕元素と呼ばれる</u>。〔 ② 〕元素としては他に，亜鉛，スズ，鉛が知られている。常温におけるアルミニウムの結晶格子は〔 ③ 〕格子である。〔 ③ 〕格子では，配位数は〔 ウ 〕である。〔 ③ 〕格子は最密(充填)構造であり，充填率は〔 エ 〕%である。

問 1. 文中の〔 ① 〕～〔 ③ 〕にあてはまる適切な語句を答えよ。文中の〔 ア 〕～〔 エ 〕にあてはまる適切な数値を整数で答えよ。また，文中の

〔　A　〕にあてはまる化学式を答えよ。

問 2. 下線部(a)について，アルミニウムが水酸化ナトリウム水溶液に溶ける反応を化学反応式で示せ。

問 3. 単体のアルミニウムを濃硝酸に入れると，不動態になる。下記の金属のうち，アルミニウムと同様に不動態になりうる金属を一つ選び元素記号で答えよ。

Na，Cr，Zn，Sn，Pb

問 4. ジュラルミンは，アルミニウムに銅，マグネシウム，マンガンの 3 種類の金属を混合してつくられる合金である。銅，マグネシウム，マンガンの水溶液中でのイオン化傾向を，大きなものから順に元素記号で記せ。

問 5. ある金属は〔　③　〕格子の結晶で，単位格子の一辺の長さが a[cm]，密度は d[g/cm^3] である。アボガドロ定数を N_A[/mol] として，この金属の原子量 A を求める式を示せ。

問 6. 亜鉛の各電子殻(K 殻，L 殻，M 殻，N 殻)中の電子数を答えよ。

問 7. 亜鉛と硫黄を反応させたところ，組成式 ZnS で表される硫化亜鉛結晶が生成した。この ZnS 結晶の構造は図に示すとおり，陽イオン数と陰イオン数の比が 1 ： 1 であり，また，Zn^{2+} と S^{2-} の間の結合距離はすべて同じである。次の(1)，(2)の問に答えよ。

(1)　単位格子中の Zn^{2+} および S^{2-} の数を求めよ。

(2)　ZnS 結晶の単位格子は一辺の長さが 0.54 nm の立方体であるとして，Zn^{2+} と S^{2-} の結合距離を有効数字 2 桁で答えよ。なお，$\sqrt{3} = 1.7$ とする。

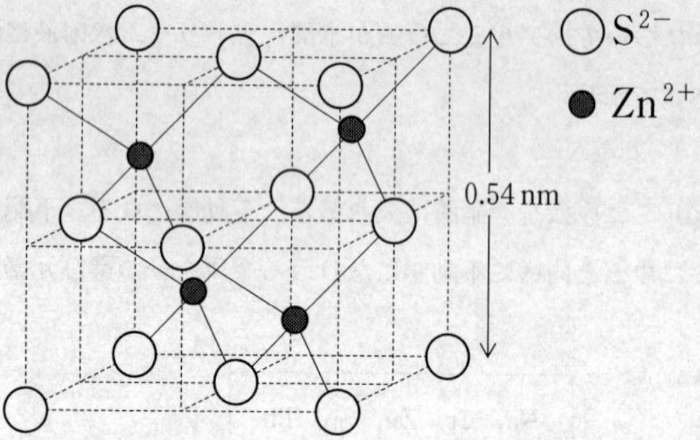

図

〔**2**〕 次の文章を読み，**問 1** ～**問 5** に答えよ。(25 点)

難溶性で不揮発性の塩 A を溶媒 B に溶かすと，1 価の陽イオンと 1 価の陰イオンに完全に電離する。この溶液の沸点上昇と凝固点降下に関する以下の実験を行う。溶媒 B は一種類の分子からなる液体で，その分子量は M_B である。また，圧力 1.0×10^5 Pa での溶媒 B の沸点は T_B[K]である。なお，解答にベキ指数を用いて良い。

[実験 1]

図 1 の密閉容器に溶媒 B が入っている。この容器は内容物の温度調節が可能であり，容器内の温度を T_B 付近でゆっくり変化させて蒸気圧 P_B[Pa]の変化を測定した。その結果を図 2 に示す。温度 T_B 付近で温度を変えたときの P_B の変化は直線とみなすことができ，温度を 1 K 上げると蒸気圧は ΔP[Pa]だけ上昇することがわかった。

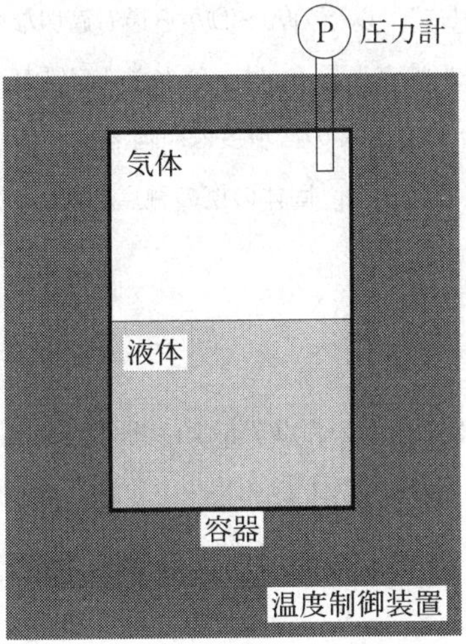

図1

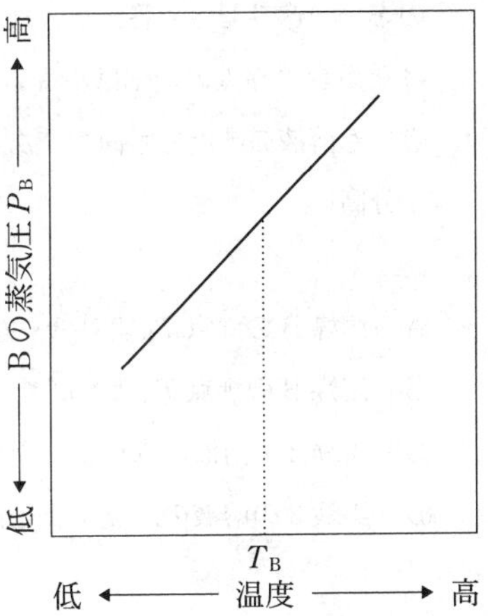

図2

［実験2］

沸点 T_B よりわずかに低い温度で，w[g]の塩Aを質量1000 w[g]，体積 V_B[L]の溶媒Bに溶かした。その温度で，溶媒Bに溶かすことができる塩Aの最大の質量は w[g]である。その時の溶液の体積は V_{BA}[L]，Bの蒸気圧は P_{BA}[Pa]であった。なお，この溶媒Bのモル沸点上昇は K_b[K･kg/mol]である。

問 1. 実験2の圧力 1.0×10^5 Pa における溶液の沸点 T_{BA}[K]を答えよ。

問 2. 塩Aの式量を答えよ。

問 3. 沸点 T_B よりわずかに低い温度において，塩Aから生じる陽イオンと陰イオンの溶解度積を単位も含めて答えよ。

［実験3］

実験2の溶液にさらに塩Aを w_A[g]加えてかき混ぜた。しかし，w_A[g]の塩Aは固体のまま溶けずに残った。

問 4. この固体の塩を含む溶液の沸点に関して，以下の(A)～(D)から最も適切なものを一つ選び記号で答えよ。なお，モル沸点上昇 K_b は十分小さく溶質が溶けた場合の沸点の変化は小さい。そのため塩Aの溶解度は，純溶媒Bの沸点でも溶液の沸点でも同じであるとする。また，固体の塩の融点は T_B より十分高い。

(A)　溶媒Bの沸点 T_B より低くなる。

(B)　溶媒Bの沸点 T_B より高く，実験2の溶液の沸点 T_{BA} より低くなる。

(C)　実験2の溶液の沸点 T_{BA} とほとんど変わらない。

(D)　実験2の溶液の沸点 T_{BA} と溶媒Bの沸点 T_B の差の約2倍分高くなる。

[実験4]

実験3で用いた溶液から液体部分だけを一部取り出した。その溶液を T_B よりわずかに低い温度からゆっくり冷やした。その結果，塩Aが析出し始めた。溶液が凝固を始める直前に析出した塩を分離して質量をはかったところ $0.25\,w$[g]であった。また，純粋な溶媒Bの凝固点に比べてこの溶液の凝固点は ΔT_{BA}[K]だけ低かった。なお，溶媒Bのモル凝固点降下は K_f[K・kg/mol]である。

問 5. 実験4の冒頭において取り出した溶液の体積は，固体を含まない溶液全体の体積の何%か答えよ。なお K_f は十分小さく，溶質が溶けた場合の凝固点の変化は小さい。そのため塩Aの溶解度は，純溶媒Bの凝固点でも溶液の凝固点でも同じであるとする。

〔3〕 次の文章を読み，**問 1 ～問 6** に答えよ。(25 点)

アンモニアは常温・常圧で空気より軽い気体であり，分子中の窒素原子と水素原子は〔　ア　〕を形成している。一方，アンモニア分子どうしは，窒素原子が大きな〔　イ　〕を有するため，他の分子中の水素原子と〔　ウ　〕で引き合い，〔　エ　〕を形成する。

アンモニアは工業的には(A)ハーバー・ボッシュ法により合成される。アンモニアは濃塩酸と反応し，塩化アンモニウムを生成する。この際，水素イオンとアンモニアの窒素原子は〔　オ　〕を形成する。固体の塩化アンモニウムは塩化セシウム型の結晶構造を有し，アンモニウムイオンと塩化物イオンの間で〔　カ　〕が形成される。(B)塩化アンモニウムと水酸化カルシウムの混合物を加熱すると再びアンモニアが生成する。(C)アンモニアと塩化アンモニウムが等モル量溶解した水溶液は緩衝液となる。(D)アンモニア水に金属イオンを加えると，金属の水酸化物やアンミン錯体などを生成する。

問 1. 〔　ア　〕～〔　カ　〕に当てはまる最も適切な語を以下の語群から選び，答えよ。

語　群

イオン結合，共有結合，金属結合，水素結合，配位結合，アミド結合，ペプチド結合，ファンデルワールス力，原子半径，電離定数，エンタルピー，エントロピー，イオン化エネルギー，電気陰性度，静電気力，酸化力，還元力

問 2. 以下の文章(1)～(4)は下線部(A)のアンモニア製造プロセスについて説明したものである。誤っているものをすべて選び，番号で答えよ。

(1) 窒素と水素をアンモニアの原料とし，酸化鉄を主な成分とした触媒が用いられる。

(2)　触媒の量を変えることにより反応の平衡定数が変化する。

(3)　温度を上げるほど反応の平衡定数が大きくなるため，反応は高温で行われる。

(4)　反応は高圧で行い，特殊な反応容器が用いられる。

問 3. 下線部(B)はアンモニアの実験室的製造方法を示している。この反応を化学反応式で示せ。

問 4. 次の式(1)，(2)はアンモニアを原料とした炭酸ナトリウムの合成法(ソルベー法)を示す。〔　キ　〕~〔　ケ　〕に入る化学式をそれぞれ答えよ。

〔　キ　〕$+ H_2O + NH_3 +$〔　ク　〕$\longrightarrow$〔　ケ　〕$+ NH_4Cl$　(1)

2〔　ケ　〕$\longrightarrow Na_2CO_3 + H_2O +$〔　ク　〕　(2)

問 5. 下線部(C)について，濃度 0.2 mol/L のアンモニア水溶液 100 mL と 0.2 mol/L の塩化アンモニウム水溶液 100 mL を混合した溶液(a)の pH を答えよ。さらに，溶液(a)に 0.02 mol/L の塩酸 200 mL を混合した溶液(b)の pH を求めよ。ただし，溶液の温度はすべて 25 ℃とする。また，計算には以下の数値の中から必要なものを用い，小数第 2 位まで答えよ。

アンモニアの電離定数 $K_b = 2.0 \times 10^{-5}$ mol/L

$\log_{10} 2.0 = 0.30$　$\log_{10} 3.0 = 0.48$　$\log_{10} 5.0 = 0.70$

問 6. 下線部(D)について，次に示す金属イオンが含まれる水溶液に過剰のアンモニア水を加えたときの主な生成物の化学式を示せ。また，その様子を下の語群から選び，答えよ。

(1)　Fe^{3+}

(2)　Cu^{2+}

語　群

白色沈殿，黒色沈殿，深青色沈殿，黄緑色沈殿，赤褐色沈殿，
無色溶液，深青色溶液，黄褐色溶液，黄緑色溶液，赤褐色溶液

〔4〕　次の文章を読み，**問**1 ～**問**5に答えよ。構造式を記入するときは，記入例にならって答えよ。(25点)

構造式の記入例

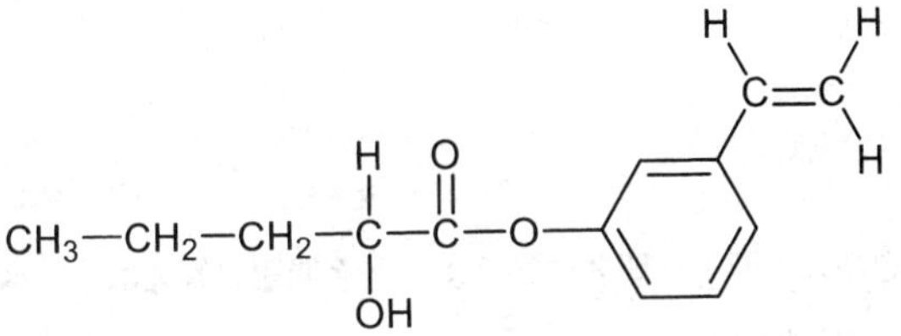

分子式 C_3H_6 で表されるアルケン**A**と C_5H_{10} で表される分岐型アルケン**B**がある。化合物**A**および**B**を，触媒を用いて水素と反応させると，それぞれ飽和炭化水素化合物**C**および**D**が生成する。また，酸を触媒にして化合物**A**および**B**に水を付加させると，**A**からはアルコール**E**および**F**が，**B**からはアルコール**G**および**H**が生成する。ただし，**G**および**H**は第一級アルコールではない。**A**および**B**を臭素と反応させると臭素の色が消え，それぞれ化合物**I**および**J**が生成する。また，化合物**B**をオゾンで酸化したのち，亜鉛で処理すると，カルボニル化合物**K**および**L**が得られ，**K**は銀鏡反応を示す。なお，化合物**A**～**L**において，光学異性体(鏡像異性体)が存在しても区別していない。

問 1. 化合物**C**および**D**の構造式を答えよ。

問 2. 化合物**E**，**F**，**G**，**H**の構造式を答えよ。ただし，水の付加反応ではアルケンは異性化せず，**E**および**G**は少量しか生成しない。

問 3. 化合物**E**, **F**, **G**, **H**, **I**, **J**のうち，光学異性体を持つものをすべて記号で答えよ。

問 4. 化合物**L**を還元するとアルコールが得られるが，このとき**E**, **F**, **G**, **H**のどれと同じ分子が得られるか記号で答えよ。

問 5. 臭素原子には相対質量 79.0 と 81.0 の同位体が 51：49 で存在し，そのため化合物**I**には，1モルあたりの質量が異なる分子が存在する。そのうちでもっとも小さい質量と，その存在比を百分率(%)で示せ。質量，百分率ともに，小数点以下は四捨五入せよ。ただし，炭素と水素の同位体は無視できるものとする。

〔**5**〕 次の文章を読み，**問**1～**問**8に答えよ。計算問題の答えは，すべて有効数字3桁で答えよ。(25点)

地球上に豊富に存在する有機化合物の一つであるセルロースから，下図の過程によりエタノールを作り出すことができる。

$$\text{セルロース} \xrightarrow{\text{酵素 A}} \text{化合物 C} \xrightarrow{\text{酵素 B}} \text{グルコース} \xrightarrow{\text{酵母}} \text{エタノール} + \text{気体 D}$$

図

上図の具体的な操作を次の通り行った。まずセルロース粉末 72.0 g の懸濁液に，(1)酵素Aを作用させ化合物Cを得た後，酵素Bを作用させグルコースを得た。(2)次に，このグルコース溶液に酵母を加え，一定の条件下で反応させると，気体Dの発生が見られ，アルコール発酵が確認された。

〔補足説明〕

セルロースの分子量は十分に大きいものとする。

問 1. セルロースの性質を説明する次の文章には，二箇所の下線部に誤りがある。その箇所を示し，正せ。

セルロース分子は，複数のグルコースが縮合重合したものであり，1位と3位間がβ-グリコシド結合でつながった直線状の構造をもつ。この分子は，分子内で水素結合を形成し，繊維状の物質となる。

問 2. 下線(1)の，酵素 A，酵素 B，化合物 C，それぞれの名称を答えよ。

問 3. 下線(1)の酵素反応が進行したことを確認するための操作として，適当なものを，以下の(a)～(e)からすべて選び，記号で答えよ。

(a) ヨウ素ヨウ化カリウム水溶液を加えても，青から青紫色の色を示さないことを観察する。
(b) フェーリング液を加えて加熱して，赤色沈殿が生じることを観察する。
(c) ニンヒドリン水溶液を加えて加熱して，赤紫色を示すことを観察する。
(d) 赤色リトマス試験紙が青変することを観察する。
(e) 白いにごり(懸濁状態)が薄くなったことを観察する。

問 4. 下線(1)の酵素反応により，セルロースがグルコースにまで完全に分解された場合に，得られるグルコースの質量を答えよ。

問 5. 下線(2)で述べるアルコール発酵の過程を化学反応式で示せ。

問 6. 下線(2)にて発生した気体 D を定量したところ 0.500 mol であった。この時，エタノールと気体 D の生成に使われたセルロースの質量を答えよ。

問 7. 下線(2)で述べるアルコール発酵の化学反応における反応熱は 84.0 kJ/mol である。また，グルコースの燃焼熱は 2820 kJ/mol である。エタノールの燃焼熱を答えよ。

問 8. 図の過程でセルロースからエタノールを作り出すことの利点に関する説明として，正しいものを，以下の選択肢の中から選び，記号で答えよ。

(a) 最終的に得られるエタノールの質量は，原料のセルロースの質量に比べて増える。

(b) 最終的に得られるエタノールの物質量は，原料のセルロースの物質量に比べて減る。

(c) 途中で得られるグルコースの質量あたりの燃焼熱は，原料のセルロースの質量あたりの燃焼熱に比べて大きくなる。

(d) 最終的に得られるエタノールの質量あたりの燃焼熱は，原料のセルロースの質量あたりの燃焼熱に比べて大きくなる。

(e) 最終的に得られるエタノールの物質量あたりの燃焼熱は，原料のセルロースの物質量あたりの燃焼熱に比べて大きくなる。

生物

（2科目150分）

(注) 医学部保健学科看護学専攻については，2科目250点満点（1科目125点満点）の配点を2科目100点満点に換算する。

字数制限のある問題では，英数字・句読点も1字として数える。

〔1〕 次の文章を読み，以下の問いに答えなさい。(25点)

呼吸も光合成もその過程で電子伝達系がはたらき，ATPが合成される。電子が電子伝達系を流れると，呼吸ではミトコンドリアの〔 ア 〕側から〔 イ 〕と〔 ウ 〕の間にH^+が輸送され，光合成では葉緑体の〔 エ 〕から〔 オ 〕の内側にH^+が輸送される。結果として，両者とも膜を隔てたH^+の濃度勾配がつくられる。また，ATP合成酵素がミトコンドリアでは〔 イ 〕に，葉緑体では〔 オ 〕に存在しており，両者ともH^+が濃度勾配にしたがってATP合成酵素を通って移動するときにATPを合成する。さらに，ATP合成酵素の構造も，ミトコンドリアと葉緑体ではよく似ている。呼吸と光合成のどちらの過程においても，電子は膜に埋まったタンパク質複合体の間を流れる。また，光合成の電子伝達系で，光化学系Ⅱと光化学系Ⅰの間に位置するタンパク質複合体と，構造もはたらきも非常に似たタンパク質複合体が呼吸の電子伝達系に存在する。

問 1．文章中の〔 ア 〕～〔 オ 〕に入る適切な語句を記入しなさい。

問 2．ミトコンドリア，葉緑体，それぞれの祖先と考えられている生物の名前を答えなさい。

問 3．問2で葉緑体の祖先であると考えられている生物から受け継いだ葉緑体の光合成にかかわる重要な特徴を2つ，それぞれ25字以内で述べなさい。

問 4．文章中に書かれているように，呼吸と光合成，それぞれの電子伝達系は類似している。その理由として考えられることを30字以内で述べなさい。

〔2〕　次の文章を読み，以下の問いに答えなさい。(25点)

生体防御機構は，ヒトの恒常性を維持するシステムの一部であり，その機能に病原体の攻撃から身を守る役割がある。外環境から体内を隔てる皮膚などの物理的バリアーも生体防御機構の1つであり，病原体の体内への侵入を阻んでいる①。一方，病原体が物理的バリアーをかいくぐって体内に侵入すると，これを異物として貪食する細胞②により病原体が体内から排除される自然免疫システムがはたらく。このような食作用を有する細胞の中には，細胞内に取り込んだ病原体の情報を，獲得免疫システムの制御を担う細胞③に伝えるものがある。病原体の情報を受け取って制御を担う細胞が活性化すると，体液性免疫と細胞性免疫による生体防御機構がはたらきだす。例えば，細菌が分泌するジフテリア毒素のようなタンパク質毒素の無毒化には，体液性免疫によって産生される〔　ア　〕がはたらく。〔　ア　〕の〔　イ　〕と呼ばれる領域が標的分子に結合するA と，標的分子の病原性を無効にすることができる。また，〔　ア　〕が結合した物質は異物を取り込む細胞によって処理されやすくなる。ウイルス感染の場合には，細胞性免疫によって活性化された〔　ウ　〕が，ウイルスに感染した細胞を排除する。獲得免疫システムと自然免疫システムでは外来物質の認識の仕方に大きな違いがあり，獲得免疫システムの外来物質の認識には〔　エ　〕がある。

一方で，自己を守るためにはたらくはずの生体防御機構には負の側面がある。例えば，本来病原性を持たない外来物質に対しても過剰な反応を示すことで，自己組織に障害を生じることがあり，その原因となる外来物質を〔　オ　〕と呼ぶ。また，医療の進歩により他人から組織を移植することも可能になってきたが，移植された組織の定着の可否にも生体防御機構が影響する。B 移植された組織の〔　カ　〕に存在する主要組織適合性複合体(MHC)が，生体防御機構によって非自己と判別されると，移植された組織が拒絶される。また，自己と非自己の判別は移植された組織や細胞だけでなく，自分自身の組織や細胞に対しても行われる。MHC に変異が生じたり，自己抗原を認識する〔　ア　〕を産生する細胞や，④自身を直接攻撃する〔　ウ　〕など本来排除されるべき細胞が存在すると，⑤自己の組織が非自己として認識される。

問 1. 文章中の〔　ア　〕～〔　オ　〕に入る適切な語句を答えなさい。ただし，〔　エ　〕には漢字 3 文字で記入しなさい。

〔　カ　〕には下記の語群から適切な語句を 1 つ選び，記入しなさい。

語群：ミトコンドリア，リボソーム，ゴルジ体，粗面小胞体，細胞膜

問 2. 下線部①～⑤について，下記の問いに答えなさい。

(1) 皮膚の他に，下線部①のように病原体の体内への侵入を阻んでいるものを，語句で 1 つ答えなさい。

(2) 下線部②の細胞の名称を，白血球の中から 2 つ答えなさい。

(3) 下線部③の細胞が，情報を伝える相手の細胞を，〔　ウ　〕以外に 1 つ答えなさい。ただし，〔　ウ　〕には**問 1** の〔　ウ　〕と同じ語句が入る。

(4) 下線部④のように〔　ウ　〕が自身を攻撃しないように，〔　ウ　〕を成熟させる器官を答えなさい。ただし，〔　ウ　〕には**問 1** の〔　ウ　〕と同じ語句が入る。

(5) 下線部⑤のようなしくみで発症する疾患を，総称して何と呼ぶか答えなさい。

問 3. 二重下線部Aの例として，赤血球の表面に存在する ABO 式血液型の A 型糖鎖や，B 型糖鎖を認識する凝集素がある。このような凝集素の産生について下記の問いに答えなさい。ただし，下記の文章中の〔　ア　〕には，**問 1** の〔　ア　〕と同じ語句が入る。

A 型糖鎖や B 型糖鎖を認識する〔　ア　〕分子を生まれながらにして産生することで，異なる血液型間の輸血の際に，凝集や溶血が生じる可能性があ

る。A型糖鎖を認識する〔　ア　〕分子と，B型糖鎖を認識する〔　ア　〕分子のいずれも産生しないヒトの血液型を答えなさい。また，これらの分子が産生されない理由を50字以内で述べなさい。

問 4. 二重下線部Bについて，下記の問いに答えなさい。

両親のMHC遺伝子がヘテロ接合で，両親のMHC対立遺伝子のすべてが大きく異なる場合，親子間で臓器を移植することはできないが，兄弟姉妹間では移植できる可能性がある。兄弟姉妹で移植できる可能性がある理由を70字以内で述べなさい。ただし，MHC遺伝子の領域は組換えが起こらないと仮定する。

〔3〕 次の文章を読み，以下の問いに答えなさい。(25点)

多細胞動物は，受精卵から細胞分裂を繰り返すことによって細胞数が増えて成熟した個体となる。一方で，発生過程において，あらかじめ死ぬことが予定されている細胞もあって，そのような細胞の死をプログラム細胞死と呼ぶ。このプログラム細胞死の中でも，染色体の凝集，細胞の萎《い》縮《しゆく》と断片化が起こるものをとくに〔　ア　〕と呼ぶ。〔　ア　〕を起こした細胞では，染色体のゲノムDNAが約200塩基対に断片化される。これは，ゲノムDNAが〔　イ　〕に巻き付いて形成される〔　ウ　〕が，約200塩基対のDNAが単位になって構成されているためと考えられている。〔　ア　〕を起こした細胞は，周囲の細胞から食べられることによって，除去される。

センチュウにおいて，細胞死を起こした細胞が周囲の細胞から食べられないで残る突然変異体が見つけられたことをきっかけに，プログラム細胞死に関する研究がすすんだ。この突然変異体では，*ced-1*という遺伝子の機能が失われたために，細胞死を起こした細胞が除去されずに残っていて，細胞死を起こした細胞を顕微鏡で容易に観察できた。この変異体を*ced-1*変異体と呼ぶ。この*ced-1*変異体を用いて，次の①から⑥の実験結果が得られたとする。

＜実験結果＞

① *ced-1* 変異体に新たに突然変異を引き起こして，細胞死を起こした細胞が観察できなくなる変異体を探した。この方法によって，*ced-3* 遺伝子または *ced-9* 遺伝子に変異があると細胞死が起こらなくなる場合があることがわかった。

② *ced-3* 遺伝子に欠損(欠失)変異があると，その欠損変異が〔　エ　〕になったときだけ細胞死が起きないことから劣性形質であることがわかった。また，*ced-9* 遺伝子では，ミスセンス変異(コードするタンパク質中のアミノ酸がほかのアミノ酸に置きかわる変異)があるために，細胞死が起きなくなっていることがわかった。*ced-9* 変異体のこの形質は，優性形質であった。

③ *ced-1* 変異体において *ced-9* 遺伝子に欠損変異があると，*ced-1* 変異体では細胞死が起きない細胞でも細胞死が起きて，発生の途中で死んでしまうことがわかった。

④ *ced-3* 遺伝子と *ced-9* 遺伝子の両方の遺伝子の機能が失われた *ced-1* 変異体では，*ced-3* 遺伝子の欠損変異が〔　エ　〕の *ced-1* 変異体と同じように細胞死が起きなかった。

⑤ 正常な *ced-9* 遺伝子を，*ced-1* 遺伝子の変異体に導入したところ，細胞死を起こした細胞の数が減っていた。この株について調べてみると，*ced-9* 遺伝子からつくられるタンパク質が，元の *ced-1* 変異体の数倍つくられていた。

⑥ *ced-9* 遺伝子からつくられるタンパク質とアミノ酸配列が良く似たタンパク質をつくる遺伝子 *bcl-2* がヒトゲノム中にみつかった。そこで，*bcl-2* 遺伝子を，*ced-9* 遺伝子と同じ細胞で発現するようにした *ced-1* 変異体を観察すると，細胞死を起こした細胞の数が減っていた。

問 1. 文章中の〔　ア　〕～〔　エ　〕に入る適切な語句を記入しなさい。

問 2. 動物では，多くのプログラム細胞死が起きている。次の(a)～(d)のうち，プログラム細胞死が関わっていると考えられるものの記号をすべて答えなさい。

(a)　カエルの変態における尾の縮退

(b)　脳の血流不足による神経細胞の死

(c)　火傷により損傷した細胞の死

(d)　ヒトの発生過程における指の形成

問 3. 上の実験結果に基づいて，*ced-3* 遺伝子や *ced-9* 遺伝子が果たす機能を推定した次の文章中の〔　オ　〕～〔　コ　〕に *ced-3* または *ced-9* のいずれかを入れて文章を完成させなさい。

実験結果②と③から，〔　オ　〕遺伝子は細胞死を促進する機能を持ち，〔　カ　〕遺伝子は，細胞死が起きないようにする機能を持っていることがわかる。実験結果④から，〔　キ　〕遺伝子の欠損変異体で細胞死が起こるためには，正常な〔　ク　〕遺伝子が必要であることがわかる。したがって，細胞死を起こさない細胞では，〔　ケ　〕遺伝子が〔　コ　〕遺伝子の機能を阻害しており，細胞死を起こす細胞では，その阻害が失われることによって，細胞死が引き起こされると推定できる。

問 4. 実験結果②で同定した *ced-9* 遺伝子のミスセンス変異は，*ced-9* 遺伝子の機能をどのように変えていると考えられるか，40字以内で説明しなさい。

問 5. 実験結果⑤と⑥だけから推測できることとして適切でないものを次の中から1つ選びなさい。

(a)　ヒトの *bcl-2* 遺伝子は，センチュウにおける細胞死に関して，*ced-9* 遺伝子と同じような機能を果たすことができる。

(b)　プログラム細胞死は，ヒトとセンチュウとで共通のメカニズムで起きている可能性がある。

(c)　ヒトの *bcl-2* 遺伝子は，ヒトにおいても細胞死にかかわっている可能性がある。

(d)　ヒトの *bcl-2* 遺伝子は，センチュウの *ced-9* 遺伝子から進化した。

(e) センチュウを使って，ヒトの遺伝子の働きを調べられる場合がある。

〔4〕 次の文章を読み，以下の問いに答えなさい。(25 点)

動物細胞では細胞膜が細胞の内と外を仕切り，その内側には生体膜によって囲まれたさまざまな細胞小器官が発達している。細胞膜も含めた①生体膜は主にリン脂質からできており，そこに組み込まれたタンパク質が膜を介しての物質の出入りを調節している。この組み込まれたタンパク質は膜の上を比較的自由に動くことができ，このモデルを〔　ア　〕という。また，②細胞の中ではたらく酵素は細胞内で一様に分布しているのではなく，それぞれ特定の場所に配置される。例えば，呼吸に関連した酵素群は細胞質基質とミトコンドリアに，そして DNA の複製や転写に関わる主な酵素群は〔　イ　〕に，さらに，さまざまな物質の分解に関わる酵素群は〔　ウ　〕という細胞小器官にそれぞれ運ばれてその役目をはたす。このように，酵素が特定の細胞小器官の膜を通り抜けてその内側へ配置されるためには，その膜の上と細胞質基質に存在する多くのタンパク質が協調してはたらくしくみが存在する。

さて，一重の膜に囲まれた細胞小器官 X の中には，〔　エ　〕を分解する酵素であるカタラーゼが配置されている。つまり，カタラーゼが X の中へ運ばれるためには，X の膜の上と細胞質基質に存在する複数のタンパク質のはたらきが必要となる。また，カタラーゼの輸送を担うタンパク質が遺伝的変異によってはたらくことができず，カタラーゼを X へ輸送できない遺伝性の病気が知られている。そこで，以下の実験では，そのような遺伝性の病気をもつ 4 人の患者さんから細胞を提供して頂き，それぞれ細胞 A，B，C，D とした。ただし，4 人の患者さんがもつ遺伝的変異は全遺伝子のなかで，1 つの遺伝子においてのみ生じているものと仮定する。

〔実験 1〕

動物細胞をある薬剤で処理すると，細胞膜だけに穴を開けて細胞質基質のみを洗い流すことが可能となる。このとき細胞小器官を含む細胞内構造物はほぼ生きた状態に保たれたままであり，この細胞をセミインタクト細胞と呼ぶ。細胞質基質を洗い流したセミインタクト細胞にカタラーゼのみを加えたとき，カタラーゼは細胞膜に開けた穴を通り抜けることはできたがXの中へは運ばれなかった。一方，細胞から取り出してきた細胞質基質と一緒にセミインタクト細胞へ加えると，カタラーゼはXの中へ運ばれた。

〔実験2〕

細胞A，B，C，Dからセミインタクト細胞を作成し，それぞれS_A，S_B，S_C，S_Dと名づけた。このとき，それぞれの細胞質基質も準備し，P_A，P_B，P_C，P_Dとした。これらのセミインタクト細胞から細胞質基質を洗い流し，それぞれ1種類の細胞質基質とカタラーゼを表1のように，また，2種類の細胞質基質を表2のように混ぜ合わせた後でカタラーゼと共に加えた。その後，カタラーゼが輸送されたかどうか調べたところ，表1と表2に示す結果が得られた。表中では，カタラーゼがXの中に運ばれた場合を＋，運ばれなかった場合を－とした。

問 1. 文章中の〔 ア 〕～〔 エ 〕に入る適切な語句を記入しなさい。

問 2. 下線部①で示したリン脂質は親水性と疎水性の部分を持つが，この分子がどのようにして生体膜を形づくっているか，その構造を60字以内で述べなさい。

問 3. 下線部②では，動物の細胞内ではたらく酵素について述べているが，これに対して細胞外でその役目をはたす酵素を以下の(a)～(g)からすべて選びなさい。

(a) ドーパミン　(b) ダイニン
(c) トリプシン　(d) RNAポリメラーゼ
(e) インスリン　(f) ペプシン
(g) コハク酸脱水素酵素

問 4. 表1の結果から，細胞小器官Xの膜に組み込まれてはたらくタンパク質が，遺伝的変異によってそのはたらきを失ったと推測できるものを，細胞A，B，C，D の中から選びなさい。

問 5. 表 1 と表 2 の結果から，細胞 A，B，C，D の中に遺伝的変異が同じ遺伝子に生じていると考えられる細胞が 2 つある。その 2 つの細胞を答えなさい。また，そのように考えた理由を 100 字以内で説明しなさい。

表 1

セミインタクト細胞	加えた細胞質基質	カタラーゼ輸送
S_A	P_A	−
	P_B	＋
	P_C	−
	P_D	−
S_B	P_A	−
	P_B	−
	P_C	−
	P_D	−
S_C	P_A	−
	P_B	＋
	P_C	−
	P_D	−
S_D	P_A	−
	P_B	＋
	P_C	−
	P_D	−

表 2

セミインタクト細胞	加えた細胞質基質	カタラーゼ輸送
S_A	$P_A + P_B$	＋
	$P_A + P_C$	＋
	$P_A + P_D$	−
S_B	$P_B + P_A$	−
	$P_B + P_C$	−
	$P_B + P_D$	−
S_C	$P_C + P_A$	＋
	$P_C + P_B$	＋
	$P_C + P_D$	＋
S_D	$P_D + P_A$	−
	$P_D + P_B$	＋
	$P_D + P_C$	＋

〔5〕 次の文章を読み，以下の問いに答えなさい。(25点)

現生の動物は体の構造や発生様式，DNAの塩基配列を比較することにより，単一の共通祖先に由来する系統樹として示される。動物の祖先に近いと考えられている海綿動物は多細胞で，細胞にある程度の分化は見られるが，組織を形成しておらず，体の構造は非常に単純で，多くのものでは決まった体制を持っていない。海綿動物より複雑さが増したものが刺胞動物であり，体制は〔　ア　〕である。この動物は発生の過程で，内胚葉と外胚葉に分かれ，各胚葉からさまざまな成体の組織ができてくる二胚葉性である。これら以外のほとんどの動物は，3つの胚葉を持つ三胚葉動物である。三胚葉動物の多くは，細長い〔　イ　〕の体制を持ち，前端が頭部で，そこに口や眼などの感覚器官や脳がある。これらは，素早く運動して食物を捕らえるという生活に適した形質だと考えられる。三胚葉動物は，〔　ウ　〕と〔　エ　〕に分けられ，さらに前者は〔　オ　〕と脱皮動物に分けられる。〔　オ　〕には，トロコフォア幼生の時期を過ごす動物が含まれている。脱皮動物には，成長の過程で脱皮をする動物が含まれている。

問 1. 文章中の〔　ア　〕～〔　オ　〕に入る適切な語句を記入しなさい。

問 2. 下線部は，動物の系統に関する説明である。表1はある動物群(A～F)の特徴を示したものである。○はその特徴を持つもの，×は持たないものを示す。特徴1～10に基づいて動物群の系統樹を推定した。図1の系統樹(a)～(h)の中から適切な系統樹を1つ選びなさい。ただし，それぞれの特徴を持つようになる進化は1度しか起こらないものとする。

表1

		特徴									
		1	2	3	4	5	6	7	8	9	10
動物群	A	×	×	×	×	×	×	×	×	×	×
	B	○	×	○	×	○	○	○	○	×	×
	C	×	×	×	×	×	×	×	○	×	×
	D	○	○	×	○	○	○	×	○	○	×
	E	○	○	×	○	○	○	×	○	×	×
	F	○	×	○	×	○	○	○	○	×	○

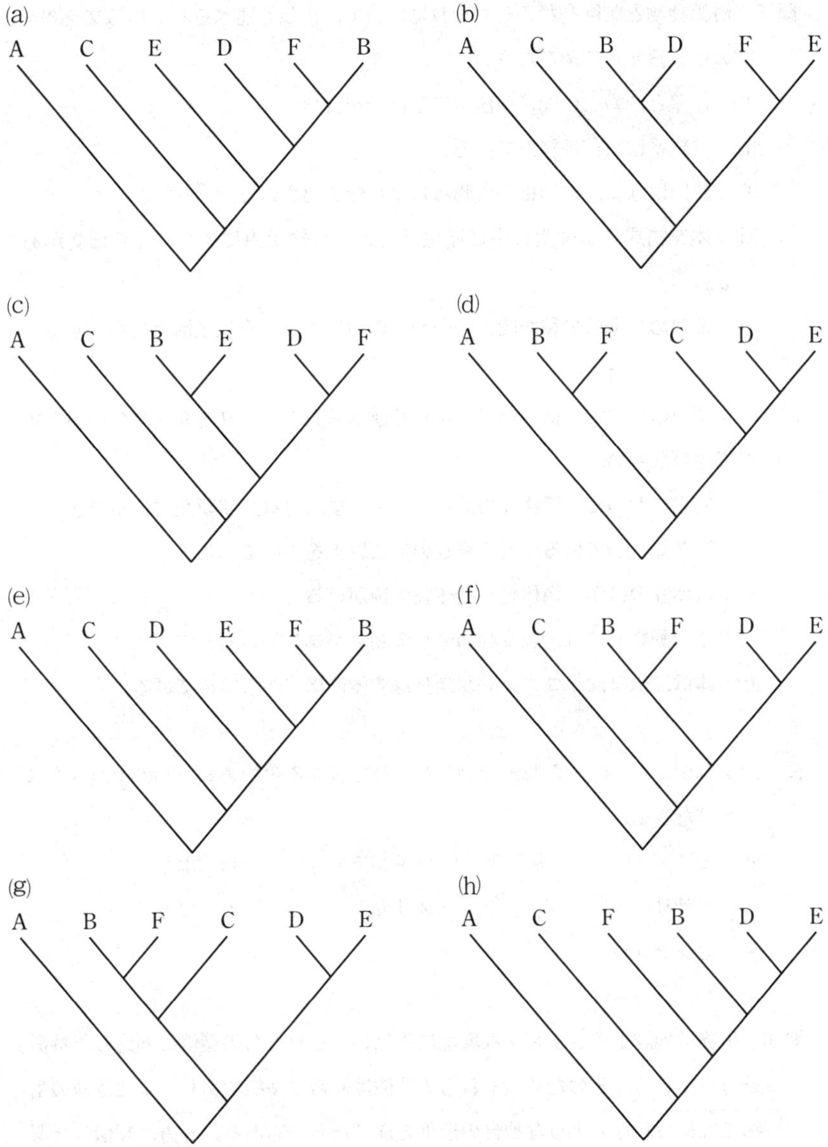
(a)
A C E D F B
(b)
A C B D F E
(c)
A C B E D F
(d)
A B F C D E
(e)
A C D E F B
(f)
A C B F D E
(g)
A B F C D E
(h)
A C F B D E

図1

問 3. 海綿動物と刺胞動物のそれぞれについて，正しく述べられている文を(a)〜(e)の中からすべて選びなさい。

(a) 体壁と内臓との間に空所である体腔を持つ。

(b) 神経系は散在神経系である。

(c) 肛門はなく，未消化の食物は口から吐き出される。

(d) 体を構成する細胞の中に原生動物のえり鞭毛虫に似た，えり細胞がある。

(e) きわめて多数の種が陸上の砂や土の中におり，寄生生活者も存在する。

問 4. 文章中の〔　エ　〕について，正しく述べられている文を(a)〜(e)の中からすべて選びなさい。

(a) 発生において，原腸胚の原口がそのまま口にならず新たに口ができる。

(b) 現在知られている生物の種数の半数以上を占めている。

(c) 真体腔のほか，偽体腔や無体腔の種がいる。

(d) この動物群には，棘皮動物や脊索動物が属している。

(e) 体は，ほぼ同じユニットが繰り返す体節構造からできている。

問 5. 文章中の〔　オ　〕と脱皮動物それぞれに属する生物を(a)〜(h)の中からすべて選びなさい。

(a) ミミズ　(b) イソギンチャク　(c) ホヤ

(d) アサリ　(e) ユスリカ　(f) ゴカイ

(g) センチュウ　(h) ヒトデ

問 6. 生物は地球上のさまざまな環境に生息し，それぞれの環境に適応した特徴を持っている。そのため，それらの特徴は非常に多様であり，中には他の生物には見られないような独自の進化を遂げたものもある。一方，類似した環境では，全く異なる系統の生物においてよく似た形や機能を獲得する現象が見られる。このような現象を何というか答えなさい。また，それが生じたと考えられる進化のしくみを60字以内で説明しなさい。

地学

（2科目150分）

(注)　字数指定のある問題では，1マスに1文字とし，句読点も数に入れる。

〔1〕　地球内部の構造や地球内部で起きていることに関する以下の問い(**問**1〜**問**5)に答えよ。(25点)

問 1．周囲よりも密度が高い物質の塊が地下にあるとき，ジオイドと重力の向きの関係はどのように表されるか，最も適当なものを以下の(a)〜(d)の中から一つ選んで解答欄に記せ。図において，斜線部が密度が高い物質の塊，矢印が重力の向き，太い実線がジオイド，細い水平線が密度の高い塊がないときのジオイドを表す。

(a)

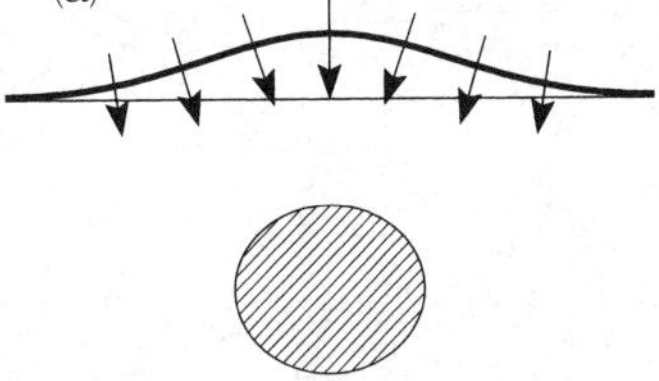

(b)

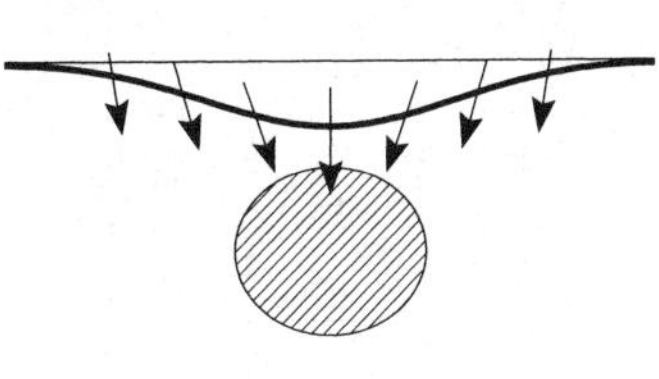

(c)

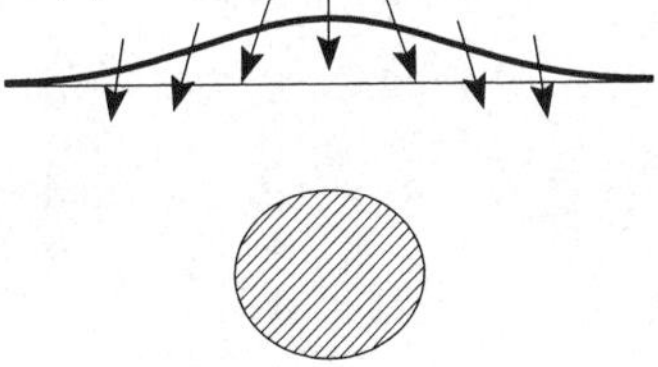

(d)

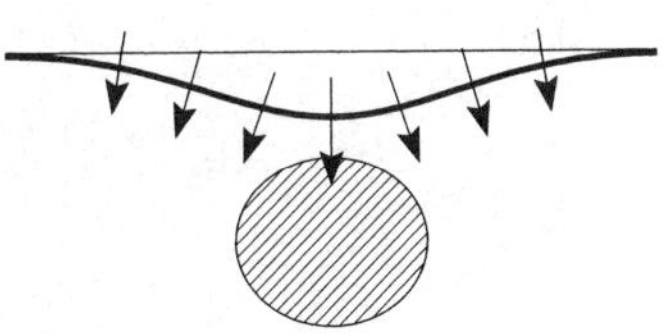

問 2．重力異常を求めるためのフリーエア補正とは何か，60字程度で説明せ

よ。（解答欄：80 マス）

問 3．中央海嶺《かいれい》から離れるにつれて，海底は一般に深くなっている。その原因を「アイソスタシー」と「海洋プレート」という語を用いて 50〜100 字で説明せよ。

問 4．火成岩には，等粒状組織を示すものと斑状《はんじょう》組織を示すものがある。これらの岩石の生成条件にはどのような違いがあるか，50 字程度で説明せよ。
（解答欄：60 マス）

問 5．図 1 は，2005 年の福岡県西方沖地震の震央と断層の位置を示したものである。断層は左横ずれ断層であった。この地震を九州大学伊都キャンパスにある地震計で観測していたとするとき，初動の水平成分と上下成分の方向として最も適当な組み合わせを以下の(a)〜(d)の中から一つ選んで解答欄に記せ。

(a)　北・上　　(b)　北・下　　(c)　南・上　　(d)　南・下

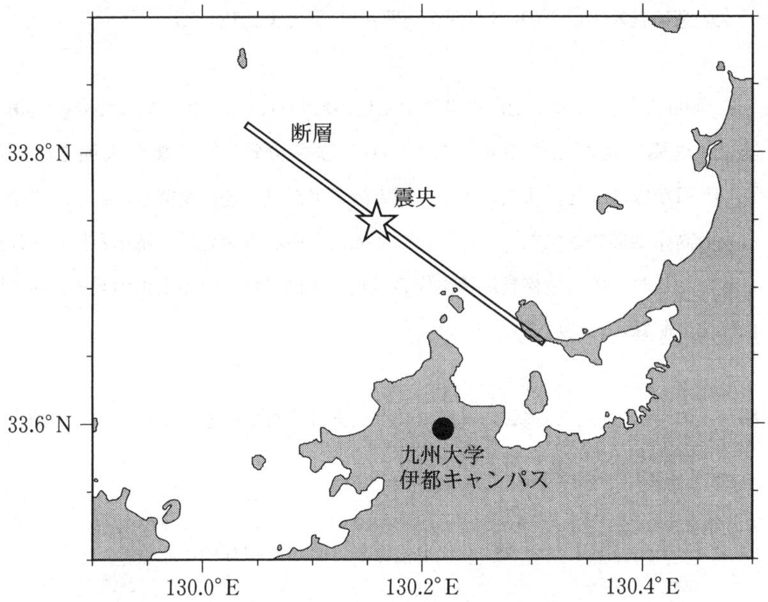

図 1　福岡県西方沖地震の震央と断層の位置，ならびに九州大学伊都キャンパスの位置。星印が震央，白抜きの線が断層，黒丸が九州大学伊都キャンパスの位置を示す。

〔2〕　次の文を読み，以下の問い(**問1**～**問4**)に答えよ。(25点)

約6600万年前の大量絶滅を境に中生代が終わり，新生代が始まった。古第三紀に，南極大陸が南米やオーストラリアから分離し，南極の周囲をめぐる〔　ア　〕が成立した。また，インド亜大陸がアジア大陸に衝突し，〔　イ　〕やチベット高原が形成された。〔　イ　〕の形成にともなう隆起は，風化と侵食を促進させた。これらの大陸移動は新生代の気候を変化させ，その変化の歴史は酸素同位体比に記録されている(図1)。

問 1. 中生代は3つの地質時代区分(紀)に分けられている。これら3つの地質時代区分を，古い順に解答欄に記せ。

問 2. 〔　ア　〕および〔　イ　〕に当てはまる語句を解答欄に記せ。

問 3. 物理的風化と化学的風化を，それぞれ50字以内で説明せよ。

問 4. 図1の酸素同位体比記録($^{18}O/^{16}O$)は新生代の気候変化を示している。図中の①～⑤の時代に起こったできごととして，最も適当な語句を，次の(a)～(h)から選び，解答欄に記号を記せ。

(a)　縞状鉄鉱層の形成
(b)　暁新世—始新世境界の温暖化
(c)　海洋無酸素事変
(d)　二足歩行をする人類の出現
(e)　氷期と間氷期のくり返し
(f)　被子植物の出現
(g)　南極氷床の形成のはじまり
(h)　日本海の誕生

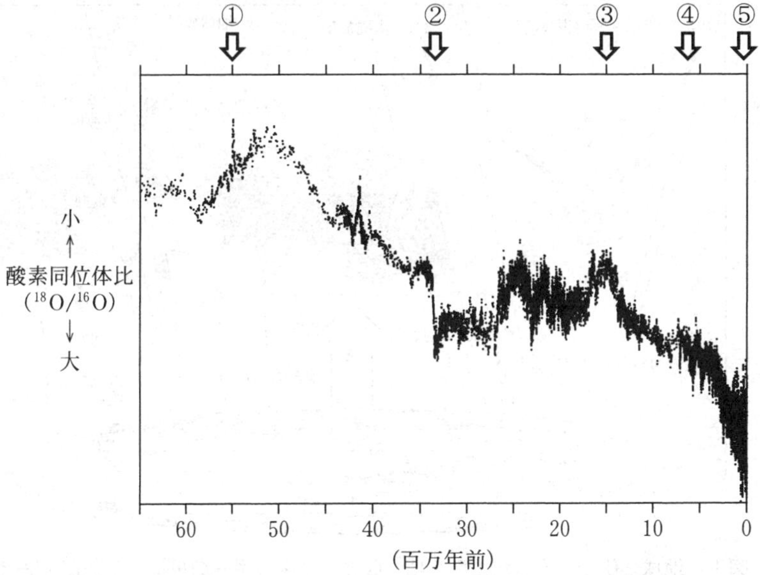

図 1　新生代における有孔虫殻の酸素同位体比($^{18}O/^{16}O$)の増減

〔3〕 以下の問い(**問 1** と **問 2**)に答えよ。(25 点)

問 1. 以下の文を読んで(1)~(2)に答えよ。

図 1 は太陽放射と地球放射のエネルギーの流れを示したものである。地表や大気に吸収される太陽放射と，大気や地表から宇宙空間に放出される地球放射は，大気上端では放射平衡の状態にある。

つぎに，地表面における熱収支をみていこう。地表面に吸収される太陽放射は 161 W/m^2 である。地球放射については，大気から地表面に吸収される放射量が 333 W/m^2 で，地表面から大気へ放出される放射量が 396 W/m^2 なので，差し引き 63 W/m^2 分が地表面から放出されることになる。地表面での熱収支は 0 ではなく，100 W/m^2 に近い過剰な熱を受けとるので，放射だけを考えると，地表面温度は上昇し続けていくことになってしまう。

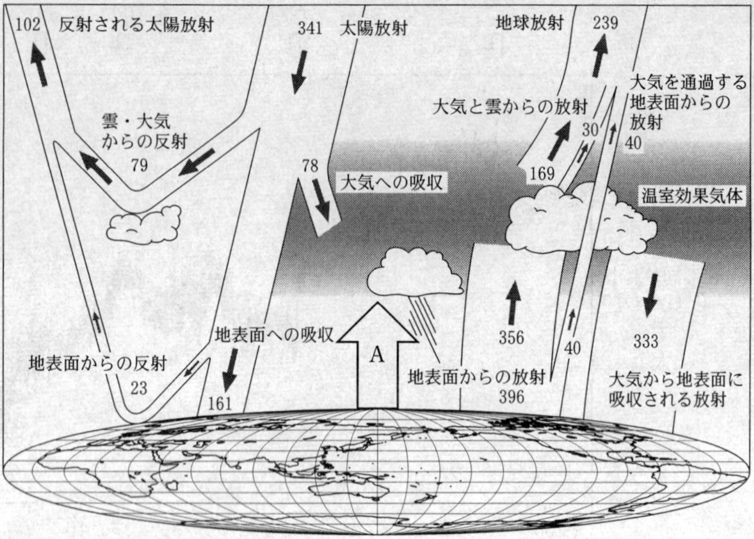

図 1　地球全体で平均したエネルギー収支。エネルギーの単位は W/m^2 である。

(1)　太陽放射と地球放射は電磁波の波長が大きく異なる。どちらの波長が長いか答えよ。

(2)　図 1 の矢印 A の熱の流れを考えると，地表面での熱収支はほぼ 0 になる。太陽放射や地球放射とは異なる，この熱の流れの正体は何か答えよ。

問 2. 以下の文を読んで(1)~(3)に答えよ。

図 2 は，地球が大気上端で受け取る太陽放射と宇宙空間に放出される地球放射の緯度分布を示している。放射の収支だけを考えると，低緯度の地表面温度は上昇し続け，反対に高緯度の地表面温度は下降し続けることになる。しかし，実際の地球では，そのようなことは起こっていない。なぜなら，大気や海洋が低緯度の過剰な熱を高緯度へ運ぶことで，緯度による不均衡を解消しているからである。

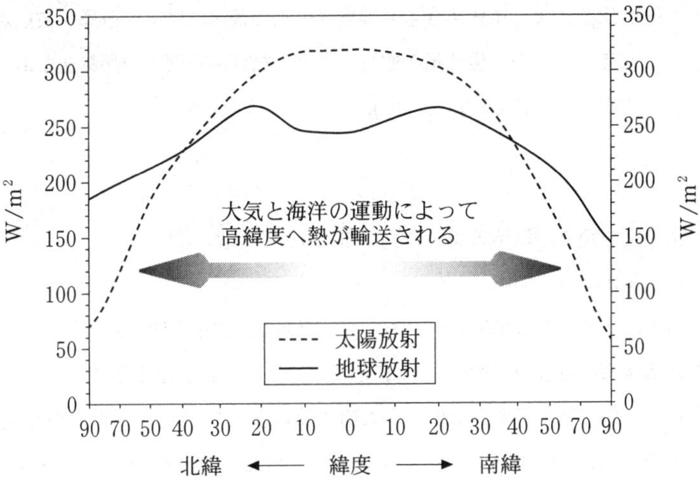

図 2　太陽放射と地球放射の緯度分布

(1)　もし地球に大気や海洋が存在しないと，図 2 に示されている宇宙空間に放出される地球放射の緯度分布はどのように変化するだろうか。解答欄の図中に線を描け。

〔解答欄〕

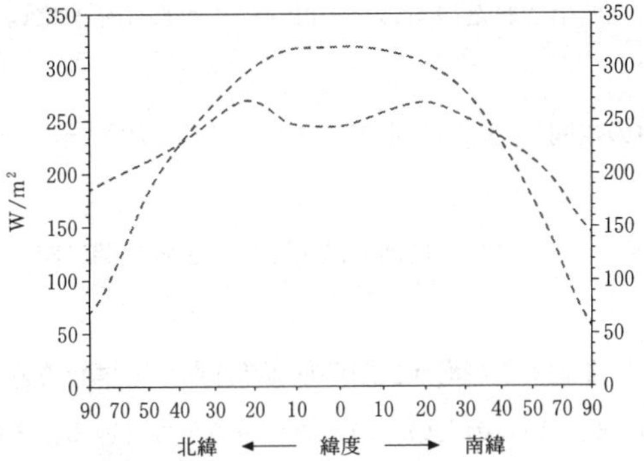

(2)　海洋による低緯度から中緯度への熱輸送について，北太平洋だけに注目すると，主にどのような海流が寄与しているのか，次から一つ挙げよ。

メキシコ湾流　　赤道反流　　カリフォルニア海流　　黒潮　　親潮

(3)　大気による中緯度から高緯度への熱の輸送には，偏西風の波動が大きく寄与している。偏西風の蛇行によってなぜ高緯度への熱輸送が活発になるのか，120字程度で説明せよ。（解答欄：140マス）

〔4〕　次の文を読み，以下の問い（**問1**～**問5**）に答えよ。（25点）

図1は炭素の主な循環をまとめたものである。図中の四角内の数字は，そこにおける炭素の存在量（単位 10^{12} kg）を表し，矢印の数字は1年間の炭素の移動量（単位 10^{12} kg/年）を表している。人間活動によって大気に加えられた炭素は，様々なところに配分されている。大気には，829×10^{12} kg の炭素が主に〔　ア　〕として存在している。大気では入る量と出る量がつり合っていないため，大気中の炭素の量は1年後には〔　イ　〕$\times 10^{12}$ kg になると推定される。海洋表層には 900×10^{12} kg の炭素が存在している。この図では，海洋表層に1年間に入る炭素と海洋表層より出る炭素は，ともに〔　ウ　〕$\times 10^{12}$ kg である。海洋深層では，1年間に入る炭素の量は出る炭素の量よりも多い。したがって，人間活動により放出された炭素の一部は，いずれ海洋深層にいきつく。

問 1. 文中の空欄〔　ア　〕にあてはまる化学式を解答欄に記せ。

問 2. 〔　イ　〕，〔　ウ　〕にあてはまる数字を解答欄に記せ。

問 3. 図1には，炭素が海洋表層から海洋深層に運ばれる過程として，生物を経るものと経ないものとの二つの経路が描かれている。そのうちのいずれか一つの経路について50字以内で具体的な過程を説明せよ。

問 4. 海洋表層と海洋深層とでは海水が混合しにくい。そのため，図1で海洋での炭素の動きは表層と深層に区別されている。混合しにくい理由を60字以内で説明せよ。

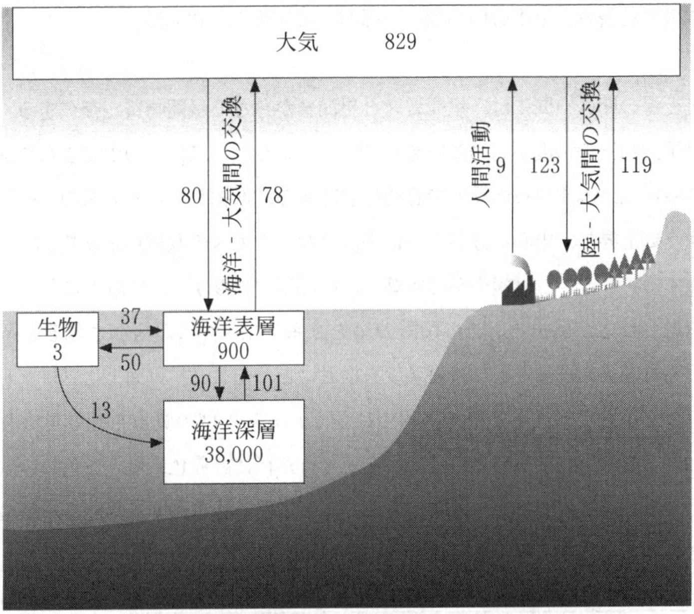

図 1　炭素循環の概念図(IPCC(2013)のデータを一部改変。)

問 5. 図 1 に描かれた循環において，炭素の海洋表層における平均的な滞留時間と海洋深層における平均的な滞留時間との比に最も近いものを，次の(a)～(f)から選び，解答欄に記号を記せ。

(a)　2 ： 1　　(b)　1 ： 2　　(c)　1 ：10

(d)　1 ：100　　(e)　1 ：200　　(f)　1 ：400

〔5〕 次の文を読み，以下の問い(**問1～問5**)に答えよ。(25 点)

星と星の間の空間には，星間ガスと星間塵からなる星間物質が存在する。周囲より星間物質の密度が高い領域を〔　ア　〕という。〔　ア　〕の中でさらに密度が高い領域は，みずからの重力で急速に収縮する。収縮しているガスの密度と温度は徐々に上昇し，中心部分が十分に高温になるとガスの収縮が止まり〔　イ　〕が誕生する。〔　イ　〕は緩やかに収縮し，中心部の温度が 10^7 K 以上になると水素の核融合反応が始まる。この段階の星を主系列星という。観測される主系列星を，絶対等級を縦軸にとり表面温度を横軸にとった〔　ウ　〕図上にプロットすると，左上から右下に走る斜めの線上に並ぶ。太陽程度の質量をもつ星はおよそ〔　エ　〕億年間，主系列星の段階にとどまった後に，赤色巨星，白色わい星へと進化する。同じ星でも進化段階の違いによって明るさは大きく異なる。恒星の明るさを測る単位として等級が使われる。(A)恒星の明るさは 1 等級異なるごとに約 2.5 倍異なり，1 等級と 6 等級の明るさの違いは 100 倍である。太陽程度の質量をもつ主系列星は絶対等級で 5 等級程度の明るさをもつ。

問 1. 文中の〔　ア　〕～〔　エ　〕に入る適切な語句，または数字を解答欄に記せ。

問 2. 下線部(A)で述べているように，星の明るさは 5 等級異なると 100 倍異なる。今，地球から見たときの 2 つの恒星の見かけの等級を m_1，m_2，見かけの明るさを l_1，l_2 とすると，2 つの星の見かけの等級と見かけの明るさに関して以下の関係式が成り立つ。

$$\log_{10}\left(\frac{\boxed{\text{ア}}}{l_2}\right)=\frac{2}{5}\left(\boxed{\text{イ}}-\boxed{\text{ウ}}\right)$$

式中の $\boxed{\text{ア}}$，$\boxed{\text{イ}}$，$\boxed{\text{ウ}}$ に入る変数を l_1，m_1，m_2 から選び解答欄に記せ。

問 3. 見かけの等級 m と絶対等級 M の関係は，恒星までの距離を d とすると，次の式で表される。

$$M = m + 5 - 5\log_{10} d$$

ここで，星までの距離 d の単位はパーセクである。恒星 A の見かけの等級が 2.5 等級で地球からの距離が 100 パーセクであったとする。この恒星 A と太陽を地球から等しい距離に置いたとき，恒星 A の明るさは，太陽の明るさの何倍であるか，解答欄に計算式と答えを記せ。ただし，太陽の絶対等級を 5 等級とする。

問 4. シュテファン・ボルツマンの法則を用いると，恒星の光度と表面温度から恒星の半径を求めることができる。次の(1)~(3)の条件をもつ星の半径は，太陽の半径の何倍であるか，有効数字 2 桁で計算して，解答欄に計算式と答えを記せ。ただし，太陽の絶対等級を 5 等級，表面温度を 6000 K とする。

(1)　絶対等級が 0 等級で表面温度が 12000 K の星

(2)　絶対等級が −5 等級で表面温度が 3000 K の星

(3)　絶対等級が 10 等級で表面温度が 18000 K の星

問 5. 問 4 の(1)~(3)は，どのような進化段階の星であるか，解答欄に記せ。

問2　傍線部B「悔恨と羨望と嫉妬」とあるが、それは、どのようなものか。「悔恨」と「羨望・嫉妬」の二つに区分して、それぞれを説明せよ。

問3　傍線部C「姑根性まる出しのいやらしさを伴う」とあるが、なぜ、「いやらしさを伴う」と言えるのか、説明せよ。

問4　傍線部D「こうした他律的なおどし文句は、自律的な自己抑制の能力を失くしてしま」う、とあるが、なぜそう言えるのか、説明せよ。

問5　本文の筆者は親の世代の生き方を批判し、また子供に対する親の教育について批判している。どのような批判をしているのか、説明せよ。

問6　傍線部①～⑤のカタカナを漢字になおせ。

①　アイマイ　②　ナグサ　③　カシコ　④　チツジョ　⑤　ゴウショウ

（解答欄）問1：縦約17センチ×2行
問2・問4：縦約17センチ×4行
問3・問5：縦約17センチ×5行

る子供は、ほんとうの仲間、つまり真の意味での社会では人気がないことが多いが、これは第一の「他人の眼」だけを気にして、第二の「他人の眼」を持つことを忘れた親たちによって育てられた子供なのだ。現在心ある人びとを困惑させ、嘆かせる傍若無人の「他人の眼」を意識しない若者たちを生み育てたのはいったい誰なのか、ということをもう一度考え直してみる必要がある。

　この場合の「他人の眼」つまり第二の意味における「他人の眼」とは、他律的人間を育てる他人の眼とは本質的に異ったものである。だから、私は最近の若者たちの「横暴さ」に顔をしかめている大人たちの「他人の眼を気にしなくなった若者たち」という批判に全面的に口を合わせるつもりは毛頭ない。現に、この原稿を書くことを引き受ける気になったのも、世間で言われている若者たちに対する批判に同調しようと思ったからではなく、実はそのような若者たちを育てあげた大人たちが相変らず後生大事にかかえて、奉っている「他人の眼」に、何を卑屈になることがあろうと、思っているからなのである。

　私たちが持たなければならない「他人の眼」とはすでに述べたように自己を測る客観的尺度としての他人の眼である。自分が世界の中でどのような位置に置かれているのか？　自分の在り方には、自分以外の人びとを納得させる筋の通った理由があるか？　自分と相手の立場を変えてみたら、現在の自分はどのように映るか？　いわば一人の人間の真のアイデンティティ、人格にも連なる他人の眼をみんなが持つことである。心ない他人の眼を怖れる必要もないし、そうした他人の眼のゆえに自分を卑屈にする必要もないが、鏡に映し出された自分の姿をはっきりと正視する他人の眼を自分自身の中に持つことである。

（大庭みな子『女の男性論』による。ただし、問題作成の上から本文の一部を改めた。）

（注）　闕所……土地や家屋などの財産を没収すること。

問1　傍線部A「アメリカ人になっていく」という比喩表現は、どのようなことを意味しているのか、簡潔に説明せよ。

日本では歴史的に、長い間の封建制度の中で、殊に徳川幕府の政治体制の確立以後、人びとは身分制度という④チツジョの中で、分をわきまえた暮らしをすることが、あたかも美徳であるかのように思いこまされてきた。江戸時代には⑤ゴウショウといえど、あまりに目立つ派手な存在となれば、容赦なく闕所《けつしょ》の処分などを受ける怖れもあったので、大名武家も禄《ろく》高によってその暮らし振りを考えるのが利巧なやり方であった。「身分相応」「分際」「身の程をわきまえた」また、その反対に「身分不相応」「分をわきまえず」「身の程知らずな」といった日本語の表現はすべてこうした身分制度の感覚から生まれたものなのだ。この感覚は、ある場合にはたとえ自分にそれ以上の力があっても、他人の眼をはばかって、つつましく見せる、あるいは反対に、それだけの実力がなくても世間体をとりつくろうために、無理して派手な振舞いをしなければならない、ということになる。そして人びとはもはや、自分自身のありのままの姿というよりは、世間の眼でコントロールされた自分の在り方で一生を送らなければならなくなる。

「他人《ひと》さまに笑われます」「外聞が悪い」と人びとが幼年時代親たちから言われてきた教訓には、考えてみれば哀れな悲しい見栄とも言うべきものも多かった。また、「悪いことをするとお巡《まわ》りさんがきますよ」「お父さんに言って叱っていただきましょう」「先生に言いつけるぞ」といったおどし文句は、自分自身に権威のない者が、他の権威を利用するいかにもずるいやり方なのである。Dこうした他律的なおどし文句は、自律的な自己抑制の能力を失《な》くしてしまい、どこか霞《かすみ》のむこうにある、きわめて実体の妖しげな権威によってのみ自己を判断する習性となって、人びとの間に定着した。そしてチツジョある社会を保つために、こうした習性に柔順である者を、体制に与《くみ》する人びとは道徳的な人間として称《たた》えたのである。

何か悪いことをすると、その筋の権威に、——お上、あるいはお父さんなり、お巡りさんなり、先生なり、怖いおじさんなりに叱られる、ということでその行為をつつしまされてきた人間は、その「他人の眼」さえあたりに見あたらなければ、何をしてもよいわけだから、第二の意味の自己の内部にある「他人の眼」で自分を律することなどできはしない。親や教師の前で神妙にしていね合わせてつぶやく、B悔恨と羨望と嫉妬の混じり合ったものが多い。

姑《しゅうと》の嫁いびりが過去長い年月続いてきたのは、自分たちが嫁の時代にされたことを、自分が姑の立場に立ったとき、再び次の世代に強要することで、辛うじて自分を②ナグサめて来たからである。「他人の眼」を常に気にしなければならない長い間の習慣もまたそういうようにして幾世代も続いてきた。だが、敗戦後の価値基準の変化と、海外との交流によって開かれた新しい人間像への眼によって、親たちは子供たちに自分たちが子供時代に強要されてきたものを押しつける自信を失ったし、また押しつけることの成り立たない客観状勢にも気づくようになった。その腹立たしさが根底にあるために、若者たちに対する批判である「他人の眼を意識しない傍若無人の振舞い」という言葉も、C姑根性まる出しのいやらしさを伴うようになる。

これに対してもう一つの意味の他人の眼は、自己を世界の中で客観視する能力を意味し、自分自身を他人の眼で眺めることである。今日の社会性のない一部の若者たちを育てた親たち、エコノミックアニマルという世界の批判を受けた日本的な性格も、この「他人の眼」で自分の眼を置き換えることができなかったということではないだろうか。

第一の意味での他人の眼、つまり「みっともない」とか、「恥をかく」とか、常に他人の価値判断を基準として自分を律していく他律的な習性は、悲しいながら中年以上、戦争以前に青春を送った世代の多くの人たちに、いやというほど身についてしまっている。「みっともない」とか「みばが悪い」とかいう感覚は、単に世間でよしとされている風習の中で、自分が人並みであるか、そうでないかということだけであり、ときには並はずれて劣っているばかりではなく、並はずれて秀《すぐ》れていることさえもはばからなければならないことであった。つまり、社会の中で安全であるためには、人の中で決して目立ってはならない。同じように目立たない、良くも悪くもない、自己主張をしないことが③カシコい処世術だったのである。

日本の今までの子供の躾《しつ》け方を眺めていると、こういう考え方を親たちは子供たちに植えつけることで、子供たちに社会教育をしたと思いこむ。

二　次の文を読んで、後の問いに答えよ。(60点)

アメリカの二世についてこういう話を聞いたことがある。日本生まれの父母を持った二世たちは、日常生活ではしたない振舞いをすると、「そういうことをすると人に笑われる」「そんなことをすると恥をかく」と言いきかされて育つ。だが、やがて彼らはアメリカの社会で成長するにつれて、「他人がどう思おうと知ったことか。自分は自分の道を行く」という結論に達し、Aアメリカ人になっていく。この話は、これだけでは説明が不充分であるけれど、日本的思考を端的に表現しているよい例だと思う。

一口に「他人の眼」と言うけれども、よく考えてみると、これには二つの意味を与えることができる。一つは世間の人びとが見ると、「自分はへんなことをしているのではないか?」「笑われるのではないか?」「出過ぎているのではないか?」という一種の卑屈さを伴った、怖《おそ》れともいうべき意識であり、もう一つは論理を追って自己の立場を認識した上での、自己を対象化する「他人の眼」である。

自己を対象化する意味での「他人の眼」は本質的な自分自身の人格にかかわるものであり、人間の「恥」に通じるものである。最初のアメリカの二世の話だが、「恥をかく」という表現は、①アイマイで、第一と第二の意味を兼ねそなえている。なぜなら「恥」とは周囲に他人の眼があろうがなかろうが、自分自身の内部で、自己が自己を見つめて意識されるものであり、恥を「かく」という表現はきわめて表面的な他人の思惑を気にしている言いまわしであるからだ。だから第二の意味としては、「それは恥である」と言うべきなのだ。

最近、「若者たちは横暴すぎる」「他人のことを考えない」「他人の眼を意識しない」といったことが、大人たちの批判の声としてよく聞かれる。この場合、大人たちの批判の多くは、自分たちの過ごしてきた青春時代の青年像とはあまりにも違う現代の気ままな若者たちの姿に、かつての抑圧された、常に他人の眼を意識しなければならなかった、屈辱にあふれた自己の青春の像を重か、理由を述べよ。

問4　傍線部D「ヒトらしさについても同じような変容が待ち受けているのかもしれない」とあるが、それはどのような「変容」か、分かりやすく説明せよ。

問5　傍線部Eの「これまでになかった新たな問題」と「以前からあったはずの問題」をそれぞれ説明せよ。

問6　傍線部①～⑤のカタカナを漢字になおせ。

①　テンケイ　②　キンセン　③　ヒソ　④　チュウシュツ　⑤　ジュンスイ

（解答欄）問1・問3・問4：縦約17センチ×4行
問5：各縦約17センチ×4行

（問5は、「これまでになかった新たな問題とは、」「以前からあったはずの問題とは、」という書き出しが、それぞれ4行の解答欄の冒頭に指定されている――編集部）

ら、いったいどうなるだろう。それは、以前にも増して強力な「スーパー人工調味料」として機能することになるだろう。誰もが気軽に「それ」を味わい、どこへ行っても「それ」があるような時代。そのような時代は、はたして便利なすばらしいだけの時代なのだろうか。夢のようだと喜んでいるうちに、初めには思いもよらなかった問題に直面するような、そんな苦々しい反省を強いられる可能性はないのだろうか。

　このように、私たちにとって、現代はさまざまな形で「ヒトらしさ」が意識され、問い直される時代であるといえる。知識と技術が増すことによって、ヒトのリアリティをめぐってEこれまでになかった新たな問題があらわになると共に、以前からあったはずの問題が見えてくる……、それが現代という「ヴァーチャルリアリティの時代」なのである。

（北原靖子「プロローグ」　北原靖子他編著『ヒトらしさとは何か　ヴァーチャルリアリティ時代の心理学』による。
ただし、問題作成の上から本文の一部を改めた。）

（注）　ヴァーチャルリアリティ……仮想現実。

問1　傍線部A「まったく同じこと」とあるが、どのような点とどのような点が「まったく同じ」なのか、説明せよ。

問2　傍線部B「自分を「ヒトらしく」扱ってくれる「ヒトらしい」先生」とあるが、具体的にどのような「先生」なのか、五〇字以内で説明せよ。

問3　傍線部C「現代はこれまで以上に、誰もがその問題をはっきりと意識する時代なのかもしれない」とあるが、それはなぜたように、以前にはない患者も現われるようになった。そうした患者を医学的に利用可能な臓器をもつモノとして扱ってしまってよいのか、やはり私たちにとってはヒトであり続けるのか、では「ヒト」の条件とは何なのか……、そんな議論がまっこうから取り交わされ、しかもはっきりとした回答を出すことを迫られる時代となっているのである。

一方で⑤ジュンスイにモノについての技術革新もめざましく、便利なモノに囲まれた私たちのヒトづきあいも変化している。以前なら直接顔をつき合わせて話をしていたのが、今は電話一本で用がすむようになった。その相手も、実際に実体を見知った相手とは限らない。いまや、パソコンの回線上に存在するヴァーチャルなパーティに参加して、「誰か」と対話を楽しむことができるようになっている。会えない「かわり」にモノを介するのではなく、モノを介する方が「先にたつ」使われ方が成り立ってしまうのである。そうした便利なモノが満ちあふれ、他者とじかに接触する機会が侵食されていけば、どうなるだろう。本当に会うよりパソコン回線上で「話す」方がよほど楽しいと考える者も現われるかもしれない。そうした人にとってピンとくる「ヒトらしさ」とは、はたしてこれまでの私たちの感じる「ヒトらしさ」と同じだろうか。現代は、人工調味料が登場したことでうま味のリアリティが微妙に変質してしまったといわれているが、Dヒトらしさについても同じような変容が待ち受けているのかもしれない。

そして、さらにヴァーチャルリアリティの登場である。「リアルな臨場感」のヴァーチャルリアリティ装置を体験すれば、私たちは、実体がなくても自分がリアリティをもつことがあるのを否応《いやおう》なく実感する。「自分があたりまえだと思っていたリアリティとは、なんだろう」と、思わず考えさせられてしまうのである。うまくできていない対話装置を体験して「こんなのは、少しもリアルではない。機械はしょせんヒトらしくなれない」と反発を感じるときでも、「それではどこがだめなのか」をはっきりいえないのは、もどかしい。ヴァーチャルリアリティ技術が開発され、具体的に形をとってきたことで、私たちはあらためて自分たちに備わった「リアリティ」や「ヒトらしさ」について意識することになったのである。その上……、もしそうした「反省」をふまえてヒトのヴァーチャルリアリティが本当に実現し、人工的に構成された「ヴァーチャル・誰か」があふれる時代がくるとした訴えているつもりでも、相手にとっては少しもヒトらしさが迫ってこず、「ヒトもなげな」ふるまいが止まないといったことがある。ところがこちらが絶望したところに、とんでもないところで、相手の「②キンセンに触れる」といったこともある。しかし、何に基づいて、どうやってヒトらしさが「ピンときて」いるのかは、誰もはっきりと説明できない。ちょうど話はできるけれど、「話すとは何か」「どうやって話しているのか」と正面切って聞かれると困ってしまうように、私たちはヒトらしさに敏感でありながら、それがいかに成り立っているかを知らないのである。

　そうしたさまざまな事態に一喜一憂するとき、私たちは「現にこのようである」人間の「こころ」の成り立ちについて、問いかけを発せずにはいられない。ヴァーチャルリアリティのようにことさらに人工物に接しなくとも、「ヒトらしさとは何か」という問いは、実はおなじみの日常の中にも③ヒソんでいるのである。話の順序としてはヴァーチャルリアリティより後に来たが、さり気ない毎日から普遍的に④チュウシュツされ得るこの「ヒトらしさ」の方が、私たちにとってはるかに重い意味をもつ問いとなる。私たちが人間であり、人間と関わり合う存在である限り、「ヒトらしさとは何か」という問題の重要性が色あせることはないのである。

　このように考えを進めてみれば、何も今に限って「ヒトらしさ」が問題となるわけではない。どんな場所においても、どんな時代においても、ヒトのリアリティをめぐる問いは常に存在してきたであろう。しかし、C現代はこれまで以上に、誰もがその問題をはっきりと意識する時代なのかもしれない。

　自然科学の解明が人間の脳に及ぶまでに至った現在、私たちは、「こころをもったヒト」というこの確かなリアリティさえもが、「実体のない」ことであったのを思い知らされる。「こころ」というものが、体のどこかに「実体をもって」存在していると素朴に信じられていた時代はとうに去ったのである。実体があるのは脳であり、脳はあくまで脳であって、こころではない。そして私たちがその事実をどう受けとめるかを考えるひまもなく、医学は急速な進歩を遂げ、脳は死んでいるが体は生きているといっしてはいないけれど、私たちはヒトらしさに対して非常に敏感だし、それを問題としているのである。

たとえば、「医者を選ぶ」という状況を思いうかべてみよう。風邪で体調が悪いとき医者のもとへ出向いた経験は、誰《だれ》でも一度ならずもっている。また風邪をひいてしまったときは、これまでかかった医者をいろいろ思い出し、どの先生のところへ行こうかと迷うものである。もちろん、きちんと診断してよい薬を処方する腕の確かな先生がよい。しかしその人が腕はよいけれど、こちらがいまどんな痛みを感じているのか、それでもいまは休むことができないどんな事情があるのかなどにいっさい聞く耳をもたず、「そんなことは関係ないし、どうでもよい」とする医者なら、どうだろうか。できることならご遠慮申し上げて、もっと人間味のある対応をしてくれる先生のところへ行きたいと思わないだろうか。

ちょっとした軽い病気ではなく、ガン治療のように命に関わる場合でも、腕前だけ気にすればよいとはいかない。むしろ命に関わるほどならば、ますます、将来のことまで含めてB自分を「ヒトらしく」扱ってくれる「ヒトらしい」先生であることが重要になる。そして、これまで出向いた医者のうちどの先生が本当にそんな人なのか、どの先生はうわべだけなのか、私たちはかなり「ピンとくる」のではないだろうか。そのことは学校の先生に進路相談するときにも、友だちに恋愛相談するときにも、その他日常のあらゆる場面において立ち現われる。互いに「ヒトらしい」関係であるかどうかは、私たちにとってたいへん重要なことなのである。

重要であるだけに、もしこの「ヒトらしさ」がスムーズに働かないことがあると、いろいろと困った事態が生じてしまう。そもそも、ヒトらしさをリアルに感じるかどうかは、自分の意志によって決定できるとは限らない。頭ではわかっているつもりだがどうにもピンとこなくて「影が薄く」感じたり、逆に「こんなやつは虫けらだ」と考えようとしても思わず「引き込まれて」しまうことは、誰もが人づきあいを通して体験している。自分のこころの中さえ思い通りにならないのだから、お互いつきあうともなれば、双方のリアリティが複雑にからみあって、よりいっそうの悲喜劇を生じるのが私たちである。こちらがいくら情熱をこめて

国語

(八〇分)

(注)　一二〇点満点の配点を、一五〇点満点に換算する。

一　次の文を読んで、後の問いに答えよ。(60点)

私たちは、ふだんなら自分がどんなリアリティを得ているかめったに問題にしないし、意識することもない。ヴァーチャルリアリティなどという新しい技術に接してみて、初めてリアリティとは何かについて考えたりするものである。「臨場感」などは、その①テンケイであったといえよう。それでは「ヒトらしさ」については、どうだろうか。

ある意味では、Aまったく同じことがいえるかもしれない。私たちは日常さまざまな人間と関《かか》わって生活しており、相手はそれぞれAさんBさんといった実体を備えている。もちろん、私たち自身も人間である。本当に人間なのだからヒトらしいのはあたりまえで、ふだんは「らしい」「らしくない」などについて意識するどころではなく、その「ヒト」たちといかにうまくやっていくか(デートの誘いにのってくれるか、けんかして勝てるか)に追われて『ヒトづきあいの本』を読みあさったりしているのが、私たちの実態だろう。ヒトとして生きるのに手一杯で、ヒトらしさとは何かなど考えてもみないのが本来かもしれない。

しかしながら、それでは私たちが日常ヒトらしさを少しも気にしていないかというと、けっしてそうではない。はっきり意識

MEMO

MEMO

MEMO

MEMO